Dieses Buch ist meinen Freunden Miguel Bonasso und Juan Gelman gewidmet, Argentinier und Guevaristen, was beides in letzter Zeit nicht sehr beliebt ist.

Die menschlichen Wesen sind zu wichtig,
um als einfache Symptome der
Vergangenheit behandelt zu werden.
Lytton Strachey

Um etwas zu tun, muß man stark
lieben. Um leidenschaftlich zu lieben,
muß man wahnsinnig glauben.
Régis Debray, über Che

Paco Ignacio Taibo II

CHE

Die Biographie des Ernesto Guevara

Aus dem Spanischen
übersetzt von Horst Rosenberger
und Andreas Löhrer

Edition Nautilus

Editorische Notiz: Paco Ignacio Taibo II, 1949 in Gijón (Spanien) geboren, lebt seit 1958 in Mexiko-Stadt. Er ist Historiker, Journalist und „einer der Pioniere des lateinamerikanischen Kriminalromans; man sollte ihn nicht aus den Augen lassen" (Manuel Vázquez Montalban). Taibos nächstes Großprojekt ist die Lebensgeschichte Pancho Villas.
Ernesto Guevara, también conocido como El Che (Titel der Originalausgabe, veröffentlicht 1996 bei Planeta / Joaquín Mortiz, Mexiko-Stadt) ist bereits in Kolumbien, Argentinien, Spanien, Italien, Frankreich, den USA, Brasilien, der Türkei und Rußland erschienen.
Die Übersetzung der hier vorliegenden Ausgabe teilten sich Horst Rosenberger (Kapitel 1-31) und Andreas Löhrer (Kapitel 32-62, Anmerkungen).
Umschlaggestaltung: Maja Bechert, Hamburg.

Edition Nautilus Verlag Lutz Schulenburg
Am Brink 10 · D-21029 Hamburg

1. Auflage 1997 · ISBN 3-89401-277-3
Printed in Germany

Anmerkung des Autors

Dies ist kein leichtes Buch. Zweifellos ist diese Geschichte vom Blick derer geprägt, die später geboren wurden, der Generation des „ewigen Danach" und ihrer unschuldigen Kinder. Trotzdem sollte das Buch als eine Geschichte „von damals" gelesen werden. Es gibt keine unschuldige Lektüre. Heute wissen wir, daß die zweite Welle der lateinamerikanischen Revolution gebrochen und gescheitert ist, daß das von Che entworfene Industriemodell nur kurzfristig funktionierte und sich mittelfristig ohne seinen Stil und seine Kontrolle allmählich verschliß: Man wird das Buch sogar im Wissen um den Ausgang von Ches Operation in Bolivien lesen. Obwohl ich mir all dessen bewußt gewesen bin, wollte ich erreichen, daß das Buch wie eine Geschichte „von damals" gelesen werden kann, denn nur so ist sie verständlich. Man kann Geschichte nicht von den Folgen zu den Ursprüngen hin erzählen, das verfälscht die Perspektive. Die Biographie ist nicht die erläuternde Geschichte eines Toten. Lytton Strachey bemerkte in einem Moment ungeheurer Geistesschärfe: „Die menschlichen Wesen sind zu wichtig, um als einfache Symptome der Vergangenheit behandelt zu werden." Persönlichkeiten bilden sich in Handlungen heraus, deren Konsequenzen sie nicht abzusehen vermögen. Die Geschichte, die mich interessiert, ist keine von der historischen Zuweisung ausgehende Erklärung, sondern eine Provokation, die aus der Vergangenheit kommt. Ihre Hauptgestalten haben niemals eine Zauberkugel besessen, die ihnen die Zukunft in ihrer damaligen Gegenwart enthüllt hätte.

Es ist überraschend, aber zutreffend: Das Phantom Che sitzt, wie ein Grenzgänger ohne Visum und Paß, mitten auf einer Generationenbrücke fest – zwischen jungen Leuten, die sehr wenig von ihm wissen, in ihm aber den großen Kommandanten und roten Großvater der Utopie erahnen, und der Generation der Sechziger, die zu spät kam bzw. bei der Verwirklichung des Projekts scheiterte (und Paco Urondo prophezeite in Vorahnung seines eigenen Schicksals: „Die Sache ist die, wir werden einen schlechten Tod sterben"), die aber der Ansicht ist, daß Che weiterhin den Herold einer lateinamerikanischen Revolution darstellt, die weiterhin absolut notwendig ist, wie unmöglich sie auch erscheinen mag.

Er ist ein Phantom, das trotz seines bissigen Humors und seiner Zurückhaltung im Blendwerk der Bilder und der unschuldigen bzw. heimtückischen

Maschinerien festsitzt, die sich damit beschäftigen, alles, was ihnen über den Weg läuft, seines Inhalts zu entleeren und in konsumierbare T-Shirts, Souvenirs, Kaffeetassen, Poster oder Fotografien zu verwandeln. Genau das ist die Strafe für diejenigen, die Sehnsucht nach der Vergangenheit auslösen: in den Munitionskästen des Konsums oder in den Festungen der Unschuld zu landen.

Die Liste der Danksagungen ist endlos (ich vergesse hierbei nicht Miguel und seinen Kopierer, meinen Namensvetter Paco und seinen Koffer mit Zeitungsausschnitten, alle alten Guevaristen, Justo, der Ungenauigkeiten und Kubanismen redigierte, die Fotografen aus Havanna, die Redaktionsleitung von „Verde Olivo"). Um sie möglichst kurz zu halten, möchte ich besonders dem Journalisten Mariano Rodríguez danken (der mir half, ein Buch zu schreiben, das er zu schreiben verdient hätte) und den Schriftstellern Daniel Chavarría (der mich aus reiner Solidarität durch Havanna chauffierte), José Latour (der aus einer wunderbaren Freundschaft heraus als Dokumentalist mitwirkte), Luis Adrián Betancourt (der dem Vertrauen ein Denkmal gesetzt und mir sein Archiv überlassen hat) und meinem Kollegen Jorge Castañeda, der jenseits der Meinungsverschiedenheiten über die Bedeutung der Hauptfigur dieses Buches zum redlichsten Konkurrenten wurde und meine ursprüngliche Idee bestätigte, daß niemand Eigentümer der geschichtlichen Dokumente ist, sondern nur der Auslegungen.

Von der Voraussetzung auszugehen, daß das Buch trotz aller Bemühungen in vielerlei Hinsicht ein gescheiterter Versuch sein wird, ist dem Verfasser eine Hilfe. Es als eine erste Ausgabe anzusehen, die Erläuterungen und Widerlegungen hervorrufen wird, Korrekturen, das Auftauchen neuer Dokumente, Debatten und vielleicht und vor allem die Veröffentlichung der unzähligen bisher unbekannten Materialien von Che Guevara selbst. Es ist ein stärkender Gedanke, daß ein Buch nichts Totes ist, sondern eine Art provozierender und mutierender Alien.

Es wäre jemand Intelligenteres oder jemand mit mehr historiographischen und literarischen Kenntnissen als ich nötig, um zwei vollständig verschiedenen Lesergenerationen zwei Versionen der Geschichte mit demselben Material zu erzählen; um zwei verschiedenen Arten von Lesern innerhalb und außerhalb von Lateinamerika dieselbe Geschichte zu erzählen. Für die einen müßten mehr Erklärungen und den Zusammenhang erhellende Erzählungen aufgeboten werden, auf die ich zugunsten einer stärkeren Konzentration auf die Hauptfigur verzichtet habe, und für die anderen müßte ein größeres Schwergewicht auf die politischen Debatten aus jener Zeit gelegt werden. Die Unterlassungen sind freiwillig, möge jeder seinen eigenen Teil der Schuld tragen.

Während all dieser Jahre der Lektüren und Gespräche haben sich mir einige Dinge als Schlüsselelemente dargestellt: ein Satz, ein Bild ... zum Beispiel das von Ches halbgeschnürten Stiefeln. Es war überraschend, ein Foto nach dem anderen zu finden, das den Direktor der Nationalbank, den Industrieminister, den revolutionären Botschafter mit nachlässig geschnürten Stiefeln zeigte. Die Persönlichkeit, von der Desnoes sagte: „Von ihr muß eine blendende Kraft ausgehen, wenn selbst den Trübsten bei seinem Vorbeiziehen ein Licht aufgeht" und die von Debray als „der Genügsamste aller Praktiker des Sozialismus" charakterisiert wurde, hatte es offenbar immer eilig.

Die kursiv gesetzten Texte sind von Che. Es handelt sich um Auszüge aus persönlichen und öffentlichen Briefen, Tagebüchern, handschriftlichen Aufzeichnungen, Artikeln, Gedichten, Büchern, Reden, öffentlichen oder halböffentlichen mündlichen Beiträgen, die protokolliert wurden, Antworten auf Interviews, einschließlich Äußerungen von ihm, die vertrauenswürdige Zeugen aufgezeichnet haben. Er ist der zweite Erzähler dieser Geschichte, der, auf den es ankommt.

Kapitel 1

★

Der kleine Guevara, Kindheit ist Schicksal

Eine 1929 in Caraguatay, Misiones, aufgenommene Fotografie zeigt einen etwa 14 Monate alten Ernesto Guevara, eine kleine Kalebasse in der Hand haltend (mit Mate-Trinkröhrchen?), mit einem weißen Mäntelchen bekleidet und den Kopf von einem fürchterlichen Käppi bedeckt, das an einen kolonialen Salacot erinnert und so bereits die Katastrophe andeutet, die ihn sein ganzes Leben lang in Kleidungsfragen begleiten wird – den eigenwillig abgerissenen Stil, der seine persönliche Note ausmacht.

Entweder: „Kindheit ist Schicksal", wie der mexikanische Soziologe Santiago Ramírez in einer seiner gelungensten Äußerungen anmerkte – und im gerade herausgebildeten Gedächtnis der Hauptfigur prägen sich nach und nach die Erfahrungen ein, die ihre zukünftigen Handlungen beeinflussen werden. Oder: Kindheit ist Zufall, Vorgeschichte eines Menschen, der sich durch den eigenen Willen und das freie Ermessen im Leben selbst schafft.

Einer der zahlreichen Pandora-Marxisten, die Che biographiert haben, war von der Vorstellung besessen, daß die Bilder des tropischen Urwalds in Misiones, im Nordosten Argentiniens, wo die ersten Kindheitstage von Ernesto Guevara verlaufen sind, sein Schicksal in den bolivianischen Urwäldern vorbestimmt hätten. Mich überzeugt das nicht so ganz. Wenn Kindheit Schicksal ist, dann sicher nicht auf eine solch simple Weise. Das überzeugende Argument, vielleicht der abschließende Beweis für den Historiker, ist das Foto, das Ernesto und das Eselchen zeigt. Es ist 1932, unser Hauptdarsteller ist vier Jahre alt, er befindet sich auf dem Landgut von Freunden seiner Eltern.

Die Fotografie wird vom Esel mit den schläfrigen, halb geschlossenen Augen bestimmt; auf ihm Guevara mit einem Poncho und einem bolivianischen Sombrero. Nur seine Augen und ein feines Lächeln, Symbol der Lust, lassen sich undeutlich erkennen. Er sitzt sehr aufrecht im Sattel und läßt damit seine Liebe zu Eseln, Maultieren, Pferden, all den vierbeinigen Tieren, auf denen man reiten kann, erkennen. Beide wissen, daß sie die Hauptfiguren sind.

Und wenn Kindheit Schicksal ist, wird 25 Jahre später und mitten in einer Bombardierung an der Spitze der kubanischen Rebellen, die von ihren Feinden

Mau-Mau genannt werden, der Kommandant der 4. Kolonne, ein sogenannter Guevara, bekannt als Che, auf dem Esel Balansa vorrücken: aufrecht sitzend, mürrisch, einen fürchterlichen Asthmaanfall verbergend, an dem er fast erstickt. Er wird mit dieser gleichen Perplexität darüber, daß er das Subjekt der Geschichte ist, in die Kamera blicken, wo doch der gleichfalls ins Objektiv schauende Esel dies eher verdient hätte. Und auf diesem ersten Foto aus Caraguatay ist das Urbild der von der Vorsehung bestimmten Maultiere enthalten, die während der Invasion urplötzlich im Westen der Insel auftauchen werden, als Ches Kolonne von Soldaten und Flugzeugen umzingelt ist; und natürlich das des Maultiers Armando, das Zoila Rodríguez im Gedenken und aus Liebe zu Doktor Guevara pflegen wird, „als würde es sich um einen Christenmenschen handeln". Und das des Kamels, das Che an den ägyptischen Pyramiden erstmals bestieg, und sogar das jenes bolivianischen Pferdchens, das er so liebte und doch schließlich verspeiste. Dieses Foto aus Misiones ist der verborgene Keim der Legende, die heute noch in Cochabamba, Bolivien, erzählt wird: „Nachts galoppiert Che Guevara, zusammen mit Coco Peredo, Mausergewehre in den Händen, auf riesengroßen Maultieren nach Peñones, Arenales und Lajas, nach Los Sitanos, Loma Larga und Piramirí und sogar bis ins Valle Grande." Oder die neue Version des mexikanischen Bauernliedes, die da lautet: „Drei Reiter am Himmel galoppieren voller Schwung und Feuer, und diese drei Reiter sind: Che, Zapata und Jaramillo."

Es mag so sein oder umgekehrt; selbst wenn es nur der verqueren Phantasie des Romanschriftstellers entspringt, für die es zahlreiche Beispiele in den Erzählungen über Ches Leben und Schicksal gibt, scheint es doch offensichtlich zu sein, daß Ernesto Guevara der letzte unserer geliebten Befreiungskämpfer zu Pferd (oder zu Maultier oder zu Esel, was einem Mann, der sich über sich selbst lustig machte, vollkommen egal war) in der heroischen Tradition Lateinamerikas gewesen ist.

Der Ursprung birgt eine interessante Familiengeschichte, die es nicht ganz bis zum Melodram gebracht hat. In weit zurückliegender Vergangenheit der Familie Guevara gab es, Mitte des 18. Jahrhunderts, einen Vizekönig Mexikos, Don Pedro de Catro y Figueroa, der sich nur ein Jahr und fünf Tage auf seinem Amtsstuhl hielt und einen Sohn mit Namen Joaquín hatte, der wiederum seine Ehefrau aus Louisiana entführte und deren Nachkommen dann das Goldfieber in San Francisco befiel, bis sie sich schließlich im 19. Jahrhundert in Argentinien niederließen.

Aus der Zeit in San Francisco sind Verwandte mit absurden Namen überliefert, wie zum Beispiel eine Rosminda Perlasca oder ein Onkel Gorgoño, der Rinder züchtete, um den Goldsuchern Fleisch zu verkaufen.

Die väterliche Lynch-Linie setzt sich aus irischen Emigranten aller Auswanderungswellen zusammen (daher vielleicht das permanente Reisefieber, das Kribbeln im Hintern, das ihn immer begleiten sollte, seine Unrast?), die es ab Anfang des 18. Jahrhunderts nach Argentinien verschlagen hat.

Von der de-la-Serna-Linie ist nicht viel zu berichten, ausgenommen vom Großvater Juan Martin de la Serna, Führer der Radikalen Jugend, in der auch einer der Lynchs, der Großonkel Guillermo, aktiv war, weshalb auch beide an der gescheiterten Revolution von 1890 teilnahmen. Jedenfalls scheint der Lauf der Zeit bei Ernesto nicht viel Mitgefühl für seinen Stammbaum zurückgelassen zu haben: „Die Vorfahren (...) waren Mitglieder der hohen argentinischen Rinderoligarchie."

Dieses harte Urteil dürfte er allerdings erst später gefällt haben, denn in seiner frühen Kindheit waren für ihn die Berichte über die Urgroßeltern in Kalifornien und das Goldfieber, die Heldentaten seines landvermessenden Großvaters, der beinahe verdurstet wäre, zumindest faszinierende Geschichten.

Von seinem Vater, einem Bauingenieur, der tausend Geschäfte in Angriff nahm und bei den meisten scheiterte, ist überliefert, daß man ihn von der Oberschule verwies, weil er Jorge Luis Borges eine Ohrfeige verpaßte, nachdem ihn dieser beim Lehrer mit den Worten: „Dieser Junge stört mich beim Lernen!" verpetzt hatte. Ernesto Guevara Lynch war ein halber Abenteurer: ein Architekturstudent, der sein Studium abbrach, um einen Streifzug durch die Welt der Kleinunternehmer zu starten, und der – wie er später eingestehen wird – den Hauptgewinn in der Lotterie zog, als er in Córdoba Celia heiratete, die alle begehrten, aber niemand bekam.

Die Mutter, Celia de la Serna, war eine zum Liberalismus konvertierte tiefgläubige Katholikin, die von ihrem ursprünglichen Katholizismus die Kraft ihrer Leidenschaften bewahrte. Eine ihrer Nichten wird sich später erinnern: „Sie war die erste Frau (meiner Mutter zufolge), die ihr Haar im Garçon-Stil schneiden ließ, das heißt kurz im Nacken, die rauchte und ihre Beine in der Öffentlichkeit übereinanderschlug, was der Gipfel des frauenrechtlerischen Wagemuts in Buenos Aires war."

Als sie sich verloben, ist Celia noch minderjährig. Sie bricht mit ihrer Familie und zieht zu einer Tante, um später Ernesto zu heiraten. Gebildet, ein wenig Bohémiens und als verschämte Erben einer Oligarchie, die ihnen passiv und furchtsam erschien, sollten die Eheleute Guevara-de la Serna ihren Kindern den Abenteuergeist, die Leidenschaft für die Geisteswissenschaften und die Ungeniertheit weitergeben, die Ernesto einige Jahre später zu seinem Lebensnerv machen wird.

Aber wir wollen der Geschichte nun eine richtige Form geben.

Juli 1928: Guevara senior und Celia kommen auf Geschäftsreise den Fluß Paraná herabgefahren und wollen die Gelegenheit nutzen, das erste ihrer Kinder in Buenos Aires das Licht der Welt erblicken zu lassen. Aber die Wehen setzen vorzeitig, auf der Höhe der Stadt Rosario, ein. Ernesto wird am 14. Juni in der Entbindungsanstalt des an die Medizinische Fakultät angeschlossenen Centenario-Krankenhauses geboren. Die amtlichen Zeugen des jüngsten zufälligen Sohns der Stadt Rosario sind eine Vorwarnung für die zukünftige Reiselust des Säuglings: ein brasilianischer Taxifahrer (der Mann, der sie zum

Amt fuhr) und ein Seemann (sein Onkel Raúl). Ernesto wird am Geburtstag von Antonio Maceo und von José Carlos Mariátegui geboren, dem abweichlerischsten der kubanischen Revolutionäre des ausgehenden 19. Jahrhunderts und dem ketzerischsten der lateinamerikanischen Marxisten Anfang des 20. Jahrhunderts.

Die erste bekannte Fotografie von Ernesto zeigt ihn in einem schrecklichen Anzug im Stadtpark von Rosario, gegen den die kalte Schönheit seiner Mutter absticht. Er blickt mit unwilliger Miene rechts an der Kamera vorbei. Bald zieht er sich seine erste Krankheit zu, eine starke Luftröhren- und Lungenentzündung, die ihn beinahe umbringen wird. Seine Tanten Beatriz und Ercilia reisen aus Buenos Aires herbei, um der jungen Mutter bei seiner Pflege zu helfen; von diesem Zeitpunkt an wird er eine innige Beziehung zu den beiden haben.

Es gibt für mich ein noch anziehenderes Foto, das 1929 in Entre Ríos aufgenommen wurde, auf dem der flaumhaarige und großohrige Mini-Ernesto zu sehen ist, der – in Hemd und Anzug gesteckt – ganz gebannt an Zeige- und Mittelfinger nuckelt und mit den übrigen Fingern den Beobachtern eine obszöne Geste zu machen scheint.

Die ersten beiden Lebensjahre Ernestos werden einerseits in Caraguatay, in der Provinz Misiones, verlaufen, in einem Gebiet, in dem seine Eltern eine Mateplantage besitzen. Er wird sich nicht mehr an diese Zeit erinnern können, obwohl ihm später häufig Geschichten aus der „wilden Gegend" im „Misiones-Urwald" erzählt werden. Der andere Schauplatz ist Buenos Aires, wo seine Familie eine kleine Wohnung in der Calle Santa Fe mietet. Bedingt durch die glücklosen Geschäfte des Vaters, dem in jenen Jahren die gesamte Ernte der Plantage gestohlen wird, führen sie ein unstetes Leben. In Buenos Aires wird Ende 1929 seine Schwester Celia geboren und auch seine Amme Carmen gefunden, eine robuste, sommersprossige kleine Galicierin, die ihn bis zu seinem neunten Lebensjahr begleiten wird.

Als er fast zwei Jahre alt ist, zieht sein Vater nach San Isidro, am Paraná-Fluß fast an der Grenze zu Paraguay, und wird dort Teilhaber einer verschuldeten Schiffswerft, die er wieder flottmachen will.

Es ist bekannt, daß die Biographien von der Gegenwart aus in die Vergangenheit geschrieben werden, von hinten nach vorne, wie eine exotische Schrift; und bei dieser Methode läuft man immer Gefahr, die Vergangenheit auf der Suche nach frühen Anekdoten zu durchkämmen, die zur toten Gestalt passen, und alles zu übergehen, was nicht mit dem zukünftigen Szenario übereinstimmt; hartnäckig das aufzuzeigen, was im Einklang mit der Figur steht, und schamhaft zu streichen, was Mißklang hervorruft. In den Memoiren von Ches Vater ist diese Versuchung häufig präsent:

In jenen Jahren „fing Ernestito gerade an zu laufen. Da wir gerne Mate trinken, schickten wir ihn in die etwa 20 Meter vom Haus entfernte Küche, wo unser Tee aufgebrüht wurde. Nun gab es zwischen der Küche und dem Haus eine kleine Rinne mit einem Abflußrohr, wo der Kleine immer stolperte und mit dem Mate in den Händen hinfiel. Er stand wütend wieder auf, und wenn er mit einer neuen Füllung zurückkam, fiel er wieder hin. Hartnäckig holte er ein ums andere Mal Mate, bis er schließlich lernte, über die Rinne zu springen."

Als wäre der Sprung über die Rinne ein Filmloop, der sich im Laufe der Jahre wiederholen und Ernestos in Zukunft sprichwörtliche Hartnäckigkeit sowie seine Vorstellung wiedergeben wird, daß der Wille der Schlüssel zum Leben und die Hartnäckigkeit die Feder ist, die es in Bewegung setzt. Da fragt man sich doch: Ist das Bild dieses weniger als zwei Jahre alten Kindes, das ständig über die Rinne stolpert, eine Präfiguration, oder handelt es sich um eine zurechtgestutzte Erinnerung?

Im Mai '31 steigt der kleine Ernesto aus dem Wasser, nachdem er mit seiner Mutter im Fluß gebadet hat, und beginnt zu husten. Der Husten dauert an und wird immer beklemmender. Ein erster Arzt diagnostiziert eine Bronchitis; später, als die Krankheit nicht nachläßt, sprechen andere Ärzte von einer chronischen asthmatischen Bronchitis. Schließlich erklärt ein Arzt, es handle sich um Asthmaanfälle. Er bringt sie mit der Lungenentzündung in Verbindung, die sich Ernesto wenige Tage nach seiner Geburt zugezogen hat. Alle Ärzte stimmen darin überein, daß sie noch nie ein Kind mit solch akuten Asthmaanfällen gesehen haben. Jahre später holt Ana María eine Erinnerung aus der Familienmythologie hervor: „Das Asthma war so fürchterlich, daß meine verzweifelten Eltern dachten, er würde sterben." Sie verbringen Stunden, Tage und Nächte an der Seite des Bettes, während der Kranke verzweifelt den Mund öffnet und mit den Händen wedelt, um die Luft zu bekommen, die ihm fehlt. Seiner Brust entweichen röchelnde Laute. Don Ernesto erinnert sich einige Jahre später: „Ich konnte mich nie daran gewöhnen, ihn mit diesem merkwürdigen, miauenden Geräusch atmen zu hören, das den Asthmatikern eigen ist."

Eines der ersten Worte, die das Kind lernt, ist: Spritze. Die verlangt er, wenn er merkt, daß ihn ein Anfall überkommt. Vater Guevara berichtet: „Das Asthma ist eine launische Krankheit und jeder Asthmatiker hat ein anderes Krankheitsbild. Was dem einen nicht bekommt, kann dem anderen guttun; es ist eine Frage der Sensibilität." Die Eltern brauchen einige Zeit, bis sie diese Lektion lernen. Die Ärzte finden keine Antwort, sie beschränken sich auf den Hinweis, daß das feuchte Klima von Misiones dem Patienten schade und diese Anfälle, die „stürmischsten" Zeiten, auslöse.

Ernestos Asthma und Don Ernestos seltsame Geschäfte sind weiterhin der „Motor" der Familie. 1932 zieht sie nach Buenos Aires, dort wird ihr drittes Kind, Roberto, geboren.

Aber der Umzug nützt nichts, die Mutter erinnert sich: „Ernesto hielt das Klima der Hauptstadt nicht aus. Guevara Lynch gewöhnte sich an, beim Erstgeborenen am Kopfende des Bettes im Sitzen zu schlafen, damit dieser auf seiner Brust ruhend das Asthma besser aushielt." Und sein Vater ergänzt das Bild: „Celia verbrachte die Nächte damit, auf seinen Atem zu achten. Ich legte ihn auf meinen Schoß, damit er besser atmen konnte, und schlief folglich wenig oder gar nicht."

Im Versuch, vor dem Asthma zu fliehen, leben sie 1933 eine Zeitlang in Argüello, Córdoba. Das Asthma kehrt zurück. Auf ärztlichen Rat hin beschließen sie, ein trockenes Bergklima aufzusuchen, und im Juni lassen sie sich schließlich in Altagracia nieder, einer kleinen Ortschaft in der Provinz Córdoba. Ernesto scheint es in diesem Klima besser zu gehen, aber obwohl sein Zustand nicht so fürchterlich ist wie in Misiones oder in Buenos Aires, wird die Krankheit ihn nicht mehr verlassen. Er ist fünf Jahre alt und wird in Altagracia leben, bis er 17 ist.

Sein Vater bemerkt wütend: „Täglich zwang uns diese verdammte Krankheit neue Einschränkungen unserer Bewegungsfreiheit auf und täglich waren wir ihr stärker ausgeliefert." Die Guevaras leben in Altagracia im Hotel la Gruta, dort schließt Ernesto seine ersten Freundschaften, die ihn durch seine Jugendjahre begleiten werden. Dies bezieht sich besonders auf Carlos Ferrer, bekannt als Calica, den Sohn des Arztes, der Ernesto bei seinen Asthmaanfällen betreut.

Celia bringt ihm das Lesen bei, da er aufgrund seiner Krankheit nicht regelmäßig die Schule besuchen kann. Aus dieser Zeit datiert das erste schriftliche Zeugnis des jungen Guevara: eine einem Erwachsenen diktierte Postkarte an seine Tante, die er selbst mit *Teté* unterzeichnet, dem Spitznamen, den ihm sein Kindermädchen gegeben hat.

Im Januar 1934 wird seine Schwester Ana María geboren, die ihm fünf Jahre später eine Stütze sein wird: „Ich diente ihm als Krücke, wenn wir spazierengingen. Er stützte seinen Arm auf meine Schulter, und auf diese Weise drehten wir eine Runde um mehrere Häuserblocks; das war immer dann, wenn er durch das Asthma erschöpft war. Auf diesen Spaziergängen sprachen wir viel miteinander, und er erzählte mir schöne Geschichten." Sie ziehen in ein billigeres Haus im Ortskern um, in die Villa Nydia. Um den vielen Stunden, die er im Bett verbringen muß, einen Sinn zu geben, bringt ihm sein Vater das Schachspiel bei. Ernesto wird wütend, wenn man ihn gewinnen läßt: *So spiele ich nicht.* Mit neun Jahren stellt sich eine schwere Komplikation seines Asthmas ein, die Ärzte diagnostizieren Keuchhusten.

Vater Guevara erzählt: „Wenn er fühlte, daß die Anfälle kamen, blieb er unbeweglich im Bett liegen und begann sich gegen das Erstickungsgefühl zu wehren, das die Asthmatiker während der Hustenanfälle überkommt. Auf ärztlichen Rat hin hielt ich eine große Sauerstoffflasche bereit, um dem Jungen beim Höhepunkt der Hustenanfälle einen Strahl sauerstoffangereicherter Luft einzuflößen. Er wollte sich nicht an dieses Allheilmittel gewöhnen und hielt solange durch, wie es ging. Aber wenn er es nicht mehr aushielt, blau angelaufen aufgrund der Atemnot, fing er an im Bett herumzuspringen und zeigte mit dem Daumen auf seinen Mund, um mir zu bedeuten, daß ich ihm Luft geben sollte. Der Sauerstoff wirkte sofort lindernd."

Wie ist die Person, die sich in der Krankheit herausbildet? Mit zehn Jahren reicht es ihm nicht mehr, sich im Bett zu wehren und zu lesen. Nun beginnt sein persönlicher Krieg gegen die Beschränkungen des Asthmas: unerlaubte

Spaziergänge, wilde Spiele ... Er entwickelt eine bestimmte Faszination für die Gefahr.

Auf gewisse Weise hat er sie von seiner Mutter geerbt, die Suche nach dem Risiko, der Grenzsituation. Es gibt Dutzende von Anekdoten über die zahlreichen Gelegenheiten, bei denen Celia fast ertrunken wäre. Vater Guevara verzeichnet ohnmächtig: „Mir blieb nichts anderes übrig, als mich an die Tollkühnheiten meiner Frau zu gewöhnen." Ernesto selbst war zugegen, als sie einmal in den Paraná sprang und plötzlich von der Strömung mitgerissen wurde. Auf der Bank einer Jacht sitzend, sah er mit an, wie seine Mutter, deren Atem von einem Korsett abgeschnürt wurde, kurz vor dem Ertrinken war; oder auch ein anderes Mal am Río de la Plata, als er vom Strand aus beobachtete, wie sie abgetrieben wurde. Die hervorragende Schwimmerin Celia fühlte sich von der Gefahr angezogen. Der sehr viel friedfertigere Vater Guevara bezeugt: „Diese Art, sich der Herausforderung zu stellen, hat Ernesto geerbt, allerdings mit einem großen Unterschied: Er wog sehr gut ab, worin die Gefahr bestand."

1936 erhält Celia ein Schreiben vom Kultusministerium mit der Frage, warum das Kind nicht die Schule besuche. Da er kurze Zeiträume ohne Anfälle verbringt, beschließen sie, ihn auf die Schule zu schicken. Celia hatte ihm zu Hause Lesen und auch Schreiben beigebracht. Er beginnt nun, umgeben von Kindern armer Eltern, die öffentliche Schule zu besuchen. Roberto erinnert sich: „Unsere Eltern waren mit reichen Leuten befreundet und wir mit armen, eben mit denen, die in unserer Gegend lebten. Unsere Freunde waren Kinder von Bauern und Hausmeistern."

Celia zufolge verhinderte das Asthma, daß Ernesto ein normaler Schüler werden konnte: „Regelmäßig besuchte er nur die zweite und dritte Klasse, in der vierten, fünften und sechsten ging er nur dann hin, wenn es ihm möglich war. Seine Geschwister schrieben die Hausaufgaben ab, und er lernte zuhause."

Dank der Memoiren seines Vaters sind die Kindheitsspiele von Ernesto überliefert. Einige sind aus heutiger Sicht fast zeitlose Spiele, andere waren es damals schon: Fußball, Indianer, Räuber und Gendarm, Hinken; zwei davon haben exotische Namen, die dem Verfasser zwar nichts sagen, „Der giftige Fleck", „Freier Stein", aber den Reiz des Rätselhaften haben. Trotz seiner Krankheit wird Ernesto anscheinend zum Anführer einer kleinen Gruppe von Kindern, die sich auf dem Gelände hinter dem Elternhaus treffen. Die größte Heldentat der Gruppe besteht darin, im Verlauf des „Essenmachen"-Spiels eine Zuckerrohrpflanzung abgebrannt zu haben.

Der Vater wird in Altagracia nicht glücklich: „Ich fühlte mich vollkommen unnütz und eingesperrt. Ich konnte dieses Leben unter Kranken bzw. unter denen, die sie betreuten, nicht aushalten." Er leidet zusehends unter Neurosen und Gereiztheit. Celia erweist sich diesen Widrigkeiten gegenüber als stärker und gibt als Reaktion darauf immer weiter ihre stark katholische Erziehung auf. Ernestos Vater arbeitet beim Bau eines Golfplatzes. Der Haushalt erleidet Schiffbruch; sie versinken zwar nicht im Elend, leiden aber unter wirtschaftlicher Not. Mittelklasse in Dauerkrise: sie leben von der Pacht, die zwei Felder einbringen, eines gehört ihm und das andere Celia; sie müssen ein Kindermädchen bezahlen, denn Celia wird allein nicht mit den vier Kindern fertig. Nichts als Ausgaben: Schulgelder, Kleidung, ungeheuere Arzneikosten für Ernesto.

Die Familie verbringt den Sommerurlaub an einem Strand von Mar del Plata. Die Fotografien haben etwas Pathetisches und enthüllen eine kleine Tragödie: Ernesto in Hosen und ohne Hemd, zweifellos während eines Asthmaanfalls, umgeben von Kindern in Badeanzügen, Gruppenfotos mit Ernesto mit Hemd. Fotografien von Celia, wie sie an seinem Arm zieht, während er mit den Füßen im Wasser steht, in das er nicht hineingehen soll. Ein Freund erinnert sich daran, daß den Leuten in diesem Sommer '36 absolut sichere Tips zur Bekämpfung des Asthmas einfielen und daß Ernesto auf Anweisung seiner Eltern diszipliniert die absurdesten Ratschläge befolgte, wie zum Beispiel mit Katzen oder Tüten voll Sand zu schlafen, alle möglichen Arten von Tee zu trinken, sich mit Räuchermitteln und Inhalationen zu traktieren.

1937, Altagracia: Ernesto sperrt Mund und Nase auf, als sein Vater bei Tisch aus der Familiengeschichte erzählt. Besonders die Abenteuergeschichten seines Großvaters, des Landvermessers, der in sengender Hitze und trotz der Hinterhalte von Indianern die Grenzen am Chaco markierte, haben es ihm angetan. Zu den Abenteuern des Großvaters gesellen sich 1937 die Gefahren der Wirklichkeit, als die Kinder des republikanischen Arztes Aguilar aus Spanien in der Villa Nydia Asyl finden. Mit ihnen, mit dem Radio, das sein Vater gerade gekauft hat, und den Zeitungen tritt der Spanische Bürgerkrieg in das Leben des neunjährigen Guevara. Für Ernesto wird der Sieg der Republik gegen Militärs und Faschisten zu einer persönlichen Sache. Er beginnt die Entwicklung der Kämpfe auf einer Landkarte zu verfolgen, auf die er kleine Fähnchen steckt und auf der er die Frontbewegungen verfolgt; auf dem Gelände hinter dem Haus spielt er mit seinen Freunden die Belagerung von Madrid nach: eine Reihe von ausgehobenen Schützengräben, in denen sie sich mit Schleudern, Steinen und Schutt und sogar mit Schraubenmuttern gewaltige Schlachten liefern. Roberto bricht sich dabei fast ein Bein und Ernesto hinkt einige Tage lang, was ihn nicht daran hindert, die Namen aller republikanischen Generäle auswendig zu lernen.

In der Demokratie der Kindheit sind die Hausmeisterkinder der Sommerresidenzen seine Freunde, zu denen sich noch Figueroa und Calica Ferrer hinzugesellen. Jahrzehnte später erinnert sich der Kellner des Hotels von Altagracia noch daran: „Ernesto war ein Junge aus dem Viertel, er war nicht mit den Kindern der besseren Leute zusammen, sondern mit uns." Und in den Erinnerungen des Ortes gibt es einen guevaristischen Prä-Che-Mythos. Juan Mínguez, ein Nachbar aus Altagracia, berichtet: „Wenn wir Fußball spielen wollten und nur zu fünft waren, wollte er als Torwart gegen die anderen vier antreten." In der Erklärung seines Freundes César Díaz klingt die Version weniger heroisch: „Er war Torwart, denn mit seinem Asthma konnte er nicht viel rennen." Es muß allerdings klargestellt werden, daß er immer abgerissen in der Gegend herumlief und gerne Mützen trug, aber mit nach hinten gedrehter Sonnenblende.

Was ihm das Asthma verwehrt, erreicht er mit seiner Hartnäckigkeit: Monatelang wird er bei allen Tischtennis-Wettbewerben im Hotel Altagracia nur Zweiter, es gewinnt immer der Lokalchampion Rodolfo Ruarte. Eines Tages erklärt er dem Champion, daß er sich vorübergehend aus dieser Angelegenheit zurückziehen werde. Er baut sich zu Hause heimlich einen Pingpongtisch und übt allein. Danach taucht er wieder auf, um den Meister herauszufordern und zu besiegen.

Sonntags geht er mit seinem Vater zum Scheibenschießen. Seit seinem fünften Lebensjahr kann er mit einer Pistole umgehen und zerschießt Backsteine. Und er liest. Er liest zu jeder Tageszeit. In den Anfängen Jules Verne, Alexandre Dumas, Emilio Salgari, Robert Louis Stevenson, Miguel de Cervantes.

In diesem Jahr zieht die Familie in das Fuentes-Haus um. Ernesto entdeckt seine Liebe für Verkleidungen: Indianer, Grieche, Gaucho, Marquis. Er spielt einen Boxer in einem Schultheaterstück. Der Version seiner Schwester Ana María zufolge ging alles gut, bis „eine Fee mit einem Zauberstab auftrat und wir Kinder, die wir bewegungslos herumstanden, anfingen, uns wie Automaten zu bewegen. Roberto und Ernesto waren als Boxer verkleidet und die Fee fragte sie: ‚Was könnt ihr Püppchen denn machen?‘ Und sie antworteten: ‚Wartet einen Moment und ihr werdet euch wundern‘, und sie begannen, mechanisch die Arme zu bewegen und zu boxen. Ernestito versetzte Roberto einen härteren Schlag als gewöhnlich. Dieser fiel ihn darauf ernsthaft an, und die Lehrerin weinte, als sie die herannahende Katastrophe bemerkte, denn der Fee gelang es trotz ihres Zauberstabs nicht, sie auseinanderzubringen.“

Und das Asthma hält an. Ernestos Vater führt jahrelang Buch über die verabreichten Medikamente, die Reaktionen auf Gegenstände oder Lebensmittel, die Wetterverhältnisse, die Luftfeuchtigkeit: „Ein klarer Tagesanbruch, er schläft bei geschlossenem Fenster (...), er erhielt eine Kalziumglucalspritze (...) Mittwoch 15., leicht bewölkter Morgen, geringe Luftfeuchtigkeit.“ Der Vater registriert: „Wir waren so bekümmert wegen dieser beharrlichen Krankheit, die das Kind einfach nicht verließ, daß wir in der Hoffnung auf Besserung alle Arten von Versuchen unternahmen und sowohl die Ratschläge von Ärzten als auch von Laien befolgten. Wir erfanden alle Arten von Hausmitteln, und kaum war eine Anzeige in der Zeitung erschienen, die ein Allheilmittel gegen Asthma versprach, hatten wir es schon gekauft und ihm verabreicht. Man brauchte mir nur dieses Gewächs oder jenen Pflanzenaufguß oder Kräutertrank zur Heilung eines Asthmatikers zu empfehlen und schon machte ich mich an die Zubereitung, damit Ernesto es einnahm.“

„Die Verzweiflung ließ uns sogar in Quacksalberei und noch Schlimmeres verfallen: Ich erinnere mich daran, daß mir jemand erzählt hatte, es wäre ein gutes Linderungsmittel für Asthmatiker, mit einer Katze im Bett zu schlafen. Ich fackelte nicht lange, schnappte eines Nachts eine herumstreunende Katze und steckte sie zu Ernesto ins Bett. Das Ergebnis war, daß die Katze am nächsten Morgen erstickt war und Ernesto sich weiterhin mit dem Asthma herumschlug.“

„Wir wechselten die Matratzen- und Kopfkissenfüllungen aus, ersetzten die Baumwollbettücher gegen welche aus Leinen und Nylon. Wir entfernten alle Arten von Vorhängen und Teppichen aus den Zimmern. Wir säuberten die Wände von Staub. Wir vermieden die Gegenwart von Katzen, Hunden und Geflügel. Aber es war alles nutzlos, das Ergebnis war enttäuschend und entmutigend. Angesichts der Hartnäckigkeit des Asthmas waren wir uns nur sicher, daß es von jeder beliebigen Sache zu jeder Jahreszeit und durch jedes Nahrungsmittel ausgelöst werden konnte. Und die Bilanz aller unserer Bemühungen war die Gewißheit, daß das beste für seine Krankheit trockenes Klima und Höhenlage (...) waren und Atemübungen, besonders aber Schwimmen." Merkwürdigerweise war kaltes Wasser ein starker Auslöser der Asthmaanfälle.

1939, als Ernesto elf Jahre alt ist, ziehen die Guevaras in ein neues Domizil innerhalb von Altagracia um, ins Haus Ripamonte. An dieses Jahr wird er sich immer erinnern, da er den kubanischen Schachspieler Capablanca kennenlernt.

Neue Freunde treten in sein Leben. Über die Aguilars taucht Fernando Barral auf, ein einsamer, zurückgezogener spanischer Halbwaise, der mit seiner Mutter nach Argentinien geflüchtet ist. Barral erinnert sich gut an ihn: „Ich gebe zu, daß ich Ernesto gegenüber einen gewissen Neid wegen seiner Entschlossenheit, Verwegenheit und seines Selbstvertrauens empfand und vor allem wegen seiner Tollkühnheit, an die ich mich als einen seiner ureigensten Charakterzüge erinnere (...), eine vollkommene Abwesenheit von Angst vor der Gefahr, und falls er sie doch hatte, merkte man sie ihm nicht an, ein starkes Selbstvertrauen und eine vollkommene Unabhängigkeit in seinen Ansichten." Die Tollkühnheit also ist ein Wesensmerkmal seines Charakters: sich auf die Probe zu stellen, auf der Höhe des dritten Stockwerks von einer Dachterrasse auf die andere zu springen, um andere zum Erbleichen zu bringen. Seine Freundin Dolores Moyano durchschaut ihn und macht hellsichtig die Wurzel für das Verhalten des jungen Guevara aus: „Trotz allem waren Ernestos Herausforderungen des Todes, seine Hemingwaysche Koketterie mit der Gefahr, weder ungestüm noch exhibitionistisch. Wenn er etwas Gefährliches oder Verbotenes tat, wie zum Beispiel Kreide zu essen oder über eine Einfriedung zu laufen, dann tat er das, um zu sehen, ob es zu machen war, und wenn ja, auf welche Weise. Die zugrundeliegende Haltung war intellektuell, das verborgene Motiv das Experimentieren."

Ein Jahr später, mitten im Weltkrieg, wird sein Vater Mitglied der Acción Argentina, einer antifaschistischen Organisation, die mit den Alliierten sympathisiert. Ernesto hat einen Ausweis, den er mit zwölf Jahren stolz vorzeigt. Er bewirbt sich sogar als Freiwilliger, um Nachforschungen über die Anwesenheit von Nazis unter den Deutschen anzustellen, die im Gebiet von Altagracia wohnen.

Durch die Asthmaanfälle zur körperlichen Passivität gezwungen, wird jedoch die Lektüre die große Leidenschaft seiner ersten Jugendjahre. Der alte Guevara erzählt: „Als Ernesto zwölf Jahre alt war, besaß er die Bildung eines Achtzehnjährigen. Seine Bibliothek war vollgestopft mit allen Arten von Abenteuerbüchern und Reiseromanen." Einige Jahre später legt er in einem seiner zahlreichen Notizhefte eine Liste der gelesenen Bücher an, einige davon mit Anmerkungen versehen, und nannte sie *Alphabetische Auflistung der allgemeinen Lektüren.* Im Abschnitt über Verne vermerkt er 23 Romane (der Verfasser, der selbst 21 gelesen hat, kann nicht umhin, sich mit der Figur zu identifizieren).

Ernesto fängt mit 13 Jahren erstmals zu arbeiten an. Eines Tages erscheint er gemeinsam mit seinem Bruder Roberto vor seinem Vater, um ihn um Erlaubnis zu bitten, an der Traubenlese in einem der wenigen Weinberge der Region teilzunehmen. In diesem Monat Februar ist die Oberschule Manuel Solares von Altagracia, die er damals besucht, wegen Ferien geschlossen. Sie würden ihnen 40 Centavos am Tag bezahlen, und sie können so viele Trauben essen, wie sie wollten. Sie arbeiten drei Tage lang, am vierten kehren sie wütend ins elterliche Haus zurück. Ernesto hatte einen Asthmaanfall und versucht, trotz der Atemnot weiterzuarbeiten, *aber es war nicht möglich. Als ich den ausstehenden Lohn forderte, gab uns dieser unverschämte Kerl nur die Hälfte, da er behauptete, wir hätten den Vertrag gebrochen. Ich will, daß du mit uns kommst, um diesenReckskerl zu verprügeln.*

1942, mit 14 Jahren, schreibt er sich in das Lyzeum Dean Funes in Córdoba ein, eine öffentliche, liberale Schule, anstatt das von der Aristokratie bevorzugte Gymnasium in Monserrate zu besuchen. Er legt täglich 35 km im Zug zurück. In Córdoba lernt er die Brüder Granado kennen, seinen Mitschüler Tomás und den sechs Jahre älteren Alberto.

Tomás, der von seinem neuen Klassenkameraden mit Bürstenhaarschnitt und, trotz seines Asthmas, außergewöhnlicher Aggressivität im Sport begeistert ist, stellt ihn seinem älteren Bruder vor, damit er ihn in das studentische Rugbyteam aufnimmt. Doch Alberto ist von ihm nicht sehr angetan. Da er Medizin studiert, fällt sein erster Eindruck nicht sehr günstig aus, denn er bemerkt „einen keuchenden Atem, der auf eine Funktionsstörung hinweist".

Sie machen einen Test mit ihm, der darin besteht, über einen auf einer Höhe von 1,20 Meter zwischen zwei Stühlen angebrachten Besenstiel zu springen und sich auf die Schulter fallen zu lassen. Der „Glatzkopf" Guevara springt munter drauflos, und sie müssen ihn bremsen, da er kurz davor ist, den Boden des Innenhofs kaputtzumachen.

Wenige Tage später beginnt er mit dem Training und kurz danach spielt er in der Mannschaft. Manchmal muß er mitten im Spiel an den Rand gehen und den Antiasthma-Inhalator benutzen.

Er rennt schreiend über das Spielfeld: *Weg da, hier kommt der rasende, der furibunde Serna!* Fu-Ser, sein zukünftiger Spitzname. Er spielt, als ginge es um sein Leben, aber das Spiel ist nicht sein ganzes Leben. Er ist weiterhin ein außergewöhnlicher Jugendlicher, der den Krieg gegen das Asthma durch die Methode des körperlichen Einsatzes, des Risikos und der Grenzüberschreitung mit der Leseleidenschaft verbindet. In freien Augenblicken vor Beginn des Trainings bemerken seine Mannschaftskameraden häufig, daß er ein Buch öffnet und zu lesen anfängt. An jedem beliebigen Ort, unter einer Straßenlaterne, am Rand des Spielfeldes, während die anderen es verlassen, holt Ernesto ein Buch aus seiner Jacke und verabschiedet sich von der Welt.

Er liest auf eine intensive, chaotische Weise, die aber zweifellos Methode hat, einem seltsamen Kurs folgt. Abenteuerliteratur, Reisebücher und lateinamerikanische Literatur: Quiroga, Ingenieros, Neruda, London ... Celia bringt ihm Französisch bei, und er liest Baudelaire im Original. Und „Decamerone" von Boccaccio. Er interessiert sich besonders für Psychologie, liest Jung und Adler. Der Vater von José Aguilar, ein spanischer Arzt im Exil, ist überrascht, daß er Freud liest, und kommentiert das seinen Kindern gegenüber, indem er andeutet, daß es vielleicht eine etwas „frühreife" Lektüre sei. Alberto Granado, der einige Jahre älter ist als er, kann einfach nicht glauben, daß er so viel gelesen haben soll; sie diskutieren über Steinbeck, Zola, sie begeistern sich für „Sanctuario" [Freistatt] von Faulkner. Wann liest der Rasende?

Sieh mal, Mial (von: Mi Alberto), *jedesmal, wenn das Asthma mich anfällt oder ich zu Hause bleiben und mich mit dem Räucherzeug behandeln lassen muß, das sie mir verschrieben haben, nutze ich diese zwei oder drei Stunden, um alles mögliche zu lesen.*

Das Asthma verbannt ihn nicht nur in die vier Wände. Wenn die Anfälle beginnen, verliert er auch den Appetit. Der alte Guevara vermerkt jedoch: „Ernesto war ein leidenschaftlicher Esser, sobald die Krankheit es zuließ. Wenn er von der Schule zurückkam, ging er zuerst in die Küche und verschlang alles, was ihm in die Hände kam (...). Wenn es ihm gut ging, entschädigte er sich mit richtigen Völlereien für seine durch die Asthmaanfälle erzwungenen Fastenperioden."

Er probiert verschiedene Dinge aus. Er meldet sich bei der Oliva-Akademie in Buenos Aires zu einem Zeichenfernkurs an. Der Kurs ist nur mittelmäßig, kostet viel, die Familie hat wenig Geld und Ernesto kein Talent. Er läßt es schließlich sein.

1943, als er 15 ist, wechselt seine Schwester Celia auf das Mädchenlyzeum in Córdoba. Da seine beiden ältesten Kinder nun dort die Schule besuchen, tut sich Guevara Lynch mit einem Architekten aus Córdoba zusammen und mietet ein Büro im Stadtzentrum. Die Familie zieht in die Calle Chile 2288: ein Haus am Stadtrand, groß, neben einem großen Park und in der Nähe eines Armenviertels; heruntergekommene Mittelklasse-Häuser zwischen billigen Gebäuden, die dabei sind zu verfallen.

Die Literatur verfolgt ihn und er sie. Er liest „Die Früchte des Zorns" von Steinbeck, Mallarmé, Baudelaire, Engels, Marx, Lorca, Verlaine, Antonio Machado. Er entdeckt Gandhi, der ihn zutiefst bewegt. Seine Freunde erinnern sich an seine Rezitationen: Gedichte von Neruda natürlich, aber auch spanische Poeten. Ein Vierzeiler hat es ihm besonders angetan: „Es war eine Lüge, / eine zur traurigen Wahrheit gewordene Lüge, / daß seine Schritte zu hören wären / in einem Madrid, das es nicht mehr gibt."

Ernesto mag aus vielerlei Gründen ein atypischer Argentinier sein, aber der wesentlichste ist vielleicht seine Unfähigkeit, den Tango von anderer Volksmusik zu unterscheiden. Sein erster Biograph, der Kubaner Aldo Isidrón, stellt klar: „Sein Gehör widersetzt sich der Botschaft des Klangs. Das geht soweit, daß er noch nicht einmal in der Lage ist, einen Tango zu erkennen. Er lernt die Schritte auswendig." Und deshalb muß er, um tanzen zu können, auch wenn dies nur ab und zu vorkommt, seine Freunde fragen, was gerade gespielt wird: ein Foxtrott, ein Tango? Seine Cousine Negrita erzählt: „Wenn wir zum Tanzen gingen, forderte er gewöhnlich die Häßlichsten auf, damit auch sie zum Tanzen kamen, obwohl er taub für die Musik war."

Negrita ist nicht nur seine Tanzbegleiterin, sondern wahrscheinlich auch seine erste Jugendliebe. Sie erzählt: „In unserer Teenagerzeit waren Ernestito und ich etwas mehr als nur Freunde, eines Tages (...) fragte er mich, ob ich eine Frau sei, und wir hatten eine Art Liebesidyll. (...) Er kannte die ‚Zwanzig Liebesgedichte und ein verzweifeltes Lied' von Neruda auswendig und begann sie nacheinander vorzutragen, bis er sie alle durch hatte. Er hatte ein hervorragendes Gedächtnis."

Am 18. Mai wird Juan Martín, das letzte Kind der Familie Guevara, geboren. In Hinblick auf seinen eigenen Eintritt ins Geschehen erklärt er: „Man kann nicht gerade behaupten, daß meine Eltern sehr einfallsreich bei der Namensvergabe gewesen wären. Ernesto wurde nach seinem Vater benannt, die auf ihn folgende Celia nach ihrer Mutter. Roberto erhielt den Namen meines Großvaters und Ana den meiner Großmutter. Ich war der letzte, es war noch ein Großelternpaar übrig und so wurde mir der Name Juan Martín zuteil, da ich ein Junge war." Im Laufe der Zeit wird auch Ernesto fünf Kinder haben und den Phantasiemangel seiner Eltern in Sachen Namensgebung wiederholen.

In Córdoba gewinnt er einen Bruder und verliert seine Hündin Negrina, die sie aus Altagracia mitgebracht haben. Während sie in den Straßen herumstreunt, wird sie von einem Hundefänger entdeckt, der ihr Zyanid auf die Lenden streut. Die Hündin vergiftet sich, als sie sich ableckt, und stirbt fast auf der Stelle. Ernesto trommelt seine Freunde für eine leider fruchtlose Suche nach dem Mörder zusammen. Nach der Schlappe organisiert er eine Tierbestattung, mit Sarg und allem, was dazugehört.

Er spielt weiterhin Rugby mit den Granado-Brüdern, wechselt von den „Estudiantes" zum „Club Atalaya". Sein Freund Barral erinnert sich an ihn als „den Härtesten". Der Zerstäuber steht weiterhin griffbereit am Spielfeldrand. Aus dieser Zeit stammt der Schimpfname, den er voller Stolz trägt.

Sie nannten mich das Schwein.

„Weil du fett warst?"

Nein, schmutzig.

Seine Phobie vor kaltem Wasser, das manchmal seine Asthmaanfälle auslöst, hat sich zu wenig gründlichen Waschgewohnheiten entwickelt. Seine mangelnde Liebe zu Bädern und Duschen wird ihn bis zum Ende seiner Tage begleiten.

In diesen Jahren bildet er nicht nur seine schlechten Hygienegewohnheiten heraus, sondern auch seinen Antimilitarismus. Angesichts eines Staatsstreiches erklärt er im Unterricht:

Die Militärs bringen dem Volk keine Kultur, denn wenn das Volk Kultur hätte, würde es sie nicht akzeptieren.

Er löst damit einen kleinen Skandal aus, die Lehrerin bekommt es mit der Angst zu tun und verweist ihn des Unterrichts. Ende '43 sitzt Granado wegen des Universitätsstreiks gegen den Militärputsch im Gefängnis, Ernesto besucht ihn manchmal. Sein Freund fordert ihn auf, daß sie auf Versammlungen das Wort ergreifen, daß sie protestieren sollen. Ernesto antwortet, er gehe nicht auf die Straße, wenn man ihm keine Pistole gebe.

Er ist nicht weiter an der politischen Aktion interessiert, weder damals noch zwei Jahre später (1945), auch wenn er ab und zu in Aktivitäten verwickelt wird, zum Beispiel, als er seinen Freund, den Studentenführer Gustavo Roca, zu einer Veranstaltung begleitet, die die Polizei auflöst. Der Mythos seiner jugendlichen Militanz löst sich in nichts auf: *Ich hatte keinerlei soziales Engagement in meinen Jugendjahren, und ich war auch nicht an den politischen oder studentischen Kämpfen in Argentinien beteiligt.*

1943 ist er ein fünfzehnjähriger Heranwachsender, der langsam seine kindlichen Züge verliert, der Mund wird etwas härter, die Erscheinung eines frühreifen Kindes tritt zugunsten der eines etwas geckenhaften Jugendlichen zurück, der weiterhin einen Bürstenschnitt zur Schau trägt. Seine Noten im vierten Jahr auf dem Dean-Funes-Gymnasium stimmen mit seiner Persönlichkeit überein. Es scheint, daß Ernesto keinen Zufall zuläßt: sehr gut in Literatur, miserabel in Englisch, sehr gut in Philosophie, miserabel in Musik, gut in Geschichte, schwach in Mathematik und Biologie.

Im folgenden Jahr beginnt er mit der Zusammenstellung eines auf seinen Lektüren basierenden philosophischen Wörterbuchs; es geht erneut darum, die Unordnung zu ordnen, das Chaos zu bändigen. Er führt das Heft zwei Jahre lang und versucht, seine Lektüren systematisch zu ordnen und Ideen aufzuzeichnen. Dazu verwendet er ein einfaches alphabetisches System: „Paranoia" und alles, was er darüber zu sagen hat, „Platon" und danach die Anmerkungen. Die Listen haben zudem einen praktischen Nutzen für seinen Eigenbedarf und den *der anderen Schüler*, wie er später Eduardo Galeano erläutern wird. Er wird die Gewohnheit beibehalten, seine Lektüren und Kommentare aufzuzeichnen. Nur eine chaotische Persönlichkeit ist so geordnet bei ihren Lektüren. Im Laufe der Zeit wird er in dem Maße, in dem sich seine Wahrnehmung ändert und er zum gleichen Thema zurückkehrt, Anmerkungen zu den Anmerkungen verfassen.

Am 24. Februar 1946 kommt es zu Wahlen, die das Mandat von Perón bestätigen. Er kann nicht wählen, da er erst in einigen Monaten volljährig wird. Er erhält den Einberufungsbefehl und wird aufgrund seines Asthmas für untauglich erklärt.

Er macht das Abitur am Dean-Funes-Gymnasium und beschließt, Ingenieurwissenschaften zu studieren. Warum nicht Geisteswissenschaften oder Psychologie, was die Interessenschwerpunkte seiner Jugend gewesen waren? Werden die Leidenschaften einer praktischen Denkweise untergeordnet?

Er reist nach Buenos Aires und läßt sich bei seiner Tante Beatriz und seiner Großmutter Ana, der Mutter seines Vaters, nieder, zu denen er stets eine starke Zuneigung empfunden hat. Er schreibt sich im Fachbereich Ingenieurwissenschaften der Universität ein. Als Sohn einer Mittelklasse, die nicht auf großem Fuß leben kann, nutzt er die Ferien, um einen Kurs als Bodenvermesser zu belegen, und besteht ihn gemeinsam mit seinem Freund Tomás Granado. In einem Brief an seine Eltern erzählt er: *Morgens arbeite ich als Feldvermesser beim Straßenbauamt. Wir haben vormittags gearbeitet und nachmittags gelernt. (...) Wir gehörten zu den besten Kursabsolventen, und sie haben uns eine Stelle als Bodenexperten zugewiesen.*

Er arbeitet an den Straßenplänen und dem Bau öffentlicher Einrichtungen in Kleinstädten zwischen Córdoba und Rosario. Gegen Ende des Jahres schreibt er an seinen Vater: *Der Bauleiter hat mir erklärt, ich sei der einzige Praktikant, den er in zehn Jahren kennengelernt hätte, der kein Essen akzeptierte, und einer der zwei oder drei, die keine Schmiergelder nehmen würden. Du hattest Angst, daß ich zu nachsichtig mit ihnen sein könnte, aber ich habe die Arbeit stoppen und ein gutes Stück Weg noch einmal neu durchwalzen lassen*

Während seines Kampfs gegen Bauingenieure, die die Dinge gewöhnlich durch Bestechung vereinfachen, erfährt er von der Ermordung seines Jugendhelden Ghandi, die ihn zutiefst erschüttert. Er beschließt, weiterzuarbeiten und das Ingenieurstudium als Externer aufzunehmen, weshalb er die Vorlesungsverzeichnisse anfordert. An seinen Vater schreibt er: *Wenn ein Studium als Externer möglich ist, werde ich den ganzen Winter über hier bleiben, denn nach meinen Schätzungen könnte ich 80 bis 100 Pesos monatlich sparen. Ich bekomme 200 im Monat plus freie Unterkunft. So gebe ich also nur Geld für Essen und für Bücher aus, um etwas Ablenkung zu haben.*

Aber seine Pläne werden durchkreuzt: Seine Großmutter Ana erkrankt, er gibt die Arbeit beim Straßenbauamt auf und reist unverzüglich nach Buenos Aires, um sie zu pflegen. 17 Tage lang bleibt er am Bett seiner Großmutter, die einen Gehirnschlag erlitten hat und als Folge davon einseitig gelähmt ist. Er pflegt sie und leistet ihr bis zu ihrem Tod Gesellschaft.

Zweifellos treibt ihn die lange Agonie seiner Großmutter, zu der er eine starke gefühlsmäßige Bindung hat, vielleicht auch seine eigene Erfahrung mit dem Asthma, das ihn all die Jahre belastet hat, zu einer drastischen Entscheidung. Er beschließt, anstelle von Ingenieurwissenschaften Medizin zu studieren, und schreibt sich für diesen Studiengang ein.

Kapitel 2

★

„All diese Kraft wird nutzlos vergeudet“

Auf der Suche nach der verlorenen Hauptfigur ist es ein fast bekanntes, ein vorweggenommenes Foto: Die alte Fotografie zeigt den Hörsaal einer Medizinischen Fakultät. Zwei Dutzend Studenten lassen sich vor einem nackten und in zwei Hälften geteilten Leichnam, der auf einer Metalliege aufgebahrt ist, porträtieren. Leichenschändung, Tradition oder berufliche Herausforderung? Einige lächeln schüchtern. Die übergroße Mehrheit spielt ihre zukünftige Arztrolle mit der zwangsläufigen Ernsthaftigkeit und Würde. Der einzige, der offen, fast verletzend lacht, steht halbverborgen in der obersten Reihe: Es handelt sich um den 20jährigen Ernesto Guevara ... Es gibt drei Frauen auf dem Foto. Eine davon, ein Mädchen mit einem runden, aber harten Gesicht – vielleicht aufgrund der etwas weit auseinanderliegenden Augen und dem intensiven Blick –, ist Berta Gilda Infante, von ihren Freunden Tita genannt.

Tita erzählt: „Ich hörte mehrfach seine tiefe und warme Stimme, die sich und den anderen Mut machte angesichts eines Schauspiels, das selbst den gefühllosesten dieser zukünftigen Kurpfuscher erschütterte. Seinem Dialekt nach kam er aus der Provinz, äußerlich war er ein schöner, ausgelassener Junge (...). Hinter einer Mischung aus Schüchternheit und Hochmut, vielleicht auch Wagemut, waren eine tiefe Intelligenz, ein unersättlicher Wunsch nach Wissen und tief im Inneren eine endlose Fähigkeit zur Liebe verborgen.“ *Als ich mit dem Medizinstudium anfing, fehlten die meisten Begriffe, über die ich nun als Revolutionär verfüge, in meinem Ideenschatz. Ich wollte als Sieger dastehen, wie alle anderen auch; ich träumte davon, ein berühmter Forscher zu werden, ich träumte davon, unermüdlich zu arbeiten, um etwas zu erreichen, was letztendlich der Menschheit dienen könnte, aber damals wäre es ein persönlicher Triumph gewesen. Ich war wie alle ein Kind der Umwelt.*

Der grinsende Guevara nimmt die Angelegenheit in diesem ersten Studienjahr anscheinend ernst: Er verbringt zehn bis zwölf Stunden in der Bibliothek. Der Hochschulsekretär Mario Parra beschreibt ihn wie folgt: „Ich lernte ihn kennen, weil die Bibliothekare mich auf diesen vorbildlichen Studenten aufmerksam machten. Wenn er lernte, sprach er mit niemandem.“ Und lernt er wirklich für sein Medizinstudium? Denn in diesem ersten Jahr meldet er sich nur zu drei Prüfungen an, und seine Leistungen sind nicht außergewöhnlich: April ’48, Beschreibende Anatomie mit der Note „befriedigend“; im November Parasitologie, „befriedigend“, und im August Embryologie, nur „ausreichend“. Konzentration ja, aber sehr starkes Interesse, das ist nicht so klar.

Was macht er also in der Bibliothek? Er liest, Literatur natürlich. Er liest psychologische Bücher. Er bearbeitet die medizinischen Themen, die ihn interessieren, nicht die, die er belegt hat. Ist er aufgrund der familiären Spannungen so wenig wie möglich zu Hause?

1948 ist die Familie nach Buenos Aires in die Calle Araoz 2180 umgezogen. Sein Vater hat eine kleine Wohnung in der Calle Paraguay gemietet. Einige Autoren berichten, daß die Konflikte zwischen Celia und Guevara Lynch sich zugespitzt haben und die Beziehung kurz vor dem endgültigen Bruch steht, der vorläufig durch eine halbe Trennung verhindert wird: Der Vater lebt in seinem Büro, besucht aber die Familie. Es ist sehr aufwendig für den Verfasser, die Wahrheit zu ergründen und darüber hinaus ihre Tragweite. Dieselben Quellen schreiben die Spannungen den „Frauengeschichten" des Don Ernesto und seinen ständigen wirtschaftlichen Abenteuern zu, die gewöhnlich in einer finanziellen Katastrophe enden. Dies mag stimmen oder nicht, Ernesto verbringt auf jeden Fall mehr Zeit in der medizinischen Fachbereichsbibliothek als in seinem Zimmer in der Calle Araoz. Der Beschreibung seines Vaters zufolge ein kurioses Zimmer: „Ein kleiner und sehr merkwürdiger Raum. Auf der einen Seite ein Balkonvorsprung, der auf die Straße wies, und auf der anderen eine weitere Balkontür, dieser Balkon ging aber unerklärlicherweise auf die Eingangstreppe hinaus. Auch Roberto schlief in dem Zimmer. Sie hatten ein Doppelbett. Der Rest des kleinen Zimmers war mit einem großen Kleiderschrank, einer Kommode, zwei Bücherborden, einem Tisch und einem Nachttisch ausgefüllt, auf dem alle Arten von Büchern gestapelt waren."

Auf diese Zeit geht die berühmte Fotografie des verträumten Heranwachsenden zurück: ein schönes Porträt, bei dem Ernesto mit unter dem Kopf verschränkten Armen und einem weißen Hemd auf dem von Gittern eingefriedeten Balkonboden liegt und in den Himmel schaut, einen Himmel, der undeutlich jenseits der Dächer einer Stadt mit schmutzigen Gebäuden und herbstkargen Bäumen zu erkennen ist. Ernesto hat immer noch gewisse Züge eines Heranwachsenden, obwohl er bereits 20 Jahre alt ist.

Das weiße Hemd hat Geschichte: wirkliche Geschichte. Seinem Bruder Juan Martín zufolge hatte es einen Namen; es war aus Nylon, und Ernesto nannte es „das Wochenhemd", denn er wusch es nur einmal die Woche, und es bügelte sich von selbst. Ernestos lumpiges Erscheinungsbild war immer Anlaß zu Gesprächen in der Familie und im Freundeskreis. Der Vater wird sich später daran erinnern, daß Ernesto niemals eine Krawatte umband und daß er neben ungebügelten Hosen und dem „Wochenhemd" manchmal sogar zwei farblich unterschiedliche Schuhe trug.

In seinem ersten Studienjahr kehrt seine Liebe zum Schach zurück. Er nimmt als Vertreter des Fachbereichs Medizin am Universitätsturnier teil und spielt sogar bei einer Simultanpartie mit dem großen internationalen Schachmeister Miguel Najdorf im Hotel Provincial in Mar del Plata mit, verliert aber. Erstaunlich ist die Verbindung zwischen seinem Hang zur Reflexion und der Gewalttätigkeit des Rugby, das er weiterhin spielt. Sein Freund Roberto Ahumada merkt dazu an: „Für einen Asthmatiker war es eine Heldentat, 70 Minuten lang in einem Rugbyspiel hin- und herzurennen", und Ernesto tut sich als starker Spieler mit einem „männlichen Stil" hervor. Sein Hobby wird ihn zwei Jahre später dazu bringen, die Zeitschrift „Tackle" herauszubringen, deren Chroniken er unter dem chinesenfreundlichen Pseudonym Chang-cho verfaßt.

Aus diesen Jahren sind seine väterlichen Beziehungen zum kleinen Juan Martín überliefert, den Ernesto auch Teddy nannte, was den Kleinen zur Weißglut brachte. Das Kind sah in ihm eine große Persönlichkeit, einen heroischen Charakter, der bei den Bemühungen, trotz seiner Asthmaanfälle ein normales Leben zu führen, über sich hinauswuchs. Ernesto hatte dem kleinen Juan Martín ein Gedicht beigebracht: „Zwei Freunde liefen schnell / unter einen Baum / denn es brach laut und hell / ein Gewitter vom Zaun / Der Blitz schlug ein, bumm, bumm ... / der das Bild vom Heiligen Crispinto hatte / der fiel tot um." Die Lehrerinnen waren von einem solch unerbittlichen Atheismus aus dem Mund eines Knaben mit Engelsgesicht erschüttert.

Von 1948 ist auch seine Arbeit im Gesundheitsamt der Gemeinde bekannt, bei der er später Impfungen verabreicht. 1949 nimmt er in den Disziplinen Schach und Leichtathletik an der Studentenolympiade teil, die in Tucumán ausgetragen wird. Und da die Herausforderung ihm zu gering erscheint, schreibt er sich überraschend in Stabhochsprung mit einer Anfangshöhe von 2,80 m ein. Die zukünftigen lobrednerischen Biographen werden diese Verrücktheit zum Anlaß nehmen, um zu den von Ernesto ausgeübten Sportarten auch den Stabhochsprung zu zählen. Sein Freund Carlos Figueroa bezeugt: „Als sie ihn fragten, wo er seinen Stab hätte, antwortete er, daß er dachte, die Universität würde ihn stellen. Sie beschafften ihm einen, aber er brachte nichts damit zustande, da er noch nicht einmal wußte, wie man ihn anzufassen hat."

Seine Studentenlaufbahn ist nicht sehr attraktiv, er beschränkt sich darauf, in aller Ruhe ein Examen im März abzulegen, ein weiteres im Juni und noch eines im November, und erzielt stets ein „ausreichend". Politisch bewegt er sich am Rande von Gruppierungen der Linken. Ein Mitglied der Kommunistischen Jugend, das ihm oft Schriften seiner Organisation weitergab, merkt dazu an: „Die Beziehung war barsch, schwierig", und er beschreibt Ernesto als einen Menschen, der zwar ethische, aber keine politischen Vorstellungen hatte. Gemeinsam mit Tita Ferrer ist er Mitglied der KJ und führt für gewöhnlich harte Diskussionen, in denen er die Marxisten als sektiererisch und stur brandmarkt. Seine Abneigung gegenüber der Universität erklärt sich vielleicht aus einer Überlegung von Tita: „Wir waren beide aus unterschiedlichen Gründen in dieser Fakultät etwas fremd. Er vielleicht, weil er wußte, daß er dort nur sehr wenig von dem finden konnte, was er suchte. Wir haben uns immer allein getroffen, im Fachbereich, in den Cafés, bei mir, selten einmal bei ihm ..."

Trotz der ärztlichen Warnungen, daß er Unannehmlichkeiten in Form eines Herzanfalls bekommen könnte, spielt er weiterhin Rugby. Sein Vater versucht ihn davon abzubringen, aber Ernesto verschließt sich allen Ratschlägen und antwortet: *Und wenn ich dabei draufgehe!* Immerhin erreicht der Vater, einen Freund davon zu überzeugen, mit einem Inhalator am Spielfeldrand mitzurennen und

Ernesto ab und zu die Flasche zu reichen, damit dieser sich ein wenig Luft in die Lungen pumpen kann.

In den Dezembertagen '49 verabschiedet sich Ernesto von seinen Freunden mit dem Satz: *Während ihr hierbleibt und für diese drei Fächer büffelt, werde ich eine Rundreise durch die Provinz Santa Fe, den Norden von Córdoba und den Osten von Mendoza machen und nebenbei ein paar Prüfungen vorbereiten, um nicht durchzufallen.*

Er hatte eine seltsame Reise in der Logik des „Raidismus“, der Philosophie der Umherziehenden, der organisierten Vagabunden, der zum Äußersten bereiten Reisenden, geplant. Durch den Einbau eines kleinen Motors der italienischen Marke Cucciolo in sein Fahrrad wollte er die Fahrleistung erhöhen. Am 1. Januar fährt er los, begleitet von der Faszination seiner jüngeren Geschwister und der Verzweiflung seiner Eltern über „die Verrücktheiten von Ernesto“. Als Beweis seiner Reise hinterläßt er das tolle Foto mit Sonnenbrille. Es ist vor dem italienischen Krankenhaus in Córdoba aufgenommen. Er sieht wild aus. Mit Kappe, Schutzbrille und Lederjacke sitzt er auf seinem Fahrrad. Die Fotografie wurde schon veröffentlicht, bevor Guevara zum Che geworden ist, sie wurde in mehreren Ausgaben der Zeitschrift „Gráfico“ als Werbung gedruckt, zum Vergnügen von Juan Martín, der alle Anzeigen sorgfältig ausschnitt: „Der argentinische Medizinstudent Ernesto Guevara de la Serna ist auf seinem Fahrrad mit Cucciolo-Motor durch die ganze Republik gereist.“

Als ich in der Nacht vom 1. Januar Buenos Aires verließ, war ich voller Zweifel an der Leistungsfähigkeit der Maschine und hoffte nur, schnell und gut nach Ilar zu kommen, dem Schlußpunkt des Tagespensums, wie einige wohlwollende Stimmen zu Hause meinten, und später nach Pergamino.

Aber die Fahrt geht ohne größere Probleme voran. Viele Stunden tritt er in die Pedale, manchmal mit Hilfe des Motors, und hält Rast in den Mittagsstunden, um unter einem Baum Medizin zu studieren. Je mehr Tage verstreichen, desto *lauter schreit der Körper nach einer Matratze, aber der Wille widersetzt sich und die Fahrt geht weiter.*

Als er Villa María hinter sich läßt, hängt er sich wieder einmal an einen Privatwagen, aber ein platter Reifen bringt ihn zu Fall. Er hat wundersamerweise keine Verletzungen davongetragen und beschließt, seine Unversehrtheit mit einem Nickerchen am Straßenrand zu feiern. Dann gelangt er in einem leeren Lastwagen, der ihn und seine Maschine mitnimmt, nach Córdoba.

Unterwegs trifft er einen Vagabunden, der ihm nicht nur Mate in einer Thermosflasche zweifelhafter Herkunft anbietet, sondern sich auch daran erinnert, daß er einmal Friseur gewesen ist, und ihm die Haare schneidet. *Ich trug meinen glattrasierten Schädel wie eine Trophäe zur Familie Aguilar, wo ich Ana María, meine Schwester, besuchte.*

Während des Besuchs bei seiner Schwester unternimmt er einen Ausflug zu einem Ort mit Namen Los Chorrillos, wo es einen wunderschönen Wasserfall gibt. Er macht seine ersten Erfahrungen als Bergsteiger (*Dort lernte ich die wichtigste Bergsteigerregel: Man kommt leichter hoch als runter.*), und um wie schon so oft seit seiner Kindheit das Spiel mit der Gefahr auszureizen, hangelt er sich, von angstvollen Blicken seiner Freunde begleitet, an Mauerhaken eine nicht mehr als 60 Zentimeter breite Wassergrube hinab.

Am 29. Januar setzt er die Reise zur Leprastation fort, wo Alberto, der älteste der Granado-Brüder, arbeitet. In die Pedale tretend und mit halb durchgeschmortem Motor erreicht er die Leprastation José J. Puente in dem nahe bei Córdoba gelegenen Ort Chañar.

An einem dieser Tage behandeln der zukünftige Arzt und der Fachmann eine sehr junge und schöne Patientin, die Lepra hat und sich dies nicht eingestehen will. Granado verabreicht ihr Kälte- und Hitzebäder für die gefühllosen Rückenbereiche. Sie versucht zunächst, die jeweilige Anwendung zu erraten, und verläßt sich schließlich auf ihre Eingebung. Plötzlich sticht ihr Granado mit einer enormen subdermalen Spritze unter die Haut und sie reagiert nicht. Ernesto bringt ihn fast um. Er nennt ihn einen gleichgültigen, gefühllosen Menschen und ist mehrere Tage über seinen Freund empört. Granado versteht ihn nicht; er sieht sich gezwungen, ihm zu erklären, daß es der einzige endgültige Beweis sei ... Gibt es eine Moral dieser Geschichte? Was wäre eine biographische Anekdote ohne Moral? Worum geht es also? Um eine Schwäche unserer Figur? Um Hypersensibilität? Dies scheinen nicht die tieferen Gründe für Ernestos Verhalten zu sein. Vielmehr ist es eine Reaktion auf eines der größten Vergehen, das in seinem persönlichen Sündenkatalog steht, auf eine unverzeihliche Sünde: die Verletzung der Würde. Wenn auch die Härte zulässig ist, der Betrug ist es niemals.

Einige Tage später setzt Ernesto Guevara seine Fahrt in Richtung Santiago del Estero fort und von dort nach La Banda, Tucumán, womit er langsam den Norden Argentiniens hinter sich bringt. Ein Vagabund, dem er begegnet, als er sich gerade in einem Entwässerungsgraben schlafen legen will, fragt ihn, als er von der weiten Reise des jungen Mannes erfährt: „All diese Kraft vergeuden Sie nutzlos?"

Der junge Guevara merkt in seinen Reisenotizen an: *Ich spüre, daß in mir etwas reif geworden ist, das seit langem innerhalb des städtischen Trubels herangewachsen ist: Es ist der Haß auf die Zivilisation, auf das abstoßende Bild von Menschen, die sich wie Verrückte zum Takt dieses gewaltigen Lärms bewegen.*

Unterwegs trifft er einen Motorradfahrer mit einer richtigen Maschine, einer *ganz neuen* Harley-Davidson, der ihm anbietet, ihn mit 80 oder 90 Kilometern in der Stunde ins Schlepptau zu nehmen. Ernesto, der mittlerweile gelernt hat, daß es bei mehr als Tempo 40 sehr gefährlich wird, lehnt die Einladung ab. Einen Tag später an einer Dorfeinfahrt kreuzen sich ihre Wege wieder: Der Motorradfahrer liegt nach einem Unfall tot auf der Straße. Der Tod ist also auf der Landstraße präsent. Auch da.

Unterwegs studiert er nicht nur, er lernt auch allmählich zu erzählen. Auf den Seiten seines Tagebuches wird die Metapher angepaßt, die Beschreibung verbessert, sorgfältige Landschaftsbeschreibungen tauchen auf, während er gleichzeitig immer größeren Gefallen an seinen *Einsiedler*-Meditationen findet.

In Salta läßt man ihn in einem Kleinlastwagen schlafen. Er radelt die Gebirgskette hoch. Er durchquert Tucumán und La Rioja und kommt schließlich in Mendoza an, wo seine Tante Maruja ihn nicht erkennt, da er vor Dreck strotzt. Als sie endlich zur Einsicht gelangt, daß sie ihren Neffen vor sich hat, serviert sie ihm ein gewaltiges Frühstück, wäscht seine Wäsche und füllt seinen Rucksack mit Gebäck. Danach kehrt er zurück: über San Luis und von dort nach Buenos Aires. Es sind 4.500 Kilometer gewesen und noch ein paar mehr. Das Ergebnis? Die Erfahrung, die Einsamkeit, die Landstraßen. Es wird dauern, bis er sich wieder einlebt. Klargeworden ist vielleicht nur, daß die Universität allmählich zu klein für ihn wird.

Er hält sein Versprechen und legt eine Prüfung im April und zwei weitere im Dezember ab. Langsam nähert er sich einem Titel und einem Berufsabschluß.

Im Oktober 1950, während einer Hochzeit im Hause González Aguilar in Córdoba, lernt er eine junge Frau kennen, María del Carmen Ferreyra, *Chichina*. Sein Freund José González faßt kurz zusammen: „Bei einem dieser plötzlichen Zusammentreffen der Jugend verlieben sie sich." Chichina ist eine sympathische, schöne Heranwachsende mit großen Augen, halb ins Gesicht hängenden Haaren und vielen Verehrern.

Aber das rasante Verhältnis ist nicht frei von Problemen. Ernesto ist ein Kind der verarmten Mittelklasse, Chichina Tochter der alteingesessenen cordobesischen Oligarchie. Ihre Eltern sind Eigentümer von La Malagueña, einer Hacienda mit zwei riesigen Tennisplätzen, Polofeldern, arabischen Hengsten, einer haciendaeigenen Kirche, in der die Sitzplätze der Familie von denen der Bediensteten getrennt sind.

Ernesto besucht sie kurzärmelig und ohne Krawatte, und als die Eltern bemerken, daß die Angelegenheit ernste Züge annimmt, sind sie offensichtlich nicht sehr begeistert. Seine Freundin Dolores Moyano, die zugleich eine Cousine von Chichina ist, faßt hellsichtig zusammen: „Ernesto verliebte sich völlig überraschend und unerwartet in die Prinzessin, die alles darstellte, was er verachtete, und sie verliebte sich in ihn. Eine Beziehung, die den Hauch des Unmöglichen hatte."

Die ersten Schlachten im Krieg Guevara gegen Ferreyra waren merkwürdig. González Aguilar erzählt: „Sie lachten über sein ewiges Nylonhemd, das er wusch, wenn er in ihm badete, und sie amüsierten sich über seine Ungezwungenheit und Schlampigkeit, die mich in diesem dummen Alter etwas beschämte. Aber sie hörten ihm aufmerksam zu, wenn er von Literatur, Geschichte oder Philosophie sprach und wenn er Anekdoten von seinen Reisen zum besten gab." Und Dolores Moyano ergänzt: „Daß Ernesto seiner Kleidung keine Aufmerksamkeit schenken, aber damit versuchen würde, als jemand jenseits der Mode zu erscheinen, war eines der beliebtesten Gesprächsthemen unserer Freunde. Man muß die Mentalität der Provinzoligarchie kennen, um die überraschende Wirkung des Erscheinungsbildes von Ernesto zu verstehen." Weil sie von englischen Sweatern, Lederstiefeln und Seidenkrawatten besessen waren, mußte Ernestos

„Wochenhemd“ aus Nylon sie aus dem Häuschen bringen, aber der Guevara-Stil trug den Sieg davon. Und wenn er zu einer Zusammenkunft kam, ließ er sich keineswegs von den Gütern der Oligarchie einschüchtern, sondern brachte seine ganze Ungezwungenheit zur Geltung.

Da es sich um eine Liebe aus der Ferne handelt (Córdoba–Buenos Aires), mit dem Vorteil, die direkten Zusammenstöße umgehen zu können, gedeiht die Beziehung, wie sich gleichzeitig auch die zu Tita Infante vertieft, die mehr und mehr zu seiner intellektuellen Freundin wird und mit der er einen intensiven Briefwechsel führt. Welche Art von Beziehung haben sie miteinander? Ana María Guevara vermutet, daß „Tita sehr in Ernesto verliebt war“. Ernesto umgekehrt auch? Handelte es sich um eine platonische Beziehung, eine nicht erwiderte Liebe oder vielleicht um etwas komplizierteres: eine nicht entdeckte Liebe?

Ernesto lebt unterdessen sein Leben weiter, und über die üblichen Verrücktheiten hinaus heckt er eine neue aus: Mit seinem Freund Carlos Figueroa erwirbt er einen gerade noch erschwinglichen Restposten aus dem Ausverkauf eines Schuhladens. Sie stellen die passenden Paare zusammen und verramschen sie mit geringem Gewinn. Die übrigen versuchen sie Blinden anzudrehen, und böse Zungen behaupten, daß Ernesto sich mit dem Rest selbst ausgestattet hat.

Auf der Suche nach ein wenig Geld heuert er Ende des Jahres 1950 als Krankenpfleger auf Schiffen der argentinischen Handelsmarine an, und ab Februar ’51 beginnt er auf Frachtern und Tankern mitzufahren. Zwischen Februar und Juni macht er auf der „Anna G.“, der „Florentino Ameghino“, der „San José“ und der „General San Martín“ verschiedene Überfahrten. Er fährt von Comodoro Rivadavia im Süden Argentiniens bis nach Trinidad und Tobago in der Karibik und gelangt bis nach Brasilien und Venezuela.

Im November ’51 befindet er sich in Porto Alegre, Brasilien, an Bord der „Anna G.“ und sendet seiner Tante Beatriz einen Gruß: *Von diesem Land der schönen, leidenschaftlichen Frauen eine mitleidige Umarmung nach Buenos Aires, das mir immer langweiliger vorkommt.*

In einem anderen Brief hält er jedoch fest, daß vier Stunden Petroleumlöschen auf einer Insel, zwei Wochen Hinfahrt und zwei Wochen Rückfahrt nicht der Gipfel des Vergnügens sind.

Die Beziehung mit Chichina ist zu sporadischen Besuchen und Briefen verurteilt. Ernesto schlägt ihr vor zu heiraten und als Flitterwochen eine Rundreise im Wohnwagen durch Amerika zu machen. Die Eltern üben Druck aus, und auch Chichina ist nicht so recht überzeugt. Es kommt zu politischem Streit. Ernesto und sein Freund González Aguilar werden beschuldigt, Kommunisten zu sein, obwohl der junge Guevara zu dieser Zeit wenig mit dem Marxismus zu tun haben dürfte, da er stark von Gandhi beeinflußt ist und „Die Entdeckung Indiens“ von Nehru zu seinen Lieblingsbüchern gehört.

Nachdem er die Handelsmarine verlassen hat, fängt er bei Salvador Pisani an, einem berühmten Allergiefacharzt, der ihn früher behandelt hat. Die Allergie, die auf unerklärliche Weise in sein Leben tritt und es wieder verläßt, ihn lähmt und erstickt, auftaucht und verschwindet, ist eine Krankheit, die ihn zutiefst interessiert; sie ist sein persönlicher Dämon. Mit Pisani zusammen forscht er nach Impfstoffen und Antiallergiemitteln.

Dies hindert ihn nicht daran, sich mit der Erfindung eines Insektizides zu beschäftigen. (Hat er von seinem Vater die fixe Idee für schnelle Geschäfte, die in den Ruin führen?) Zusammen mit Carlos Figueroa verwendet er als Grundlage für die mögliche Erfindung ein Produkt mit dem Namen Gamexan, das gegen Heuschreckenplagen eingesetzt wird. Um das Gamexan in ein Insektizid umzuwandeln, muß seine Konzentration mit Talkumpulver um 80 % herabgesetzt werden. Das Duo vermischt die Pulver per Hand in der kleinen Garage im Erdgeschoß. Das ganze Haus stinkt danach, einschließlich dem Treppenhausschacht. Es ist nicht zu leugnen, daß seinen Experimenten zwar kein Erfolg beschieden ist, sie aber immer voller Exotik sind. Zuerst will er das Mittel „Capone“ nennen, danach versucht er es unter „Atila“ registrieren zu lassen, aber einen ähnlichen Namen gibt es bereits, und schließlich wird es „Vendabal“ genannt.

Am 17. Oktober kommt es zu einem folgenschweren Gespräch. Unter dem Weinstock am Haus der Granados, bei denen Guevara zu Besuch ist, und während sie Albertos Motorrad reparieren, eine 500er Norton mit dem Spitznamen „Die Mächtige II“, schlägt Ernesto vor:

Und wenn wir nach Nordamerika fahren?

„Wie?“

Mit der Mächtigen, Mensch.

In der Version von Granado kam die Idee von seinem Bruder Tomás, der auch anregte, daß Guevara verrückt genug sei, um ihn dabei zu begleiten. Granado zufolge begann Ernesto, der nach Córdoba gekommen war, um Chichina zu besuchen, „einen Kriegstanz und schrie, daß er den unauflösbaren Reisepakt unterzeichnen würde“.

Beide Versionen stimmen darin überein, daß Alberto mit seiner Arbeit nicht zufrieden war und Ernesto seine gerade verloren hatte. Und außerdem *hatte ich die Nase voll von der Medizinischen Fakultät, den Krankenhäusern und den Prüfungen ...*

Ernesto erklärt also seinem Vater aus heiterem Himmel:

Ich fahre nach Venezuela.

„Und deine Braut?“

Wenn sie mich liebt, soll sie auf mich warten.

Im November arbeitet Ernesto in der Klinik von Pisani mit einem gerade eingetroffenen Schweizer Apparat zum Zermahlen der Gedärme von Leichnamen, die mit ansteckenden Krankheiten infiziert waren. Aus Ungeduld hat er die Ankunft des Filters nicht abgewartet, der verhindern soll, daß das Zermahlene dem Gerätebediener schadet. Er steckt sich an. Zwei Tage, nachdem er den Apparat benutzt hat, kann er wegen extrem hohen Fiebers nicht aufstehen. Nachdem er zuerst versucht hat, das Problem zu verheimlichen, sieht er sich gezwungen, seinen Vater zu bitten, eine Krankenschwester mit einem Stimulansmittel zu rufen. Der Vater setzt sich mit Pisani in Verbindung, der sich sofort aufmacht, um ihn zu behandeln. Ernesto scheint sich kurz vor einem Herzschlag zu befinden. Einen Tag später verläßt er abgemagert das Bett, um eine Prüfung zu machen. Er hat – zwischen seiner letzten Reise, seiner Arbeit mit Pisani, der Krankheit und den Abenteuern mit dem Insektenvernichtungsmittel – drei Prüfungen im September, eine im Oktober und drei im November dieses Jahres 1951 abgelegt. Seinem Vater zufolge war er erschöpft, aber „erschöpft" ist und bleibt ein wenig guevaristisches Wort.

Kapitel 3

★

Die Entdeckung Amerikas

Die Reiseroute ist etwas merkwürdig: in den Norden über den Süden. Von Córdoba aus wollen sie nach Buenos Aires hinabfahren, um sich von Ernestos Eltern zu verabschieden, dann an der Atlantikküste entlang, um sich von Chichina zu verabschieden, danach in den Süden zu den Seen, um die Grenze nach Chile zu überqueren, und von dort aus werden sie endgültig Kurs nach Norden nehmen.

In den letzten Dezembertagen des Jahres 1951 erfolgt die Abfahrt und damit die Flucht vor einem Auf-Wiedersehen, das kein Ende nehmen wollte. Als sie von den Granados wegfahren, stoßen sie fast mit einer Straßenbahn zusammen. Am 4. Januar lassen sie Buenos Aires hinter sich, nachdem sie mit den gleichen Vorwürfen bedacht worden sind, die sie schon in Córdoba gehört haben. Celia bittet Alberto, alles zu unternehmen, damit Ernesto zurückkehrt, um sein Staatsexamen abzulegen: „Ein Titel ist immer gut." Bei dieser letzten Etappe hat sich ein kleiner Schäferhund mit Namen Comeback der Expedition angeschlossen und reist festgekrallt auf dem Gepäck des überladenen Motorrads mit.

Von Buenos Aires geht es nach Miramar, ein kleines Seebad, in dem Chichina mit ihrer Familie den Sommerurlaub verbringt, zum dritten der angekündigten Abschiede. *Die geplanten Tage dehnten sich wie Gummi auf acht aus und hatten den süßsauren Geschmack des Abschieds, der sich mit meinem notorisch schlechten Mundgeruch mischte ...*

Alberto spürte die Gefahr und sah sich schon allein über die Straßen Amerikas fahren, aber er sagte kein Wort. Der Kampf wurde zwischen ihr und mir ausgetragen.

Ernesto fällt die Abfahrt nicht leicht, er ahnt, daß es ein Bruch ist. Wieviele Monate werden sie voneinander getrennt sein? Auf dem Rücksitz eines Buick wird der Abschied vollzogen. Sie gibt ihm ein goldenes Armband, er überläßt ihr

Comeback. *Alles war süße Schmeichelei mit diesem bitteren Geschmack des bevorstehenden Abschieds, der schließlich erst am achten Tag erfolgte. Jeden Tag mag oder liebe ich sie mehr, meine geschätzte andere Hälfte. Der Abschied war lang, denn er dauerte bereits zwei Tage und näherte sich ziemlich dem Idealzustand. Auch um Comeback tut es mir sehr leid.*

Schließlich trennen sie sich (*nachdem ich zum letzten Mal ausgiebig um sie herumgeschwänzelt bin, zog mich mein Gefährte Alberto Granado von ihr weg* ...). Chichina leiht ihm 15 Dollar, als sie losfahren. Er soll damit einen Badeanzug erstehen. Ernesto schwört, daß er sie für nichts anderes ausgeben und eher Hunger leiden würde und daß er ihn bei der Ankunft in den Vereinigten Staaten kaufen werde.

Am 16. Januar sind die Motorradfahrer in Bahia Blanca. Bei einem Sturz in einem Vorort zieht sich Ernesto Verbrennungen am Fuß zu, und die Wunde vernarbt nicht richtig. Sie trödeln einige Tage durch die Küstenorte und werden in Benjamin Zorilla durch eine Erkrankung Ernestos aufgehalten. Landstraßen, schlafen in Polizeistationen und Krankenhäusern, halbleere Mägen, Landschaften ...

Am 14. Februar überqueren sie die Grenze nach Chile. Sie vereinbaren mit dem Kapitän der „Esmeralda", daß er das Motorrad im Beiboot des Schiffes mitnimmt und sie dafür das Wasser aus dem Kielraum schöpfen. Ernesto hat einen Asthmaanfall. *Wir bezahlten unsere Überfahrt und die der „Mächtigen" im Schweiße unseres Angesichts.*

Am 16. Kurs auf Osorno unter Verrichtung einer vergnüglichen Arbeit – sie fahren einen Kleinlastwagen. Für Ernesto enthüllt sich im indianischen Chile *etwas vollkommen anderes als bei uns und etwas typisch Amerikanisches, gegen die Exotik gewappnet, die unsere Pampas durchsetzt.* Am folgenden Tag schlafen sie auf einem Landgut, wo sie mit einem Landarbeiter über die Agrarreform sprechen. Der Bauer will nichts von diesen Modernitäten wissen. Das Motorrad wird immer pannenanfälliger. In Temuco interviewt sie ein Reporter für die Tageszeitung „Austral". Dabei enthüllen sie einen ihrer Pläne: „Zwei argentinische Lepra-Spezialisten fahren zu den Osterinseln"; sie möchten Rapa Nui besuchen. Die Reportage befördert sie in eine neue Kategorie. Sie sind „die Spezialisten", und die ohnehin schon gute Behandlung wird noch etwas besser. Ernesto wird in seinem Tagebuch nicht müde, die Großzügigkeit der Chilenen zu loben. Was sich nicht bessert, sind die Reisebedingungen: *Die Bett- und Tageskleidung unterscheidet sich nur durch die Schuhe.*

Als sie Temuco verlassen, haben sie einen schweren Unfall: *Ohne daß irgendetwas darauf hingedeutet hätte, macht das Motorrad einen Bocksprung zur Seite,* und sie gehen zu Boden. Wie durch ein Wunder tragen sie keine Verletzungen davon. Der Rahmen und das Aluminiumchassis, das das Getriebe schützt, sind durchgebrochen.

Den Rahmen der „Mächtigen" zu schweißen, die Ernesto bereits seit einiger Zeit die „Schwächliche" nennt, braucht das letzte Geld auf, das ihnen geblieben ist.

Während das Motorrad in Lautaro repariert wird, lernen sie eine Gruppe von Chilenen kennen und gehen schließlich mit ihnen einen Wein trinken. Ernesto erzählt: *Wir beschlossen, mit einigen zufälligen Bekannten, die uns zu ein paar Gläschen eingeladen hatten, einen draufzumachen. Der chilenische Wein ist hervorragend, und ich kippte mir kräftig einen hinter die Binde, so daß ich, als wir zum Dorftanz gingen, mich zu allen Großtaten in der Lage fühlte. (...) Einer der Mechaniker der Werkstatt, der besonders freundlich war, bat mich darum, mit seiner Frau zu tanzen, da ihm der Wein schlecht bekommen sei. Und die Frau war in Stimmung und hinreißend, sie hatte chilenischen Wein, und ich nahm sie bei der Hand, um mit ihr rauszugehen. Sie folgte mir willig, aber dann merkte sie, daß ihr Ehemann sie beobachtete, und sagte mir, daß sie bleiben wolle; ich war nicht mehr in der Lage zu vernünftigen Gesprächen und wir begannen mitten im Saal ein Gerangel, das damit endete, daß ich sie zu einer der Türen schleppte, während uns alle Welt dabei zusah. In diesem Moment versuchte sie, mir einen Tritt zu versetzen, und da ich weiter an ihr zog, kam sie aus dem Gleichgewicht und polterte zu Boden. Während wir, von einer Horde wütender Tänzer verfolgt, zum Dorf rannten, jammerte Alberto über den ganzen Wein, den er dem Ehemann bezahlt hatte.*

Granado wird sich später daran erinnern, daß der rasende Serna damals sehr ernst sagte: *Wir müssen uns fest vornehmen, in Zukunft keine Frauen mehr auf Volksfesten zu erobern.* Sie müssen für ihre Sünde bezahlen, denn wegen des Katers fahren sie mit dem Motorrad, dessen Bremsen nicht funktionieren, beim Verlassen des Ortes in eine Kuhherde (*Rindern ähnelnde Gebilde*).

Die folgenden Tage vergehen zwischen einigen Kilometern auf der Landstraße und Basteleien am Motorrad, das Granado zufolge „um Gnade bittet". Im Dorf Los Angeles können sie dank der vortrefflichen Intervention von zwei jungen Frauen in der Feuerwache schlafen und an der Bekämpfung eines Brandes mitwirken. Sie entdecken nicht nur den Liberalismus der Chilenen, sondern retten auch eine Katze, was den Beifall der Zuschauer hervorruft. (Ernesto wird erklären, daß Granado der Retter war, Granado wird erzählen, daß das Tier sein Überleben Ernesto zu verdanken hatte.)

Mit einem Lastwagenfahrer, der sie für einen Umzug anheuert, gelangen sie nach Santiago.

„Immer mit der Ruhe, José, laß diese Argentinier nur machen ..."

Und Ernesto hebt einen sehr breiten, schweren Kleiderschrank zehn Zentimeter hoch und trägt ihn den ganzen Flur entlang. Danach kehrt er zu den verblüfften Lastwagenfahrern und Granado zurück.

Ich bin fertig, und er überläßt ihnen den Rest des Umzugs.

In Santiago bemerken sie, daß sich ein argentinisches Wasserpoloteam auf der Durchreise befindet, und sie schließen sich ihm an. Das Motorrad hat das Zeitliche gesegnet. „... der Leichnam einer alten Freundin", wird Granado zum Abschied sagen. Der Verlust des Motorrads bedeutet auch einen Statusverlust. Ernesto präzisiert: *Bis zu einem gewissen Punkt waren wir die Ritter der Landstraße. Wir gehörten zur „Cowboy"-Aristokratie und fuhren auf unserer überaus beeindruckenden Visitenkarte herum. Jetzt waren wir nichts weiter als zwei Landstreicher,* die mit Hilfe des Daumens nach Valparaiso reisen.

Dank der Gutmütigkeit des Besitzers eines kleinen Fischrestaurants (mit dem Namen La Gioconda, was Ernesto Anlaß gab, vom Lächeln der Gioconda zu sprechen ...) haben sie zwei Tage zu essen, während sie auf ein Schiff warten, das sie zu den Osterinseln bringen soll – ein sich als unmöglich herausstellender Plan, da sie kein Transportmittel finden. In den folgenden Wochen rückt die Insel in unerreichbare Ferne.

Am 8. März reisen sie an Bord der „San Antonio" als blinde Passagiere nach Antofagasta. Die Versionen weichen voneinander ab: Granado erklärt, daß dies mit dem Schiffsoffizier abgesprochen war; Ernesto zufolge schlichen sie sich als blinde Passagiere ein und versteckten sich in den Toiletten: *Wir blieben eineinhalb Tage auf den Toiletten. Wenn jemand kam, um die Tür zu öffnen, antwortete eine grabestiefe Stimme: „Besetzt", beim nächsten Mal ein dünnes Stimmchen: „Leider belegt"; und wenn die Luft rein war, gingen wir in die Nachbartoilette, um das Frage-Antwort-Spiel fortzusetzen.* Am Schluß geben sie alles zu. Wie auch immer es gewesen sein mag, letzten Endes putzen sie die Toiletten und schälen Zwiebeln, was Ernesto dazu nutzt, um ein Foto vom weinenden Granado zu schießen.

Auf der Überfahrt teilt ihnen ein Seemann folgende weise Überlegung mit, die ihnen zweifelsohne sehr nützlich ist, so wie die Dinge um ihre Reise nun einmal stehen:

„Kumpels, ihr sitzt hier mitten in der Scheiße. Warum hört ihr nicht auf, hier rumzufurzen, und bewegt euren Arsch zurück in euer Scheißland?"

In Antofagasta begeben sie sich in das Bergbaugebiet. Granado beneidet Ernesto um seine Fähigkeit, unter den härtesten Umständen zu schlafen. Sie sind von den Bedingungen erschüttert, unter denen die Grubenarbeiter der englischen Gesellschaft ausgebeutet werden (*die Pracht der Grubenanlagen basiert auf den zehntausend Leichen, die auf dem Friedhof liegen).* Im Laufe der Tage lernen sie einen kommunistischen Bergarbeiter kennen. Ernestos Meinung von ihm ist interessant: *Es ist wirklich eine Schande, daß gegen Menschen wie ihn Repressalien ergriffen werden. Unabhängig davon, ob er nun gut oder schlecht für das gesunde Leben einer Gemeinschaft ist, war der Wurm des Kommunismus, der sich in ihn eingegraben hatte, nichts weiter als der natürliche Wunsch nach etwas Besserem.*

Von Antofagasta geht es zu den Salpeterminen von Iquique. Ernesto rezitiert unterwegs Gedichte von Neruda, aus „Dritter Aufenthalt". Plötzlich überrascht Ernesto Granado mit Versen, die dieser nicht kennt und die von Gebirgsbächen berichten. Neruda? Nein, José Martí. Sie gelangen nach Arica, schlafen unterwegs auf Bahnhöfen, besuchen Krankenhäuser, arbeiten dort. Sie verabschieden sich von Chile mit einem Bad im Meer, *mit Seife und allem, was dazugehört,* bevor sie nach Peru reisen.

Am 23. März verlassen sie Chile, sie haben 3.500 Kilometer vom Süden in den Norden zurückgelegt.

Die ersten Eindrücke von Peru sind die der Erschöpfung: *Die Rucksäcke wogen so schwer, als hätten wir die Last verhundertfacht.* Sie kommen mitten in der Nacht zu Fuß vor einem Bauernhaus an. Sich als Ärzte und Argentinier vorgestellt zu haben, öffnet ihnen die Türen. „Aus dem Land von Perón und Evita, wo die Indianer nicht so gequält werden wie hier", sagt der Bauer.

Vom 24. bis zum 31. März nähern sie sich langsam Cuzco, nachdem sie den Titicacasee hinter sich gelassen haben. Ab und zu bekommen sie einen Bissen in den Mund, reisen gemeinsam mit Indios und Tieren auf Lastwagen, werden Zeuge von Rassismus und Mißhandlungen der Indianer.

In Juliaca werden sie in eine Diskussion mit einem Wachtmeister der Zivilgarde verwickelt, der in einer Kantine darauf besteht, daß Alberto sich ihm gegenüber aufstellt, damit er ihm eine Zigarette mit einem Schuß aus seiner Pistole anstecken kann. Da Granado nichts damit zu tun haben will, bietet der Wachtmeister ihm Geld an und schraubt seinen Einsatz immer höher. *Als er bei 200 Soles angelangt war – die auf dem Tisch lagen –, begannen Albertos Augen zu funkeln, aber der Selbsterhaltungstrieb war stärker, und er bewegte sich nicht.* Alles endet damit, daß der Polizist auf seine eigene Mütze zielt und natürlich vorbeischießt.

In Cuzco wird Ernesto von der Inkawelt überwältigt. Seine Sprache geht mit ihm durch, die Metaphern brechen aus, die Bilder wirbeln durch seine Tagebuchaufzeichnungen. Cuzco ist *Beschwörung. Ein nicht greifbarer Staub vergangener Epochen liegt über seinen Straßen.* Im zukünftigen Doktor Guevara steckt zweifellos ein heimlicher Archäologe. In seinem Tagebuch beschreibt er die Stadt voller Präzision und Faszination. Aber wenn Cuzco ihn hinreißt, wird der Machu Pichu ganz von ihm Besitz ergreifen. Die Reise wird zum Studium und zur Zusammenstellung von Daten, die er kurioserweise zwei Jahre später in einem Artikel aufarbeiten wird.

Am 6. April verlassen sie das archäologische Gebiet, um zum Leprakrankenhaus in Huambo zu fahren, einem der Reiseziele. Während der Fahrt bekommt Ernesto einen fürchterlichen Asthmaanfall, der sich trotz zweier Adrenalinspritzen bei Einbruch der Nacht in einer Polizeiwache verschärft und Granado in Angst und Schrecken versetzt. Er glaubt, daß es sich um einen Wundstarrkrampf handelt, da die Nadeln nicht richtig sauber waren, und fürchtet, Ernesto könne dabei sterben. Eine zweite Dosis bewirkt ein Nachlassen des Asthmas. *Eingewickelt in eine Decke des verantwortlichen Wachhabenden, schaute ich dem Regen zu, während ich eine starke Zigarette nach der anderen rauchte, was meine Erschöpfung etwas linderte; kurz vorm Morgengrauen schloß ich, gegen eine Korridorsäule gelehnt, die Augen.*

Am 14. April gelangen sie nach Huambo und steigen damit in die Hölle hinab. Nur mit einem einzigen Arzt ausgestattet, der alle zwei Monate kommt, und einer Gruppe von Personen, die alles Menschenmögliche tun, um die schlechten Anlagen zu erhalten, ähnelt Huambo eher einem Gefangenenlager als einem Krankenhaus. Einige Tage lang arbeiten sie als Ärzte. Ernesto leidet wieder unter einem Asthmaanfall. Nachdem sie Huambo verlassen haben, verschlimmert es sich so sehr, daß Granado ihn im kleinen Krankenhaus von Andahuaylas behandeln muß. Ein aristokratischer Arzt verweist sie schließlich des Sanatoriums, und sie schlafen in einer Polizeidienststelle.

Bis Ende April ziehen sie im Land umher, arbeiten manchmal als Ärzte und werden des brutalen Rassismus der peruanischen Gesellschaft gewahr. Schließlich erreichen sie am 1. Mai Lima. *Wir befanden uns am Ende einer der wichtigsten Reiseetappen; ohne einen Centavo, ohne größere Aussichten, kurzfristig welche zu verdienen, aber zufrieden.*

In Lima besuchen sie den Arzt Hugo Pesce, einen Pionier der Lepraforschung. Er ist Marxist und gastfreundlich, mit der Heilung und Erforschung der Krankheiten der Armen befaßt, Malaria- und Lepraforscher. Pesce empfängt sie sehr freundlich und zeigt ein starkes Interesse an den vagabundierenden Ärzten, die wie er um die Bekämpfung der Lepra bemüht sind. Er und seine Assistentin Zoraida Boluarte besorgen ihnen eine Unterkunft im Leprakrankenhaus Guía, das von strengen Salesianernonnen geleitet wird.

Ernesto und Granado verlassen das Krankenhaus gewöhnlich mit einem Sprung über den Zaun, um der Klausur zu entfliehen, die ihnen die Nonnen aufgezwungen haben, und um die Abendstunden bei Doktor Pesce zu verbringen, der sich um ihre Verpflegung kümmert, oder die Familie Boluarte in der Calle Leoncio Prado zu besuchen.

Während Pesce ihnen Unterkunft, Essen und Gespräche bietet, wird Zoraida zur mütterlichen Fee der beiden Argentinier. Sie wäscht ihre Kleider, ergänzt ihre Kost mit Gebäck und Marmelade und legt Tangoplatten auf. Eine kubanische Journalistin, die die Krankenschwester Jahre später interviewt, ist der Ansicht, daß die Beziehung zwischen Ernesto und Zoraida sehr viel mehr als nur rein freundschaftlich war und daß sie in jenen Tagen in Lima ein Liebesverhältnis hatten. Dem Tonfall der Briefe zufolge, die Ernesto ihr im Laufe der folgenden Jahre schreiben sollte, scheint dies möglich zu sein.

Zehn Tage später verlassen sie Lima. Beim Abschied besteht Pesce darauf, daß sie sich zu seinem Buch „Latitudes de silencio“ [Breitengrade des Schweigens] äußern. Ernesto kann nicht an sich halten und läßt eine vernichtende Kritik vom Stapel. Er beschuldigt Pesce, ein schlechter Landschaftsbeschreiber zu sein und die Indianer zu pessimistisch einzuschätzen. Granado wird wütend. Wie er es nur wagen könne, wo Pesce sich ihnen gegenüber doch so wunderbar verhalten habe. Ernesto bemerkt abschließend, daß die Wahrheit eben hart sei. Pesce nimmt die Kritiken voller Bescheidenheit auf. Die beiden Argentinier nehmen neben zwei Anzügen, die der Doktor dem abgerissenen Ernesto schenkt, eine großartige Erinnerung an ihn mit.

Sie machen sich nun auf den Weg zum Amazonas. In einem Brief an seine Eltern fällt Ernesto nichts besseres ein, als ihnen mitzuteilen: *Wenn Ihr innerhalb eines Jahres nichts von uns gehört habt, dann sucht unsere Schrumpfköpfe in irgendeinem Yankeemuseum, denn wir werden das Jivarasgebiet durch-*

queren ... und seiner Familie damit neuen Grund zur Besorgnis zu geben.

Nachdem sie verrufene Landstraßen entlanggezogen sind und dabei ein Unfallopfer geheilt und bei einem Chauffeur Lungenentzündung diagnostiziert haben, kommen sie nach Pucallpa im peruanischen Teil des Amazonas und besteigen ein Boot mit dem Namen „La Cenepa". Im Verlauf der Reise werden beide – und „ohne uns in die Quere zu kommen", wie Granado sagen wird – eine Beziehung mit einem etwas lüsternen Mädchen eingehen (ein *Hürchen*, wie Guevara erklären wird, der eine radikale Sprache pflegt), der die Geschichten der Raidisten gefallen. Endlose Tage, Moskitonächte.

Ernesto erinnert sich an Chichina. Aber er entsinnt sich ihrer wie jemand, der eine Episode für abgeschlossen hält. Er stellt sie sich mit einem neuen Freund auf ihrer Hacienda vor, *wo sie gerade jetzt einige ihrer seltsamen, verschachtelten Sätze zu ihrem neuen Galan sagen dürfte.*

In Iquitos steigen sie in ein Motorboot, „El Cisne", um. Ernesto leidet unter einem starken Asthmaanfall und spritzt sich bis zu vier Adrenalininjektionen am Tag. Schließlich erreichen sie am 8. Juni das vollkommen abgelegene Leprakrankenhaus San Pablo.

Dort halten sie nicht nur Sprechstunden ab und betreuen verschiedene Patienten, sondern sie führen auch gemeinsam mit den Ärzten Untersuchungen durch, angeln im Fluß und spielen mit den Leprakranken Fußball. Während der ganzen Reise registriert Ernesto in seinem Tagebuch minutiös alle Fußballspiele und seine Leistungen als Torwart.

Am 14. Juni feiern sie Ernestos 24. Geburtstag, *den Tag des Hl. Guevara.* „Fuser war angesagt." Seine vollkommene Untauglichkeit für den Tanz bringt ihn in Verlegenheit. Er bittet Granado darum, ihn anzurempeln, wenn ein Tango gespielt wird; Alberto vergißt das Signal und stößt ihn an, als sie ein brasilianisches Stück spielen, um ihn daran zu erinnern, daß dies eines der Lieblingslieder von Chichina ist. Dadurch bringt er ihn dazu, einen Samba zu tanzen, als sei es ein Tango.

Drei Tage später bringt Ernesto eines der Dinge zustande, für die er sein Leben hergeben würde: den Amazonas zu durchschwimmen; eine 4 km lange, leicht versetzte Überquerung unter Ausnutzung der Strömung. Er kommt keuchend, aber durch und durch glücklich am anderen Ufer an.

An den Amazonas werden sie einige Tage später zurückkehren, als sie das Krankenhaus verlassen, und zwar auf einem von den Leprakranken rudimentär zusammengezimmerten Floß mit einer Palmhütte in der Mitte, dem „Mambo-Tango", auf dem sie drei Tage lang flußabwärts fahren. Es ist eine Fotografie erhalten, auf der die beiden Argentinier an Bord des Floßes sich stolz auf ihren Rudern aufstützen: Ernesto mit einem gestreiften T-Shirt, Granado mit einer Hose, die an Knickerbocker erinnert.

Da sie eingeschlafen sind, treibt die Strömung die „Mambo-Tango" nach Brasilien, und sie sehen sich gezwungen, den Fluß im Kanu zu überqueren, um nach Leticia in Kolumbien zu gelangen. Als sie durch das Dorf streunen, stoßen sie auf den Geschäftsführer von „Independiente Sporting" aus Leticia, den sie von ihren fußballerischen Qualitäten überzeugen. Sie erklären sich bereit, den Club auf unbestimmte Zeit und zu einem nach den Ergebnissen zu bestimmenden Gehalt zu trainieren. Am 26. Juni fangen sie auf der besten Arbeitsstelle der gesamten Reise an. Granado erzählt, daß der Stil des Clubs noch der Spielweise der Argentinier in den dreißiger Jahren ähnelte: „Der Torwart blieb wie angewurzelt auf der Torlinie, die Verteidiger waren in den Strafraum verbannt und die Mittelfeldspieler rannten auf dem ganzen Spielfeld hin und her." Die beiden brillanten Trainer führen die Manndeckung ein und erreichen innerhalb von einigen Stunden, nach einem Übungsspiel des Angriffs gegen die Verteidigung, wunderbare Ergebnisse.

In ihrer Freizeit lesen die beiden Trainer ein Buch über Geographie und Geschichte Kolumbiens. Aus Zeitungen und Gesprächen erfahren sie die Geschichte des „Bogotazo", der Auseinandersetzungen zwischen Liberalen und Konservativen, und vom gegenwärtigen Krieg der Bauernguerilla in den Ebenen.

Das Training geht weiter. Ernesto spielt nun im Tor und setzt die Verteidigung in Bewegung, damit sie ihre Starrheit verliert. Damit und mit sporadischen Besuchen im Krankenhaus, um Malariafälle zu untersuchen, vergehen allmählich die Tage. Im ersten Spiel von „Independiente Sporting" verlieren sie zwar, aber das Publikum ist von den Fortschritten der Mannschaft begeistert.

Schließlich naht ein Ausscheidungsturnier, dessen erstes Spiel sie mit einem Tor von Granado gewinnen, der wegen seines Dribbelstils zu Ehren des argentinischen Cracks Pedernera „Pedernerita" getauft wird. Und Ernesto erweist sich als genialer Torwart. Das Endspiel geht 0:0 aus, und das Turnier muß durch ein Elfmeterschießen entschieden werden. Ernesto wehrt den dritten Schuß ab (*ich habe einen Elfer gehalten, der in die Geschichte von Leticia eingehen wird*), aber es nützt nicht viel, denn der Mittelstürmer seines Clubs verschießt alle drei.

Einen Tag später, beim letzten Training, bewegt sich der am Knie blutende Ernesto während der Zeremonie des Fahnenhissens, um das Blut mit einem Stück Papier zu stoppen. Der Oberst macht ihn zur Schnecke. Es ist gut möglich, daß die Blitzkarriere der Trainer ein schlechtes Ende nimmt. Granado denkt in diesem Augenblick, daß Ernestos barsches Temperament die Oberhand gewinnen und es zu einem Skandal kommen wird, aber Guevara lächelt und schluckt die Beleidigung herunter (*ich zog den Schwanz ein*).

Die Stunde der Abreise ist gekommen. Trotz der Angebote, den Verein weiterzutrainieren, lassen sie sich auszahlen, verkaufen, was sie vom Floß nicht gebrauchen können, und fliegen in einem Militärtransporter nach Bogota.

Dort befremdet sie die große Anzahl von Polizisten mit langläufigen Waffen auf den Straßen. Man spürt das Gewicht der Diktatur von Laureano Gómez. Sie essen in einer Mensa und schlafen auf den Stühlen eines Krankenhauses.

Wegen einer Nichtigkeit werden sie in die Willkür der kolumbianischen Polizei verstrickt, die sie verhaftet und mit Ausweisung bedroht. Eines Nachts hatte Ernesto gerade mit einem kleinen Dolch eine Skizze der Stadt in den Boden geritzt, um sich in Bogota besser zurechtzufinden, als einige Polizisten sie festnahmen und das Messer beschlagnahmten. Als sie es am nächsten Tag zurückforderten, wurden sie erneut verhaftet, bedroht und *schikaniert.* Granado empört sich nicht nur wegen der polizeilichen Willkür, sondern auch wegen der Apathie der Leute, die ihnen empfehlen, keine Scherereien zu machen.

Von diesem traurigen Aufenthalt in der Hauptstadt Kolumbiens läßt sich nur die Tatsache hervorheben, daß sie ein Spiel der legendären Fußballmannschaft „Real Madrid" gegen die „Millionarios" zu sehen bekommen. Es gelingt ihnen, mit Alfredo Di Stefano zu sprechen, der ihnen zur verrückten Freude Ernestos Mate und zwei Eintrittskarten für das nächste Spiel schenkt.

Da ihre Auseinandersetzungen mit der Polizei über die Rückgabe des Dolchs weitergehen, wird ihnen schließlich sogar die Erlaubnis zum Besuch der Leprastation Agua de Dios verweigert, und sie werden aus dem Krankenhaus gewiesen, in dem sie schlafen. Kolumbien und seiner Polizisten überdrüssig, überqueren sie am 14. Juli über den Fluß Tachira die kolumbianisch-venezolanische Grenze. Der Grenzübertritt bereitet ihnen auf beiden Seiten Unannehmlichkeiten: *Unnötige Fragen und Herumgeblättere in den Pässen, inquisitorische Blicke auf der kolumbianischen Seite, barsche Überheblichkeit, anscheinend ein gemeinsamer Wesenszug der gesamten Militärkaste,* auf der venezolanischen Seite, und nebenbei noch mehr Gezeter um das *berühmte Messer.* Glücklicherweise bekommen die Zöllner nicht mit, daß sie in einem ihrer Rucksäcke eine Pistole mitführen.

In Barquisimeto zwingen die venezolanischen Preise sie dazu, Wasser zu trinken, während alle anderen Bier zu sich nehmen. Ernesto wird weiterhin von Asthma gequält. Unterwegs entwerfen sie einen ersten Plan: Wenn Ernesto mit einem seiner Verwandten, der Pferde transportiert, in einem Transportflugzeug nach Buenos Aires mitfliegen kann und Granado eine Arbeitsstelle als Arzt bekommt, wird die Geschichte vorläufig hier enden. Wenn beides nicht klappt, werden sie nach Mexiko weiterfahren.

Granado redet auf Guevara ein, nach Buenos Aires zurückzukehren und dort, wie seiner Mutter versprochen, seinen Doktortitel zu machen. Es scheint, daß Ernesto sich damit einverstanden erklärt, denn in einem an Tita Infante gerichteten Brief aus Lima verabredet er sich mit ihr für den August in Buenos Aires, um das Studium abzuschließen. Und am 24. Juli bittet er Tita von Caracas aus erneut darum, ihn an der Universität einzuschreiben.

In Caracas befremdet sie der brutale Gegensatz zwischen Reichtum und Elend und vor allem die Autos (*glänzende Fahrzeuge parken vor den Türen elender Hütten*). Sie leben in einer schäbigen Pension, entwickeln eine wechselseitige Haßbeziehung zu den Bürokraten der argentinischen Botschaft und laufen die ganze Stadt zu Fuß ab.

Ernesto ist von den winzigen Viehfarmen in der Umgebung von Caracas schwer beeindruckt, *Lehmhütten,* brutales Elend, Häuser mit Feuerstellen, Schwarze, die von den Leuten die „Portugiesen" genannt werden ... Er versucht, Fotos von einer Familie zu machen, aber die Leute weigern sich. Während er mit der Kamera herumspielt, um anzudeuten, daß er ein Foto machen möchte, und dabei einen Jungen auf einem Fahrrad ins Visier nimmt, erschrickt dieser und fällt hin. *Ich entferne mich leicht beunruhigt, denn sie sind hervorragende Steinewerfer.*

Am Ende der ersten Woche bekommt Granado Arbeit in der Leprastation eines nahegelegenen Dorfes, 30 Kilometer von Cabo Blanco entfernt. Und der Vertreter des Pferdebesitzers, mit dem Ernestos Onkel in Verbindung steht, hat nichts dagegen, ihn mitzunehmen, wenn er ein Visum für die USA bekommt, denn der Rückflug nach Buenos Aires erfolgt über den Norden, über Miami. Bei einer Abschiedsfeier mit den Freunden, die sie in diesen Tagen kennengelernt haben, kommt Ernesto nicht umhin, sich in eine Diskussion mit einem Journalisten von UPI einzulassen und nebenbei über die Denkweise der gesamten venezolanischen Mittelklasse herzuziehen. Er endet mit einem schönen Ausruf: *Ich bin lieber ein indianischer Analphabet als ein nordamerikanischer Millionär.*

Ernesto Guevara und Alberto Granado dürfte der Abschied nicht leichtgefallen sein. Zwischen beiden hat sich eine Freundschaft gefestigt, die Krankheiten und Hunger standgehalten hat. Sie tauschen Versprechen für ein künftiges Wiedersehen aus. Damals wissen sie noch nicht, daß es sehr viel länger dauern wird, als sie denken, bis ein solches zustandekommt.

Ernesto fliegt in einem Frachtflugzeug voller Rennpferde von Caracas nach Miami. Eigentlich sollten sie dort nur einen Tag Aufenthalt haben, aber das Flugzeug hat einen Motorschaden, und so sieht er sich gezwungen, mit nur einem Dollar in der Tasche die Reparatur abzuwarten.

Um sein Überleben zu sichern, kann er schließlich mit einer Pension vereinbaren, daß er die Miete nach seiner Rückkehr nach Argentinien bezahlen wird. Er besucht die Bibliothek, ernährt sich von Milchkaffee, geht täglich 15 Kilometer von der Pension in der Stadtmitte Miamis zum Strand, bekommt Ärger mit der Polizei, da er einen Puertoricaner verteidigt, der über Truman herzieht ...

Tita Infante erinnert sich, daß Ernesto ihr erzählt hat, daß „ihm die 20 Tage in Miami als die härtesten und bittersten Tage seines Lebens in Erinnerung geblieben sind. Und nicht nur wegen der finanziellen Schwierigkeiten, unter denen er zu leiden hatte!“

Schließlich ist das Flugzeug repariert, und Ernesto kehrt zurück. Die Familie erwartet ihn am Flughafen von Ezeiza und beobachtet, wie er das Flugzeug unter all den Pferden verläßt. Der Abenteurersohn ist wieder zu Hause. Er ist dünner geworden und seine Gesichtszüge sind zweifellos reifer, obwohl er sein Erscheinungsbild eines ewigen Jugendlichen immer noch nicht verloren hat. Nur das? Kurze Zeit später, als er sein Reisetagebuch ins Reine schreibt, wird er festhalten: *Die Person, die diese Aufzeichnungen gemacht hat, starb, als sie erneut argentinischen Boden betreten hat (...). Dieses Herumziehen durch unser „gewaltiges Amerika“ hat mich sehr viel stärker verändert, als ich dachte.* José Aguilar bestätigt das und weist auf eine seiner Veränderungen hin: „Mir ist nach seiner ersten Reise aufgefallen, daß er sich sehr viel stärker für politische Fragen interessierte.“

Wie stark? Welche Politik, welches Projekt? Das unvollständige Tagebuch, das er in diesen acht Monaten geschrieben hat, endet mit einer sehr vehementen und unerbittlichen Parteinahme: *Ich werde für das Volk kämpfen und weiß, da ich es in die Nacht eingeschrieben sehe, daß ich, der eklektische Direktor von Doktrinen und Psychoanalytiker von Dogmen, die Barrikaden und Schützengräben mit dem Geheul eines Besessenen stürmen, meine Waffen in Blut tauchen und rasend vor Wut jedem Besiegten den Hals durchschneiden werde, der mir in die Hände fällt.*

Vorläufig scheinen das nur Worte zu sein.

Kapitel 4
★
Eintritt zum Austritt

Ab September 1952 sitzt Ernesto Guevara in der Nationalbibliothek in der Calle Rodríguez Peña in Buenos Aires und büffelt stundenlang wie ein Verrückter für seine Prüfungen. Die erste legt er im Oktober ab, drei weitere im November und zehn im Dezember. Tita Infante wird sich Jahre später an seine Art zu lernen erinnern: „Er konnte bei einem Thema verweilen und sich darin vertiefen, wenn es ihn ansprach: Leprologie, Allergologie, Neurophysiologie, Tiefenpsychologie ... wie er andererseits noch am Vorabend der Prüfung nach den Themen fragen konnte ..."

Im Januar '53 macht er einen letzten Besuch auf dem Gut La Malagueña, um Chichina zu treffen. Haben sie sich bereits formal getrennt? Macht Ernesto einen Vorschlag, der zurückgewiesen wird? Ein neues Heiratsangebot? Will sie seine Verrücktheiten nicht mit ihm teilen? Die Trennung wird endgültig sein.

In diesem Monat wird auch der Forschungsbericht über Allergie veröffentlicht, an dem er in der Pisani-Klinik mitgearbeitet hat. Seine dortigen Kollegen erinnern sich an die absurdesten Dinge. Dinge, an die man sich für gewöhnlich erinnert, wenn ein Roman über einen Verstorbenen geschrieben wird: Eines Tages betritt er die Klinik mit zwei unterschiedlichen Schuhen, die er in einem Schlußverkauf erworben hat. Er liest merkwürdiges Zeug: ein archäologisches Buch über die Inkas, das er vom Geld seiner Tante gekauft hat. Er erzählt den Laborantinnen schlüpfrige Witze, korrigiert den Satzbau seiner Kollegen, kokettiert mit seiner Arbeitskollegin Liria Bocciolesi, der er halb im Ernst, halb im Spaß vorschlägt, die nächste Reise mit ihm gemeinsam zu unternehmen. Welche Reise? Einfach eine Reise, denn Argentinien ist für Ernesto ganz offensichtlich nur eine Zwischenstation. Er hat Lateinamerika entdeckt, und eine Zukunft als Arzt in Buenos Aires kommt ihm belanglos und beschränkt vor. Die sehr schüchterne Liria erschrickt vor dem Angebot.

Er beginnt, ausgehend von seinem Tagebuch, die Tour durch Lateinamerika nachzuzeichnen. Ein Büchlein, das er *Reiseaufzeichnungen* nennt und nie fertigstellen wird. Er bestimmt es negativ als *weder eine Erzählung über beeindruckende Heldentaten* noch *eine leicht zynische Erzählung*. Ein flüchtiger, *nicht immer ausgewogen informierter* Blick mit *zu endgültigen* Urteilen.

Am 11. April legt er seine letzte Prüfung ab, in klinischer Neurologie. Einige Stunden später ruft er seinen Vater an: *Hier spricht Doktor Guevara.*

Die Familie ist zufrieden, der Weg in seine berufliche Zukunft scheint gebahnt zu sein, Doktor Guevara wird mit Pisani zusammenarbeiten. Und plötzlich:

Ich gehe nach Venezuela.

Nach Venezuela, um Granado zu treffen, wo ihn die Möglichkeit einer Arbeit in Maiquetía als Arzt in einem Leprakrankenhaus erwartet. Venezuela als Land ist bedeutungslos, Hauptsache weit weg. Der Vagabund hat gewonnen.

Zwei Monate lang herrscht reger Besuch junger Leute im Familiendomizil. Der Abschied wird vorbereitet. Ernesto treibt Geld auf, läßt sich den Titel ausstellen, läßt ihn beglaubigen ... Ein alter Freund aus Altagracia, Calica Ferrer, wird diesmal sein Reisebegleiter sein. Ernesto spricht weder von seinen Gefühlen noch von Frauen. Am 12. Juni wird ihm sein Titel verliehen.

Der Abschied wird zu einem Familienfest, seine Schwester Celia kocht ein Currygericht. Die jungen Leute tanzen. Ernesto beobachtet sie in eine Ecke gelehnt; Tanzen war für ihn immer so etwas wie ein lästiger Lärm. Während sie ihn inmitten der anwachsenden Feststimmung in einer Zimmerecke stehend betrachtet, sagt seine Mutter Celia zu ihrer Nichte: „Ich werde ihn für immer verlieren, ich werde meinen Sohn Ernesto nie mehr wiedersehen." Sie täuscht sich. Aber der Ernesto, den sie Jahre später wiedertreffen wird, wird ein anderer sein.

Kapitel 5
★
Amerika ohne Rückfahrkarte

An einem grauen und kalten Tag verabschiedet sich Ernesto Guevara in Begleitung von Carlos Calica Ferrer von seinen Eltern auf dem Retiro-Bahnhof von Buenos Aires mit weniger als 700 Dollar in ihrer Gemeinschaftskasse. Seine Bahnhofsbegleiter werden sich immer an das Bild des jungen Mannes erinnern, der über den Bahnsteig läuft, plötzlich seine grüne Leinentasche hochreißt und ruft: *Hier geht ein Soldat Amerikas!* Der Zug fährt langsam an, Ernesto läuft filmreif und ohne zurückzublicken hinterher, bis er eine Griffstange erwischt, sich daran hochzieht und in einem der Waggons verschwindet.

An diesem 7. Juli 1953 glauben seine Eltern, daß er nach einer übermenschlichen Anstrengung, seinen Titel zu erhalten, alles zum Teufel gejagt hat. Auf der Suche wonach, fragt sich sein Vater. Ein Soldat Amerikas, dagegen ist ja nichts einzuwenden, aber in welchem all dieser Kriege, die auf dem Kontinent ausgetragen werden?

Sein Kindheitsfreund Calica Ferrer scheint alle Voraussetzungen mitzubringen, die Doktor Guevara von einem Begleiter erwartet. Ricardo Rojo, den er später auf der Rundreise kennenlernen wird, beschreibt ihn so: „Der Reisebegleiter muß zu endlosen Märschen bereit sein, jegliche Kleidersorgen verachten und unbekümmert die vollständige Abwesenheit von Geld ertragen."

Sie werden dreitausend Kilometer durch eine langweilige und öde Pampa zurücklegen, nicht einmal direkt nach La Paz, Bolivien. Sie werden in der zweiten Klasse zusammen mit Indios reisen, die aus den Zuckerfabriken von Jujuy kommen. Aber wie Ferrer sagt: „Wir saßen auf Sitzen der zweiten Klasse, befanden uns aber in Begleitung sehr lustiger Leute." Bei ihrer Abfahrt führen sie vierzehn Gepäckstücke mit sich, vornehmlich Abschiedsgeschenke und Reiseproviant.

Sie benötigen zwei Reisetage bis zur bolivianischen Grenze, während derer sie sich an der Landschaft sattsehen und viel lesen. Dort steigen sie in den Zug nach La Paz, eine Stadt, *die einfältig und naiv wie eine Provinzschönheit stolz auf ihre kommunalen Wunder verweist.*

In La Paz mieten sie ein ziemlich elendes Zimmer in der Calle Yanacocha, mit zwei Nägeln in der Wand, an denen sie ihre Sachen aufhängen können. Ernesto schreibt seinen Eltern am 24. Juli: *Ich habe kein Lebenszeichen von mir gegeben, da ich eine Arbeitsstelle als Arzt in einer Zinnmine in Aussicht hatte, mit Calica als Assistenten. Wir haben davon abgesehen* (weil der Arzt, der ihnen die Arbeit versprochen hatte, verschwunden ist). *Ich finde es schade, nicht bleiben zu können, denn es ist ein interessantes Land, das eine besonders aufregende Zeit durchlebt. Am 2. August tritt die Agrarreform in Kraft, und es sind Auseinandersetzungen und Aufruhr im ganzen Land zu erwarten (...). Täglich sind Schüsse zu hören, und es gibt Verletzte und Tote. Die Regierung erweist sich fast gänzlich als unfähig, die Bauern- und Bergarbeitermassen aufzuhalten oder zumindest in bestimmte Bahnen zu lenken, obwohl diese sich in gewisser Weise selbst zügeln. Und es gibt keinen Zweifel, daß sie bei einer bewaffneten Revolte der Falange (der Oppositionspartei) auf Seiten der MNR stehen werden.*

Selbst für den scharfsinnigen argentinischen Mediziner ist es trotz seiner Wißbegierde und Beobachtungsfähigkeit nicht leicht, die bolivianische Revolution zu bestimmen. Manchmal nimmt er sie als eine gescheiterte Revolution wahr, da die Korruptheit der Führer diese letztendlich dem Imperialismus in die Arme treiben wird. Bei anderen Gelegenheiten spricht er voller Hochachtung von den gewaltigen Kämpfen der Bergarbeiter, Auseinandersetzungen, in deren Verlauf es zweitausend Tote und Verletzte gegeben hat. *Man hat munter drauflos gekämpft*, schreibt er in einem Brief an seine ewige Vertraute Tita Infante. Er sympathisiert mit der Agrarreform, sieht aber nicht, wer sie konsequent durchführen könnte. In einer Charakterisierung der MNR, der siegreichen Partei, unterscheidet er zwischen drei Flügeln: einem rechten, zu allen Zugeständnissen bereiten Flügel, der von Siles Suazo repräsentiert wird, einer Mitte, die nach rechts abdriftet und von Paz Estensoro angeführt wird, und dem linken Flügel unter der Leitung von Lechin, dem Anführer der Bergarbeiter, *der persönlich ein Emporkömmling, Frauenheld und Lebemann ist.* Ernesto glaubt, daß die Revolution den ausländischen Angriffen zwar standhalten kann, aber innerlich an ihren Streitigkeiten zerbrechen wird. Er weiß noch nicht, daß er Jahre später mit diesen drei Figuren unter vollkommen anderen Umständen wieder zusammentreffen wird.

Unterdessen beschränken sich seine Streifzüge nicht auf La Paz, sondern sie erstrecken sich auch aufs Landesinnere. Im Domizil eines reichen Argentiniers in La Paz lernt er den vor dem Peronismus geflüchteten Anwalt Ricardo Rojo kennen. Rojo sagt später über den jungen Arzt: „Er machte keinen besonderen Eindruck auf mich, als ich ihn zum ersten Mal sah. Er sprach wenig, hörte lieber den anderen zu und schleuderte seinem Gesprächspartner mit einem beruhigenden Lächeln auf den Lippen plötzlich einen vernichtenden Satz ins Gesicht."

Ernesto wohnt dem sozialen Schauspiel als Zuschauer bei. Von den belebten Straßencafés auf der Allee des 16. Juli aus bis zum Camacho-Markt, wo er tropische Früchte genießt, um sich schließlich in der Bar des Sucre-Palace-Hotels niederzulassen, wo er seine abgerissene Erscheinung zur Schau stellt. Von hier aus beobachtet er die Bewegungen einer von Bauern und Arbeitern überfluteten Stadt, die Demonstrationen. *Es war eine pittoreske, aber keine mächtige Demonstration. Der müde Gang und die mangelnde Begeisterung der Teilnehmer entzogen ihr Kraft und Vitalität. Es fehlten die energischen Gesichter der Bergarbeiter, meinten die Kenner.* Rojo merkt an: „Guevara konnte an den düstersten Orten leben und gleichzeitig einen Humor bewahren, der sich durch Sarkasmus und Ironie äußerte."

Mit Rojo besucht er den Minister für Agrarfragen. Am Eingang beobachtet er, wie die Bauern unter Benutzung eines mit DDT gefüllten Zerstäubers desinfiziert werden. Ñuflo Chaves vom linken Flügel der MNR bietet ihnen rationale Erklärungen für die Erniedrigung an, der seine Besucher ausgesetzt werden. Rojo und Ernesto gehen unzufrieden weg: eine Partei ohne Kader, bürokratische Leere, Führer, die sich in Nachtclubs vergnügen, während das Volk bewaffnet Wache schiebt.

Einmal werden sie an einer von Bauern errichteten Straßensperre angehalten. Als sie gefragt werden, woher sie kommen, erklärt Ernesto: *Vom Sattessen* und fügt darauf hinzu, *denn wir hatten nichts im Magen.* Aber sattgegessen zu sein, ist nicht der übliche Zustand. Rojo erzählt: „Er konnte drei Tage lang nichts essen, er konnte aber auch zehn Stunden lang an einem gedeckten Tisch sitzen (...). Er verschlang schwer zu bestimmende Mengen, er nahm sich dazu möglichst viel Zeit und genoß mit einer nicht zu verbergenden Sinnlichkeit. Danach verbrachte er eine asketische Zeit, die er natürlich nie selbst bestimmte, sondern die sich infolge seines Geldmangels einstellte." Calica Ferrer bestätigt dies: „Wenn er nicht gerade unter Asthma litt, war er in der Lage, jede Menge Essen zu verschlingen, und wurde zu einer Art Vielfraß. Ernesto war wie ein Kamel, er schleppte seine Reserve mit sich herum."

Einmal bittet Calica den Verwalter der gemeinsamen Kasse um etwas Geld zum Baden, und Ernesto erklärt ihm sehr ernst, daß dies überflüssig sei – zuerst das Essen, dann das Waschen. Calica besteht darauf und Guevara sagt ihm, daß ihm wegen seiner Baderei das Frühstück entgehen werde. Stunden später schaut der gebadete und frischgekämmte Ferrer Ernesto dabei zu, wie Guevara Milchkaffee und Kekse zu sich nimmt. Das geht eine ganze Weile so, bis der Herr Doktor Mitleid mit seinem Freund bekommt und ihn einlädt.

In den ersten Augusttagen beschließen sie, die Reise fortzusetzen. Ernesto wird in einem Brief gestehen, daß er den Staatsstreich der Rechten und den Gegenstreich der Revolution erwartet, der Radikalisierungen und tiefgehende Veränderungen hervorrufen könnte. Aber es kommt nicht dazu.

Auf ihrer Fahrt aus Bolivien heraus kehrt er zu seinen alten archäologischen Leidenschaften zurück. Er besucht die Tihuanaco-Ruinen und später die Sonneninsel auf dem Titicacasee. Er schreibt seiner Mutter: *Einer meiner kostbarsten Forscherwünsche hat sich erfüllt. Ich habe auf einem indianischen Friedhof eine kleine Frauenstatue von der Größe des kleinen Fingers ausgegraben.*

Sie verlassen Bolivien in Richtung Peru auf der Ladefläche eines Lastwagens, umgeben von Indianern, Tieren und Bündeln. Rojo vermerkt: „Wir betraten eine feindliche Welt und waren in einer Welt von Bündeln und Personen gefangen, die ebenfalls Bündel zu sein schienen. Schweigen, Hin- und Hergerüttel und Schweigen. Wir stellten fest, daß alle unsere Sympathiebekundungen an diesen forschenden, stählernen Blicken abprallten. Diese herrisch geschlossenen Lippen, die nicht einmal auf unsere Fragen antworteten."

Am 17. August überqueren sie bei Yunguyo die peruanische Grenze und werden von den Zöllnern festgehalten, die ihre Bücher und die bolivianische Agrarreformpropaganda durchsehen.

„Sind Sie Agitatoren?"

Schwerlich, wir sprechen weder ein Wort Aymará noch Quechua, antwortet Ernesto. Trotzdem *beschlagnahmten sie ein bolivianisches Buch mit der Behauptung, es wäre rot. Sie ließen sich einfach nicht davon überzeugen, daß es sich um wissenschaftliche Publikationen handelte.*

Am 21. August zurück zur Archäologie: In Cuzco macht Guevara Aufnahmen mit einem deutschen Fotografen. Später sollte er sie zur Illustrierung eines Artikels benutzen, den er aus den Materialien seiner ersten Reise zum Machu Pichu schreiben wird: „Das Steinrätsel". *Ich weiß nicht, wie oft ich das alles noch bewundern kann, aber diese grauen Massen, die dunkelvioletten Bergspitzen, über denen die Helle der grauen Ruinen absticht, ist eines der wunderbarsten Schauspiele, das ich mir vorzustellen vermag.*

Die archäologischen Interessen sind zuviel für Rojo, der sich von der Gruppe trennt und nach Lima reist. Guevara besucht unermüdlich Ruinen und verfällt ins Schwärmen. Tita Infante schreibt er, daß sie unbedingt einmal Cuzco besuchen müsse, daß sie es nicht bereuen würde, und seiner Mutter: *Ich habe mir das Riesenvergnügen zum zweiten Mal gegönnt.* Seinen alten Laborkolleginnen in Buenos Aires schreibt er: *Ihr Unglücklichen, vegetiert in Frieden vor Euch hin, sterbt schön voller Überdruß oder im fortgeschrittenen Alter. Ich gebe hier in aller Ruhe die so ehrlich erworbene Knete aus.*

Er berichtet vom Unterschied, mit Granado oder mit Calica zu reisen. Der eine legte sich auf die Weide und träumte davon, eine Inka-Prinzessin zu heiraten, der andere beklagt sich über die Scheiße, in die er auf allen möglichen Straßen tritt: *Er riecht nicht diese ungreifbare, evokative Materie, die Cuzco ausmacht, sondern den Geruch nach Geschmortem und Kacke.*

Am Machu Pichu schreibt er erneut ganz ergriffen: *Bürger Südamerikas, erobert die Vergangenheit zurück!* In seinem Artikel wird er davon berichten, daß ein US-Amerikaner eine Botschaft im Hotel hinterlassen habe: „Ich bin glücklich, einen Ort ohne Coca-Cola-Werbung gefunden zu haben." Und er wird gegen die Plünderungen der großen Museen protestieren.

In Lima, frei von den in seinem Kopf herumschwirrenden archäologischen Phantomen, beobachtet er die Symptome des politischen Verfalls, die die repressive und blutige Militärdiktatur von Odría verursacht. In einem späteren Brief beschreibt er das politische Klima als *erstickend* und die Regierung als unbeliebt und nur von Bajonetten gestützt. Seine Pläne sind nicht klar. Tita erklärt er: *Von meinem zukünftigen Leben weiß ich wenig, was den Kurs angeht, und noch weniger die Zeitfolge.* Er besucht erneut seine Freundin Zoraida Boluarte und Doktor Hugo Pesce.

Am 26. September setzen sich Guevara und Calica wieder in Bewegung und reisen nach Huasquillas in Ecuador, von dort aus nach Puerto Bolívar und weiter nach Guayaquil, wo sie erneut mit Rojo zusammentreffen. Dieser erzählt, daß Ernesto eine Wette mit ihnen abgeschlossen habe, seine Shorts würden von allein stehen bleiben, da sie voller verkrusteter Erde seien. Er zieht sie aus, stellt sie auf den Boden und tatsächlich: Vor den überraschten Blicken seiner Freunde steht da ein Etwas von unbestimmbarer Farbe und fällt nicht um.

In Guayaquil nehmen sie mit drei argentinischen Studenten der Universität La Plata Kontakt auf, einer von ihnen ist Gualo García. Sehr knapp bei Kasse leben sie in einer elenden Pension mit zwei durchgelegenen Betten, in denen sie abwechselnd schlafen. Die Geldknappheit hat sie im Würgegriff.

Rojo erzählt später, daß er vorgeschlagen habe, nach Guatemala zu fahren, wo eine Revolution mit starkem Agrarcharakter im Gange war. Ernestos Version lautet anders: *Verworfene und wieder aufgegriffene Pläne, finanzielle Nöte, Guayaquil-Phobien. All dies ist das Ergebnis eines beiläufigen Scherzes von García: Jungs, warum geht ihr denn nicht mit uns nach Guatemala? Ich hatte die Idee bereits im Verborgenen gehegt, es fehlte nur noch dieser kleine Anstoß, um mich zu entscheiden.*

Um die Reise bzw. zumindest ihren Anfang zu bezahlen, verkaufen sie einen Teil ihrer knappen Kleidung. Schließlich verlassen sie am 24. Oktober Guayaquil Richtung Panama. Calica trennt sich von ihnen, er wird nach Venezuela weiterfahren. Er nimmt eine Nachricht von Ernesto für Alberto Granado mit: *Mial, ich habe beschlossen, mich nach Guatemala zu begeben, warte also nicht auf mich.* Rojo bleibt zurück. Gualo und Ernesto reisen in einem Frachter der United Fruits mit Bordkarten, die ihnen ein sozialistischer Anwalt aus Ecuador besorgt hat.

In Panama finden sie dank der Großzügigkeit eines Studentenführers Unterschlupf. Rómulo Escobar lädt sie zu sich ein, da sie keine Pension bezahlen können. Es ist keine sonderlich gemütliche Wohnung, denn die Polizei pflegt Escobar häufig aus politischen Gründen zu verhaften. Ernesto besucht ein altmodisches, sehr billiges Restaurant, das Gato Negro, Treffpunkt der Studentenführer und Lokalpoeten. Dort feiert er seine Premiere als Journalist, indem er in der Zeitschrift „Siete" einen Artikel über den Machu Pichu unterbringt.

Schließlich erhalten sie eine Mitfahrgelegenheit nach Costa Rica. Aber Ernesto, der von seinen eigenen fixen Ideen eingenommen ist und sich weder von finanziellen Nöten noch von Eile unter Druck setzen läßt, erklärt, daß er erst dann aus Panama abreisen werde, wenn er die Königin von England gesehen habe, die dem Land in Kürze einen Besuch abstatten soll.

Anfang Dezember erreichen sie Costa Rica. Den Koffer mit Büchern, der ihnen an verschiedenen Grenzen so viele Probleme gemacht hat, lassen sie zurück. Escobar ist damit beauftragt, ihn aufzubewahren, und das wird er über Jahre hinweg tun. Ernestos erste Botschaft aus San José ist an seine Tante Beatriz in Buenos Aires gerichtet. Im Ton eines Schlächters, zu dem er manchmal greift, um seine konservativsten Verwandten zu erschrecken, erzählt er ihr, daß sich ihm die Möglichkeit geboten habe, *die Domänen der United Fruits zu besuchen, um mich erneut davon zu überzeugen, wie schrecklich diese kapitalistischen Kraken sind. Ich habe vor einem Bild des alten und vielbeweinten Genossen Stalin geschworen, nicht zu ruhen, bis diese Kraken vernichtet sind ...*

Im Café Soda Palace in San José tritt er mit einer Gruppe von kubanischen Flüchtlingen in Kontakt, die die Batista-Diktatur durch einen Angriff auf die große Militärkaserne Moncada herausgefordert haben. In seinen Gesprächen mit Calixto García oder Severino Rosell zeigt er sich skeptisch gegenüber dem, was sie von Fidel Castro erzählen, einem jungen Anwalt, der mit seinen moralischen Reden die beste Jugend mit wenig Waffen vereinen würde ...

Erzählt mir doch lieber eine Cowboygeschichte!

In Costa Rica lernt er zwei berühmte politische Flüchtlinge kennen, den Venezolaner Rómulo Betancourt und den Dominikaner Juan Bosch. Rómulo enttäuscht ihn: *Ein Politiker mit einigen wenigen festen Überzeugungen im Kopf, der ansonsten sein Fähnchen nach dem Wind dreht.* Bosch gefällt ihm, wie auch Mora Valverde, der kommunistische Gewerkschaftsführer aus Costa Rica, ein bedächtiger, ruhiger Mensch.

Schließlich machen sie sich auf den Weg nach Guatemala. *Nach der Abreise aus San José fuhren wir per Daumen, soweit es die Straßen zuließen, danach marschierten wir 50 km bis zur nicaraguanischen Grenze, denn der Panamerican Highway ist in dieser Gegend nichts als eine hehre Illusion.* Er hatte sich eine Fersenverletzung zugezogen, als der Lastwagen, in dem er mit Gualo mitfuhr, bei einem Unfall umkippte. *Es war also kein Zuckerschlecken für mich, aber nachdem wir den Fluß etwa zehnmal durchwatet hatten und vom ständigen Regen vollkommen durchnäßt waren, erreichten wir die Grenze.*

Es ist der härteste Abschnitt der Reise. Hier ballen sich die finanzielle Not, die tote Zeit im Regen, am Rand der Landstraße darauf wartend, daß sie jemand mitnimmt, der Hunger ...

In Nicaragua bringt eine Kräuterfrau Ernestos Ferse in Ordnung (*ich hätte sie noch nicht einmal aus Versehen geheilt*), und als sie auf der Landstraße warten, daß jemand sie nach Honduras mitnimmt, erscheint Rojo in einem Riesenschlitten mit den Gebrüdern Beberaggi Allende. Freudige Überraschung! Im Wagen reisen sie nach Managua, wo Ernesto ein Telegramm seines Vaters erhält, in dem dieser ihm Geld anbietet, was ihn erbost: *Ich dachte eigentlich, Ihr wüßtet, daß ich eher sterben würde, als Euch um Knete anzubetteln.*

Sie setzen ihre Reise nach Guatemala fort, wo die Brüder das Auto verkaufen wollen. Aber das Geld geht ihnen schon vorher aus, und so verramschen sie den Wagen in Einzelteilen: Wagenheber, Rücklichter, was sich gerade anbietet. Wenn sie mit dem Auto nach Guatemala kommen, wird es mit seinen Resten sein.

Kapitel 6
★
Guatemala, die Stunden der Wahrheit

Dezember 1953, Ernesto Guevara schreibt an seine Mutter: *Dies ist das einzige Land Zentralamerikas, das sich lohnt, obwohl seine Hauptstadt nicht größer als Bahía Blanca und genauso verschlafen ist. Natürlich haben alle Regimes ihre Mängel, wenn du sie aus der Nähe betrachtest, und auch hier, keine Ausnahme von der Regel, kommt es zu Willkürmaßnahmen und Diebstahl. Aber es herrscht ein Klima von wirklicher Demokratie und Zusammenarbeit mit allen Ausländern, die sich aus welchen Gründen auch immer hier niederlassen.*

Ein Ort, um sich niederzulassen? Ausgerechnet Guatemala, aufgerüttelt von den Veränderungen der liberalen Volksregierung unter Präsident Jacobo Arbenz, im Zwist mit den US-Monopolen, mit einer begonnenen Agrarreform und einer angespannten Lage?

Am 20. Dezember, wenige Tage nach seiner Ankunft, ist Ernesto auf der Suche nach einem Unterschlupf. Auf Empfehlung von Rojo trifft er sich inmitten der „Melange" lateinamerikanischer Emigranten, von denen es in der Stadt wimmelt, mit einer Exilperuanerin, Hilda Gadea, damit sie ihm eine billige Pension beschafft. Ernesto und sein Freund Gualo García haben kein Recht auf die kleine amtliche Beihilfe, die den politischen Flüchtlingen gewährt wird.

Deshalb sind sie auf der Suche nach einem Ort zum Schlafen, der nicht ihre leeren Geldbeutel angreift.

Hilda beschreibt die beiden jungen Männer bei diesem ersten Zusammentreffen: „Sie waren zwischen 25 und 26 Jahre alt, schlank und mit ihren 1,76 und 1,78 m größer, als dies unter den Leuten in unseren Ländern üblich ist. Guevara: sehr hellhäutig und blaß, braunes Haar, große, ausdrucksvolle Augen, kurze Nase, regelmäßige Gesichtszüge, insgesamt sehr gut aussehend (...), mit einer etwas rauhen Stimme, sehr männlich, was bei seiner scheinbaren Schwäche überraschte. Seine Bewegungen waren lebhaft und schnell, aber gleichzeitig machte er einen sehr ruhigen Eindruck, mir fielen sein intelligenter und beobachtender Blick auf und seine geistreichen Kommentare (...). Ich hatte den Eindruck, daß er etwas selbstgefällig und eingebildet war (...). Später sollte ich erfahren, daß Guevara nicht gerne um einen Gefallen bat und daß er unter Asthmaanfällen litt, was ihn zwang, seinen Brustkorb anzuheben, um besser atmen zu können (...). Wie viele Lateinamerikaner war ich den Argentiniern gegenüber mißtrauisch."

Hilda vergißt in ihrer wohlwollenden Beschreibung darauf hinzuweisen, daß Ernesto in diesen Tagen mit kaputten Schuhen herumlief und nur ein einziges Hemd besaß, das er mit heraushängenden Zipfeln trug.

Ernesto mietet sich dank Hildas Empfehlung gemeinsam mit Gualo und Rojo in einer heruntergekommenen Pension in der Quinta Calle ein. Dort erhält er wenige Tage nach dem Einzug den Besuch des Handelsattachés der argentinischen Botschaft, der eine zentrale Rolle in seinem Leben spielen wird. Denn zunächst wird er zu seinem Matelieferanten, und später wird dieser ihm einen rettenden Unterschlupf besorgen.

Das Asthma rächt sich für die Entbehrungen während des letzten Reiseabschnitts, die Anfälle sind ungewöhnlich heftig. Doch die Krankheit hindert ihn nicht daran, sich unverzüglich nach Arbeit umzusehen. Wenige Tage nach seiner Ankunft erklärt er in einem Brief an seine Mutter: *Ich habe vielleicht die Möglichkeit, eine Arbeit im hiesigen Leprakrankenhaus zu bekommen; 250 Quetzalen und nachmittags frei, aber es gibt noch keinen endgültigen Bescheid; irgendetwas werde ich jedoch sicher finden, denn die Leute sind hilfsbereit, und es herrscht Mangel an Ärzten.*

Drei Tage nach ihrem ersten Treffen suchen die dankbaren Argentinier Hilda in ihrer Pension auf. Guevara leidet unter einem starken Asthmaanfall. Ganz wechselseitig scheint auch Hilda bei Ernesto keinen besonderen ersten Eindruck hinterlassen zu haben: Die zwei Jahre ältere 27jährige ist eine kleine, etwas mollige Intellektuelle mit Schlitzaugen, die sie von ihrer indianischen Großmutter hat, und einer interessanten politischen Ausbildung. Vor der Diktatur unter General Odría aufgrund ihrer Aktivitäten bei der APRA geflüchtet, arbeitet sie in Guatemala-Stadt am Institut für Produktionsförderung, einer Behörde, die Kooperativen und kleine landwirtschaftliche Erzeuger fördert. Es scheint, daß bei diesen ersten Zusammentreffen das Desinteresse gegenseitig ist. Für Myrna Torres, eine Arbeitskollegin von Hilda, ist dies hingegen nicht der Fall. Sie schreibt am 27. Dezember in ihr Tagebuch: „Ich habe einen sehr attraktiven Argentinier kennengelernt."

In der Gruppe der Exilierten vergrößert sich der Freundeskreis, zunächst um den Nordamerikaner Harold White, einen etwa 50jährigen Philosophieprofessor, groß, dünn, braunes Haar (*Ich tausche Unwissenheiten mit einem Gringo aus, der keinen Brocken Spanisch spricht. Wir haben eine eigene Sprache gefunden und verstehen uns blendend. Es heißt, daß er nach Guatemala emigriert ist, da das FBI hinter ihm her sei. Andere sagen, er sei vom FBI. Auf jeden Fall schreibt er wütende Antiyankee-Artikel und liest Hegel, und ich weiß nicht, was bei ihm faul ist*); später um den Kubaner Ñico López, dünn, schlottrig, mit gekräuseltem, zerzaustem Haar, vier Jahre jünger als Ernesto, Sohn spanischer Einwanderer, vorzeitiger Schulabgänger, Gründer einer aufrührerischen Jugendgruppe mit dem Namen „Die von unten" und Teilnehmer an den Aktionen des 26. Juli in Kuba, wo er beim Angriff auf die Bayamo-Kaserne dabei war, der am gleichen Tag wie der Angriff auf die Moncada-Kaserne stattfand. Da er in der guatemaltekischen Botschaft von Havanna Zuflucht gefunden hatte, konnte er emigrieren. Ñico macht einen gewaltigen Eindruck auf Ernesto: *Als ich die Kubaner hörte, wie sie mit absoluter Gelassenheit bombastische Erklärungen abgaben, fühlte ich mich wie ein kleiner Junge. Ich kann eine zehnmal objektivere Rede ohne Gemeinplätze aufsetzen, ich kann sie besser vorlesen und die Zuhörer von der Richtigkeit meiner Behauptungen überzeugen, aber mich selbst überzeuge ich nicht, die Kubaner hingegen wohl. Ñico war mit Leib und Seele bei der Sache, und deshalb konnte er einen Skeptiker wie mich überzeugen.*

Wenige Tage später schließen sich einige Exilkubaner dem Kreis an, da sie sich aufgrund ihrer Mittelknappheit an Ernesto wenden müssen, damit dieser sie umsonst behandelt.

Im Sprachencocktail der verschiedenen hispanischen Dialekte, die im Exil gesprochen werden, sieht sich Ernesto gezwungen, sich gegen die Argentinismen zu wehren. Gualo nennt ihn in einem Gespräch mit Hilda „Geliebter", was den Doktor Guevara aufbringt:

Warum nennst du mich geliebter Gualo? Du weißt, daß mir das nicht gefällt; es läßt Leute, die unsere Art und Weise zu reden nicht kennen, an merkwürdige Sachen denken.

Austausch von Lektüren und Debatten: Durch Veranlassung von White, mit dem die ersten Gespräche über Myrna als Übersetzerin geführt werden und später in einer seltsamen Mischsprache, verteidigt Ernesto Freud und liest schließlich Pawlow. Das Thema mit Hilda ist Sartre, von dem beide begeistert sind. Hilda leiht ihm die Werke von Mao Tse Tung. Die ersten Auseinandersetzungen: Ernesto stößt mit Rojo zusammen, der ihm zu gemäßigt vorkommt. Für ihn läuft die Veränderung in Lateinamerika nicht über zaghafte Reformen, die Revolution wird gewalttätig sein. Hilda versucht ihn zu beruhigen, und Ernesto erklärt aufbrausend: *Mich braucht niemand zu beruhigen!* Danach entschuldigt er sich: *Der Dicke bringt mich aus der Fassung ...*

In den ersten Januartagen zieht er in einem Brief an seine Tante Beatriz eine vorläufige Bilanz: *Dies ist ein Land, wo sich die Lungenbläschen ausdehnen und mit vollen Zügen Demokratie einatmen können. Es gibt eine Unmenge von durch United Fruits finanzierte Tageszeitungen, die ich, wenn ich Arbenz wäre, innerhalb von fünf Minuten schließen würde, denn sie sind eine Schande. Sie können schreiben, was ihnen paßt, und tragen dazu bei, die von Nordamerika gewünschte Atmosphäre zu schaffen, indem sie das Ganze hier als eine Höhle von Kommunisten, Dieben, Verrätern usw. bezeichnen. Ich will zwar beileibe nicht behaupten, daß das Land im Überfluß schwimmt, aber es gibt Möglichkeiten, ehrlich zu arbeiten, und wenn ich diesem etwas unbequemen Bürokratismus ein Schnippchen schlagen kann, werde ich eine Zeitlang hier bleiben.*

Um bleiben zu können, setzt er seine Jagd nach einer Arbeitsstelle fort. Ein exilierter venezolanischer Arzt ermöglicht ihm ein Gespräch mit dem Gesundheitsminister *(Ich bat ihn um eine Arbeit, aber ich verlangte eine kategorische Antwort, entweder Ja oder Nein. Der Mann empfing mich sehr freundlich, nahm meine Daten auf und erklärte, daß ich nach zwei oder drei Tagen wiederkommen solle. Die Frist lief gestern ab, und der Minister hat mich nicht enttäuscht, denn er gab mir eine kategorische Antwort: NEIN).* Der Minister erklärt ihm, daß er, um in Guatemala als Arzt arbeiten zu können, zunächst ein Jahr lang einen Zulassungskurs an der örtlichen Universität absolvieren müsse.

Die Spitzbübigkeit der Kubaner bietet einen Ausweg. Ñico schlägt Ernesto ein merkwürdiges Geschäft vor: gegen Barzahlung und Gutscheine den Straßenverkauf von Messingfiguren eines überaus wundertätigen Christus, der auf einem Holzkästchen steht und von innen beleuchtet ist. (*Vorläufig verkaufe ich eine kostbare Christusgestalt des Herrn von Esquipulas, einen schwarzen Christus, der die tollsten Wunder bewirkt (...). Ich habe bereits eine reichhaltige Anekdotensammlung der Christuswunder zusammengestellt, die ich ständig ausbaue.)*

Allerdings scheint der Straßenverkauf für die kleine Atheistenbande kein Geschäft zu sein, das über die reine Sicherung des Überlebens hinausgehen würde, denn Ernesto träumt ständig vom Essen, während sie ihn in der Pension *verhungern* lassen. Wie er an seinen Bruder schreibt: *Die argentinischen Beefsteaks sind ein blasser und wohldosierter Traum.*

Während seines zweiten Monats in Guatemala wird die politische Lage immer angespannter, ein Staatsstreich wird immer wahrscheinlicher, von der United Fruits geförderte Militärverschwörungen werden aufgedeckt. Ernesto nimmt Beziehungen zur guatemaltekischen Linken auf. Am zweiten Samstag im Februar hat er ein Gespräch mit Alfonso Bauer, dem Vorsitzenden der staatlichen Agrarbank und Mitglied des politischen Ausschusses der Parteienkoalition, die Präsident Arbenz an der Macht hält. Sie verwickeln sich in eine dieser endlosen Diskussionen über die lateinamerikanische Politik, die die ganze Nacht andauert. Ernesto kritisiert die Auseinandersetzungen und das Sektierertum unter den Parteien der Volksfront, die Arbenz unterstützen. Er ist der Ansicht, daß die Verantwortlichen zu vertrauensselig sind und daß kein wirklicher Volkswiderstand vorbereitet wird.

Einige Tage später nimmt er am Ersten Festival der Allianz der Demokratischen Jugend teil, einem Fest, bei dem Essen unter freiem Himmel, Sportwettbewerbe und politisch-kulturelle Veranstaltungen miteinander verbunden werden. Er lernt dort den Abgeordneten der Guatemaltekischen Partei der Arbeit (die kommunistische Partei), Carlos Manuel Pellecer, kennen. Er macht einen kläglichen Eindruck auf ihn: *Es handelt sich um einen typischen Vertreter einer herrschenden Bürokratie.*

Er frequentiert das Haus der Kultur, ein soziales Zentrum, das von einer linken Intellektuellenfront geleitet wird. Dort lernt er einen der Kader, Edilberto Torres, den Bruder von Myrna, kennen, mit dem er häufig Schach spielt.

Am 15. Februar schreibt er seiner Tante Beatriz: *Meine Stellung ist keinesfalls die eines schwätzenden Dilettanten; ich habe entschieden Stellung zugunsten der guatemaltekischen Regierung bezogen und innerhalb derselben zur Gruppe der PGT, die zudem kommunistisch ist. Außerdem stehe ich mit Intellektuellen dieser Tendenz in Verbindung, die eine Zeitschrift herausgeben, und ich arbeite bei den Gewerkschaften als Arzt, was mich in einen Zwist mit der Ärztekammer verwickelt hat, die absolut reaktionär ist ...*

Die Wünsche verschmelzen hier mit den Absichten. Wahrscheinlich sympathisiert er mit der guatemaltekischen Linken, aber seine Beziehung geht nicht über die eines externen Beobachters hinaus – vielleicht mit starken Absichten, darüber hinauszugehen, aber eben nur das. Andererseits dürfte seine Arbeit als Gewerkschaftsarzt nicht mehr als ein Angebot gewesen sein, das letztendlich keine konkrete Gestalt annimmt. Er ist sicherlich im Zwist mit der Ärztekammer, die zweifellos reaktionär und korporatistisch ist und mehrere Arbeitsmöglichkeiten zunichte gemacht hat bzw. machen wird. Es ist allerdings anzuzweifeln, daß der Haß des jungen Doktor Guevara dieser bürokratischen Organisation Kummer bereitet hat. Trotz seiner guten Absichten steht Ernesto weiterhin am Rand. Lateinamerika, Argentinien eingeschlossen, ist Bühnenbild und Landschaftsgemälde.

In dem genannten Brief erwähnt er, daß er mit der Arbeit an einem Buch über die Funktion des Arztes in Lateinamerika begonnen habe, und kündigt an, das Projekt werde zwei Jahre in Anspruch nehmen. Anscheinend ist es ihm gelungen, die ersten beiden Kapitel zu schreiben, eine Mischung aus Überlegungen und Erfahrungen, die er in den letzten beiden Reisejahren durch den Kontinent gesammelt hat. Ernesto fühlt, daß er nützlichen Stoff im Kopf hat. *Meine zukünftigen Tätigkeiten sind selbst dem Urgroßväterchen Gott ein Rätsel. Zur Zeit hätte ich gern ein wenig Ruhe, denn ich bin dabei, Material für ein Buch zu ordnen ..., aber der Kampf ums tägliche Brot erlaubt mir nicht, viel Zeit dafür aufzubringen.*

Die Spannungen in Guatemala wachsen. Ernesto beschließt, sich für alle Fälle einen Ausgang offenzuhalten, und bittet seinen Vater um die mexikanische Anschrift von Petit de Murat, eines alten Freundes seines Vaters. Ende Februar protokolliert er seine schwierige wirtschaftliche Lage: *Einen Peso täglich, um einem Gringo Englisch (Spanisch, wollte ich sagen) beizubringen, und 30 Pesos im Monat für Hilfsdienste bei einem Geographiebuch, das ein hiesiger Wirtschafts-*

wissenschaftler verfaßt. Hilfsdienste heißt: tippen und Daten eintragen. Insgesamt 50; wenn man davon ausgeht, daß die Pension 45 kostet, ich nicht ins Kino gehe und keine Medikamente brauche, dann ist das ein Supergehalt. Mit dem „Supergehalt" hat er immer mehr Schulden angehäuft, bei der Pension bereits zwei Monatsmieten. Ab und zu springt eine Arbeit als Schildermaler heraus. Unterdessen *scheint es, daß die beste Möglichkeit scheitern wird, denn die Kooperativmitglieder haben wenig Lust, einen Doktor zu bezahlen.*

Die Beziehung zu Hilda Gadea wird allmählich intensiver und basiert vor allem auf intellektueller Neugierde. Sie entdecken ihr gemeinsames Interesse an der Poesie. Sie leiht ihm César Vallejo, und Ernesto schenkt ihr ein Buch von Juana de Ibarbouru. Sie zeigt ihm León Felipe und Walt Whitman. Beide haben eine Vorliebe für Kiplings „If". Ernesto steuert Prosa bei und gibt ihr „La piel" [Die Haut] von Curzio Malaparte und „Mamita Yunai" von Fallas zum Lesen. Sie hilft ihm, das Buch von White zu übersetzen, und leiht ihm ihre Schreibmaschine. Sie diskutieren lange und ausgiebig über den Marxismus. Ernesto wirft ihr ihre Mitgliedschaft in der liberalen Volkspartei APRA vor, deren Führer, Haya de la Torre, Guatemala besucht und auf Doktor Guevara einen eher negativen Eindruck gemacht hat.

Auf die eine oder andere Weise sind sie dabei, sich auf eine Art „intellektuelle" Brautschaft einzulassen. Die Gespräche und die Spaziergänge auf dem Land werden immer häufiger. Einmal reisen sie mit White nach Sacatepéquez, um ein Volksfest zu besuchen. Es wird spät und sie finden keine Rückfahrmöglichkeit. Hilda macht sich große Sorgen, daß sie die Nacht dort verbringen muß: „Was werden die aus der Pension sagen?" Ernesto bringt seine ganze Geschicklichkeit auf, um sie in derselben Nacht nach Guatemala-Stadt zurückzubringen ... Eine intellektuelle und ziemlich konservative Beziehung, wie es scheint.

Ernesto verliert auf der Suche nach einer Stelle als Arzt nicht den Mut und vervielfacht seine Bemühungen. Im März scheint es, als könnte er in der Gegend von Petén zwar nicht als Arzt, aber als Krankenpfleger für einen Lohn von 120 Quetzal anfangen. Das Geld würde ihm dazu dienen, seine Schulden in der Pension abzuzahlen (*der Chef empfiehlt mich*, aber es gibt einen Konflikt mit den Gewerkschaften und *ich werde versuchen, sie zu überzeugen*). Die Angelegenheit bleibt in der Schwebe. Später wird das Angebot einer Bananengesellschaft durch das Ärztekollegium zum Scheitern gebracht. Im März gibt er Tita Infante in einem Brief mit einem kryptischen Satz den Rat: *Man muß im positiven Sinne fatalistisch sein und sich keine Sorgen über das nutzlose Verstreichen der Tage machen.*

In dieser Zeit bittet Ernesto Hilda formell um ihre Hand. Er erzählt ihr, daß er eine Affäre mit einer Krankenschwester aus dem Zentralkrankenhaus gehabt habe, wo er manchmal freiwillige Arbeiten verrichtet, daß er aber auf keine Weise gebunden sei und ihr deshalb die Heirat vorschlage. Hilda erschrickt, hat Zweifel, ob er es ernst meint, bittet um Aufschub.

Das Leben geht weiter zwischen Lektüre, Arbeitssuche und Beziehungen zur guatemaltekischen Linken. Hilda und er schließen sich einer Wochenendwanderung der Demokratischen Jugend in Amatitlán an: Lagerfeuer, Würstchen, Lektüre der jungen Dichter Raúl Leiva und Otto René Castillo. Zur großen Verwunderung seiner Begleiter bleibt Ernesto beim gemeinsamen Aufbruch mit einem Schlafsack, dem „Popul Vuh" und zwei weiteren Büchern über das Leben der alten Mayas auf dem Land zurück – eine Einsamkeitskur ohne Lebensmittel, nur mit einer Thermosflasche Matetee und einem Stapel Bücher.

Im Laufe des Monats April nehmen seine finanziellen Nöte zu. Ernesto zieht in die Pension der Kubaner und teilt mit ihnen den Boden als Bett. Aber Ñico verläßt Guatemala und Ernesto hängt erneut in der Luft. Schließlich wird ihm mitgeteilt, daß seine Bewerbung im Gebiet von Petén abgelehnt worden ist.

In ihren Memoiren geben sowohl Ricardo Rojo als auch Hilda Gadea zu verstehen, daß Ernesto die Arbeit nicht bekam, weil er sich geweigert hatte, Mitglied der PGT zu werden, was Bedingung für die Stelle war. Hilda erzählt, daß Ernesto den jungen Kommunisten Herbert Zeissig entrüstet zurechtgewiesen und ihm erklärt habe, daß er in die Partei eintreten würde, wenn ihm danach sei, aber nicht um eine Arbeit zu bekommen. Die Amoralität und der Opportunismus empörten ihn.

Sein Visum für Guatemala ist bald abgelaufen, und er beschließt, das Land zu verlassen, um danach wieder einzureisen. Er verabschiedet sich von Hilda. Die Peruanerin glaubt, daß er nicht zurückkehren wird, daß sein umherschweifendes Wesen über sein Interesse an Guatemala gesiegt hat. Ernesto gibt ihr seine Sachen gemeinsam mit einem Versprechen zur Rückkehr.

Auf seinem Fußmarsch stößt er auf eine Obstplantage, die ein eigenes Krankenhaus besitzt und in deren Nähe sich Ruinen befinden. Er ist so tollkühn, eineinhalb Dollar für einen Film auszugeben und sich eine Kamera zu leihen, um Fotos von den Ruinen zu machen. Er bettelt im Krankenhaus um Essen und reist schließlich nach Puerto Barrios weiter, *wo ich Teertonnen ausgeladen habe und 2,63 für zwölf Stunden Knochenarbeit an einem Ort mit einer phantastischen Anzahl von Stechmücken verdiente. Danach watete ich weiter im Elend herum und um meinen Rücken war es noch schlechter bestellt.* Er schläft in einem verlassenen Haus in der Nähe vom Strand.

Er reist *halb zu Fuß, halb per Daumen* nach El Salvador. An der Grenze beschlagnahmt die salvadorianische Polizei einige seiner Bücher. Während er in El Salvador darauf wartet, daß ihm ein Visum für Honduras ausgestellt wird, geht er erneut an einen Strand. Da er mit mehreren Leuten über die Agrarreform spricht und einigen Zufallsbekanntschaften Gedichte vorliest, wird er wieder von der Polizei verhaftet. Glücklicherweise bleibt es bei einem Verweis und der Empfehlung, daß er sich in Zukunft um Liebesgedichte und nicht um politische kümmern solle. Den Behörden von Honduras genügt es zu wissen, daß er eine Aufenthaltserlaubnis für Guatemala hat, um ihm das Visum zu verweigern.

Eine Woche später ist er erneut in Guatemala. Er erzählt seinen Freunden, daß die Lage in El Salvador fürchterlich sei, daß es auf den Fincas bewaffnete Weißgardisten im Dienst der Großgrundbesitzer gebe, sowie von den Zwischenfällen mit der Polizei.

In einem Brief an seine Mutter schreibt er voller Leidenschaft von den Maya-Ruinen, die er besucht hat, weist aber seine Berufung zum Archäologen zurück: *Es erscheint mir ein wenig paradox, die Erforschung von etwas, was unwiderruflich tot ist, zur Richtschnur meines Lebens zu machen.* Er gesteht ein, daß sein praktischer Wunsch dahingehe, *in irgendetwas wie der Genetik* zu arbeiten und daß ihm nur eins klar sei, daß *Amerika in einem sehr viel stärkeren Maße die Bühne meiner Abenteuer sein wird, als ich selbst geglaubt hätte. Ich glaube wirklich, daß ich den Kontinent zu verstehen gelernt habe, und ich fühle mich als Amerikaner mit sich von jedem anderen Volk der Welt unterscheidenden Merkmalen.*

Kurioserweise erwähnt er in diesem Brief erstmals gegenüber seiner Familie den Namen Hilda: *Ich trinke Mate, wenn es welchen gibt, und diskutiere endlos mit der Gefährtin Hilda Gadea, einem Mitglied der APRA, die ich mit meiner charakteristischen Sanftmut zu überzeugen suche, daß sie aus dieser Scheißpartei austritt. Ihr Herz ist mindestens aus Platin. Ihre Hilfe ist bei allen Handlungen meines Alltagslebens spürbar (angefangen bei der Pension).*

Einige Freunde bieten ihm Unterkunft in ihren Wohnungen an, aber Ernesto will nicht von Gefälligkeiten abhängig sein und nächtigt in einem Schlafsack auf dem Gelände des Country Club. Hilda erinnert sich: „Morgens kam er zur Wohnung von Anita de Torrielo, wo auch ich wohnte, damit wir ihm warmes Wasser für einen Matetee gaben. Wir hoben immer etwas frisches Obst für ihn auf, etwas anderes hätte er nicht angenommen.“ Immerhin ergibt sich eine schlecht bezahlte Arbeitsstelle als Internatsarzt im Centro de Maestros. Er zieht dort ein, um das Geld für die Pension zu sparen.

Einige Jahre später wird sein Vater unter alten Papieren einen Artikel über Guatemala finden, der in diesem Monat April geschrieben wurde. „Das Dilemma Guatemalas“ ist ein Entwurf, in dem Ernesto die Spannungen der guatemaltekischen Situation aufzeichnet und von dem das Ende erwähnenswert ist, da es verdeutlicht, was ihm damals durch den Kopf ging: *Die Zeit ist gekommen, daß die Garrotte auf die Garrotte antwortet; wenn gestorben werden muß, dann wie Sandino und nicht wie Azaña*, erklärt er in Anspielung auf den Präsidenten der besiegten spanischen Republik.

Am 15. Mai wird das letzte Kapitel der unvollendeten guatemaltekischen Revolution aufgeschlagen. Der CIA hat mit Unterstützung von United Fruits einen ausgeklügelten Staatsstreich inszeniert: Die Ankunft eines Schiffes mit tschechoslowakischen Waffen an Bord, den einzigen, die die Arbenz-Regierung angesichts der nordamerikanischen Blockade kaufen konnte, bietet den Vorwand für den Beginn der Aktionen. Ein kleines, vom CIA ausgestattetes und finanziertes Söldnerheer unter der Führung von Oberst Castillo Armas, der sich in Honduras in Wartestellung befunden hat, beginnt zu handeln. Es wird dabei von Flugzeugen unterstützt, die vom somozistischen Nicaragua aus starten.

Am 18. Juni dringt Castillos Privatarmee mit einem Getöse aus Propaganda und Repression in Guatemala ein. Dem Grenzübertritt waren Bombenangriffe gegen die Zivilbevölkerung vorausgegangen. Zwei Tage später schreibt Ernesto seiner Mutter, um ihr Gewißheit über seine Lage zu geben. Er erzählt, daß die Bombardierungen vor fünf Tagen begonnen haben, *vor zwei Tagen beschoß ein Flugzeug die Armenviertel der Stadt und tötete dabei ein zweijähriges Mädchen. Seit dem Zwischenfall sind alle Guatemalteken unter ihrer Regierung vereint, auch alle, die, wie ich, mit den entsprechenden Sympathien in dieses Land gekommen sind* ... Sein erster Eindruck ist optimistisch: *Arbenz hat Schneid (...) das Volk ist sehr guten Mutes (...). Ich habe mich bereits bei einem ärztlichen Notdienst eintragen lassen und mich in die Jugendbrigaden eingeschrieben, um eine militärische Ausbildung zu erhalten und das zu tun, was zu tun ist.*

Zwei Tage vorher ist Ernesto zur Kaserne der Brigade Augusto César Sandino gegangen, dem Versammlungszentrum der lateinamerikanischen Linken, wo er mit dem Chef der Brigade, dem Nicaraguaner Rodolfo Romero, zusammentraf und sich anbot, ihn bei einem seiner Wachdienste zu begleiten. Rodolfo erzählt: „Ich händige ihm einen tschechischen Karabiner aus den Beständen der guatemaltekischen Armee aus, und er fragt mich: *Und wie bedient man das?* Ich gebe ihm einen Schnellkurs im Sichern und Entsichern der Waffe und führe ihn in dieser unbeleuchteten Nacht zum höchsten Teil des Gebäudes, damit er seine erste Wache schiebt, von zwei bis sechs Uhr morgens."

Kurz danach läßt er sich als Brigadearzt anmustern. Die Tage verstreichen in wachsender Anspannung. Nacht für Nacht kommt es zu Bombenangriffen auf die abgedunkelte Stadt. Es ist ein seltsamer Krieg, in dem Gerüchte und Betrug mehr zählen als Tatsachen; ein Kurzwellenkrieg, mit dessen Hilfe die bewegungslosen Kolonnen des Oberst Castillo auf Guatemala-Stadt „vorrücken"; ein Krieg des zunehmenden Drucks der nordamerikanischen Botschaft, des Klerus, der kampfunwilligen Militärs, der Angriffe auf Handelsschiffe. Ende Juni hat die guatemaltekische Armee den Vormarsch der kleinen Söldnerhorde gestoppt, aber den Gerüchten zufolge rücken sie weiter vor und die Bombenangriffe nehmen vollkommen ungestraft zu.

Ernesto dachte, daß man die Söldner aufhalten könnte, wenn man das Volk bewaffnen würde. *Und selbst wenn die Hauptstadt fallen sollte, in den Berggebieten.* Wie andere junge Leute aus verschiedenen Gruppierungen der Linken ist er für die Mobilisierung der Freiwilligenbrigaden zur honduranischen Grenze.

Am 25. Juni gibt Arbenz Order, Waffen an das Volk zu verteilen, aber die militärischen Befehlshaber weigern sich. Die reguläre Armee will nicht kämpfen. Bei den Truppen hat es nur 15 Tote und 25 Verletzte gegeben; die meisten Verluste der guatemaltekischen Gegenrevolution gab es unter der Zivilbevölkerung durch die Bombardierungen.

Angetrieben durch die Gerüchte, daß das Regime dem Zerfall nahe sei, macht sich Ernesto auf die Suche nach Bauer oder Marco Antonio Villamar. Letzterer erzählt ihm, daß er sich mit einer Gruppe von Arbeitern zum Waffenarsenal begeben habe, wo man ihnen ein paar Minuten Zeit gab, um es wieder zu verlassen. Andernfalls hätten die Soldaten das Feuer auf sie eröffnet.

Stunden später verlangen die guatemaltekischen Militärs unter dem Druck der US-Botschaft den Rücktritt von Präsident Arbenz. Am 27. Juni ist im Radio die traurige Stimme des abgesetzten Präsidenten zu hören: „Eines Tages werden die dunklen Kräfte besiegt werden, die die unterjochte Kolonialwelt unterdrücken ..." Nach dem Ende der Nachricht flüchtet er in die mexikanische Botschaft.

Ernesto trifft sich mit Hilda. Er teilt ihr mit, daß er nach Mexiko reisen will, und schlägt ihr zum zweiten Mal die Heirat vor. Hilda wagt nicht zu antworten. Kurz darauf ist die Stadt in Händen eines provisorischen Militärregimes, das im Verlauf der nächsten Tage mit den Putschisten paktiert und ihnen schließlich die Macht überläßt. Aus Sicherheitsgründen ziehen sowohl Ernesto als auch Hilda um.

Es gibt eine guevaristische Legende, derzufolge Ernesto in der Woche nach dem Sturz von Arbenz eine rasende Aktivität entwickelt und dabei mitgewirkt habe, Exilierten Zuflucht in den Botschaften zu verschaffen, und daß er mit anderen jungen Leuten der demokratischen Bewegungen Waffendepots angelegt habe. Dolores Moyano wird später erzählen, daß Ernesto drei Tage hintereinander, ohne zu schlafen, bei den städtischen Brigaden tätig war, und andere Autoren entwerfen das Bild, daß es einen verrückten Argentinier gegeben habe, der den Widerstand organisierte. Zweifellos wirkte Ernesto in diesen fürchterlichen Tagen des „Rette-sich-wer-kann" gemeinsam mit einigen Aktivisten, die sich jenseits des Chaos ihrer sich im Auflösungsprozeß befindlichen Parteien die Frage nach irgendeiner Form des Widerstands stellten, bei einigen kleineren Aufgaben mit. Aber es war offensichtlich, daß in diesem Moment alles nutzlos war und es nicht mehr viel zu tun gab. Nichtsdestotrotz scheinen diese Tätigkeiten das Interesse von Spitzeln und Polizisten geweckt zu haben.

Im Wissen darum, daß die Ausländer von den Unterdrückern und Putschisten unter die Lupe genommen werden, befolgt Ernesto schließlich den Ratschlag seines Freundes und Matelieferanten Sánchez Toranzo und flüchtet in die argentinische Botschaft.

Kurz danach wird Hilda von der Polizei verhaftet, als sie aus ihrer alten Wohnung ein paar Kleider holen will. Im ersten Verhör wird sie nach Doktor Ernesto Guevara gefragt.

Hilda landet im Frauengefängnis. Ernesto erfährt von der Geschichte und will sich stellen, damit sie freigelassen wird. Aber seine Freunde hindern ihn daran.

Am 4. Juli schreibt Ernesto an seine Mutter: *Alles war wie ein schöner Traum (...), der Verrat ist weiterhin Heimstatt der Armee (...). Arbenz war nicht auf der Höhe der Umstände, die Militärs sind ihm auf den Füßen herumgetrampelt.* Er unterrichtet sie leicht verschämt darüber, daß er seine Rückstände in der

Pension nicht bezahlt habe und sie aus Gründen *höherer Gewalt* für beglichen ansehe. Er schließt mit einem intimen Eingeständnis, das ungewollt zu einem Porträt des Abenteurers-Beobachters wird, der er damals war: *Mit einer gewissen Scham teile ich Dir mit, daß ich mich in diesen Tagen köstlich amüsiert habe. Dieses magische Gefühl der Unverletzbarkeit (...) bewirkte, daß ich Geschmack daran fand, wenn ich die Leute wie Verrückte wegrennen sah, kaum daß sie ein Flugzeug gesehen hatten; oder nachts während der Verdunkelung, wenn der Lärm von Schießereien die Stadt erfüllte. Ganz nebenbei kann ich Dir mitteilen, daß der Beschuß aus der Luft Respekt einflößt.*

In einem dieser Briefe zeichnet er auch ein knappes Bild des neuen Regimes: *Wenn Du Dir eine Vorstellung von der Ausrichtung dieser Regierung machen willst, kann ich Dir zwei Beispiele geben: Einer der ersten Orte, den die Invasoren eingenommen haben, war ein Besitztum der Obstgesellschaft, auf dem die Arbeiter im Streik waren. Bei ihrer Ankunft erklärten sie den Streik sofort für beendet, führten die Streikführer auf den Friedhof und jagten ihnen dort Granaten in die Brust.*

Obwohl er weiß, daß die Polizei ein Auge auf ihn geworfen hat, verläßt er sein Botschaftsasyl oft. Eines Nachts hilft er mit, Humberto Pineda, den Bräutigam von Myrna, im Kofferraum eines Wagens aus dem Botschaftsgelände zu schleusen, denn dieser will im Untergrund weiterkämpfen.

Am 28. Juli wird Hilda freigelassen, und auch wenn sie die argentinische Botschaft nicht betreten kann, tauscht sie Nachrichten mit Ernesto aus. In den letzten Augusttagen kommen Flugzeuge, um die argentinischen Flüchtlinge abzuholen, und Ernestos Familie nutzt die Gelegenheit, um ihm Geld und Kleidung zu schicken. Er schreibt seiner Mutter: *Ich finde, daß Du mir zuviel Kleidung geschickt hast und Ihr zuviel für mich ausgegeben habt. Es mag zwar etwas kitschig klingen, aber ich glaube, ich habe das nicht verdient (...). Mein letzter Wahlspruch ist: wenig Gepäck, kräftige Beine und einen Fakirmagen.* Vom überbrachten Geld gibt er dem Kubaner Dalmau fünf Dollar und lehnt es ab, nach Argentinien zurückzukehren.

Die Polizei hält auf der Jagd nach Anhängern des alten Regimes die Straßen besetzt. Trotzdem verläßt er eines Tages zur Unzeit die Botschaft und begibt sich zu dem Restaurant, in dem Hilda frühstückt. Die Leute, die sie kennen, beobachten sie ängstlich, während die beiden durch die Stadt schlendern. Er erzählt ihr, daß er seinen Paß in der mexikanischen Botschaft abgegeben habe, um ein Visum zu beantragen, und daß er für drei Tage zum Atitlán-See gehen werde. Wie immer überrascht seine Verachtung für die Gefahr und seine seltsame Fähigkeit, sich an solchen Tagen auf touristische Reisen zu begeben. Es klappt jedoch, und er verbringt drei Tage in der friedlichen guatemaltekischen Provinz und ordnet dabei wahrscheinlich seine Gedanken. Er macht ein Paket mit Büchern und schickt es per Post seiner Tante Beatriz. Nur in einem Brief, den er einen Monat später, bereits in Mexiko, an seine Freundin Tita Infante schreibt, wird er eine Spur der Spannungen hinterlassen, und zwar als er sich auf einen Artikel bezieht, *den ich nicht per Post aufgeben konnte, da sie mir auf den Fersen waren.* Es handelt sich um einen 14seitigen Text mit dem Titel „Ich sah den Sturz von Jacobo Arbenz", der im Strudel dieser Tage untergegangen ist.

Gegen Ende der dritten Septemberwoche, neun Monate nachdem er in Guatemala angekommen ist, steigt Ernesto in einen anderen Zug, in einen der vielen seines langen Reiselebens. Hilda begleitet ihn ein Stück bis zur mexikanischen Grenze. Danach steigt sie aus und kehrt nach Guatemala-Stadt zurück. Beide haben das Gefühl, daß der Abschied endgültig ist, auch wenn Ernesto ihr sagt, daß er in Mexiko auf sie warten werde. Im Zug lernt Doktor Guevara einen anderen jungen Mann kennen, der vor der Militärdiktatur flieht: Julio Cáceres, El Patojo [der Schmächtige], der *einige Jahre jünger war als ich, aber wir schlossen sofort eine dauerhafte Freundschaft.* Gemeinsam fahren sie in den Norden. Zurück bleibt eine Geschichte, die Ernesto nachhaltig beeinflussen sollte, eine Geschichte, die war und nicht sein durfte, eine Revolution, die auf halbem Wege stehengeblieben war, und eine Figur, er selbst, die ebenfalls auf halbem Wege stehengeblieben war. Zum ewigen Beobachterstatus verdammt?

Kapitel 7

★

Zwischenaufenthalte

Nachdem sie den abgerissenen jungen Mann betrachtet hatten, stempelten die Einwanderungsbehörden in Tapachula den Paß mit einem FM5-Touristenvisum, das die Nummer 599.511 trug. Es war der 21. September 1954.

Mexiko war „das Neue", das Unbekannte. Unsere Hauptfigur hatte keinerlei Verbindung zu diesem Land, ausgenommen eine weit zurückliegende und unbedeutende familiäre Beziehung. Seine Urgroßmutter Concha Castro war Mitte des 19. Jahrhunderts in Mexiko geboren worden und hatte ihr Vermögen während der nordamerikanischen Invasion und späteren Annexion eines Teils des Landes verloren.

Nun also steigt dieser 26 Jahre und drei Monate junge argentinische Arzt mit Familiennamen Guevara, der noch nicht als Che bekannt ist, gemeinsam mit seinem frischgewonnenen Reisegefährten, dem Guatemalteken Julio Roberto Cáceres, seinen Freunden und Feinden als El Patojo bekannt, in einen neuen Zug, der sie diesmal nach Mexiko-Stadt bringt. Die Stadt ist gegenwärtig ein Schmelztiegel der lateinamerikanischen Exilierten: für die Unabhängigkeit kämpfende Puertoricaner, der Odría-Diktatur feindlich gesinnte Peruaner, mehrheitlich Apristen, mit der despotischen Regierung von Pérez Jiménez verfeindete Venezolaner, „Moncada-Kubaner" im Kampf gegen Oberst Fulgencio Batista, Guatemalteken, die nach dem letzten Staatsstreich des CIA aus dem Land geflüchtet sind, antisomozistische Nicaraguaner, die vor Gefängnis und Folter geflohen sind, Exil-Dominikaner, die von der Trujillo-Diktatur verfolgt werden.

Er benötigt weniger als eine Woche, um seine Gefühle zu ordnen und einen ersten schriftlichen Eindruck zu vermitteln: *Ich werde von der Stadt, besser gesagt, dem Land der Bestechungsgelder mit der ganzen Gleichgültigkeit eines großen Tieres empfangen, das mich weder streichelt noch mir seine Zähne zeigt.*

Das Wort Gleichgültigkeit ist ziemlich zutreffend. Eine Welle von Konservativismus und Apathie überflutet Mexiko. Das Land hat mit einigen wenigen ehrbaren Ausnahmen den Militärputsch, den der CIA in Guatemala gerade angeführt hat, vollkommen teilnahmslos beobachtet. Lázaro Cárdenas war von der konservativen Presse ins Kreuzfeuer genommen worden, da er gewagt hatte, öffentlich darauf hinzuweisen, was an der Südgrenze des Landes geschah. Präsident Ruiz Cortines, von seinem Erscheinungsbild her ein Provinzakademiker mit etwas Bohème und viel Bauernschläue, legte einen goldenen Schleier über die von der Regierung unter Präsident Miguel Alemán vermachte soziale Katastrophe im Kleid des Fortschritts.

Guevara und El Patojo lassen sich im Zentrum von Mexiko-Stadt inmitten einer beeindruckenden Stadtlandschaft nieder: der Anblick der Parias, die in der Nachmittagsbrise wehende Wäsche, die endlosen Flachdächer mit Waschplätzen und Gastanks, die sie aus ihrem angemieteten Dienstbotenzimmer in einem Gebäude der Calle Bolivar beobachten konnten – der Hofstaat der Wunder, das Land der wirtschaftlichen Not.

Während sie sich nach Arbeit umschauen, da sie sehr knapp bei Kasse sind, erledigt Guevara seine liegengebliebene Korrespondenz, um vor allem Ängste zu zerstreuen und seinen Eltern, seiner Tante Beatriz und seiner Freundin Tita Infante ein Lebenszeichen zu geben. Und daran anknüpfend die ersten Reflexionen über das Land, die Zukunft und die Überlebensmöglichkeiten: *Auch hier kann man sagen, was einem paßt, vorausgesetzt, daß man es irgendwo bezahlen kann; das heißt man atmet die Demokratie des Dollars.*

In seinen Briefen ist wie immer von neuen Reisen die Rede, von Projekten, von einem Ort zum nächsten zu fahren, als ob die Hyperlandstraße, der Sternen-Freeway, auf dem er die letzten zehn Jahre gelebt hat, endlos wäre. Denn die Ziele *haben sich nicht geändert und mein Wegweiser deutet auf Europa und den Mittleren Osten. Wie? Das ist eine andere Frage. Außer diesem allgemeinen Eindruck kann ich noch nichts Endgültiges über Mexiko berichten, von mir auch nicht.* In einem Brief an seinen Vater fügt er seiner Liste die Vereinigten Staaten hinzu: *wenn sie mich reinlassen.* Mexiko ist aber ganz deutlich eine Durchgangsstation, um von den guatemaltekischen Wunden zu genesen und die Neugier zu befriedigen. Allerdings ist das Hauptziel Guevaras, wie in so vielen anderen Zeiten des leeren Geldbeutels, die Sicherung des Überlebens: *Ich bin in Mexiko nun schon weit genug herumgekommen, um festzustellen, daß es hier nicht sehr leicht werden wird, aber ich bin mit einem kugelsicheren Geist hier angelangt.*

Wenn die Poesie einen Raum der Intimität darstellt und der Dichter, ob er gut oder schlecht schreibt, in Gedichten das erzählt, was er niemals in Chroniken, Berichten oder Briefen mitteilen würde, wenn der Dichter oder Lyrikschürfer den Stoff in seinem Inneren sucht, dann geben die Gedichte des jungen Doktor Guevara mehr über ihn preis als seine Essays:

In einem seiner Poeme, es trägt den Titel „Dunkles Selbstporträt", ist zu lesen: *Ich bin allein gegenüber der unerbittlichen Nacht / und dem süßlichen Nachgeschmack der Geldscheine / Europa ruft mich mit der Stimme alten, abgelagerten Weins / dem Atem blonden Fleisches, Museumsobjekten. / Und im lustigen Trompetenklang neuer Länder / trifft meine Stirn der diffuse Aufschlag / der Klänge von Marx und Engels.*

In diesen ersten Tagen wendet er sich an die wenigen Adressen von Bekannten, die er in Mexiko hat, und besucht den Freund seines Vaters, den argentinischen Drehbuchautor Ulises Petit de Murat, der für die einst mächtige und nun sich im Niedergang befindliche mexikanische Filmindustrie arbeitet. Petit de Murat lädt ihn zu gewaltigen Beefsteaks ein, die das Heimweh nach Argentinien gastronomisch belegen. Er bietet ihm vorübergehende Unterkunft und Verpflegung an und spricht sogar von der Möglichkeit, ein Stipendium für ihn zu erwirken. Ernesto entschuldigt sich, bedankt sich, aber irgendetwas scheint ihm an der Person nicht gefallen zu haben, denn er wahrt Distanz, vermeidet Begegnungen. Wie immer zieht er seine beschwerliche Unabhängigkeit vor.

Seine erste Arbeit wird er, wie alles in den letzten Jahren, dem Zufall zu verdanken haben. Der Besitzer von Foto Taller, ein spanischer Flüchtling, erzählt: „Ich hatte meinen Laden an der Morelos-Kreuzung. Ein Freund von mir, der ein Fotogeschäft in der Calle San Juan de Letrán besaß, hatte ihn zu mir geschickt (...). Ich gab ihm ganz unverbindlich eine Kamera. Immer wenn er ein wenig Geld hätte, würde er sie mir Stück für Stück abbezahlen."

Solidarität des politischen Flüchtlings mit dem politischen Flüchtling: die beste und die, die Bescheid weiß.

Ernesto Guevara erzählt später: *El Patojo hatte überhaupt kein Geld und ich einige Pesos (...). Wir widmeten uns beide der klandestinen Aufgabe, Fotos im Park zu schießen, wobei wir von einem Mexikaner unterstützt wurden, der ein kleines Fotolabor hatte. Wir lernten die ganze Stadt kennen, indem wir sie von einem Ende zum anderen durchquerten, um unsere schlechten Fotografien abzuliefern. Wir schlugen uns mit allen Arten von Kunden herum, um sie davon zu überzeugen, daß das fotografierte Kind wirklich sehr hübsch aussah und daß es sich lohnte, für dieses Wunderwerk einen mexikanischen Peso zu zahlen.* Und Rafael del Castillo Baena ergänzt: „Er begann, Aufnahmen zu machen, und kam täglich zu mir, damit ich die Filmrollen entwickelte, die er auf Festen oder auf der Straße vollgeknipst hatte. Jede Woche gab er mir eine gewisse Summe Geld, um das Gerät abzubezahlen (...). Eines Tages erzählte er mir, daß er Arzt sei. Wie? Ein Arzt, der auf Festen und auf der Straße fotografiert?" *Dank dieser Beschäftigung hatten wir mehrere Monate etwas zu essen, nach und nach bahnten wir uns einen Weg ...*

Ein anderer Zufall wird ihm die Rückkehr zur Medizin ermöglichen, allerdings nicht unter den besten Bedingungen. Eine mittelamerikanische Ärztin stellt ihn Doktor Mario Salazar Mallén vor, der zwei Forschungszentren leitet: eines im Zentralkrankenhaus und das andere im Kardiologischen Fachkrankenhaus. Salazar Mallén bietet ihm zunächst eine Assistentenstelle in der Allergieabteilung des Zentralkrankenhauses von Mexiko-Stadt an, die Hilda zufolge sehr schlecht und Ernesto zufolge überhaupt nicht bezahlt wurde.

Hier kommt es zu einem für den Ausgang dieser Geschichte maßgeblichen Zusammentreffen mit seinem Exil- und Überlebensgefährten aus Guatemala, dem Kubaner Ñico López, der sich in Mexiko befindet und einen Landsmann zur Behandlung seiner Allergie begleitet. Ñico und Ernesto sehen sich nur kurze Zeit, denn bald darauf nutzt Ñico eine von Batista verkündete Amnestie, um nach Kuba zurückzukehren. Aber Ernesto bleibt mit der kleinen Gruppe von Exilkubanern in Verbindung.

Nachdem das Überleben minimal gesichert ist, kann er sich endlich den Luxus erlauben, über sich selbst nachzudenken und sich mit der guatemaltekischen Erfahrung auseinanderzusetzen: *Der Mittelweg ist nichts anderes als das Vorzimmer des Verrats (...). Das Üble dabei ist, daß ich mich gleichzeitig nicht entscheiden kann, die entschiedene Haltung einzunehmen, die ich schon längst hätte einnehmen müssen, denn im Grunde (und an der Oberfläche) bin ich ein rettungslos verlorener Herumtreiber und habe keine Lust, meine Karriere durch eine eiserne Disziplin abzubrechen. (...) Ich weiß noch nicht einmal, ob ich ein Akteur oder ein an der Aktion interessierter Zuschauer sein werde.*

Anfang November 1954 schreibt er an seine Mutter: *Ich mache nichts Neues. Die Fotografien reichen zum Leben und es gibt keine sonderlich begründeten Hoffnungen, daß sich kurzfristig etwas anderes auftun könnte, obwohl ich jeden Morgen in zwei hiesigen Krankenhäusern in der Forschungsabteilung arbeite. (...) Nachmittags und sonntags mache ich Aufnahmen und nachts studiere ich ein wenig ... Ich glaube, ich habe Dir bereits erzählt, daß ich eine gute Wohnung habe und das Essen und alles andere selbst mache. Außerdem bade ich mich täglich, da es immer warmes Wasser gibt. Wie Du siehst, habe ich mich in dieser Hinsicht verändert. Ansonsten bin ich so wie früher, denn die Kleider wasche ich selten und schlecht, und das Geld reicht noch nicht, um eine Waschfrau zu bezahlen.*

Kurz darauf verstärkt sich das diskrete Heim-und-Herd-Gefühl, das Ernesto um sich geschaffen hat, mit der Ankunft seiner Freundin, eigentlich Braut, Hilda Gadea. Sie ist aus Guatemala ausgewiesen worden und von Tapachula aus mit dem Flugzeug nach Mexiko-Stadt gekommen.

Hilda setzt sich unverzüglich mit ihrem Freund in Verbindung: „Mit einem Taschentuch auf der Sprechmuschel, um meine Stimme zu verstellen, fragte ich: ‚Doktor Guevara?‘ Aber er erkannte mich auf der Stelle.“

Einige Minuten später treffen sie sich im Hotel Roma, wo sie abgestiegen ist. Ernesto sagt ihr, daß er durch die Nöte im Exil abgenommen habe. Außerdem „stellte er erneut die Möglichkeit einer Heirat in den Raum. Ich antwortete ihm, daß wir noch etwas warten sollten, da ich erst vor kurzem angekommen sei und mich erst einmal einleben und Arbeit suchen wollte. Tatsächlich war ich mir nicht sehr sicher, und er merkte es und ärgerte sich darüber. Ich hatte den Eindruck, daß meine ausweichende Antwort gewisse Spannungen zwischen uns aufgebaut hatte. Und er entschied, daß wir dann eben einfach nur Freunde sein würden. Seine Reaktion überraschte mich etwas (...). Ich war kaum angekommen und schon lagen wir uns in den Haaren."

Sie sehen sich weiterhin, aber in einer etwas angespannten Atmosphäre. Hilda lebt mit einer anderen Exilierten, der venezolanischen Dichterin Lucila Velázquez, in einer Pension in der Calle Reforma. Ernesto ruft sie zweimal die Woche an, um sie zum Essen einzuladen, die wunderschönen Museen der Stadt zu besuchen oder ins Kino zu gehen.

Ein neuer Zufall verbessert das Arbeitsleben des Doktor Guevara. Er trifft in einer Straßenbahn den Koordinator der amtlichen argentinischen Nachrichtenagentur (Agencia Latina de Noticias), Alfonso Peréz Vizcaíno, der ihm eine Stelle als Pressefotograf anbietet; etwas Sichereres, als in den Straßen herumzufotografieren.

Auch Patojos Arbeitssituation wird besser, er steigt vom Zeitungsausträger und Kassierer von Kinder- und Festfotografien zum Nachtwächter der Bücherei des Fondo de Cultura auf. Ab und zu begleitet ihn Ernesto, der dann in seinem Schlafsack zwischen den Bücherregalen Wache schiebt und die Zeit zum Lesen nutzt.

Am 29. Februar 1955 schreibt Ernesto an seine Freundin Tita Infante: *Wenn das Monatsende kommt, muß ich Jongleurkünste aufbringen und fasten, um durchzukommen (...). Es gibt Momente, wo ich nicht weiter weiß bzw. sehr pessimistisch bin (...). Wenn mich einmal so ein Tag erwischt, löse ich das Problem mit einigen Matetees und ein paar Versen (...). Ich bin bisher vor allem geflohen, was mich belästigt hat; und selbst heute, wo ich, wie ich meine, dabei bin, mich dem Kampf zu stellen, vor allem im Sozialen, setze ich weiter in aller Ruhe meine Wallfahrt durch den Strudel der Ereignisse fort, ohne auf den Gedanken zu verfallen, irgendetwas in Argentinien zu unternehmen. Ich gestehe, daß mir dies das meiste Kopfzerbrechen bereitet, denn ich befinde mich in einem fürchterlichen Zwist zwischen der Sittsamkeit (dort) und dem Wunsch (herumzuziehen, vor allem durch Europa) und stelle fest, daß ich mich bei jeder sich bietenden Gelegenheit ganz unverschämt prostituiere. Ich wollte Dir eigentlich einen Rat geben und mache schließlich nichts anderes, als von meinen Problemen zu berichten.*

(...) Ich verdiene meine Brötchen, indem ich Rotzlöffel auf dem Marktplatz porträtiere und im Auftrag der Agencia Latina de Noticias, dieser peronistischen Ausgeburt, über die Argentinier berichte, die in diesen Gefilden herumschwirren (...). Die gute wissenschaftliche Aufnahme hat meinen ärztlichen Optimismus gestärkt und ich habe begonnen, wie ein Heinzelmännchen im Allergiebereich zu arbeiten – umsonst, für ein Krankenhaus. Die Ergebnisse sind auf jeden Fall gut,

denn Pisani ist jedem Allergologen der westlichen Welt meilenweit voraus (...). Dies verleitet mich zur Annahme, daß sich auch meine finanzielle Lage verändern wird, denn der Erfolg in diesen verdammten Welten des Herrn wird zu Knete, wenn jemand nicht zu tolpatschig ist, wie es hier heißt.

Im selben Brief versucht Doktor Guevara, die an einer ihrer häufigen Depressionen leidende Tita mit einem Sextip aufzumuntern: *Denk daran, daß dieses kleine Ärgernis mit dem Namen Geschlecht seine regelmäßigen Ablenkungen benötigt, denn andernfalls verläßt es den ihm zugewiesenen Ort und füllt alle Augenblicke des Lebens aus und bereitet nichts als Ärger. Ich weiß, daß Du das für eine Dummheit hältst, aber ich weiß auch, daß Du im Grunde weißt, daß es keine Dummheit ist; und daß irgend etwas davon, und nicht an letzter Stelle, dafür verantwortlich ist, daß Du keinen Silberstreifen am Horizont erblickst.*

Zwar verändert sich das wirtschaftliche Schicksal nicht, aber sehr wohl seine Beziehung zu Hilda Gadea. Hilda erzählt: „In der letzten Novemberwoche lud er mich ins Kino ein, und wir schauten uns den sowjetischen Ballettfilm ‚Romeo und Julia‘ an. Der Film begeisterte uns, und wir diskutierten über die Universalität von Shakespeare, dessen Werke wir kannten. Bei dieser Gelegenheit versöhnten wir uns wieder."

In den ersten Dezembertagen ziehen Hilda und ihre Freundin Lucila in eine kleine Wohnung in der Kolonie Condesa um, Calle Pachuca 108, und möblieren sie ganz billig. Ernesto besucht sie häufig. Wenn wir der Darstellung folgen, die Hilda Gadea in ihren Memoiren hinterlassen hat, ist ihre Beziehung sehr schwierig, sie überwerfen sich häufig, ihre Verlobungszeit ist eher von Zweifeln als von Bestätigungen gekennzeichnet. Merkwürdigerweise gibt es in der umfangreichen Korrespondenz Guevaras nach Argentinien keinerlei Hinweise auf die Beziehung mit Hilda. Es scheint, daß er sie aus einer merkwürdigen Scham heraus, oder weil er ihr keine besondere Bedeutung beimißt, verbirgt.

In diesen letzten Wochen des Jahres '54 – einem Jahr, das für Doktor Guevara mit zahlreichen finanziellen Ungewißheiten endet (er nutzt die Jahreszeit, um Spielzeug auf der Straße zu verkaufen) – treibt ihn seine Neugier an die Universität, wo er als Gasthörer die Vorlesungen des berühmten Jesús Silva Herzog, dem Wirtschaftswissenschaftler, der die Verstaatlichung der Erdölindustrie ausgearbeitet hat, besucht.

In den letzten Tagen des Jahres hat Ernesto erneut an seinem Buch über „Die Funktion des Arztes in Lateinamerika" geschrieben (*Ich verstehe nicht viel von Medizin, aber Lateinamerika kenne ich wie meine Westentasche*). Er verdient 700 Pesos als Redakteur und Fotograf bei der Agencia Latina und hofft sein Gehalt mit der Arbeit als Straßenfotograf aufzurunden. Er verbringt drei Vormittage pro Woche im Krankenhaus und schreibt weiterhin über das Bedürfnis, nach Europa zu reisen, wobei er nun seiner Reisewunschliste die *Kortisone** (Osteuropa hinter dem „Eisernen Vorhang") hinzufügt. Er führt weiterhin gewis-

*Wortspiel zwischen cortina = Vorhang und Cortisona = Kortison

senhaft Tagebuch, das ihn seit so vielen Jahren schon begleitet und das er eines Tages ins Reine schreiben wird. Und im Drang, sich zu mexikanisieren, liest er das Beste, was man über die moderne mexikanische Geschichte lesen kann: „Mexiko in Aufruhr" von John Reed und die „Memoiren von Pancho Villa" von Martín Luis Guzmán.

Zu dieser Zeit versucht der junge Guevara, eine politische Bilanz zu ziehen: *Die Form, in der die Gringos Amerika behandeln (...), rief in mir eine wachsende Empörung wach (...), danach kamen Guatemala und all diese schwer zu vermittelnden Dinge (...). Wann ich die vernunftsbestimmten Überlegungen aufgegeben habe, um zu einer Art von Glauben zu kommen, kann ich Dir nicht einmal annähernd sagen, denn der Weg war sehr lang und voller Rückschläge.*

Die Feiertage zum Jahresende werden Teil des bereits fast permanenten Tauziehens in der Beziehung zu Hilda. Am 24. sind Ernesto und Patojo bei der Peruanerin und ihrer venezolanischen Freundin zum Abendessen eingeladen. Aber Guevara verspätet sich, da er sich bei einem Besuch seiner kubanischen Freunde in der Wohnung von María Antonia González, dem üblichen Treffpunkt der Moncada-Exilierten, aufhalten läßt. Schließlich kommt er, um den Schlafsack abzuholen, da Patojo zur Nachtwache muß und Ernesto ihn begleiten will. Hilda ist durch die Verspätung und den schnellen Aufbruch verletzt und fühlt sich niedergeschlagen. Obwohl sie den 25. mit einem Spaziergang durch den Chapultepec-Park zusammen verbringen, wiederholt sich die Geschichte am 31., als Ernesto sie erneut versetzt. Hilda will Schluß machen, wenn es Ernesto wichtiger ist, sich mit der Einsamkeit seines guatemaltekischen Freundes zu solidarisieren. Mißverständnisse und Streitereien, alles ähnelt sehr einer Teenagerbeziehung voller Zweifel und Fehlinterpretationen. Ein ständiges Hin und Her.

Am ersten Tag des Jahres 1955 findet man sie erneut versöhnt bei einem Spaziergang durch Toluca. Die Wiederbegegnung verlängert das Auf und Ab den ganzen Monat Januar über. Am 20. Januar schenkt Ernesto ihr als verspätetes Weihnachtsgeschenk „Martin Fierro". Er hat das Buch mit folgender Widmung versehen: *Für Hilda, damit ihr am Tage des Aufbruchs die Grundlage meines Strebens nach Horizonten und mein kämpferischer Fatalismus bleibt. Ernesto.*

Im Februar wiederholt Ernesto seinen Heiratsantrag. Hilda stimmt zu und möchte die Hochzeit auf März verschieben. Ernesto will wissen, warum nicht sofort. Am ersten Jahrestag unserer Bekanntschaft, schlägt sie vor. Aber der Ehepakt hält nicht lange. Hilda entdeckt zwischen den Seiten eines Buches, das er ihr geliehen hat, das Negativ einer Frau im Badeanzug und macht eine Eifersuchtsszene. Ernesto ärgert sich über den Streit und erklärt ihr, daß es sich um die Tochter von Petit de Murat handle und sie keine Bedeutung für ihn habe. Hilda erinnert sich später: „Er erklärte mir, daß ich nur einen Vorwand suchen würde, um nicht zu heiraten. Und daß er dann eben auch Schluß machen würde, daß wir dann aber noch nicht einmal mehr Freunde sein würden."

Sie sehen sich eine Woche lang nicht, die Trennung scheint endgültig zu sein. Aber Hilda, die mit ihrer Freundin Lucila in eine neue Wohnung in die Calle Rhin 43 umgezogen ist, wird krank und verlangt nach dem Besuch von

Doktor Guevara. Ernesto diagnostiziert eine Mandelentzündung, die auf die Ohren übergegriffen hat, und behandelt sie mit Antibiotika. Es kommt faktisch zu einer neuen Versöhnung.

Allerdings scheinen seine Liebesangelegenheiten keine weitreichende Bedeutung für Ernesto zu haben, zumindest will er sie in seinen Briefen an die Familie in Buenos Aires nicht zeigen, denn es gibt keinerlei diesbezüglichen Bemerkungen. Guevaristische Scham oder Leidenschaftslosigkeit? Das Thema zukünftiger Reisen taucht indes ständig auf. Er scheint geradezu davon besessen zu sein. Seinem Vater erzählt er, daß er *Frankreich und die Kortisone* im Visier habe *und stets den Genossen Mao am Ende der raidistischen Etappe bzw. fast am Ende, denn das Stipendium gehört zum Weg*. Um diese Reisen durchführen zu können, *verfüge ich über die Waffe von drei oder vier wissenschaftlichen Arbeiten, die sehr gut sind.*

Eine Möglichkeit, die finanzielle Not abzuschütteln, bekommt Ernesto in den ersten Märztagen '55. Die Agencia Latina de Noticias, mit der er seit einiger Zeit zusammenarbeitet, bietet ihm eine gutbezahlte Arbeit während der IV. Panamerikanischen Spiele an. *Ich soll als Reporter, Fotoredakteur und Fremdenführer für die südamerikanischen Journalisten fungieren.*

Ernesto stellt ein improvisiertes Team mit seinem Freund Patojo, dem Kubaner Severino Rosell und einem Exilvenezolaner zusammen, der die Dunkelkammer zum Entwickeln und Drucken stellt. Es war „eine kleine Fotografenkooperative", wie sich Rosell Jahre später entsinnen wird.

Vom 6. bis zum 20. März stürzt sich Ernesto in die Aufgabe, ohne seine Arbeit im Krankenhaus aufzugeben, wo er weiter an einer Allergiestudie arbeitet.

Meine Arbeit während der Panamerikanischen Spiele war in jedem Sinne des Wortes aufreibend, denn (...) ich schlief durchschnittlich nicht mehr als vier Stunden (...), da ich auch die Fotografien entwickeln und kopieren mußte. All diese Arbeit sollte eine kleine monetäre Entschädigung in Form von 4.000 $ einbringen, die mir nach der ganzen Hektik zustehen sollten.

Jahre später wird die Zeitschrift „Bohemia" einige Fotos von Doktor Guevara wieder ausgraben: den Schnappschuß von einer peruanischen Hochspringerin mitten im Sprung, den Sprint eines Radrennens, das Finale der Männer beim 100-Meter-Hürdenlauf, einen Degentreffer beim Fechten, die brasilianische Turnerriege mit gelangweilten Gesichtern ...

Aber die Geschichte sollte kein glückliches Ende nehmen.

Nachdem die ganze Hektik vorüber und das gesamte Personal, das die Informationen während der Spiele zusammengestellt hatte, angemessen gelobt worden war, informierte uns ein lakonisches Telegramm darüber, daß die Überweisungen eingestellt worden seien und daß jeder Korrespondent mit seinem Personal machen solle, was ihm beliebe (von Gehältern kein Wort). Diese Nachricht zu erhalten und mich mit Inbrunst daran zu machen, mir in den Arsch zu beißen, war ein und dasselbe.

Mit dem üblichen Humor schreibt er seiner Freundin Tita Infante seine Vermutungen über die Gründe für die Einstellung der Agenturtätigkeiten: *Vielleicht ist der aus dem Rosa (Haus) (Perón) auf den Arsch gefallen.*

Trotz der drückenden Arbeit kommt es laut Hilda in diesen Tagen zur folgenden Situation: „Als er zu mir kam, fragte er mich ernst, ob ich mich nun entschieden hätte oder nicht. Der Ton seiner Stimme war ruhig, aber bestimmt. Er stellte mir geradezu ein Ultimatum. Und da ich mich tatsächlich bereits entschieden hatte, bejahte ich die Frage und erklärte, daß wir im Mai heiraten könnten (...). Später fragte ich ihn, ob er sich meiner positiven Antwort sicher gewesen sei. Er antwortete mir ernst: *Ja, denn du wußtest, daß du mich verlieren würdest, wenn du dieses Mal nein gesagt hättest.*"

Nun steht also die lästige Formalität an, die bürokratischen Fallen des mexikanischen Innenministeriums zu umgehen, das sich über Jahre darauf spezialisiert hat, mittellosen Ausländern das Leben unmöglich zu machen.

Mit der Hochzeit in Aussicht und mitten in einer neuen Arbeitskrise folgt eine gute Nachricht: *Glücklicherweise haben sie mir Unterkunft und Essen im Zentralkrankenhaus gegeben, und vielleicht verirrt sich ja auch noch der eine oder andere Peso in meine wehmütigen Hände (ich berausche mich damit an Melonensaft).*

In einem Brief an seine Mutter berichtet er, daß das Stipendium aus Unterkunft, Essen, Kleiderreinigung, nicht aber aus Geldzuweisungen bestehe. Olivia Salazar, die Witwe von Mallén, erinnert sich Jahre später daran, daß ihr Ehemann Doktor Guevara einlud, bei ihnen zu wohnen, aber Ernesto mit dem Argument, daß er ihr Vertrauen nicht mißbrauchen wolle, „es vorzog, im Schlafsack auf einer Patientenliege in einem kleinen Untersuchungs- und Instrumentenraum im Krankenhaus zu schlafen". Das ist die „Unterkunft", von der er im Brief an seine Eltern spricht.

Um diese Residenz im Krankenhaus zu erhalten, hat er eine Arbeit mit dem Titel „Hautuntersuchungen bei halbverdauten Lebensmittelantigenen" abgeliefert, in der er einige Erfahrungen aus früheren Forschungen mit Pisani in Argentinien rekonstruiert. Die Arbeit wird auf einem Fachkongreß in Veracruz vorgestellt und in der „Iberoamerikanischen Zeitschrift für Allergologie" im Mai '55 veröffentlicht. Außerdem experimentiert er an einem halben Dutzend anderer Projekte, alles mit wechselndem Erfolg.

Die Puertoricanerin Laura de Albizu Campos, die damals im mexikanischen Exil lebte, erinnert sich: „Er hat mit Katzenhirnen experimentiert und durch Beobachtung ihrer Reaktionen die Reize auf ihre Nerven- und Gehirnzellen untersucht (...). Er bekam die Katzen über eine Frau (...). Ich glaube, er bezahlte ihr einen Peso pro Katze. Aber die Frau hatte eine Gruppe mexikanischer Jungen, die die Katzen fingen. Ich fragte ihn immer, ob er die Katzen aus dem Viertel schon ausgerottet hätte, und er lachte."

Seinem Kollegen Doktor David Mitrani zufolge, mit dem er nach der Arbeit in den Buden gegenüber dem Ärztezentrum Tacos aß, arbeitete er noch an verschiedenen anderen Experimenten. Zwei davon fanden Widerhall in der Ärzteschaft: „Über Lebensmittelantigene und über die Wirkung von Estamin in

Katzenmägen". Tagsüber arbeitete er an seinen Studien und abends wirkte er als wissenschaftlicher Mitarbeiter bei den Praktika der Humanphysiologie an der alten Medizinischen Fakultät.

Mit seinem üblichen bissigen Humor berichtet Ernesto seinem Vater in einem Brief: *Ich verbringe täglich 24 Stunden damit, von Krankheiten und ihrer Heilung zu reden (selbstverständlich heile ich nichts).* Und seiner Freundin Tita Infante beschreibt er seine Forschungen: *Wissenschaftlich gesehen bin ich ein Fiasko allerersten Rangs, alle meine großen wissenschaftlichen Projekte sind vom Winde verweht (...) und ich beschränke mich darauf, eine bescheidene Arbeit vorzulegen, in der ich die Forschungen Pisanis über halbverdaute Lebensmittel für Mexiko wiederhole.*

Ende April findet Hilda Arbeit. Zuerst bei CEPAL, später bei der Panamerikanischen Gesundheitsbehörde. Ernesto und sie schlagen sich mit der mexikanischen Bürokratie herum, um die Heiratserlaubnis zu erhalten.

Obwohl sich die Heirat anbahnt, spiegelt sich in seiner Korrespondenz wenig oder nichts von diesem Vorhaben, sondern es ist weiterhin von den ersehnten, möglichen, unmöglichen, hypothetischen Reisen die Rede. Tita Infante schreibt er: *Ich hoffe, Tita, daß wir uns bald an irgendeiner Ecke in irgendeiner alten europäischen Stadt wiedersehen. Ich mit vollem Magen, und Sie mit dem Titel in der Hand. Zur Zeit kann man nicht mehr verlangen, aber die Zukunft gehört dem Volk.*

Hilda Gadea erwähnt einige Jahre später in ihren Memoiren, daß es unter den Reiseprojekten eine teilweise finanzierte Reise nach China gab, Ernesto aber das Angebot ausgeschlagen habe, da sie nicht zusammen reisen konnten. Und Ernesto schreibt seinem Vater in einem Brief, daß die Nachrichtenagentur ihm eine Reise nach Melbourne versprochen habe, der Verlust der Arbeitsstelle ihn aber habe leer ausgehen lassen.

Hier wäre noch das Vorhaben einer Reise nach Osteuropa hinzuzufügen, wahrscheinlich nach Polen, zu einem der zahlreichen Jugendtreffen. Die Versuche zur Verwirklichung dieser Reise haben bei Ernesto gewisse Schuldgefühle ausgelöst. *Ich glaube, ich habe mich vollkommen prostituiert (...). Ich habe an die Kortisone eine vernünftige Studie über den Sturz von Onkel Jacobo in die Krallen der blonden Krakenzentauren geschickt; und mich auf den erwähnten Vorfall beziehend, gab ich zu verstehen, daß man mich eigentlich einladen müßte. Aber es war ein Schlag ins Wasser.* Die Reise beinhaltete die Möglichkeit einer Schiffsfahrt via Spanien, aber durch die Schulden der Agentur war er sehr knapp bei Kasse und konnte sie somit nicht antreten.

Der Kontakt mit den Kubanern führt zu Veränderungen in der Liste der potentiellen Reisen: *Der nächste Schritt kann die USA sein (schwerlich), Venezuela (möglich) oder Kuba (wahrscheinlich). Aber mein unabänderliches Ziel bleibt Paris, und ich werde es erreichen, auch wenn ich durch den ganzen Atlantik schwimmen muß.*

Ernesto Guevara ist in dieser Zeit seines Lebens im wesentlichen ein Vagabund. Allein in der Korrespondenz mit seiner Familie und zwei Freundinnen während seines 22monatigen Aufenthalts in Mexiko gibt es 161 Erwähnungen von möglichen oder hypothetischen Reisen.

Diese Reisebesessenheit spiegelt sich in einem Gedicht jener Tage: *Das Meer ruft mich mit seiner Freundeshand / meine Weide – ein Kontinent – / entweicht sanft und unauslöschlich / wie ein Glockenklang in der Dämmerung.*

Am 30. April kommt sein Landsmann Ricardo Rojo, der ein Jahr im Exil in den Vereinigten Staaten verbracht hat, nach Mexiko-Stadt und sucht fast unverzüglich Ernesto auf. „Er war etwas schlanker und trotz seines Berufs als Marktplatzfotograf bewahrte er das unverwechselbare Aussehen eines Studenten auf Urlaub."

Am folgenden Tag holt ihn Guevara gemeinsam mit Hilda von seinem Hotel ab, um zum 1.-Mai-Aufmarsch zu gehen. Die traurige Maskerade eines Arbeiteraufmarschs zieht an den Emigranten vorbei. Nacheinander stellen die regierungsfreundlichen mexikanischen Gewerkschaften ihr Einverständnis und ihre Zahmheit zur Schau. Die Parteien der Linken, die POCM und die KP, sowie die abtrünnigen Teile der Arbeiterschaft wie z.B. die Eisenbahner wurden unter Polizeigewalt vom offiziellen Aufmarsch ausgeschlossen. Ernesto Guevara kritisiert: *Die mexikanische Revolution ist tot, sie ist schon vor langer Zeit gestorben, wir haben es nur nicht gemerkt (...). Der Vorbeimarsch der organisierten Arbeiter ähnelt einer Beerdigung (...). Sie sind vereint durch das Budget, die Gehaltsliste der Regierung. Laß uns verschwinden, Alter.*

Rojo bleibt nur eine Woche in Mexiko-Stadt. In dieser Zeit begleitet er Ernesto zu einer Versammlung der Exilkubaner, deren Zentrum sich im Imperialgebäude befindet. Ungewollt werden sie in eine leidenschaftliche Debatte verwickelt. In Kuba wird gerade die Möglichkeit eines Amnestieerlasses diskutiert, der auch auf die Moncada-Angreifer und insbesondere auf ihren Anführer Fidel Castro Anwendung fände. Die Kubaner sitzen mit gespitzten Ohren am Radio und verfolgen die Nachrichten, die Fortschritte und Rückschläge. Zehn Tage später, am 15. Mai, wird Fidel freigelassen.

In einem Ende Mai an seinen Vater gerichteten Brief ist ein Echo dieser Kubanisierung seiner Interessen zu finden: *Havanna zieht mich besonders an, um mein Herz mit Landschaftsbildern zu füllen, gut gemischt mit den Landschaften Lenins.*

Unterdessen, belästigt von den gesetzlichen Hürden, die ihnen die mexikanischen Einwanderungsbehörden in den Weg stellen („Sieh mal einer an, das Fräulein, eine emigrierte Peruanerin, will einen Argentinier heiraten!"), beschließen Ernesto und Hilda zusammenzuziehen. Doktor Guevara packt sein geringes Hab und Gut zusammen, das er im Krankenhaus aufbewahrt hat, und zieht in die Wohnung von Hilda und ihrer Freundin Lucila in der Calle Rhin, eine ausgesprochen karg möblierte Bleibe, deren Klosett lediglich aus zwei Brettern und zwei mit Tuch bespannten Leisten besteht.

Am 18. Juni machen sie „eine Hochzeitsreise nach Cuernavaca“. Hilda verzeichnet diesen Tag als „unser tatsächliches Hochzeitsdatum“.

Das Eheleben scheint ihm indes kein größeres Kopfzerbrechen zu bereiten, zumindest findet sich nichts davon in seinem ständigen Briefwechsel mit Argentinien, wo seine neue Lebenssituation keine Erwähnung findet. Am 17. Juni erzählt er seiner Mutter: *Die Agencia Latina hat mich um knapp 6.000 Pesos geprellt; jetzt haben sie zwar bezahlt, aber nur 3.000, von denen ich eine Reihe von Schulden abbezahlen muß.* Er erwähnt, daß er in Erwartung des Gesamtbetrags eine Schiffsfahrkarte nach Spanien reserviert habe (für die Reise nach Polen). Als ihm aber nur ein Teil bezahlt wird, macht er einen Rückzieher, denn er ist *sehr knapp bei Kasse.*

Wie immer versucht er, eine Bilanz zu ziehen: *Dieses unwirtliche und harte Mexiko hat mich im Großen und Ganzen recht gut behandelt. Und obwohl ich letztendlich übers Ohr gehauen wurde, werde ich bei meiner Abreise etwas mehr Geld besitzen als bei meiner Einreise. Eine Reihe mehr oder minder gehaltvolle Artikel werden meinen ehrwürdigen Namen tragen und, was das Wichtigste ist, eine Reihe von Vorstellungen und Absichten, die mir nur nebulös im Kopf herumgeschwirrt sind, werden sich gefestigt haben.*

Obwohl er seine Mutter davon zu überzeugen sucht, daß es um die wissenschaftliche Arbeit nicht ganz so schlecht bestellt ist, berichtet er in einem anderen Brief über schlimme Arbeitsbedingungen: *Ich arbeite hier in einem bakteriologischen Labor (...) und in einem physiologischen (und außerdem) im allergologischen Heilbereich, wo alles manuell erfolgen muß, denn es gibt noch nicht einmal einen armseligen Gasbrenner.*

Mitte Juni stürzt er sich in ein Abenteuer, das nicht sehr empfehlenswert für einen Asthmatiker ist. Er will den Popocatépetl, einen der Vulkane in der Nähe von Mexiko-Stadt, besteigen. Die Expedition scheitert, doch er hinterläßt eine denkwürdige Chronik:

Wir haben zwar unseren ganzen Heldenmut in die Waagschale geworfen, aber trotzdem nicht den Gipfel erreicht. Ich war bereit, meine Knochen aufs Spiel zu setzen, um anzukommen, aber mein Weggefährte, ein Kubaner, jagte mir einen Schrecken ein, denn seine beiden Füße waren erfroren und so mußten wir fünf wieder zurück. Nachdem wir etwa hundert Meter abgestiegen waren (was bei dieser Höhe sehr viel ist), ließ das Unwetter etwas nach, der Nebel löste sich auf und wir sahen, daß wir fast bis zum Kraterrand gelangt waren. Aber nun konnten wir nicht noch einmal zurück. Wir hatten sechs Stunden gegen Schneemassen angekämpft, die uns bei jedem Schritt bis zu den Schamteilen begruben, und unsere Füße waren völlig durchnäßt, da wir uns nicht um eine richtige Ausrüstung gekümmert hatten.

Der Bergführer hatte sich im Nebel verlaufen, als er eine dieser nicht ungefährlichen Bergspalten umgehen wollte. Und wir waren alle vollkommen erledigt vom Kampf gegen diese weichen Schneemassen. Beim Abstieg stürzten wir uns den Abhang hinunter, so als befänden wir uns auf einer dieser Rutschbahnen in den Schwimmbädern der Sierras, und mit dem gleichen Ergebnis: Ich kam ohne Hosen unten an.

Die Füße tauten beim Abstieg auf, aber Gesicht und Hals sind vollkommen verbrannt, als hätte ich einen ganzen Tag lang am Mar del Plata in der Sonne gelegen. Mit der ganzen Vaseline und dem Wundwasser, das aus den Bläschen tropft, sieht mein Gesicht zur Zeit wie eine Kopie von Frankenstein aus. Meine Zunge befindet sich im gleichen Zustand, denn ich habe zuviel Schnee geschluckt. Der Alpinismus ist eine Wonne. Komplexe bereitet mir nur, daß ein Alter von 59 Jahren bei der Expedition mitgemacht hat, der viel besser kletterte als wir.

Das war also sein Leben? Straßenfotograf, schlecht bezahlter Medizinforscher, permanenter Emigrant, belangloser Ehemann, Wochenendabenteurer, Verfasser von privaten Briefen, Gedichten und Tagebüchern.

Ja, aber auch noch etwas mehr.

Einen der Briefe an seine Mutter schließt er mit folgendem Satz: *Das Wesentliche ist, daß ich mich tangohaft fühle, das heißt ein wenig argentinisch, eine Eigenschaft, die mir stets unbekannt gewesen ist. Ich glaube, daß dies auf den ersten Ruf des Alterns verweist (was letztendlich Müdigkeit ist) bzw. daß ich diese süße, friedliche Heimat vermisse.*

Aber Ernesto Guevara ist gerade 27 geworden, und der da fürchtet, daß er dabei ist, sich langsam einzurichten und seinem Umherschweifen durch Lateinamerika zu entsagen, ist kurz davor, einen außergewöhnlichen Weg einzuschlagen.

Es ist in dieser zweiten Junihälfte, als Ernesto bei einem seiner Besuche bei den Exilkubanern den Jüngsten der Castro-Brüder kennenlernt. Raúl hat ein knabenhaftes Gesicht und mußte nach der jüngsten Amnestie emigrieren, da die Behörden Batistas eine Provokation angezettelt und ihn beschuldigt hatten, in einem Kino eine Bombe gelegt zu haben. Der marxistisch geschulte Raúl, der zudem am Angriff auf die Moncada-Kaserne beteiligt war, mußte auf Ernesto sehr viel anziehender wirken als die anderen Exillateinamerikaner, mit denen er zuvor in Beziehung stand und die Experten darin waren, Luftschlösser zu bauen und Illusionen mit Wirklichkeiten zu verwechseln, Nassauer des Ammenmärchens der triumphalen Rückkehr.

In diesen Tagen sprechen die beiden mehrmals miteinander, sowohl im neuen Heim, das Ernesto mit Hilda teilt, als auch im elenden Appartement 29 in der Calle Ramón Guzmán 6, wo sich der junge Kubaner niedergelassen hat. Bei diesen Gesprächen ist von der baldigen Ankunft des sagenumwobenen Fidel Castro die Rede, der trotz seiner ursprünglichen Absicht, in Kuba zu bleiben, um ein bewaffnetes revolutionäres Oppositionsnetz gegen die Diktatur aufzubauen, schließlich aufgrund der Zensur und zahlreicher Provokationen gegen seine Gefährten beschlossen hat, zu emigrieren und eine bewaffnete Rückkehr zu organisieren.

Einem seiner vielen Biographen zufolge bewirken die Gespräche mit Raúl, daß Ernesto Guevara sich zum Zeitungsarchiv der Universität begibt, um noch einmal die Geschichte des Moncada-Angriffs nachzulesen. In der zweiten

Juliwoche, in einer Nacht, an die sich Ernesto als *eine dieser kalten Sommernächte Mexikos* erinnern wird, lernt er den ältesten der Castro-Brüder kennen, den unangefochtenen Anführer der Widerstandsbewegung gegen Batista, die sich nun Bewegung 26. Juli nennt. Fidel, der am 8. Juli in Mexiko angekommen ist, trifft Ernesto in der Wohnung der Kubanerin María Antonia González, einer Art mütterlichen Fee der Exilgruppe. Sie ist mit dem Freistilringer Avelino Palomo alias Medrano verheiratet, in dessen Wohnung, Calle Emparán 49, sich nach und nach die Kader des kubanischen Exils einfinden.

Das erste Gespräch zwischen Fidel und Guevara dauert acht bzw. zehn Stunden, je nach Erinnerung der Zeugen bzw. der zukünftigen Zeugenbefrager. Beiden Gesprächspartnern wird es jedenfalls tief ins Gedächtnis eingegraben bleiben. Von acht Uhr abends bis in die frühen Morgenstunden haben sie über die internationale Lage gesprochen, ihre Ansichten über Lateinamerika ausgetauscht, über Politik und vor allem über Revolutionen geredet, hierbei besonders über Ernestos Eindrücke von den Vorfällen in Guatemala und von der zukünftigen Revolution gegen die Diktatur Batistas.

Guevara, ein Mann, der gelernt hat, Distanz zu wahren, seine Gefühle zu verbergen, ist von seinem Gesprächspartner zutiefst beeindruckt und von der Schlangenbeschwörermagie Fidels hingerissen. Am folgenden Tag vermerkt er in seinem Tagebuch: *Es ist ein politisches Ereignis, Fidel Castro kennengelernt zu haben. Kubanischer Revolutionär, jung, intelligent, seiner selbst sehr gewiß und von einem außerordentlichen Wagemut. Ich glaube, wir haben gegenseitig Gefallen aneinander gefunden.*

Als er nach Hause kommt, berichtet er Hilda: *Ñico hatte recht, als er uns in Guatemala erzählte, wenn seit Martí etwas Gutes in Kuba hervorgebracht worden wäre, so sei dies Fidel Castro. Er wird die Revolution machen.*

Zwei Jahre später wird er dem argentinischen Journalisten Ricardo Masetti erklären: *Fidel hat bei mir den tiefen Eindruck eines außergewöhnlichen Mannes hinterlassen. Er nahm die unmöglichsten Dinge in Angriff und führte sie durch. Er glaubte felsenfest daran, daß er in Kuba ankäme, wenn er sich einmal auf den Weg gemacht hätte. Daß er den Kampf aufnehmen würde, wenn er dort angekommen wäre. Daß er gewinnen würde, wenn er den Kampf aufgenommen hätte. Ich teilte seinen Optimismus. Es galt zu handeln, zu kämpfen, zu konkretisieren. Mit dem Jammern aufzuhören und den Kampf aufzunehmen.*

Diesem ersten Zusammentreffen folgen sehr schnell weitere, und am Ende einer Versammlung bei Hilda fragt die Gastgeberin Fidel nach dem Grund für seinen Aufenthalt in Mexiko. Er antwortet ihr mit einem vierstündigen Monolog, nach dessen Ende auch Hilda davon überzeugt ist, daß sie sich der Gruppe des 26. Juli anschließen muß. Nachdem der Kubaner gegangen ist, gesteht Ernesto seiner Frau, daß Fidels Plan ein Wahnwitz ist, aber ein durchführbarer Wahnwitz, ein realistischer Wahnwitz ...

Von dieser Versammlung ist die Beschreibung überliefert, die Hilda von Fidel abgibt: „Sehr hellhäutig und groß, kräftig, ohne dick zu sein, sehr schwarzes, glänzendes und gewelltes Kopfhaar. Er trug einen Schnurrbart; schnelle, gewandte und sichere Bewegungen (...). Man hätte ihn für einen gutaussehenden bourgeoisen Touristen halten können, aber sobald er den Mund aufmachte ..."

Wenige Tage später fragt Ernesto seine Frau: *Und was hältst du von dieser Verrücktheit der Kubaner, in eine vollständig mit Artillerie bestückte Insel einzudringen?*

„Es ist ohne Zweifel eine Verrücktheit, aber man muß ihn unterstützen."

Ich bin derselben Ansicht; ich wollte nur wissen, was du dazu sagst. Ich habe beschlossen, an einer der zukünftigen Expeditionen teilzunehmen. Wir haben bereits darüber gesprochen, in Kürze werden wir mit den Vorbereitungen beginnen. Ich werde als Arzt mitfahren.

Das Schiff der Utopisten bekommt neue Ruder.

Aus dem Sommer 1955: Fotos und nie fotografierte Bilder.

Arglose Fotografien, auf denen die Kubaner mit riesigen mexikanischen Sombreros zu sehen sind, auf denen „Viva Mexico" zu lesen ist.

Ernesto und Hilda auf der Wiese des Campus sitzend, im Hintergrund die Silhouette der Zentralbibliothek; auf dem Gras eine ausgebreitete Serviette und darauf das Essen.

Fidel mit Sonnenbrille wie ein Gangster aus einem B-Movie. Ein Gesicht, von dem sich wenig ablesen läßt ...

Die Exilkubaner, Puertoricaner, Peruaner und sogar ein Argentinier, Ernesto, als sie am 26. Juli einen Blumenkranz an der Statue der Niños Héroes [Kinderhelden] niederlegen.

Fidel, der so verschnupft ist, daß er kaum sprechen kann, schreibt. Er schreibt: „Obwohl es bereits halb fünf Uhr morgens ist, bin ich immer noch am Schreiben. Ich habe keine Ahnung, wieviele Seiten ich schon zusammen habe. Ich muß den Brief um acht Uhr morgens bei der Post aufgeben. Ich habe keinen Wecker, und wenn ich einschlafe, kann es für die Post zu spät sein. Deshalb werde ich mich nicht schlafenlegen. Ich habe Grippe, Husten und mein ganzer Körper schmerzt. Ich habe keine kubanischen Zigarren mehr, und die vermisse ich wirklich."

Raúl Castro, der von der Vorstellung besessen ist, Torero zu werden, und die sich nach und nach von ihm abwendenden Freunde bei jeder Gelegenheit mit dem Mantel reizt, bittet María Antonia darum, als Stier zu fungieren. Seine Leidenschaft ist vollkommen perspektivlos. Wenn er nicht gerade als Stierkämpfer auftritt, begleitet er Ernesto durch die Straßen von Mexiko-Stadt auf der Jagd nach Katzen für die Experimente von Doktor Guevara.

In diesen Tagen wird in der Wohnung in der Calle Rhin eingebrochen. Die Einbrecher finden zwar nicht viel, entwenden aber die beiden wertvollsten Güter des jungen Paares: Hildas Schreibmaschine und Ernestos Fotoapparat. Der empörte Ernesto erklärt Hilda gegenüber, daß das Ganze ein Werk des FBI sei, allerdings läßt er später wieder von der Paranoia ab und gibt in einem Brief zu, daß sein Fotoapparat im *Tepitoviertel weilt, dort, wo das Diebesgut landet.* Sie beschließen, auf eine Anzeige bei der Polizei zu verzichten. Der Diebstahl bewirkt, daß der Arzt, der nach dem Konkurs der Nachrichtenagentur vom mageren Gehalt der mexikanischen Sozialmedizin gelebt hat, nicht mehr als Fotograf arbeiten kann. Auch die gemeinsame Arbeit von Ernesto und Hilda kommt zum Stillstand: Ernesto diktierte und Hilda tippte die Arbeit, die er in den letzten Jahren mit sich herumgetragen hatte, „Die Funktion des Arztes in Lateinamerika", einen langen, in 14 Kapitel aufgegliederten Essay, in dem er nicht nur Probleme der öffentlichen Gesundheit, klinische Fragen, Ökonomie und Geopolitik der Krankheit behandelt, sondern auch Entwürfe für die „sozialistische Zukunft" der Sozialmedizin auf dem Kontinent entwickelt. Gleichzeitig bekräftigt er die Notwendigkeit, daß der revolutionäre Arzt bei seiner Suche nach einer nicht von Profit und Raub beherrschten Medizin sich den staatlichen Strukturen im Dienst der Latifundien und der ausländischen Monopole entgegenstellen muß. Das Buch wird niemals beendet werden.

Unterdessen stößt die aufgeschobene Hochzeit auf tausend bürokratische Hindernisse. Ernesto und Hilda überlegen, ob sie nicht in einer Botschaft heiraten sollen. „In der peruanischen", sagt sie. *In der argentinischen*, sagt er.

In den ersten Augusttagen merkt Hilda, daß sie möglicherweise schwanger ist. Als Ernesto aus dem Krankenhaus zurückkehrt, erzählt sie es ihm. Am Anfang zweifelt er: *Du scherzt ja.* Danach freut er sich. An diesem Nachmittag schenkt er ihr von dem Geld, das er von der Agencia Latina kassiert hat, einen silbernen mexikanischen Armreif.

Schließlich tut sich eine Möglichkeit auf, das Heiratsproblem zu lösen. Guevara bringt einen Arbeitskollegen aus dem Krankenhaus dazu, ihn mit den Behörden von Tepoztlán in Verbindung zu bringen, um dort „auf mexikanische Art" zu heiraten, das heißt ohne weitere behördliche Genehmigungen.

Am 18. August, umgeben von einer kleinen Freundesgruppe, heiraten Hilda Gadea Acosta und Ernesto Guevara Serna vor einem zufällig anwesenden Standesbeamten mit dem symbolischen Namen Angel in Tepoztlán, einem kleinen, 25 Minuten von der Hauptstadt entfernten und im Bundesstaat Mexiko gelegenen Ort, der für seine Pyramiden berühmt ist.

Jesús Montané, einer der Anführer der gegen Batista gerichteten Exilbewegung, und die Dichterin Lucila sind die Trauzeugen der Braut; ersterer ersetzt Raúl Castro, der zwar an der Zeremonie teilnimmt, aber aus Gründen der Klandestinität die Heiratsurkunde nicht unterzeichnen kann. Die Ärzte Baltazar Rodríguez und Alberto Martínez Lozano, der aus Tepoztlán stammt und die Trauung zustande gebracht hat, sind die Zeugen des Bräutigams. Bei ihrer Rückkehr nach Mexiko-Stadt gibt Ernesto ein Festessen, an dem auch Fidel teilnimmt.

Hildas Familie wird per Telegramm informiert. Ernesto wird seine Familie in den nächsten Wochen brieflich unterrichten. Hildas Eltern beschweren sich, daß sie nicht über die Hochzeit unterrichtet worden sind, schicken ihnen 500 Dollar und die Aufforderung, sich kirchlich trauen zu lassen.

Ernesto erklärt in seinem Antwortschreiben: *Sie haben recht, sich darüber zu beklagen, daß wir Sie nicht über unsere Heirat unterrichtet haben. Das mit dem*

Kind ist absolut sicher. Die biologischen Reaktionen und eine ganze Reihe von klinischen Daten lassen keinen Zweifel zu (...). Es tut mir sehr leid, Ihnen mitteilen zu müssen, daß unsere gemeinsamen politischen und religiösen Überzeugungen keine andere Trauung als eine zivile zulassen.

Kurios ist, wie Ernesto die Nachricht über seine Heirat seinen Eltern und seiner Tante Beatriz vermittelt. In einem Brief an seine Mutter, den er am 24. September, mehr als einen Monat nach der Hochzeit, schreibt, erwähnt er inmitten einer ganzen Reihe anderer Nachrichten geradezu nebenbei: *Ich teile Dir hiermit offiziell die Neuigkeit mit, damit Du sie weitergibst: Ich habe Hilda Gadea geheiratet und wir werden bald ein Kind haben.* Er erzählt weder, wer Hilda ist, noch, woher sie kommt, und berichtet auch sonst nichts weiter über seine Frischangetraute. Am 8. Oktober schreibt er seiner Tante Beatriz: *Die Neuigkeiten aus meinem Gemütsleben hast Du sicher schon von Mama erfahren. Ich habe geheiratet und erwarte in Kürze einen Vladimiro Ernesto. Ich erwarte ihn natürlich nur, meine Frau wird ihn bekommen.* In den Briefen an seine Freundin Tita Infante erwähnt er das Thema Heirat mit keinem Wort. Was steckt hinter diesen Aufschüben und Unterbewertungen der Tatsache? Angst vor der Ablehnung durch seine zur argentinischen Mittelklasse gehörenden Eltern und Verwandten? Eine Abwertung der Heirat? Für jemanden, der in seiner Korrespondenz Vorfälle und Wünsche minutiös aufzeichnet, ist diese leicht frivole Art und Weise, in der er ein so bedeutendes Ereignis wie seine Heirat beschreibt, merkwürdig, wenn nicht sogar sehr verdächtig.

Das Thema Reisen bestimmt weiter seine Leidenschaften. In einem Brief an seine neuen Schwiegereltern erläutert Ernesto die Möglichkeit, eine Reise nach Kuba zu unternehmen, so als ob es sich um ein touristisches Vorhaben handeln würde, und fügt noch Reisen nach China und Frankreich hinzu. Getreu dem Ideal der städtischen Mittelklasseargentinier besteht er darauf, daß Hilda und er früher oder später Paris besuchen werden. Aber die Liste ist damit noch nicht vollständig:

Unser Wanderleben ist noch nicht beendet, und bevor wir uns endgültig in Peru niederlassen werden, einem Land, das ich in vielerlei Hinsicht bewundere, oder in Argentinien, wollen wir etwas von Europa und zwei so aufregende Länder wie Indien und China kennenlernen. Mich interessiert vor allem das neue China, da es mit meinen politischen Idealen übereinstimmt ... In diesen Tagen bittet er Hilda sogar darum, der Möglichkeit einer beruflichen Reise nach Afrika nachzugehen.

Hatte er sich nicht zur Teilnahme an der kubanischen Expedition verpflichtet? Glaubt er nicht mehr an die Durchführbarkeit des Plans? Zweifellos ist er von der Persönlichkeit Fidels fasziniert und dessen Ansinnen hat ihn gefesselt, aber anscheinend hat Doktor Guevara noch eine Spur Skepsis bewahrt. Wie oft ist in der Welt der politischen Emigranten, in der er sich seit Jahren bewegt, nicht von Revolution gesprochen worden? Wie viele Projekte wurden geschmiedet und wieder aufgegeben? Wie viele Länder sind den Worten nach schon befreit worden?

Auf gewisse Weise spiegelt sich die Spannung zwischen seiner Berufung zum Vagabunden und Berichterstatter des Erlebten und andererseits der Notwendigkeit, zur politischen Tat zu schreiten und die Beobachterrolle aufzugeben, in einem seiner Gedichte mit dem Titel „Hier“: *Ich bin auch in anderer Hinsicht Mestize: / im Kampf, in dem die zwei um meinen Geist ringenden Kräfte / sich anziehen und abstoßen.*

Während Zweifel und Gewißheiten zwischen Vernunft und Gefühl hin- und herpendeln, bricht Doktor Guevara im Alltag ungewollt einen kräftigen häuslichen Streit vom Zaun. Schuld daran ist ein Brief von ihm an Hildas Eltern, in dem er schreibt: *Für mich ist die unordentliche Wohnung und das halbfade Essen gemeinsam mit meiner reichlich feurigen und vor allem hervorragenden Gefährtin das Ideal des Lebens.* Hilda wird später in ihren Memoiren darauf antworten: „Ich bin eine gute Köchin, vor allem von peruanischen Gerichten, die er, da sie stark gewürzt sind, wegen seiner Allergie nicht anrührte. Als guter Argentinier zog er Beefsteak und Salat vor. Einige meiner peruanischen Gerichte aß er dann doch ganz gern, vorausgesetzt, daß sie weder Fisch noch viele Gewürze enthielten.“

Hilda zufolge war „Ernesto in diesen Monaten sehr um eine im Krankenhaus liegende Frau besorgt, die er die alte Maria nannte. Er erzählte mir ganz betroffen, daß sie unter akutem Asthma litt und ihr Zustand sehr ernst war. Sein Interesse an dieser Kranken war so stark, daß ich eifersüchtig auf sie wurde, da er ständig an sie dachte: Er beeilte sich morgens, um möglichst schnell bei ihr zu sein (...). Eines Tages sagte er mir sehr bekümmert, daß die alte Maria diese Nacht wahrscheinlich nicht überleben würde. So begab er sich also ins Krankenhaus, um in der Nähe ihres Betts zu bleiben, und unternahm alles mögliche zu ihrer Rettung. In dieser Nacht starb sie an einem Erstickungsanfall.“

Der Tod der alten Waschfrau hinterließ einen tiefen Eindruck bei Doktor Guevara, der das Elend, in dem die Frau mit ihrer Tochter und ihren drei oder vier Enkelkindern lebte, und ihren kümmerlichen Tod als eine persönliche Schmach empfand. Damals verfaßte er ein Gedicht:

Alte Maria, du wirst sterben / ich will aufrichtig zu dir sein. / Dein Leben war eine Kette aus Angst und Pein. / Es gab weder einen geliebten Mann noch Gesundheit, noch Geld / nur Hunger, um ihn zu teilen. Das Gedicht ist schwach, aber nach und nach, während aus der Beschreibung die Nöte der Frau, der Krankenhaussaal und der Tod infolge des Asthmas Gestalt annehmen, tritt das Versprechen der *sanften Rache aus den Händen des Arztes* in den Vordergrund, die die Hände der alten Frau ergreifen, damit er ihr *mit leiser und männlicher Stimme der Hoffnung die röteste und mannhafteste Rache* verspricht, daß nämlich *deine Enkel die Morgenröte erleben werden.* Das Gedicht schließt mit einem etwas hochtrabenden, aber aufrichtig klingenden *ich schwöre es* in Großbuchstaben.

Am 16. September kommt es in Argentinien zum Militärputsch gegen Perón. Ernesto verschlingt in Mexiko die Zeitungen und schreibt seinen Eltern und seiner Tante. Bereits zwei Monate zuvor hatte er in der Sorge darum, daß seine antiperonistischen Verwandten in die Angelegenheit verwickelt sein könnten, den ersten Putschversuch kommentiert: *Ich hoffe, daß die Sache nicht so gefährlich ist, wie sie dargestellt wird, und daß niemand von uns in ein Durcheinander verwickelt ist, bei dem es nichts zu tun gibt.*

Jetzt, nach dem siegreichen Putsch und den Nachrichten über Militärs, die die Basisorganisationen des Peronismus verfolgen und unterdrücken, erklärt er seiner Mutter, daß etwas, was der Oligarchie behage, nicht gut sein könne, daß es nichts Positives im Jubel der konservativen Kräfte über den Sturz Peróns gebe. Er nutzt die Gelegenheit, um sie daran zu erinnern, daß *Dein gehaßter Feind gestürzt ist*, und prophezeit Argentinien eine Zukunft als abhängige Bananenrepublik. In einem Brief an seine Tante Beatriz präzisiert er seine Gefühle: *Mir hat der Sturz Peróns etwas leidgetan. Argentinien war zwar ein blasses graues Schäfchen, aber es stach von der Menge ab. Jetzt wird es die gleiche Farbe wie seine 20 Geschwister haben. Es wird eine von dankbaren Gläubigen gutbesuchte Messe gelesen werden, die Reichen werden den Pöbel an seinen Platz verweisen können, die Nordamerikaner werden gewaltiges und profitträchtiges Kapital im Land anlegen, kurz und gut: ein Paradies. Ich weiß offen gesagt nicht, warum ich der grauen Farbe des Schäfchens nachtrauere.*

Unterdessen geht der Alltag in Mexiko weiter. Perón und Argentinien sind weit weg, sehr weit weg. Hilda erzählt: „Einmal sahen wir uns ‚Den Vorhang auf' von Cantinflas an. Ich kann mich an keinen anderen Film erinnern, der ihn so zum Lachen gebracht hätte (...). Die Szene, in der sich Cantinflas unversehens auf der Bühne wiederfindet und Menuett tanzt, brachte Ernesto am meisten zum Lachen." Er wird den Film mehr als einmal sehen. Sicher wird er sich dabei an Doktor Valenza erinnert haben, einen peruanischen Psychologen, den er auf seiner ersten Reise durch Amerika kennengelernt hat und der ihm erklärte, daß die einzige Art und Weise, den Panamerikanismus zu verstehen, darin bestände, sich Cantinflas anzusehen.

An diese Anekdote wird sich Ernesto Guevara im Laufe der Jahre genau erinnern. Immer wenn er über sich selbst lachen, sich nicht ernst nehmen will, wird er seine äußere Ähnlichkeit mit Cantinflas herausstellen – eine Ähnlichkeit, die 1956 noch nicht vorhanden war. Ernesto ähnelt in diesen Tagen eher einer jugendlichen, bartlosen, etwas größeren und ungeschliffeneren Version von John Garfield.

Einstweilen lebt er eine ungewisse Gegenwart. Fidel führt seine Organisierungs- und Rekrutierungs-Fernkampagne fort, während Ernesto die Zeit nutzt, um sich mit Hilda in Diskussionen über die möglichen Namen des Jungen/Mädchen (Hilda Victoriana oder Ernesto Vladimiro) zu verstricken, bei einem der Exilkubaner Haareschneiden zu lernen und seine Kenntnisse an den arglosen Krankenhauspatienten auszuprobieren (*Jedes Wissen ist nützlich; eines Tages kann es dienlich sein; glaubst du nicht?*). Er läßt sich von Fidel zum Kauf eines Plattenspielers überreden, zieht mit Hilda und bereits ohne Lucila in das Appartement 16 in der Calle Nápoles, das genauso bescheiden, aber etwas größer als das vorherige ist, und erfüllt sich den Wunsch, den Gipfel des Popocatépetl zu erklimmen.

Am 12. Oktober '55, dem Tag der Hispanität, steigt er mit einer großen Gruppe auf den alten Vulkan – ein harter Aufstieg, umso mehr für einen Asthmatiker, über eine Strecke von 12 km und 450 Höhenmetern. Es ist ein Foto erhalten, das einen stolzen Doktor Guevara an einem verschneiten Abhang zeigt. Die argentinische Fahne, die er im Rucksack trägt und auf dem Gipfel zurücklassen wird, ist nicht zu erkennen. Das Land Argentinien selbst hat sich weit in die Zukunft und in die Wunschgefilde entfernt – eine Fahne und nichts weiter.

Am 29. Oktober macht sich Fidel in Begleitung von Juan Manuel Márquez auf eine Rundreise durch die Vereinigten Staaten, um Gelder zu sammeln. Während seiner Abwesenheit wird Raúl krank und Doktor Guevara pflegt ihn. Dabei begegnet ihm der sowjetische Diplomat Nikolai Leonow, ein Freund von Raúl. Ernesto bittet ihn um einige Bücher: „Tschapajew", „Ein wirklicher Mensch" und „Wie der Stahl gehärtet wurde". Der Russe gibt ihm seine Visitenkarte. Er weiß nicht, welche Unannehmlichkeiten ihm diese einfache Geste Monate später bereiten sollte. Sie sehen sich wieder, sprechen über Guatemala: Obwohl der Russe in seinen Erinnerungen nicht erzählt, ob er ihm die Bücher besorgt hat, war es offensichtlich so, denn Hilda erwähnt in ihren Memoiren, daß Ernesto sie gelesen hat.

In den letzten Tagen des Monats Oktober ist Ricardo Rojo mit der Hoffnung aus New York zurückgekehrt, einen Platz in einem Flugzeug zu bekommen, das die antiperonistischen Emigranten aufnehmen und nach Argentinien zurückfliegen soll, wenn der gerade stattfindende Putsch Erfolg hat. Er setzt sich unverzüglich mit Guevara in Verbindung.

Laut Rojo verfolgte Ernesto die Ereignisse in Argentinien aufmerksam, hegte aber nicht die geringste Absicht zurückzukehren. Er hatte Argentinien nicht auf der Flucht vor dem Peronismus verlassen. Auch wenn ihm die Figur Perón nicht sonderlich sympathisch war, seine Gegner waren es umso weniger. Guevara antwortete auf die wiederholten Aufforderungen, mit ihm zurückzukehren:

Was gibt es denn dort? Eine Militärregierung, die im Begriff ist, die Rolle der Arbeiterklasse in der politischen Führung des Landes einzuschränken. Stellen wir uns einmal vor, daß diese Regierung stürzt, wie die gestrige bereits gestürzt ist, und daß dein Freund Frondizi das Ruder übernimmt und du selbst Minister wirst, was könnt ihr denn machen? Eine Regierung mit guten Absichten und wenigen grundlegenden Veränderungen.

In Hilda Gadeas Memoiren nehmen sich die Diskussionen zwischen Guevara und Rojo ziemlich „rauh" aus, denn „der Dicke" kam Ernesto damals reichlich konservativ vor. Später bestätigt Ernesto diese Einschätzung in einem Brief an seine Mutter: *Ich hoffe, daß ich ihn weiterhin schätzen kann, aber ich fürchte, das wird nicht gehen. Aus dem Gespräch mit ihm wirst Du entnommen haben, daß er mich für einen sympathischen Verrückten hält, von der Sorte, die sich zum Erzählen von Anekdoten eignet. Ich zweifle nicht daran, daß ich das im Alltag wohl auch sein mag, aber bei der Analyse der politischen Probleme hat er einen solchen Unsinn verbraten, daß ich erschrocken bin.*

Rojo erinnert sich: „Zu jener Zeit empfahl ich Guevara dem wichtigsten Verleger Mexikos, dem Argentinier Armando Orfila, der den Verlag Fondo de Cultura Económica leitete.“ Sie verstanden sich anscheinend nicht sonderlich gut. Ernesto verkaufte zwar für den FCE Bücher auf Kommission, aber er hatte keine Lust, um einen Gefallen zu bitten.

Es gibt zwei Zeugnisse von dem nächtlichen Gespräch, eines von Orfila und ein weiteres von Raúl Roa, einer wichtigen Figur der liberalen kubanischen Linken jener Tage.

Orfila: „In diesem winzigen Büro auf dem Paseo de la Reforma (...) stritten und diskutierten wir, er zuweilen mit einem spöttischen Charme, aber immer voller Überzeugung; als es Mitternacht schlug, trennten wir uns.“

Roa: „Er schien und war sehr jung. Sein Bild prägte sich mir ein: strahlende Intelligenz, asketische Blässe, asthmatische Atmung, vorspringende Stirn, dichtes Kopfhaar, trockenes Wesen, energisches Kinn, gelassene Haltung, bohrender Blick, scharfsinnige Gedanken, ruhige Ausdrucksweise, vibrierende Sinnlichkeit, helles Lachen und ein Nimbus magischer Träume umgaben seine Gestalt.“

Aus Rojos Memoiren sind zwei weitere Anekdoten erwähnenswert. Einerseits das Treffen mit den Kubanern im im Zentrum von Mexiko-Stadt gelegenen Imperialgebäude, in einem verrauchten Raum, wo sie ihm in groben Zügen das Invasionsprojekt erklären und Ernesto eine sarkastische Antwort von Rojo erhält: „Weißt du, wo wir in Buenos Aires Leute mit deinen Ideen einsperren? In Vieytes.“ Niemand braucht Ernesto zu erklären, daß es sich um eine Irrenanstalt handelt.

Die zweite ist die Begegnung mit dem im mexikanischen Exil lebenden spanischen Dichter León Felipe, die zweifellos einen tiefen Eindruck bei dem argentinischen Arzt hinterlassen hat, der das Werk des Poeten sehr gut kennt und im Laufe seines Lebens noch häufig zitieren wird. Rojo gibt ein Bild wieder, das die beiden Persönlichkeiten präzise porträtiert: Als Ernesto und León während des Gesprächs in einem Café in Mexiko-Stadt die Beine übereinander schlagen, sind bei beiden die kaputten Schuhsohlen zu sehen.

Schließlich kommt es im November 1955 zur so häufig aufgeschobenen Hochzeitsreise. Ernesto und Hilda beschließen, in den Süden des Landes zu fahren und ohne vorgefaßten Plan die ehemaligen Mayagebiete zu besuchen. Dank des Klimas und einer strengen Diät aus Rindfleisch, Obst und Gemüse und ohne Fisch, Huhn und Eier war es Ernesto gelungen, das Asthma in Mexiko-Stadt einzudämmen. Als sie sich indes der Küste nähern, macht es sich wieder bemerkbar. In Palenque zwingt ihn ein fürchterlicher Anfall in die Knie. Hilda will ihm helfen und versucht ihm eine Spritze zu geben, aber er reagiert aggressiv darauf. Hilda erzählt: „Er wies mich heftig zurück. Ich merkte, daß es nicht wegen der

Spritze war, sondern weil er nicht wollte, daß man ihn beschützte und ihm half, wenn er krank war. Angesichts dieser barschen Art verfiel ich in Schweigen ..."

Verzeih mir bitte, es ist nicht deine Schuld; es ist die Krankheit, die mich in Rage bringt. Mach dir keine Sorgen, es war eine Dummheit. Es lohnt wirklich nicht, sich weiter darüber zu ärgern.

Mérida, Chichen Itzá, Uxmal. Ernesto klettert wie ein Verrückter die Pyramiden hoch, wie ein kleiner Junge, der ein neues Abenteuer entdeckt hat, wie ein Forscher vor dem Fund seines Lebens, fasziniert vom beeindruckenden Schauspiel der Ruinen, hyperaktiv, die Steinstufen hoch und runter, fotografierend.

Er hält seine Faszination in einem Gedicht über Palenque fest: *Welche Kraft hält dich über Jahrhunderte hinweg / lebendig und vital wie in der Jugend? / Welcher Gott bläst am Ende des Tages / den Lebenshauch von deinen Grabplatten?*

In Veracruz wird er fast in eine Schlägerei verwickelt, als einige Biertrinker darauf bestehen, daß „seine Königin" mit ihnen anstoßen soll, und Doktor Guevara sich ganz in mexikanischer Manier vor ihnen aufbaut, bereit, es mit einer halben Legion aufzunehmen. *Wer was will, braucht sich nur zu melden*, verkündet Ernesto im reinsten Filmstil, wobei er sich an den aggressivsten Betrunkenen wendet. Die Geschichte hat ein Happy-End, denn der Besitzer der Kantine, die das Paar aufgesucht hat, um frischen Fisch zu essen, droht damit, die Polizei zu rufen, wenn das Ganze ausarten sollte.

Wenige Zeit später reisen sie mit dem Schiff an der Küste von Veracruz entlang. Ernesto erinnert sich an die langen Überfahrten seiner Jugend, amüsiert sich, während alle anderen seekrank sind, schießt Fotos, bewegt sich in Sprüngen vom einen Ende des Decks zum anderen.

Bei seiner Rückkehr nach Mexiko-Stadt erhält Guevara eine gute Nachricht. Man hat ihm einen Lehrstuhl für Physiologie an der Staatlichen Universität zugewiesen. Am 5. Dezember schreibt er seiner Mutter skeptisch: *Ich sehe mich noch nicht einmal als Volksschullehrer.* Allerdings läßt er sich in der Korrespondenz nicht weiter über dieses Arbeitsprojekt aus, das sein Leben ändern sollte und tatsächlich niemals zustandekommen wird. Es ist die Maskerade, die Tarnung, um nicht davon zu sprechen, was in Wirklichkeit vonstatten geht: Fidel ist aus den Vereinigten Staaten zurückgekehrt, es beginnen die Vorbereitungen für die Expedition, es beginnt die Ausbildung.

Den Überlebenden wird der Winter 55/56 in Mexiko-Stadt als unangenehm im Gedächtnis bleiben: staubig, kalt, regnerisch, unwirtlich. Erinnerungen von Kubanern, die das Fehlen von Sonne und Palmen beunruhigt, betrübt und nervös macht. Erinnerungen eines armen Argentiniers, der kurz davor ist, Familienvater zu werden.

Auf den Fotos sehen sie aus wie ein Haufen armer junger Männer, „arm, aber ehrlich", wie es damals hieß; die Hände stets in den Hosentaschen auf der Suche nach dem Geld, das nicht auftauchen will. Ernesto Guevara mit einer in die Stirn gefallenen Locke, mit seinem ewigen saloppen Äußeren, seinem halb zerschlissenen Hemd und dem Erscheinungsbild eines großen Jungen wirkt seltsam neben diesen etwas formalen Kubanern mit Segelohren, diesem fürchterlichen Fünfziger-Jahre-Haarschnitt und Oberlippenbärtchen; so anders als diese wunderbar respektlosen Vollbärtigen und Langhaarigen, die drei Jahre später aus der Sierra Maestra und dem Escambray-Gebirge herabsteigen werden.

Sie sind sehr sorgfältig gekleidet, mit abgetragenen und ein wenig weitgeschnittenen Anzügen, aber ganz die einheitliche Kleidung, die den Kubanern gefällt, um der Welt entgegenzutreten und die Ungeniertheit zur Herausforderung werden zu lassen. Ansonsten sind es strenge Leute, trotz ihres traurigen Lächelns oder nostalgischen Blicks. Es sind Figuren, die nicht frei von vergangenen und zukünftigen Tragödien sind.

Aus Havanna, Camagüey, Miami, Costa Rica, San Francisco gelangen sie Ende '55/Anfang '56 in Zweier- oder Dreiergruppen oder allein nach Mexiko, verrichten unterwegs Gelegenheitsarbeiten, um die Fahrt zu bezahlen, sind mit einer Telefonnummer, einer Kontaktadresse, einem Namen ausgerüstet – nicht um Teil einer besiegten und jammernden Exilgemeinschaft zu werden, sondern um an der bewaffneten Invasion der Insel teilzunehmen. Ein Satz ihres Anführers, eine Art furchtbarer Verheißung, wirkt besonders anziehend. Fidel hat am 30. Oktober '55 in New York erklärt: „Ich kann euch mit absoluter Gewißheit versichern, daß wir 1956 entweder frei oder Märtyrer sein werden.“ Denn der 30jährige Anwalt Fidel ist nicht nur für seine rhetorischen Fähigkeiten bekannt, sondern auch dafür, daß seine Worte von Tatsachen begleitet werden.

Der nach und nach Gestalt annehmende Ausgangsplan besteht darin, eine Landung im Ostteil der Insel zu organisieren: die Invasion als eine Art epischer Traum, der an die Tradition der Unabhängigkeitskämpfe des 19. Jahrhunderts anknüpft, an Guiteras in den dreißiger Jahren, an die permanente kubanische Geschichte der Emigration und der bewaffneten Rückkehr.

In der Maria Antonia González gehörenden Wohnung C, Calle Emparán 49, im Zentrum von Mexiko-Stadt, kurioserweise zwei Häuserblocks von einem Lebensmittelladen mit dem Namen La Antilla entfernt, wird das Hauptkontaktzentrum eingerichtet. Wenn anstehende Revolutionen Herz und Kopf haben, dann haben sie zweifellos auch ein Heim.

Juan Almeida beschreibt es nach seiner Ankunft im Februar: „Das Appartement ist klein, eng, als ob in der vergangenen Nacht viele Menschen an diesem Ort geschlafen hätten. Wenn in einer Wohnung mehr als drei Personen schlafen, ist es eine große Anstrengung, die Sachen morgens wegzuräumen. Es ist ein einfacher Ort mit Wohnzimmer, Eßzimmer, einem Schlafzimmer, Bad, kleiner Küche und einem engen, langgezogenen kleinen Innenhof. Im Wohn- und Eßzimmer gibt es Klappbetten, ebenso im Schlafzimmer. Später haben wir erfahren, daß sie nachts aufgestellt und tagsüber wieder abgebaut werden.“

Hier und in anderen geheimen Wohnungen in Mexiko-Stadt kommen die verschiedensten Personen zusammen: der Italiener Gino, ein Ex-Partisan, der im Zweiten Weltkrieg mit der Veneto-Guerilla gegen die Nazis gekämpft hat und in Kuba wohnt; der Moncadist Ciro Redondo; Miguel Sánchez, der Koreaner genannt, da er im jüngsten Krieg in der amerikanischen Armee mitgekämpft hat;

Guillén Zelaya, der einzige Mexikaner der Gruppe; Calixto García, einer der ersten Exilanten, der sich in Mexiko als Baseballspieler versuchte und schließlich als Filmstatist endete; der Dominikaner Ramón Mejía del Castillo, besser bekannt als Pichirilo; Ernestos magerer, hochgewachsener Freund, der Arbeiterführer Ñico López Fernández, der auf Bitten von Fidel aus Kuba zurückgekehrt ist und „mitten im Winter im Park schlief und vor Hunger ohnmächtig wurde, um nicht seine Hand auszustrecken und die reichen Emigranten um Almosen anzubetteln"; der Bauer aus Matanzas und Exkommunist Universo Sánchez; der aus einer armen, in Artemis ansässigen Familie stammende Ramiro Valdés, auf dessen Ruhmesblatt die Eroberung eines der Wachposten der Moncada-Kaserne steht; der Seemann Noberto Collado, dem die Polizei Batistas zahlreiche Verbrennungen zugefügt, den sie an seinen Hoden aufgehängt und in eine Mülldeponie geworfen hat und der stolz seine Kriegsnarben vorzeigt; und der bereits erwähnte Mulatte Juan Almeida, Maurer, ehemaliger Moncada-Kämpfer, der bald sein Herz für Mexiko-Stadt entdecken wird und dessen Lieblingsspaziergang in einem Ausflug zu den Tacobuden gegenüber den Tepeyac-Hügeln besteht, wobei er gewöhnlich von einer mexikanischen Freundin mit dem unverwechselbaren Namen Lupita begleitet wird.

Und diesen Männern schließt sich eine Gruppe von Frauen an, viele Frauen, denn die Bewegung hat eine absolut weibliche Ausprägung. Es sind hauptsächlich Frauen, die die Finanznetze schaffen und die Infrastruktur aufbauen, sei es in Kuba, in Santiago oder in Mexiko. In Mexiko-Stadt sticht María Antonia hervor, die unermüdlich organisiert, geheime Wohnungen einrichtet und zuweilen die Mieten mit Geld bezahlt, das sie aus der Verpfändung ihrer Sachen erhalten hat. Eine wunderbare Frau in ihrer Derbheit, von der Ernesto zu Hilda sagt: *Du darfst dich nicht über ihre häufigen Schimpfworte wundern, das ist nun mal ihre Art. Sie ist eine sehr respektable Frau und eine hervorragende Gefährtin.* Und neben María Antonia sind da noch: Orquídea Pino; die Schwestern von Fidel; die mit Reinaldo Benítez verheiratete Piedad Solís; Melba Hernández, eine der Schlüsselaktivistinnen bei der Moncada-Operation, die sich gemeinsam mit ihrem Mann Jesús Montané in Mexiko befindet und bei der Infrastruktur des Netzes und seiner schwierigen Finanzierung mitwirkt.

Dies werden die neuen Persönlichkeiten im Leben von Doktor Guevara sein, und sie sind alles andere als unschuldige Lämmer. Sie gehören zu einer Generation und insbesondere zu einer Gruppe, die eine Blutschuld mit der Diktatur, ein tragisches Lebensgefühl und eine sehr eigentümliche Beziehung zur Geschichte hat.

Um seine Berufung zum galaktischen Reisenden nicht zu vernachlässigen, beginnt Ernesto Ende 1955 im Institut für mexikanisch-russische Kulturbeziehungen Russisch zu lernen. Er liest viele Bücher über Ökonomie, auch den ersten Band des „Kapitals" von Marx, und lernt mit einer neuen Schreibmaschine zu tippen: *Ich kämpfe nun mit größerem Elan, und fast ohne auf die Tasten zu blicken, mit dem Gerät. Wenn ich es beherrsche, werde ich sticken lernen.*

Fidel bereitet das Weihnachtsessen für die Guevaras, Melbas und Montanés zu – ein sehr kubanisches Gericht: Reis mit schwarzen Bohnen, Maniokwurzeln und Orangensoße mit Knoblauch. Das Abendessen ist nicht frei von Spannungen: Die Ehe zwischen Ernesto und Hilda läuft nicht gut, sie hängt an einem seidenen Faden und wird nur durch das erwartete Baby zusammengehalten.

Die Geschicklichkeit Fidels, jeden, der sich nicht vorsieht, in sein Projekt zu verstricken, hat eine neue Persönlichkeit für die Gruppe gewonnen. Es handelt sich um den mexikanischen Freistilringer Arsacio Vanegas, einen Freund von María Antonia und Palomo und Besitzer einer kleinen Druckerei. Er wird mit dem Training der Rekruten beauftragt.

Am Anfang stehen lange Wanderungen. Da fast alle in der Innenstadt leben, verabreden sie sich am acht bis neun Kilometer von ihrem jeweiligen Unterschlupf entfernten Kino Lindavista und gehen von dort aus weiter nach Zacatenco im äußersten Norden von Mexiko-Stadt. Vanegas wird sich Jahre später daran erinnern, daß sie sich zu Fuß zu dem Treffpunkt begaben, da es kein Geld für den Bus gab, und daß „wir nur ein wenig Weißbrot und Wasser zum Frühstück hatten".

Im Januar '56 wird das Training härter. Ernesto ändert seine Eßgewohnheiten und verzichtet auf Brot und Nudeln, um abzunehmen. Er vernachlässigt die Allergieexperimente im Krankenhaus und tritt den Lehrauftrag für Physiologie nicht an.

Vanegas leitet nicht nur die Märsche und Besteigungen der Hügel, sondern bildet die Rekruten in einer Turnhalle, die er in der Calle Bucareli angemietet hat, auch in Selbstverteidigung aus: „Freistilringen, etwas Karate, Falltechniken, Tritte, Mauerklettern".

Hilda erinnert sich: „Anfangs tat ihm sein ganzer Körper weh und ich mußte ihn mit Öl massieren." Aber die Muskeln sind nicht das größte Problem. Beim Aufstieg auf einen der Hügel im Norden von Mexiko-Stadt entdeckt Vanegas, daß Ernesto unter einem Erstickungsanfall leidet. *Hör mal, Dicker, niemand soll davon erfahren, aber ich habe Asthma.*

Das Training nimmt sich in unseren Augen absurd aus: Jungenspiele mit viel freier Zeit und viel Disziplin, aber zweifellos war es viel mehr als das, und offensichtlich waren sie nicht wirkungslos, die langen Fußmärsche durch die Calle Insurgentes, die Aufstiege zu den Hügeln Zacatenco, Chiquihuite oder Ajusco, ab und zu mit beschwerten Rucksäcken.

Für die Nachwelt sind die Fotografien vom Rudern der Gruppe auf dem Chapultepec-See erhalten geblieben, auf denen sie weniger wie die Kerngruppe einer kurz vor Ausbruch stehenden jungen Revolution aussehen, sondern mehr wie Universitätsstudenten, die Vorlesungen schwänzen.

Im Februar erhält das Training einen Anstrich von Risiko und Ernsthaftigkeit. Fidel hat die Erlaubnis erwirkt, daß er und seine Leute in dem in einem Außenbezirk von Mexiko-Stadt gelegenen Schießstand mit Namen Los Gamitos üben dürfen, der normalerweise von Jagdvereinen benutzt wird.

Hier schießen die zukünftigen Invasoren aus Gewehren mit Teleskopvisier auf 600 m entfernte Schießscheiben bzw. auf 500 m entfernte Truthähne. Wer das Ziel trifft, hört das Geräusch des Einschlags voller Befriedigung, und mehr noch, wer einen Truthahn niederstreckt, denn der wird dann verspeist. Die Fotos zeigen einen hyperkonzentrierten Ernesto Guevara, Fidel, Raúl oder Juan Manuel Márquez. Die Schießausbildung zieht sich in Verbindung mit Märschen und Kampftraining über drei Monate hin.

In dieser Zeit lernt Ernesto den Erinnerungen von Hilda Gadea zufolge endlich zwischen den Anfangsklängen der Fünften und der Neunten Symphonie von Beethoven zu unterscheiden. Der Doktor ist so sehr darüber erfreut, daß er seiner Mutter das Ereignis unverzüglich brieflich mitteilt. Allerdings werden Guevaras musikalische Studien keine größeren Erfolge zeitigen, da sein Gehör immer noch nicht vermag, was jeder durchschnittliche Argentinier zustande bringt: Tangos zu singen. Er muß sich darauf beschränken, sie zu rezitieren.

Ich würde eine Hand opfern, um Gitarre spielen zu können, sagt er im Februar '56 zu seiner Frau.

„Mit der Hand, die du opfern würdest, müßtest du die Akkorde greifen", erwidert sie ihm.

Am 15. Februar gegen 7 Uhr abends wird das erwartete Kind, eine Tochter, im Sanatorio Inglés in Mexiko-Stadt geboren: *Sie heißt Hilda Beatriz und ist für mich Anlaß zu doppelter Freude. Erstens mildert ihre Ankunft eine furchtbare Ehesituation, und zweitens habe ich jetzt die vollständige Sicherheit, daß ich, trotz allem, weggehen kann. Daß meine Unfähigkeit, mit ihrer Mutter zu leben, größer ist als das Wohlwollen, das ich ihr gegenüber empfinde. Einen Moment lang schien es mir, daß die Verbindung zwischen dem Charme des Kindes und dem Respekt vor ihrer Mutter (die in vielerlei Hinsicht eine großartige Frau ist und mich auf eine fast krankhafte Weise liebt) mich zu einem gelangweilten Familienvater werden lassen könnte (...). Jetzt weiß ich, daß dem nicht so sein wird und daß ich mein Bohèmeleben auf unbestimmte Zeit fortsetzen werde, um schließlich mit meinen sündigen Knochen in Argentinien zu landen, wo ich die Pflicht erfüllen muß, meinen Umhang des fahrenden Ritters abzulegen und zu irgendeinem Kampfinstrument zu greifen. Über das Mädchen kann ich nicht viel berichten. Sie ist ein kleines, dunkelviolettes Etwas, das pünktlich alle vier Stunden an Mamas Brust saugt und die Nahrungsreste etwas weniger pünktlich wieder ausstößt.*

Ernesto ist ungeheuer glücklich. Normalerweise wenig geneigt, seine Gefühle auszudrücken, zeigt er sich so ausgelassen, daß alle verwirrt sind. Myrna Torres erzählt: „Nachdem er Vater geworden war, machte er einen ganz anderen Eindruck auf mich. Er wirkte menschlicher."

Es liegt nur ein kleiner Schatten über dem Glück: die Sorge des Arztes, daß seine Tochter das Asthma geerbt haben könnte. Deshalb beobachtet er sie unablässig auf der Suche nach glücklicherweise inexistenten Allergiesymptomen.

Zwei Monate später erzählt er seiner Mutter: *Sie sieht aus wie Mao Tse Tung, ist schlechter erzogen als die meisten Kinder und ißt so, wie den Erzählungen der Großmutter zufolge ich gegessen habe. Das heißt sie nuckelt, ohne Luft zu holen, bis ihr die Milch aus der Nase läuft.*

Ernestos Leben spielt sich nun zwischen den Wonnen der Vaterschaft, der immer intensiveren militärischen Ausbildung und seinen verbliebenen ärztlichen Tätigkeiten ab. Seinen Eltern hat er erzählt, daß er den Lehrauftrag für Physiologie angetreten hätte, während er Tita Infante einen Bericht vom Niedergang seiner Forschungen gibt: *Nachdem ich fast ein Jahr lang meine Zeit verschwendet hatte, mußte ich meine Unfähigkeit eingestehen, eine Arbeit über die chemische Bestimmung des Histamins anzufertigen. Eine andere über die Bildung einer Anaphylaxie auf dem Mundwege durch Einnahme von hyaluronidasehaltigen Lebensmitteln, die das Verdienst der Originalität hatte, konnte ich nicht zu Ende führen, denn nach den ersten Mißerfolgen entzogen sie mir die finanzielle Unterstützung (...). Zwei weitere kleinere Arbeiten wurden mit negativem Ergebnis abgeschlossen, weshalb ich von einer Veröffentlichung abgesehen habe. Eine über Elektrophorese konnte ich aufgrund fehlender Mittel nicht richtig in Angriff nehmen. Eine andere über die Bestimmung der Wirkungsidentitäten zwischen Histaminase und Progesteron wird zur Zeit durchgeführt und könnte Erfolg haben.*

Eine Schlüsselfigur für die Konkretisierung der Pläne Fidels ist ein einzigartiger Einäugiger, der sein anderes Auge auf dem Schlachtfeld gelassen hat, Alberto Bayo, ein ehemaliger Oberst der spanischen republikanischen Armee, der im mexikanischen Exil lebt. Fidel steht seit 1955 mit ihm in Verbindung. Als Bayo von den Plänen des kubanischen Revolutionärs erfährt, bietet er an, eine Reihe von Vorträgen über den Guerillakrieg zu halten. Fidel nimmt Bayo nicht nur beim Wort, sondern, indem er ihn an seine kubanische Herkunft erinnert, bringt er ihn darüber hinaus dazu, die zusammenzustellende Gruppe auszubilden. Jahre später schreibt Bayo: „Ich berauschte mich an seiner Begeisterung." Es bleibt ihm nur noch der Vorbehalt, daß es sich um eine angekündigte Invasion handle, deren Datum sogar bekannt sei. Das sei doch verrückt.

Nahmen sie die Sache ernst? Training mit einem Freistilringer auf endlosen Fußmärschen durch die Alleen im Norden von Mexiko-Stadt, Rudern auf einem See, den Jugendliche aufzusuchen pflegen, wenn sie den Unterricht schwänzen, Schießunterricht in einem Jagdverein und jetzt Anleitung durch einen einäugigen Oberst, dessen Hauptverdienst in der Treue zu einer Republik bestand, die einen Krieg verloren hatte ...

Sie nahmen sie ernst, vollkommen ernst, denn sie ruderten und marschierten wie Besessene; denn die Disziplin der Gruppe war von gewaltiger Strenge; denn alle wollten losziehen, um Batista zu stürzen, weshalb sie auch wütend auf die Truthähne feuerten; denn der Oberst Bayo unterwies seine eifrigen Rekruten in einem abgeschlossenen Raum durch und durch ernsthaft in Sabotage, Taktik des

Guerillakrieges, Disziplin nicht regulärer Armeen, Schußfolgen, leichter Artillerie, Kampfmitteln der Guerilla gegen die Luftwaffe, Tarnung ...

Ernesto Guevara sollte später schriftlich festhalten: *Mein fast unmittelbarer Eindruck in den ersten Unterrichtsstunden war der Glaube an die Möglichkeit des Sieges, der mir sehr zweifelhaft erschienen war, als ich mich dem Rebellenkommandanten anschloß, mit dem mich von Anfang an eine romantische Abenteurersympathie verband und die Erwägung, daß es sich lohnen würde, an einem fremden Strand für ein solch reines Ideal zu sterben.*

Eine weitere, ebenso einzigartige Persönlichkeit wie Bayo und Vanegas stößt dieser Tage zur Gruppe hinzu. Es handelt sich um Antonio del Conde, den die Kubaner in El Cuate [Kollege, Kumpel] umtaufen.

El Cuate ist Besitzer eines kleinen Waffengeschäfts in der Innenstadt, in der Calle Revillagigedo 47. Er beginnt in seiner Begeisterung für Fidel, den Kubanern Waffen zu liefern. Von Solidarität und Abenteuergeist gepackt, wird er zu einem unschätzbaren Mitstreiter. Fidel bietet ihm als Ausgleich 10% vom Wert der Waffen an, die er besorgt, aber Del Conde geht dazu über, sie zum Selbstkostenpreis auszuhändigen, und schließlich steckt er sogar Geld aus seiner eigenen Tasche in das Projekt.

Durch El Cuates, Tolucas und Pueblas Geschicklichkeit und mit nicht sonderlich legalen Methoden kommen nach und nach 20 Jagdgewehre mit Teleskopvisier zum Vorschein, zerlegte Waffen, die in der Waffenfabrik gekauft und in der Werkstatt zusammengebaut werden, fünf automatische Remington, die in den Vereinigten Staaten erworben und nach Mexiko eingeschleust werden, über die Nordgrenze geschmuggelte Waffen, 20 Johnson-Schnellfeuergewehre, einige halbautomatische Thompson-Gewehre, zwei Panzerfäuste vom Kaliber 50, ein leichtes Mauser-MG und eine Star mit Klappkolben, neben Rucksäcken, Feldflaschen und Guanajuato-Stiefeln.

Schließlich läßt sich El Cuate noch tiefer in die Sache hineinziehen und bietet Fidel eine Kellerwohnung an, in der ein erstes Waffenlager eingerichtet wird, sowie das Haus von Verwandten seiner Frau in Las Lomas, wo ab und zu Waffen in den Toiletten aufbewahrt werden.

Bayo mietet die Santa Rosa, eine 9 x 16 Kilometer große Ranch in Chalco, Eigentum eines ehemaligen Villisten, den er mit der Behauptung hinters Licht führt, ein bedeutender salvadorianischer Politiker würde sie kaufen, weshalb er sie für einen symbolischen Betrag vermieten solle, solange die Umbauarbeiten andauern. Der Exvillist mit Namen Rivera willigt ein und verlangt nur acht Dollar im Monat.

In der zweiten Maihälfte '56 erklärt Ernesto seiner Ehefrau, daß die Stunde gekommen sei und das Training nun außerhalb der Stadt weitergehe. Am selben Tag verabschiedet er sich von seinem Chef Salazar Mallén mit den Worten: *Bis demnächst, Meister.*

Dem Arzt war zu diesem Zeitpunkt nicht bewußt, daß dies einen mehrjährigen Abschied bedeuten sollte.

Ernesto ist nicht der einzige, der alle Brücken hinter sich abbricht. Oberst

Bayo läßt alles stehen und liegen, um sich ausschließlich der Ausbildung „seiner“ Kubaner zu widmen. Er gibt nicht nur den Unterricht in der Flugschule auf, sondern auch sein Möbelgeschäft.

Die Aktivitäten in Chalco werden sofort aufgenommen: Schießübungen, anstrengende Nachtmärsche („ohne rauchen zu dürfen“, wie sich Universo Sánchez später erinnert), Kampftechniken, theoretischer Unterricht. Bayo ist weiter für die Ausbildung zuständig und fungiert als militärischer Verantwortlicher. Guevara wird zum Personalchef ernannt. Einige Anwesende provoziert seine Ernennung: Warum wird einem Ausländer ein Amt mit dieser Verantwortung übertragen? Fidel greift persönlich ein, um seinen Dank auszudrücken, daß „jemand, der nicht in unserer Heimat geboren wurde, bereit ist, sein Leben für sie zu opfern“. Aber Ernesto fühlt sich verletzt. „Er war ein Mann ohne jegliche Ambitionen, der Hemmungen bekam, wenn jemand seine Stellung anfocht“, sollte Fidel Jahre später erwähnen.

Die Ranch befindet sich in einem erbärmlichen Zustand. So müssen die zukünftigen Expeditionsteilnehmer auf dem Boden schlafen, einen Großteil ihrer Zeit für den Bau von Latrinen und für die Bekämpfung einer Fliegenplage aufbringen, die die Wände schwarz färbt.

Nachts gibt es Schachpartien im Kerzenschein zwischen Doktor Guevara und Bayo sowie politische Debatten. Die Kubaner haben ganz unterschiedliche Voraussetzungen mitgebracht. Auf der einen Seite Fidel, Juan Manuel Márquez, Félix Elmuza mit einer liberal-martinischen politischen Ausbildung, auf der anderen Raúl und Ñico López mit unerbittlicheren politischen Ansichten, und daneben fast gänzlich ungeschulte Kämpfer. *Ich erinnere mich, daß ich in einem vertraulichen Gespräch in einer Wohnung in Mexiko-Stadt die Notwendigkeit darlegte, dem kubanischen Volk ein revolutionäres Programm vorzulegen; und einer der Moncada-Angreifer – der sich glücklicherweise später vom 26. Juli trennte – antwortete mir mit Sätzen, die ich nie vergessen werde*: „Die Sache ist doch ganz einfach. Wir müssen nur einen Putsch machen. Batista hat einen Putsch gemacht und die Macht an sich gerissen, jetzt muß man einen anderen machen, um ihn abzusetzen. Batista hat den Nordamerikanern 100 Konzessionen gemacht, wir werden ihnen 101 machen.“ *Es ging also um die Machtübernahme. Ich argumentierte dagegen, daß wir diesen Staatsstreich auf einer Grundlage von Prinzipien machen müßten, daß es auch wichtig sei zu wissen, was wir danach an der Macht unternehmen wollten (...). Glücklicherweise verließen er und die, die seine Ansicht teilten, unsere revolutionäre Bewegung und schlugen einen anderen Weg ein.* Ernesto schrieb diese grob vereinfachenden Vorschläge in einer Gruppe, die sich auf eine Revolution vorbereitete, *der schlechten Auswahl der Teilnehmer, besonders der aus Miami* zu.

Dem Auswertungsbericht über die auf der Ranch versammelten Kämpfer zufolge nahm Doktor Guevara „an etwa 20 regulären Übungen teil, wobei er ungefähr 650 Patronen verschoß. Hervorragende Disziplin, ausgezeichnete Führungsqualitäten, ausgezeichnete körperliche Ausdauer. Einige disziplinarische ‚Rüffel‘ aufgrund kleinerer (unleserlich) bei der Auslegung der Befehle und

Gegrinse.“ Bayo bestätigt in seinen Memoiren, daß Ernestos zwanghafter Wille, alles gut zu machen, über sich hinauszuwachsen, keinen Fehler zu begehen, daß ihn dieser unerbittliche Konkurrenzkampf mit sich selbst und seinen Grenzen „zur ‚Nummer Eins der Rekrutengruppe‘ werden ließen und ihm die Bestnote einbrachte“.

Nicht nur Ernesto treibt den Druck bis an die Grenze. Auch Bayo ist darauf versessen, mehr als nur ein einfacher Ausbilder zu sein, und will zusammen mit den Kubanern losfahren: *Du kannst Dir nicht vorstellen, was er gemacht hat: Da er an der Expedition teilnehmen will, aber zu dick ist, hat er sich auf Diät gesetzt und nimmt nichts anderes als Wasser zu sich. Er hatte die Diät bereits zwei Wochen lang durchgehalten, zehn Kilo abgenommen und wollte noch einmal zehn abnehmen, aber die Zeit war zu knapp. Was für ein großer alter Mann!*

In jenen Tagen wird der als Expeditionsarzt rekrutierte Dr. Ernesto Guevara zum Che. Während er nach und nach kubanische Ausdrücke in seinen argentinischen Wortschatz aufnimmt, der voller Lateinamerikanismen ist, die er auf dem ganzen Kontinent aufgeschnappt hat, während er sich für den Sauberkeitswahn der Kubaner begeistern läßt, die zweimal täglich baden, selbst im eiskalten Wasser des Chalco, während er eines seiner Gedichte schreibt oder Schach spielt, wird er nach und nach von allen Che genannt. Dies hat er der argentinischen Angewohnheit zu verdanken, bei jeder Anrede einer Person den Ausruf „che“ voranzustellen, was den Kubanern ausgesprochen witzig vorkommt.

Auf der Ranch schreibt Che auch eines seiner schlechtesten Gedichte, ein episches Gedicht, das Fidel gewidmet ist und dessen Haupttugend darin besteht, einerseits die Faszination widerzuspiegeln, die der kubanische Revolutionsführer auf den argentinischen Arzt ausübt (*Laß uns voranschreiten / glühender Prophet der Morgenröte, / durch verwinkelte zaunlose Wege / den grünen Kaiman befreien, den du so liebst*) und andererseits die Ernsthaftigkeit, mit der Ernesto zu seinem Engagement für die kubanische Revolution steht: *Und wenn das Eisen uns den Weg versperren will, / verlangen wir ein Grabestuch aus kubanischen Tränen / um die kriegerischen Knochen / auf ihrem Weg zur amerikanischen Geschichte zu bedecken. / Nichts weiter.*

Es ist bekannt, daß die Polizei Batistas seit Beginn von Fidels Aufenthalt in Mexiko einen Plan zu seiner Ermordung entwickelt hat, in den der Marineattaché der kubanischen Botschaft verwickelt war. Dieser hatte einen Killer aus Kuba mitgebracht, der mit örtlichen Gangstern Kontakt aufnahm, die sich für 10.000 Dollar verpflichteten, Fidel umzubringen. Dieser erfährt von dem Vorhaben und das Komplott löst sich allmählich in Nichts auf. Allerdings hat die Botschaft parallel dazu mit den mexikanischen Behörden Verbindung aufgenommen, um die Lage zu erkunden, Vorwürfe zu erheben, Geld anzubieten. Viele dieser Annäherungsversuche waren erfolgreich.

Nach und nach erreichen neue Freiwillige Mexiko. Die Waffenlager werden größer, die Ausbildung macht Fortschritte. Bei einer Reise durch die Vereinigten Staaten entdecken El Cuate und einer seiner Mitarbeiter, der Kubaner Chuchú

Reyes, in Delaware ein Schnellboot, ein „pt boat“, das sich für den Transport der Expeditionsteilnehmer zu eignen scheint. Der Glücksfaden reißt allerdings am 20. Juni ’56, als der Druck der kubanischen Botschaft und ihre Korrumpierungsversuche gegenüber der mexikanischen Polizei Erfolg haben. An diesem Tag wird die Verfolgungsmaschinerie in Gang gesetzt. In den Abendstunden inspiziert Fidel gerade in Begleitung von Ramiro Valdés, Cándido González und Universo Sánchez den Unterschlupf in der Calle Kepler y Copérnico. In der Wohnung befinden sich Ciro Redondo und ein halbes Dutzend anderer Rekruten. Plötzlich nehmen die Kubaner durch das Fenster wahr, daß einige seltsame Gestalten den Wagen von Ciro, einen klapprigen Packard, Baujahr 1942, untersuchen. Das Schlimmste befürchtend, teilt Fidel die Gruppe auf und verläßt das Haus mit Universo und Ramiro. Aber einige Häuserblocks weiter werden sie von der Polizei überfallen. Fidel versucht sich der Verhaftung zu widersetzen und zückt die Pistole, als er aber sieht, daß die bewaffneten Polizisten Universo und Ramiro als Schutzschild benutzen, ergibt er sich.

Die Polizisten fahren sie in einem Pkw kreuz und quer durch Mexiko-Stadt, bedrohen sie und verlangen ihre Papiere, woraufhin Fidel erklärt, daß sie sich zum gegebenen Zeitpunkt vor den zuständigen Behörden ausweisen würden. Sie werden in die Büros der Sicherheitspolizei gebracht.

Cándido González und Julio Díaz werden beim Verlassen des Hauses verhaftet und auf dem Vierten Revier gefoltert. An Händen und Füssen gefesselt, werden sie in eiskaltes Wasser getaucht, die sogenannte „Brunnenfolter“. Als der Mexikaner Zelaya auftaucht, um sich nach ihnen zu erkundigen, wird auch er verhaftet.

Ciro Redondo hat sich unterdessen vor den ersten Verhaftungen gerettet. Er macht sich Sorgen um die Waffenladung in seinem Packard. Als er gerade dabei ist, seinen Wagen aufzuschließen, um sie herauszuholen und zu verstecken, wird er gemeinsam mit Benítez verhaftet.

Die Verhaftungen sind kein Zufall, sondern Teil einer großangelegten Razzia, die die mexikanische Polizei auf Veranlassung bzw. im Einverständnis mit der Polizei Batistas durchführt.

Am 21. um 11 Uhr morgens kommt es zu einem neuen Sturm, diesmal auf die Wohnung von María Antonia in der Calle Emparán 49. Die Beamten benutzen das als Erkennungssignal vereinbarte dreimalige Klopfzeichen, um in die Wohnung zu gelangen. Dort werden María Antonia und Almeida verhaftet, der Spitzel Evaristo Venereo flieht durch das Badezimmerfenster.

Am selben Tag erscheint die Polizei im Domizil der Guevaras. Hilda wird beschuldigt, Korrespondenz für eine subversive Gruppe in Empfang genommen zu haben. Sie wird gemeinsam mit der kleinen Tochter am nächsten Tag verhaftet. In den Amtszimmern an der Plaza de la Revolución zeigen sie ihr ein an Alejandro (der Deckname von Fidel) gerichtetes Telegramm und fragen sie eindringlich nach Ernesto. Hilda bleibt bei der zuvor vereinbarten Version: Doktor Guevara befindet sich in Veracruz. Zusammen mit Hilda haben sie Patojo festgenommen, der in der Kammer auf dem Flachdach geschlafen hat.

Die derzeitigen Ermittlungen stehen unter dem Oberbefehl von Fernando Gutiérrez Barrios, einem nicht einmal 30 Jahre alten ehemaligen Hauptmann der mexikanischen Armee. Er ist Leiter der Überwachungs- und Informationsabteilung des Bundesamts für Sicherheit, der politischen Polizei des Innenministeriums, gefürchtetes Organ einer konservativen Regierung, die Jagd auf Radikale macht und sich nicht gerade durch ihre Sympathien gegenüber Exil-Lateinamerikanern auszeichnet.

In Anwesenheit von Gutiérrez Barrios spricht Fidel in den Amtsräumen der Bundespolizei mit Hilda. Der Kubaner bittet Hilda zuzugeben, daß sie für ihn Briefe in Empfang genommen habe, weil er als politischer Flüchtling keine Anschrift habe. Sie fragt ihn, ob er dies mit Ernesto abgesprochen habe. Fidel besteht darauf, nicht zulassen zu können, daß sie und die kleine Tochter eingesperrt bleiben. Hilda nutzt die Gelegenheit, um gegen die Verhaftung von Patojo zu protestieren, da der Guatemalteke nichts mit der ganzen Angelegenheit zu tun habe. Kurz darauf werden sie freigelassen.

Der einzige Glücksfall in diesen ersten beiden Tagen ist, daß einer der Kubaner, der die Verhaftung von Fidel beobachtet hat, eine Nachricht zur Ranch schicken kann, wo Raúl dann Zeit hat, die Waffen zu verstecken.

Bei der Bundespolizei kommt es im Verlauf der ersten Verhöre zu einer merkwürdigen Situation. Fidel schlägt Universo Sánchez vor, daß er Erkundungen anstellen solle, ob man die Angelegenheit mit „Schmiergeld“ bereinigen könne.

Universo schlägt vor: „Sehen Sie, wir sind anständige Leute, wie können wir das Ganze in Ordnung bringen? Wir könnten Ihnen eine kleine Nebeneinnahme zukommen lassen, und Sie lassen uns frei ...“

„Und wieviel bietest du mir an?“

„25.000 Dollar.“

„Wir hatten das Geld zwar nicht, aber mir fiel eben diese Summe ein, und, verflucht, er schnappt mich und legt mir Handschellen an. Nachdem wir ihm so viel angeboten haben, glaubt er, einen dicken Fisch gefangen zu haben, eine Drogensache.“ Anscheinend gab es zu diesem Zeitpunkt in der Kasse der Bewegung nicht mehr als 15 Dollar. Gutiérrez Barrios erinnert sich später: „Wir fanden einen mehr oder weniger gut gemachten Lageplan von Mexiko-Stadt, mit den Landstraßen und der Lage von Chalco. (...) Daraufhin wurde jemand hingeschickt, um nachzusehen. (...) Ich ließ Fidel rufen und sagte zu ihm, er soll verhindern, daß es zu einer Auseinandersetzung komme, die weder uns noch ihm dienlich sei.“

Fidel beschließt, die Bundespolizisten zum Trainingszentrum zu begleiten, um eine Schießerei zu vermeiden. Die Wagenkolonne kommt am 24. Juni um sechs Uhr nachmittags in Chalco an. Dort bittet Fidel die Kämpfer, Disziplin zu wahren, denn die mexikanische Polizei werde die Verantwortung übernehmen. Che entwischt fast, da er bei Ankunft der Jeeps auf einem Baum Wache geschoben hat. Aber er sieht sich gezwungen hinabzusteigen, denn ihm wird erklärt: „Fidel hat uns alle gerufen.“ Raúl hingegen kann fliehen.

Schließlich werden die Verhafteten im Miguel-Schultz-Gefängnis im Stadtviertel San Rafael zusammengelegt. Es handelt sich um eine kleine Haftanstalt, die als Durchgangslager für Ausländer dient, für die das Innenministerium die Ausweisung verfügt hat. Die alleinige Erwähnung des Gefängnisnamens rief Alpträume unter den in Mexiko lebenden Flüchtlingen und Ausländern hervor, über deren Köpfen das Gespenst des Artikels 33 schwebte, der den Landesverweis zuließ.

Obwohl Almeida Jahre später erklären sollte, Gutiérrez hätte bemerkt, daß er „anständige Leute" vor sich habe, denen er eine rücksichtsvolle Behandlung zuteil werden ließ, um „eine Auseinandersetzung zu vermeiden", pendeln die Verhöre zwischen Höflichkeit und Brutalität. Chuchú Reyes wird gefoltert, damit er den richtigen Namen des mysteriösen Cuate, ihres Waffenlieferanten, preisgibt. Che, der beschuldigt wird, Kommunist zu sein, wird die Folterung seiner Frau und seiner Tochter angedroht. Ab diesem Zeitpunkt verweigert er jede Aussage mit dem Hinweis, daß sie nicht mehr auf ihn zählen könnten, wenn sie zu einer solchen Niederträchtigkeit fähig wären, und daß er zwar bis jetzt über sich selbst Auskunft gegeben hätte, von nun an aber schweigen würde.

Die Entscheidung, die endgültige Einweisung in eine Haftanstalt zu verfügen, stammt von Präsident Ruiz Cortines selbst, der ihre Verlegung anordnet, während der Bundesstaatsanwalt 14 Beamte zur Durchführung der Verhöre abstellt. Die Polizei erklärt gegenüber der Presse: „Doktor Guevara hat seit Jahren Beziehungen zu den Russen." Ernestos Aussagen beschränken sich darauf, das Offensichtliche zu bestätigen: Ja, er gehört zum 26. Juli. Ja, er war auf der Ranch. Ja, es gab Waffen, wer weiß, wer mit ihnen geschossen haben mag. Ja, Fidel Castro will Batista stürzen. Aber am Rande seiner Aussagen gibt Ernesto, der keiner Polemik aus dem Weg zu gehen vermag, seine äußerste Zurückhaltung auf und läßt sich auf eine Diskussion ein, als der Beamte der Staatsanwaltschaft, der philosophische Anwandlungen hat, mit ihm über Marxismus zu diskutieren anfängt. Um eine noch größere Schlappe zu vermeiden, greift Gutiérrez Barrios ein:

„Ich habe Ihnen doch bereits gesagt, daß er Marxist-Leninist ist, beschränken Sie sich also bitte darauf, den Straftatbestand festzustellen."

Die Gefängniskost im Miguel-Schultz-Gefängnis besteht, wie zur Bestätigung der schlimmsten Befürchtungen, aus Brot und Suppe. Es herrscht bittere Kälte, die den Kubanern noch schlimmer vorkommt, als sie ohnehin ist. Dazu kommt die Angst davor, ermordet oder nach Kuba deportiert zu werden, wo ihnen in den Gefängnissen Batistas alles Mögliche widerfahren kann. Angst davor, daß all diese Monate der Vorbereitung für die Katz waren. Es kommt für die 28 Personen zu einem seltsamen Abwarten. Ihr Schicksal liegt in den Händen anderer. Ein Schicksal „auf Abruf", wie es damals hieß.

Am 27. Juni wirft die konservative Presse durch den „Excélsior" Kohlen ins Feuer, indem sie Che beschuldigt, mit anderen revolutionären Bewegungen Lateinamerikas in Verbindung zu stehen und merkwürdige Beziehungen zu den Russen zu pflegen. Man begründet dies mit seiner Mitgliedschaft im Institut für mexikanisch-russische Kulturbeziehungen. Diese Anklagen werden Nikolai Leonow, dem Botschaftsangehörigen, der ihm Bücher über Tschapajew und von Ostrowski geliehen hat, Unannehmlichkeiten bereiten. Seine Visitenkarte ist unter Ches Papieren gefunden worden, und der Presse zufolge ist er „die Kontaktperson zu den Revolutionären". In der Botschaft kommt es zu einem gewaltigen Aufruhr, und Leonow wird in die UdSSR zurückversetzt, da er die Gesandtschaft in einen Skandal verwickelt hat.

Mit Hilfe von Ernestos Familie erreicht Hilda, daß ein entfernter Verwandter, der in der argentinischen Botschaft arbeitet, eingreift. Alfonso Bauer, sein guatemaltekischer Freund, der jetzt im mexikanischen Exil lebt, sucht das Miguel-Schultz-Gefängnis auf, um mit Ernesto über die Sache zu sprechen. Ernesto antwortet ihm: *Poncho, ich habe diesen Ort gemeinsam mit meinen Genossen betreten und werde ihn auch gemeinsam mit ihnen wieder verlassen, vielen Dank.*

Außerhalb der Mauern kümmern sich Raúl und Juan Manuel Márquez um die Verteidigung. Sie machen zwei Anwälte, Ignacio Mendoza und Alejandro Guzmán, ausfindig, die bereit sind, den Fall zu übernehmen, und sofort einen Antrag zur Aufhebung der Kommunikationssperre stellen. Parallel dazu erscheint in den Tageszeitungen ein von Raúl und Márquez unterzeichnetes Schreiben, in dem erklärt wird, daß die verhafteten Kubaner sich zwar im Krieg mit der Diktatur Batistas befinden, aber keinerlei politischen Tätigkeiten in Mexiko nachgegangen sind.

Wenn die Anspannung auch groß ist, so ist die Moral nicht gering. Die Fotografien aus dem Miguel-Schultz-Gefängnis geben eine festliche Stimmung wieder. Es gibt eine Art Familienfoto voller lächelnder Gesichter. Hierbei springen der weiße Anzug des in der ersten Reihe wie ein Torwart ausgestreckten Che, das blütenweiße Lächeln von Almeida und die stolze Haltung von María Antonia ins Auge, die mit dunkler Brille und einer kleinen kubanischen Fahne in der Hand in der Mitte der Gruppe steht. Fidel, wie immer im Anzug, mit gestutztem Schnurrbart und kurzgeschnittenem Haar, hält seine Hand auf Almeidas Schultern, während die Kubaner zwischen den hohen und rissigen Wänden des Gefängnishofs im Chor die Nationalhymne singen.

Es gibt ein anderes Foto von Guevara, auf dem man ihn vollkommen bartlos im Hemd über den Hof gehen sieht. Er hält seine Tochter Hilda in den Armen, die am Finger nuckelt.

Es gibt eine letzte Fotografie, die noch weniger formell als die vorangegangenen ist und auf der einer der Schlafsäle des Gefängnisses zu sehen ist: weiße metallene Krankenhausbetten, ein gewaltiges Chaos von Stühlen, Nachttischen, Büchern, Kleidern und in der Mitte Fidel in dunklem Anzug, der einen sich extrem jung ausnehmenden, hemdlosen Che Guevara betrachtet, der gerade seine Hosen gürtet. Das Foto, das einer der Mayo-Brüder für die Zeitschrift „Mañana" aufgenommen hat, landet kurioserweise in den Archiven der Polizei Batistas. Es ist das erste Bild, das die Geheimdienste der kubanischen Diktatur vom argentinischen Arzt besitzen.

In dieser Zeit versuchen Raúl und Márquez, mit dem ehemaligen mexikanischen Präsidenten Lázaro Cárdenas in Verbindung zu treten, damit dieser bei der

Regierung für die Kubaner eintritt. Schließlich gelingt es ihnen über sein ehemaliges Kindermädchen in Jiquilpan. Cárdenas empfängt die Verteidiger der Kubaner, die ihn um Fürsprache beim Innenministerium bitten. Aber der Ex-Präsident geht noch weiter und erklärt, daß er sich direkt an Ruiz Cortines wenden wird.

Am 6. Juni gibt Ernesto seinen Eltern endlich die so lange geschuldete Erklärung. In einem ausführlichen Brief erzählt er die Geschichte seiner Beziehungen zum 26. Juli. Er gesteht, daß er sie in den letzten Monaten bezüglich seiner Universitätsstelle getäuscht hat, und beschreibt seine Rolle in der Gruppe: *die Jungs zu trainieren. Dies ist eine Zusammenfassung der vergangenen Ereignisse, die zukünftigen teilen sich in zweierlei, in mittelbare und unmittelbare. Zu den mittelbaren kann ich Euch sagen, daß meine Zukunft mit der Befreiung Kubas verknüpft sein wird. Entweder ich siege mit ihr oder ich sterbe dabei (...). Zu der unmittelbaren Zukunft habe ich wenig zu sagen, da ich nicht weiß, was aus mir werden wird. Ich stehe unter der Verfügungsgewalt des Richters, und es ist gut möglich, daß er mich nach Argentinien ausweist, falls ich kein Asyl in einem anderen Land finden sollte, was mir für meine politische Gesundheit angebracht erscheint.*

Mehr nebenbei erwähnt er, daß Hilda und Hilda Beatriz auf jeden Fall nach Peru zu ihrer Familie zurückkehren würden und daß seine Trennung von beiden bereits ein Tatsache sei. Im selben Brief erklärt er, die Vorstellung, daß seine Briefe gelesen würden, gefalle ihm nicht und die Korrespondenz werde von daher knapper ausfallen. *Wir werden bald in einen unbefristeten Hungerstreik treten, aus Protest gegen die ungerechtfertigten Verhaftungen und die Folterungen, denen einige meiner Genossen ausgesetzt wurden. Die Moral der gesamten Gruppe ist sehr gut.*

Sollte ich aus irgendeinem unwahrscheinlichen Grund nicht mehr schreiben können und den kürzeren ziehen, betrachtet bitte diese Zeilen als einen zwar nicht sehr bombastischen, aber ehrlichen Abschiedsgruß. Ich bin auf der Suche nach meiner Wahrheit über die Mißgeschicke durchs Leben gezogen. Und jetzt auf dem Weg und mit meiner Tochter, in der ich weiterlebe, habe ich den Zyklus abgeschlossen. Von nun an würde ich meinen Tod nicht als Frustration ansehen, beinahe wie Hikmet: „Ich nehme ins Grab / nur den Kummer über ein unvollendetes Lied."

Die Einwanderungsbehörden lassen drei Tage später bei Beginn des Hungerstreiks 20 der Verhafteten mit einer merkwürdigen Auflage frei: „Sie werden aufgefordert, das Land zu verlassen, da Sie ihren Immigrantenstatus verletzt haben." Universo Sánchez, Ciro Redondo, der Sohn von Oberst Bayo und einige andere werden mit der einfachen Auflage freigelassen, sich einmal die Woche bei der Polizei zu melden. Nur Fidel, Ernesto Guevàra und Calixto García bleiben weiter in Haft. Die letzteren beiden werden von den Medien als Kommunisten beschimpft. Für die Fortdauer der Haft dient der Vorwand, daß ihre Aufenthaltserlaubnis abgelaufen sei. Cárdenas' Vermittlung hat einen ersten Erfolg gezeitigt. Es scheint, daß die mexikanische Regierung ihre Haltung überdacht hat und nicht sehr darauf erpicht ist, der Diktatur Batistas einen öffentlichen Gefallen zu tun. Allerdings reizt sie auch nicht die Vorstellung, die Gesamtheit der kubanischen Revolutionäre freizulassen. Es geht erneut um das Machtprinzip und um die Antwort auf die zwanghafte Frage „Wer bestimmt hier?", die der manische letzte Sinn der mexikanischen Politik seit den vierziger Jahren gewesen ist. Und da es nie direkte Wege gewesen sind, die in mexikanischen Gefilden nach Rom geführt haben, wird Fidel eine nachsichtige Ausweisung nach Uruguay angeboten, die der Anführer des 26. Juli zurückweist, da sie seine Invasionspläne zunichte machen würde.

Ein Gefängnistag nach dem anderen verstreicht für die drei Inhaftierten. Ernesto spielt im Hof Fußball, donnerstags und sonntags erhält er Besuch. Hilda berichtet: „Er breitete eine wollene Decke für das Kind aus und schützte es mit einem Schirm vor den Sonnenstrahlen; er spielte lange mit Hildita, die manchmal darüber einschlief. Und dann betrachtete er sie eine ganze Weile und amüsierte sich über die Gebärden, die die Kleine in ihren Träumen machte."

Der Journalist Carlos Franqui, der vom 26. Juli nach Mexiko gesandt wurde, um mit Fidel zu sprechen, lernt bei dieser Gelegenheit auch Che kennen. Von diesem ersten Treffen legt er ein im Laufe der Jahre überarbeitetes Porträt von Che vor: „Guevara machte damals den Eindruck eines Bohemiens mit einem etwas selbstgefälligen, provozierenden und argentinischen Humor. Er trug kein Oberhemd, war etwas narzißtisch, hellhäutig, von mittlerer Statur und kräftiger Muskulatur, hatte seine Pfeife und seinen Matetee dabei; halb athletisch, halb asthmatisch pendelte er zwischen Stalin und Baudelaire hin und her, zwischen Poesie und Marxismus."

Am 15. Juli antwortet Ernesto seiner Mutter auf ihre Vorwürfe: *Ich bin nicht nur nicht gemäßigt, sondern ich werde versuchen, es niemals zu werden.* Um die Bemerkung nicht überzubewerten und zu beweisen, daß er trotz seiner Lage seinen Sinn für Humor bewahrt hat, fühlt er sich zu der Erläuterung gedrängt, daß *die Flecken auf dem Brief keine blutigen Tränen sind, sondern Tomatensaft.*

Am 24. Juli wird Fidel freigelassen. Welche Vereinbarungen wurden dafür getroffen? War der Einfluß des Ex-Präsidenten ausreichend? Fidel verpflichtet sich, seine beiden Gefährten, die noch als Geiseln in Verwahrung bleiben, nicht im Stich zu lassen. Die Expedition soll nicht ohne sie beginnen. Jahre später wird Che erzählen: *Fidel Castro. Nun, Fidel verhielt sich bei bestimmten Anlässen auf eine Weise, die seine revolutionäre Haltung geradezu zugunsten der Freundschaft kompromittierte. Ich erinnere mich daran, daß ich ihm meinen ganz spezifischen Fall darlegte: ein illegal in Mexiko lebender Ausländer, über dem eine ganze Reihe von Anklagen schwebten. Ich sagte zu ihm, daß er auf keinen Fall wegen mir die Revolution aufhalten dürfte und daß er sich nicht weiter um mich kümmern sollte; daß ich seine Lage verstehen und daß ich dort zu kämpfen versuchen würde, wohin sie mich schickten, und daß sie sich nur darum bemühen sollten, daß ich in ein nahegelegenes Land ausgewiesen würde und nicht nach Argentinien. Ich erinnere mich auch an die kategorische Antwort Fidels:* „Ich lasse dich nicht im Stich." *Und so war es, denn sie mußten wertvolle Zeit und kostbares Geld auf-*

wenden, um unsere Freilassung aus dem mexikanischen Gefängnis zu erwirken.

Zuletzt, 57 Tage nach ihrer Einweisung, verlassen Che und Calixto die Haftanstalt Miguel Schultz. Man munkelt, daß dabei ein gehöriges Schmiergeld mitgespielt habe. Che selbst berichtet Hilda, daß sie *mittels einer gehörigen Summe Geld herauskamen, die Fidel zur Regelung der Immigrationsangelegenheit bezahlen mußte*. Fidel charakterisiert seine Beziehung zu Mexiko mit einem kurzen Satz: „Der Zwischenfall gehört der Vergangenheit an und ich möchte nicht, daß er bei den Kubanern irgendein Ressentiment gegenüber Mexiko hinterläßt. Gefängnis und Mißhandlungen sind Unbequemlichkeiten unseres Kämpferberufs."

Zu einer rigoroseren Untergrundtätigkeit gedrängt, die Rückzugsmöglichkeiten zerstört, mittellos, dazu gezwungen, neue Wohnungen zu suchen und die Ausbildung neu zu organisieren, setzt in der Kerngruppe der Exilierten eine atemlose Aktivität ein, um die Sicherheit zu verbessern, die geretteten Waffen zu verstecken und die Finanzen der Bewegung neu zu regeln.

Es wird ein Lager in Mérida geschaffen und in Mexiko-Stadt werden mehrere Waffendepots eingerichtet. María Antonia kümmert sich um das Netz der Wohnungen. Sie muß persönliche Besitztümer und Kleider ins Pfandhaus bringen, um die Kosten dafür zu tragen.

Auf einer der zahlreichen Reisen durch das Land, während er nach geeigneten Trainingsgebieten zur Aufteilung der Gruppe und Erprobung der Waffen sucht, entdeckt Fidel, daß Cuate Conde Teilhaber einer Jacht ist, die er in erbärmlichem Zustand in der Nähe von Tuxpan liegen hat. Fidel sagt zu ihm:

„Wenn Sie mir dieses Boot in Ordnung bringen, dann fahr ich damit los."

„Das Boot ist ungeeignet."

Das Schiff ist zur Zeit noch Eigentum eines Gringos mit dem Namen Robert B. Erickson, da es erst zur Hälfte abbezahlt ist. Obwohl es unter mexikanischer Flagge fährt, heißt es „Granma" (wohl wegen der Großmutter des Gringos). Leider ist es lediglich 19,2 m lang und hat nur ein Deck. Die Begutachter denken, daß es für eine Zwergenexpedition benutzt werden könnte, solange nicht zu viele mitmachen. Bei seinen beiden Gray-Motoren mit 250 PS, einer zulässigen Aufnahmefähigkeit von 20 (dichtgedrängten) Passagieren und Besatzungsmitgliedern und seinem beschädigten Kiel – Folge eines Zyklons vor einem Jahr – wird Cuates Reaktion verständlich. Hinzu kommt das Problem des Preises. Erickson verlangt 17.000 Dollar, 15.000 für das Schiff und 2.000 für eine Hütte am Ufer des Flusses Tuxpan, die mitgekauft werden muß. Fidel sucht Hilfe beim ehemaligen Präsidenten Prío Socarrás, der in den Vereinigten Staaten im Exil lebt und über den er keine gute Meinung hat – einer dieser Exilränkeschmiede. Aber es ist nicht der Moment, mögliche Hilfen auszuschlagen, und ohne Schiff gibt es keine Expedition. „Es bleibt die einzige Mitwirkung von außen, die wir angenommen haben", wird er Monate später gegenüber dem US-Journalisten Herbert Mathews erklären.

Vor einigen Tagen haben sie die Möglichkeit verworfen, die Invasion in einem Flugzeug durchzuführen, und sie haben kein anderes Schiff zur Hand. Deshalb treffen sich El Cuate und Fidel, der sich als dessen Bruder ausgibt, mit Erickson und kaufen das Schiff. Sofort beginnen die Umbauarbeiten an der Jacht. Die Leistung der beiden Motoren muß erhöht und der verfügbare Raum vergrößert werden, um eine größere Anzahl von Expeditionsteilnehmern aufnehmen zu können. Deshalb wird nutzloser Ballast beseitigt und neue Wassertanks werden eingebaut.

Ernesto Guevara ist nach seiner Freilassung drei Tage zuhause geblieben, hat seine Koffer gepackt und sich verabschiedet. Eine Woche später schlägt er Hilda über einen Mittelsmann vor, sich in Cuautla mit ihm zu treffen, wo er sich als Doktor Ernesto González ausgeben werde. Als Hilda ihn besucht, fragt er sie, woher sie das Geld habe. Er ist geradezu zwanghaft darauf bedacht, daß sie nicht vom Geld der Bewegung lebt, obwohl er seit Mai seine Arbeit im Krankenhaus aufgegeben und keine Einkünfte hat.

In den Untergrund gedrängt, da das *Innenministerium den schweren Fehler begangen hat, meinem Wort als Ehrenmann zu glauben, und mich unter der Bedingung freigelassen hat, daß ich das Land binnen zehn Tagen verlasse*, unternimmt er mehrere Reisen nach Mexiko-Stadt. Anläßlich eines dieser sporadischen Besuche bei seinem Töchterchen Hilda rezitiert er ein Gedicht von Antonio Machado, das General Lister gewidmet ist: „Vom Berg zum Meer dieses mein Wort: / Hätte meine Feder den Wert deiner Pistole / zufrieden würde ich als Leutnant sterben." Anscheinend gefällt dem sieben Monate alten Mädchen der Wohlklang Machados, denn es weint und protestiert, als die Verse zu Ende sind, und verlangt nach mehr.

Unterdessen läuft die Schlußphase der Rekrutierung. Ende Oktober kehrt der Arzt Faustino Pérez aus Havanna zurück. Camilo Cienfuegos, Schneider, Magier der Mehrfachbeschäftigung, mit einer Narbe am Bein, die ihm eine Polizeikugel bei einer Studentendemonstration beigebracht hat, stößt zur Gruppe. Dem Gerücht auf der Spur, daß „in Mexiko etwas Großes ausgeheckt wird", hat er sich von seinem Exil in den Vereinigten Staaten hierher begeben, um daran teilzunehmen. Der mit einem falschen Paß aus Costa Rica angereiste Efigenio Ameijeiras, ein Taxifahrer, der eines Tages beim Durchblättern der Zeitschrift „Bohemia" entdeckte, daß sein Bruder nach dem Angriff auf die Moncada-Kaserne ermordet wurde, schließt sich der Gruppe an. Aber nicht nur die Kämpfer strömen herbei, um die Kräfte der Invasion zu stärken, auch ein Schwarm von kubanischen Geheimagenten taucht in Mexiko auf, die unter anderem die Passagiere am Flughafen fotografieren.

In diesen letzten Monaten kommt es zu einer Reihe von wichtigen Treffen, die die Beziehungen der zukünftigen Invasoren zu den sozialen Kräften der Opposition im Landesinneren bestimmen werden: herzliche Versammlungen, bei denen Fidel jedoch nicht auf die verschiedenen Überredungsversuche eingeht, seinen Invasionsplan zu ändern oder aufzuschieben.

Das erste und vielleicht wichtigste dieser Treffen findet in den ersten Augusttagen kurz nach der Freilassung Fidels statt, als Frank País, ein junger Volksschullehrer und Schlüsselfigur der revolutionären Organisation im Osten Kubas, erstmals mit Fidel zusammentrifft. Sie kennen sich noch nicht, da Frank erst nach der Ausreise Fidels für die Bewegung 26. Juli gewonnen wurde. Im Verlauf des Gesprächs wird deutlich, daß Frank dafür ist, die Invasion aufzuschieben, bis die städtischen Netze, die in der Zwischenzeit aufgebaut wurden, besser vorbereitet sind, um gemeinsam mit der Landung eine Aufstandsbewegung auszulösen. Fidel bleibt seinen politischen Versprechungen treu. Beide verlassen dieses erste Treffen sehr beeindruckt. Fidel hat mit Frank den städtischen Koordinator gefunden, den der 26. Juli benötigte. Der allgemeine Rahmen für die kombinierte Aktion ist festgelegt worden. Zeitgleich mit der Landung wird ein Aufstand beginnen.

Ebenfalls im August trifft sich Fidel mit einer anderen Zentralfigur der demokratischen Linksopposition, dem Studentenführer und Leiter des Revolutionären Direktoriums José Antonio Echevarría. Beide unterzeichnen in Mexiko-Stadt eine gemeinsame Charta und entwerfen einen revolutionären Koordinationspakt. Fidel wird das Direktorium über seine Absichten unterrichten, und dieses verpflichtet sich, die Landung mit bewaffneten Aktionen in Havanna zu unterstützen.

Eine letzte Kontaktaufnahme erfolgt in diesen Monaten, und zwar mit Vertretern der kommunistischen Bewegung, mit Mitgliedern der PSP, speziell mit dem Studentenführer Flavio Bravo, einem Gefährten Fidels aus der Studienzeit an der Universität in Havanna. Im Verlauf dieses Gesprächs werden Mindestkoordinierungsmaßnahmen beschlossen, denn die PSP ist zunächst gegen die Idee einer Invasion und will Fidel und den 26. Juli von den Vorzügen einer breiten Oppositionsfront zur Durchführung ziviler Aktionen gegen die Diktatur überzeugen. Fidel stellt sich taub.

Ende Oktober kehrt Frank zurück, um die letzten Einzelheiten abzuklären. Er reist mit dem verschlüsselten Text des Ankündigungstelegramms ab sowie mit der Übereinkunft, daß der Aufstand bei Zustandekommen der Landung ausbrechen wird, und der Präzisierung, daß man in der Gegend von Niquero, an den Ausläufern der Sierra Maestra, an Land gehen wird.

Anfang November schreibt Ernesto seiner Mutter: *Ich habe es aufgegeben, meinen Fall auf legalem Weg zu lösen. Ich schreibe Dir von irgendeinem Ort in Mexiko aus, wo ich warte, daß sich die Dinge klären. Das Flair der Freiheit ist in Wirklichkeit das Flair des Lebens im Untergrund, aber das ist egal, es erhält dadurch die interessante Nuance eines spannenden Films.*

Er versteckt sich dieser Tage gemeinsam mit Calixto García und einem anderen Kubaner in einer Dachkammer bei seinem Freund Alfonso Bauer im Stadtviertel Narvarte.

Das Unglück will, daß es zu einem Diebstahl im Haus kommt und die Polizei bei ihren Nachforschungen aufs Dach steigt. Die Beamten entschuldigen sich bei Doktor Guevara, der seinen Hungerleidercharme des armen Arztes an den Tag legt. „Der Dieb war sicher der Bräutigam einer der Katzen“, sagen sie zum Abschied.

Die Trennung von Hilda ist bereits Tatsache, in einem Brief an Tita Infante erzählt er: *Vielleicht interessiert es Dich zu erfahren, daß mein Eheleben fast vollständig zerbrochen ist und nächsten Monat endgültig auseinanderbricht, denn meine Frau wird zu ihrer Familie in Peru fahren, die sie seit acht Jahren nicht mehr gesehen hat. Der Bruch hinterläßt einen bitteren Beigeschmack, denn sie war eine treue Gefährtin und ihre revolutionäre Haltung während meines Zwangsurlaubs war tadellos, aber unsere geistige Unvereinbarkeit ist zu groß und ich lebe in diesem anarchischen Geist, der mich Horizonte erträumen läßt ...* Hildas Version in ihren Memoiren weicht davon ab. Sie gibt an, daß die Trennung als zeitlich befristet begriffen worden und durch die Umstände bedingt gewesen sei. Hilda Guevara Gadea erzählt, ihre Mutter habe ihr gesagt, daß Ernesto bei ihrem Abschied in Mexiko auf diese Idee gekommen sei, um sie nicht zu binden, und daß sie bei ihrem Wiedersehen klären wollten, wie es weiterginge, „denn er wollte, wegen der Risiken des Abenteuers, meine Mutter nicht an sich binden“.

Fidel mietet eine neue Ranch in Abasolo, Tamaulipas, die näher am wahrscheinlichen Ausgangspunkt liegt und sich aufgrund ihrer extremen Abgeschiedenheit anbietet. Faustino Pérez wird zum militärischen Verantwortlichen ernannt. Ende Oktober werden hier 15 zukünftige Expeditionsteilnehmer zusammengezogen, später 20 weitere.

Der Endspurt verläuft nicht frei von Spannungen. In Mexiko-Stadt kommt es zu erneuten Hausdurchsuchungen, Mitte November beschlagnahmt die mexikanische Polizei eine Waffenladung, zwei konspirative Wohnungen werden entdeckt und Pedro Miret wird verhaftet. Fidel trifft sich mit Gutiérrez Barrios. Dieser teilt ihm mit, daß die mexikanische Polizei Informationen von kubanischen Dienststellen erhalte und daß es zweifellos einen Spitzel in ihren Reihen gebe. Che erzählt: *Wir erfuhren, daß es einen Verräter in unseren Reihen gab, dessen Namen wir nicht kannten und der eine Waffenladung verkauft hatte. Wir wußten auch, daß er die Jacht und ein Funkgerät verkauft hatte, obwohl die Kaufurkunde noch nicht beglaubigt war. Diese erste Lieferung diente dazu, den kubanischen Behörden zu beweisen, daß der Verräter tatsächlich unsere Absichten kannte. Gleichzeitig rettete es uns, da uns damit dasselbe bewiesen wurde.*

Fidel drückt sich klarer aus: „Derjenige, der uns in Mexiko verriet, verkaufte die Geheimnisse für 25.000 Dollar.“ Und Universo Sánchez ergänzt: „Der, der die Information gab, machte sich über die mexikanische Grenze davon. Danach erfuhren wir, daß er eine Wohnung nach der anderen preisgab, und am Ende wollte er das Schiff verraten. Deshalb überstürzten wir unsere Abreise.“ Der Name des vielerwähnten Verräters wird indes eines der Geheimnisse der kubanischen Revolution bleiben. Er ist von den Führern der Bewegung niemals öffentlich gemacht worden.

Che verbringt unterdessen seine letzten Tage im Unterschlupf auf dem Flachdach der Familie Bauer. Der Hausherr erinnert sich: „Er hatte noch eine tief verwurzelte Gewohnheit: Er las wie besessen, wobei er stets seinen Matetee zur Hand hatte. Er wollte uns nicht auf die Nerven fallen, und man mußte ihn darum bitten, zum Essen herunterzukommen."

Eines Tages taucht Fidel völlig überraschend auf, und obwohl sie Ernesto verleugnen, läßt er sich nicht abwimmeln, schiebt den Fuß in die Tür und gibt nicht nach, bis sie ihn schließlich eintreten lassen. Die beiden Männer führen ein mysteriöses Gespräch.

Am 21. November kommt es zu zwei Desertionen auf der Ranch von Abasolo, wodurch der gesamte Plan gefährdet wird. Fidel entscheidet: Der Mobilmachungsbefehl wird ab dem 22. November bei den verstreuten Gruppen der zukünftigen Invasoren in Umlauf gesetzt. Als Treffpunkt für den 24. wird eine Verladestelle am Oberlauf des Flusses Tuxpan, wenige Kilometer vom kleinen Hafen des Bundesstaates Veracruz entfernt, festgelegt.

Che erinnert sich: *Der Aufbruchbefehl kam vollkommen unerwartet und wir mußten Mexiko-Stadt Hals über Kopf in Zweier- oder Dreiergruppen verlassen. Es gab einen Verräter unter uns, und Fidel hatte befohlen, daß wir beim Eintreffen des Befehls unverzüglich, nur mit dem Griffbereiten ausgestattet, aufbrechen sollten, um zu verhindern, daß der Verräter die Polizei verständigen konnte.*

Che hinterläßt ein ungemachtes Bett, einen umgeworfenen Matekolben und aufgeschlagene Bücher. Als seine Freunde einige Tage später unruhig werden und die Tür aufbrechen, entdecken sie die Spuren seiner letzten Lektüre in Mexiko: „Staat und Revolution" von Lenin; „Das Kapital" von Marx; ein Werk von Germán Arciniegas; ein Handbuch für Feldchirurgie und „Wie das Yankeekapital in Lateinamerika operiert". Die Gruppe, die sich in Veracruz und Jalapa befindet, verläßt das Hotel in Tecolutla, in dem sie abgestiegen war. Sie lassen ihre Sachen und wahrscheinlich eine unbezahlte Rechnung zurück. Durch die überstürzte Abreise und unter dem Druck der Denunziationen brechen die Expeditionsteilnehmer fast ohne Waffen auf, nachdem sie bereits wieder ein kleines Arsenal angelegt hatten. Nicht nur an Waffen fehlt es, wie Che erzählt: *So mußte ich ohne den Inhalator losfahren und unterwegs bekam ich einen schrecklichen Asthmaanfall. Ich glaubte, daß ich niemals ankommen würde.*

Am 24. November versammeln sich die Expeditionsteilnehmer schließlich bei strömendem Regen in Tuxpan: Männer, die nach endlosen Auto- bzw. Busreisen aus Mexiko-Stadt, Veracruz, Jalapa und Ciudad Victoria – wo die zuvor auf der Ranch in Abasolo zusammengezogenen Rekruten in einem elenden Hotel abgestiegen waren – eintreffen. Aufgrund eines organisatorischen Irrtums bleibt eine kleine Gruppe unter dem Befehl von Héctor Aldama im Hotel Aurora in Poza Rica zurück, der Aufruf zur Mobilmachung hat sie nie erreicht.

Eine Reihe von internen Faktoren, wie z.B. Individuen, die sich dem Anschein nach anfänglich auf das Abenteuer einließen und danach unter verschiedenen Vorwänden wieder davon Abstand nahmen, schränkte nach und nach die Zahl der Expeditionsteilnehmer ein. Am Ende waren wir 82 Männer, die an Bord der „Granma“ gingen. Guevaras Version ist nicht exakt, am Ende sind es viel mehr als die 82, die an Bord gehen wollen. Fidel berichtet: „Die Anzahl der Männer auf der ‚Granma‘ belief sich auf 82, einige andere konnten wir nicht mitnehmen. Wißt ihr, wie wir die Auswahl getroffen haben? Natürlich in der Reihenfolge derer mit mehr Erfahrung, mehr Praxis usw.; und als am Ende 15 mit mehr oder minder ähnlichen Qualitäten übrigblieben, überlegten wir: Was können wir tun, um die größtmögliche Anzahl mitzunehmen? Und so wählten wir sie nach Gewicht und Größe aus: Schließlich wurden die kleinsten ausgewählt, und es blieben nur drei oder vier Dicke zurück. Die konnten nicht mit, und es war einfach unmöglich, sie davon zu überzeugen, warum sie nicht mitgenommen wurden.“

Neben den „Dicken“ bleibt auch ein wichtiger Kader, der in Mexiko-Stadt in Haft sitzende Pedro Miret zurück. Patojo ist von Fidel abgelehnt worden, der nicht will, daß die Expedition zu „einer Fremdenlegion“ wird. Auch El Cuate kann nicht an der Reise teilnehmen. Seine Beteiligung an der Endphase der Expedition bleibt darauf beschränkt, den Golf von Mexiko bis zur Isla Mujeres abzufahren, für den Fall, daß die „Granma“ eine Havarie erleiden sollte. Bayo wird aus Altersgründen abgelehnt, worüber er ganz untröstlich ist; selbst Vanegas muß sich weinend von Che verabschieden.

Eine kleine Gruppe fungiert als Abschiedskomitee. Melba Hernández, Piedad und Antonio El Cuate sehen zu, wie sich die kleine Jacht nach und nach mit Männern füllt. Die Freiwilligen hasten an Bord, da das Gerücht umgeht, daß nicht alle in ein so kleines Boot passen und viele an Land zurückbleiben müßten. Nach diesem monatelangen Warten will keiner am Rande stehen.

Faustino Pérez erinnert sich: „Das mitternächtliche Schweigen wurde nur von dem anhaltenden quälenden Gebell der Hunde aus der Nachbarschaft unterbrochen.“

In einen langen Umhang gehüllt, überwacht Fidel in den ersten Stunden die Beladung. Um 1 Uhr 30 in der Nacht vom 24. auf den 25. setzen sich die beiden Motoren der „Granma“ in Bewegung. Das Schiff verläßt die improvisierte Mole mit erloschenen Scheinwerfern. Der Schiffsverkehr ist wegen des schlechten Wetters verboten, Nordwind peitscht über den Golf von Mexiko. Dauerregen, starker Wind. Einer der Expeditionsteilnehmer, Sánchez Amaya, erinnert sich: „Auf dieser Nußschale konnte man keinen Schritt tun.“

82 Männer zusammengepfercht auf der kleinen Jacht, eingemummt gegen die Kälte ihrer letzten mexikanischen Nacht: Es sind wagemutige Gestalten, aber sie befinden sich in einem Zustand zwischen Verwirrung, Angst und Hoffnung. Und jeder benötigt allen Wagemut für die Absicht, zusammen mit den anderen schlecht bewaffneten Männern in diesem zerbrechlichen Boot eine Militärdiktatur zu stürzen. Zwei Jahre voller Zweifel, zwei Jahre Aufbau des unmöglichen Unternehmens sind zu Ende. Wie man damals sagte: ‚Jetzt liegt es in Gottes Hand.“

Auf sie warten mehr als 35.000 Bewaffnete, einschließlich Polizei, eine mit

Panzern, zehn Kriegsschiffen, 15 Küstenwachbooten und 78 Kampf- und Transportflugzeugen ausgerüstete Armee, die von Verrätern und Spitzeln alarmiert worden ist.

Zur Zeit schaukelt die „Granma“ indes im rauhen Nordwind über die Wellen, und Mexiko bleibt als Erinnerung zurück. Eine Erinnerung, die im Laufe der Zeit für die Hauptgestalt dieser Geschichte und seine Gefährten liebenswürdiger erscheinen wird, die der Hilfe und des Lächelns gedenken und nicht der Bestechungsgelder und der folternden Polizisten; der langen Fußmärsche über die Insurgentes-Allee und der Tacos und nicht der Kälte und Einsamkeit. In Erinnerung bleiben die Solidarität von Cárdenas und die Schönheit der Mayapyramiden, selbst das Andenken an die alte María, und nicht die hohen Hofwände der Haftanstalt Miguel Schultz.

Kapitel 8

★

Das Großmütterchen hat ein Leck

Überladen, buglastig, die Wasserlinie unterhalb des Zulässigen, fährt die Jacht flußabwärts und durchquert in einer halben Stunde die Hafenmündung. Die Männer sitzen dicht zusammengekauert an Deck.

Fidel erzählt Jahre später: „Wir hatten die „Granma“ in ruhigen Gewässern und mit kleiner Besatzung getestet. Wir waren zu unerfahren, um zu begreifen, daß dieses Schiff mit 82 Mann an Bord, die einige Tonnen Gewicht ausmachten, plus Waffen, Wasser, Kraftstoff, Lebensmittel (...) an Geschwindigkeit verlieren würde. Es verringerte aber nicht nur seine Geschwindigkeit, sondern ging beinahe unter (...). Es war eine Nußschale, die im Golf von Mexiko hin- und herschaukelte.“

In pittoreskem Seemannsgarn ruft Roque, Ex-Leutnant der kubanischen Kriegsmarine, die Fahrt in Erinnerung: „Collado hielt das Ruder. Er wurde dabei von den als Steuermännern geheuerten Pichirilo und Chaumont unterstützt. Wir fuhren mit gedrosselten Maschinen leise flußabwärts. Wir drehten das Schiff gegen den Wind, aber durch die Brandung und die Strömungen kam die ‚Granma‘ vom Kurs ab und wir hatten schwer zu kämpfen, damit sie nicht anluvte, bis sie endlich einige Knoten zulegte und diese Klippe überwunden war. Wir hatten hohen Seegang, das Schiff machte den Eindruck, als wäre es kurz vorm Kentern, denn wir waren überladen.“

Dies war nicht das einzige Problem der Expedition. Trotz aller Sicherheitsvorkehrungen und Vorsichtsmaßnahmen konnte das mysteriöse und bis heute unbekannte Individuum, das in das Netz des 26. Juni eingeschleust worden war, eine erste, zwar ungenaue Information weitergeben, die jedoch die Truppen der Diktatur in Alarmbereitschaft versetzte. Die Botschaft, die den Generalstab der Armee erreichte, lautete: „Schiff lief heute mit reichlich Personal und Waffen von einem mexikanischen Hafen aus."

Die Überfahrt hat also kaum begonnen und schon hat Doktor Guevara jede Menge Arbeit. *Wir begannen eine frenetische Suche nach den Antihistaminen gegen die Seekrankheit, die unauffindbar blieben. Es wurden vielleicht insgesamt fünf Minuten lang die kubanische Nationalhymne und die Hymne des 26. Juli gesungen, aber danach nahm der tragikomische Aspekt Überhand: Männer, denen die Angst ins Gesicht geschrieben stand, hielten gekrümmt ihre Mägen fest. Einige erbrachen sich in Eimer, andere lagen in den merkwürdigsten Stellungen und mit von Erbrochenem beschmutzen Kleidern auf dem Boden. Bis auf zwei oder drei Seeleute und vier oder fünf andere litt die komplette Besatzung unter Seekrankheit.*

In den letzten Nachtstunden wird entschieden, die mexikanischen Territorialgewässer so schnell wie möglich zu verlassen, um den Küstenwachbooten zu entgehen. So nimmt das Schiff Kurs gen Osten, den es aufgrund des Hurrikans nur unter Schwierigkeiten halten kann.

Der 26. November bricht bewölkt heran, kleinere Schauer besprühen das Deck der überfüllten Jacht. Das Schiff legt 7,2 Knoten anstelle der geplanten 10 zurück. Am späten Nachmittag wiegt der Hunger schwerer als die Seekrankheit, und die Säcke mit Orangen, die auf dem Vordeck lagern, werden geöffnet. Guevara ermuntert die, die am schwersten seekrank sind, zumindest etwas Flüssigkeit zu sich zu nehmen. Er selbst befindet sich in einem schlechten Zustand, da er unter einem heftigen Asthmaanfall leidet. Jesús Montané erläutert: „Die Expedition mußte überstürzt aufbrechen (...). Che war offensichtlich nicht darauf vorbereitet, weshalb er die Arzneien nicht dabei hatte, die er zur Eindämmung seiner Asthmaanfälle benötigte. In jenen Tagen litt er unter einem fürchterlichen Asthma, und uns fiel die Gelassenheit und Selbstlosigkeit auf, mit der er das Leiden ertrug. Niemand hörte eine einzige Klage aus seinem Mund. Lediglich dank der Tatsache, daß Faustino Pérez vorsichtshalber einige Adrenalininjektionen mitgenommen hatte, konnten diese schlimmen Krisen etwas gelindert werden."

Während sie die Halbinsel Yucatán 60 Kilometer von der Küste entfernt umschiffen, drängt sich den Expeditionsteilnehmern die Frage nach dem Reiseziel auf. René Rodríguez, der als Kameramann mitfährt, „allerdings ohne Kamera und Film, da wir kein Geld dafür hatten", denkt, daß die Küste von Pinar del Río die am nächsten gelegene sei, auf die zugesteuert werde. Andere scheinen seine Vermutungen zu teilen.

Fidel nutzt die relative Windstille, um die Teleskopvisiere der Gewehre einzustellen und die Maschinengewehre auszuprobieren. „Auf der Backbordseite des Bugs streckte niemand den Kopf hervor, denn hier war eine Zielscheibe angebracht worden, auf die vom Heck aus geschossen wurde." Mitten in den Schießübungen hat der Anführer der Gruppe die Idee, auf einige das Schiff umkreisende Delphine zu schießen, und löst damit das Chaos aus. Efigenio Ameijeiras, der ehemalige Taxifahrer aus Havanna, der damals dabei war, sein Thompson-Maschinengewehr auszuprobieren, erinnert sich: „Ich gehörte zu denen, die am stärksten auf ihn einredeten, nicht auf sie zu schießen, denn die Seeleute sagten, daß so etwas Unglück bringt."

Am 27. November, dem dritten Tag der Überfahrt, nördlich der Halbinsel Yucatán, stellt Norbert Callado, einer der Steuermänner, zu dessen Verdiensten es gehört, im Zweiten Weltkrieg ein deutsches U-Boot versenkt und 22 Monate den Gefängnissen und Folterungen Batistas standgehalten zu haben, fest: „In den Ladeluken gab es nur einige Säcke mit Orangen, ein Dutzend Eier, die gekocht wurden und gerade für ein mageres Essen reichten, einen halb verfaulten Schinken und zwei Dosen Kekse." Aufgrund der eiligen Abreise ist ein Teil des Essens an Land zurückgeblieben. Glücklicherweise hat die Seekrankheit in den Mägen der Invasoren gewütet, und so fällt der Nahrungsmangel in den ersten Tagen nicht ins Gewicht. Als sie sich der kritischen Lage bewußt werden, befiehlt Fidel die Rationierung.

Zu allem Überfluß entdeckt der Maschinist Chuchú Reyes, daß die Kupplung einer der beiden Dieselmotoren, auf die er sehr stolz ist und denen er vor der Abreise reichlich Zeit für Reparaturen gewidmet hat, rutscht und dadurch die Drehzahl nicht erhöht werden kann. Nur wenn man die Geschwindigkeit der „Granma" drosselt, kann verhindert werden, daß die Motoren durchbrennen. Hinzu kommt, daß die Leitung einer der Einspritzpumpen gebrochen ist. Und noch schlimmer ist, daß das Schiff auf mysteriöse Weise leckt und die Wasserpumpe nicht richtig funktioniert.

An diesem 27. November, unter bedecktem Himmel, aber ohne Regenschauer, nimmt die „Granma", Fidels überladene Nußschale, deren Geschwindigkeit aufgrund des Motorschadens um 30 % verringert ist, einen neuen Kurs. Der entfernt sie vom Kap Catoche an der Spitze der Halbinsel Yucatán und würde sie viel weiter südlich als zum Kap San Antonio von Kuba bringen, wo sie leichter lokalisiert werden könnten. Die ursprünglich geplanten 10 Knoten werden nie erreicht, sie reisen bestenfalls mit 7,5 Knoten.

„Das bestellte Werk ist vergriffen. Verlag für Popularisierung", lautete das erste Telegramm. „Sendung der Titelbestätigung eilt. In Liebe. Berta", hieß es im zweiten. Den Wortlaut des dritten werden wir nie erfahren, da der Empfänger, Aldo Santamaría, sich gezwungen sah, es aufzuessen, als ihn die Polizei einige Tage später in Havanna verhaftete. Die Telegramme wurden von Mexiko aus abgeschickt und benachrichtigten die Organisationen des 26. Juli in Santiago, Havanna und Santa Clara davon, daß die Expedition sich auf dem Meer befand und deshalb gemäß der vereinbarten Pläne die Landung mit dem Aufstand in den Städten koordiniert werden mußte. Aber wann wird die „Granma" den kubanischen Osten erreichen? Die durch Unwetter, Überladung und Motorschaden bedingte Verspätung nimmt zu.

Calixto García, einer der Expeditionsteilnehmer, dachte damals: „Es wäre fürchterlich, wenn die Jacht auseinanderbrechen würde; die Revolution wird dann auf jeden Fall noch lange auf sich warten lassen."

Unterdessen beschränken sich andere Mitfahrer, noch immer unter der Seekrankheit und der Enge leidend, aufs reine Überleben. Der Maschinist Chuchú

Reyes erinnert sich: „Es gab einige Gefährten, die in einer Ecke lagen und sich drei Tage nicht vom Fleck rührten."

Guillén Zelaya, ein junger Mexikaner, der sich der Expedition angeschlossen hatte, erinnert sich daran, daß der argentinische Arzt weiter unter seinen Asthmaanfällen litt. Ein nordamerikanischer Journalist sollte Jahre später die Geschichte wiedergeben, Ches Asthma sei so stark gewesen, daß sie dachten, er würde sterben. Jemand wies Fidel darauf hin, worauf dieser antwortete: „Wenn er tot ist, dann werft ihn ins Wasser."

Am Donnerstag, dem 28. November, dringt zwar weiter Wasser ein, aber *der allgemeine Ausblick hellte sich ein wenig auf. Wir stellten fest, daß das Schiff gar kein Leck hatte, sondern daß das Wasser aus einem offenen Toilettenhahn lief. Wir hatten bereits alles Überflüssige über Bord geworfen, um Ballast loszuwerden.* Über diese Angelegenheit kursierten im Laufe der Zeit noch zwei weitere Versionen. Die von Chuchú Reyes, dem Maschinisten: „Ein Klosett war verstopft, da es das ganze Erbrochene der Gefährten nicht aufnehmen konnte, die Abflußklappe blieb auf, deshalb drang Wasser durch das Klosett ein." Und die von Fidel: „Niemand weiß bisher, wie das Schiff gerettet wurde. Während wir verzweifelt Wasser schöpften, war die Sache an sich ganz einfach, wie wir später erfuhren: Als das Schiff durch das Gewicht tiefer sank, drang durch die nicht ganz so dicht schließenden oberen Bohlen Wasser ein, aber durch den ständigen Wasserkontakt dehnte sich das Holz allmählich aus und schloß damit das Leck." Wie es auch immer gewesen sein mag, die ersten drei Tage verbringen mehrere Männer damit, Wasser aus der Kajüte zu schöpfen.

Am 29. November, dem fünften Tag der Überfahrt, entfernen sie sich von Mexiko und dem kubanischen Westen und nehmen Kurs auf die Cayman-Inseln, *den Süden Kubas, an Jamaica vorbei.*

In der Ferne tauchen einige Fischerboote auf. Fidel gibt den Befehl: „Klarmachen zum Gefecht". Die Waffen werden an Deck gebracht. Es bleibt allerdings bei einem falschen Alarm.

Was die „Granma"-Besatzung zu diesem Zeitpunkt nicht wissen kann: Nicht nur die Diktatur mobilisierte Truppen auf der ganzen Insel und erteilte der Luftwaffe den Befehl, nach verdächtigen Schiffen an der Küste Ausschau zu halten, sondern auch die US-Marine konzentrierte ohne offensichtlichen Grund Kräfte in Santiago de Cuba, wo ein U-Boot, mehrere Zerstörer, eine Fregatte und ein Geleitschiff vor Anker gingen.

Am folgenden Tag kommen alarmierende Nachrichten aus dem Schiffsradio: In Santiago ist ein Aufstand ausgebrochen, in den Straßen wird gekämpft. Auch in anderen Städten Kubas kommt es zu Schießereien und sporadischen Sabotageaktionen. In Santiago scheint die Erhebung die größten Ausmaße angenommen zu haben. Es wird von Kämpfen an der Polizeistation und mit der Küstenwache gesprochen, von Schützen auf den Dächern der Stadt.

Die Beklemmung, die Entfernung, die Tatsache, mitten im Golf von Mexiko festzusitzen, während ihre Genossen kämpfen, die Ungewißheit, die Verspätung – all dies schnürt den Invasoren die Kehle zu. Nach einiger Zeit scheinen die

Nachrichten zu bestätigen, daß die Auseinandersetzungen nachlassen und die Rebellen besiegt sind.

Fidel diskutiert mit den Lotsen über eine Veränderung des Landungsplans. Anstatt einen Punkt in der Nähe des Hafens von Niquero anzusteuern, der nun wahrscheinlich unter starker militärischer Bewachung steht, werden sie versuchen, sich einem Strand mit Namen Las Coloradas zu nähern, der südlich vom geplanten Landungspunkt liegt. Dort würden sie Lastwagen enteignen, um einen nahegelegenen Ort zu überfallen und danach Richtung Sierra Maestra vorzustoßen.

Am 1. Dezember können die Informationsquellen der Batista-Armee (zweifellos dank ihres Informanten in Mexiko) präzisieren, um was für ein Schiff es sich handelt, und geben folgendes Kommuniqué an Kriegsmarine und Luftwaffe aus: „Befehlen Sie die Suche durch Flugzeuge der Luftwaffe nach: weißer Jacht, 65 Fuß, ohne Namen, mexikanische Flagge, mit Kette, die fast das ganze Boot bedeckt. Stach am 25. November von Tuxpan, Veracruz, Mexiko, in See. Vermutlich Richtung Osten. Ergebnisse an dieses CEN. General Rodríguez Ávila.“ Nachdem sie diese telegraphische Mitteilung ein dutzendmal abgeschickt haben, nehmen sie eine Korrektur vor und ersetzen „Kette“ durch „Kabine“.

Wie aus dem Tagebuch von Raúl Castro zu entnehmen ist, gewinnt unterdessen „ein Zigarettenstummel einen unermeßlichen Wert“. *Nachts hielten wir den Bug in direkter Linie auf Kuba und suchten verzweifelt nach dem Leuchtturm von Cabo Cruz. Es fehlte uns an Wasser, Petroleum und Essen.* Sie haben nur noch zehn 55-Liter-Kanister Benzin.

Die „Granma“ leckt immer mehr und *um zwei Uhr morgens, in einer gewitterschwarzen Nacht, herrschte eine beunruhigende Lage. Die Schiffswachen suchten den Horizont nach dem Lichtschimmer ab, der jedoch nicht auftauchte. Roque stieg erneut auf die kleine Oberbrücke, um nach dem Leuchtturm des Kaps Ausschau zu halten, wobei er ausrutschte und ins Wasser fiel.*

In der Dunkelheit beginnt eine wilde Suche, die mehrere Stunden anhält. Kehrtwendungen, immer weitere Kreise, Laternen, die inmitten der unruhigen See voller gewaltiger Wellen den Gefährten nicht ausfindig machen. Als man schon weiterfahren will, schreitet Fidel ein und befiehlt zurückzusetzen. Eine mondlose Nacht.

Leonardo Roque hatte bereits eine Stunde einsam mitten im Meer verbracht, an seine Mutter und seinen Vater denkend und daran, wie schön es gewesen wäre, nicht als Ertrinkender zu sterben, sondern in einer wirklichen Revolution, als er endlich die Jacht vor sich auftauchen sieht und die Sucheschreie von Fidel hört. Nach zahllosen weiteren Zwischenfällen gelingt es, Roque aus der schäumenden See zu hieven. Die beiden Ärzte, Che Guevara und Faustino, müssen ihn künstlich beatmen.

Kurz nachdem wir die Fahrt wieder aufgenommen hatten, konnten wir das Licht erkennen, aber der asthmatische Motor unserer Barkasse ließ die letzten Stunden der Reise endlos werden. In der Morgendämmerung des 2. Dezember, nach mehr als sieben Tagen anstelle der geplanten drei, 172 Stunden nach

Beginn der Reise in Tuxpan, können die Expeditionsteilnehmer die Umrisse von etwas erkennen, das Festland zu sein scheint.

Fidel fragt den Steuermann Onelio Pino:

„Ist das kubanisches Festland? Bist du dir absolut sicher, daß wir nicht Jamaica oder irgendein Eiland vor uns haben?“

„Ja.“

„Dann bring die Maschinen auf volle Kraft und halte Kurs auf die Küste.“

Sie kommen nicht sehr weit, denn eine Landzunge aus Schwemmland läßt die Jacht zweitausend Meter vor dem, was Festland zu sein scheint, auflaufen. Die Sicht beträgt 50 Meter, es sind nur die Konturen einer mit niedriger Vegetation bewachsenen Landmasse auszumachen. Es ist warm, die Temperatur beträgt 21 Grad.

Wenig später werden sie erfahren, daß sie sich vor einem Gehölz aus Mangrovenbäumen an einem Ort namens Belic befinden, der zwei Kilometer von dem vorgesehenen Ziel, dem Strand Las Coloradas, entfernt liegt.

Kapitel 9

★

Das Desaster

„Fidel befahl mir: ‚Ins Wasser!‘

Mit dem Rucksack auf dem Rücken sprang ich ins Wasser. Aber sofort versank ich im Schlamm. Daraufhin griff ich nach dem Anker und erklärte Fidel, daß wir in einem Sumpf gelandet waren. Er befahl: ‚Vorwärts, verflucht!‘“

So lautet die Erinnerung von René Rodríguez, dem ersten Mann, der an Land ging, an seinen ersten Kontakt mit der Insel Kuba am 2. Dezember 1956.

Bis zur Brust im Wasser entfernt sich die Besatzung allmählich von der „Granma“. Das Beiboot geht unter, der Generalstab und die Vorhut verlassen das Schiff. Die Besatzung stapft über die Untiefen voran, die sich bis zu den Mangrovenbäumen ausdehnen: Schlamm, Wasser und Gestrüpp, ein schwer zu durchdringendes Geflecht und keinerlei Anzeichen von Festland. Der Zweifel, ob sie nicht doch auf einem kleinen Eiland ohne Landverbindung gestrandet sind, beunruhigt sie zusehends. *Eine Stunde nach Beginn des Landemanövers ist man nur einige hundert Meter vorangekommen. Es ist kein Festland in Sicht, Schwärme von Stechmücken und Moskitos, mitten im Sumpf.*

Die Besatzung von zwei kleinen Frachtern, der „Tres Hermanos“, einem Kohlefrachtschiff, und der „Gibarita“, einem Sandfrachter, beobachten die gestrandete Jacht; letzterer dreht nach Nordosten ab, um die Behörden zu benachrichtigen.

Nachdem sie sich zwei Stunden lang durch das Wurzelgeflecht gekämpft haben, erreichen die ersten Männer das von Kokospalmen gesäumte Festland.

Einige sind so erschöpft, daß sie von stärkeren Gefährten getragen werden müssen. Der Bergbauer Crespo kehrt um, um Che zu helfen, der einen Asthmaanfall hat. Als Sohn eines Asthmatikers weiß er, wie schlimm das sein kann.

„Gib her, ich helfe dir."

Was gibt es hier zu helfen?

„Du bist doch ganz erschöpft von diesem Sumpf."

Verflucht, scher dich zum Teufel! Ich bin zum Kämpfen gekommen und nicht, damit mir jemand hilft.

Schließlich kann er ihm doch den Rucksack abnehmen.

Die Nachhut ist noch mit dem Entladen des letzten Materials beschäftigt, als in der Ferne ein Schnellboot der Kriegsmarine auftaucht. Raúl, der Befehlshaber der Gruppe, schifft aus. Kurz darauf eröffnet das Küstenwachschiff 106 das Feuer auf das Mangrovengehölz. Die Schüsse scheinen das Signal für die Luftwaffe zu sein. Ein Wasserflugzeug beginnt das Gebiet zu bombardieren. *Da wir durch die von Mangroven bedeckten Sümpfe gingen, konnten sie uns von den Flugzeugen aus zwar nicht erkennen, aber die Armee der Diktatur war uns bereits auf den Fersen.*

Es kommt zu einem ersten Treffen mit Bauern. Crespo betritt eine Bauernhütte just in dem Moment, als die ersten Kanonenböller und Bombeneinschläge ertönen. Von den Bauern erfährt er, daß sie sich am Strand von Las Coloradas befinden. *Wir irrten stolpernd auf dem Festland hin und her. Wir waren eine Armee von Schatten, von Gespenstern, die nur von irgendeinem dunklen, psychischen Mechanismus angetrieben wurden. Wir hatten sieben Tage Hunger und Seekrankheit hinter uns.*

Efigenio Ameijeiras erzählt: „Ich sah ihn im Schlamm sitzen, an einen Mangrovenbaum gelehnt. Ich ließ mich schweratmend neben ihn fallen. Er bemerkte meine Erschöpfung und fragte:

Was hast du denn?

‚Ich habe keine Kraft mehr, mein Junge.' Er stand langsam auf und erklärte mit einer starren Grimasse voller Selbstironie:

Soll ich dir helfen?

‚Aber wer hilft dir denn?' erwiderte ich, ‚du bekommst doch selbst keine Luft.'

Na ja, ich habe einen Asthmaanfall ...

‚Verflucht, das tut mir leid. Laß uns sehen, ob wir weiterkommen.' Und während ich aufstand, fragte ich ihn: ‚Bist du nicht der argentinische Arzt, der Tabletten auf dem Schiff verteilt hat?'"

Acht Expeditionsteilnehmer, mit Juan Manuel Márquez an der Spitze, sind verschwunden. Fidel befiehlt, daß sie sich durch das Buschwerk schlagen und Kurs auf die Sierra Maestra nehmen sollen. Che vermerkt in seinem Tagebuch karg: *Wir sind wenig vorangekommen, wir haben keinen ortskundigen Führer.*

Am nächsten Tag, dem 3. Dezember: *Wir kommen mühsam voran, ein Aufklärungsflugzeug folgt auf das andere. Wir essen nur einmal am Tag, Luis Crespo verirrt sich in der Dunkelheit.* Fidel erklärt der Gruppe mit ruhiger Stimme, wenn sie auseinandergetrieben würden, sollten sie sich in kleinen Gruppen zur Sierra Maestra durchschlagen.

In Havanna bietet der Geschäftsführer von United Press International seinen Abonnenten eine Exklusivnachricht: „Fidel Castro ist tot." Es wird nicht die letzte Fehlinformation der großen Presseagenturen im Verlauf der nächsten drei Jahre sein.

An nächsten Tag stößt Juan Manuel Márquez, der einige Kilometer abseits der gemeinsamen Ankunftsstelle ans Festland gelangt ist, zu der von Hunger geplagten Gruppe. Efigenio Ameijeiras rechnet nach, wie lange sie schon nicht richtig gegessen haben: zwei Tage in Bussen durch Mexiko mit einem einzigen Gericht am Tag, sieben Tage auf dem Schiff ohne warmes Essen, nur mit Keksen und ein paar Orangen, und jetzt müssen noch die zwei Marschtage hinzugezählt werden.

Wir brechen in der Dunkelheit auf und marschieren bis 12.30 Uhr. Wir machen Halt in einem Zuckerrohrfeld. Es wird viel Zuckerrohr gegessen, es werden Spuren hinterlassen, danach geht es weiter bis zum Morgengrauen. Die Gegend, in der sie ihr Lager aufschlagen, heißt Alegría de Pío und ist eine Zuckerrohrplantage, die dem US-Unternehmen New Niquero gehört. Che konnte nicht wissen, wie schwerwiegend die Spuren waren, die sie hinterlassen haben. Die letzten beiden Bauern, die mit der Kolonne in Berührung gekommen waren, hatten der Landgarde exakte Hinweise über ihre Bewegungen gegeben, so daß die Diktatur Kräfte zusammengezogen hatte, um ihnen den Zugang zur Sierra Maestra abzuschneiden. Zu diesem Zeitpunkt befand sich eine 140 Mann starke Kompanie nur wenige Kilometer entfernt im Hauptquartier von Alegría de Pío.

Wir waren erschöpft nach einem nicht sehr langen, aber mühseligen Marsch. Von unserer Kriegsausrüstung waren nur noch Gewehre, Patronengürtel und etwas nasse Munition übrig. Unser Arztkoffer war verschwunden, und unsere Rucksäcke waren größtenteils im Sumpf zurückgeblieben. Die neuen Schuhe *haben bei fast der ganzen Truppe Schwären verursacht. Aber die Schuhe oder der Pilzbefall waren nicht unser einziger Feind. In den frühen Morgenstunden des 5. waren nur wenige in der Lage, noch einen Schritt zu tun. Die ermatteten Leute legten kurze Entfernungen zurück, um danach lange Pausen zu verlangen. Deshalb wurde ein Halt am Rand eines Zuckerrohrfeldes befohlen, an einer lichten Stelle, relativ nah am dichten Wald. Die meisten von uns schliefen an diesem Morgen.*

Die Flugzeuggeräusche hätten sie warnen müssen, aber die Unerfahrenheit der Rebellen ist so groß, daß einige Kämpfer Zuckerrohr schneiden, während die Flugzeuge in geringer Höhe über die Felder fliegen.

Che verarztet die Wunden seiner Gefährten. René Rodríguez erinnert sich: „Che behandelte mich, indem er mir Jod über die schlammverkrusteten Füße schüttete. Als Revolutionär ist Che wunderbar, als Arzt ist er ein Mörder." *Ich meine, mich an die letzte Behandlung an diesem Tag zu erinnern. Der Genosse hieß Humberto Lamotte, und es war sein letzter Tag. Im Gedächtnis geblieben ist mir seine müde und angsterfüllte Gestalt. In seinen Händen trug er die*

Schuhe, die er nicht mehr anziehen konnte, während er sich vom Feldlazarett zu seinem Posten begab.

Es ist halb fünf Uhr nachmittags, Che sitzt neben Jesús Montané *an einen Baumstamm gelehnt und wir sprachen über unsere Kinder. Wir aßen die magere Ration – eine halbe Eselswurst und zwei Kekse –, als ein Schuß ertönte. Und wenige Sekunden später ging ein Kugelhagel – zumindest kam es uns in unserem angsterfüllten Geist während dieser ersten Feuerprobe so vor – auf die Gruppe der 82 Männer nieder.* Nicht nur er nimmt die Gewehrsalven der Garde wie einen Feuersturm wahr, auch Ameijeiras stellt sich Jahre später die Frage: „Ich weiß nicht, wie wir da lebend herausgekommen sind."

Die Nähe des Todes fördert nicht die Rationalität. Sie zwingt keine Logik auf, sondern gräbt die absurdesten Bilder, die zusammenhanglosesten Erinnerungen ins Gedächtnis ein. *Ich weiß weder wann noch wie die Dinge abliefen; die Erinnerungen sind bereits verschwommen. Ich entsinne mich, daß Almeida mitten in der Schießerei zu mir kam, um mich nach den Befehlen zu fragen, aber es war niemand mehr da, um welche zu geben. Wie ich später erfuhr, versuchte Fidel vergeblich, die Leute in einem nahegelegenen, nur durch eine kleine Schneise abgetrennten Zuckerrohrfeld zu sammeln. Die Überraschung war zu groß gewesen, die Kugeln zu zahlreich. Almeida ging zu seiner Gruppe zurück. In diesem Augenblick ließ ein Genosse eine Kiste mit Patronen vor meinen Füßen liegen. Ich wies ihn darauf hin. Der Mann antwortete mir mit einem Gesicht, an das ich mich aufgrund der darin widergespiegelten Angst ganz deutlich erinnere, so etwas wie:* Es ist jetzt nicht der richtige Moment für Patronenkisten, *und begab sich sofort auf den Feldweg.*

Es war wohl das erste Mal, daß ich mich ganz praktisch vor dem Dilemma zwischen meinem ärztlichen Auftrag und meiner Pflicht als revolutionärer Soldat befand. Vor mir waren ein Rucksack voller Medikamente und eine Patronenkiste, beides zusammen konnte ich nicht tragen. Ich griff zur Patronenkiste, ließ den Rucksack stehen und überquerte die Schneise, die mich vom Zuckerrohrfeld trennte. Ich erinnere mich ganz deutlich an Faustino Pérez, der in der Schneise kniete und mit seiner Maschinenpistole schoß. Neben mir ging ein Genosse namens Albentosa auf das Zuckerrohrfeld zu. Eine Maschinengewehrgarbe, die nicht von den anderen zu unterscheiden war, traf uns beide. Ich fühlte einen harten Schlag in der Brust und ein Brennen am Hals. Ich hielt mich für tot.

Die Kugel ist an der Patronenkiste abgeprallt und hat ihn als Querschläger getroffen. Die Wucht des Aufpralls veranlaßt ihn zur Annahme, daß das Projektil in seinem Hals steckt. Er läßt sich unter einen Baum fallen, bereit zu sterben. *Albentosa strömte Blut aus Nase und Mund und aus der gewaltigen, durch die 45er-Kugel verursachte Wunde. Er schrie so etwas wie*: Sie haben mich umgebracht, *und schoß blind in der Gegend herum, denn in diesem Augenblick war niemand zu sehen.*

Che ruft Faustino zu:

Sie haben mich erwischt, und obwohl dieser erwidert, daß es nur ein Kratzer sei, sieht Guevara *in seinen Augen das Urteil, das meine Wunde bedeutete. Auf der Stelle machte ich mir Gedanken darüber, was jetzt, wo alles verloren schien, die beste Art zu sterben sein könnte. Ich erinnerte mich an eine alte Erzählung von Jack London, in der der Hauptdarsteller, an einen Baumstamm gelehnt, sich anschickt, seinem Leben ein würdiges Ende zu bereiten, als ihm klar wird, daß er im vereisten Alaska zum Tod durch Erfrieren verurteilt ist. Das ist das einzige Bild, an das ich mich erinnere.*

In seiner Nähe sind Aufforderungen zur Kapitulation zu hören. In seinem Gedächtnis gräbt sich die feurige Antwort eines der Kämpfer ein: „Hier ergibt sich niemand, verdammt!“, die er später Camilo Cienfuegos zuschreiben wird.

Ponce nähert sich ihm aufgeregt, mit keuchendem Atem, und zeigt ihm seine Wunde, die er für einen Lungendurchschuß hält. *Er sagte mir, er sei verletzt, und ich erklärte ihm vollkommen teilnahmslos: ich auch. Ponce schleppte sich, zusammen mit anderen unverletzten Genossen, zum Zuckerrohrfeld. Einen Moment lang blieb ich allein liegen und wartete auf meinen Tod. Almeida kam zu mir und ermunterte mich weiterzugehen. Trotz der Schmerzen erhob ich mich und wir gelangten auf das Zuckerrohrfeld.*

Almeida weist Che an, sein Gewehr zu schultern und seine stark blutende Wunde zu bedecken. Er versucht, Ordnung in die verstreute Gruppe zu bringen, und befiehlt den Männern, die ihnen begegnen, auf eines der Flugzeuge zu schießen, *die in geringer Höhe das Feld überflogen, ab und zu Maschinengewehrgarben abfeuerten und damit die Verwirrung in den teils dantesken, teils grotesken Szenen erhöhten. Wie in einem Kaleidoskop zogen schreiende Männer vorbei, riefen Verletzte nach Hilfe, versuchten Kämpfer ihre Körper hinter den dünnen Zuckerrohrstielen zu verbergen, als wären es Baumstämme. Andere forderten vollkommen verängstigt mit dem Finger auf dem Mund Schweigen inmitten des Geschoßgeknatters, und plötzlich der grausige Schrei:* Feuer im Zuckerrohrfeld!

Es ist die Geistesgegenwart von Juan Almeida, die Che und andere auf dem Feldweg vorantreibt. Die Gruppe findet zusammen und zerfällt wieder, einige werden abgesprengt, und Ramiro Valdés, Benítez und Chao schließen sich ihr an. Gemeinsam überqueren sie die Schneise und gelangen in den Wald.

Che bewegt sich weiter wie in einem Nebel, in dem *ich mehr an die Bitterkeit der Niederlage und die unmittelbare Nähe meines Todes dachte als an das Kampfgeschehen. Ein Schritt nach dem anderen, bis wir in den dichten Wald kamen. Wir marschierten, bis die Dunkelheit der Nacht und der Bäume – die uns den Blick auf die Sterne verwehrten – uns zum Anhalten zwangen, ohne daß wir uns weit vom Ort des Zusammenstoßes entfernt hatten. Angefallen von Moskitos und gequält von Durst und Hunger, beschlossen wir, uns alle zusammen dichtgedrängt schlafenzulegen.*

Kapitel 10
★
Ziellos

Ohne etwas vom Schicksal der übrigen Expeditionsteilnehmer zu wissen, in der Ferne Schüsse, von denen unklar ist, wer sie abgefeuert hat, irrt die von Juan Almeida angeführte Gruppe mit dem verletzten Che am nächsten Tag ziellos durch die Wälder. In völliger Ungewißheit, ohne Wasser und mit dem Mißgeschick, daß *Benítez, der mit der Aufbewahrung unserer einzigen Milchdose beauftragt war, sie verkehrt herum in seine Uniformtasche gesteckt hatte, das heißt, mit den Trinklöchern nach unten. Als wir unsere Ration zu uns nehmen wollten – ein leeres Vitaminröhrchen, das wir mit Kondensmilch und einem Schluck Wasser füllten –, mußten wir schmerzerfüllt feststellen, daß sich unsere gesamte Nahrung in die Uniformtasche von Benítez ergossen hatte.*

Chao überzeugt sie, daß dieses Umhergeirre sie höchstens in einen Hinterhalt führen wird, und sie beschließen, in eine Höhle zu flüchten und nur nachts zu marschieren. In dieser Höhle schließen die fünf Männer einen Pakt auf Leben und Tod. Wenn sie entdeckt werden, kämpfen sie, niemand wird sich ergeben – der Heldenmut der Verzweiflung.

Es ist typisch für Ches Stoizismus, daß er in allen Texten, die er über diese schrecklichen Augenblicke geschrieben hat, seine Wunde am Hals nicht erwähnt. Nicht einmal in seinem Tagebuch findet sich eine Bemerkung über die Verletzung. Almeida erinnert sich hingegen, daß die Wunde am Hals sehr stark blutete, als sie sich trafen, aber am nächsten Tag nicht mehr so groß zu sein schien, und daß die Blutung aufgehört hatte.

In der Nacht des 7. Dezember versuchen sie unter Ches Führung erneut, sich der Sierra Maestra zu nähern. Che wiederum versucht, sich von dem Stern führen zu lassen, den er für den Polarstern hält. *Sehr viel später sollte ich erfahren, daß der Stern, der unseren Weg nach Osten leitete, nicht der Polarstern war und daß wir aus reinem Zufall in etwa diesen Kurs eingeschlagen hatten, bis wir im Morgengrauen an Steilwänden ankamen, die sich bereits ganz in der Nähe der Küste befanden.*

Von brennendem Durst gequält, da sie einige Flußkrebse, die ihnen über den Weg gelaufen sind, roh verschlungen haben, sehen sie sich gezwungen, in den Felsen aufgefangenes Regenwasser zu trinken, *das wir mit dem Saugrohr einer Antiasthma-Sprühflasche abzogen. Jeder trank nur einige wenige Tropfen Flüssigkeit.*

Wir marschierten schwerfällig und ohne festes Ziel umher. Von Zeit zu Zeit überflog ein Flugzeug die Küste. Zwischen den Klippen zu marschieren, war sehr mühselig und einige schlugen vor, am Fuß der Felsenküste entlangzugehen, was aber einen schwerwiegenden Nachteil hatte: Man konnte uns sehen. Schließlich legten wir uns in den Schatten einiger Büsche und warteten auf den Sonnenuntergang. In der Abenddämmerung fanden wir einen kleinen Strand und badeten.

Ches Tagebuchaufzeichnungen erreichen am 8. Dezember einen pathetischen Höhepunkt: *Wir haben nichts gegessen.* Auf der Suche nach Wasser schlägt Ernesto ein Experiment vor, das mit einer Katastrophe endet. *Ich versuchte etwas zu wiederholen, was ich in irgendeiner populärwissenschaftlichen Zeitschrift oder in irgendeinem Roman gelesen hatte, wo erklärt worden war, daß die Mischung aus zwei Dritteln Süßwasser und einem Drittel Salzwasser ein hervorragendes Trinkwasser ergeben und so auch die Flüssigkeitsmenge erhöhen würde. Wir versuchten es mit dem restlichen Wasser aus einer Feldflasche. Das Ergebnis war erbärmlich: ein salziges Gesöff, das mir die Kritik aller Gefährten einbrachte.*

Unter einem tropischen Mond, der angenehmere Begleitumstände verdient hätte, entdecken sie in dieser Nacht eine Gruppe von Uniformierten in einer Fischerhütte. Verzweifelt und ohne lange nachzudenken, stürmen sie auf sie zu und fordern sie auf, sich zu ergeben, um daraufhin festzustellen, daß es sich bei den Männern um Camilo Cienfuegos, Pancho González und Pablo Hurtado handelt. Nachdem die Gruppen einander ihre alptraumhaften Erlebnisse im Hinterhalt von Alegría de Pío erzählt haben, tauschen sie Flußkrebse gegen Zuckerrohr und nehmen ihren Marsch mit dem beunruhigenden Bewußtsein wieder auf, daß sie die einzigen Überlebenden der „Granma“ sind. *Wir waren uns dessen bewußt, daß die Steilküste und das Meer uns bei einem Zusammenstoß mit den feindlichen Truppen jegliche Fluchtmöglichkeit abschneiden würden. Ich erinnere mich nicht mehr, ob wir ein oder zwei Tage an der Küste entlangmarschiert sind; ich weiß nur noch, daß wir einige kleine Nopalfrüchte zu uns nahmen, eine oder zwei pro Kopf, die den Hunger nicht stillen konnten, und daß der Durst bedrohliche Formen annahm, denn die wenigen Wassertropfen mußten in einem Höchstmaß rationiert werden.*

Am Dienstag, dem 11. Dezember, erspäht die erschöpfte Gruppe am Ufer des Flusses Toro ein Haus. Nachdem sie es etwas näher ausgekundschaftet haben, glauben sie die Silhouette eines Soldaten wahrzunehmen. *Ich war sofort der Ansicht, daß wir uns nicht einem derartigen Haus nähern sollten, denn es war wahrscheinlich von unseren Feinden, wenn nicht gar von der Armee besetzt. Benítez dachte das Gegenteil. Am Ende rückten wir beide auf das Haus vor. Ich blieb außerhalb des Grundstücks, während er über einen Stacheldraht stieg. Plötzlich nahm ich im Halbschatten klar und deutlich das Bild eines Uniformierten mit einem M-1-Karabiner wahr. Ich dachte, unser letztes Stündchen hätte geschlagen, zumindest für Benítez, den ich nicht mehr warnen konnte, da er dem Mann schon näher war als ich. Danach kehrte er auf gleichem Weg zurück, um mir treuherzig zu erklären, daß er umgekehrt wäre, da er „einen Herrn mit einem Gewehr“ gesehen hätte und es ihm nicht angebracht erschienen wäre, ihm irgendwelche Fragen zu stellen.*

Tatsächlich wurden Benítez und wir alle in diesem Augenblick neu geboren. Che wußte zu diesem Zeitpunkt nicht, wie recht er hatte. Es handelte sich nämlich um das Haus eines Kollaborateurs, Manolo Capitán, der einige Tage zuvor neun Männer der „Granma" an die Armee ausgeliefert hatte. Acht von ihnen wurden kaltblütig ermordet.

Über eine Steilwand erreicht die Gruppe eine Höhle, in der sie sich versteckt, solange es hell ist. Von dort aus *hatte man das gesamte Panorama vor sich, das einen Anblick vollkommener Ruhe bot. Von einem Marineboot gingen Männer an Land, während andere an Bord gingen. Es handelte sich offensichtlich um eine Ablösung. Wir zählten in etwa dreißig Leute.*

Che beobachtet die Truppen von Leutnant Julio Laurent, Offizier des Seenachrichtendienstes, der fünf Tage zuvor seinen Freund Ñico López gemeinsam mit anderen Expeditionsteilnehmern kaltblütig umgebracht und damit die Exekution einer anderen Rebellengruppe wiederholt hat, die am 7. Dezember ergriffen worden war.

Wir verbrachten den Tag, ohne einen Bissen in den Mund zu bekommen. Das Wasser wurde streng rationiert, wir teilten es untereinander auf, indem wir es in das Okular eines Teleskopvisiers schütteten, damit jeder die gleiche Menge erhielt. Nachts machten wir uns wieder auf den Weg, um das Gebiet, in dem wir mit Hunger und Durst, dem Gefühl unserer Niederlage und der unmittelbaren Nähe einer spürbaren und unausweichlichen Gefahr einen der schlimmsten Tage des Krieges verbracht hatten, endlich zu verlassen.

Das Glück steht ihnen nun zur Seite, denn als sie den Weg nach Nordosten einschlagen, stoßen sie auf einen Bach. *Auf den Boden geworfen, sogen wir gierig wie Pferde solange Wasser in uns hinein, bis unser nahrungsloser Magen sich weigerte, mehr Flüssigkeit aufzunehmen. Wir füllten die Feldflaschen und gingen weiter.*

In dieser Nacht setzten wir unsere Wanderung fort, bis wir in die Nähe eines Hauses kamen, aus dem Orchestermusik erklang. Erneut kam es zur Diskussion: Ramiro, Almeida und ich waren der Meinung, daß man keinesfalls auf einen Tanz oder etwas ähnliches gehen dürfte, da die Bauern unverzüglich, und sei es nur aufgrund ihrer natürlichen Geschwätzigkeit, unsere Anwesenheit im Gebiet bekanntmachen würden. Benítez und Camilo Cienfuegos meinten, daß wir auf jeden Fall hingehen sollten, um etwas zu essen zu bekommen. Schließlich wurden Ramiro und ich mit der Aufgabe betraut hinzugehen, Nachrichten einzuholen und um Essen zu bitten. Als wir uns schon ganz in der Nähe des Hauses befanden, setzte die Musik aus und wir hörten die entfernte Stimme eines Mannes, der in etwa sagte: Ein Prosit auf unsere Waffenbrüder und ihre glänzende Arbeit ... *Das reichte uns, um so schnell und leise wie möglich umzukehren und unsere Gefährten darüber zu unterrichten, was für Leute sich auf diesem Fest vergnügten.*

Am 13. um zwei Uhr nachts stößt die demoralisierte, hungrige und verzweifelte Gruppe der Expeditionsteilnehmer auf ein Bauernhaus. Wieder wird darüber diskutiert, ob sie sich nähern sollen oder nicht. Che notiert in seinem Tagebuch, daß gegen seinen Rat an die Haustür geklopft wird. Glücklicherweise ist es das Haus des Adventisten Alfredo González, der gemeinsam mit seinem

Schäfer in einem der Netze des 26. Juli engagiert ist, die Celia Sánchez von Santiago und Manzanillo aus zur Unterstützung der Expedition koordiniert. *Dort brachen einige gänzlich zusammen. Die Nachrichten waren sehr schlecht.* Sie werden über den Tod von mindestens 16 Gefährten informiert, die nach ihrer Gefangennahme ermordet worden sind.

Wir wurden sehr freundlich aufgenommen, und sofort wurde in dieser Bauernhütte ein üppiges Bankett veranstaltet. Wir verbrachten Stunden mit Essen, bis uns der Tag überraschte und wir die Hütte nicht mehr verlassen konnten. Morgens kamen Bauern, die von unserer Anwesenheit unterrichtet worden waren, uns neugierig und hilfsbereit kennenlernen wollten und uns Essen und andere Geschenke mitbrachten.

Das kleine Haus wurde bald zur Hölle: Almeida eröffnete das Durchfallstakkato, und danach erwiesen acht undankbare Gedärme ihren Undank, indem sie den kleinen Raum verpesteten. Einige erbrachen sich sogar.

Die Nachrichten, die sie hier erreichen, geben dem Gerücht eine Form: Fidel lebt und wird von Celia Sánchez' Netz geschützt. Crescencio Pérez, der Patriarch der Gebirgsrebellion, hat sich seiner angenommen. *Die grauenerregenden Erzählungen der Bauern veranlaßten uns, die langläufigen Waffen gut zu verstecken und nur mit Pistolen ausgestattet zu versuchen, eine stark bewachte Landstraße zu überqueren. Das Ergebnis war, daß alle zurückgelassenen Waffen verlorengingen, während wir uns zu der Stelle in der Sierra Maestra begaben, wo sich Fidel befand.*

In zwei Gruppen aufgeteilt, machen sie sich ins Gebirge auf. Almeida und Che sind so umsichtig, zumindest zwei Star-Maschinenpistolen mitzunehmen, die Gewehre aber bleiben gemeinsam mit dem schwer erkrankten Hurtado im Haus des Bauern zurück.

Als sie sich am nächsten Tag im Haus des Schäfers Rosabal befinden, trifft die Nachricht ein, daß die mangelnde Zurückhaltung des Bauern einen Zwischenfall provoziert hat, bei dem die Armee Hurtado gefangengenommen und die Waffen beschlagnahmt hat. *Als dieser Genosse die tragische Nachricht hörte, setzte er sich sofort mit einem anderen Bauern in Verbindung, der sich in dieser Gegend gut auskannte und angeblich mit den Rebellen sympathisierte. In derselben Nacht holten sie uns ab und brachten uns in ein sichereres Versteck. Der Bauer, den wir an diesem Tag kennenlernten, hieß Guillermo García und war einer der wichtigsten Kader im Netz von Celia.*

Den 15. Dezember verbringt Ches kleine Gruppe in einer Höhle, und in den nächsten beiden Tagen verkehren sie in Häusern von Bauern, die sie beschützen, ernähren und weiterführen. In den frühen Morgenstunden des 20. Dezember kommen sie schließlich auf den Hof von Mongo Pérez, dem Bruder von Crescencio, wo Fidel, Raúl, Ameijeiras, Universo Sánchez und ein halbes Dutzend anderer Überlebender auf sie warten.

Einer der Söhne von Crescencio, der unter dem Verdacht, den Expeditionsteilnehmern bei ihrer Flucht aus dem Belagerungsring geholfen zu haben, inhaftiert gewesen ist, beobachtet, daß der Argentinier der Gruppe zerfetzte Kleider trägt und keine Schuhe anhat. Der durchgefrorene Che bittet ihn darum, ihm einen Jutesack zu schenken, damit er sich darin einwickeln kann.

Fidel verbirgt zwar seine Freude nicht, aber er liest ihnen die Leviten, da sie die Gewehre zurückgelassen haben. *Fidel machte uns sehr heftige Vorwürfe.* „Ihr habt euren Fehler noch nicht bezahlt, denn unter diesen Umständen Gewehre zurückzulassen, wird mit dem Tod bezahlt. Die einzige Hoffnung, bei einem Zusammenstoß mit der Armee das eigene Leben zu retten, waren eure Waffen. Sie zurückzulassen, war ein Verbrechen und eine Dummheit." Der beschämte Che verzichtet in seinem Tagebuch auf die Wiedergabe der Strafpredigt. Er beschränkt sich auf die Erwähnung, daß er einen Asthmaanfall erlitten und eine sehr schlechte Nacht verbracht hat.

Elf Tage später kommt ein kleiner Eilbrief in Argentinien an, wo die Familie aufgrund der Pressemitteilungen und des Zeugnisses eines Überlebenden schon an Ernestos Tod geglaubt hat. Der Brief ist in Manzanillo abgestempelt. *Meine Lieben! Ich bin gesund und munter, ich habe nur zwei verloren und mir bleiben noch fünf* (von den theoretischen sieben Leben einer Katze). *Ich bin noch mit derselben Arbeit beschäftigt. Ich werde Euch nur sporadisch von mir berichten können, aber vertraut darauf, daß Gott Argentinier ist* ... Er unterzeichnet mit *Teté*, dem Spitznamen aus seiner Kindheit.

Kapitel 11

★

Wiederauferstehung in La Plata

„Ich hatte noch nie in meinem Leben einen Argentinier gesehen, ich glaube, noch nicht einmal im Film. Und dann ständig dieses: ‚Hör mal che', ‚Komm mal che' und für jeden die Anrede ‚vos'", wird sich Jahre später einer der Söhne Crescencios, Sergio Pérez, erinnern, als er erklärt, warum Ernesto Guevara dazu verurteilt war, für die Bewohner der Sierra Maestra der „Che" zu sein.

Che trug sein trauriges Erscheinungsbild solange mit sich herum, bis jemand Schuhe und Kleider oder sogar einen Zerstäuber besorgte, der in einem Gebirgsladen aufgestöbert wurde. Allerdings brachte der letztere seinen fürchterlichen Asthmaanfall offenbar nicht zum Stillstand. Nach den bitteren Tagen, die auf Alegría de Pío gefolgt sind, beginnt für die Gruppe der mythischen Zwölf nun die Phase der Wiedererlangung der Kräfte. Obwohl die Zwölf niemals zwölf waren: *Wir waren 17 Männer*, wenn man die ersten Bauern dazuzählt, die sich ihnen angeschlossen haben. Zusammengenommen 17 Männer sind also von den 82 Expeditionsteilnehmern der „Granma" übriggeblieben. *Die Liste der Opfer war lang und schmerzhaft: Juan Manuel Márquez, Ñico Lópe, der Hauptmann der Vorhut Juan Smith, der Gehilfe Fidels und makellose Revolutionär Cándido González.* Die übergroße Mehrheit ist gefangen genommen und hinterrücks ermordet, gefoltert und in eine Höhle geworfen, tot neben einem Friedhof liegengelassen worden ...

Es überrascht, wie Fidels Optimismus sie allmählich beeinflußt, wie seine alte, bereits in Mexiko bewiesene Magie auf die Überlebenden dieser *kleinen Gruppe* von Kämpfern übergreift, *die sich selbst noch nicht richtig untereinander kannten, aber bereits vom Angriff, vom Sieg sprachen.*

Fidel ist eine einzigartige Persönlichkeit. Als er am 18. Dezember mit seinen beiden Begleitern auf die erste Gruppe von Überlebenden stößt, fragt er seinen Bruder Raúl: „Wie viele Gewehre hast du?"

„Fünf."

„Plus zwei, die ich habe. Jetzt werden wir den Krieg gewinnen."

Und sein Optimismus wirkt ansteckend, denn *schon in diesen ersten Nächten, in diesen langen Nächten (unsere Inaktivität begann nach Sonnenuntergang) unter den Bäumen irgendeines Waldes entwarfen wir einen Plan nach dem anderen: für heute, für etwas später, für den Sieg. Es waren glückliche Stunden, in denen ich die ersten Zigarren versuchte (die ich rauchen lernte, um die aggressiven Moskitos zu verscheuchen), bis mich der Wohlgeruch des kubanischen Blatts erfüllte, während die Zukunftsentwürfe auf schwindelerregende Weise aufeinander folgten.*

Die Ausbildung beginnt, die Bauern von Crescencios Netz finden verlorengegangene Waffen wieder. Che wird ein schlechtes Gewehr ausgehändigt, sein Star geht in den Besitz von Crescencio über. Am 23. Dezember befiehlt Fidel einen Scheinangriff und fordert Faustino Pérez auf, falschen Alarm zu schlagen. Dieser geht zur höhergelegenen Stelle einer Kaffeeplantage, wo Che Wache schiebt, und erklärt ihm aufgeregt, daß die Garde im Anrücken sei. Aber Che verlangt in aller Ruhe genauere Angaben von ihm und läßt sich nicht aus der Fassung bringen. Faustino: Die Garde kommt! Che: *Wieviele und von woher?* Der andere ... muß letztendlich zugeben, daß es sich um ein Scheinmanöver handelt. In seinem Tagebuch vermerkt Guevara: *Scheingefecht, ich rannte los, um die Nachricht zu überbringen. Die Leute reagierten gut, mit Kampfgeist.* Kurze Zeit später bricht Faustino auf, um die Verbindungen zwischen den städtischen Netzen des 26. Juli wieder herzustellen. Am selben Tag treffen drei Verbindungsleute aus Manzanillo mit Munition und Sprengstoff ein. Aus Ches Tagebuch erfahren wir, daß er einen der Jungen beauftragt hat, ihm Bücher schicken zu lassen. Wir wissen sogar, was für welche: ein Geographiebuch und eine Geschichte Kubas, die er einige Wochen später tatsächlich erhält. Raúl schreibt in seinem Tagebuch: „Außerdem kam ein Algebrabuch für den vielseitigen Che Guevara."

Am 24. Dezember feiert die Kolonne Heiligabend mit einem Abendessen bei Mongo, der aus dem Stegreif patriotische Verse vorträgt. Jahre später wird einer der anwesenden Bauern über Che sagen: „Er war ein sehr, sehr junger Mann, er sah noch nicht einmal aus wie ein Arzt." Drei Tage darauf ziehen sie los. Crescencio Pérez' Kenntnis der Gegend und seine Anwesenheit bahnen ihnen den Weg. Wo Fidel und sein Versprechen nicht bekannt sind, dort kennt man Crescencio und akzeptiert, was er vorbringt. Am 27. feiert Che unter einem

Kapokbaum seine Premiere als Grillmeister und bereitet einen argentinischen Braten aus einem jungen Ochsen zu. In seinem Tagebuch merkt er an: *Er hat gut geschmeckt, aber lange gebraucht.* Die Einheimischen, die die Kolonne begleiten, sind sich da nicht so ganz sicher. Ihnen zufolge war das Rind noch halb roh.

Die Tage vergingen und wir rekrutierten immer mehr Leute. Die ersten Bauern kamen zuweilen unbewaffnet, zuweilen brachten sie Waffen mit, die unsere Genossen auf der Flucht in befreundeten Hütten oder in Zuckerrohrplantagen zurückgelassen hatten. Ende Dezember stößt Guillermo García hinzu, eine Schlüsselfigur im Widerstandsnetz, das seit November in der Sierra Maestra arbeitet, sowie drei Gefährten der „Granma", die sich verirrt hatten und von der Organisation Celias gerettet wurden. Ende des Monats umfaßt die Kolonne 24 Kämpfer, darunter ein halbes Dutzend Bauern.

In der letzten Woche des Monats haben sie an einem Ort mit Namen La Catalina ihr Lager aufgeschlagen. Am 29. essen sie immer noch an den Resten des Bratens, der Raúl zufolge bereits stinkt, „obwohl mit sehr viel süßsauren Orangen ..." Die Schießausbildung der Rekruten geht weiter. Sie weihen das Jahr 1957 mit einem Marsch im Regen ein. Die nicht existierenden, die auferstandenen Toten (denn Batista hat über Radio, Presse und Fernsehen das Ende der Bedrohung, den Tod Fidels und die Zerstreuung bzw. den Tod der an Land gegangenen Expeditionsteilnehmer verkündet), bereiten sich auf den ersten Kampf vor.

Am 14. Januar 1957, wenig mehr als einen Monat nach der Überrumpelung in Alegría de Pío, rasteten wir am Fluß Magdalena, der von La Plata durch einen Gebirgsausläufer getrennt ist, in der Sierra Maestra beginnt, am Meer endet und die beiden kleinen Bergtäler voneinander trennt. Hier machten wir einige Schießübungen, die Fidel angeordnet hatte, um die Leute ein wenig zu trainieren. Einige schossen zum ersten Mal in ihrem Leben. Dort badeten wir auch, nachdem wir längere Zeit nicht mehr gewußt hatten, was Hygiene war. Und diejenigen, die konnten, wechselten ihre Kleider.

Jahre später erinnert sich Che anläßlich eines Interviews mit dem mexikanischen Journalisten Víctor Rico Galán daran, daß Fidel ziemlich dick war und es ihn einige Mühe kostete, die Hügel hinaufzusteigen, da er in Mexiko kaum trainiert hatte. Es sei ihm nur dank seines eisernen Willens gelungen.

„Und Sie mit Ihrem Asthma?"

Ich habe auch einen gewissen Willen ...

Am 14. Januar gegen fünf Uhr nachmittags sieht ein junger Bauer in Cabezos de la Plata zwei bewaffnete Männer herankommen: „Ich habe sie mit der Landgarde verwechselt. Sie stellen mir Fragen, ich biete ihnen Kaffee an, wir sprechen über den Zustand der Wege und über die Bauern. Sie wollen mir ein Schwein abkaufen. Aus Angst gebe ich es ihnen umsonst. Als es dunkel wird, taucht eine ganze Gruppe auf, was meine Angst vervielfacht. Sie werden von einem außergewöhnlich großen Typen angeführt, der Tausende von Fragen stellt. Er wird von einer Person begleitet, die leise und bedächtig spricht und sich als

Arzt vorstellt. Er fühlt meinen Puls, untersucht mich und erklärt mir dann: *Du bist stark wie ein Stier.* Es handelt sich um Fidel und Che." Der Bauer heißt Dariel Alarcón, und seine Zukunft wird mit der des argentinischen Arztes verknüpft sein. In den nächsten Tagen wird er zu einem Mitstreiter der Guerilla.

Fidel hat die Kaserne von La Plata ausgewählt, um die Wiederauferstehung der Invasoren bekannt werden zu lassen und ihre Feuertaufe durchzuführen, die allerdings aufgrund des Munitionsmangels unter ungewissen Umständen erfolgen muß. Am 15. Januar erblicken sie *die halb fertige Kaserne von La Plata mit ihren Zinndächern. Wir sahen eine Gruppe von halbnackten Männern, die jedoch die feindliche Uniform ahnen ließen. Wir beobachteten, wie gegen sechs Uhr abends, bei Sonnenuntergang, ein mit Soldaten beladenes Schnellboot anlegte. Einige stiegen aus, andere ein. Da wir nicht recht verstanden, was sich da abspielte, beschlossen wir, den Angriff auf den nächsten Tag zu verschieben.*

Am 16. nähern sie sich der Kaserne, und in der Abenddämmerung überqueren sie den Fluß La Plata. Das Glück läßt ihnen zwei Bauern über den Weg laufen, die ihnen wichtige Informationen bezüglich der Anzahl der Soldaten liefern – in etwa 15 – und ihnen mitteilen, daß in Kürze der Aufseher auf einer der großen Latifundien der Gegend, der Folterknecht und Spitzel Chicho Oscrio, vorbeikommen werde. Kurz darauf erscheint der *erwähnte Chicho betrunken mit einer Flasche Kognak in der Hand auf einem Maultier und rittlings einen kleinen Schwarzen. Universo Sánchez befahl ihm im Namen der Landgarde stehenzubleiben. Der andere antwortete sofort mit dem Kennwort: „Moskito".*

Obwohl wir wie entflohene Sträflinge aussahen, konnten wir Chicho Osorio, vielleicht wegen seiner Trunkenheit, hinters Licht führen. Fidel erklärte ihm empört, daß er ein Armeeoberst wäre, der erkunden sollte, warum die Rebellen immer noch nicht liquidiert worden wären. Er hätte keine Angst, den Wald zu durchkämmen. Deshalb hätte er auch einen Bart, und daß die Armee nichts als „Pfusch" machen würde. Voller Unterwürfigkeit erzählte Chicho Osorio, daß die Soldaten tatsächlich den ganzen Tag in der Kaserne verbrachten, daß sie nur aßen und lediglich einige unbedeutende Streifengänge machen würden. Er erklärte emphatisch, daß alle Rebellen liquidiert werden müßten. Mit dem unfreiwilligen Bericht des betrunkenen Aufsehers wird eine Liste angefertigt: wem man vertrauen kann und wem nicht. *So hatten wir bereits eine Liste von über zwanzig Männern zusammen und der Spitzel plauderte weiter. Er erzählte uns, wie er zwei Männer aus der Gegend umgebracht hatte*: „Aber mein General Batista ließ mich sofort wieder frei." *Er erzählte uns, wie er gerade einige Bauern geohrfeigt hatte, die* „freche Antworten gaben". *Und daß die Soldaten nicht dazu in der Lage wären, daß sie sie einfach reden lassen würden, ohne sie zu bestrafen. Fidel fragte ihn, was er denn mit Fidel Castro machen würde, wenn er ihn erwischen sollte. Der andere antwortete, daß man ihm* „die Eier aus dem Leib reißen soll wie Crescencio Pérez ..." *Er deutete auf seine Schuhe, mexikanische Stiefel, und erklärte:* „Die gehörten einmal einem der Dreckskerle, die wir umgebracht haben." Ein Schaudern lief den Rebellen den Rücken herunter, es waren die Stiefel eines der Gefährten der „Granma". *Damit hatte Chicho*

Osorio, ohne es zu wissen, sein Todesurteil unterzeichnet. Am Ende ließ er sich auf Fidels Vorschlag hin darauf ein, uns bis zur Kaserne zu führen, damit wir die Soldaten überraschen und ihnen nachweisen konnten, daß sie sehr schlecht vorbereitet waren und ihre Pflicht nicht erfüllten.

Die Annäherung an die Kaserne zur Einnahme von Angriffspositionen erfolgt sehr vorsichtig. Plötzlich reiten drei Soldaten an der Gruppe vorbei *und trieben einen Gefangenen vor sich her, als wäre er ein Maultier. Er kam direkt an mir vorbei, und ich erinnere mich noch an die Worte des armen Bauern:*

„Ich bin wie Sie", *und die Antwort eines Mannes, den wir später als Korporal Basol identifizierten:* „Halt die Klappe oder ich peitsche dich vorwärts."

32 Kämpfer nehmen ihre Stellung ein; 18 Expeditionsteilnehmer der „Granma" und 14 Bauern, die sich der verrückten Revolte angeschlossen haben. Zusammen haben sie nur 22 Waffen und ganz wenig Munition. Sollte der Überfall scheitern und keine Munition erbeutet werden, würde die Rebellenkolonne in eine sehr gefährliche Lage geraten.

So näherten wir uns nach und nach den feindlichen Stellungen bis auf etwa 40 Meter. Der Mond schien hell. Um 2 Uhr 40 morgens *eröffnete Fidel das Feuer mit zwei Maschinengewehrgarben, woraufhin aus allen verfügbaren Gewehren geschossen wurde. Unmittelbar danach wurden die Soldaten aufgefordert, sich zu ergeben.* Auf jede Aufforderung zur Kapitulation antworten sie mit einer M-1-Salve. *Als die Schießerei begann, wurde der Spitzel und Mörder Chicho Osorio hingerichtet.*

Die Guerilleros antworten mit einzelnen Schüssen. Mehr ist nicht drin. Universo Sánchez hat neun Patronen. Zwei davon gibt er Crespo. Die Gruppe hat zwei brasilianische Handgranaten. Che und Crespo preschen vor, um sie in die Kaserne zu werfen, aber sie explodieren nicht. *Raúl Castro warf eine Dynamitpatrone ohne Nippel, die nicht losging. Wir mußten also näherrücken, um die Häuser anzustecken, selbst auf die Gefahr für das eigene Leben hin.*

Fidel fordert Universo auf, die Granaten einzusetzen.

„Wirf sie schon."

„Ich hab sie schon geworfen."

„Nein, das hast du nicht."

Fidel erklärt ihm, daß die Häuser angesteckt werden müssen und gibt ihm Streichhölzer. Aber mitten in der Schießerei nimmt sich das als eine schwierige Operation aus. Camilo Cienfuegos versucht es. Schließlich gelingt es Universo, eine der Hütten anzustecken.

Im Schein des Feuers mußten wir zwar feststellen, daß es sich lediglich um einen Speicher für die Aufbewahrung der Früchte aus dem nahegelegenen Kokoshain handelte, aber die Soldaten wurden durch den Brand eingeschüchtert und gaben den Kampf auf. Ein flüchtender Soldat stieß fast mit dem Gewehr von Luis Crespo zusammen, der ihn an der Brust verletzte und ihm die Waffe abnahm, während wir weiter auf das Haus schossen.

Eine Schlacht bringt im Laufe der Zeit so viele Versionen hervor, wie Männer an ihr beteiligt waren. Trotz der Genauigkeit in seinen Erzählungen neigt

Ernesto Guevara stets dazu, seine eigenen Taten herunterzuspielen. Als Mensch, der seine Grenzen ausprobiert, war es den Erzählungen Crespos zufolge Che, der sich mitten im Kugelhagel auf den Soldaten stürzte, ihn umdrehte und ihm die Schußwaffe abnahm. Che setzt also sein Leben aufs Spiel, nimmt dem Soldaten die Waffe ab, und dieser stößt hervor: „Bring mich nicht um". Aber Che kümmert sich überhaupt nicht um ihn, er sagt lediglich so etwas wie: *Hier kommt der Arzt.*

Es wird an verschiedenen Punkten gekämpft. Almeida beschießt mit seiner Gruppe die Marinesoldaten, die sich in einer anderen Hütte befinden. Fidel gibt den Befehl zum Sturm. Er muß ihn zweimal geben, beim zweiten Mal stürzen sie los. *Hinter einem Baum verschanzt, schoß Camilo Cienfuegos auf einen fliehenden Sergeanten und verbrauchte damit alle Patronen, die ihm geblieben waren. Fast ohne Gegenwehr wurden die Soldaten unbarmherzig von unseren Kugeln verletzt. Von unserer Seite betrat Camilo Cienfuegos als erster das Haus, aus dem Kapitulationsrufe ertönten.* Bevor sie überprüfen, ob es Verletzte gegeben hat, bevor sie nachsehen, ob noch einer lebt oder nur durch die Trägheit auf den Beinen gehalten wird, kümmern sie sich um das Wichtigste: Munition und Waffen: *Acht Springfield, ein Thompson-Maschinengewehr und etwa tausend Schuß. Wir hatten fünfhundert Schuß verbraucht (...). Außerdem fanden wir Patronengürtel, Kraftstoff, Messer, Kleider, ein wenig Essen (...). Zwei von ihnen waren tot, fünf verletzt und drei gefangen. Einige waren geflüchtet. Von uns hatte niemand einen Kratzer.* Der Überfall von Alegría de Pío ist damit vergolten. Die Männer der „Granma" sind dabei, die Revolution einzuleiten.

Che kehrt zur Medizin zurück. Nachdem er die drei verletzten Armeeangehörigen verbunden und sie in die Obhut der überlebenden Soldaten gegeben hat, befiehlt Fidel, die noch unversehrten Hütten in Brand zu setzen. Vom nächtlichen Feuerschein beleuchtet, macht sich die Kolonne auf den Weg zurück ins Gebirge *Richtung Palma Mocho, wo wir im Morgengrauen ankamen, um uns von dort aus schnell in die unwegsamsten Gebiete der Sierra Maestra zurückzuziehen.*

Unterwegs sprechen sie über die Schlacht. Unglaublicher als eine Niederlage ist ein Sieg, selbst wenn es nur ein kleiner ist. Nicht nur sie diskutieren die Vorfälle der Schlacht. Da sie zu einem Zeitpunkt stattgefunden hat, da Batista die Zensur vorübergehend aufgehoben hat, hat der Zusammenstoß in La Plata in den Tageszeitungen und bei den internationalen Presseagenturen ein Echo. Die Toten sind ins Leben zurückgekehrt. Als der Adrenalinspiegel wieder sinkt, ein einzelner Gedanke in den späteren Texten Ches: *Es war beileibe nicht unser Wunsch zu kämpfen, wir kämpften, weil es notwendig war.*

Beim Aufstieg in die Maestra bemerken die Rebellen einen Exodus von Bauern. Die Landgarde hat das Gerücht ausgestreut, daß sie die Berghütten bombardieren würde. Sowohl Che als auch Raúl vermerken in ihren Tagebüchern das *mitleiderregende Schauspiel.* Es sollte nicht nur ein Vakuum um die Guerilla geschaffen werden, sondern man wollte die Gelegenheit auch zu einer Landvertreibung nutzen. *Da niemand unseren genauen Aufenthaltsort kannte, handelte es sich um ein klares Manöver der Aufseher und der Landgarde, um die Einheimischen ihres Landes und Eigentums zu berauben. Allerdings fiel ihre Lüge mit unserem Angriff zusammen und wurde jetzt zur Wahrheit; so wurde also Angst und Schrecken verbreitet, und es war unmöglich, die Flucht der Bauern aufzuhalten.*

Fidel feiert sein Debüt als Guerillataktiker: Er sieht voraus, daß die Armee einen Angriff wie den auf La Plata nicht unbeantwortet lassen kann und Verbände zur Verfolgung der Rebellen zusammenziehen wird. Er plant daraufhin einen Hinterhalt, den ersten von vielen, den die Rebellenarmee legen wird. Als Ort dafür werden zwei Schilfhütten an den Ufern des *Höllenbachs bestimmt, ein kleines, kurzes Bächlein, das in den Fluß Palma Mocho mündet.* Der Hinterhalt wird in Form eines Hufeisens ausgelegt, mit sieben kleinen Kampfposten, in deren Mitte sich die verlassenen Bauernhütten befinden.

Dem Bericht Ameijeiras zufolge verläßt Che am 19. Januar das Lager zu einem Erkundungsgang und kehrt über eine Waldlichtung zurück, die sich gegenüber dem Posten von Camilo befindet. Che trägt einen Soldatenhelm, *eine Trophäe aus den Kämpfen in La Plata, ein intakter Helm eines Korporals der Batista-Armee, den ich voller Stolz trug.* Ohne lange zu überlegen, feuert Camilo mit einem geliehenen Gewehr, da er das eigene gerade reinigt, eine Bleiladung auf ihn ab. Che muß ein weißes Taschentuch schwenken und schreiend zu verstehen geben, daß sie nicht auf ihn schießen sollen. Camilo erklärt ihm grinsend:

„Scheißkerl, du hast mich zwar gefangengenommen, aber ich habe dich zur Kapitulation gezwungen."

Diese Tatsache bewies, wie angespannt wir alle waren und wie sehr wir den befreienden Kampf herbeiwünschten. Das sind die Augenblicke, in denen selbst die Nervenstärksten ein leichtes Zittern in den Knien verspüren und alle sehnsüchtig darauf warten, daß die Sternstunde des Krieges, die Schlacht, endlich beginnen möge.

Drei Tage später erhöhen Schüsse in der Umgebung die Anspannung unter den Heckenschützen. Sie werden sehr viel später erfahren, daß die Kolonne von Leutnant Sánchez Mosquera, dessen Namen sie in den nächsten Jahren noch häufig hören werden, einen haitianischen Bauern umgebracht hat, der sich weigerte, ihnen als Führer zu dienen.

Da wir glaubten, daß die Soldaten sich in der Nähe befanden, gab es weder Frühstück noch Mittagessen. Crespo hatte ein Hühnernest entdeckt und wir rationierten den Eierverbrauch so, daß wir immer eins im Nest ließen, damit weiter Eier gelegt wurden. An diesem Tag, angesichts der nächtlichen Schüsse, beschloß Crespo, daß wir das letzte essen sollten und so geschah es.

Völlig unerwartet taucht gegen Mittag eine Gestalt zwischen den Bauernhütten auf, mit der es zu folgendem absurden Dialog gekommen sein soll:

„Sie sind da", sagte einer der Guerilleros zu Fidel.

„Ah, prima, sie sollen kommen", antwortete Fidel in der Meinung, daß es sich um die Eigentümer der Hütten handeln würde.

„Nein, die Soldaten!"

Ob es nun so gewesen ist oder nicht, Fidel eröffnet, wie vereinbart, mit seinem Teleskopgewehr das Feuer und streckt einen der Soldaten zu Boden. *Plötzlich entdeckte ich, daß sich in der Strohhütte in der Nähe von meiner Stellung ein anderer Soldat befand, der versuchte, sich vor den Schüssen zu verstecken. Es waren nur seine Beine zu sehen, denn von meiner erhöhten Stellung aus wurde er vom Dach der Hütte verdeckt. Ich zielte in seine Richtung und schoß vorbei. Der zweite Schuß traf den Mann mitten in die Brust, bei seinem Sturz blieb sein Gewehr mit dem Bajonett nach unten im Boden stecken. Von Crespo gedeckt, gelangte ich zu der Hütte, wo ich die Leiche sah und ihr die Munition und die Flinte und einige andere Gegenstände abnahm.*

Che erzählt nicht, daß er sich dem Toten mitten in der Schießerei genähert und dabei riskiert hat, ins Kreuzfeuer zu kommen. Was sieht er? Es handelt sich um den ersten Menschen, den er getötet hat. Vielleicht hatten seine Kugeln in der Schlacht von La Plata bereits einen anderen Soldaten Batistas getroffen, was man aber im Schlachtgetümmel unmöglich wissen konnte. Jetzt ja. Jahre später wird Che der Frage ausweichen und sich auf ärztliche Überlegungen beschränken: *Er hatte einen Schuß mitten in die Brust erhalten, der sein Herz auseinandergerissen haben muß. Er war auf der Stelle tot und wies bereits die ersten Anzeichen der Totenstarre auf, was vielleicht auf die Erschöpfung seines letzten Marschtages zurückzuführen war.*

Che bittet um Erlaubnis, loszuziehen und die übrigen Gewehre zu bergen. Aber Fidel verweigert sie ihm, das Ziel sei bereits erreicht. Soweit zu erkennen ist, haben sie der Vorhut der feindlichen Truppen, die sich auf fast 300 Soldaten belaufen dürfte, einige Verluste zugefügt. *Der Kampf wurde mit außerordentlicher Härte geführt, und bald floh jeder, wohin er wollte.* Kurioserweise bewegen sich beide Kräfte in ihren Fluchtmanövern parallel zueinander, und in den nächsten Tagen werden sie manchmal nur etwa hundert Meter voneinander entfernt sein, ohne es zu wissen.

Fünf Soldaten sind gefallen, aber die Guerilla mißt ihre Erfolge nicht nur an den Verlusten des Feindes. Sie hat 900 Patronen verschossen und nur 70 sowie ein Gewehr erbeutet. *Es war zwar kein vollständiger Sieg, aber es war auch kein Pyrrhussieg. Wir hatten unsere Kräfte mit der Armee unter neuen Bedingungen gemessen und die Probe bestanden.*

In den nächsten Tagen nähert sich die Guerilla dem Gebiet von Caracas, wo die ersten Verbindungen mit den Bauern geknüpft worden waren. Es sieht hier trostlos aus: Die Armee hat in der Gegend gewütet und ein Vakuum durch Terror geschaffen.

Trotz der Siege *war die Lage nicht sehr vergnüglich in diesen Tagen. Die Kolonne, deren Geist noch nicht im Kampf gefestigt und die noch ohne klares ideologisches Bewußtsein war, hatte sich noch nicht konsolidiert. An einem Tag entfernte sich ein Gefährte, am anderen Tag ein anderer, um Aufgaben in der*

Stadt zu übernehmen, die zuweilen sehr viel risikoreicher waren, aber immer eine Flucht vor den harten Bedingungen auf dem Land bedeuteten.

Es wird noch härter werden, denn es hat sich ein Verräter eingeschlichen. Ein Bauer, Eutimio Guerra, zu dem anfangs ein starkes Vertrauen bestand, ist von Casillas' Truppe gefaßt worden und hat sich bereit erklärt, die Guerilla für 10.000 Pesos zu verraten und Fidel im Tausch gegen einen militärischen Rang bei der Armee zu ermorden. Aufgrund seiner Denunziationen sind Hütten von Bauern niedergebrannt worden, die mit dem 26. Juli zusammenarbeiten. Eutimio erscheint im Lager von Caracas und bittet einen Tag später um Erlaubnis, seine vorgeblich kranke Mutter zu besuchen. Fidel gewährt sie ihm nicht nur, sondern gibt ihm außerdem ein wenig Geld mit. Eutimio geht unverzüglich zu den Militärs und teilt ihnen den Standort des Lagers mit.

Als wir nach einer kalten Nacht in den Morgenstunden des 30. aufstanden, hörten wir Gebrumme von Flugzeugen, die wir vom Wald aus nicht sehen konnten. Die bereits brennenden Lagerfeuer unserer Kochstelle befanden sich etwa zweihundert Meter weiter unten an einer kleinen Wasserstelle, wo sich auch die Spitze der Vorhut aufhielt.

Plötzlich waren das Propellerklopfen eines Kampfflugzeuges, das Geratter von Maschinengewehren und kurz danach die Bomben zu hören. Wir hatten damals noch sehr wenig Erfahrung und glaubten von allen Seiten unter Beschuß zu stehen. Die Kugeln vom Kaliber 50 explodieren beim Aufprall, und da sie in unserer Nähe einschlugen, schien es, als würden sie direkt aus dem Wald kommen. Gleichzeitig waren auch Maschinengewehrsalven zu hören, die aus der Luft abgefeuert wurden. Eutimio selbst fliegt in einer Beaver-Maschine mit und gibt die Position an.

Inmitten des Bombenhagels, der vor allem über das ursprüngliche Lager niedergeht, das sie zufälligerweise in der Nacht zuvor verlegt haben, bleibt Che gemeinsam mit Chao, dem Veteranen aus dem spanischen Bürgerkrieg, als Nachhut zurück, um diejenigen zu sammeln, die sich beim Auseinanderstieben der Kolonne verirrt haben.

Im Laufe des Tages stoßen Guillermo García und zwei weitere Genossen zu ihnen. Sie suchen gemeinsam den vereinbarten Treffpunkt in der Humo-Höhle auf, *deren Namen wir zwar kannten, von der wir aber nicht genau wußten, wo sie lag. So verbrachten wir eine ungewisse Nacht in der Hoffnung, unsere Genossen zu treffen, während wir gleichzeitig fürchteten, auf den Feind zu stoßen.* Die Bauern, die ihnen zufällig begegnen, sind sehr verschreckt. Dem Fuhrmann Ciro Frías, der mit der Guerilla zusammenarbeitet, hat die Armee die Waren konfisziert, den Laden angesteckt, seinen Bruder getötet und seine Frau verhaftet ... Die Nerven sind bis zum Zerreißen gespannt und einer der Rekruten, der Bauer Sergio Acuña, *legte still und leise seinen Patronengürtel und sein Gewehr ab und desertierte von seinem Wachposten. Wir verzeichneten in unserem Feldtagebuch, daß er einen Strohhut, eine Dose Kondensmilch und drei Hartwürste mitgehen ließ. Damals tat es uns vor allem um die Kondensmilch und die Hartwürste leid.*

An diesem 1. Februar findet die Ungewißheit ein Ende, als Crescencio Pérez oben auf einem Hügel auftaucht. *Er führte eine lange Kolonne an, die aus fast allen Genossen bestand und aus einigen neuen Leuten aus Manzanillo, die von Roberto Pesant geleitet wurden.* Die aus Manzanillo haben einige Dinge dabei, die zu diesem Zeitpunkt überaus wertvoll sind, unter anderem Chirurgenbesteck und Unterwäsche. *Ich bekam eine Unterhose ab und Unterhemden mit Initialen, die von jungen Frauen aus Manzanillo eingestickt worden waren.*

Die Gruppe bewegt sich im Gebirge auf bekanntem Gelände. Das Überleben der Guerilla beruht jetzt auf ihrer Beweglichkeit. Die sie unterstützenden Bauern sind Verfolgungen ausgesetzt. Ab und an zwickt der Magen. *Der Augenblick, als Crespo mit einer Dose mit vier Bratwürsten auftauchte, Ergebnis vorangegangener Sparmaßnahmen, und erklärte, daß es ein Geschenk für seine Freunde sei, ist mir noch als eines der größten Bankette meines Lebens in Erinnerung. Crespo, Fidel, ich und ein anderer genossen diese magere Ration, als wäre sie ein üppiges Festessen.*

Che geht es gesundheitlich schlecht. Zu seinen üblichen Asthmaanfällen ist Sumpffieber hinzukommen, und *es waren Crespo und der unvergeßliche Gefährte Julio Zenón Acosta, die mir halfen, diesen quälenden Tagesmarsch zu bewältigen.* Zu allem Überfluß wird er von heftigem Durchfall und Dehydration befallen. Che ist nicht der einzige, der unter der Rauheit der Berge leidet. Ramiro Valdés schmerzt seine alte Beinverletzung. Auch Ignacio Pérez ist verletzt, und einige neue Rekruten halten den Druck nicht aus und werden aus dem Waffendienst entlassen. *Diejenigen, die bei uns bleiben und den ersten Proben standhalten, werden sich an Schmutz, Mangel an Wasser, Essen, Unterkunft und Sicherheit und an das Gefühl gewöhnen, daß sie ständig auf ihr Gewehr vertrauen müssen und daß Zusammenhalt und Widerstand des kleinen Guerillakerns ihren Schutz darstellen.*

In diese Atmosphäre ist der Verräter Eutimio zurückgekehrt. Bei einem der vielen Gespräche am Lagerfeuer erzählt er, er habe davon geträumt, daß der Deserteur Sergio Acuña vom berühmten Korporal Roselló gefoltert und ermordet worden sei. Einige Tage später wird diese Nachricht bestätigt. *Dies löste eine lange philosophische Diskussion darüber aus, ob zukünftige Ereignisse durch Träume vorhergesagt werden können oder nicht. Es war Teil meiner täglichen Aufgaben, der Truppe kulturelle oder politische Vorträge zu halten. Ich erklärte ihnen also klar und deutlich, daß dies nicht möglich war, daß es einem großen Zufall zuzuschreiben war und daß wir alle wußten, daß Sergio Acuña ein solches Schicksal erleiden könnte, daß Roselló in der Gegend wütete usw. Außerdem traf Universo Sánchez den Nagel auf den Kopf, als er erklärte, daß Eutimio ein „Angeber" sei, daß es ihm jemand erzählt haben müßte. Denn er hatte einen Tag zuvor das Lager verlassen und war mit fünfzig Milchdosen und einer Armee-Taschenlampe zurückgekommen.*

Eutimio ist mit der Behauptung zurückgekehrt, daß seine Mutter wieder gesund sei. Er setzt sein Spiel auf einem überraschenden Terrain fort: mit der Ankündigung und Weissagung von Luftangriffen. *Eutimio erklärte mit dem Gesicht eines Wahrsagers:* „Heute habe ich den anderen gesagt, daß der Burro-

Hügel beschossen werden wird." *Die Flugzeuge feuerten Salven auf den Burro-Hügel ab, und er hüpfte vor Freude über seinen Erfolg herum.*

In einer der letzten Nächte vor der Aufdeckung seines Verrats gab Eutimio vor, keine Decke zu haben. Er fragte, ob Fidel ihm seine leihen könnte. In diesem Monat Februar war es oben auf den Bergen reichlich kühl. Fidel antwortete ihm, daß sie auf diese Weise beide frieren würden und daß er sich mit der gleichen Decke wie er zudecken sollte, damit die zwei Decken Fidels beide wärmen würden. Fidel erinnert sich Jahre später noch voller Verwunderung daran: „Er schlief mit zwei Granaten und einer Pistole an meiner Seite." Aber die beiden Granaten waren nicht alles, er mußte auch bereit sein, bei dem Abenteuer umzukommen. Nachdem Eutimio Universo Sánchez und Che über die Positionen der Wachposten ausgefragt hat, gelangt er zu der Ansicht, daß ihm die Flucht nach der Ermordung Fidels äußerst schwerfallen dürfte, und so verzichtet er auf das Vorhaben.

In den nächsten zehn Tagen scheint die Guerilla in einer Lage gefangen zu sein, in der die Armee die Initiative hat. Am 28. Januar schreibt Che an Hilda in Peru und bittet sie um die Fotos der kleinen Hilda Beatriz, die er bei Familie Bauer zurückgelassen hat, als er Mexiko verließ. Außerdem faßt er die ersten militärischen Auseinandersetzungen zusammen ... Es sind Tage einer relativen Ruhe. Raúl trägt am 8. Februar in sein Tagebuch ein: „Heute habe ich angefangen, mit Che Französisch zu lernen. Er hat eine hervorragende Aussprache und ist sehr intelligent." Und später: „Zusammen mit Fidel und Che habe ich eine Hütte gebaut, in der es mehr regnete als draußen. Da habe ich mir vielleicht zwei Spezialisten für diese Arbeit ausgesucht." Am 9. Februar klärt sich die Lage, als ein Bauer sie davon unterrichtet, daß sich ein Verband von 140 Soldaten in der Nähe befindet. Und *tatsächlich konnten wir sie von unserer Stellung aus auf einer kahlen Anhöhe erspähen. Außerdem erzählte er, daß er mit Eutimio gesprochen hatte und dieser erklärt habe, das Gebiet werde in den nächsten Tage bombardiert. Das weckte Fidels Mißtrauen. Endlich war uns das merkwürdige Verhalten Eutimios zu Bewußtsein gekommen. Und die Spekulationen begannen.*

Gegen halb eins am Nachmittag kommt es zu einer Schießerei. Einige Mitglieder der Kolonne Casillas, die unter Eutimios Führung das Lager auf der Anhöhe ausgemacht haben, stoßen zufällig mit ihnen zusammen. *In diesem Augenblick ertönte ein Schuß, gefolgt von einer Gewehrsalve. Unmittelbar darauf war die Luft von Salven und Explosionen erfüllt, die vom geballten Angriff auf unser vorheriges Lager ausgelöst wurden. Das Feld lag sofort verlassen da.*

Später stellen sie fest, daß es neben den beiden toten Soldaten auch einen Verlust unter den Rebellen gegeben hat: Julio Zenón Acosta, ein Bauer und Kämpfer, den Che sehr geschätzt und dem er Lesen und Schreiben beigebracht hat. *Er war mein erster Schüler in der Sierra. Ich bemühte mich, ihm das Alphabet beizubringen. Wenn wir anhielten, brachte ich ihm Buchstaben bei. Wir waren gerade in der Phase, A von O und E von I zu unterscheiden.*

Che gesteht, daß die Flucht sein einziger Beitrag zu dieser kleinen Schlacht war. *Bei diesem Zusammenstoß unternahm ich nichts anderes als einen „strate-*

gischen Rückzug" mit Volldampf, wobei er seinen Rucksack voller Bücher, Medikamente und Essen verlor. Etwas später stößt er zu einer Gruppe, in der sich Camilo Cienfuegos, Almeida, Guillermo García und Universo Sánchez befinden. *Einige Detonationen folgten unseren deutlich erkennbaren Spuren, denn das Tempo unseres Wettlaufs erlaubte es nicht, sie zu verwischen. Als meine Uhr 5.15 pm anzeigte, gelangten wir an eine große Lichtung. Nach einigem Zögern beschlossen wir, die Nacht abzuwarten, da sie uns im Tageslicht sehen konnten. Wenn sie uns auf den Fersen waren, mußten wir uns eben hier verteidigen, was die Stellung zuließ.*

Almeida führt die Gruppe etwas später nach Lomón, zu dem mit Fidel vereinbarten Treffpunkt. *Es gab ein ungeschriebenes Gesetz in der Guerilla, demzufolge der, der seinen persönlichen Besitz verloren hatte, (...) sehen mußte, wie er zurecht kam. Unter den Dingen, die ich verloren hatte, befand sich etwas sehr Wertvolles für einen Guerillero: die zwei oder drei Konserven, die jeder zu diesem Zeitpunkt hatte. Bei Einbruch der Dunkelheit schickte sich jeder in aller Selbstverständlichkeit an, seine winzige Ration zu verspeisen. Und Camilo, der sah, daß ich nichts zu essen hatte, da die wollene Bettdecke nicht sonderlich nahrhaft war, teilte seine einzige Milchdose mit mir. Ich glaube, daß unsere Freundschaft in diesem Augenblick entstand bzw. sich vertiefte.*

Während wir kleine Schlückchen Milch tranken, wobei wir sorgsam darauf achteten, daß die Verteilung gerecht verlief, sprachen wir über eine ganze Reihe von Dingen. Das Gespräch drehte sich ums Essen, denn die Gespräche der Leute drehen sich um ihre dringlichsten Probleme. Und für uns war das Essen in jenen Tagen eine fixe Idee.

Der kleine Trupp kommt am 12. Februar in Lomón an, um sich mit Fidel zu vereinen. Die von Desertionen und ungeordnetem Rückzug dezimierte Guerilla besteht nur noch aus 18 Kämpfern. Hinzu kommt die Gewißheit, daß Eutimio derjenige ist, der ihre Stellungen verraten hat.

Vier Tage später findet auf dem Gehöft von Epifanio Díaz ein entscheidendes Treffen statt. Die wichtigsten städtischen Kader der Bewegung sind zu einem Treffen mit Fidel gekommen. Frank País, Haydée Santamaría, Armando Hart, Vilma Espín, der aus seiner Mission in den Städten zurückgekehrte Faustino Pérez und Celia Sánchez. Che sieht fast alle zum ersten Mal. Frank País macht einen gewaltigen Eindruck auf ihn. *Ich konnte damals nur sagen, daß seine Augen sofort einen Menschen offenbarten, der von einer Sache besessen war und an sie glaubte. Und daß er jemand ganz Besonderes war. Er gab uns eine schweigsame Lektion in Ordnung und Disziplin, indem er unsere verschmutzten Gewehre säuberte, die Patronen zählte und sie säuberlich anordnete, damit sie nicht verlorengingen.*

Haydée und Frank hatten damals die Vorstellung, daß Fidel die Sierra verlassen, in ein lateinamerikanisches Land gehen und die Bewegung neu organisieren sollte. Ihre Idee hält sich nicht einmal die ersten zehn Sekunden des Treffens. Fidel verlangt Munition und Koordination. Sie wagen es nicht, ihren Vorschlag zu erwähnen.

Che steht bei diesen ersten Zusammentreffen der nationalen Leitung des 26. Juli am Rande. Er ist ein Kämpfer unter anderen; als Arzt sogar ein etwas zweifelhafter Kämpfer.

Das Ergebnis der Versammlung ist eine erste Koordination zwischen der Sierra und den Städten. Es wird beschlossen, eine Rekrutierung zu organisieren und Waffen in der Sierra Maestra zu konzentrieren. Außerdem verfassen sie ein Manifest, in dem Fidel kundtut, daß seine Kolonne der „Vernichteten" der Armee kräftig auf der Nase herumtanzt. Gleichzeitig ruft er dazu auf, den bereits in den Städten stattfindenden Krieg auszuweiten, Folterer hinzurichten, Zuckerrohrplantagen anzustecken, öffentliche Dienste, Kommunikationsverbindungen und die gerade stattfindende Ernte zu sabotieren und als Höhepunkt des Prozesses den Generalstreik auszurufen.

Che steht auch bei einem anderen Ereignis am Rande, das dieser Tage stattfindet. Die städtische Bewegung hat in Zusammenarbeit mit Fidel einen Zeitungsknüller vorbereitet: ein Interview in den Bergen. Nach einem Gespräch mit „Bohemia" und „Prensa libre" davon überzeugt, daß die Zensur jedes kubanische Kommunikationsmittel neutralisieren kann und daß die Reichweite der unter immer schwierigeren Bedingungen vertriebenen Untergrundzeitung „Revolución" mit ihren 20.000 Exemplaren sehr beschränkt ist, wird beschlossen, ein internationales Kommunikationsmedium zu suchen. Faustino Pérez setzt sich daraufhin mit dem kubanischen Korrespondenten der „New York Times" in Havanna in Verbindung und bietet ihm ein Exklusivinterview an. Ruby Phillips verständigt New York von dem Angebot. Die Antwort kommt schnell und mit ihr der für das Interview bestimmte 57jährige Journalist Herbert Matthews, Verantwortlicher der Leitartikelseite, berühmt für seine internationalen Reportagen und insbesondere für seine hervorragende Berichterstattung während des spanischen Bürgerkriegs.

Eine komplexe Operation, die von Havanna aus koordiniert wird, bringt Matthews von New York über die kubanische Hauptstadt und Santiago in die Sierra. Fidel will, daß die Guerilla während des Zusammentreffens ein soldatisches Erscheinungsbild bietet und fordert Fajardo auf, daß sie militärische Haltung annehmen soll. Fajardo wird Jahre später spöttisch anmerken: „Ich schaute mich an, ich schaute die anderen an: kaputte, mit Draht zusammengeschnürte Schuhe, die vor Schmutz strotzten." Es ist nicht das einzige verrückte Detail des Interviews: Um der Frage Matthews' über die Anzahl der Männer in Waffen zuvorzukommen, deutet Fidel mit der Hand auf die Umstehenden: „Und das ist mein Generalstab". Er erzählt allerdings nicht, daß diesem keine Armee untergeordnet ist. Zwar machten diese Argumente möglicherweise keinen besonderen Eindruck auf den Nordamerikaner, der in seinem Leben schon andere revolutionäre Armeen gesehen hatte, aber allein die Existenz eines lebenden und kämpfenden Fidel war eine weltweite Nachricht. Seine zwischen dem 24. und 26. März 1957 in der „New York Times" veröffentlichte Chronik spiegelte das allgemeine Klima des Widerstands und der Ablehnung der Diktatur wider, die in den beiden größten Städten der Insel herrschte, sowie die Stärke Fidels als Anführer der Bewegung. Angesichts der ständigen Nachrichten, daß er tot und seine Gruppe aufgerieben sei, war es ein sehr harter Schlag für das Regime, der noch härter werden sollte. Am 26. März wurde kurzfristig die Zensur in Kuba aufgehoben, und das Interview wurde in verschiedenen Presseorganen nachgedruckt und im Radio ausgestrahlt. Der Verteidigungsminister reagierte wutentbrannt und erklärte, daß man es „als Kapitel eines Science-fiction-Romans ansehen kann". Und der militärische Leiter des Ostteils der Insel machte sich mit der Erklärung lächerlich, daß niemand die Sperre seiner Truppen durchbrechen könnte. Die Polemik steigerte das weltweite Interesse. Matthews setzte nach und veröffentlichte zwei Tage später ein Autogramm von Fidel und mehrere mit einer Boxkamera aufgenommene Fotos, auf denen der Journalist und Fidel gemeinsam in der Sierra zu sehen sind.

Che, als fühlte er sich von dieser besonderen Rolle eines Nordamerikaners belästigt, schreibt später: *Der Besuch von Matthews war selbstverständlich ein sehr flüchtiges Ereignis.*

Es gibt ein Foto aus jenen Tagen, auf dem Che und Universo Sánchez mit ihren Gewehren an der Seite vor der Kamera posieren. Das Foto wird von der kubanischen Presse in einem der wenigen Momente der Aufhebung der Zensur veröffentlicht: Che hat einen Schnurrbart, der übrige Bart ist noch nicht gewachsen. Bildlich gesprochen, handelt es sich um den Prä-Che.

Kapitel 12
★
Exekution

Nach dem Treffen und dem Interview kehrt die Guerilla zu ihrer unerläßlichen Mobilität zurück. Als sie zum Aufbruch bereitsteht, trifft die Nachricht ein, daß sich Eutimio Guerra in der Gegend aufhält. Von Ciro Frías gefangengenommen, wird er ins Lager gebracht. Bei seiner Durchsuchung findet man die Pistole, die Granaten und einen von Casillas unterzeichneten Geleitbrief der Armee. Der Verräter schreit: „Schießt mir eine Kugel in den Kopf, aber lest nicht den Brief!" *Er fiel vor Fidel auf die Knie und bat darum, getötet zu werden. Er sagte, er wisse, daß er den Tod verdient habe. Er schien plötzlich gealtert zu sein, seine Schläfen waren voller grauer Haare, was mir vorher noch nie aufgefallen war. Wir waren alle außerordentlich angespannt. Fidel warf ihm mit harten Worten seinen Verrat vor. Eutimio gestand sein Vergehen und flehte um seinen Tod. Für alle, die wir noch leben, bleibt der Moment, als sein Freund und Nachbar Ciro Frías zu ihm sprach, unvergeßlich. Er erinnerte ihn daran, was er alles für ihn getan hatte, an kleine Gefälligkeiten, die er und sein Bruder der Familie Eutimios erwiesen hatten, und wie er sie verraten hatte: Zuerst wurde durch seine Anzeige Frías' Bruder von den Soldaten ermordet und danach hatte er versucht, die ganze Gruppe zu vernichten. Es war eine lange und pathetische Anklage, die*

Eutimio schweigend mit gesenktem Kopf anhörte. Am Ende wurde er gefragt, ob er noch irgendetwas wolle, worauf er antwortete: die Revolution, oder besser gesagt, wir sollten uns um seine Kinder kümmern.

Fidel gibt Universo den Befehl, ihn zu füsilieren. Er hat später berichtet: „Ich hätte ihn zehnmal umgebracht. Che kam dazu, wir griffen ihn zu zweit unter die Arme und schleppten ihn weg, um ihn nicht vor den Leuten zu töten. Ich nahm ihn beiseite, gab ihm eine Flasche Rum, die er unterwegs in einem Zug leer trank. Die ganze Zeit über stammelte er: ‚Bringt mich um!'" *In diesem Moment brach ein Gewitter los und mitten in einem gewaltigen Wolkenbruch, unter Blitzen und dröhnenden Donnerschlägen, wurde es stockdunkel.* In Universos Bericht heißt es: „Ich hatte ein Gewehr dabei, aber plötzlich zog Che einen 22er Colt und jagte ihm, plaff, eine Kugel in den Kopf. ‚Verflucht, Che, du hast ihn umgebracht!' Er fiel auf den Rücken und gab den Geist auf. Und überall Blitze. Es war eine verteufelte Sache, schrecklich."

Che, der die Dinge normalerweise beim Namen nennt und keine Halbwahrheiten von sich gibt, hat niemals öffentlich zugegeben, den Verräter Eutimio exekutiert zu haben. Er beschränkt sich später auf den Hinweis: *Als einer dieser Blitze mit seinem dazugehörigen Donner in der Nähe einschlug, endete das Leben des Eutimio Guerra, ohne daß die in der Nähe befindlichen Genossen den Schuß gehört hätten.*

Am nächsten Tag begruben wir ihn dort, wo er lag. Dabei kam es zu einem kleinen Zwischenfall: Manuel Fajardo wollte ein Kreuz an der Stelle errichten. Ich verbot es, denn es wäre sehr gefährlich für die Besitzer der Hacienda gewesen, wenn Spuren von dieser Hinrichtung gefunden worden wären. Daraufhin ritzte er ein kleines Kreuz in einen der umstehenden Bäume.

Die Denunziationen Eutimios richten noch nach seinem Tod großes Leid unter den Bauerngemeinschaften des Gebirges an. Am 25. April nimmt die Armee die Hütte von Dariel Alarcón unter Beschuß und ermordet dessen Ehefrau. Dariel greift daraufhin zu den Waffen.

Die Guerilla macht sich wieder auf den Weg. *In diesen Tagen bewegten wir uns in langsamen Märschen ohne festes Ziel und verbargen uns in kleinen Waldlichtungen.*

Am 22. Februar wird Che Opfer eines erneuten Asthmaanfalls – als ob ihm sein Organismus die Exekution von Eutimio heimzahlen würde, denn er hat keine Arzneimittel. Der Anfall ist so stark, daß er in seiner Erinnerung daran von der *schmerzvollsten Etappe des Krieges* spricht. Eine Woche lang schleppt er sich mühselig durch die Berge, bis die Armee am 28. Februar zu dem Bauernhaus vorrückt, in dem sie sich gerade ausruhen. *Es war ein großer Soldatentrupp, der heranzog, um das Gelände zu besetzen. Wir mußten schleunigst den Fuß der Anhöhe erreichen und auf die andere Seite gelangen, bevor uns die Truppen den Weg abschnitten. Es war an sich nicht sehr schwierig, da wir sie rechtzeitig gesehen hatten.* Doch auch die Guerilla ist entdeckt worden, und die Armee nimmt die Schilfhütte mit Mörsern und Maschinengewehren unter Beschuß. *Alle gelangten leichtfüßig zur Anhöhe und überwanden sie; für mich war es eine fürchterliche Anstrengung. Ich kam zwar an, litt aber unter einem derartigen Asthmaanfall, daß mir praktisch jeder Schritt schwerfiel. Ich erinnere mich noch an die Mühen, die Crespo auf sich nahm, um mir beim Gehen zu helfen. Als ich nicht mehr weiter konnte und darum bat, mich zurückzulassen, erklärte mir der Bauer im speziellen Wortschatz unserer Truppe*: „Du Scheißargentinier ... Entweder du läufst weiter oder ich treib dich mit Kolbenstößen vorwärts." Fajardo hat Jahre später voller Bewunderung berichtet: „Und er warf ihn sich einfach über die Schulter, mit Rucksack und allem!" Die Version von Efigenio Ameijeiras ist allerdings nicht ganz so zuvorkommend: „Als man die ersten Granaten und Maschinengewehrgarben hörte, wirkte dies wie ein Vitalisierungsbalsam auf den übel mitgenommenen Che. Und man kann sagen, daß unter allen, die wir da losrannten, Che seinem Landsmann Fangio in nichts nachstand. Später gestand er uns, daß die Anwesenheit feindlicher Soldaten das beste Gegenmittel für seine Krankheit war."

Auf ihrer Flucht kommt die Guerilla an einer Schilfhütte vorbei, die an einem Ort mit dem Namen Purgatorio [Fegefeuer] liegt. Fidel beschließt, Che dort zusammen mit Luis Barrera zurückzulassen, einem dubiosen Rekruten, der auf den Spitznamen El Maestro hört. Efigenio Ameijeiras berichtet: „Wir mußten ihn in den frühen Morgenstunden in einer von Soldaten verseuchten Gegend seinem Schicksal überlassen, da er unbedingt auf Medikamente angewiesen war. Die einen mit einer Umarmung, die anderen mit einem Händedruck, verabschiedeten wir unseren dem Verrat preisgegebenen Gefährten." *In einer Geste von Großmut gab mir Fidel ein Johnson-Repetiergewehr, eines der Juwelen unserer Guerilla, damit wir uns verteidigen konnten.*

Nachdem sie einen sympathisierenden Bauern mit der Beschaffung von Adrenalin beauftragt hat, nimmt die Guerilla ihren Weg wieder auf. Che verbirgt sich gemeinsam mit El Maestro in einem nahegelegenen Wald. *Der Bauer führte den Auftrag aus und versorgte mich mit genügend Adrenalin. Damit begannen die zehn bittersten Tage des Kampfes in der Sierra. Auf das Gewehr gestützt, mich von Baum zu Baum vorwärtsschleppend, begleitet von einem verschreckten Soldaten, der jedesmal zitterte, wenn eine Schießerei begann, und einen Nervenzusammenbruch bekam, wenn mich das Asthma an einer gefährlichen Stelle zum Husten zwang, legten wir eine Strecke, die normalerweise etwas mehr als einen Tagesmarsch beansprucht hätte, in zehn langen Tagen zurück, bis wir wieder im Haus von Epifanio ankamen.*

Che erreicht den Treffpunkt am 11. März. Es ist ein Gebiet, wo es von Armeepatrouillen wimmelt. Fidel und die anderen Guerilleros sind noch nicht angekommen. Allerdings erhalten sie zwei Tage später Nachricht von der Ankunft einer wichtigen Verstärkung aus den Städten, aber auch weniger gute Nachrichten: Frank País ist in Santiago verhaftet worden und Armando Hart in Havanna.

Am 13. März, während wir die neue revolutionäre Truppe erwarteten, meldete das Radio die Nachricht von einem fehlgeschlagenen Attentat auf Batista und die Namen von einigen der Toten, an erster Stelle den Studentenführer José Antonio Echevarría und daneben noch andere, wie zum Beispiel Menelao Mora.

Es hatte sich um einen gescheiterten Sturm auf den Nationalpalast und einen Radiosender gehandelt, der vom Direktorium organisiert worden war, das damit seine Stadtguerillastrategie einleitete. Dieser erste Zusammenstoß brachte der Organisation studentischen Ursprungs starke Verluste ein, was sie aber nicht daran hinderte, ihren Kampf gegen die Diktatur fortzusetzen.

In der Zwischenzeit kommt es beim ersten Treffen mit der Verstärkung zu einem Zusammenstoß zwischen Che und dem Hauptmann, der sie anführt:

Wie heißt du? fragt Che.

„Jorge Sotús. Warum?"

Ich habe Anweisungen von Fidel, euch unter meine Aufsicht zu nehmen und zum Treffpunkt zu führen.

„Auf keinen Fall. Ich traue keinem. Der Chef dieser Truppe bin ich."

Wie bitte?

„Ich habe Anweisungen von der Führung der Ebene, diese Verstärkung zu Fidel zu führen."

Das wird sich morgen noch zeigen, antwortet Che, seinen Stolz unterdrückend.

In der Nacht versammeln sich die Studenten aus Santiago um das Lagerfeuer und stimmen Lieder an. *Die Verstärkung bestand aus fünfzig Mann, von denen nur etwa dreißig bewaffnet waren. Sie hatten zwei Maschinengewehre dabei, ein Madzen und ein Johnson. Nach den wenigen Monaten in der Sierra waren wir bereits Veteranen geworden und bemerkten bei der neuen Truppe alle Mängel, die die ursprüngliche Granma-Gruppe auch gehabt hatte. (...) Zwischen beiden Gruppen waren gewaltige Unterschiede zu spüren: die unsrige diszipliniert, ein kompakter Block, kampferprobt. Die der Neulinge hingegen litt noch an den Anfängerkrankheiten. Sie waren noch nicht daran gewöhnt, nur einmal am Tag zu essen, und wenn sie das Essen nicht kannten, rührten sie es nicht an. Sie schleppten in ihren Rucksäcken unnützes Zeug mit sich herum. Und wenn sie ihnen zu schwer wurden, zogen sie es beispielsweise vor, eine Dose Kondensmilch abzugeben, statt sich eines Handtuchs zu entledigen (Kardinalsdelikt in der Guerilla). Wir nutzten die Gelegenheit, um alle Dosen und Lebensmittel einzupacken, die sie liegenließen.*

Die Truppe beginnt mit dem Aufstieg in die Sierra. Aufgrund ihres ungenügenden Trainings kommt sie nur langsam voran. Sotús ist einer der schlechtesten, aber Che wagt es nicht, ihm Vorschriften zu machen, obwohl er Anweisungen von Fidel hat, die Gruppe anzuführen. *Damals hatte ich noch meinen Ausländerkomplex und ich wollte es nicht zu weit treiben, auch wenn in der Truppe eine deutliche Unzufriedenheit zu beobachten war. Nach sehr kurzen Marschstrecken, die aufgrund der mangelhaften Vorbereitung überaus lange Zeit in Anspruch nahmen, erreichten wir einen Ort in La Derecha, wo wir auf Fidel Castro warten sollten.*

Am 24. März vereint die Ankunft Fidels die Gesamtheit der Guerillakräfte. *Fidel kritisierte mich, weil ich die mir übertragene Autorität nicht durchgesetzt und sie dem Neuankömmling Sotús überlassen hatte. (...) Die neuen Trupps wur-*

den gebildet und die ganze Truppe wurde in drei Züge aufgeteilt, die von Raúl Castro, Juan Almeida und Jorge Sotús befehligt wurden. Camilo Cienfuegos sollte die Vorhut übernehmen und Efigenio Ameijeiras die Nachhut. Ich erhielt das Amt des Stabsarztes und Universo Sánchez das des Gruppenchefs. (...) Wir sprachen darüber, was als nächstes zu unternehmen wäre. Ich war der Meinung, daß wir den erstbesten Posten angreifen sollten, um die neuen Genossen im Kampf zu stählen. Aber Fidel und die anderen Mitglieder des Rats hielten es für besser, sie eine Zeitlang marschieren zu lassen, damit sie sich an die Härten des Lebens im Urwald und an die Klettertouren gewöhnten. Deshalb wurde beschlossen, in östlicher Richtung aufzubrechen, so weit wie möglich zu marschieren und dabei nach der Möglichkeit Ausschau zu halten, irgendeine Gruppe Soldaten anzugreifen, wenn die Neulinge erstmal eine Grundeinführung in die Guerillapraxis erhalten hatten.

Ende März und der gesamte Monat April 1957 vergehen für die Kolonne der 80 Männer mit Märschen und Ausbildung. Che schließt sich mit Crespo und Fajardo zusammen, mit denen er einen gemeinsamen Nahrungsfonds unterhält. Ab und zu protestiert er bei der Aufteilung, da die anderen beiden dafür sind, immer eine Reserve im Rucksack aufzubewahren, während er es vorzieht, alles gleich zu verschlingen und danach zu hungern, aber nichts schleppen zu müssen. *Eure Gesellschaft ist für mich nicht von Vorteil, denn obwohl ich nicht jeden Tag esse, esse ich viel.* Schließlich gibt er widerstrebend nach: *Es ist besser, mit vollem Bauch zu sterben als mit leerem.* Seine Gefräßigkeit hat, der Erinnerung seiner Gefährten zufolge, seinen egalitären Geist nicht beeinträchtigt. Selbst wenn er nur „ein Bonbon hatte, teilte er es mit einem Stein in drei Stücke“, erinnert sich Crespo.

Bei den Märschen werden die Erfahrungen weitergegeben: *Einige Veteranen zeigten den Neuen die Kunst des Kochens und der maximalen Verwertung der Lebensmittel, die Kunst des Rucksacktragens und die Art und Weise, wie im Gebirge marschiert werden muß.*

Aus dieser Zeit datiert die Gewohnheit der Rebellen, Haare und Bart wachsen zu lassen, vielleicht auch eine Maßnahme, um den Veteranen vom Neuling zu trennen. Der erste, der sich seine Haare nicht mehr schnitt, war Crespo. Fidel schnitt sich zwar die Haare, ließ aber seinen Bart stehen. Che schnitt sich die Haare, der Bart wollte nicht so recht wachsen. Mit ihren unrasierten Gesichtern wurden die Rebellen allmählich zu einem Mythos im Gebirge. Sie knüpften immer engere Beziehungen zu den Bauern, während die Regierung unter General Batista ihre Existenz verleugnete. *In jenen Tagen flog eine Armeemaschine Journalisten in mehreren tausend Metern Höhe über die Sierra Maestra, um sie davon zu überzeugen, daß niemand im Gebirge lebte. Es war eine merkwürdige Operation, die niemanden überzeugte.*

Als Teil der Maßnahmen gegen die gezielten Fehlinformationen über die Bewegung wird ein neues Interview mit einem nordamerikanischen Journalisten organisiert. Haydée Santamaría und Celia Sánchez steigen am 23. April mit Robert Taber und einem Kameramann in die Berge. Das Interview findet sogar auf dem Gipfel des Berges Turquino (der Aufstieg dorthin war *eine geradezu mystische Operation),* der höchsten und unzugänglichsten Stelle der Sierra Maestra, statt. Das Foto der Guerilleros, die mit erhobenen Waffen Kuba hochleben lassen, das mehrere Jahre lang als Illustration der kubanischen Revolution dienen sollte, wird hier aufgenommen.

Che ist in diesen Tagen gut gelaunt, denn er hat endlich eine Hängematte aus Zelttuch erhalten. *Die Hängematte ist ein begehrtes Gut, das ich aufgrund des strengen Guerillagesetzes erst jetzt erhielt. Hängematten aus Zelttuch stehen nur denen zu, die vorher eine Matte aus Sackleinen gemacht hatten. So wurde das Faulenzertum bekämpft. Alle konnten sich eine Hängematte aus Sackleinen machen, und eine zu haben, gab dir das Recht, bei der nächsten Lieferung Zelttuch zu bekommen. Aufgrund meiner Allergie konnte ich allerdings die Hängematte aus Sackleinen nicht benutzen: Die Flusen belästigten mich, und so mußte ich auf dem Boden schlafen. Und da ich keine Hängematte aus Sackleinen hatte, stand mir eben auch keine aus Zelttuch zu. Diese kleinen Alltagserfahrungen sind Teil der individuellen Tragödie einer jeden Guerilla und nur bei ihr zu finden. Allerdings wurde Fidel auf meine besondere Lage aufmerksam und verletzte die Regel, um mir eine Hängematte zukommen zu lassen.*

Während eines Ausweichmanövers vor einer Kolonne Soldaten beim Abstieg vom Pico Turquino verschärfen sich Ches Asthmaanfälle. Angesichts seines kläglichen körperlichen Zustands, der ihn ans Ende der Marschkolonne verschlägt, nehmen sie ihm sein Thompson-Schnellfeuergewehr ab. *Es dauerte drei Tage, bis sie es mir zurückgaben. Das waren die bittersten Tage, die ich den Bergen verbrachte: unbewaffnet zu sein, wo wir jeden Tag Zusammenstöße mit den Soldaten haben konnten!*

In den ersten Maitagen folgen Märsche und Gegenmärsche in den Osten der Sierra Maestra, um eine Waffenladung abzuholen, die aus Santiago kommen soll. Und auch die Kontaktaufnahme mit den Bauern geht weiter. *Zu dieser Zeit mußte ich meine Pflichten als Arzt erfüllen, und in jedem kleinen Dorf, in das wir kamen, hielt ich eine Sprechstunde ab. Es war eine monotone Angelegenheit, denn ich hatte nicht viele Medikamente zur Verfügung und die klinischen Fälle im Gebirge unterschieden sich nicht stark voneinander: vorzeitig gealterte, zahnlose Frauen, Kinder mit aufgeblähten Mägen, Parasiten, Rachitis und allgemeiner Vitaminmangel waren die Krankheitsbilder in der Sierra Maestra. Ich erinnere mich an ein kleines Mädchen, das in eine Sprechstunde kam, die ich für die Frauen aus der Gegend abhielt, die mich mit einer geradezu religiösen Mentalität aufsuchten, um die Gründe für ihre Leiden zu erfahren. Nachdem dieses Mädchen voller Aufmerksamkeit allen Untersuchungen beigewohnt hatte, die ich im einzigen Raum der fensterlosen Hütte durchführte, verriet sie ihrer Mutter, die als nächste an der Reihe war: „Mama, dieser Doktor erzählt allen dasselbe."*

Die Guerilla und die Bauernschaft verschmolzen allmählich zu einer einzigen Masse, ohne daß jemand den genauen Zeitpunkt bestimmen konnte, an dem dies geschah, an dem das Proklamierte zur tiefen Wahrheit wurde und wir uns in einen Teil der Bauernschaft verwandelten. Was mich angeht, weiß ich nur, daß diese Sprechstunden unter den Bergbewohnern meine spontane und etwas lyrische Entscheidung zu einer anderen und gelasseneren Kraft werden ließen. Diese geduldigen und aufrichtigen Bewohner der Sierra Maestra haben niemals etwas von ihrer Rolle als Schmiede unserer revolutionären Ideologie geahnt.

Auf einer dieser Wanderungen über die Wege und Pfade der Sierra Maestra verläuft sich Doktor Che. Drei Tage irrt er im Wald herum, bis ihn ein Bauer zurück in das Lager führt. *Es war ein sehr ergreifendes Wiedersehen mit der Kolonne, dank des warmen Empfangs, den sie mir bereitete.*

Die Informationen über die erwartete Waffenlieferung sind widersprüchlich. Sie ist ausgesprochen wichtig, da die Kolonne durch den Beitritt zahlreicher junger Bauern enorm gewachsen ist. Bei einer der Expeditionen zur Kontaktaufnahme wird ein Rebell aus der Vorhut von Soldaten der Garnison Pino del Agua gefangengenommen und ermordet.

Die Waffen gibt es, aber die Verbindungsleute versagen und Gerüchte ersetzen die Nachrichten. Sind sie der Armee in die Hände gefallen? Während der Wartezeit taucht ein neuer US-Journalist auf, der gebürtige Ungar Andrew Saint George. Che kümmert sich um ihn, da niemand in der Gruppe Englisch spricht und sie sich zumindest auf französisch verständigen können. Während seines Aufenthalts wird das Taber-Interview im US-amerikanischen Fernsehen ausgestrahlt. Die Nachricht *bereitete allen Freude außer Andrew Saint George, dessen kleines Journalistenherz enttäuscht war. Tags darauf verließ er die Gegend von Babún auf einer Jacht in Richtung Santiago de Cuba.*

Es ist nicht die einzige wichtige Nachricht, die die Rebellen erreicht. Bei der Urteilsverkündung im Prozeß gegen die gefangen genommenen Expeditionsteilnehmer der „Granma“ bringt ein Richter seine Opposition zur Regierung mit einem persönlichen Votum gegen die Strafen zum Ausdruck. Dieser Mann, Urrutia, setzt damit sein Leben aufs Spiel.

Während sie auf Nachrichten von den Waffen warten, schlagen sich die Rebellen mit Moskitos herum, lernen unter erbärmlichen Hygienebedingungen in den Bergen zu überleben und dehnen nach und nach ihren Einflußbereich und ihr Mitkämpfernetz aus. Es sind Zeiten, in denen *unser Geruchssinn sich in vollkommenem Gleichklang mit dieser Art von Leben befand. Die Hängematten der einzelnen Guerilleros wurden an ihrem individuellen Geruch erkannt und unser schlimmster Feind war die „Macaguera“, eine Art Bremse, deren Stiche sich beim Kratzen – so schmutzig, wie wir waren – leicht entzündeten und beträchtliche Abszesse hervorriefen.*

Am 18. Mai wird die Existenz der Waffen bestätigt, und sie können nun endlich abgeholt werden. *Für uns war es das wunderbarste Schauspiel der Welt. Vor den begierigen Augen der Kämpfer lagen die Todesinstrumente aufgereiht wie in einer Ausstellung. Drei Dreibeinmaschinengewehre, drei leichte Madzen-Maschinengewehre, neun M-1-Karabiner, zehn Johnson-Selbstlader und insgesamt sechstausend Schuß Munition. Obwohl wir für die M-1-Karabiner nur 45 Schuß pro Einheit hatten, wurden bei der Aufteilung die bereits erworbenen*

Verdienste der Kämpfer und ihre im Gebirge verbrachte Zeit zugrunde gelegt. Che bekommt eines der Mazden-Gewehre. *Ich werde mich immer an den Augenblick erinnern, in dem mir dieses minderwertige und sehr alte Maschinengewehr ausgehändigt wurde.*

Die Guerilla ist auf über 150 Mann angewachsen. Unter ihnen befinden sich einzigartige Figuren: ein außerordentlich sympathischer und mythomanischer Bauer, der den Spitznamen El Vaquerito [Der kleine Cowboy] erhält und dessen Schicksal sich mit dem von Che noch mehrmals kreuzen wird, und ein fünfzehnjähriger Bergbauer namens Joel Iglesias. Joels erster Eindruck von der Kolonne ist entmutigend: „Wir sahen eine Gruppe von mageren, blassen und bärtigen Leuten in sehr schlechtem körperlichen Zustand, die unerträglich stanken." Er wird noch stärker entmutigt, denn Fidel weist ihn mit dem Argument zurück, daß er noch ein Kind sei. Aber wie viele andere junge Bauern auch ist Joel gekommen, um zu bleiben, und während andere Entmutigte weggehen, macht er solange die Runde im Lager, bis Che ihn mit der Frage anspricht:

Traust du dich, diesen Sack zu tragen?

Der Sack ist voller Maschinengewehrpatronen. Joel hebt ihn hoch und tritt seine Rolle als Gehilfe an.

Am 23. Mai entläßt Fidel die am wenigsten vertrauenswürdigen Männer, und die Guerilla wird auf *127 Männer verkleinert, die meisten bewaffnet und 80 von ihnen mit guten Waffen.*

Am 25. Mai trifft die Information ein, daß in der Region Mayarí eine Gruppe von Revolutionären unter der Führung von Calixto Sánchez an Land gegangen ist. Ausgehend von diesen vagen Nachrichten und in Unkenntnis davon, daß die eingetroffene Gruppe fast vollständig gefaßt wurde, entscheidet sich Fidel für die seit zwei Monaten aufgeschobene Aktion. Die ehemaligen „Granma"-Leute sind sehr mitfühlend bei der Vorstellung, daß es eine Gruppe von gerade an Land Gegangenen gibt, die ihr Leben vor der Verfolgung durch die Armee zu retten versuchen. Sie wollen durch eine Aktion *die Kräfte des Feindes ablenken, damit diese Leute versuchen können, an irgendeinen Ort zu gelangen, wo sie sich neu organisieren und ihre Aktionen beginnen können.*

Die Entscheidung führt zu einer Diskussion zwischen Che, der einen Hinterhalt gegen einen der Armeelastwagen, die in die Sierra fahren, vorschlägt, und Fidel, der einen ernsthaften Angriff gegen eine Kaserne führen will, der zugleich ein unbestreitbarer Beweis für die Präsenz der Guerilla wäre. *Denn er hätte eine starke psychologische Wirkung und würde im ganzen Land bekannt werden, was bei einem Angriff auf einen Lastwagen nicht der Fall wäre, wo sie die Toten und Verletzten ja als Unfallopfer ausgeben könnten. Und selbst wenn die Leute die Wahrheit ahnten, würde unsere tatsächliche kämpfende Präsenz im Gebirge dadurch nicht bekannt.* Fidel trifft die Entscheidung, *aber er überzeugte mich nicht.*

Jahre später erst gestand Che ein, daß Fidel recht hatte, und gab zu seiner eigenen Entschuldigung an: *Damals trieb uns unsere Kampfbegierde immer zu den drastischsten Haltungen. Uns fehlte Geduld und vielleicht auch die nötige Vision, um längerfristige Ziele zu erkennen.*

Kapitel 13

★

Den Boden aufkratzend

Eine Bäuerin, von Che Alte Chana getauft, erzählt es besser, als ich es könnte: „Fidel und Che setzten sich hin und kratzten mit einem Stöckchen Pläne in den Boden. Sie dachten anscheinend daran, Krankenhäuser zu bauen, Schulen zu bauen, Straßen zu bauen, denn sie ritzten eine Menge Striche in den Schlamm.“ Die postrevolutionäre Version klingt schön, hat aber wohl nicht sehr viel mit der Wirklichkeit zu tun. Die Striche, die Fidel und Che in den Boden ritzten, waren eine schematische Darstellung des Lageplans einer Armee-Kaserne, der Uvero-Kaserne.

Am 27. Mai befiehlt Fidel den Aufbruch der etwa 80 Mann starken Kolonne, die aufgrund eines Übermaßes an *merkwürdigen Vorsichtsmaßnahmen* einen achtstündigen Nachtmarsch durchführen muß, um die 16 Kilometer zurückzulegen, die ihr provisorisches Camp vom Kasernengebiet trennen.

Den Worten von Crescencio Pérez zufolge liegt El Uvero „in einer sehr kleinen Ebene an der Meeresküste. Es gibt eine kleine Landungsbrücke, eine kleine Lademole für Holz und einen Strand aus Geröll.“

Die Stöckchenstriche auf dem Boden berücksichtigen auch den Standort der Wachposten und die Lage des Tagelöhnerquartiers, des Sägewerks, auf das nicht geschossen werden darf. *Denn dort lebten Frauen und Kinder, einschließlich der Frau des Sägewerkverwalters, die von unserem Angriff wußte, den Ort aber nicht verlassen wollte, um keinen Verdacht auf sich zu lenken. Als wir uns aufmachten, um die Angriffspositionen einzunehmen, galt unsere größte Sorge der Zivilbevölkerung.*

Fidel bezieht Stellung auf einem Hügel, von dem aus die Kaserne zu überblicken ist. Ihm gegenüber befindet sich die Gruppe von Raúl. Che ist beauftragt, mit seinem Maschinengewehr eine Lücke neben der Gruppe von Camilo zu decken. Er wird von zwei Neulingen begleitet, die er als Gehilfen rekrutiert hat. Der eine ist der blutjunge Joel Iglesias, den er als Aufnahmetest einen Sack mit Maschinengewehr-Ladestreifen tragen ließ; der andere, Oñate, hat den Spitznamen *Cantinflas*. Joel erinnert sich später: „Weder Cantinflas noch ich hatten die leiseste Vorstellung davon, was ein Gefecht war. Wir hatten noch nicht einmal einen Kriegsfilm gesehen.“ Die verschiedenen Gruppen haben Schwierigkeiten, ihre Posten zu beziehen, was angesichts der besonderen Anordnung der von kleinen Feldwachen umgebenen Kaserne von entscheidender Bedeutung ist. Aber die Dämmerung rückt heran, und kurz nach fünf gibt Fidel den ersten Schuß ab.

Als Fidel mit seinem Teleskopgewehr das Feuer eröffnete, erkannten wir die Kaserne durch das Mündungsfeuer der gegnerischen Schüsse.

Die Trupps beginnen ihren Vormarsch. *Almeida bewegte sich auf den Posten zu, der den Eingang zum Quartier in seinem Angriffsbereich verteidigte. Zur Linken sah man Camilos Mütze mit einem Nackentuch, als wäre er von der Frem-*

denlegion, aber es waren die Insignien der Bewegung darauf. Wir rückten im von allen Seiten ertönenden Gewehrfeuer voran. Selbst Celia Sánchez ist mit einer M-1 dabei. Ches Trupp wird von Manuel Acuña und Mario Leal ergänzt. *Der Widerstand war immer hartnäckiger geworden und wir waren am ebenen, unbewachsenen Kasernenvorplatz angelangt, wo wir nur unter unendlichen Vorsichtsmaßnahmen vorwärtskamen, denn der Feind schoß ohne Unterlaß und treffsicher.*

Aber Che bleibt nicht stehen. Acuña erzählt: „Wir rückten unablässig schießend auf die Kaserne vor (...), aber auch sie schossen ständig. Du fühltest, wie die Kugeln zischend an deinem Kopf vorbeischwirrten, und wenn sie auf einem Stein oder Stock aufprallten, machte es tack, tack, tack ... und wir rückten mit Che vor."

Almeida sieht Che feuernd vorpreschen: „Mit einem Löwenmut stellte er sich dem Kugelhagel (...) und hinter ihm kamen die Munitionsträger Joel, Oñate und Manuel Acuña, der ihn, wie es schien, mit seinem Gewehrfeuer unterstützte."

„Vorwärts Che, du bist ein Teufelskerl!"

Von meiner etwa 50 bis 60 Meter von den feindlichen Vorposten entfernten Stellung aus sah ich, wie aus dem vor mir liegenden Schützengraben zwei Soldaten hervorstürmten. Ich nahm sie unter Beschuß, aber sie flüchteten sich in die Tagelöhnerquartiere, die für uns unantastbar waren. Wir rückten weiter vor. Aber es lag nur noch ein kleines Gelände ohne die geringste Deckungsmöglichkeit vor uns, und die Kugeln pfiffen gefährlich nah an uns vorbei. In diesem Augenblick hörte ich in meiner Nähe Wimmern und Schreie mitten im Gefechtslärm. Ich dachte, daß es sich um einen feindlichen Soldaten handeln würde, und robbte weiter, während ich den anderen aufforderte, sich zu ergeben. In Wirklichkeit war es der am Kopf verletzte Genosse Leal. Ich untersuchte kurz die Wunde, einen Scheitelbeindurchschuß. Leal verlor allmählich das Bewußtsein, während die Lähmung seiner Gliedmaßen einsetzte. Das einzige Verbandszeug, das ich zur Hand hatte, war ein Stück Papier, das ich auf seine Wunde legte.

Die Kameraden erzählten später, wie unser ortskundiger Führer, Eligio Mendoza, sein Gewehr ergriff und sich in den Kampf stürzte. Der abergläubische Mann hatte einen „Schutzheiligen". Als sie ihm sagten, daß er aufpassen sollte, antwortete er verächtlich, daß sein „Heiliger" ihn vor allem Übel schützen würde. Wenige Minuten später bekam er eine Kugelladung ab, die seinen Rumpf buchstäblich durchsiebte. Die gut verschanzten feindlichen Truppen fügten uns mehrere Verluste zu und warfen unseren Vormarsch zurück, der vor allem im Bereich des Haupteingangs sehr schwierig war. Am Peladero-Weg versuchte Jorge Sotús mit einem Adjutanten, der den Spitznamen El Policía [die Polizei] *hatte, die Stellung unter Flankenfeuer zu nehmen. Aber der letztgenannte wurde sofort getötet und Sotús mußte ins Meer springen, um dem sicheren Tod zu entgehen. Damit war seine Beteiligung am Gefecht praktisch zu Ende. Andere Mitglieder des Verbands versuchten vorzurücken, aber auch sie wurden zurückgeschlagen. Ein Bauer, ich glaube er hieß Vega, wurde getötet, Manals erhielt einen Lungenschuß, Quike Escalona wurde beim versuchten Vormarsch an Arm, Hüfte und*

Hand verletzt. Die hinter einem Holzwall verschanzten Posten richteten mit ihrem Feuer aus einem Maschinengewehr und anderen Schnellfeuerwaffen große Verwüstung in unserer kleinen Truppe an.

Fidel befiehlt daraufhin Almeida, mit seinem Trupp aufs Ganze zu gehen, denn Sergio Pérez zufolge wußte er: „Wenn die Kaserne nicht eingenommen würde, wäre das nicht nur ein schwerer moralischer Rückschlag, sondern wir hätten auch keine Munition für unsere Gewehre mehr." Almeida stürmt also schreiend auf den Feind los. Kurz danach hat seine Gruppe vier Verletzte, und auch er selbst wird von zwei Kugeln getroffen. In den letzten Tagen ist ihm so oft erklärt worden, daß er umkommen würde, wenn er so weiterkämpfe wie bisher, daß er sich nun für tot hält. Danach reagiert er aber. Eine der Kugeln ist an der Tasche, die einen Löffel und eine Milchdose enthält, abgeprallt, bevor sie in seine Schulter eingedrungen ist. Guillermo García erzählt: „Almeida holte die Dose hervor und stärkte sich mit blutbefleckter Milch."

Als Che von der Verletzung Almeidas hört, stürmt er schießend vorwärts. Er schreit mehrfach: *Wir müssen gewinnen!*, während der kleine Joel ihm mit der Munition folgt. Acuña geht verletzt zu Boden.

Mit diesem Ansturm wurde der Posten unter Kontrolle gebracht und der Weg zur Kaserne geöffnet. Eine treffsichere Salve aus Guillermo Garcías Maschinengewehr hatte drei der Verteidiger liquidiert. Der vierte stürzte heraus und wurde auf der Flucht erschossen. Raúl stürmte mit seiner aufgeteilten Gruppe auf die Kaserne zu. Der Kampf wurde durch die Aktion der beiden Hauptleute Guillermo García und Almeida entschieden, die die ihnen zugewiesenen Posten beseitigten und damit die Erstürmung der Kaserne ermöglichten (wie immer spielt Che seine Kampfbeteiligung herunter).

In der Kommandantur erhalten sie die Nachricht, daß Che verletzt sei. Der alte Acuña will losziehen, um ihn zu holen, obwohl er selbst zwei Kugeln im Leib hat. Die Nachricht wird dementiert.

Zu meiner Linken nahmen einige Kameraden aus der Vorhut (...) mehrere Soldaten gefangen, die letzten Widerstand geleistet hatten. Aus dem vor uns liegenden, palisadenverstärkten Schützengraben kam ein Soldat zum Vorschein, der seine Waffen streckte. Von allen Seiten waren nun Kapitulationsrufe zu hören. Wir stürmten auf die Kaserne zu, wobei die letzte Maschinengewehrgarbe zu hören war, die, wie ich später erfuhr, dem Leben von Leutnant Nano Díaz ein Ende setzte.

In der Kaserne lagen 14 tote Soldaten. Außerdem hat es *drei bis fünf kleine Hunde erwischt, die die Soldaten in der Kaserne gehalten hatten. Wenn man sich die winzige Größe dieser Tierchen vor Augen hält, kann man sich eine Vorstellung von dem Kugelhagel machen, der auf das Holzgebäude niedergegangen war.*

All dies ist in wenigen Minuten erzählt, aber zwischen dem ersten Schuß und der Einnahme der Kaserne waren etwa 2 Stunden und 45 Minuten vergangen.

Nachdem die Rebellen die Kaserne betreten haben, kümmern sie sich um die Verletzten. Der Armeearzt, *ein grauhaariger, gesetzter Mann*, ist so nervös, daß er nicht weiß, was er tun soll. *Meine medizinischen Kenntnisse waren niemals sehr umfassend. Die Anzahl der Verletzten war enorm und ich hatte eigentlich nicht die Absicht, mich als Mediziner zu betätigen. Als ich aber die Verletzten zum Militärarzt brachte, fragte der mich, wie alt ich wäre, und unmittelbar darauf, wann ich meine Approbation erhalten hätte. Ich teilte ihm mit, daß dies schon einige Jahre her wäre, worauf er mir aufrichtig gestand: „Also, mein Junge, kümmer du dich darum, ich habe gerade erst meinen Titel erhalten und sehr wenig Erfahrung." Seine Unerfahrenheit und die logische Angst in seiner Lage als Gefangener hatten den Mann seine gesamten medizinischen Kenntnisse vergessen lassen. Ich mußte also wieder mein Gewehr gegen meine Arztuniform austauschen, was in Wirklichkeit in einem gründlichen Händewaschen bestand.* Che versorgt die Leute in der Reihenfolge der Schwere ihrer Verletzungen, wobei er nicht darauf achtet, ob es sich um Freund oder Feind handelt.

Fidel erklärt Jahre später: „Während wir ihre Verletzten behandelten und 16 Gefangene freiließen, brachten sie kaltblütig die Expeditionsteilnehmer der ‚Corinthia' um."

Die Rebellen haben 15 Verletzte zu verzeichnen, *die Truppe Batistas 19 Verletzte, 14 Tote, 14 Gefangene, weitere sechs waren entwischt. Wenn man bedenkt, daß wir etwa 80 Kämpfer waren und sie 53, ergibt sich eine Gesamtzahl von ungefähr 133. Davon waren 38, das heißt mehr als ein Viertel, nach einem etwas mehr als zweieinhalbstündigen Gefecht kampfunfähig. Es war ein Sturmangriff von Männern, die ohne Deckung gegen die anderen vorrückten, die über wenig Schutzmöglichkeiten verfügten. Es muß anerkannt werden, daß es beiden Seiten nicht an Mut gefehlt hat.*

Che findet einen Augenblick Zeit, um seinen jungen Gehilfen zu beglückwünschen: *Du hast dich hervorragend geschlagen, du hast dir die olivgrüne Uniform verdient.* Joel Iglesias ist kurz davor, ihn zu verlassen. Er soll nur eine Uniform erhalten, doch was er will, ist eine Waffe. Che findet natürlich auch Zeit, um sich von Cilleros zu verabschieden, den er aufgrund der Schwere seiner Verletzung zurücklassen muß. *Ich konnte ihm nur einige Beruhigungsmittel geben und seinen Rumpf eng zusammengürten, damit er besser atmen konnte. Wir versuchten, ihn auf die einzige Weise zu retten, die uns damals möglich war: Wir nahmen die 14 Gefangenen mit und ließen die beiden Verletzten, Leal und Cilleros, mit dem Ehrenwort des Militärarztes beim Feind zurück. Als ich Cilleros das mitteilte und ihn mit den entsprechenden aufmunternden Worten bedachte, verabschiedete er sich von mir mit einem traurigen Lächeln, das mehr sagte als jedes Wort und seine Überzeugung ausdrückte, daß alles vorbei war. Wir wußten es auch, und ich war in diesem Augenblick versucht, ihm einen Abschiedskuß auf die Stirn zu geben. Aber durch eine solche Geste von mir wäre mehr als von jedem anderen das Todesurteil für den Gefährten zum Ausdruck gebracht worden. Meine Pflicht zwang mich, seine letzten Augenblicke nicht mit der Bestätigung von etwas zu verbittern, dessen er sich selbst fast vollkommen sicher war.*

Im Laufe des Tages bereitet die Guerilla den Wiederaufstieg ins Gebirge vor und begräbt ihre Toten. In der kurzen Beerdigungsansprache weist Fidel darauf hin, daß ihnen schwierige Tage bevorstehen, da die Armee sie verfolgen wird. Während das von Fidel angeführte Hauptkorps versucht, sich so schnell wie möglich aus dem Gebiet zu entfernen, bleibt Che mit einem kleinen Trupp und den Verletzten zurück. *Am nächsten Morgen sahen wir der siegreichen Truppe, die sich traurig von uns verabschiedet hatte, bei ihrem Aufbruch zu. Gemeinsam mit mir blieben meine Assistenten Joel Iglesias und Oñate, ein Führer namens Sinecio Torres und Vilo Acuña zurück, der dageblieben war, um seinen verletzten Onkel Manuel zu versorgen.* Außerdem befinden sich sieben Verwundete bei ihnen, von denen vier so schwer verletzt sind, daß sie nicht gehen können.

Kurioserweise haben die städtischen Netze für den Tag des Angriffs auf die Kaserne einen Aufstand in Camagüey vorbereitet, um ein Flottenarsenal anzugreifen und sich dann mit den erbeuteten Waffen in das Escambray-Gebirge im Zentrum der Insel zurückzuziehen. Gleichzeitig soll eine Sabotageaktion in Havanna stattfinden. Die erste Aktion scheitert durch eine Denunziation, 35 Personen werden verhaftet und gefoltert. Die Sabotage hat Erfolg: Um zwei Uhr morgens explodiert in Havanna eine große Bombe, die in weiten Teilen der Stadt einen Stromausfall verursacht.

Flugzeuge überfliegen das Gebiet, wo die beiden Kolonnen sich getrennt haben. Dank der Hilfe von zwei Arbeitern des Sägewerks gelangen Che und seine Gruppe zu einer verlassenen Schilfhütte, die etwa vier Kilometer entfernt liegt. Nach einem Tag Rast und *nachdem wir reichlich gegessen und einer guten Portion Hähnchen den Garaus gemacht hatten*, müssen sie den Verschlag fluchtartig verlassen. Almeida, der zwei schwere Schußwunden hat, beklagt sich bitter darüber, daß er Ches angeblich hervorragende Suppe wegen der Eile nicht versuchen konnte. *Mit unseren wenigen verfügbaren Leuten begannen wir einen kurzen, aber sehr schwierigen Marschtag. Er bestand in einem Abstieg bis zum Bett des Baches Del Indio und danach in einem Aufstieg über einen engen Pfad bis zu einem Schweinegehege, wo ein Bauer namens Israel mit seiner Frau und einem Schwager lebte. Die Kameraden durch diese steile Gegend zu befördern* (drei davon in Hängematten), *war wirklich ausgesprochen mühselig, aber wir schafften es.*

Durch den Transport der Verletzten sind sie gezwungen gewesen, beschädigte Waffen und Gepäck unterwegs zurückzulassen. Che hat aus seinen Erfahrungen gelernt. Er geht auf demselben Weg zurück, um die Waffen zu bergen, selbst wenn sie unbrauchbar sind, und verwischt anschließend die Spuren. Er will keine zweite Strafpredigt von Fidel über sich ergehen lassen.

Während er noch beschäftigt ist, bemerkt er, daß sich Leute in der Nähe befinden. Glücklicherweise handelt es sich um die in El Uvero gefangengenommenen Soldaten, die nach ihrer Freilassung zur Küste zurückkehren. *Trotzdem war es ratsam, sich so schnell wie möglich auf den Weg zu machen.* Die kleine Gruppe verläßt ihre fensterlose Schutzhütte und begibt sich ins Waldesinnere – genau im richtigen Augenblick, denn die Armee nimmt kurz danach die Familie fest, die ihnen Unterschlupf gewährt hat, und durchkämmt die Gegend. Die

Ankunft von drei Freiwilligen erleichtert die weiteren Fortbewegungsmanöver. In einer angespannten Atmosphäre bemerkt die umherirrende Gruppe Anzeichen für eine beträchtliche Mobilisierung des Militärs: häufige Flugzeuggeräusche, Nachrichten von Truppenlandungen, Gerüchte über Militärkolonnen, die in die Sierra vordringen.

Die Märsche waren ermüdend und unglaublich kurz. Die Verletzten müssen einzeln transportiert werden, denn sie *mußten auf Hängematten getragen werden, die an einem starken Baumstamm befestigt waren, der die Schultern der Träger buchstäblich zerstörte. Sie mußten sich alle 10 bis 15 Minuten ablösen, so daß sechs bis acht Männer nötig waren, um einen Verletzten auf diese Weise zu transportieren.*

An einem regnerischen Morgen taucht vor dem jungen Guile Pardo eine Gruppe erschöpfter Männer auf. Sein Haus ist die von Che erhoffte Zufluchtstätte. Sie wird im Verlauf der nächsten Monate einige neue Guerilleros hervorbringen.

In dieser Gegend knüpft Che am 3. Juni einen sehr wertvollen Kontakt mit David, dem Vorarbeiter eines nahegelegenen Großgrundbesitzes. Wie immer ist das Treffen symbolträchtig: Che ist gerade dabei, eine Zitrone samt Schale zu verschlingen und David bietet ihm Käse, Butter und Kekse an, woraufhin Che erwidert, er nehme das Essen mit, um es mit den Verletzten in den Bergen zu teilen. Die Beziehung wird allmählich enger, und David wird mit der Zeit vom Lebensmittellieferanten für den Guerillakern zum Verbindungsmann mit Santiago aufsteigen, wo sie ihn verhaften und *barbarisch foltern. Seine erste Sorge nach seinem unerwarteten Auftauchen – denn wir hielten ihn für tot – bestand darin, uns zu erklären, daß er nicht geredet hatte.*

Fast einen Monat lang wacht die Gruppe sorgsam über das Haus der Pardos, während sich die Verletzten, fast ohne Beziehungen zur Außenwelt, allmählich erholen. Manchmal erreichen sie Gerüchte wie z.B., daß Celia Sánchez verhaftet bzw. umgebracht worden sei, was eine Tragödie für die Guerilleros bedeutet hätte, denn sie wären dadurch von allen Verbindungen abgeschnitten gewesen. Während die Armee mit Vertreibungen und Bombenabwürfen ein Vakuum um sie zu erzeugen versucht, baut Che in diesem abgelegenen Gebiet nach und nach ein bäuerliches Netz aus Verbindungsleuten und Sympathisanten auf.

In jenen Tagen steigt er häufig und entgegen seinen Hygienegewohnheiten zum Flußufer des Peladero hinab und badet in der Nähe des Hauses in einer Grube mit klarem Wasser. Sein Asthma ist wieder ausgebrochen und verschlimmert sich aufgrund fehlender Medikamente. Dadurch *wurde ich zu einer ähnlichen Bewegungslosigkeit wie die Verletzten gezwungen. Ich konnte die Krankheit etwas lindern, indem ich getrocknete Clarinblätter rauchte, ein Allheilmittel des Gebirges.*

Die alte Chana erinnert sich Jahre später: „Bei einem Asthmaanfall blieb er ganz ruhig liegen, atmete ganz wenig, um es nicht zu reizen. Es gibt Leute, die bei einem Anfall hysterisch werden, die husten und Augen und Mund aufreißen. Aber Che versuchte, es einzudämmen, es zu zähmen. Entweder legte er sich in eine Ecke oder er setzte sich auf einen Hocker, auf einen Stein und ließ es ruhig werden. (...) Heilige Jungfrau, es tat mir so leid, diesen so starken und stattlichen Mann in dieser Lage zu sehen (...), aber er wollte nichts von Mitleid wissen. Wenn einer zu ihm sagte ‚Du Armer‘, warf er ihm einen leeren und gleichzeitig sehr vielsagenden Blick zu.“

Trotz Ches Absicht, die Gruppe so klein wie möglich zu halten, solange sie keine Waffen haben, vergrößert sie sich durch die Aufnahme junger Bauern. *Durch die kleine Kolonne gingen mindestens 40 Personen. Aber auch Desertionen waren häufig, sie fanden mal mit unserer Zustimmung, mal gegen unseren Willen statt. Die effektive Stärke der kleinen Truppe überstieg nie 25 bis 30 Mann.* Sie beläuft sich auf 26, als der Abmarsch beschlossen wird. Die Verletzten haben sich erholt, die teilweise nicht funktionstüchtigen Waffen sind geborgen und mit Hilfe des Netzes sind Medikamente gegen das Asthma besorgt worden.

Am 26. Juni, während sie sich schon auf dem Marsch befinden, *feierte ich mein Debüt als Zahnarzt, auch wenn sie mir in den Bergen den bescheideneren Titel „Zahnklempner“ verliehen haben. Mein erstes Opfer war Israel Pardo, der ganz gut dabei wegkam. Das zweite Joel Iglesias, bei dessen Schneidezahn ich es bis auf eine Dynamitpatrone mit allem versuchte. Er erlebte das Kriegsende mit dem kranken Zahn im Mund, denn meine Bemühungen waren vergeblich. Zu meinem geringen Geschick kam der Mangel an Betäubungsmitteln, so daß ich sehr viel bei der Anästhesie sparen mußte und stattdessen reichlich „psychologische Betäubung“ anwandte.* Joel erinnert sich: „Er verabreichte mir eine Schreitherapie mit Schimpfwörtern. Ich wußte, daß es das erste Mal war, daß er einen Zahn zog. Seit diesem Tag habe ich panische Angst vor Zahnärzten.“

Auch wenn seine Patienten, einschließlich eines haitianischen Bauern, der ihm bei dieser ersten Runde zum Opfer gefallen ist, ihn nicht schätzen, findet Che Gefallen an der Sache mit dem Zähneziehen. Obwohl er häufig den ärztlichen Verpflichtungen auszuweichen versucht, widmet er sich in der Folge mit einem solchen Vergnügen der „Zahnheilkunde“, daß in seinem Umfeld bald Gerüchte über seine Begeisterung kursieren, wenn jemand in seiner Nähe über Zahnschmerzen klagt.

Auf dem Marsch erfolgen neue Aufnahmen und neue Desertionen. *Das Radio vermittelte ein Bild von Gewalt auf der ganzen Insel. Am 1. Juli hörten wir die Nachricht vom Tod von Josué País, Franks Bruder, der gemeinsam mit anderen Genossen bei einem der vielen Kämpfe in Santiago umgekommen war. Trotz der kurzen Tagesmärsche fühlte sich unsere Truppe niedergeschlagen, und einige der Neuaufgenommenen baten, sich in die Stadt zurückziehen zu dürfen, „um dort nützlichere Missionen auszuführen“.*

Bei dieser Truppenbewegung auf der Suche nach der Mutterkolonne tritt Che im Gebiet La Mesa mit einem Bauern in Verbindung, der in den zukünftigen Beziehungen der Guerilla eine zentrale Rolle spielen wird. Es handelt sich um Polo Torres, den Che Hauptmann Barfuß tauft; ein Mann von mittlerer Statur, mit einem Strohhut, der fast bis über seine sehr grünen Augen reicht, immer barfüßig.

Polo empfängt die Guerilla mit einem Schweinebraten, der zuviel für die Mägen der hungrigen Rebellen ist.

Polo, das war Sabotage ... Wer sich nicht erbricht, hat Dünnschiß ...!

Bei der Umgehung des Turquino und Ausweichmanövern vor den feindlichen Truppen, die in der Gegend sind, verliert Che einen wichtigen Mitarbeiter: den Führer Sinecio, der in der letzten Zeit immer mutloser geworden ist. *Es war sehr schwierig, die Moral der Truppe aufrechtzuerhalten. Ohne Waffen, ohne direkte Verbindung mit dem Anführer der Revolution, quasi im Dunkeln tappend, ohne die geringste Erfahrung, von Feinden umgeben, die im Geist und in den Erzählungen der Bergbewohner gigantische Ausmaße annahmen. Die geringe Tauglichkeit der Neuankömmlinge, die aus der Ebene stammten und nicht an die tausendfachen Schwierigkeiten der Gebirgswege gewöhnt waren, rief ständige Gemütskrisen bei der Guerilla hervor.*

Am 16. Juli kommt es zu einem ersten Zusammentreffen mit einer der Patrouillen von Fidels Kolonne und etwas später mit dem Revolutionsführer selbst. Che stellt ihm seine Kolonne mit dem Satz vor:

Hier hast du meine Truppe.

In den Worten von Crespo: „Was da mit ihm kam, war eine Truppe von Sansculotten. Einige hatten eine Jagdflinte, andere nur einen Eimer oder eine Dose."

Nicht nur das Wiedersehen mit den alten Gefährten erfüllt Che mit Freude, sondern auch die Anwesenheit eines bestimmten Neuankömmlings, des Arztes Martínez Páez, den er sofort mit einem „Geschenk" beehrt: der kleinen Schachtel mit Arztbesteck.

Ab heute bin ich kein Arzt mehr, sondern ein Guerillero.

Während Ches Abwesenheit hat Fidel in Zusammenarbeit mit zwei Personen aus der liberalen Opposition, Felipe Pazos und Raúl Chibás, ein politisches Programm ausgearbeitet, das folgendes vorsieht: Bildung einer bürgerlichen Revolutionsfront, Zurückdrängen der Armee aus dem öffentlichen Leben, Zurückweisung jeglicher Vermittlungstätigkeiten der Vereinigten Staaten, natürlich auch die sofortige Freilassung der politischen Gefangenen, Pressefreiheit, Wiederherstellung der verfassungsmäßigen Rechte, Kommunalwahlen, Kampf gegen die behördliche Korruption, Demokratisierung der Gewerkschaften, Kampf gegen das Analphabetentum und eine zaghafte Agrarreform auf Grundlage der Enteignung von nicht bestellten Ländereien und Entschädigungen für die Großgrundbesitzer. In diesem Dokument wurde auf die Ernennung eines provisorischen Präsidenten gedrängt. Fidel hatte Chibás das Amt angetragen, aber dieser hatte es zurückgewiesen. Der auf den 12. Juli datierte Text wurde publik gemacht und öffnete die Türen für breitere Verhandlungen im Ausland.

Che äußert sich sehr kritisch zu dem beschränkten Revolutionsprogramm. In späteren Texten unterstellt er sogar auf ziemlich paranoide Weise Pazos und Chibás die Absicht, dieses Abkommen vorab beschlossen zu haben, um später die bewaffnete Bewegung politisch verraten zu können. Das Dokument stellte tatsächlich einen Rückschritt gegenüber den früheren, radikaleren Thesen des 26. Juli dar (*Wir waren mit dem Kompromiß nicht zufrieden, aber er war in diesem Moment notwendig*), doch *wir wußten auch, daß wir von der Sierra Maestra aus unseren Willen nicht erzwingen konnten und für einen langen Zeitraum einer ganzen Reihe von „Freunden" vertrauen mußten.*

Aber welchen politischen Willen, welchen Entwurf für ein Land hatten sie in diesen Tagen in der Sierra? Wie lautete der von Fidel? Wie der von Che? Möglicherweise hatten sie neben vagen Ideen von der Notwendigkeit einer radikalen Agrarreform, dem Willen zu tiefgreifenden sozialen Veränderungen und den halb formulierten sozialistischen Elementen im Kopf von Che keine konkreten Vorstellungen. Vielleicht war das einzige, worüber sich die Männer der Sierra klar waren, daß die Diktatur Batistas beseitigt werden mußte, und zwar militärisch.

Kapitel 14
★
Kommandant

Am 5. Juli schreibt Fidel an Celia Sánchez: „Unsere Truppe ist täglich besser selektiert und effektiver. Durch Neuaufnahmen, Disziplinierung und Hinauswurf von Ungeeigneten sind wir dabei, eine wirkliche Armee aufzubauen." Diese Einschätzung fußt zweifellos auf dem Beschluß, eine neue Kolonne zu bilden. Wer wird sie leiten? Fidel erwägt die militärischen Tugenden von Almeida und die Besonnenheit von Raúl, entscheidet sich aber schließlich für Che. Warum? Che hat sich in den ersten Monaten der Guerilla militärisch lediglich als ein risikofreudiger Kämpfer ausgezeichnet. Er ist kein Kubaner. Bis vor kurzem ist er der Arzt der Guerilla gewesen und hat jetzt den Rang eines einfachen Kämpfers inne. Was sieht Fidel in Che? Seine Strenge, seine Hartnäckigkeit, seine unbeugsame Art gegenüber dem Unmöglichen, seine beispielhafte egalitäre Haltung oder seine Führungsfähigkeiten in schwierigen Situationen, die er unter Beweis gestellt hat, als er allein mit den Verletzten zurückblieb? Was auch immer es gewesen sein mag, Fidel, dessen Intuition in Kriegsfragen gewöhnlich ins Schwarze trifft, fällt erneut die richtige Entscheidung.

Aus reichlich infantilen Tarnungsgründen wird die Kolonne als vierte Kolonne bezeichnet. Ches Trupp werden drei Gruppen zugewiesen, die Hauptleute Ramiro Valdés, Ciro Redondo und Lalo Sardiñas mit ihrem Zug. *(...) Diese Kolonne, die von den Genossen den Namen „Bauernvertreibung" erhielt, bestand aus 75 unterschiedlich gekleideten und ungleich bewaffneten Männern, auf die ich jedoch sehr stolz war. Sehr viel stolzer, noch viel stärker mit der Revolution verbunden, noch erfüllter vom Wunsch zu beweisen, daß die Auszeichnungen verdient waren, fühlte ich mich einige Nächte später*, als Fidel bei der Unterzeichnung eines kollektiven Briefes an Frank País Che erklärt, daß er mit „Kommandant" unterschreiben solle. *So wurde ich geradezu nebenbei zum Kommandanten der zweiten Kolonne der Guerillaarmee ernannt. (...) Die Dosis Eitelkeit, die wir alle in uns tragen, bewirkte, daß ich an diesem Tag der stolzeste Mensch auf*

Erden war. Das Symbol meiner Ernennung, ein kleiner roter Stern, wurde mir von Celia gemeinsam mit einer der Armbanduhren überreicht, die in Manzanillo abgegeben worden waren.

Die Waffen der Kolonne scheinen aus Museumsbeständen zu stammen: Die einfachen Kugelflinten überwiegen, es gibt aber auch Colts, Remingtons, Zielfeuergewehre, alte Hebellader-Winchester im Cowboystil, Kolbengewehre, Kaliber 22, Savages sowie vom Feind erbeutete Springfields und Garands. Als Operationsgebiet der Kolonne wird der Osten des Pico Turquino nahe der Region El Hombrito bestimmt. Die Kolonne hat zwar eine gewisse Befehlsautonomie, ist aber über Boten mit der Mutterkolonne Fidels verbunden.

Eine der ersten Maßnahmen Ches ist die Ernennung von Arístides Guerra zum Proviantmeister der Kolonne. Es handelt sich um einen Mann, der aus der Ebene fliehen mußte und eigentlich zum Kämpfen gekommen ist, den Che aber davon überzeugt, daß der Aufbau eines Versorgungsnetzes eine härtere und schwierigere Arbeit ist. Che wird Arístides in kürzester Zeit „Futterkönig" taufen.

Während die Kolonne sich Richtung Osten bewegt, um in die unzugänglichsten Gebiete der Sierra Maestra vorzudringen, kommt es zu einer Desertion. Als einer der Männer, die ausgeschickt worden sind, um den Deserteur zu verhaften, mit ihm fliehen will, fügt ihm ein Kamerad eine tödliche Schußverletzung zu, nachdem dieser seiner Aufforderung zum Stehenbleiben nicht nachgekommen ist. *Ich versammelte die ganze Truppe an einem Hügel nahe dem Schauplatz des makabren Ereignisses und erklärte unseren Guerilleros, was sie nun zu sehen bekämen und was dies zu bedeuten hätte. Ich erklärte ihnen, warum die Desertion mit dem Tode bestraft wurde, den Grund für die Bestrafung all jener, die die Revolution verraten. Wir zogen im Gänsemarsch und in vollkommenem Schweigen – viele waren angesichts des ersten Bildes vom Tod noch bestürzt – an der Leiche jenes Mannes vorbei, der seinen Platz verlassen hatte und dabei vielleicht eher durch irgendwelche persönlichen Sympathien zum Deserteur geworden war als durch Untreue zur Revolution.*

Am 30. Juli wird Frank País in Santiago ermordet. In der letzten Zeit hatte ihn der immer engere Verfolgungsring der Polizei gezwungen, dreimal den Unterschlupf zu wechseln. Frank wurde von Salas Cañizares bei einer Razzia festgenommen und von einem Polizisten und ehemaligen Schulkameraden erkannt. Daraufhin hat man ihn in eine Gasse gelockt und dort ermordet. Che erhält die Nachricht erst einige Tage später, als ein spontaner Streik in Santiago ausbricht. *Mit Frank País verloren wir einen der wertvollsten Kämpfer. Aber die Reaktion auf seine Ermordung bewies, daß neue Kräfte den Kampf aufgenommen hatten und daß der Kampfgeist des Volkes wuchs.* Der Streik zeigt auch die bedeutende Präsenz, die die Bewegung des 26. Juli in den Städten gewonnen hat, vor allem in Santiago.

Just in diesen Tagen nimmt Ches Kolonne mit einem Angriff auf die Kaserne von Bueycito erstmals den Kampf auf. Der Vorstoß wird unterstützt von einer Zelle des 26. Juli aus der Ortschaft El Dorado und als Angriff auf Rädern konzipiert, der durch das Aufleuchten der Scheinwerfer eines auf die Kaserne zurollenden Fahrzeuges ausgelöst werden soll, doch die Dinge verlaufen anders als geplant.

Am 31. Juli verliert Ramiro einen Teil seines Trupps in der Dunkelheit, das Auto kann nicht losfahren und die Hunde bellen wie verrückt. Che rückt vor und als *ich über die Hauptstraße des Ortes schritt, tauchte ein Mann auf. Ich rief das „Halt! Wer da?", und der Mann gab sich, im Glauben, einen Kameraden vor sich zu haben, als „Landgarde" zu erkennen. Als ich auf ihn anlegte, sprang er zurück ins Haus und schloß sofort die Tür. Im Inneren war der Lärm von Tischen, Stühlen und splitterndem Glas zu hören, während jemand sich leise hinten aus dem Haus schlich. Es war fast so etwas wie ein stillschweigendes Abkommen zwischen dem Gardisten und mir, denn für mich war es nicht ratsam zu schießen, da das wichtigste die Erstürmung der Kaserne war, und er gab keinen Warnruf von sich.*

Wir waren beim Vormarsch (...), als auch der Wachposten der Kaserne, verwundert über das Hundegebell und wahrscheinlich vom Lärm des Zusammenstoßes mit dem Soldaten gewarnt, vorrückte. Wir standen uns plötzlich nur wenige Meter entfernt gegenüber. Ich hatte das Thompson gespannt und er ein Garand. Ich wurde von Israel Pardo begleitet. Ich forderte mein Gegenüber auf stehenzubleiben. Der Mann mit dem schußbereiten Garand machte eine Bewegung. Das reichte für mich: Ich drückte den Abzug, um die ganze Magazinladung in seinen Körper zu jagen. Aber die erste Kugel ging nicht los und ich stand ungeschützt vor ihm. Israel Pardo schoß, aber auch sein kleines, schadhaftes 22er-Gewehr hatte Ladehemmung. Ich weiß nicht, wie Israel mit dem Leben davonkam, denn mein Gedächtnis reicht nur für mich: Mitten im Kugelhagel des Soldaten jagte ich mit einer Geschwindigkeit, die ich seitdem nie wieder erreicht habe, los und rettete mich mit einem Sprung um die Ecke in eine Querstraße, um dort mein Maschinengewehr in Ordnung zu bringen. Der Soldat hatte jedoch mit seinen Schüssen unwillentlich das Signal zum Angriff gegeben. Als er plötzlich von allen Seiten Schüsse hörte, versteckte er sich eingeschüchtert hinter einer Säule, wo wir ihn am Ende des nur wenige Minuten währenden Kampfes fanden. Denn als die ersten Schüsse ertönen, fallen Ramiro Valdés und sein Trupp von hinten über die Kaserne her und machen alles nieder.

Von den zwölf Soldaten sind sechs verletzt, und die Rebellen haben einen Toten zu verzeichnen. Nachdem die Kolonne die Kaserne in Brand gesteckt hat, verläßt sie den Ort. Unterwegs reichen ihr die Leute kühles Bier und Erfrischungsgetränke.

Auf der Anhöhe California wurden die Lastwagen zurückgelassen und die Waffen verteilt. Obwohl meine Mitwirkung beim Kampf ausgesprochen unbedeutend und alles andere als heroisch gewesen war, denn den wenigen Schüssen hatte ich mich mit meinem Hintern gestellt, nahm ich mir das leichte Browning-MG, das Juwel der Kaserne. Das alte Thompson mit seinen überaus gefährlichen Kugeln, die nie im richtigen Moment losgingen, ließ ich zurück. Der argentinische Journalist Rodolfo Walsh stellt Jahre später angesichts von Ches Bericht die

Überlegung an: „Ich kann mich an keinen Anführer einer Armee, keinen General und keinen Helden erinnern, der sich selbst bei zwei Gelegenheiten als Flüchtenden beschrieben hat." (Die erste Flucht hatte bei dem Überraschungsangriff in den Altos de Espinosa stattgefunden.)

Der Angriff auf Bueycito erfolgt kurz nach einer Guerillaaktion von Fidels Kolonne in Estrada Palma, während des Streiks in Santiago und mitten in einer für die Diktatur angespannten Lage. Zu diesem Zeitpunkt beginnen sich in Kuba drei Revolutionen zu entfalten: eine Revolution in Santiago, die die große Mehrheit der mittelständischen Schichten und sogar Teile der Aristokratie erfaßt hat, eine sehr radikalisierte Jugendrebellion in Havanna und ein Bauernkrieg gegen die Diktatur, der sich in der Sierra Maestra entwickelt und als Fokus und Stimulans für die beiden anderen wirkt. Dank der meisterhaften Geschicklichkeit von Fidel und Frank País war es gelungen, die drei Kämpfe zeitgleich zum Ausbruch zu bringen und zu erreichen, daß sie sich mit ihren eigenen Dynamiken gegenseitig verstärkten.

Che ist eine Schlüsselfigur in diesem Bauernkrieg. Welches Bild hat man von ihm? Ricardo Martínez, ein junger Radiosprecher, der in diesen Tagen mit einer Gruppe von Genossen in die Sierra Maestra gekommen ist, erzählt: „Die Regierungssendungen im Radio und die Rechtspresse bezeichneten ihn als einen internationalen Kommunisten und Berufskiller, der die Gefangenen erbarmungslos umbrachte." Sein erstes Bild vom Rebellenführer ist sehr eigentümlich: „Er lag nachts im Schein einer Kerze oder Ölfunzel zurückgelehnt, mit zerzaustem Haar und schwitzend in einer fensterlosen Hütte. Dieses Bild und sein verschmiertes Gesicht, dieser besondere Blick und die durch die Schatten und Lichtkontraste hervorgehobenen Gesichtszüge bewirkten, daß ich keinen Moment daran zweifelte, daß er so war, wie die Propaganda ihn darstellte. Er bot uns getoastetes Brot an, aber nicht einmal diese Geste konnte den Eindruck verwischen."

Nicht nur die Gruppe von Martínez vergrößert die frisch entstandene Kolonne. Am 3. August steigen 34 Männer den El Hombrito hinauf. Unter ihnen befinden sich die beiden 14 bzw. 16 Jahre alten Gebrüder Acevedo, deren Lebensweg zusammen mit dem von Che verlaufen wird. Da die Männer keine Waffen mitbringen, werden nur zwölf von ihnen aufgenommen, die Acevedo-Brüder jedoch zurückgewiesen. Sie veranstalten ein solches „Geplärre", daß Che auf sie zugeht und fragt, ob sie die Schule besuchen würden. Rogelio stellt er eine Rechenaufgabe, die diesen erstarren läßt; der 14jährige Enrique sagt ihm, daß er ihn nach Geschichte oder Geographie fragen solle, denn andernfalls ... Che lacht zwar, nimmt sie aber nicht auf. Hartnäckig folgen sie der Kolonne auf deren Marsch – lieber tot als abgelehnt. Dank der Fürsprache von Ciro Redondo können sie schließlich bleiben. Sie sind nicht die einzigen, Che ist zunehmend von Jugendlichen umgeben. Mit Leonardo Tamayo, einem 15jährigen Bauernjungen, dessen Vater sich Monate zuvor in einer anderen Gegend bewaffnet erhoben hat, kommt es zu folgendem Wortwechsel:

Was willst du hier eigentlich?

„Dasselbe wie Sie."

Che hält das Argument für so gut wie jedes andere auch. Einige Tage später schickt er ihn auf einen Botengang und stellt fest, daß der kleine Tamayo geradezu durch die Berge fliegt. Eine Strecke, für die andere zwei Tage benötigen, bewältigt er in der Hälfte der Zeit. Von diesem Moment an gehört er zum engeren Kreis um Che, wie auch Oniria Gutiérrez, die erste Frau, die in die Kolonne aufgenommen wird. Zu dieser 17jährigen Bauerntochter faßt Che eine väterliche Zuneigung und schenkt ihr seine wollene Decke. Da ist auch der 16jährige Harry Villegas, der mit einer Gruppe von Flintenschützen angekommen und von einem Mann, der ihnen auf einem Maultier entgegenritt, mit der barschen Frage empfangen worden ist:

Ihr glaubt doch nicht etwa, daß ihr mit diesen Waffen Krieg führen könnt?

Weiter gehören dazu: Guile, der Jüngste der Pardos, der seit den ersten Tagen des Jahres '57 bei der Guerilla ist und in dessen Haus Che als umherirrender Verletzter überlebt hat; René Pacheco, ein junger Seminarist orthodoxgläubiger Herkunft, der in der Bayamo-Kaserne brutal gefoltert wurde; Alberto Castellanos, ein lebhafter Jugendlicher aus dem Elendsviertel von Victoria de Las Tunas, Schuhputzer, Laufbursche und Zeitungsverkäufer. Er wurde zunächst weggeschickt, da er keine Waffe hatte, und kam einige Monate später zurück, um der Guerilla beizutreten.

Was sieht Che in diesen Jugendlichen, bei denen andere Analphabetismus, militärische Unerfahrenheit, mangelnde Reife registrieren? Ohne Zweifel: Hartnäckigkeit, einen Reflex seiner eigenen Hartnäckigkeit, einen feuerfesten Willen. Und genauso behandelt er sie, mit der gleichen Strenge, die er sich selbst gegenüber anlegt. Es sind diese Jugendlichen und einige andere, die in den nächsten Monaten die Ruhmestaten verwirklichen, die den Mythos schaffen werden.

Und wie sehen die Jugendlichen Che? Castellanos gibt eine sehr genaue Beschreibung: „Ich stellte ihn mir als einen großen, älteren, starken und gewichtigen Mann vor. Ich kannte die Argentinier aus Erzählungen: Tangosänger mit Schal, die sehr merkwürdig redeten, und ich dachte, daß Che auch so sein mußte. Ich stellte ihn mir wie einen Künstler aus argentinischen Filmen vor. Als ich ihn dann sah, machte er keinen besonderen Eindruck auf mich. Er enttäuschte mich eher. Er war dünn und sah so aus wie wir alle. Ich rief aus: Ach, das ist also Che?"

Nach dem ersten militärischen Zusammenstoß begibt sich Che in ein Gebiet, durch das er früher schon einmal gekommen war, ein *Tal mit Namen El Hombrito, denn von der Ebene aus sah der Gipfel mit seinen zwei übereinanderliegenden, nackten Felsformationen wie die Gestalt eines kleinen Mannes aus.*

Dort verbringt er die Zeit nicht nur mit militärischer Ausbildung, sondern auch mit der Bekämpfung des Analphabetismus, denn in der ganzen Kolonne gibt es nur vier oder fünf, die lesen können. Joel, seinem Adjutanten, erklärt er: *Ich habe mit Fidel über dich gesprochen. Er hat mich gefragt, warum ich dich nicht zum Leutnant machen würde, worauf ich ihm antwortete, daß dies nicht ginge, weil du weder lesen noch schreiben kannst.* Um ihn anzuspornen, ernennt er ihn zum Truppführer. Er befiehlt ihm, einen Bleistift und ein Heft aufzutreiben, und nachts, im Schein der Laterne, machen sie sich an die Arbeit.

Pacheco gibt er Stunden über die Geschichte Kubas, die Unabhängigkeit und den Krieg von 1868 ab. Nach und nach gelangen über das Netz verschiedene Bücher in die Maestra: von Martí, Gedichtbände von José María Heredia, Gertrudis de Avellanada, Gabriel de la Concepción, Rubén Diarío, die er abwechselnd mit der Goethe-Biographie von Emil Ludwig liest (wie auf einem Foto zu sehen ist, das Che unter einer Decke in einer Schilfhütte liegend und, eine riesige Zigarre im Mund, lesend zeigt).

Nach und nach gibt er seiner Gruppe Gestalt, wenn er beispielsweise die, die kopflos vor den Bombenangriffen flüchten, gewaltig „herunterputzt“: *Die Maulhelden aus der Stadt sind die ersten, die sich bei den Bombenangriffen in die Hosen machen und kneifen, sie werden noch hart an sich arbeiten müssen.*

Am 29. August erhält Che die Nachricht, daß die Armee in das Gebiet von El Hombrito vorrückt. Er schickt zwei Trupps an die mögliche Armeeroute: den von Lalo Sardiñas, der den Kampf aufnehmen soll, und den von Ramiro Valdés mit den am schlechtesten bewaffneten Männern, der die Aufgabe hat, *akustische Feindseligkeiten zu eröffnen.*

Bei Sonnenaufgang waren Männer zu sehen, die sich hin- und herbewegten und ihre morgendlichen Verrichtungen ausführten. Kurz danach setzten einige ihre Helme auf. (...) Ich begab mich auf meinen Posten, während wir die Spitze der Kolonne mühselig heraufsteigen sahen. Es war ein endloses Warten und mein Finger spielte am Abzug der neuen Waffe, dem leichten Browning-Maschinengewehr, das für seinen ersten Kampfeinsatz gegen den Feind bereit war. Aber Pläne und Wirklichkeit stimmen nicht miteinander überein, denn die Soldaten bewegen sich in großen Abständen voneinander. Als der sechste *vorbeigegangen war, hörte ich vorne einen Schrei und der Mann hob überrascht den Kopf. Ich eröffnete sogleich das Feuer, und er fiel zu Boden. Sofort waren von allen Seiten Schüsse zu hören und nach der Ladung aus dem Repetiergewehr verschwanden die sechs Männer vom Weg.*

Die gegnerische Kolonne besteht aus 205 Mann und wird von Merob Sosa angeführt, Ches Kolonne verfügt nur über 72 Mann und ist sehr schlecht bewaffnet. Trotzdem zerstreut sich die Armeekolonne nach den ersten Schüssen. Die Gruppe von Castro Mercader greift an, aber die feindliche Kolonne hat sich vom Schrecken erholt und nimmt die Stellungen der Rebellen mit Bazookas unter Beschuß. Der gefallene Soldat wird durchsucht, aber er hat nur einen Revolver dabei. Das Maxim-MG der Rebellen funktioniert nicht, und das Störfeuer der „Akustiker“ verbreitet zwar Panik, verursacht aber keine Verluste. Unter diesen Umständen sieht sich Che gezwungen, den Befehl zum gruppenweisen Rückzug zu geben, und baut etwas tiefer in den Bergen eine zweite Widerstandslinie auf. Wie in allen zukünftigen Kämpfen zieht er sich als letzter zurück.

Die Ankunft der von Fidel ausgesandten Verstärkung festigt seine Stellung.

Aber die Soldaten dringen nicht weiter vor. Sie beschränken sich darauf, den Leichnam eines im Kampf gefallenen Rebellen in Brand zu stecken und Schüsse aus der Ferne abzugeben. *Dieses Gefecht bewies uns die geringe Kampfausbildung unserer Truppe, die nicht in der Lage war, Feinde auf eine so kurze Entfernung zu treffen, wie sie bei einem solchen Gefecht gegeben war (...). Trotzdem war es für uns ein gewaltiger Sieg, denn wir hatten den Vormarsch der Kolonne von Merob Sosa zum Stillstand gebracht; sie zog sich in der Abenddämmerung zurück. (...) All dies hatten wir mit einer Handvoll minimal funktionstüchtiger Waffen erreicht, denen eine mindestens 140 Mann starke Kompanie gegenüberstand, die mit modernstem Kriegsgerät ausgerüstet war und unsere Stellungen mit zahlreichen Panzerfaustgeschossen, vielleicht sogar Granatwerfern, eingedeckt hatte, so sinn- und ziellos abgefeuert wie die Schüsse unserer Leute auf die Spitze der feindlichen Vorhut.* Der Kampf hat einen bitteren Nachklang, denn die Truppen von Merob Sosa ermorden in der Folge mehrere Bauern, um ihre Leichen als gefallene Rebellen ausgeben zu können.

Am 31. August berichtet Che Fidel vom Erfolg in Bueycito, vom Anwachsen seiner Kolonne auf 100 Personen und diskutiert mit ihm über den Nachfolger von Frank País in Santiago. Er schlägt vor, daß es jemand sein sollte, der die zweifache Rolle eines guten Organisators und einer Person mit Erfahrungen im Gebirge erfüllt, damit er die Probleme der Guerilla nicht von außen sieht. Er schlägt Raúl Castro, Almeida und Ramiro Valdés vor und bietet sogar sich selbst für die Aufgabe an (*und ich sage dies ohne heuchlerische Bescheidenheit, aber auch ohne den geringsten Wunsch, gewählt zu werden*). Er fügt hinzu: *Ich beharre mit solchem Nachdruck auf dem Thema, da ich die moralische und intellektuelle Qualität der Möchtegern-Anführer kenne, die die Nachfolge von Frank antreten wollen.*

Es ist kurios, mit welchem Groll Che die Leute aus der Stadt behandelt. Er hat zwar ab und zu schlechte Erfahrungen mit ihnen gemacht, aber Che müßte sich eigentlich seiner tiefen Unkenntnis der städtischen Bewegung des 26. Juli bewußt sein. Letztendlich wird keiner der von Che Vorgeschlagenen zum Nachfolger von Frank País ernannt, sondern René Ramos Latour, ein radikaler nationalistischer Arbeiteraktivist, der zeitweise bei der Guerilla gewesen ist. Der Zwist zwischen Che und „der Ebene" steht kurz bevor.

In diesen Tagen marschieren die Kolonnen von Che und Fidel parallel. Sie vereinen und trennen sich wieder bei ihrem Vormarsch auf Pino del Agua, wo es eine kleine Garnison gibt, die angegriffen werden soll. Es ist geplant, daß die Kolonne von Che danach, in Erwartung einer Reaktion der feindlichen Truppen, einen Hinterhalt legen soll.

Beim Vormarsch kommt es zu zwei Desertionen und dem Selbstmord eines Kämpfers, der wegen Ungehorsams entwaffnet worden war. Che versucht zudem, die Guerilla von den untauglichsten Kämpfern zu befreien, und gibt in einer Versammlung bekannt, daß diejenigen, die wollen, gehen können. Er fordert die Brüder Acevedo freundlich zum Gehen auf, da sie beim Marschrhythmus der Gruppe nicht mithalten und somit eine Gefahr für die Kolonne darstellen könnten. Die Jugendlichen, die sich tatsächlich an der Grenze ihrer körperlichen Kräfte befinden, weigern sich. Ihre Antwort lautet erneut: „Lieber sterben wir." Che wird wütend und ist kurz davor, sie auszuschließen. Ciro Redondo greift wieder vermittelnd ein, und sie erhalten eine Woche Aufschub.

Am 5. September kommt es zu einem Aufstand in der Stadt Cienfuegos, der von Matrosen angeführt wird, die an einer im letzten Moment abgeblasenen Konspiration innerhalb der Streitkräfte beteiligt waren (ein Sektor, der als Los Puros [Die Reinen] bekanntwerden sollte). Die mit dem Netz des 26. Juli verbundenen Konspirateure haben zunächst Erfolg und können die ganze Stadt einnehmen. Aber anstatt sich gemeinsam mit den Leuten, die sich ihnen angeschlossen haben, ins Escambray-Gebirge zurückzuziehen, bleiben sie in der Stadt – mit der vergeblichen Hoffnung, daß ihr Beispiel um sich greift. So werden sie zur Zielscheibe für die geballte Macht der Streitkräfte des Regimes, einschließlich der Luftwaffe. Für die Männer aus den Bergen ist diese Vergeudung von Leben, Kämpfern und Waffen tragisch. Tragisch ist auch die mangelnde Koordination und die Geringschätzung der Guerillataktik. Aber abgesehen von der Niederlage der Volkskräfte ist es offensichtlich, daß das Regime immer stärker isoliert ist.

Zwischenzeitlich zieht Che am 8. September in San Pablo de Yao *unter allgemeiner Begeisterung der Dorfbevölkerung* ein. *Wir hielten den Ort einige Stunden lang friedlich besetzt (es gab keine feindlichen Truppen) und knüpften verschiedene Kontakte.* Der wichtigste ist vielleicht die Bekanntschaft mit einer 45jährigen Frau bäuerlicher Herkunft, Lidia Doce, die nach ihrer Scheidung in Havanna als Dienstmagd gearbeitet hat und danach wieder ins Dorf zurückgekehrt ist. Sie wird eine Schlüsselrolle in Ches Verbindungsnetzen spielen.

Die Tage vergehen. Wie geplant, zieht Fidels Kolonne am 10. September in Pino del Agua ein und besetzt das Sägewerk. Fidel schlägt die weitere Route vor. Am nächsten Tag nehmen sie den Marsch wieder auf, während Ches Kolonne der Armee einen Hinterhalt legt. *Wir lagen bereits sieben Tage geduldig auf der Lauer, ohne daß die Truppen aufgetaucht waren. Als ich mich gerade im kleinen Generalstab befand, wo das Essen für unsere Truppe zubereitet wurde, erhielt ich die Botschaft, daß der Feind anrückte.*

Ein tropisches Gewitter bricht aus. *Die feindlichen Soldaten machten sich mehr Gedanken um den Wolkenbruch als um die Möglichkeiten eines Angriffs, was uns zugute kam. Der mit der Eröffnung des Feuers Beauftragte hatte ein Thompson-Maschinengewehr. Er eröffnete tatsächlich das Feuer damit, schoß aber so schlecht, daß niemand getroffen wurde. Sofort ertönten von allen Seiten Schüsse, und die Soldaten des ersten Lastwagens sprangen mehr erschrocken und überrascht als verletzt auf den Weg und verschwanden hinter den Felsen.*

Es war ein merkwürdiger Kampf. An einer Wegbiegung hatte ein feindlicher Soldat unter einem Lastwagen Schutz gesucht und schoß auf alles, was sich bewegte. Che begibt sich zur vordersten Feuerlinie, um die wilde Flucht zu bremsen, die durch einen falschen Rückzugsbefehl ausgelöst wurde. Er ist gerade dabei, zwei andere Trupps Richtung Landstraße zusammenzuziehen, als er mit einem *Kämpfer namens Tatin* zusammentrifft, *der, als ich gerade zur Landstraße hinabstieg, mir mit herausfordernder Stimme entgegenwarf:* „Da unten ist er. Los, vorwärts, jetzt zeigt sich, wer ein Mann ist.“ *Zutiefst verletzt über diese Anspielung, gab ich mir einen Stoß. Doch als wir uns dem anonymen feindlichen Kämpfer zu nähern versuchten, der mit einem Schnellfeuergewehr unter dem Lastwagen hervorschoß, mußten wir einsehen, daß der Preis für die Demonstration unseres Heldentums zu hoch sein würde. Weder der, der an mir gezweifelt hatte, noch ich bestanden die Prüfung. Der Soldat zog sich mit seinem leichten Maschinengewehr zurück und rettete sich so davor, gefangengenommen oder getötet zu werden.*

Der Plan hat geklappt und die drei ersten Lastwagen sind in die Falle gegangen. Niemand ist durchgekommen, die restliche Truppe ist kopflos geflüchtet. Der Widerstand in den ersten Lastwagen wird durch das Auftauchen der Gruppen von Sardiñas und Ameijeiras zerschlagen. *Als wir den ersten Lastwagen stürmten, fanden wir zwei Tote und einen Verletzten, der in seiner Agonie noch Anstalten machte zu kämpfen. Er erhielt den Gnadenschuß, ohne daß er die Möglichkeit gehabt hätte, sich zu ergeben – das konnte er auch nicht, da er halb bewußtlos war. Dieser Vandalenakt wurde von einem Kämpfer begangen, dessen Familie von der Armee Batistas ausgerottet worden war. Ich warf ihm mit heftigen Worten seine Tat vor, ohne zu bemerken, daß mich ein anderer verletzter Soldat hörte, der unter einer Decke im Lastwagen lag. Als der feindliche Soldat meine Worte und die Entschuldigungen meines Kameraden vernommen hatte, gab er sich zu erkennen und bat darum, nicht getötet zu werden. Er hatte eine Kugel im gebrochenen Bein und wurde an den Wegrand geschafft, während der Kampf um die anderen Lastwagen weiterging. Immer wenn ein Kämpfer an ihm vorbeikam, schrie er: „Bringt mich nicht um, bringt mich nicht um! Che hat gesagt, daß die Gefangenen nicht getötet werden dürfen.“*

Die Bilanz der feindlichen Verluste ist nicht sonderlich gewichtig. Allerdings sind wertvolle Waffen für die Guerilla erbeutet worden: *ein Browning-Selbstlader, fünf Garands, ein Dreibeinmaschinengewehr mit Munition und ein anderes Garand, das von Efigenio Ameijeiras Truppe erobert wurde.*

Unter bedrohlichem Motorenlärm, zunächst von Kleinflugzeugen und danach von B-26-Bombern, feiern die Rebellen ihren Sieg mit einem Schokoladenfrühstück. Der Rückzug vollzieht sich geordnet. Nach dem Kampf entläßt Che drei Männer, die um ihr Ausscheiden gebeten haben. Er befiehlt ihnen, sich ihrer Uniformen und Stiefel zu entledigen und sie gegen die am meisten zerfetzten Lumpen der Truppe einzutauschen. Er will auch die Brüder Acevedo loswerden, die aber mit ihrer bekannten Hartnäckigkeit den Sieg davontragen.

In den letzten Septembertagen zieht sich Che mit seiner Truppe nach El Hombrito zurück. Er baut eine sporadische Verbindung zu Ramos Latour auf, der die Verantwortung für die Untergrundstruktur in Santiago-Manzanillo und die Unterstützungstätigkeiten für die Berge übernommen hat. Ramos Latour beklagt sich darüber, daß Che versucht habe, ein Netz ohne die Mitwirkung der Leitung der Bewegung aufzubauen, und allen außer ihnen geschrieben habe. Am 3. Oktober schreibt er ihm und bittet ihn nachdrücklich und weitschweifig, die spontanen

Kontakte nicht zu nutzen, da sie die Zentralisierung und die Reorganisierung der Bewegung schwächen würden. Die Personen, mit denen Che Verbindung aufgenommen habe, würden nicht zu den besten gehören: „Glaub ihnen nicht, erteil ihnen keine Vollmachten.“ Man solle besser Kontakte in Santiago knüpfen, das schließlich nur 20 Minuten von Palma entfernt liege. Er schließt mit den Worten: „Wir hoffen, daß wir Dir in Kürze alles zukommen lassen können, was Du brauchst. Wir sind auch dabei, Versorgungszentren in den von Dir erwähnten Gebieten aufzubauen.“ Und er erklärt ihm die sich im Aufbau befindliche Struktur: „Aus allen Provinzen und Gemeinden des Landes erreichen uns Beiträge, um die Kosten für die Sierra zu bestreiten. Bisher sind nur die Gemeinden Manzanillo und Bayamo angewiesen worden, alle Einnahmen einzubehalten, um die Kolonnen zu versorgen, die in den umliegenden Gebieten operieren. Alle anderen schicken den Großteil ihrer Einkünfte an die Nationale Leitung, die sich darum kümmert, den Bedarf zu decken.“

Ramos Latour hat nicht unrecht, wenn er versucht, die Beziehungen der Berge zur Ebene besser zu organisieren, und auch Che liegt nicht falsch, wenn er eigene Netze aufbaut, die direkt von der Guerilla abhängen. Die Spannungen halten an, denn Che gibt seine Vorstellung von der Autonomie der Guerilla nicht auf und fragt René Pacheco nach dessen Beziehungen zur liberalen Bourgeoisie der Gegend (besonders zu Hortensia García, einem Sohn der berühmten Millionärsfamilie Bacardí). Über diesen Kontakt wird ein anderes Unterstützungsnetz aufgebaut.

Zu der Zeit lernt Che Rafael Mompié, einen der einheimischen Führer der Kolonne Fidels, kennen. Sie klettern gemeinsam durch die Berge. Bei einem dieser Aufstiege machen sie eine kurze Rast, und Che holt eines seiner Bücher aus dem Rucksack. Als er das Erstaunen des Bauern bemerkt, bietet er ihm ein Buch an, woraufhin der gesteht, daß er nicht lesen kann. Mompié erzählt: „Er unterbrach die Lektüre, hielt den Zeigefinger auf die Stelle, wo er gerade war, und blickte mich einige Sekunden lang fest an. Er sagte kein Wort und kehrte zu seiner Lektüre zurück. Ich habe diesen Blick so interpretiert, als hätte er mir gesagt, daß ich es lernen müßte ... Dieser Blick ließ mich nicht mehr los, er hat mein ganzes Leben verändert.“

Die folgenden Tage vergehen zwischen Übungen und Märschen, die von der Festnahme eines Deserteurs mit Namen Cuervo unterbrochen werden, der Bauern in der Gegend ausgeplündert hat und an einer Vergewaltigung beteiligt gewesen ist. Bei seiner Ankunft im Lager versucht der Mann, Che die Hand zu geben. Dieser erwidert ihm trocken, er habe ihn rufen lassen, um ihn zu füsilieren, nicht um ihn zu begrüßen.

Die durch die räumliche Entfernung der Kolonnen erzwungenen brieflichen Mitteilungen zwischen Fidel und Che reichen von tiefgreifenden politisch-strategischen Analysen über militärische Ratschläge bis zu den überraschendsten Kleinigkeiten, die alle Varianten des Absurden streifen. Nehmen wir beispielsweise die Mitteilung, die Che Fidel über Camilos Pistole schickt: *Camilo sagt, daß Du ihm eine Pistole geben wolltest, die er nicht annahm, da er dachte, er hätte eine (die, die Du mir weggenommen hast). Das Ergebnis war, daß er leer ausging. Aber gleichzeitig hatte er von Chicho, dem aus Soto, eine Pistole verlangt, und da er die Kolonne gewechselt hatte, konnte er sie nicht zurückgeben. Der Endgeschädigte ist Chicho, das Durcheinander mußt Du klären.*

Als sie Tage später auf dem Weg zum Peladero-Fluß sind, um dort mit der Kolonne Fidels zusammenzutreffen, zieht die Guerilla als Revolutionssteuer ein Maultier ein, das sogleich auf den Namen seines ehemaligen Besitzers Balansa getauft wird. Während sie noch überlegen, ob sie es zu Essen verarbeiten oder mitnehmen sollen, erobert sich das Maultier seinen Platz in der Guerilla, indem *es entschlossen und trittsicher ein Terrain hinabstieg, das man nur an Lianen oder sich an Vorsprünge krallend hinabschlittern konnte. (...) Das Tier gab uns eine Vorführung seiner außerordentlichen sportlichen Fähigkeiten und wiederholte die Heldentat bei der Überquerung des Peladeros, der in dieser Gegend voll großer Steinbrocken ist, es vollführte eine Reihe von haarsträubenden Sprüngen über die Felsen und rettete dadurch sein Leben.*

Balansa wird so zu Ches Maultier. Endlich, nach all den Jahren, die seit seiner Kindheit vergangen sind, hat er wieder ein Reittier. Aber die Anekdoten vom Akrobatenmaultier sind nicht alles. Die Spannungen der letzten Monate hängen drohend in der Luft. Der für immer in die Nachhut verdammte Enrique Acevedo aus der Gruppe der „Sansculotten" (ein argentinisch geprägter Scherz von Che, der damit den Namen wieder aufnimmt, mit dem in seinen Jugendjahren der peronistische Mob bezeichnet wurde) beschreibt die Lage wenig idyllisch: „Wenn die Kolonne ein Kloster war, dann war das ein chinesischer Puff."

Als sie an den Fluß gelangen, kommt es zu einem neuen Konflikt, der von einer Nichtigkeit ausgelöst wird: Zwischen einer Gruppe von Scherzbolden und der Kommission für Disziplin kommt es zu Streit, der zu einem Zeitpunkt, da Che das Lager für ein Gespräch mit Fidel verlassen hat, zu einem Unfall führt. *Als Lalo Sardiñas einen undisziplinierten Gefährten mit einem Kolbenschlag auf den Kopf heftig bestrafen wollte, löste sich ein Schuß, der den anderen auf der Stelle tötete.* Enrique Acevedo erzählt: „Im Lager war die Hölle los. Viele, die die Guerilla ohne die Schmach eines Ausschlusses verlassen wollten, nutzten die Gelegenheit, andere waren Freunde des Toten, die übrigen einfache Zuschauer des Vorfalls. (...) Roberto El Loco [Der Verrückte] schnappte sich ein Gewehr und stürzte sich auf den verhafteten Hauptmann, um ihn zu töten. Leutnant Cañizares verkündete lauthals, daß er die Truppe verlassen würde, wenn es nicht endlich gerecht zuginge." *Die Lage war kurz vor der Meuterei. Ich eilte sofort zu besagtem Ort und stellte Lalo unter Bewachung. Die Stimmung war sehr feindlich und die Kämpfer verlangten ein Standgericht und seine Hinrichtung.*

Körperliche Züchtigung galt bei der Guerilla als Vergehen. Außerdem glaubten viele, daß es kein Unfall gewesen war. Andererseits war Sardiñas ein wertvoller Kämpfer. Zudem wurden die Diskussionen durch Mangel an Disziplin gestört. Fidel griff schließlich persönlich ein und berief ein offenes Gerichtsverfahren ein, bei dem die verschiedenen Meinungen vorgetragen werden sollten. Sowohl er als auch Che waren zwar dafür, Sardiñas zu bestrafen, wollten ihn aber keinesfalls wegen Mordes verurteilen. Letzteres hätte die Todesstrafe und seine Erschießung bedeutet. Nach einer hitzigen Debatte *kam ich an die Reihe. Ich bat darum, daß gründlich über das Problem nachgedacht werden sollte. Ich versuchte zu erklären, daß der Tod des Gefährten auf die Kampfbedingungen und die Kriegssituation zurückzuführen und Diktator Batista letztendlich der Schuldige dafür sei. Aber meine Worte hatten bei der feindseligen Zuhörerschaft einen wenig überzeugenden Klang.*

Mitten in der Nacht und im Schein der Fackeln faßt Fidel den Sachverhalt zusammen. *Seine enorme Überredungsgabe wurde in dieser Nacht auf die Probe gestellt.* Bei der Endabstimmung *waren 76 für eine andere Form der Strafe und 70 für die Todesstrafe. Lalo kam mit dem Leben davon.* Aber die Entscheidung führt dazu, daß eine Gruppe die Guerilla verläßt, und Conte Aguero nutzt die Geschichte später, um in der Zeitschrift „Bohemia“ die Guerilla als eine Bande von Schurken zu bezeichnen, wobei er sich auf die Aussagen von Roberto El Loco stützt. *Lalo Sardiñas wurde degradiert und dazu verurteilt, seine Rehabilitierung durch die Bekämpfung des Feindes in einer kleinen Patrouille zu verdienen. (...) Als Ersatz für Hauptmann Sardiñas gab mir Fidel einen seiner besten Kämpfer: Camilo Cienfuegos, der zum Hauptmann der Vorhut unserer Kolonne wurde.* Mit seinem Freund Camilo kommt auch Dariel Alarcón in die Kolonne.

Am nächsten Tag setzen sie sich in Bewegung, um die Auswüchse des Banditentums zu bekämpfen, das in anderen Teilen der Sierra Maestra im Machtvakuum nach dem Rückzug von Armee und Landgarde zum Vorschein gekommen ist. Camilos Vorhut marschiert voraus.

Auf dem Marsch macht Enrique Acevedo folgende Beobachtung: „Che zeigt einen sympathischen Wesenszug. Er hat mehrere Tage lang ein Maskottchen. Es handelt sich um eine weiße Ratte, die in seinem Rucksack mitreist. Bei den Marschpausen holt er sie heraus und setzt sie auf seine Schultern. Es ist ein zahmes Biest, das auf seine Mütze klettert und mit ihr spielt. Ich schaue ihn etwas verblüfft an. Ich halte ihn für einen superharten Typen und plötzlich überrascht er mich mit solch menschlichen Gesten. Das bringt mich auf den Gedanken, daß ich in ihm nur den unnachgiebigen Chef sehe. Ich würde ihn gern ein wenig besser kennenlernen.“

In einer schnellen Operation hat Camilo die Bande von Chino Chang geschnappt, die mit Folterungen und Morden in der Gegend von Caracas gewütet hatte. Gemeinsam mit Chino wird ein Bauer, der eine Jugendliche vergewaltigt hatte, in einem Schnellverfahren verurteilt und hingerichtet. Zwei Mitglieder der Bande werden freigesprochen und drei andere einer Scheinfüsilierung unterworfen. *Als die drei nach den in die Luft abgefeuerten Schüssen feststellten, daß sie noch am Leben waren, bedachte mich einer von ihnen mit einem überaus merkwürdigen Beweis seiner Freude und Dankbarkeit in Form eines schmatzenden Kusses, als wäre ich sein Vater.* Der Journalist Andrew Saint George, der in die Sierra zurückgekehrt ist, wird Zeuge der Vorfälle. *Seine in der Zeitschrift ‚Look‘ veröffentlichte Reportage brachte ihm in den Vereinigten Staaten einen Preis für die sensationellste Reportage des Jahres ein. Dieses erstmals in der Sierra angewandte System mag vielleicht etwas barbarisch erscheinen, es war indes keine andere Form der Bestrafung für diese drei Männer möglich, die eine Reihe von ziemlich schweren Delikten auf dem Kerbholz hatten. So konnte zumindest ihr Leben gerettet werden. Die drei traten danach der Rebellenarmee bei, und zwei von ihnen haben sich meinen Informationen zufolge glänzend in der gesamten Aufstandsphase geschlagen. Einer gehörte lange Zeit zu meiner Kolonne. Wenn die Soldaten untereinander über das Kriegsgeschehen sprachen und jemand Einzelheiten seiner Erzählungen anzweifelte, erklärte er stets mit besonderem Nachdruck: „Ich habe keine Angst vor dem Tod, und Che ist mein Zeuge" und gab dann die Episode seiner Füsilierung zum besten.*

Zwei oder drei Tage später wird eine neue Gruppe festgenommen, die aus ehemaligen Mitarbeitern der Guerilla besteht und Lebensmittel gestohlen hat, die aus der Ebene geschickt worden waren. *Auf diesem Weg sind sie tief gesunken, sogar bis zum Mord. Damals wurden die finanziellen Verhältnisse eines Mannes an der Anzahl seiner Frauen gemessen. Getreu den Gebräuchen und dank der Vollmachten, die ihm die Revolution verliehen hatte, ließ Dionisio, wie ein Potentat, drei Häuser bauen. In jedem Haus besaß er eine Frau und ein umfangreiches Warenlager. Fidels empörten Anschuldigungen wegen des Verrats an der Revolution und der Amoralität, drei Frauen mit dem Geld der Revolution zu unterhalten, entgegnete er voller Bauernschläue, daß es nicht drei, sondern zwei wären, da eine seine eigene sei (was stimmte). Gemeinsam mit ihnen wurden zwei von Masferrer gesandte Spione erschossen, die überführt worden waren und ihr Vergehen gestanden hatten.*

Ein neuer Fall von Banditentum stürzt Che in schwere Widersprüche. Es handelt sich um einen Kämpfer namens Echevarría, der mit einer kleinen Gruppe Überfälle in der Gegend durchgeführt hat. *Der Fall von Echevarría war pathetisch, denn obwohl er seine Vergehen einsah, wollte er sich nicht hinrichten lassen. Er bettelte um die Erlaubnis, im nächsten Kampf sterben zu dürfen. Er schwor, daß er den Tod auf diese Weise suchen wollte, um seine Familie nicht zu entehren. Nach dem Todesurteil schrieb Echevarría, den wir El Bizco* [den Schielenden] *nannten, einen langen und ergreifenden Brief an seine Mutter, in dem er ihr die Gerechtigkeit der an ihm vollzogenen Strafe erklärte und ihr empfahl, der Revolution treu zu bleiben.* Gemeinsam mit ihm wird auch Barrera, El Maestro [der Lehrer], hingerichtet, jene seltsame Figur, die Che in einem der schwierigsten Augenblicke der ersten Etappe begleitet hat und danach desertiert ist. Er hatte sich als Doktor Guevara ausgegeben und mehrere Bauernmädchen vergewaltigt.

Che ist bei diesen letzten Festnahmen und Hinrichtungen nicht anwesend, denn er will unbedingt eine feste Basis tief im Gebirge, im Gebiet von El Hombrito aufbauen. Er regt die Bauern an, auszusäen. Er organisiert Gruppen von Meldeläufern, um über alle Operationen der Armee unterrichtet zu sein. Er schafft neue Versorgungsnetze, läßt sogar einen Backofen bauen und richtet ein Feldlazarett ein.

Neben Lidia Doce wirken dabei sowohl die junge Bäuerin Delsa Puebla, die unter dem Spitznamen Teté bekannt ist, als auch eine Kämpferin aus der Stadt, María Mercedes Sánchez, mit. Letztere ist an einem Anschlag gegen einen hochrangigen Militär beteiligt gewesen. Sie wird in der Sierra unter dem Namen Carmencita bekannt. Che teilt mit ihr die Leidenschaft für Neruda und beauftragt sie mit der Alphabetisierung.

Der argentinische Journalist Jorge Ricardo Masetti berichtet einige Monate später: „Die Bergbewohner hatten noch nie eine Kirche besucht. Es gab in den Bergen keine. Sie hatten auch noch nie Brot oder Rindfleisch gegessen. (...) Sie waren zwar Analphabeten, aber außerordentlich intelligent. Die ersten Schulen wurden mit der Ankunft der Rebellenarmee eingerichtet. Zwar aßen sie ab und zu Backwerk, hatten aber keine Ahnung, was Brot war, bevor die Truppen Guevaras die ersten Bäckereien einrichteten. Sie sahen die Rinder und wußten, daß ihr Fleisch köstlich war, aber erst nachdem die Kräfte der Bewegung mit dem Verteilen der Herden und dem organisierten Schlachten begannen, kamen sie in den Genuß von Beefsteaks. Etwa 90% von ihnen war im reichsten Gebiet des überaus reichen Kuba geboren."

Als man sich schon mitten in den Aufbauarbeiten für eine Basis der Nachhut befindet, ermöglicht die Ankunft von zwei Studenten, Geonel Rodríguez und Ricardo Medina, mit einer Handpresse aus dem Jahre 1903 eines der am meisten gehegten Vorhaben: eine Gebirgszeitung.

In einem Brief an seine Verbindungsleute in der Ebene erklärt Che bezüglich der Zeitung „El Cubano Libre": *Die Zeitung ist vollständig auf Wachsmatrize geschrieben, aber der Mangel an Druckfarbe behindert ihr Erscheinen und der Mangel an Papier beschränkt es auf 700 Exemplare. Diese Nummer hat zudem den Fehler, daß sie keinen von Fidel gezeichneten Artikel enthält. Luis Orlando hat versprochen, sich um eine zeitungsgerechtere Aufmachung zu kümmern. Es wäre gut, wenn Ihr uns alles schicken könntet, was wir in dieser Hinsicht angefordert haben, denn ich glaube, daß uns die Zeitung große Dienste leisten kann.*

Wenige Tage später erscheint die kleine Zeitung mit einem Abschnitt, den Che geschrieben und mit „Der Freischärler" unterzeichnet hat. In einem Brief an Fidel faßt er zusammen: *Ich hoffe, daß die geringe inhaltliche Qualität als Schocktherapie wirkt und Du einen Artikel mit Deinem Namen beisteuerst. Der Leitartikel der zweiten Nummer handelt vom Abbrennen der Zuckerrohrfelder. An dieser Nummer haben folgende Leute mitgearbeitet: Noda mit dem Artikel über die Agrarreform, Quiala mit der Reaktion auf das Verbrechen, der Arzt über die Wirklichkeit des kubanischen Bauern, Ramiro mit den letzten Meldungen und ich mit der Erläuterung des Namens, mit dem Leitartikel und mit „Ohne Kugel im Lauf". Die Themen habe ich vorgegeben. Es werden dringend alle Nachrichten über Aktionen, Verbrechen, Beförderungen usw. benötigt und eine regelmäßige Kommunikation, für die eine spezielle Abteilung geschaffen werden kann.*

Seine Freude wird durch die Nachricht getrübt, daß im Ausland ein Abkommen unterzeichnet worden ist, das als Pakt von Miami bekannt werden wird und das an sich schon schwache Einheitsprogramm weiter schwächt und, was am schlimmsten ist, dem 26. Juli die Leitung der Bewegung nimmt. Die in Miami geschaffene Struktur begünstigt die traditionellen politischen Organisationen Kubas, die zwar keine Verbindungen zum Regime Batistas hatten, sehr wohl aber mit den alten Traditionen der Korruption und politischer Ränkeschmiede verknüpft waren. Dem Pakt war von der Auslandsdelegation des 26. Juli unter Leitung von Felipe Pazos zugestimmt worden. Das am 1. November unterzeichnete Dokument löste heftige Reaktionen sowohl bei der Linken des 26. Juli in der Ebene (Ramos Latour bezeichnete es am 4. November als den Triumph „der politischen Ränkeschmiede auf dem Rücken unserer Leichen ...") als auch im Exil aus (wo Franqui von Costa Rica aus erklärte, daß das Abkommen eine US-„Vermittlungsintervention" fördern würde, die er ablehnte). Che fühlt sich verraten, und in Unkenntnis der Reaktionen der Bewegung als ganzer und der Fidels – der am 10. November den Pakt öffentlich ablehnt – versinkt er in einem Meer voller Zweifel.

Tage später wird das Mißverständnis aufgeklärt. Che schreibt daraufhin an Fidel: *Gerade eben ist der Bote mit Deinem Schreiben vom 13. angekommen. Ich kann Dir sagen, daß es mich, wie auch das Schreiben von Celia, beruhigt und mit Freude erfüllt hat. Nicht aus persönlichen Gründen, sondern aufgrund der Bedeutung für die Revolution. Du weißt ja, daß ich nicht das geringste Vertrauen zu den Leuten der nationalen Leitung hatte, weder zu ihren Fähigkeiten als Führer noch als Revolutionäre ...* Und er rät zu einem maximalistischen Vorstoß: zur Absetzung der gesamten nationalen Leitung, als wäre sie in den Pakt verwickelt gewesen.

Am 8. November organisiert die Bewegung des 26. Juli in Havanna eine spektakuläre Machtdemonstration, indem sie etwa hundert Bomben, Böller und Sprengkörper zur Explosion bringt. Um 9 Uhr abends beginnt das Lärm- und Feuerkonzert. Das Regime befindet sich an verschiedenen Fronten in der Defensive.

Einige Tage später entdeckt der von Fidel vorgewarnte Che, daß die Kolonne von Sánchez Mosquera erneut in das Gebiet eindringt, das er für sich beansprucht. Nachdem die Hinterhalte der Rebellen versagt haben und ihr Versuch, eine Mine zur Explosion zu bringen, gescheitert ist, rücken die Soldaten vor. Dabei benutzen sie sowohl bei Fahrten mit Lastwagen als auch bei Fußmärschen die Bauern als Schutzschild. Che versucht den Ring zu schließen, aber sie schleichen sich über einen nicht bewachten Weg ein und stecken Bauernhütten an.

Auf einem der Märsche zur Umzingelung der Soldaten gelangt Che zu einer Häusergruppe, wo es eine Gitarre gibt. Unversehens wird ein Fest mit Liedern und Tanz veranstaltet. Es ist das erste kubanische Bauernfest, das Che erlebt. Die Anwesenheit eines Hundes bewirkt, daß er sich an einen anderen erinnert, den sie unterwegs umbringen mußten, um zu verhindern, daß sein Bellen ihre Position verriet. Aus dieser Erfahrung entsteht Ches beste Kurzgeschichte: „Das ermordete Hündchen", die er einige Jahre später schreibt.

Die Verfolgung bleibt erfolglos. Und für die Trupps ist sie eine der vielen grausamen Wanderungen, die sie in diesem Gebirgsbereich durchgeführt haben. *Die Armee kam an sechs unserer Hinterhalte vorbei, aber wir haben nicht auf sie geschossen. Einige geben als Grund die Rücksicht auf die Kameraden an. Ich schoß nicht, da sie sich in einer Entfernung von 500 Metern befanden, da sie viele waren und ich die Verbindung zu den anderen Hinterhalten verloren hatte. Ich stand hinter einem Bananenbaum, und zwei prächtige P-47-Flugzeuge drehten unablässig Runden über unseren Köpfen. Wie die Intellektuellen sagen, zogen wir also mit eingezogenen Schwänzen wieder ab.*

Am 24. November, nach der fruchtlosen Verfolgung der Truppe von Sánchez Mosquera, schreibt Che an Fidel: *Wie so viele Male zuvor (Gibt es denn kein Pöstchen als Oberstleutnant?) hatten Hochwürden recht: die Armee war uns auf den Fersen. Mach Dir keine Sorgen, es ist in keiner Hinsicht etwas passiert ...* Und er legt einen ersten Bericht über El Hombrito vor: *Wir beschlossen also, eine feste Operationsbasis in El Hombrito und Zarzal einzurichten und dort unsere Schwerindustrie aufzubauen. Unsere Waffenschmiede läuft bereits auf Volldampf, auch wenn das Panzerfäustchen noch nicht fertiggestellt werden konnte, da Bayamo uns kein Material schickt. Ich habe die Herstellung von zwei Versuchsmodellen für Granatwerfer in Auftrag gegeben, die, wie ich glaube, zu guten Ergebnissen führen können. Es sind bereits mehrere sehr starke Minen angefertigt worden, von denen bisher aber noch keine explodiert und eine von der Armee erbeutet worden ist. Die Maschinen der Schuhmacherwerkstatt sind bereits aufgestellt. Sie sind in der Lage, jede Art von Sattler- und Schuhmacherzubehör herzustellen, aber wir haben noch keine Werkstoffe erhalten. Zwei Schweine- und Geflügelfarmen befinden sich im Anfangsstadium. Ein Backofen ist gebaut, der wahrscheinlich am Tag nach diesem Schreiben, dem Jahrestag der von Dir ausgeheckten Landung, die ersten Brote abwerfen wird. Wir haben mit dem Bau eines kleinen Staudamms zur Gewinnung von hydroelektrischer Energie für dieses Gebiet begonnen. Es ist ein festes Krankenhaus eingerichtet worden, und mit dem Bau eines weiteren mit guten hygienischen Bedingungen wird in Kürze begonnen. Das Material dafür ist bereits gespendet worden. Das gesamte Gebiet ist mit Luftschutzräumen ausgestattet. Wir haben die Absicht, standzuhalten und diesen Ort unter keinen Umständen aufzugeben.*

Der Brief hat einen Epilog: *Die Nachrichten überschlagen sich. Die Soldaten sind in Mar Verde. Wir düsen bereits los. Die Fortsetzung dieser interessanten Geschichte wirst Du später lesen.* Und er endet mit dem Hinweis:

Ich habe vergessen, Dir zu sagen, daß die Fahne des 26. Juli auf dem Gipfel von El Hombrito weht und wir versuchen werden, daß das auch so bleibt. Wir haben eine andere auf Corcabá gehißt, um den Flugzeugen eine Falle zu stellen. Die P-47 fielen über die beiden Freiwilligen her und übersäten ihre Hintern mit Splittern (auf Treu und Glauben: aber nur kleine Splitter, nichts Neues von den Freiwilligen und auch nicht vom Flugzeug).

Die Fahne, die den Berg krönt, ist sechseinhalb Meter lang. Sie ist nicht nur eine Herausforderung, um Sánchez Mosquera zum Aufstieg in die Berge zu zwingen, und ein Zeichen der Gebietshoheit der Rebellen, sie stellt auch eine Provokation für die Flugzeuge dar. Sie trägt eine Aufschrift, mit der der 26. Juli das neue Jahr begrüßt. Die Kolonne hat sich vor ihr fotografieren lassen: Der unbewaffnete Che befindet sich in der Mitte mit einem langen Stab, der ihm als Stock dient. Es ist wie ein Familienfoto mit dem Patriarchen, dem Großväterchen, einem ganzen Haufen Jugendlicher und ihrem moralischen Anführer Che mit seiner Lastwagenfahrermütze in der Mitte.

Die Präsenz der Fahne provoziert Dutzende von Bombenangriffen. Jahre später greift Regisseur Sergio Giral in einem Film das Kollektivgedächtnis der Bauern zu einem Zeitpunkt auf, als die Einheimischen noch „Bohrbardieren" sagten und in den Himmel blickten, aus dem die Flugzeuge bereits verschwunden waren. Schließlich ordnet Che das Entfernen der Fahne an, um zu verhindern, daß sie von einer Gruppe von Kindern abgenommen wird, die von Sánchez Mosqueras Truppen bedroht werden.

Am 29. November kommt es zum Gefecht von Mar Verde. *Kurz vorm Morgengrauen, um halb sechs Uhr morgens, stand ich nach einem ruhigen Schlaf auf. Der sechste Sinn, der sich im Militärleben entwickelt, war in dieser Nacht durch die Erschöpfung und die Bequemlichkeit eines Bauernbettes in der Ortschaft Mar Verde abgestumpft worden. Wir frühstückten in aller Ruhe, während wir auf die Nachrichten der zahlreichen Boten warteten, die ausgeschickt worden waren, um die Verbindung mit den anderen Guerillagruppen herzustellen.* Ein Bote berichtet, daß Soldaten 500 Meter weiter weg Hühner stehlen. Es handelt sich um die Vorhut des Truppenverbandes von Sánchez Mosquera, der zwei Kilometer von Che entfernt liegt. Che analysiert die Lage. Er kann nicht auf Camilo zählen, der sich am Vortag in einem anderen Gebiet einen Zusammenstoß mit der Kolonne geliefert hat und mit Hinterhalten zwei mögliche Passierwege der Truppe versperren muß. Nachdem er die Gruppen aufgeteilt hat, legt er mit seinem kleinen Trupp einen Hinterhalt am Weg, der zum Meer hinabführt und den die Armee höchstwahrscheinlich nehmen wird.

In den frühen Morgenstunden, der Sperrgürtel war bereits geschlossen, ertönte der Alarmschrei. Von einem Mangobaum bedeckt, an den er sich Jahre später noch hervorragend erinnern wird, liegt Che auf der Lauer. *Die Schritte der Soldaten waren fast über uns zu hören. (...) Damals hatte ich nur eine Luger-Pistole, und ich war nervös wegen der zwei oder drei Gefährten, die dem Feind näher waren als ich; so gab ich überstürzt den ersten Schuß ab, und die Kugel ging daneben. Wie es in diesen Fällen üblich ist, waren unmittelbar darauf von allen Seiten Schüsse zu hören. Das Haus, in dem sich der Kern der Kräfte von Sánchez Mosquera befand, wurde angegriffen.*

Joel Iglesias und andere Rebellen von Ches Trupp rücken vor, um die Männer der Vorhut zu stellen, auf die Che geschossen hat. *Er nahm denselben Weg, den die Soldaten genommen hatten, und drang durch den Pflanzentunnel vor. Ich hörte, wie er sie zur Kapitulation aufforderte und den Gefangenen Sicherheit für Leib und Leben versprach. Plötzlich ertönte eine schnelle Schußfolge, und die*

Kameraden meldeten, daß Joel schwer verletzt sei. Joel erzählt: „Che stürzte trotz des Kugelhagels zu der Stelle, wo ich lag, warf mich über seine Schultern und holte mich dort raus. Die Soldaten, die gehört hatten, daß ihn jemand Che genannt hatte, trauten sich nicht, auf ihn zu schießen. Etwas später sprach ich mit ihnen. Sie erzählten mir, daß sie vollkommen verdutzt waren, als sie sahen, wie er mit der Pistole am Gurt hervorstürzte, der Gefahr trotzend mich auflud, so daß sie nicht zu schießen wagten.“ *Joel hatte trotz allem außerordentliches Glück gehabt. Drei Garand-Gewehre waren aus unmittelbarer Nähe auf ihn abgefeuert worden; sein eigenes Garand-Gewehr wurde von zwei Kugeln getroffen, die den Kolben zerstörten. Eine andere versengte seine Hand, die nächste seine Wange, zwei durchbohrten seinen Arm, zwei weitere ein Bein, und einige andere verursachten noch zusätzliche Kratzer. Er war zwar blutüberströmt, aber seine Verletzungen waren relativ geringfügig.*

Die drei Soldaten ergeben sich kurze Zeit später. Als Vilo Acuña voller Empörung den blutüberströmten Joel auf dem Boden liegen sieht, will er „diese Hunde“ abknallen, aber Che sagt zu ihm:

Sieh mal, diese Hunde hätten mich umbringen können und haben es nicht getan. Außerdem bringt es überhaupt nichts, diese Hunde abzuknallen. Wen wir umbringen müssen, das sind die Oberhunde, diejenigen, die diese hier antreiben. Sie sind nichts als arme Schlucker, die ihr Geld damit verdienen und nicht einmal ein Ideal haben.

Sergio del Valle und Che verbinden Joel mitten im Gefecht notdürftig und lassen ihn danach mit den Gefangenen zur Nachhut bringen, wo ihn Doktor Martínez Páez unter einer Anästhesie auf Rumbasis operiert.

Als sie die Soldaten verhören, erfahren sie, daß sich Sánchez Mosquera mit einer Kompanie von 100 Soldaten mit Maschinengewehren und reichhaltig Munition verschanzt hat. *Wir hielten es für besser, uns nicht auf einen Sturmangriff mit ungewissem Ausgang einzulassen, denn unsere Kräfte waren zahlenmäßig zwar in etwa gleich stark, aber wir waren schlechter bewaffnet, und Sánchez Mosquera befand sich gut verschanzt in einer Verteidigungsstellung. Wir beschlossen, ihn bis Einbruch der Nacht mit Störfeuer zu belegen, um mögliche Truppenbewegungen zu verhindern, und unseren Angriff auf die Dunkelheit zu verschieben.* Die Gelegenheit verstreicht, denn von der Küste rückt eine neue Kolonne der Armee heran, deren Vormarsch mit neuen Hinterhalten gebremst werden muß.

Am 29. November, während die Rebellen sich darauf beschränken, die Kolonne von Sánchez Mosquera in der Umzingelung zu halten, kommt Ciro Redondo beim Versuch, die feindlichen Stellungen einzunehmen, um. Gleichzeitig durchbricht die Verstärkung die Umzingelung der Rebellen und zwingt sie zum Rückzug. *Wir waren alle sehr traurig. Die Enttäuschung, den Sieg gegen Sánchez Mosquera nicht ausnutzen zu können, verband sich mit der Trauer um den Verlust unseres großen Kameraden, Ciro Redondo.* Einige Tage später schreibt Che an Fidel: *Er war ein guter Kamerad und vor allem eine Deiner stabilsten Säulen im Hinblick auf Kampfbesessenheit. Ich glaube, daß es nur ge-*

recht ist, wenn er den Rang eines Kommandanten erhält, selbst wenn es nur für die Annalen der Geschichte ist, die das einzige sind, nach dem viele von uns streben können.

Beim Rückzug nimmt Che wieder die äußerste Position ein, und trotz der Schreie seiner Kameraden, daß er in Deckung gehen bzw. sich bücken soll, gibt er seine Schüsse im Stehen ab. In diesem Moment *schlug eine Kugel wenige Zentimeter von meinem Kopf entfernt in einen Baumstamm ein. Leonel Rodríguez beschimpfte mich, weil ich mich nicht gebückt hatte. Danach stellte er, vielleicht bedingt durch die für einen Ingenieur typische Tendenz zu mathematischen Spekulationen, die Überlegung an, daß er eine größere Chance hätte, das Ende der Revolution lebend zu erreichen, da er sich nie in Gefahr begab, wenn es nicht unbedingt notwendig war.*

Jetzt ist Che entschlossen, den Stützpunkt El Hombrito um jeden Preis zu verteidigen, auch wenn er sich der Schwächen seiner Kolonne und ihrer Unfähigkeit, längere Kämpfe oder stabile Sperrgürtel zu organisieren, bewußt ist. Trotz seiner Erklärung: *Wenn sie bis hierher vordringen wollen, werden sie mehrere Tage kämpfen müssen*, geht er auf Nummer Sicher und läßt die Verletzten in das unzugänglichste Gebiet von La Mesa bringen.

Vor Ablauf einer Woche zieht er wieder ins Gefecht, und zwar als die Kolonne von Sánchez Mosquera den Aufstieg zum El Hombrito über Santa Ana beginnt. Die Minen gehen nicht hoch und die Abwehrhinterhalte werden überrannt. Um zu verhindern, daß die anderen Patrouillen durch den Vormarsch der Armee abgeschnitten werden, gibt er schmerzerfüllt den Befehl zur Aufgabe von El Hombrito. Er legt einen neuen Hinterhalt *an einem kleinen Hügel namens Altos de Conrado, der über die Gebirgslinie der Sierra Maestra herausragt. Dort warteten wir geduldig drei Tage lang, wobei wir ständig 24-Stunden-Wachen schoben. Die Nächte waren kalt und feucht in dieser Höhenlage und zu dieser Jahreszeit. Wir waren tatsächlich weder richtig vorbereitet noch daran gewöhnt, die ganze Nacht in Kampfstellung im Freien zu verbringen.*

Trotz der Ratschläge Fidels befindet sich Che in der ersten Linie des Hinterhalts (*die Moral der Leute war infolge des ergebnislosen Hin- und Hergehetzes ziemlich schlecht, weshalb mir meine Präsenz in der vordersten Feuerlinie notwendig erschien).* Am 8. Dezember rückt die Armee schließlich heran. *Wir hörten die Schreie der Truppe während einer sehr heftigen Diskussion, die ich persönlich Wort für Wort mitbekam, da ich sie vom Rand der Felswand aus beobachtete. Ein Befehlshaber, anscheinend ein Offizier, schrie: „Sie gehen vorneweg, verdammt nochmal", während der Soldat, oder was immer er auch war, sich wütend weigerte. Die Diskussion verstummte, und die Truppe setzte sich in Bewegung.*

Der Hinterhalt ist so angelegt, daß Camilo das Feuer aus nächster Nähe eröffnen soll, während die übrigen Kräfte der Guerilla den Befehl haben, in der Deckung abzuwarten, bis sie die ersten Schüsse hören. Aber Che ist verzweifelt, in den letzten Monaten sind die Dinge zu oft nicht so gelaufen wie geplant: *Entgegen meinem eigenen Befehl streckte ich den Kopf hervor und erspähte in diesem angespannten Augenblick vor dem Gefecht den ersten Soldaten, der langsam vorrückte, wobei er mißtrauisch von einer Seite zur anderen schaute. Tatsächlich roch hier alles nach einem Hinterhalt. Das Felsgestein, aus dem eine kleine Quelle floß, war ein merkwürdiger Anblick inmitten des wuchernden Tropenwaldes. Die abgestorbenen Bäume, die teilweise umgestürzt waren, teilweise noch standen, machten einen unheilvollen Eindruck. Ich zog den Kopf zurück und wartete auf den Beginn des Gefechts. Ein Schuß ertönte und sofort gab es einen Schußwechsel. Später erfuhr ich, daß der Schuß nicht von Camilo abgegeben worden war, sondern daß der vom Warten nervöse Ibrahim vorzeitig abgedrückt und damit die Schießerei ausgelöst hatte.*

Plötzlich verspürte ich ein unangenehmes Gefühl, etwas wie eine Verbrennung oder gefühllose Glieder, das Zeichen, daß eine Kugel im linken Fuß steckte, der nicht vom Baumstamm gedeckt war. Ich hatte gerade einen Schuß abgegeben. Gleichzeitig hörte ich den Lärm von Leuten, die durch Gebüsch im Sturmschritt auf meine Stellung zustürzten. (...) Ich drehte mich in verzweifelter Eile um und konnte gerade in dem Moment die Pistole ziehen, als einer unserer Kämpfer, und zwar Cantinflas, auftauchte. Der arme Cantinflas ließ meinen Schrecken und den Schmerz der Wunde augenblicklich verfliegen, als er mir erklärte, daß er sich zurückzöge, weil sein Gewehr Ladehemmung hätte. Ich riß es ihm aus den Händen, während er sich neben mich duckte, und schaute mir sein Garand an. Der Druckknopf war etwas verbogen, wodurch die Waffe klemmte. Ich brachte sie mit einer bitterbösen Diagnose in Ordnung: „Du bist ein Hosenscheißer.“ Cantinflas, mit Familiennamen Oñate, ergriff das Gewehr, erhob sich, entfernte sich vom schützenden Baumstamm, um den Ladestreifen seiner Garand als Beweis für seinen Mut leerzuschießen. Er konnte ihn aber nicht vollständig entleeren, denn eine Kugel traf ihn in den linken Arm und trat am Schulterblatt wieder aus, nachdem sie einen merkwürdigen Weg genommen hatte. Nun waren wir bereits zwei Verletzte am selben Ort, und es war sehr schwierig, sich unter dem Beschuß zurückzuziehen. Verletzt und abgeschnitten von unseren Leuten, mußten wir die vermoderten Baumstämme hinabgleiten und danach unter ihnen weitergehen. Nach und nach schafften wir es, aber Cantinflas war fast ohnmächtig, und ich, der ich mich trotz meiner Schmerzen besser bewegen konnte, gelangte zu der Stelle, wo sich die anderen befanden, um Hilfe zu holen.

Die Soldaten haben sich wahrscheinlich unter leichten Verlusten zurückgezogen, aber die Lage ist nicht klar. Che ordnet einen truppweisen Rückzug und den Abtransport Oñates an. Danach verschafft er sich ein Pferd, denn der Schmerz ist wieder entbrannt und er kann nicht mehr laufen. In der Annahme, daß die Truppe die Anhöhe Conrado eingenommen hat, legt er neue Hinterhalte und befiehlt Ramiro, den Großteil der Kolonne zu den Stellungen von Fidel zu führen. *Denn es herrschte ein gewisses Gefühl der Niederlage und Angst in unserer Truppe. Ich wollte nur mit den unerläßlichsten Leuten zurückbleiben, um eine bewegliche Verteidigung zu organisieren.* Für diese Aufgabe bestimmt er den Zug von Camilo.

Ches Fußverletzung hat eine gewaltige Wirkung auf die Bauern der Gegend.

Anfangs glauben sie es nicht. Das Gerücht, Che sei verletzt, wird zurückgewiesen. Eine Frau sucht ihn sogar eigens in dem Verschlag auf, wo er liegt, und fragt:

„Che, du bist verletzt? Nein, das stimmt ja gar nicht."

Che muß ihr seine Wunde am Fuß zeigen und erklären, daß es nichts Schlimmes sei. In einem Jahre später gedrehten Dokumentarfilm weinen die Bewohner von El Hombrito und La Mesa, als sie sich an den Vorfall erinnern.

Einen Tag nach dem Gefecht entdeckt ein Spähtrupp, daß sich die Armee zurückgezogen hat. Aber bei ihrem Durchbruch hat sie die Bauernhütten angesteckt und die kleine Infrastruktur von El Hombrito zerstört. *Unser Backofen wurde gewissenhaft zerstört, und zwischen den rauchenden Ruinen gab es nur einige Katzen und das eine oder andere Schwein, das dem Irrsinn der Invasorenarmee entflohen war, um in unsere Fänge zu geraten.* Die Zerstörung seines Stützpunktes dürfte Che sehr geschmerzt haben, wie auch aus einem Brief hervorgeht, den er am 14. Dezember an Ramos Latour schreibt: *El Hombrito ist plattgewalzt wie ein Brett. 40 Hütten sind verbrannt und all unsere Träume zerstört.*

Doktor Machado Ventura operiert ihn mit einem Rasiermesser und entfernt eine M-1-Kugel. Am 12. Dezember kann Ramiro Fidel bereits berichten: „In diesem Moment tut er vielleicht schon die ersten Schritte."

Es sind viereinhalb Monate vergangen, seit sie ihn zum Kommandanten ernannt haben, und Che fühlt sich gescheitert. Er hat einige Scharmützel geleitet, deren anfängliche Erfolge er nicht auszunutzen wußte. Er mußte sich mehrfach zurückziehen und seinen geliebten Stützpunkt El Hombrito aufgeben; es kommt ständig zu Zusammenstößen mit der Leitung der Bewegung in der Ebene, und er hat den Ratschlägen Fidels, nicht zuviel zu riskieren, kein Gehör geschenkt, was zu seiner Verletzung geführt hat. So behält Che nur die Führung über einen Verband und unterstellt den Großteil seiner Kolonne mit Ramiro Valdés an der Spitze dem direkten Befehl von Fidel. Vielleicht ist es ja auch noch zu früh, die beiden großen Erfolge zu bewerten, die er in diesen Monaten erzielt hat: Er hat ein sehr breites Netz von Bauern geschaffen, die ihm eine echte Bewunderung und Hochachtung entgegenbringen, und er hat eine magische Aura erworben. Che ist der Gerechte, der Egalitäre, derjenige, der von keinem etwas verlangt, was er nicht selbst tut.

Diese beiden Elemente werden sehr viel schwerer wiegen, als es zunächst den Anschein hat. Und Fidel, der ihm nicht den Oberbefehl der Kolonne 4 entzieht, ist sich dessen bewußt.

Kapitel 15

★

Der Zwist

Gegen Ende des Jahres [1957] *zogen sich die feindlichen Truppen aus dem Gebirge zurück, und wir waren wieder die Herren des Territoriums zwischen dem Berg Caracas und Pino del Agua, von Westen nach Osten, zwischen dem Meer im Süden und den kleinen Ortschaften an den Ausläufern der Sierra Maestra im Norden, die von der Armee besetzt waren.* Es kommt zu einem bewaffneten Frieden, zu einer Atempause. Weder kann die Guerilla gegen die stark besetzten Stellungen operieren, noch wagt sich die Armee ins Gebirge. Gleichzeitig ist es notwendig, eine neue und dieses Mal größere Infrastruktur aufzubauen, um die Fragen von Ernährung, medizinischer Versorgung, Propaganda, Waffen und Munition zu lösen. *In einer ersten Maßnahme forderten wir einige Bauern auf, zusätzliche Felder anzulegen, und verbürgten uns, ihnen die Bohnen-, Mais-, Reis- und andere Ernten abzukaufen. Gleichzeitig bauten wir mit einigen Händlern aus den umliegenden Dörfern Versorgungswege auf, über die Nahrungsmittel und einige Gerätschaften in die Berge gelangen konnten. Es wurden Maultierzüge der Guerilla gebildet, die nicht nur Nahrungsmittel beförderten, sondern auch Arzneien.*

Es war schwierig, Waffen aus der Ebene zu erhalten. Zu den natürlichen Schwierigkeiten der geographischen Abgeschiedenheit kamen der Eigenbedarf der städtischen Kräfte und ihre Weigerung, der Guerilla Waffen auszuhändigen. Fidel mußte harte Diskussionen führen, damit uns das eine oder andere Kriegsgerät erreichte. Und wenn es Probleme bei den Waffen gab – häufig bestand das Hauptziel eines Gefechts in der Entwaffnung eines Soldaten – so waren die Probleme bei der Munition noch um einiges größer.

Aufgrund dieser Spannungen und Nöte rückt Che nicht von der Idee eines eigenen Lagers und einer eigenen Infrastruktur ab. Kurz nach dem Verlust von El Hombrito zieht er seinen Verband in La Mesa zusammen. Von der Umgebung des Hauses von Polo, dem Hauptmann Barfuß, gelangt man über fast unzugängliche Pfade dorthin. La Mesa [Der Tisch] liegt noch höher als El Hombrito, und der Name paßt zum Ort. Che hat das von vier Bergen umgebene Tal als umgedrehten Tisch bezeichnet und einen der Berge als das Tischbein. Dort gibt er erneut seiner Idee eines festen Stützpunktes Gestalt. Am 3. Dezember beginnen die Arbeiten zum Bau eines getarnten Camps, das sich bis ins Tal erstreckt. Es entstehen dort ein Lazarett, eine Sattlerwerkstatt zur Herstellung der unerläßlichen Stiefel und von Mützen (dies ist der Ursprung der Schirmmütze, die Che ab und zu trägt) und die mit einer kleinen Drehbank ausgerüstete Waffenwerkstatt. Später kommt noch eine Manufaktur für Zigarren hinzu (die Che zufolge sehr schlecht waren, aber laut dem Journalisten Biggart von der „New York Herald Tribune" und dem Uruguayer Carlos María Gutiérrez genausogut schmeckten wie die Partagás, die man in Havanna kaufen konnte).

In La Mesa gibt es zudem eine Schule, in der den Bauernkindern und sogar den gefangenen Soldaten Lesen beigebracht wird, während Carmencita die Erwachsenen alphabetisiert. Che verfügt noch über einige andere Rebellen, die als Alphabetisierer arbeiten. Der spanische Journalist Meneses zitiert einen Brief, den einer von ihnen in einem pompösen Stil an Che geschrieben hat, um zu erklären, daß es ihm selbst an den rudimentärsten Unterrichtsmitteln mangelt. Che antwortet wütend: *Ich habe voller Freude Dein Schreiben empfangen, in dem Du Dich darüber beklagst, daß Du in der Statthalterschaft, die Dir die Revolution zugewiesen hat, nicht über das angemessene Instrumentarium zur Verwirklichung Deiner pädagogischen Aufgaben verfügst. Die kindlichen Subjekte Deiner akademischen Bemühungen werden sich mit Deinem Einfallsreichtum begnügen müssen, denn die von Dir angeforderten Waffen der Kultur stehen mir nicht zur Verfügung. Ich nutze die Gelegenheit, um Dir folgendes mitzuteilen: Wenn Du noch einmal einen Mann auf einen zehnstündigen Fußmarsch schickst, um mir einen ähnlichen Haufen Unsinn zu übermitteln, werde ich jemanden abstellen, damit er Dir die Eier abschneidet. Kapiert? Dein wütender Kommandant. Che.*

Bei diesen organisatorischen Tätigkeiten stößt Che weiterhin mit den städtischen Strukturen des 26. Juli zusammen. Bereits am 9. Dezember hat er an Fidel geschrieben: *Wenn wir uns sehen oder ich Zeit für einen längeren Brief finde, muß ich Dir einige Klagen über die Leitung unterbreiten. Mein Argwohn geht schon so weit, daß ich sogar eine direkte Sabotage gegen diese Kolonne oder, klarer ausgedrückt, gegen meine Person vermute. Ich bin der Meinung, daß es angesichts dieses Sachverhalts nur zwei Lösungen gibt: ein strenges Eingreifen, um Vorfälle dieser Art zu verhindern, oder mich unter dem Vorwand von körperlicher Untauglichkeit, oder aus welchen Gründen auch immer, abzusetzen. Diese Erwägung wird nicht durch die Erbitterung bestimmt, die die erzwungene Aufgabe von El Hombrito bei mir ausgelöst hat. (...) Der Sachverhalt ist zu subtil, um Dir stichhaltige Beweise liefern zu können. Aber Du wirst die Möglichkeit haben, Briefe zu lesen, in denen auf meine wichtigen und dringenden Aufträge mit drei Seiten geantwortet wird, die sich nur um einen Absatz in meinem Brief drehen, in dem ich nichts anderes gemacht habe, als Befehle auszuführen, die ich bezüglich unangemeldeter Besucher hatte.*

Wenn man den Briefwechsel zwischen den Bergen und der Ebene aus heutiger Sicht durchgeht, scheint es evident zu sein, daß Che zu hart über seine Genossen aus den städtischen Netzen urteilte, die Polizeiterror, Verhaftungen und Folterungen, Denunziationen und Schwierigkeiten der Untergrundtätigkeit ausgesetzt waren und deren Kommunikationsweg mit der Sierra oft unterbrochen wurde.

Am 12. Dezember informiert Ramos Latour Fidel, daß er Che über Bayamo 17.000 Patronen und Kugeln, vor allem Kaliber 22, aber auch 44 und 30,06 geschickt habe, sowie 2.000 Pesos über Yao. Zwei Tage später schreibt er an Che: „Che, ich nehme an, daß bereits der größte Teil der verschickten Munition bei Dir eingetroffen ist. (...) Ich versichere Dir, daß ich vollkommen verzweifelt bin, nachdem mich ein Auftrag nach dem anderen von Dir erreichte und ich praktisch nicht in der Lage war, das Problem zu lösen. (...) Alles, was ich Dir geschickt habe, wurde hier in kleinen Posten von 50, 100, 200 Stück zu allen möglichen Preisen erworben. (...) Du weißt, daß ich ein hartnäckiger Verteidiger der Organisation im striktesten Sinne des Wortes bin. Wo ich jedoch jetzt versucht habe, Dir so schnell wie möglich die geforderte Munition zukommen zu lassen, und über die Unverantwortlichkeit der Leute, die Verzögerungen, Unschlüssigkeiten usw. gestolpert bin, ist mir bewußt geworden, warum Du an Ferrer und anderen festgehalten hast, die Dir das geschickt haben, wozu die Leitung in Bayamo nicht in der Lage gewesen ist. Meine Verzweiflung ging soweit, daß ich kurz davor war, unter Vernachlässigung aller Aufgaben, die uns zur Zeit bedrängen, nach Bayamo zu fahren und selbst das Material zu transportieren. (...) Innerhalb von wenigen Tagen wirst Du 200 Mäntel, 75 wollene Unterhosen, 150 Paar Strümpfe, die neue Handpresse und einige andere Dinge mehr erhalten."

Das Netz scheint besser zu funktionieren, denn Che kann sich einen kleinen Stromgenerator besorgen, erhält den 1. Band des „Kapital" von Marx, den er in Mexiko angefangen und nicht beendet hatte, und eine bessere Handpresse. Mit der Druckmaschine kann er die Herstellung der Gebirgszeitung „El Cubano Libre" wieder aufnehmen, die im Laufe des Januar bis an die Ausläufer des Gebirges und in die umliegenden Städte gelangen wird.

„El Cubano Libre", von der ein Bauer behauptete, daß man sie im prallen Sonnenlicht oder mit einer großen Laterne lesen mußte, da der Wachsdruck katastrophal war, daß sie aber die Moral kräftig hob, war eine von Ches fixen Ideen. Er hatte viele Stunden für den Aufbau ihrer Infrastruktur geopfert und nicht wenige Rügen im Zusammenhang mit der Zeitung erteilt, zum Beispiel als er feststellte, daß jemand ein Exemplar als Klopapier benutzt hatte – er stand kurz davor, die gesamte Kommandantur auf Wasser und Brot zu setzen.

Trotz seiner abrupten Wutanfälle hegen seine Männer und die Bauern eine enorme Zuneigung zu ihm. Carmencita gibt folgende Beschreibung: „In der Sierra sprach niemand schlecht von Che. Die Leute mochten ihn, niemand fühlte sich ungerecht behandelt, niemand machte ihn für gewisse unangenehme Dinge verantwortlich, niemand wagte, ihn anzulügen, und alle vertrauten auf ihn und seine Weisheit. Er war ein weiser Guerillero, sie schätzten ihn, sie achteten ihn und sie sprachen ihn mit Sie an."

Sie, Che ... Und es ist dieser von den Bauern geachtete Che, der seinen Zwist mit den Leuten aus der Ebene über seine Zweifel an den Kommunikations- und Versorgungsnetzen hinaus ausdehnt.

Am 23. November schreibt ihm Armando Hart, daß die Befehlsstruktur in der Ebene verbleiben müsse, daß es zu viele Opportunisten gebe, die eine direkte Verbindung mit den Bergen aufzubauen versuchten. Sie anzuerkennen, würde eine Schwächung der städtischen Struktur des 26. Juli bedeuten, deren Aufbau soviel Mühe gekostet habe und deren Aufrechterhaltung im von der Repression erzwungenen Untergrund weiterhin viel Mühe bereite. Bezüglich der politischen Differenzen stellt Hart klar: „Ich versichere Dir sogar, wenn Du ausführlicher mit uns reden könntest, dann würdest Du feststellen ...", daß die Leute aus der Ebene weder konservativ waren noch Verbindungen zu dem liberalsten Sektor der Oligarchie suchten. Der Brief war extrem freundlich und sogar fast zärtlich Che gegenüber.

Am 14. Dezember antwortet Che Ramos Latour, dem Nachfolger von Frank País (in einem Brief, den Che Jahre später als *ziemlich idiotisch* bezeichnet). Er verteidigt seine Guerillarechte und -prioritäten gegenüber *den Einwänden, die ständig gegen meine zentripetale Aktivität erhoben werden.* Danach geht er bruchlos dazu über, sich gegen die Ebene zu stellen, indem er politische Unterschiede aufführt: *Meiner ideologischen Schulung zufolge gehöre ich zu denen, die glauben, daß die Lösung der Weltprobleme sich hinter dem sogenannten Eisernen Vorhang befindet, und ich begreife diese Bewegung als eine der vielen, die vom Bestreben der Bourgeoisie ausgelöst worden sind, sich von den wirtschaftlichen Ketten des Imperialismus zu befreien. Ich werde Fidel stets als einen authentischen Führer der linken Bourgeoisie ansehen, auch wenn seine Figur dank seiner außerordentlich brillanten persönlichen Qualitäten eine Bedeutung gewinnt, die ihn weit über seine Klasse erhebt. In diesem Geist begann ich den Kampf: aufrichtig, ohne Hoffnung auf mehr als die Befreiung des Landes, bereit, wieder zu gehen, wenn die späteren Bedingungen den Kampf nach rechts abdriften lassen sollten (die Rechte, die Ihr repräsentiert). Und ich muß eingestehen, daß ich mich bei der Unterzeichnung des Paktes von Miami meiner eigenen Gedanken geschämt habe. Aber glücklicherweise kam danach der Brief von Fidel ...*

Und er endet trotz der Härte mit: *Es wäre schön, wenn es eine Erklärung dafür geben könnte.*

Ramos Latour antwortet am 18. Dezember: „Ich habe soeben Deinen Brief erhalten, den Du selbst als hart bezeichnest und dessen Inhalt mich schlichtweg überrascht, ohne daß ich mich auf irgendeine Weise (...) durch die Ausdrücke von Leuten wie Dir verletzt fühle, die mich nicht genug kennen, um über mich urteilen zu können. Ich möchte vorwegschicken, daß ich Dir nur aufgrund der Achtung, Bewunderung und der hohen Meinung, die ich trotz Deiner Worte stets von Dir gehabt habe, auf Deinen Brief antworte." Nach dieser eleganten Einleitung weist Ramos Latour darauf hin, daß er im Namen aller Mitglieder der Nationalen Leitung der Ebene schreibt. Danach erklärt er die Opfer, die die städtischen Netze auf sich nehmen: daß sie auf eine Kugel verzichten, mit der sie sich verteidigen könnten, um sie ins Gebirge zu schicken. Als Beispiel führt er die Zelle in Mayarí an, die die selbst eroberten Waffen ins Gebirge geschickt hätte und ihre Aktionen nun unbewaffnet durchführen würde.

Er geht zur Definition der jeweiligen Tätigkeitsbereiche über und zu seiner Auffassung vom Kommunismus. Er bereinigt die strittige Frage mit: „Die Beseitigung unserer Übel geschieht nicht dadurch, daß wir uns von der schädlichen Yankeeherrschaft durch die nicht weniger schädliche sowjetische Herrschaft befreien."

Er stellt unmißverständlich klar, daß auch sie Linke sind: „Du empfindest wie wir die Notwendigkeit, aus unseren Ländern die korrupte Verwaltung, den Militarismus, die Arbeitslosigkeit, die Verarmung, das Analphabetentum, die Krankheiten, den Verlust der sozialen Rechte ... zu beseitigen." Er definiert sich als einen Arbeiter („keiner von denen, die sich darüber Sorgen machen, was in Ägypten vor sich geht, und in Kuba nichts tun", was eine klare Anspielung auf die Kommunisten der PSP ist), als einen Arbeiter, der Sozialwissenschaften und Jura studiert und das Studium aufgegeben hat, um in den Krieg zu ziehen. Abschließend erklärt er, daß er die Polemik für unfruchtbar hält, „solange wir weiter wie bisher für den Sieg der Revolution arbeiten".

Aber die Angelegenheit ist damit noch nicht beendet.

Armando Hart kommt im Januar 1958 in die Sierra. Er hat einen neuen Brief an Che dabei, der eine Antwort auf dessen Argwohn gegen die Leitung der Ebene darstellt. Fidel, der vom Ton beunruhigt ist, den die Diskussion zuweilen annimmt, fordert Hart auf, das Schreiben nicht auszuhändigen. Als dieser aber das Gebirge wieder verläßt, wird er verhaftet und der Brief fällt der Armee in die Hände. Während das Leben Harts an einem seidenen Faden hängt, treten die Propagandainstrumente der Regierung die Debatte breit und lassen sich in einem hochtrabenden Ton über die Diskrepanzen innerhalb der Bewegung des 26. Juli aus.

Am 20. Januar sieht sich Raúl Castro Fidel gegenüber zu der Erklärung veranlaßt, daß er in keinem Brief an Che über Stalin gesprochen habe und daß der Ursprung des Gerüchts in dem Brief zu suchen sei, der bei Hart gefunden wurde. Hart konnte schließlich vor dem Tod gerettet werden, wurde aber auf der Pinieninsel inhaftiert.

Die Umstände scheinen den Zwist beigelegt zu haben, aber Che nimmt weiterhin Unterschiede zwischen der Sierra und der Ebene wahr. Allerdings vermischt er dabei die Debatte über den Sozialismus als Alternative mit Klagen über die ungenügenden Lieferungen in die Berge. Jahre später erklärt er: *Die Sierra war sich bereits sicher, den Guerillakampf vorantreiben, ihn auf andere Orte ausdehnen zu können und so, vom Land aus, die Städte der Tyrannei einzukreisen, dem gesamten Apparat des Regimes die Luft abzudrücken und es zu zermürben. Die Ebene nahm scheinbar einen revolutionäreren Standpunkt ein, da sie für den bewaffneten Kampf in allen Städten eintrat, der in einen Generalstreik zum Sturz Batistas münden und damit die Machtübernahme innerhalb kurzer Zeit ermöglichen sollte. (...) Ein überraschend aus dem Untergrund ausgerufener Generalstreik ohne politische Vorbereitung und ohne Massenaktion.*

Obwohl Che nicht unrecht hatte, neigte er dazu, die Rolle unterzubewerten, die der städtische Kampf im revolutionären Prozeß gehabt hatte und weiter haben würde. Dadurch, daß er die Existenz des politischen Prozesses negierte (vielleicht weil er keine Vorstellung von der Kontinuität der Bewegung seit dem Angriff auf Moncada 1953 hatte), der die Diktatur eingekreist hatte, begriff er die Guerilla als einen autonomen Prozeß und nicht als die Avantgarde einer breiten Volksdissidenz, aus der sie sich nährte und die sie nährte. Jenseits seiner großen Intelligenz, seiner enormen Intuition und seiner anti-imperialen Universalität, die sich an Bolivars Lateinamerikanismus anlehnte, war Che zuweilen im Hinblick auf Kuba nichts weiter als ein bäuerlicher Intellektueller, der noch nie einen Fuß in die Stadt gesetzt hatte.

Diese Diskussionen sind aber nicht Ches einzige Sorge. Außer militärischen Fragen trägt er auch die Idee mit sich herum, einen Radiosender in der Sierra einzurichten.

Am 23. Dezember '57 hat ihm einer seiner Offiziere erzählt, daß er einen Techniker in Bayamo kenne, der glaube, einen Sender in der Sierra bauen zu können. Che überreicht ihm 10 Pesos, damit er die Verbindung aufnimmt, und gibt grünes Licht für das Vorhaben. Auf Initiative von Frank País war bereits früher schon davon gesprochen worden, aber damals war es eher darum gegangen, eine Verbindung zwischen der Kommandantur Fidels und der Leitung in Santiago herzustellen. Der besagte Mann heißt Eduardo Fernández, ein Fernmeldetechniker mit einer kleinen Werkstatt in Bayamo und Mitglied des Netzes des 26. Juli. Einige Tage später traf sich Eduardo mit Che im Lager El Hombrito: „Er war ganz und gar an der Frage interessiert und von ihr begeistert."

Am 3. Januar '58 schreibt Che: *Teil bitte Daniel, Debora oder irgendjemand anderem von der Leitung mit, daß ich einen Techniker habe, der sich verpflichtet, innerhalb von zwei Wochen eine Sendeanlage zu einem Preis von etwa 500 Pesos zu bauen. Die Anlage kann über Havanna kommen. Der Techniker lebt in Bayamo, Zenea 54; er heißt Eduardo Fernández.*

Zwei Wochen später ist Ramos Latour aktiv dabei: „Ich warte darauf, daß uns der Techniker mitteilt, welches Material er braucht, damit ich es ihm zukommen lassen kann."

In Santiago trifft sich der berühmte Daniel (Ramos Latour) an einem etwas seltsamen Ort mit Fernández. Kurze Zeit später kommen in Havanna nach und nach die notwendigen Gerätschaften zum Vorschein. Man baut eine kleine Anlage zusammen und befördert sie zerlegt nach Bayamo. Das ist aber nur der Anfang, danach sind noch Unmengen von Problemen zu überwinden, um den Sender zusammenzubauen und ins Herz der Sierra Maestra zu befördern. Zuerst bringt man ihn nach Contramaestre an die Ausläufer des Gebirges, um den Sperrgürtel der Armee zu umgehen. Danach gelangt er in einem Jeep, versteckt unter den weiten Röcken zweier Frauen, in die Sierra. Von dort aus wird die Anlage in das Haus der Großmutter von Ciro Redondo gebracht, dann auf Schultern durch mehrere Viehgehege transportiert, und schließlich nimmt eine Patrouille aus Ches Kolonne das Gerät in Empfang. In der zweiten Februarwoche verbreitet sich das Gerücht unter den Rebellen, daß sie in Kürze einen eigenen Radiosender haben würden. Das erste Kapitel der Schwierigkeiten mit einer Radioanlage ist zu Ende.

In der Zwischenzeit verwirklicht Che in La Mesa einen anderen dringlichen Wunsch: die Waffenschmiede. Gestützt auf die Kenntnisse von Oris Delfín Zaldívar, mit dem er seit der Zeit in El Hombrito zusammenarbeitet, *entwickelten wir unsere neueste Waffe, der wir eine außerordentliche Bedeutung beimaßen: die M-26, auch Sputnik genannt, eine kleine Blechbombe, die zuerst mit einem komplizierten Apparat, der aus den Bändern einer Harpune gefertigt war, einer Art Katapult, fortgeschleudert wurde. Später wurde sie soweit verbessert, daß man sie mit einer Salutkugel durch einen Gewehrschuß abfeuerte, der dem Artefakt eine größere Reichweite verlieh. Diese Bömbchen machten einen Riesenlärm, sie wirkten abschreckend, aber da sie nur ein Blechgehäuse hatten, war ihre Sprengkraft sehr gering. Nur wenn sie in der Nähe eines feindlichen Soldaten explodierten, konnten sie ihm Verletzungen zufügen.*

Nachdem der Sputnik fertiggestellt ist, machen sie Versuche mit einem Granatwerfer, der die ausgesprochen unbequeme LM-1-Ausführung verbessern soll. Am 10. Januar schickt Che einen kurzen Brief mit der Zeichnung einer einfachen Armbrust an Oris. Es gibt eine Fotografie von Oris und Che mit der Granatwerfer-Armbrust in der Mitte. Oris sieht so stolz aus, als würde er ein Kind taufen. Che blickt mürrisch in die Kamera, anscheinend ist ihm das Ganze nicht geheuer. Im Februar wird der Granatwerfer auf Anregung von Fidel an ein Gewehr angepaßt und etwas später an eine Schrotflinte.

Am 16. Februar 1958 zieht Fidel seine Kolonnen für einen weiteren Überraschungsangriff auf Pino del Agua zusammen. Die Operation ist eher als Stör- und Hinterhaltemanöver denn als eine Erstürmung der Kaserne angelegt, die mittlerweile eine ganze Kompanie beherbergt.

Fidel leitet den Angriff persönlich, und der Verband von Guillermo García legt Hinterhalte, die mögliche Truppenverstärkungen für die belagerte Kaserne verhindern sollen. Um fünf Uhr morgens rückt Camilo vor, wobei er entdeckt, daß die Wachen sich in die Kaserne zurückgezogen haben. *Sie hatten ein primitives Warnsystem installiert, das aus über den Boden gespannten Fäden bestand, an die Blechdosen gezurrt waren, die bei Berührung der Fäden klapperten. Aber gleichzeitig ließen sie einige Pferde auf der Weide grasen. Als die Vorhut der Kolonne über die Alarmanlage stolperte, wurde dies mit den Geräuschen der Pferde verwechselt. So konnte Camilo praktisch bis an die Stellung der Soldaten herankommen.*

Nun kommt es zu einer ineffektiven Bombardierung von Seiten der Rebellen. Danach nimmt die Vorhut Camilos den Kampf gegen die Vorposten der Armee auf. *Innerhalb weniger Minuten hatten die Kräfte Camilos den Widerstand gebrochen. Sie erbeuteten elf Waffen, darunter zwei leichte Maschinengewehre, nahmen drei Soldaten gefangen und töteten sieben oder acht. Aber unmittelbar danach wurden der Widerstand in der Kaserne organisiert und unsere Angriffe gestoppt.*

Beim Versuch, die Offensive fortzusetzen, erleiden die Rebellen mehrere Verluste, einschließlich Camilo, der am Bein getroffen wird. *Trotz seiner Verletzung stürzte sich Camilo, bereits in der Morgendämmerung und mitten in einem höllischen Feuer, wieder ins Gefecht, um die Waffe zu retten. Er wurde erneut verletzt. Er hatte dabei aber das Glück, daß die Kugel in seinen Unterleib eindrang und auf der Seite wieder austrat, ohne ein lebenswichtiges Organ zu verletzen. Während einige Kämpfer Camilo bargen, wobei das Maschinengewehr auf der*

Strecke blieb, (...) bombardierten andere die Kaserne aus der Nähe mit den Sputniks bzw. M-26, womit sie große Verwirrung unter den Soldaten auslösten.

In den Vormittagsstunden herrscht Ruhe, die nur von sporadischen Maschinengewehrgarben gestört wird. Zu diesem Zeitpunkt hört ein junger Offizier der Diktatur namens Evelio Laferté die Funksprüche zwischen der Garnison in Guisa und den Belagerten in Pino del Agua ab, die sich zurückziehen bzw. ergeben wollen. Der Ton wird immer härter: „Ihr Feiglinge, ihr schwulen Säcke, wenn ihr euch ergebt, werden wir euch füsilieren!"

Kurze Zeit später tritt die Vorhersage Fidels ein. Eine Kompanie steigt von Oro de Guisa den Berg hinauf, sie gerät in einen der von Paco Cabrera gelegten Hinterhalte. Die Vorhut der Batista-Kompanie wird vernichtet. Elf Soldaten sind gefallen und fünf werden gefangengenommen, unter ihnen Leutnant Laferté. Außerdem werden zahlreiche Waffen erbeutet.

Ein zweiter Hinterhalt scheitert, da die Soldaten die Stellungen der Rebellen vorzeitig entdecken. Aber obwohl sich Raúl Castro zurückziehen muß, wird die Belagerung von Pino del Agua aufrechterhalten. *Als es dunkel war, schlug ich vor, einen Angriff im Stile Camilos durchzuführen, um die Wachposten von Pino del Agua einnehmen zu können. Fidel befürwortete die Idee zwar nicht, erklärte sich aber letztendlich bereit, einen Versuch zu starten. So wurde ein Verband unter Leitung von Escalona losgeschickt, der aus den Trupps von Ignacio Pérez und Raúl Castro Mercader bestand. Die Gefährten näherten sich und unternahmen alles mögliche, um die Kaserne zu erreichen. Sie gerieten aber unter heftigen Beschuß der Soldaten und zogen sich zurück, ohne einen weiteren Angriff zu versuchen. Ich verlangte, daß man mir den Befehl über den Verband gab, was Fidel zähneknirschend akzeptierte. Ich wollte mich so weit wie möglich vorpirschen, die Hütten der Kaserne, die alle aus Holz gebaut waren, mit Molotow-Cocktails in Brand setzen und die Soldaten damit zur Aufgabe oder zum ungeordneten Rückzug zwingen, bei dem wir sie dann mit unserem Gewehrfeuer niederstrecken könnten.*

Aber Fidel ist nicht überzeugt und schickt Che eine Nachricht: „Da beim Angriff alles von dieser Flanke abhängt, ohne die Unterstützung von Camilo und Guillermo zu haben, denke ich, daß man keine Kamikazeaktion unternehmen sollte, denn man läuft Gefahr, viele Verluste zu erleiden, ohne das Ziel zu erreichen. Ich rate Dir eindringlich, vorsichtig zu sein. Ich verbiete Dir ausdrücklich, eine Kampfstellung einzunehmen. Kümmere Dich darum, die Leute gut zu führen, was zur Zeit das Wichtigste ist." Che macht eine Lageeinschätzung und beschließt, den Kampf nicht aufzunehmen. Er zieht sich zurück und erklärt einem Boten: *Sag Fidel, daß er abziehen soll. Ich bleibe noch eine Weile hier. Ich habe entdeckt, daß das Schießpulver das einzige ist, was mein Asthma lindert.* Die Kolonne zieht sich unter Bombenabwürfen aus B-26-Maschinen zurück, die eher beunruhigen als Schaden zufügen.

Als Che hinter Camilo, der auf einer Trage transportiert wird, in sein Lager in La Mesa zurückkehrt, erfährt er, daß die Zeitungen verbreitet haben, er sei verletzt. Im Lager erwartet ihn der uruguayische Journalist Carlos María Gutiérrez, der folgende Beschreibung von ihm liefert: „Aus den Taschen des olivgrünen Hemdes quollen Papiere, Notizhefte und mehrere Bleistifte (...). Die Seitentaschen der Hosen waren voll wie Packtaschen und hingen unter dem Gewicht von Patronen, Strümpfen und einigen Büchern unförmig herab.“ Che empfängt ihn mit einem trockenen: *Du bist also der Uruguayer? Hier hast du einen Mate.*

Che hat in der Sierra den Brauch des Matetrinkens eingeführt. Woher hat er den Tee? Er bekommt ihn von seiner Tante Beatriz geschickt. Über welches wunderbare Netz verfügt seine Tante, das von Argentinien bis ans Ende der Welt in der Sierra Maestra reicht?

Carlos María Gutiérrez erhält ein Exklusivinterview. Che ist daran interessiert, über Fotografien und Bildübertragungen zu sprechen, und will keine Fragen beantworten. Er läßt sich nicht aus der Reserve locken: „Seine Verteidigungswaffen sind der unverhoffte Sarkasmus und das stille Grinsen, mit dem er mich beobachtete, als wollte er meine Unverfrorenheit oder meine Naivität abschätzen. Che verstand es, sich zu verschanzen und seine Hängebrücken hochzuziehen. Aber er konnte auch sehr herzlich sein und seine schroffen Äußerungen hinterließen keine Wunden.“

Dem Bericht von Carlos María Gutiérrez zufolge „unterrichteten sie mich eines Tages darüber, daß Che mich eingeladen habe, mit meiner Hängematte in die Hütte der Kommandantur umzuziehen. Ich ging hin, um ihm für seine Ehrerbietung zu danken, aber Guevara brachte mich mit einer lässigen Geste zum Schweigen: *Es ist nicht deinetwegen; ich trinke einfach nicht gern allein Mate.*“

Vermerkt sind auch die liebenswerten Scherze, die Che mit Camilo, seinem besten Freund in den Bergen, im Krankenhaus treibt. Wie er seine Mütze abnimmt und sich über ihn amüsiert ...

Die Intervention Fidels beim zweiten Gefecht in Pino del Agua führte einige Tage später dazu, daß eine Gruppe von Offizieren ihm ein Schreiben schickte (...), in dem wir ihn im Namen der Revolution darum baten, sein Leben nicht nutzlos aufs Spiel zu setzen. Dieses etwas kindliche Schreiben, das wir aus vollkommen uneigennützigen Gründen verfaßten, verdiente noch nicht einmal, von ihm gelesen zu werden, und es erübrigt sich, darauf hinzuweisen, daß er den Wunsch in keiner Weise berücksichtigte. Es wirkt ein wenig schockierend, daß Kommandanten, Hauptleute und Gruppenleiter, die die Gefechte auf Grundlage ihres Beispiels führten, auf Grundlage des Gesetzes der Mau-Mau, von Fidel das Gegenteil verlangten. Almeida berichtet: „Es war eine Wonne, einen dieser kämpfenden Grünschnäbel zu beobachten, wie er sich mitten im Gefecht aufrichtete, während alle übrigen im Kugelhagel platt auf dem Boden lagen, und schrie: ‚Sieh mich an, Dingsda! Das ist das Gesetz der Mau-Mau!‘ Dann richtete er sich tapfer auf und schoß seine Waffe auf den Feind ab. Danach machte es der Angesprochene ihm nach. (...) Kurz und gut, das war das Gesetz der Mau-Mau: im Stehen kämpfen und im Kugelhagel vorrücken oder die Flugzeuge von vorne beschießen. Männergeschichten, die heute wie Geschichten von Verrückten klingen.“

Und die Verrückten werden mehr. Am 1. März werden zwei neue Kolonnen von der Mutterkolonne abgetrennt. Almeida, der an der Spitze der Kolonne 3 steht, bewegt sich auf Santiago zu, und Raúl Castro rückt mit der Kolonne 6 aus, um eine zweite Front aufzubauen, die sich ebenfalls der Provinzhauptstadt nähert. Ihr Aufbruch fällt mit der Geburtsstunde von Radio Rebelde zusammen.

Der nach La Mesa umgezogene Fernández hat den Sender in Betrieb genommen. Bei den ersten Probeausstrahlungen geht er auf die Funkamateurfrequenzen. Als er eine richtige Wellenlänge gefunden hat, sendet er die „Invasionshymne". Aus den Reaktionen erfährt er, daß die Ausstrahlung zwar ankommt, der Sendeort aber nicht geeignet ist, da sie sich in einem von hohen Bergen umgebenen Tal befinden, das wie ein Funkloch wirkt. Che beschließt, den Sender auf den Conrado zu verlegen. Zu der Zeit schließen sich die beiden Rebellen Orestes Valera und Ricardo Martínez der Gruppe an, die beide etwas von Radioansprachen verstehen. Außerdem wird Olga Guevara, die zuvor in Ches Kolonne als Lehrerin tätig gewesen ist, für die Radioarbeit rekrutiert.

Am 24. Februar ist erstmals zu vernehmen: „Hier ist Radio Rebelde, die Stimme der Sierra Maestra. Wir senden täglich um 5 Uhr nachmittags und um 9 Uhr abends auf dem 20-Meter-Band ..."

Che nimmt Zuflucht zum Sarkasmus: *Die einzigen Hörer, die wir hatten, waren Pelencho, ein Bauer, dessen Hütte auf dem gegenüberliegenden Hügel lag, und Fidel, der gerade das Lager besuchte (...) und die Sendung hörte.* Fernández klärt auf: „Das 20-Meter-Band ist für den Empfang in Kuba nicht geeignet, es wird für Langstreckenverbindungen benutzt. Deshalb war die Sendung wahrscheinlich in Pinar del Río, nicht aber in Santiago de Cuba zu hören (...). Im Ausland wurde sie hingegen hervorragend empfangen."

In Venezuela stürzt eines Tages Abel Tamayo, Mitglied des Exilkomitees des 26. Juli, jubelnd in die Versammlung: „Ich habe sie empfangen!" Man erörtert die Möglichkeit, ein Radionetz aufzubauen. Kurioserweise wird das Relaisstationennetz, das die Venezolaner gestützt auf Radio Rumbos und Radio Continente aufbauen – wie auch etwas später das kolumbianische Radio Caracol –, in Kuba empfangen. Es findet eine Art Rückkopplung statt.

Radio Rebelde existiert, die Waffenschmiede funktioniert. Es gibt eine Reihe von Che-Fotos aus La Mesa, auf denen er mit einer Zigarre im Mund ganz konzentriert den Zünder einer 40 bis 50 kg schweren Luftwaffenbombe demontiert. Oris warnt ihn immer wieder:

„... Che, wenn das hochgeht, bleibt von all dem hier nur noch ein riesiges Loch übrig."

Che grinst wie der Jugendliche, der von den Dachterrassen sprang, und betrachtet die Operation vollkommen unbeteiligt. Sollte seine Lektüre nachwirken? Denn zu der Zeit liest er Rabindranath Tagore.

Ebenfalls zu der Zeit schickt die PSP, die kubanischen Kommunisten, als Antwort auf eine Anfrage nach Lehrern die beiden Kader Ribalta und Acosta nach La Mesa. Sie haben die Aufgabe, die Bauern, die Parteimitglieder sind, in den Kampf einzubeziehen und sich selbst der Guerilla anzuschließen. Che weist sie ein. Es geht vor allem darum, jegliches Sektierertum abzulegen und sich nicht wie Parteimitglieder zu verhalten. Ganz nebenbei erklärt er ihnen: *Ihr seid in der Lage, Kader zu schulen, die sich in der Dunkelheit eines Kerkers, ohne ein Sterbenswörtchen zu sagen, vierteilen lassen; aber ihr könnt keine Kader schulen, die in der Lage sind, ein MG-Nest auszuheben.* Bei Acosta und Ribalta wird dies nicht der Fall sein.

Diese Rekrutierungen und andere, z.B. die Aufnahme des Armeeleutnants Laferté, der in eine tiefe Gewissenskrise gestürzt ist und beschlossen hat, sich der Guerilla anzuschließen, und des Nordamerikaners Mark Herman, der mit militärischen Erfahrungen aus dem Koreakrieg ausgestattet ist, erlauben Che, ein neues Lager in einem Gebiet der Sierra einzurichten, das als Minas del Frío bekannt ist. Dieses Camp dient als Rekrutenschule für junge Bauern, in dem neben der militärischen Ausbildung auch erzieherische und politische Arbeit geleistet wird. Die Schule wächst unter fast ständigen Bombenangriffen heran, mit Schülern, die sie befestigen und Schützengräben ausheben. Joel erzählt: „Der wichtigste Test in dieser Schule war der Hunger (...). Dieser Umstand und die Bombenangriffe bewirkten, daß 50% der Neuzugänge bald wieder kniffen."

In dieser Zeit tut sich Che mit einer Frau zusammen. Entgegen seiner üblichen distanzierten Haltung zu den Bäuerinnen und den vielen städtischen Aktivistinnen, die aufgrund der Verfolgungen in die Berge gehen mußten, verliebt er sich in eine junge Bäuerin, die er in Vegas de Jibacoa kennengelernt hat. Zoila Rodríguez ist eine 18jährige (Joel zufolge sehr schöne) Mulattin, Tochter eines mit der Bewegung sympathisierenden Bergschmieds. Sie ist alleinstehend, hat aber ein Kind.

Jahre später, nachdem der Schleier, der über diesem Teil von Ches Biographie lag, gelüftet wurde, erzählt Zoila von ihrem Zusammentreffen: „Es war gegen vier Uhr nachmittags. Ich sperrte gerade ein Rind in den Stall, als er kam. Er saß auf einem Maultier und ein anderer auf einem Pferd. Er war in ein merkwürdiges Grün gekleidet und hatte eine schwarze Baskenmütze auf. Nachdem er mich gegrüßt hatte, fragte er mich, ob hier Cabo lebte (der Spitzname, unter dem mein Vater bekannt war; Che wollte, daß er sein Maultier beschlug). Ich erklärte ihm, daß das kein Problem wäre, daß ich es auch machen könnte, da mein Vater es mir gezeigt hatte.

Während ich das Maultier beschlug, schaute ich ihn von der Seite an und bemerkte, daß er mich beobachtete. Aber er blickte mich auf eine Weise an, in der die Jungen die Mädchen anblicken, was mich ganz verunsicherte. Als ich zur Eisenkiste ging, um ein Schabmesser auszuwählen, fragte er mich, was ich machen wollte, und ich antwortete ihm, daß die Hufe gleichmäßig zurechtgeschnitten werden müßten, um die Hufeisen anbringen zu können. Guevara wollte wissen, ob es unbedingt nötig wäre, es so schön zu machen. (...) Er schaute mich weiter auf diese Weise an (...). Es war ein etwas schelmischer Blick, der mich scheinbar für etwas tadelte, was ich gar nicht gemacht hatte. Als ich fertig war, bot ich ihm Kaffee an, und er erklärte, daß er ihn lieber bitter trinken würde.

Er interessierte sich für mich. Er wollte wissen, was ich machen würde, wo ich gelernt hätte, Maultiere zu beschlagen, ob ich alleinstehend oder verheiratet wäre. Ich erklärte ihm, daß ich unverheiratet sei, aber eine Tochter hätte. Als er sich verabschiedete, sagte er: *Sagen Sie bitte Cabo, daß Guevara hier war.*"

Zoila erinnert sich an ihn als „einen graziösen, ausgesprochen schönen jungen Mann. Er beeindruckte mich sehr. Ich kann es wirklich nicht leugnen, er gefiel mir sehr gut, vor allem sein Blick. Er hatte so schöne Augen, ein so gelassenes Lächeln, daß er jedes Herz erregte."

In dieser Nacht erklärt Cabo seiner Tochter, daß Che „ein außergewöhnlicher Mann ist". Als sie ihn nach dem Grund dafür fragt, erklärt der Alte: „Er ist gekommen, um uns vom Unglück, vom Hunger, dem Dreck und dem Elend zu befreien." Kurze Zeit später gehen Zoila und Che eine Beziehung ein, die mehrere Monate anhält.

In der Zwischenzeit gehen die Arbeiten in Minas del Frío voran. Che beabsichtigt, ein richtiges Krankenhaus mit mehreren Sälen zu bauen. Die Arbeiten müssen unter Bombenabwürfen stattfinden, denn zwei Wochen nachdem sie das erste Haus errichtet haben, wird der Ort von der Luftwaffe entdeckt. *Von da an wurden wir drei Monate lang vormittags und nachmittags mit Bombenangriffen traktiert.*

„Die beste Verteidigung gegen die Bomben war, auf ein Stöckchen zu beißen. Eine andere Möglichkeit waren die Höhlen. Aber die allerbeste Verteidigung war, die Angst vor ihnen zu verlieren", lautete der gängige Spruch unter den Bauern der Gegend. Sie folgten damit wortgetreu den Lehren von Che, der bei Bombenangriffen ein unbeständiges Verhalten an den Tag legte. Manchmal schaute er den heranziehenden Flugzeugen einfach zu, ohne in einen Schutzbunker zu fliehen, als wollte er etwas testen, sich etwas beweisen.

In Minas del Frío nimmt Che einen weiteren Jugendlichen in seinen engeren Kreis auf. Es handelt sich um den 16jährigen Jesús Parra, den er malariakrank in der Kommandantur Fidels kennengelernt hat. Parra ist nicht nur Schuhputzer und Küchengehilfe gewesen, sondern er hatte auch einen dreimonatigen Maschinenschreibkurs belegt und konnte 25 Worte in der Minute tippen. Das war mehr als genug, damit Che auf ihn aufmerksam wurde. In der Kolonne galt er zudem als „Intellektueller". Einige Zeit später gab Che Parra eine Erklärung, warum er sich mit so vielen Jugendlichen umgibt: „Er sagte, daß sie verrückter seien, daß sie mehr aufs Spiel setzen und nicht zu lange nachdenken würden." Sie spiegelten also ihn selbst wider?

Und diese verrückten Jugendlichen beschäftigen sich mit der Geschichte Kubas, werden mit Stöcken trainiert und hungern. Sie organisieren sogar einen Hungerstreik, den Che mit sieben Worten, zehn Beleidigungen und der Drohung, sie alle zu füsilieren, beendet. Er bestraft sie damit, fünf Tage ohne Essen, im „Hungerstreik", zu verbringen. Castellanos, der diesmal nur als Beobachter beteiligt gewesen ist, berichtet: „Che merkte, daß die Lage sehr ernst war, daß es sehr übel aussah, aber daß nichts zu machen war, da es nichts zu essen gab."

Lafertè zufolge ist es derselbe Che, der „einen kleinen Wasserkrug unter der Hängematte stehen hatte, falls er nachts Tabletten nehmen mußte. Und der morgens die Finger ins Wasser steckte, sich den Schlaf aus den Augen rieb, während er zu sich sagte: *Ich mache mich zu naß, Che, ich mache mich zu naß ...*

Bald wird er jedoch die Hängematte woanders anbringen, denn Zoila Rodríguez ist ins Lager gezogen, wo beide in eine Grashütte ziehen. Zoila, die nicht nur in der Küche und im Krankenhaus mitarbeitet, sondern auch Botengänge nach Manzanillo unternimmt, erzählt: „In mir wurde eine sehr große und sehr schöne Liebe wach; ich verpflichtete mich ihm gegenüber nicht nur als Kämpferin, sondern auch als Frau."

Zoila wird für Che zu einer Quelle der Weisheit der Berge: „Er fragte mich viele Dinge über die Sierra Maestra. Er wollte wissen, wie die Pflanzen heißen und wozu sie gut sind, besonders die Heilpflanzen. Er war vor allem an zweien interessiert: eine, die wir Pito nennen, die sehr grüne, messerscharfe Blätter hat und dazu dient, den Blutfluß zu stoppen, und die Yamagua, die ebenfalls gut gegen Blutungen ist. Er wollte auch vieles über die Tiere und die Vögel des Waldes erfahren."

Kapitel 16
★
Die Berge und die Ebene

Am 10. und 11. März 1958 wird in der Sierra Maestra eine Besprechung der Nationalen Leitung des 26. Juli abgehalten, um die unmittelbare Strategie zu bestimmen. Ausgehend von der politischen Isolierung der Diktatur und der wachsenden Widerstandsbewegung in den Städten wird beschlossen, auf einen Aufstandsversuch in Form eines Generalstreiks hinzuarbeiten.

Jahre später erklärt Che, daß der Streik von der Ebene *mit der Einwilligung der Sierra beschlossen wurde, die sich nicht in der Lage sah, ihn zu verhindern.* Dies ist eine falsche Version der Vorgänge. Fidel war auf jeden Fall nicht gegen den Vorschlag, und wenn andere Kader der Sierra Zweifel hegten, so kamen sie nicht ans Tageslicht. Der Streik wurde von der Gesamtheit der Leitung beschlossen, und zweifellos wurden große Hoffnungen darauf gesetzt, damit den Krieg entscheiden zu können. Che, der weder an der Versammlung teilnahm, noch jemals einen Fuß in eine kubanische Stadt gesetzt hatte, besaß keine klare Vorstellung davon, was in den Städten vor sich ging, und dürfte schwerlich eine fundierte politische Einschätzung der Lage gehabt haben.

Fidel hatte einen Aufruf für den Generalstreik vorbereitet, der beim Ausbruch über Radio verbreitet werden sollte. Es war eine dem Anschein nach einheitliche, aber in Wirklichkeit recht sektiererische Arbeiterfront geschaffen worden, und es wurden wichtige Waffenlieferungen erwartet. Die Guerilla sollte versuchen, den Streik mit Aktionen von einigen in die Ebene hinabgestiegenen Verbänden zu unterstützen, und ansonsten die Entwicklung der Ereignisse abwarten. Neben den Fehleinschätzungen war die Frage, wie die Rebellenarmee am besten beim Aufstandsversuch eingesetzt werden konnte, der schwächste Punkt des Plans.

Radio Bemba, die Stimme der Gerüchte, berichtet, daß Che einfach alles ißt. Der von seinen Verletzungen genesene Camilo, der immer zu blutigen Scherzen aufgelegt ist, fängt zwei Katzen im Lager Otilia, kocht sie und wettet mit den anderen, daß Che sie nicht essen würde. Danach lädt er ihn sehr förmlich zum Essen ein.

Was gibt es denn heute Schönes, laß doch mal die Katze aus dem Sack, Hauptmann, erklärt Che, der seine eigenen Informationsquellen im Lager hat.

„Kommandant", antwortet Camilo zur Seite tretend. Und Che setzt sich glücklich vor das Katzengericht. Einige Tage später bricht Camilo an der Spitze einer Patrouille zu den an die Sierra Maestra angrenzenden Ebenen der Region Cauto auf.

Es ist eine seltsame Korrespondenz zwischen beiden Kommandanten überliefert, in der sich Freundschaft und Kugeln miteinander vermischen. Am 5. April schickt Guevara Camilo eine Mitteilung, um eine zweite Munitionslieferung anzukündigen. Camilo antwortet ihm: „Che: Mögen die unbekannten Götter Dir beistehen, ich habe Deine Botschaft erhalten, die mich verwirrt hat. Entweder bist Du sehr zufrieden oder sehr pessimistisch. Ich habe hier weder Männer noch Kugeln erhalten, weder M-1 noch Bomben. Kurz und gut, nichts. (...) Da ich denke, daß Du bald kommst, schreibe ich nicht viel. Wir werden uns ja lange und ausführlich unterhalten. (...) Schreib bitte klar und deutlich, Teile Deiner Botschaft habe ich immer noch nicht verstanden, ich wußte gar nicht, daß Du so gut chinesisch kannst (...). Wir warten mit offenen Armen auf Dich. K100."

Am 21. antwortet Che: *Armer Kerl: Ich habe Deine Nachricht erhalten, als ich mich gerade zum Aufbruch in Deine Gegend bereit machte, um* (unleserlich) *ins Bockshorn zu jagen. Ich habe die Erlaubnis des Riesen dafür (...). Du kannst in Deinem Gebiet tun und lassen, was Du willst, paß aber auf Dich auf, damit Du das Ende des Festes mitbekommst, das anscheinend kurz bevorsteht. Außerdem schicke ich Dir eine kleine Erinnerung an eine Nacht in Otilia: „Ich habe aus alten Büchern gelernt / in denen es ums Schicksal geht / daß man nicht sehr weit kommt / wenn man hinten geht, Kretin."*

Am 24. ändert Camilo den Ton: „Che, Herzensbruder! Ich habe Deine Mitteilung erhalten und sehe, daß Fidel Dir die Militärschule unterstellt hat. Das freut mich sehr, denn so können wir in Zukunft auf erstklassige Soldaten zählen. Als sie mir sagten, daß Du uns mit Deiner Anwesenheit beehren wolltest, war ich nicht sehr glücklich darüber. Du hast eine Hauptrolle in diesem Kampf gespielt. Wenn wir Dich in dieser Etappe des Aufstands benötigen, dann wird Dich Kuba umso mehr brauchen, wenn der Krieg zu Ende ist. Deshalb hat der Riese recht, wenn er Dich aufspart. Ich würde gern immer an Deiner Seite sein, Du bist lange Zeit mein Chef gewesen und wirst es immer bleiben. Dank Dir habe ich jetzt die Möglichkeit, mich nützlicher zu machen. Ich werde das Unmöglichste tun, nur damit Du nicht schlecht dastehst. Deine Speckschwarte."

In der Zwischenzeit hat Che die Führung der Schule übernommen und gleichzeitig eine Reihe von Scharmützeln mit Kräften von Sánchez Mosquera ausgetragen, der Minas de Bueycito besetzt hält. Im vielleicht wichtigsten Scharmützel spielt Che zufällig selbst die Hauptrolle. Er hat den Vorfall nicht in seinen Erinnerungen festgehalten.

Der Zusammenstoß erfolgte an einem Ort mit Namen Bernabé, auf dem Gelände eines Viehzüchters, der sich mit dem Argument, daß er keine Probleme wollte, geweigert hatte, den Rebellen Vieh zu verkaufen, aber der Armee die Präsenz der Rebellen gemeldet hatte. Sánchez Mosquera schickte daraufhin eine Kompanie aus, um die Rinder zu konfiszieren, die dabei auf eine Gruppe von Flintenschützen stieß, die sie bewachten. Che befand sich in der Nähe. Angelockt von den Schüssen und ohne es zu merken, befand er sich auf einmal mitten in der Auseinandersetzung und begann auf die Soldaten zu schießen, die gerade das Gehege umstellten. Ein Rebell, der Zeuge der Aktion war, berichtet:

„... und dort fing er geradezu begeistert an herumzuschießen. Er gab zwei, drei oder vier Schüsse ab, rannte dann gebückt von einer Seite auf die andere und warf sich zu Boden. Die Soldaten schrien ihm zu: ‚Hau nicht ab, du Feigling!' Hundert gegen einen, und sie nannten ihn einen Feigling, aber sie verfolgten ihn nicht." Glücklicherweise erhielt er Deckung von einer Rebellenpatrouille, die nach ihm ausgesandt worden war, danach zogen er und die Schützen sich unter Mitführung der Rinder Richtung La Mesa zurück."

Es war die letzte Aktion vor Beginn des Generalstreiks. Der 19. April war herangerückt. Jahre später rekapitulierte Ameijeiras den Weg, der bis dahin zurückgelegt worden war: „Moncada, der 30. November, die ‚Granma', Alegría de Pío, La Plata, das Interview mit Herbert Matthews, der 13. März, die ‚Corinthia', Uvero, der Tod von Frank País und der darauffolgende fast landesweite Streik, die Gefechte in Pino del Agua, San Lorenzo, Mota und El Hombrito, die II. Front und die III. Front, Frank Muñoz, die Guerilla des Revolutionären Direktoriums im Escambray-Gebirge, die Nacht der 100 Bomben, die Entführung von Fangio, Camilo in der Ebene und die Erhebungen im Osten, in Camagüey und Las Villas hatten die Ernsthaftigkeit der revolutionären Bewegung unter Beweis gestellt."

Mit der Einnahme des Radiosenders in Havanna und der Ausstrahlung des Aufrufs von Fidel begannen die Aktionen. Das nach dem letzten Streik im November stark von der Repression getroffene Santiago reagierte nicht mit der gleichen Intensität wie zuvor und die Fehler häuften sich. Die versprochenen Waffen trafen nicht ein, die Bewegung brach an isolierten Brennpunkten aus, was der Regierung ermöglichte, die Kräfte der Repression geballt einzusetzen.

Es war nicht das Problem der fehlenden Begeisterung des Volkes, sondern das des Vorgehens. Es wurde von den Leuten gefordert, in den Streik zu treten und sich unbewaffnet der Diktatur entgegenzustellen. Man war also abhängig von den wenigen und schlecht bewaffneten Milizen und von der Koordination mit der

Guerilla in den Bergen, die einen geringen Aktionsradius hatte. Außerdem wurde der Aufruf von nur wenigen Gruppen getragen, wobei der 26. Juli hoffte, die anderen organisierten Arbeiterkräfte, die zudem in ihren eigenen Reihen schlecht koordiniert waren, mitzureißen.

In der Sierra wurde der Beginn der Bewegung mit Jubel begrüßt. Der argentinische Journalist Jorge Ricardo Masetti, der sich in der Kommandantur Fidels aufhielt, wurde Augenzeuge davon. Ihm zufolge schrien und tanzten die Leute und erklärten, daß sie nun nach Havanna ziehen würden. Selbst Che hielt den Streik am dritten Tag noch nicht für verloren, da er zwar in Havanna nachließ, sich aber in anderen Städten halten konnte. Doch die Bewegung blutete in heroischen und unzusammenhängenden Kämpfen nach und nach aus. Die Niederschlagung des Streiks gab den Batista-Militärs Oberwasser.

In den Tagen nach dem Aprilstreik gelangt Che auf dem Weg zur Kommandantur Fidels in Begleitung eines Führers an eine Hütte, vor der die Armee soeben einen Versorgungskonvoi der Rebellen vernichtet hat. Die Verlassenheit der Gegend, die Leichname und Tierkadaver erschrecken den Führer, der *sich weigerte, mir zu folgen. Er behauptete, die Gegend nicht zu kennen, bestieg sein Reittier, und wir verabschiedeten uns freundschaftlich. Ich hatte eine Beretta. Ich spannte sie und drang, das Pferd an den Zügeln hinter mir herziehend, in die ersten Kaffeepflanzungen ein. Als ich an einer verlassenen Hütte ankam, ließ mich ein so gewaltiger Lärm zusammenfahren, daß ich beinahe losgeschossen hätte. Aber es handelte sich nur um ein Schwein, das durch mich aufgeschreckt worden war. Langsam und sehr vorsichtig bewegte ich mich auf unsere wenige hundert Meter entfernten Stellungen zu, die ich vollkommen verlassen vorfand (...). Die ganze Szene hatte für mich keine andere Bedeutung als die Befriedigung, die ich empfand, daß ich meine Angst während des mir endlos vorkommenden Weges bis zu unserem Befehlsstand überwunden hatte. In dieser Nacht kam ich mir sehr mutig vor.*

Tage später wird Che bei einem Zusammenstoß mit den Truppen von Sánchez Mosquera von den Seinen getrennt. *Der Feind schoß einige reichlich ungezielte Granaten ab. Einen Moment lang nahmen die Schüsse auf meiner Rechten zu und ich machte mich auf, die Stellungen abzulaufen, aber auf halbem Weg ging es auch auf der Linken los. Ich schickte meinen Adjutanten wer weiß wohin und blieb allein zwischen den beiden Schußlinien zurück. Nachdem die Kräfte von Sánchez Mosquera zu meiner Linken mehrere Granaten abgefeuert hatten, stürzten sie mit einem gewaltigen Geschrei den Hügel hoch. Unsere unerfahrenen Leute kamen bis auf wenige Ausnahmen nicht auf den Gedanken zu schießen und eilten den Abhang hinunter. Allein in einem baumlosen Gehege sah ich verschiedene Soldatenhelme auftauchen. Einer der Häscher rannte den Hügel hinunter, um unsere Kämpfer zu verfolgen, die in die Kaffeepflanzung eindrangen. Ich schoß ihm mit meiner Beretta hinterher, ohne ihn zu treffen, und unmittelbar darauf hatten einige Gewehre meine Stellung ausgemacht und schossen auf mich. Ich begann daraufhin ein Zickzackrennen unter tausend Kugeln mit einem verteufelt schweren ledernen Patronengurt auf den Schultern, das von verächtlichen Anfeuerungsrufen einiger feindlicher Soldaten begleitet wurde. Als ich fast die schützenden Bäume erreicht hatte, entglitt mir meine Pistole. Meine einzige hochmütige Geste an diesem traurigen Morgen war, anzuhalten, mich umzudrehen, die Pistole aufzuheben und wieder loszurennen. Jetzt wurde ich von den kleinen Staubwirbeln angefeuert, die die Gewehrkugeln um mich herum aufspritzen ließen. Als ich mich in Sicherheit wähnte, ohne etwas von meinen Kameraden oder dem Ausgang der Offensive zu wissen, streckte ich mich hinter einen großen Stein mitten im Wald aus. Das Asthma hatte mich gnädigerweise ein paar Meter laufen lassen, aber es rächte sich nun und mein Herz schlug heftig. Ich hörte, wie durch herannahende Schritte Zweige brachen, ich konnte nicht mehr weiterfliehen (was ich wirklich am liebsten gemacht hätte). Es handelte sich aber um einen unserer Kameraden, einen verirrten Rekruten, der sich erst vor kurzem der Truppe angeschlossen hatte. Sein tröstender Ausspruch lautete mehr oder minder:* „Machen Sie sich keine Sorgen, Kommandant, ich sterbe mit ihnen.“ *Ich hatte indes gar keine Lust zu sterben, sondern war vielmehr versucht, ihn mit einigen Flüchen zu bedenken, was ich wohl auch tat. An diesem Tag kam ich mir wie ein Feigling vor.*

Etwas später macht sich Che, der den Oberbefehl der 4. Kolonne Ramiro übergeben hat, auf, um die Verantwortung für die Rekrutenschule anzutreten. Fidel hat in Erwartung der nach der Niederschlagung des Streiks voraussehbaren Armeeoffensive die Konzentration von Nahrungsmitteln in der Sierra, die Beschlagnahmung von Rindern und die Verstärkung der Bewachung angeordnet. Außerdem befiehlt er die Verlegung von Radio Rebelde in das Gebiet von La Plata, dem sichersten Ort der Sierra Maestra. Am 1. Mai nimmt das Radio seine Sendetätigkeit wieder auf.

Jorge Ricardo Masetti kehrt in diesen Tagen in die Sierra zurück, da seine ersten Botschaften im Äther verlorengegangen sind und er die Interviews mit Fidel und Che neu aufnehmen muß. Aus dem ersten Treffen und den nun folgenden entsteht ein atemberaubendes Buch: „Los que luchan y los que lloran“ [Die Kämpfenden und die Jammernden] und eine innige Beziehung zu Che, der, wie bekannt ist, nicht schnell Freundschaften schließt.

Das Interview mit Che wird mitten in einem Bombenangriff aufgenommen. Masetti läßt sich zu der Äußerung hinreißen, daß es gut wäre, den Lärm der Bomben als Hintergrundgeräusch mitschneiden zu können, worauf Che ihn aus dem Schutzraum führt, um das Interview draußen aufzunehmen. Bei einem zweiten Interview, an dem Fidel beteiligt ist, „war Guevara dabei, jede Situation, in der Fidel aufbrauste, mit allen möglichen Scherzen abzuschwächen“.

Am 3. Mai tritt die Nationale Leitung in den Altos von Mompié erneut zusammen. Che wird auf Bitte von Ramos Latour und Faustino Pérez, mit denen er mehrere Zwiste ausgetragen hat, zu der Versammlung eingeladen. Außer Fidel nehmen Vilma Espín, Ñico Torres, Luis Busch, Celia Sánchez, Marcelo Fernández, Haydée Santamaría und David Salvador e Infante teil.

Das Treffen verlief angespannt. Die Bilanz der Streiks ist ausgesprochen ungünstig. Fidel nutzt die Gelegenheit, um die Ebene zur Rechenschaft zu ziehen. Che, und möglicherweise auch Fidel (angesichts der Tatsache, daß kein Protokoll von der Versammlung zugänglich ist, wenn es überhaupt eins gegeben hat, läßt sich darüber nur spekulieren), wirft der städtischen Leitung dreierlei vor: die Rolle der Städte im allgemeinen Kampf überbewertet zu haben, das Sektierertum in der Arbeiterbewegung, die sich geweigert hat, mit anderen Kräften und speziell mit der PSP zusammenzuarbeiten, und die Konzeption der Milizorganisation der Ebene *als Paralleltruppen, die weder eine Ausbildung noch Kampfmoral und nicht den rigorosen Ausleseprozeß des Kriegs durchlaufen haben.*

Zusammengefaßt wäre das die Auffassung, daß die Revolution, ausgehend von den Städten und dem 26. Juli als zentraler Kraft, möglich ist und die ländliche Guerilla als ein Instrument des Widerstands und der Propaganda begriffen wird, aber nicht als ein wesentlicher militärischer Faktor.

Die von Che geteilte gegenteilige Auffassung neigte dazu, die Gebirgsguerilla als die zentrale Kraft zu begreifen, der sich alle anderen Kräfte unterzuordnen hätten. In diesen *erbitterten Diskussionen* war es sehr schwierig, den Punkt der Übereinstimmung zu finden, so daß die ländliche Guerilla als zentraler Kampffaktor gestärkt und der städtische Druck aufrechterhalten werden konnte, der das Regime politisch isolierte und eine Keimzelle für neue Kämpfer war. Die Wirklichkeit und die Dynamik des kubanischen Revolutionsprozesses würden sich in den nächsten Monaten schon darum kümmern, das richtige Lot zu finden, wenn die Sierra in der Lage wäre, dem geballten Angriff standzuhalten, den die Regierung vorbereitete, um aus ihrem jüngsten Sieg Kapital zu schlagen.

Am Ende einer erschöpfenden und oft sehr heftigen Diskussion wurde beschlossen, Faustino Pérez und David Salvador abzulösen und Ramos Latour in die Sierra zu versetzen. Fidel wurde zum Oberbefehlshaber aller Kräfte ernannt, was die Koordinierung der Milizen der Ebene beinhaltete, die von diesem Zeitpunkt an den Notwendigkeiten der Guerillakolonnen untergeordnet waren. Die Struktur der Exilorganisation wurde verändert. Franqui wurde aus dem Exil in die Sierra berufen, um Radio Rebelde zu übernehmen, und die Kandidatur von Urrutia zum provisorischen Präsidenten wurde bestätigt.

Faustino Pérez, den Che jenseits ihrer harten Zusammenstöße wegen seines Mutes und seiner Aufrichtigkeit schätzte, begab sich vorübergehend nach Havanna, um seine eigene Ablösung zu organisieren. Ramos Latour, den Che unterbewertet hatte, in der nächsten Zeit aber sehr schätzen lernte, wurde zum Kommandanten einer Kolonne in der Sierra Maestra ernannt.

Als Franqui am 29. Mai mit dem Flugzeug aus Miami kam, fand er eine vollkommen gestörte Kommunikation zwischen den Bergen und der Ebene vor. „Ich wurde nicht nur deshalb akzeptiert, weil ich mit dem Flugzeug angekommen war, sondern auch weil das Flugzeug aus Miami und nicht aus Havanna oder Santiago gekommen war."

Am Ende der Versammlung wird Che damit beauftragt, die Verteidigungslinien der Sierra zu inspizieren, an denen Fidel die ersten Durchbrüche der

Armee bei der geplanten Offensive erwartete. *Dieses kleine Territorium mußte mit nicht viel mehr als zweihundert brauchbaren Gewehren verteidigt werden, als einige Tage später die Offensive der „Belagerung und Vernichtung" durch die Armee Batistas begann.*

Kapitel 17

★

Die Offensive

Dies ist vielleicht der am wenigsten dokumentierte Teil der Kriegsgeschichte des Ernesto Che Guevara während der kubanischen Revolution. An keiner seiner „Episoden aus dem Revolutionskrieg" beschäftigt sich Che mit der Offensive Batistas, seine Tagebücher sind noch nicht veröffentlicht und in „Eine beginnende Revolution" kommt er nur in zwei knappen Absätzen auf die Geschichte zu sprechen. Das ist vielleicht dem Umstand zuzuschreiben, daß es eine Episode ist, die dem Kommandanten Guevara in rein persönlicher Hinsicht nicht sonderlich gefallen hat. Vorübergehend der Führung seiner Kolonne durch Fidel enthoben, der ihn für zukünftige Aufgaben schonen will, nimmt Che, der sich sonst stets in der ersten Gefechtslinie bewegt, in einem besonders blutigen Kapitel der kubanischen Revolutionsgeschichte vor allem betreuende und koordinierende Aufgaben wahr.

Am 8. Mai schickt Fidel, der sich darüber beklagt hat, daß seine Füllfederhalter nichts taugen und er mit einem zerfetzten Bleistiftstummel schreiben muß, eine Mitteilung an Hauptmann Ramón Paz, in der er ihn davon unterrichtet, daß sie Nachrichten von der Landung der Armee erhalten haben. Es ist das erste von vielen Warnzeichen, daß die erwartete Regierungsoffensive begonnen hat. In den letzten Tagen ist im Rebellenterritorium Tag und Nacht gearbeitet worden. Man hat aus nicht explodierten Flugzeugbomben Minen hergestellt, Pläne zur Blockierung der Zugänge in die Sierra entworfen, neue Waffen aufgetrieben und war dabei, das Auslandsnetz des 26. Juli aufzurüsten. Man hat sogar den Versuch gestartet, eine primitive Telefonleitung in der Sierra zu verlegen.

Che befindet sich immer in Bewegung. Er pendelt zwischen der östlich von Fidels Kommandantur gelegenen Zone und der Sendezentrale von Radio Rebelde hin und her. Außerdem versucht er, das Training in der Rekrutenschule in Minas del Frío so schnell wie möglich zum Abschluß zu bringen, um den Kern einer neuen Kolonne bilden zu können.

Der Arzt Martínez Páez erinnert sich später an einen der wenigen ruhigen Momente vor Beginn der Offensive: Die Leute waren müde, der Aufbau des Verteidigungssystems hatte sie erschöpft. Che war gerade von einem Treffen mit Fidel in La Mesa zurückgekommen und befestigte seine Hängematte zwischen zwei Bäumen im Wald, um sich schlafen zu legen, als das Auftauchen eines am Bein verletzten Vogels ihn dazu zwang, sich wieder als Arzt zu betätigen. So mühte sich der gefürchtete Kommandant damit ab, die Stelze des Vogels mit einem Zweig und etwas Watte zu schienen.

Fidel und Che stehen in der zweiten Maiwoche fast ständig in schriftlicher Verbindung. Fidel hat Che mehrere Briefe geschickt, in denen er die Systeme zum Verminen der Trampelpfade und Viehtrifte in die unwegsamsten Teile der Sierra erläutert. Fidels Texte sind ausgesprochen präzise, wobei seine Sprünge von allgemeinen strategischen Fragen zu minimalen Einzelheiten überraschen: „Che, Du mußt die beiden 100-Pfund-Bomben wieder einsammeln. Stattdessen schicke ich Dir zwei andere. Da jede der 100-Pfund-Bomben zwei Zündsätze hatte, kannst Du jetzt anstelle der zwei Explosionen vier auslösen, wenn Du einfache Tellerminen benutzt ..." (Fidel, 12. Mai). Oder: „Che, wir haben soeben das Problem mit den elektrischen Zündhütchen gelöst. Benutz sie mit dem Strom aus den fünf Batterien und ohne eine Spule zwischenzuschalten. Wir haben gerade drei Granaten auf 15 Meter Entfernung gleichzeitig hochgehen lassen ..." (Fidel, 17. Mai). Mitten in Detailerläuterungen – „Gestern hängte ich eine Metallgranate an einen zwei Meter hohen Ast und brachte sie zur Explosion. Sie schleuderte tödliche Splitter in alle Richtungen" – wird er geradezu vertraulich: „Außerdem sind schon einige Tage vergangen, seit wir zuletzt miteinander gesprochen haben, was zu einer echten Notwendigkeit wird. Ich vermisse hier die alten Gefährten" (Fidel, 19. Mai).

Am 19. Mai, mit dem ersten Zusammenstoß in Las Mercedes, einem kleinen, von der Armee aufgegebenen Dorf von Kaffeebauern, ist die Frist für Nostalgie abgelaufen. Er ist das Vorspiel auf den Generalangriff der Regierungstruppen am 25. Mai. Die Armee hat 14 Bataillone für die Offensive bereitgestellt, ein Feldartillerie- und 13 Panzerbataillone. Sechs sollen zu Beginn der Offensive eingreifen. Sánchez Mosquera beginnt mit zwei Bataillonen den Aufstieg von den Bueycito-Minen nach Santo Domingo und La Plata. Eine andere Kolonne unter dem Befehl von Kommandant Corzo beginnt den Aufstieg in Estrada Palma und soll in der Gegend von Las Mercedes und Vegas de Jibacoa angreifen, um die Kommandantur in La Plata vom Westen her einzukreisen. Eine andere Kolonne nähert sich von der Küste her. Das Rebellenterritorium hat zu diesem Zeitpunkt einen Durchmesser von etwa 120 Kilometern. Der Abstand zwischen den verschiedenen Militärkolonnen, die auf La Plata zumarschieren, beträgt nicht mehr als 7 Kilometer.

In Voraussicht des Angriffs hat Fidel die Guerillakräfte umgruppiert. Er hat die Kolonne von Crescencio Pérez anrücken lassen, Almeidas Kolonne von der zweiten Front herbeigeordert und die 4. Kolonne von Ramiro näherrücken lassen. Außerdem hat er Che beauftragt, mit den Rekrutenschülern eine 8. Kolonne zu bilden. *Fidel handelte nach dem Prinzip, daß nicht die Menge der feindlichen Soldaten von Bedeutung war, sondern die Anzahl von Leuten, die wir benötigten, um eine Stellung uneinnehmbar zu machen. Das war unsere Taktik, und deshalb konzentrierten sich alle unsere Kräfte nach und nach um die Kommandantur, um so eine kompakte Front zu bilden. Es gab nicht viel mehr als 200 funktionstüch-*

tige Gewehre, als am 25. Mai die erwartete Offensive begann, die Fidel bei einer Versammlung mit Bauern überraschte, auf der die Bedingungen diskutiert wurden, unter denen die Kaffee-Ernte durchgeführt werden könnte.

Der Zusammenstoß erfolgt in einer Gegend mit Namen La Herradura, nahe bei Las Mercedes, als die Vorhut eines Armeebataillons in einen Hinterhalt gerät. 30 Stunden lang halten die Rebellen den Granaten und Bombenabwürfen stand. Schließlich nimmt die Armee zwar Las Mercedes ein, aber die Rebellen haben keine Verluste erlitten. Ameijeiras faßt die erste Runde zusammen: „Es gab weder Sieger noch Besiegte und beide Kräfte campierten in unmittelbarer Nähe zueinander."

Anhand der Mitteilungen, die beide hin- und herschicken, kann man Ches Bewegungen und Fidels Sorgen verfolgen, der die unmittelbare Leitung des Widerstands übernommen hat. Aus den Mitteilungen läßt sich herauslesen, daß der Materialmangel der Guerilla gewaltig gewesen sein muß. In einer sorgt sich Fidel beispielsweise um ein Gewehr, das er repariert hat, und um ein anderes, das er aus Einzelteilen zusammengebaut hat. In anderen Mitteilungen geht es um die Telefonleitung, die im Inneren des Rebellengebiets verlegt, aber niemals fertiggestellt wird. Am 28. Mai schickt er eine Nachricht, in der er sich darüber beklagt, daß verschlüsselte Botschaften angekommen seien, Che aber den Schlüssel mitgenommen habe. Einen Tag später hält sich Che gerade in der Schule von Minas del Frío auf und erhält den Befehl von Fidel, Rekruten zur Verstärkung der Schützengräben zu schicken. Am Ende eine beklemmende Nachricht: „Wir müssen noch zehn Tage durchhalten, dann kommen Waffen." Sie müssen keine zehn Tage warten. Genau an diesem Nachmittag trifft Franqui in einem Sportflugzeug aus Miami ein und bringt 20.000 Patronen, elektrische Minenzündhütchen und 30 italienische Karabiner mit.

Am 30. spricht Che mit den Rekruten und gibt der Kolonne, die hauptsächlich aus unbewaffneten Männern besteht, eine erste Struktur. Unterdessen sind überall Kämpfe ausgebrochen. Der Armee gelingt es, sechs Kilometer weit vorzurücken, dann aber wird sie von den Kräften Almeidas und Ramiros gestoppt. Die Gefechte dauern sechs Tage an. Ameijeiras gibt eine gute Beschreibung der ersten Auseinandersetzungen: „Man muß sich im Gänsemarsch auf Trampelpfaden oder Pferd- und Maultiertriften fortbewegen. In so einem Gelände kann der Feind weder Panzer noch schwere Artillerie einsetzen, und auch der Nutzen der Luftwaffe in diesem Gebirgsgewirr ist sehr bescheiden. Sie können keinen direkten Beschuß mit Kanonen, Maschinengewehren und Raketen durchführen, und die Reihenabwürfe von Bomben sind nicht sehr effektiv."

Anfang Juni rückt die Armee über den Norden vor und festigt nach einem dreitägigen, heftigen Kampf ihre Stellung in Las Mercedes. Das Rebellenterritorium schrumpft. Fidel schreibt an Che, daß er die Operationen koordiniere und daß bei einem Zusammenbruch der Habanita-Linie, die er selbst deckt, Crescencio auf der anderen Seite bleiben solle, damit dadurch nicht das ganze Territorium aufgegeben werde.

Aber am 4. Juni überbringt Ramiro Neuigkeiten von Che, der mit einer

Ladung Munition für seine Kolonne angekommen ist. Zwei Tage später berichtet er, daß die Armee weiter vorrückt: „Ihre Operation scheint klar zu sein: Indem sie an einer Flanke vorrücken, zwingen sie uns dazu, alle Aufstiege in die Sierra zu versperren (...). Die Lage ist bedrohlich."

Als es am 10. Juni zu Bombenabwürfen an der Küste kommt und eine Landung anscheinend kurz bevorsteht, ist Che weiterhin mit seinen Koordinierungsaufgaben entlang der breiten Frontlinie beschäftigt. Zweifellos vom Gedanken gequält, daß er nicht an der Spitze eines Trupps in Aktion treten kann, kümmert er sich um die Verbindungen und den Nachschub. Dazu zählt er erneut auf Lidia Doce (*sie bewegte sich zwischen der Sierra und der Ebene hin und her, holte und brachte überaus wichtige Dokumente und sorgte für unsere Verbindung mit der Außenwelt).* Fidel erklärt Jahre später: „Es machte keinen Sinn, Che oder Camilo an die Spitze eines Verbands zu stellen. Wir schonten sie für später."

Die Lage ist ausgesprochen gefährlich. Die über Santo Domingo eingedrungenen Truppen befinden sich sieben Kilometer von der Kommandantur entfernt, die im Süden Gelandeten können über die Flüsse Palma Mocha oder La Plata vordringen und sich mit den anderen vereinen; von Westen her rücken zwei Kolonnen auf Minas del Frío vor und können den Belagerungsring schließen. Ameijeiras bescheinigt: „Es ist ein kritischer Augenblick für die Kommandantur der Guerilla." Fidel schickt einen Boten zu Camilo, der sich in der Ebene befindet, und fordert ihn auf, mit seinen Truppen die Blockade zu durchbrechen und den inneren Verteidigungsring zu verstärken. *Camilo wurde gerufen, um das Beste unseres kleinen Territoriums zu decken, das unschätzbare Reichtümer barg: einen Sender, Krankenhäuser, Munitionslager und außerdem einen Flugplatz zwischen den La-Plata-Anhöhen, auf dem ein Sportflugzeug landen konnte.*

Um den 16. Juni herum befiehlt Fidel die Aufgabe des Gebiets von La Mesa, zieht die Kolonnen von Almeida, Ramiro und Guillermo García zurück und sammelt die Truppen für einen taktischen Rückzug. Als Ziel bestimmt er, das Basisgebiet drei Monate lang zu halten und zu verteidigen, bevor zum Gegenschlag ausgeholt wird.

Am 17. Juni informiert Fidel Che schriftlich, daß eine Truppe auf Santo Domingo vorrücken würde, was nicht zugelassen werden dürfe. Er bittet ihn um zwei Männer mit Garands und fünf mit M-1-Gewehren. „Führe diesen Befehl bitte vordringlich aus." Che antwortet ihm: *Du wirst die Neuigkeiten aus Las Vegas bereits kennen. Ich traue mich nicht, Dir die Leute zu schicken, die im übrigen noch gar nicht angekommen sind, denn sonst wäre der Purgatorio-Weg vollkommen ungedeckt. Ich habe in Befolgung Deines Befehls, Las Vegas Dir zu überlassen, nicht direkt eingegriffen, aber ich bin der Ansicht, daß meine Verbindungen enger sein müßten. Du mußt mir mitteilen, wie die Leute verteilt werden sollen, wenn, wovon ich ausgehe, morgen Las Vegas gefallen ist, und ob ich die Initiative für die Nachhut mit Leuten aus anderen Teilen übernehmen kann (Crescencio kann in Habanita auf ein paar Leute verzichten). Es ist unbedingt nötig, daß Du mir vor dem Morgengrauen darauf antwortest.*

Am 19. Juni versetzen zwei Rebellenverbände einem der gelandeten Bataillone einen schweren Schlag. Fidel schickt Che eine Mitteilung, in der er ihn darüber informiert und „die sieben Männer mit automatischen Waffen, die Dir noch verblieben sind" anfordert. Kurze Zeit später schickt er ihm eine zweite Mitteilung, aus der hervorgeht, daß der Druck trotz des ersten siegreichen Gefechts nicht nachgelassen hat: „Am Strand ist die Präsenz von nicht genau georteten feindlichen Truppen gemeldet worden. Ich habe hier nur mein Gewehr." Er besteht darauf, daß Che ihm die vormittags angeforderte Gruppe schickt, denn: „Wir laufen Gefahr, nicht nur das Territorium zu verlieren, sondern auch das Krankenhaus, die Radiostation, die Munition, die Minen, das Essen usw. (...). Wir haben nicht genügend Leute, um dieses weite Gebiet zu verteidigen. (...) Wir müssen versuchen, uns für die Verteidigung zusammenzuziehen, um uns danach wieder in kleinen Gruppen zum Angriff zu zerstreuen."

Am 20. Juni werden die Rebellen am anderen Ende der Front, in Las Vegas, geschlagen. Che, der mit seinem Maultier gerade in das Dorf reitet, als die Leute ungeordnet flüchten, wird beinahe verhaftet. Enrique Acevedo ist damit beauftragt, die Minen zu verlegen (die ständigen Ortsveränderungen der Hinterhalte zwingen dazu, die Minen auszugraben und wieder neu zu legen), er steigt dazu im Regen den Mango-Berg hoch. Er hat soeben den Fall von Las Vegas unter dem Zangenangriff der Soldaten und den Napalmabwürfen mitangesehen. Als er an einem Verschlag vorbeikommt, wird er angehalten und darauf hingewiesen, daß der Kommandant zu ihm spricht.

„Plötzlich steht der Argentinier vor mir und blickt mich unverwandt an. Ich weiß nicht, wie ich mich verhalten soll. Ich habe Lust, ihn zu umarmen, bin aber klatschnaß. Ich schaue ihn grinsend an. *Darf man erfahren, warum Sie die Zünder nicht vor dem Regen schützen?*

Verdammt, denke ich, er hat mich nicht erkannt. Hat er denn nichts Angenehmeres zu sagen, nachdem wir uns fünf Monate lang nicht gesehen haben? Wütend erkläre ich, daß alles sehr schnell gegangen sei, und stoße hervor: ‚Außerdem werden wir alle gleich naß.'

Er hebt den Blick. Ich weiß, daß es ein unheilvoller Tag ist. Er schmettert mir den Satz entgegen: *Es ist zum Kotzen, du änderst dich einfach nicht. Mach, daß du wegkommst!*

Wir eilen auf unseren Bestimmungsort zu. Einige Minuten später erreicht uns einer aus seiner Eskorte und gibt uns zwei Nylonfetzen. Ich bin ihm im Geist dankbar dafür."

Am 20. Juni befiehlt Fidel ein neues Zusammenziehen der Truppen. Wenn sie die Soldaten nicht aufhalten können, werden sie gezwungen sein, die Kolonnen aufzulösen, das Territorium aufzugeben und irreguläre Guerillaeinheiten zu bilden. Er befiehlt Che: „Kümmer Dich um den Bereich der Maestra vom Purgatorio bis zur Mompié-Anhöhe. Verschieb die Linie hierher, verleg die Gruppen in diesen Bereich, der mit 20 Männern aus Las Vegas verstärkt werden wird. Mobilisier alle, auch die Leute von Crescencio."

Ein neuer Hinterhalt, der von Ramón Paz geleitet wird, fügt der Armee am 23. Juni auf ihrem Vormarsch zum La-Plata-Fluß Verluste von 23 Mann zu.

Dadurch kommt es zu einer ersten Atempause. Vier Tage später gelangt die Kolonne Camilos unter ständigen Scharmützeln in die Sierra. „Genau im richtigen Moment", ruft Fidel außer sich vor Freude.

Die Lage ist weiterhin sehr heikel für die Rebellen, die sich kontinuierlichen Bombenangriffen ausgesetzt sehen. Die Armee hat Las Mercedes und Las Vegas eingenommen, befindet sich in der Nähe von Las Minas, kontrolliert die Küste und Santo Domingo und könnte in weniger als zwei Stunden bis zur Kommandantur in La Plata vordringen. Fidel trifft Vorkehrungen, damit Radio Rebelde bei einem Zusammenbruch der Front in die Luft gejagt wird, die verschiedenen Kolonnen in umherschweifende Guerillagruppen umgewandelt werden und versuchen können, sich bis zur Nachhut des Feindes durchzuschlagen. Die Geländebedingungen begünstigen die Guerilla. Die Armee bewegt sich nun in den schroffsten Gegenden der Sierra, die bestens geeignet sind für Hinterhalte. Zudem ermöglicht die von Fidel befohlene Zusammenziehung der Truppen, daß die Guerilla sich in kleinen Einheiten auf unglaublichen Märschen durch die Berge bewegen kann, um Lücken zu füllen oder neue Hinterhalte zu legen.

Che setzt seine Tätigkeit als Koordinator und Organisator fort, kann es aber einfach nicht lassen, sich der ersten Feuerlinie zu nähern. Vicente de la O erzählt: „Wir befanden uns in Mompié (...), und Che überwachte in Begleitung eines Grüppchens von fünf oder sechs Männern die Bewegungen der Soldaten, die bereits Minas del Frío eingenommen hatten. Ich stand telefonisch mit ihm in Verbindung. Als ich ihn zum wiederholten Male anrief, erklärte er mir: *Laß es nicht so lang schellen. Einmal klingeln reicht, sonst hören uns die Soldaten.* Er lag im Gebüsch und spähte die nicht mehr als 30 Meter entfernten Soldaten aus."

Am 28. Juni kommt es in der Umgebung von Santo Domingo zum ersten Zusammenstoß mit den Truppen von Sánchez Mosquera. Lalo Sadiñas gelingt es, von einer Kompanie 20 Soldaten zu töten, 23 weitere gefangenzunehmen und ihre Waffen zu erbeuten. Fidel schneidet ihnen den Rückzug ab, indem er die Truppen von Camilo, Almeida und Duque in Bewegung setzt.

Zwei Tage später haben die Gefechte in diesem Gebiet praktisch ein ganzes Bataillon aufgerieben, während Che in der Gegend von Las Mercedes die Truppen zum Stillstand bringt, die auf Las Minas vorrücken. Villegas berichtet: „Von einem Haus aus wurden wir zum Stehenbleiben aufgefordert. Als wir merkten, daß es die Armee war, schossen sie auch schon auf uns. Wir rannten los, sie schossen uns hinterher, und wir liefen noch schneller, bis wir außer Schußweite waren. Ich glaube, daß Che in seinem Leben noch nie so schnell gerannt ist, wir veranstalteten ein echtes Wettrennen."

Am 11. Juli beginnt die Schlacht von Jigüe, als ein Bataillon in einen Hinterhalt gerät und darauf in einer von Fidel persönlich geleiteten Operation umzingelt wird. Gleichzeitig hält Che den Druck in Las Minas aufrecht, während die Gefechte in Santo Domingo weitergehen. An diesem Tag schlägt eine Granate mitten in der Hütte ein, in der die Redakteure von „El Cubano Libre" am

Essen sind. Carlito Más und Geonel Rodríguez, einer der von Che am meisten geschätzten Kader, werden dabei getötet.

Während Fidel in Jigüe den Belagerungsring aufrechterhalten kann, unternimmt die Armee in Minas del Frío den entscheidenden Vorstoß, vertreibt eine Gruppe schlecht bewaffneter Verteidiger und besetzt die Schule. Der aus La Plata zurückgekehrte Che stößt auf die sich zurückziehenden Schüler. Seine erste Reaktion ist: *Weil ihr Feiglinge seid, haben sie Minas del Frío erobern können. Jetzt müßt ihr es wieder zurückerobern!*

Nachdem sein Zorn etwas verraucht ist, muß er feststellen, daß es ein unmögliches Unterfangen ist. Pausenlos treffen Verletzte ein, was ihn zurück zur medizinischen Versorgung und zur Durchführung von Notoperationen mitten im Wald zwingt.

Kurze Zeit später organisiert Che einen erfolgreichen Hinterhalt an einer Stelle am Fluß, die von den Soldaten aufgesucht wird, um sich mit Wasser zu versorgen. Die Schule kann zwar nicht zurückerobert werden, aber einige kleine Hinterhalte bremsen den Vormarsch der Armee und verhindern somit, daß sie den Belagerten in Jigüe zu Hilfe eilen kann. *La Mina del Frío war der letzte Ort, den die Armee besetzen konnte.* Fidel schreibt an Che: „Ich beglückwünsche Dich dazu, daß es Dir gelungen ist, die Krise zu überwinden. Unsere Stimmung ist dadurch viel besser geworden, denn wir wissen nun, daß von dieser Seite keine Gefahr besteht.“

Die Belagerung wird aufrechterhalten, Fidel greift zum Megaphon, um die Belagerten mit Worten zu bombardieren, und läßt falsche Informationen über Funk verbreiten, die bewirken, daß die Luftwaffe ihre eigenen Truppen bombardiert. Am 18. Juli wird eine der von der Küste hochsteigenden Verstärkungsgruppen aufgerieben. In den folgenden Tagen scheitern alle Versuche, dem eingeschlossenen Bataillon zu Hilfe zu eilen. In einem meisterhaften Schachzug bietet Fidel den Belagerten die Freiheit an, wenn sie sich unter Vermittlung des Roten Kreuzes ergeben. Am 20. beginnen die Verhandlungen, und Fidel beordert Che nach Las Vegas, wo am 22. Juli 253 demoralisierte Gefangene ausgeliefert werden.

Als die von Franqui, Faustino und Horacio Rodríguez gebildete Kommission die Auslieferung der Gefangenen überwacht, „hält Kommandant Guevara einen spektakulären Einzug auf einem Esel“, ganz so, wie es ihm gefallen haben dürfte. Che bietet dem Hauptmann, der die verbliebenen Truppen in Las Vegas befehligt, die Möglichkeit zum Rückzug an, wenn sie die Waffen strecken würden. Er weist ihn gleichzeitig darauf hin, daß sie den Sperrgürtel nicht durchbrechen können.

Während diese Gruppe belagerter Soldaten unter Störfeuer gehalten wird, kommt es am 25. Juli zu einem weiteren Zusammenstoß in Santo Domingo. Paz und Ramos Latour erwischen eine Kompanie des 22. Bataillons, die mit Lebensmitteln und Munition auf dem Weg nach Santo Domingo ist, und besiegen sie. Aber in den nächsten Tagen gelingt es der Truppe von Sánchez Mosquera unter zahlreichen Verlusten, den Sperrgürtel zu durchbrechen. Sánchez Mosquera selbst, den Che zu seinem persönlichen Feind erkoren hat, zieht sich mit einer Kopfwunde zurück. Mit Ramón Paz verlieren die Rebellen in diesem Kampf einen ihrer mutigsten Anführer.

Fidel ruft neue Kämpfer ab, um den Sperrgürtel in Las Vegas zu verstärken. Camilo nimmt seine Stellung ein: „Ich bete, daß ein unbekannter Gott uns Truppen an diesen Ort schicken möge." Fidel treibt die Bataillone in die Enge, die die Belagerten zu befreien versuchen. Che spricht erneut mit dem Anführer der Belagerten, Hauptmann Durán. Rafael Mompié erzählt: „Die einzigen, die das Wort ergriffen, waren Che Guevara und der feindliche Hauptmann, das Gespräch war sehr kurz, es dauerte nur etwa 15 Minuten (...). Sie schlugen vor, uns alle Nahrungsmittel auszuhändigen, die sie gelagert hatten, wenn wir sie abziehen lassen würden. Che Guevara antwortete, es wäre reichlich einfältig zu glauben, daß wir uns für einen Teller Suppe erhoben hätten. (...) Che blickte auf seine Uhr und erklärte ihm: *Jetzt ist es zehn, um halb elf stehen wir uns wieder gegenüber*, sie gaben sich die Hand und verabschiedeten sich."

Kurz danach sind Schüsse zu hören, und die Soldaten kommen nach und nach, scheinbar unbewaffnet, aus der Deckung. Sie haben nicht nur einen Teil ihres Nachschubs verbrannt, sondern führen auch ihre Waffen versteckt mit sich. Durch einen Panzer geschützt und von Bombenangriffen begleitet, die ihren Rückzug decken sollen, versuchen die Soldaten zu fliehen. Angetrieben von der ewigen Gier nach Waffen und Munition, stürzen die Rebellen ihnen hinterher. Der Panzerwagen bleibt stecken und wird aufgegeben, kurz danach wird er von der Luftwaffe bombardiert, damit die Rebellen ihn nicht bekommen. Mark Herman schießt die Panzerfaust ab und zerstört einen gepanzerten Lastwagen. Che befindet sich mit seiner Bande von Jugendlichen mitten im Geschehen und treibt die Rebellen an. Während einige stehenbleiben und sich eine Schlacht mit den Nachzüglern liefern, zieht Che mit einer kleinen Gruppe voraus und nimmt Dutzende von Soldaten gefangen. Unmittelbar darauf rennt er bereits wieder zwischen den Palmen und durch die dichte Vegetation, um die Flüchtenden zurückzuhalten. Silva zwingt eine Gruppe, in der sich Hauptmann Durán befindet, zur Kapitulation. Etwa hundert Soldaten werden gefangengenommen, aber in einem der Hinterhalte kommt René Ramos Latour um, der trotz seiner Verletzungen den Rückzug seines Trupps geleitet hat. Che trifft ein, als der Nachfolger von Frank País bereits tot ist. Sein Tod ist ein gewaltiger Schlag für die Guerilla und speziell für Che, der sich zwar heftig mit ihm gestritten, ihn aber sehr geachtet hat. Er wird nicht mehr mit ihm sprechen und seine Schuld einlösen können.

Fast unmittelbar darauf wird eine neue Belagerung in Angriff genommen, diesmal in Las Mercedes. Fidel schreibt am 31. an Che: „Ich glaube, daß die Leute aufgrund der Erschöpfung und des Todes verschiedener Offiziere sehr viel weniger leisten als in den vorangegangenen Tagen." Verdecia, Paz, Ramos Latour und Cuevas sind gefallen. Es gibt keine Atempause. Am selben Tag informiert Camilo Che, daß sich über den Weg von Sao Grande eine von einem Panzer angeführte Truppenverstärkung nähert.

An der Front herrscht weiter eine angespannte Lage. Fidel ist vom erbeuteten Panzer besessen und versucht ihn zu reparieren. Che hingegen ist über den Verlust seines Maultiers „Armando" traurig, das bei einem Bombenangriff verletzt wurde, der Che von seinem Reittier geschleudert hat. Am 5. August beginnt das Gefecht gegen die Verstärkung, ihr Vormarsch wird gebremst. Zwei Tage später ziehen sich die Soldaten zurück. Als Che, verärgert darüber, daß sie nicht gefangen genommen wurden, mitbekommt, daß die beiden Panzerwagen beim Rückzug in einem Bach steckengeblieben sind, fordert er eine Gruppe seiner Leute auf: *Laßt uns losziehen, um die beiden Panzer zu erwischen!*

Andrés Menes berichtet: „Als er das sagte, gefror mir das Blut in den Adern, denn wir hatten bereits mit den Panzern Bekanntschaft gemacht. Als Che wiederholte *Los vorwärts, laßt uns die Panzer erobern!*, zählten wir bis zehn. Wir gingen einzig und allein deshalb mit, weil er voranging. Als wir am Bach ankamen und sahen, daß die Panzerwagen sich freigearbeitet hatten (...), wurde mir ganz leicht ums Herz. Nicht weil ich Angst vor der Armee gehabt hätte, es war wegen des Respekts, den mir diese eisernen Kutschen damals einflößten."

Am 10. August, bei der letzten Episode der Offensive, wird in Las Mercedes über die Auslieferung von Gefangenen verhandelt. Erneut kommt dabei Fidels Geschick zum Tragen. Er setzt sich mit seiner Ansicht durch, daß ein freigelassener, vollkommen demoralisierter Soldat nützlicher ist als ein gefangener, der versorgt und bewacht werden muß.

Che hat Teté angewiesen, die Aufnahme von Verhandlungen unter Vermittlung des Roten Kreuzes vorzuschlagen, sich mit den Soldaten zu verbrüdern und Schützengräben und Stellungen zu beobachten. *Also gut, Teté, wasche und bügle deine Uniform. Du mußt mit deiner Uniform und deiner Armbinde vom 26. Juli so hübsch aussehen, daß niemand sie dir wegzunehmen wagt.*

Später betritt Fidel mit Celia und Che das Lager, um mit Oberst Neugart zu verhandeln. Dieser fühlt den Rebellen bezüglich ihrer Reaktion bei einem möglichen Militärputsch gegen Batista auf den Zahn.

Mit der Übergabe der Gefangenen ist die Gegenoffensive beendet, und die Rebellen sind wieder die Herren über die Sierra Maestra. *In den zweieinhalb Monate währenden, harten Gefechten verlor der Feind mehr als 1.000 Mann durch Tod, Verwundung, Gefangennahme und Desertion* (die Armee hatte am Ende der Offensive außerdem 600 Soldaten wegen Befehlsverweigerung und Desertion in Haft). *Uns fielen 600 Waffen in die Hände, darunter ein Panzerwagen, zwölf Panzerfäuste, zwölf Dreibeinmaschinengewehre, über 20 leichte Maschinengewehre und zahllose automatische Waffen; hinzu kamen noch ein gewaltiges Munitionsarsenal, zahlreiche Gerätschaften und 450 Gefangene, die am Ende des Feldzuges dem Roten Kreuz übergeben wurden.* Die Rebellenarmee hat 50 Verluste zu verzeichnen, ein Viertel der Kräfte, die gegen die Truppen angetreten sind. Aber es haben sich ihr etwa 600 Freiwillige angeschlossen.

Zwar hatte die Offensive gegen die Sierra Maestra der Armee Batistas das Rückgrat angeknackst, aber sie war noch nicht besiegt.

Kapitel 18
★
Invasion

Die Revolution ist nach der Batista-Offensive gerade wieder zu Atem gekommen, als Fidel auf den Gedanken verfällt, die Schwäche und Verwirrung des Feindes auszunutzen und sofort zum Angriff überzugehen. Er trifft damit die glänzendste aller seiner militärischen Entscheidungen. In einem außerordentlich risikoreichen Plan *wurde die Schlußstrategie festgelegt, die drei zentrale Angriffspunkte vorsah: das einer elastischen Belagerung unterworfene Santiago de Cuba, Las Villas, auf das ich zumarschieren sollte, und das am anderen Ende der Insel gelegene Pinar del Río, das Camilo Cienfuegos einnehmen sollte.*

Zunächst denkt Che, daß der Weg der 120 bis 150 Mann starken Kolonne zur Mitte der Insel, in das andere große Gebirgsmassiv, das Escambray-Gebirge, mit Fahrzeugen zurückgelegt werden kann, *denn ich habe ein Viertel oder fast die Hälfte des Weges untersuchen lassen und glaube, daß er motorisiert zurückgelegt werden kann.* Er versucht, Lastwagen zu besorgen, *die mich außerordentlich interessieren.*

Am 17. August 1958 bestellt Fidel Che für zwei Tage später zur Mompié-Anhöhe, um die letzten Einzelheiten des Plans zu besprechen. Guevara kommt in Begleitung von Zoila Rodríguez. Fidel und Che unterhalten sich lange zu zweit. Alle strittigen Punkte müssen bei diesem Treffen geklärt worden sein, denn einen Tag später gibt Fidel über Radio Rebelde das Ende der Offensive bekannt und kündigt allgemein den Aufbruch von „Invasionskolonnen" aus der Sierra Maestra an. Er ordnet damit erneut die militärische Vorsicht dem psychologischen Effekt unter. Wie 1956, als er die spätere Invasion mit der „Granma" ankündigte, setzt Fidel auf die gewaltige politische Wirkung der Ankündigung eines Gegenangriffs, der die Moral der Bevölkerung heben wird, da diese mittlerweile daran gewöhnt ist, daß die Mau-Mau ihr Wort halten.

Am 21. stellt Fidel einen schriftlichen Befehl aus: „Kommandant Guevara wird mit der Mission beauftragt, seine Truppe in die Provinz Las Villas zu führen ... Die 8. Kolonne Ciro Redondo bricht zwischen dem 24. und 30. von Las Mercedes auf ... Die Kolonne hat die strategische Aufgabe, den Feind in der Mitte der Insel ununterbrochen zu bekämpfen und die Bewegungen der feindlichen Truppen bis zu ihrem Stillstand zu stören ..." Fidel ist der Meinung, daß eine starke Stellung in Las Villas eine Pfropfenwirkung hat und den Operationen im strategischen Zentrum des Feldzugs, in Santiago de Cuba, größere Sicherheit geben wird. Gleichzeitig erscheint ihm die Präsenz von Kräften des 26. Juli in einem Gebiet wichtig, das bereits Erhebungen z.B. des Revolutionären Direktoriums und einer den traditionellen politischen Kräften näherstehenden Abspaltung, der II. Escambray-Front, erlebt hat. Zwei Tage vorher ist Camilo ein ähnlicher Befehl übergeben worden, mit dem er beauftragt wird, die 2. Kolonne Antonio Maceo ebenfalls in den Westteil der Insel zu führen.

Fidel stellt Che einen Bergbauern mit dem glückverheißenden Namen Edilberto Enamorado [Verliebter] vor, der ihm beim ersten Abschnitt der Operation als Führer dienen soll. Bringen Leute mit solchen Namen Glück? Pepín Magadán und Enamorado führen eine kleine Gruppe, die Nachschub in die Sierra Maestra bringt. Fidel macht sie nun für Ches Sicherheit bei der ersten Etappe der Invasion verantwortlich.

Also gut, du weißt wohl schon, daß ich von hier weggehe.

„Du gehst von hier weg?"

Ja, ich gehe in die Ebene ...

Zu diesem Wortwechsel kommt es in den nächsten Tagen ein ums andere Mal. In der Sierra Maestra heißt es, wenn die Soldaten nicht hochkämen, würde man sie unten suchen. Aber Freiwillige zu bekommen, ist dann doch nicht so leicht. Die Gegenoffensive hat die Kader durch dreimonatige Märsche und Kämpfe erschöpft. Außerdem wollen viele Bergbauern nicht in unbekannten Gebieten kämpfen, die Vorstellung, dies in der „Ebene" tun zu müssen, bereitet ihnen einen noch größeren Schrecken. Eine Sache war es, die Soldaten zu bekriegen, eine andere, in unbekannte Gegenden hinabzusteigen – die allermeisten von ihnen sind noch nicht einmal in einer der Provinzhauptstädte des Landes gewesen.

Der Kämpfer Enrique Acevedo, der gerade 16 Jahre alt geworden ist und sein M-1-Gewehr gegen ein Garand ausgetauscht hat, erzählt: „Es kommt zu einer Spaltung in der Gruppe. Nur wenige sind bereit, die Berge zu verlassen. Sechs Freiwillige rücken vor, unter ihnen Leutnant Alfonso Zayas, der seit einigen Monaten mein Chef ist. Ich versuche, weitere Anhänger für das Vorhaben zu gewinnen, worauf ein Witzbold stichelt: ‚Du mußt masochistisch veranlagt sein, nach all den Prügeln, die Che dir verabreicht hat, willst du schon wieder in seine Kolonne?'"

Unterdessen listet Che die zukünftigen Kämpfer auf, besorgt Waffen und Munition und verbessert die Ausstattung seiner Sansculotten. Es liegen verschiedene handgeschriebene Bögen von ihm vor, auf die er die mögliche Zusammensetzung seiner Kolonne gekritzelt hat. Unter seinen Titel: „Kommandant Ernesto Guevara" schreibt er: „Che Guevara". Nach Absprache mit Fidel ernennt er Ramiro Valdés zum zweiten Anführer der Kolonne. Fidel fungiert als Hauptquartiersmeister: „Heute morgen habe ich Dir die Männer aus Crespos Gruppe geschickt, die Garands haben. Die Verwendung der Männer und Waffen bleibt Dir überlassen. Wenn Du einen nicht willst, dann gib ihm eine andere Waffe und schick ihn zurück. Du mußt mir sagen, wie viele Garands Du hast und wie viele Du Deiner Meinung nach benötigst."

Überall in den Bergen wird gemunkelt, daß Che als „Feuerlöscher" in die Ebene gehen werde. Nach den Erinnerungen des blutjungen Acevedo: „Trotz der Verschwiegenheit, die über den Bewegungen der Kolonne liegt, ist die Gerüchteküche voll am Dampfen. Gut unterrichtete Kreise sind sich sicher, daß wir am 1. September aufbrechen werden, andere versuchen sich als Strategen und legen als Marschziel die Sierra de Cristal fest, die wenigsten denken an Camagüey ..."

Nach und nach wird die Liste voll, die allermeisten Teilnehmer sind junge Bauern, die in der letzten Offensive ihre Feuertaufe bestanden haben. Einige Freiwillige wechseln über: Joel Iglesias, der Arzt Vicente de la O sowie der Arzt Oscar Fernández Mell, der seit seinem Beitritt nach dem gescheiterten Streik an allen Ecken und Enden der Sierra kleinere medizinische Wunder vollbracht hat ... Etwa ein Drittel derer, die mit Che losziehen, sind im Laufe des Jahres 1957 zur Guerilla gekommen, die meisten sind an der Schlacht um Las Mercedes beteiligt gewesen und nur drei gehören zum ursprünglichen „Granma"-Expeditionskorps: Che selbst, Ramiro und René Rodríguez. Das Durchschnittsalter beträgt 24 Jahre und interessanterweise *bestand unsere Kolonne zu 90% aus Analphabeten.*

Am 22. August bricht Camilos Kolonne auf. Ches Abmarsch verzögert sich, da sie noch auf ein Flugzeug aus Florida warten, das die zu diesem Zeitpunkt dringend benötigte Munition geladen hat, denn *bereits mehr als 100 Waffen sind aufgrund fehlender Munition unbrauchbar.*

Las Mercedes ist ständigen Bombenangriffen durch die Luftwaffe Batistas ausgesetzt, die zwar unter den Kämpfern wenig ausrichten, da die Kolonne in kleinere Trupps aufgeteilt ist, aber der Zivilbevölkerung großen Schaden zufügen. Allein am 23. werden zwölf Bombenangriffe geflogen, bei denen 250-Pfund-Bomben und Granaten abgeworfen werden. Harry Villegas erinnert sich an eine Situation in der Kommandantur, als Che erklärt: *Laßt uns verschwinden, die nächste wird hier einschlagen!* Und so ist es. Che scheint ein besonderes Gespür für die Flugbahn der Bomben zu haben.

Enrique Acevedo berichtet: „Nachdem sie die Bomben und Granaten abgeworfen haben, feuern sie noch mehrere Maschinengewehrgarben, bis sie schließlich wieder abdrehen. Ich richte mich langsam auf. Ich bin mit Erde und Steinen bedeckt. Das Haus ist zusammengestürzt. Ich gehe näher heran. Der Luftschutzraum ist leer. Eine Rakete war sieben oder acht Meter entfernt eingeschlagen, wodurch er abgesenkt wurde und seine Balken nun fast im Freien liegen (...). Ich schnüffele noch weiter in der Gegend herum und stoße endlich auf das, worauf ich schon seit langem neugierig bin: den unverwechselbaren Rucksack des Argentiniers, in dem sich die einsamen Lektüren des Chefs befinden. Niemand weiß, womit er sich beschäftigt, und die Mitglieder der Kommandantur wachen eifersüchtig über das Geheimnis. (...) Ich fange also an, im Rucksack herumzuwühlen (...). Ich finde keine Bücher, sie müssen weiter unten liegen. Ich bin ganz sicher, daß es politische Bücher sind, von Stalin, Mao, vielleicht Lenin. (...) Als ich einen reichlich abgenutzten Satz frischer Wäsche heraushole, stoße ich auf ein Buch (...). Wie groß ist meine Enttäuschung, als ich den Titel lese: ‚Ein Yankee aus Connecticut am Hofe des König Arthur'. Etwas anderes hatte er nicht dabei. Ich räume die Sachen wieder sorgfältig in den Rucksack, den ich mit einigen Schuttstücken zudecke."

Am 24. August beruft Che die etwa 300 Kämpfer der Kolonne zu einer Versammlung ein und erklärt ihnen den Auftrag. Er zeichnet ein düsteres Bild und sagt: *In der Ebene werden wir Soldaten frühstücken, mittags Flugzeuge und abends Panzer essen.* Er schärft ihnen ein, daß auf 10 bis 15 feindliche Soldaten ein Rebell komme. Aus Sicherheitsgründen erwähnt er zwar nicht den Bestimmungsort, aber Joel erinnert sich: „Er erklärte nachdrücklich, daß wir uns in ein unbekanntes und ungewohntes Gebiet mit einer unvorbereiteten Bevölkerung begeben würden, wo wir einer großen Nervenanspannung ausgesetzt wären. Aufgrund der Aktionen des Feindes, aufgrund von Hunger, Durst, Kälte und jeder Art Not, unter Umständen von der Bevölkerung isoliert, würde möglicherweise nur die Hälfte oder noch weniger Leute unserer Kolonne überleben ..." Che weiß, was er tut, er will eine erste Auswahl dieser Gruppe extrem junger Bergbauern provozieren, deren revolutionärer Geist zwar geweckt, aber noch nicht gefestigt ist. Nach der brutalen Ansprache fordert Che Freiwillige für die Mission. Er will aber nicht, daß sie sich sofort melden, sondern gibt ihnen drei Tage Bedenkzeit und bittet sie, ihre Entscheidung den jeweiligen Gruppenführern mitzuteilen. Gleichzeitig gibt er denen, die Verwandte in der Sierra haben, drei Tage Urlaub.

Zwischen dem 25. und 27. August versammeln sich die Freiwilligen der nagelneuen Kolonne in El Jíbaro, einem Weiler an den Ausläufern der Sierra Maestra. Etwa die Hälfte der befragten Kämpfer hat sich gemeldet. Das Flugzeug ist noch nicht eingetroffen. Ein Zyklon mit dem freundlichen Namen „Daisy" sucht den Süden von Florida heim. Nach den Vorhersagen soll er auch auf die kubanische Küste übergreifen.

Zoila Rodríguez will unbedingt als Freiwillige der Kolonne beitreten. Sie ist eine Kämpferin wie jede andere und hat in der jüngsten Vergangenheit riskante Aktionen durchgeführt. Che weigert sich entschieden. Er bittet sie darum, sein Maultier „Armando" zu pflegen. Zoila erinnert sich Jahre später daran, daß sie es aus Liebe zu Che „wie einen Christenmenschen gepflegt" habe. Wir wissen wenig von diesem Abschied (Ches Tagebuch aus dieser Zeit ist unveröffentlicht). Allerdings sind sich vermutlich beide bewußt, daß Kriegsehen auf diese Weise geschlossen und wieder gelöst werden und daß es ein endgültiger Abschied ist. Es ist nicht das erste Mal, daß Che sich so von einer Frau verabschiedet.

Das Flugzeug aus Florida landet am 28. August neun Kilometer vom Sammelpunkt der Kolonne entfernt. Che begibt sich mit einer kleinen Patrouille auf das baumlose Gelände, um die Ladung abzuholen. Aber die Maschine ist entdeckt worden und wird aus einem Armeeflugzeug mit Maschinengewehren beschossen. Der Feind rückt näher, die letzten Kisten müssen im Kugelhagel entladen werden. *Unter Maschinengewehrfeuer vollzog Faustino (Pérez) die nötigen Operationen, damit das Flugzeug nicht der Armee in die Hände fiel, und zwar steckte er es mithilfe des Benzins in Brand, das aus den Schußlöchern lief.* Che erwähnt nicht, daß er sich auch dort befand und dem gleichen Maschinengewehrfeuer ausgesetzt war.

Ein Kleinlastwagen mit Uniformen geht verloren, aber die Gewehre und eine Funkanlage können gerettet werden. Leider *hat das Flugzeug nicht die wan-*

delnden Wunder mitgebracht, wie Du bereits wissen wirst. Es gibt also keine Munition, was eine kleine Tragödie ist. Zu diesem Zeitpunkt sind die 144 ausgewählten Kämpfer mit Garands, Springfields, San Cristóbals und M-1 bewaffnet. Sie haben aber durchschnittlich nur 120 Schuß pro Kopf, 29 Kämpfer brechen unbewaffnet auf.

Das Transportproblem ist weiterhin zentral. *Da wir innerhalb von vier Tagen ankommen wollten, sollte der Marsch in Lastwagen beginnen.* Fidel schreibt an Che: „Pepito hat mit mir über die Lastwagen gesprochen. Er soll das mit Dir gemäß Deiner Pläne klären. Er soll die auftreiben, die er braucht, wo auch immer und von wem auch immer, er soll sie aber soweit wie möglich mit Lebensmitteln beladen auftreiben." Mit Blas Oreste verfügt Che über einen zweiten Mann, der sich um die Beschaffung von Lastwagen kümmert. Aber Blas kann nur einen Lastwagen von einer Reisplantage besorgen, einen grünen Ford, Baujahr '52, der andere ist kaputt. Letztendlich kann noch nicht einmal der Ford benutzt werden, denn *die feindlichen Truppen rückten über die Landebahn vor. Sie beschlagnahmten den Kleinlastwagen und damit unser einziges Transportmittel.*

Am 30. August schickt Che eine Mitteilung an Fidel: *Jetzt verabschiede ich mich aber endgültig.* Die auf die Stunde des Abmarschs wartenden Kämpfer sind nervös und angespannt, die Armee hat im umliegenden Gebiet fünf Bataillone und zwei Panzerkompanien zusammengezogen.

Um sieben Uhr abends hat sich die Kolonne formiert. Che spricht sich mit den Gruppenführern ab und gibt die Befehle aus: lautloses Marschieren, keine Spuren hinterlassen, strikte Disziplin, nicht rauchen. Nur Leonardo Tamayo ist berechtigt, die Befehle Ches an die Gruppenführer weiterzugeben: an Leutnant Mark Herman, den US-Amerikaner aus der Vorhut, an deren Spitze Leutnant Manuel Hernández marschiert, ein Jugendlicher aus dem Ostteil der Insel, der bereits bei der Offensive der Batista-Armee unter Ches Befehl gekämpft hat; an Joel Iglesias, der mit seinen 16 Jahren den Voraustrupp leitet; an die Kommandantur, in der sich Che und Ramiro mit dem Ärzteteam und Leutnant Miguel Álvarez befinden; an die dritte Gruppe unter Hauptmann Angel Frías und an die Nachhut unter Leitung von Hauptmann José Ramón Silva.

Der Bergbauer Javier Fonseca hat eine Beschreibung unseres Helden an diesem wichtigen Tag hinterlassen: „Zu dieser Zeit sah Che bereits sehr viel abgehärteter aus. Ich weiß nicht, ob es daran lag, daß sein Bart dichter geworden war und er fast schulterlanges Haar trug. Sein Gesicht war weniger knabenhaft und seine Haltung war schon die eines Anführers."

Am 30. August, kurz vor acht Uhr abends, setzt sich die Kolonne mitten in einem gewaltigen, vom Zyklon „Daisy" ausgelösten Wolkenbruch in Bewegung. Joel, der noch an den Folgen seiner Verletzungen leidet, reitet auf einem Pferd, wie auch Che, Ramiro und Dr. De la O, der Rest der Kolonne geht zu Fuß, viele haben keine Schuhe und tragen abgerissene Uniformen. Nach einem sechs Kilometer langen Marsch durch glitschigen Schlamm machen sie Rast.

In seinem ersten Bericht an Fidel datiert Che den Abmarsch irrtümlicherweise auf *die Abenddämmerung des 31.* Es ist nicht das erste Mal, daß er das Datum verwechselt, da die Tage häufig nahtlos ineinander übergehen, ohne von Stunden des Schlafs unterbrochen worden zu sein. *Wir kamen unbehelligt an diesem Ort vorbei, der von den Soldaten aufgegeben worden war, aber wir hielten nur noch etwa acht Kilometer durch und legten uns dann in einer kleinen Waldlichtung schlafen.* Der Marsch wird um elf Uhr nachts wieder aufgenommen, und um fünf Uhr morgens gelangen sie auf ein verlassenes Gut. Die Männer sind erschöpft, sie haben 28 Kilometer mit vollgestopften Rucksäcken zurückgelegt. Fernández Mell erzählt Jahre später, daß es ihm wegen des Gewichts seines vollen Rucksacks und des 20 kg schweren Arzneirucksacks schwerfallen dürfte, diesen ersten Marschtag jemals zu vergessen. Verschiedene Sympathisanten der Guerilla bewachen die nahegelegene Landstraße.

Am nächsten Morgen wird die Landstraße im Dunkeln unter vollständigem Schweigen überquert. Nachmittags haben Flugzeuge die im Wald verborgenen Rebellen überflogen und zwei Stunden zuvor ist eine Militärpatrouille vorbeigekommen.

Wir überquerten die Landstraße, besorgten uns drei Autos, die mit einer niederschmetternden Häufigkeit ausfielen, und gelangten zu einem Ort mit Namen Cayo Redondo, wo wir den Tag verbrachten, während der Hurrikan immer näher kam. Etwa 40 Soldaten waren in unserer Nähe, sie zogen sich aber wieder zurück. Wir versuchten es weiter mit den Lastwagen, die von vier Traktoren unterstützt wurden, aber es war unmöglich. Wir mußten bis zum nächsten Tag auf sie verzichten ... Zäher Schlamm, Wirbelstürme, die Kämpfer finden nicht alle im Lastwagen Platz, ein Teil geht zu Fuß hinterher. Der harte Marsch verschleißt Kleidung und Schuhwerk. Es werden Bohlen ausgelegt, um kleine Flüsse zu überqueren. Die Lastwagen bleiben im Schlamm der Feldwege stecken. *Wir stießen zwar tatsächlich auf die Lastwagen, aber am 31. September auch auf einen heftigen Zyklon, der alle Verkehrswege außer der Nationalstraße, die der einzige asphaltierte Verbindungsweg in dieser Gegend Kubas war, unbefahrbar machte.* Es handelt sich jetzt um den Zyklon „Ella“, einen weiteren Wirbelsturm mit dem trügerischen Namen einer Frau. Joel ist der Ansicht, daß der Regen und der Sturm ihnen wenigstens die Soldaten vom Leib halten.

Die Spekulationen gehen weiter, Che hat den Bestimmungsort noch nicht preisgegeben. Die Armee befindet sich zwar in der Nähe, hat aber offensichtlich keine große Lust auf einen Zusammenstoß unter diesen höllischen Wetterverhältnissen.

Trotz Ches verzweifelter Versuche, den Vormarsch mit Lastwagen fortzusetzen, und trotz der Traktoren, die sie aus dem Schlamm ziehen, ist nichts zu machen. Enrique Acevedo erzählt: „Um Mitternacht ist unser Laster wieder dran. Es ist schon das dritte Mal, daß wir ihn mit den Schultern aus dem Schlamm drücken. Alles ist naß, es regnet ununterbrochen. Che, der gerade vorbeikommt, befiehlt uns auszusteigen und ihn aus dem Schlammloch zu ziehen. Aus dem Fahrzeuginneren kommt keine Antwort. Zwei oder drei steigen aus, der Rest bewegt sich nicht. Der Argentinier gerät aus der Fassung, fängt an zu fluchen und spannt sein

Gewehr. Wir stürzen uns alle ‚im Guten' aus dem Lastwagen und fangen an zu schieben bzw. tun zumindest so als ob." Wie Dr. Fernández Mell einige Jahre später erklärt: „Che müsse man eben nehmen, wie er ist, hieß es in der Kolonne."

Letztendlich müssen die Fahrzeuge entgegen Ches Absichten aufgegeben werden, damit die Kolonne nicht beim Versuch, sie aus dem Schlamm zu ziehen, vom Morgengrauen überrascht wird. Am nächsten Tag, dem 2. September, befiehlt Che, die Fahrzeuge an verschiedenen Stellen zu verstecken. *Wir zogen zu Fuß und mit einigen Pferden weiter, bis wir ans Ufer des Cauto gelangten, den wir in der Nacht nicht hatten überqueren können, da sein Wasserspiegel außerordentlich gestiegen war.* Fernández Mell vermerkt: „Der Cauto bot einen dramatischen Anblick. Kurz davor, über die Ufer zu treten, riß die Strömung Bäume und ertrunkene Tiere mit sich." Zayas, ein anderer Kämpfer, erinnert sich: „Wir kamen am Cauto an. Wie hübsch! Er sah aus wie das Meer! Der einzige Nachteil war, daß wir auf die andere Seite mußten und die meisten von uns nicht schwimmen konnten."

Che schreibt an Fidel: *Wir haben acht Stunden gebraucht, bis wir alle drüben waren. Und heute Nacht brechen wir vom „Obristenhaus" auf, um den vorgesehenen Weg fortzusetzen. Wir haben keine Pferde mehr, aber wir können unterwegs neue besorgen und ich beabsichtige, daß alle das zugewiesene Operationsgebiet zu Pferd erreichen. Aufgrund der zahlreichen Hindernisse auf diesen verteufelten Wegen können keine exakten Berechnungen darüber angestellt werden, wie lange wir brauchen werden. Ich werde versuchen, Dich weiter auf dem Laufenden zu halten und einen effizienten Kurierdienst aufzubauen.*

Nachts verschaffen sie sich 89 Maultiere, Pferde und Esel. Auf der Plantage El Jardín verfaßt Che den ersten Bericht an Fidel, wobei er allerdings das Datum ändert, um die Armee in die Irre zu führen, falls ihr die Mitteilung in die Hände fallen sollte. Der Bericht endet: *Soweit für heute. Eine große Umarmung in die ferne Welt, die von hier aus nur noch undeutlich am Horizont zu erkennen ist.*

Am 4. September nimmt die Kolonne nach der Überquerung des Flusses Salado Verbindung mit den Bauern aus der Gegend auf, die sie freundlich empfangen. Das Glück bleibt ihnen treu, denn sie bekommen 48 Paar Stiefel überreicht, die ein Mitarbeiter des 26. Juli geschickt hat.

An diesem Tag schafft Che einen neuen Trupp innerhalb der Kolonne, um alle disziplinarischen Vergehen zu bestrafen. Er tauft ihn „Sansculotten-Trupp", gibt Armando Acosta den Befehl über die Gruppe und beauftragt ihn, Strenge walten zu lassen. Den Mitgliedern des Trupps werden die Waffen entzogen, und sie bekommen sie nur wieder, wenn sie sie im Gefecht zurückerobern. Der erste in diesem Trupp ist ein Mann, der mit seinem Gruppenführer gestritten hat. Tags zuvor hat Che einem anderen für zwei Tage das Essen entzogen, da ihm ein Schuß losgegangen war.

Im Morgengrauen des 5. September wird der Bach Tamarindo überquert. Che, der abgestiegen ist, um ihn zu durchwaten, versinkt im Schlamm und verliert beim Versuch, wieder freizukommen, einen Stiefel. Für den Rest des Tages hat er nur noch einen Schuh. Neue ortskundige Führer der Bewegung 26. Juli tauchen auf. Die Guerilla ist nach einem neun Kilometer langen Marsch über höllische Wege vollkommen erschlagen.

Am 6. September rastet die Kolonne in einem Tagelöhnerquartier mit dem Namen Concepción. Camilo Cienfuegos, der eine Parallelroute genommen und mit Che häufig Nachrichten ausgetauscht hat, trifft ein. Camilo scheucht sein Pferd auf Ches Hängematte zu, und dieser fällt zu Boden. Diejenigen, die ihn nicht gut kennen, erschrecken: Wie wird der Argentinier reagieren? Aber Che und Camilo haben eine eigene kleine Welt voller polternder Scherze und etwas grober Vertraulichkeiten, zu der wenige Leute Zugang haben. Beide Kommandanten lassen sich zusammen fotografieren, Che barfüßig. Er verbringt den Tag damit, seine Füße zu behandeln, seine Kleider zu waschen und mit Bauern zu sprechen, die zum Lager gekommen sind. Der Einfluß der Sierra Maestra ist in dieser Gegend noch sehr stark, und er sieht sich gezwungen, Freiwillige zurückzuweisen. Es ist nicht der Augenblick für Rekrutierungen. Zwei weitere Kämpfer landen auf seinen Befehl beim Sansculotten-Trupp, da sie ihre Gewehre ohne Erlaubnis auseinandergebaut und Patronen verloren haben. Che ist so erschöpft, daß er mitten im Gespräch mit den Ärzten De la O und Fernández Mell wegsackt. Die Ärzte fürchten, daß er schwer erkrankt ist, stellen dann aber fest, daß er im Stehen eingeschlafen und umgefallen ist. Schuld sind nicht nur die Anspannung und die endlosen Märsche im Unwetter, wo Joel zufolge „sich ein eigentlich sechs Kilometer langer Marsch durch den Zickzacklauf wegen der schlechten Geländebedingungen auf dreizehn Kilometer ausdehnt“. Es liegt auch daran, daß er die Ruhezeiten zu Treffen und Gesprächen mit den Bauern genutzt hat.

Am Sonntag, dem 7. September, ist Ruhetag. Sie essen Rindfleisch, und Che schreibt an Camilo: *Ich breche heute Nachmittag zur Reisplantage auf, die jetzt schon eingenommen sein müßte (...). In Jobabo soll es 400 Soldaten geben, was wahrscheinlich eine Lüge ist. Aber Zusammenstöße müssen vermieden werden. Teil mir Deine Route mit und halt Deine Leute bereit, falls es zu einem Zusammenstoß kommen sollte.* Tatsächlich waren 23 Soldaten in Jobabo, denen zwar die Anwesenheit der Guerilla bekannt war, die es aber vorzogen, ihr keine Beachtung zu schenken. *Alles deutet darauf hin, daß die Soldaten keinen Krieg wollen und wir auch nicht. Ich gestehe, daß ich Angst davor habe, in dieser unbekannten Gegend einen Rückzug mit 150 unerfahrenen Rekruten durchzuführen. Eine 30 Mann starke Guerilla kann indes Wunder in der Umgebung bewirken und sie in Aufruhr versetzen.*

Um vier Uhr geht es weiter in Richtung Reisplantage. Sie überqueren den an der Grenze zwischen Oriente und Camagüey gelegenen Fluß Jobabo im Dunkeln. Joel berichtet: „Che war ein sehr guter Schwimmer. Wenn wir einen Fluß überqueren mußten und keine Hilfsmittel zur Verfügung standen, brachte er unermüdlich Rucksäcke und Waffen von einer Seite auf die andere, wobei er mit einem Arm schwamm und mit dem anderen die Sachen hochhielt, damit sie nicht naß wurden.“ Sie gelangen nachts zum Tagelöhnerquartier der Reisplantage. Die Vorhut sichert das Gebiet ab. Wie gewohnt, nehmen sie die Bauern aus den

Orten, wo sie Station machen, vorübergehend fest. Che befiehlt, ein Flugzeug, das zur Schädlingsbekämpfung eingesetzt wird, unbrauchbar zu machen. Sie betreten den Laden des Tagelöhnerquartiers. Ramiro notiert alles, was sie mitnehmen, und bezahlt.

Mit Hilfe von Ribalta haben sie sich in diesem Reisanbaugebiet mit Bauern getroffen, die Bildung einer Gewerkschaft vorangetrieben und mit den Grundbesitzern gesprochen, damit diese die Löhne erhöhen und der Rebellenarmee eine Revolutionssteuer bezahlen. *Nebenbei schuf ich die Grundlage zur Organisation einer Reisbauerngewerkschaft in Leonero und kam auf die Steuer zu sprechen, aber es war ein Fehlschlag. Nicht daß ich vor der Chefin umgefallen wäre, aber ich hatte den Eindruck, daß die Abgabe zu hoch war. Ich erklärte ihnen, daß man darüber noch diskutieren könnte, und überließ das dem nächsten, der bei ihnen eintrudeln würde.* Er wird es zwar nicht erfahren, aber die Sache geht gut aus, denn zwei Wochen später erhöhen die Plantagenbesitzer die Löhne und bezahlen Abgaben an den 26. Juli.

An diesem Tag beginnt Che mit der Abfassung eines zweiten Berichts an Fidel: *Nach erschöpfenden Nachtmärschen schreibe ich Dir nun aus Camagüey. Es gibt keine unmittelbaren Aussichten, den Marschrhythmus von 14 bis 16 Kilometern täglich mit der nur halbberittenen Truppe erhöhen zu können. Camilo befindet sich in der Nähe. Ich habe ihn eigentlich hier in der Reisplantage Bartes erwartet, er ist aber nicht gekommen. Die Ebene ist hervorragend: Es gibt nicht so viele Moskitos, wir haben keinen einzigen Soldatenhelm gesichtet und die Flugzeuge scheinen harmlose Tauben zu sein. Radio Rebelde ist nur mit Schwierigkeiten über Venezuela zu empfangen. (...) Jemand mit sozialem Bewußtsein kann Wunder in dieser Gegend bewirken, und es gibt reichlich Wald, um sich zu verstecken. Über Zukunftspläne und was meinen Weg angeht, kann ich Dir nichts sagen, da ich ihn selbst nicht weiß. Er wird wohl von den besonderen Umständen und den Zufällen bestimmt werden. Zur Zeit warten wir beispielsweise auf einige Lastwagen, damit wir uns der Pferde entledigen können, die zwar hervorragend für die flugzeuglosen Zeiten eines Maceo geeignet waren, aber sehr leicht aus der Luft zu erkennen sind. Ohne die Reittiere könnten wir gemütlich tagsüber marschieren. Schlamm und Wasser gibt es zuhauf und die Flüche à la Fidel, die ich vom Stapel lassen mußte, damit die Haubitzen in einem passablen Zustand ankamen, sind filmreif gewesen. Wir mußten verschiedene Bäche durchschwimmen, was gewaltige Mühen bereitet hat. Aber die Truppe hält sich gut, auch wenn der Straftrupp Hochbetrieb hat und wahrscheinlich die größte Gruppe der Kolonne werden wird. Der nächste Bericht wird Dich auf mechanischem Wege erreichen, wenn möglich aus Camagüey-Stadt. Nichts weiter als eine kräftige Umarmung an die aus der „Sierra", die bereits nicht mehr zu sehen ist.*

In der Reisplantage führt Che ein merkwürdiges und angespanntes Gespräch mit dem Besitzer. Als er von seiner Eskorte begleitet eintrifft, entdeckt er, daß sie ein kleines Bankett im Eßzimmer für ihn vorbereitet haben. Für halb ausgehungerte Menschen ist das eine gewaltige Versuchung. Aber Che, der sich in seinen Stolz und spartanischen Geist flüchtet, nimmt von dem US-amerikanischen Besitzer nichts an. Nach mehrfachem Drängen des letzteren erlaubt er, daß die Eskorte ein Glas Kognak trinkt. Vom Gespräch selbst gibt es keine Aufzeichnungen, nur von Ches Kommentar nach dem Treffen: *Ich werde auf einer Bergspitze oder hinter einem Felsen mit einem Lächeln auf den Lippen im Kampf gegen diese Leute sterben.* Sei es, daß dieser Satz im Laufe der Jahre ausgeschmückt worden ist, sei es, daß Che für einen Moment seine übliche Wortkargheit aufgegeben hat, es ist auf jeden Fall ein weiterer Beweis für die Abneigung gegen die USA, die Ernesto Guevara in den letzten Jahren entwickelt hat.

Der Aufbruch findet erneut im Dunkeln statt. Die Kolonne verfügt nun über eine motorisierte Abteilung mit einem Jeep, einem Kleinlastwagen und einem Tanklastwagen für Wasser. Che kommt mit seinem Leibwächter Leonardo Tamayo vorübergehend vom Weg ab, da sie auf den Pferden eingeschlafen sind. Die fünf Mann starke Vorhut erreicht in einem von Ramiro gesteuerten Kleinbus um fünf Uhr morgens das aus fünf Häusern bestehende Tagelöhnerquartier der Finca La Federal. Es befindet sich auf dem Gelände eines Großgrundbesitzes mit 1.200 Pferden. Den Arbeitern werden Hungerlöhne gezahlt, direkt daneben ist ein fester Militärposten mit sieben Soldaten und einem Korporal der Landgarde eingerichtet. Die durch Gerüchte über die Anwesenheit der Rebellen gewarnten Wachen haben einen Hinterhalt gelegt. Im Morgengrauen geben sich die Soldaten und die Rebellen gegenseitig Zeichen. Ramiro Valdés antwortet, indem er die Scheinwerfer seines Fahrzeuges dreimal aufleuchten läßt. Er denkt wohl, daß er Leute aus der Kolonne Camilos vor sich hat. Die Rebellen nähern sich. Sie geben sich mit lauten Rufen zu erkennen: „26. Juli!“, „Landgarde!“, und die Schießerei geht los.

Beim Versuch, hinter einem der leeren Benzintanks in Deckung zu gehen, wird Marcos Borrero tödlich getroffen. Der US-amerikanische Hauptmann Herman wird am Knöchel verletzt, die Schützen der Guerilla töten einen der Soldaten. Glücklicherweise hat ein unbekannter Mitarbeiter des 26. Juli die Telefonleitung gekappt, so daß die Soldaten keine Verbindung mit der Zentrale in Elia aufnehmen können. Ramiro zieht sich zurück. 500 Meter vor dem Tagelöhnerquartier trifft er auf Che, der sofort zwei Hinterhalte legen läßt und persönlich den Befehl übernimmt, während die Kolonne in der Reserve bleibt. Die Soldaten haben sich unterdessen in dem Gebäude verschanzt und sich im zweiten Stock in Gefechtsstellung begeben. Der Korporal ist verletzt. Ein Soldat wirft Waffe und Patronengurt weg und flieht aus dem Haus. Als er etwas später verhaftet wird, erzählt er, daß er und zwei andere Tagelöhner der Finca vergeblich versucht hätten, Verbindung mit den Rebellen aufzunehmen, um sie vor dem Hinterhalt zu warnen.

Ángel Frías, dem die Kavallerie untersteht, beschleunigt das Tempo, als er die Schüsse hört. Che versucht die Lage zu erfassen. Er will wissen, gegen wen er kämpft. Die Rebellen, die im Lastwagen gekommen sind, haben ihre Stellungen bezogen und nehmen das Haus unter Beschuß. Roberto Rodríguez, El Vaquerito und Enrique, der jüngste der Acevedo-Brüder, melden sich freiwillig für einen Sturmangriff auf das Gebäude. Che erklärt Frías, daß dies sehr gefährlich sei, daß sie sie umbringen könnten, nimmt aber das Angebot an.

Es ist sieben Uhr morgens, als sie den Versuch starten, während ihre Kameraden die Fenster unter Beschuß nehmen. Sie finden das Erdgeschoß leer vor und steigen, von Ángel Frías gedeckt, vorsichtig die Treppe hoch. Die beiden Freiwilligen treten in eines der Zimmer und schießen augenblicklich auf eine Gestalt in der gelblichen Uniform der Landgarde. Im Gang kommt es zu einem gewaltigen Durcheinander. Bei einem Schußwechsel wird Acevedo aus unmittelbarer Nähe in beide Arme getroffen, Vaquerito kämpft gegen fünf Soldaten, und Frías flieht mit einem Sprung die Treppe hinunter aus der Schußlinie und bricht sich dabei den Knöchel. Vom Boden aus kündigt er schreiend an, daß er eine Handgranate werfen wird. El Vaquerito schießt weiter. Die Soldaten ergeben sich.

Der Hinterhalt hat die Kolonne einen Toten und drei Verletzte gekostet. Die Rebellen, die nach und nach das Gebäude betreten, wollen in ihrer Erregung die Soldaten umbringen. Che setzt sich durch. Die Gefangenen werden nicht angerührt.

Sie begraben Marcos Borrero. Die Ärzte kümmern sich im etwa fünf Kilometer entfernten Haus eines Sympathisanten um die Verletzten. Sie operieren Enrique, machen Frías einen Gipsstiefel und verbinden Herman.

Die durch den Vorfall alarmierte Armee fordert die Unterstützung der Luftwaffe an und schickt eine erste Verstärkung von den Zuckerfabriken Francisco und Elia. Che zerstreut die Kolonne in einem nahegelegenen Wald, legt Hinterhalte an den Fincazufahrten und bereitet den Rückzug vor. Die erste Truppenverstärkung der Armee geht schließlich in den von Silva geleiteten Hinterhalt, in dem die meisten Leute vor Erschöpfung eingeschlafen sind. Es kommt zu einem Schußwechsel. Einer der Rebellen wird möglicherweise durch das Kreuzfeuer seiner eigenen Gefährten verletzt und stirbt später. Silva nimmt die alte Stellung wieder ein. Die Armee zieht sich mit zwei Verletzten zurück. Die Diktatur beginnt ihre Kräfte zu sammeln. Oberstleutnant Suárez Suquet, der die fruchtlose Verfolgung der sich zurückziehenden Kolonne befehligt hat, versucht von einem in Nuevitas gestarteten Flugzeug aus den Oberbefehl über die Operation zu übernehmen. Als er jedoch das Gefechtsgebiet überfliegt, schießen die Rebellen auf die Piper, verletzen den Piloten, durchlöchern mit ihren Kugeln den Benzintank und zwingen das Flugzeug somit zu einer Notlandung. Die Kolonne zieht sich in den Wald zurück, Hinterhalte leiten den Rückzug ein.

Die Armee verliert ihre Spur. Als Repressalie besetzt sie das Tagelöhnerquartier und zwingt die Arbeiter, vor einem Maschinengewehr niederzuknien. Etwas später werden einige von ihnen unter der Anschuldigung verhaftet, mit der Kolonne kollaboriert zu haben. Die Soldaten graben den Leichnam von Borrero aus und schänden ihn. Was sie im Gefecht nicht erreichen, wird am Schreibtisch vollbracht: Der Militärbericht spricht von 15 Toten bei den Rebellen.

Am 10. September marschieren die Kolonnen von Che und Camilo praktisch nebeneinander – die 8. mit ihren drei Verwundeten und den gefangenen Soldaten. Sie umgehen eine Lagune. Nach Überquerung eines Flusses schlafen immer mehr Leute ein und bleiben nach und nach zurück. Mehrmals muß der Marsch wegen der Suche nach ihnen gestoppt werden. Che beschleunigt das Tempo. Es ist eine gute Entscheidung, denn Suárez Suquet zieht mit Truppen in La Federal ein und zwei B-26 beginnen den Wald zu bombardieren, in den sich die Rebellen geflüchtet hatten.

Sie kampieren in Laguna Blanca. Mitglieder des 26. Juli nehmen mit ihnen Kontakt auf. Che bittet sie darum, Enrique Acevedo mitzunehmen, der sehr viel Blut verloren hat. Beim Abschied vom jüngsten seiner Kämpfer sagt er scherzend: *Erzähl nicht mehr als nötig und sag vor allem nicht, daß du Hauptmann bist, sondern tu so, als seist du Leutnant.* Damit hat er ihm nebenbei seine Beförderung mitgeteilt. Ein Mitglied aus dem Untergrund in Cienfuegos nimmt ihn, mit frisch geschnittenen Haaren und in einem langärmeligen Hemd, um die Wunden zu verbergen, in einem Taxi mit.

Auf der Plantage, die Eigentum eines Mitglieds des 26. Juli ist, gibt es etwas zu essen und ein wenig Ruhe. Die erschöpften Leute lassen sich auf den Boden fallen und schlafen auf der Stelle ein. Der Eigentümer gibt Camilo und Che das Geld zurück, das sie für die Nahrungsmittel bezahlt haben. Die Ärzte behandeln die Füße der Kämpfer, sie können nicht ausruhen. Alle leiden unter einer Plage von Moskitos, Bremsen und anderen Insekten. Die Rebellen müssen sich in Decken oder Laken hüllen. Die Wachen sind am schlimmsten dran, die Runden müssen von den üblichen zwei Stunden auf eine halbe herabgesetzt werden. Camilo übernimmt das Rollmaterial, das die Bewegung zur Verfügung gestellt hat, und gibt die Reittiere zurück, damit Ches Kolonne sie nutzen kann.

Am 10. September um 21 Uhr 30 setzt sich Che in Bewegung. Schnelligkeit, Beweglichkeit – die Regeln der Guerilla. Gegen vier Uhr morgens gelangen sie zum Tagelöhnerquartier der Finca Faldigueras del Diablo, wo Verbindungsleute der Bewegung auf sie warten, sie mit Essen und Stiefeln versorgen. Che leidet unter einem starken Asthmaanfall. Er verlangt Arzneimittel, unter anderem Actedron, um wachzubleiben. Aus unerfindlichen Quellen Energie schöpfend, führt er Gespräche mit Arbeitern der Gegend, die Mitglieder der Bewegung und der PSP sind und gegen die Großgrundbesitzer der King Ranch kämpfen, die sie von ihrem Land zu vertreiben versuchen.

Am 11. September um 6 Uhr nachmittags sind sie wieder unterwegs. Es gibt Probleme mit den Führern, die sich verlaufen, die Kolonne fällt auseinander und es kommt mehrmals zu Verzögerungen, die Che übellaunig und aggressiv machen. Eine 150 Mann starke Guerillakolonne läuft nachts in Gruppen aufgeteilt, um kein leichtes Ziel zu bieten, aber gleichzeitig werden damit Zersplitterung und Ausfälle gefördert. Die Männer sind erschöpft, schlafen auf den Pferden ein, fallen zu Boden und bleiben dort liegen. Zayas erinnert sich: „Damals schliefen wir nicht nur auf den Pferden, wir hätten sogar auf einer Stacheldrahtmatratze geschlafen.“ Am nächsten Tag kann die Kolonne mit neuen Führern und etwa 100 Pferden im Tageslicht weiterziehen, da sie sich in einem dichten Wald befindet, in dem sie von den Flugzeugen aus nicht gesehen werden kann. Nachts erreichen sie das Tagelöhnerquartier San Miguel del Junco. Che gibt den Plan auf, in derselben Nacht noch weiterzumarschieren, da sie über einen Hinterhalt der Armee informiert werden. Die Kundschafter haben eine Lastwagenkolonne mit bewaffneten Soldaten entdeckt und erklären, daß es sich um 500 Mann handeln würde. Che lächelt und fragt sie, ob es nicht eher 300 seien. Die Gegend ist gefährlich, denn sie müssen die Landstraße von Camagüey nach Santa Cruz del Sur überqueren.

Es gibt immer mehr Kontakte mit dem 26. Juli, der anscheinend sehr weitläufig strukturiert, aber wenig koordiniert ist. Immer wieder wollen neue Leute aufgenommen werden. Che nimmt vorübergehend drei Jugendliche aus Victoria de las Tunas auf, da sie von Alberto Castellanos empfohlen worden sind. In der letzten Woche hat er etwa 50 Bewerber zurückgewiesen.

Am Samstag, dem 13. September, gegen 23 Uhr geht es schon wieder weiter. Die Kolonne verfügt nun über vier Lastwagen, zwei Jeeps und einen Lieferwagen von Pinilla-Rum, den Leute aus Las Tunas beigesteuert haben. Aus Sicherheitsgründen wahren sie einen Abstand von 50 Metern zwischen den Fahrzeugen. Die Route führt über schlammverschmierte Wege parallel zu einer Eisenbahnlinie. Sie halten bei einer kleinen Ranch an, wo sich ihnen drei Neue anschließen, ohne daß Che dies mitbekommt. Die Lastwagen fallen aus. Die Leute müssen aussteigen, um sie anzuschieben. Che muß ihnen erneut mit dem Gewehr in der Hand die Leviten lesen, damit sie die Lastwagen aus den Schlammlöchern ziehen. Er erfährt, daß Camilo tags zuvor einen Zusammenstoß mit der Armee hatte. Tamayo berichtet: „Camilo ging voraus, aber hinter ihm war der Weg quasi vermint. Denn überall, wo Camilo vorbeigezogen war, folgte ihm die Armee auf dem Fuß und besetzte die Orte." Es ist also geradezu unvermeidlich, daß sie aufgrund ihrer Erschöpfung und der fehlenden Geländeerkundung in einen der zahlreichen Hinterhalte der Armee geraten. Die Falle schnappt am Weiler Cuatro Compañeros zu. Die Vorhut stößt auf einen merkwürdig abgestellten Traktor und als sie reagieren will, ist es bereits zu spät. Die Soldaten eröffnen das Feuer. Vollkommen schlaftrunken stürzen die Rebellen aus den Lastwagen. Es ist 4 Uhr 45 morgens.

Che will, daß das Feuer nicht von allen eröffnet wird, sondern daß die Vorhut den Feind im Zaum hält. Er gibt den Befehl aus, daß die Rebellen sich in den weiter südlich gelegenen Wald zurückziehen, und bestimmt einen zwei Kilometer entfernten Sammelpunkt. Zayas erinnert sich: „Wir wußten nicht, ob der Süden im Norden oder im Westen lag. Ihr könnt euch also vorstellen, was damals los war."

Che läuft mitten in der Schießerei die Kolonne ab und versucht sie neu zu organisieren. Pablo Ribalta läßt seinen Rucksack in einem der Lastwagen liegen, da er Kameraden zurückholen will, die auf die falsche Seite des Wegs gesprungen sind. *Es herrschte allgemeine Verwirrung. In vollkommener Unkenntnis des Gebiets gaben wir den Marschbefehl in Richtung auf einen Wald, der in der Morgendämmerung auszumachen war. Um dort hinzugelangen, mußten allerdings*

Bahngleise überquert werden, auf denen Soldaten vorrückten. Wir mußten uns dem Kampf stellen, um den Anschluß der am weitesten zurückgebliebenen Kameraden zu ermöglichen. Die Ankunft eines Zuges mitten im Gefecht steigert die Verwirrung unter den Kämpfern. Che befiehlt einem Panzerfaustschützen sich bereitzuhalten, um auf den Zug zu schießen. Als er feststellt, daß keine Truppen im Zug sind, zieht er den Befehl zurück. Die Nachhut bremst den Vormarsch der Armee. Dabei wird José Ramón Silva verwundet, *der in einer beispielhaft stoischen Haltung an der Spitze seiner Männer geblieben ist, obwohl er einen Bruch im rechten Schultergelenk erlitten hat.*

Che läßt ihn wegbringen, und Fernández Mell verbindet ihn im nahegelegenen Wald. Der Gefährte hat viel Blut verloren, sie wollen ihn mit Plasma versorgen, glücklicherweise funktioniert aber das Transfusionsgerät nicht. Später entdecken sie, daß das Plasma verdorben war.

Unterdessen verhindert die Stellungssicherung mit Maschinengewehrgarben und einem für die Guerilla ungewöhnlichen Munitionsverschleiß, daß die Armee die Bahngleise einnehmen und die Kolonne in zwei Teile spalten kann. *Wir mußten über eine Breite von fast 200 Metern auf den Gleisen kämpfen, um den Vormarsch des Feindes zu bremsen, denn es fehlte uns an Leuten.*

Um 7 Uhr 30 morgens tauchen zwei B-26, zwei C-47 und zwei Propellerflugzeuge am Himmel auf. Joel berichtet: „Als das Bombardement und der Maschinengewehrbeschuß durch die Luftwaffe begannen, versuchten die Soldaten der Tyrannei erneut vorzurücken. Der größte Teil der Kolonne hatte die Schienen bereits überquert. Der Kampf wurde an der Stellung, wo sich Che befand, zunehmend heftiger. Die Soldaten rückten auch über die Steppe vor, wobei sie sich hinter den wenigen Bäumen verschanzten und uns laut schreiend zur Kapitulation aufforderten. (...) Der Angriff wurde zurückgeschlagen und die Soldaten der Tyrannei wurden gezwungen, sich kriechend zurückzuziehen." Armando Acosta befehligt nun die Nachhut. *Wir hielten uns zweieinhalb Stunden in dieser Stellung, bis ich gegen 9 Uhr 30 den Befehl zum Rückzug gab, nachdem wir zuvor den Gefährten Juan verloren hatten, dessen rechtes Bein von einer Bombe zerschmettert worden war.* Der Kern der Kolonne hat unter ziemlich wirkungslosen Bombenabwürfen den rettenden Wald erreicht. Einige Männer sind verlorengegangen. Joel rekonstruiert die Ereignisse: „Che befahl gegen 9 Uhr 30, daß einige Gefährten an den Schienen zurückbleiben sollten, um Widerstand zu leisten, während er uns übrigen befahl, in den Wald vorzudringen. Auf dem Weg dorthin, der in kleinen Gruppen zurückgelegt wurde, kam es zu zahlreichen Zwischenfällen. Selbst Che schlief bei einer zehnminütigen Rast gemeinsam mit dem Rest seiner Gruppe ein. Als er mit einiger Verspätung aufwachte, wurde er sehr ungemütlich."

Eine Gruppe von Bauern erklärt sich bereit, die verstreuten und zurückgebliebenen Kolonnenmitglieder aufzuspüren. Es werden mehrere Hinterhalte gelegt, während die Männer nach und nach wieder zusammenkommen. Zu diesem Zeitpunkt sind drei Gruppenführer verletzt und drei Leutnants werden vermißt.

Um 21 Uhr ist die Kolonne wieder zusammen. Sie schlafen bis in die frühen Morgenstunden und nehmen dann den Marsch mit nur einem Schluck Kaffee im Magen wieder auf. Die Kolonne bricht im Nieselregen Richtung Südwesten auf. Sie bewegt sich etwa zwei Kilometer vorwärts, legt verschiedene Hinterhalte. Zwei der Vermißten stoßen zur Gruppe hinzu. Die Freude über ihr Auftauchen hindert Che nicht daran, einen der beiden heftig zu rügen, weil er seinen Revolver verloren hat. Die Armee rückt näher heran, aber Che beschließt, dem Kampf auszuweichen.

In einem Lager zwischen den Plantagen San Antonio und Cayo Cedro unterzieht Che die Kolonne einer Kritik. Er beginnt mit einer Analyse der Fehler, die sie in den Hinterhalt geführt haben: die Unterlassung von Erkundungsgängen und die Tatsache, daß sie sich von Müdigkeit und Apathie haben überwältigen lassen. Diejenigen, die ihre Rucksäcke verloren haben, bekommen einen gewaltigen Rüffel, gleiches gilt für die, die ihre Waffen oder ihre Munition zurückgelassen haben. Und da er gerade dabei ist, zieht er über sich selbst her, weil er die Kontrolle über die Lage verloren hat, als der Lastwagen kurz vor Cuatro Compañeros im Schlamm steckenblieb.

Um 18 Uhr setzt sich die Kolonne in Bewegung. Die Streitkräfte aus der Provinz Oriente sind hierher mobilisiert worden. Die „Invasion“ hat ihren ersten Erfolg erzielt, denn sie hat die Kräfte, die um die Sierra Maestra herum operieren, gezwungen, sich aufzuteilen.

Das einzige Essen am 17. September wird um drei Uhr morgens ausgeteilt. Herman und Che kommen als letzte dran: Rindfleisch mit Reis und eine halbe Dose Kondensmilch. Um fünf Uhr sind sie schon wieder unterwegs. Im Morgengrauen kommen sie bei der Finca La República an. *In den darauffolgenden Tagen trafen nach und nach die Vermißten ein, und am Ende erfuhren wir, daß zehn verlorene Kämpfer bei der Camilos-Kolonne gelandet waren.*

Um 23 Uhr 30 brechen sie erneut auf, Che, vom Asthma gequält, auf einem Maultier. Das Tier bleibt im Schlamm stecken, er versucht, es rauszuziehen. Der an seiner Seite reitende Alfonso Zayas hört beim Versuch, ihm zu helfen, nur den pfeifenden Atem von Che. „Als ich sah, wie er sich abmühte, war ich zugleich beschämt und von Bewunderung erfüllt. Er hatte immer einen Apparat dabei, der ihm beim Atmen half, aber diesmal nützte ihm das nicht viel. Wenn ich weiter versucht hätte, ihm zu helfen, hätten die anderen Kameraden die Stelle nicht passieren können.“

Mit erstickter Stimme stößt Che hervor: *Reit weiter, ich komm schon nach ...*

Kurz darauf hat er seinen Platz wieder eingenommen. Er ist nicht der einzige, der sich am Rande seiner Kräfte befindet. Die gesamte Kolonne ist fix und fertig. Joel erinnert sich: „Wir zogen langsam und schwerfällig voran. Die Kolonne war durch die langen Märsche, die infolge unserer körperlichen Verfassung immer kürzer wurden, völlig erledigt. Wir hatten Hunger und Durst und die Moskitos, der stinkende Schlamm und der Regen machten uns sehr zu schaffen.“

Am 18. September entdeckt jemand während einer Rast einige Nagetiere, die sogenannten Kuba-Baumratten. Hungrig, wie sie sind, machen sie sich auf die

Jagd. Che, der gerade am Lesen ist, verbietet den an ihm vorbeiziehenden Jägern, die Gewehre zu benutzen. In den letzten Tagen sind sie parallel zur Meeresküste marschiert. Manuel Hernández erklärt, daß ihm von der Existenz zweier kleiner Schiffe erzählt worden sei, und Che erlaubt ihm, der Sache nachzugehen. Letztendlich wird nichts daraus, denn es handelt sich um zwei morsche Kähne. Die Kolonne bricht nachmittags auf und gegen 11 Uhr nachts kommt sie zur Laguna de Guano. Dort berichten einige Bauern, daß die Armee etwa 14 Kilometer entfernt an die 250 Mann zusammengezogen habe. Der Marsch wird wieder aufgenommen. Sie gehen am Küstenstreifen entlang, auf Weiden, die parallel zu dem am Meer beginnenden Sumpfgebiet verlaufen. Sie bewältigen Tagesmärsche von 15 bis 20 Kilometern.

Das Verhältnis zu den Bauern ist recht gut. Sie erhalten überall Unterstützung und Nahrungsmittel, wenn auch nicht in großen Mengen. *Trotz aller Schwierigkeiten fehlte uns nie die bäuerliche Aufmunterung. Immer fand sich jemand, der uns als Führer diente oder uns die unerläßlichen Lebensmittel gab. Wir hatten natürlich nicht die ungeteilte Unterstützung des ganzen Volkes, aber immer gab es jemanden, der uns half. Zuweilen wurden wir auch verraten, kaum daß wir das Gebiet einer Finca überquert hatten. Dies hatte aber nicht mit einer direkten Abneigung der Bauern uns gegenüber zu tun, sondern mit den Lebensbedingungen dieser Leute, die Sklaven des Gutsbesitzers waren. Und da sie Angst hatten, ihr tägliches Brot zu verlieren, teilten sie ihrem Herrn mit, daß wir durch die Gegend gekommen waren, und dieser hatte nichts besseres zu tun, als die Militärbehörden zu verständigen.*

In diesem letzten Punkt täuscht sich Che. Er wiederholt diese Fehleinschätzung übrigens auch in einem anderen Bericht (*Das soziale Bewußtsein des Camagüey-Bauern in den Viehzuchtgebieten ist sehr niedrig, und wir hatten unter den Folgen zahlreicher Denunziationen zu leiden*). Die unter dem Eindruck der konstanten Hinterhalte und der bedrohlichen Nähe der Armee niedergeschriebene Einschätzung tut den Bauern unrecht. Wenn man Jahre später die Rapporte der Armee durchgeht, läßt sich feststellen, daß es ausgesprochen wenige Denunziationen gab.

Der Marsch geht nahe am Sumpf vorbei. Die Truppe überquert in einem erbärmlichen Zustand ein eingezäuntes Areal mit Namen Laguna de los Cocodrilos. Joel erinnert sich an „die großen Schwierigkeiten aufgrund des von kaltem, stinkendem Wasser überschwemmten Geländes, das mit hohem Gras bewachsen war."

Am nächsten Tag, dem 20. September, *hörten wir im Radio den Bericht von Tabernilla über die Zerstörung der Kolonne Che Guevaras. Sie hatten in einem der Rucksäcke ein Notizbuch gefunden, in dem der Name, Leitung, Waffen, Munition und Gerätschaften der gesamten Kolonnen notiert waren. Außerdem hatte ein Mitglied dieser Kolonne, das zugleich PSP-Mitglied war, seinen Rucksack mit Dokumenten dieser Organisation zurückgelassen.* Ches Reaktion hierauf ist nicht bekannt, sie dürfte aber zweifellos nicht sanft gewesen sein. Die Erbeutung der Rucksäcke von Acosta und Ribalta, die nicht nur Propaganda der PSP enthielten, sondern auch eine Auflistung der Kolonnenmitglieder, erlaubt General Tabernilla, in einer Pressekonferenz eine breite internationale Kampagne gegen die Existenz eines „Fidelismus-Kommunismus" einzuleiten. Auf derselben Pressekonferenz streitet ein Ex-Sergeant der Batista-Garde die Rebelleninvasion in Camagüey ab und erklärt, daß die aus Oriente eingedrungenen Gruppen von der Armee vernichtend geschlagen worden seien, wobei er von 16 Toten auf Seiten der Guerilla und der Zersplitterung der „verbrecherischen Kräfte" spricht.

Die Nachricht von unserem vermeintlichen Tod führte zwar zu belustigten Reaktionen bei der Truppe, der Pessimismus gewann jedoch immer mehr die Oberhand: Hunger, Durst, Erschöpfung, das Gefühl der Ohnmacht gegenüber den Kräften des Feindes, die uns immer weiter umzingelten, und vor allem der schreckliche Fußpilz, der bei den Bauern unter dem Namen Mazamorra bekannt war und jeden Schritt unserer Soldaten zu einer fürchterlichen Qual werden ließ, hatte aus unserer Truppe ein Schattenheer gemacht. Ein Heer, dem es Mühe bereitete, sich auf den Beinen zu halten. Zayas erinnert sich: „Eines Tages, als wir in einem kleinen Wald neben einem Bach ausruhten und es schon ein wenig spät geworden war, hörte ich plötzlich ein Geräusch, als würden Palmenblätter herunterfallen: Es war Che, der die Stricke der Hängematten durchschnitt, weil die Gefährten eingeschlafen waren. Die Leute waren einfach vollkommen zerschlagen. Mir schnitt er den Strick zwar nicht durch, denn ich sprang schnell raus, er rief mich aber mit so harten Worten zur Ordnung, daß sie mich mehr schmerzten als ein Aufprall beim Sturz aus der Hängematte."

Mitten in all diesen Schwierigkeiten eine lustige Anekdote: José Pérez Mejía schläft ein, während er gerade „sein Geschäft verrichtet", und wird als vermißt gemeldet. Che nimmt mit seiner üblichen Strenge an, daß der Mann desertiert sei. Dem ist aber nicht so, denn kurze Zeit später stößt er wieder zur Kolonne.

Vom 23. bis zum 25. September *hatten wir keinen ortskundigen Führer und folgten den vereinzelten Spuren des Genossen Camilo.* Nachdem ein Bauer in seiner Hütte sich für das wenige entschuldigt hat, das er ihnen anbieten kann, informiert er Che darüber, daß Camilo vor einigen Tagen vorbeigekommen sei. *Seit dem 20. wateten wir fast ununterbrochen durch Morast. Wir mußten unsere wenigen Pferde mehr als einmal zurücklassen. Der Fußpilz richtete immer größeren Schaden unter der Truppe an.* Hinzu kommt das Asthma, das Che drei Tage lang hartnäckig quält.

Leonardo Tamayo bemerkt: „Wir wollten Kurs auf die Zentralregion der Provinz nehmen, und er meinte, daß wir durch den Süden gehen sollten. Der Süden war die unwirtlichste Gegend. Und dahin machten wir uns auf." Che ahnt, daß die Armee die einfachsten Wege suchen und absperren wird, denn sie denkt nicht auf drei Ebenen.

Die Tage vergehen, erschöpfende Märsche, geringes Vorankommen. Keine Nahrung. *Es war sehr, sehr schwierig voranzukommen. Tag für Tag wurde die körperliche Verfassung unserer Truppe schlechter. Und das spärliche Essen, über das wir zudem nicht täglich verfügten, trug keineswegs dazu bei, das Elend zu verlassen, in dem wir uns bewegten.* Joel erinnert sich: „Wir litten unter fürchterlichem Hunger.“ Manuel Hernández, der Anführer der Vorhut, schlägt Che vor, auf einer Reisplantage nach Essen Ausschau zu halten. Che bremst ihn:

Manuel, ich weiß, daß ihr Lust habt, Essen zu besorgen. Was es aber nicht geben wird, ist die Lust, euch da wieder rauszuholen, und Männer, um euch da rauszuholen, denn es gibt dort Soldaten.

Schließlich entscheidet er sich, eine Gruppe unter dem Befehl von Ramon Pardo und in Begleitung von Dr. De la O in den Laden der Reisplantage Aguila zu schicken, wo sie etwas zu essen und nebenbei einige Traktoren mit Lastenschleifen und Anhängern besorgen sollen.

Am 29. September schnappt die Falle jedoch zu. *Wir hatten die Plantage Aguila verlassen und gerade das Gelände von Baraguá betreten, als wir feststellen mußten, daß die Armee die gesamte Eisenbahnlinie blockiert hatte, die wir überqueren mußten. Sie entdeckten uns und die Soldaten wurden mit zwei Schüssen von der Nachhut zurückgetrieben. Im Glauben, die Schüsse wären, getreu ihrer ungebrochenen Gewohnheit, von den auf den Schienen lauernden Soldaten gekommen, befahl ich, die Dunkelheit abzuwarten, weil ich glaubte, daß wir dann durchkämen. Als ich von dem Scharmützel erfuhr (was hieß, daß der Feind genau wußte, wo wir uns befanden), war es bereits zu spät, die Überquerung zu versuchen, denn es war eine sternenlose und regnerische Nacht und wir hatten die Stellung des Feindes nicht ausgekundschaftet.*

Che erklärt Acosta, der für den Zusammenstoß mit der Armee verantwortlich ist: *Dieser Schuß wird uns teuer zu stehen kommen.*

Wir mußten uns mit Hilfe des Kompasses zurückziehen, wobei wir im sumpfigen, lichten Waldgebiet blieben, um die Flugzeuge in die Irre zu führen, die später tatsächlich Bomben über einem dichten Wald abwarfen, der etwas von unserer Stellung entfernt lag.

Am 30. September sind sie praktisch von der Armee umzingelt, die sie zwar noch nicht exakt lokalisiert hat, aber weiß, daß die Guerilla sich innerhalb ihres Sperrgürtels befindet, an dem fünf Kompanien beteiligt sind. Regnerische Gewitternacht. Che sendet Kundschafter aus, um eine Lücke im Sperrgürtel ausfindig zu machen. Er befiehlt ihnen: *Selbst wenn sie auf euch schießen, dürft ihr nicht zurückschießen.* Guile Pardo und Acosta nähern sich fast bis auf direkten Körperkontakt den feindlichen Stellungen, ohne entdeckt zu werden, manchmal schießen die Soldaten blind in der Gegend herum. Halb im Schlamm versunken, reagieren sie nicht darauf. Die Armee hat alle 150 Meter Sperren errichtet, ein kleiner Zug versorgt sie mit Essen und Material.

Nicht nur Che ist verzweifelt. Dieses Gefecht der Blinden veranlaßt den mit der Verfolgung beauftragten Oberstleutnant Suárez Suquet zu folgender Bemerkung gegenüber einem anderen Offizier: „Wie du siehst, ist das noch nicht zu Ende. Das wird nie aufhören.“

Am 1. Oktober, um fünf Uhr morgens, befiehlt Che den Aufbruch in ein überschwemmtes Mündungstal. Die Kolonne verteilt sich zur Tarnung auf kleine Inselchen. Um vier Uhr nachmittags ruft Che die Kolonnenführung zusammen. Erneut werden Kundschafter ausgeschickt.

Joel Iglesias erinnert sich: „Die Kameraden waren so kraftlos, daß sich niemand von der Stelle rührte, wenn hin und wieder Flugzeuge über unsere Köpfe flogen und Maschinengewehrgarben abfeuerten. Das Wasser reichte uns zuweilen bis an die Hüften. Um uns ein wenig auszuruhen, mußten wir uns an große Bäume setzen, um deren Stämme herum sich so etwas wie Inseln gebildet hatten. Drei Tage lang waren wir so umzingelt. Wir legten uns auf eines dieser Inselchen zum Schlafen, und da es sich um weiche, angeschwemmte Erde handelte, senkte sie sich im Laufe der Zeit ab und wir sanken mit, bis unser halber Körper im Wasser lag. Die Erschöpfung war so groß, daß wir einfach weiterschliefen, obwohl nur Brust und Kopf aus dem Wasser herausragten. Che stand immer wieder von seinem Platz auf und machte Rundgänge, wobei er sich besonders um die Gefährten kümmerte, die sich in der schwierigsten Lage befanden. Er munterte sie auf, ermutigte sie zum Durchhalten und erinnerte sie an unsere Ziele."

Ich mußte die barfüßigen und ausgehungerten Invasoren mitten in diesem Sumpf mit harten Worten zurechtweisen. Die Truppe war zudem noch undisziplinierter geworden und scherte sich mit ihren finsteren Sträflingsgesichtern keinen Deut um meine Worte. Manchmal mußten sie sogar körperlich gezüchtigt werden, damit sie weitergingen, und ich erklärte ihnen dann, daß sie, ohne es zu merken, gerade dabei wären, eine wichtige Seite der kubanischen Geschichte zu schreiben.

Unter diesen Bedingungen hält Che eine Versammlung mit den Offizieren der Kolonne ab und informiert sie erstmals detailliert über die Mission im Escambray-Gebirge, über den genauen Zielort, über die Aufgabe, eine Guerillabasis aufzubauen, die die Insel in zwei Sektoren teilen und Druck von der Sierra Maestra nehmen soll. Er spricht über den politischen Auftrag, die im Escambray-Gebirge kämpfenden Gruppen in den gemeinsamen Kampf zu integrieren, und über die Idee, die ursprüngliche Basis der Sierra Maestra dort neu aufzubauen. Er widersetzt sich dem Druck der jungen Offiziere, die der Ansicht sind, daß der Sperrgürtel offensiv durchbrochen werden müsse. Che besteht darauf, daß sie dabei den Kürzeren ziehen würden und deshalb ein solches Gefecht vermieden werden müsse. *Nur wenn wir keinen anderen Ausweg mehr haben.* Fernández Mell erinnert sich: „Er sagte immer wieder, daß der richtige Augenblick noch nicht gekommen sei, daß man jetzt erst einmal gegen die Natur kämpfen müsse, um ins Escambray-Gebirge zu gelangen."

Eine Patrouille, die von Rogelio Acevedo angeführt wird, fühlt erneut dem Sperrgürtel auf den Zahn. In vollkommener Dunkelheit provozieren sie die Soldaten zu Schüssen, um festzustellen, ob es irgendeine Lücke im Sperrgürtel gibt. Endlich wird am Ende eines Verladestegs eine Lücke entdeckt und ausgekundschaftet. Nachdem Che darüber informiert worden ist, glaubt er, Licht am Ende des Tunnels zu erblicken, und organisiert sofort den Durchbruch. Die Vorhut überquert die Schienen mitten in der Nacht und legt an beiden Seiten Hinterhalte, während der Rest der Kolonne vorbeizieht. Sie durchqueren den Sperrgürtel bis zur Brust im Wasser und mit hochgestreckten Gewehren. *Im Versuch, das Geräusch von 140 sich durch den Schlamm quälenden Männern zu dämpfen, wateten wir etwa zwei Kilometer durch diese sumpfige Lagune, bis wir die Eisenbahnlinie etwa 100 Meter vom letzten feindlichen Posten entfernt überquerten, dessen Gespräche wir hören konnten. Das Plätschern, das unmöglich ganz vermieden werden konnte, veranlaßte mich zu der Annahme, daß der Feind unsere Präsenz mitbekommen hatte. Aber der geringe Kampfgeist, den die Soldaten der Diktatur immer wieder bewiesen hatten, machte sie taub für verdächtige Geräusche.* Wir schreiben den 2. Oktober, 11 Uhr nachts.

Die nächsten drei Tage marschiert die Kolonne in der Dunkelheit durch *Salzwassermoore. Ein Viertel der Truppe hatte keine oder vollkommen verschlissene Schuhe. Im stinkenden Schlamm, ohne einen Tropfen Trinkwasser, ständig von der Luftwaffe angegriffen, ohne ein einziges Pferd, um die Schwächsten zu tragen, mit vollständig vom morastigen Brackwasser zerstörten Schuhen, mit Pflanzen, die die nackten Füße aufrissen, befanden wir uns in einer wirklich erbärmlichen Lage, als wir mühselig den Sperrgürtel von Baraguá durchbrachen und an den berühmten Steg Júcaro a Morón gelangten.*

Die Armee hat sie weiter in der Zange und die Luftwaffe überfliegt sie häufig. *In jedem Bauern erblickten wir einen möglichen Spitzel. Wir befanden uns in einer ähnlichen Lage wie in den ersten Zeiten in der Sierra Maestra. Wir konnten keine Verbindung zur Organisation des 26. Juli aufnehmen, denn zwei vermeintliche Mitglieder weigerten sich, sie zu benachrichtigen, als ich sie darum bat. Ich bekam lediglich etwas Geld, Nylon, einige Schuhe, Arzneimittel, Essen und ortskundige Führer von Seiten der PSP, die mir erklärten, daß sie die Bewegung um Hilfe gebeten und folgende, vielleicht doch etwas unglaubwürdige Antwort erhalten hätten:* „Wenn Che uns schriftlich darum bittet, helfen wir ihm, wenn nicht, dann hat er eben Pech gehabt."

Unterdessen verfolgen die Kräfte des Revolutionären Direktoriums im Escambray-Gebirge die Entwicklung des Marsches über die Sendungen von Radio Rebelde. Zunächst schicken sie einen ihrer Führer aus, damit er mit der Kolonne Kontakt aufnimmt, später eine Patrouille von Flintenschützen. Sie sind nicht die einzigen: Kräfte der II. Front und des 26. Juli machen dasselbe.

Am 7. Oktober hat die Kolonne einen ersten Kontakt mit Mitgliedern einer Guerilla aus dem Escambray-Gebirge. Sie geben Che nicht nur einen Überblick über das Gebiet, sondern warnen ihn zudem vor den Spannungen zwischen den Leuten des 26. Juli und einer Gruppe mit Namen II. Escambray-Front, die sich vom Direktorium abgespalten hat und von Eloy Gutiérrez Menoyo angeführt wird. *Sie trugen eine ganze Reihe Klagen über das Vorgehen von Gutiérrez Menoyo vor. Unter anderem informierten sie mich darüber, daß Bordón gefangen genommen wurde und daß es dadurch fast zu einer Feldschlacht zwischen beiden Gruppen gekommen war. Ich hatte den Eindruck, daß es bei der ganzen Angelegenheit noch einige schmutzige Wäsche zu waschen gab, und ich schickte einen von ihnen mit dem an Bordón gerichteten Befehl los, daß er mich aufsuchen sollte.*

Am selben Tag schreibt Che einen Rapport an Fidel, in dem er bemerkt: *Um den Abschaum aus der Kolonne zu entfernen, habe ich die Entlassung aller befohlen, die es wollten. Sieben nutzten die Gelegenheit, und ich gebe ihre Namen für die finstere Seite der Geschichte dieser Revolution bekannt: Víctor Sarduy, Juan Noguera, Ernesto Magaña, Rogoberto Solín, Oscar Macías, Teodoro Reyes und Rigoberto Alarcón. Einen Tag vorher hatte sich der zum Trupp Joels gehörige Pardillo verlaufen und ist vermutlich desertiert.* Che erweist sich wieder als zu streng und ungerecht bei der Bewertung der Männer: Einer der sieben war ein Führer, der in seine Region zurückkehrte und sich später einer anderen Rebellengruppe anschloß, ein anderer wurde in Camagüey gefaßt und von der Armee ermordet, ein Dritter wurde ebenfalls verhaftet und blieb bis zum Ende der Revolution im Gefängnis, und ein Vierter kehrte ins Escambray-Gebirge zurück und schloß sich später wieder Ches Kolonne an. Pardillo war nicht desertiert und stieß gemeinsam mit einer Gruppe, die er mit Aufständischen aus dem Gebiet gebildet hatte, später wieder zur Guerilla.

Der Nachtmarsch geht weiter. Che gibt dieser Tage ein witziges Bild ab: An einem Fuß trägt er einen Stiefel, am anderen einen Schuh. Um die dramatische Spannung etwas zu lösen, verfolgen sie im Radio das Geschehen um die Baseball-Weltmeisterschaft: New York Yankees gegen Brooklyn Dodgers. Die meisten sympathisieren mit den New Yorkern. Che hält aus Trotz zu den Dodgers, gesteht aber, daß er keinen blassen Schimmer von der ganzen Sache hat. Ihr schlimmster Feind ist die Luftwaffe. Gleichzeitig versucht das Heer, einen neuen Sperrgürtel entlang dem Jatibonico-Fluß zu ziehen, um ihren Aufstieg nach Las Villas zu verhindern. *Am 10. Oktober beschoß uns die Luftwaffe mit Maschinengewehren im Wald, in dem wir uns gerade aufhielten. Es handelte sich um kleine Flugzeuge, und es gab keine Opfer. Wir hatten keine Zeit, uns minimal zu erholen, denn die Härten der Witterung in Form eines neuen Wolkenbruchs zwangen uns genau wie die Angriffe des Feindes bzw. die Nachrichten von seiner Präsenz zum Weitermarsch. Die Truppe wurde immer erschöpfter und mutloser. Als die Spannungen ihren Höhepunkt erreichten und nur noch die Kraft der Beleidigung, des Bittens und aller Arten von Wutausbrüchen die ermatteten Leute auf den Beinen halten konnte, belebte ein einziger Anblick in der Ferne ihre Gesichter und flößte der Guerilla neuen Mut ein. Dieser Anblick war ein bläulicher Fleck im Westen, der bläuliche Fleck des Gebirgsmassivs von Las Villas, das unsere Männer in diesem Moment zum ersten Mal erblickten.*

Am 11. Oktober besetzt die Vorhut der Kolonne das Tagelöhnerquartier einer Reisplantage und dort *erfuhren wir aus abgehörten Telefongesprächen, daß die Armee wußte, wo wir uns befanden.* „Die Ratten sind eindeutig geortet." Che beschließt daraufhin, den Tag im Inneren des von Viehgehegen umgebenen Hauses zu verbringen. Die Rebellen stöbern dort übrigens große Mengen Käse auf, die sie sofort verschlingen. Nach mehreren Tagen ohne Nahrungsaufnahme führt der Käse zu gewaltigen Verstopfungen bei der ganzen Kolonne.

Den abgehörten telefonischen Armeeberichten zufolge hielten sie uns für nicht in der Lage, die etwa neun Kilometer zurückzulegen, die uns vom Jatibonico trennten. Natürlich legten wir sie in dieser Nacht zurück und schwammen durch den Fluß, wobei allerdings fast unsere gesamte Ausrüstung naß wurde. Danach gingen wir noch etwa vier Kilometer weiter, bis wir den sicheren Schutz eines Waldes erreicht hatten. Die Überquerung des Jatibonico symbolisierte geradezu den Übergang aus dem Schatten ins Licht. Ramiro sagte, es wäre, als hätten wir plötzlich auf einen Lichtschalter gedrückt. Bereits seit dem Vortag schimmerte das Gebirge bläulich in der Ferne und selbst der müdeste Rücken verspürte eine gewaltige Lust anzukommen.

Am 12. Oktober schickt Oberst Pérez Coujil eine Nachricht an Oberstleutnant Suárez Suquet, die durch ihre einzigartige Rhetorik glänzt:

„Unsere klare und spezifische Mission ist es, Che Guevara und alle ihn begleitenden Schurken tot oder lebendig zu ergreifen. In keinem Fall darf der Sperrgürtel an irgendeiner Stelle gelockert werden. Ihnen unterstehen genügend Kräfte, um diese Aufgabe zu erfüllen; außerdem werden Sie von der Luftwaffe unterstützt. Und wenn der ganze Wehrbereich mobilisiert werden muß, dann wird das geschehen. Erfüllen Sie diese unwiderruflichen Befehle und lassen Sie sie unwiderruflich erfüllen. Jeder an seinem Platz als Soldat und als Mann. In diesen bedeutenden Augenblicken müssen wir uns des Generals Batista würdig erweisen und ihm beweisen, daß wir die Bären sind und daß die Ratten das sind, was sie sind." Der großspurige Ton des Oberst hat indes wenig mit der Wirklichkeit zu tun.

In diesen beiden Tagen rückt die Kolonne in erschöpfenden Nachtmärschen vor. Das Heer, das sie bis jetzt verfolgt hat, läßt von ihr ab, da nun die Truppen aus Las Villas an der Reihe sind und nicht sie. In der Umgebung des Reisfeldes Vitico zwingt die Nähe der Armee Che dazu, Silvas Trupp auszusenden, um sie zu bewachen und gegebenenfalls hinzuhalten. Aber die Soldaten bekommen von einem Flugzeug aus den Befehl sich zurückzuziehen.

Am 13. Oktober startet das Direktorium vom Escambray-Gebirge aus eine Operation gegen Placetas und Fomento, um die feindlichen Kräfte abzulenken, die den Invasionskolonnen den Weg abzuschneiden versuchen. Vier Stunden lang wird in diesen beiden Kleinstädten gekämpft und Verwirrung in den Kasernen gestiftet, wo das Gerücht umgeht, es handle sich um Ches Kolonne.

Am 15. Oktober *legte die Kolonne einen erschöpfenden Tagesmarsch zurück: Wir zogen durch Morast, durchquerten Reis- und Zuckerrohrplantagen und überquerten den Fluß Zaza, der einer der breitesten Flüsse Kubas sein muß.* Der Fluß hatte Hochwasser und Tamayo, der Ches Schuhe trägt, verliert einen davon. Er wird vor einem Anpfiff bewahrt, da ein anderer Kämpfer ihn schließlich etwas weiter flußabwärts findet. Über den Schreck hinaus, sein Schuhwerk zum zweiten Mal verloren zu haben, soll Che nach Überquerung des Zaza einen Seufzer ausgestoßen und erklärt haben: *Bald haben wir es geschafft.*

Acosta, der der Kolonne vorausgefahren ist und vor Jahren in diesem Gebiet als politischer Organisator tätig war, hat Verbindung mit der PSP aufgenommen, um Lebensmittel, Kleidung und Schuhe zu besorgen. Als Che nach Überquerung des Zaza in eine Schilfhütte tritt, erstaunt es ihn, daß sie ihm anstelle des üblichen, stark gezuckerten kubanischen Kaffees einen bitteren servieren. Danach folgt die Erklärung: Acosta ist hier vorbeigekommen.

Am 15. Oktober um 3 Uhr 30 nachts trifft die Vorhut auf vier Männer.

Der Dialog ist den Augenzeugen im Gedächtnis geblieben:

„Halt! Wer da?"

„Redliche Bauern."

„Bauern bestimmt nicht, denn ihr tragt Waffen, ihr seid ganz sicher Soldaten."

„Nein, wir sind Leute aus dem Escambray, vom Direktorium 13. März."

„Kommt her. Wir sind die Leute von Che."

In diesem Moment entsteht die Legende. In Kürze wird man überall in Kuba wissen, daß Kommandant Guevara die Provinz Las Villas erreicht und die Belagerung durchbrochen hat. Radio Rebelde ist dabei, es überall bekanntzumachen. Fernández Mell gibt die beste und gelassenste Zusammenfassung: „Wir hatten 554 Kilometer Luftlinie auf der Landkarte zurückgelegt, in Wirklichkeit waren es mehr. (...) In diesen 47 Tagen haben wir 15 bis 20 Mal etwas in den Magen bekommen und zwei Zyklone überstanden."

Die von einigen Chronisten falsch behandelte Mythologie der Invasion ist nicht in den beiden kleineren Gefechten von La Federal und Cuatro Compañeros oder in den kleineren militärischen Heldentaten Ches zu suchen, sondern im gewaltigen 47tägigen Marsch unter unmenschlichen Bedingungen, in der Hartnäckigkeit und Umsicht eines Che, der Belagerungen und Hinterhalten ausweicht und damit eine glänzende Fähigkeit zur Durchführung von Ausweichmanövern an den Tag legt, die seinem kämpferischen Charakter ganz fremd sind. Der Sinn der Reise offenbart sich im Ziel. Die Revolution kann jetzt die Insel in zwei Hälften teilen.

Kapitel 19

★

Neue Berge, neue Probleme

Die Patrouille des Direktoriums hatte Ches Kolonne vor den Hinterhalten der Armee gewarnt, und in derselben Nacht vom 15. auf den 16. Oktober 1958 umgehen die Rebellen den letzten Armeekordon auf der Landstraße von Trinidad nach Sancti Spíritus. Die Soldaten geben zwar Zeichen, aber sie greifen nicht an. Che hatte dem Direktorium bereits angekündigt: *Ihr werdet sehen, daß wir vorbeiziehen und sie keinen einzigen Schuß abgeben.* So war es.

Am 16. Oktober haben *die vor Erschöpfung stöhnenden Invasoren mit blutigen Füßen voller Pilzgeschwüre, aber mit ungebrochenem Glauben* das Escambray-Gebirge erreicht. In den Bergen fühlen sich die Rebellen der Kolonne wieder sicher. Joel berichtet: „Trotz der Erschöpfung machte sich Freude in der ganzen Truppe breit und einige stimmten sogar die Nationalhymne an."

Morgens um 10 Uhr wird in der Kaffeepflanzung der Finca Cantú das erste Lager zwischen den Ruinen eines Wasserkraftwerkes aufgeschlagen. Die Gruppe des Direktoriums zieht nach Dos Arroyos weiter, um die Ankunft der Kolonne zu melden.

In dieser Zeit lernt Che praktisch alle kennen, die in der Region operieren: unter anderem Manuel Quiñones von der Provinzleitung der PSP, der Geld und einen vertraulichen Bericht für Che mitbringt, sowie eine Gruppe des 26. Juli, in der sich auch die Verantwortliche für Finanzen, Leonor Arestuch, und der Leiter des Arbeitersektors, Joaquín Torres, befinden.

Die Kader des 26. Juli berichten von den Sperrposten der Armee. Che bittet sie um Arzneimittel gegen die Pilze, um Kleider, Schuhe und Arztbesteck und bestellt sie für den nächsten Tag zu den Obispo-Hügeln. Che führt ein Gespräch mit Torres, den er als einen sehr wenig arbeiterfreundlichen Arbeiterführer wahrnimmt.

Er hält nicht nur Verbindung mit der städtischen Sektion des 26. Juli, sondern auch mit einer kleinen Guerilla, die von Pompilio Viciedo und Sindo Naranjo geleitet wird und von der er Informationen über die II. Escambray-Front verlangt.

Mit der II. Front, der Gruppe, die zu dieser Zeit vielleicht die meisten Männer unter Waffen hat, ist es bereits zu den ersten Spannungen gekommen. Als Ches Truppe an den Ausläufern des Gebirges angekommen war, erhielt sie *einen ungewöhnlichen Brief. Er war von Kommandant Carrera unterzeichnet und enthielt eine Warnung an die von mir befehligte Kolonne der revolutionären Armee, nicht ins Escambray-Gebirge einzumarschieren, ohne zuvor den genauen Grund dafür angegeben zu haben, was ich vor dem Aufstieg tun müßte.*

Bei dem Brief handelt es sich um ein auf September datiertes Rundschreiben, in dem es unter Punkt 10 heißt: „Jede Organisation, die über einen bewaffneten Arm verfügt und beabsichtigt, in dieser Gegend zu kämpfen, ohne dies mit dem

Generalstab der II. Front abgesprochen zu haben und von diesem dazu autorisiert worden zu sein, wird beim ersten Mal gewarnt und beim zweiten Mal von der Armee der II. Front vertrieben bzw. vernichtet."

Für Che war das mehr als eine Kraftprobe und mehr als eine Provokation, es war eine direkte Beleidigung: *Die Zeichen standen auf Sturm. Es gelang uns allerdings, einen kühlen Kopf zu bewahren und mit einem Hauptmann zu reden, von dem wir später erfuhren, daß er vier Kämpfer eines Dorfes umgebracht hatte, die die Zweite Front verlassen und sich den revolutionären Reihen des 26. Juli anschließen wollten.* Bei diesem Mann handelte es sich um Sorí Hernández.

Che gewährt der Kolonne eine zweitägige Erholungspause im Lager Cantú. Die Leute können baden – nach den Erinnerungen einer Bäuerin zog sich Che seine zerfetzten Kleider aus, tauchte kurz ins Wasser und zog sie danach wieder an. Die Ruhepause war zwar eine zwingende Notwendigkeit, aber Che brannte bereits vor Ungeduld, mit *einem Teil der Truppe und der vermaledeiten Panzerfaust loszuziehen und Kasernen niederzumachen. Alle Militärquartiere in der Sierra müssen vernichtet werden.* Nach 45tägigen Ausweichmanövern wieder ins Gefecht zu ziehen, ist das oberste Gebot, aber die politische Lage in der Region, die Spannungen zwischen den verschiedenen Kräften und das Fehlen eines Lagers zwingen ihn dazu, Zeit und Geduld – vor allem die so spärliche Geduld – anderen Tätigkeiten zu widmen. *Unsere Aufgabe bei der Ankunft im Escambray-Gebirge war klar definiert: den Militärapparat zu stören, vor allem seine Verbindungswege. Und als unmittelbares Ziel sollten wir die Durchführung von Wahlen verhindern* (die von Batista einberufen worden waren, um seinem Regime eine neue Legitimität zu geben). *Aber diese Aufgabe wurde durch die Zeitknappheit und die Meinungsverschiedenheiten unter den revolutionären Kräften erschwert.*

Sie setzen sich erneut in Bewegung, um tiefer in den Bergen ein Lager einzurichten. Die Kolonne ist von Erschöpfung gezeichnet. Immer mehr Kämpfer bleiben zurück und schlafen einfach ein. *Wir lagerten in der Nähe eines Berges mit Namen Obispo, der von der Stadt Sancti Spíritus aus zu sehen ist und auf dessen Gipfel ein Kreuz steht. Dort konnten wir unser erstes Lager einrichten. Wir machten uns sofort auf die Suche nach einem Haus, in dem eines der begehrtesten Guerillagüter auf uns warten sollte: Schuhe. Es gab aber keine Schuhe, die Kräfte der II. Escambray-Front hatten sie mitgenommen, obwohl sie von der Organisation des 26. Juli beschafft worden waren.*

Dieser Tage kommt es zu einem zweiten Gespräch mit Vertretern der II. Front, und zwar mit Kommandant Carrera, der das berühmte Rundschreiben unterzeichnet hat. Es ist *zwar ein unfreundliches, aber kein stürmisches Gespräch. Der andere hatte sich bereits ein halbe Flasche Schnaps hinter die Binde gekippt, die Hälfte seiner Tagesration. Er selbst war nicht ganz so unflätig und aggressiv wie sein Brief, aber man ahnte den Feind in ihm.* Carrera galt als Rohling. Die Leute vom Direktorium hatten ihn wegen seiner Mordlust kritisiert. Er würde die Pistole auf jeden richten, den er für einen Spitzel hielt.

Nachdem Che die Spannungen mit der II. Front etwas abgebaut hat, steht die

Hauptaufgabe noch bevor: die wichtigste Guerilla des 26. Juli, die in diesem Gebiet operiert, zusammenzuführen und unter seinen Befehl zu stellen. Es handelt sich um eine Kolonne, die mit 202 bewaffneten Männern größer ist als die von Che, die Kolonne von Víctor Bordón. Che schickt ihr eine Mitteilung in ihr Lager in San Blas und fordert sie auf, in die Berge zu kommen. Am Ende der dritten Oktoberwoche trifft Che sich mit der Truppe von Bordón an einem Ort namens Las Piñas. Das Treffen verläuft anfangs ziemlich angespannt. Che scheint widersprüchliche Informationen über Bordóns Gruppe und über deren Konflikte mit der II. Front zu besitzen. Die Truppe erscheint ihm zudem nicht sonderlich kampferprobt und auch der wunderbare Cowboyhut, den der ehemalige Zuckerfabrikarbeiter trägt, der schon genauso lang wie Che selbst in Waffen steht, wird ihm nicht gefallen haben.

Andererseits dürfte Ches Truppe keinen besonderen Eindruck auf Bordón gemacht haben, der Jahre später erzählt: „Als wir dort ankamen, fanden wir eine Gruppe von körperlich heruntergekommenen, erschöpften und barfüßigen Männern mit kaputter Kleidung vor ... Che hatte einen starken Asthmaanfall."

Che stellt als erstes eine provokative Frage: *Wie viele bordonistische Guerilleros hast du dabei?*

Bordón antwortet: „Sie sind vom 26. Juli, nicht von mir." Daraufhin hält Che eine brutale Ansprache: Einheitskommando, eiserne Disziplin, Zunahme der Kampftätigkeiten. Diejenigen, denen das nicht passe, könnten sofort ihre Waffen abgeben und gehen. Bordón bemerkt einige Jahre später sehr knapp: „Eine sehr rauhe Versammlung, ganz im Stil von Che." Von den 202 Leuten, die Bordón mitgebracht hat, bleiben nicht mehr als 110 bis 115. Che degradiert Bordón vom Kommandanten zum Hauptmann, und von diesem Zeitpunkt an sind die Beziehungen zwischen beiden hervorragend.

Nach der Konsolidierung der inneren Front findet am 21. Oktober in Dos Arroyos und in El Agarrobo das lang erwartete Treffen mit den Leuten vom Direktorium statt. Dabei kommt es zu einer ergreifenden Verbrüderung unter den Truppen. Im Gebiet des Direktoriums gibt es eine gewisse Infrastruktur, die Che gefallen und an seine eigenen mühseligen Anstrengungen in El Hombrito erinnert haben wird: eine Bauernschule, eine Waffenschmiede, Baracken, eine Funkstation, ein kleines Kraftwerk.

Von Seiten des Revolutionären Direktoriums sind die Kommandanten Rolando Cubela, Tony Santiago, Faure Chomón und Mongo González anwesend. Che verfaßt eine Grußadresse: *Nach Ankunft im Escambray-Gebirge (...) und vom zentralen Truppenlager des RD aus bezeugen wir vom 26. Juli unseren Dank für den brüderlichen Empfang ...*

Sie kommen bald zur Sache: die Einheit der Bewegung. Die Mitglieder des RD erklären, daß sie für die gemeinsame Aktion bereitstehen würden, außer mit denen von der II. Front, die sie beschuldigen, „wie Banditen zu agieren". Sie verständen wohl, daß Che, der gerade erst im Escambray angekommen sei, diese Spannungen zwischen den verschiedenen Kräften schwer verständlich sein müßten, aber ... Die Spaltung zwischen dem Direktorium und der II. Front ist erst im

August dieses Jahres erfolgt, was die Reibungen verschärft. Faure, den Che kurz in Mexiko kennengelernt hat, als sich Echevarría mit Fidel traf, erklärt, daß der Leiter der II. Front, Gutiérrez Menoyo, sich mit den traditionellen Politikern verbündet habe und daß hinter diesen möglicherweise die Amerikaner ständen. Che besteht getreu der Losung auf der Einheit um jeden Preis bei allen Kräften, die bereit sind, bewaffnet gegen die Diktatur zu kämpfen. Faure erzählt:

„Ich sagte, daß wir keine Aktionseinheit mit jemandem machen würden, der zum Banditen degeneriert ist. Che sah mich mit einem durchdringenden Blick an. Ich wußte, was er dachte, und erklärte deshalb: ‚Ich bin kein Sektierer. Du bist gekommen, damit wir uns vereinen, aber ich muß dich warnen.' Daraufhin schlug er vor: *Entwerfen wir einen gemeinsamen Pakt und ich werde einen bilateralen mit Gutiérrez Menoyo machen.*"

Es gibt ein Foto, auf dem Che und Ramiro mit dem Stab des Revolutionären Direktoriums (Cubela, Faure, Castelló und René Rodríguez) zu sehen sind. Die Hemden von Ramiro und Che sind bis zum Bauchnabel offen. Che ohne seine berühmte Baskenmütze, aber mit einer kleinen Schirmmütze, unter der seine langen Haare hervorquellen, und mit einer gewaltigen Zigarre im Mund. Er scheint sich körperlich von der Invasion erholt zu haben. Die Gesichter sind sehr ernst, so als ob die ganze Angelegenheit nicht so klar wäre.

Che lernt bei dieser Gelegenheit einen Mann kennen, der mit seiner zukünftigen Geschichte verknüpft sein wird. Es handelt sich um den 27jährigen Víctor Dreke, einen der Hauptleute des Direktoriums, einen aufgeschossenen schlanken Schwarzen mit durchdringendem Blick. Er wäre bei dem Angriff, den das Direktorium zur Ablenkung der Armee bei Ankunft von Ches Kolonne durchgeführt hat, beinahe durch eine Kugel getötet worden. Dreke erinnert sich: „Che war bereits eine Legende, als er '58 im Escambray ankam. Ich war verletzt und sie trugen mich zu dem Ort, an dem die Zusammenkunft stattfand. Faure stellte uns alle vor und erklärte Kommandant Guevara, daß ich beim Angriff auf Placetas verletzt worden sei. Che sprach zu mir als Arzt. Castelló, unser Arzt, erklärte ihm, wo sich die Wunden befanden. Wir unterhielten uns über den Schuß, der mich beinahe getötet hätte. Wir hatten ein kleines Büro und eine Schreibmaschine. Che bat ganz bescheiden darum, sie sich kurzzeitig ausleihen zu dürfen. Er war der Kommandant der Revolution in Las Villas und bat für alles mögliche um Erlaubnis ..."

Auch wenn die Wege zur Einheit nicht sehr klar sind, scheint sich Che doch ausgesprochen wohl zu fühlen unter diesen aus der Studentenbewegung hervorgegangenen Kämpfern, die offensichtlich aufrichtige Leute sind. So beschließt er, sein Lager im Gebiet des RD aufzubauen und nicht im Westen, wo sich die II. Front befindet. Die Kolonne begibt sich an einen Ort namens Gavilanes. Die Invasion zeitigt ihre Folgen, vor allen an den immer noch unverheilten und eiternden Füßen.

Ein Bauer sieht Che vorbeiziehen: Er reitet auf einem Pferd, ein kleiner Hund läuft voraus, Che trägt Patronengurte über der Brust gekreuzt. Wo hat er diesen Hund her? Ein Hund mit dem Namen Miguelito, der später auf einer anderen Fotografie zu sehen ist, wie er schlappohrig in der Hängematte vor einer Bauernhütte liegt.

In dieser Woche hat Che ein entscheidendes Gespräch mit dem Koordinator des 26. Juli für Las Villas, Enrique Oltuski. Das Treffen verläuft alles andere als freundschaftlich, beide betrachten sich argwöhnisch. Plötzlich schleudert Che ihm entgegen: *Ich habe den Eindruck, daß du die Angelegenheit im Escambray sehr schlecht geführt hast.* Oltuski erklärt ihm, daß er bei den Bemühungen um die Allianz mit der anscheinend stärksten Kraft, der II. Front, vom Direktorium abgerückt sei. Mit der II. Front sei er zu der Übereinkunft gelangt, daß sie die nationale Autorität Fidels und des 26. Juli anerkennen und sich ihr in Las Villas unterordnen würden. Aber die von der II. Front hätten Druck auf Bordón ausgeübt und Nachschub der Bewegung gestohlen, und am Ende hätte er sich mit allen verkracht. Che erzählt ihm, daß Gutiérrez Menoyo ihn nicht empfangen wollte: *Er ist mir ausgewichen.* (Che hatte Tamayo losgeschickt, um Menoyo zu sich zu bestellen, und ihn gleichzeitig gewarnt: *Tamayito, möglicherweise müssen wir nicht nur gegen die Armee kämpfen, sondern auch gegen die II. Front; halte deine Waffe schußbereit und bleib nicht über Nacht.* Menoyo antwortete ihm, daß es für den einen genauso weit wäre wie für den anderen.)

Er kommt mit Oltuski auf die Landreform und auf die Art und Weise zu sprechen, wie in einer ersten Etappe die US-amerikanischen Interessen nicht direkt angegriffen werden könnten. „Obwohl ich mich für einen Hardliner in beiden Punkten hielt, ging er viel weiter als ich." Oltuski ist einer der Verfasser des Agrarprogramms des 26. Juli, das Che zu gemäßigt vorkommt: eine Landverteilung auf Grundlage einer starken Besteuerung des Großgrundbesitzes sowie des Landverkaufs und der Darlehensvergabe an Kleinbesitzer. Che empört sich, in dieser Hinsicht ist er Zapatist: Das Land denen, die es bearbeiten! „Nach und nach fanden wir Punkte der Übereinstimmung", erinnert sich Oltuski Jahre später. „Aber Che, bei diesen Sachen müssen wir vorsichtig sein, wir dürfen unsere Absichten nicht frühzeitig verraten, sonst machen uns die Yankees nieder."

Was bist du doch für ein Hosenscheißer! Du glaubst also, daß wir eine Revolution hinter dem Rücken der Amerikaner machen könnten? Die wirklichen Revolutionen müssen vom ersten Augenblick an gemacht werden und alle müssen wissen, wie sie gemacht werden, denn das Volk muß für sie gewonnen werden. Eine wirkliche Revolution kann man nicht tarnen.

Das Gespräch dauert die ganze Nacht. Oltuski mißtraut den Kommunisten. Er hat Armando Acosta in Ches Lager gesehen, den er als Kader der PSP kennt. Zudem weiß er um Ches Ruf, ein unabhängiger Marxist zu sein. Er hält die Kommunisten für zu gemäßigt und für Opportunisten, die die ganze Zeit über dem Problem ausgewichen sind, sich der Diktatur Batistas bewaffnet entgegenzustellen. Das Gespräch geht weiter, die Kämpfer haben sich bereits schlafen gelegt, es ist kalt. Oltuski hat nach dem Gespräch den Eindruck, daß Che den politischen Problemen größere Bedeutung beimißt als den militärischen. Über ihre Meinungsverschiedenheiten hinaus haben beide jedoch einen Gesprächspartner gefunden, mit dem es sich zu diskutieren lohnt.

Am 23. Oktober schreibt Che in Gavilanes den letzten Bericht über die Invasion an Fidel. Zwei Tage später beschließt er den Beginn von Aktionen gegen die Kasernen im Gebirge. In diesem Zusammenhang hat er ein stürmisches Zusammentreffen mit einem Anführer der II. Front, Kommandant Peña, *der in der Gegend für seine Verfolgungsjagden auf Bauernkühe berüchtigt war und uns hochtrabend verbot, Güinía de Miranda anzugreifen, da der Ort in ihrem Gebiet läge. Als ich erklärte, daß die Gegend allen gehöre, daß der Kampf begonnen werden müßte und daß wir mehr und bessere Waffen hätten, sagte er mir schlichtweg, daß unsere Panzerfaust durch 200 Flinten wettgemacht würde und daß ein Einschußloch aus 200 Flinten genauso groß wäre wie das einer Panzerfaust. Güinía war also ihm zufolge dazu bestimmt, von der II. Front eingenommen zu werden. Wir kümmerten uns natürlich nicht darum. Aber wir wußten nun, daß wir es mit einem gefährlichen „Verbündeten" zu tun hatten.* Laut den Berichten anderer Augenzeugen war die Versammlung indes aggressiver, als Che sie darstellt. Peña soll zu ihm gesagt haben: „Mit meinen 400 Flinten mache ich mehr als du mit deiner Panzerfaust, all deinen Invasoren und deinem großen Mundwerk zusammen." Che springt wie von einer Tarantel gestochen auf und schlägt mit seinem M-1 auf den Boden: *Peña, wenn es sein muß, richte ich meine Waffe auch gegen Kampfgefährten.* Und erklärt abschließend: *Wenn ihr Güinía de Miranda nicht innerhalb von fünf Tagen eingenommen habt, werden wir es tun.*

Es sollten keine fünf Tage vergehen.

Am 25. Oktober, während die Armee Bombenangriffe auf das Gebirge fliegt, bittet Che Faure um zwei ortskundige Führer. Am nächsten Tag teilt er seine Kolonne in zwei Gruppen auf. Acosta marschiert mit mehreren Rekruten nach Caballete de Casa, im unzugänglichsten Teil des Escambray. Es handelt sich dabei um einen 800 Meter hohen, schwer zugänglichen Berg, von dem aus in der Ferne die Städte Placetas und Sancti Spíritus zu sehen sind und der von Che für die Errichtung eines Lagers und einer Rekrutenschule bestimmt worden ist. Mit dem Rest der Kolonne begibt sich Che auf die Finca Las Piñas, wo er sich mit einer kleinen Zelle des 26. Juli trifft, die sehr aktiv mit den Truppen von Bordón zusammengearbeitet hat. Che befragt die Bauern, die ihm als Führer dienen, nach den besten Möglichkeiten, sich der Güinía-Kaserne zu nähern, einem Backsteinbau mit Zinkdach und einer 26 Mann starken Garnison. Sie treffen bei Anbruch der Dunkelheit ein.

Die vier Trupps der 8. Kolonne beziehen ihre Stellungen, die Truppen Bordóns legen Hinterhalte an den Dorfzugängen. Ein Schuß aus der Panzerfaust ist das Signal zum Angriff, die ersten zischen über das Ziel hinaus, und die Schießerei geht los. Che wird wütend und beschimpft den Panzerfaustschützen. Er befiehlt, Benzin für Molotow-Cocktails aufzutreiben. Der einem Chinesen gehörende Gemischtwarenladen ist geschlossen, dort bekommen sie kein Benzin. Als sie es letztendlich aufgetrieben haben und die Cocktails bereit sind, werden Amengual und Cabrales vorgeschickt, um sie zu werfen. Sie werden entdeckt und von den Soldaten mit Maschinengewehrgarben niedergemäht. San Luis kommt fast um, als er eine brasilianische Granate abschießen will, die vor ihm aufprallt, glücklicherweise aber nicht explodiert.

Die Panzerfaust versagt zwei weitere Male. Es gibt Probleme mit der Munition und mit dem Magneten. Sie stellen einen Notbehelf aus den Batterien einer Taschenlampe her. Che greift verzweifelt zur Panzerfaust und steigt mit ihr auf eine kleine Anhöhe. Er schiebt fast ohne Deckung das Projektil ein, aber die Waffe geht nicht los. Verzweifelt wiederholt er mehrere Male den Versuch, ohne Erfolg. Er ist etwa 25 Meter von der Kaserne entfernt, die Verteidiger haben ihn entdeckt und nehmen ihn unter Beschuß. Joel kritisiert ihn, weil er sich zu sehr der Gefahr ausgesetzt hat: „Der durch die Kugeln aufgewirbelte Sand machte uns blind. Aber wir waren durch die Anhöhe geschützt. In dieser Situation und unter diesem starken Beschuß (...) wurde Che wütend, als er sah, daß die Panzerfaust erst ihr Ziel nicht traf und dann nicht funktionierte. Er ging hin, riß die Panzerfaust an sich und blieb dort mitten ihm Geschoßhagel stehen. Ich weiß nicht, wie er bei all diesen Kugeln mit dem Leben davongekommen ist. Er legte die Panzerfaust an (...). Ich ging zu ihm und versuchte, ihn hinter die Anhöhe zu drücken (...). Daraufhin gab er mir einen ziemlich heftigen Stoß, und wir hatten fast eine Schlägerei." Bordón stellt später zutreffend fest: „Die Todesverachtung war Ches Achillesferse."

Unterdessen läßt Che nicht von seinem Vorhaben ab. Es würde ihm gerade noch fehlen, daß die von Peña so geschmähte Panzerfaust nicht funktionierte. Nach dem fünften Versuch geht die Granate los, schlägt in der Kaserne ein, verletzt zwei Soldaten und tötet einen weiteren. Sechs Wachposten fliehen an der Rückseite, die anderen ergeben sich.

Das Gefecht endet bei Anbruch der Dämmerung, um fünf Uhr morgens. Nach den Aussagen des Korporals der Landgarde läßt das ganze Dorf die Guerilleros hochleben. Übrigens befand sich der Befehlshaber der Verteidiger, Korporal Maximiliano Javier, kurz vor seiner Pensionierung und der zuständige Unteroffizier hatte ihm die Kaserne mit nur 14 gut bewaffneten Männern unterstellt. Nachdem Che dem Korporal eine Strafpredigt gehalten und ihn entwaffnet hat, schickt er ihn nach Hause, nicht ohne zuvor seine Frau zu unterrichten, daß ihm nichts geschehen sei. Guevara und der Korporal werden sich nicht zum letzten Mal sehen.

Der Sieg *war nicht rentabel*, denn man hatte etwa 1.000 Kugeln verschossen und nur 600 bis 700 Patronen und vier Springfields erbeutet, *aber politisch war er ein wichtiger Schlag, der unseren Wunsch bewies, die Sache gut zu machen.*

Auf dem Rückweg nach Gavilanes treten El Vaquerito und Figaredo an Che heran und bitten ihn um Erlaubnis, einen mit automatischen Waffen ausgerüsteten Stoßtrupp zu bilden, der bei Angriffen auf diese Art von Kasernen eingesetzt werden kann. Che nimmt das Angebot an und bittet sie darum, eine Liste von Freiwilligen zusammenzustellen. Die Gruppe wird „Selbstmordtrupp" getauft.

Am 27. Oktober skizziert Che die Struktur seiner Lager: El Pedrero; Gavilanes, auf der von hohen Bergen umgebenen Finca eines Großgrundbesitzers, und ein Lager tief im Gebirge, das sehr schwer zugängliche Caballete de Casa, wo er eine Rekrutenschule einrichtet. Dort laufen die Vorbereitungen auf Hochtouren. In wenigen Tagen müssen Hütten zwischen den Bäumen errichtet werden, die durch den dichten Wald von der Luft aus nicht gesehen werden können. Che zieht bei Lina González ein, einer älteren Frau, die sich noch gut an ihre erste Begegnung mit Che erinnert: „Er hatte ein schönes, etwas schelmisches Lächeln im Gesicht."

Angesichts der unmittelbar bevorstehenden Wahlen muß Che gegen die Zeit arbeiten. Die Parole der Sierra gegen die Wahlmaskerade, die Batista ausgeheckt hat, um sein Regime mit einem Mantel der Legalität zu bedecken, lautet: Wahlenthaltung und Sabotage. *Die Tage vor dem 3. November, dem Tag der Wahlen, waren von einer fiebrigen Aktivität geprägt: Unsere Kolonnen waren in alle Himmelsrichtungen ausgeschwärmt und verhinderten fast vollständig den Gang zu den Urnen. (...) Vom Transport der Soldaten Batistas bis zum Warenverkehr wurde alles lahmgelegt.* Aber die militärische Schlüsselaktion, der Angriff auf die Kaserne in Banao, das von Güinía aus jenseits des Gebirgsmassivs liegt, geht nicht gut aus. Es gab wenig Zeit für die Vorbereitung, die Führer weisen die Trupps nicht richtig ein, die Panzerfaust fällt wieder aus. Die Rebellen erleiden Verluste in einem Kampf, der die ganze Nacht anhält. Im Morgengrauen gibt Che das Zeichen zum Rückzug, um einen Angriff durch die Luftwaffe zu vermeiden. Víctor Bordón erinnert sich: „Wir zogen uns im Morgengrauen zurück. Der Weg war höllisch. Che litt unter einem Asthmaanfall und hatte keine Medikamente mehr, um die Krankheit zu bekämpfen. Die gesamte Gruppe war müde, und er unternahm eine übermenschliche Anstrengung, um sich auf den Beinen zu halten. Unterwegs besorgten wir uns einige Pferde, und Che bestieg eins davon. Ein junger Kämpfer beobachtete das und kritisierte es laut. Che hörte, was er gesagt hatte, stieg ab und ging zu Fuß neben seiner Kolonne her. Die Sonne war bereits aufgegangen, als wir auf einer Kaffeeplantage ankamen. Wir schlugen gerade das Lager auf, um zu rasten, als Che mich rufen ließ. Der Asthmaanfall hatte nicht nachgelassen. *Sag Soto, daß er herkommen soll.* Als wir ankamen, lud Che den Gefährten ein, sich zu setzen. Das Gras war feucht. Er sprach lange mit Soto. Er erklärte ihm, warum er das Pferd genommen hatte und daß es nicht als ein Privileg verstanden werden dürfte. *Bist du nun überzeugt?* fragte er väterlich, während er seine rechte Hand auf die Schulter des Jungen legte. Sotico fing an zu weinen."

Die Wahlen waren ein Mißerfolg für die Regierung. Der Korrespondent der „New York Times" schätzte, daß trotz der Repression und des Wahlbetrugs die Wahlbeteiligung nur etwa 30% betrug, an manchen Orten lag sie sogar unter 10%. Wie erwartet wurde der Kandidat Batistas, River Agüero, gewählt. Der Mißerfolg der Wahlen *kam in Las Villas spontan zustande, denn es gab keine Zeit, um den passiven Widerstand der Massen und die Guerillaaktivitäten zu koordinieren.* Da täuscht sich Che. Wahlboykott und Mobilisierungen waren zwar möglicherweise nicht koordiniert gewesen, aber Che begreift etwas als Volksspontaneität, dem eine lange Arbeit der Organisierung, Aktion und Propaganda vorausgegangen ist. Als Che im Escambray eintrifft, gibt es bereits ein Netz des 26. Juli mit einem gewaltigen sozialen Einfluß, der in den Städten Santa Clara, Camagüey und Sancti Spíritus begonnen und sich über die Kleinstädte und Dörfer bis in die Ortschaften und Höfe im Escambray-Gebirge ausgeweitet hat. Das nach dem Scheitern des Aprilstreiks von Oltuski neu organisierte Netz hat zuweilen eine eigene Dynamik und agiert autonom: angefangen in Güinía, wo eine vom Dorfarzt geführte Gruppe, die dank eines Taxifahrers mit Santa Clara in Verbindung steht, Waffen besorgt und Sabotageaktionen durchführt, bis zu Gruppen von Frauen aus der Universität von Las Villas, die von den Soldaten Munition kaufen und Propagandaaktionen durchführen. Es vergeht kein Tag, ohne daß es in der Region zu Mobilisierungen von Studenten, Bauern und kleinen Angestellten kommt oder zur Einkassierung von Revolutionssteuern für den 26. Juli, zu Waffen- oder Nahrungsmitteldiebstählen, zu Schuh- oder Kleidersammlungen und zu Anschlägen. In Las Lomas gibt es eine Tabakfabrik, Flor de Lis, wo die Arbeiter eine Produktionsquote Tabak erhalten, die sie zu 95% an die Guerilla abführen. Die Schwäche des Netzes liegt vielleicht in der Auffassung des Aktionsleiters des 26. Juli in Las Villas, Diego (Víctor Paneque), der meint, daß die Leitung der Bewegung von den Städten aus erfolgen müßte, und damit genau die entgegengesetzte Auffassung von Che vertritt, der nach dem Aprilstreik davon überzeugt ist, daß das Aktionsnetz der Gebirgsguerilla untergeordnet sein muß. Er ergreift bald die entsprechenden Maßnahmen. *Nach unserer Ankunft veränderten wir das Kampfsystem der Städte von Grund auf. Denn wir beriefen sofort die besten Milizionäre aus der Stadt ins Ausbildungslager, um sie in Sabotagetechniken zu unterrichten, die danach wirksam in den suburbanen Gebieten angewandt wurden.*

Aus jenen Tagen nach dem Mißerfolg Batistas gibt es ein Foto, auf dem Che zu Pferd, und nicht wie gewöhnlich auf einem Esel, aus dem Lager Caballete de Casa reitet. Im Hintergrund sind die beeindruckenden Berge und die üppige Vegetation zu sehen. Che sitzt sehr aufrecht und stolz auf dem Pferd, die Hemdtaschen sind voll mit Kleinkram und an seinem Gürtel hängt eine Granate. Er hat allen Grund, zufrieden zu sein. Caballete de Casa ist in Höchstgeschwindigkeit zur äußersten Nachhutbasis ausgebaut worden, die er sich schon immer gewünscht hat. Die befestigte Stellung hat die Funktion, Leute einzuquartieren und ihnen eine militärische Ausbildung zuteil werden zu lassen, während Waffen für sie besorgt werden. Die Basis verfügt über Kommandantur, Funkstation, kleine Tabak-, Sattler-, Blech- und Waffenwerkstätten. In Caballete wird intensiv mit den Bauern aus der Gegend gearbeitet, hier wird der Flintenschützentrupp von Larrosa ausgebildet, junge Kämpfer der II. Front werden für die Bewegung gewonnen, studentische Aktivisten aus Santa Clara und sogar aus Havanna eilen, angezogen von Ches magischem Nimbus und seiner Invasion, herbei. Je nach Quellenangaben durchlaufen in den nächsten anderthalb Monaten zwischen 600 und 1.000 Rekruten das Lager. Che unterstellt Pablo Rivalta die Leitung der Basis und beruft Vicente de la O ab, damit dieser im befreiten Gebiet die Landreform durchführt. Im November ist bereits damit begonnen worden. Das bei

Banao gelegene Gut des Gouverneurs von Las Villas wurde unter den Bauern aufgeteilt. Und am 8. November wird der Kriegsbefehl Nr. 1 ausgestellt, der unter anderem Ches Agrarreform enthält: sofortiges Konfiszieren der Ländereien von Erfüllungsgehilfen der Diktatur, Überprüfung aller Güter mit mehr als 30 Reittieren; jeder Arbeiter, der mehr als zwei Jahre als Tagelöhner oder Pächter auf einem Stück Land gearbeitet hat, wird Eigentümer des von ihm bestellten Landes.

Es ist erneut ein politisches Problem in Zusammenhang mit Agrarreform und Landverteilung, das Che in Rage bringt: *Nach zahlreichen Plünderungen (...), bei denen unsere Geduld unzählige Male auf die Probe gestellt wurde und wir, wie Genosse Fidel richtig kritisiert, uns mehr als nötig zurückgehalten haben, vereinbarten wir einen Status quo, der uns ermöglichte, die Landreform auch im Gebiet der II. Front durchzuführen, solange diese die Abgaben einziehen konnte.*

Andererseits wird im Laufe dieses Monats das Hauptziel der Invasion erfüllt, als der Trupp von Silva die Landstraße von Trinidad nach Sancti Spíritus blockiert und die Hauptverbindungsstraße, die die Insel von einem Ende zum anderen durchläuft, durch die Sabotage einer Brücke über den Fluß Tuinicú beschädigt wird. Außerdem unterbrechen Sabotageaktionen die Haupteisenbahnlinie. *Oriente, die aufrührerischste Region, erhielt daraufhin die immer spärlicher werdende Regierungsunterstützung nur noch auf dem Luft- und Seeweg. Die Symptome für einen Kräfteverfall des Feindes nahmen zu.*

Nur ein kleiner Schatten verdüstert das Bild: zu den Aktionen, die Che zur Sabotage der Wahlen vorgeschlagen hat, gehört ein Banküberfall in Sancti Spíritus, der als kombinierte Aktion zwischen den städtischen Milizen und der Guerilla konzipiert war. Das Geld aus dem Überfall sollte zur Deckung des dringlichsten Bedarfs benutzt werden. Oltuski war „in keiner Weise" mit der Aktion einverstanden. Laut Víctor Paneque blockierte er sie, da er meinte, daß Banküberfälle dem öffentlichen Bild der Bewegung schaden würden, und da zu diesem Zeitpunkt bereits große Geldsummen in die Bewegungskasse flossen, die von konservativen Kräften gespendet wurden, die den Kollaps des Regimes herannahen sahen und sich bei den möglichen Gewinnern einschmeicheln wollten. Oltuski bot Che 50.000 Pesos aus der Kasse der Bewegung an.

Diese Antwort führt zu einem wütenden Brief von Che. Zuerst wirft er ihm vor, daß die Aktion vereinbart gewesen sei und die aus der Ebene ihr Wort gebrochen hätten, und dann erklärt er, daß es ihn einen feuchten Kehricht scheren würde, wenn die städtischen Leitungen mit ihrem Rücktritt drohten. *Ich muß Dich leider daran erinnern, daß ich zum Oberbefehlshaber ernannt worden bin (...). Ob sie zurücktreten oder nicht, ich werde mit der mir zugewiesenen Autorität mit all diesen Schwächlingen aus den an die Berge angrenzenden Ortschaften aufräumen. (...) Warum hat kein Bauer etwas gegen unsere These einzuwenden gehabt, daß das Land dem gehört, der es bearbeitet, die Großgrundbesitzer aber sehr wohl? Und das sollte nichts damit zu tun haben, daß die kämpfende Masse mit dem Überfall auf Banken einverstanden ist, wo sie dort doch sowieso keinen Centavo hinterlegt haben.*

Die Geschichte ist damit noch nicht zu Ende. Ohne böse Absichten bittet Oltuski um eine Empfangsbescheinigung für die 50.000 Pesos, woraufhin Che ihm erklärt, daß dies unter Kampfgenossen eine Beleidigung und seine Unterschrift vollkommen unnötig sei. *Ich wäre niemals auf den Gedanken gekommen, sie von Dir zu fordern, auch wenn ich von Gutiérrez Menoyo 100 verlangt hätte.*

Kurioserweise führt dieses finanzielle Durcheinander zu einer Reise, die das zukünftige Leben von Kommandant Guevara verändern wird: Eine Kommission von Mitgliedern des städtischen Netzes des 26. Juli, die von Dr. Serafín Ruiz de Zárate, dem Kassenwart, geleitet wird, steigt ins Escambray-Gebirge hoch, um Che die 50.000 Pesos zu überbringen. Er wird dabei von Martha Lugioyo, Graciela Piñeira, dem Arzt Cuco Rodríguez de la Vega und Aleida March begleitet. Bei letzterer handelt es sich um eine städtische Aktivistin aus Santa Clara, die beim Aprilstreik und dem Aufstand in Cienfuegos wichtige Aufgaben als Kurierin und beim Durchschleusen von Kämpfern übernommen hatte. Sie gehörte zu der Gruppe, die die Aktionen in Las Villas leitete. Die Kommission bleibt drei Tage und drei Nächte in El Pedrero. Als sie sich zur Rückreise bereit macht, wird sie von einem Verbindungsmann informiert, daß Aleida und Rodríguez de la Vega von der Polizei gesucht würden. Deshalb müssen beide im Escambray-Massiv bleiben, Zárate bei der Kolonne und Aleida in Placetas.

Ernesto Guevaras Beziehungen zu Frauen sind von seinen Chronisten und Biographen mit einer Vorsicht behandelt worden, die an viktorianischen Puritanismus grenzt. Wenn das auf die meisten Fälle zutrifft, so zeigen sich bei der Behandlung der Beziehung zu seiner zukünftigen Ehefrau sogar Anzeichen von puritanischem Wahn. Dies liegt vielleicht nicht nur an dieser Vorsicht der Biographen, die das Öffentliche vom Privaten trennen, sondern auch an der außergewöhnlichen Bescheidenheit von Aleida, die sich geweigert hat, Interviews zu geben (der verzweifelte Verfasser konnte bei der Durchsicht Tausender von Presseartikeln über Che und seine Gefährtin nur einen einzigen, zehnzeiligen Hinweis aufspüren), und ihre bisweilen bedeutende Rolle im revolutionären Prozeß stets heruntergespielt hat. Das geht soweit, daß es Mühe kostet, über ihren Familiennamen und ihre Tätigkeiten im Widerstand in Las Villas hinaus etwas über Aleida zu erfahren. In den Hunderten von Büchern über die kubanische Revolution gibt es keinen einzigen biographischen Hinweis auf sie.

Die drei Tage und die Art und Weise, wie sich Ernesto und Aleida ineinander verlieben, bleiben also im Dunkeln. Alberto Castellanos, einer von Ches Leibwächtern, berichtet: „An diesem Tag war ich nicht da, aber als ich zurückkam, fiel mir dieses hübsche Mädchen auf und ich fragte sofort, wer sie wäre. Mir wurde erklärt, sie sei eine große, sehr mutige revolutionäre Kämpferin, die in der Provinz Las Villas im Untergrund kämpfte und die gewarnt worden sei, daß die Polizei ihr Haus durchsucht habe und sie suchen würde, weshalb die Leitung der Bewegung befohlen habe, daß sie im Escambray bleiben solle. Ich glaube, daß

Aleida und Che ineinander verliebt waren, denn als ich sie sah, machte ich ihr ein Kompliment, und die Art und Weise, wie Che mich ansah, sagte mir: Mach, daß du wegkommst, Alberto, du hast hier nichts zu melden."

Ein anderes Mitglied des Kommandanturtrupps, Harry Villegas, verneint die Theorie der Liebe auf den ersten Blick: „Diese Liebe entstand nicht so oberflächlich, wie manche denken. Es war nicht so, daß sie sich sahen und sofort ineinander verliebten, es war keine platonische Liebe oder eine Liebe auf den ersten Blick, sondern sie entstand im Laufe des Kampfes."

Bei zwei Persönlichkeiten, die so sparsam mit den Beweisen ihrer Zuneigung umgehen, so mürrisch im Ausdruck der Gefühle wie Che und von einer so zurückhaltenden Bescheidenheit wie Aleida, ist es ausgesprochen schwierig herauszufinden, was an den Geschichten stimmt, die erzählt werden. Ob Che ihr Feldblumen über einen Kurier geschickt hat, ob er in sein Tagebuch geschrieben hat: „Heute Nacht werde ich Aleida den Hof machen" und danach zu ihr gegangen ist, ob sie sich im Mondschein auf einen Platz, der zum Kaffeetrocknen bestimmt war, gesetzt haben ... Tatsache ist, daß ihre Beziehung seit Anfang Dezember bestand. Ernesto Guevara und Aleida March waren Gefährten.

In der ersten Novemberwoche wächst der Zustrom von Freiwilligen. Darunter sind zwei Studenten, die eine bedeutende Rolle auf Ches zukünftigem Lebensweg spielen werden. Es handelt sich um den 25jährigen Alberto Fernández Montes de Oca aus der Provinz Oriente, genannt Pacho, und den 22jährigen Jesús Suárez Gayol aus Pinar del Río, genannt El Rubio [der Blonde].

Pacho Montes de Oca ist ein Draufgänger. Nach seiner Rückkehr aus dem Exil, wo er sich bei dem Versuch, sich einer gescheiterten Expedition nach Kuba anzuschließen, in mexikanischen Urwäldern verirrt hatte, wurde sein Bruder Orlando umgebracht, daraufhin schloß er sich der Untergrundorganisation in Santa Clara an. Als er aufflog, wurde er ins Escambray geschickt. Der Studentenführer Suárez Gayol mußte Pinar del Río verlassen, nachdem er an einem Brandanschlag auf einen Radiosender teilgenommen hatte, wobei er sich die Füße verbrannt hatte, so daß er nicht im Untergrund versteckt werden konnte. Ventura, einer der berühmtesten Folterer der Polizei Batistas, hat daraufhin einen Jungen zum Tode verurteilt, der ihm ähnlich sah. Als Che den Zustand der Füße bemerkt, will er ihn nicht aufnehmen. Er sagt zu ihm: *Vergessen Sie nicht, daß ich Arzt bin und weiß, daß Sie in diesem Zustand nicht gehen können.* Aber angesichts der Hartnäckigkeit des Studenten schickt er ihn nach Caballete de Casa, ebenso wie Montes de Oca, dem er einen Rekrutentrupp unterstellt.

Schließlich schreibt Che am 7. November eine Mitteilung an die Leitung des Direktoriums: *Die Schwierigkeiten, die zwischen uns und der sogenannten II. Escambray-Front aufgetaucht sind, haben sich soweit zugespitzt (...), daß es im Gebiet von San Blas zu einem Übergriff auf einen meiner Hauptleute gekommen ist. Diese kritische Situation macht es uns unmöglich, zu einem Abkommen mit der genannten Organisation zu kommen.* Er informiert sie darüber, daß er jetzt in der Lage sei, ihnen ein Angebot zu unterbreiten, und berichtet zugleich, daß die PSP die Guerilla im Yaguajay und die Organisationen aus der Ebene zu ihrer Verfügung gestellt hat. Der Brief schließt mit der Bitte um ein Treffen. Am 13. antwortet das Direktorium: „Du bist noch keinen Monat in unserem Rebellengebiet und schon bist Du zur Zielscheibe der größten Schmähungen und Beleidigungen geworden. Das wird Dir die Gewichtigkeit unserer Gründe klar gemacht haben, die wir Dir bei unserem ersten Zusammentreffen dargelegt haben." Wenige Tage später kommt es in der Ortschaft La Gloria zu einem Treffen zwischen dem Stab des Direktoriums und den Kadern der 8. Kolonne. Es ist unvermeidlich, daß sie einen Teil der Versammlung der Frage widmen, was mit den Kräften der II. Front geschehen soll. Diesmal ist Che der radikalere und wettert empört über Gutiérrez Menoyo. Anscheinend hatte jemand von der II. Front Zettel an einige Bauernhäuser geklebt, auf denen es hieß, daß die Kämpfer, die die Disziplin der II. Front nicht achten, ausgeschlossen oder füsiliert würden. *Ich hatte keine Ahnung, was im Escambray vor sich ging, und wenn ich Vorurteile hatte, waren sie gegen euch gerichtet. Was sind wir, verdammt noch mal, schlecht informiert!* Faure Chomón berichtet: „Er erwog die Möglichkeit, daß wir sie gemeinsam als Verräter und Viehdiebe verurteilen und vor Beginn der Rebellenoffensive energisch gegen sie vorgehen könnten." Aber die Offensive der Rebellen soll nicht länger aufgeschoben werden und sie beschließen, sich nicht weiter um die II. Front zu kümmern, einen Pakt zwischen beiden Kräften zu schließen und sofort mit gemeinsamen Aktionen unter dem Befehl von Offizieren beider Organisationen zu beginnen. Anscheinend befragt Che die Kader des Direktoriums, ob sie Einwände gegen die Aufnahme der PSP in den Pakt haben, was nicht der Fall ist.

Das unmittelbare Ergebnis der Gespräche in La Gloria ist die Durchführung von zwei kleineren Aktionen Mitte und Ende November, als die Truppen des Direktoriums unter dem Befehl von Kommandant Cubela die Ortschaft Caracusey einnehmen und die Kämpfer von Ches Kolonne überraschend in Cabaiguán einmarschieren. Sie halten den Ort mehrere Stunden lang besetzt, wobei sie Geräte des Radiosenders Cubanacán und der örtlichen Telefongesellschaft sowie Kraftstoff aus der RECA-Raffinerie beschlagnahmen, um den zukünftigen Sender der 8. Kolonne auszurüsten. Die Spannungen zwischen Che und der II. Front waren entweder geringer, als die Kader des Direktoriums behaupten, oder Che war bemüht, die breite Front in der Provinz Las Villas aufrechtzuerhalten, denn in dem Jeep, aus dem heraus Che die Operation leitete, saßen nicht nur sein Stellvertreter Ramiro Valdés und Dr. Fernández Mell, sondern merkwürdigerweise auch der Anführer der II. Front, Gutiérrez Menoyo.

In dieser Zeit trafen sich Oltuski und Marcelo Fernández – einer der nationalen Leiter des 26. Juli – erneut mit Che im Gebirge; zweifellos um die Spannungen zwischen dem städtischen Untergrund und der Guerillaführung abzubauen. Oltuski berichtet: „Che kam gegen Mitternacht an. Wir dösten auf dem Boden der Schule vor uns hin. Nach der Begrüßung erklärte uns Che: *Wir haben die ersten Scharmützel gehabt. Sie werden bestimmt bald versuchen, in diese Gegend vorzustoßen.*

Während er sprach, fischte er mit seinen schmutzigen Fingern Fleischstücke aus dem Topf. Es schien ihm wie eine Götterspeise zu munden. Er aß zu Ende und wir gingen nach draußen. Wir setzten uns an einen Wegrand: Marcelo, Che und ich. Che verteilte Zigarren. Sie waren sehr grob gedreht, wahrscheinlich von irgendeinem Bauern aus der Gegend. Ich zog den starken und bitteren Rauch ein, mir wurde plötzlich warm und etwas schwindelig. Neben mir rauchte und hustete Che mit so einem schleimigen Husten, als wäre in seinem Inneren alles naß. Er roch schlecht. Er roch nach wochenaltem Schweiß. Es war ein durchdringender Geruch, den ich mit dem Tabakrauch bekämpfte.

Unser Gespräch war zwar hart, aber wir stritten uns diese Nacht nicht viel. Vielleicht war Che müde, vielleicht war es auch der starke und bittere Tabak, der ihn schlapp machte. Che und Marcelo lieferten sich einige kleinere Wortgefechte. Unter anderem wurde das Programm des 26. Juli diskutiert. Che versprach einen schriftlichen Beitrag dazu." Nicht nur das Programm war Gesprächsthema, sondern auch die Weigerung des städtischen Untergrunds, eine breite Front mit den Kommunisten der PSP zu bilden. Trotz aller Diskrepanzen erklärte Oltuski Marcelo Fernández während des Abstiegs aus dem Escambray: „Wenn ich ins Gebirge zurückkehre, werde ich mich Ches Kolonne anschließen." Die Gelegenheit dazu sollte sich nicht bieten, denn die Ereignisse begannen sich zu überschlagen. Ende November „kursierte unter den Bauern und Kämpfern das Gerücht, daß die Armee eine Offensive in den Hügeln starten würde, daß Sánchez Mosquera im Anmarsch sei, daß ein Oberst namens La Rubia auftauchen würde (...)." Und das Gerücht zog weitere Kreise: „Sie sind schon in Fomento", „Sie sind schon in Cabaiguán", „Sie haben Panzer und Jeeps und bringen die ganze Armee mit"! – „Quatsch, das ist alles Quatsch, die Soldaten kommen nicht hinauf."

Doch, sie kamen. Aber nicht mit der ganzen Armee. Es waren etwa tausend Soldaten der Anti-Guerilla-Bataillone 11 und 22, und das gefährlichste war, daß sie sechs Stewart-Panzerwagen dabeihatten.

Che richtete seinen Befehlsstab in Manacas, in der Nähe von El Pedrero, ein. Er zählte auf 150 Invasoren, die Truppe von Bordón, die Unterstützung der Kolonne des Direktoriums und eine wachsende Streitkraft von Rekruten, die in Caballete de Casa zusammengezogen waren.

Am 29. November brach die Armee in der Dunkelheit von ihren Ausgangsstellungen auf und gelangte bei Tagesanbruch zu den Ausläufern des von der Guerilla kontrollierten Gebiets. *Bei ihrem Vormarsch von Cabaiguán aus besetzten sie die Ortschaft Santa Lucía. Diejenigen, die in Fomento losmarschiert waren, gelangten bis nach Punta Gorda. Unsere Kräfte leisteten einen elastischen Widerstand und gaben nach und nach Terrain auf, das vom Feind unter großen Opfern und stets mit Hilfe der Panzer erobert wurde.*

Ein Bauer drückt Jahre später seine Bewunderung für Ches Geschicklichkeit aus: „Zum Glück war Che ein gewaltiger Stratege. Er hatte überall auf diesen Hügeln Leute postiert, und wo immer auch die Soldaten den Kopf hervorstreckten, bekamen sie eins auf den Deckel. So waren sie auf diesem Weg umzingelt und kamen nicht richtig voran."

Am 30. November rückte der linke Flügel des Feindes mit Unterstützung der Panzer und der Luftwaffe bis zur Ortschaft Conuco vor. Hier wurden sie durch die Kräfte von Hauptmann Joel Iglesias aufgehalten, die den Feind nach Santa Lucía zurückdrängten. Im Zentrum rückten sie mit Hilfe von Kettenpanzern bis zur Ortschaft Mota vor; auf dem rechten Flügel gelangten sie bis in die Ortschaft Sitiados. Das waren die äußersten Stellungen, bis zu denen die Panzer unsere Verteidigungslinien überwinden konnten. Die Leute von Bordón halten sie auf einem Weg namens Culo de Perro auf, der am Friedhof beginnt.

Am 1. Dezember wurden die Vormarschmanöver des Feindes auf der gesamten Gefechtsfront zum Stillstand gebracht. Zur Verteidigung unseres linken Flügels griff Camilo Cienfuegos an der Spitze einer ausgewählten Veteranengruppe seiner Kolonne ein, die gerade auf Besuch in Ches Lager ist. (Am 14. Oktober hatte Fidel Camilo brieflich befohlen, den zweiten Teil der Invasion von Pinar del Río aufzuschieben und seine Kolonne in den Norden von Las Villas zu verlegen.) Camilo blockiert den Vormarsch der Panzer, indem er eine Palme fällen läßt, und bremst mit seiner Gruppe von Kämpfern den Vormarsch der Kolonne. Nach Volkes Stimme ist dies das letzte gemeinsame Gefecht von Camilo und Che. Es ist überraschend und zugleich bezeichnend für die Bedeutung, die der Einheit zugemessen wurde, daß Che am 1. Dezember inmitten der Verfolgung sich ganz förmlich mit Cubela und Castelló vom Direktorium trifft, um den sogenannten Pakt von Pedrero zu unterzeichnen. Es handelt sich dabei um eine einfache Absichtserklärung zur Einheit, die die völlige Übereinstimmung und Koordinierung der beiden Organisationen postuliert und den Beginn neuer Operationen vereinbart. Der Vertrag endet mit einem Aufruf zur Einheit für den Sturz der Diktatur, dem die PSP acht Tage später Folge leistet. Das Abkommen wird unter Bombenangriffen unterzeichnet.

Die Offensive Batistas wird bald durch die Hinterhalte der Rebellen aufgerieben. Che hat die Lektion aus der Sierra Maestra gut gelernt. *Am 2. Dezember wurde der rechte Flügel des Feindes besiegt und in die Flucht geschlagen. Dabei wurden ein umfangreicher Munitions- und Waffenvorrat sowie ein Kettenpanzer mit einem 37-mm-Rohr erbeutet, und die feindlichen Truppen wurden bis nach Fomento verfolgt. Gleichzeitig wurde die Armee gezwungen, die Ortschaft Mota zu verlassen.*

Am 2. Dezember läßt Che noch unter Bombenangriffen ein Festessen in El Pedrero zur Erinnerung an den Jahrestag der Landung der „Granma" ausrichten. In der Küche von Lina González sind noch die Einschußlöcher der Maschinengewehrgarben zu sehen. Lina erinnert sich: „Che schlief manchmal hier. Der Arme konnte nie länger als zwei Stunden am Stück ausruhen. Man mußte schon ganz schön mutig sein, um hier zu bleiben, denn sie warfen jeden Tag Bomben ab."

Bevor sich der Feind aus der Ortschaft Sitiales zurückzog, steckte er durch Beschuß aus seinen Panzerrohren 21 Bauernhütten in Brand. Am 4. Dezember versuchte der Feind, Mota zurückzuerobern, wobei er in einen unserer Hinterhalte geriet (der von El Vaquerito und Zayas gelegt worden war) *und folgende Verluste zu verzeichnen hatte: acht Tote und drei Schwerverletzte.* Dieses Gefecht war die letzte Offensive gegen das befreite Gebiet im Escambray-Gebirge. Zur Feier des Tages strahlte der Sender der 8. Kolonne die erste Sendung aus, die in einer Verbindung zu Radio Rebelde (7RR) bestand. Es gibt ein Foto von Che in einer Schilfhütte, wo er in seiner Lederjacke auf einem Hocker vor dem Sender sitzt, gebannt auf die Apparaturen blickt und eine Zigarre raucht. Die Kopfhörer ans Ohr gepreßt, blickt er etwas skeptisch drein, der Techniker Hiram Prats betrachtet ihn aus dem Hintergrund. Schmutzige Kleidung und Krimskrams an den Wänden, Autobatterien auf dem Boden. Das Foto ist von Tirso aufgenommen worden, einem Mitarbeiter der Untergrundzeitschrift „Revolución", zu dem Che ein kollegiales Verhältnis hat: *Bevor ich Kommandant wurde, war ich Fotograf.* Und dem er eine Kamera gibt, damit er sie repariert. Die Kamera ist so beschädigt, daß sie nicht mehr zu reparieren ist; Che mahnt sie allerdings im Laufe der nächsten Jahre mehrfach von ihm an. Von Tirso stammen mehrere Fotos aus den ersten Dezembertagen. Fotositzungen, die Che unterbricht, wenn die Asthmaanfälle kommen, denn aus Eitelkeit oder um dem Feind keine zusätzlichen Informationen zu geben, will er nicht mit einem Inhalator aufgenommen werden. Es gibt Aufnahmen von Pajarito, dem Pferd, und von Miguelito, dem Hund, der in einer Hängematte liegt, während Che mit ihm schimpft: *Miguelito, du Schurke, du machst nichts anderes als fressen und scheißen. Du begleitest mich nie.*

Tage später nimmt der Sender von Camilos Kolonne seine Sendetätigkeit auf, und es kommt zu folgendem Radiogespräch zwischen den beiden Rebellenführern:

„Informier mich doch mal über die feindlichen Bewegungen bei euch und sag mir, was es Neues gibt. Nebenbei kannst du mir auch erklären, was für einen Panzer ihr geschnappt habt, denn der Kurier hat mir zwar erzählt, daß er ihn gesehen hat, konnte mir aber nicht sagen, was für ein Modell es ist."

Das läßt dir wohl keine Ruhe, Camilo? Es ist ein Kettenpanzer mit verkohlten Typenbezeichnungen, aber er ist sehr hübsch, amerikanisches Fabrikat, und ich glaube, daß er uns sehr nützlich sein wird. (...) Er hat einige Mängel, die die Mechaniker gerade zu beheben versuchen (...). An unseren Linien gibt es keine Probleme. Ich glaube aber, daß sie auf ihren in kürzester Zeit welche haben werden. Ich habe gehört, du hättest zu Fidel gesagt, daß du Santa Clara einnehmen willst. Misch du dich da mal nicht ein, das ist meine Sache. Du sollst einfach da bleiben, wo du bist.

„Was die Sache mit Santa Clara angeht, in Ordnung, wir werden Pläne für später schmieden, um die Sache zusammen zu meistern. Ich will gern den Ruhm mit dir teilen, denn ich bin ja nicht ehrgeizig. Wir werden dir eine kleine Chance in diesem eisernen Ring geben, denn wir werden mehr als 7.000 Gewehrschützen für den Angriff einsetzen. Sie sind ganz wild drauf, in Aktion zu treten, und haben in den letzten Tagen alle Soldaten in den Zuckerfabriken entwaffnet (...). Es ist unglaublich, was die Jungs alles anstellen, um sich Gewehre zu beschaffen.“

Am 12. Dezember kommt es zu einem neuen Gespräch. Diesmal ist es Che, der vom Kolonnensender 6VF aus spricht. Die Sendung wird im ganzen Escambray-Gebirge gehört und von Radio Rebelde von der Sierra Maestra aus weiter übertragen. Es handelt sich um ein sehr förmliches, etwas trockenes Interview. Che hat noch nicht die Angst vor den Journalisten verloren, auch nicht vor den eigenen:

„Welche Aufnahme haben Sie in den Dörfern in Las Villas gefunden?“

Also, die Aufnahme war phantastisch. Sie hätte nicht besser sein können. Wir hatten einige Probleme mit revolutionären Gruppierungen, die in der Gegend operieren. Aber unser späteres Vorgehen zerstreute letztendlich diese Diskrepanzen.

„Kommandant, wie schätzen Sie die Lage der despotischen Regierung ein?“

Ich glaube, sie befinden sich am Rande des Zusammenbruchs. Wenn fremde Kräfte eingreifen, kann sie sich vielleicht noch etwas länger halten. Die Volkskräfte sind auf jeden Fall so stark, daß der Zusammenbruch unvermeidlich ist. Ich schätze, daß es gegenwärtig zu keiner Intervention kommen wird, da der revolutionäre Geist des kubanischen Volkes sehr weite Kreise erfaßt hat.

„Kommandant, im Vergleich zu den früheren Kämpfen in der Sierra Maestra, welchen Eindruck haben Sie von den Kämpfen in dieser Gegend?“

In der Sierra Maestra mußten wir den Kampf fast ohne Waffen und Munition und fast ohne Unterstützung der Bauern aufnehmen. Das besserte sich zwar mit der Zeit, aber die Sierra Maestra ist ein sehr unwirtlicher Ort und hat schlechte Verbindungen. In Las Villas befinden wir uns hingegen in geringer Entfernung von wichtigen Städten und der zentralen Verkehrsader. Außerdem erhalten wir sehr viel Hilfe von unseren Nachschublinien aus der Ebene. Die Bedingungen sind einfach besser.

„Es gefällt Ihnen also besser hier?“

Das wollte ich damit nicht sagen. Daß ich mich in einer bequemeren Lage befinde, heißt nicht, daß es mir hier besser gefällt. Ich empfinde eine starke Zuneigung für die Sierra Maestra, wo wir den Kampf aufgenommen haben und ein immer wichtigerer revolutionärer Faktor geworden sind.

„Was können Sie uns zu der großen Regierungsoffensive sagen, die mutig von Ihnen zurückgeschlagen wurde?“

Also, sie wurde nicht nur von den mir unterstellten Leuten zurückgeschlagen, sondern sie wurde auch auf erniedrigende Weise von der Armee der Diktatur verloren, die nicht kämpfte und uns beim Rückzug Waffen und andere Gerätschaften zurückließ.

„Und was halten Sie von den Offensiven in dieser Provinz?“

Ich halte es für notwendig und lebenswichtig, den Westen vom Osten zu isolieren, und ich glaube, daß Santa Clara im Prinzip in unseren Händen ist, wenn es tatsächlich gelingt, eine gemeinsame Offensive aller revolutionären Elemente zu beginnen.

„Noch eine letzte Frage, Doktor Guevara. Glauben Sie, daß wir Heiligabend alle zusammen zu Abend essen können?“

Hm, wir werden schon alle zusammen zu Abend essen können, es fragt sich nur, wo. Auf jeden Fall hoffe ich, daß alle, die wir hier sind, in Eintracht zu Abend essen können.

Kapitel 20
★
Der Blitzfeldzug

Ohne Vorankündigung, ohne besondere Vorbereitungsmaßnahmen entfesselt Che am 15. Dezember 1958 eine sehr eigenwillige Blitzkrieg-Version. In den ersten Nachtstunden beginnen die kombinierten Trupps aus der 8. Kolonne und dem Direktorium die Zufahrtswege nach Fomento zu sperren. Es handelt sich um einen Ort mit 10.000 Einwohnern, in dem es eine Armeekaserne mit einer 140 Mann starken Besatzung gibt. Die Kräfte von Hauptmann Silva blockieren die Landstraße Fomento–Placetas und legen einen Hinterhalt. Che schreibt Cubela eine Mitteilung: *Rolando, wir haben bereits die Brücke über den Fluß Falcón zerstört und Fomento umzingelt. Wir brauchen Eure Hilfe auf dem Weg nach Báez.* Ein Trupp des Direktoriums unter Leitung von Hauptmann Juan Abrantes, genannt der Mexikaner, rückt auf der linken Flanke von Fomento nach Báez vor und besetzt den Ort kampflos. Um 9 Uhr abends zieht Hauptmann Alfonso Zayas in die Zuckerfabrik Santa Isabel ein. Che operiert mit einer Variante der Guerillaerfahrung, die er in der Sierra Maestra und bei den Dezember-Gefechten gegen die Kasernen gewonnen hat: das Gebiet isolieren und Hinterhalte legen, die Kasernierung des Feindes nutzen und die Armee über Propaganda demoralisieren. Wie aber darüber hinaus in den zeitgenössischen Chroniken bestätigt wird, liegt dem Angriff der dringende Bedarf an Waffen und Munition zugrunde. Die meisten Gewehre haben nach der Offensive Batistas nur noch 20 Patronen, und es gibt Hunderte von unbewaffneten Freiwilligen, die in Caballete de Casa auf ihre Ausrüstung warten.

Am 16., um 6 Uhr 30, sickern drei Trupps der Kolonne, die von Zayas, Joel Iglesias und Manuel Hernández angeführt werden, langsam in Fomento ein. Eine halbe Stunde später erhält die dortige Telefonistin, Aída Fernández, einen überraschenden Anruf aus der Zuckerfabrik Santa Isabel. Ein Mann mit einem merkwürdigen südamerikanischen Akzent verlangt eine Telefonverbindung mit Leutnant Valencia, dem Befehlshaber der Kaserne. Der 32jährige Pérez Valencia, Berufssoldat, glatzköpfig und mit einem gewaltigen Schnurrbart, Kind armer Bauern, erinnert sich Jahre später: „Als ich zum Telefonhörer griff, erfuhr ich, daß Che mit mir sprechen wollte. Er informierte mich darüber, daß die Kaserne umzingelt sei, und erklärte eindringlich, daß jeder Widerstand zwecklos wäre. Er forderte mich auf, unnötiges Blutvergießen zu vermeiden und mich zu ergeben. Er erklärte, daß meine Männer freigelassen würden, unter der Voraussetzung, daß sie nach Aushandlung der Kapitulation das von den Rebellen kontrollierte Gebiet verlassen. Ich antwortete ihm, daß ich sein Angebot ablehnen würde." Pérez Valencia verfügt über 150 Mann, die besser bewaffnet sind als die Rebellen und reichlich Munition haben. Er hat einen Verteidigungsring errichtet, der aus der Kaserne, der Telefonzentrale, dem Baroja-Theater und dem Hotel Florida besteht. Er will damit die Rebellen aufhalten, bis er Verstärkung aus Santa Clara erhalten und zur Offensive übergehen könnte. Che agiert anfangs nur mit drei Trupps, während sich der Rest in Hinterhalten in den Außenbezirken von Fomento befindet.

Im Verlauf des Morgens rücken sie bis auf 25 Meter zur Kaserne vor. Die Rebellen greifen unter dem Befehl von Manuel Hernández eine Patrouille an und zwingen einen Trupp der Armee in der Nähe des Bahnhofs sich zu ergeben, wobei sie nur zwei Verluste zu verzeichnen haben. Die Belagerung beginnt. Die Bewohner des Ortes sind auf die Straße geeilt und helfen den Rebellen bei der Herstellung von Molotow-Cocktails, dem Bau von Barrikaden und dem Transport der Verletzten. Bei Einbruch der Dunkelheit stecken anonyme Bürger die Vorhänge des Theaters in Brand, das gesamte Gebäude fängt Feuer, wodurch die Verteidiger zur Kapitulation gezwungen werden. Alle Soldatengruppen haben sich ergeben, mit Ausnahme der wichtigsten, die sich in der Kaserne aufhält, wo Leutnant Pérez Valencia noch über 121 Mann verfügt. Che sieht sich gezwungen, eine grundlegende Entscheidung zu treffen: Soll er die Belagerung aufrechterhalten oder sich ins Gebirge zurückziehen? Die Sperrhinterhalte sind intakt, der Feind hat keine Verstärkung aus Santa Clara geschickt, er hat noch nicht einmal auf die Soldaten aus den nahegelegenen Kasernen in Cabaiguán oder Placetas zurückgegriffen. Die Kämpfer der Kolonne haben das Gefecht mit 40 Patronen pro Gewehr begonnen. Deshalb ist es von zentraler Bedeutung, die Kaserne zur Aufgabe zu zwingen und die Armeemunition zu erbeuten.

Während die Lage für Che schwierig ist, befindet sich Pérez Valencia im Inneren der Kaserne in einer eher merkwürdigen Situation. Obwohl er es nicht wissen kann, werden seine 121 Soldaten von weniger als hundert schlecht bewaffneten Rebellen belagert. Aber gegen die Mauern seiner Kaserne werden nicht nur die Garands und San Cristóbals der Rebellen abgefeuert, sondern auch die Mythen. Der Leutnant hält sich an die elementarsten Militärregeln, sein Befehl lautet: „Standhalten und auf Verstärkung warten." Che richtet sich nach seinem Instinkt und hält die Belagerung aufrecht. Im Morgengrauen greift die Luftwaffe Batistas an. Der Trupp am Hinterhalt auf der Landstraße von Fomento nach Placetas wird bombardiert, ebenso die umliegenden Häusergruppen, in den Räumen der Colonia Española und des Roten Kreuzes schlagen Bomben ein und verursachen 18 Verluste unter der Zivilbevölkerung. Aber *trotz der Strafaktionen gegen unsere Rebellenarmee rückten keine Truppen der Diktatur auf dem Landweg zur Unterstützung ihrer Kameraden vor.*

Gegen die Kaserne kämpfen nun vier Rebellentrupps. Der von El Vaquerito geleitete „Selbstmordtrupp“ debütiert als Kampfeinheit. Aufgrund des teilweise nur 25 bzw. 30 Meter von der Kaserne entfernten Belagerungsrings sind die Rebellenaktionen zur Verstärkung des Drucks sehr gefährlich.

Amado Morales, ein Mitglied des Selbstmordtrupps, erinnert sich: „Tamayo stieg auf das Flachdach einer Klinik (...) und begann, auf die gegenüber postierten Soldaten zu schießen. Ich sprang über eine Einfriedung, um eine Stellung in einem nahegelegenen Privathaus einzunehmen. Dort stieg ich auf eine kleine Dachterrasse, die als einzigen Schutz ein kleines Mäuerchen hatte, das so niedrig war, daß wir uns nicht dahinter verbergen konnten. Auch Sergio Lemus kam hierher. Ich konnte nur ein paar Schüsse abgeben, und schon wurde ich von einer feindlichen Ladung verletzt. Minuten später traf eine Gewehrladung Lemus am Kopf, der tot neben mir zusammenbrach. Hugo del Río zog mich dann aus dem Gefahrenbereich.“ Del Río ergänzt: „Vaquerito und ich wurden hier nur deshalb nicht getötet, weil wir uns blitzschnell zurückwarfen.“

Nicht nur der Selbstmordtrupp erleidet Verluste in diesem Gefecht. Als er sich zu weit vorwagt, wird der junge Hauptmann Joel Iglesias durch eine Kugel verletzt, die am Hals eindringt und seinen Unterkiefer zerschmettert. Unter feindlichem Feuer bricht er zusammen, aber einer Gruppe von Männern aus seinem Trupp gelingt es, ihn aus dem Kugelhagel zu bergen. Iglesias denkt, daß er sterben wird, und bittet darum, Che zu benachrichtigen. Sie bringen den Bewußtlosen in eine Klinik in Fomento. Che kommt herbeigerannt. Joel ist einer der Bauernjungen, mit denen er die härtesten Tage der Sierra Maestra und der Invasion zusammen verbracht hat. Er erklärt den Ärzten, daß der Junge nicht sterben dürfe, so als würde sein Befehl dazu beitragen können, die Blutung zu stoppen. Dies ist nicht der einzige bedeutende Verlust der Kolonne, auch ein anderer Offizier, Hauptmann Manuel Hernández, wird schwer verletzt.

Verzweiflung breitet sich unter den Rebellen aus. Die Belagerung währt nun schon zwei Tage, die Verluste sind zwar nicht sehr zahlreich, dafür aber umso schwerwiegender, denn unter ihnen sind die Anführer von zwei Trupps. Die Bombenangriffe der Luftwaffe sind fürchterlich.

Leonardo Tamayo erzählt: „El Vaquerito hatte vor, die Kaserne in Brand zu stecken. Aber es handelte sich um einen Backsteinbau, der von hohen Mauern umgeben war, und es war schwierig, dort einzudringen. An allen Mauern waren Soldaten an den Schießscharten postiert. Da hatte er einen glänzenden Einfall (wie ich damals dachte; heute weiß ich, daß er durch und durch absurd war): Er wollte Benzinkanister besorgen und Rohre bis dorthin auslegen. Danach sollte die Kaserne mittels einer Saugpumpe mit Benzin bespritzt werden. Wir wollten dann die Pumpe vom Tank abklemmen und eine Zündschnur ins Rohr legen. Es war ein Irrwitz. Wir hätten uns alle selbst in Brand gesetzt. Der Plan wurde nicht verwirklicht, da wir nicht die nötigen Mittel auftreiben konnten.“

Licht und Wasser der Kaserne sind abgestellt, die Soldaten haben zahlreiche Verletzte, aber der Widerstand geht weiter. Die Dunkelheit bricht herein und Che trifft an diesem 17. Dezember eine der gewagtesten Entscheidungen seines Guerillalebens: Er hält die Belagerung aufrecht.

Am Vormittag des 18. kommen die Rebellen den Kasernenmauern immer näher. Ein weiterer Invasor, Mariano Pérez, wird verwundet. Che löst die Hinterhalte auf und konzentriert alle seine Trupps um die Kaserne. Er setzt alles auf eine Karte. Die Luftangriffe gehen weiter.

Che hat richtig getippt, die Soldaten im Inneren der Kaserne halten nicht viel länger durch und die Verstärkung auf dem Landweg kommt nicht, vielleicht weil der Verdacht bestand, daß der Angriff auf die Kaserne ein Köder für einen Hinterhalt sein könnte. Pérez Valencia berichtet: „Ich gelangte zu der Schlußfolgerung, daß ich nichts mehr zu verteidigen hatte. Die Vorposten im Hotel und im Kino waren gefallen, während meine übrigen Männer erschöpft und ohne die geringste Kampfmoral waren. Wir hatten einige Verluste erlitten und konnten weder die Verletzten behandeln, noch die Toten begraben. Nachdem ich dem Offizierskorps die Entscheidung mitgeteilt hatte, befahl ich, die weiße Fahne zu hissen." Es ist nach vier Uhr nachmittags.

Che betritt die Kaserne und setzt sich dem besiegten Offizier gegenüber. Das Foto zeigt den Arzt Óscar Fernández Mell an der Tür stehend und Che mit einer Zigarre im Gespräch mit Pérez Valencia; dieser sieht so aus, als sei er nur zufällig dabei, als habe er nichts mit der ganzen Geschichte zu tun.

Als erstes befiehlt Che seinen Ärzten, sich um die Verletzten der Armee zu kümmern. Der zweite Befehl betrifft die Aushändigung der Waffen. Während die Männer der 8. Kolonne den Sieg mit einer über der Kaserne wehenden Fahne des 26. Juli feiern, erstellt Che eine minuziöse Liste des erbeuteten Kriegsmaterials: zwei Jeeps, drei Lastwagen, ein Granatwerfer, ein Maschinengewehr vom Kaliber 30, 138 Gewehre und leichte Maschinengewehre und 9.000 Patronen. Die lange Liste umfaßt auch 18 Paar Schuhe, vier Schreibmaschinen und einen Wecker. *Die Streitkräfte der Freiheit wurden um mehr als hundert Gewehre verstärkt.* Der Kommandant der 8. Kolonne kennt den Wert eines jeden im Kampfe erbeuteten Gegenstands. Die Guerilleros haben 121 Soldaten gefangen genommen.

Nach der Feuereinstellung kommt es zu neuen Bombenangriffen. Che informiert das Rote Kreuz darüber: *Brutales Maschinengewehrfeuer aus der Luft, dem die Zivilbevölkerung der Stadt Fomento und der umliegenden Orte ausgesetzt ist und das keinerlei militärisches Ziel verfolgt, hat zum Tod von zwei Kindern in der Stadt Fomento und zu zwei Verletzten in der Ortschaft Las Arenas geführt.*

Am Ende der Schlacht befördert Che folgende Kämpfer zu Hauptleuten: Roberto Rodríguez (Vaquerito), Orlando Pantoja sowie Óscar Fernández Mell zum Militärarzt im Range eines Hauptmanns. Die Verteilung der Waffen beginnt. Ein Teil wird nach Caballete de Casa geschickt, um die Reserve zu bewaffnen. Die Bevölkerung ist auf die Straße geströmt. Die Fotos zeigen einen lächelnden, frisch ernannten Hauptmann Roberto Rodríguez auf einem soeben erbeuteten Jeep, umgeben von rebellischen Milchbärten und erstaunten Mädchen. El Vaquerito ist mit seinen 23 Jahren, seinem Bart und seiner Haarpracht bereits eine Persönlichkeit. Er trägt eine Mütze, die auf seinem Kopf zu schweben scheint;

ohne Oberlippenbart, von kleinem Wuchs und mit dem Aussehen eines bösen Jungen, bedeckt von Patronengurten, Granaten, ein Gewehr über der Schulter, das größer als er selbst zu sein scheint, ist er ein Mann, der Ches Worten zufolge *mit dem Tod spielte.* Andere Fotos zeigen einen erschöpften, abgemagerten Che, der von Milizionärinnen des 26. Juli umgeben ist und versucht, den Sieg gerecht zu verwalten: Wieviele Gewehre gehen hierhin? Wer hat sich im Gefecht das Recht erworben, ein Garand gegen ein M-1 auszutauschen? Wer muß die Hinterhalte auf der Landstraße aufrechterhalten? Wie soll die Munition unter den Trupps aufgeteilt werden?

Zobeida Rodríguez kommt näher. Sie dürfte eigentlich gar nicht hier sein. Sie war in Piedra Gorda geblieben, da mit einer Winchester keine Kaserne angegriffen werden kann, aber sie ist „auf eigene Rechnung" losgezogen und hat gemeinsam mit sieben weiteren Gefährten aus der Reserve gekämpft. Che entdeckt sie und erteilt ihr einen Rüffel. Zobeida entschuldigt sich und gibt dem Autor seine Worte zurück: „Die Waffen müssen im Gefecht erobert werden." Che antwortet ihr: *Schon gut, du hast gewonnen.* Und sie bekommt ein Garand.

Ein Foto faßt den Sieg von Fomento besonders gut zusammen: Che steht auf dem Sitz eines Jeeps, eine riesige kubanische Fahne hängt von einer Wand herunter und bedeckt einen Teil des Hecks, eine andere den vorderen Teil des Fahrzeugs. Che spricht zu der Menschenmenge, die um ihn herumsteht und ihn unverwandt anschaut, so als wollte sie seine Worte aufsaugen. Eine unbewaffnete Versammlung der Einwohner von Fomento, die dichtgedrängt vor der Stimme der Revolution stehen, die sie mit diesem überraschenden argentinischen Akzent erreicht. Che macht eine neue Erfahrung. Bisher hat er von Kuba nur die Berge und die sumpfige Ebene der Invasion gekannt, er hat dutzende Male mit und vor Bauern gesprochen. Nun spricht er erstmals vor dem Volk einer Stadt, vor Bauern, Handwerkern, Kleinhändlern, Studenten, Hausfrauen, Sekretärinnen und Angestellten – vor der städtischen Basis der Revolution.

Mit Hilfe der Kräfte des Direktoriums ernennen der 26. Juli und die vor kurzem neu organisierten Gewerkschaften die zivilen Autoritäten von Fomento. Im Unterschied zu anderen Angriffen auf Kasernen scheint es die Guerillakolonne diesmal nicht sehr eilig mit dem Rückzug in die Berge zu haben. Steht das Gefecht um Santa Clara kurz bevor? Welche Lehren hat Che aus dem Sieg in Fomento gezogen?

Ohne viel Zeit zu verlieren, schickt Che den Trupp von Hauptmann Olo Pantoja und Leutnant Eliseo Reyes (San Luis) nach Santa Lucía, um die Truppen des 38. Schwadrons der Landgarde aufzuhalten, die als verspätete Verstärkung angerückt sind. Außerdem soll der Zugverkehr Richtung Oriente vollkommen lahmgelegt werden. Am 19. Dezember sprengt dieser Trupp eine Eisenbahnbrücke in die Luft und isoliert damit Cabaiguán von Sancti Spíritus. Nachdem sie noch einen Zug durchgelassen haben, bringen sie einen zweiten, der Lebensmittel nach Santa Clara transportieren soll, zum Entgleisen. Die Nahrungsmittel werden unter den Bauern des Gebiets aufgeteilt und die gefangenen Soldaten ins Lager Manacas gebracht. Von dort aus rückt der Trupp nach La Trinchera vor, um die zweite Brücke zu zerstören.

Während Che die nächste Aktion der Kolonne vorbereitet, beschießt die Luftwaffe weiterhin die Landstraßen der Region und die Außenbezirke der Ortschaften, um damit einen weiteren Vormarsch von Ches Truppen auf andere Städte zu verhindern. Die Truppen von Oberst Río Chaviano bleiben jedoch weiterhin in der Regimentskaserne Leoncio Vidal in Santa Clara und in den anderen Kasernen in Cabaiguán, Placetas und Remedios. Unbeweglich warten sie auf den nächsten Schlag, während sie den Haß des Volkes zu spüren bekommen und von der Angst gepackt sind, die der Mythos der Unbesiegbarkeit der Rebellenarmee, der Mau-Mau, hervorgerufen hat. Darüber hinaus werden sie von den Hertzschen Wellen verfolgt, über die sie mit Botschaften von Radio Rebelde, dem Sender der 8. Kolonne oder ihrem Zwillingsbruder aus dem Norden von Las Villas bombardiert werden.

Am 19. Dezember schließt die Kolonne Camilos den Belagerungsring um die Kaserne in Yaguajay, im Nordwesten der Provinz. An diesem Tag wird der Kriegsbefehl Nr. 67 im Sender 8CR von Ches Kolonne verkündet: *Angesichts des erfolgreichen Verlaufs des Kampfes um die Befreiung des Territoriums von Las Villas wird hiermit das Gebiet um die Zuckerfabriken Natividad, Amazonas, Santa Isabel und Agabama zum Freien Kubanischen Territorium erklärt. Die Führer der Gewerkschaften Batistas sind hiermit abgesetzt, es werden allgemeine Arbeiterversammlungen zur Durchführung von Neuwahlen ausgerufen. Kommandant Che Guevara.*

Nun muß sich Che entscheiden, ob er das befreite Gebiet sichern oder die defensive Haltung der Armee nutzen soll, um die Offensive auszuweiten. Diese Entscheidung impliziert eine Kehrtwendung gegenüber der Guerillamentalität aus den Anfangszeiten und eine Aufforderung, die Guerillatrupps in Belagerungseinheiten umzuwandeln, ohne daß sie dabei ihre Mobilität verlieren. Ein solches militärisches Projekt ist gerade in der Provinz Oriente unter Führung von Fidel Castro entwickelt worden, dessen Kolonnen begannen, die Belagerung von Santiago de Cuba vorzuzeichnen, indem sie die auf ihrem Weg liegenden Kasernen zerstörten und die eigenen Unterstützungsbasen in der gesamten Provinz erweiterten. Ches ursprünglicher Auftrag, die Insel in zwei Teile zu spalten, ist erfüllt. Wird er darüber hinausgehen?

71 Stunden nach der Kapitulation von Fomento, am 21. Dezember um acht Uhr morgens, attackieren die Truppen der 8. Kolonne zeitgleich die Kasernen der Stadt Cabaiguán, 67 Kilometer östlich von Santa Clara und 12 Kilometer von Sancti Spíritus entfernt an der Nationalstraße, und die Kaserne der Ortschaft Guayos, auf der gleichen Strecke sieben Kilometer östlich von Cabaiguán.

Che setzt auf die Blitzoffensive, um *dem Feind keine Atempause zu gönnen*, und er entwirft einen Gefechtsplan, der ihn innerhalb weniger Tage vor die Stadttore von Santa Clara bringen wird, wenn das Verhalten seiner Kräfte und die Reaktion der Armee weiterhin so sind wie bisher.

Unter Ches Führung steigen um fünf Uhr morgens die Trupps von Miguel

Álvarez, Hauptmann José Ramón Silva, Leutnant Rogelio Acevedo und der von El Vaquerito angeführte Selbstmordtrupp – die alle zur 8. Kolonne gehören – sowie Kräfte des Direktoriums aus den Fahrzeugen, die sie bis in die Außenbezirke der 17.000 Einwohner zählenden Stadt Cabaiguán gebracht haben, und beginnen in den Ort einzusickern.

Die Kräfte Batistas bestehen aus etwa 90 Soldaten und Polizisten unter dem Befehl von Hauptmann Pelayo González. Sie sind auf die Kaserne, die Obergeschosse des Tabaklagers Escogida de Breña und den einen Kilometer vom Ort entfernten UKW-Sender verteilt. Außerdem sind auf den höchsten Gebäuden der Stadt Heckenschützen postiert.

Als erstes wird das Tabaklager eingenommen. Die Rebellen sind auf das Flachdach gelangt, haben die Fenster eingeschlagen und ins Innere geschossen. Die sechs Soldaten, die sich im Haus befinden, ergeben sich fast auf der Stelle. Che befiehlt daraufhin, auf den UKW-Sender vorzurücken, wo es eine zehn Mann starke Einheit gibt, während gleichzeitig die Kaserne belagert wird.

Auf der Nationalstraße Richtung Placetas hat Che eine Sperre errichten lassen, um das Eintreffen von Verstärkung zu verhindern. Hinter Guayos, Richtung Sancti Spíritus, ist auf der Brücke über den Fluß Tuinicú ein zweiter Hinterhalt gelegt worden. Mit diesen Sperren ist eine Zeit lang gewährleistet, daß gegen die Kasernen vorgegangen werden kann, ohne dabei zwischen zwei Feuer zu geraten. Wenn die Armee so langsam wie üblich reagiert, haben die Rebellen mehr als 40 Stunden Ruhe an der Nachhut, die nur durch die Luftwaffe gestört werden könnte. Diese taucht auch mit der gewohnten Schnelligkeit auf. Sechs Stunden lang bombardieren fünf B-26 der Luftwaffe Batistas die Außenbezirke der belagerten Ortschaften.

Beim Auskundschaften der feindlichen Stellungen stößt der Trupp von El Vaquerito auf Widerstand. Während er mit einem seiner üblichen wahnwitzigen Einfälle eine Kommandoaktion auf dem Hügel vorbereitet, auf dem sich der UKW-Sender befindet, ergeben sich die Soldaten völlig überraschend. Dies ist einem Soldaten zu verdanken, der auf seine Kameraden entsprechenden Druck ausgeübt hat und sich später den Rebellenkräften anschließen wird.

Nun bleibt nur noch die Kaserne, in der sich die Kräfte von Hauptmann González befinden. Durch das Innere der Häuser, über Flachdächer, quer durch Innenhöfe und mithilfe von Mauerdurchbrüchen dringen die Rebellen vor. Bei einem dieser Manöver stolpert Che beim Sprung von einem Dach über eine Antenne und fällt in den Innenhof, in einige Dosen mit Blumen. Er zieht sich eine etwa zwei Zentimeter lange Schnittwunde über dem rechten Auge und eine Verletzung am Handgelenk zu. Er wird in die Klinik gebracht, wo sich Fernández Mell befindet.

Er wird geröntgt, wobei sich herausstellt, daß er den Ellbogen gebrochen und eine schmerzhafte Verletzung am Arm hat. Che will sich keine Tetanusspritze geben lassen, da er befürchtet, daß es aufgrund des Asthmas zu einer allergischen Lähmungsreaktion kommen könnte, die ihn außer Gefecht setzen würde. Von da an *verschlang ich Aspirin, als ob es Kekse wären*, um die Schmerzen zu lindern.

Er ist nicht der einzige, der vom Dach gefallen ist. Auch Gustavo Machín Hoed, ein Hauptmann des Direktoriums, dessen zukünftiges Leben eng mit dem von Che verbunden sein wird, wurde durch Heckenschützen vom Dach geholt und zog sich eine Rückenverletzung zu.

Gegen acht Uhr abends dauert die Belagerung immer noch an. Die Mitglieder des „Selbstmordtrupps" befinden sich nur noch wenige Meter von der Kaserne entfernt. Eine von einem Soldaten geworfene Handgranate verletzt Leonardo Tamayo, Harry Villegas und Alfredo Salas. Danach kommt es zu einer nächtlichen Feuerpause.

Die Kämpfe in Guayos sind sehr viel kürzer gewesen: Die Schießerei begann um 7 Uhr morgens nach einem Zusammenstoß auf der Brücke über den Fluß Tuinicú, wo die aus Sancti Spíritus kommende Verstärkung von Olo Pantojas und San Luis' Trupp aufgehalten wurde. Nachdem sie die Wachen in die Flucht geschlagen hatten, zerstörten sie die Brücke. Nach dem Gegenangriff der Soldaten kam es zwar zum Rückzug, aber die Blockade auf der Nationalstraße wird aufrechterhalten.

Die Truppen von Bordón kämpfen an zwei Fronten: gegen die Soldaten in der Kaserne und gegen die Polizisten, die unter dem Befehl von José Rojas, Sohn des bekannten Polizeioberst aus Santa Clara, von ihren Stellungen im Alcázar-Kino aus als Heckenschützen agieren.

Der Trupp von Pantoja und San Luis zieht in die Stadt ein. Marcelo Martínez, Mitglied der Gruppe, berichtet: „Als wir bei den Guayos-Anhöhen ankamen, sah die Lage gar nicht gut aus, noch dazu war uns der Ort unbekannt. Die im Hotel postierten Heckenschützen empfingen uns mit Schüssen und zwangen uns, aus dem Jeep zu springen. Wir verschanzten uns am Eingang des alten Lyzeums und schossen zurück. Es ging Schlag auf Schlag." Plötzlich richtet sich San Luis ungestüm auf und rückt schießend vor. Seine Leute warnen ihn vor der Gefahr, aber die Explosionen und sein Gemütszustand machen ihn taub, und er rückt weiter vor. Auch Olo verläßt seine Stellung, er rennt hinter ihm her. Beide werden von einer Maschinengewehrgarbe aus den Hotelfenstern getroffen. Sie stürzen. Olo hat zwei Kugeln abbekommen, eine in die Brust, die andere im rechten Arm. San Luis ist hinten an der linken Seite verletzt. Ein Kämpfer will sie herausholen, aber sie antworten ihm, daß es nur Kratzer seien, und schießen weiter. Die Blutflecken breiten sich über ihre Kleidung aus. Keiner der beiden will sich aus dem Kampf zurückziehen. Zähneknirschend verlassen sie dann aber doch diese Position.

Am 22. Dezember um 10 Uhr morgens fällt die Kaserne den Truppen von Bordón in die Hände. Es werden ein Dutzend langläufiger Waffen und reichlich Munition erbeutet. Nur noch die Heckenschützen auf dem Flachdach des Kinos leisten Widerstand. Gegen zwei Uhr nachmittags ist auch dort die weiße Fahne zu sehen. Mehr oder weniger um diese Zeit tauchen Olo Pantoja und San Luis wieder in der Stadt auf, nachdem sie aus dem Lager in Manacas ausgebüchst sind, wo sie Erste Hilfe bekommen haben.

In Cabaiguán werden die Kämpfe im Morgengrauen wieder aufgenommen.

Ches Männer erhalten Verstärkung von den Kämpfern Bordóns und Pantojas. Die Rebellen haben einen neuen Verlust zu beklagen: Hauptmann José Ramón Silva wird zum dritten Mal seit Beginn der Invasion schwer verletzt. Aufgrund der Verwundung muß sein Arm amputiert werden.

Um 2 Uhr morgens in der Nacht vom 22. auf den 23. Dezember betritt der frisch verbundene und unbewaffnete Che in Begleitung des Pfarrers von Cabaiguán die Kaserne, um die Verhandlungen aufzunehmen. Der befehlshabende Offizier reagiert hochmütig, worauf Kommandant Guevara ihm erklärt: *Ich bin der Che, und ich bin es, der die Bedingungen stellt, da wir gewonnen haben.* Kurz darauf ergeben sich die Soldaten nach 45 Stunden währenden Gefechten. *Die Kapitulation der Kasernen wurde auf der politischen Grundlage vereinbart, die Garnison freizulassen, wenn sie versprach, das befreite Gebiet zu verlassen. Auf diese Weise gaben wir ihnen die Möglichkeit, die Waffen zu strecken und sich zu retten.*

Es werden 90 Gefangene gemacht, sieben MGs vom Kaliber 30, 85 Gewehre und leichte Maschinengewehre sowie Munition erbeutet. Es ist ein glatter Sieg, der aber erneut mit einem extrem hohen Preis verbunden gewesen ist, denn drei Offiziere sind verletzt, einer davon schwer. Um die Lücken zu füllen, befördert Che Ramón Pardo (Guile) und Rogelio Acevedo an Ort und Stelle zu Hauptleuten und Leonardo Tamayo zum Leutnant.

Es gibt ein wunderschönes Foto von Che mit eingegipstem Arm und Stirntuch. Er raucht lächelnd einen Zigarrenstummel, während die Rebellen ihm auf die Schulter klopfen. Obwohl er bereits seit 40 Stunden nicht geschlafen hat, scheint der Sieg das beste Mittel gegen die Müdigkeit zu sein.

Nachdem die Truppen entwaffnet worden sind, werden sie freigelassen und nach Placetas geschickt, wo ihre eigenen Kameraden sie auf Befehl des Offizierskorps verhaften und ihnen das Essen verweigern. Die Garnisonen von Guayos und Cabaiguán sind von der Krankheit der Niederlage befallen, und diese ist ausgesprochen ansteckend.

Unterdessen ist die Nachricht eingetroffen, daß der Trupp von Armando Acosta ein Wunder bewirkt und die Stadt Sancti Spíritus erobert hat, indem ein Volksaufstand ausgenutzt wurde, den Acosta selbst angezettelt hatte. Das intelligente Vorgehen des Rebellenhauptmanns hatte gute Unterstützung durch ein Gerücht, das unter den ärmsten Bevölkerungsgruppen kursierte, demzufolge Che und Camilo in Begleitung einer Persönlichkeit mit Namen Jeanne d'Arc, die ihre von der Diktatur ermordete Familie rächen wollte, die Stadt erobern würden.

Ches Guerillafront erstreckt sich nun auf einer Länge von 50 Kilometern zwischen Sancti Spíritus und Placetas auf der Nationalstraße.

Seine Offensive klappt wie am Schnürchen. Kaum ist der Widerhall der letzten Schüsse in Cabaiguán verklungen, erhalten die übernächtigten Trupps der Rebellenarmee schon den Befehl zum erneuten Aufbruch. Keine zwei Stunden nach der Kapitulation der Soldaten rücken sie auf Placetas vor.

Am 23. hat der Trupp von Rogelio Acevedo die zwischen Placetas und Santa Clara liegende Ortschaft Falcón besetzt und einen Hinterhalt gelegt, um die vorhergesagte Verstärkung aufzuhalten. Gleichzeitig rückt eine Kolonne des Direktoriums vor. Faure Chomón informiert: „Wir übten Druck auf Placetas aus. Gestern zog César Páez dort mit einer Einheit ein, und es kam zu einer Schießerei. Er sprach aus einem Lautsprecherwagen und wurde dabei von den Einwohnern begeistert gefeiert. Danach zog er sich zurück, und die Luftwaffe bombardierte und beschoß die Umgebung von Placetas, ohne Schaden anzurichten. Wir halten die Belagerung aufrecht. (...) Heute sind einige Soldaten mit ihren Waffen zu uns übergelaufen, darunter ein Leutnant ..."

Am 23. um 4 Uhr 30 morgens ist die Lage in der südlichen Region von Las Villas wie folgt: Die Rebellenarmee beherrscht alle Kasernen im Norden und Osten des Escambray-Gebirges mit Ausnahme der Kaserne in Manicaragua, die von einer Kolonne des Direktoriums belagert wird. Die Rebellen halten ihre Basen im Gebirge aufrecht, wo sie in Trainingslager für die Reserve umgewandelt worden sind, die sich mit den jeweils erbeuteten Waffen dem Kampf angeschlossen hat. Sancti Spíritus ist von den Trupps der Hauptleute Acosta und Castillo eingenommen worden, und Che hat ihnen nach dem Sieg in Cabaiguán den Trupp von Pantoja und San Luis (die sich beide von ihren Verwundungen erholen) als Verstärkung für den Vormarsch auf Jatibonico geschickt. Immer weiter östlich vorzudringen und Kasernen anzugreifen, war die beste Schutzmaßnahme gegen eine mögliche Truppenentsendung der Diktatur von Ciego de Ávila aus, wo die Kräfte noch relativ frisch waren.

Im Morgengrauen schleusen sich die Guerilleros langsam in Placetas ein. Die Schüsse aus Cabaiguán hallen noch in ihren Ohren nach. Die vollkommen demoralisierte Garnison hatte die Evakuierung des Postens verlangt, der aus mehr als hundert „kampfunlustigen Soldaten" bestand, „die sich nicht in der Lage sahen, gegen das Rebellenelement zu kämpfen, das eine überwältigende Mehrheit im Verhältnis von 50 zu 1 hatte", heißt es in einem maßlos übertriebenen Armeebericht. Che verfügt zu diesem Zeitpunkt nicht einmal über 200 Mann für den Angriff auf Placetas. Als Antwort auf den Bericht war die Evakuierung nach Santa Clara befohlen worden. Aber der Befehl kam zu spät, Placetas war bereits umzingelt.

Um 4 Uhr 30 morgens krachen die ersten Schüsse. Die Truppen von Víctor Bordón ziehen an einem Ende des Ortes ein, die des Direktoriums, von Rolando Cubela befehligt, am anderen. Der Selbstmordtrupp greift den Feind im Kino an, Abrantes das Rathaus und der Trupp von Alfonso Zayas das Polizeirevier. Leutnant Hugo del Río berichtet: „Wir erhielten an den verschiedenen Kampfplätzen eine erstaunliche Unterstützung durch die Bevölkerung. Häufig waren so viele Leute auf der Straße, daß es sogar gefährlich wurde, denn sie konnten den feindlichen Kugeln zum Opfer fallen."

Che kommt gegen 6 Uhr 30 in einem von seinem Leibwächter Castellanos gesteuerten Jeep in Placetas an. Zu diesem Zeitpunkt besetzt Hauptmann Páez gerade das Kino und der Trupp von El Vaquerito kämpft auf der Anhöhe, nachdem er den UKW-Sender kampflos eingenommen hat.

Che telefoniert von einem Lagerhaus mit Faure Chomón, der im südöstlich der Stadt gelegenen Báez einen Hinterhalt gelegt hat, um den Durchbruch der Armee auf der Provinzlandstraße zu verhindern.

Wie ist die Lage?

„In Falcón gibt es einen Hinterhalt mit einer MG-30-Stellung, falls sie Verstärkung schicken sollten."

In Santa Clara gibt es keine Anzeichen, daß sie Verstärkung losgeschickt haben?

„Nein, keine. Bis nach Falcón sind sie nicht gelangt."

Che lacht auf: *Sie sind verloren.*

In Placetas halten die Kräfte von Zayas den Druck auf das Polizeikommissariat aufrecht. Um 5 Uhr nachmittags bitten die unter dem Beschuß von MG-30, Panzerfäusten und Granaten stehenden Polizisten um eine Feuerpause und um Verhandlungen mit Che. Ein halbe Stunde später geben sie auf.

Das Feuer der Rebellen konzentriert sich danach auf die Kaserne mit den 104 Soldaten. Der Trupp von El Vaquerito greift von der Rückseite an und die Truppen Bordóns von vorne. Che befindet sich an der Feuerlinie.

Calixto Morales erinnert sich: „Ich sehe ihn noch in Placetas vor mir. Die Heckenschützen schossen von allen Seiten, und er spazierte einfach auf der Straße herum."

In Placetas bekommen die Rebellen unerwartete Verstärkung. Leutnant Pérez Valencia vom Befehlsstand in Fomento, der sich einige Tage im Lager Manacas aufgehalten hat, ist für die Sache der Bewegung gewonnen worden. Er berichtet: „Ich bat Che, mir die Armbinde vom 26. Juli umzubinden. Während er meine Bitte erfüllte, sagte er leise zu mir: *Ich verspreche Ihnen nichts.* Ich antwortete, daß ich nur darum gebeten hatte, kämpfen zu dürfen." Mit einem Megaphon bedrängt Pérez Valencia die Verteidiger sich zu ergeben: „Es soll kein Blut vergossen werden. Ich bin Valencia und ich unterstehe Ches Befehl, ich habe sogar meine Waffe. Die Rebellenarmee ist anders als ihr glaubt." Der Hauptmann gibt nach. Che betritt darauf die Kaserne, um mit den Offizieren zu verhandeln. Einem Augenzeugen zufolge spricht er in einem höflichen, leisen Ton, aber der Befehlshaber der Belagerten, Leutnant Hernández Rivero, wird arrogant und erklärt, daß er ein Berufsoffizier sei und die Kaserne bis auf den letzten Blutstropfen verteidigen würde. Che muß lauthals lachen. Daraufhin setzen sich die Soldaten über ihren Befehlshaber hinweg und ergeben sich.

Als die Nachricht von der Kapitulation der Truppen bekannt wird, strömt das Volk mit Jubelrufen auf die Straßen, alle Kirchenglocken beginnen zu läuten. Mehr als 150 Mann haben sich ergeben, es werden 159 Gewehre, sieben leichte Maschinengewehre, ein MG-30, ein Granatwerfer, Granaten und Munition erbeutet.

Am 22. Dezember, kurz vor dem Fall von Placetas, hatte Fidel eine Botschaft an Che gerichtet, in der er darauf hinwies, daß es zum gegenwärtigen Zeitpunkt ein Fehler sei, die Gefangenen zum Feind zurückzuschicken, da er sie, selbst wenn er sie nicht im Gefecht einsetzte, für Garnisonsaufgaben benutzen könnte. Che hatte die Gefangenen aus Fomento zwar zunächst festgehalten, später aber wieder freigelassen, im Fall von Cabaiguán und Guayos sogar fast sofort. Das war eine Taktik, die Fidel selbst mehrfach in der Sierra Maestra angewandt hatte, diejenigen, die kapituliert hatten, als demoralisierendes Element zu benutzen. Es gibt keinen Beleg über Ches Antwort auf die Botschaft Fidels, aber zweifellos konnte er taktische Gründe angeben, um sein Vorgehen zu rechtfertigen, auch wenn er im Fall von Placetas die Gefangenen nicht direkt freiließ, sondern sie dem Roten Kreuz überstellte, wodurch sich ihre Wiederaufnahme in die Armee um einige Tage verzögert haben dürfte.

Einige Stunden nach dem Fall von Placetas kommt Che nach Yaguajay, wo Camilo und seine Kolonne die Kaserne belagern. Das Treffen findet in der Zuckerfabrik Narcisa statt und wird vom lebhaften Interesse der Bauern begleitet, die herbeigeeilt sind, um die beiden zusammen zu sehen. Mit seinem üblichen Sinn für Humor bemerkt Camilo: „Ich weiß schon, was ich machen werde, wenn wir gewonnen haben: Ich werde dich in einen Käfig stecken und mit dir durchs Land tingeln und von jedem, der dich sehen will, fünf Riesen Eintritt verlangen. Und ich werde reich werden!“

Das Treffen zwischen den beiden Kommandanten diente zur Konkretisierung der zukünftigen Aktionen. Sollte Camilo die Belagerung in Yaguajay aufgeben und sich Che für die Offensive in Santa Clara anschließen? War die Stunde für den Angriff auf die Hauptstadt schon gekommen? Che legte seine Pläne dar, und sie beschlossen, daß Camilo den Druck auf Yaguajay aufrechterhalten und ein Teil seiner Kräfte bei Ches nächster Operation mitwirken sollte.

Während die beiden Kommandanten die Gefechtsstrategie für die nächsten Tage in Las Villas entwerfen, verläßt ein gepanzerter Zug Havanna in Richtung Santa Clara. Die Abfahrt der besten Waffe der Diktatur hat sich bisher aufgrund von Sabotageaktionen verzögert, und der Zug verläßt den Bahnhof nicht vollbesetzt. Die Desertionen haben in der letzten Zeit immer mehr zugenommen und reißen auch während der Fahrt nicht ab. Zudem flieht der befehlshabende Offizier mit einer Million Pesos an Soldgeldern in Richtung Vereinigte Staaten. Trotzdem wird der gepanzerte Zug mit seinen Maschinengewehren zu Weihnachten in Santa Clara sein ... und Ches Truppen erwarten.

Am 23. haben die Kräfte des Direktoriums Manicaragua erobert, und am gleichen Tag ziehen die vereinigten Kräfte von Armando Acosta und Orlando Pantoja in Jatibonico ein. Che befiehlt daraufhin Víctor Bordón und seiner Truppe auf der Landstraße zu operieren, die südlich der Sierra nach Cienfuegos führt, und danach die Verbindungen zwischen Santa Clara und Havanna zu kappen. Während diese Kräfte Druck auf die Armee ausüben und gleichzeitig als Sperrgürtel gegen mögliche Verstärkungen fungieren, bereitet Che eine neue Überraschung für die Soldaten der Diktatur vor. Zur Feier des Weihnachtstages rückt er auf die acht Kilometer voneinander entfernt liegenden Ortschaften Remedios und Caibarién vor, die an der Nordküste von Las Villas und im Nordosten von Santa Clara liegen.

In den Mittagsstunden des 25. Dezember beginnt die Operation. Die beiden Armeekasernen, die von Polizeikräften und Marinesoldaten unterstützt werden, haben eine doppelt so große Truppenstärke (250 Mann) wie die Kaserne in Fomento, wo die Las-Villas-Offensive begonnen hat. Außerdem will Che ihnen nur einen Bruchteil seiner Kolonne entgegenstellen und nicht auf die Hilfe des Direktoriums zurückgreifen. Die vier Trupps (der von Alfonso Zayas, der Selbstmordtrupp von El Vaquerito, die Trupps von Miguel Álvarez und von Rogelio Acevedo), die aus insgesamt 120 Kämpfern bestehen, haben eine außerordentlich hohe Kampfmoral, die in den städtischen Gefechten gestählt worden ist. Ihre Feinde hingegen sind demoralisiert und befinden sich in der Defensive.

Die Rebellen ziehen am hellichten Tag in Remedios ein und nehmen das Rathaus und die Kaserne unter Beschuß. Als erstes fällt die Wahlbehörde, wo die Kräfte des Selbstmordtrupps eine Gruppe von Soldaten angreifen, die sich ohne größeren Widerstand ergibt. Nun beginnen die Kämpfe an der Polizeikommandantur und der Kaserne, in der sich etwa 200 Soldaten befinden. Als das Gefecht schon begonnen hat, schließt sich ein neuer Trupp an, der von Hauptmann Alberto Fernández – Pachungo – befehligt wird und 45 Rekruten aus Caballete de Casa umfaßt, die mit den in Placetas eroberten Gewehren ausgestattet sind.

Noch während die Operationen in Remedios in Gang sind, haben die Truppen der 8. Kolonne den Angriff auf Caibarién begonnen. Am 25. kurz vor 23 Uhr dringen zwei Trupps aus Ches Kolonne, der von Ramón Pardo und der von Justo Parra, in die Stadt ein. Die Bevölkerung strömt auf die Straße, umringt die Rebellen und informiert sie darüber, daß die Anhänger Batistas sich in die Kaserne der Landgarde und in den Marinestützpunkt zurückgezogen haben. Um 23 Uhr werden beide Stellungen unter Beschuß genommen. Der Marinehauptmann gibt den Posten kampflos auf. Der bereits zur Rebellenarmee gehörende Leutnant Pérez Valencia wirkt als Vermittler. Auch Che macht einen Stich im psychologischen Krieg, indem er eine in der Nähe befindliche Fregatte der Kriegsmarine per Funk auffordert sich zu ergeben. Der Kommandant weigert sich zwar, verspricht aber, nicht in den Kampf einzugreifen. Che beklagt sich über den Teilerfolg, denn er hat seinen Leuten bereits versprochen, daß sie die Kanonen der Fregatte demontieren und später in Santa Clara einsetzen können.

Das Gefecht um die Polizeistation in Remedios wird immer erbitterter. Beim Näherrücken stoppt El Vaquerito seine Truppe und bestimmt, daß niemand ihm folgen solle, bis er den entsprechenden Befehl gegeben habe. Dann verschwindet er um eine Ecke. Zwei Kämpfer, die ihn nicht gehört haben, stürzen hinterher. El Vaquerito, der glaubt, daß sie ihm den Gehorsam verweigern, schickt sie zurück. Er befiehlt ihnen, sich langsamen Schrittes zwischen den überall umherzischenden Kugeln zurückzuziehen. Nachdem kurze Zeit darauf den Belagerten das Wasser abgestellt worden ist, beginnt der Angriff mit Molotow-Cocktails. In kürzester Zeit steht das Gebäude in Flammen und aus dem Inneren ertönen Kapitulationsrufe. Ein denkwürdiges Foto zeigt den von seinen Männern umgebenen El Vaquerito mit glasigen Augen und starrem Blick, in dem sich Erschöpfung und Spannung widerspiegeln. Im Hintergrund züngeln Flammen aus den Fenstern des großen baufälligen Hauses.

Nachts wird der Belagerungsring um die Armeekaserne geschlossen. Der Selbstmordtrupp vollendet die von den anderen Trupps begonnene Arbeit. Leutnant Hugo del Río berichtet: „Wir hatten schon so viele Stellungen erobert, daß wir uns bereits am Pferdestall der Kaserne befanden. Miguel (Álvarez, dessen Trupp sie ablösen sollten) kam und wir dachten, daß wir nun ausruhen könnten, denn wir waren bereits mehrere Tage von Gefecht zu Gefecht geeilt, ohne zu schlafen. Aber dem war nicht so. El Vaquerito trommelte uns zusammen und teilte uns mit, daß wir nach Caibarién aufbrechen würden. Als wir uns mitten in der Ablösung befanden, wollte Miguel vom ‚Mexikaner' wissen: ‚Wo ist denn die Kaserne, die wir angreifen sollen?'

Der ‚Mexikaner' legte die Hand auf die Mauer und erklärte:

‚Hier ist sie, das ist die Kaserne!'"

Im Morgengrauen des 26. Dezember zieht der Selbstmordtrupp in Caibarién ein. Die Bevölkerung hat sich bereits massiv der Belagerung angeschlossen und dem Trupp von Guile bei den Gefechten gegen die überlegenen feindlichen Kräfte geholfen. Die beiden Trupps halten den Druck den ganzen Vormittag des 26. über aufrecht. Es wird unablässig auf die Kaserne geschossen, das Wasser ist abgestellt und die Soldaten können noch nicht einmal den Kopf herausstrecken. Zur Verzweiflung der Belagerer ist der Widerstand jedoch ungebrochen. Es wird versucht, die Kaserne mit brennenden Autoreifen in Brand zu setzen, aber das Experiment schlägt fehl. El Vaquerito besorgt einen Feuerwehrwagen, befiehlt, ihn mit Benzin zu füllen, und fährt damit auf die Kaserne zu, um sie mit Benzin zu bespritzen – auch auf die Gefahr hin, daß dabei alle in die Luft fliegen. Er greift zu einem Megaphon und spricht mit den Soldaten. Aus einem Fenster wird eine weiße Fahne herausgestreckt. El Vaquerito geht auf sie zu. Der befehlshabende Offizier will sich aber nicht ergeben, denn er hatte anscheinend einige Verbrechen gegen die Bevölkerung begangen und Angst vor Repressalien. Der empörte Vaquerito fordert ihn auf, herauszukommen und sich einem Duell zu stellen, anstatt seine Soldaten preiszugeben, die nicht mehr kämpfen wollen. In der Zwischenzeit entwaffnen einige Rebellen wenige Meter davon entfernt die ersten Soldaten. Der Leutnant beschimpft El Vaquerito, der ihm antwortet, daß er sehr müde sei und sich nun eine Weile hinlegen wolle, bis sich die Soldaten eines Besseren besonnen hätten. Unmittelbar darauf läßt er sich auf ein Feldbett fallen und schläft auf der Stelle ein. Das ist der Gnadenstoß für die Moral der Soldaten, die nicht mehr lange brauchen, um sich zu ergeben.

Wenige Stunden zuvor ist die Kaserne in Remedios den Rebellen in die Hände gefallen. In Remedios und Caibarién wurden insgesamt 200 Gewehre erbeutet und mehr als 250 Soldaten gefangengenommen. Die Armee verwandelte in ihrem amtlichen Bericht die 120 Rebellen in 1.200.

Ein Foto zeigt einen abgemagerten, aber lächelnden Che am Eingang der Kaserne in Remedios. Sein linker Arm ist eingegipst. Er scheint auf einen Punkt im Himmel zu blicken. Ein entferntes Flugzeug? Zu seiner Linken betrachtet ihn der Koch der 8. Kolonne, Duménigo. Sein Blick ist etwas prosaischer, er scheint an das nicht vorhandene Abendessen zu denken. Während der ständigen Gefechte hatte die Rebellentruppe wenig Gelegenheit, etwas anderes zu essen als das, was die Bevölkerung ihr mitten in den Kämpfen reichte.

Acevedo versucht, seinen Kommandanten zu sprechen. Als Guevara ihn sieht, macht er ihm Vorhaltungen. Der junge Hauptmann sollte sich nämlich an einem Hinterhalt außerhalb des Ortes befinden. Acevedo bringt vor, daß hier sein Heimatort sei und sich außerdem drei Mörder und Folterer unter den Gefangenen befänden, die hingerichtet werden müßten. Guevara blickt ihn fest an und erklärt, er habe sein Wort gegeben, daß die Soldaten an der Küste freigelassen würden. Später werde sich die revolutionäre Gerichtsbarkeit schon um sie kümmern. Acevedo akzeptiert zähneknirschend.

Während Kräfte Ches in Remedios und Caibarién kämpften, kam es zu einer wichtigen Veränderung auf der Seite Batistas. Joaquín Casillas Lumpuy wurde zum Nachfolger des unentschlossenen Río Chaviano bestimmt und übernahm damit den Oberbefehl über die Kriegsführung in Las Villas. Casillas brachte als Empfehlungsschreiben seine Gewalttaten mit, die er während des Krieges im Gebiet Oriente begangen hatte, und die Ermordung des Anführers der Zuckerarbeiter, Jesús Menéndez, in Manzanillo, als er erst den Rang eines Hauptmanns bekleidet hatte. Die Ablösung war der Vermutung Batistas zuzuschreiben, daß Río Chaviano mit General Tabernilla konspiriert hatte, um einen gemäßigten Ausweg aus der Diktatur zu suchen.

Ein Bericht des SIM vom 27. Dezember über den Zustand der Truppen Batistas in Santa Clara beschreibt ziemlich objektiv die Schwierigkeiten, auf die Oberst Casillas stoßen sollte: „Die Truppen in dieser Provinz haben allgemein eine sehr pessimistische Haltung, und sie beklagen sich darüber, daß sie in keinem ihrer Kämpfe gegen die zahlenmäßig überlegenen Aufständischen die angeforderte Verstärkung erhalten hätten.“ Der Bericht enthält nur eine Ungenauigkeit: Die Truppen Batistas hatten in allen Kämpfen zahlenmäßig gleichstarken oder schwächeren Feinden gegenübergestanden, niemals stärkeren. Ihre Feinde waren ihnen auch in der Bewaffnung unterlegen, aber sie befanden sich in der Offensive und ersetzten die Mängel durch eine gewaltige Kampfmoral und eine hervorragende Führung auf allen Kampfebenen.

In zehn Tagen hatten die Truppen des Che und des Direktoriums der Diktatur ein mehr als 8.000 Quadratkilometer großes Gebiet mit fast einer Viertel Million Einwohner entrissen. Sie hatten 12 Kasernen und Quartiere der Armee, der Landgarde, der Polizei und der Marine in acht Dörfern oder Kleinstädten eingenommen. Sie hatten mehr als 800 Gefangene gemacht und circa 600 langläufige Waffen und reichlich Munition erbeutet. Sie hatten mit einer großen Flexibilität operiert und in dem Maße, in dem sie die Schwächen des Feindes entdeckt hatten, das Tempo der Offensive beschleunigt, wobei sie selbst sehr wenige Tote und Verletzte zu beklagen hatten (nur 11 Tote während des ganzen Feldzugs). Was aber vielleicht die Führung des Guerillakriegs von Ches Seite aus am meisten auszeichnete, war die Geschwindigkeit, die er der Offensive gegeben hatte, ihr verwirrendes Tempo. Zwischen dem Gefecht in Fomento und denen in Guayos und Cabaiguán waren 61 Stunden vergangen, aber zwischen der Einnahme dieser Städte und dem Angriff auf Placetas nur zwei Stunden, und zwischen der Einnahme von Placetas und dem Beginn des Angriffs auf Remedios und Caibarién waren es nur zwölf Stunden gewesen. Che hatte alle Schwächen des Feindes und die gewaltigen Kräfte seiner Invasoren genutzt, dieser jungen, scheinbar mit unerschöpflichen Kräften ausgestatteten Bauern, die geradezu wahnwitzig mutig waren, spöttisch, heiter, stark motiviert, solidarisch untereinander, stolz, vom Volk bewundert und von Hauptleuten und Leutnants geführt, die ihnen mehr als gerecht wurden und die Offensive mit ihrem Blut bezahlt hatten. Keiner der Hauptleute der Invasion war zu diesem Zeitpunkt unverletzt und mehrere Rebellenleutnants waren verwundet worden, bevor sie zu Hauptleuten befördert wurden.

Die Stunde des Angriffs auf Santa Clara rückt näher. Am 27. Dezember stellte sich die Lage der gemeinsamen Kräfte des 26. Juli und des Direktoriums in Placetas wie folgt dar: im Osten mußte sich der Trupp von Orlando Pantoja und San Luis aus Jatibonico zurückziehen, da die Verstärkung der Armee mit Panzern und gepanzerten Fahrzeugen eingetroffen war und sie von der Luftwaffe Batistas bombardiert wurden. Trotzdem leistete der Trupp, der mit seinen fast 100 Mann bereits eine kleine Kolonne war, ungebrochen Widerstand. Im Südosten und Nordosten von Santa Clara, wo die Kräfte von Víctor Bordón vorrückten, um den Belagerungsring um die Provinzhauptstadt zu errichten, war die Lage ebenfalls sehr schwierig. Diese kleine, 75 Mann starke Kolonne hatte einen Bogen vom Süden in den Norden geschlagen, dabei eine Reihe von kleinen Kasernen eingenommen und unter ständigen Kämpfen versucht, die Nationalstraße Havanna-Santa Clara endgültig zu blockieren. Am 27. wurde ihre Nachhut von einer Kolonne mit Panzern angegriffen, die unter Casillas' persönlichem Befehl aus Santa Clara ausgerückt war. Denn Casillas war sich bewußt, daß er vollständig von den Rebellen umzingelt sein würde, wenn es ihnen gelingen sollte, den Weg nach Havanna abzuschneiden. Bordón zog sich kämpfend zurück, aber schon am nächsten Tag blockierte er mit zusammengeschweißten Eisenbahnwaggons erneut die Landstraße. Im Nordosten hielt die 2. Kolonne von Camilo den Befehlsstand der Armee in Yaguajay belagert und kontrollierte ein breites Gebiet. Im Süden belagerte ein Teil der Kräfte des Direktoriums die Stadt Trinidad.

Das Entscheidungszentrum der Revolution in Las Villas wird am 27. kurzzeitig im Grand Hotel Tullerías in Placetas eingerichtet, einem im Jahre 1912 errichteten Dorfhotel, dessen Name mehr vorspiegelte als er in Wirklichkeit hielt. Der Eigentümer hat es säubern lassen, um den Rebellen Zimmer in gutem Zustand überlassen zu können. Che belegt das Zimmer Nr. 6 und benutzt das links von der Treppe liegende Zimmer Nr. 22 als Kommandantur. In der Abenddämmerung und im Schein einer Ölfunzel, da der Strom abgestellt ist, ruft Che seinen Stellvertreter Ramiro Valdés und den Kommandanten des Direktoriums, Rolando Cubelas, zu sich, um das gewagteste militärische Rätsel seiner gesamten Kämpferlaufbahn zu lösen: den Angriff auf Santa Clara.

Che stand vor der Alternative, etwas Zeit verstreichen zu lassen, damit die Kräfte Camilos Yaguajay einnehmen, die von Faure Trinidad besetzen und beide auf Santa Clara zumarschieren konnten, oder aber mit den beschränkten Kräften der 8. Kolonne und des Direktoriums auf die Stadt vorzurücken.

Die Untergrundorganisation und sogar die UPI, die sie in einer Kabelnachricht darüber informiert hatte, daß Batista zweitausend Mann zusätzlich nach Santa Clara schicken wollte, hatten ihnen umfangreiche Informationen über die Truppen geliefert, denen sie sich gegenübersahen: der gepanzerte Zug mit seinen 380 Soldaten, Granatwerfern, einer Kanone, Bazookas und Maschinengewehren; die Garnison Leoncio Vidal, die mit 1300 Mann, Panzern und leichten Kampffahrzeugen die wichtigste Kaserne der Provinz war; eine Garnison am Flughafen, die Kaserne des 31. Schwadrons der Landgarde mit 250 bis 300 Soldaten, Panzern und leichten Kampffahrzeugen; die Polizeistationen mit 400 Polizisten, Informanten, Soldaten, zwei Kometpanzern und zwei leichten Kampffahrzeugen und eine Reihe von kleineren Truppenniederlassungen mit mehr als 200 Soldaten. Insgesamt 3.200 Männer Batistas, die zudem aktiv von der Luftwaffe unterstützt würden. Ches größte Sorge galt der Tatsache, *daß wir eine Bazooka ohne Geschosse hatten und gegen ein Dutzend Panzer kämpfen mußten. Gleichzeitig wußten wir, daß wir sie nur dann wirksam bekämpfen konnten, wenn wir uns in den bevölkerten Vierteln der Stadt befanden, wo ein Panzer sehr viel von seiner Wirksamkeit einbüßt.*

Che verfügte für den Angriff über sieben Trupps mit insgesamt 214 Mann, über die etwa 100 Mann der Kolonne des Direktoriums und über ca. 50 Rekruten aus Caballete de Casa, die von Pablo Ribalta angeführt wurden, erst seit kurzem mit Waffen ausgestattet waren und unter denen sich einige ehemalige Kämpfer der II. Front befanden. Fast neun Soldaten auf jeden Rebellen, und die Kräfte Ches wollten angreifen. Die Militärhandbücher würden darin übereinstimmen, daß Kommandant Che Guevara im Begriff war, einen Wahnwitz vorzubereiten. Er wollte die Initiative gegenüber einer Garnison ergreifen, deren Kräfte den seinen neun zu eins überlegen war. Er verzichtete darauf, eine wichtige Gruppe seiner Guerilleros für die Operation heranzuziehen und rückte mit Truppen vor, die in den letzten Tagen kaum gerastet und geschlafen hatten (einige Männer des „Selbstmordtrupps" hatten seit drei Tagen keinen Schlaf gehabt, gleiches galt für die Leute von Alfonso Zayas), und ihre Munition war knapp. Aber der Volkskrieg richtet sich nicht nach Handbüchern. Che wußte, daß die Schnelligkeit seiner Aktionen verhindern würde, daß die Diktatur die Stellungen in Santa Clara verstärken konnte. Er operierte gegen demoralisierte Kräfte und zählte auf die Unterstützung des Volkes. Aber vor allem zählte er auf die überraschende Kampfkraft seiner seit elf Tagen ans Feuer gewöhnten Männer, die von der Gerechtigkeit der Sache und der Nähe des Sieges überzeugt waren. Er rechnete damit, daß die Armee in der Stadt eingezwängt sein würde und daß er die Festungen der Militärkräfte nach und nach isolieren und einzeln bekämpfen könnte. Er dachte, daß es eine lange Schlacht werden würde.

Nur im letzteren täuschte sich Che.

Im Zimmer des Hotels Placetas bleibt nur noch die Hauptstoßrichtung der Offensive zu klären. Vor dem Einzug in Santa Clara muß verhindert werden, daß die Panzer in unbewohnten Gebieten gegen die Kolonne vorgehen und daß die Luftwaffe sie auf freiem Gelände bombardieren kann.

Der Geograph Nuñez Jiménez, der sich der Kolonne gerade angeschlossen und den Che mit dem prunkvollen Titel „Leiter des topographischen Dienstes der 8. Kolonne" ausgestattet hatte, mußte dieses Problem lösen: „Er wollte, daß ich einen Weg fand, über den er mit seinen Truppen unentdeckt bis vor die Stadttore von Santa Clara gelangen konnte. Wir konnten dazu weder die an Placetas vorbeiführende Nationalstraße benutzen, noch die Landstraße von Santa Clara nach Camajuaní, die hier abzweigt (...). Aber es gab einen anderen Weg. Ein wenig befahrener Anliegerweg, der in La Vallita beginnt und über die Universitätsstadt bis an die Außenviertel von Santa Clara führt."

Zwischen 11 und 12 Uhr nachts beginnen sich die Trupps an jenem 27. Dezember 1958 in der Hauptstraße von Placetas zu formieren. Gleichzeitig versammeln sich die Kräfte des Direktoriums im 30 Kilometer südlich von Santa Clara gelegenen Manicaragua und warten auf den Befehl zum Ausrücken.

Kapitel 21

★

Die Mau-Mau in Santa Clara

Der auf Santa Clara zumarschierenden Kolonne galoppiert der Ruf der als Mau-Mau bekannten Rebellen voraus, von denen es heißt, daß sie ritterlich und großherzig sind, ihre Gefangenen freilassen, nachdem sie ihnen die Gründe für die Revolution erklärt haben, die eigenen und fremden Verwundeten ärztlich behandeln, niemals einen Gefährten im Kampf im Stich lassen, vor ihren Angriffen warnen, nutzloses Blutvergießen vermeiden, die Übergriffe gegen das Volk rächen und niemals besiegt worden sind.

Gleich nach dem Ruf taucht Hauptmann Rogelio Acevedo auf, dessen siebzehnjährige Schultern eine gewaltige Verantwortung tragen und der mit seinem Trupp zur Geländeerkundung ausgeschickt worden ist. Ihm folgt der „Selbstmordtrupp" und danach der Rest der Kolonne, die von ihrem Kommandanten Ernesto Guevara, bekannt als Che, angeführt wird, von dem es wiederum heißt, daß er an mehreren Stellen gleichzeitig sein kann und im Stehen kämpft. Neben ihm, in einem roten Toyota-Jeep, sitzt eine Frau, Aleida March, die die Stadt hervorragend kennt und Che die Tore zur Unterstützung des Volkes, die Wege, Dachgärten und Gassen der Stadt öffnet.

In der Stadt selbst herrscht Ruhe und Schweigen. Seit 24 Stunden sind die Sirenen der Verfolger nicht mehr zu hören gewesen. Die Soldaten haben sich in den Kasernen und in den Verteidigungsstellungen eingeschlossen, die ihnen ihre Befehlshaber zugewiesen haben.

Um zwei Uhr morgens nähert sich die Vorhut Acevedos Santa Clara in zwei Jeeps, erreicht die Universität und zieht weiter. Sie treffen auf ein paar Nachtschwärmer, aus denen nicht herauszukriegen ist, wo sich die Armee befindet. Die Streitkräfte Batistas tauchen nicht auf. Bei ihrem Vormarsch auf die Stadt stoßen die Rebellen nur auf ein paar Milchwagen.

Um vier Uhr morgens erreicht das zweite Rebellenkontingent die Universität; gegen sechs Uhr morgens trifft Che Guevara ein. Acevedo, der mit seinem Trupp weiter vorausgezogen ist, nimmt zu diesem Zeitpunkt zwei Kilometer vor den Standorten der Kolonne den CMQ-Radiosender ein.

Lolita Rosell, eine Sympathisantin des 26. Juli, die am Ortseingang von Santa Clara lebt, beobachtet die Ankunft der Erkundungsvorhut von Acevedo. Die mageren, schmutzigen Männer werden von ihrer Mutter an der Tür mit dem Ruf begrüßt: „Lang lebe das freie Kuba!" Der Vater fragt die Tochter: „Das sollen die Truppen von Che sein, die Leoncio Vidal erobern wollen?" Sie hält ihm einen Vortrag: Was zählt, ist die Moral ... Der Vater sagt daraufhin zu seiner Frau: „Lola, pack schon mal die Sachen zusammen, wenn sie zurückkommen, müssen wir mit ihnen in die Berge ziehen."

Ein sehr junger Rebell fragt das Mädchen: „Wie viele Soldaten hat Batista in der Stadt?"

Sie antwortet: „5.000." Als sie die Reaktion in seinem Gesicht sieht, fragt sie: „Sind das viele?"

„Ich weiß nicht, ob das viele sind, aber bei dem Anführer, den wir haben, ist das nicht viel, das weiß ich."

Der von Hauptmann Acevedo ausgesandte Trupp von Pacho Fernández schleust sich bis an die Grenzen der eigentlichen Stadt ein. Er legt einen Hinterhalt an einer Straßenkreuzung. Wenige Minuten später taucht ein Milchwagen auf. Leutnant Fernández läßt ihn vorbeiziehen, da er denkt, daß es die letzte Milch für die Einwohner in den nächsten Tagen sein wird. Einige Minuten später nähert sich ein Fahrzeug mit Armeeangehörigen. Es kommt zu einer Schießerei, bei der ein Soldat umkommt. Kurz darauf taucht die erste feindliche Kolonne auf. Nach dem Zusammenstoß zieht sich der Trupp von Alberto Fernández zurück, um sich seiner Kolonne anzuschließen.

Gegen acht Uhr morgens beginnt der Kern der 8. Kolonne von der Universität aus den Vormarsch. Sie rücken im Gänsemarsch über die Straßengräben vor. In der Mitte befindet sich Che mit einer kleinen Eskorte. Harry Villegas berichtet: „Als wir in Santa Clara einmarschierten, hieß es, Che würde mit drei Frauen kommen: einer blonden, Aleida, einer schwarzhaarigen, mir, und einer Mulattin, Parrita. Da Parrita und ich eine lange Mähne hatten und keinen Bart, verwechselten sie uns mit Frauen."

Als die Vorhut am CMQ-Sender ankommt, begegnet sie zwei Studenten, die einen Soldaten festgenommen haben, um ihn den Rebellen auszuliefern.

Während sie ihn verhören, taucht auf der Landstraße ein Jeep auf. Acevedo schießt auf ihn, der Jeep macht eine Vollbremsung und fährt mit quietschenden Reifen zurück. Acevedo gibt den Befehl zum Vormarsch, da sie ganz sicher ihre Präsenz melden werden. Ramón Pardo, Guile, schildert den Vorfall: „Wir waren etwa 300 Meter vorgerückt, als plötzlich ein gepanzertes Fahrzeug um eine Kurve fuhr und das Feuer auf die marschierende Truppe eröffnete. Wir zogen uns zurück und erwiderten das Feuer. Ich erinnere mich, daß ich mit Rucksack und Gewehr über einen Drahtzaun stieg und mir nicht einmal die Mütze dabei herunterfiel." Die Guerilleros ziehen sich in die Hauseingänge zurück und erwidern das Feuer. Der Panzerwagen tritt zwar den Rückzug an, hinterläßt aber fünf tote Rebellen und mehrere blutende Verletzte auf der Landstraße. In diesem Augenblick werden von der linken Flanke aus Schüsse auf die vorrückende Kolonne abgegeben; sie kommen von den Soldaten aus dem gepanzerten Zug, die Stellung auf dem Capiro-Hügel bezogen haben.

Im Fachbereich Pädagogik wird ein erstes provisorisches Feldlazarett eingerichtet. Dr. Rodríguez de la Vega erinnert sich: „Fernández Mell und ich legten uns in die Ecke einer der Universitätsaulen. Obwohl aus den Flugzeugen heraus geschossen wurde, schliefen wir ein. Zuweilen fielen Glasscherben auf uns, aber wir bekamen das nicht mit. Gegen ein Uhr trafen die ersten Verwundeten ein (...). Wir hatten vereinbart, daß wir nur die schwersten Notfälle versorgen würden und daß die übrigen in das nahegelegene Camajuaní geschickt würden."

Die Rebellen erreichen die Eisenbahnschienen und errichten eine erste Verteidigungslinie, um die Soldaten auf dem Hügel zu isolieren und die Verstärkung aufzuhalten, die über die Landstraße heranrückt. Der Trupp von Guile wird mit dieser Aufgabe betraut. Unter den anderen Trupps wird die Losung ausgegeben, auf zweitrangige Ziele in der Stadt vorzurücken und vorerst die Leoncio-Vidal-Kaserne zu umgehen. Die Luftwaffe hat ab 8.35 Uhr mit den Angriffen begonnen. Santa Clara wird von zehn B-26 und F-47 überflogen, die die Außenviertel der Stadt bombardieren und mit Raketen und Maschinengewehren beschießen. Die ersten Luftangriffe dauern bis 10.05 Uhr. Eine Bombe, die gegenüber dem Entbindungs- und Kinderkrankenhaus einschlägt, zerstört acht Häuser. Die Rebellen, die sich dem Capiro-Hügel nähern, und die Kräfte des Direktoriums, die auf die Kaserne Los Caballitos vorrücken, sind besonders stark vom Beschuß durch die Luftwaffe betroffen.

Die Zivilbevölkerung, die im Unterschied zu den Ortschaften im Escambray-Gebirge bisher noch nicht die zerstörerische Wirkung der Bombardements kennengelernt hat, ist vollkommen verschreckt. Die Stadt erzittert unter den Bombenexplosionen.

Gegen 10 Uhr sind die Truppen des Direktoriums, etwa 100 Mann, in einer Lastwagenkarawane mit zwei Jeeps an der Spitze über die Landstraße von Manicaragua in Santa Clara eingezogen. Die Anfahrt ist aufgrund der Hindernisse, mit denen die Rebellenkräfte den Weg blockiert hatten, nur langsam vonstatten gegangen, es ist aber zu keinen Zusammenstößen mit der Armee gekommen.

In den ersten Fahrzeugen sitzen die Hauptleute des Direktoriums: Raúl Nieves, Víctor Dreke, Abrantes, El Mexicano, César Páez, Oropesa, Gustavo Machín Hoed de Beche und der Kommandant der Kolonne, Rolando Cubela. Ihre Ziele sind die Kaserne der Straßenwacht (Los Caballitos) und die Kaserne der 31. Schwadron der Landgarde, wo 400 Soldaten mit vier Panzern auf sie warten. Nach den ersten Zusammenstößen mit der feindlichen Vorhut teilt sich die Kolonne auf und rückt unter Bombenangriffen vor.

Gegen 11 Uhr befinden sich die Kämpfer des Direktoriums etwa 600 Meter von der Kaserne entfernt. Die Gruppen von Nieves und Dreke nehmen Stellungen im Gebäude von Coca-Cola und in der Entbindungsanstalt Cabrera ein. Abrantes leitet den Angriff auf Los Caballitos ein und wird zurückgeschlagen, aber den Kräften von Leutnant López gelingt es, zur feindlichen Nachhut durchzuschlüpfen. Dreke berichtet: „Zwischen 11 und 12 Uhr vormittags wurde die Lage ziemlich kritisch, denn einige Soldaten hatten die Schwadron in gepanzerten Fahrzeugen verlassen und beschossen unsere Stellungen, das heißt, die Kameraden, die sich in der Nähe der Häuser befanden. Die Soldaten schossen und zogen sich wieder ins Innere der Kaserne zurück, während andere mit den Panzerwagen vorrückten ..."

Der verzweifelte Oberst Casillas, der nicht genau weiß, was außerhalb der Kaserne vor sich geht, außer daß die Mau-Mau die Militärstützpunkte mit Störfeuer belegen und daß er sich in der Defensive befindet, ruft von der Leoncio-Vidal-Kaserne aus den Generalstab in Columbia an und fordert Verstärkung aus Cienfuegos und weitere Bombenangriffe an. Als Antwort darauf befiehlt der Stützpunkt in Columbia eine neue Welle von Bombenabwürfen. B-26 und Sea Furys bombardieren somit wieder die Stadtviertel von Santa Clara. Die Angriffe erfolgen von 10.42 Uhr bis 16.54 Uhr.

Vom CMQ-Sender aus ruft Che die Bevölkerung zur Zusammenarbeit mit den Rebellen auf. Aus dem Äther ist die kratzende Stimme mit einem durch die Erschöpfung geschwächten argentinischen Akzent zu hören: *Die militärische Lage des Regimes ist täglich brüchiger, denn seine Soldaten wollen nicht kämpfen.* Die Botschaft wird um 2 Uhr morgens von Sancti Spíritus aus noch einmal ausgestrahlt und von Radio Tiempo, Unión Radio und Radio Nacional übernommen sowie weitergesendet. Ein mysteriöses Netz gibt die Botschaft weiter, in der Che dazu auffordert, die Straßen zu blockieren, um den Bewegungsspielraum der Panzer einzuschränken, und eine Unterbrechung der Wasser- und Stromversorgung anordnet, um den Druck auf die Kasernierten zu verstärken. Und ein anderes, noch stärkeres Netz im Inneren von Santa Clara beginnt mit der Ausführung von Ches Befehl: Pkws mit platten Reifen werden quer über die Straßen geschoben, Matratzen und Möbel aus den Fenstern geworfen ... Ein Foto zeigt eine nicht mehr als 60 Meter lange Straße, auf der neun quergestellte Autos zu sehen sind.

Beim Verlassen des Senders bittet ein kleines Mädchen Che, für ein Foto stehenzubleiben, der verwirrte Kommandant läßt sich von ihr ablichten. Die Lage ist unklar, sie befinden sich zwar auf dem Vormarsch, sind aber zahlenmäßig weit unterlegen und bekommen die zerstörerische Wirkung der gepanzerten Fahrzeuge zu spüren. Ein Gegenangriff könnte tragische Folgen haben. Che erklärt Fernández Mell, daß für die Einnahme von Santa Clara ein mindestens einmonatiger Kampf notwendig sei. Gemäß seinen Anweisungen rücken die Trupps auf die feindlichen Stellungen vor. Während die Gruppe von Ramón Pardo mit Unterstützung des Selbstmordtrupps gegen die Soldaten aus dem Zug vorgeht, die vom Capiro-Hügel herunterfeuern, dringen die anderen Trupps in den Innenstadtbereich ein. Überrascht stellen sie fest, daß sich bei ihrem Vorbeizug die Haustüren öffnen und ihnen Wasser oder da und dort sogar eine Tasse Kaffee gereicht wird.

An der Südfront nutzen die Truppen des Direktoriums die einbrechende Dunkelheit, die das Ende der Bombardements markiert, für einen Gegenangriff, der die Soldaten von Los Caballitos zwingt, sich ins Innere der Kaserne zurückzuziehen. An der im Westen Santa Claras gelegenen Santo-Domingo-Front haben sich die Truppen von Bordón einem Armeekonvoi mit Verstärkung für die belagerte Stadt entgegengestellt und ihn aufgehalten. In der Nähe von Jatibonico versucht der Trupp von Pantoja und San Luis, die Ankunft von Verstärkung für die Garnison mit einem Hinterhalt zu verhindern.

Die Nacht bricht herein. Trotz der Verluste und des sehr langsamen Vormarsches ist die Bilanz für die Rebellen positiv. Sie haben die Ankunft von Verstärkungen über den Osten und Westen der Stadt verhindert, und Trinidad ist praktisch eingenommen. Unter großen Schwierigkeiten rücken sie auf das Stadtzentrum der Provinzhauptstadt vor. Die Armee ist trotz ihrer gewaltigen Übermacht nicht in der Lage gewesen, zum Gegenangriff überzugehen, sie hat noch nicht einmal die enormen Reserven mobilisiert, die in der Leoncio-Vidal-Kaserne zusammengezogen sind. Im Inneren der Stadt baut die Bevölkerung Barrikaden, um den Einsatz der Panzer zu verhindern.

Einige Stunden vorher hatte Hauptmann Acevedo, während er eine Maschinengewehrstellung in einem Haus nahe der Universität aufstellte, auf die Bitte des Eigentümers, Professor Luis García, ihn bei einem Rückzug der Rebellen mitzunehmen, geantwortet: „Hier gibt es kein Zurück mehr, Professor."

Es scheint, daß seine Worte dabei sind, sich zu erfüllen.

In der Nacht des 28. Dezember organisiert Che seine Kräfte neu und versucht, Schlußfolgerungen aus den Lektionen des Vortags zu ziehen. Er schickt eine Botschaft an Rolando Cubela, in der er eine kurze Bilanz zieht: *Wir sind kaum vorangekommen. Wir haben vier Tote und mehrere Verletzte gehabt. Heute Nacht versuchen wir unser Glück von neuem. Gib mir Deine genaue Stellung an, damit wir eine bessere Kenntnis der Lage haben. Che.*

In dieser Nacht schläft Che nicht. Er läuft mit einer Eskorte die Eisenbahnlinie ab, um den Schwachpunkt des gepanzerten Zugs ausfindig zu machen, und bestimmt einen Ort, wo die Schienen aufgerissen werden sollen. Kurz vorm Morgengrauen reißen die Rebellen mit dem Preßlufthammer der Agronomischen Abteilung der Universität von Santa Clara, etwa vier Kilometer vom Standort des Zuges entfernt, einen Schienenstrang auf und schneiden so den Rückweg in die

Leoncio-Vidal-Kaserne ab. Hauptmann Acevedo erinnert sich: „Che machte manchmal Dinge bzw. gab manchmal Befehle, deren unmittelbaren Sinn wir nicht verstanden, die aber ein Ergebnis seiner großen Kampfintuition waren." Nachdem der Zug und die Stellung auf dem Capiro-Hügel isoliert worden sind, auf den sich ein Teil der Soldaten zurückgezogen hat, ordnet Che an, den Vormarsch fortzusetzen. Der Selbstmordtrupp soll die Polizeistation angreifen, Acevedo im Gebiet um das Landesgericht und das Gefängnis kämpfen und der kleine Trupp von Alberto Fernández auf das Grand Hotel vorrücken. Der Trupp von Hauptmann Zayas wird damit beauftragt, die feindlichen Kräfte auf dem Capiro-Hügel anzugreifen, und Hauptmann Álvarez soll die Kämpfer des Direktoriums unterstützen, die gegen die Kräfte der 31. Schwadron und der Kaserne Los Caballitos vorgehen. Der von Leutnant Ribalta befehligte Reservetrupp erhält den Befehl, in das Condado-Viertel zu ziehen, das Raúl-Sánchez-Gebäude und das Martí-Gebäude anzugreifen und die Kräfte der Leoncio-Vidal-Kaserne zurückzuhalten. Die Hauptstreitmacht isolieren und die schwächsten Stellungen angreifen ist das Schema Guevaras in diesem letzten Monat gewesen. Ches Kräfte ziehen in Santa Clara ein. Während der Trupp von Ribalta weiß, wohin er geht, da sein Anführer in diesem Stadtviertel geboren wurde, ist das bei den auf der anderen Seite des Bürgersteigs vorrückenden Leuten von Acevedo nicht der Fall. Gleiches gilt für die Mitglieder des Selbstmordtrupps, die hier vollkommen fremd sind. Che selbst, der von Kuba nur die Sierra Maestra, das Escambray-Gebirge und den Weg zwischen beiden Gebirgen kennt, muß auf die Leitung des Untergrunds und insbesondere auf die unschätzbare Hilfe von Aleida March zurückgreifen, um sich in der dunklen Stadt zurechtzufinden. So zieht also eine gespenstische Armee von zerlumpten Bärtigen durch die nächtliche Stadt und teilt Santa Clara in zwei Hälften.

Im Morgengrauen des 29. Dezember ist die Einschleusoperation abgeschlossen und die Rebellen haben sich über die ganze Stadt verteilt. Vielleicht in Erinnerung an diese Nacht erklärt Che Jahre später: *Der Guerillakämpfer ist ein nächtlicher Kämpfer, das heißt zugleich, daß er alle Eigenschaften der Nacht besitzt ...*

Der 29. ist der Tag der Entscheidungsschlachten. Entweder erholt sich die Armee Batistas von der anfänglichen Überraschung und kann ihre Truppen mobilisieren, ausschwärmen lassen und zum Gegenangriff gegen die Guerilleros formieren, denen sie sowohl zahlenmäßig als auch waffenmäßig erdrückend überlegen ist, oder aber Ches unsichtbare Front, die inexistente Feuerlinie, die Che mit den eingeschleusten Gruppen geschaffen hat, kann ihre Stellungen behaupten, die militärischen Festungen isolieren, die feindlichen Truppenbewegungen verhindern und die Bevölkerung in den Kampf einbeziehen. Einige Jahre später schreibt Che in seinem Buch „Der Guerillakrieg" einen Satz, der die Militärtheoretiker empören muß, einen sehr humorvollen Satz: *Es gibt keine festgelegten Feuerlinien. Die Feuerlinie ist ein mehr oder minder theoretisches Gebilde.* Heute, am 29. Dezember, könnte kein Kartograph die Linie skizzieren, die Soldaten und Rebellen voneinander trennt; sie existiert nicht. Vom städtischen

Dickicht gedeckt, haben die Rebellen den Verteidigungsgürtel von Oberst Casillas durchbrochen und sich sozusagen in seinem Wohnzimmer niedergelassen.

In den frühen Morgenstunden beginnen die Truppen des Direktoriums einen erneuten Vorstoß gegen die Kaserne Los Caballitos. Rolando Cubela wird dabei von einer Maschinengewehrgarbe verletzt, und Gustavo Machín Hoed übernimmt die Leitung des Angriffs.

Unterdessen ist die Stadt wieder den Luftangriffen ausgeliefert und wird von zwei B-26 bombardiert und beschossen. Der Journalist José Lorenzo Fuentes bezeugt: „Die Bewohner der am stärksten umkämpften Gebiete stürzten schreckerfüllt aus ihren Wohnungen. Alte Menschen, Frauen und Kinder irrten mit ihren kleinen Kleiderbündeln unter dem Arm auf der Suche nach einem sicheren Ort durch die Stadt. Hunger, Leiden und Angst zeichneten ihre Gesichter. Der Beschuß aus den Flugzeugen schwebte drohend über den Dächern und verletzte und tötete ganze Gruppen aus der Zivilbevölkerung. Viele Leichname mußten ohne Sarg in den Innenhöfen begraben werden. Ein 12jähriges Kind wurde in die Brust getroffen, und die Eltern konnten sich ihm noch nicht einmal nähern."

Der Trupp von Rogelio Acevedo greift das Gefängnis und das Gerichtsgebäude an. Der von Ribalta zieht, unterstützt von der Begeisterung des Volkes, in das Condado-Viertel ein. Die Bewohner strömen auf die Straße und reichen den Rebellen Kaffee und etwas zu essen. Molotow-Cocktails werden gemixt und Viertelmilizen organisiert. Der Angriff auf das Gebiet um die Leoncio-Vidal-Kaserne wird vorbereitet. Es kommt zu zwei Durchbruchversuchen der Armee mit Hilfe von Panzern, die aber beide zurückgeschlagen werden. Che verlegt die Kommandantur näher ins Gefechtsgebiet und zieht von der Universität in die weniger als einen Kilometer entfernten Werkstätten des Straßenbauamts um, das sich an der Nationalstraße in der Nähe des Geländes befindet, wo die Gleise aufgerissen sind.

Trotz der ersten Erfolge ist die Lage schwierig. *Unsere Männer kämpften gegen Truppen, die von gepanzerten Einheiten unterstützt wurden, und schlugen sie in die Flucht. Aber viele bezahlten ihren Mut mit dem Leben, Tote und Verletzte begannen die improvisierten Friedhöfe und Krankenhäuser zu füllen.*

Der Trupp von El Vaquerito hat am Bahnhof Stellung bezogen. Dort erhält Oberleutnant Hugo del Río einen eigentümlichen Anruf: „Das Telefon läutete und ich nahm den Hörer ab. Es war ein Militäroffizier, der mich nach der Lage in dieser Zone fragte. Ich antwortete ihm, daß die Rebellenarmee in den Straßen der Stadt sei. Daraufhin meinte er, daß ich mir keine Sorgen machen sollte, da die Polizei bald die Ordnung wiederherstellen würde. Ich erwiderte, daß ihr das schwerfallen dürfte, denn die Rebellenarmee habe die Lage im Griff. Er wollte wissen, mit wem er sprach. Ich antwortete ihm: mit Oberleutnant Hugo del Río. Er fragte mich, ob ich von der Landgarde oder der Polizei wäre. Und ich antwortete: ‚Weder noch, sondern von der Rebellenarmee (...)' Daraufhin wurde er ausfallend und erklärte, wenn ich ein richtiger Mann wäre, sollte ich in die Kaserne La Esperanza kommen. Ich informierte Che über den Vorfall, und er meinte, daß ich hingehen sollte ..."

Gegen ein Uhr unterhält sich Che mit seinen Hauptleuten Guile und El Vaquerito in einem Haus, das Doktor Pablo Díaz gehört. Er hat die Operationen aus dem Stegreif geleitet, indem er überraschend an den verschiedenen Punkten der Stadt aufgetaucht ist, wo Gefechte stattfinden. Er hat einen zwar chaotischen, aber letztendlich einzigartigen Überblick über das gesamte Geschehen, der aus dem Kontakt mit allen Konfliktgebieten und der permanenten Leitung der Aktionen resultiert. Kurz darauf beginnt der Kampf um die Polizeikommandantur und der Angriff auf den Capiro-Hügel, den die Trupps von Guile und Alfonso Zayas durchführen.

In drei Gruppen aufgeteilt, klettern die Rebellen den Hügel empor, wobei sie Handgranaten werfen, um die Soldaten zu vertreiben. Sie werden mit Granaten beschossen. Die Rebellen nutzen den Hügel als Deckung gegen den Beschuß aus dem Zug und können nach einem offenen Mann-gegen-Mann-Gefecht die Soldaten vertreiben, die auf der Rückseite des Hügels zum Zug flüchten.

Gegen drei Uhr nachmittags fährt der Zug los, um sich aus dem Feuerbereich der Rebellen zu entfernen, die nun die Höhenvorteile des kleinen Hügels ausnutzen können. Die beiden Lokomotiven bringen den Zug auf Geschwindigkeit. Der Maschinist läßt ihn in etwa vier Kilometer zurückfahren, er weiß nicht, daß die Schienen etwas weiter vorn über eine Strecke von 20 Metern aufgerissen sind. Plötzlich bäumt sich der Zug auf, entgleist, eine aus den Schienen geratene Lokomotive prallt gegen eine Garage, nachdem sie zuvor mehrere Fahrzeuge mitgerissen hat. Nicht nur der Lärm des Aufpralls ist gewaltig, sondern auch das Quietschen der entgleisenden Waggons. Der Romanschriftsteller Edmundo Desnoes beschreibt es sehr plastisch: „Der Zug kam zum Stehen. Grüne Coca-Cola-Flaschen, milchige Hatuey-Bierflaschen, durchsichtige Cawy-Flaschen, Dosen mit Libby's-Tomatensaft, Bartlet-Birnen, Campbell-Suppen mit Erbsen und Spargel zerbarsten auf den Waggons und der umgestürzte und an der Spitze abgewinkelte Zug war von Rauch und Feuer umgeben. Der dunkle Stahl des Zuges verschwand an manchen Stellen gänzlich unter Rauch und Feuer."

An der Straßenkreuzung zwischen der Calle Independencia und der Landstraße von Camajuaní rückt Leutnant Roberto Espinosa mit einem Teil des Trupps von Guile vor und nimmt 41 Soldaten gefangen, bevor diese reagieren können. Espinosa erzählt: „Die Soldaten trauten sich nicht, den Zug zu verlassen, so wußten sie also nicht, wieviele wir in Wirklichkeit waren. Wir hielten sie unter Dauerbeschuß und wer den Kopf herausstreckte, wurde von einer Kugel erwischt. Außerdem waren sie durch den Aufprall und das Entgleisen halb betäubt." Die 18 Rebellen halten 350 Soldaten in Schach. Auf einem 35 bis 40 Meter entfernten Hausdach wird ein MG-30 aufgestellt, dessen Geschoßgarben die nicht gepanzerten Dachbereiche der Waggons durchdringen. Die ersten Molotow-Cocktails werden auf den Zug geworfen. Espinosa hat drei der 22 Waggons erobert und hält die anderen unter ständigem Beschuß.

Che und Hauptmann Pardo werden von den Ereignissen am Zug unterrichtet, als sie gerade im Stadtzentrum in ein Gefecht gegen ein gepanzertes Fahrzeug verwickelt sind. Che begibt sich schnellstens zum entgleisten Zug. Bei der Ankunft kann er der Versuchung nicht widerstehen, sich ins Gefecht zu stürzen. Er steigt in einen entgleisten Waggon, in dem sich eine Kanone mit einem 20-mm-Rohr befindet. *Daraufhin kam es zu einem sehr interessanten Kampf, bei dem mit Hilfe von Molotow-Cocktails Männer aus dem Zug getrieben wurden, die zwar eine hervorragende Deckung hatten, aber eben nur bereit waren, Distanzgefechte von bequemen Stellungen aus gegen einen praktisch wehrlosen Feind zu führen, ganz im Stil der Kolonisatoren in ihren Kämpfen gegen die Indianer im nordamerikanischen Westen. Von Männern in die Zange genommen, die aus den anliegenden Waggons heraus brennende Benzinflaschen warfen, wurde der Zug dank der Panzerplatten zu einem wahren Backofen für die Soldaten.*

Mitten im Gefecht kommt ein Kurier herbeigeeilt, um zu berichten, daß aus Richtung Camajuani Verstärkung für die Batista-Truppen anrücke. Che unterstellt die Sturmtrupps dem Befehl von Pardo und macht sich auf, die Verteidigung zu organisieren.

Die Schießerei und die Molotow-Cocktail-Würfe gehen weiter. Eine Stunde später schlägt Pardo eine Feuerpause vor. Nachdem er sowohl mit einem Unteroffizier gesprochen hat, der ihn mit einem Thompson bedrohte und sich weigerte zu kapitulieren, als auch mit dem medizinischen Verantwortlichen des Zugs, kommt es zu einer Unterredung mit Kommandant Gómez Calderón, der sich zu einem Treffen mit Che bereit erklärt, das im Zug stattfinden soll. Pardo schickt einen Kurier auf die Suche nach dem Kommandanten der Kolonne. Kurze Zeit später taucht Che wieder auf. Er hatte sich nicht sehr weit entfernt, da die Kurierinformation falsch war. Sein Begleiter, Leovaldo Carranza vom Roten Kreuz, zieht sich an einem Laternenmast hoch und schwenkt eine weiße Fahne. Hinter seinem Rücken fragt ihn eine Stimme: „Hast du Angst?“ Es ist Aleida, die ihn lächelnd anschaut.

Che läßt seine Waffe liegen und trifft sich auf halbem Weg mit Kommandant Gómez, der seinerseits die Waffe nicht abgelegt hat. Als Che ihn darauf aufmerksam macht, händigt der Batista-Offizier sie dem Rotkreuz-Mann aus.

„Ich möchte mit Ihnen an einem Ort sprechen, wo uns die Truppe nicht hört“, bittet der Offizier. Che geht darauf ein, sie begeben sich gemeinsam in einen leeren Waggon.

„Kommandant, ich gebe Ihnen mein Ehrenwort, daß wir keinen weiteren Schuß abgeben werden, wenn Sie erlauben, daß wir nach Havanna zurückkehren.“

Che grinst: *Ich vertraue zwar Ihrem Ehrenwort, aber ich will nicht, daß diese Kugeln noch mehr Kubaner töten, weder hier noch dort.*

Che gibt ihnen eine Viertelstunde und macht den Kommandanten persönlich für das mögliche Blutvergießen verantwortlich, falls sie nicht kapitulieren sollten. Der Offizier hält keine 15 Minuten durch; wenige Augenblicke später verlassen die Soldaten nach und nach unbewaffnet den Zug. Es ist fast sieben Uhr abends. Solange es noch hell ist, sind Luftangriffe zu befürchten, sobald die Luftwaffe bemerken sollte, daß die Gefechte eingestellt worden sind. Die Rebellen betrachten überrascht die Beute. Ali Baba in der Räuberhöhle, Pizarro vor den Schätzen der Inkas: sechs Bazookas, fünf 60-mm-Granatwerfer, vier MG-30, ein 20-mm-Geschütz, 38 leichte Browning-Maschinengewehre, Granaten, 600 Selbstladegewehre, eine MG-50, fast eine Million Patronen. *Ihre Luftabwehrgeschütze, ihre Maschinengewehre vom gleichen Typ, ihre märchenhafte Anzahl von Kugeln.* Diese Ausrüstung ist der Bewaffnung der gesamten Rebellenkräfte überlegen, die in Santa Clara operieren.

Die Waffen werden an verschiedene Stellen in der Stadt gebracht. Eine Bazooka wird auf Ches Befehl umgehend nach Yaguajay zu Camilo befördert. Gemäß der Abmachungen stellt Che den Arzt Rodríguez de la Vega, Nuñez Jiménez und Serafín Ruiz de Zárate ab, um die entwaffneten Gefangenen (fast 400) nach Caibarién zu bringen, wo sie der dort vor Anker liegenden Fregatte ausgehändigt werden, die sie nach Havanna bringen soll. Che muß sich der Gefangenen entledigen. Er verfügt zur Zeit über keine Leute für ihre Bewachung, außerdem ist er der Ansicht, daß die demoralisierende Wirkung der Ankunft von besiegten Soldaten aus dem Spezialzug gewaltig sein wird. Die Maßnahme ist aber trotz allem absurd: nur drei Revolutionäre begleiten 400 Gefangene.

Kurz danach fliegt die Luftwaffe Angriffe auf die Zugtrümmer. Che bittet eine Aktivistin des 26. Juli darum, einen Brief zur Funkstation zu befördern, um die Verstärkung aus Caballete de Casa anzufordern, die nun endlich bewaffnet werden kann. In Santa Clara rücken die Rebellen weiter vor. Der Trupp von Alberto Fernández löst bei seinem Vormarsch auf das Vidal-Arsenal heftige Scharmützel aus. Der von einem ortskundigen Heranwachsenden geführte Trupp El Vaqueritos nähert sich der Polizeistation. Die Kräfte des Direktoriums erreichen die Kaserne der 31. Schwadron. Nach einem dramatischen Zusammenstoß mit einem Panzer und einem Kampffahrzeug vereint sich die Gruppe von Hugo del Río mit dem Trupp von El Vaquerito.

Obwohl der Strom abgestellt ist, verfolgt ein Großteil der Bewohner die nächtlichen Gefechte und erfährt über die Nachrichten aus dem lokalen Radiosender, der auf Ches Anweisung von einer Gruppe des 26. Juli wieder in Betrieb genommen worden ist, von der Eroberung des gepanzerten Zugs. Der Sender wird mit einer Hilfsanlage betrieben, empfangen wird mit Batterieradios. Durch den Äther kommt die Botschaft: „Achtung! Die 8. Kolonne ‚Ciro Redondo' der Rebellenarmee von der Bewegung des 26. Juli wird in wenigen Augenblicken das kubanische Volk und im besonderen die Bewohner von Las Villas über die Fortschritte der Kubanischen Revolution informieren. Der Vormarsch der 8. Kolonne, die Santa Clara belagert, hält an. Mehr als 300 Soldaten und Offiziere vom Pionierkorps der Armee haben sich soeben ergeben."

Am darauffolgenden Vormittag des 30. Dezember dementiert Radio Rebelde die über internationale Agenturen verbreitete Nachricht, daß Che gefallen sei: „Zur Beruhigung der Verwandten in Südamerika und der kubanischen Bevölkerung versichern wir hiermit, daß Ernesto Che Guevara nicht nur lebt, sich an der Feuerlinie befindet und den gepanzerten Zug besetzt hat, von dem wir gerade berichtet haben, sondern auch in kürzester Zeit die bereits seit einigen Tagen belagerte Stadt Santa Clara einnehmen wird."

Die Waffen aus dem Zug haben dazu gedient, die Reserven in den Lagern Caballete de Casa, El Pedrero, Gavilanes und Manacas für das Gefechtsgebiet zu mobilisieren. Mit diesen neuen Kräften und unter Nutzung des Impulses vom Vortag erkämpfen die voll und ganz von der Bevölkerung unterstützten Trupps neue Siege.

Gegen 12 Uhr mittags werfen die Kräfte, die die Kaserne der 31. Schwadron belagern und ein MG aus der Beute des Zugs erhalten haben, einen Gegenangriff der Armee zurück.

Die Luftstreitkräfte haben bei ihren ständigen Angriffen auf die Rebellenstellungen weniger Erfolg als am Vortag. Die Luftwaffe fliegt an diesem Tag 30 Angriffe auf die Stadt. Kurz nach Ende der Bombardierungen fällt den Rebellen die Kaserne Los Caballitos in die Hände. Einige Soldaten haben einen verzweifelten Ausbruchsversuch in Richtung auf die 31. Schwadron unternommen, wobei sie zwischen das Feuer der Rebellen und das der belagerten Soldaten geraten sind. Mehrere von ihnen werden dabei getötet oder verletzt und der Rest wird von der Kolonne des Direktoriums gefangengenommen.

Die heftigste Auseinandersetzung des Tages findet um die Polizeistation statt, wo sich etwa 400 Polizisten und Soldaten verteidigen, die von Kampffahrzeugen und Panzern unterstützt und von Oberst Cornelio Rojas befehligt werden, der aufgrund seiner in der letzten Zeit verstärkten Aktivitäten als Folterer und Mörder der Zivilbevölkerung umfassende Motive hat, sich nicht zu ergeben. Gegen die Station kämpft der Selbstmordtrupp von El Vaquerito. Die Rebellen können sich nur unter großen Schwierigkeiten nähern. Die Gruppen von Tamayo, Hugo del Río, Emérido Meriño und Alberto Castellanos sowie ein Teil von Ches Kommandanturtrupp, der zu ihrer Unterstützung abgestellt ist, verfügen insgesamt über nicht mehr als 70 Mann und können sich in den engen Gassen nur schlecht bewegen. Die Rebellen haben mehrere Verluste erlitten. Und als wäre es damit nicht genug, befindet sich die gegenüber vom Carmen-Park gelegene Polizeistation nur 500 Meter von der Leoncio-Vidal-Kaserne entfernt, die jederzeit einen Gegenangriff starten könnte. Emérido Meriño, der sich an der Spitze seiner Gruppe in einem von Haus zu Haus geführten Kampf allmählich der Station genähert hat und dessen Mütze von Kugeln durchsiebt ist, erhält von El Vaquerito den Befehl, eine bessere Angriffsstellung einzunehmen und dazu zu einer neuen Taktik zu greifen: Sie wollen nun durch das Innere der Häuser vorrücken. Die Gruppe von Meriño beginnt also Wände einzureißen und gelangt durch das Innere der Häuser bis zur Kirche, die gegenüber der Polizeistation liegt. Die Bewohner helfen ihnen dabei. So werden von außen unsichtbare Zugänge durch die Häuserblocks dieses Viertels geschlagen.

Der Vormarsch erfolgt auch über die Flachdächer. El Vaquerito setzt sich dabei zu sehr der Gefahr aus. Seine Gefährten kritisieren ihn deshalb. El Vaquerito gibt seine übliche Antwort: „Die Kugel, die dich tötet, hörst du nie.“ Auf einem 50 Meter von der Polizeistation entfernten Dach in der Calle Garofalo bezieht er gemeinsam mit Orlando Beltrán und dem von seinen Verwundungen genesenen Leonardo Tamayo Stellung. Orlando berichtet: „Wir hatten uns gerade verschanzt, als wir eine Gruppe von sechs Soldaten durch den Park rennen sahen. Wir griffen sie an. Aber zwei in der Nähe befindliche Panzer nahmen uns unter Beschuß.“ Tamayo fährt fort: „Ich rief ihm zu: ‚Vaquerito, wirf dich auf den Boden, sonst bringen die dich um.‘ Er reagierte nicht darauf. Nachdem ich mich verschanzt hatte, rief ich ihm zu: ‚Hast du mich nicht gehört, warum legst du dich nicht hin?‘ Er antwortete nicht. Ich schaute genauer hin und sah, daß er blutüberstömt war. Wir brachten ihn sofort zum Arzt. Der Schuß war tödlich gewesen. Ein Kopfschuß aus einem M-1.“

Auf seinem Weg durch den Tunnel der eingerissenen Mauern begegnet Che den Männern, die den Leichnam von El Vaquerito tragen. Die Chroniken geben den Kommentar des untröstlichen Kommandanten vor der Leiche seines aggressivsten, pittoreskesten und waghalsigsten Hauptmannes wieder: *Sie haben hundert Mann umgebracht.* Nachdem er angeordnet hat, den Leichnam ins Lazarett zu bringen, begibt er sich zum Belagerungsring, der um die Polizeistation errichtet worden ist, und ernennt Tamayo und Hugo del Río zu den Anführern des Trupps. Einige Rebellen kämpfen weinend weiter. Der Druck auf die Station nimmt zu: *Das Elektrizitätswerk und der ganze Nordwestteil der Stadt waren eingenommen und ich kündigte über den Sender an, daß sich Santa Clara schon fast in der Gewalt der Revolution befand. Bei dieser Ankündigung, die ich als Oberbefehlshaber der Streitkräfte von Las Villas gab, teilte ich dem kubanischen Volk auch die schmerzhafte Nachricht vom Tod des Hauptmanns Roberto Rodríguez, El Vaquerito, mit, dem kleinwüchsigen und jungen Anführer des Selbstmordtrupps, der im Kampf für die Freiheit tausend und ein Mal mit dem Tod gespielt hatte.*

Kurz danach begegnet Orestes Colina Che, an dessen Seite ein gefangener Armeeleutnant geht. Zornerfüllt erklärt er ihm: „Was wir machen müssen, ist, den da umbringen.“ Che antwortet ihm sanft: *Denkst du denn, daß wir so sind wie sie?*

Der Trupp von Zayas kämpft am Gebäude der Provinzregierung, es wird gegen die Heckenschützen im Grand Hotel vorgegangen, am Gefängnis und auch am Gerichtsgebäude sind Gefechte im Gange. Die in der Carmen-Kirche verschanzten Soldaten ergeben sich.

Die Nacht bricht herein.

Auch an den anderen Gefechtsfronten hat sich die Lage zugunsten der Rebellen entwickelt. Trotz der Bombenangriffe hat die Kolonne Bordón zum zweiten Mal die Stadt Santo Domingo befreit und nimmt die Brücke über den Fluß Sagua ein. Im östlich gelegenen Jatibonico ist der Trupp von San Luis und Olo Pantoja am Vortag auf heftigen Widerstand von mit Panzern ausgestatteten feindlichen Kolonnen gestoßen und hat ihnen einen erfolgreichen Hinterhalt legen können. In Trinidad haben die von Faure angeführten Kräfte des Direktoriums die letzte Festung der Batista-Kräfte, das Gefängnis, erobert.

Seit dem 29. Dezember unterstehen die im Osten kämpfenden Gruppen dem Oberbefehl des zweiten Kommandanten der 8. Kolonne, Ramiro Valdés, der anfangs an der Schlacht von Santa Clara teilgenommen hat und nun mit den Trupps von Olo und Acosta beauftragt ist, der neuen Unterkolonne Gestalt zu verleihen. Damit verstärkt Che nicht nur seine Verteidigungs- und Blockademöglichkeiten, sondern bildet auch eine strategische Reserve, falls die Dinge in Santa Clara nicht so verlaufen sollten, wie er denkt. Trotz des hohen Einsatzes hält Che sich also die Möglichkeit offen, daß eine wichtige Gruppe von einer möglichen Niederlage verschont bleibt und die Front wiederaufbauen kann.

Am 31. Dezember trifft ein junger Journalist Guevara in der Kommandantur der Rebellenarmee an. In der Ferne sind die Einschläge von B-26-Bomben zu hören, die Batista weiterhin auf die Stadt abwerfen läßt.

„Jemand an meiner Seite zeigte mir mit einer Handbewegung Che. Tatsächlich, da stand er. Schlank, verfilztes Haar, einen Arm in einer Schlinge, zerrissene Uniform. Jeder hätte ihn für den einfachsten Soldaten gehalten, wenn es da nicht diesen durchdringenden Blick mit einem ungewöhnlichen Glanz in den erschöpften Gesichtszügen gegeben hätte.“ Dieser erschöpfte Che hat noch die Eroberung der Polizeistation und die der Leoncio-Vidal-Kaserne vor sich, die mit ihren 1.300 Soldaten weiterhin allen in der Stadt zusammengezogenen Truppen der Revolution an Feuerkraft überlegen ist. Dann sind da noch die Heckenschützen im Grand Hotel, das Landgericht und die Kaserne der Landgarde, die von der Kolonne des Direktoriums belagert wird.

Che plant den letzten Ansturm gegen die feindlichen Kräfte. Er stützt sich dabei auf eine zutreffende Analyse über die Haltung der Militärs: ihre fehlende Bereitschaft zum offensiven Kampf. Auf ihm lastet die Verantwortung, am vierten Tag Kräfte ins Gefecht zu schicken, die kaum geschlafen, seit zwei Wochen ununterbrochen gekämpft haben, Verluste unter ihren Anführern hinnehmen mußten und ständig gegen einen kräftemäßig überlegenen Feind kämpfen müssen, der zudem von Panzern unterstützt wird. *Ich erinnere mich an eine Episode, die bezeichnend für den Kampfgeist unserer Leute in diesen letzten Tagen war. Ich hatte einen Soldaten getadelt, weil er mitten im Gefecht eingeschlafen war. Er antwortete mir, daß sie ihn entwaffnet hätten, da ihm ein Schuß losgegangen sei. Ich gab ihm eine meiner üblichen trockenen Antworten: Erobere dir ein anderes Gewehr, indem du dich unbewaffnet an die vorderste Gefechtslinie begibst ..., wenn du dazu in der Lage bist. Als ich später in Santa Clara die Verletzten im Feldlazarett aufmunterte, berührte mich ein im Sterben Liegender an der Hand und sagte: „Erinnern Sie sich noch an mich, Kommandant? Sie haben mich in Remedios aufgefordert, mir eine Waffe zu erobern ... und ich habe es getan.“ Es handelte sich um den Kämpfer, dem der Schuß losgegangen war. Er sollte wenige Minuten später sterben und blickte mich zufrieden an, da er seinen Mut bewiesen hatte.*

Dieser Mann, ein Heranwachsender, hieß Miguel Arguín.

An diesem Vormittag wird überall in Santa Clara gekämpft. Der von einer Gruppe junger, fast noch knabenhafter Schuhputzer unterstützte Rogelio Acevedo hat erfolglos versucht, das Landgericht mit Hilfe eines Benzinkanisters anzuzünden. Gegenüber der Polizeistation bereiten sich die Kräfte des „Selbstmordtrupps“ auf den Sturm vor. Sie wollen den Tod von El Vaquerito rächen. Im Inneren der Station hat Oberst Rojas einen seiner Männer, Hauptmann Olivera, ermordet, weil er sich ergeben wollte. Die Carmen-Kirche ist seit dem Vortag von einer Rebellengruppe besetzt, die im hinteren Bereich eine Wand durchbrochen hat und die feindliche Kommandantur mit Störfeuer belegt. Beim versuchten Ausbruch eines Panzers wird der Fahrer durch einen Kopfschuß getötet und das Fahrzeug dadurch blockiert. Im Inneren der Station weisen die Toten die ersten Verwesungserscheinungen auf, die Verletzten können nicht behandelt werden und die hungrigen und demoralisierten Polizisten sind einem ununterbrochenen Beschuß ausgesetzt.

Gegen vier Uhr nachmittags bittet Oberst Rojas um eine Feuerpause, damit die Verletzten abtransportiert werden können. Tamayo gewährt ihnen zwei Stunden und fordert sie dann zur Übergabe des Reviers auf. Die ergebnislosen Verhandlungen finden mitten auf der Straße statt. Kurz vor Wiederaufnahme des Feuers will der Oberst erneut mit Leonardo Tamayo sprechen. Der begibt sich, gefolgt von einigen Rebellen, die er zügeln muß, ins Revier. Im Inneren wendet er sich direkt an die Polizisten und erklärt ihnen, daß sie die Waffen niederlegen und draußen Aufstellung beziehen sollten, wenn sie nicht weiterkämpfen wollten. Als wäre der Befehl direkt von Oberst Rojas erteilt worden, verlassen die insgesamt 396 Polizisten das Revier. Sie sind von etwa 130 Rebellen belagert worden. In der Verwirrung kann Rojas flüchten. Die Bevölkerung strömt in das Gebäude, in den Kellern finden sie Folterinstrumente.

Nicht nur die Polizeistation ist eingenommen. Das mit 100 Soldaten besetzte Gebäude der Provinzregierung wird von Alfonso Zayas' Trupp angegriffen. Auf der Rückseite unternimmt der Zug von Alberto Fernández einen Mauerdurchbruch und gelangt in das Gebäude. Dort überrascht Hauptmann Pachungo die Soldaten und zwingt sie mit einer Handgranate zur Kapitulation. Der Trupp von Hauptmann Acevedo stürmt das Landgericht, obgleich es von Panzern geschützt wird. Fünf Flugzeuge werfen 500-Pfund-Bomben über der Stadt ab, die die Häuser zerstören, als seien sie aus Papier. Sie haben es speziell auf das gerade eroberte Gerichtsgebäude abgesehen, aber nun kommen die im gepanzerten Zug erbeuteten Luftabwehrgeschütze zum Einsatz, worauf die Flugzeuge aus dem Himmel Santa Claras verschwinden. Das Gefängnis wird eingenommen, die politischen Gefangenen werden befreit und die gewöhnlichen Gefangenen fliehen in der allgemeinen Verwirrung durch einen Mauerdurchbruch. Die aus dem Stadtzentrum anrückenden Rebellentrupps und die aus dem Condado-Viertel herbeigeeilten Kräfte Ribaltas, die bis auf 100 Meter auf die Leoncio-Vidal-Kaserne vorrücken, verstärken dort den Druck.

Vor dem Grand Hotel wird gegen ein Dutzend Heckenschützen gekämpft, die sich im 10. Stock verschanzt haben. Sie bestehen aus Polizisten, Mitgliedern des verhaßten Militärischen Aufklärungsdienstes SIM und Folterknechten und benutzen die Hotelgäste als menschliche Schutzschilde. Vom Park und den gegenüberliegenden Gebäuden aus wird auf sie geschossen. Alberto Fernández führt eine Gruppe an, die den zweiten Stock des Hotels mit Molotow-Cocktails in Brand setzt. Die Heckenschützen sitzen im Hotel fest, sie haben weder Wasser noch Nahrungsmittel. Aber von ihrer erhöhten Stellung aus haben sie viele Zivilisten und Milizionäre verletzt und besitzen noch Munition. Die Gruppe des jüngsten der Acevedo-Brüder nimmt an einem „Fensterscheiben-Turnier“ mit den Heckenschützen Batistas teil.

Bei der 31. Schwadron gehen die Gefechte weiter. Panzergeschosse zerstören das Canada-Dry-Gebäude und mehrere anliegende Häuser, von denen aus die Rebellen die Kaserne unter Beschuß nehmen. Sie rücken immer näher.

In den Nachmittagsstunden dieses 31. Dezember trifft in Ches Kommandantur über Funk die Information ein, daß sich Yaguajay den Truppen Camilos ergeben habe. Somit sind diese Kräfte für den Endsturm auf die Leoncio-Vidal-Kaserne frei.

Um 10 Uhr abends setzt sich Casillas Lumpuy mit Batista in Verbindung und teilt diesem mit, daß die Stadt kurz davor ist, den Rebellen in die Hände zu fallen, und daß er dringend Verstärkung benötige. Er erhält vom Diktator noch nicht einmal ein halbherziges Versprechen. Nachdem er in der Nacht eine Ansprache vor den Soldaten und Offizieren gehalten und sie zu einem heroischen Widerstand aufgefordert hat, verkleidet er sich mit einem Palmenhut und Zivilkleidung und flieht unter dem Vorwand, eine Inspektion in der Provinz durchführen zu müssen, gemeinsam mit dem Operationschef Fernández Suero.

Den Kräften Batistas bleiben jetzt nur noch drei bewaffnete Enklaven: das Grand Hotel, die 31. Schwadron und die Leoncio-Vidal-Kaserne. Che weiß, daß die Schlußoffensive auf Santiago de Cuba kurz bevorsteht, und es drängt ihn, diese drei Widerstandsnester zu beseitigen. Die letzten Stunden des Jahres 1958 haben geschlagen.

Kapitel 22

★

Der erste Tag der Revolution

In der Nacht vom 31. Dezember 1958 auf den 1. Januar 1959, um 3 Uhr 15, um genau zu sein, sind vier Flugzeuge der Aerovías Q vom Militärlager Columbia nahe Havanna gestartet. Bevor Fulgencio Batista das erste davon bestieg, hatte er General Cantillo erklärt, daß er ihm das Land, die Geschäfte und alles andere überlassen würde, um darauf ins Nichts, ins Exil nach Miami zu verschwinden. Allerdings änderten die Flugzeuge in der Luft den Kurs, um Santo Domingo anzufliegen, die Heimat eines anderen blutigen Diktators: Leónidas Trujillo.

Die Morgendämmerung ist in Santa Clara noch nicht herangebrochen. In den ersten Morgenstunden geben die Zeitungen in Havanna eine Meldung von Associated Press wieder: „Die von Panzern und Flugzeugen unterstützten Regierungstruppen haben die sich im Rückzug befindlichen Rebellentruppen in den

Außenvierteln von Santa Clara vernichtend geschlagen und sie aus der Provinz Las Villas vertrieben." In der Kaserne der 31. Schwadron schießen die Soldaten nicht mehr. Dreke kommt vorsichtig näher. An einem Fenster ist eine weiße Fahne zu sehen. Rolando Cubela hat sich nach seinem Blitzaufenthalt im Krankenhaus wieder seiner Kolonne angeschlossen. Che hat ihm soeben eine kleine Mitteilung geschickt: *Rolando, verlange ihre bedingungslose Kapitulation. Ich werde Dich mit der nötigen Verstärkung unterstützen. Grüße. Che.* Die 31. Schwadron kapituliert. Unter den Soldaten, die sich ergeben haben, kursiert das Gerücht, daß Batista geflohen sei. Die Rebellen blicken sich verwundert an. Ist damit alles vorbei? Der Befehlshaber der besiegten Truppen, Hauptmann Milián, setzt sich mit der Erlaubnis vom Leiter des Direktoriums per Funk mit der Leoncio-Vidal-Kaserne in Verbindung. Er wird vom Offizier am anderen Ende der Leitung beschimpft. Das Volk strömt auf die Straße und betrachtet vergnügt die besiegten Soldaten vor der von Schüssen durchlöcherten Kasernenfassade. Die Gefangenen werden zu Che in die Rebellenkommandantur gebracht.

Auch das Grand Hotel kann sich nicht länger halten. Die im 10. Stock isolierten Heckenschützen haben sich gezwungen gesehen, Kaffee aus Aschenbechern zu trinken, und die Bar geplündert. Hauptmann Zayas läßt einen Panzer vorfahren und die Fenster zerschießen. Die Truppen von Leutnant Fernández setzen zum Sturm an. Die Heckenschützen ergeben sich. Unter Beschimpfungen verlassen ein Dutzend Polizisten, Spitzel und Folterer mit erhobenen Armen das Hotel: Barroso, Montano, Alba, Moya, Campos Vives, El Tigre und der bekannte Verräter Villaya.

Jetzt bleibt nur noch die Kaserne Leoncio Vidal. Dort hat Oberst Cándido Hernández die geflohenen Casillas und Fernández Suero ersetzt. Leutnant Hugo del Río setzt sich über das Funkradio eines in der Polizeibehörde erbeuteten Streifenwagens mit dem Regiment in Verbindung. Der wachhabende Offizier bittet um eine Feuerpause. Del Río antwortet, daß nur Che sie gewähren könne. Er erklärt sich aber bereit, den Rebellenkommandanten zu suchen, um die Bitte zu überbringen. Er macht Che in der Kommandantur in einer Besprechung mit dem Geographen Núñez Jiménez und Dr. Rodríguez de la Vega ausfindig. Nachdem er Che über die Ereignisse informiert hat, begleitet er ihn zum Streifenwagen und stellt eine Funkverbindung mit dem Regiment her. Che akzeptiert, Núñez Jiménez und Dr. Rodríguez de la Vega zu einem Gespräch mit Oberst Hernández zu schicken. Kurz darauf bittet letzterer um eine unbefristete Feuerpause, worauf die Emissäre antworten, daß nichts anderes als die bedingungslose Kapitulation zur Verhandlung stünde. Oberst Hernández argumentiert, daß er bereits seinen Bruder und seinen Sohn im Gefecht verloren und seinem Vaterland somit mehr als genug gedient habe. Er gibt den Oberbefehl und damit die Entscheidung an Kommandant Fernández und dessen Vorgesetzte weiter. Nun besteht Fernández darauf, mit Che zu sprechen.

Als die Verhandlungen beginnen sollen, trifft in der Kaserne ein Anruf aus Columbia, dem Militärlager ein, in dem der Generalstab von Havanna residiert. Es handelt sich um General Eulogio Cantillo. *Die Nachrichten sind wider-*

sprüchlich und von großer Tragweite: Batista war an diesem Tag geflohen und die Führung der Streitkräfte war im Begriff, auseinanderzubrechen. Unsere beiden Delegierten setzten sich über Funk mit Cantillo in Verbindung und unterrichteten ihn über das Kapitulationsangebot. Dieser meinte allerdings, daß er es nicht annehmen könne, da es ein Ultimatum darstelle und er die Führung der Streitkräfte getreu genauer Anweisungen von Fidel Castro übernommen habe. Hernández bittet die Emissäre, mit Cantillo zu sprechen, der ihnen wieder eine Feuerpause anbietet. Núñez und Rodríguez wiederholen, daß nur eine bedingungslose Kapitulation in Frage komme. Cantillo versucht, sie mit der Behauptung zu betrügen, daß er auf Befehl von Fidel Castro eine Übergangsregierung ernannt hätte und deshalb den Posten nicht übergeben könne. Das Gespräch endet mit Beleidigungen.

Einige Stunden zuvor, um 7 Uhr 30 morgens, ist Fidel im Tagelöhnerquartier der in der Provinz Santiago gelegenen Zuckerfabrik América, die als Kommandantur der Rebellenkräfte dient, zur Tür gegangen, um einen Kaffee zu trinken. Er wettert über die Unverantwortlichen, die den Jahreswechsel mit Schüssen in die Luft gefeiert und damit Munition verschwendet haben. Plötzlich kommt über Radio Rebelde die Nachricht von der Flucht Batistas. Er empört sich, der Diktator ist entwischt, er wittert einen Staatsstreich und zieht seine Hauptleute zusammen, um auf Santiago zu marschieren. Die Nachricht wird bestätigt. Der Richter am obersten Gerichtshof, Carlos Piedra, ist der neue Präsident. Cantillo, der mit Unterstützung der US-amerikanischen Botschaft eine Konspiration für einen gemäßigten Ausgang der Revolution angezettelt hat, ist der oberste Armeebefehlshaber.

An einen Schrank gestützt, schreibt Fidel: „Revolution: Ja. Militärputsch: Nein!" und ruft zum Generalstreik auf. Im Jeep fährt er zur Sendestation von Radio Rebelde, um die Botschaft aufzunehmen. Um zehn Uhr morgens geht das Kommuniqué über den Äther, wird von Dutzenden von Radiosendern im ganzen Land und in Lateinamerika übertragen.

Che hört Fidels Botschaft mehr oder minder gleichzeitig mit den letzten Informationen über die belagerte Kaserne. *Wir setzten uns sofort mit Fidel in Verbindung, gaben ihm die Neuigkeiten bekannt und teilten ihm gleichzeitig unsere Ansichten über die Haltung von Cantillo mit, die vollständig mit seiner Meinung übereinstimmten: Die Option einer Militärjunta würde die Revolution verraten und uns zu Verhandlungen mit den Überresten der Diktatur zwingen.*

Kommandant Hernández besteht auf einem Gespräch mit Che. Núñez und Rodríguez begleiten ihn. Che verhält sich gegenüber dem neuen Regimentschef sehr kategorisch. Er soll gesagt haben:

Also, Kommandant, meine Leute haben bereits mit der Kommandantur über diesen Punkt gesprochen. Die Frage ist schlichtweg: bedingungslose Kapitulation oder Feuer, aber richtiges Feuer, ohne die geringste Feuerpause, denn die Stadt ist in unseren Händen ... Um 12 Uhr 30 gebe ich den Befehl zur Wiederaufnahme des Angriffs mit allen unseren Kräften. Wir werden die Kaserne um jeden Preis einnehmen. Für das Blutvergießen sind Sie verantwortlich. Außerdem dürfte Ihnen die Möglichkeit bewußt sein, daß die Vereinigten Staaten militärisch in Kuba intervenieren. Wenn dem so sein sollte, wird Ihr Verbrechen dadurch nur noch schlimmer, denn Sie würden eine ausländische Invasion begünstigen. In diesem Fall bliebe nicht viel mehr, als Ihnen eine Pistole zu geben, damit Sie sich umbringen, denn Sie hätten sich des Landesverrates schuldig gemacht.

Kommandant Hernández kehrt zurück, um sich mit seinen Offizieren zu besprechen. Bei den Wachposten kommt es zu Desertionen und Szenen der Verbrüderung zwischen Soldaten und Rebellen. Die Militärs zweifeln. Wenige Minuten vor Ablauf der Frist, als die Rebellen schon die Patronen im Gewehrlauf haben, erklären sie sich zu Kapitulationsverhandlungen bereit, wenn ihnen erlaubt würde, die Kaserne unbewaffnet zu verlassen, und wenn sie über Caibarién nach Havanna abziehen könnten. Die Antwort lautet, daß diejenigen, die Bluttaten gegen die Bevölkerung begangen haben, von diesem Abkommen ausgeschlossen seien.

Während die Verhandlungen vor der Kaserne in Gang sind und nur noch zehn Minuten bis zur Wiederaufnahme der Kämpfe fehlen, werfen immer mehr Soldaten spontan ihre Waffen zu Boden und gehen unbewaffnet auf die Reihen der Rebellen zu.

Es ist 12 Uhr 20 mittags am 1. Januar 1959. Mit der Einnahme der Leoncio-Vidal-Kaserne endet die Schlacht von Santa Clara. Die Rebellen besetzen kampflos den Flugplatz.

Die Fotos zeigen Bewohner Santa Claras, die staunend vor den zerstörten Waggons, den zerbeulten Eisenmassen des Panzerzugdebakels, stehen; siegreiche Rebellen vor einem bewegungslosen Panzer; junge Bärtige vor der gerade noch beschossenen und jetzt verlassenen Kaserne; entwaffnete Soldaten Batistas, die um einen jungen Rebellen herumstehen, der ihnen Vorträge hält; Che, der neben einem Panzer Anweisungen gibt und den linken, verletzten Arm mit seiner Rechten festhält. Unter der Baskenmütze mit einem Anstecker aus zwei gekreuzten Schwertern sind die vor Erschöpfung glasigen Augen zu sehen, die genau wie die Lippen, von denen eine Zigarre herabhängt, von einem Schmunzeln umspielt werden.

Fidel treibt über Radio Rebelde die Endoffensive mit einer schnellen Folge von neuen Kommuniqués an: Die Garnison von Santiago wird zur Kapitulation aufgefordert, die Kolonnen von Che und Camilo erhalten den Marschbefehl Richtung Havanna, wobei Che die Festung La Cabaña einnehmen soll und Camilo die Bastion Batistas, die in der Hauptstadt gelegene Garnison Columbia. Die Kolonne von Víctor Mora erhält Order, die Städte Camagüey, Guantánamo, Holguín und Victoria de las Tunas einzunehmen. Für Santiago wird ab drei Uhr nachmittags der Generalstreik ausgerufen.

Der Regionalkoordinator des 26. Juli, Enrique Oltuski, der eine verzweifelte Reise voller Zwischenfälle unternommen hat, um eine Botschaft Fidels an Che zu überbringen, kommt mitten im Volksfest in Santa Clara an und macht Che im Gebäude des Straßenbauamts ausfindig. Er berichtet: „Hinter einem großen Schreibtisch stand mir Che gegenüber. Sein eingegipster Arm hing in einem schwarzen Lappen, der um seinen Hals geknotet war. Wir grüßten uns kurz. Er gab mir mit einem Handzeichen zu verstehen, daß ich warten sollte, bis er einem jungen Rebellen, der sich aufgrund fehlenden Bartwuchses die Haare hatte wachsen lassen, die nötigen Anweisungen gegeben hatte.

Das Zimmer war klein und stickig. Mir wurde warm. Sofort strömte der penetrante Geruch von Ches Körper herüber. Die Zeit verstrich sehr langsam. Ich holte Fidels Botschaft aus dem Hosenfutter. Es handelte sich um den Befehl zum Vormarsch auf Havanna. Schließlich verließ der Rebell den Raum, und ich reichte Che den Zettel. Nachdem er ihn gelesen hatte, drehte er sich zum Fenster um und blickte hinaus:

Ja, ich wußte es schon, wir brechen in ein paar Stunden auf.

‚Aber, wie das denn?'

Wir konnten über Funk Verbindung mit Fidel aufnehmen.

Ich war frustriert (...).

Ich habe schon den Zivilgouverneur der Provinz ernannt.

Es war ein Mann aus seiner Kolonne (Hauptmann Calixto Morales). Der Grund dafür war das politische Mißtrauen, das Che uns Vertretern der Ebene entgegenbrachte."

In Havanna haben sich nach Bekanntgabe der Flucht Batistas die Studenten versammelt, die Fahnen des 26. Juli wehen von den Anhöhen der Universität. Die Bevölkerung stürzt auf die Straße, es kommt zu Plünderungen in den Hotels Biltmore und Sevilla Plaza und in den Kasinos. Milizen des 26. Juli besetzen die regierungshörigen Zeitungsverlage. Die Polizei schießt auf Versammlungen der Zivilbevölkerung in den Armenvierteln. Die Gefangenen aus dem Príncipe-Gefängnis werden befreit. Resistencia Cívica übernimmt die Kontrolle über den CMQ-Sender. Mitten im Chaos versuchen die städtischen Kader des 26. Juli und der II. Front die Überbleibsel einer ziemlich bedeutungslos gewordenen Machtstruktur einzunehmen, denn es gibt schließlich noch Tausende von Regierungssoldaten in den Kasernen. Mehrere Polizeistationen werden von den Polizisten aufgegeben, nur aus einigen wenigen wird auf die wachsenden Menschenmengen geschossen.

Um zwei Uhr nachmittags trifft sich der US-amerikanische Botschafter Earl T. Smith in Begleitung von anderen Mitgliedern des diplomatischen Korps mit Cantillo (aber nicht mit Präsident Piedra; es werden weder die Formen gewahrt noch Trugbilder aufrechterhalten, um zu verschleiern, wer die reale Macht innehat). Die US-Amerikaner suchen einen Weg aus der Diktatur, der nicht über Fidel und den 26. Juli führt, aber die Anhänger Batistas ausschließt, damit der Schein gewahrt bleibt. Sie sollen von den „reinen Militärs" abgelöst werden, die gegen Batista konspiriert haben und sich in Haft befinden. Cantillo fackelt nicht lange und läßt um sieben Uhr abends die Anführer der Militärs, Barquín und Borbonet, gemeinsam mit dem Führer des 26. Juli, Armando Hart, von der Pinien-Insel in die Hauptstadt bringen.

Die Bevölkerung befindet sich auf der Straße. Volksfeststimmung überflutet Santa Clara, Jubelrufe und Wehklagen, die Rebellen werden von den Bewohnern in Beschlag genommen. Im befreiten Santa Clara wird getanzt und gesungen, und es wird gefordert, die festgenommenen Folterer an die Wand zu stellen.

Oltuski fährt fort: „Die Nachricht von der Kapitulation der Armee der Diktatur verbreitete sich über die ganze Stadt und Tausende von Menschen liefen vor dem Gebäude zusammen, in dem wir uns aufhielten. Es war bekannt, daß Che sich hier befand, und niemand wollte die Gelegenheit verpassen, ihn kennenzulernen. Wir mußten Wachen an den Eingängen postieren, um zu verhindern, daß uns die Menschenmasse überrannte.

Im oberen Stockwerk wurde ein provisorisches Gefängnis für die Kriegsverbrecher der Repressionskräfte eingerichtet, die nach und nach von der Bevölkerung entdeckt und festgenommen wurden."

Die Quellenangaben sind zwar widersprüchlich, es steht aber außer Zweifel, daß Che in diesen ersten Stunden der Befreiung von Santa Clara mehrere Polizisten Batistas zum Tode verurteilte, die von den Leuten als Folterer und Vergewaltiger angeklagt worden waren, allen voran mehrere der Heckenschützen im Hotel Santa Clara: Villaya, Félix Montaño, José Barroso Pérez, Ramón Alba, Moya und Mirabal. Dazu gehört auch der Befehlshaber der Garnison, Casillas Lumpuy, der von den Truppen Bordóns verhaftet werden konnte, als er versuchte, aus der Stadt zu fliehen. *Ich habe nicht mehr und nicht weniger gemacht als das, was die Situation erforderte, das heißt das Todesurteil gegen diese zwölf Mörder ausgesprochen, da sie sich am Volk vergriffen hatten, nicht an uns.* Casillas stirbt übrigens nicht durch standrechtliche Erschießung, sondern bei einem Gerangel mit den Wachen, als diese ihn an den Ort der Erschießung bringen wollen. Das Foto von Casillas, als er versucht, seiner Wache das Gewehr zu entreißen, geht um die ganze Welt. Zwei Tage später wird der Befehlshaber der Polizei, Cornelio Rojas, füsiliert, dessen Fluchtversuch in Caibarién vereitelt worden ist.

Während Ches Kämpfer und die des Direktoriums eine eiserne Kontrolle über die Waffen und die Lage in den Straßen von Santa Clara aufrechterhalten, nehmen die Menschenmengen in Havanna eine lange aufgeschobene Gerechtigkeit in ihre eigenen Hände. Sie greifen zu einer Art rationalem und zielgerichteten Vandalismus: Sie gehen gegen die Tankstellen des Shell-Konzerns vor, der Batista mit Panzern unterstützt haben soll; sie zerstören die Kasinos, die Eigentum der US-amerikanischen Mafia und der Halbwelt Batistas sind; sie zerstören Parkuhren, eine der vielen trüben Geldquellen des Regimes; sie stürmen in die Häuser von berühmten Anhängern des Regimes (in der Residenz von Mujal werfen sie die Klimaanlagen aus dem Fenster). Der Zerfallsprozeß des Repressionsapparats, der durch die massive Flucht der Kader Batistas vollständig zusammenbricht, schafft ein Machtvakuum, das angesichts der Weigerung der revolutionären Kräfte, Verhandlungen mit ihnen aufzunehmen, weder Cantillo noch Barquín füllen kann. Die Fernsehanstalten werden besetzt, und Zeugen berichten spontan von den Greueln der Repression Batistas.

Um neun Uhr nachts wird die Übergabe von Santiago vereinbart. Fidel zieht in die Hauptstadt der Provinz Oriente ein, vereidigt den Richter Manuel Urrutia als neuen Präsidenten und kündigt seinen Marsch auf Havanna an. Er wiederholt den Aufruf zu einem revolutionären Streik. Radio Rebelde verkündet ein Alkoholverbot in den eingenommenen Städten.

In Santa Clara beginnt Che mit der Zusammenziehung der zerstreuten Trupps seiner Kolonne: die Kräfte von Bordón und Ramiro werden zusammengerufen. Ein Lautsprecherwagen fährt durch die Straßen und verkündet den Sammlungsbefehl für die Rebellen der Kolonne. Che bekommt mit, daß einige Kämpfer die Autos von geflüchteten Batista-Anhängern beschlagnahmt haben und befiehlt wütend, daß ihm die Schlüssel ausgehändigt werden. *Sie sollten nicht in einem Augenblick das zerstören, was für die Rebellenarmee die Norm gewesen ist: die Achtung der anderen. Sie sollten in Havanna auf Lastwagen, Bussen oder zu Fuß einziehen, aber alle mit dem gleichen Transportmittel.* Der Jugendliche Rogelio Acevedo erhält einen Anpfiff, weil er einen Chrysler 58 beschlagnahmt hat, und muß seinen alten Jeep holen.

Um diese Zeit erhält Che eine Nachricht von Gutiérrez Menoyo, daß ihm die Truppen der II. Front zur Verfügung stehen. *Es gab keinerlei Probleme. Wir wiesen sie an, auf uns zu warten, da wir noch verschiedene zivile Angelegenheiten in der ersten eroberten Großstadt zu regeln hatten.* Der Kämpfer Mustelier bittet Che darum, nach Oriente fahren zu dürfen, um seine Familie zu besuchen. Der Kolonnen-Kommandant antwortet ihm mit einem trockenen Nein.

„Aber, Che, wir haben doch die Revolution gewonnen."

Nein, wir haben den Krieg gewonnen, die Revolution fängt jetzt erst an.

Nachts trifft Camilo an der Spitze seiner Kolonne ein. Die beiden Freunde treffen sich im Gebäude des Straßenbauamts, während für Camilos Kolonne 600 Sandwiches und 24 Kisten Hatuey-Malzbier vorbereitet werden, denn sie sollen als erste nach Havanna aufbrechen. Kurz zuvor hat Che ein Gespräch mit Faure Chomón vom Direktorium geführt, der gerade aus Trinidad gekommen ist. Er mußte ihm erklären, daß er Befehl hat, allein in Richtung Hauptstadt zu marschieren. Nach einem Monat vollständiger Eintracht zwischen den beiden revolutionären Kräften ist es ihm nicht leichtgefallen, Fidels sektiererische Wahl zu erklären, die Chomón von der Endoffensive ausschließt (bzw. zumindest an den Rand drängt).

Oltuski berichtet: „Nur noch wenige befanden sich im Gebäude des Straßenbauamts. Die Müdigkeit hatte nach so vielen Tagen schließlich die Oberhand gewonnen. Einige waren nach Hause gegangen, und andere lagen auf dem Boden oder auf Sandsäcken.

Im großen Saal schliefen alle außer Camilo, der gerade erst angekommen war, Che und mir. Camilo erzählte voller Witz die humoristischen Aspekte seiner letzten Abenteuer. Wir lagen auf dem Boden, an Sandsäcke gelehnt, nur vom schwachen Licht der Straßenlaternen beleuchtet, das durch die Fenster drang.

Jemand kam und brachte uns einen Korb Äpfel, da merkten wir, daß Neujahr war. Und trotz der Differenzen, die zwischen uns bereits zum Vorschein kamen, fühlte ich mich wohl zwischen diesen Männern. Der Lärmpegel vor dem Gebäude nahm zu, als einige Rebellen ankamen und erklärten, daß sie bereit ständen. Wir erhoben uns und gingen hinaus. Die Nacht war frisch. Das Geräusch der Motoren und die Lichter der Scheinwerfer füllten die ganze Szene aus. Um diese Uhrzeit gab es wenig Neugierige. Einige Familienangehörige der Mörder schliefen an die Wände gelehnt."

Um 5 Uhr 50 im Morgengrauen des 2. Januar bricht Camilos Kolonne von Santa Clara in Richtung Havanna auf.

Kapitel 23

★

Der lange Januar 1959

Am Vormittag des 2. Januar fahren Lautsprecherwagen durch Santa Clara, um eine Botschaft zu verbreiten, die auch über Radio Rebelde bis zum Überdruß wiederholt wird: „Die Mitglieder der 8. Kolonne werden auf Befehl von Kommandant Ernesto Che Guevara aufgefordert, sich unverzüglich im Lager einzufinden, um die Abfahrt vorzubereiten."

Sie nehmen vor der Leoncio-Vidal-Kaserne Aufstellung. Gegen drei Uhr nachmittags brechen etwa 400 Mann in Jeeps und Lastwagen, mit Panzern im Schlepptau, auf. Che fährt in einem beschlagnahmten olivgrünen Jeep mit Aleida und seiner Leibwache: Villegas, Hermes Peña, Mendoza Argudín. Alberto Castellanos sitzt am Steuer. Die Fahrt zu sechst im Wagen ist nicht sonderlich bequem. Von Zweifeln an der Fahrtüchtigkeit seiner Bauern in den Städten erfüllt, stößt Che eine augenzwinkernde Drohung aus: *Ich füsiliere jeden, der jemanden umfährt oder einen Zusammenstoß provoziert.*

Eine zweite Gruppe der 8. Kolonne unter Ramiro Valdés, der noch weitere Kämpfer zusammenziehen muß, folgt ihnen später. Auf Befehl von Fidel zieht Che ohne die Kräfte des Direktoriums los, die ihn in den letzten Gefechtstagen in Santa Clara begleitet haben. Warum? Eine Aufwallung von Sektierertum, von politischem Mißtrauen in diesen Augenblicken der Ungewißheit gegenüber der Kraft, die einen Großteil der radikalen Studenten vertritt? Der Wille, daß nur der 26. Juli aus dem Sieg Kapital schlagen soll? Der Grund für diese unglückliche Entscheidung ist nie klargeworden.

Unterdessen kommt es in Havanna zu sporadischen Schießereien zwischen den städtischen Widerstandsmilizen und Polizisten oder parapolizeilichen Formationen, wie z.B. den „Tigres" von Senator Masferrer, während die Überreste der Diktatur sich auf der Flucht oder im Zerfallsprozeß befinden. Außer Kontrolle geratene Fahrzeuge schlittern durch die Stadt. Die zur Rache gewordene Weisheit des Volkes geht gegen die Symbole der im Verschwinden begriffenen Macht vor und schleudert die Roulettes und Spieltische der Kasinos auf die Straßen. In den frühen Nachmittagsstunden kommt es zu einer Arbeiterversammlung zugunsten der Revolution. Von den Mauern hängen Fahnen des

26. Juli, und es sind Plakate mit Hochrufen auf Fidel aufgetaucht.

Die erste Rebellenkolonne, die in die Stadt einzieht, ist die etwa 150 Mann starke Angel-Ameijeiras-Kolonne, die von einem alten Bekannten Ches, von Víctor Paneque, angeführt wird, der sich im Sportpalast niederläßt. Bei seinen Männern handelt es sich um Milizionäre, die in der Umgebung der Stadt operiert haben.

Danach trifft Gutiérrez Menoyo von der II. Escambray-Front ein, der im Vedado-Institut Quartier bezieht. *Sie waren „heldenhaft“ in Havanna eingezogen. Wir dachten, daß es sich um ein Manöver handeln könnte, um Terrain zu gewinnen, um etwas einzunehmen, um irgendetwas voranzutreiben. Wir kannten uns zwar schon, aber jeden Tag lernten wir uns besser kennen.*

Um 5 Uhr 15 nachmittags zieht die Vorhut von Camilos Kolonne im Militärlager Columbia ein, ohne auf Widerstand seitens der „reinen“ Militärs zu stoßen, die die Anhänger Batistas im Befehlsstab des wichtigsten militärischen Zentrums der Diktatur abgelöst haben. Hier erhält Camilo einen Anruf von Che, der sich mit seiner durch den Beitritt von Milizionären vergrößerten Kolonne auf halbem Weg befindet.

In den späten Nachtstunden erblickt Che zum ersten Mal Havanna, die Hauptstadt der Republik, eine Stadt, die ihm hundertfach beschrieben worden ist, die er aber noch nie mit eigenen Augen gesehen hat, eine Stadt, die ihm unwirklich vorkommen muß. Mit drei Wagen rückt er nach Boyeros vor, um direkt in den Stützpunkt La Cabaña zu gelangen. Am Eingang der Festung stehen Wachposten, die mißtrauischen Abstand zu einigen Milizionären wahren, die das Lager von außen bewachen. Che hat keine Zweifel, er geht, ohne zu zögern, direkt hinein, so wie Camilo einige Stunden zuvor in Columbia. Er wird von Varela, einem „reinen“ Militär empfangen, der ihm sofort die Befehlsgewalt überträgt. Er hat die letzten Stunden unter dem quälenden Verdacht verbracht, die Garnison Batistas wolle ihn vergiften, weshalb er weder gegessen noch getrunken hat.

So sieht also der Sieg aus? Ein unbeachteter nächtlicher Einzug in eine Kaserne, deren Befehlshaber sich ergibt, bevor er überhaupt dazu aufgefordert worden ist?

Che stellt Wachen auf, läßt eine Bestandsaufnahme machen, die Waffen werden überprüft. Er verteilt die 600 Mann, die nun seine Kolonne ausmachen. Im Morgengrauen begibt er sich nach Vedado, zur wichtigsten Radio- und Fernsehanstalt in Havanna. Er wird an der Tür festgehalten, die Milizionäre der städtischen Netze des 26. Juli kennen Che nicht. Ohne sich mit längeren Erklärungen aufzuhalten, bahnt er sich einen Weg. Über Funk stellt er Verbindung mit Fidel her, der in Bayamo ein Treffen mit Camilo hat, der wiederum in den Osten geflogen ist, um Fidel von der friedlichen Einnahme der Garnisonen in Havanna zu informieren.

Che ist vollkommen erschöpft, aber wie schon Pinares, einer der Stellvertreter Camilos, richtig sagte: „In Havanna konnte man nicht ausruhen, weder auf den Lorbeeren noch im Bett. Überall herrschte soviel Aufruhr ...“

La Cabaña ist eine Festung aus dem 18. Jahrhundert, die das in der tiefen Bucht gelegene Havanna beherrscht. Es ist ein Komplex aus Kasernen und Wachtürmen, Gräben und Festungen, Kasematten und Büros. Die Wände sind von Efeu bedeckt, in den Kasernenhöfen sind noch Kanonen aus der Kolonialzeit zu sehen.

In den frühen Morgenstunden des 3. Januar ruft Che die 3.000 Soldaten Batistas zusammen, die sich in der Festung befinden. Er hält eine versöhnliche Rede. Das Panorama ist noch nicht sehr klar: *Die Guerilleros müssen von eurer Disziplin lernen, und ihr müßt von den Guerilleros lernen, wie man einen Krieg gewinnt.* Ein Foto zeigt ihn erschöpft, vollkommen ausgezehrt, den Arm in der Schlinge und an der Stirn noch die Spuren des Streifschusses. Er hat nicht geschlafen.

In einem der Kasernenbüros entdeckt er einen Soldaten vor einer Schreibmaschine, einen Unteroffizier der Armee Batistas. Er betrachtet ihn aufmerksam.

Haben Sie mitgekämpft?

„Nein, ich arbeite im Bürodienst."

Und Sie haben auch niemanden gefoltert?

Der Mann verneint auch dies. Che fragt ihn, ob er tippen kann, was der Mann bejaht.

Gehen Sie, ziehen Sie die Uniform aus und kommen Sie danach wieder hierher.

Auf diese Weise beginnt die Beziehung zu José Manuel Manresa, die die nächsten fünf Jahre halten wird.

In den Straßen wird gefeiert, der Generalstreik geht weiter. In diesen ersten Tagen der Revolution sind 800 Exil-Kubaner aus allen Teilen Amerikas im Flugzeug zurückgekehrt. Fidel rückt langsam, sehr langsam, auf Havanna vor, wobei er ein stärkeres Gewicht auf die Konsolidierung des politischen Sieges legt als auf die Sicherung des militärischen. Später erklärt er dazu: „Und außerdem kostet es eine gewaltige Mühe, den Marschrhythmus und die Ordnung in der Kolonne aufrechtzuerhalten, denn überall funken sie mit ihren Kameras dazwischen. Zum Glück müssen wir nicht kämpfen, sonst hätte es passieren können, daß anstelle eines Granatwerfers das Blitzlicht eines Journalisten losginge." Die zuerst von Radio Rebelde verbreitete Nachricht über eine neue Regierung steht schon in allen Tageszeitungen: Urrutia als Präsident, Miró Cardona als Premierminister und ein Kabinett, in dem die gemäßigte bürgerliche Opposition vorherrscht und das eine oder andere Mitglied des 26. Juli vertreten ist. Nicht vertreten sind die beiden mit dem 26. Juli verbündeten aufständischen Kräfte, die PSP und das Direktorium. Die fast vollständige Kontrolle der Lage durch die Rebellenarmee bleibt gewahrt: das militärische Oberkommando und die regionale Befehlsgewalt (obwohl das Kriegsministerium einige Tage lang an den Batista-Anhänger Rego Rubido, der in Santiago kapituliert hat, abgetreten wird). Außerdem sind folgende Posten mit Leuten des 26. Juli besetzt: Polizeiministerium (Ameijeiras); das neu geschaffene Ministerium gegen Güterveruntreuung (Faustino Pérez), das die Korruption des Batista-Regimes verfolgt; das Erziehungsministerium mit

Armando Hart; das Gesundheitsministerium mit einem Arzt aus der Sierra, Julio Martínez Páez; das Innenministerium mit Luis Orlando Rodríguez; das Arbeitsministerium unter Marcelo Fernández und das Kommunikationsministerium mit Oltuski an der Spitze. Es ist eine Regierung, die sich aus den städtischen Kräften des 26. Juli, der Ebene und der gemäßigten demokratischen Opposition zusammensetzt.

Ein Teil der Ausgeschlossenen verleiht ihrer geringen Bereitschaft Ausdruck, sich mit den Dingen abzufinden: Gegen 4 Uhr nachmittags zieht die Kolonne des Direktoriums in Havanna ein und besetzt den Nationalpalast, um zu zeigen, daß auch diese Formation einen Platz im revolutionären Prozeß hat.

Mit der Ankunft Franquis in Havanna schnellt die Auflage von „Revolución", der Zeitung des 26. Juli, in die Höhe, was durch die Besetzung der Produktionsräume einer batistafreundlichen Zeitung ermöglicht wird. Eine Anzeige auf den Innenseiten zeigt in der harmlosen Ästhetik der Fünfziger-Jahre-Werbung einen Bärtigen, der mit einer Granate am Gürtel einem Anstreicher gegenübersteht. Zwischen beiden befindet sich ein Schild mit der Aufschrift: „Sie haben unser ganzes Vertrauen". Die Anzeige verbucht „einen begeisterten Applaus" von Dupont Interamerican Chemical Co. für die Revolution. Eine ausgesprochen vergängliche Liebe.

In der Nacht vom 4. Januar kündigt das Direktorium an, daß es Urrutia im Palast zu einem Gespräch erwarte. Die Spannung hält an. Am 5. Januar, während Fidel seinen Marsch auf Havanna fortsetzt, trifft sich Che mit Camilo im Columbia-Lager. Der ebenfalls anwesende Franqui erinnert sich: „Danach kam Che in seinem Bohèmeaufzug, mit seiner Ruhe, der Pfeife und dem Erscheinungsbild eines revolutionären Propheten. Es gab Schwierigkeiten im Präsidentenpalast. Das Revolutionäre Direktorium hatte sich dort niedergelassen. Che hatte Faure Chomón nicht angetroffen und Rolando Cubela wollte ihn nicht empfangen (...). Das Direktorium hatte noch nie mit Urrutia sympathisiert (...). Auch Argwohn, Intrigen und anderes waren auf beiden Seiten im Spiel (...). Camilo schlug halb im Scherz, halb im Ernst vor, zwei Warnschüsse aus einer Kanone abzuschießen, wenn Cubela den Palast nicht räumen würde. Ich, der ich keine Sympathie für den Palast empfand, erklärte, daß das eine gute Idee sei. Aber Che mit seinem Gefühl für Verantwortung meinte, daß es nicht der richtige Moment für derartiges Geböller wäre. Er kehrte geduldig zum Palast zurück, machte Faure Chomón ausfindig und brachte die Sache in Ordnung."

Die Auseinandersetzung ist zwar vermieden worden, aber die Meinungsverschiedenheiten bleiben bestehen. Das Direktorium beschließt, den Palast aufzugeben und mit seiner Kolonne die Universität von Havanna zu besetzen. Faure erklärt der Presse: „Wir sind der Ansicht, daß in Santiago de Cuba nicht korrekt vorgegangen wird. Wir meinen, daß die gesamte revolutionäre Bewegung sich in einer einzigen revolutionären Partei zusammenschließen muß, damit das Opfer nicht umsonst war." Die Ernennung von Santiago zur provisorischen Hauptstadt ist eine taktische Maßnahme Fidels, um das Auftauchen einer Vermittlungsregierung in Havanna zu verhindern. Die Maßnahme hält nicht einmal eine ganze

Woche vor, sie hat die ungerecht an den Rand gedrängten Mitglieder des Direktoriums verärgert.

In dieser Nacht landet Che in einem Kleinflugzeug auf dem Flugplatz von Camagüey im Zentrum der Insel, um Fidel, der sich in seinem langsamen Triumphzug Havanna nähert, über die Lage in der Stadt zu informieren. Die Kommandanten haben sich nicht mehr gesehen, seit Che vor fast sechs Monaten die Sierra Maestra an der Spitze der 8. Kolonne verlassen hat. Das Gespräch findet auf dem Flugplatz statt. Etwas später schließt sich der aus Santiago herbeigeflogene Urrutia dem Gespräch an. Das Bild des Fotografen von World Wide zeigt einen lächelnden Fidel und Che beim Konspirieren.

Sehr viel weniger heiter ist der Gesichtsausdruck des US-amerikanischen Botschafters Earl Smith beim Verlassen des Militärlagers Columbia. Er hat hier Gespräche mit Camilo geführt, um zu verhindern, daß die Rebellen General Cantillo füsilieren. Seine feindliche Haltung den Siegern gegenüber drückt er später in der Behauptung aus, daß ihn die Bärtigen an die Schauspieler eines Dillinger-Films erinnern würden, den er gerade gesehen habe.

Am 5. Januar landet Urrutia nach ständigen Verzögerungen und Scheinmanövern auf dem Flugplatz von Boyeros in den Außenbezirken von Havanna. Camilo hat das Kriegsrecht ausrufen und die Männer seiner Kolonne ausrücken lassen. Auf einem Foto ist der Präsident auf dem Flugplatz zwischen dem Befehlshaber der Rebellenkräfte in der Hauptstadt und Che mit der unvermeidlichen Zigarre zu sehen. Eine gewisse Anspannung spiegelt sich in den Gesichtern der drei wider. Sie ist allerdings unbegründet, denn das Direktorium übergibt Urrutia den Palast um sieben Uhr abends. Es ist noch einmal gutgegangen, die Widersprüche unter den Revolutionären werden etwas zurückgedrängt. Es kommt zur ersten Kabinettssitzung, die mit der Aufhebung des Kriegsrechts endet. Gegen Ende der Versammlung taucht erneut der US-Botschafter im Palast auf. Die Anwesenheit dieser unerwünschten Person, die eine der wichtigsten Stützen Batistas war, und seine Absicht, Bedingungen zu diktieren, erbost die bewaffneten Rebellen zutiefst. Die Zeitschrift „Bohemia“ merkt an: „Der Zorn wurde nur durch den Respekt vor der nördlichen Nachbarnation etwas gezügelt.“

In seinem Büro in La Cabaña – ein kleines Zimmer mit einem Schreibtisch an der Wand –, dessen größter Vorzug vier kleine Fenster sind, die auf die Bucht von Havanna gehen und einen Blick auf die entfernte Kuppel des Kapitols erlauben, gibt Che an diesem Tag seine ersten Interviews – zunächst sind die argentinische Zeitung „La Tarde“ und „Revolución“ an der Reihe und danach „La Tarde“ und „Mundo“. In den Tagen darauf folgen „Prensa Libre“, „Bohemia“ und zahlreiche ausländische Korrespondenten. Che wird eine Woche lang von der Presse belagert. Als erstes geht er zum Gegenangriff über: *Alle, die sich nicht unterwerfen wollen, als Kommunisten zu bezeichnen, ist ein alter Trick der Diktatoren. Der 26. Juli ist eine demokratische Bewegung.* Die Fotografien zeigen eine ausgezehrte Gestalt mit tiefen Ringen unter den Augen, aber auch ab und zu mit einem schelmischen Grinsen. Der Interviewte bewegt das immer noch schmerzende Handgelenk und beantwortet ständig Telefonanrufe. Er fühlt sich nicht richtig wohl mit der Presse. Er ist an diese Journalistenlawine nicht gewöhnt: *Was wir für die Freiheit eines Volkes machen, ist kein Pressethema, und noch viel weniger unser Privatleben.* In einem der Interviews in dieser ersten Woche der Revolution wird ihm die Anekdote erzählt, daß die Funkmeldungen der Armee Batistas ihn als den „Rebellen mit dem Eselchen" identifiziert hätten. *Zum Glück hat er eins,* antwortet Che darauf.

Von den Fragen der Reporter belagert, findet er sich nicht zurecht, noch nicht einmal bei seinen Antworten. Vielleicht ist ihm nicht klar, welchen Platz und welche Rolle er zu diesem Zeitpunkt des revolutionären Prozesses einnehmen soll. Selbst seine Äußerungen über die Landreform sind sehr behutsam: *Eine der grundlegendsten Maßnahmen wird darin bestehen, den Bauern die Behandlung zuteil werden zu lassen, die sie verdienen.* Als ob für ihn eine radikale Landreform nicht wesentlich wäre, als ob er nicht wüßte, welche Rechte sich die Bauern durch ihre Mitwirkung am Sieg erworben haben. Er bewegt sich auf der Ebene von Gemeinplätzen *(die Einheit ist ein wesentlicher Faktor)* oder von offenkundigen Wahrheiten *(in Kuba wird die Lüge widerlegt, daß man keine Revolution gegen eine Armee machen kann).* Er scheint ideologisch verwirrt zu sein, ohne Klarheit, vor der Presse selbstzensiert. Es ist offensichtlich, daß er seinen Platz im Sieg nicht gefunden hat.

Die Journalisten entdecken Aleida unter den Offizieren der Rebellenarmee in Ches näherem Umkreis. Sie sind nicht mehr in Las Villas, und Aleida ist hier unbekannt. Auch sie gibt ein Interview, eines der wenigen in ihrem Leben:

„Ich kann nicht sagen, daß ich Ches Sekretärin bin, denn ich bin eine Kämpferin. Ich habe gemeinsam mit ihm am Feldzug in Las Villas und an allen Gefechten teilgenommen, die dort geführt wurden. Ich bin also seine Adjutantin (...). Als es für mich aufgrund meiner revolutionären Aktivitäten praktisch unmöglich geworden war, weiter in Santa Clara zu leben, beschloß ich, mich denen anzuschließen, die die Diktatur mit den Waffen bekämpften (...). Ich gestehe, daß mir das Leben dort am Anfang schwerfiel, aber dann gewöhnte ich mich daran, vor allem nach den ersten Zusammenstößen mit dem Feind."

Mehr werden sie aus ihr nicht herausbekommen.

Am 8. Januar hört Che von der La-Cabaña-Festung aus den Jubel des Volkes, der durch den Einzug von Fidels Kolonne ausgelöst wird. Mit einem Fernglas beobachtet er den Jeep, in dem Fidel in Begleitung von Camilo die Kolonne anführt, die von einer Menschenmenge umringt wird, so daß die Weiterfahrt praktisch unmöglich ist.

Nur einen Tag braucht Fidel, um seine unanfechtbare Rolle als Volksführer zu festigen. Seine Ansprachen im Stützpunkt Columbia mit den Tauben auf seinen Schultern und Camilo an seiner Seite („Mache ich mich gut, Camilo?"), seine Aufrufe zu einer veränderten Ordnung, sein klarer, mit dem Volk geteilter Wille, die Diktatur Batistas abzuschaffen, und seine magische Aura ermöglichen es ihm, den Zwist mit dem Direktorium beizulegen, indem er den Druck des Volkes auf diese Gruppierung abwälzt. Zwei Tage lang sieht sich das in die

Defensive gedrängte Direktorium zu Erklärungen gezwungen, warum es Waffenlager beschlagnahmt hat, und zieht sich politisch zurück.

In den nächsten Tagen wird sich Fidel der „reinen“ und der „sanften“ Batista-Anhänger entledigen: Barquín (Versetzung an die Militärakademie), Borbonet (Ernennung zum Befehlshaber eines Panzerbataillons), Rego Rubido (als Militärattaché nach Brasilien). Ameijeiras erklärt, daß die Polizei jetzt der Rebellenarmee unterstehe und nicht mehr dem Innenministerium, und Che und Camilo ordnen die Entwaffnung der Milizen an.

Kurze Zeit darauf wird die Staatssicherheit organisiert, und zwar auf Anweisung Fidels in Besprechungen, an denen Raúl, Che, Ramiro Valdés und ein Kader der PSP, Osvaldo Sánchez, teilnehmen, der eine lange konspirative Erfahrung im Aufbau des Untergrundapparats der kubanischen Kommunisten hat.

Ebenfalls in diesen Tagen verweist Che Gutiérrez Menoyo und die Männer der II. Front in ihre Schranken. Der US-Amerikaner Richard Harris beschreibt ein Treffen von Camilo, Che und Raúl mit vier Kommandanten der II. Front – Gutiérrez Menoyo, Fleitas, Carrera und Morgan. Das Treffen verläuft sehr angespannt, die Kommandanten zücken sogar ihre Pistolen. Diesmal wirkt Camilo versöhnlich. Die Anführer der II. Front fordern, daß sie unter Beibehaltung ihres Ranges in die Rebellenarmee aufgenommen werden, was Che brutal zurückweist.

Carrera fragt: „Warum soll zwischen den Offizieren der II. Front und euren unterschieden werden?“

Wer hat euch denn die Sterne verliehen?

Carrera schreit: „Sie sind im Gefecht verdient worden!“

In welchen Gefechten denn?

Das Treffen wird ohne Übereinkunft abgebrochen, als Raúl entscheidet, daß jeder Fall einzeln diskutiert werden müßte.

Monate später berichtet Che: *Nach wenigen Tagen kam die erste Rechnung aus dem Hotel Capri, die von Fleitas unterschrieben war: 15.000 Pesos für Speisen und Getränke für einen kleinen Klüngel von Nutznießern. Als es an die Rangverteilung ging, trachteten fast hundert Hauptleute und eine beträchtliche Anzahl von Kommandanten nach staatlichen Pfründen. Außerdem gab es einen großen ausgewählten Kern von Männern um die unzertrennlichen Menoyo und Fleitas, die es auf eine ganze Reihe von Ämtern im Staatsapparat abgesehen hatten. Es waren zwar keine außergewöhnlich gut bezahlten Ämter, sie hatten aber alle ein gemeinsames Kennzeichen. Es waren die Posten, auf denen in der vorrevolutionären Verwaltung gestohlen wurde: Rechnungsprüfer, Steuereintreiber. Allen Bereichen, in denen Geld durch ihre gierigen Hände fließen konnte, galt ihr Trachten. (...) Vom ersten Tag an kam es zu ernsten Meinungsverschiedenheiten, die zuweilen in heftige Wortwechsel ausarteten, aber immer herrschte unsere scheinbare* (sollte ihm da sein Unterbewußtsein einen Streich gespielt haben?) *revolutionäre Besonnenheit vor und wir gaben zum Wohl der Einheit nach. Wir blieben den Prinzipien treu. Wir erlaubten den Anwärtern auf den Verrat weder zu stehlen, noch gaben wir ihnen Schlüsselpositionen. Aber wir beseitigten sie auch nicht, wir versuchten, soweit wie möglich, zugunsten einer nicht vollstän-*

dig begriffenen Einheit auf ihr Begehren einzugehen. Das war eine Sünde der Revolution.

Über die „Sünden“ der Versöhnlichkeit hinaus, die zweifellos nicht Che anzukreiden waren, hatte Fidel erreicht, daß die kleine, vertrauenswürdige Rebellenarmee in den nächsten Tagen den Garant darstellte, daß die Revolution weder unterbrochen noch zerstört werden konnte. Aber welche Art von Revolution? Eine Revolution, die sich in welche Richtung bewegt?

Che ist in die zweite Reihe verbannt worden. Er will allerdings auch gar nicht in der ersten stehen, er hat keinen Hang zur Macht, keinen Willen zur Macht. Außerdem ist ihm nicht klar, wie weit die Revolution gehen wird und welchen Platz er in diesem Prozeß einnehmen soll. Über seine in diesen Tagen erfolgten Gespräche mit Fidel ist nichts bekannt. Zwei Fotos und Pressemeldungen geben Ches konzentrierte Gesichtszüge wieder, als er Fidel im Stützpunkt Columbia zuhört, oder zwei Tage später, als beide auf einem Feldbett sitzen. Den beiden Fotos ist jedoch klar zu entnehmen, daß Fidel spricht und Che zuhört.

Wie es auch immer gewesen sein mag, die Atempause fällt mit der Ankunft seiner Familie in Havanna zusammen. Am 9. Januar empfängt Che seine Eltern am Flughafen. Während sie ihren Sohn in den Armen hält, erklärt Celia der Presse: „Seit sechs Jahren haben wir uns nicht mehr gesehen; seit dem Augenblick, in dem wir uns am Retiro-Bahnhof in Buenos Aires von ihm verabschiedet haben, als er nach Venezuela fuhr, um in einem Leprakrankenhaus zu arbeiten.“

Sein Vater betrachtet verwirrt und argwöhnisch die Dutzende von bewaffneten Bärtigen mit ihren Halsketten aus Hundezähnen, Baumsamen, Jungfrauen und Kreuzen, Amulette, die den verwahrlosten Rebellensoldaten vom Hals baumeln.

Es gibt eine Reihe von Fotos, die die Notwendigkeit einer Atempause, von etwas Erholung und Frieden für Che deutlich werden lassen, und auch die Zuneigung, die ihn mit seiner Mutter verbindet: Celia und er sitzen auf einem Sessel, die Mutter hält eine Tasse Kaffee in der Hand und scheint mit ihm zu sprechen. Che, mit einer Kappe, die seine übliche Baskenmütze ersetzt, im Schoß, sitzt zurückgelehnt mit geschlossenen Augen und halbgeöffnetem Mund im Sessel. An seiner Seite befindet sich sein Bruder Juan Martín, der in die Kamera schaut. Ein zweites Foto zeigt Che, der seinen Kopf auf die Schulter seiner Mutter gelegt hat; seine Augen sind wieder geschlossen. Er ist körperlich vollkommen erschöpft.

Sein Vater fragt ihn, was er denn nun mit seinem Arztberuf zu tun gedenke.

Also sieh mal, Alter, da du dich Ernesto Guevara nennst wie ich, kannst du an deinem Baubüro ein Schild mit deinem Namen und der Bezeichnung Arzt anbringen, und danach kannst du ganz gefahrlos Leute umbringen.

Als sein Vater auf der Frage besteht, antwortet Che ihm ernst:

Was meinen Arztberuf angeht, habe ich ihn schon seit langem aufgegeben. (Obgleich er einige Tage später vom staatlichen Ärztekollegium zum kubanischen Medicus honoris ernannt wird und die Ernennung nicht zurückweist.) *Jetzt bin ich ein Kämpfer, der am Ausbau einer Regierung arbeitet.*

Was aus mir werden wird? Ich weiß selbst nicht, wo meine Knochen landen werden.

Die Kommunikation ist nicht leicht. Die langjährige Distanz hat sie zwar nicht zu Unbekannten, aber doch zu Fremden gemacht. Che ist ein harter und sehr selbstbewußter Mann geworden. Als sein Vater ihn um einen Jeep bittet, um durch die Sierra Maestra zu fahren, antwortet er ihm:

Ich stelle einen Jeep mit einem Soldaten, der die Gegend kennt, zu deiner Verfügung; das Benzin und das Essen mußt du aber selbst bezahlen.

Gemeinsam mit seinen Eltern sind die Journalisten Carlos María Gutiérrez und Jorge Ricardo Masetti gekommen, zu denen Che eine enge freundschaftliche Beziehung hat. Sie wollen über den Sieg der Revolution berichten und an der ersten Versammlung der in einem Verschlag in der Sierra Maestra gegründeten Vereinigung teilnehmen, die sie scherzhaft den „Club der freien Presse" getauft haben. In kürzester Zeit werden sie von Che in eine große journalistische Aufgabe verwickelt.

Einstweilen hat Che eine polizeiliche Maßnahme ergriffen und, vielleicht durch seine Genossen von der PSP auf die Bedeutung aufmerksam gemacht, die Archive des „Büros zur Unterdrückung Kommunistischer Umtriebe" (BRAC) beschlagnahmt. Es handelte sich dabei um eine der vielen geheimen Polizeidienste Batistas, und Che will damit möglicherweise Informationen über Geheimagenten und Spitzel erhalten. Das Ergebnis dieser Operation, bei der der stellvertretende Dienststellenleiter Castaño verhaftet worden ist, ist eine Pressekonferenz, auf der Che die Beweise für einen vom BRAC organisierten Anschlag auf Fidel vorlegt.

Am 13. Januar weiht Che in Fortführung seiner unterbrochenen pädagogischen Neigungen in La Cabaña eine militärische Kulturakademie ein, um die Alphabetisierung der Bauern aus seiner Kolonne fortzusetzen und seinen radikalisierten bewaffneten Bauern andere Möglichkeiten zu bieten. Der Dichter Nicolás Guillén und die Pianistin Enriqueta Almanza besuchen die Akademie häufig. Studenten aus Havanna erteilen Alphabetisierungskurse, eine Hauptschule wird eingerichtet.

Che behält die gleiche spartanische Haltung und die gleiche strenge Disziplin wie in den Bergen bei. Er teilt sich gemeinsam mit Aleida, Fernández Mell und seiner Leibwache vier Zimmer eines Hauses. Er leitet das Militärlager von einem kleinen Büro aus, bis Dr. Rodríguez de La Vega ihn zurechtweist: „Hör mal, das ist doch ein Scheißhaus hier, du kannst doch von hier aus kein Regiment befehligen." Er hält seine jugendlichen Leibwächter Villegas, Argudín, Castellanos und Hermes Peña unter einer strengen väterlichen Kontrolle. Er verbietet ihnen, die Garnisonswagen zu benutzen, und er bestraft sie, wenn sie sich nach Havanna davonmachen, eine Stadt, von der die jungen Bauern ganz geblendet sind. Der Gruppe schließt sich bald sein Freund Cáceres, El Patojo, an, der aus Mexiko angereist ist.

Che gründet einige kleine Werkstätten für die Selbstversorgung und unterstellt sie Leutnant Orlando Borrego, einem Mann, der sich der Kolonne im

Escambray angeschlossen, Rechnungswesen studiert hat und als unnachgiebig gilt. Er nennt sie euphemistisch „Werkstätten Freies La Cabaña“.

Unterdessen haben die Schnellgerichtsverfahren gegen die Folterer der Batista-Diktatur und die darauffolgenden Hinrichtungen die ersten Spannungen zwischen der jungen Revolution und der Regierung der Vereinigten Staaten ausgelöst. Einerseits gibt es keine Antwort auf die Gesuche, Senator Masferrer auszuliefern, der 17 Millionen Dollar veruntreut hat und mit seiner Jacht nach Miami gefahren ist, oder Ventura, einen der schlimmsten uniformierten Mörder der Batista-Polizei. Andererseits beschuldigen Senator Wayne Morse und die Zeitschrift „Newsweek“ die Revolution, daß sie ihre Kritiker unterschiedslos füsilieren würde, und leiten damit eine umfassende Kampagne der US-amerikanischen Presse ein.

Dem Historiker Hugh Thomas zufolge wurden bis zum 20. Januar etwa 200 Batista-Militärs und Soldaten füsiliert. Die Verfahren fanden in einer von den Medien angeheizten Atmosphäre statt, die im Fernsehen, Radio und in der Presse täglich über geheime Friedhöfe, Ermordungen unbewaffneter Jugendlicher, Vergewaltigungen und Folterungen berichteten, wobei sie Bilder von gerade erst entdeckten geheimen Friedhöfen zeigten und die Blutbäder gegen hilflose Bauern während der Offensive in der Sierra Maestra neu ausschlachteten. Jules Dubois porträtierte in der US-amerikanischen Presse den Fall eines der Verurteilten, eines Polizisten, der die Ermordung und Folterung von mindestens 17 Jugendlichen während des Kampfs in den Städten gestanden hatte.

Fidel geht angesichts der US-amerikanischen Kampagne in einer am 21. Januar vor dem Nationalpalast gehaltenen Ansprache zum Gegenangriff über; er vergleicht die Verbrecher der Batista-Diktatur mit den Angeklagten in den Nürnberger Prozessen und bekräftigt das Recht auf Volksjustiz und Erschießungen. Er unterwirft die Frage, ob die Gerichtsbarkeit, die gegen die Folterer erfolgt, gerechtfertigt ist, einer öffentlichen Abstimmung. Dem damaligen Herausgeber von „Revolución“, Carlos Franqui, zufolge „wurde Fidels Frage ungewöhnlich einheitlich beantwortet. Eine private Meinungsumfrage ergab, daß 93% für die Verfahren und die Erschießungen waren.“ Che ist bei der Kundgebung anwesend, spricht aber nicht selbst vor der Öffentlichkeit. Seine Journalistenfreunde beginnen gemeinsam mit anderen lateinamerikanischen Berufskollegen eine „Operation Wahrheit“, um der Kampagne entgegenzuwirken.

Es handelt sich um ein heißes Eisen. Der Druck in den gesellschaftlichen Sektoren des Volkes, die die Revolution unterstützen, ist gewaltig, und Fidel spürt, daß ein Nachgeben auf den US-amerikanischen Druck in dieser ersten Phase einem Verzicht auf die Souveränität gleichkommen würde. In der von Franqui geleiteten Tageszeitung heißt es, daß die Erschießungen die Antwort auf „die Barbaren sind, die Augen ausgerissen, kastriert, Fleisch verbrannt oder Hoden ausgerissen, die Fingernägel abgerissen, Frauen Eisen in die Vagina gesteckt, Füße verbrannt oder Finger abgeschnitten haben, die also Kuba in einen Landstrich des Grauens verwandelt haben.“ An anderer Stelle wird berichtet: „Gestern hörten wir Ches Reaktion auf eine Gruppe von Milizionären, die noch frei herumlaufenden Spitzeln eine Lektion erteilen wollten: *Weder ihr noch sonst jemand darf die Gerechtigkeit selbst in die Hand nehmen. Dafür gibt es die revolutionären Gerichte. Wenn jemand auf eigene Rechnung handelt, werde ich ihn verhaften und ebenfalls vor ein revolutionäres Gericht stellen lassen.*"

Che ist zweifellos für die Schnellgerichtsverfahren, aber die im kubanischen Exil erzeugten Darstellungen, die ihn zum „Schlächter von La Cabaña" machen, der für die meisten Erschießungen in Havanna verantwortlich sein soll, haben nichts mit der Wirklichkeit gemein. In La Cabaña hatten die Revolutionären Gerichte 1 und 2 ihren Sitz. Das erste richtete über Polizisten und Militärs und das zweite (das keine Todesstrafen aussprach) über Mitglieder der Zivilbevölkerung. Das Revolutionäre Gericht 1 unter dem Vorsitz von Miguel Ángel Duque de Estrada ahndete mehrere Fälle mit der Todesstrafe. Zumindest im Monat Januar war dies bei zwei Dutzend Anklagen der Fall. Che gehörte keinem der beiden Tribunale an, aber als Garnisonskommandant überprüfte er die Berufungen. Er dürfte keine Zweifel an den Urteilen gehegt haben; er hielt sie für gerecht. In den letzten Jahren hatte er sich in ähnlichen Situationen eine gewaltige Härte angeeignet.

Am 21. Januar kommen Hilda Gadea und ihre fast dreijährige Tochter Hilda Guevara zu Besuch. Auf Ches Bitte holt Óscar Fernández Mell sie vom Flughafen ab. Kurze Zeit später findet das seit Mexiko aufgeschobene Gespräch statt. Hilda Gadea berichtet: „Mit seiner üblichen Offenheit erklärte Che mir, daß er mit einer anderen Frau zusammen war, die er im Kampf in Santa Clara kennengelernt habe (...). Anfangs wies er den Gedanken an die Scheidung zurück, aber meiner Ansicht nach gab es keine andere Lösung."

Möglicherweise ist das Gespräch darauf beschränkt, den früheren Entschluß zur Trennung zu bestätigen und zu einer Entscheidung über das Kind zu kommen, das in Kuba aufwachsen soll, wo auch Hilda Gadea einstweilen bleiben wird. Von der Begegnung mit seiner Tochter gibt es ein Foto, das im Wohnzimmer eines Hauses aufgenommen worden ist, das der Verfasser nicht lokalisieren kann: Der mit einer Öljacke bekleidete, langhaarige Che unterhält sich mit Hilda. An ihrer Seite eine weiße, reglose Puppe von der Größe seiner Tochter, gegen die die Haltung des Kindes absticht, das mit einer Hand am Kinn aufmerksam zuhört, ohne dem Vater ins Gesicht zu sehen. Die Puppe haben einige Gefährten Ches gekauft, damit er sie seiner Tochter schenken kann, denn er hatte keinen Centavo in der Tasche.

Endlich reagiert Che. Alles, was er für sich behalten, was in seinem Kopf gebrodelt hat, kommt plötzlich sturzbachartig in einer der besten Reden seines Lebens zum Vorschein. Am 27. Januar hält er einen Vortrag in der Sociedad Nuestro Tiempo, anscheinend eine Kultureinrichtung der PSP, zum Thema „Die gesellschaftlichen Entwürfe der Rebellenarmee".

Daß er an diesem Ort spricht, scheint zwar eine Öffnung der PSP zum linken

Flügel des 26. Juli anzuzeigen, allerdings spricht am selben Tag zur selben Stunde der historische Führer der Partei, Blas Roca, an einem anderen Ort. Als Konkurrent?

Che referiert zunächst über die Zeit in Mexiko und über einige Mitglieder des 26. Juli (Ex-Moncadisten), die sich später von der Gruppe getrennt haben, da sie dachten, das einzige Problem bestände darin, einen Staatsstreich gegen Batista durchzuführen und die Macht zu ergreifen.

Er analysiert die Guerilla als umherirrende Gruppe, die zwar physisch zerschlagen, aber kampfbereit war: *mit der Sierra Maestra verbunden, ohne in ihr Wurzeln zu schlagen.* Deshalb bewertet er die Aufnahme der von den Brutalitäten der Armee Batistas bedrängten Bauern und die Verbreitung des magischen Wortes Landreform als ein zentrales Element.

Und hier findet er den Dreh- und Angelpunkt, den Sinn seiner Anwesenheit, seinen Ort im Prozeß: nicht die sozialen Inhalte der Revolution vergessen und besonders nicht ihre agrarischen Inhalte.

Er hatte bereits in der Mitte dieses aufgewühlten Monats Januar über dieses Thema gesprochen, als er mit der Veröffentlichung eines Artikels mit dem Titel „Der Krieg und die Bauern" erstmals politisch reagierte, indem er eine alte Geschichte aufgriff: das erzwungene Exil der Gebirgsbauern aufgrund der Repression der Armee. Als wollte er damit an den Agrarcharakter erinnern, der der Revolution zugrunde liegt, die heute die Städte beherrscht.

Nachdem er den zentralen Punkt definiert hat, kommt er auf den Aprilstreik zu sprechen: *Der 26. Juli wurde dadurch gestärkt und die Erfahrungen zeigten seinen Anführern eine wichtige Wahrheit (...), daß nämlich die Revolution nicht einer bestimmten Gruppe gehörte, sondern daß sie das Werk des gesamten kubanischen Volkes sein mußte.* Und zurück zum Agrarismus, der unter den Guerilleros herausgebildet wurde: *Die Männer und Frauen der Rebellenarmee haben weder in der Sierra Maestra noch an anderen Orten ihre wichtigste Aufgabe vergessen, die in der Verbesserung der Lebensbedingungen der Bauern und in ihrer Einbeziehung in den Kampf um Land bestand.*

Die Geschichte der Rebellenarmee bildet zwar den roten Faden für seinen Vortrag, aber der Nachdruck liegt immer auf dem gleichen Punkt. Als er auf die Geschichte der Gegenoffensive und danach auf die Offensive der Kolonne zu sprechen kommt, erklärt er: *Der Bauer war der unsichtbare Mitarbeiter, der all das tat, was der Rebell nicht tun konnte. Er lieferte uns Informationen, überwachte den Feind, entdeckte seine Schwachpunkte, brachte schnell die wichtigsten Botschaften und spionierte in den Reihen der Batista-Armee.* Er erinnert an den Auftrieb der 10.000 Kühe: *Und erstmals tranken die Bauernkinder Milch und aßen Rindfleisch.* Und er betont: *Auf der anderen Seite steckte die Diktatur systematisch ihre Hütten an, vertrieb sie von den Ländereien und brachte sie um (...). Eine Napalmbombe, die über einer Kaffeepflanzung abgeworfen worden war, bedeutete die Zerstörung des Reichtums in einem Gebiet von 2.100 Quadratmetern, und man benötigte fünf bis sechs Jahre, um den in einer Minute angerichteten Schaden zu beheben.* Bei der Schilderung des Feldzuges in Las

Villas weist er mit Nachdruck darauf hin: *Wir rückten mit der Agrarreform als Speerspitze der Rebellenarmee vor.*

Als er schließlich beim Januar 1959 angelangt ist, erklärt er: *Die Agrarrevolution ist mit dem Gesetz Nr. 3 noch nicht abgeschlossen.* Er weist auf die Notwendigkeit hin, den Großgrundbesitz anzugreifen. Und er greift zaghaft die Idee an, daß die Enteignung im Voraus bar bezahlt werden muß, wie es die Verfassung vorsieht. Als er ein Programm entwirft, sind die Schwerpunkte klar: Der Imperialismus ist der Feind und *der Großgrundbesitz ist die Grundlage aller wirtschaftlichen Übel.* Er kündigt an, *daß die Gegenmaßnahmen derer abzuwarten bleiben, die 75% des kubanischen Marktes kontrollieren.* Er sieht deshalb eine US-Invasion voraus, wenn die soziale Reform sich gegen das Imperium stellen wird (auf diesen Punkt ist er bereits am 20. Januar in „Revolución" zu sprechen gekommen). Aus seinem Mund spricht die Erinnerung an Guatemala.

Weil wir eine bewaffnete Demokratie haben, verfügt man über das Instrument zur Veränderung. *Wir haben die Rebellenarmee und sie muß unser erstes Kampfinstrument sein,* aber *unsere Armee ist noch nicht auf die neuen Verantwortlichkeiten vorbereitet.* Sie muß ausgebildet, verstärkt und alphabetisiert werden. Vorsicht! In Ches Überlegungen dieser Tage ist die Rebellenarmee die Avantgarde und nicht der 26. Juli, den er als ein Konglomerat von verschiedenen Tendenzen versteht, in dem die städtische Mittelklasse vorherrscht und nicht die Parteien der revolutionären Front: die Menschen aus den Bergen.

Abschließend bemerkt er: *Unsere Revolution bedeutet die Zerstörung aller Salontheorien (...). Es müssen Agrarreformen durchgeführt werden, es muß auf dem Land und in den Bergen gekämpft und die Revolution von dort aus in die Städte getragen werden.* Nun spricht er bereits nicht mehr von Kuba, sondern vom übrigen Lateinamerika.

Sein Beitrag wird zur öffentlichen Stimme der Linken des 26. Juli, zu einem Aufruf an Fidel und sogar an die PSP. Es ist eine Frage, die eine Forderung impliziert: Wohin bewegt sich die kubanische Revolution?

Am 30. Januar besucht ihn ein russischer Journalist in La Cabaña. Che hat einen Asthmaanfall, er bekommt gerade eine Spritze und liegt mit Unterhemd und Strümpfen auf dem Bett. Ches Zimmer macht einen sehr spartanischen Eindruck auf den Russen. An einer Wand hängen ein M-1 und ein Pistolengurt, ansonsten: zwei Betten, eine Kommode und ein alter Spiegel. Er bittet Che, ein Foto machen zu dürfen. Der läßt sich überzeugen, ein Hemd über das Unterhemd zu ziehen, Schuhe zieht er allerdings nicht an.

Der chilenische Senator Salvador Allende hat Che auch dieser Tage besucht und einen ähnlichen Eindruck mitgenommen: „In einem großen Raum, der als Schlafzimmer eingerichtet und mit Büchern vollgestopft war, lag ein Mann mit durchdringendem Blick, nacktem Oberkörper, nur mit einer olivgrünen Hose bekleidet auf einer Feldliege und hielt einen Inhalator in der Hand. Er machte mir ein Zeichen, daß ich warten sollte, während er versuchte, seinen heftigen Asthmaanfall abebben zu lassen. 10 oder 15 Minuten lang konnte ich ihn anschauen und den herzzerreißenden Glanz in seinem unruhigen Blick sehen (...). Danach unterhielten wir uns ganz aufrichtig."

Der Russe fragt ihn, worin der Schlüssel der kubanischen Revolution liege. Che antwortet:

Die Grundlage der Revolution sind die Bauern.

Plötzlich tritt Fidel ins Zimmer und kurz danach Raúl Castro und Vilma Espín. Fidel und Che lassen den russischen Journalisten links liegen, setzen sich auf ein Bett und beginnen zu konspirieren.

Sprechen sie von der Zukunft einer beginnenden Revolution?

Kapitel 24

★

Die Schlacht um die Agrarreform

Am 5. Februar scheint Kommandant Guevara endlich ein paar freie Stunden zu haben, denn er verbringt den Tag damit, Briefe zu beantworten, die ihn zweifellos in diesen ersten Tagen der Revolution in La Cabaña erreicht haben. Wir haben Kenntnis von sieben dieser Briefe. Drei sind an Personen gerichtet, die sich als Freiwillige für den Freiheitskampf in Santo Domingo gemeldet haben, denen er schreibt, daß sie zur Zeit in Kuba benötigt würden, wo *es gewaltige Schwierigkeiten zu bewältigen gibt*. Ein weiterer ist an William Morris aus Florida adressiert und handelt vom Rassismus: *Sie dürfen sich absolut sicher sein, daß Weiße und Schwarze sich in wenigen Jahren nur in ihrer Hautfarbe voneinander unterscheiden werden, ganz so wie es sein soll.* Ein anderer geht an einen Dichter (Pedro Revuelta), dem Che für dessen Verse und dessen Lied dankt. Er verabschiedet sich mit den Worten: *Grüße von dem Revolutionär, der es nie zu einem Dichter gebracht hat.* Der letzte hat einen Landsmann in Buenos Aires zum Empfänger und eine brennende Frage der kubanischen Gegenwart zum Inhalt: *Die Erschießungen sind nicht nur eine Notwendigkeit für das kubanische Volk, sondern auch eine Auflage von eben diesem Volk.*

Am 7. Februar veröffentlicht der Staatsanzeiger einen kuriosen Erlaß, kraft dessen Rebellenkommandanten, die diesen Rang mindestens ein Jahr lang im revolutionären Prozeß innehatten, die kubanische Staatsbürgerschaft „durch Geburt" verliehen bekommen. Es handelt sich ganz klar um ein Ausnahmegesetz mit einem einzigen Adressaten – Kommandant Ernesto Guevara. Es ist eine Ehrung und eine Anerkennung.

Am nächsten Tag weiht Che seinen neuen Status mit einer sehr radikalen Rede zugunsten der Agrarreform ein, in der er erneut seiner Identifizierung mit den Bauern Ausdruck verleiht. *Ich bin ein echter Dörfler, die Stadtluft ist nicht das Richtige für mich.* In El Pedrero, wo sich eines seiner Camps während des Feldzugs in Las Villas befunden hat, ruft er zu einer radikalen Agrarrevolte auf: *Wir sind jetzt entschlossen, gegen den Großgrundbesitz vorzugehen, ihn anzugreifen und zu zerstören (...). Die Rebellenarmee ist bereit, die Agrarreform bis zu den letzten Konsequenzen durchzuführen (...). Die Agrarreform muß geordnet erfolgen, damit es zu keinem Mißbrauch kommt (...). Aber was das Land angeht, das das Volk revolutionär* (besetzt, eingenommen) *hat, so wird es keinen Kommandanten unserer Streitkräfte und keinen einzigen Soldaten dieser Armee geben, der auf die Bauern, unsere alten Freunde, schießen wird ... Wenn jemand versuchen sollte, euch vom Land zu vertreiben, habt ihr sogar das Recht zum letzten Mittel zu greifen und eine Waffe in die Hand zu nehmen, um dies zu verhindern.* Er ruft zur Bildung von Bauernvereinigungen auf, die *von unten nach oben durch die Volksstimme* konstituiert werden sollen.

Che ist besonders ungekämmt und besonders angespannt. Anstelle der schwarzen Baskenmütze mit dem fünfzackigen Stern trägt er eine Schirmmütze, unter der überall sein zerzaustes Haar hervorquillt. So ist er auf dem Foto seines Piloten Eliseo de la Campa zu sehen. Er leidet unter einem starken Asthmaanfall. Eine Frau fragt ihn, ob die Bauernhütten, die die Diktatur in der Gegend zerstört hat, in den Geschichtsbüchern erwähnt werden würden.

Wir werden sie nicht in die Geschichte verweisen ... wir werden sie sofort wieder aufbauen.

Tatsächlich beginnt die Rebellenarmee kurze Zeit später mit dem Bau von Wohnungen in El Pedrero.

Die verbreitete geschichtliche Lesart hat die Untersuchung des Jahres 1959, des Jahres Eins der kubanischen Revolution an der Macht, zu einer Debatte über die Zusammenstöße zwischen Prokommunisten und Antikommunisten in der Führung des revolutionären Prozesses gemacht. Von innen gesehen müßten die Koordinaten der Geschichte eher an der gewaltigen Debatte über die Notwendigkeit und Reichweite der Agrarreform angelegt werden. Sie ist der Zankapfel, das Reibungs- und Spannungselement innerhalb des breiten Kräftespektrums, das den Sieg für sich in Anspruch nehmen kann. Wenn man den Puls der Ereignisse anhand der Tagespresse, der Radiosendungen, der Reden der Kader, der sozialen Mobilisierungen und der gefilterten Erinnerung der Zeitzeugen über ihre Selektivität hinaus fühlt, dann erscheint das Jahr Eins ohne Zweifel als das Jahr der Debatte um die versprochene Agrarreform. Eine Agrarreform, die in einem vom Großgrundbesitz beherrschten Land durchgeführt werden sollte, wo *1,5% der Bevölkerung 46% des Landes besaßen*, wo zwei Drittel der landwirtschaftlichen Erzeuger landlose Tagelöhner, Zuckerfabrikarbeiter, Knechte der Großgrundbesitzer oder Unterpächter waren.

In diesem Rahmen muß Ches radikale Definition der Landfrage und damit die Definition des linken Flügels verstanden werden. In den Tagen vor und nach seiner Ansprache in El Pedrero kommt es in der Provinz Las Villas zu zahlreichen Landbesetzungen. Als Antwort auf die Besetzungen der Latifundien läßt Präsident Urrutia den Verantwortlichen der Streitkräfte in Havanna, Camilo Cienfuegos, und Ramiro Valdés rufen. Den letzteren wohl in seiner Eigenschaft als stellvertretender Kommandant der 8. Kolonne, die die wichtigste Kraft in Las

Villas darstellt. Er verlangt von beiden, daß sie der spontanen Agrarrevolte Einhalt gebieten. Die Besetzungen müßten gestoppt und die Abfassung eines Gesetzes abgewartet werden. Camilo und Ramiro erklären ihm, daß ihre Leute nicht auf Bauern schießen würden.

Che besteht am 11. Februar in der Fernsehsendung „Wirtschaftskommentare" auf seiner zapatistischen Anschauung der Agrarreform: entschädigungslose Enteignung der Großgrundbesitzer und Landverteilung.

Am 13. Februar kommt es zum ersten Zusammenstoß zwischen den beiden Flügeln der Revolution. Premierminister Miró Cardona, der Vertreter der konservativsten Regierungssektoren, stellt erneut sein Amt zur Verfügung (er hatte schon am 17. Januar seinen Rücktritt mit dem Argument angeboten, daß es in Kuba eine Doppelmacht gäbe, diejenige Fidels und der Rebellenarmee einerseits und die der Regierung andererseits, und daß Fidel das Amt übernehmen müßte, um diese Situation zu beenden, die sonst die Institutionalisierung lähmen würde). Fidel übernimmt das Amt, erklärt aber später dazu, daß er es vorgezogen hätte, im Hintergrund zu bleiben.

Unterdessen arbeitet Che fieberhaft an der kulturellen Ausbildung der Rebellenarmee. Er organisiert Freizeitaktivitäten in La Cabaña. Unter anderem gründet er einen Kinderclub, um die Sympathien der Kinder für die Soldaten zu steigern. Die Rebellen erzählen ihnen Geschichten aus den Bergen, veranstalten Kinderfeste und zeigen den Mitgliedern des Clubs der „kleinen Bärtigen", wie Waffen zusammen- und auseinandergebaut werden. Che nimmt an mehreren Treffen mit den Kindern teil, vielleicht an denselben Tagen, an denen er sich über einen Landsmann erbost, den Inhaber des Shanghai-Theaters – ein Pornoclub, in dem animalistische und sadistische Shows aufgeführt werden. Der wütende Che will den Unternehmer ins Gefängnis stecken und spricht sogar davon, daß es keine schlechte Idee wäre, ihn füsilieren zu lassen.

Am 15. Februar hat seine Tochter Hilda Geburtstag. Er nimmt zwar an der Feier teil, ist aber körperlich sehr geschwächt. In der dritten Februarwoche ist Kommandant Guevara auf einem körperlichen Tiefpunkt angelangt. Núñez Jiménez erinnert sich: „Che fühlte sich sehr schlapp. Sein Gesicht war von einer deutlichen Blässe gezeichnet. Als er sein Bild in einer Zeitung sah, sagte er mit der ihm so eigenen Ironie zu mir: *Ich sehe ja aus wie Cantinflas!*"

Die Erschöpfung wird zur Krankheit. Fernández Mell kritisiert ihn wegen seiner Nachlässigkeit sich selbst gegenüber. Che schläft kaum, achtet nicht auf seine Gesundheit, raucht wie ein Schlot und ißt nur dann, wenn es ihm gerade einfällt ... Als der Arzt feststellt, daß er Fieber hat, diagnostiziert er eine schwere Lungenentzündung. Bei der Auswertung eines Röntgenbildes entdeckt Dr. Conradino Polanco ein zweifaches und diffuses Lungenemphysem im rechten Lungenflügel.

Die Ärzte verschreiben Che Bettruhe. Gegen dessen Willen bestimmt Fidel, daß er in eine Residenz am Tarará-Strand bei Havanna umziehen soll. Das Haus liegt auf einem Hügel mit einem wunderschönen Meeresblick und hat einem bekannten Batista-Anhänger gehört. Obwohl Che gegen den ihm zu luxuriös erscheinenden Aufenthaltsort protestiert, zieht er dann doch mit Aleida und seiner Leibwache dorthin.

Óscar Fernández Mell, Adolfo Rodríguez de la Vega und Serafín Ruiz Zárate, die drei Guerilla-Ärzte, die im direkten Kontakt mit Dr. Guevara stehen, einigen sich darauf, Che Rauchverbot zu erteilen. Che zettelt eine Diskussion mit ihnen an und willigt schließlich ein, nur eine Zigarre am Tag zu rauchen. Núñez Jiménez, der damals Ches Sekretär war, merkt dazu an: „Am nächsten Morgen ging ich hin, um die Tagesanweisungen von Che entgegenzunehmen. Er hatte eine fast 50 Zentimeter lange Zigarre im Mund, die seine Bewunderer, die Tabakarbeiter von Havanna, eigens für ihn angefertigt hatten. Mit einem schelmischen Lächeln erklärte er mir: *Mach dir keine Sorgen wegen der Ärzte, ich halte mein Wort: eine Zigarre täglich, nicht mehr und nicht weniger.*"

Eine kurze Notiz des Redakteurs Antonio Llano Montes, die einige Tage später in der Zeitschrift „Carteles" erscheint („Kommandant Guevara residiert jetzt in Tarará ..."), empört Che. Er schickt Franqui, dem Direktor von „Revolución", einen offenen Brief: *Ich werde hier weder darauf eingehen, um wen es sich bei dem Herrn Journalisten handelt, noch welche Rolle er in den Archivdokumenten spielt, die mir zur Aufbewahrung übergeben worden sind. Es ist nicht meine Absicht, Anklagen oder Gegenanklagen vorzubringen, das bin ich der Öffentlichkeit und denen schuldig, die auf mich als Revolutionär vertraut haben.*

Ich möchte den Lesern von „Revolución" nur mitteilen, daß ich krank bin, daß ich mir meine Krankheit weder in Spielhöllen noch bei Streifzügen durch Nachtclubs zugezogen habe, sondern weil ich mehr, als mein Organismus aushalten konnte, für die Revolution gearbeitet habe.

Die Ärzte haben mir empfohlen, mich an einen abgelegenen, ruhigen Ort zurückzuziehen, und das Amt für Gütereintreibung hat mir das Haus am erwähnten Strand zur Verfügung gestellt, das ich solange bewohnen werde, bis die mich behandelnden Kollegen mich gesundschreiben. Ich mußte das Haus einer bekannten Figur des alten Regimes akzeptieren, da mir der Offizierssold der Rebellenarmee von 124 Pesos monatlich nicht erlaubt, ein anderes zu mieten, das groß genug wäre, um die Leute, die mich begleiten, zu beherbergen.

Da es sich um das Haus von einem früheren Batista-Anhänger handelt, ist es luxuriös. Ich habe zwar das schlichteste gewählt, aber trotz allem ist es eine Beleidigung für die Empfindsamkeit des Volkes. Ich verspreche Herrn Llano Montes und vor allem dem Volk von Kuba, daß ich hier wieder ausziehen werde, sobald ich gesund bin.

Ich wäre Dir für die Veröffentlichung dieser Zeilen dankbar, um unser Volk über die Haltung derer aufzuklären, die ihm gegenüber eine Verantwortung übernommen haben. Che.

Eigentlich dürfte er keinerlei Tätigkeiten nachgehen, aber in Tarará erhält er zweimal wöchentlich Besuch von seiner Tochter, die ihren Vater von der Tür aus betrachtet, und Ende Februar, Anfang März trifft er sich fast heimlich mit einer Kommission, die an der Abfassung eines Agrarreform-Projekts arbeitet. Die genaue Zusammensetzung ist niemals ganz klar geworden, sie schwankt je nach Quellenangabe: Che, Vilma Espín, Núñez Jiménez, Dr. Segundo Cevallos, Wirtschaftsanalytiker bei „Revolución“ Óscar Pino Santos, und Dorticós.

Die Agrarreform stellt für Che weiterhin das zentrale Problem der Revolution dar, wie er auch in einem am 19. Februar in „Revolución“ veröffentlichten Artikel mit dem Titel „Was ist ein Guerillero?“ klarstellt. Er hält darin eine Lobrede auf die informelle Disziplin, die Geländekenntnis und Beweglichkeit der Guerilla und endet mit einer Schlüsselfrage: Für was kämpfen? Er antwortet sich selbst: *Der Guerillero ist wesentlich und an erster Stelle ein Agrarrevolutionär.* Deshalb habe die Rebellenarmee die Fahne der Agrarreform hochgehalten und diese gebe *dem 26. Juli seine historische Bestimmung,* um abschließend hinzuzufügen: *Diese Bewegung hat die Agrarreform nicht erfunden, sie wird sie verwirklichen.* Er spricht zu einer Rebellenarmee, die zu mehr als 80% aus Bauern besteht, bei den Offizieren sind es 50%.

Während Che in Tarará im Bett liegt, verabschiedet die Regierung in atemberaubender Geschwindigkeit die ersten sozialen Maßnahmen: Am 3. März wird die Telefongesellschaft unter staatliche Aufsicht gestellt, drei Tage später die Stadtbusgesellschaft. Am 10. März werden die Mieten um 50% herabgesetzt und einige Tage später wird der Preis für Arzneimittel verringert. Neben diesen Maßnahmen wird das Gesetz 112 verkündet, mit dem die von Beamten der Batista-Regierung veruntreuten Güter konfisziert werden.

Mitte März schreibt Che seinem Freund Alberto Granado (*mit der kräftigsten Umarmung, die Dir Deine Manneswürde von einem idem entgegenzunehmen erlaubt)* und berichtet ihm, daß er ursprünglich mit Fidel nach Venezuela reisen wollte, aber *eine Krankheit mich ans Bett gefesselt hat.* Eine Woche später ist er indes wieder auf den Beinen und nimmt an einer Versammlung der Befehlshaber der Rebellenarmee teil, zwei Tage später an einer Kundgebung vor dem Palast zur Unterstützung der Regierungspolitik.

Am 9. April ist er bei einem von Fidel einberufenen Treffen des Regierungsblocks anwesend, bei dem Minister, Kommandanten und Kader des 26. Juli im Festsaal des Rechnungshofes tagen. Trotz der Bedeutung der Zusammenkunft gibt es so gut wie keine Aufzeichnungen von diesem Treffen, auf dem es anscheinend zu hitzigen Debatten kommt. Zu diesem Zeitpunkt äußern sich bereits die Spannungen zwischen drei Gruppierungen: ein linker, von Che und Raúl angeführter Flügel, der sich als sozialistisch begreift und Sympathien für die PSP hat; ein rechter Flügel, der von den gemäßigten Regierungssektoren verstärkt wird und teilweise Verbindungen zur Agrar-Oligarchie hat, und ein dritter Sektor der Linken innerhalb des 26. Juli, der vor allem von den Kadern aus der Ebene wie Franqui, Faustino, Marcelo Fernández und Oltuski repräsentiert wird, die ihren Antiimperialismus mit einer scharfen Kritik an den Kommunisten verbinden, die sie für konservativ und sektiererisch halten, und die eine relative Unabhängigkeit von Fidel bewahren. Und, sich zeitweise mit seinem gewohnten Stil der Konfrontationsvertagung über alle Tendenzen stellend: Fidel selbst, der unangefochtene Anführer der Revolution, hinter dem die Rebellenarmee und die Mehrheit der Bevölkerung stehen und dessen Umgang *mit den Leuten, die er schätzt, der Schlüssel zum Fanatismus ist, den er in seinem Umfeld schafft, wo sich zur Übereinstimmung mit den Prinzipien eine persönliche Übereinstimmung hinzugesellt.*

Unter anderem wird über die Notwendigkeit diskutiert, die Verfahren gegen die Kriegsverbrecher einzustellen. Bei einigen Verfahren wird ihre schleppende Abwicklung kritisiert, wodurch die gesellschaftliche Unruhe aufrechterhalten würde und die internationalen Spannungen wüchsen, bei anderen die Abwesenheit von Rechtsgarantien. Dem Zeugnis von Franqui zufolge kommt es auf dem Treffen anscheinend zu einem der wenigen öffentlich bekannten Zusammenstöße zwischen den Castro-Brüdern, der durch die Entscheidung hervorgerufen wird, die Erschießungen einzustellen, wogegen Raúl Einspruch erhebt.

Der Verfasser fühlt sich verloren angesichts der Abwesenheit von Hinweisen darüber, ob und wie das Problem diskutiert wurde, das zu diesem Zeitpunkt zweifellos zentral ist: Inhalt und Reichweite der zukünftigen Agrarreform. Trotz der spärlichen Informationen drängt sich der Gedanke auf, daß die Spannungen im Jahr Eins der kubanischen Revolution sehr viel stärker waren, als es die kubanische Geschichtsschreibung im Laufe der Jahre offengelegt hat. Überlegungen wie die von Che über die Rolle Camilos scheinen dies zu bestätigen: *Wir alle, zumindest die meisten, können von vielen kleinen Sünden aus dieser Zeit berichten, von sehr viel Argwohn, Mißtrauen und manchmal sogar Heimtücke, die zu einem Zweck angewandt wurde, den wir für sehr gerecht hielten, wobei die Methoden jedoch manchmal – häufig – nicht in Ordnung waren. In keinem Fall kann man sagen, daß Camilo auf sie zurückgegriffen hat.*

Außerhalb dieser Spannungen widmet sich Che zwei Presseprojekten, die ihm sehr am Herzen liegen: die unabhängige Nachrichtenagentur „Prensa Latina“ und die Zeitschrift „Verde Olivo“. Prensa Latina ist ein Produkt der lateinamerikanischen Korrespondenten, die in der Sierra gewesen sind, und wird vom mexikanischen Industriellen Castro Ulloa finanziell unterstützt. Masetti ist eine der wichtigsten Figuren, und Che und Oltuski, der zu diesem Zeitpunkt Minister für Kommunikationswesen ist, sind seine großen Förderer. Sie unterstützen ihn nicht nur ideologisch, sondern lösen auch organisatorische und informationsstrategische Probleme, nehmen an Versammlungen teil und statten ihm häufige unangemeldete nächtliche Besuche ab. Der argentinische Schriftsteller Rodolfo Walsh, der auch in dem Projekt engagiert ist, erinnert sich einige Jahre später: „Wir wußten bei ‚Prensa Latina‘ nie, wann Che kommen würde. Er tauchte einfach unangemeldet auf ... Das einzige Zeichen für seine Anwesenheit im Gebäude waren zwei Bauern in der glorreichen Uniform aus der Sierra. Einer stellte sich am Aufzug auf, der andere vor den Büros von Masetti, das Maschinengewehr im Arm.“

Die Agentur wird zwar im April gegründet, nimmt aber erst drei Monate später ihre öffentliche Arbeit auf. Am 10. April erscheint die Wochenzeitung „Verde Olivo" [Olivgrün], das Informationsorgan der Rebellenarmee, das aus dem Zusammenschluß mehrerer kleinerer Publikationen und auf Initiative von Che und Camilo entstanden ist. Von Che als Organ des linken Flügels des 26. Juli konzipiert, wird die Zeitung unter ausgesprochen schwierigen Bedingungen hergestellt und durch Sammlungen unter den Kämpfern finanziert. Sie wird während der Leerzeiten in den Werkstätten gedruckt, Druckfarbe und Papier werden von anderen Zeitungen ausgeliehen. Das Blatt provoziert fast augenblicklich Spannungen mit konservativeren Armeekadern, wie zum Beispiel mit dem militärischen Oberbefehlshaber von Camagüey, Huber Matos, der die Zeitung „Olivrot" nennt und ihre Verbreitung sabotiert.

Ende April, Anfang Mai nimmt Che an einer Veranstaltung der stark von der PSP beeinflußten Tabakarbeiter teil, auf der ihm eine Spende für die Agrarreform ausgehändigt wird. Er spricht sich im Fernsehen dafür aus, daß Kuba diplomatische Beziehungen zu allen Staaten der Welt unterhält (trotz des Kalten Krieges), er besucht Santiago de Cuba und hält einen Vortrag an der dortigen Universität und nimmt am 1.-Mai-Aufmarsch teil. Er fährt zu einer Ehrung von Guiteras nach Matanzas und empfängt Fidel, als dieser von seiner Rundreise durch Lateinamerika zurückkehrt.

Es gibt keine Belege über die Treffen der beiden in diesen Tagen, bei denen zweifellos die Agrarreform weiter das Hauptthema darstellt. Ihr Inhalt ist für alle Gegenstand von Spekulationen. Fidel sieht sie zwar als eine erste Antwort auf die Bedürfnisse der Bauern an, aber auch als Vermittlung zwischen den verschiedenen Kräften, aus denen sich zu diesem Zeitpunkt die revolutionäre Front zusammensetzt. Franqui berichtet, daß Fidel die Entscheidung aufschob, um den Ereignissen eine überraschende Wendung geben zu können. Núñez Jiménez meint hingegen, daß Fidel mit dem Aufschub bezweckte, die Öffentlichkeit zu mobilisieren. Diese Agrarreform bewirkt, daß die Viehzüchter *zehntausend junge Rinder anboten*, und die *das „Diario de la Marina"* (Organ der konservativsten Gruppen des Landes *und bis vor kurzem Pro-Batista) wärmstens begrüßte, denn diese Agrarreform (...) würde eine „bewußte" Agrarreform werden.*

In einem Artikel, den Che in diesen Tagen geschrieben hat (der aber erst einen Monat später veröffentlicht wird), kündigt er sie als *die erste große Schlacht der Regierung* an und bestimmt sie als: *kühn, umfassend, aber flexibel. Sie wird den Großgrundbesitz in Kuba zerstören, aber nicht die kubanischen Produktionsmittel. Sie wird eine Schlacht werden, die in den nächsten Jahren einen guten Teil der Kräfte des Volkes und der Regierung in Anspruch nehmen wird. Die Bauern werden das Land umsonst erhalten. Und der, der beweist, es aufrichtig besessen zu haben, wird mit langfristig einzulösenden Gutscheinen entschädigt.*

Am 17. Mai beruft Fidel die ehemalige Kommandantur von La Plata, die Regierung und verschiedene Rebellenkommandanten zu einer Versammlung in der

Sierra Maestra ein und legt den Gesetzentwurf zur Unterzeichnung vor, demzufolge die Haziendas mit mehr als 400 Hektar (10% der Farmen des Landes) konfisziert werden. Als Gegenleistung für die Enteignung werden Gutscheine mit einer 29jährigen Laufzeit und einem 4,5%igen Jahreszins ausgestellt. Die Wertbestimmung der Ländereien erfolgt gemäß des in der Steuererklärung angegebenen Wertes. Das verstaatlichte Land wird parzelliert oder landwirtschaftlichen Kooperativen übertragen, die vom Staat verwaltet werden. Kleinpächter, Medieros* und Tagelöhner werden bei der Landverteilung bevorzugt. Wenn das übergebene Land nicht bestellt wird, geht es an den Staat zurück. Die Parzelle kann nicht aufgeteilt und darf nur an den Staat verkauft werden. In Zukunft können nur Kubaner Land erwerben. Den Fachleuten zufolge ist das Gesetz ziemlich gemäßigt, da es nur gegen die großen Zuckerrohrplantagen vorgeht, die Landverteilung aber nicht auf alle Tagelöhner und Medieros ausdehnt.

Der Gesetzentwurf mißfällt dem Landwirtschaftsminister Sori Marín, der einen noch gemäßigteren Entwurf ausgearbeitet hat und aus Protest Fidel nicht zur Unterzeichnung begleitet. Che hingegen, der einer der großen Förderer der Agrarreform gewesen ist, wird das Gesetz zu nachsichtig vorgekommen sein. Auch er fährt nicht nach La Plata, sondern hält stattdessen einen Vortrag in der Universität von Havanna. Jahre später bezeichnet er den Entwurf als *unser erstes zaghaftes Gesetz, das sich nicht an die wesentliche Frage herantraute: an die Abschaffung des Großgrundbesitzers.*

Fidels Vermittlung befriedigt nicht die Rechte in der Regierungsfront und noch viel weniger die US-Interessen an den Zuckerrohrplantagen. Der Linken erscheint sie hingegen nicht ausreichend.

Die Spannungen dehnen sich auch auf die Verbündeten aus: die PSP beschuldigt Fidel durch Blas Roca, eine antikommunistische Kampagne zu starten. Diese Anschuldigung erfolgt zum Zeitpunkt von Kämpfen innerhalb der Gewerkschaftsbewegung zwischen den Kommunisten und dem 26. Juli um die Führung der von der alten Batista-Struktur gesäuberten Gewerkschaft. Es ist nicht das einzige Mal, daß die PSP an ihre Unstimmigkeiten und ihre Zaghaftigkeit im Kampf gegen die Diktatur erinnert wird.

Diesen Bruch in der revolutionären Front und seine eigene Abneigung gegen ideologische Gefängnisse erläutert Che beiläufig in einem Brief an eine Frau, die von ihm die offizielle Doktrin des 26. Juli erfahren wollte: *Ich glaube nicht, daß man unter einer reglementierten Doktrin schreiben kann. Außerdem gibt es keine offizielle Linie des 26. Juli.*

In diesen Tagen gibt Che das Domizil in Tarará auf und mietet gemeinsam mit Aleida, seiner Leibwache und Fernández Mell ein Haus in der Calle Rafael Cortés 45119, im Stadtviertel Los Cocos.

Am 25. Mai wird der Luftwaffenminister Díaz Lanz als in den Zapata-Sümpfen verschollen gemeldet. Alle Kommandanten, auch Che, nehmen an der Suche nach Díaz Lanz teil. Die besondere Arbeitsweise der Guerilla, das Gruppenge-

* Bauern, die fremdes Land bestellen und die Hälfte der Erträge an den Besitzer abgeben

fühl der Sierra-Veteranen, ist noch lebendig. Fidel leitet die Operationen mit der Landkarte in der Hand. Das Flugzeug und seine unverletzte Besatzung werden zwar gefunden, aber dabei gerät die Maschine, in der Raúl mitfliegt, in ein Unwetter. Der Kraftstoffmangel zwingt sie zu einer Notlandung im Sumpfgebiet, und die anderen Mitglieder der Expedition müssen eine neue, noch risikoreichere Suche aufnehmen, die aber auch erfolgreich endet. Die Flugzeuge sind alt und nicht betriebssicher, und die Rebellenkommandanten fliegen unter miserablen technischen Bedingungen von einem Ende der Insel zum anderen. Sie fliegen so, wie sie gekämpft haben: Sie stellen sich selbst auf die Probe, fordern die Gefahr heraus. Überall im Land wird über die Verrücktheiten von Camilo gesprochen, der sich beispielsweise im Stützpunkt Columbia an die Kufen eines Hubschraubers gehängt hat. Bei einer anderen Gelegenheit bietet er Che an, ihn nach La Cabaña zu fliegen, allerdings in einer Maschine, die er nicht steuern kann. Che versucht nicht etwa, ihn davon abzubringen, sondern er nimmt das Angebot hocherfreut an. Die Zeugen des Vorfalls sind überzeugt, daß die beiden niemals ankommen werden. Che selbst nimmt Flugunterricht und wird von seinem Privatpiloten, Eliseo de la Campa, den er in La Cabaña kennengelernt hat, als dieser Verletzte aus dem Escambray in das neue Lager beförderte, oft von einem Ort zum anderen geflogen.

Der Verfasser hat die militärische Personalakte von Che eingesehen. Es handelt sich um einen handschriftlich ausgefüllten Fragebogen:

> Vorname und Familienname: Ernesto Guevara Serna
> Verheiratet, 30 Jahre alt
> Bildungsabschlüsse: Medizin
> Ort und Datum der Einziehung: Mexiko
> Mitglied der Front und Kolonne: 1-4-8
> Ränge: Sanitätsleutnant, Hauptmann, Kommandant
> Verliehen durch: Fidel
> Kämpfe, an denen teilgenommen wurde: (unbeantwortet)
> Erlittene Verwundungen: 2
> Unterschrift: Che

Die Zeile, die nach der Rassenzugehörigkeit fragt, hat er durchgestrichen, da ihm diese Information überflüssig vorkommt.

Genügsam, wie immer genügsam. Wie zum Beispiel, in einem Brief an Leute, die einer Schule seinen Namen geben wollten. Er bedankt sich bei ihnen, daß sie von diesem albernen Vorhaben abgesehen und die Schule stattdessen nach einem 1958 ermordeten Kameraden, Zenén Marín, benannt haben.

Und diese genügsame Persönlichkeit, die zuweilen von ihrer eigenen hohen Stellung überrascht zu sein scheint und darauf mit wilden Attacken gegen jedes blendende Beiwerk und Hierarchien reagiert, wird am 22. Mai von Hilda Gadea geschieden und heiratet am 2. Juni Aleida.

Mit Gesichtszügen, die mehr denn je an Cantinflas erinnern, als sei ihm die ganze Angelegenheit nicht sehr klar, mit hochgezogenen Augenbrauen vor einem Tisch voll Blumen und Kuchen, mit sauberer, aber nicht sehr sorgfältig gebügelter Uniform, deren Brusttaschen voller Kleinkram sind, läßt sich Che neben einer sehr schönen und ernsten Aleida ablichten. Auf dem Foto sind zudem Raúl Castro mit seinem Gesicht eines ewigen Heranwachsenden, in Begleitung einer sehr hübschen Vilma Espín zu sehen, sowie der Pilot Eliseo de la Campa, Alberto Fernández Montes de Oca und sein Leibwächter Alberto Castellanos, in dessen Haus die Hochzeit gefeiert wird Camilo, die „ewige Speckschwarte", ist zwar nicht mit auf dem Foto, er hat aber zuvor eine seiner Teufeleien veranstaltet, indem er den Hochzeitsgästen erklärt hat, daß sie ihr Essen selbst mitbringen müßten. In Kenntnis von Ches Strenge und spartanischer Genügsamkeit fallen viele darauf herein und bringen Braten und Nachtisch mit. Ein weiteres Foto: Che steuert lächelnd ein klappriges Auto und raucht eine gewaltige Zigarre. Aleida als Beifahrerin und auf dem Rücksitz Fernández Mell.

Neue Spannungen erschüttern das Land. Sie werden durch die Reaktionen gegen das Gesetz zur Agrarreform seitens der Großbesitzer der Zuckermühlen und der Viehzüchter aus Camagüey ausgelöst, die sich betrogen fühlen, nachdem sie 5.000 Jungrinder gespendet haben, ohne daß jemand sie darum gebeten hatte. Camilo hatte mit seiner unerschöpflichen guten Laune auf das Geschenk geantwortet: „Auch wenn sie uns die Rinder geben, werden wir ihnen das Krämerherz brechen." Die Antwort der Regierung besteht darin, die Viehzuchthochburgen, unter anderem verschiedene große US-amerikanische Ranchs, „die Seele der Konterrevolution", wie es der Historiker Hugh Thomas ausgedrückt hat, unter staatliche Aufsicht zu stellen.

Das Vorgehen Fidels gegen die Viehzüchter führt zu Reaktionen beim rechten Regierungsflügel, der gegen den kommunistischen Einfluß in der Regierung protestiert und seinem Unmut in Versammlungen in Camagüey Luft macht, bei denen Präsident Urrutia und Kommandant Huber Matos teilnehmen. Gleiches gilt für die erste offizielle Reaktion der Vereinigten Staaten, die in einer noch zurückhaltenden Note zur Agrarreform wirksame und schnelle Entschädigungen fordern.

Die Flucht von Díaz Lanz in die Vereinigten Staaten führt zu einer Verschärfung der antikommunistischen Propaganda in den USA gegen Fidel, der darauf am 11. Juni mit einem Kabinettswechsel reagiert. Die Minister der mit der alten batistafreundlichen Politik verbundenen Parteien und der rechte Flügel des 26. Juli verlassen die Regierung – Mederos, Agramonte, Sorí Marín und Angel Fernández – und werden durch Kader des linken nichtsozialistischen Flügels des 26. Juli, von Männern aus der Sierra und einem Mitglied des Revolutionären Direktoriums ersetzt: Raúl Roa, Ruiz de Zárate, Miret und Pepín Naranjo.

Che hat in diesen Monaten einen Text verfaßt: „Eine beginnende Revolution", der Mitte Juni in der brasilianischen Zeitschrift „O Cruzeiro" veröffentlicht wird. Er faßt darin die Geschichte der Revolution zusammen und bewertet die

Auswirkungen, die die Ereignisse in Kuba auf ganz Lateinamerika haben könnten. Über die Wirkung und Verantwortung der zukünftigen Aktivitäten der kubanischen Revolution heißt es: *Wir befinden uns gegenwärtig in einer Lage, in der wir sehr viel mehr als einfache Faktoren einer Nation sind; wir sind zur Zeit die Hoffnung für ein unbeugsames Amerika. Alle Augen – die der großen Unterdrücker und die der von Hoffnung Erfüllten – sind auf uns gerichtet. Von unserer zukünftigen Haltung, von unseren Fähigkeiten, die zahllosen Probleme zu lösen, hängt im hohen Maße die Entwicklung der Volksbewegungen in Amerika ab. Und jeder Schritt, den wir tun, wird von den allgegenwärtigen Augen des großen Gläubigers und von den optimistischen Augen unserer amerikanischen Brüder bewacht.*

Und genau in diesem Moment eines Schwenks nach links entfernt Fidel Che (seine radikale Linke) zeitweise von der nationalen politischen Bühne. Ist das Teil von Fidels ständiger Politik der Ausbalancierung? Ist Che über die Zaghaftigkeit des revolutionären Prozesses erbost, wie einige der Kader zu verstehen geben, die ihn kannten? Sowohl als auch?

Kapitel 25

★

„Man kann nicht im Schatten einer Pyramide träumen"

Am 12. Juni 1959 wird Che zum ersten fliegenden Botschafter der jungen kubanischen Revolution. Ist die Reise notwendig? Che scheint der Ansicht zu sein, daß sie ihm einen Urlaub gegeben haben, um den er nicht gebeten hat, und daß Fidel ihn als eine geliebte und sehr geschätzte, aber etwas lästige Person ansieht, die einen gewissen Abstand erfordert. Und der disziplinierte Kommandant Guevara packt wenige Tage nach seiner Hochzeit die Koffer und reist ab. Fidel verabschiedet ihn am Flughafen von Havanna. Che, der darauf besteht, daß amtliche Reisen kein getarnter Tourismus sein dürfen, weigert sich, Aleida mitzunehmen – und hat dann das Gefühl, in die eigene Falle getappt zu sein, sich selbst bestraft zu haben. Während der ganzen Reise gesteht er in seiner privaten Korrespondenz, daß er sie sehr vermißt.

Die Delegation hat eine merkwürdige Zusammensetzung. Fidel hat den bekannten Radiokommentator José Pardo Llada mit dem Argument hinzubeordert, daß er sich an „den Regierungsaufgaben" beteiligen solle. Außerdem hat er Hauptmann Omar Fernández für die Reise abgestellt und einen Aktivisten aus der vorangegangenen Generation, den 50jährigen Wirtschaftswissenschaftler Salvador Vilaseca, aus dessen relativer politischer Zurückgezogenheit geholt, da die Wirtschaftsfachleute vom rechten Flügel des 26. Juli den radikalen Guevara nicht begleiten wollen. Pardo charakterisiert den Rest der Gruppe als „rauhbeinigen Haufen": „Leutnant Argudín (mit seinen 16 Jahren fast noch ein Kind) und

Pancho García, der aussah wie ein Dummkopf und niemals etwas mit der Revolution zu tun gehabt hatte, aber aus unbekannten Gründen als Sekretär und Vertrauter Ches auftrat (...). Zur Gruppe gehörte außerdem ein guatemaltekischer Zwerg, der Patojo genannt wurde und in seiner olivgrünen Uniform aussah, als wäre er verkleidet.“

Unabhängig vom Sinn und Zweck der Reise nimmt der gerade 31 Jahre alt gewordene Che das Amt des fliegenden Botschafters ernst, wie alles, was er anfängt. Mit der gleichen Hartnäckigkeit und Genauigkeit, mit der er sich anschickt, einen Beruf zu lernen, aber ohne übermäßige Rücksichten auf die Formen, zu denen der Beruf zwingt, stürzt sich Che in die mehrdeutige Botschaftermission: Neue Türen öffnen? Handelsbeziehungen aufbauen? Das Bild der Revolution verbreiten?

Nachdem er am 16. Juni in der Vereinigten Arabischen Republik gelandet ist, läßt er sich im Sommerpalast des gestürzten Königs Farouk in Kairo nieder. Das erste Gespräch mit Nasser ist nicht sehr herzlich, sie fühlen sich gegenseitig auf den Zahn. Che kommt nicht umhin, die Reichweite der ägyptischen Agrarreform in Frage zu stellen, und löst damit eine Debatte aus. Sein bestes Argument ist, daß es ein schlechtes Zeichen für die Ernsthaftigkeit der Reform sei, daß die Großgrundbesitzer Ägypten nicht verlassen hätten.

Die Beziehung, die sich im Verlauf der nächsten Jahre bessern wird, ist nicht vorbehaltlos. Nach dem Gespräch mit Präsident Nasser besucht Che Damaskus, den Suez-Kanal und Alexandria. Als unumgängliche antiimperialistische Geste nimmt er an einer Ehrung der Gefallenen der anglo-französischen Invasion ’56 und sogar an Marinemanövern im Mittelmeer teil.

Salvador Vilaseca, der wie Pardo erst spät von seiner Aufnahme in die Gesandtschaft erfahren hat, fliegt nach Kairo, um sich der Delegation anzuschließen. Er verpaßt allerdings den Anschlußflug in Madrid und kommt zwei Tage zu spät. Che wartet vergeblich am Flughafen auf ihn. *Das kann ja heiter werden,* sagt er zu sich. Aber sie verstehen sich dann sehr gut. Als Che entdeckt, daß Vilaseca ein Aktivist der revolutionären kubanischen Bewegungen der dreißiger Jahre gewesen ist, packt ihn die Neugier. Er stellt ihm eine Frage nach der anderen: Haben sie in ihrem Kampf gegen die Machado-Diktatur zu terroristischen Mitteln gegriffen? Was trennte sie von der PSP? „Er ließ mich sogar Skizzen von den Bomben anfertigen, die wir gebaut hatten, und diskutierte mit mir über ihre Abzugsvorrichtungen.“

Am 1. Juli landet die Delegation, der sich mittlerweile auch Pardo angeschlossen hat, in Indien. Che führt ein Gespräch mit Nehru und legt am nächsten Tag einen Kranz am Grab von Gandhi, dem Helden seiner Jugendjahre, nieder. Es ist nicht Ches einzige Ehrung Gandhis. Etwas später besucht er auch die Jama-Mashid-Moschee, wo der Schöpfer des passiven Widerstands in politische Philosophie eingeäschert wurde. Che denkt vor seinen Begleitern laut über seinen früheren Lieblingspolitiker nach: *Der passive Widerstand macht in Lateinamerika keinen Sinn, bei uns muß er aktiv sein.*

Bei einem Abendessen mit Nehru und Indira Gandhi erleidet Che seine erste diplomatische Schlappe, als er mit seinen Äußerungen beim indischen Präsidenten auf taube Ohren stößt. Vor einer Schüssel mit Garnelen, auf die sich Che gierig stürzt, fragt er Nehru auf französisch mehrfach nach dessen Ansichten über Mao und das sozialistische China. Die einzige Antwort darauf ist ein umsichtiges Schweigen.

Indien wird zum Gegenstand umfangreicher Besuche: Kalkutta, Lucknow, ein Kernforschungsinstitut, ein Forschungsinstitut für Zuckerrohranbau, eine Nähmaschinenfabrik, Gespräche mit Ministern ... Che besucht alles, was seiner Meinung nach für die kubanische Revolution nützlich sein könnte. Hinter seiner scheinbar überschäumenden Energie geht es ihm allerdings nicht gut. In einem sehr offenen und weitgehend die Schranken seiner üblichen Zurückhaltung durchbrechenden Brief an seine Mutter, die ewige Vertraute, der mit *um den 2. Juli herum* datiert ist, enthüllt er, was ihm durch den Kopf geht: *Mein Traum, all diese Länder zu besuchen, ist nun in einer Form Wirklichkeit geworden, die mir meine ganze Freude daran nimmt. Ich muß Gespräche über wirtschaftliche und politische Probleme führen, Feste geben, wo das einzige, was mir fehlt, ein Frack ist. Und gleichzeitig muß ich auf alle meine reinsten Freuden verzichten, zum Beispiel mich in den Schatten einer Pyramide zum Träumen zu legen oder den Sarkophag von Tutenchamun zu bewundern ...* Und was Indien angeht: *Neue komplizierte Protokolle, die dieselbe kindliche Panik in mir wachrufen (...). Einer meiner Stellvertreter hat die Formel erfunden, auf alles so etwas Ähnliches wie „Joinch-Joinch" zu antworten, was hervorragend klappt.* Und zum Abschluß einige intime Gedanken: *In mir hat das Gefühl für das Massenhafte gegenüber dem Persönlichen die Überhand gewonnen. Ich bin weiterhin der gleiche Einzelgänger wie früher und versuche, meinen Weg ohne fremde Hilfe zu finden, aber heute habe ich zugleich das Gefühl einer historischen Verpflichtung. Ich habe weder ein Zuhause noch Frau, Kinder, Eltern oder Geschwister. Meine Freunde sind meine Freunde, solange sie politisch genauso denken wie ich. Und trotzdem bin ich zufrieden. Ich habe das Gefühl, etwas im Leben zu sein. Es ist nicht nur diese mächtige innere Kraft, die ich immer gefühlt habe, sondern auch eine Fähigkeit, andere mitzureißen, und ein vollkommen fatalistisches Gefühl gegenüber meiner Mission, das mir alle Angst nimmt.*

Ich weiß nicht, warum ich Dir dies schreibe. Vielleicht ist es nur meiner Sehnsucht nach Aleida zuzuschreiben. Nimm den Brief als das, was er ist: eine Botschaft aus einer indischen Gewitternacht fern von meinen Heimatländern und meinen Lieben. Der ungewöhnliche Ernst seiner Überlegungen spiegelt sich auch darin wider, daß er anstatt mit den üblichen Scherzen ganz schlicht mit seinem Namen Ernesto unterschreibt.

Äußerlich ist Che weiterhin Che: In der Residenz eines chilenischen Diplomaten gibt er seine Yogageschicklichkeiten zum Besten und stellt sich mitten im Saal auf den Kopf. In Agra schießt er begeistert ein Foto nach dem anderen. In Delhi hat er einen schlimmen Asthmaanfall, als er einen Festungsturm hinabsteigt, und muß sich auf den Boden legen, um wieder zu Atem zu kommen.

Er verläßt Indien mit dem Gefühl, daß die Diplomatie nicht seine Stärke ist, und mit zwei Geschenken: einer Nachbildung des Taj Mahal aus Silber und einem Sari, den Nehru ihm für Aleida geschenkt hat.

Am 12. Juli reist er nach Birma. Drei Tage später ist er in Thailand. Er muß des Protokolls vollkommen überdrüssig sein, denn von Rangun aus schreibt er seiner Tante Beatriz: *Diese Welt voller Kostbarkeiten, die wir wegen unserer Arbeit nicht sehen können!*

Kurz darauf erreicht er Tokio. Erneut treibt ihn die Diplomatie zu Besuchen bei Ministern, in Pistolen- und Baumaschinenfabriken, Filmstudios, Düngemittelfabriken, Werften, Hochöfen, Hubschrauber- und Textilmaschinenfabriken. Er hält Pressekonferenzen ab, wohnt einer Versammlung der Handelskammer von Osaka bei, besucht die Automobilfabrik Toyota und spricht mit Bankiers.

Che ist von Japans Reindustrialisierung überrascht, aber auch vom Verlust des Nationalgefühls, *der unbestreitbaren Unterwerfung unter die US-Macht.* Da sein Asthma nachgelassen hat, äußert er seinen Gastgebern gegenüber drei persönliche Wünsche: Er will den Fudschijama sehen, an einer Sumo-Ringer-Vorführung teilnehmen und Hiroshima besuchen, um den Atombombenopfern, die er in seinen Jugendjahren betrauert hat, eine verspätete Ehrung zu erweisen.

Während Che sich in Japan aufhält, überschlagen sich die Ereignisse in Kuba. Es kommt zu dem aufgeschobenen Zusammenstoß zwischen der Rechten und Linken der Revolution. Fidel stellt sich gegen Präsident Urrutia, den er im Fernsehen beschuldigt, das Spiel der konservativsten Sektoren zu spielen. Außerdem kritisiert er den fehlenden Anstand des Präsidenten, der sich ein hohes Gehalt genehmigt hat, und seine antikommunistischen Anwandlungen, die ihn zum Mitspieler des Deserteurs Díaz Lanz haben werden lassen, der in den Vereinigten Staaten eine konterrevolutionäre Kampagne entfacht hat. Um den Druck zu verstärken, kündigt Fidel seinen Rücktritt als Premierminister an. Daraufhin kommt es zu zahlreichen Reaktionen im kubanischen Volk, zu einem Generalstreik und einem Marsch der Bauern auf Havanna. Wer schließlich zurücktreten muß, ist Urrutia. Der neuernannte Präsident Dorticós nimmt den Rücktritt Fidels nicht an.

Am 26. Juli versucht Che vergeblich, Fidel von Tokio aus anzurufen. Die kubanische Revolution schwenkt erneut nach links, und er befindet sich in Tokio. Was spielt sich in Kuba ab?

Die Rundreise geht weiter. Am 30. Juli besucht er die indonesische Hauptstadt Djakarta. Wie die Botschaftertournee organisiert worden ist, wird daran deutlich, daß Che am Flughafen nur von einem kleinen Botschaftsbeamten empfangen wird, denn die Indonesier haben den Besuch vergessen. Im Hotel, in dem die Delegation untergebracht wird, gibt es kein fließend Wasser. *Das ist euer Problem, wenn ihr baden müßt, ich habe seit der Sierra Maestra gelernt, meinen Gestank auszuhalten.*

Sukarno empfängt ihn am nächsten Tag. Zu diesem Zeitpunkt scheint der indonesische Präsident wichtiger Initiator für einen unabhängigen und antiimperialistischen Ansatz in Asien zu sein. Che hat offensichtlich an der Persönlichkeit, die er *einen lüsternen Alten* nennt, kein besonderes Interesse. Er tritt stattdessen mit wichtigen Kadern der Regierungslinken in Kontakt, mit dem Staatssekretär Subandrios und dem Handelsminister. Und wieder: Zucker- und Tabakfabriken. Eine Pause in Bali, dem *Paradies auf Erden*, mit allem, was dazu gehört, sogar Bezugnahmen auf Gauguin.

Darauf folgt Singapur in Malaysia, wo sie infolge eines Flugzeugschadens zwei Tage lang festsitzen. Danach Hongkong, wo Che in einem Flughafengeschäft alle Fotoapparate einzeln ausprobiert, bevor er sich für eine Leica und eine kleine Minox entscheidet.

In freien Augenblicken schreibt er an zwei Texten, bei denen es sich seinen Reisebegleitern gemäß um ein Handbuch über den Guerillakrieg handelt und um eine hervorragende Kurzgeschichte: „Das ermordete Hündchen“. Das Klima ist fürchterlich für sein Asthma, er kann nicht schlafen. Er steht zwei- bis dreimal nachts auf. Pardo zufolge „stolperte er wie ein Schlafwandler ins Bad, schloß sich dort ein und inhalierte lange und schmerzhaft. Danach ging er ins Bett zurück und blieb lange Zeit unbeweglich sitzen, bis er sich erneut schlafen legen konnte.“ Der Journalist zeichnet seine nächtlichen Sätze auf: *Ich mag diesen Inhalator so gern wie meine Pistole ... Wenn mich das Asthma überkommt, fang ich gewöhnlich an zu grübeln.*

Zwischen dem 6. und 7. August macht Che einen Blitzbesuch auf Ceylon, wo er ein Gespräch mit dem Präsidenten führt und einen Vertrag über den Verkauf von 20.000 Tonnen Zucker unterzeichnet. Er ist von den archäologischen Ruinen Ceylons fasziniert. Am 8. August befindet er sich in Pakistan, wo er mit dem Staatschef Ayub Khan zusammentrifft. Er macht einen Abstecher nach Kairo und Athen (wo er zu seinem Unglück keine Zeit findet, die Akropolis zu besichtigen, einen seiner Traumorte seit den Tagen im mexikanischen Exil), reist am 12. für einen sechstägigen Besuch nach Jugoslawien. Es ist das erste sozialistische Land, das er auf seiner Rundreise besucht. Es scheint ihn nicht sonderlich zu beeindrucken. Vielleicht ist er auch in Gedanken mehr mit den Ereignissen in Kuba beschäftigt. Er beschränkt sich auf die Feststellung: *Tito beeindruckte uns durch seine gewaltige Popularität, die nur mit der von Nasser in Ägypten und mit unserem Fidel vergleichbar ist.*

Fidel. Was macht Fidel gerade? Er vereitelt eine Konspiration der konservativsten kubanischen Viehzüchter, die in Absprache mit dem Diktator der Dominikanischen Republik, Trujillo, ausgeheckt worden ist. Durch die Kader der II. Front läßt er ein mit Waffen beladenes Flugzeug abfangen, das in Santo Domingo gestartet ist und zu einer Operation gehört, in die möglicherweise der CIA verstrickt ist. Die Regierung setzt die Preise für Schulbücher um 25% herab und die Strompreise um 30%.

Und was macht Che unterdessen? Er unternimmt einen Blitzbesuch im Sudan, um mit dem dortigen Präsidenten zu sprechen. Das Ende der Reise kommt immer näher. Am 27. August hat er einen Zwischenaufenthalt in Rom und gerade genug Zeit, um der Sixtinischen Kapelle einen Besuch abzustatten, bevor er nach Madrid weiterfliegt. Kurz darauf reist er nach Marokko. Dort erwarten ihn Protokolle und verwunderte Blicke seitens der marokkanischen Monarchie, die vom spanischen Franquismus kontrolliert wird. Es gibt nur einen glücklichen Augenblick, als ihn der Premierminister dazu einlädt, einen Hammel auf arabische Weise zu essen, das heißt im Schneidersitz hockend und mit den Händen. Che dürfte diese Rückkehr zum Guerillastil genossen haben.

Am 2. September hat das Flugzeug aufgrund technischer Schwierigkeiten einen längeren Aufenthalt in Madrid. Che nutzt die Gelegenheit, um mit Vilaseca durch Buchantiquariate zu ziehen. Dabei findet er heraus, warum der Wirtschaftswissenschaftler das erste Flugzeug verpaßt hat, und macht ihm die entsprechenden Vorhaltungen. Die Rundreise endet am 8. September. Che hat fast drei Monate außerhalb von Kuba verbracht.

Kapitel 26
★
Rückkehr

Am 9. September kehrt Ernesto Guevara nach Kuba zurück. In seinen ersten Erklärungen am Flughafen hebt er die Sympathien hervor, die die kubanische Revolution jenseits der Grenzen ausgelöst hat. Etwas später erklärt er: *Heute verschwindet allmählich* (unter den Asiaten) *das Bild des anderen Amerika, das aus unbekannten Menschen besteht, die unter elenden Bedingungen Zinn abbauen, weshalb auch die indonesischen Zinnarbeiter bis an die Grenzen ihrer Belastbarkeit ausgebeutet werden; das Amerika der großen Kautschukwälder am Amazonas, wo unter Sumpffieber leidende Menschen Gummi gewinnen, das die Löhne in den Kautschukpflanzungen in Indonesien, Ceylon und Malaysia noch weiter drückt; das Amerika der sagenhaften Erdölvorkommen, das der Grund dafür ist, weshalb dem Arbeiter im Irak, in Saudi-Arabien oder im Iran nicht mehr Lohn bezahlt werden kann; das Amerika des billigen Zuckers, das bewirkt, daß der indische Arbeiter keinen höheren Lohn für die gleiche brutale Arbeit unter der gleichen sengenden Tropensonne erhalten kann.*

Am 11. September informiert er Raúl Roa im Außenministerium über die Ergebnisse der Rundreise. Eine wohlwollende Notiz: „New York Times" weist dieser Tage darauf hin, daß die Beobachter in der kubanischen Hauptstadt von Ches Verhandlungsgeschick überrascht gewesen seien.

Er veröffentlicht in „Humanismo" einen Artikel über die Reise: „Amerika vom afro-asiatischen Balkon aus gesehen". Außerdem schreibt er mehrere kurze Artikel für „Verde Olivo" über die Rundreise, die verschiedene Schwerpunkte haben: Japan und die Industrialisierung nach Hiroshima, die schroffen Gegensätze in Indien, die Notwendigkeit, von der jugoslawischen Planung zu lernen, und die Vorzüge der kleinen Handelsbeziehungen zwischen Ceylon und Pakistan. Im

Laufe einer Woche kommt er in einem Fernsehprogramm und einer Pressekonferenz ebenfalls auf diese Themen zu sprechen.

Am 30. September hält er in der Polizeiakademie eine seiner besten Reden. Er paukt den jungen Polizisten die Vorstellung ein, daß sie die Verpflichtung haben, zu Sprechern der öffentlichen Meinung zu werden, da sie in dem Armeekorps der Revolution arbeiten, das die größte Alltagsnähe zum Volk aufweise. Dies und die Notwendigkeit, die öffentliche Ordnung zu sichern, *sind zwei Aufgaben, die scheinbar aufeinanderprallen.* Und in diesem Zusammenprall *haben viele Mitglieder der Streitkräfte – nicht nur bei der Polizei, sondern auch in den anderen Korps – Willkürtaten begangen. Sie sind zwar nicht schwerwiegend gewesen, aber sie kommen vor und sie können auch auf die anderen übergreifen.*

Che besteht darauf, daß der öffentliche Dienstleistende dem Volkswillen unterstehen muß. Deshalb definiert er die Hauptaufgabe der neuen Polizisten in einer radikal revolutionären Version als eine Polizei ohne autoritäre Züge, die *zu einem konstanten Informanten werden muß. Nicht zu einem Informanten von möglichen Konspirationen, wir haben ein ganzes Volk, das wachsam ist und uns unterstützt, sondern zu einem Wächter der Reaktion des Volkes auf die Maßnahmen eines Ministers oder der Regierung im allgemeinen, um sogar zu wissen, was das Volk denkt (...). Nicht um jemanden zu registrieren oder für seine Meinungsäußerung zu bestrafen, ganz im Gegenteil: um die Meinung zu analysieren, um herauszufinden, was an ihr zutrifft und was das Volk über diese Maßnahmen denkt. Das Volk täuscht sich nie, wir sind es, die uns täuschen, wir müssen uns berichtigen.*

Am 7. Oktober übergibt Fidel dem Kommandanten zusätzlich zu seinem Amt als militärischer Oberbefehlshaber in La Cabaña und zu seinen Aufgaben als Leiter der Ausbildungsabteilung der Streitkräfte, in dessen Rahmen er die Erziehung der Rebellenarmee organisiert und der „Verde Olivo", die Militärkapelle, die Kinoabteilung und die Bildenden Künste unterstellt sind, eine neue Aufgabe. Es handelt sich um eine komplexe Aufgabe: die Leitung der Abteilung für Industrialisierung des vor kurzem geschaffenen Staatlichen Instituts für die Agrarreform (INRA).

Es geht dabei um das schier unmögliche Ziel, die Tätigkeiten von Industrien und Werkstätten zu koordinieren, die verstaatlicht und dem INRA unterstellt worden sind. *Einige davon waren wegen Güterveruntreuung übernommen, andere auf Grundlage des Arbeitsgesetzes 647 unter staatliche Aufsicht gestellt, andere waren schlichtweg von ihren Eigentümern übergeben worden. Einige hatten wir gekauft, und einige andere waren neu geschaffen worden.* Es handelt sich fast ausschließlich um Kleinunternehmen.

Che wird bei dieser Aufgabe von einer Gruppe von Wirtschaftswissenschaftlern unterstützt, die die Kommunistische Partei Chiles zur Verfügung gestellt hat: die Leiter der Gruppe sind, Jaime Barrios, Raúl Maldonado und Carlos Romero. Die Chilenen unterstehen zwar dem INRA, sehen aber Che als den Vertreter des linken Flügels der Revolution an und bieten sich ihm als freiwillige Berater an. Die Gruppe wird vervollständigt durch Manresa, den in La Cabaña gefundenen Sekretär, durch Patojo, der bei Che wohnt, und durch Orlando Borrego Díaz, den Rebellenoffizier, der die Werkstätten in La Cabaña organisiert hat.

Raúl Maldonado beschreibt das surrealistische Erscheinungsbild dieses kleinen Unterministeriums anläßlich der ersten Begegnung der Chilenen mit Che: „Das Büro im achten Stock des INRA hatte vollkommen kahle Wände. Hinten im Raum stand ein Schreibtisch, an dem Che mit hochgelegten Beinen saß, hinter ihm eine Gruppe junger Bewaffneter und sieben oder acht weitere Schreibtische um sie herum. Am Aufzugsschacht gab es ein wenig Licht und ein absurdes Bild: Aleida schnitt ihm die Fingernägel."

Die ersten Probleme werden von der Notwendigkeit bestimmt, die Unternehmen zu verwalten und vor der Schließung zu bewahren, um die Arbeitsplätze zu sichern. Der erste Gedanke ist natürlich, sie nach Produktionszweigen zu organisieren und Werkstätten und Unternehmen miteinander zu koordinieren. Bei der Ernennung von ehrlichen Verwaltern mit einem Minimum an Fachkenntnissen muß improvisiert werden. Wenn es in der Führungsgruppe schon keinerlei Erfahrung mit der Industrieverwaltung gibt, gibt es sie noch viel weniger auf der Ebene der Werkstätten und Unternehmen. Deshalb wird bei Guerillakadern und Aktivisten aus der Gewerkschaftsbewegung (mehrere aus der PSP) Zuflucht gesucht, eine kleine Schule für Unternehmensleiter gegründet und ein zentraler Einnahmefonds geschaffen, aus dem die Lohnzahlungen bestritten werden.

Wie Che in einem anderthalb Jahre später geschriebenen Artikel darlegt, bietet die Industrie zu Beginn der Revolution ein fürchterliches Bild: *Ein Arbeitslosenheer von 600.000 Personen (...). Eine Manufakturindustrie, die ihre Produkte mit ausländischen Rohstoffen auf ausländischen Maschinen mit ausländischen Ersatzteilen herstellte. Eine unterentwickelte Landwirtschaft, die von der imperialistischen Marktkonkurrenz und dem Großgrundbesitz erstickt wurde, die das Land für Zuckerrohrreserven oder extensive Viehzucht benutzte und die Lebensmittel aus den Vereinigten Staaten importierte.*

In diesen Tagen sucht Che Hilfe bei seinem Reisegefährten Vilaseca und bittet ihn um Unterricht in höherer Mathematik. So beginnt eine Beziehung, in der er mit Hilfe der Schiefertafel Elementarmathematik wiederholt und sich Kenntnisse in höherer Algebra, mathematischer Analyse, analytischer Geometrie, Differential- und Integralrechnung aneignet. Vilaseca erzählt: „Der Unterricht fand zweimal die Woche statt, dienstags und samstags um acht Uhr morgens. Nur ganz selten sagte er ihn ab, wenn er nicht geschlafen hatte. Samstags machten wir ein bis drei Stunden Unterricht, manchmal sogar fünf."

Mit der neuen Last auf den Schultern hält Che am 16. Oktober in Cabaiguán zum Gedenken an die Ankunft der 8. Kolonne eine Ansprache. Eine Reihe von Fotos mit zahlreichen ehemaligen Kampfgefährten haben das Ereignis festgehalten. Es handelt sich wohl um eine der wenigen Fotoserien, wo Ches schalkhaftes Grinsen, sein übliches Zeichen für gute Laune, durch offenes Gelächter ersetzt wird.

Am nächsten Tag eröffnet Che in der Universität von Oriente eine Diskussionsreihe der drei wichtigsten Universitäten des Landes, in der er die zunehmende Distanz zwischen der Revolution und den höheren Bildungseinrichtungen zur Debatte stellt. Es handelt sich um Hochburgen von Studenten des in den Hintergrund gedrängten Direktoriums 13. März und der liberalen Opposition der Hochschullehrer. Die Universitäten widersetzen sich dem Druck der Regierung, sich in den revolutionären Prozeß zu integrieren, wobei sie einerseits ihre Autonomie und andererseits die politischen Schützengräben verteidigen. Che eröffnet die Debatte mit der direkten Frage: *Ist es eine fatale Tatsache, daß die Universitäten sich in einen Faktor des Rückstands und geradezu in Brennpunkte der Konterrevolution verwandeln?*

Sein Beitrag in Santiago ist sehr kritisch. Er versucht, die Studenten von der Notwendigkeit zu überzeugen, daß die Universität selbst auf die Gefahr hin, ihre Autonomie zu verlieren, sich dem Regierungsprojekt anschließen muß. Und er fordert sie auf, die Polemiken und Auseinandersetzungen zu beenden, da für die Entwicklung des revolutionären Prozesses die Mitwirkung der Studenten bei der sozialen Praxis, der Bestimmung der Studienprioritäten usw. notwendig sei.

Er droht nicht und kündigt auch keine politischen Repressionen an, sondern er ruft sie zur Debatte auf, *zu einer natürlichen Diskussion, die so rauh und heftig wie nötig sein kann, aber immer hilfreich ist.* Zwei Monate später wiederholt sich das Zusammentreffen in der Universität von Las Villas. Anläßlich der Verleihung eines Ehrendoktortitels in Pädagogik – die ihm ungerechtfertigt erscheint (*wo doch meine einzige erzieherische Leistung in der Pädagogik der Kriegslager, der Schimpfwörter und des wilden Beispiels bestanden hat*), weshalb er sie zur Ehre der Rebellenarmee ohne Toga und in seiner olivgrünen Uniform annimmt – fordert er, daß die Universität *die schwarze Farbe des Volkes, der Arbeiter und der Bauern annehmen soll.* Die Türen der Universität sollen für die Parias geöffnet werden, für die aus sozialen und wirtschaftlichen Gründen Ausgeschlossenen. Und er beschwert sich darüber, daß die Regierung *keine Stimme in den kubanischen Universitäten hat.* Drei Monate später greift er in der Universität von Havanna die Polemik wieder auf und beklagt sich darüber, daß man im Namen der Autonomie in der Irrationalität leben würde: schlechte Vorbereitung, ein Übermaß an freiberuflichen Studiengängen, für die es auf dem Arbeitsmarkt keine Verwendung gebe, die Abwesenheit *einer unbedingt nötigen Wirtschaftsschule*, unterschiedliche Studienzeiten in den drei großen Universitäten des Landes, fehlende Möglichkeiten für die Studenten, ihre Studien mit sozialen Verpflichtungen zu verbinden. *Warum kann die Universität nicht den gleichen Weg und im gleichen Takt wie die revolutionäre Regierung gehen?* Und nachdem er sich entschuldigt hat, weil er vor den Augen der Fernsehkameras einen Streit vom Zaun gebrochen habe, verteidigt er das Wort „Koordination" gegen die Befürworter einer absoluten Autonomie. Er schließt seinen Beitrag mit einem heftigen Angriff gegen den Mythos der Berufung, wobei er seine persönliche Erfahrung als Beispiel anführt und über sich selbst scherzt: *Ich fing an*

Ingenieurwissenschaften zu studieren, wurde schließlich Arzt, danach bin ich Kommandant gewesen und jetzt sehen Sie mich hier als Verfasser gelehrter Abhandlungen. Es überrascht, daß Ernesto Guevara gegen die Berufung, die Freiheit der Berufswahl und des Willens zu Felde zieht, wo doch seine eigene Geschichte auf Schritt und Tritt bewiesen hat, daß der Wille nicht in die Festungen der Vernunft eingesperrt werden kann. Die technischen Mängel der Revolution müssen jedoch zu dieser Zeit sehr drückend gewesen sein.

Am 18. Oktober spricht Ernesto Guevara in Santiago de Cuba auf einer Veranstaltung zum Gedenken an den Bruder von Pacho Montes de Oca, Orlando, der während der Diktatur ermordet wurde und verschwunden ist. Erstmals nach vielen Jahren betritt er das Innere einer Kirche, da die Mutter des toten Kämpfers eine religiöse Zeremonie abhalten läßt. Dies geschieht in einer Situation, in der die Haltungen immer erbitterter und radikaler werden. Am selben Tag wird Raúl Castro zum Minister der Streitkräfte ernannt, was eine wütende Reaktion von Huber Matos, dem Oberbefehlshaber der Armee in Camagüey, auslöst. Die am 21. Oktober erfolgte Ernennung fällt mit einem Luftangriff von Díaz Lanz zusammen, der von Miami aus gestartet wurde und mehrere Verletzte unter der Zivilbevölkerung verursacht. Die ersten Versionen machen die Luftangriffe für die Verletzten verantwortlich, aber Che, der gewöhnlich keinen Handel mit der Wahrheit treibt, erklärt später: *Infolge der Projektile, die sie abgefeuert hatten, plus dem Feuer aus unseren Luftabwehrgeschossen kam es zu zwei Toten und etwa 50 Verletzten.*

An eben diesem Tag tritt Huber Matos zusammen mit 14 seiner Offiziere zurück und beschuldigt Fidel, Opfer der Kommunisten geworden zu sein. Fidel befiehlt daraufhin Camilo, nach Camagüey zu fliegen und Matos und seine Leute festzunehmen. Camilo gehorcht aufs Wort und verhaftet Matos.

Fünf Tage später fragt Che auf einer Protestkundgebung die Menschenmenge, die sich aus Protest gegen die Luftangriffe vor dem Nationalpalast versammelt hat: *Sollen die revolutionäre Regierung und das hier versammelte Volk etwa dem ausländischen Druck nachgeben? Sollen wir etwa die eigene Überzeugung verraten?* Die Menschenmenge antwortet mit einem vielstimmigen Nein. In seine Rede hat sich ein aufschlußreicher Satz eingeschlichen: *Uns wird es nicht so wie in Guatemala ergehen!*

Innerhalb der Regierung kommt es zu einer neuen Spaltung: Angesichts der Drohung Fidels, Huber Matos wegen Verrats vor Gericht zu stellen, droht Pazos mit seinem Rücktritt. Der gesamte nichtmarxistische linke Regierungsflügel teilt die Ansichten Fidels nicht. In einer Debatte, an der mehrere Minister und auch Che teilnehmen, wird die Kluft größer: Faustino Pérez, Oltuski und Ray erklären, daß sich Matos zwar von der Revolution abgewandt habe, sein Rücktritt aber kein Verrat gewesen sei. Franqui zufolge erklärt Raúl Castro, daß angesichts der ausländischen Aggression die Haltung von Matos konterrevolutionär sei und er füsiliert werden müsse. Da sich Oltuski, Faustino und Ray zugunsten von Matos aussprechen, erklärt Che scherzhaft: *Wir werden euch alle füsilieren müssen.*

Fidel schneidet die Diskussion ab: Matos wird der Prozeß gemacht, und die Dissidenten sollen zurücktreten. Daraufhin macht sich Che für Oltuski, Faustino und Ray stark und erklärt, daß sie weiterhin Minister bleiben sollten. Wenn sie den Mut gehabt hätten, ihre Meinung auf die Gefahr ihres Todes hin zu verteidigen, dann müßten sie in ihren Ämtern bleiben. So kommt es zu folgenden Veränderungen: Oltuski bleibt vorläufig im Amt, die beiden anderen verlassen die Regierung im November und werden durch Martínez Sánchez und Osmany Cienfuegos (Camilos Bruder) ersetzt, die den politischen Ansichten von Raúl und Che näher stehen.

Am 11. Dezember wird über Huber Matos Gericht gehalten: Über seine offensichtlichen Diskrepanzen zur Revolutionslinie, seine Gegnerschaft gegen die Agrarreform und sein Kokettieren mit dem Großgrundbesitz hinaus kann ihm das Delikt des Verrats nicht nachgewiesen werden.

Am 29. Oktober wird ein Interview Ches mit einer argentinischen Zeitung veröffentlicht, in dem er eine radikale Revision der Beziehungen mit den Vereinigten Staaten vorschlägt ... *Amerika braucht ohne Zweifel noch einige Bärtige.*

Am selben Nachmittag wird Camilo Cienfuegos, der sich auf einer Inspektionsreise mit einer Cessna 310 von Camagüey in Richtung Santa Clara befindet, als verschollen gemeldet. Im Morgengrauen des 30. beginnt eine riesige Suchaktion. Che steigt in eine Cessna und macht sich selbst auf die Suche. Die Marine wird mobilisiert, Bauern durchkämmen das Camagüey-Gebirge. Das ganze Land verfolgt angespannt die Suchaktion. Camilo ist zweifellos eine der bekanntesten und beliebtesten Figuren der Revolution. Das Flugzeug ist, ohne einen Notruf gefunkt zu haben, verschollen. Bei der Rekonstruktion des Sachverhalts wird festgestellt, daß es wahrscheinlich Kurs aufs offene Meer genommen hat, um ein Gewitter zu umfliegen. Eine Woche lang hält die Suche an, zeitweise durch Fehlinformationen belebt. Am Ende das Nichts. Es schwingt eine gewisse Wut in Ches Worten mit, der einen seiner wenigen wirklichen Freunde verloren hat: *Der Feind hat ihn umgebracht. Er hat ihn umgebracht, weil er seinen Tod wollte. Er hat ihn umgebracht, weil es keine sicheren Flugzeuge gibt, weil die Piloten nicht die notwendige Erfahrung sammeln können, weil Camilo, von Arbeit überlastet, in wenigen Stunden in Havanna sein wollte ... und sein Charakter hat ihn umgebracht. Camilo wog die Gefahr nicht ab, er behandelte sie wie einen Spaß, spielte mit ihr, zog sie an und beherrschte sie. In seiner Guerillamentalität konnte eine Wolke eine vorgegebene Linie weder unterbrechen noch umleiten.*

Die Revolution verliert so einen ihrer wenigen Führungskader, wie zuvor schon Juan Manuel Márquez, José Antonio Echeverría, Frank País und Ramos Latour.

Einen Monat später ruft Che die Arbeiter von Manzanillo zu einem Tag der freiwilligen Arbeit auf, dem ersten, der massenhaft durchgeführt wird. In Caney de las Mercedes wird eine große Schulanlage errichtet, die Camilo Cienfuegos heißen soll.

Es ist Sonntag. Normalerweise arbeiten die Soldaten der Rebellenarmee am Bau, viele von ihnen sind Mitglieder der ursprünglichen 8. Kolonne, die dem 18jährigen Offizier Rogelio Acevedo untersteht. Aber heute haben sie ihren Ruhetag. Gemeinsam mit ihnen sind die Schuster aus Manzanillo, eine Zunft, die sich im Kampf gegen die Diktatur hervorgetan hat und die Che liebevoll die „Steinewerfer" nennt, in Lastwagen aus der Stadt angereist. Zu ihnen gesellen sich Bauern aus den Bergen mit Kaffee und Essen. Che trifft gegen acht Uhr morgens ein, nachdem er in einem Sportflugzeug auf der Landebahn der Zuckerfabrik Estrada Palma gelandet ist. Seine Ankunft zusammen mit Aleida löst Begeisterung und zahlreiche Jubelrufe aus: Che! Che! Che! Nach einer sehr kurzen Ansprache begibt er sich zum Steinbruch von Estrada Palma zum Steineklopfen. Mehrere Sonntage lang reist er aus Havanna an, um acht Stunden am Bau des Schulkomplexes mitzuarbeiten.

Kapitel 27

★

„Jedes Mal, wenn ein Guevara ein Geschäft aufmacht, geht es pleite"

Am 26. November 1959 erhält Che seine Staatsbürgerurkunde, die kraft des Gesetzes vom Februar ausgestellt worden ist. Am gleichen Tag wird die Nachricht veröffentlicht, daß die Regierung ihn zum Präsidenten der kubanischen Staatsbank gemacht hat. Noch viele Jahre später wird der Witz erzählt (Fidel selbst gibt ihn wieder), daß der Premierminister bei einer Versammlung der revolutionären kubanischen Leitung gefragt habe, ob es einen Freiwilligen für das Amt des Präsidenten der Zentralbank gebe, ob es denn hier keinen „Ökonomisten" gebe. Und Che, der eingedöst war, habe verstanden: „einen Kommunisten?" und die Hand erhoben.

Ches Vater soll auf die Nachricht wie folgt reagiert haben: „Mein Sohn Ernesto soll die Geldmittel der kubanischen Republik verwalten? Fidel ist verrückt. Jedes Mal, wenn ein Guevara ein Geschäft aufmacht, geht es pleite."

Die Reaktionen sind unterschiedlich. Der US-Botschafter protestiert beim Präsidenten gegen die Ernennung und legt diesem eine Liste von drei möglichen Alternativkandidaten vor, ohne eine Antwort zu erhalten. Pardo Llada, Ches ehemaliger Reisegefährte, kommentiert und begrüßt in der Radiosendung „Die Zeitung des Wortes" die Ernennung Ches und gibt damit eine weitverbreitete Meinung wieder: „Nur ein Dummkopf kann die enormen Gefahren abstreiten, die für den revolutionären Impuls im wirtschaftlichen Bereich bestehen. Um unsere Wirtschaft gegen diese schwerwiegenden Eventualitäten zu verteidigen, brauchen wir fähige, mutige und ehrliche Hände."

Jahre später bietet Che eine Erklärung an: *Als die revolutionäre Regierung an die Macht kam, wurden Vorsitz und Vizevorsitz der Bank an die zurückgegeben, die sie vor dem Staatsstreich innehatten: an Dr. Felipe Pazos und Dr. Justo Carillo. Kaum hatte sich die Revolution in Bewegung gesetzt, wurde festgestellt, daß es einen Engpaß gab, in dem die Wirtschaftsprogramme und die Wünsche für ein schnelles Voranschreiten der Revolution abgewürgt wurden. Dieser Engpaß befand sich genau auf der Ebene der Kreditinstitute. Allerdings bewirkte der Respekt, den viele von uns vor den intellektuellen Fähigkeiten von Dr. Felipe Pazos hatten, daß die endgültige Entscheidung aufgeschoben wurde, an seine Stelle eine Person zu setzen, die natürlich sehr viel unbedeutender in intellektueller Hinsicht* (der ewige Sarkasmus des Che) *war und von Banken keine Ahnung hatte, wohl aber auf der Linie der revolutionären Regierung war.*

Als er die Bank übernimmt, sieht er sich gezwungen, in der Industrieabteilung des INRA Verantwortung abzugeben. *Die Industrieabteilung war ein Kind meiner Bemühungen, ich gab sie mit dem Schmerz eines alternden Vaters halb her* (denn Orlando Borrego übernimmt das Amt und hält ihn auf dem Laufenden), *um mich in die nahe Verwandte, die Finanzwissenschaft, zu vertiefen.* Zu diesem Zeitpunkt kontrolliert die Abteilung 41 kleinere und mittlere Unternehmen, in denen 2.253 Arbeiter beschäftigt sind. Später wiederholt Che vor Huberman und Sweezy, daß er die Industrieführung der Arbeit in der Bank vorziehe.

Aber als wir den Vorsitz der Bank übernahmen, als wir mit einer Reihe von neuen Aufgaben betraut wurden, sahen wir, daß die Bankinstitute und die Kreditfunktion nicht nur aufgrund des Wunsches oder Unwillens, bestimmte Dinge zu tun, im Argen lagen, sondern daß das System selbst dafür verantwortlich war. Selbst wenn die Vertreter der ausländischen Banken keine anderen Kriterien als die staatliche Bankdirektion gehabt hätten, so waren sie doch Spione, die das gesamte Bankwesen kontrollieren konnten. Sie waren zudem an verschiedenen Kreditausschüssen beteiligt und die Ausrichtung und Grundlagen der neuen Politik lagen nackt vor ihnen. Und dies zuweilen bei (...) ausgesprochen heiklen Dingen. Außerdem wurden die Kredite auf eine anarchische Art und Weise vergeben, und die Banken, die Geldschöpfungskapazitäten hatten, richteten die Kredite an der für sie rentabelsten Art aus und berücksichtigten in keiner Weise die Interessen der Nation.

Am 27. November weiht Che sein Mandat mit einer Reihe von Kontrollmaßnahmen im Hinblick auf Importlizenzen, Finanzierungsgeschäfte in Fremdwährungen, Devisenimport und -export, Verkauf von Dollars an Touristen und an andere Personen im Ausland ein. All diese Maßnahmen sind darauf ausgerichtet, die Devisenreserven zu kontrollieren.

Ches Präsenz und sein Stil führen unverzüglich zu Unruhe unter den alten Bankbeamten. Einer davon beklagt sich: „Das Vorzimmer des Präsidenten ist voller bewaffneter Langhaariger.“ Die Langhaarigen sind Ches jugendliche Bauern, die nun formell Teil seiner Leibwache sind und den Rang von Oberleutnants bekleiden: Hermes Peña, José Argudín, Alberto Castellanos, Harry Villegas und Leonardo Tamayo.

Zu diesem einzigartigen Team gesellt sich noch Salvador Vilaseca, dem Che die Verwaltung unterstellen möchte. Jahre später rekonstruiert Vilaseca das kurze Gespräch:

„Hören Sie mal, Kommandant, ich weiß nichts über Banken."

Ich auch nicht und dabei bin ich der Präsident, aber wenn die Revolution dich ruft ...

„Schon gut. Wann fange ich an?"

Der Einzug Guevaras in die Bank als Ablösung für Pazos markiert das Ende der Krise um Huber Matos, die die Bewegung des 26. Juli entzweit hat. Außerdem ziehen sich viele Finanzfachleute zurück, die gemeinsam mit Pazos ihre Stellen angetreten hatten. Es kommt zu einem technischen Vakuum. Um es minimal zu füllen, nimmt Che zwei Assistenten aus der Industrieabteilung zu sich: Raúl Maldonado und Jaime Barrios aus der Gruppe der „Chilenen".

In diesen Tagen beginnt Che eine fieberhafte Tätigkeit. Er spricht auf öffentlichen Veranstaltungen, schreibt weiter an seinem Handbuch über den Guerillakrieg und an Erzählungen über die Etappe in den Bergen, lernt Mathematik, leitet die Bank, kümmert sich um die Industrialisierungsabteilung, die Ausbildung der Armee und wirkt regelmäßig an den Tagen der freiwilligen Arbeit beim Bau von Schulen mit.

Er schreibt an seine Eltern: *Kuba macht einen entscheidenden Moment für Amerika durch. Früher wäre ich gern Soldat von Pizarro gewesen. Für meine Abenteuerlust und meine Begierde, geschichtliche Höhepunkte zu erleben, ist das nicht mehr notwendig. Heute ist das alles hier zu finden: Es gibt ein Ideal, für das es sich zu kämpfen lohnt, und die Verantwortung, ein Beispiel zu hinterlassen. Wir sind keine Menschen mehr, wir sind Arbeitsmaschinen, die unter schwierigen, aber klaren Bedingungen gegen die Zeit kämpfen.*

Ches Freizeit wird weiter eingeschränkt. Seiner Leibwache zufolge läßt er an manchen Sonntagen seine Tochter Hilda holen, damit sie den Tag mit ihm verbringt. Er schläft nie länger als sechs Stunden und meistens weniger. Seine persönliche Ökonomie ist ziemlich prekär. Er hat sich geweigert, die Gehälter für seine verschiedenen Ämter zu akkumulieren, und beschränkt sich auf den Bezug seines Kommandantensoldes von 440 Pesos, von denen er 100 Pesos an Hilda Gadea für die gemeinsame Tochter abgibt. 50 Pesos sind für Miete zu bezahlen, 50 Pesos dienen als Monatsrate, um den gebrauchten Wagen abzustottern, und der Rest geht für den Haushalt drauf. Tamayo faßt zusammen: „Er hatte nur deshalb eine gute Bibliothek, weil ihm die Bücher geschenkt wurden."

Nach und nach versteht er die Bankmechanismen. Er versucht die Kapitalflucht zu kontrollieren und löst die Banken Batistas auf, gleichzeitig geht er daran, die trüben Geschäfte rückgängig zu machen, die in der Vergangenheit getätigt worden sind (Unternehmen, die mit einem 16-Millionen-Kredit und einer Einlage von nur 400.000 Pesos des Unternehmers aufgebaut wurden, die noch nicht einmal aus der eigenen Tasche stammten, sondern aus dem 10%igen Rabatt, den ihm die Lieferanten für den Kauf von Maschinen bezahlten). Gleichzeitig treibt er die Agrarreform voran. Als am 9. Dezember den Bauern die ersten Besitzurkunden ausgehändigt werden, erklärt er: *Heute ist die Sterbeurkunde des Großgrundbesitzes unterschrieben worden. Ich hätte nie geglaubt, daß ich meinen Namen mit soviel Stolz und Befriedigung unter den Totenschein eines Patienten setzen könnte, an dessen Behandlung ich mitgewirkt habe.*

Anfang des Jahres führt Che eine heftige Auseinandersetzung mit dem Arbeiterführer aus Las Villas, Conrado Rodríguez, dem er gerichtliche Schritte wegen Verleumdung androht. Rodríguez hat Che beschuldigt, Batista-Anhängern beruflichen Unterschlupf zu gewähren, insbesondere dem Sekretär der Staatsbank, José Santiesteban. Che erklärt darauf, daß er sich immer durch seine außerordentliche Unnachgiebigkeit gegenüber seinen Mitarbeitern ausgezeichnet habe: *In La Cabaña genoß ich einen fürchterlichen Ruf, da Empfehlungen bei mir nichts fruchteten, und es ist unglaublich, daß eine derartige Gestalt sich erfrecht (denn, soweit ich weiß, hat er keinen Mut gezeigt; er ging in die Berge, um den Apparat aufzubauen und gab keinen einzigen Schuß ab),* Santiesteban zu diffamieren, der zwar kein Revolutionär gewesen sei und in einer Regierungsinstitution gearbeitet habe, aber unter Batista mit der Revolution sympathisiert und sich aufrichtig verhalten habe. Anscheinend hat die Anschuldigung einen finsteren Ursprung: Rodríguez, der in seiner Zeit als Gewerkschaftsführer einen Extralohn aus der Lotterie Batistas bezog, hat nach der Revolution von Santiesteban eine Arbeit beim INRA verlangt und keinen Erfolg gehabt. Als die Anklage zustandekommt, stellt Santiesteban sein Amt zur Verfügung, aber Che nimmt den Rücktritt nicht an und geht zum Gegenangriff über. Die Debatte wird zu einem Versuch, eine Hexenjagd zu verhindern.

Am Rande der Polemik nimmt Che in den letzten Januartagen an zwei Konferenzen teil, in denen er über die Bankproblematik spricht. Er arbeitet an einem Geldwechselprojekt und an einem anderen über die Verstaatlichung der Banken, die beide verhindern sollen, daß sich die Devisen verflüchtigen. Seine Eigenschaft als Zentralbankpräsident einer Gesellschaft, die noch von den kapitalistischen Marktgesetzen regiert wird und in der nur ein kleiner Bereich verstaatlicht worden ist, hindert ihn nicht daran, großartige Erklärungen abzugeben: *Es mag Ihnen zwar sehr seltsam erscheinen, daß (*der Vorsitzende der Nationalbank) *Lanzen gegen das Eigentum bricht ... Aber ich bin immer noch sehr viel mehr Guerillero als Bankpräsident.*

Von diesem zufällig zum Bankier gewordenen Guerillero werden viele Dinge erzählt. In jenen Tagen zirkuliert in Havanna zum Beispiel ein kleines handgeschriebenes Plakat mit einem Slogan, der Che zugeschrieben wird: „Hier kann man zwar ins Fettnäpfchen treten, aber man darf nichts herausholen". Che erklärt hochempört, daß der Satz nicht von ihm stammen würde und daß *man hier weder ins Fettnäpfchen treten, noch aus ihm was rausholen kann,* und dringt in einer öffentlichen Ansprache darauf, daß dies richtiggestellt werden müsse. Im Strudel der Ereignisse dürfte er das wohl vergessen haben.

Am 4. Februar greift er im Fernsehen den konservativsten Sektor des Landes an, der durch die Zeitung „El Diario de la Marina" repräsentiert wird, die gegen die staatliche Industrialisierungspolitik opponiert, die Che von der Nationalbank aus fördert. Seine Argumente greifen das freie Unternehmertum im kubanischen Stil an, wo es Fabriken gebe, in denen Aktionäre mit einer Beteiligung von 400.000 Pesos 20 Millionen Pesos staatlicher Kredite kontrollieren würden – das freie Unternehmertum in einem Land mit 600.000 Arbeitslosen, ein freies Unternehmertum, das ein permanentes Import- und Exportdefizit erwirtschaften würde, das 1959 127 Millionen Dollar erreicht habe. In der Sendung berichtet er außerdem darüber, daß der Druck der Vereinigten Staaten zunehme und die US-Banken die Importkredite gekündigt hätten.

Der Rahmen mag zwar eine Revolution sein, die *mit der Bezeichnung Linksnationalismus schematisiert werden könnte*, wie Che ein paar Tage vorher in „Bohemia“ erklärt hat, aber Che will zweifellos darüber hinausgehen. Und angesichts des wachsenden US-amerikanischen Drucks sieht es ganz so aus, als gebe es keinen anderen Weg, als ein Programm zum sozialen Nutzen zu entwickeln. Hugh Thomas zitiert eine weise Erklärung des „Wall Street Journal“: „Die europäischen und nordamerikanischen Kredithähne werden für Kuba zugedreht, das keine andere Möglichkeit haben wird, als sich an Rußland zu wenden.“

In den letzten Tagen des Jahres ’59 ist es zu mehreren privaten Treffen in Cojimar gekommen, an denen Fidel, Che, Raúl, Emilio Aragonés und die kommunistischen Führer Aníbal Escalante, Blas Roca, Carlos Rafael Rodríguez, César Escalante und Lázaro Peña teilnahmen. Zweifellos wurden bei diesen Versammlungen unter anderem die Möglichkeiten sowjetischer Hilfsmaßnahmen für den Fall untersucht, daß der US-amerikanische Wirtschaftsdruck zunehmen sollte. Fidel wollte jedoch nicht, daß die Gespräche mit den Russen ausschließlich über die kubanischen Kommunisten geführt wurden, und so reiste eine Gesandtschaft in die sozialistischen Staaten, um Handelsmöglichkeiten aufzubauen. Die von Núñez Jiménez angeführte Delegation konnte jedoch keine konkreten Abkommen erzielen. Es sollte Alexejew vorbehalten sein (der mit seiner Tarnung als Journalist der Vertreter der KPdSU in Kuba war – ein atypischer Russe, der kurze, leichte Jacken trug, Spanisch sprach, mitten in der Nacht Che in der Bank besuchte, Havannas rauchte und sogar Witze riß), den entscheidenden Kontakt herzustellen. Als Mikojan Mexiko besuchte, nutzte die kubanische Revolutionsführung die Gelegenheit und schickte Héctor Rodríguez Llompart mit einer Einladung zu ihm. Auf diese Weise kamen die ersten Sowjetbürger nach Kuba. Im Februar 1960 findet dann der Besuch von Anastas Mikojan statt, einer der wichtigsten Figuren der sowjetischen Bürokratie und Mitglied des Politbüros der KPdSU.

Che ist anwesend, als Fidel und die anderen Regierungsmitglieder Mikojan empfangen, der seine erste Erklärung abgibt: „Wir stehen bereit, um Kuba zu unterstützen.“ Und Che wird im Verlauf der ganzen Rundreise auch bei privaten Gesprächen und auf öffentlichen Veranstaltungen dabei sein. Er ist übrigens der erste, der beim Eintritt Mikojans in einen Konzertsaal applaudiert. Und er ist zweifellos einer der stärksten Befürworter der Annäherung an die Sowjetrussen innerhalb der kubanischen Regierung. Was bedeutet die UdSSR für Che? Ein paar Romane über den antifaschistischen Krieg und die Oktoberrevolution, die Erbin der sozialistischen Mythologie, die Heimat Lenins, die Wiege des marxistischen Humanismus, die Heimat des Egalitarismus, die Alternative zum wohlbekannten US-Imperialismus in einer bipolaren Welt. Weder die Moskauer Prozesse noch der polizeiliche Autoritarismus, noch die Verfolgung der Dissidenten, noch der bürokratische Anti-Egalitarismus, noch die schlecht geplante Wirtschaft, noch der Fassaden- und Pappmachékommunismus der Russen gehören zu Ches politischer Kultur im Jahre 1960.

Mikojan erfüllt seine Pflicht. Er legt Blumen am Martí-Denkmal nieder, läßt ein Pfeifkonzert von den katholischen Studenten über sich ergehen und unterzeichnet ein kleines Zuckerabkommen. Vor allem stellt seine Anwesenheit aber eine Warnung vor der Isolierung dar, die von den Vereinigten Staaten aus geschürt wird. Darüberhinaus wägt er die Möglichkeiten Kubas im großen geopolitischen Roulette des Kalten Krieges ab.

Einen Monat später erklärt Che in einer Fernsehsendung, als er auf die sowjetische Unterstützung und darauf zu sprechen kommt, daß die Russen diese angeblich nur gewähren, um die Vereinigten Staaten zu provozieren: *Das mag vielleicht stimmen. Aber was interessiert uns das?* Er gibt damit die Meinung eines Teils der kubanischen Revolutionsführung wieder.

Während des Besuchs von Mikojan ist Ches Leibwache verpflichtet, Überstunden zu machen. Castellanos erzählt: „Wir waren schon eine ganze Woche mit Mikojan unterwegs. Wir hatten die ganze Zeit kaum etwas gegessen. Dann machten sie einen Besuch bei Celia Sánchez. Es war gegen 10 Uhr abends, und wir hatten einen Mordshunger. Da erklärte uns einer der Kameraden, daß die Sekretärin von Osvaldo Dorticós ganz in der Nähe wohnen würde und bestimmt etwas zu essen hätte. Wir gingen hin, brieten ein paar Eier und aßen, was sie so hatte. Plötzlich kam jemand und fragte: ‚Wer ist mit Che gekommen? Er steht unten an der Ecke.' Ich rannte hinaus. Er war sehr ernst und verärgert und fragte mich: *Wo bist du gewesen?* Ich erklärte ihm, daß ich Hunger gehabt hätte. Er antwortete mir: *Ich auch. Immer wenn ich esse, eßt ihr auch, es muß für alle gleich sein.* Ich hatte danach drei Tage Hausarrest."

Nach Mikojans Abreise kehrt Che zu seiner fieberhaften Tätigkeit zurück. Sei es, daß er eine Schule einweiht, die an der Stelle einer Kaserne der Diktatur errichtet worden ist, sei es, daß er davor warnt, daß *mit allen Mitteln versucht wird, die Zuckerrohrernte zu sabotieren.* Er zieht in ein anderes Haus in Ciudad Libertad um, und zwei Monate später bezieht er das Haus Nr. 710 in der Calle 18 zwischen Avenida 31 und 7 in Miramar (sollten diese ständigen Umzüge Sicherheitsgründen zuzuschreiben sein?).

Im Februar und März 1960 wird Che zum Gegenstand von vier Fotogeschichten. Der zu einer zentralen Persönlichkeit gewordene ehemalige Straßenfotograf besucht an einem dieser Tage seinen Kolonnenkameraden, Dr. Vicente de la O, der soeben Vater eines Sohnes geworden ist, den er als Angel Ernesto in das Geburtsregister eintragen läßt. Es gibt ein Foto eines zufällig anwesenden

Fotografen, das einen merkwürdig liebevollen Che zeigt, der ein wenige Monate altes Kind in den Armen hält, das den Bart des berühmten Mannes mißtrauisch beäugt. Es ist ein zärtliches Foto, das Che mit halbgeschlossenen Augen zeigt. Ist Kommandant Guevara für eine neue Vaterschaft bereit?

Zwei Wochen später, während einer der beschriebenen Konferenzen, macht Fernando López, den Che mit dem Spottnamen „Chinolope“ bedacht hat und der eine beeindruckende berufliche Laufbahn innerhalb und außerhalb Kubas hinter sich hat, ein ebenso wichtiges Foto für die Guevara-Verehrung, wie vier Tage später Korda. Es findet allerdings weniger Verbreitung als das von Korda und wird Jahre nach Ches Tod von irgendeinem veralteten sozialistischen Realisten als mystisch kritisiert. Auf der an den Rändern verschwommenen Aufnahme ist ein langhaariger Che zu sehen, der seine Rechte auf die Stuhllehne stützt und seine Linke ans Kinn hält. Der Zeigefinger liegt auf der Nasenspitze, der Blick ist leicht nach oben gerichtet. El Greco dachte immer, daß große Persönlichkeiten so wiedergegeben werden müßten, daß so das Leben sei.

Drei Tage später, am 4. März, als Che sich auf dem Weg zur Bank befindet, kommt es auf „La Coubre“, einem französischen Schiff, das mit 70 Tonnen belgischer Waffen beladen ist, zu einer Explosion. Che, der den gewaltigen Lärm gehört hat, eilt zu den Molen des Arsenals. Die fürchterliche Katastrophe hat 75 Tote und etwa 200 Verletzte gefordert. Er hilft bei den Bergungsarbeiten mit. Alle sind von Zweifeln erfüllt: Unfall oder Sabotage?

Der Fotograf Gilberto Ante von „Verde Olivo“ begegnet ihm, als er gerade Verletzte birgt. Che verbietet ihm wütend, Aufnahmen zu machen. Es kommt ihm schamlos vor, bei einem Unfall zum Gegenstand der Neugierde zu werden. Am nächsten Tag werden die Opfer beerdigt. Einen Häuserblock vom Friedhof Colón entfernt wird eine Tribüne errichtet, die von einer kubanischen Fahne mit Trauerflor umsäumt ist. Hier gibt Fidel zum ersten Mal die Parole „Patria o muerte“ [Vaterland oder Tod] aus. Der Fotograf von „Revolución“, Alberto Díaz, genannt Korda, nimmt mit seiner Leica mit 90 mm-Linse die Personen auf der Tribüne ins Visier und stößt beim zweiten Durchgang auf Che, der auf einer Seite nach vorn tritt. Die Geste des Argentiniers überrascht ihn, und er betätigt den Auslöser zweimal. „Als ich ihn im Bildausschnitt der Kamera mit diesem Gesichtsausdruck sehe, fahre ich zusammen und drücke intuitiv den Auslöser.“ Alberto Granado erzählt Korda einige Zeit später, daß Che an diesem Tag ein Gesicht gemacht habe, als könne er einen Yankee lebendig verschlingen. Dies zeigt das Foto allerdings nicht.

Auf dem Negativ erscheint auf der rechten Seite ein nicht identifizierter Mann und auf der linken die Blätter einer Palme. Korda beseitigt geschickt die Elemente, die ablenken, und konzentriert sich auf das Gesicht. Es ist ein sehr eigenartiges Bild: Che mit finsterem Gesichtsausdruck, die linke Augenbraue leicht hochgezogen, die Baskenmütze mit dem Stern, eine bis zum Hals geschlossene Jacke, im Wind wehende Haare. Einige Jahre später stößt der italienische Verleger Giacomo Feltrinelli bei Korda auf das Foto und macht ein Plakat davon. Zunächst sind es nur mehrere zehntausend Drucke, später gehen dann

Millionen von Exemplaren um die Welt. Es ist die bekannteste Fotografie von Che, das Symbolfoto, das Wände, Titelseiten von Büchern und Zeitschriften, Decken, Plakate und T-Shirts bedecken wird. Es ist das Foto, das sich mit der Aufnahme, die die bolivianischen Militärs vom toten Che gemacht haben, ein symbolisches Duell liefert, das dadurch nichts an Kraft einbüßt. Kurioserweise wird es in jenen Tagen nicht in „Revolución" abgedruckt.

Am 20. März spricht Che in der Fernsehsendung „Volksuniversität". Im Vergleich zum Fernsehauftritt im Jahre '59 ist sein Ton härter. Er tritt selbstbewußter auf und schlägt einen sehr bestimmten Ton an: *Wir haben das Privileg, das Land und die Regierung zu sein, die am meisten angegriffen werden. Nicht nur zur Zeit, sondern vielleicht auch in der gesamten Geschichte Amerikas, viel stärker als Guatemala und vielleicht auch viel stärker als Mexiko (...), als Cárdenas die Enteignungen anordnete.* Und er stellt klar, daß eine gerechtere Gesellschaft den Reichtum umverteilen muß: *Um etwas zu erobern, müssen wir es jemandem wegnehmen. Und es ist gut, dies klar zu sagen und sich nicht hinter Begriffen zu verstecken, die falsch interpretiert werden könnten.*

Zwischen seiner dreifachen Funktion als Bankdirektor, Leiter der Industrialisierungsabteilung und Verantwortlicher für die kulturelle Ausbildung der Armee findet Che Mitte April noch Zeit, regelmäßige Beiträge für die Zeitschrift „Verde Olivo" zu schreiben. Mit „Der Freischärler", seinem alten Pseudonym aus den Zeiten im Gebirge, unterzeichnet und unter Wiederaufnahme des Namens seiner früheren Sektion „Keine Kugel im Lauf", beginnt er mit der wöchentlichen Veröffentlichung von kurzen Kommentaren zur internationalen Politik. Der erste Artikel beschäftigt sich mit Truman, den er einen makabren Clown nennt, da er den Befehl zur Bombardierung von Hiroshima und Nagasaki gegeben habe und nun zur Intervention in Kuba aufrufe. Der Artikel ist bezeichnend für die ganze Serie, angefangen beim Titel, der wie alle weiteren leicht scherzhaft ist, bis hin zum sehr aggressiven und pädagogischen Ton. Im Verlauf der nächsten fünf Monate veröffentlicht Che 18 Artikel, in denen von den Wahlen in Argentinien, den US-Stützpunkten in Lateinamerika, von Korea, der Blockadepolitik, der OAS, Nixon, Ydígoras und Somoza die Rede ist.

In einem neuen Anfall von Arbeitswut beginnt er einen Monat später eine weitere Serie, die ihn dazu zwingt, wöchentlich militärische Artikel zu schreiben, die er „Ratschläge an den Kämpfer" betitelt. Er setzt die Artikelserie sieben Monate lang fort und behandelt dabei Themen wie „Der Nutzen der Maschinengewehre im Defensivgefecht", „Die Feuerdisziplin im Gefecht", „Verteidigung gegen Panzer" oder „Die Taschenartillerie".

Es hat den Anschein, als wollte er in den langen schlaflosen Nachtstunden im Bankbüro alle journalistischen Tätigkeiten nachholen, die er schon immer vorhatte und nicht ausführen konnte.

Ein Foto zeigt ihn in seiner Uniform vor einer Remington in der Redaktion des „Verde Olivo". Che blickt ausgesprochen unfreundlich in die Kamera. Sein Mund ist halb geöffnet, als wollte er den Fotografen für seine Indiskretion tadeln, ihn bei so etwas Privatem wie dem Journalismus erwischt zu haben. Und wenn der Journalismus etwas Privates ist, so ist das Schriftstellern von zentraler Bedeutung. *Der Titel Schriftsteller ist das Heiligste der Welt*, schreibt er in einem Brief an Sábato.

In diesen Tagen erscheint „Der Guerillakrieg", das Buch, an dem Che seit Mitte '59 geschrieben hat. Es ist natürlich Camilo gewidmet: *Dieses Buch ist Camilo Cienfuegos gewidmet, der eigentlich diese Zeilen lesen und korrigieren sollte, was aber durch sein Schicksal vereitelt wurde. All diese Zeilen und die, die folgen, mögen als eine Hommage (...) an den tadellosen Revolutionär und brüderlichen Freund verstanden werden.* Das Buch ist ein Handbuch, eine Zusammenstellung seiner Guerillaerfahrungen in der kubanischen Revolution. Die drei wichtigsten Gedanken stehen bereits auf der ersten Seite des ersten Kapitels: *Die Volkskräfte können einen Krieg gegen die Armee gewinnen.* Man muß nicht warten, *bis die Bedingungen für eine Revolution gegeben sind, der aufständische Fokus kann sie schaffen.* Und in Lateinamerika *muß das Terrain des bewaffneten Kampfes sich wesentlich auf dem Land befinden.*

Als ein Dokument konzipiert, das gegen den *Quietismus* der traditionellen Linken antreten soll, liegt der Schwerpunkt auf diesen drei Aussagen, obgleich er durch weitere Ausführungen nuanciert, daß der Guerillakeim nicht unter einer Regierung entstehen kann, die per Volksabstimmung an die Macht gekommen ist, und daß die Arbeiterkämpfe nicht herabgewürdigt werden dürfen. Nachdem er den Guerillero als *Sozialreformer* definiert hat, schält er nach und nach – und manchmal in einem naiven und sehr einfachen Stil (*der Guerillero muß schweigsam sein (...), er muß extrem geduldig sein)* – die kleinen Anekdoten heraus und läßt sie zur Maxime werden. Dabei schafft er das Bild eines Guerilleros, das zuweilen übermäßig seinem eigenen bzw. dem Bild ähnelt, das er von sich selbst geschaffen hat: *Ein häufiges und ausgesprochen wichtiges Zubehör im Leben des Guerilleros sind die Rauchwaren, sei es in Form von Zigarren, Zigaretten oder Pfeifentabak, denn der Rauch, den er in Augenblicken der Ruhe ausstoßen kann, ist der große Gefährte des einsamen Soldaten.* Das bezieht auch seine Fehler mit ein: *Durch die ständigen Märsche in Schweiß gebadet, den Schweiß am Leib getrocknet und mit neuem Schweiß bedeckt, ohne daß es eine Möglichkeit zur Tageshygiene gibt – aber diese hängt natürlich, wie alles, von der individuellen Disposition der Person ab.* So reiht er Ratschläge aneinander: über Feuerstellen, über die beste Zusammensetzung eines Guerillatrupps, die Nähe zu den Bauern, über Lektionen, die durch das Beispiel vermittelt werden, die Möglichkeit, eine langläufige Waffe als Katapult für Molotow-Cocktails zu benutzen, den Streubereich der Munition einer Schrotflinte, die Tugenden des Rückzugs ... Und er gelangt schließlich zu sehr weisen Schlußfolgerungen im Hinblick auf die Grausamkeit des Gefechts oder den Krieg als einzige Ausbildung für den Krieg.

Vor allem überraschen die Abwesenheit einer steifen Sprache, der Verzicht auf die übliche marxistische Terminologie, das Fehlen von Markenzeichen eines Glaubenshandbuchs und der Rückgriff auf Anekdotisches, das wie immer seine beste Waffe als Erzähler und auch als Theoretiker ist. Der US-amerikanische Chronist James Higgins berichtet, daß ein Freund ihm anläßlich der Veröffentlichung des Buches in „Monthly Review" erzählt habe, es wäre ihm wie ein Handbuch für Pfadfinder vorgekommen. Und genau das hätte ihn am Text fasziniert, seine Einfachheit und Konkretheit. Da hat er nicht ganz unrecht.

Che reagiert schüchtern auf Anfragen nach Autogrammen. Und während er seinen Freunden und Mitarbeitern keine Freiexemplare gibt, sondern sie 50 Centavos bezahlen läßt, schenkt er den Mitgliedern des Verwaltungsrates der Nationalbank das Buch als zusätzliche Provokation, damit allen seine Berufung zum Guerillero und die Zufälligkeit seines Bankiersdaseins klar wird. Finley, dem Vertreter der Chase Manhattan Bank im Aufsichtsrat, überreicht er es mit einem größeren Interesse als den anderen. Als der US-Amerikaner ihm erklärt, daß er es gelesen habe, fragt ihn Che nach dem Inhalt und stellt überrascht fest, daß der Bankier ganze Kapitel zusammenfassen kann. Daraufhin bietet ihm Che weitere Exemplare für die Vereinigten Staaten an.

Abgesehen von allen Provokationen, allem Mißtrauen und aller Schüchternheit hat seine Erzählleidenschaft gerade das erste Material hervorgebracht, und nicht das beste. Wenn es nach ihm ginge, sollte es nicht das letzte Buch sein. Ernesto Sábato erklärt er, daß er eines Tages ein zweites über die *Revolution als genuine Schöpfung der Improvisation* schreiben wolle.

Unterdessen heizt sich die Lage auf der Insel immer mehr auf. Die Regierung stellt sich gegen die katholische Hierarchie und den ultrareaktionären Klerus, die eine sehr offensive antikommunistische Kampagne führen. Es kommt immer wieder zu Zusammenstößen mit der batistafreundlichen und liberalen Presse: Zunächst der „Diario de la Marina", der am 11. Mai nach einer Auseinandersetzung zwischen Journalisten und der Druckergewerkschaft unter staatliche Aufsicht gestellt wird, und etwas später, am 16. Mai, ist „Prensa Libre" an der Reihe. Beide Zeitungen sind von der Batista-Regierung subventioniert worden. Allmählich sickern Informationen über die Machenschaften des CIA in Miami durch, wo sich das Exil auf zwei verschiedenen Ebenen formiert: eine batistafeindliche Gruppe um Artime, Varona, Aureliano Sánchez Arango und eine andere von batistafreundlichen Militärs, die mit Zustimmung des Diktators Ydígoras Trainingslager in Guatemala eingerichtet haben.

Am 16. Mai ist Ches Mutter erneut in Kuba und begleitet Ernesto zum Hemingway-Anglerturnier. Die Fotos sprechen wieder für sich: Che ohne Hemd, aber mit Baskenmütze, die Angelrute am Stuhl abgestellt, die Beine auf dem Heck des Bootes ausgestreckt – und stets ein Buch in Händen oder unter dem Sitz verborgen, während er zu angeln vorgibt.

Am 20. Mai bekennt er in der Eröffnungsrede der Industrieausstellung: *Ich beschäftige mich fast nur noch mit einem Thema (...), mit der Industrialisierung des Landes.* Diese Obsession ist aus der Vorstellung erwachsen, daß die kubanische Wirtschaftsstruktur nicht in der Lage sein wird, Fortschritte zu erreichen, solange sie von der Gewinnung billiger Rohstoffe abhängt und Fertigprodukte einführen muß. Che hat in letzter Zeit aktiver in der Industrialisierungsabteilung mitgewirkt, die ihm nominell unterstellt ist und von einem Team geleitet wird, das aus folgenden Personen besteht: dem Ingenieur César Rodríguez, El Patojo, der als Personalchef fungiert, sowie Borrego und Juan Borroto. Außerdem ist Valdés Gravalosa dazugestoßen, ein 28jähriger Anwalt, der mit Faustino Pérez befreundet ist. Seit einem Monat arbeitet die Abteilung auf der Grundlage von Führungsratssitzungen, die Gravalosa systematisch protokolliert. In diesen ersten Versammlungen soll vor allem erreicht werden, daß das INRA die vom Ministerium für Güterveruntreuung übergebenen Unternehmen bzw. die verstaatlichten Firmen unverzüglich nach Produktionslinien vereinheitlicht und die Buchführung klärt. Die Firmen sollen kostendeckend arbeiten, wobei Entlassungen vermieden und die Gewinne der Firmen untereinander ausgeglichen werden sollen.

Der US-amerikanische Ökonom Edward Boorstein, der im Beraterbüro arbeitet, das neben Ches Bankbüro liegt, berichtet, daß sich der Kommandant neben seinen täglichen Aufgaben in der Bank mit Industrieplanung beschäftigt hat.

All dies spielt sich in einem absoluten Arbeitschaos ab. Geladene und ungeladene Gäste tauchen auf, es wird Mathematikunterricht erteilt, und nachts gibt Jaime Barrios in einem anliegenden Büro mit einem achteckigen Tisch Unterricht in Wirtschaftswissenschaften. Und die Abende werden lang, wenn Guerillakommandanten auftauchen und Anekdoten der Revolution ausgetauscht werden. Aleida und Manresa versuchen wütend, die Lawine einzudämmen, die über Che hereinbricht, der immer noch Zeit findet, Berichte durchzugehen, Artikel zu schreiben, Reden vorzubereiten und Bankfilialen zu besuchen. Bei einem dieser Besuche bemerkt er ein Schild über der Kasse: „Ich stehe im Dienst des Volkes". Beim Verlassen der Bank rät er Vilaseca, er solle den Kassierer anweisen, das Schild umzudrehen, damit er nicht vergißt, was darauf steht. Dann folgen neue Tage der freiwilligen Arbeit und Gespräche mit Sartre und Simone de Beauvoir, die erklären: „Man könnte meinen, daß der Schlaf sie verlassen hat, daß auch er nach Miami emigriert ist." Auf dem Foto hat sich Sartre gerade für eine Havanna entschieden, und Che steckt sie ihm an. Er verdankt Sartre viele Stunden Lektüre und viele Ideen. An einem anderen Tag ist der US-Amerikaner I.F. Stone zu Besuch. Stone und seinem Buch „Die verborgene Geschichte des Koreakrieges" verdankt Che eine seiner ersten Erleuchtungen in Mexiko. „Guevara begrüßte mich sehr warmherzig. Ich war überrascht, bis ich entdeckte, daß die US-amerikanische Botschaft in Mexiko (...) alle Exemplare aufgekauft hatte, die sie von der spanischen Übersetzung des Buches ‚Die verborgene Geschichte des Koreakrieges' auftreiben konnte. Die übrigen Exemplare fanden eine weite Verbreitung (...). Che empfing mich als einen Genossen im Kampf gegen den Imperialismus." Und er erinnert sich weiter: „Er ist der erste Mann, den ich kennengelernt habe, der mir nicht nur stattlich, sondern auch schön vorkam. Mit seinem gelockten rötlichen Bart war er eine Art Kreuzung aus einem Waldgott und einer Postkarte der christlichen Sonntagsschule. (...) Am meisten beeindruckte mich, daß er in keiner Weise von der Macht korrumpiert oder vergiftet zu sein schien, die ihm so plötzlich in die Hände gefallen war."

Che ist jemand, der Geld weiterhin keinerlei Wert beimißt, dem die Gefährten seinen Kaffee bezahlen müssen, da er kein Geld dabei hat. Jemand, der als Trauzeuge bei der Hochzeit von Fernández Mell, der seit dem Ende der Revolution mit ihm zusammengewohnt hat, in seiner abgetragenen Felduniform mit Löchern erscheint.

„Wie kannst du in dieser Uniform kommen?" will jemand von ihm wissen.

Das ist meine Sommeruniform.

Am 14. Juni 1960 wendet sich Che an die Arbeiter, um die Welle von Lohnerhöhungen in den organisiertesten Sektoren der Arbeiterbewegung zu bremsen: *Die Industrialisierung ist kein Zuckerschlecken, sich in einen beschleunigten Industrialisierungsprozeß zu begeben, verlangt Opfer. Das werden wir in der Zukunft sehen.* Und er präzisiert: *Wir kämpfen gegen die Lohnerhöhungen, da sie nur die Inflation anheizen und die Schaffung von Arbeitsplätzen verhindern.* Die Zahl der Arbeitslosen beläuft sich seinen Worten nach auf 300.000. Sie hat sich damit zwar seit Beginn der Revolution halbiert, ist aber immer noch außerordentlich hoch.

14 Tage später wiederholt er in der Technischen Fachhochschule, daß die Regierung bestrebt sei, die Löhne einzufrieren, denn eine Lohnerhöhung ohne Produktionszuwachs könne nur zu Preiserhöhungen führen. Die Inflation würde dann das Land auffressen. Da nicht mehr Güter hergestellt werden, würden Lohnerhöhungen die Ökonomie über Gebühr beanspruchen: *Denn das Geld wäre dann weniger wert, da die Produktion des Landes noch nicht das notwendige Ausmaß angenommen hat, um dieses Geld ausgeben zu können.*

Der Fotograf von „Revolución" begegnet Che in der Martí-Siedlung, wo Häuser fürs Volk gebaut werden.

Und du bist zum Arbeiten gekommen?

„Ja, Kommandant, wir wollen in der Presse darüber berichten."

Nein. Ich meine, richtig arbeiten. Pickel und Schaufel in die Hand nehmen und Schubkarren beladen.

„Na gut, wenn es sein muß, wird es gemacht."

Also gut, häng die Kameras dort hin und komm mit.

Und so verbringt der Fotograf den Vormittag damit, die Schubkarren wegzufahren, die Che mit Sand, Zement oder Steinen belädt.

Von diesem Tag an begleitet er Che bei der freiwilligen Sonntagsarbeit. Und Che leistet keine freiwillige Arbeit, um die Form zu wahren. Er verbringt also den Tag schweißgebadet mit anstrengender körperlicher Arbeit, bis Che ihn eines Tages auffordert, keine Aufnahmen mehr zu machen. Diese ganzen Fotos würden die Genossen im montäglichen Ministerrat stören, und die Kubaner würden einem mit ihren Witzen auf den Wecker fallen.

Die Spannung wächst. In den ersten Julitagen suspendieren die Vereinigten Staaten die kubanische Zuckerquote, die den Kauf einer wichtigen Menge der nationalen Produktion zu einem Festpreis über dem Marktpreis vorgesehen hat. Die kubanische Regierung warnt, daß sie die Zuckerindustrie verstaatlichen könne. An den Mauern in Havanna taucht die Parole auf: „Ohne Quote, ohne Gebieter."

Am 17. Juli macht sich Che in seinem wöchentlichen Artikel für „Verde Olivo“ über die Paranoia der USA lustig, die die Kubaner beschuldigen, sowjetische U-Boot-Stützpunkte auf der Insel einzurichten. Er erinnert an einen Kommentar Camilos, der auf die Frage nach den russischen U-Booten geantwortet hatte, daß es nur eins gäbe, und zwar das U-Boot, das Turquino Waffen liefere, und das hätte zwei Beine. *Und Camilo blickte ganz ernst, so daß der Mann sich nicht traute an den Worten zu zweifeln, die aus seinem gewaltigen Bart kamen. Heute befinden wir uns erneut in der Epoche der U-Boote mit Beinen.*

U-Boote gibt es zwar nicht, aber die in den ersten beiden Jahren der Revolution gekauften belgischen und italienischen Waffen werden zunehmend von den billigeren sowjetischer Herkunft abgelöst.

Die US-Presse verschärft ihre Kampagne gegen die kubanische Revolution. Che wird als „die Macht im Schatten Castros“ beschrieben (Szulc in der „New York Times“), als „der unheilvolle Mann hinter Fidel“ (Sondern im „Reader's“), als „der Kopf Castros“ (in „Time“) sowie als „der rote Diktator hinter Castro“ (in „US World“ und „News Report“) bezeichnet.

Am 20. Juli kauft die UdSSR die 700.000 Tonnen Restbestände aus der Zuckerrohrernte. Wie K.S. Karol anmerkt: „Die Nationalisierungsmaßnahmen zogen daraufhin wie ein tropisches Gewitter über das Land.“

Die Konfliktspirale zwischen den Vereinigten Staaten und der kubanischen Revolution begann in den ersten Monaten der Revolution und führte zu einer Reihe von Maßnahmen und Gegenmaßnahmen, die ständig aggressiver wurden. Als die Zuckerrohrplantagen enteignet wurden, stellten die US-Amerikaner die unerfüllbare Forderung, daß die Entschädigungszahlungen bar erfolgen sollten. Sie weigerten sich, als Enteignungsbetrag den Grundstückswert zu akzeptieren, den die Eigentümer in ihrer Steuererklärung angegeben hatten. Unter der Drohung, die Zuckerquote zu streichen, wozu der US-Kongreß Eisenhower ermächtigt hatte, verlagerte sich der Zusammenstoß auf das Erdöl. Die Russen hatten 300.000 Tonnen Erdöl zu einem Vorzugspreis und Kredite für Industrieanlagen angeboten. Die US-Gesellschaften Standard Oil, Texaco und Shell weigerten sich, das Erdöl zu raffinieren, und wollten gleichzeitig kein Erdöl mehr liefern. Am 29. Mai fuhren die Kubaner russische Rohöltanker zu den Shell-Anlagen. Die US-Amerikaner verließen die Raffinerien, die am 10. Juli verstaatlicht wurden. *Sofort wurden das Bergbaugesetz und das Erdölgesetz verkündet, kurz danach kamen die Erdölblockade und die Konfiszierung der Ölgesellschaften.* Nachdem die Ölgesellschaften verstaatlicht worden sind, weigert sich die Stromgesellschaft, die 30%ige Tarifsenkung durchzuführen und mit sowjetischem Erdöl zu arbeiten. *Der Ring wurde enger: Sie traten von der Zuckerquote zurück, wir verstaatlichten die Zuckerfabriken und die Stromgesellschaft.* Am 9. Juli werden die US-amerikanischen Firmen angewiesen, eine notariell vereidigte Inventur ihrer Güter vorzulegen. *Es war ein sehr aufsehenerregender, sehr schneller Schlagabtausch.* Fidel verstaatlicht einen Monat später, am 6. August, neben den Raffinerien und der Telefon- und Stromgesellschaft 36 Zuckerfabriken und ihre Plantagen.

Während dieser viermonatigen Auseinandersetzung hat Che von seiner Bankposition aus versucht, die Devisenflucht zu stoppen. In der Voraussicht, daß sie zum Zentrum einer verstaatlichten Industrie werden könnte, hat er die Industrialisierungsabteilung ausgebaut. Er beauftragt José Manuel Irisarri, das in US-amerikanischen Banken lagernde kubanische Gold nach Kuba zu bringen, bereitet die Auflösung der parastaatlichen batistafreundlichen Banken vor, wobei er bemüht ist, Entlassungen zu vermeiden. Gleichzeitig treibt er auf der Straße den revolutionären Vorstoß der Verstaatlichungen an.

Am 10. Juli werden Oltuski und Marcelo Fernández, die zum linken antisowjetischen Flügel des 26. Juli gehören, aus der Regierung gedrängt. Diese Maßnahme nimmt die Annäherung an die UdSSR vorweg, sie stellt einen schweren Fehler dar, da er die Regierung um einen revolutionären Sektor bringt, der die zukünftigen Beziehungen ausgleichen könnte. Obwohl Che ein hartnäckiger Befürworter der Annäherung an die Sowjetunion ist, zweifelt er nicht an Oltuskis revolutionärer Haltung. Er nimmt ihn in die Abteilung für Industrialisierung auf, um seine Fähigkeiten als Unternehmensorganisator zu nutzen.

Andererseits bestellt Che Kommandant Alberto Mora, Raúl Maldonado und Jacinto Torres von der PSP zu sich und erklärt ihnen klipp und klar: *Der Außenhandel muß monopolisiert werden.* Auf Grundlage dieser Parole unterstellt er ihnen Bansec, um das Kreditinstitut in die Außenhandelsbank (Bancex) umzuwandeln. Da es kein geschultes Vertrauenspersonal gibt, muß improvisiert werden. So wird die Bancex mit Ökonomen besetzt, die vorher als Journalisten tätig waren, oder auch mit einem 23jährigen Mann, der vorher für ein Exportunternehmen gearbeitet hat.

Drei Monate später erhält Che bei einem Empfang im Hotel Habana Libre den von Mora und Maldonado verfaßten Außenhandelsbericht. Der junge Kommandant und der Wirtschaftsberater kommen ungewaschen, erschöpft und stolz zum Empfang, um Che die beiden Berichtsbände zu übergeben: „Wir fühlten uns wie Helden." Che nimmt sie entgegen und bedankt sich noch nicht einmal dafür. Maldonado merkt später an: „Er erwartete von allen, daß sie so arbeiteten wie er. Er war eine verführerische Persönlichkeit, die dich dazu brachte, voller Vergnügen brutalste Arbeitsleistungen zu erbringen."

Bei einem Gespräch mit einem Bankbeamten der alten Schule, den die Geschwindigkeit erschreckt, mit der die Auseinandersetzungen ablaufen, antwortet Che auf die Frage „Wie wird das denn alles enden?": *Natürlich mit Schüssen.*

Während sich die Spirale weiterdreht, spricht Che am 26. Juli auf einer Veranstaltung in der Sierra Maestra und zwei Tage später auf dem ersten Lateinamerikanischen Kongreß der Jugend. Während er bei dem ersten Treffen angesichts der Gesundheitsprobleme der Kinder als Mediziner reagiert (*Kinder, deren Konstitution auf ein Alter von acht oder neun Jahren schließen läßt, die jedoch alle zwischen 12 und 13 Jahre alt sind. Sie sind die wirklichen Kinder des Hungers und Elends in all seinen Formen, sie sind die Geschöpfe der Unterernährung),* so trifft er beim Kongreß mit einem Mann zusammen, den er zwar noch nicht persönlich kennt, der ihn aber in der Vergangenheit zutiefst beeinflußt hat: Jacobo Arbenz, der ehemalige Präsident von Guatemala. Er verspricht ihm, daß sich die guatemaltekischen Ereignisse in Kuba nicht wiederholen würden, daß hier gekämpft werden würde, um die Revolution zu verteidigen.

Im August führt er ein Gespräch mit dem französischen Ökonomen und Fachmann für Agrarfragen, René Dumont, der sich der Revolution als Berater zur Verfügung gestellt hat und Che als Mittelsmann benutzen will, um „Fidel gewisse wirtschaftliche Erfordernisse klarzumachen“. *Du kannst ihn nicht dazu bringen, alles zu tun, was er tun soll.* Dumont weist Che auf die Notwendigkeit hin, die Produktion zu steigern, ohne die Löhne der Arbeiter auf dem Land zu erhöhen. (Che ist sich dieser Notwendigkeit vollkommen bewußt, wie man bei seinen Ansprachen an die Arbeiter gesehen hat.) „Außerdem erklärte ich Che, daß der Preisrückgang in den Dorfläden das Risiko eines übermäßigen Konsumzuwachses der Bauern beinhalte, und ich schlug ihm vor, die Preise über Handelssteuern wieder zu erhöhen.“ *Wir werden russische Uhren für neun Pesos erhalten und sie zu 40 Pesos weiterverkaufen*, erwidert Che darauf. „Er war sich der Gefahren eines ländlichen Überkonsums bei beschränktem Lagerbestand und zurückgehenden Importen nicht bewußt.“

Dumont schlägt vor, daß die Kooperativmitglieder vor allem in der zweiten Jahreshälfte unentgeltlich am Bau ihrer Häuser mitarbeiten sollen, da sie dadurch ihr Zuhause sehr viel besser zu schätzen wüßten. Desweiteren schlägt er vor, daß die Kooperativmitglieder während der Ruhesaison ihre Arbeitskraft in die Kooperative investieren sollen. Man müsse sie dafür mit Aktien oder Beteiligungen an den Kooperativen entlohnen. Sie hätten zwar kein Geld, aber Freizeit, denn die Arbeitslosigkeit bestände fort. „Ich vermittelte ihm meinen allgemeinen Eindruck, daß sie nicht Teil eines Unternehmens zu sein schienen, das wirklich ihnen gehörte“, sondern eher Angestellte der Regierung. Es wäre offensichtlich moralisch tragbar für sie, die Kooperative zu bestehlen, da die Bummelanten genauso viel verdienten wie die Fleißigen.

Dumont hat den Finger in eine Wunde gelegt: Nationalisierung und Verstaatlichung bedeuten nicht notwendigerweise Vergesellschaftung – obwohl er dies nicht so ausgedrückt hat. Che reagiert sehr heftig auf diese Vorschläge: *Er hat den Nachdruck zu sehr auf das Gefühl für Eigentum gelegt, das den Kooperativmitgliedern vermittelt werden sollte. 1959 gab es hier eine ausgeprägte Vorliebe für das jugoslawische Modell und die Arbeiterräte. Es geht nicht darum, ihnen ein Gefühl fürs Eigentum zu geben, sondern ein Gefühl für Verantwortung.* Che weist darauf hin, daß die Einrichtung von Kooperativen ein ideologischer Fehler gewesen sei, daß sie wohl für die russischen oder ungarischen Verhältnisse angebracht sein mögen, aber nicht für die kubanischen, wo die Bauern wirkliche Proletarier seien. Dumont fährt fort: „Che legte daraufhin eine grundsätzlich sehr interessante Einstellung dar, eine Art von Idealvorstellung des sozialistischen Menschen, dem die Warenseite der Dinge fremd ist, der für die Gesellschaft und nicht für den Gewinn arbeitet. Er stand dem industriellen Erfolg der UdSSR sehr kritisch gegenüber. Er war der Ansicht, daß dort alle nur arbeiteten, um mehr Geld zu verdienen. Er sah in den Sowjetbürgern keine neuen Menschen und stellte keine größeren Unterschiede zwischen ihnen und den Yankees fest. Er weigerte sich, bewußt am Aufbau eines Kuba teilzunehmen, das *sich in eine zweite US-amerikanische Gesellschaft verwandelt, auch wenn alles dem Staat gehören mag.*“

Am 9. August antwortet Che auf den Brief eines Kubaners, Lorenzo Alujas, bezüglich *der Kritiken, die dadurch hervorgerufen worden sind, daß ich die Geldscheine mit meinem Guerillanamen unterzeichnet habe. Während es mir vollkommen gleichgültig ist, welchen Gebrauch die Konterrevolution davon macht, verstehe ich, was Sie zu Ihrem Brief bewegt hat.* (Alujas hatte im Brief erklärt, daß ihn die Sache kalt ließ.) *Deshalb ist es mir eine Freude, Ihnen mitzuteilen, daß meine Art zu unterschreiben zwar nicht die unter den Bankpräsidenten übliche ist, die gewöhnlich sehr andere Ansichten als ich vertreten und ihre Stellung über sehr andere Wege erreicht haben, als dies bei mir der Fall war. Dies heißt aber keinesfalls, daß ich dem Dokument keine Bedeutung beimessen würde, sondern daß der revolutionäre Prozeß noch nicht abgeschlossen ist und daß die Wertmaßstäbe verändert werden müssen.*

Die Geldscheine, die Gegenstand der Kontroverse sind, waren von American Banknote gedruckt worden und mit der abgekürzten Unterschrift „Che“ versehen. Dies ermöglichte den Regierungsgegnern, ein Kreuz davorzusetzen, wodurch man Cruché [Chruschtschow] lesen konnte.

Aber Che schert das einen feuchten Kehricht. Che entweiht alles, womit er in Berührung kommt, informalisiert es, polemisiert natürlich darüber und heizt es an.

Am 19. August hält Che eine wichtige Rede bei der Eröffnung der Schulungskurse des Gesundheitsministeriums. Während es im Raum lebhafter wird und er bereits elfmal vom Beifall unterbrochen worden ist, erzählt er von seiner persönlichen Geschichte als Arzt und Reisender durch Amerika. (Sechs Monate vorher hat er bei einer Rede vor der Nationalen Ärztekammer eingestanden, daß er noch nicht endgültig mit der Medizin gebrochen habe, und dabei versichert, daß *ich zwar ein Abtrünniger der Medizin bin, daß aber dieser Priesterstand mit den sozialen Kämpfen verwandt ist und ich durch sie meine Verbindung zur Ärzteklasse aufrechterhalte.)* Danach kommt er auf die Geschichte der „Granma“-Generation zu sprechen und legt anschließend die Kernidee der neuen Medizin dar: *Das Gesundheitswesen muß so organisiert werden, daß die größtmögliche Zahl von Personen behandelt werden kann* und allem Vorbeugbaren vorgebeugt wird. Er erzählt, daß sich vor einigen Monaten eine Gruppe von soeben Diplomierten geweigert habe, aufs Land zu gehen, wenn sie dafür keinen Gehaltszuschlag erhalten würden. *Vom Gesichtspunkt der Vergangenheit aus war das zwar logisch,* aber in den letzten Monaten sei ein neuer Begriff von öffentlicher Dienstleistung in Erscheinung getreten. Er spricht von der Notwendigkeit, das bestenfalls durch Mitleid bestimmte Handeln durch die Praxis des solidarischen Handelns zu ersetzen. Und er endet mit einem der Sätze Martís, die ihm am besten gefallen: „Die beste Form zu sprechen ist zu handeln.“ Eine der großen

Revolutionen innerhalb der kubanischen Revolution ist damit in Gang gesetzt worden: die Revolution der Sozialmedizin.

Einen Tag später erhält er Besuch vom zukünftigen Wirtschaftsberater der Sowjetbotschaft, Nikolai Kudin, der sich über die spartanische Einrichtung von Ches Wohnung wundert: „Nachdem wir einen kleinen Flur durchquert hatten, gelangten wir in ein kleines Zimmer mit einem Schreibtisch und drei einfachen Stühlen. Alles war aus roh bearbeitetem Pinienholz. Auf dem Tisch lag weder eine Tischdecke noch ein Wachstuch, und die Fenster hatten keine Gardinen. Das Zimmer war vollkommen schmucklos und auf dem Boden aus Bruchmarmor lag noch nicht einmal eine Matte. Von der Decke hing eine Glühbirne ohne Lampenschirm herab, die das Zimmer nur spärlich beleuchtete."

Am 8. Oktober erscheint in „Verde Olivo" der Artikel „Anmerkungen zum Studium der Ideologie der kubanischen Revolution". Es ist Ches erstes öffentliches marxistisches Bekenntnis, nicht als Kommunist, sondern als heterodoxer Marxist.

Wie Che darlegt, soll der Text *dieses kuriose Phänomen erläutern, das die ganze Welt in Bann hält: die kubanische Revolution.* Der mißlungene Essay stellt den ersten erklärten Versuch dar, den orthodoxen Marxismus der sechziger Jahre mit den Besonderheiten der kubanischen Revolution zu versöhnen, die Wirklichkeit in die Pandorabüchse der Theorie zu pressen und solange daran zu feilen, bis sie hineinpaßt. In seinem Buch „Ches revolutionärer Humanismus" erklärt Massari: „Mit der Begeisterung eines Neubekehrten nahm er seine marxistischen Studien (...) unter dem direkten Einfluß der Lehrbücher wieder auf. (...) Er hatte dabei Minderwertigkeitskomplexe gegenüber den theoretischen Kadern der alten stalinistischen PSP und vor allem gegenüber der UdSSR als vermeintlicher Heimat des Sozialismus."

Seltsamerweise erklärt der Artikel nicht, was der Titel verspricht, sondern beschränkt sich darauf, die kubanische Revolution in Zeitabschnitte zu unterteilen und den Prozeß vom Kampf gegen die Diktatur zu einer Agrarrevolution nachzuzeichnen, die sich durch den Zusammenstoß mit dem US-Imperium allmählich radikalisiert. Das Beste an diesem Essay ist vielleicht seine zaghaft lateinamerikanistische Heterodoxie, wenn Che Marx seine fehlerhafte *Interpretation* Bolivars und seine schwache Analyse des nordamerikanischen Kriegs gegen Mexiko von 1846 vorwirft.

Auch in dem Interview, das er Laura Bergquist von der Zeitschrift „Look" gibt, ist er nicht in Bestform. Che hat bisher Interviews mit US-amerikanischen Journalisten zurückgewiesen, während er sich auf Interviews mit Indern oder Iren eingelassen hat. So liegt also eine gewisse Spannung über diesem Zusammentreffen. Es ist ein „Treffen von Widersachern". Ches Antworten sind absichtlich knapp gehalten, man merkt, daß er die Formalitäten hinter sich bringen will. Die Journalistin greift das Bild von Che als strengem Mönch der Revolution auf, der unter den jungen Leuten in Lateinamerika sogar mehr Sympathien wachruft als Castro. Die für 11 Uhr nachts bestellte Bergquist ist bereits über die lange Wartezeit ungehalten, als sie gegen 2 Uhr 30 morgens Castro aus Ches Büro kommen sieht.

„Tauschen Sie nicht die amerikanische Herrschaft gegen die sowjetische ein?"

Es ist naiv zu glauben, daß Leute, die eine befreiende Revolution wie die unsrige durchgeführt haben, vor einem neuen Herrn niederknien. Wenn die Sowjetunion unsere politische Abhängigkeit als Bedingung für die Hilfeleistung gefordert hätte, dann hätten wir sie nicht angenommen.

Das Interview gestaltet sich als kurzes Wortgeplänkel. Che lacht kurz auf, als er als Kopf der Revolution bezeichnet wird, und weist lächelnd darauf hin, daß die Taktik, ihn gegen Fidel auszuspielen, nicht aufgehen würde. Er empört sich über einen Artikel der US-Presse, in dem seine jetzige und seine frühere Ehefrau verleumdet werden, und äußert Gefallen an *der Behauptung, daß ich ein pragmatischer Revolutionär sei (...). Ich spekuliere wenig und zeichne mich nicht durch meine theoretischen Leistungen aus.*

„Wie geht es weiter", will Bergquist wissen.

Das hängt von den Vereinigten Staaten ab. Abgesehen von der Agrarreform waren alle unsere Maßnahmen direkte Reaktionen auf die Aggressionen, erklärt er zum Abschluß versöhnlich.

In diesen Tagen wird ein Bericht über die Devisenbestände fertiggestellt, der enthüllt, daß die Devisenausgaben in einem Verhältnis von drei zu eins zu den Einnahmen stehen und daß die Reserven innerhalb von vier Monaten aufgebraucht sein werden. Che wird diesen Bericht erst kennenlernen, als er bereits nicht mehr Direktor der Bank ist.

Am 13. Oktober verkündet die Regierung der Vereinigten Staaten ein Embargo für alle Warenlieferungen nach Kuba, eine Wirtschaftsblockade. Die kubanische Reaktion darauf ist kategorisch: Am 13. und 14. Oktober werden 400 Banken, Zuckerrohrpflanzungen und -fabriken verstaatlicht. Unmittelbar darauf wird ein städtisches Reformgesetz verabschiedet, auf dessen Grundlage den Mietern ihre Wohnungen übereignet bzw. die Mieten eingefroren werden. Die Industrialisierungsabteilung erhält auf diese Weise 277 neue Unternehmen zu den 390, die sie jetzt bereits verwaltet. Außerdem 160 Zuckerfabriken sowie fast den gesamten Bergbau der Insel.

Am 20. Oktober nimmt Che im Fernsehen an einem langen Gespräch über die aktuelle Lage teil. Während die Journalisten den Schwerpunkt auf die unmittelbare politische Situation legen, scheint Che von den Problemen der Wirtschaft besessen zu sein.

Er analysiert die Restriktionen, die der Boykott und das Embargo hervorrufen werden. Mit seiner üblichen Leidenschaft für die Wahrheit und um dem Volk die Information nicht vorzuenthalten, sagt er voraus: *Diese zeitlich befristeten Engpässe können gegenwärtig nicht überwunden werden.* Zuerst waren vorübergehend die Rasierklingen ausgegangen und zum Zeitpunkt der Rede sind die Eier knapp. *Der Konsum ist außerordentlich gestiegen und der Produktionszuwachs war beträchtlich, und natürlich können sie nicht importiert werden. Das gleiche wird mit vielen anderen Produkten passieren.* Und er kündigt an: *Die Produktion bestimmter Industrien wird zum Stillstand kommen.*

Bei der Bewertung der verstaatlichten Industrie ist er jedoch optimistisch, denn in dieser ersten Etappe haben die Fabriken unter staatlicher Aufsicht ihre Produktion erhöht. Nur acht bis zehn Unternehmen haben Verluste erwirtschaftet und nur bei dreien davon waren diese schwerwiegend (die Papierfabrik Técnica Cubana, deren Lieferungen *die Zeitungen nicht immer bezahlen*, die Reyonfabrik in Matanzas und das Stahlwerk Antillana, die von ihren Eigentümern in technisch überholtem Zustand übergeben worden waren). *Die Firmenleiter haben teilweise Wunder bewirkt.*

Als Reaktion auf die Sorge, daß das Embargo das Vorspiel für eine Invasion der Vereinigten Staaten sein könnte, und auf die Nachricht, daß in Guatemala ein Militärstützpunkt der Konterrevolution aufgebaut werden soll, antwortet Che: *Hm, wie fast alle glaube auch ich, daß sie kommen werden, und ich glaube auch ... ich bin wie alle der Ansicht, daß sie hier nicht wieder rauskommen. Kurz und gut, was wird das Ergebnis davon sein? Die Revolution wird gefestigt daraus hervorgehen.*

Wie er vor der Kamera zugibt, ist er bereits nicht mehr Präsident der Zentralbank. *Ich habe dieses Amt vor einigen Tagen aufgegeben.* Welche Stellung nimmt er aber nun in der revolutionären Regierung ein? Warum hat er die Nationalbank verlassen? Am nächsten Tag tritt Che eine neue Reise an. Sie wird entscheidend für die junge kubanische Revolution sein.

Kapitel 28
★
Fabriken und Deodorant

Am 22. Oktober 1960 reist Kommandant Ernesto Guevara an der Spitze einer Delegation, zu der unter anderem Héctor Rodríguez Llompart, Alberto Mora und Raúl Maldonado gehören, über Madrid nach Prag, nach Osteuropa. Wichtigstes Ziel der Osteuropa-Mission ist es, Hilfe vom Sowjetblock, Kredite und Geschäftspartner für die blockierten kubanischen Produkte zu erwirken, um das Überleben der Inselökonomie zu ermöglichen.

Nach einem Gespräch mit Staatspräsident Novotny in Prag erhält Che einen ersten Kredit von 20 Millionen Dollar für die Transportindustrie. Die bedeutsamsten Verhandlungen werden aber in Moskau stattfinden, im Herzen der hyperzentralisierten Struktur des Imperiums. Am 29. Oktober reist Che dorthin. Zwei Tage später, nach dem obligatorischen Besuch im Lenin-Museum, beginnen die Verhandlungen.

Chruschtschow eröffnet den Dialog: „Kuba wird alles bekommen, was es wünscht." Mikojan ist als Gewährsmann bei den Verhandlungen anwesend. Was für die Russen eine geopolitische Operation darstellt, ist für den begeisterten Che eine Frage des Überlebens, denn der Sperrgürtel wird immer enger. In der ersten Verhandlungsrunde entschuldigt sich Kommandant Guevara zunächst und bittet seine Gastgeber um Geduld angesichts der unklar formulierten Hilfegesuche. Er hätte noch nicht gewußt, wen er in den verschiedenen sozialistischen Staaten um was bitten müsse. Maldonado erinnert sich: „Die Arbeitssitzungen waren ein einziges Durcheinander. Wir mußten zuerst einmal die kubanische Delegation organisieren. Im Hotel Sovietskaja belegten wir fast ein ganzes Stockwerk. Wir bestimmten ein Zimmer für jedes Land, dort trafen sich dann die verschiedenen Delegationen, und es wurde geklärt, was sie wollten und was wir wollten, was die einen den anderen geben konnten. Die Russen balancierten den Plan aus. Alles zu Marktpreisen."

Am Jahrestag der Oktoberrevolution wird Che zur Teilnahme an einem Aufmarsch eingeladen. Seine Anwesenheit ruft enorme Ovationen hervor. *Das werde ich nie vergessen.* Er wird zum Präsidium geleitet, was eine hohe Auszeichnung ist, die normalerweise den Staatsoberhäuptern und den hochrangigen Bürokraten des Ostblocks vorbehalten ist. *Als mich die Leute dort oben erkannten, rissen die Hochrufe auf Kuba nicht ab.* Er ist dem Mythos der Oktoberrevolution begegnet. Da er nicht dagegen geimpft ist und ihm jegliche politische Arglist fehlt, läßt er sich von den Phantomen der nicht vorhandenen egalitären Revolution und des nicht-existenten Sozialismus betören. Es werden noch einige Jahre vergehen, bis Che die traurige Realität des autoritären bürokratischen und anti-egalitären Sozialismus der UdSSR entdeckt.

Das Phantom mag ihn zwar für sich eingenommen haben, aber die grauen Anzüge und Krawatten, das blasse und formelle Erscheinungsbild der Bürokratie, verändern seinen Stil nicht. Alberto Mora muß ihn zurechtweisen, als sie zu einer protokollarischen Sitzung gehen müssen und Che vollkommen nachlässig gekleidet ist. Er entschuldigt sich und zieht die Hosenbeine aus den Stiefeln (!).

Du hast ja recht, Alberto.

In Leningrad besucht er das berühmte Panzerschiff „Aurora", die Mutter der Revolution. Ein Foto zeigt ihn mit umgehängter Kamera und in ein Militärcape gehüllt. Am 14. November sieht er in Stalingrad einen Dokumentarfilm über die Schlacht, die ihn in seiner Kindheit so beeindruckt hat.

Zwischen dem 29. Oktober und dem 14. November kommt es zu den ersten Verhandlungsrunden. Die Kubaner benötigen dringend Abnehmer für ihren Zucker und als Gegenleistung Erdöl und Material für die Industrie. Außerdem brauchen sie kleinere Industrieanlagen, um gewisse Einfuhren ersetzen zu können. Sie stoßen dabei auf die Schwierigkeit, daß die Geräte und Maschinen auf der anderen Seite des Atlantiks mit anderen Drehzahlen laufen und daß die in der UdSSR benutzten metrischen Angaben nicht mit den Zollmaßen eines in kolonialer Tradition an den US-Markt angepaßten Kuba übereinstimmen – ganz im Unterschied zu anderen lateinamerikanischen Ländern.

Neben glücklichen Entscheidungen werden auch Fehler begangen, die Kuba später teuer zu stehen kommen: *Wir gingen das Jahrbuch für Außenhandel durch und sagten: Hier werden soundso viele Schaufeln importiert, laßt uns eine Schaufelfabrik bauen. Es werden soundso viele Macheten importiert, laßt uns eine Machetenfabrik bauen. Es werden soundso viele Bürsten importiert, laßt uns also eine Bürstenfabrik ... Fahrradfabrik, Kupferdrahtfabrik ... bauen. Wir übersahen allerdings einen grundlegenden Sachverhalt: Damit sich ein Land, so klein es auch sein mag, entwickeln kann, braucht es eine Mindestmenge eigener Rohstoffe (...). Wir betrieben eine Politik der Importsubstitution ... Und die langfristige Politik war schwerfälliger ... Wir gingen ganz unbekümmert davon aus, daß die Fabriken in den geplanten Fristen fertiggestellt sein würden.* Außerdem kommt noch etwas hinzu, was sie erst einige Jahre später feststellen werden: Sie kaufen, ohne es zu wissen, obsolete, leistungsschwache und kostspielige Technologien.

Am 17. November befindet sich Che in China. Fünf Tage später nimmt er an einem Empfang der Chinesisch-Amerikanischen Freundschaftsvereinigung in Peking teil. Er wird mit einem minutenlangen Applaus empfangen. Sehen die Chinesen in Guevara und in der radikalisierten kubanischen Revolution einen möglichen zukünftigen Verbündeten?

Die Fotografien zeigen Che zusammen mit chinesischen Funktionären, während er mit besonderer Wonne und Gier Reis ißt. Er bleibt jedoch ein ganz spezieller Diplomat. Immer scheint er fehl am Platz zu sein. Er ist an Dingen interessiert, die andere als nebensächlich ansehen. Er fühlt sich unwohl auf den Empfängen. Es ist ein Che zu sehen, der auf ungeheuer ungeschickte Weise einen Blumenstrauß und einen Kuß von einem chinesischen Mädchen entgegennimmt.

In Peking führt er ein Gespräch mit Mao. Rojo zufolge hat Che während des Gesprächs einen so starken Asthmaanfall, daß er einen Herzanfall bekommt und ohnmächtig wird.

Wenn wir uns an Ches Bericht halten, der zwei Monate später im kubanischen Fernsehen ausgestrahlt wird, ist er von China hochbegeistert: *China ist tatsächlich eines der Länder, in denen man feststellt, daß die kubanische Revolution kein Einzelfall ist.*

Die Abkommen fallen sehr günstig für die Kubaner aus: ein in den ersten 15 Jahren zinsloser Kredit über 70 Millionen Dollar und die Abnahme eines Teils des kubanischen Zuckers. Am wichtigsten für Che ist indes die Haltung seiner Gastgeber, zum Beispiel als Tschou En-Lai ihn darauf hinweist, daß er im letzten Teil den Satz ersetzen wolle, in dem von „uneigennütziger Hilfe" die Rede ist. Tschou erklärt ihm, daß es sich um einen Irrtum handeln würde, daß die Hilfe zwar finanziell nicht eigennützig sei, sehr wohl aber politisch, da Kuba an der Spitze des antiimperialistischen Kampfes stehe. In der Schlußfassung bleibt es dann schlicht bei „Hilfe". Im selben Gespräch fügen die Chinesen an, daß die auf die 70 Millionen Dollar angewandte Bezeichnung „Darlehen" eine Formel sei und daß es *vollkommen bedeutungslos* wäre, wenn sie es nicht zurückzahlen könnten. Bei dieser Unterhaltung erfährt er, daß die Chinesen soeben die Waffen aus dem Koreakrieg an die UdSSR abbezahlt haben. Kommandant

Guevara wird blaß: Ein sozialistisches Land verlangt von einem anderen Geld für Waffen, die dieses zur Verteidigung eines dritten benutzt hat?

Am 24. November wird seine Tochter Aleida, die erste Guevara March, geboren, die den Namen ihrer Mutter erhält. Ches schlechte Gewohnheit, sich außerhalb von Kuba zu befinden, wenn seine Kinder geboren werden, nimmt damit ihren Anfang.

Die kubanische Delegation teilt sich am Ende der Rundreise auf. Eine Gruppe begibt sich nach Vietnam, und Che fliegt nach Korea, in ein Land, für das er sich seit Jahren interessiert. Am 3. Dezember trifft er mit Kim Il Sung zusammen. Drei Tage später unterzeichnet er ein Abkommen mit den Koreanern, und am 6. kehrt er nach Moskau zurück. Korea *ist vielleicht das Land, das uns am stärksten beeindruckt hat.* Er merkt an, daß der Krieg das Land vollkommen verwüstet habe, *von den Städten ist nichts zurückgeblieben,* die Industrie sei zerstört, die Tiere tot, es würde kein einziges Haus mehr stehen. *Nordkorea ist ein Land, das aus Toten geschaffen worden ist.* Nichtsdestotrotz ersteht es wie ein Phönix aus der Asche neu.

Am 8. Dezember befindet Che sich wieder in Moskau und hält einen Vortrag im Gewerkschaftshaus. Es gibt zwar nur indirekte Hinweise auf die Rede, die in den Agenturmeldungen bzw. in russischen Werken über Che zusammengefaßt wiedergegeben wird, allerdings scheint in diesen Versionen eine grob vereinfachende Bewunderung für den alten Glanz einer Revolution durch, die für Che noch nicht aufgegeben ist: „Er sagte, daß er von dem Zeitpunkt an, da er sowjetischen Boden betreten habe, gespürt habe, daß die Sowjetunion die Heimat des Sozialismus sei. Er fügte hinzu, daß der revolutionäre Geist, der zum Oktober 1917 geführt habe, im sowjetischen Volk lebendig sei." Che bedankt sich für die Freundschaftsbekundungen des Volkes, die ihm auf der ganzen Reise entgegengebracht worden sind. Den gleichen Ton schlägt er in seinem Interview bei Radio Moskau bzw. im Artikel „Einige Bemerkungen über die Revolution" an, den er auf Bitten des russischen Journalisten Lawrezki schreibt, der später einer seiner ersten Biographen sein wird.

Kurz darauf reist Che in die Deutsche Demokratische Republik, um ein weiteres Abkommen zu unterzeichnen. Die Kubaner erhalten in der DDR einen rein solidarischen Kredit, da die Deutschen sich gerade in einer wirtschaftlich schwierigen Lage befinden und selbst Zucker produzieren. Er lernt hier die junge Deutsch-Argentinierin Tamara Bunke kennen, die als Dolmetscherin arbeitet.

Die Delegationsmitglieder erinnern sich mit Schrecken daran, daß das zu unterzeichnende Protokoll auf so schlechtem Papier gedruckt ist, daß Che, als er sich anschickt, es zu unterschreiben, einen riesigen Tintenfleck verursacht, der sich immer weiter ausbreitet. Che explodiert vor den deutschen Fernsehkameras: *Was, zum Teufel, ist hier los? Ich bin von Nichtsnutzen umgeben!* Die Delegation muß sich ins Hotel zurückziehen, um die letzte Seite noch einmal neu zu schreiben. Die Szene war fast so fürchterlich wie die vor einigen Tagen, als die letzte Seite des Abkommens mit den Rumänen verschwunden war.

Am 18. Dezember wird in Moskau die Schlußvereinbarung getroffen, deren wichtigster Teil das Zuckerabkommen ist. Che hat Abnehmer für 4 Millionen Tonnen Zucker zu vier Centavos pro Pfund gewonnen, ein Preis, der über dem Weltmarktpreis liegt. Die meisten Käufe werden von der UdSSR und China getätigt (UdSSR 2,7 Mio. und China 1 Mio.), wobei China von Che als ein wichtiger Markt der Zukunft eingeschätzt wird *wegen des niedrigen Pro-Kopf-Verbrauchs von Zucker in einem Land, das die gesamte Ernte von 7 Millionen Tonnen abnehmen könnte.*

Später erklärt er im kubanischen Fernsehen, das Abkommen habe seiner Meinung nach einen solidarischen politischen Hintergrund angesichts der Isolierung, die die Vereinigten Staaten betrieben, und es sei weder den Fähigkeiten der Delegation noch den mühsamen Verhandlungen zuzuschreiben. Die Solidarität sei so weit gegangen, daß Länder, die keinen Zuckerbedarf hätten, wie beispielsweise Korea, die Abnahme von 20.000 Tonnen Zucker zugesagt hätten (Vietnam 5.000 und die Mongolei 1.000), falls die USA in Zukunft das Handelsabkommen brechen würden, *was sehr wahrscheinlich ist.*

Mit Hilfe des ersten Kredits von Mikojan über 100 Millionen Pesos sind Verträge über den Aufbau eines Hüttenwerkes unterzeichnet worden. Es ist ein Abkommen geschlossen worden, demzufolge russische Geologen auf Kuba nach Bodenschätzen suchen sollen. Und man hat einen Investitionsplan für den Abbau von Kupfer und Magnesium ausgearbeitet. *Bezüglich der Nickelerzeugung gibt es ein noch wichtigeres Problem: Alle wissen, daß Nícaro den Betrieb fast und Moa ihn ganz eingestellt hat.* In diesen Fällen scheitert das Abkommen, da die russischen Techniker nicht mit den modernen Anlagen der US-amerikanischen Unternehmen zurechtkommen.

Außerdem haben die Kubaner eine Fabrik zur Herstellung von Betriebsmaterial und eine andere zur Feilenproduktion gekauft. Es ist nicht klar, welchen strategischen Wert Che der letzteren beigemessen hat.

Am 22. Dezember kehrt die Delegation von Prag aus nach Kuba zurück. Die Tschechen haben inzwischen den Kredit von 20 auf 40 Millionen Dollar aufgestockt. Das Darlehen soll hauptsächlich zum Bau von Fahrzeugen, Traktoren, Motorrädern und Lastwagenmotoren dienen. Che gesteht, daß er von der Industrieplanung der Tschechen beeindruckt gewesen sei, die bis ins Jahr 1980 reichen würde.

Am 6. Januar 1961 berichtet Che im kubanischen Fernsehen über die Ergebnisse seiner Reise, die von der revolutionären Presse als Erfolg gelobt wird, denn *wir waren in einem Netz gefangen, daß in anderen als revolutionären Zeiten unmöglich hätte zerrissen werden können.*

Es sind Abnehmer für einen Großteil der zukünftigen Zuckerproduktion gefunden worden. Die Versorgung mit Erdöl konnte sichergestellt werden, für den Bergbau und die Nickelerzeugung wurde technische Hilfe gefunden und mit niedrigverzinsten Krediten wurden 21 Industrieanlagen gekauft. Der Erwerb von 100 weiteren ist vereinbart.

In Ches Rede klingt ein kleines Warnsignal an: *Natürlich können diese Länder für einen Kubaner des 20. Jahrhunderts mit all seinen Bequemlichkeiten, an die uns der Imperialismus in den Städten gewöhnt hat, sogar etwas zurückgeblieben erscheinen. Es sind aber Länder, die den letzten Centavo in ihre Produktion stecken müssen.*

Wir mußten einige Probleme ansprechen, derer wir uns etwas schämten. Und zwar das Problem der fehlenden Rohstoffe zur Herstellung von Deodorants und Rasiermessern.

Der Dichter Ernesto Cardenal erzählt: „Als er in Rußland erklärte, daß es in Kuba an gewissen Rohstoffen mangele, die für die Herstellung von Deodorants benötigt würden, sagten die Russen zu ihm: ‚Deodorants? Sie sind an zuviel Bequemlichkeiten gewöhnt.'" Die Geschichte ist bezeichnend. Die Qualität der Konsumgüter in den sowjetischen Ländern lag weit unter der Qualität des Angebots, an das die städtischen Mittelklassen Kubas gewöhnt waren.

Aber Che faßt gelassen zusammen: *Letztendlich ißt man Seife und diese Dinge nicht. Wir müssen zunächst sicherstellen, daß die Leute genug zu essen haben, denn wir befinden uns im Krieg. Wir befinden uns gegen eine gewaltige Macht in einem Wirtschaftskrieg, der fast schon mehr als nur ein wirtschaftlicher Krieg ist.*

Bei seiner Rückkehr nach Kuba findet Che sich nicht nur als Vater seiner Tochter Aleida wieder, sondern er stößt auch auf gewaltig angestiegene Spannungen zwischen den USA und Kuba. Am 3. Januar 1961 haben die Vereinigten Staaten die diplomatischen Beziehungen zu Kuba abgebrochen, fast alle lateinamerikanischen Länder sind bereits dem Beispiel gefolgt. In diesen Tagen der Drohungen und Spannungen lernt Che den chilenischen Dichter Pablo Neruda kennen, eine der wichtigsten Persönlichkeiten seiner Jugend, dessen Verse er oft auf den Landstraßen Lateinamerikas rezitiert hat. Der kubanische Dichter Fernández Retamar begleitet den Chilenen zu jenem nächtlichen Treffen in den Räumen der Nationalbank. Das Gespräch dreht sich um Ches Überzeugung, daß die Invasion unvermeidlich sei, daß sie kurz vor einer bewaffneten Aggression ständen, die die Vereinigten Staaten unterstützen bzw. selbst unternehmen würden. Nach und nach verlagert sich das Gespräch auf Nerudas Dichtung.

Vor dem Treffen mit dem Kommandanten haben die beiden Dichter den Film „Historias de la revolución" [Geschichten der Revolution] im Kino gesehen. Che hat sich den vor kurzem uraufgeführten Film aufgrund einer Anwandlung von Schüchternheit nicht angesehen, da er einen Teil seiner Geschichte in der Schlacht von Santa Clara behandelt. Kurioserweise ist der von Tomás Gutiérrez Alea gedrehte Film stark von Che gefördert worden, der ihn auch bei seinem Film „Rebeldes" [Rebellen] beriet. Er war sogar zu den Filmaufnahmen gekommen (ein Foto zeigt, wie sie sich unterhalten, ohne sich anzusehen. Che blickt, die Arme verschränkt, in eine unbestimmte Ferne und der junge Regisseur schaut auf einen Punkt vor seinen Schuhen). Außerdem hat Che einige seiner Gefährten aus der 8. Kolonne überzeugt, im Film aufzutreten. Ches Scham ist nicht gerechtfertigt, denn der Film ist sehr trocken und stark vom italienischen Neorealismus geprägt (was vielleicht durch die Dialoge von Cesare Zavattini betont wird). Er paßt zu Che.

Als wolle er klarstellen, daß der politische Druck den Vormarsch des revolutionären Prozesses nicht aufhalten kann, nimmt Che am 15. Januar seine Mitwirkung an den Tagen der freiwilligen Arbeit wieder auf. Dieses Mal beim Bau von Häusern im Elendsviertel El Reparto Las Yaguas. Er wird dabei von Oltuski, Aleida, El Patojo, Borrego und Pancho García Valls begleitet.

Eine Woche später versetzt der Amtsantritt von John F. Kennedy als Nachfolger von Eisenhower die Rebellenarmee in höchste Alarmbereitschaft. Che begibt sich nach Pinar del Río, um den Oberbefehl über dieses Militärgebiet zu übernehmen. Hier hält er vor den Milizen eine Rede über die Möglichkeit einer Invasion: *Es ist bekannt, daß die Sowjetunion und alle sozialistischen Länder bereit sind, in den Krieg einzugreifen, um unsere Souveränität zu verteidigen.* (Sollten ihm bei der Rundreise diesbezügliche Sicherheiten gegeben worden sein?) Er widmet Kennedy eine Botschaft: *Wir wünschen alle, daß der Nachfolger unseres nie genug gehaßten Feindes Eisenhower ein wenig intelligenter ist und sich nicht so stark von den Monopolen beherrschen läßt.*

Am 12. Februar veröffentlicht Che „Eine Sünde der Revolution“, einen Artikel, in dem er an die Meinungsverschiedenheiten innerhalb der revolutionären Front 1958 erinnert und wie sie sich weiterentwickelt haben. Am Anfang des Textes erklärt er: *Die Revolutionen sind radikale und schnelle gesellschaftliche Veränderungen, die aus den Umständen entstehen und nicht immer, oder fast nie oder sogar überhaupt nie in allen Einzelheiten ausgereift und wissenschaftlich vorhergesehen sind. Aus den Leidenschaften und der Improvisation der Menschen in ihrem Kampf um die sozialen Forderungen geschaffen, sind sie niemals perfekt. Auch unsere ist es nicht gewesen. Sie hat Fehler begangen und einige dieser Fehler kommen uns teuer zu stehen.*

Er beschreibt sein Verhältnis zur II. Escambray-Front und die Rücksichtnahme, die er damals ihr gegenüber geübt habe. Jetzt seien die meisten ihrer Kader zur Konterrevolution übergelaufen. Dann kommt er auf die Liberalen zu sprechen, die damals mit dem revolutionären Projekt verknüpft waren. *Es ist die gleiche Sünde, die dazu geführt hat, Figuren wie Barquín, Felipe Pazos, Téte Casuso und so vielen internen und externen Schlawinern saftige Gehälter zu zahlen, um dem Konflikt auszuweichen.*

Er schließt den Artikel in einem überaus harten Ton, indem er den einen wie den anderen dafür dankt, daß sie nach Miami gegangen sind und dort den Batista-Anhängern die Hand gereicht haben. Es ist ein für Che ungewöhnlich gereizter Ton. Während die eine Botschaft ausdrücklich an Kennedy gerichtet gewesen ist, richtet sich diese ganz eindeutig ans Exil.

Kapitel 29

★

Girón-Strand oder die Invasion in der Schweinebucht

Am 23. Februar 1961 richtet die kubanische Regierung das Industrieministerium ein. Hier sollen die verstaatlichten Unternehmen organisiert werden, die bisher von der Industrialisierungsabteilung geleitet worden sind und zu denen in den letzten Wochen noch einige Hundert hinzugekommen sind. Ernesto Guevara wird zum Minister ernannt.

Sein Sekretär Manresa erinnert sich: „Als wir im Büro des Industrieministeriums ankamen, das Oltuski für uns eingerichtet hatte, stützte sich Che auf einen Aktenschrank und sagte zu mir:

Wir werden fünf Jahre hierbleiben und dann gehen wir wieder. Wenn wir fünf Jahre älter sind, können wir immer noch eine Guerilla aufbauen.

Angeblich hatte er mit Fidel vereinbart, daß er beim Aufbau der kubanischen Revolution mithelfen, aber nach einer gewissen Zeit wieder frei sein wollte, um die Revolution an einem anderen Ort fortzusetzen."

Unabhängig von seinen Zukunftsabsichten verliert Che keine Zeit. Einen Tag nach seiner Ernennung wird der Führungsrat des Ministeriums zusammengestellt. Che nimmt folgende Leute in seine Gruppe auf: Orlando Borrego, Enrique Oltuski (als Organisationsleiter), Gustavo Machín, Alberto Mora und Juan Valdés Gravalosa, der als Sekretär fungiert. Hinzu kommen noch seine „Chilenen" sowie Julio Cáceres (El Patojo) und Manresa als Bürosekretär.

Die Organisationsstruktur folgt dem Modell der Industrialisierungsabteilung: ein Führungsrat, der einmal wöchentlich tagt, vier Vizeminister: Grundstoffindustrie (für die Schwerindustrie), Leichtindustrie, Wirtschaftsabteilung (Planung) und Bauwesen. Unter diesen Ministerialabteilungen werden die Fabriken nach Produktionszweigen zu „konsolidierten Unternehmen" zusammengeschlossen. Innerhalb der Organisationsstruktur wird ein Sekretariat geschaffen, das sich um die Beziehungen zur privaten Industrie kümmert, die zu diesem Zeitpunkt bereits sehr klein ist. Viehzucht und Agrarindustrie, die weiterhin beim INRA verbleiben, und *das Ministerium für öffentliche Bauten, dem die mit dem Baugewerbe verbundenen Industrien unterstehen,* fallen nicht in den Zuständigkeitsbereich dieses Ministeriums.

Wegen des Mangels an mittleren Führungskadern entscheidet man sich für eine zentralisierte Struktur, die mit einer zentralisierten Finanzverwaltung ohne Firmenautonomie *ganz so wie in einigen sozialistischen Ländern* ausgestattet wird. Che hat eine „sozialistische Ketzerei" eingeleitet.

Jahre später gibt er zu, daß *dieser ganze Apparat in Unkenntnis der zu bewältigenden Aufgaben geschaffen worden ist. Ständig kommt es zu Konflikten innerhalb des Staatsapparates.*

Eines der Probleme, die das Industrieministerium geerbt hat, sind die zahlreichen kleinen Werkstätten, die nicht stillgelegt worden sind, um die Arbeitslosigkeit nicht zu erhöhen. *Wir haben das keineswegs angenehme Geschenk einer Klitsche mit sieben Arbeitern erhalten, in der es keine Toiletten und Waschräume gibt, wo es keinerlei Maschinen gibt, wo es nicht das geringste Gefühl für Organisation gibt, wo es aber sieben Arbeiter gibt, die arbeiten müssen.* Außerdem werden dem Ministerium Handwerksindustrien unterstellt, die nicht rationalisiert werden können. So zum Beispiel die Schuhindustrie mit 15.000 Arbeitern, in der keine maschinelle Fertigung eingeführt werden kann, da sonst Tausende arbeitslos würden. Gleiches gilt für die Tabakindustrie. In den Fabriken gibt es zu viele Arbeitskräfte und bei der Zucker- oder Kaffeernte fehlen sie.

Zunächst muß also eine abhängige und blockierte Industrie in Gang gehalten werden, die ein Land zu versorgen hat, das immer mehr verlangt.

Che läßt sich im neunten Stock des sogenannten Gebäudes A am Platz der Revolution nieder. Das Büro sieht dem Journalisten Luis Pavón zufolge „wie ein Lager“ aus. Che versucht, zuverlässige Verwalter zu finden, während er sich dem Problem der fehlenden Techniker stellen muß und über die Hafenkrise stolpert. Boorstein berichtet: „Das gesamte Hafensystem Havannas war darauf ausgerichtet, die Fähre aus Palm Beach und den ‚Sea Train‘ aus New Orleans in Anspruch zu nehmen, die fünf Tage nach dem entsprechenden Telefonanruf das gewünschte Ersatzteil mitbrachten. Viele Produkte kamen in Waggons direkt aus den US-amerikanischen Unternehmen und rollten vom Hafen in die kubanische Fabrik. All das mußte jetzt verändert werden, nötige Lagerräume mußten geschaffen werden usw. Die Russen mußten ein Reinigungsmittel erfinden, um die Tanks der Erdölfrachter in Havanna zu reinigen, damit sie mit Zucker beladen zurückfahren konnten.“

Bei den Technikern sieht es noch schlimmer aus. Che unterstehen beispielsweise zwei kubanische Geologen. Ein Jahr später sind es 200, wenn man die lateinamerikanischen, russischen und polnischen Freiwilligen mitzählt. Sie hätten aber 2.000 benötigt. *Technisch waren wir absolut verwaist.*

In den ersten Arbeitstagen im Ministerium legt Che einige Kriterien fest: *kollektive Diskussion, einheitliche Verantwortung.* Die wöchentlichen Auswertungstreffen des Führungsrats können vier bis fünf Stunden dauern. Witze sind zwar zugelassen, aber eine strikte Pünktlichkeit muß eingehalten werden. Gravalosa erzählt, daß alle vor der Tür bleiben mußten, die fünf Minuten zu spät gekommen waren; laut Borrego betrug die Frist zehn Minuten. Und damit klargestellt wird, daß es für ihn ein zentrales Thema ist, organisiert Che im Ministerium sofort eine Gruppe für die freiwillige Arbeit.

Che stellt Gravalosa die Frage, ob er einen Lehrer kennen würde, der einen Schnellkurs in Natur- und Geisteswissenschaften geben könnte. Gravalosa empfiehlt ihm seinen alten Gymnasiallehrer, den Sozialisten Raúl Arteche. Der wird unter Ches väterlichem wie wütenden Blick zum Lehrer der Leibwache. Coello, Hermes Peña, Tamayo, Castellanos und Villegas (der später in die Fachschule für Industrieverwalter geschickt wird) lernen in einem an Ches Büroräume angrenzenden Saal und sind den Wutausbrüchen ihres Chefs ausgeliefert.

Tamayo erinnert sich, daß Che den Lehrer aus seiner eigenen Tasche bezahlte und daß der Unterricht Probleme hervorrief, denn während seine Leibwache lernte, stieg Che in den Jeep und fuhr ohne sie weg. Tamayo sah sich gezwungen, mit seinem Chef ein paar klare Worte zu wechseln: „Che, wenn Sie keine Leibwache wollen, dann sagen Sie mir das sofort, damit ich mit Ramiro sprechen und ihm die Lage erklären kann." Che, der die Zornausbrüche seines Freundes und früheren Untergebenen, der nun für die Staatssicherheit verantwortlich ist, gefürchtet haben muß, entschuldigt sich damit, daß das Lernen notwendig sei, daß er nicht beabsichtigt habe ... Es macht Che weniger Mühe, das Ministerium unter Kontrolle zu halten als seine Leibwache. Villegas und Castellanos schwänzen den Unterricht, um Flugstunden zu nehmen und fallen bei der Prüfung durch. Che ergreift daraufhin drastische Maßnahmen: Während er die anderen befördert, beschimpft er die beiden mit dem Ausruf: *Ihr seid Ochsen und wollt Ochsen bleiben, ihr wollt euch nicht übertreffen!* Als Strafe müssen sie ein brachliegendes Grundstück in der Nähe seiner Wohnung pflügen und bepflanzen. Die beiden besorgen sich einen Traktor, aber Che läßt das nicht gelten. Danach verschaffen sie sich ein Ochsengespann, was er aber auch nicht zuläßt. Sie sollen den Pflug mit der Hand ziehen. Letztendlich holen sie eine gute Ernte von Ajipflanzen, Tomaten und Kohl aus dem Ödland.

Am 26. Februar 1961, drei Tage nach seiner Ernennung zum Industrieminister, veröffentlicht Che in „Verde Olivo" eine Erzählung mit dem Titel „Alegría de Pío", die er zweifellos während der vergangenen Rundreise verfaßt hat. Zwei Wochen später erscheint „Das Gefecht in La Plata". Und auf diese Weise werden in rascher Folge seine revolutionären Memoiren unter dem Titel „Episoden aus dem Revolutionskrieg" veröffentlicht. Die Zeitschrift ist immer sofort ausverkauft, denn die Texte begeistern die kubanischen Leser. Im Verlauf der nächsten drei Jahre werden in größeren Abständen weitere Folgen publiziert, da Che keine Zeit zum Schreiben findet. Es handelt sich um sehr minuziöse Rekonstruktionen seines Bildes von der kubanischen Revolution, die auf seinen Tagebüchern aufbauen und mit den Eindrücken anderer Kämpfer verglichen werden. Seine Erzähltechnik ist folgende: Er diktiert eine erste Version auf Grundlage seiner Notizen ins Aufnahmegerät. Manresa tippt sie ab. Che liest den Text mehrfach durch, versucht ihn flüssiger zu gestalten und seine Erzählung genauer zu fassen. Danach trifft er sich spät in der Nacht in einem Salon des Industrieministeriums mit Kampfgefährten, die an den Aktionen teilgenommen haben, und geht mit ihnen den Text durch. Er beugt sich über den Tisch und unter Witzen und Erinnerungen macht er neue Notizen und Lagepläne. Zu der Veteranengruppe gehören Fernández Mell, Alfonso Zayas, Harry Villegas, Alberto Castellanos, Ramón Pardo, Joel Iglesias und Rogelio Acevedo.

Oltuski ist einer der Leser der Endfassungen. Mehr als einmal kommt es zur Diskussion, da Oltuski der Ansicht ist, daß Che den Kampf in den Städten herunterspielt. Dem „Polen" zufolge sieht Che ihn nur als Rekrutierungsfeld,

Propaganda und Mittelbeschaffung. Und die Debatte fängt von vorne an, wobei Che seinem Freund anregt, er solle seine eigene Version schreiben.

Unabhängig davon, daß Oltuski möglicherweise im Recht war, haben Ches Geschichten den gewaltigen Vorzug der Genauigkeit, Einfachheit, der gewagten Behandlung heikler Themen, der Aufrichtigkeit. Sie sind vor allem geeignet, das Erlebte wieder lebendig werden zu lassen, Atmosphäre und Gestalten herauszuarbeiten. Che findet seine Stärken als Analytiker in den Stilmitteln des Schriftstellers.

Während er nach und nach Fragmente seines zweiten Buches publiziert und „Der Guerillakrieg" absurderweise in der UdSSR übersetzt und veröffentlicht wird, findet Che Zeit, seine aufreibenden Tätigkeiten im Ministerium mit neuen Aktivitäten bei der freiwilligen Arbeit zu verbinden. Am 28. Februar schneidet er beispielsweise mit einer Gruppe von weiblichen Büroangestellten Zuckerrohr auf der Plantage Orlando Nodarse. Das Feld ist von Saboteuren angesteckt worden. Es ist die Zeit der Brände. Manchmal sind es die Zuckerrohrfelder, um die Ernte zu vereiteln, manchmal Sabotageaktionen in Einkaufszentren wie Ten Cents oder El Encanto in Havanna. Die Drohung einer Invasion liegt in der Luft. Kuba lebt im Gefühl der Belagerung und im Wartezustand.

Am 13. März wird eine neue Rationierung von Fleisch, Milch, Schuhen und Zahnpasta verfügt. Oltuski berichtet: „Einmal kritisierte jemand den Nahrungsmangel. Er stritt dies ab und erklärte, daß bei ihm in ausreichenden Mengen gegessen würde.

‚Vielleicht bekommst du ja eine Zusatzquote', sagte ich halb im Ernst, halb im Spaß zu ihm.

Che runzelte die Stirn, schritt zum Telefon, das etwa drei Meter vom Schreibtisch entfernt auf einem kleinen Tischchen stand, und rief zu Hause an.

Tags darauf rief er uns an, um zu sagen: *Es hat gestimmt, bis gestern erhielten wir eine Zusatzquote.*

Er informiert seinen Sekretär Manresa: *Von heute an wird bei mir zu Hause ausschließlich auf Lebensmittelkarte gegessen.*"

Und er treibt die Angelegenheit weiter: Nicht nur bei ihm zu Hause wird auf Lebensmittelkarte gegessen, sondern auch im Ministerium. Manresa erzählt: „Er wies mich an, mit dem Minister für Binnenhandel, Manuel Luzardo, zu sprechen, um festzustellen, was die einfachen Leute, was die Bevölkerung zu essen bekam. Er wollte genau dasselbe im Ministerium bekommen. Für mich war das ein gewaltiges Problem. Dieser Mann arbeitete 20 Stunden täglich, hatte Asthma und konnte wegen seiner Allergie weder Eier noch Fisch essen. Manchmal verbesserte ich heimlich seine Kost. Er aß sehr gerne Obst, Hühnerbrühe und, wie jeder gute Argentinier, Rindfleisch. Deshalb erfand ich ab und zu eine Geschichte, um ihm etwas Gegrilltes auftischen zu können."

Am 23. März spricht Che in Santa Clara zu den Arbeitern der Zuckerfabriken. Er hat sie ausgewählt, weil es *in dieser gefährlichen Lage, in der sich die Republik gerade befindet,* eine symbolische Bedeutung hat, einen Sektor zu besonderen Leistungen anzuspornen, der systematisch verfolgt und unterdrückt worden ist und seine Aufsässigkeit bewahrt hat. Die für die sozialistischen Länder bestimmte Zuckerrohrernte ist gerade beendet worden. Es geht jetzt darum, eine hohe Effizienz beim Mahlen des Zuckerrohrs zu erzielen, um Land für andere Anbauarten zur Verfügung zu haben. Man hat einen Wettbewerb geplant. *Kleine materielle Anreize und große moralische Anreize.* Auszeichnungen für die Siegerprovinzen und außerdem 60 Ferienreisen für den besten Arbeiter einer jeden Zuckerfabrik.

Che geht in seiner Rede über das kleine Alltagselend hinaus. *Die ungeschminkte Wirklichkeit ohne Angst und Scham. Die Wahrheit ist nie schlecht.* Und er bietet eine erste Erklärung für die Engpässe an. *Es ist gut, es offen zu sagen: Es hat Engpässe gegeben und in den nächsten Monaten wird es weitere geben.* Er erklärt, daß 75% des kubanischen Außenhandels aufgrund der Blockade von einem Tag auf den anderen zusammengebrochen sei. Daß man nun zum Beispiel versucht habe, ein kleines Mittel, das man bei der Erdölraffinierung benötige und sonst in den Vereinigten Staaten bekommen habe, in Frankreich und dann in Belgien und Kanada zu kaufen. Dies sei aber vergeblich gewesen, da die US-Firmen Druck auf ihre Zulieferer und auf andere Unternehmen ausüben würden, die Geschäftsbeziehungen zu den Vereinigten Staaten unterhielten.

Er beschreibt die kubanische Industrie als Zulieferindustrie, die an die Verarbeitung weniger Erzeugnisse gewöhnt gewesen sei. Und wenn sie etwas gebraucht habe, hätte sie es einfach in New Jersey mit der jeweiligen Katalognummer angefordert. Dank der üblichen US-Überproduktion hätte man immer das Gewünschte erhalten. Jetzt gebe es nicht nur das Problem der weiten Lieferwege – eine einmonatige Schiffsreise aus China oder der UdSSR –, sondern auch gewaltige Lagerprobleme.

Der Verknappung kann nur auf eine einzige Art und Weise begegnet werden. Che erhält einen Riesenapplaus der Arbeiter, als er seine egalitäre Botschaft wiederholt: *Alles, was es gibt, wird unter uns allen aufgeteilt (...). In den neuen Etappen des revolutionären Kampfes wird es keinen geben, der mehr erhält als die anderen. Es wird weder privilegierte Funktionäre noch Großgrundbesitzer geben. Die einzigen Privilegierten Kubas werden die Kinder sein.* Er kündigt harte Strafen für Spekulanten an, die versuchen, die Preise in die Höhe zu treiben oder Geschäfte mit dem Mangel zu machen.

Fünf Tage später hält Che in Santa Clara eine neue Rede. Ein Satz daraus wird in ganz Kuba populär: *Dem Imperialismus muß man eins auf den Rüssel geben.* Che beginnt einen fast persönlichen Krieg gegen die Bürokratisierung der neuen Verwaltung und für einen neuen Führungsstil. In der Aprilnummer der Zeitschrift „Cuba socialista" veröffentlicht er den Artikel „Gegen den Bürokratismus":

Die ersten Schritte zur Verwaltung des revolutionären Staates waren von Grundelementen der Guerillataktik gefärbt (...). Die Verwaltungsguerillas stießen zusammen und es kam zu Reibungen, Befehlen und Gegenbefehlen (...). Nach einem Jahr voller schmerzhafter Erfahrungen (...) war es unumgänglich, unseren Arbeitsstil umzukrempeln und den Staatsapparat auf rationale Weise zu ord-

nen (...). Als Gegenmaßnahme wurden starke bürokratische Apparate aufgebaut. Der abrupte Kurswechsel war zu stark und eine ganze Reihe von Verwaltungsapparaten, einschließlich des Industrieministeriums, begannen mit einer Politik der Verwaltungszentralisierung (...). Auf diese Weise bremsten die bewußtesten und ängstlichsten Kader ihren Schwung, um ihn an den langsamen Gang des Räderwerks der Verwaltung anzupassen.

Che hat die idyllische Vorstellung, daß der Zentralismus eine kurzfristige Entgleisung in einem sozialen Projekt ist, bei dem der größte Teil der Landwirtschaft, der Industrie und der Dienstleistungen in der Staatsverwaltung zusammengefaßt sind. *Der Bürokratismus entsteht nicht mit der sozialistischen Gesellschaft und er ist auch kein zwingender Bestandteil von ihr.* Er sieht drei Ursachen für das Phänomen: mangelndes Bewußtsein, mangelnde Organisation und mangelnde technische Kenntnisse.

Er beißt sich nicht auf die Zunge, wenn er die wirtschaftliche Leitung der Revolution kritisiert, zu der er selbst gehört. Seine Kritiken richten sich besonders gegen den Zentralen Planungsrat (Juceplan): Er zentralisiere, ohne leiten zu können. Che macht eine Reihe von Lösungsvorschlägen, die das Problem nicht an der Wurzel packen: Motivierung, Erziehung, Bewußtsein, größere technische Kenntnisse, Organisation und Freisetzung von Energien.

Denn Che glaubt, daß die Reaktion der Gesellschaft und das Bewußtsein die besten Gegenmittel gegen die bürokratische Irrationalität sind, die der Zentralisierung und Hierarchisierung folgt. Seine These wird durch folgendes Phänomen bestätigt: *Immer wenn das Land seine Kräfte konzentrierte, um dem feindlichen Angriff standzuhalten, ging die Produktion in der Industrie nicht zurück, der Absentismus nahm ab und die Probleme wurden mit einer unerwarteten Schnelligkeit gelöst.* Er faßt zusammen: *Der ideologische Motor wurde durch das Stimulans einer ausländischen Aggression in Bewegung gesetzt.*

In seiner ersten antibürokratischen Kampagne schlägt er Repressionsmaßnahmen und sehr harte Strafen gegen leitende Funktionäre und die Schaffung von Kontrollmechanismen vor. Das ist nicht sein erster Angriff in dieser Richtung. Zwei Monate vorher, als er noch nicht Industrieminister war, hatte er die von der Regierung eingesetzten Verwalter kritisiert, die von den Arbeitern wie die alten Chefs angesehen würden. Er schlug daraufhin die Schaffung einer Art Arbeiterkontrolle vor, die „Beraterräte", um den Druck der Basis auf die Fabrikleitungen aufrechtzuerhalten.

In gewisser Weise täuscht Che sich nicht darin, daß die Revolution einen sozialen Druck erzeugt hat, einen starken Impuls, der bewirkt, daß Tausende von Arbeitern die Ketten der Bürokratisierung sprengen und den revolutionären Prozeß aus Bewußtseinsgründen und nicht aufgrund materieller Anreize vorantreiben. Eine Gruppe von tschechischen Arbeitszeitermittlern stellt beispielsweise voller Verwunderung fest, daß die Arbeiter in den kubanischen Fabriken sich beeilen, wenn ihnen gesagt wird, daß eine Produktionsnorm festgelegt wird. In anderen Ländern verlangsamt sich in diesen Fällen der Arbeitsrhythmus.

Aber die Probleme im Ministerium werden immer drückender. Nicht nur das Auftauchen des Bürokratismus, sondern auch das Problem des Betriebsmaterials und der Ersatzteile treibt Che zur Verzweiflung, da beides zum Stillstand der Maschinen führt. Und bald kommt noch ein weiteres Problem zum Vorschein: Die Reserven sind nach und nach aufgebraucht worden, die Rohstoffbestände, die es zu Beginn der Revolution gegeben hat, und sogar die durch die Beseitigung der gewaltigen Verschwendung nutzbar gemachten Ressourcen gehen zur Neige. Durch den Abbau der Arbeitslosigkeit, durch die Vergabe Tausender von Stipendien für Arbeiter- und Bauernkinder und durch die Einschränkung der Luxusimporte ist eine gewaltige Geldmenge auf den Markt geflossen, die für den Konsum verwendet worden ist und zur Verknappung geführt hat.

Che eröffnet noch eine neue Diskussionsfront, als ob er nicht schon genug hätte, indem er wenige Tage nach der Veröffentlichung von „Gegen den Bürokratismus" in „Verde Olivo" „Kuba, historische Ausnahme oder Vorhut im antikolonialistischen Kampf?" publiziert. Es handelt sich dabei um einen ersten Aufruf zur lateinamerikanischen Revolution, der gegen die Vorstellung angeht, die Ausnahmebedingungen, die man in Kuba vorgefunden hatte, seien nicht wiederholbar.

Am 15. April 1961 um sechs Uhr morgens bombardieren nordamerikanische B-26 mit vom CIA ausgebildeten kubanischen Piloten die Luftwaffenstützpunkte in Santiago, San Antonio de los Baños und Ciudad Libertad. Es ist das Vorspiel zur erwarteten Invasion.

Nach einem zuvor festgelegten strategischen Plan begibt sich Che, wie schon bei früheren Gelegenheiten, unverzüglich nach Pinar del Río im Westen der Insel, um den Oberbefehl über die Westarmee zu übernehmen. Raúl Castro befehligt die Ostarmee und Almeida die Zentralarmee. Einige Stunden später spricht Kommandant Guevara in Pinar del Río vor einer Gruppe von Milizionären, die soeben von den Kämpfen gegen die Contra-Banden, der sogenannten „Escambray-Säuberung" zurückgekehrt sind. Auf den Fotos sind Tausende von in die Luft gestreckten Gewehren zu sehen. Che erklärt: *Es ist eine beruhigende Nachricht, daß mindestens ein feindliches Flugzeug mit absoluter Sicherheit abgeschossen worden und brennend im Meer versunken ist ... Heute morgen haben wir Kommandant Universo Sánchez gesehen, der von einem Bombensplitter verletzt wurde und der die erforderlichen Maßnahmen traf, falls sich der Angriff wiederholen sollte ... Diese neuen Nazis, Feiglinge, Verräter und Lügner ...*

Zum Abschluß heißt es: *Wir wissen nicht, ob dieser neue Angriff das Vorspiel zur angekündigten Invasion der 5.000 Würmer* ist ... Aber auf den Leichen unserer gefallenen Genossen, auf den Trümmern unserer Fabriken rufen wir immer entschiedener: Patria o Muerte!*

* gusanos = Würmer, heute noch übliche Bezeichnung für „konterrevolutionäre Regierungsgegner"

Am nächsten Tag nimmt Che in Havanna an der Beerdigung der Opfer des Luftangriffs teil. Der Trauerzug ist umringt von Tausenden bewaffneter Milizionäre, die langsam durch die 23. Straße ziehen. Flakbatterien schützen die Demonstration von den höchsten Gebäuden aus.

Fidel dementiert in seiner Ansprache die CIA-Propaganda, daß es sich um kubanische Flugzeuge gehandelt habe. Er macht deutlich, daß die Operation die Zerstörung der kubanischen Luftwaffe zum Ziel hatte, um den Angriff auf dem See-, Land- und Luftweg vorzubereiten. Und in dieser Logik des Endkampfes, des Alles oder Nichts, des Vaterland oder Tod verkündet Fidel den sozialistischen Charakter der kubanischen Revolution.

Was geht Che durch den Kopf? Das ist nun endlich sein Projekt. Er glaubt, daß es keinen anderen Weg gibt, und die Fakten scheinen dies zu bestätigen. Gibt es denn überhaupt Raum für Zukunftsentwürfe bei dem schrecklichen Gefühl, daß der Krieg wieder Einzug gehalten hat? Ein ganzes Jahr lang hat er oft daran gedacht, daß der soziale Radikalismus der kubanischen Revolution im Lösungsmittel der Versöhnungen und der politischen Ränke ausgelaugt werden könnte. Einem Mann, der in seiner persönlichen Geschichte immer gern verbrannte Erde zurückgelassen hat, einem Mann, den die Metapher der angezündeten Karavellen und der abgebrochenen Brücken begeistert, muß der Augenblick, in dem ein Land seine Tore zum Himmel oder zur Hölle öffnet und alle anderen verschließt, überaus glanzvoll erschienen sein.

Einige Stunden später ist Che wieder in Pinar del Río. Fidel glaubt, daß die Invasion über den Westen, über die dem Kontinent am nächsten gelegene Küste erfolgen wird. Che befindet sich also in dem Gebiet, wo die kubanische Abwehr das erste Gefecht erwartet. In der West-Kommandantur, in Consolación del Sur, ereignet sich an diesem Nachmittag ein merkwürdiger Unfall, der zahlreiche Gerüchte auslöst: Bei einer abrupten Bewegung fällt der Gurt herunter, in dem Che die gespannte Pistole trägt; sie geht los. Je nach Quellenangaben führt der Schuß zu einer Verletzung am Hals oder an der Wange. Alle sind sich jedoch darin einig, daß die Kugel das Gehirn nur um Zentimeter verfehlt hat. Che wird sofort ins Krankenhaus gebracht, wo er ohne Betäubung operiert wird, da er befürchtet, daß eine allergische Reaktion auf die Anästhesie zu einem lähmenden Asthmaanfall führen könne. Aleida eilt aus Havanna herbei, um ihn zu besuchen.

In dieser gleichen Nacht trifft gegen 23 Uhr 45 eine Gruppe von Milizionären auf die Vorhut der Invasion. Es handelt sich um eine Tauchereinheit, die die Landungsstelle in den Zapata-Sümpfen, an der Südküste der Inselmitte, in der Nähe des Girón-Strandes markiert. In derselben Nacht täuscht ein vom CIA organisiertes Ablenkungsmanöver eine Landung im Gebiet von Pinar del Río vor. An Schlauchbooten angebrachte elektronische Geräte simulieren in Küstennähe Landungsboote. Kommandant Guevara verläßt das Krankenhaus.

Im Verlauf der Nacht organisiert Fidel persönlich die Mobilisierung der Milizbataillone. Dabei greift er auf alle verfügbaren Kräfte zurück, einschließlich der Schule für Milizleiter in Matanzas. Es soll verhindert werden, daß sich ein

„Strandkopf" konsolidiert. Die Anführer der Revolution verwandeln sich wieder in Guerilleros. Arbeitsminister Martínez begibt sich ins Operationsgebiet. Ebenso Aragonés, Polizeichef Ameijeiras und Fernández Mell.

Um acht Uhr morgens erfährt Che von Fidel, daß bereits gekämpft wird. Die Invasoren haben drei kleine Ortschaften bei den Zapata-Sümpfen besetzt, dort ist es zu den ersten Zusammenstößen gekommen. Fidel und Che sind immer noch der Ansicht, daß es sich um ein Ablenkungsmanöver handelt und die Invasion anderswo erfolgen wird. Che verlangt Transportmittel und Männer, die mit 120-mm-Granatwerfern umgehen können. Fidel verschafft sie ihm.

Abgesehen von der ständigen politischen Unterbewertung ist die Operation des CIA nicht schlecht geplant: Es soll ein Brückenkopf, ein „befreites Gebiet" auf der Insel geschaffen werden, das über eine Landebahn verfügt. Danach soll die „Exilregierung" herübergeflogen werden und eine sofortige Anerkennung seitens der Vereinigten Staaten und anderer lateinamerikanischer Regierungen erfolgen. In die Operation sind nicht nur die USA, sondern auch Somoza in Nicaragua und Ydígoras in Guatemala verwickelt, die Ausbildungslager zur Verfügung gestellt haben. Nur die wahnwitzige Logik des Kalten Krieges macht diese politische Freundschaft der liberalen Kennedy-Regierung mit zwei der brutalsten Militärdiktaturen des Kontinents verständlich.

Die schnelle Reaktion der winzigen revolutionären kubanischen Luftwaffe, die technische Kunststücke vollbringt und ein halbes Dutzend Flugzeuge in der Luft hält, versetzt der Invasion den ersten Schlag. Der Widerstand der armselig bewaffneten Milizionäre verhindert, daß die Landemanöver vorankommen und die Invasion sich konsolidiert. Und vor allem: die Magie Fidels, der alle Einzelheiten der Schlacht telefonisch leitet und der die Invasoren nach und nach in eine ausweglose Falle führt.

Die Anekdoten und zahllosen Augenzeugenberichte erlauben eine Rekonstruktion des Wettrennens von 3.000 bis 4.000 Mann nach Girón. Der Wille, den Invasoren eine Kugel in den Kopf zu jagen, breitet sich wie eine Epidemie aus. Ohne auf die Nachzügler, die Panzer, die über weite Strecken transportiert werden mußten, und die Zuspätgekommenen zu warten, nähern sich die von Fidel geleiteten Bataillone den feindlichen Stellungen und stoßen mit den gelähmten Invasoren zusammen. Der erste Tag des Gegenangriffs ist eine Art Wettstreit zwischen dem Galicier Fernández, Duque, Aragonés, Dreke, Ameijeiras und René Rodríguez, wer als erster die vordersten Feuerlinien und die Strände erreicht. Auch die Milizionäre kämpfen wie wilde Tiere, bringen den Vorstoß der Panzer zum Stillstand und rücken unter Artilleriefeuer vor. Am 17. sind die Invasoren nicht nur gebremst worden, sondern sie befinden sich in der Defensive und ein Sperrgürtel hat sie eingeschlossen.

Die US-Propaganda verbreitet eine andere Version der Ereignisse: *Ich hätte mir eine Kugel durch den Kopf gejagt, weil ich als Kommunist gescheitert sei. Alles war angeblich zerstört. Fidel sei isoliert oder bei einem Luftgefecht verletzt worden. Raúl sei an einem anderen Ort verschollen. Kurz und gut, die Truppen seien im Vormarsch und hätten den „Hafen" von Bayamo besetzt.*

In der Nacht vom 17. auf den 18. April kehrt Fidel, der zum Kampfgebiet gekommen war, nach Havanna zurück. Ihm ist berichtet worden, daß in Ches Gebiet, in Pinar del Río, eine Landung von Schiffen unmittelbar bevorstehe. Che hat Verteidigungsstellungen bezogen. Als klar ist, daß es keine zweite Invasion geben wird, mobilisiert Fidel die Flakbatterien und Panzer nach Girón. Für einen so ungeduldigen Menschen wie Che muß das Warten fürchterlich gewesen sein.

Die Invasoren, die keine Kampfmoral besitzen und überall auf den Widerstand des Volkes stoßen, ziehen sich nach Playa Larga zurück. Am 18. gehen dann die zerstörerischsten Schläge auf die in Girón konzentrierten Kräfte nieder. Am 19. April um 17 Uhr 30 besetzt die Rebellenarmee Girón. Die Invasion ist gescheitert. Kurz zuvor haben US-Kriegsschiffe einen kleinen Teil der Invasionsbrigade an Bord genommen. Mehr als 1.500 Gefangene und 200 Tote sind zurückgeblieben. Fidel fährt mit einem artilleriebestückten Lastwagen bis ans Meer heran.

In einem sehr einfachen Resümee erklärt Che später: *Man kann von keinem Mann verlangen, der 50.000 Hektar Land von seinem Papa geerbt hat und angereist ist, um sich das Land persönlich zurückgeben zu lassen, daß er sich von einem Bauern umbringen läßt, der nichts besessen hat, aber eine wahnsinnige Lust verspürt, ihn umzubringen, weil ihm sein Land wieder weggenommen werden soll.* Wie eine Bestätigung für Ches Version wirken die Zahlen, die Fidel auf Grundlage der Eigentumsverhältnisse der gefangengenommenen Invasoren aufgestellt hat, um klarzumachen, was in Girón auf dem Spiel stand: „Es ging um die Zurückeroberung von 371.930 Hektar Land, 9.666 Immobilien, 70 Fabriken, zehn Zuckerfabriken, drei Banken, fünf Minen und zwölf Nachtclubs."

Kapitel 30

★

Kein Recht, müde zu werden

Der Sieg in Girón gab der Revolution die nötige Atempause, um den Aufbau der Wirtschaft in einem Klima breiter Volksbeteiligung in Angriff zu nehmen. Wenige Tage nach der Niederschlagung der Invasion *gaben die Genossen aus der Zuckerföderation die Parole aus: „Am 1. Mai: sechs Millionen Tonnen Zucker." Als ich diese Nachricht hörte, war ich erstaunt, denn ich wußte, wie es um die Zuckerrohrernte bestellt war. Ich rief den Zentralverwalter der Zuckerfabriken (...), den Genossen Menéndez, an. Er erklärte mir, daß es sich um eine Arbeiterinitiative gehandelt habe, daß sie ihn nicht gefragt hätten (...). Das können sie unmöglich schaffen.* Che ist entrüstet, denn er mag weder Rhetorik noch Demagogie oder gar unerfüllbare Versprechen.

Am 24. April 1961 führt er bereits wieder den Vorsitz bei der Zusammenkunft des Führungsrates des Industrieministeriums. Er ist direkt aus Pinar del Río angereist.

Che hat im Rat durchgesetzt, daß alle Leiter zweimal im Monat Fabriken und Werkstätten besuchen, um die konkreten Probleme nicht aus den Augen zu verlieren. Die Ratsmitglieder haben sogar vereinbart, demjenigen, der das Abkommen nicht einhält, für einen Tag das Gehalt abzuziehen. Die Führungskader haben sich beschwert, daß sie überlastet seien: die Alphabetisierungskampagne, die Tage der freiwilligen Arbeit, die Ausbildung der Milizen ... Che hätte eigentlich die Bleistiftfabrik Mitico Fernández in Batabanó besuchen müssen, aber er war zu der Zeit in Pinar del Río kaserniert ... Gravalosa erinnert sich: „Alle im Rat waren gespannt und dachten, daß er es nicht geschafft haben konnte." Aber Che zieht einen zusammengefalteten Zettel aus einer seiner Uniformtaschen und entschuldigt sich dafür, daß der Bericht nicht abgetippt worden ist. Mehr als einer hat an diesem Tag eine Wette verloren.

Che zückt nicht nur seinen Bericht, er legt auch wie üblich ein grünes Heft auf den Tisch, das er aus der Hemdtasche hervorgeholt hat – dieser Tasche, die immer voller Krimskrams ist. Er geht seine Aufzeichnungen, Anmerkungen und Kritiken durch. Wenn das Heft auftaucht, fangen immer alle an zu zittern. Neben dem Heft hat Che ein anderes kleines Geheimnis: einen Kugelschreiber mit verschiedenfarbigen Minen, die er je nach Anmerkung wechselt. Es ist bezeichnend für die zärtliche Panik, die er unter seinen Assistenten auslöst, daß niemand sich traut, ihn zu fragen, warum er das tut, bis Valdés Gravalosa es eines Tages nicht mehr aushält: „Ich konnte nicht mehr und fragte ihn. Verdammt, er enthüllte mir das Geheimnis: *Es ist ein persönlicher Schlüssel. Das Rotgeschriebene ist etwas, was ich mit Fidel besprechen muß, wenn ich etwas grün schreibe, hat es mit dem Ministerrat zu tun usw.*"

Der Rat hat auch an diesem Tag ein Thema, das bei jeder Sitzung unweigerlich aufs Tapet kommt: Der Stillstand von Industrien aufgrund fehlender Ersatzteile und Rohstoffe. Che stellt aber auch fest, daß die Produktion trotz der Schwierigkeiten der letzten Tage gestiegen ist. Boorstein präzisiert: „Die Industrieproduktion war im Jahre 1960 gestiegen. Die zukünftigen Probleme hatten demnach nicht mehr mit der Verwaltung zu tun, sondern mit den geerbten Problemen und dem Embargo."

Am 30. April nimmt Che an einer der vielen Sendungen der Volksuniversität im Fernsehen teil, *zu einem Zeitpunkt, der gefühlsmäßig vielleicht nicht der geeignetste für die Behandlung dieser Fragen ist.* Che kommt mit seiner üblichen Freimütigkeit direkt zur Sache und bezieht die Zuschauer in die Probleme der Nationalökonomie ein: *Wir lernen durch Handeln und natürlich werden in den Lehrjahren Fehler begangen.* Er spricht davon, daß die Planung von den Wünschen bestimmt gewesen sei. Man habe zum Beispiel gesagt, es dürfe nicht an Schulen mangeln, in fünf Jahren müsse es eine Handelsflotte geben, in fünf Jahren sollen keine Flugzeuge mehr gekauft werden müssen usw. Bald habe man jedoch feststellen müssen, daß dies unmöglich sei. Che kündigt den Bau von kubanischen Autos für das Jahr 1965 an (und verfällt damit selbst dem Laster, Planungen auf hoffnungsvollen Illusionen aufzubauen). Er gibt zu, daß die ersten Pläne des Industrieministeriums reine Schreibtischentwürfe gewesen seien, daß man nicht mit den Arbeitern in den Fabriken gesprochen und zahlreiche Probleme übersehen habe. Man sei davon ausgegangen, daß es keinen Mangel an Rohstoffen und Betriebsmitteln gebe. *Heute ist uns klargeworden, daß die Masse nicht am Entwurf des Plans beteiligt war. Und ein Plan, an dem die Massen nicht beteiligt sind, ist ernsthaft vom Scheitern bedroht.* Es ist ein Plan, der zwar zu 75% gescheitert ist, gleichzeitig aber zu erstaunlichen Ergebnissen in einigen Sektoren wie den Hüttenwerken geführt hat, die ein 75%iges Wachstum zu verzeichnen haben.

Mit seiner üblichen Ungeniertheit stellt Kommandant Guevara im Verlauf seiner Ansprache eine Liste von etwa 140 Technikern aus sozialistischen Ländern vor, die zu diesem Zeitpunkt in Kuba arbeiten. Er scherzt über die Chinesen, die ihnen die Maschinen der letzten Industrieausstellung und zehn Monteure überlassen haben. *Wir werden versuchen, sie zu verheiraten, damit sie hier bleiben.*

Am Rande polemisiert Che gegen „Voz Obrera", das Organ der kubanischen trotzkistischen Gruppe Voz Proletaria, *die die technischen Beiräte kritisiert haben (...). Sie haben erklärt, daß sie von diesen ängstlichen Kleinbürgern in der Regierung geschaffen worden wären, um den Massen, die die Leitung der Fabriken für sich in Anspruch nehmen, etwas anzubieten, ohne ihnen wirklich etwas zu geben.*

In theoretischer Hinsicht sei dies absurd. In praktischer Hinsicht sei es eine Niederträchtigkeit oder ein grober Irrtum. Der Fehler an den technischen Beiräten bestehe eben genau darin, daß sie nicht aus dem Druck der Massen heraus entstanden seien, sondern daß es eine bürokratische Schöpfung von oben nach unten gewesen sei, um den Massen ein Mittel in die Hand zu geben, das sie nicht gefordert hätten. Und dies sei der Fehler der Massen.

Das ist nicht die einzige Bemerkung über die trotzkistische Gruppe. Einige Minuten später scherzt er: *Und der Bildungsplan, der von den untersten Schichten ausgeht* (er verbessert sich) – *wir wollen das nicht in Schichten aufteilen. Denn auch das sind kleinbürgerliche Laster, wie die trotzkistischen Genossen sagen ...* Die Revolutionsführung verhält sich nicht so großzügig und offen gegenüber der kleinen trotzkistischen Gruppe. Wo es Che um eine Polemik geht, geht es für andere Kräfte der revolutionären Führung um Repression. Einige Monate später zerstört die Polizei die Druckplatten für Trotzkis Klassiker „Die permanente Revolution", der gerade gedruckt wird. Che lehnt diese Aktion in einem Interview mit Zetlin ab: *Es ist ein Fehler gewesen, der von einem zweitrangigen Funktionär begangen worden ist. Sie haben die Druckplatten zerstört. Das hätte nicht passieren dürfen.* Aber es ist passiert.

Che ist darum bemüht, daß die Debatte zwischen den revolutionären Kräften unter dem aggressiven Druck nach Girón nicht in Verfolgung ausartet. Er verfaßt ein Rundschreiben des Industrieministeriums, in dem er ausdrücklich Befragungen nach der Ideologie der Arbeiter in den Betrieben verbietet.

Das Wort Sozialismus ist seit der anfänglichen Definition von Fidel immer öfter zu hören. Che benutzt es bei einer Fernsehansprache, als er das Ziel der Revolution als einen Versuch zur Schaffung *einer sozialistischen Gesellschaft* bestimmt, *die absolut demokratisch ist.* Fidel spricht einen Tag später in der Rede zum 1. Mai bereits von „unserer sozialistischen Revolution".

Am 8. Mai teilt Che seinen Arbeitstag auf: Er hält eine Ansprache zum Gedenken an Guiteras, den berühmten kubanischen Revolutionär aus den dreißiger Jahren, mit dem er sich am meisten identifiziert; den Rest des Tages widmet er der freiwilligen Arbeit, indem er Rohstoffe an den Machina-Molen stapelt. Ein Foto zeigt Che mit einer Gruppe von Gefährten – unter anderem Vilo Acuña – die an einem Seil ziehen. Sie scheinen sich prächtig zu amüsieren.

Obwohl die Wirtschaft schwere Probleme hat, „schien alles zu funktionieren, auch wenn nur wenige das Wie erklären konnten", stellt der Pole K.S. Karol scharfsinnig fest. Zweifellos hat das mit der revolutionären Schwerkraft zu tun, mit den in den letzten Jahren der Batista-Diktatur angesammelten Ressourcen, der Dynamik der Veränderung, der Willenskraft und dem Opfergeist. Eine Mischung aus all diesen Elementen bringt das Ganze zum Funktionieren, obgleich die Wirtschaft immer weiter ausgehöhlt wird. Dumont merkt an, daß der Fleischkonsum von 750.000 Stück Vieh pro Jahr auf eine Million in den Jahren 60/61 angestiegen sei. Der Konsum der Bauern sei schneller gewachsen als die Produktion, dadurch sei die Inflation angeheizt worden. Die Nachfrage nach Milch ist im gleichen Verhältnis gestiegen. Früher sind monatlich etwa anderthalb Millionen Hähnchen aus den Vereinigten Staaten importiert worden. So sehr auch die nationale Hühnerproduktion gesteigert wird, sie kann die Nachfrage nicht decken. Die Bananenernte ist zwar gesteigert worden, aber durch den Verbrauch in den Erzeugergebieten kommt in Havanna wenig an.

Che ist sich des Drucks auf die unzureichende Produktion bewußt, der durch Tausende von Parias ausgelöst wird, die erstmals am Konsum teilnehmen: *Wir hatten den Viehbestand für den öffentlichen Verbrauch zugänglich gemacht. Das Vieh wurde wahllos geschlachtet, die Leute gewöhnten sich an, Fleisch zu essen. Es ist zwar eine wunderbare Angewohnheit (wie ich vielleicht mehr als jeder andere zugeben muß), aber sie konnte zu diesem Zeitpunkt nicht in den Mengen befriedigt werden, die das kubanische Volk verdient hätte.*

Das ist nicht das einzige Problem innerhalb der Steuerung der Landwirtschaft. Dumont kritisiert sehr scharf die Irrationalität und die schweren Irrtümer von Núñez Jiménez, der zu diesem Zeitpunkt das INRA leitet. Die gerechte Besorgnis der kubanischen Revolution um die Vollbeschäftigung hat zu einer Aufblähung des Betriebspersonals geführt. (Che selbst gibt zu, daß in seiner Bank etwa 100 überzählige Angestellte beschäftigt sind.)

Und wenn die Lösung in einer schnellen Industrialisierung liegt, dann stößt der von Che eingeschlagene Weg auf zahlreiche Hindernisse: Die Maschinen aus dem sozialistischen Europa müssen in einem feuchten, salzhaltigen Klima gelagert werden, da es nicht genügend Gebäude gibt, um sie aufzustellen. Und die Fabriken werden nicht so schnell gebaut, wie die Maschinen eintreffen.

Karol weist darauf hin, daß die russischen Experten die Verschwendung bzw. die Ungeduld der Kubaner nicht gebremst haben, die Fabriken für die Importsubstitution verlangen, aber nicht über die entsprechenden Rohstoffe verfügen. Die Entscheidungsbefugnis der Berater ist sehr eingeschränkt, sie sind in den meisten Fällen an eine vertikale Befehlsstruktur gewöhnt. Die Kubaner beklagen sich über die mangelnde Qualität der Maschinen, die zu Weltmarktpreisen geliefert werden. Die Russen beklagen sich über die mangelnde Dankbarkeit der Empfänger, die die Käufe über niedrigverzinste Kredite getätigt haben.

Hinzu kommt der Mangel an technischen Fachkräften, die die Anlagen in Betrieb setzen können. Boorman erinnert sich, daß Guevara einem 23jährigen Bärtigen eine Anlage unterstellte, da er mutig zu sein schien. Das Unternehmen Procter and Gamble wird von einem Arzt geleitet, der etwas von Chemie versteht. Die Kupfermine in Matahambra untersteht einem US-amerikanischen Geologen, der zwar etwas von Bergbau versteht, aber keine Ahnung hat, wie eine Mine belüftet wird.

Eine CIA-Studie aus dem Jahr 1965 weist darauf hin, daß das Industrialisierungsprojekt sich als übertrieben und frühreif herausgestellt habe: „Sehr viele kubanische Investitionen sind in unausgereifte Industrieprojekte gesteckt worden und in solche, die Güter mit geringem Wert auf dem nationalen und internationalen Markt erzeugen. Das sich auf 400 Millionen Dollar belaufende Industrialisierungsprojekt, das unter anderem Elektrizitätswerke, Gießereien, metallverarbeitende Betriebe, Baumaschinen, lebensmittelverarbeitende Industrien und Textilfabriken umfaßt, hat einen gewaltigen Rückschlag erlitten.“ Die Ursachen dafür sind fehlende personelle und technische Ausstattung, fehlende Erfahrung in der Bauwirtschaft und schlechte Planungsdisziplin. Die vorrevolutionäre Bauindustrie war im Besitz von US-Firmen, die über ihre eigenen Techniker und Maschinen verfügten. Hinzu kommt, daß viele Ingenieure geflohen und die Industrieanlagen aus den sozialistischen Ländern nicht für tropisches Klima geeignet sind, Mängel aufweisen und eine kurze Lebensdauer haben.

Anderthalb Jahre später gesteht Che dem uruguayischen Journalisten Eduardo Galeano: *Es war Unsinn, sich in der Industrialisierung so zu überstürzen. Wir wollten schlagartig alle Einfuhren durch die Herstellung von Endprodukten ersetzen (...). Wir waren uns der enormen Komplikationen nicht bewußt, die der Import von Zwischenprodukten beinhaltete.*

In diesem Mai '61 trifft Che den polnischen Journalisten K.S. Karol, der sich extrem kritisch zum sowjetischen Modell äußert. Das Gespräch wird auf französisch geführt: „Che beherrschte diese Sprache gut. Nur ab und zu wollte er mit einer gewissen Koketterie wissen, ob sein Vokabular nicht zu hispanisiert sei.“ Das erste Thema ist der Sozialismus: *Hier werden die Leute durch das Tun geschult, sie befinden sich aber erst am Anfang ... Ich selbst habe ab und zu mit einigen Kameraden gesprochen, die mir gesagt haben, daß ihnen die Geschichte mit dem Sozialismus nicht sonderlich gefallen würde. Daraufhin habe ich sie gefragt: Seid ihr denn nicht mit der Agrarreform einverstanden? Oder mit der Mietreform? Oder mit der Enteignung der Yankees? Oder mit der Verstaatli-*

chung, der sozialen Gerechtigkeit und dem Recht, daß jeder die Früchte seiner Arbeit genießen soll? Und immer schworen sie, daß ihnen alle diese Veränderungen so gut gefallen würden, daß sie bereit wären, ihr Leben dafür einzusetzen. Darauf antwortete ich: Wenn ihr für diese Dinge seid, dann seid ihr für den Sozialismus, woraufhin sie beruhigt wieder gingen.

Karol fragt ihn, ob es nicht gefährlich sei, den doktrinären sowjetischen Müll – die dogmatische Leere der Handbücher – in dieses ideologische Vakuum zu schütten. Che scheint sie nicht zu kennen, er bittet ihn darum, ihm andere zu empfehlen. Karol hat das Gefühl, sich nicht verständlich machen zu können. Sie haben einen vollkommen unterschiedlichen Erfahrungshintergrund. Karol ist ein Linker, der von den Widersprüchen zwischen dem postulierten Anspruch und der autoritären und repressiven Praxis des Stalinismus geprägt worden ist. Und Che ist ein lateinamerikanischer Radikaler, der von einer direkten revolutionären Erfahrung geprägt worden ist, marxistisch angehaucht und mit einem sehr eingeschränkten Bild von der realen Geschichte des Sozialismus. Che erwidert Karol, daß es sich beim Lehrbuchmarxismus *um ein Randphänomen handelt, das keinerlei Einfluß auf die politische Erziehung in Kuba hat.* Er versucht ihm zu erklären, daß der Stalinismus in Kuba keine Chance habe, daß die kollektivistische Agrarreform mit dem Willen der Bauern durchgeführt worden sei und nicht gegen ihn, daß die Industrialisierung keine Opfer verlangen würde und daß der kapitalistische Sperrgürtel, der um die UdSSR gezogen worden war, heute nicht mehr haltbar sei. Er hält es für außerordentlich wichtig, die Erfahrungen beim Aufbau des Sozialismus in Osteuropa zu nutzen, vor allem, was die Qualifikation der jungen Techniker angeht.

Karol faßt zusammen: „Es wäre eine Lüge, wenn ich jetzt behaupten würde, daß mich Ches Argumente im Mai '61 überzeugt hätten. Seine starke Persönlichkeit und sein intellektueller Charme gewannen zwar sofort die Oberhand, aber ich hatte den Eindruck, daß er seine Augen vor gewissen Aspekten der sozialistischen Welt verschloß, weil er sie nicht sehen wollte. Ein Mensch von seiner Intelligenz und Sensibilität mußte von den vielfältigen Mängeln und Mißverhältnissen gequält werden, die ihm in den gerade entdeckten sozialistischen Ländern nicht entgangen sein konnten. Im Gegensatz zu den wirklich Gläubigen wiederholte er nicht die grob vereinfachenden Parolen der sowjetischen Propaganda."

Che beantwortet dieser Tage auch die Fragen, die ihm der US-amerikanische Sozialist Leo Huberman während der US-Invasion zugeschickt hat. In seinen Antworten definiert er die gegenwärtigen Probleme als: Mangel an Rohstoffen, organisatorisches Guerilleratum und die Ungewißheit über Zeitpunkt und Art der nächsten Aggression.

Der Sperrgürtel wird immer enger und die sowjetische Präsenz, die den Kubanern zwar die notwendige Atempause verschafft, andererseits aber ihr Wirtschaftsmodell auferlegt, wird stärker. Am 2. Juni gewährt die UdSSR einen weiteren Kredit über 100 Millionen Dollar – eine unbedeutende, aber bezeichnende Summe.

Che verbindet die mühselige Lenkung der Industrie, bei der er das sowjetische Schema zu vermeiden versucht, mit dem Beispiel der freiwilligen Arbeit (er arbeitet nun am Bau einer Schule in El Vedado mit) und seinen Studien. Er hat ein Seminar über „Das Kapital“ von Marx organisiert, an dem Oltuski, Alvarez Ron, García Valls, Mario Zorrilla, Borrego und Juan Manuel Castiñeira teilnehmen und das vom Sowjet-Spanier Anastasio Mancilla koordiniert wird. Jeden Mittwoch um elf, zwölf oder ein Uhr nachts erläutert Mancilla das Werk, und eine halbe Stunde später stellt Che alles in Frage und es kommt zu zahlreichen Zweifeln und Diskussionen.

Karol hat nicht unrecht, wenn er auf die politische Leere der Revolution hinweist, die scheinbar durch die Bekundung zum Sozialismus und zunehmend von der Bürokratie und dem marxistischen Lehrbuch ausgefüllt wird. In diesem Prozeß befinden sich die dogmatischsten Kader der PSP im Vorteil. Im Juni wird in der Nationalbibliothek eine Diskussionsreihe über Kunst und Literatur veranstaltet, bei der die Spannungen zwischen dem Redaktionsteam der „Lunes“ [Montagsbeilage der „Revolución“] und den Kadern der PSP, die den Kulturapparat leiten, zum Ausdruck kommen. In den drei Sitzungen muß die dogmatische pro-sowjetische Linie zwar eine Niederlage hinnehmen, aber „Lunes“ wird eingestellt. Che hatte sich 1960 zum Thema geäußert, als er den eklektischen Stil von „Lunes“ lobte. An dieser zweiten Debatte nimmt er nicht teil.

Nicht nur die eklektischsten revolutionären Projekte werden von den alten Orthodoxien und den Neukonvertierten aufs Korn genommen. Karol zufolge stört auch Ches hyperkritischer Stil einige Kader der alten PSP-Bürokratie, wie Escalante oder Roca, die ihn für einen Unkontrollierbaren halten. Die gleiche Quelle erläutert, daß Che hinter den Kulissen als „Linksabweichler“ bezeichnet wird. Paradoxerweise sind es Che und Raúl gewesen, die den Lehrbuchmarxisten die Tür zum revolutionären Raum geöffnet haben. Ein Jahr später gesteht Che ein: *Man hatte blind auf die organisatorische Autorität der PSP vertraut und dabei die eigenen Kriterien zurückgestellt. So (...) begann eine düstere Etappe.*

Unterdessen ist Che vor allem damit beschäftigt, das Industriegefüge der Insel aufrechtzuerhalten. Dabei erzielt er einen wichtigen Erfolg: Die Anlage zur Nickelproduktion von Moa läuft wieder, nachdem ein kubanischer Techniker, Demetrio Presilla, die technischen Geheimnisse gelüftet hat. So kann das Unternehmen mit einer Spitzentechnologie, die die russischen Experten nicht verstanden haben, wieder in Betrieb genommen werden. Es ist ein Unternehmen, in dem es zum Zeitpunkt der Verstaatlichung *keinen einzigen Kubaner in einer leitenden Funktion gab, alle waren US-Amerikaner.*

Presilla hatte Che versprochen, die Anlage in Betrieb zu setzen, wenn Che Abnehmer für Nickel finden würde. Che konnte die entsprechenden Verträge auf seiner UdSSR-Reise abschließen. Er ist jede Woche nach Moa gefahren, um die Fortschritte des Projekts zu beobachten. Nebenbei hat er die von den Arbeitern kritisierten Probleme der fehlenden Wasser- und Stromversorgung und des Wohnungsmangels gelöst. Im Juni produziert die Anlage Nickelsulfid, und Che reist nach Moa, um den Arbeitern zu gratulieren. Im Gewerkschaftslokal stößt er auf ein Foto von sich, das er mit der geringschätzigen Bemerkung kommentiert: *der Typ sieht ja aus wie Cantinflas.*

In den ersten Augusttagen fliegt Che nach Uruguay. Er will an der Konferenz des Interamerikanischen Wirtschafts- und Sozialrats (CIES), einer an die OAS angeschlossenen Organisation, teilnehmen, die sich um interamerikanische Wirtschaftsbeziehungen kümmert. Das Flugzeug muß aufgrund schlechter Sichtverhältnisse in Rio de Janeiro zwischenlanden. Als die Delegation in die Botschaft gebracht wird, wird Che von den Leuten auf der Straße erkannt und mit Jubelrufen begrüßt. *Als ob sie ein Gespenst gesehen hätten,* erklärt er dem Botschafter. Che ist in Lateinamerika bereits ein Wahrzeichen. Am 5. August trifft er in Montevideo ein, wo ihm ein denkwürdiger Volksempfang bereitet wird. Die am Flughafen versammelte Menschenmenge skandiert: „Guevara kommt und die Maskerade ist vorbei." 10.000 Personen ziehen mit Fahnen vom Carrasco-Flughafen in die Stadtmitte und rufen „Kuba ja, Yankees nein".

In Punta del Este, einem luxuriösen Seebad, das von der uruguayischen und chilenischen Oligarchie frequentiert wird, hat die kubanische Delegation ein Stockwerk im Hotel Playa gemietet. Ricardo Rojo erinnert sich: „Sie haben die übliche Organisation von Ches Büros in Havanna reproduziert. Eine Mischung aus Biwak und Regierungsorganismus, die Stenotypisten mischen sich unter die Wachen mit Maschinengewehr. Einige kochen das Essen, andere telefonieren und alle bewegen sich in einem unerwarteten Gleichtakt."

Am 7. August nimmt Che an einem Diner in der Residenz des uruguayischen Präsidenten Eduardo Haedo teil, er streitet mit seinem Gastgeber über die Qualität der kubanischen Zigarren. Einen Tag später spricht er auf der Plenarsitzung des CIES.

Er beginnt seine Rede mit einem Zitat von Martí: „Das Volk, das frei sein möchte, muß in seinen Geschäften frei sein." Und er begründet sein Recht, jenseits der technischen Maskerade der Versammlung über Politik zu sprechen, indem er darauf hinweist, daß eines der Ziele der Konferenz die Verurteilung Kubas sei. *Es gibt eine lange Kette, die zur jetzigen Situation geführt hat:* von amerikanischen Flughäfen gestartete Flugzeuge, die Luftpiraterie betreiben, Bombardierungen von Zuckerrohrfeldern, die Explosion auf der „Coubre", die Weigerung der Erdölgesellschaften, sowjetisches Erdöl zu raffinieren, die endgültige Streichung der Zuckerquote, die Invasion am Girón-Strand, der Attentatsversuch gegen Raúl Castro von Guantánamo aus. *Aus all diesen Gründen bin ich der Ansicht, daß die kubanische Revolution nicht zu dieser Versammlung erlauchter Fachleute kommen kann, um über Fachfragen zu reden.*

Che definiert die kubanische Revolution als eine antifeudale und antiimperialistische Agrarrevolution, die sich durch *die Dynamik ihrer Entwicklung* allmählich in eine sozialistische Revolution verwandelt habe. Er spricht von ihren Errungenschaften: Agrarreform, Gleichstellung der Frau, Beseitigung der Diskriminierung der schwarzen Bevölkerung, Alphabetisierungskampagne. Und er richtet seine Geschütze gegen die Allianz für den Fortschritt (ALPRO), das große Entwicklungsprojekt Kennedys für Lateinamerika, das er als ein Machwerk gegen Kuba und die herannahende revolutionäre Welle bezeichnet. *Beschleicht Sie denn nicht die Ahnung, daß Sie an der Nase herumgeführt werden? Es werden Dollars für den Bau von Landstraßen und Verkehrswegen gegeben, es werden Dollars für die Kanalisation gegeben (...). Warum werden aber keine Dollars für Ausrüstungen und für Maschinen gegeben? Dollars, die dazu dienen, daß unsere Länder endlich Agrarindustriestaaten werden können? Es ist wirklich traurig.* Er schlüsselt spöttisch auf, wie ALPRO funktioniert: *Kuba ist das Huhn, das goldene Eier legt. Solange es Kuba gibt, werden sie Geld geben.*

In einer der gelungensten Passagen seines Beitrags zeigt er auf: *Die Experten raten, Latifundien und Minifundien durch gut ausgestattete Plantagen zu ersetzen. Wir sagen: Wollt ihr eine Agrarreform machen? Dann nehmt das Land dem, der viel hat, und gebt es dem, der keins hat.* Dann klopft er die Themenliste der Konferenz ab. Integration: ohne Militärstützpunkte, ohne Teil des Imperiums werden zu müssen. Preise: ohne US-Beihilfen zu ihren Produkten. Und er faßt zusammen: *Wir haben nichts dagegen, daß sie uns bei der Kreditvergabe ausschließen, aber wir widersetzen uns dem Vorhaben, uns vom kulturellen und geistigen Leben unserer lateinamerikanischen Völker ausschließen zu wollen (...). Wir werden niemals zulassen, daß sie unsere Freiheit einschränken, mit anderen Völkern der Welt Handel zu treiben und Beziehungen zu pflegen.*

Seine Botschaft hat eine gewaltige Kraft. Zwar hat sie vielleicht keine Wirkung auf die Vertreter der Diktaturen, der Pappdemokratien und Kreolenoligarchien, aber Che spricht nicht zu den Anwesenden. Che will Gehör bei den Abwesenden finden, bei der neuen lateinamerikanischen Linken, die der Ansicht ist, daß die kubanische Revolution die Ära tiefgreifender Veränderungen in einem von der Ungleichheit heimgesuchten Kontinent eingeläutet hat.

Am 9. August gibt Che in Montevideo eine Pressekonferenz. Zwischen Scherzen, Gelächter und gelegentlichem Applaus, und nach der Forderung an die Journalisten: *Sie können fragen, was Sie wollen, aber schreiben Sie danach auch, was ich Ihnen antworte,* wird Guevara zwei Stunden lang mit Fragen bombardiert. Er antwortet mit mehr oder minder großem Geschick.

Die Gefangenen von Girón und ihr Schicksal: *Wir haben angeboten, sie gegen Albizu Campos oder Traktoren auszutauschen.*

Das Luftpiratentum: *Die US-Amerikaner behalten die Flugzeuge ein, die sie von Kuba abgedrängt haben.*

Ches freiwillige Arbeiten bei der Zuckerrohrernte und beim Verladen von Bananen: *Das stimmt, Sie brauchen gar nicht so zweifelnd zu gucken.*

Die Wahlen: *Wenn das Volk sie in einer Volksversammlung verlangt.*

Bezüglich der Rationierungsmaßnahmen erklärt ein peruanischer Journalist, in letzter Zeit sei kritisiert worden, daß die Fleischrationierung auf 700 Gramm wöchentlich einer der härtesten Schläge gegen das kubanische Volk gewesen sei. Che: *Ich weiß nichts von dieser Rationierungsmaßnahme. Um die Bestände gleichmäßig zu verteilen, mußten wir einige Maßnahmen bezüglich des Fleischkonsums ergreifen, der weit höher ist als der Pro-Kopf-Verbrauch in Peru. In Ländern wie Peru erfolgt die Rationierung auf andere Weise: Derjenige, der*

Geld hat, kauft, und der arme Indio verhungert. Sehen Sie das nicht auch so? Der peruanische Journalist: „Ich glaube schon, aber ..." Che: *Daß Sie nur keiner hört!*

Die Verstaatlichung der kirchlichen Schulen: *Jetzt sind sie nichts anderes mehr als Schulen.*

Die Trotzkisten: *Wir hielten es nicht für angezeigt, daß die Trotzkisten weiterhin zur Subversion aufriefen.*

Die Kirche: *Wir sind eine Regierung, die keine Religion betreibt und die Glaubensfreiheit zuläßt.*

Bezüglich des Werks „Listen Yankee" von Wright Mills: *Von unserem Standpunkt aus begeht er einige Fehler, aber es ist ein absolut aufrichtiges Buch.*

Bezüglich der Möglichkeit neuer sozialistischer Revolutionen in Lateinamerika: *Sie werden zunehmen, da sie schlichtweg das Ergebnis der Widersprüche zwischen einem Gesellschaftssystem sind, dessen Existenz sich dem Ende zuneigt, und dem Volk, dessen Geduld sich dem Ende zuneigt.*

Auf die Fragen, was er ißt und trinkt, ob er raucht und ob ihm die Frauen gefallen: *Ich wäre kein Mann, wenn mir die Frauen nicht gefallen würden. Aber ich wäre auch kein Revolutionär, wenn ich eine einzige meiner sozialen oder auch meiner ehelichen Pflichten nicht erfüllen würde, weil mir die Frauen gefallen (...). Ich arbeite zwischen 16 und 18 Stunden am Tag und schlafe sechs Stunden, wenn ich kann. (...) Ich trinke keinen Alkohol, aber ich rauche. Ich gehe keinerlei Vergnügungen nach und bin davon überzeugt, daß ich eine Mission habe. Und für diese Mission muß ich mein Heim (...) und alle Genüsse des Alltagslebens opfern.*

Bezüglich seines argentinischen Wesens: *Meine kulturelle Grundlage ist argentinisch, aber ich fühle mich als Kubaner wie jeder andere.*

Er verliert nur die Fassung, als ein argentinischer Journalist (Luis Pedro Bonavista) von seiner „ehemaligen Heimat" spricht und Che empört erwidert: *Ich habe eine sehr viel größere und sehr viel würdigere Heimat als Sie. Meine Heimat ist ganz Amerika, und von dieser Art Heimat haben Sie keinen blassen Schimmer.*

Am 16. August hält Che eine zweite Rede auf der CIES-Vollversammlung. Er begründet die Enthaltung der kubanischen Delegation bei den Beschlüssen bezüglich der Allianz für den Fortschritt, da *die unterentwickelten Länder bei diesem Modell 500 Jahre brauchen würden, um das gleiche Einkommensniveau wie die Bewohner der Industrienationen zu erreichen.* Außerdem sei ihm nicht darauf geantwortet worden, unter welchen Bedingungen man Zugang zu den Mitteln der ALPRO habe und ob Kuba ein Anrecht darauf haben könne. *Man kann schlecht eine Allianz unterstützen, in dem der Alliierte an nichts mitwirkt.* Seine Reden, in denen er das Scheitern der Allianz für den Fortschritt voraussagt, werden später als „Ches Prophezeiung" bekannt.

Am nächsten Tag führt er mit Richard Goodwin, dem Abgesandten Kennedys, ein privates Gespräch, das von den Brasilianern angebahnt worden ist. *Eine persönliche Unterhaltung zwischen zwei Gästen einer dritten Person.*

Keiner der beiden hat eine Vollmacht für ein formelles Gespräch. Che spricht kein Englisch und Goodwin kein Spanisch, ein Brasilianer dient ihnen als Übersetzer. Während Goodwin das Treffen einige Jahre später überbewertet, scheint Che ihm keine besondere Bedeutung beigemessen zu haben.

Zwei Tage später hält Che eine Rede an der Universität von Montevideo über die wirtschaftliche Entwicklung Kubas auf Grundlage der Agrarreform. Er hat die letzten Stunden mit seiner Mutter und mit anderen Verwandten verbracht, die aus Argentinien angereist sind. Die Universität ist von rechtsradikalen Gruppen mit Stinkbomben angegriffen worden. So findet die Konferenz in einem von Studenten überfüllten Auditorium und einem fürchterlichen Chlorgestank statt.

Ausgehend von der lateinamerikanischen Volkswahrheit *„Alle haben ein Recht auf Essen“* führt Che die Rationierungsmaßnahmen in Kuba, die alle Arten von Fett sowie Fleisch und Schuhe umfassen, auf die Blockade zurück. Er besteht darauf, daß der Weg zur wirtschaftlichen Unabhängigkeit über die Industrialisierung und die Fertigstellung der 205 geplanten Fabriken führt. In einem der besten Abschnitte seiner Rede faßt er zusammen: *Und dieser Kampf – der in einer so spannungsreichen Form stattfindet, die manchmal sogar Mitglieder einer Familie entzweit – ermöglicht natürlich einen schnellen Aufbau des Landes, er bewirkt natürlich, daß sich unser Land schneller bewegt, aber er hinterläßt auch Folgen, die später schwer zu beheben sein werden. Das ist weder gut noch schön, aber wir sind dazu gezwungen gewesen und bereuen es nicht.*

Am Ende schießt die Polizei auf die Teilnehmer, die die Veranstaltung verlassen, und tötet einen Gymnasiallehrer. Am nächsten Tag wird Che beschuldigt, in einer politischen Versammlung aufgetreten zu sein.

Am 18. August reist Che auf Einladung von Präsident Frondizi heimlich nach Buenos Aires. In einer von der argentinischen Regierung gecharterten Maschine landet er auf dem Flughafen Don Torcuato nahe der Bundeshauptstadt, wo ihn die Eskorte des argentinischen Präsidenten erwartet und ihn zur Residenz Los Olivos bringt. Bei dem privaten Treffen werden drei Themen behandelt. Sie sprechen über mögliche Wege der Entwicklung, wobei Che darauf besteht, daß mit US-Investitionen nichts zu gewinnen sei, da sie mehr nehmen als einbringen würden. Sie sprechen über Frondizis Sorge, daß Kuba dem Warschauer Pakt beitreten könne, worauf Che antwortet: *Wir fördern das nicht.* Schließlich sondiert Frondizi die Möglichkeiten für Wahlen in Kuba. Che antwortet darauf, daß diese Tür vorübergehend geschlossen sei. Am Ende des Treffens lädt Frondizis Gattin Che zu einem Beefsteak auf argentinische Art ein.

Die Nachricht über den Geheimbesuch ist unterdessen zu Presseagenturen und zum Regierungsapparat durchgesickert. Außenminister Adolfo Múgica blamiert sich durch die Leugnung des Treffens und tritt am nächsten Tag zurück. Nach einem Besuch bei seiner Tante María Luisa reist Che am selben Tag wieder nach Montevideo. *Es war ein Höflichkeitsbesuch,* sagt er später zu den Journalisten, die nicht mehr aus ihm herausbekommen.

Am 19. August kommt er in Brasilien mit Präsident Janio Quadros zusammen. Das kurze Treffen endet mit einer öffentlichen Unterstützungserklärung von Quadros zugunsten Kubas und des Selbstbestimmungsrechts der Völker.

Im Verlauf der nächsten Monate werden die beiden Länder Brasilien und Argentinien, die eine gewisse Unabhängigkeit bezüglich der Allianz für den Fortschritt gewahrt haben, und die beiden Präsidenten Quadros und Frondizi, die sich privat mit Che getroffen haben, Militärputschen zum Opfer fallen. Entgegen der Maske von Entwicklung und Demokratie, die sich die ALPRO aufgeschminkt hat, scheint die Alternative eher zwischen der kleinen, radikalisierten kubanischen Revolution und den von den USA unterstützten Militärstiefeln zu liegen.

Nach der Rückkehr von seiner Rundreise, die ihn als eine der führenden Persönlichkeiten der neuen lateinamerikanischen Revolution bestätigt hat, trifft Che in Kuba auf eine Zunahme der Rationierungen und Versorgungsengpässe bei Nahrungsmitteln wie Geflügel, Fleisch, Gemüse, Fett. Es ist das erste Zeichen für ernsthafte wirtschaftliche Schwierigkeiten, denn der Mangel an Zahnpasta und Erfrischungsgetränken im Frühjahr ist nur sporadisch gewesen. Fidel schreibt diesen Mangel der gewaltigen Zunahme des Verbrauchs sowie Planungsfehlern zu. Aber offensichtlich gibt es noch andere Gründe. Unter dem Druck der rauhen Wirklichkeit wird die erste Nationale Produktionsversammlung einberufen, die am 27. August beginnt und an der 3.500 Regierungskader, die Produktionsorganisationen, die nationalen und lokalen Wirtschaftsverbände und die neue politische Partei teilnehmen, die aus dem Zusammenschluß des 26. Juli, des Revolutionären Direktoriums und der PSP entstanden ist: die Vereinigten Revolutionären Organisationen, ORI.

Che soll einen der wichtigsten Vorträge halten, was er in seiner üblichen Aufrichtigkeit und scharfen Kritikfähigkeit tut: *Man muß sich die Fehler klar vor Augen halten* (er bezieht sich auf sein Industrieministerium). *Es geht nicht darum, Fehler zu rechtfertigen, es muß vielmehr vermieden werden, daß sie sich wiederholen. Ihr habt mich mit einem starken und warmen Beifall begrüßt. Ich weiß allerdings nicht, ob ihr mich dabei als Konsumenten oder einfach als Komplizen begrüßt habt (...). Ich vermute eher als Komplizen.*

Im Industrieministerium sind Fehler begangen worden, die zu beträchtlichen Ausfällen bei der Versorgung der Bevölkerung geführt haben. Nicht nur im Ministerium für Industrie: er erwähnt auch die Ministerien für Außenhandel, Transport, Bauwesen und sogar die Armee.

Das erste Problem seien die Kader, Leute, die mit Begeisterung arbeiten würden, aber ... *: Direktoren und Verwalter müssen ausgetauscht, einige abberufen werden, um ihre kulturellen und technischen Fähigkeiten zu verbessern.* Er ist zwar der Ansicht, daß der Kontakt zu den Massen nicht verloren gegangen sei, daß sie aber bei der Entscheidungsfindung sehr häufig nicht berücksichtigt wurden, und umgekehrt hätten die Gewerkschaften einige demagogische Entscheidungen getroffen.

Obwohl die Gesamtbilanz positiv ausfalle, habe die Versammlung das Ziel, die Fehler zu analysieren. Che stellt fest, daß es trotz der großen Abhängigkeit der Industrie von Exportprodukten selten zu Produktionsstillständen gekommen sei, die außerdem eine abnehmende Tendenz hätten. Zwar hätten nur ein oder

rechts: Das erste Foto von Ernesto mit seinen Eltern Celia de la Serna und Ernesto Guevara Lynch. Beide waren engagierte Vertreter des anti-oligarchischen, aufgeklärten und fortschrittlichen Bürgertums.

unten: Eines der vielen Fotos von Guevara mit Esel

oben: Die ganze
Familie Guevara
de la Serna:
die Schwester Celia,
die Mutter, der
Bruder Roberto, die
Schwester
Ana María, Ernesto
und der Bruder
Juan Martín in den
Armen des Vaters;
aufgenommen an der
Bucht von Mar del
Plata, 1945.

rechts: Ernesto
mit ungefähr vier
Jahren

oben: An Bord des Floßes „Mambo-Tango“ auf dem Amazonas, während seiner ersten Reise durch Lateinamerika mit Alberto Granado

unten: Das berühmte Foto vom Beginn seiner Reise durch Argentinien, Córdoba 1950. Während der Fahrt, 4.500 Kilometer auf einem Fahrrad mit Hilfsmotor, bereitete er Prüfungen für sein Medizinstudium vor.

oben links: In Córdoba, 1948, im Alter von 20 Jahren

oben rechts: In La Marquesa, in der Umgebung von Mexiko-Stadt, 1955

unten: Auf seiner zweiten Reise durch Lateinamerika, etwa 1953

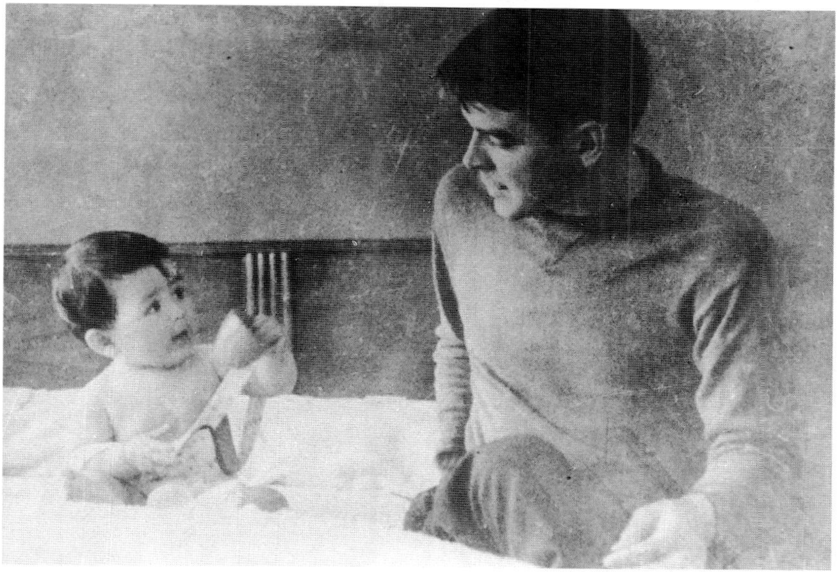

oben: Mit seiner Tochter Hilda in Mexiko-Stadt, September 1956. Kurz darauf trat er mit den Kubanern die „Granma“-Expedition an.
unten links: Die Frischverheirateten, Che und Hilda Gadea auf dem Campus der Universität in Mexiko-Stadt

oben: Beim Aufstieg zum Vulkan Popocatépetl am 12. Oktober 1955. Im Rucksack führt Che eine argentinische Fahne mit, die er auf dem Gipfel hissen will.

oben: Im mexikanischen Gefängnis; Che ganz in Weiß vor der Gruppe von Kubanern, die mit der „Granma“ in See stechen werden.

links: In der Sierra Maestra mit Fidel, in den ersten Monaten des Jahres 1957, noch ohne Baskenmütze. Bildlich gesprochen, handelt es sich um einen Prä-Che.

rechts: Mit einem Maultier, dieses hat den Namen Ernesto.

unten: Mit Raúl Castro, 1957 in der Sierra Maestra

oben links und unten: Sierra Maestra 1958
oben rechts: Im Büro des Kommandanten in der Festung La Cabaña, wo Che als militärischer Befehlshaber amtierte, hinter ihm Aleida March, Januar 1959.

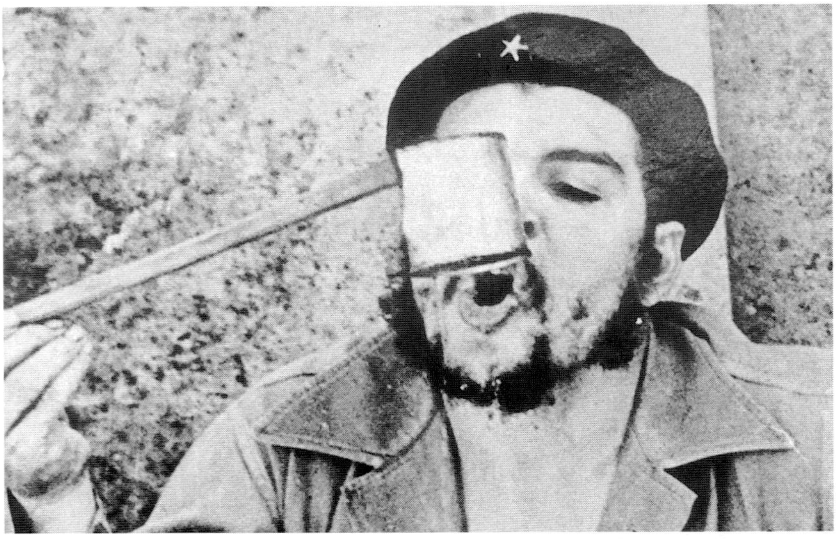

rechts: In Santa Clara, während der Schlacht um die Einnahme der Stadt, mit seiner zukünftigen Ehefrau Aleida March, die dank ihrer Ortskenntnisse der Kolonne als Führerin diente. Letzte Dezembertage 1958.

unten: Che und Camilo Cienfuegos in der Sierra Maestra

In der Sierra Maestra 1958, bereits als Kommandant der 4. Kolonne der Rebellenarmee

rechts: Mit Fidel

unten: Die Fahne des 26. Juli auf dem Gipfel des El Hombrito, dem Lager Ches in der Sierra Maestra Ende 1957. Sie wurde als Provokation für die Luftwaffe Batistas aufgespannt.

links: Che als Minister

unten: In Havanna vor der Ankunft Fidels. Die Lage war noch nicht vollkommen klar, auch wenn die Kolonnen des 26. Juli und des Revolutionären Direktoriums das Land militärisch unter Kontrolle hatten.
Ramiro Valdés, Camilo Cienfuegos, Che, Carlos Franqui. Anfang Januar 1959.

oben: Die Besetzung der Kaserne von Fomento während Ches Offensive in Las Villas, Dezember 1958

rechts: Che, Tochter Hilda und Camilo Cienfuegos in Havanna

links: Che als Redner auf einer Kundgebung

unten: Hilda Guevara in Havanna, Januar 1959. Da Che kein Geld hatte, machten seine Freunde eine Sammlung, um der gerade eingetroffenen Tochter eine Puppe zu kaufen.

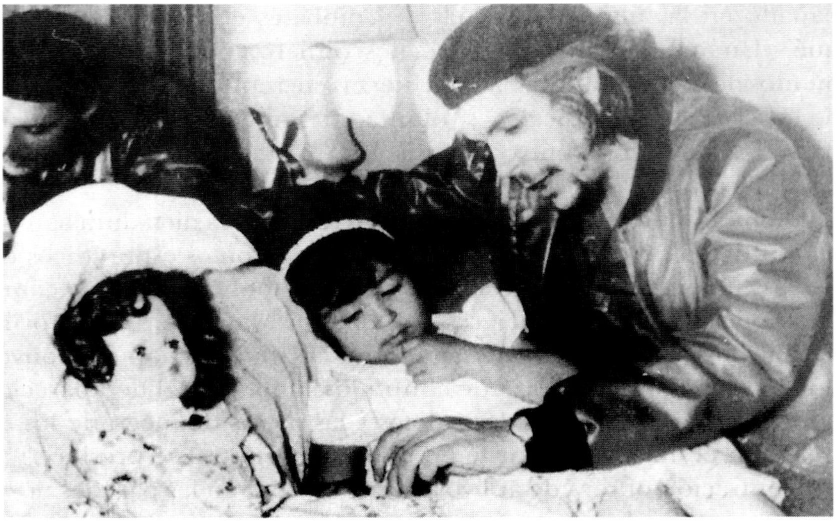

oben: Bei der freiwilligen Arbeit an der Machina-Mole in Havanna 1961
unten: Im Gespräch mit Fidel

oben: Die berühmte Aufnahme des Fotografen Korda vom März 1960, die Che bei einer Kundgebung nach einem Sabotageanschlag der Konterrevolutionäre zeigt.

links: Che mit dem sowjetischen Kosmonauten Gagarin

rechts: Als Maurer während eines freiwilligen Arbeitseinsatzes

unten: Auf der Fahrt zur Hochzeit mit Aleida, Juni 1959; auf dem Rücksitz Ches Freund Óscar Fernández Mell

oben: Ende 1964
mit Rául Castro in
Moskau

links: Bei einer
seiner gefürchteten
Inspektionen

rechts: Der begeisterte Schachspieler nahm selbst als Industrieminister noch an verschiedenen Turnieren teil und brachte es bei Simultanpartien gegen manche Großmeister zu einigen Remis.

unten: Probefahrt mit einem neuen Traktor, Dezember 1960

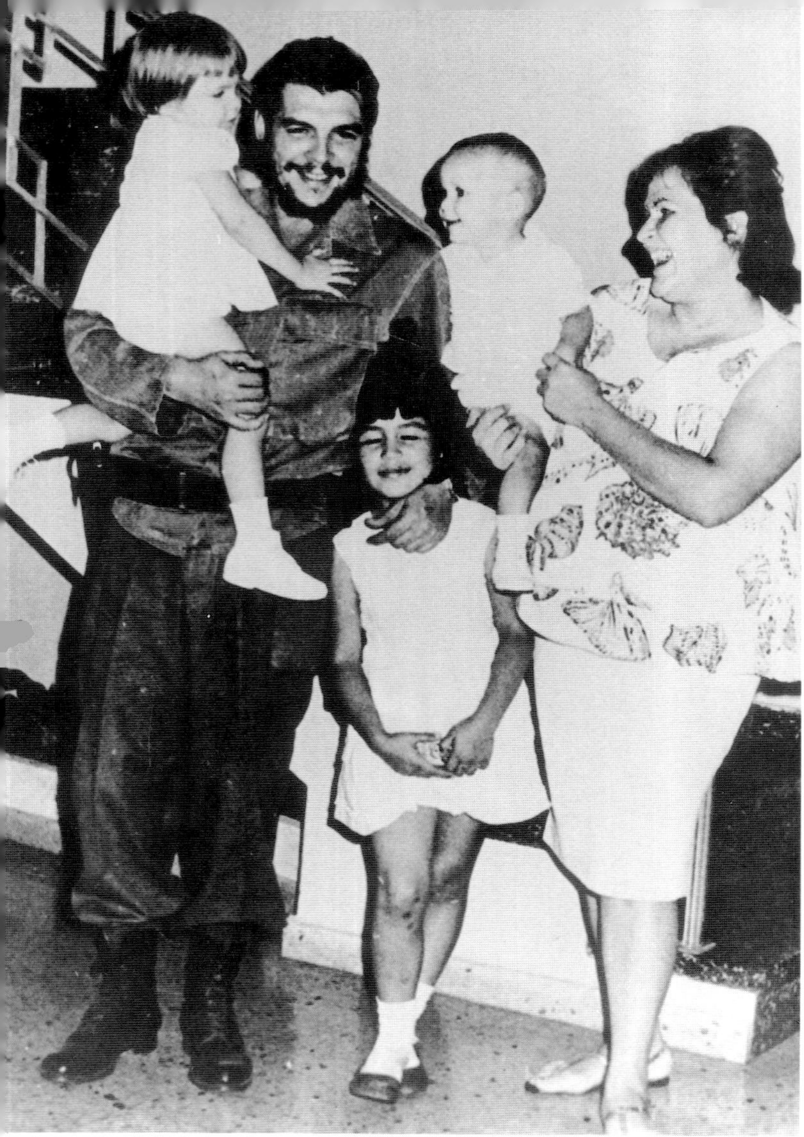

links: Mit der Familie, 1963

unten: Bei der Zuckerrohrernte, 1962

links: Bei einem Auftritt im kubanischen Fernsehen 1961, wo er seine Ähnlichkeit mit dem mexikanischen Komiker Cantinflas kultiviert, um sich über die Hierarchien lustig zu machen

rechts: Mit Jorge Ricardo Masetti, dem Gründer der Agentur Prensa Latina, mit dem Che eine enge Freundschaft verband. Zusammen mit Masetti entwarf er ein Guerillaprojekt in Argentinien, bei dem der Journalist den Tod fand.

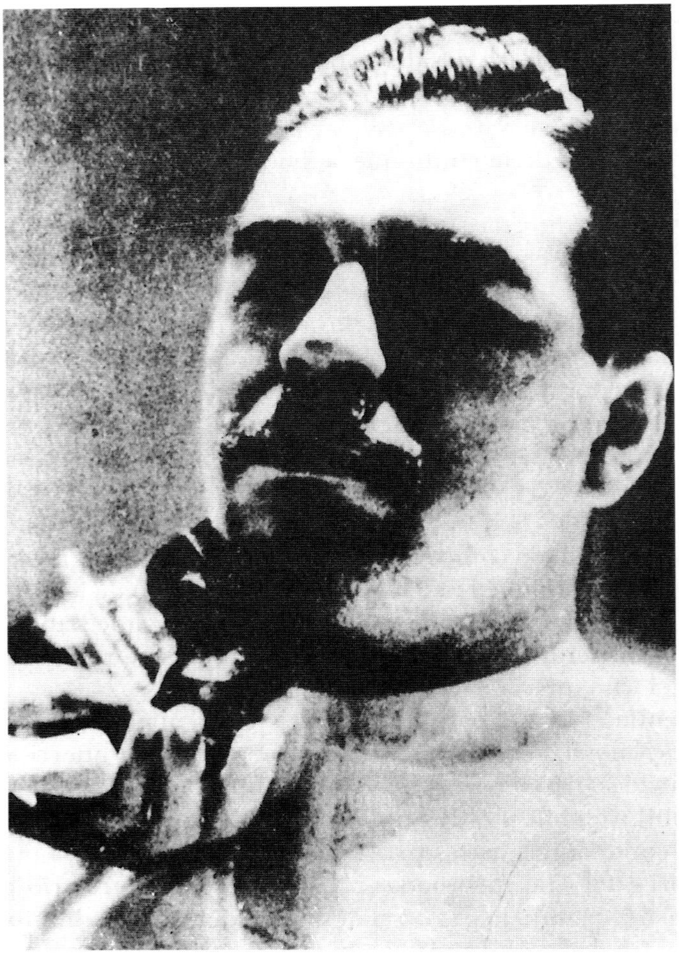

Für seinen
heimlichen Aufbruch
in den Kongo
hergerichtet, April
1965

Die Basis von Luluaburg in den Bergen des Kongo, in der Nähe des Tanganyika-Sees, 1965; Mathematikunterricht für die Guerilleros

oben: Bei der Abfassung seines Kongo-Berichts in Daressalam

rechts: In die Lektüre vertieft

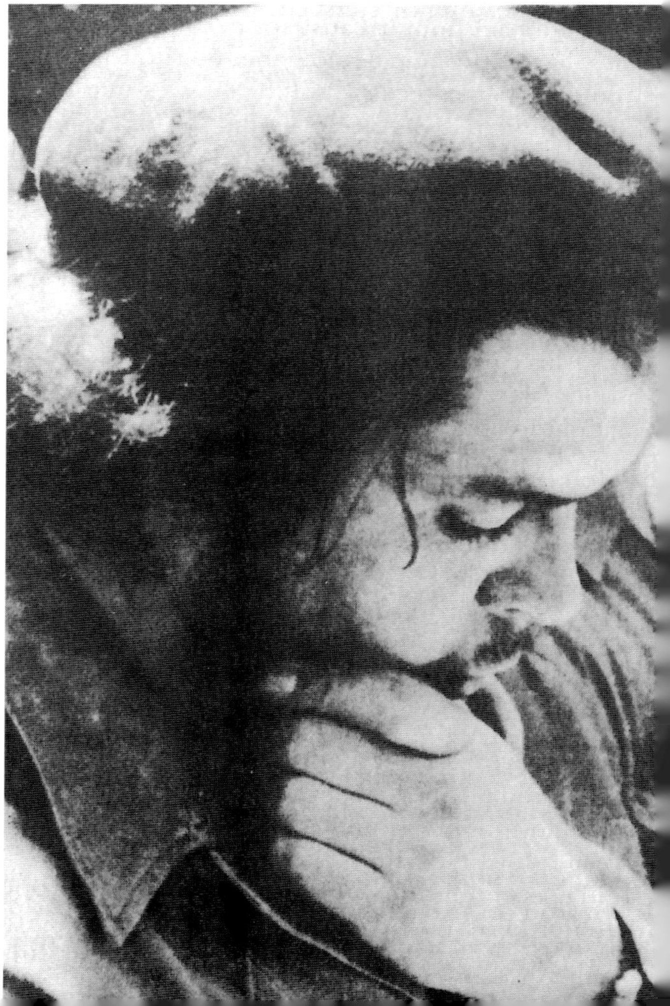

oben und links unten: Che im Aufzug eines gewissen Adolfo Mena, uruguayischer Agronom, bei seiner Abfahrt nach Bolivien im Oktober 1966. Fidel begutachtet Ches Reisepaß.
rechts unten: Selbstporträt in einem Hotelzimmer, aufgenommen während seiner Reise nach Bolivien.

oben: In der Basis von Ñancahuazú, Bolivien, Dezember 1966 / Januar 1967
unten: Einer der Beweise für Ches Anwesenheit in Bolivien, die vom bolivianischen Außenminister am 22. September 1967 auf einer Pressekonferenz in Washington vorgelegt wurden. Das Foto stammt von der Überfahrt über einen der Flüsse in Richtung Camiri im November 1966.

oben: In den Bergen
von Pinar del Río
während des Trainings
für die bolivianische
Guerilla

unten: Bei der
Lektüre auf einem Baum,
Basis von Ñancahuazú
1966

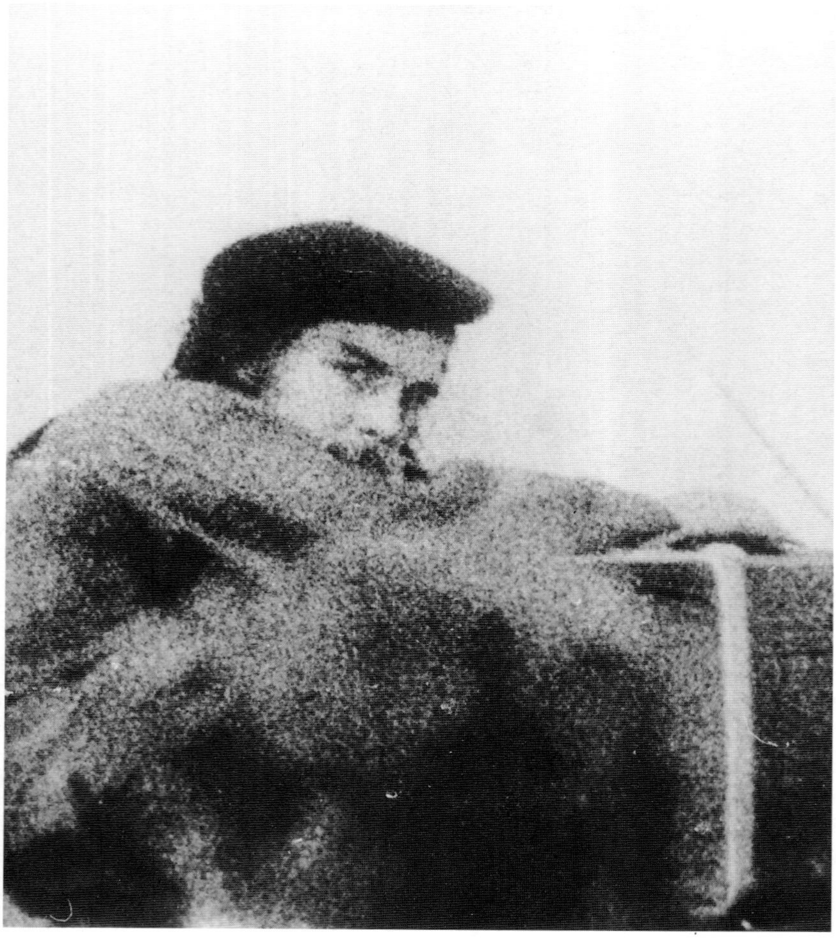

oben: Beim Bepacken eines Maultieres
unten: Ein Ausschnitt aus Ches Bolivianischem Tagebuch

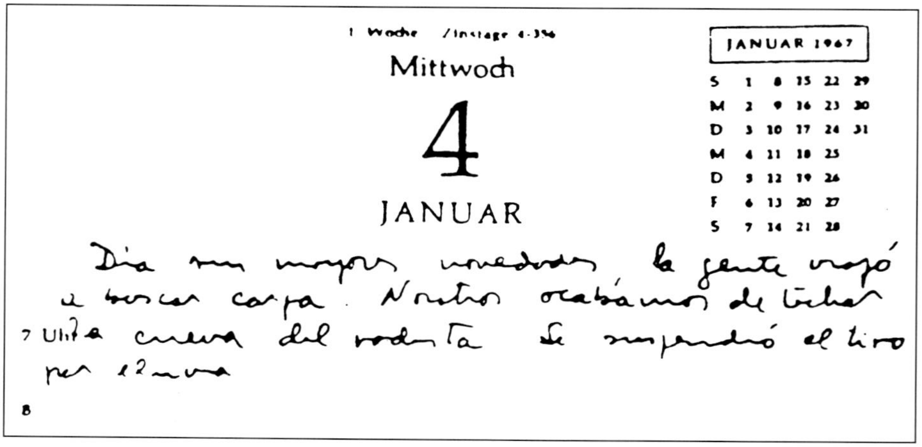

1 Woche /Instage 4-356

Mittwoch

4

JANUAR

JANUAR 1967

S	1	8	15	22	29
M	2	9	16	23	30
D	3	10	17	24	31
M	4	11	18	25	
D	5	12	19	26	
F	6	13	20	27	
S	7	14	21	28	

Día sin mayores novedades la gente viajó a buscar carga. Nosotros acabamos de techar la cueva del rodante. Se suspendió el tiro por la mañana

8

links: Der CIA-Offizier „Doktor González" auf dem Flugplatz von Vallegrande

rechts: Das letzte Foto vom lebenden Che, aufgenommen am 9. Oktober 1967 in der Ortschaft La Higuera nach seiner Gefangennahme; an seiner Seite der CIA-Agent Félix Rodríguez in einer Uniform der bolivianischen Ranger.
Zu diesem Zeitpunkt ist Che von einer Kugel am rechten Bein verletzt. Drei Stunden später wird er in der Schule ermordet.

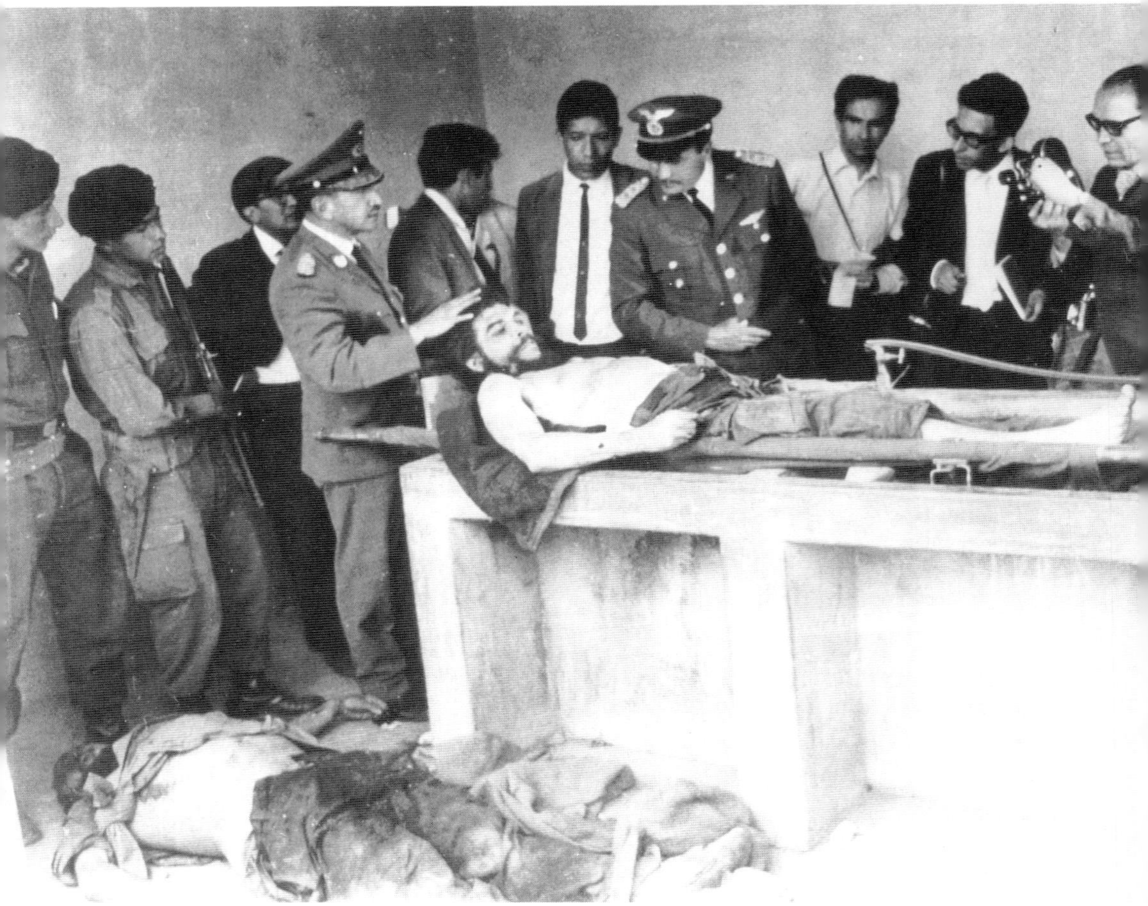

oben: Ches Leichnam im Malta-Krankenhaus von Vallegrande. Auf einer Pressekonferenz des bolivianischen Militärs wird erklärt, sein Tod sei von zehn Kugeln verursacht worden, die ihn bei einem Gefecht mit Rangern in der Churo-Schlucht getroffen hätten.

oben: Der Leichnam, 9. Oktober 1967

unten: Ches Leichnam in La Higuera, umgeben von bolivianischen Rangern

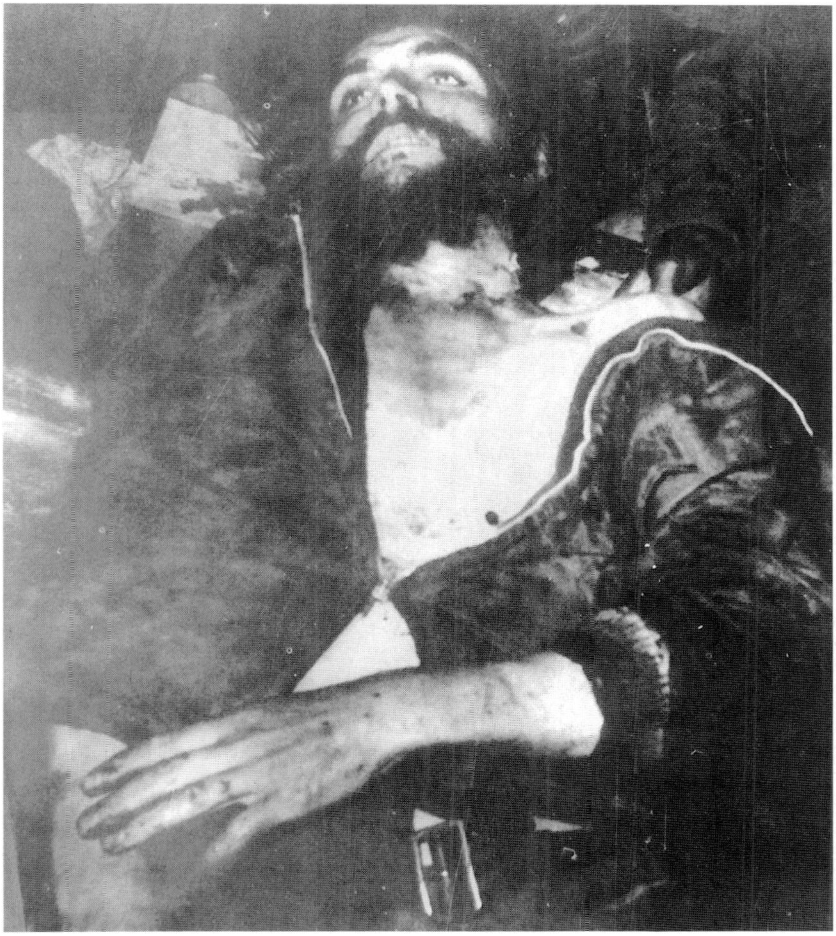

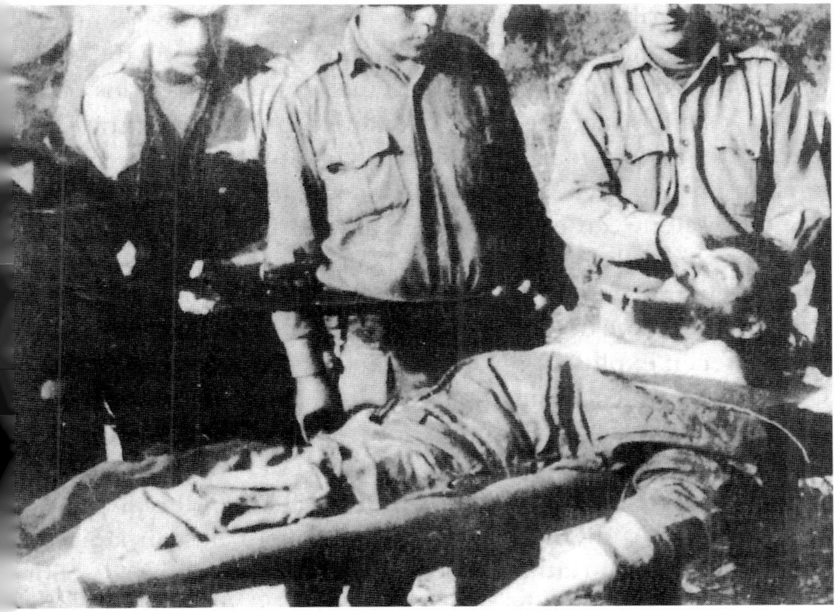

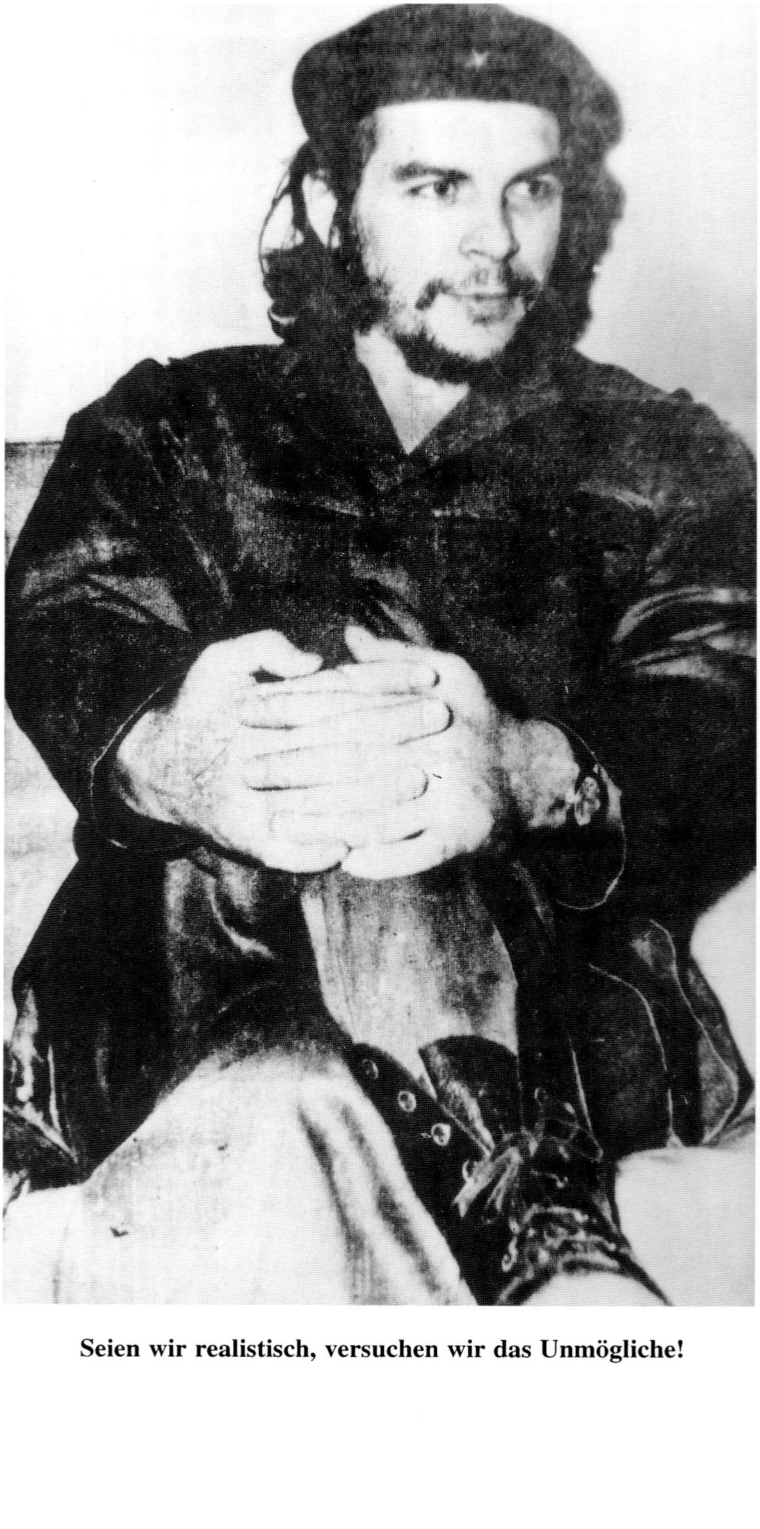

Seien wir realistisch, versuchen wir das Unmögliche!

zwei der vierzig Konsolidierten Unternehmen das Plansoll erfüllt, aber bei allen sei eine Steigerung der Produktion zu verzeichnen. *Es gibt zwei kritische Punkte:* Man arbeitet ohne Produktionsreserven, weshalb der kleinste Zwischenfall die Fabriken zum Stillstand bringe, und *die endlose Ersatzteilkrise.* Che verweist stolz auf den Erfolg der Basiskomitees, die Ersatzteile hergestellt und bestehende Maschinen mit Büroklammern und Nadeln einfallsreich umgebaut hätten.

Aufgrund von Hamsterkäufen und Rohstoffmangel sei es zu Problemen bei der Seife gekommen; gleiches gälte für die Schuhindustrie trotz der großen Produktionszuwächse, die den Milizen, den Alphabetisierern und den Stipendiaten zugute gekommen seien. Eine schwere Krise bei der Reifenherstellung konnte verhindert werden. Che kündigt Versorgungsengpässe bei Zahnpasta an, die Reserven seien aufgebraucht und neue Rohstoffe noch nicht eingetroffen. Die vorhandene Zahnpasta sei zwar sehr gut, würde aber nach einem Monat hart werden (er erklärt lachend, daß die Hamsterer deshalb angeschmiert seien). Er kündigt zukünftige Engpässe bei Bier und Erfrischungsgetränken aufgrund teilweise absurder Rohstoffmängel an. So würden zum Beispiel manchmal Flaschen fehlen, manche Verwalter seien ineffizient, manchmal wollte man einfach nicht auf kubanische Rohstoffe zurückgreifen. *Bei den Erfrischungsgetränken haben wir einen der größten Mißerfolge erlebt: Coca-Cola, eines der meistgetrunkenen Getränke, schmeckt zur Zeit nach Hustensaft* (diese Aussage wird ihm gewisse Scherereien mit den Arbeitern der Fabrik einbringen). Das ist noch nicht alles: Er schimpft über seine eigenen Schwächen und Fehler genau wie über die der anderen: *Es gibt Unternehmen, die Qualität mit Konterrevolution gleichsetzen und der Ansicht sind, daß die Qualität ein kapitalistisches Laster sei und man sich in dieser sozialistischen Epoche nicht um die Qualität kümmern müßte (...). Um Einsparungen vorzunehmen und die Produktion sicherzustellen, werden ständig Abstriche bei der Qualität gemacht (...). Wir haben darüber diskutiert, zwar nicht genug, aber wir sind immer wieder darauf zurückgekommen (...). Die sozialistische Entwicklung und die soziale Entwicklung eines gerecht geführten Landes werden für den Menschen gemacht und nicht für irgendeine Entelechie (...). Schönheit und Revolution sind kein Widerspruch. Einen häßlichen Nutzgegenstand zu schaffen, wenn man an seiner Stelle einen schönen machen könnte, ist tatsächlich ein Vergehen.* Und er legt noch etwas nach: *Denn die Genossen sind manchmal der Ansicht, daß man dem Volk alles mögliche vorsetzen kann, daß es ruhig minderwertig sein kann. (...) Obendrein kümmert man sich nicht richtig um die Versorgung (...). Und wenn das Volk dann protestiert, dann ist es konterrevolutionär. Das ist vollkommen falsch. Dem Volk mißfallen einige Sachen und genau deshalb haben wir uns hier versammelt. (...) Es ist nicht richtig, daß es Seife in Havanna gibt, wenn es keine Seife auf dem Land gibt. Wenn es keine Seife auf dem Land gibt, dann darf es auch keine in der Stadt geben.*

Alle wissen, daß Che keine leeren Worte redet, daß er die Wahrheit sagt und überzeugt ist, daß die Probleme nicht durch Leugnen gelöst werden können. Er kündigt Versorgungsengpässe an, aber gleichzeitig eine egalitäre Verteilung. Che kommt noch auf weitere Probleme zu sprechen: Produktionsstillstände in Eisen- und Kupferdrahtunternehmen aufgrund von Rohstoffmangel. Es kommt immer noch zu schwerwiegenden Planungsfehlern. Er kritisiert das Außenhandelsministerium und bescheinigt gleichzeitig, daß die Firmendirektoren häufig keine klaren Anweisungen geben. Er kritisiert die Firmendirektoren, die Havannas Molen als Lager nutzen, und übt überaus scharfe Kritik am Ministerium für den Binnenhandel: *Dort sind einige Dinge vorgefallen, die noch viel weniger zu rechtfertigen sind.* Danach kommt er auf die Armee zu sprechen, die Milizionäre, die in der Industrie gebraucht würden, ohne jede Notwendigkeit mobilisiere und Transportmittel beschlagnahme. *Jeder kleine Leutnant oder Hauptmann meint, er hätte das Recht, alles für sich zu beanspruchen, was ihm über den Weg läuft.* Danach ist das Bauministerium an der Reihe, das die Fertigstellung einer Fabrik zugunsten eines Parks zurückgestellt habe, in dem der Jahrestag der Gründung des 26. Juli gefeiert werden sollte.

Aber die Perspektiven für die Industrie sind nicht tragisch. Sie hat einen durchschnittlichen Produktionszuwachs von 120 bis 130% zu verzeichnen. Die Textilproduktion ist zurückgegangen, die Zementherstellung hat sich leicht erhöht. Die Schuhindustrie hat ihre Produktion in sechs Monaten verdoppelt. Auf diese Weise reiht Che Lob und Kritik aneinander, wobei die Kritik, wie im Fall der Streichholzherstellung, zuweilen ausgesprochen hart ausfällt: *Die Zündhölzchen sind einer der größten Schandflecken in unserem Ministerium. Es gibt niemanden im Industrieministerium, der nicht mehrmals am Tag daran erinnert wird, wenn er versucht, eins anzuzünden.*

Boorstein berichtet: „Ches Stimme bekam einen warmen Klang, als er auf die Errungenschaften bei der Arzneiproduktion zu sprechen kam, wo es 1961 trotz aller Schwierigkeiten und Rationalisierungen zur Vermeidung von Überschneidungen keine Versorgungsengpässe gab." Che schließt seinen Vortrag mit der Erklärung ab, das Volk müsse wissen, daß diese Dinge von der Regierung diskutiert werden müssen (womit er klar und deutlich zu einer öffentlichen und transparenten Debatte aufruft). Anschließend spricht er sich für die Gleichberechtigung der Frau aus und kündigt an, daß die Frauen in Kürze massiv an der Produktion teilnehmen würden.

Bei den endlos langen Sitzungen kommt es zu einem freundschaftlichen Wortwechsel zwischen dem Bauminister Osmany Cienfuegos und Che. Osmany streitet ab, daß er Parkanlagen anstelle von Industrien habe bauen lassen. Er erklärt die Episode mit dem kleinen Park zu Ehren des 26. Juli und legt eine Liste fertiggestellter Industrieanlagen vor. Che bittet ihn darum, sie noch einmal zu lesen, da ein Teil davon agro-industrielle Anlagen seien, die dem INRA unterstehen würden. Schließlich werden sie sich darüber einig, daß es notwendig sei, sich zu koordinieren und gemeinsame Prioritäten festzulegen.

Trotz der Rechtschaffenheit, die großen wirtschaftlichen Probleme offen vor der Bevölkerung zu diskutieren, ist an dem Optimismus, mit dem die Sitzung endet, etwas falsch: Es stimmt zwar, daß der Lebensstandard 1961 gegenüber 1959 um 60% gestiegen ist, aber das angestrebte 10 bis 15%ige Wachstum wird nicht erreicht und die Versorgungsengpässe werden anhalten. Wie Kommandant Mora richtig in Erinnerung gerufen hat, gibt es wenige Länder, die so stark vom Ausland abhängig sind wie Kuba, wo alle nationalen Erzeugnisse, sogar die Zuckerherstellung, auf die eine oder andere Weise vom Ausland abhängen.

Einen Monat später, am 24. September, wird das Erste Produktionsplenum im Galicischen Zentrum in Havanna abgehalten. Es handelt sich um eine Fortsetzung der Nationalen Produktionsversammlung, die sich nun ausschließlich auf die Hauptstadt bezieht. Che skizziert die Lage. Er fungiert zu diesem Zeitpunkt vorübergehend als Arbeitsminister, da sich Martínez Sánchez auf einer Rundreise durch die sozialistischen Staaten befindet.

Ches Beitrag konzentriert sich auf Probleme aus der Arbeitswelt: *Der Absentismus nimmt bereits alarmierende Formen an.* Che macht das Problem vor allem in den Hochlohn-Industriebereichen aus, wie z.B. in der Textilindustrie, wo eine mehrtägige Abwesenheit vom Arbeitsplatz keine Lohneinbußen nach sich ziehe. Che erwähnt allerdings nicht, daß der Lohn geringe Produktzulagen enthält.

Er weist darauf hin, daß die politischen Diskussionen, der Verkauf von Zeitungen und die revolutionären Mobilisierungen innerhalb der Arbeitszeit erfolgen und so auf Kosten der Arbeitszeit gingen.

Ches Reden werden fast umgehend in den Broschüren der Reihe „Obra revolucionaria" abgedruckt. Er hält das für nützlich, damit das Volk kontrollieren kann, was die Regierung erklärt. Später weist er darauf hin: *Ende 1961 hielten wir eine Versammlung zur Kritik und Selbstkritik ab. Ich glaube, daß es anderthalb Jahre gedauert hat, bis die Schlußfolgerungen dieser Versammlung zusammengestellt worden waren. Man hat sie nie ausgewertet. Das Ganze war ein bürokratischer Mißerfolg (...). Es gab eine Reihe von Problemen, die das bestehende Unbehagen und die existierenden Mängel deutlich machten. Diese Indikatoren sind aber nie genutzt worden.*

Unabhängig von der unmittelbaren Wirkung dieser Debatten setzt Che seine Kampagne für die Informationstransparenz fort. Am 6. Oktober hält er einen Vortrag im Industrieministerium, der mit einer Selbstkritik beginnt, in der er erklärt, wie seine militaristische Guerillaausbildung auf das Ministerium übertragen wurde. *Alle Anordnungen wurden als unaufschiebbar behandelt und mußten ohne Diskussionen ausgeführt werden. Danach kam eine gewaltige Arbeitslast auf uns zu (...). Es gibt eine ganze Reihe von Verpflichtungen, die quasi den ganzen Tag in Anspruch nehmen und sich bis in die Nachtstunden hinziehen. Man macht nichts anderes, als an die Arbeit zu denken. All das führt nach und nach zu einer Abstraktion von der Wirklichkeit und vom Menschen als Individuum. Die Leute werden nicht mehr als Menschen mit persönlichen Problemen gesehen, sondern als Soldaten, als eine Zahl in einem heimtückischen, permanenten Krieg, der gewonnen werden muß. Auch die Anspannung ist permanent und es werden nur die Endziele gesehen. Gegenüber diesen Endzielen wird nach und nach die alltägliche Wirklichkeit vergessen. Das alles habe ich natürlich wie viele andere auch durchgemacht (...). Ich kann sagen, daß ich kein Kabarett, kein Kino und keinen Strand kenne. Ich habe keine einzige Wohnung in Havanna betreten, ich weiß nicht, wie das kubanische Volk lebt. (...) Wir müssen etwas tun, damit dieser Organismus lebendiger wird, damit er nicht ganz so unmenschlich ist.*

Damit endet die Selbstkritik, er geht zum Angriff über: *Vor kurzen habe ich das erste Mal seit langer Zeit einen Rundgang gemacht. Ich fing im achten Stock an.* Er hat damit die Leute aufgescheucht, alle haben in Gruppen zusammengesessen, einige haben Radio gehört. *Es hat sich dabei herausgestellt, daß es zu jeder Art von Absentismus kommt. Einige Leute haben keine Lust zur Arbeit zu gehen und bleiben einfach ganz weg. Dann gibt es den, der zu spät kommt und pünktlich geht. Dann gibt es den, der abends länger gearbeitet hat und am nächsten Tag einen Vorwand findet, um später zu kommen und in Wirklichkeit überhaupt nichts tut. Es gibt den Absentismus von Leuten, die morgens ihre Besorgungen machen und nachmittags ihre Freunde besuchen (...). In einem Stockwerk bin ich auf einen Genossen gestoßen, der die Zeitung gelesen hat. Macht euch keine Sorgen, ich habe vergessen, wie er aussieht.*

In diesen Tagen verstrickt Che sich in eine kuriose Diskussion. Er schreibt am 7. Oktober an „Revolución" und beklagt sich darüber, daß der Schachmeister José Luis Barreras in der entsprechenden Zeitungsrubrik eine sehr leichte Schachaufgabe gestellt habe. Der dadurch pikierte Barreras stellt dann in der nächsten Nummer eine sehr schwierige Aufgabe: ein Schachmatt in drei Zügen. Eine Woche später erreicht ihn ein Schreiben von einem sogenannten „Inkognito" mit der richtigen Lösung in allen ihren Varianten, kurz darauf ein Anruf von Che. Es ist nicht seine einzige Schachintervention jener Tage, das *einzige Laster*, das er sich erlaubt. Einige Monate zuvor hat Che bei einem Schachturnier in Ciudad Deportiva teilgenommen. Barreras bezeichnet seinen Stil als „kühn, aktiv, nicht auf das Halten der Stellung bedacht und auf Alles oder Nichts setzend". Che besiegt bei dieser Gelegenheit Rogelio Ortega mit einer als Damen-Fianchetto bekannten Variante, die er leicht abgeändert hat und unter Freunden „La Guevarovsky" nennt.

Der Schachspieler Guevara widmet die letzten Tage des Jahres 1961 seinen Aufgaben im Industrieministerium und ist dabei, der Alphabetisierungskampagne, einer der großen Bemühungen der revolutionären Regierung, den letzten Ruck zu geben. Am 16. Dezember hißt er in der Militärbasis San Julián in Guane die rot-weiße Fahne als Zeichen für ein analphabetismusfreies Gebiet. Am 23. nimmt er an der Abschlußveranstaltung der Alphabetisierungskampagne teil. Die Ergebnisse sind aufsehenerregend: 707.000 Personen sind alphabetisiert worden, nur 3,9 % der Bevölkerung kann weder schreiben noch lesen. Eine beeindruckende Zahl, die in nur zwei Jahren und mit einer einzigen massiven Kampagne erzielt worden ist.

Die Revolution feiert am 1. Januar 1962 ihren Jahrestag auf der Plaza de la Revolución in Havanna. Che nimmt einem Pressephotographen die Kamera mit Teleobjektiv ab, eine russische Zenith mit einer 300-mm-Linse, und schießt glücklich mehrere Fotos, darunter eine mittelmäßige Aufnahme von Fidel. Am nächsten Tag, und ohne daß es bekannt ist, sitzt Che im Flugzeug, das die Spitze der 18 Maschinen bildet, die den Himmel in einer V-Formation zum Zeichen des Sieges durchkreuzen. Sie lassen Che ans Steuer, nachdem sich die Formation aufgelöst hat.

Che hat seit Ende '59 bei seinem persönlichen Piloten De la Campa fliegen gelernt und den Pilotenstern erworben. Er ist so stolz darauf, daß er ihn als einzige Auszeichnung neben seinem Kommandantenstern trägt.

Am 3. Januar kehrt er zu seinem prosaischen Ministerleben zurück und weiht eine Keksfabrik ein, die aus schrottreifen Maschinen und zusammengeklaubten Einzelteilen besteht. *Stück- und scheibchenweise.* Er erklärt lobend, daß *es sich um eine Fabrik zur Herstellung von Konsumgütern* handle. Es gebe keinen Sozialismus, ohne den Leuten mehr Produkte zur Verfügung zu stellen.

Was sein gesellschaftliches und kulturelles Leben angeht, so weiß man nur, daß er ab und zu mit Aleida und seiner Leibwache ins Autokino geht. Dabei stößt er immer auf das kleine Problem, daß die Kassierer kein Geld von ihm wollen: *Das Kino gehört doch nicht dir, es gehört dem Volk. Warum willst du dann also kein Geld von mir haben?*

Am 6. Januar hält Che eine Rede auf einer Hafenarbeiterversammlung, in der er die Bedeutung der Importe, der Importsubstitution und die Notwendigkeit der Technifizierung erklärt. Er spricht über Kubas Abhängigkeit von Einfuhren, die nicht *für die Entwicklung des Landes, sondern für unsere Subsistenz benötigt werden.* Und er fordert die Arbeiter zur Steigerung der Produktivität auf. Er führt keine nationalen Gründe an, sondern die Solidarität mit anderen Arbeitern, mit den Arbeitslosen und Bauern: *Es muß ein Überschuß für die anderen geschaffen werden. Die anderen.* Es scheint, als habe er seinen paternalistischen Diskurs der ersten Revolutionstage aufgegeben und spreche nun mit den Leuten, die Verpflichtungen haben, von gleich zu gleich. Den Hafenarbeitern soll erläutert werden, daß die Waren, die sie abladen, Zweck, Ziel und Sinn haben. Die Leute sollten jeden Tag etwas tun, mit kleinen Bemühungen etwas verbessern. Es ist zweifellos eine Botschaft, die ankommt. Er schließt seine Rede mit einem Aufruf an das Kollektiv: *Die Aufgabe ist sehr groß. Sie ist so groß, daß niemand sie allein lösen kann. Wir lösen sie entweder zusammen oder sie wird nicht gelöst.*

Zu der Zeit verfaßt Che einen Text, um seine eigenen Gedanken zu ordnen, die in den letzten Monaten Veränderungen durchlaufen haben. Der Artikel lautet: „Aufgaben der revolutionären Industrie in den kommenden Jahren". Nachdem er die vergangenen Konflikte nachgezeichnet hat, spricht er von der Planung wie von einem neuen Spielzeug. Er will einen Plan, der rationalisiert und koordiniert, der *sich an die Möglichkeiten zur Erzeugung von Rohstoffen und an unsere realen Importmöglichkeiten anpaßt.*

In diesem Text wird die ursprüngliche Vorstellung einer schnellen Industrialisierung auf Grundlage der Importsubstitution durch aus Osteuropa gelieferte Fabriken aufgegeben. Stattdessen sieht Che eine langsamere industrielle Entwicklung vor, die von den Prioritäten einer sozialen Revolution bestimmt wird:

Transport, Gesundheitswesen, Erziehung, Landwirtschaft (der Verbrauch hat gewaltig zugenommen) und natürlich – obwohl er es nicht erwähnt – Kriegsmaterial. Er markiert die Linien der industriellen Entwicklung: Schiffbau, Eisen- und Stahlindustrie, Elektronik und Zuckerchemie.

Er definiert die katastrophalen Lohnunterschiede als eines der großen Probleme, die in unmittelbarer Zukunft gelöst werden müssen. Es gehe einfach nicht an, daß für gleichwertige Arbeiten je nach den früheren Verhandlungskapazitäten der einzelnen Sektoren unterschiedliche Löhne gezahlt würden. Eine Angleichung nach unten würde die gerechten Errungenschaften rückgängig machen. Eine Angleichung nach oben würde den Markt mit Geld überschwemmen, das die Inflation verschlingen würde.

Kurze Zeit später kommt Che auf einer Sitzung im Industrieministerium erneut auf das Lohnproblem zu sprechen. Er weist darauf hin, daß von Seiten der Arbeiter ein starker Druck zur Lohnangleichung nach oben ausgeübt würde. Denn nach der Zusammenführung der Unternehmen hätten sie gewaltige Unterschiede zwischen den Arbeitern festgestellt, die dank der gewerkschaftlichen Organisation hohe Löhne erzielen, und den Arbeitern aus Klitschen oder rückständigen Sektoren, die sehr wenig verdienen.

Aber Che widersetzt sich einer Angleichung nach oben. Seiner Überzeugung nach hat der Absentismus damit zu tun, daß der Besitz von Geld an Bedeutung verliert, da es keine Produkte zu kaufen gibt. Er sagt, man müsse die Löhne senken, aber niemand traue sich, eine derartige Maßnahme durchzusetzen. *Ich übernehme die Verantwortung nicht ...* Der Lohn sei irreal und man fördere damit den Schwarzmarkt und die Spekulanten. *Wir können nicht neues Geld in Umlauf bringen, wenn wir keine Erzeugnisse haben, für die dieses Geld ausgegeben werden kann.*

Anfang 1962 wachsen die Spannungen mit den neuen Alliierten. Wenn wir den Angaben von Franqui folgen, hält Fidel keine großen Stücke auf den sowjetischen Botschafter. Die Techniker kommen mit dem kubanischen Stil nicht zurecht, und um dem Ganzen die Krone aufzusetzen, interviewen die Redaktionsleiter der beiden wichtigsten sowjetischen Tageszeitungen „Prawda“ und „Iswestija“ Fidel und veröffentlichen das Interview zensiert. „Revolución“ druckt darauf das vollständige Interview ab, in dem Fidel anstelle der friedlichen Koexistenz – der gängige Begriff der Sowjetbürokratie – erklärt, daß eine Koexistenz mit den Yankees nicht möglich sei.

Während die Beziehungen zur UdSSR angespannter werden, will die Kennedy-Regierung die Revolution um jeden Preis vernichten. Im Februar leitet General Landsdale die Operation Mangosta ein, in deren Rahmen ein erster Operationsplan festgelegt wird, der die Aufnahme von Guerillatätigkeiten auf kubanischem Territorium für die Monate August/September vorsieht. Diese sollen in den ersten beiden Oktoberwochen zu einer offenen Revolte führen und zum Monatsende in eine neue Regierung münden. Das „Kuba-Projekt“ stellt sich die Frage, ob eine direkte militärische Intervention ausgeschlossen worden sei, und antwortet darauf: „Die endgültige Entscheidung steht noch aus.“ Tatsache ist, daß es von Februar bis August zu 716 vom CIA organisierten Sabotageakten kommt, die zu Schäden in Millionenhöhe und zu Opfern unter der Bevölkerung führen.

Trotz dieser Aktivitäten setzt Che seinen persönlichen Krieg zur Durchsetzung eines neuen Stils und einer neuen solidarischen Arbeitskultur fort. Auf einer Versammlung des Führungsrats im Industrieministerium legt er seine Haltung bezüglich der Arbeitsanreize offen und bezieht Position in der Polemik darüber, ob der materielle Anreiz über Preise bzw. Geld oder der moralische Anreiz im Vordergrund stehen soll: *In den Ländern, die sich in den ersten Etappen ihrer Revolution befinden, während derer die revolutionäre Begeisterung besonders aufblüht, ist es im allgemeinen so, daß der moralische Anreiz stärker ist als der materielle.*

Beide sind eng miteinander verbunden (...). Wir wollen den materiellen Anreiz nicht ausschließen, wir meinen lediglich, daß wir darum kämpfen müssen, den moralischen Anreiz über einen möglichst langen Zeitraum hinweg zum entscheidenden Faktor für das Verhalten der Arbeiter zu machen (...). Laßt uns einen qualitativen materiellen Anreiz schaffen ... Und er erläutert seine Vorstellungen am Beispiel von Arbeitern, die über die Planvorgaben hinausgehende Produktionsleistungen erbracht haben. Anstatt Lohnzuschläge zu erhalten, sollten sie auf technische Fachschulen geschickt werden, um ihre berufliche Qualifikation zu verbessern. Nach ihrer Rückkehr würden sie dann das Gehalt einer höheren Lohnstufe erhalten.

In derselben Versammlung kündigt Che an, daß die gesamte Verstaatlichung der Industrie unmittelbar bevorstehe, *sie ist bereits angekündigt worden.* Gleichzeitig gibt er den Hinweis: *Sie soll aber so human wie möglich erfolgen.* Es geht jetzt um den Sektor von Kleinunternehmern mit 15 bis 30 Arbeitern. *Sie stellen keine soziale Gefahr dar ...* Er schlägt vor, sie als Berater einzustellen, ihr Knowhow und all ihre Hingabe zu nutzen, die sie in ihre kleinen Fabriken gesteckt haben.

Dann kommt er auf seinen Arbeitsstil zu sprechen: *Meine Art und Weise, die Dinge anzugehen, besteht darin, die Wahrheit zu sagen. Ich persönlich glaube, daß dies am besten ist.* Gleichzeitig beklagt er sich, daß er durch seine 17stündige Arbeit im Ministerium und den Zwang zur Beschäftigung mit konkreten Problemen wenig Zeit für die Aufgaben in der nationalen Leitung, in der Wirtschaftskommission der ORI oder im Zentralen Planungsrat aufbringen kann.

Vielleicht deshalb führt Che, als er auf die politische Lage in Kuba zu sprechen kommt, die Einheit in der revolutionären Leitung Kubas als einen der größten derzeitigen Vorteile an: *Es kommt zu keinerlei Machtkämpfen.* Diese Ansicht ist etwas naiv und hat wohl eher mit seiner eigenen Verachtung der Macht zu tun. In die Probleme der Industrie vertieft, bemerkt er kaum noch, was in seiner Umgebung vor sich geht – und dies zu einem Zeitpunkt, da die PSP-Bürokratie unter Führung von Aníbal Escalante im Begriff steht, sich der ORI zu bemächtigen. Dort ersetzen mittlerweile das Sektierertum und der Autoritarismus in zahllosen Bereichen die Debatte und den Dialog. Die Bauernführer des 26. Juli werden gegen marxistische Bürokraten ausgetauscht, es kommt zu Arresten ohne Verfahren, zu Razzien gegen Homosexuelle, zu repressiven Gesetzwidrigkeiten und Machtmißbrauch. Der italienische Journalist Saverio Tutino zählt folgende Punkte auf: „ ... Autoritarismus und Sektierertum in den letzten Monaten, Beschlagnahme von Häusern und Privatautos durch Funktionäre, Umwandlung von Kirchen in Geschäfte. Die Mentalität der Bürokraten der PSP war eher die von Beamten als die von Revolutionären (...). Die Kader aus den Bergen waren mit dem Argument, ihr politisches Niveau sei zu gering, abgesetzt worden."

Allerdings muß Che wahrgenommen haben, daß in der Einheitspartei irgendetwas nicht stimmt. Er merkt an, daß er eine Umfrage unter prämierten Arbeitern durchgeführt habe. Fast alle hätten die Frage, ob sie Milizionäre seien, bejaht. Die Frage, ob sie Mitglieder der Partei seien, hätten hingegen fast alle verneint.

Oltuski, der zu diesem Zeitpunkt mit Che im Zentralen Planungsrat zusammenarbeitet, erinnert sich später an das damalige politische Klima: „Auf dem Höhepunkt des Sektierertums griff ein Extremist den 26. Juli an. Nachdem ich kurz gezweifelt hatte, gab ich mir einen Ruck: ‚Wir hatten zwar keine Ahnung vom Marxismus und gehörten keiner Partei an, aber wir haben Batista vielleicht genau deshalb besiegt.' Und Che gab mir recht (...). Als ich noch Sekretär war und einen alten Kommunisten zu unrecht angriff, hatte Che mich zurechtgewiesen."

Im Januar 1962 nimmt der argentinische Dichter Juan Gelman an einem Interview einer Gruppe von argentinischen Journalisten und Gewerkschaftern mit Che teil: „Es fand um 4 Uhr morgens im Industrieministerium statt. Einige waren von der Revolution begeistert. Che dämpfte den Enthusiasmus ein wenig, er wollte die Revolution nicht idealisieren: *Wir waren nie mehr als 2.000. Einige waren sehr gute Revolutionäre, aber sie verließen die Guerilla mitten im Kampf, da sie Heimweh hatten oder ihnen das Wasser nicht bekam ...*

Hinter mir erwähnte jemand den Heldenmut der Guerilleros, die im Stehen gekämpft hatten. Ich sagte leise zu dem argentinischen Kollegen: ‚Es ist die sicherste Position, wenn sie dich aus der Luft beschießen.' Che hatte mich gehört und erklärte: *Das stimmt, aber man muß es erst einmal tun.*

Che sah sich in dieser Zeit dem großen Problem gegenüber, daß überall Kader fehlten. Er erklärte, er würde die Chinesen beneiden, da sie einen sehr viel längeren Krieg geführt hätten und deshalb Zehntausende von Kadern ausbilden konnten. Er forderte uns nachdrücklich zur Kritik auf. Ein junger Basisdelegierter eines argentinischen Großunternehmens erklärte, es sei ihm aufgefallen, daß ein Textilarbeiter sehr wenige Maschinen bedienen würde. Er wolle zwar nicht der Überausbeutung das Wort reden, die die Argentinier zur Bedienung vieler Maschinen zwinge, sei aber der Ansicht, daß man die Produktivität erhöhen könne, wenn ein Arbeiter mehr Maschinen bedienen würde. Che antwortete, daß sie bei den Verhandlungen zur Stärkung der Bewegung nach ihrem Einzug in Havanna 1959 Abkommen mit den Gewerkschaftsführern geschlossen und dabei diskussionslos alle Arten von Maximalforderungen akzeptiert hätten, da sie ohne jede Erfahrung gewesen wären. Ein Ergebnis davon sei die mangelnde Produktivität. Und er erzählte die folgende Anekdote: Einige Tage zuvor, als er gerade die Ausbesserungsarbeiten in einem Gebäude überwacht habe, sei er dem Polier begegnet und dieser habe ihm erklärt: ‚Es läuft alles prima, Kommandant, die Leute arbeiten fast soviel, als seien wir im Kapitalismus.'"

Trotz der Probleme mit der Arbeitskultur und der zahlreichen Irrtümer gibt es keinen Zweifel daran, daß die revolutionäre Begeisterung sich auf die Produktion auswirkt. In der sehr problematischen Situation der ersten drei Revolutionsjahre steigt die Industrieproduktion – ausgenommen der Zuckersektor – um 23%, *was beeindruckend war.*

Am 23. Januar – an einem Samstagnachmittag, dem Zeitpunkt der höchsten Einschaltquote – hält Che eine ausgesprochen harte Rede im Fernsehen, in der er den Mißerfolg der Zuckerrohrernte ankündigt. Er spricht von den Freiwilligen, die fehlende Arbeitskräfte bei der Ernte zu ersetzen versuchen. Und er weist darauf hin, daß die Arbeiter, die zwei Wochen zum Zuckerrohrschneiden abgestellt werden, von ihren Arbeitskollegen ersetzt werden müßten, ohne daß es dadurch zu Produktionsrückgängen in den Fabriken kommen dürfe. Er ruft dazu auf, die freiwillige Arbeit besser zu organisieren, und erinnert dabei an die Erfahrungen aus dem Vorjahr, wo es aufgrund fehlender Planung zu einem Transportchaos gekommen sei. Außerdem verweist er auf die Probleme, die durch die freiwilligen Erntehelfer aufgeworfen worden waren, die zu weit oben geschnitten hätten, weshalb der Ertrag des nachwachsenden Zuckerrohrs zu gering gewesen sei.

Er kalkuliert, daß wegen der Trockenheit und des Mangels an Arbeitskräften (und der Diversifizierung des Anbaus, was er allerdings nicht erwähnt) die diesjährige Ernte bestenfalls ca. 5,2 Millionen Tonnen einbringen würde. Ches Schätzungen über den Rückgang gehen nicht sehr weit daneben: Letztendlich werden in der Zuckerrohrernte 1962 4,8 Millionen Tonnen eingefahren, also 2 Millionen weniger als im Vorjahr.

Der französische Agronom René Dumont erklärt in Anlehnung an die Darstellungen der Kritiker, daß die freiwillige Arbeit zwar nicht bezahlt werde, aber die Transportkosten oft höher seien als die Erträge. Beim Schnitt des Zuckerrohrs sei aufgrund fehlender Erfahrung der Pflanzenstrunk zerstört worden, und die Arbeiter, die länger bei der Ernte geblieben wären, hätten Industrielöhne erhalten, die sehr viel höher seien als die eines normalen Erntearbeiters. Bei der Kaffeeernte hätten die Studenten aus Oriente nur 7,8 % der Gesamternte eingeholt. Sie hätten es auf 1,2 Kisten am Tag gebracht, während die landwirtschaftlichen Arbeiter sieben Kisten täglich füllen. Dumont behauptet zudem, daß die pädagogische Wirkung aufgrund der Faulenzerei der Erntehelfer gleich Null gewesen sei. Es handelt sich dabei zweifellos um eine sehr verallgemeinernde Darstellung, die stark von den Kritikern der freiwilligen Arbeit beeinflußt ist. Diese Kritik wird besonders von den Anhängern der sowjetischen Philosophie der Rationalisierung aufgrund von materiellen Anreizen im INRA und in der ORI vertreten.

Am 4. Februar verkündet Fidel bei einer öffentlichen Ansprache die II. Erklärung von Havanna. Es handelt sich um ein programmatisches Dokument, das viele Ansichten Ches über die notwendige lateinamerikanische Revolution wortgewaltig aufgreift. Kurze Zeit später, am 25. Februar, wird die Wirtschaftskommission der Nationalen Leitung der ORI geschaffen. Die Kommission wird von Dorticós, Carlos Rafael Rodríguez (INRA) und Che als Triumvirat geleitet.

Eine ihrer ersten Aufgaben ist die Teilnahme an der Debatte über die Lohnpolitik. Ches damaliger Widersacher Carlos Rafael Rodríguez erinnert sich: „Die Lohndiskussion, an der Arbeitsminister Augusto Martínez Sánchez aktiv beteiligt war, wurde letztendlich von diesen drei Genossen geführt. Bei der Festlegung der Preise und Prämien war Che besonders darauf bedacht, daß kein Arbeiter bei der Übererfüllung der Norm mehr verdiente als ein Angehöriger der unmittelbar höheren Lohnstufe (um ihn dazu zu zwingen, eine höhere Qualifikation zu erwerben, wenn er mehr verdienen wollte). Che verteidigte seinen Standpunkt ziemlich hitzig." Rodríguez schlägt damals vor, daß die Übererfüllung finanziell belohnt werden müsse, um eine Erhöhung der Produktivität zu erreichen: Und wenn der Arbeiter dadurch mehr verdienen würde, sei eben nichts daran zu ändern, denn andernfalls würde Arbeitsleistung vergeudet, „die die Leute nicht zu leisten bereit wären, wenn wir ihnen keine Möglichkeiten zur Erhöhung des Lohns geben würden". Che verteidigt die moralischen Anreize und die Fortbildung als Alternative dazu. „Wir nahmen schließlich Ches Vorschläge an."

Schließlich kommt die schwelende politische Krise zum Ausbruch. Am 8. März wird die Liste der Aktivisten bekanntgegeben, aus der sich die Nationale Leitung der Vereinigten Revolutionären Organisationen zusammensetzt. Auf diese Weise wird ein Prozeß abgeschlossen, der im Dezember '61 begonnen hatte. Die PSP ist im Verhältnis zu ihrer Bedeutung im revolutionären Prozeß übermäßig vertreten. Wird auf diese Weise die sowjetische Hilfe vergütet? Che ist gemeinsam mit Fidel, Raúl, Ramiro, Osmany Cienfuegos, Carlos Rafael, Haydée Santamaría, Aragonés, Hart und dem Präsidenten Dorticós Mitglied der 25köpfigen Leitung. Das Direktorium ist nur durch Faure Chomón vertreten. Auf lokaler Ebene ist das Übergewicht der alten PSP-Mitglieder noch stärker. (Fidel erklärt später: „Die einzigen, die sich hier organisiert haben, sind die PSP-Mitglieder. In allen Provinzen ist es das gleiche. Wer ist zum Provinzsekretär der ORI ernannt worden? Der ehemalige Provinzsekretär der PSP!") Der Sieg dieses neuen Apparats wird allerdings nur von kurzer Dauer sein.

Am 10. März erzählt Che bei einer Führungssitzung des Industrieministeriums, daß er die letzten drei Tage bei einer Versammlung der ORI-Leitung zugebracht habe, ohne daß das Ziel dieser Sitzung konkretisiert worden sei. Er vermittelt seinen Kadern eine Reihe von Kritiken an der Parteiorganisation und ihrem Versuch, in Anlehnung an das sowjetische Modell alles zu kontrollieren. *Ein Kontrollorgan, das zu einem ausführenden Organ wird: Es gibt keine Kritik.* Er erzählt, daß Fidel den Befehl gegeben habe, die Rationierung auch auf die Leitung auszudehnen. *Auch bei uns gibt es nun kein Fleisch mehr* (Che hat bereits seit einiger Zeit bei sich die Rationierung angewandt, auch wenn er dies nicht erwähnt). *Wenn also jetzt der Magen zwickt, dann liegt es daran, daß die Lage härter geworden ist. Ihr wißt dann auch besser, wovon ihr redet.* Er ist über die Ausfälle im Agrarsektor zutiefst empört: *Das erste sozialistische Land Amerikas, die Avantgarde Amerikas, der Leuchtturm Amerikas, und es gibt weder Malanga noch Yucca, noch sonst etwas. Hier ist die Rationierung mehr oder minder stark. Aber man braucht nur nach Santiago zu fahren. Dort gibt es nur vier Unzen Fleisch die Woche, dort fehlt es an allem, außer an Bananen. Und die Fettration ist halb so hoch.*

Er kritisiert die Hexenjagd seitens der ORI und fährt fort: *Die ORI weiß nicht, was ihre Funktion ist. Sie soll keinen Zement verteilen, sie ist kein Arbeitsamt, sie darf kein Fleisch verteilen. Die ORI ist der Motor der Revolution und nicht das ausführende Organ von Verwaltungsfragen.* Er beendet seine Rede mit einem rätselhaften: *Na gut, das wird sich ja bald ändern.*

Seinen Kollegen in der Ministerialleitung dürfte die Bedeutung von Ches Schlußwort nicht klar gewesen sein. Es wird vielleicht durch einen kleinen Absatz in einem Artikel seines alten Freundes aus den Tagen im Gebirge, des Journalisten Carlos María Gutiérrez, erklärt. Der erzählt, daß Che zu einer Untersuchungskommission gehört, die die Auswirkungen der Machtmonopolisierung durch Aníbal Escalante und eine Gruppe von Kadern des PSP untersucht. Diese Machtmonopolisierung bezieht sich besonders auf das Außenministerium, die Staatssicherheit, das INRA, die Rebellenarmee und das Erziehungsministerium.

Auch Ches Ermahnungen dürften nicht ohne weiteres verstanden worden sein: *Die Revolution muß in einem heftigen Rhythmus erfolgen. Wer müde wird, hat zwar ein Recht auf Erholung, aber kein Recht, zur Avantgarde zu gehören.* Anschließend bringt er eine für ihn ungewöhnliche Klage vor: *Am Montag begannen wir um acht Uhr morgens eine Diskussion, die um sechs Uhr nachmittags beendet war; danach gab es noch eine und obendrein war Büroarbeit zu erledigen. Am Dienstag begannen wir um elf Uhr morgens und beendeten die Diskussion um acht Uhr abends. Am Mittwoch gab es eine Sitzung um zehn Uhr morgens, die um zwölf Uhr nachts endete. Am Donnerstag begann die Diskussion um drei und endete um zehn Uhr nachts. Freitag begann sie um acht Uhr morgens und endete um acht Uhr abends. Heute, am Samstag, hat sie um neun Uhr morgens begonnen und geht noch weiter.*

Drei Tage nach Ches Gespräch im Ministerium ergreift Fidel auf einer Veranstaltung in der Universität das Wort, um einen vorangegangen Beitrag zu kritisieren. Sein Vorredner hatte ein Zitat des verstorbenen Leiters des Direktoriums, José Antonio Echevarría, verfälscht, in dem dieser von Gottes Gnaden gesprochen hatte. Fidel benutzt in seiner scharfen Rede erstmals das Wort „Sektierertum". Es bezeichnet die Tendenz, die damit kritisiert wird. Drei Tage darauf, am 17. März, schimpft er bei einer Ansprache vor Alphabetisierern erneut über das Sektierertum.

Am 22. März wird die Zusammensetzung des Sekretariats der ORI bekanntgegeben. Es ist nur ein einziges PSP-Mitglied, Blas Roca, darunter; die anderen sind alle Mitglieder des 26. Juli, Che eingeschlossen. Fidel und Raúl bekleiden die Ämter des Ersten bzw. Zweiten Sekretärs. Es ist die erste Gegenmaßnahme. Am 26. März erscheint Fidel vor den Fernsehkameras und wettert gegen das Sektierertum in der ORI. Er kündigt den Ausschluß von Aníbal Escalante an, den er beschuldigt, eine Partei von blind ergebenen Anhängern geschaffen zu haben, die für alles um Erlaubnis gebeten werden müßte. Parallel zur Maßnahme gegen Aníbal wird der Einfluß einer Gruppe von Kommunisten in der ORI zurückgedrängt. Hans Magnus Enzensberger erklärt später, daß dies die einzige Art und Weise gewesen sei, die Tendenzen zur Verselbständigung der PSP-Bürokratie zu bremsen.

Allerdings führt der gesamte Prozeß – die Militarisierung, die notwendigen Kontrollmaßnahmen gegen die alltäglichen Aggressionen, die Vertikalisierung des Führungsapparats – zu einer politischen Befehlsstruktur ohne Gegengewichte, deren Defekt nicht allein dem autoritären Stil der alten Stalinisten zuzuschreiben ist.

Damals erhält Che eine schlechte Nachricht. Sein Freund El Patojo ist bei einem Gefecht in Guatemala umgekommen. Kurz danach wird ihm von Mexiko aus ein Koffer mit Kleidern und einem Gedichtband geschickt. Etwas später notiert er:
Vor einigen Tagen erhielten wir eine Kabelnachricht über die Vorfälle in Guatemala, in der vom Tod einiger Patrioten berichtet wurde, unter denen sich Julio Roberto Cáceres Valle befindet.

In diesem mühseligen Beruf des Revolutionärs, mitten in Klassenkämpfen, die den gesamten Kontinent aufwühlen, ist der Tod ein häufiger Einschnitt. Aber der Tod eines Freundes, eines Gefährten in schwierigen Stunden und bei Träumen von besseren Tagen, ist immer eine schmerzhafte Nachricht. Julio Roberto war ein sehr guter Freund.

Seit seiner Ankunft in Kuba haben wir fast immer zusammengewohnt, so wie es sich für eine alte Freundschaft gehört. Aber die alte gegenseitige Vertrautheit konnte in diesem neuen Leben nicht aufrechterhalten werden. Ich ahnte nur, was Patojo beabsichtigte, wenn ich ihn manchmal ins Studium einer indianischen Sprache seiner Heimat vertieft sah. Eines Tages erklärte er mir, daß er aufbrechen würde, daß die Stunde gekommen sei und er seine Pflicht erfüllen müsse.

El Patojo hatte keinerlei militärische Ausbildung. Er fühlte nur den Ruf der Pflicht und wollte in seinem Land mit den Waffen kämpfen, um auf gewisse Weise unseren Guerillakampf zu wiederholen. Wir führten daraufhin eines der wenigen langen Gespräche unserer kubanischen Epoche. Ich beschränkte mich darauf, ihm drei wesentliche Punkte einzuschärfen: konstante Beweglichkeit, konstantes Mißtrauen, konstante Wachsamkeit (...). Das waren die gerafftesten Lehren unserer Guerillaerfahrung. Es war das einzige, was ich dem Freund außer einem Händedruck mitgeben konnte. Hätte ich ihn davon abhalten sollen? Mit welchem Recht? Wo wir doch etwas begonnen hatten, als es für unmöglich gehalten wurde, und er nun wußte, daß es doch möglich war.

Zurück bleibt erneut der bittere Geschmack des Scheiterns.

Und dieser bittere Geschmack verläßt Che nicht – dieses Gefühl, daß Lateinamerika eine noch nicht in Angriff genomme Aufgabe ist. So sehr er sich auch täglich – trotz des kurzen Zwischenspiels beim Kampf gegen Escalante – auf seine Wirtschaftstätigkeiten konzentriert, die unter dem Druck des Versorgungsbedarfs einer Bevölkerung stehen, dessen Bedürfnisse enorm gestiegen sind.

Im März '62 weiten sich die Engpässe im Industriesektor aus: Damenunterwäsche, Männerhemden und Schuhe. Es hat zu wenig geregnet, die Nachfrage nach neuen Produkten hat zugenommen bzw. die Versorgungsengpässe bei einem Produkt haben zu Mehrkonsum bei einem anderen und damit zu seiner Verteuerung geführt. Die Kinder haben Anrecht auf ein Glas Milch täglich, die Erwachsenen jedoch nur auf 0,2 Liter pro Woche. Viele Schüler der öffentlichen Schulen erhalten allerdings Extrarationen. Boorstein merkt an: „Zwar war das Essen trotz der Rationierungen für die Mehrheit der Bevölkerung besser als 1959, aber die städtischen Arbeiter und die Mittelklasse waren schlechter gestellt als früher, obgleich sie den Mangel in Restaurants etwas lindern konnten."

Che ist wütend. In einer Versammlung des Ministeriums erklärt er: *Und wir haben (...) einen Haufen Leute eingestellt, die noch nichts produziert haben. Erst wegen der großartigen Bürokratie (...), dann wegen der Fehlinvestitionen, dann wegen der Ausgaben für Luxus. Und all diese Dinge sind auf Kosten der Löhne gegangen. Gleichzeitig haben die Leute Geld, und man hat alles aufgegessen. Wir haben alle Kühe vertilgt und jetzt gibt es keine Malangas mehr. Das ist nur ein Beispiel ... Die Schuldigen daran sind wir, und das muß klar gesagt werden (...). Die Arbeiterklasse will uns deshalb verurteilen? Soll sie ruhig. Soll sie uns doch absetzen, soll sie uns doch füsilieren, sie können machen, was sie wollen. Aber das Problem liegt auf dem Tisch.*

Che kasteit sich vielleicht zu sehr. Die Irrtümer sind natürliche Folgen der Unerfahrenheit. Die Investitionen waren von der Dringlichkeit der Importsubstitution bestimmt und die Fabriken aus Osteuropa hingen von Rohstoffen ab, die zum Großteil in Kuba nicht vorhanden waren. Man hat jedoch die bestehende Industrie in Betrieb gehalten und angesichts der Blockade und der Versorgungsengpässe scheinbar Unmögliches geleistet. Und letztendlich sind die sozialen Prioritäten der öffentlichen Gesundheitsversorgung und des Bildungswesens erfüllt worden. Die Prioritäten für 1962 sind nun festgelegt worden und man schickt sich an, das Chaos der Lohnstruktur in Angriff zu nehmen. Die Konsolidierung der stalinistischen Partei innerhalb der ORI und ihre Diktatur über die Gesamtheit der Gesellschaft konnte verhindert werden. Es ist zwar alles schwierig und extrem kompliziert, aber Che hat, wie Rossana Rossanda Jahre später sagt, in seiner Logik des „Kommunismus ohne Partei" sehr wichtige Triebfedern für eine Beteiligung im Inneren der kubanischen Gesellschaft aktiviert.

Am 13. April nimmt Che an der Abschlußzeremonie der Zuckerrohrernte teil. *Ohne Angst vor den Erklärungen des Feindes müssen wir eingestehen, daß es eine schlechte Ernte ist.* Das Haupthindernis sei die gewaltige Trockenheit gewesen. Andererseits *arbeiten wir mit einer gewaltigen Ineffizienz.* Hinzu kommt *der Zwist zwischen der Landwirtschaftsabteilung und der Industrieabteilung (...).*

Ich glaube, daß die Landwirtschaftsabteilung einen größeren Teil der Schuld daran trägt als wir. Den einzigen positiven Aspekt sieht er in Matanzas, wo es zu einer aufsehenerregenden Reaktion des Volkes auf die Angriffe der Contra und die Brandstiftungen in den Pflanzungen gekommen ist.

Zwei Tage später, bei der Abschlußsitzung des kubanischen Gewerkschaftsrates CTC, fragt sich Che, warum die Initiative wesentlich von oben, vom Ministerium, gekommen ist: *Woher kommt diese Apathie? Warum müssen große Aufgaben, gewaltige Aufgaben, die die Arbeiterklasse angehen, immer als bürokratische Initiativen entstehen?* Er erklärt es sich als ein Phänomen, das aus der Zeit des Sektierertums, der Trennung zwischen Leitung und Bewegung geerbt worden ist, als die Organismen zum Ausdruck des Massenwillens sich aus Bürokraten und Funktionären zusammengesetzt haben. Adolfo Gilly greift das Problem zwei Jahre später wieder auf, als er die städtischen Gewerkschaften als bürokratisch und vertikal bezeichnet: in den Staat integrierte Strukturen, die unfähig sind, die Bedürfnisse der Arbeiter zu artikulieren, Gewerkschaften, die keine Avantgarde bilden, sondern den Ereignissen hinterherhinken.

Am 30. April nimmt Che im García-Lorca-Theater an einer Versammlung mit Arbeitern teil, auf der die besten eines jeden Industriezweigs mit einer Wohnung prämiert werden. Einer der Arbeiter verzichtet auf das Geschenk. Er habe schon eine und man solle sie einem anderen geben. Che beglückwünscht ihn öffentlich. Es ist paradox, daß er bei einer Veranstaltung zur Förderung des materiellen Anreizes die einzige Person beglückwünscht, die diesen zurückweist. Es ist paradox, aber auch normal für einen Menschen, der gewöhnlich kein Geld in der Tasche hat.

Kapitel 31

★

Lust, auf Flugzeuge zu schießen

Am 4. Mai kommt Che im Versammlungssaal des Industrieministeriums mit ausländischen Gewerkschaftsdelegationen zusammen, die zur 1. Mai-Feier angereist sind. Wieder einmal herrscht Ungezwungenheit. Auf dem Tisch sitzend, die olivgrüne Baskenmütze hinter sich, zeichnet Che den Gästen ein ziemlich schreckliches Bild der Lage: Die Industrie hänge wesentlich von der Einfuhr von Produktionsmitteln ab und diese wiederum von der Exportkapazität. Die Zunahme der landwirtschaftlichen Produktion sei von der gewaltigen Zunahme der Konsumkapazität des kubanischen Volks geschluckt worden. Trotz der vor einem Jahr erlassenen Rationierung sei der Konsum höher als je zuvor. Die Produktion von Zuckerrohr sei zurückgegangen, was zu einer sehr bedenklichen Lage geführt habe, die Anpflanzung von neuem Zuckerrohr sei vernachlässigt worden. Aufgrund des Ungleichgewichts zwischen Geldumlauf und Produktion sei die Inflation gestiegen und der Geldwert gefallen. Die aus der Vergangenheit geerbte Lohnanarchie bestehe fort.

Es ist ein Gespräch unter Freunden: klar, transparent, ohne propagandistische Absichten und besonders kritisch gegenüber dem Zustand der kubanischen Wirtschaft.

Eine Woche später erfüllt sich Che einen der Träume seines Lebens als Schachspieler, indem er anläßlich des Capablanca-Turniers zu einer Simultanpartie gegen Boris Spasski antritt. Er nimmt an Simultanpartien und Turnieren im Industrieministerium teil und gewinnt sogar eine Simultanpartie gegen den argentinischen Schachmeister Miguel Najdorf, der blind gegen zehn Gegner spielt. Che, der einige Remis erzielen kann, hat eine Zigarre im Mund, die ihm Augenzeugen zufolge „umso besser zu schmecken schien, je kürzer sie war". Er mag es nicht, wenn ihm in Simultanpartien ein Patt angeboten wird, denn das ist gängige Praxis der Schachmeister bei Blindspielen, die auf diese Weise ihre härtesten Widersacher ausschalten. Che weigert sich beim 12. Zug, akzeptiert aber schließlich beim 17. Er weiß nicht, daß zu diesem Zeitpunkt ein Plan des CIA anläuft, ihn und Fidel zu vergiften. Das Komplott wird sich, wie viele andere auch, in nichts auflösen.

Che hält in diesen Tagen auch eine Ansprache vor Mitgliedern der Staatssicherheit, die er später zu einem Artikel mit dem Titel „Taktik und Strategie der lateinamerikanischen Revolution" verarbeitet, der erst nach seinem Tod veröffentlicht werden sollte. Es ist ein Text von mittelmäßiger Qualität, sprachlich recht orthodox und polemisch gegen den friedlichen Weg zur Revolution in Lateinamerika (Hinterhof, Bastion des Imperialismus, schwache Bourgeoisie, die die Auseinandersetzung scheut).

Amerika ist ein Vulkan. Er ist zwar noch nicht tätig, wird aber bereits vom gewaltigen unterirdischen Lärm erschüttert, der seinen Ausbruch ankündigt. Er charakterisiert die Allianz für den Fortschritt als *einen imperialistischen Versuch, den revolutionären Charakter der Völker zu bremsen, indem eine kleine Menge der Gewinne unter den kreolischen Ausbeuterklassen verteilt wird.*

Er kommt zu zwei Schlußfolgerungen: Guerillakampf zur Zerstörung der herkömmlichen Armee *und der kontinentale Charakter des Kampfes. Könnte man etwa diese neue Etappe der Emanzipation Amerikas als einen Wettstreit zweier lokaler Kräfte um die Macht eines vorgegebenen Territoriums begreifen? Natürlich nicht (...). Die Yankees würden intervenieren, denn der Kampf in Amerika ist entscheidend.* Diese beiden Vorstellungen werden Einfluß auf seine zukünftige Praxis haben.

Im selben Vortrag kommt er auf ein heikles Thema zu sprechen, das mit der Staatssicherheit zu tun hat. Er kritisiert scharf die Auswüchse der Parteiführung in Matanzas und das Verkommen der Komitees zur Verteidigung der Revolution, die er als Schlupfwinkel des Opportunismus bezeichnet. Sie seien im Volk unbeliebt, zwar aus der Verteidigung der Revolution durch das Volk entstanden, nun aber von ihm isoliert. Er warnt die Mitglieder der Staatssicherheit davor, daß auch sie diesen Weg der Isolierung vom Volk einschlagen könnten. Sie sollten nicht vergessen, daß es *für uns sehr viel wichtiger ist, Malanga zu haben als euch.* Und sie sollten auch nicht vergessen: *Konterrevolutionär ist der, der gegen die Revolution kämpft. Konterrevolutionär ist aber auch der, der sich durch seine Beziehungen ein Haus beschafft, der sich danach zwei Autos besorgt, der die Rationierung mißachtet, der schließlich alles hat, was das Volk nicht hat.*

Gegen wen kämpft er? Der bürokratische Apparat von Escalante und die alte PSP sind demontiert worden. Wer sind die neuen anti-egalitären Bürokraten?

Am 20. Mai wird Camilo, Ches erster Sohn, geboren. Che kann das Ereignis nur wenige Tage lang genießen, denn es deuten sich große Erschütterungen an. Die Spannung zwischen der kubanischen Revolution und den Vereinigten Staaten läuft in den nächsten Monaten Gefahr, sich in einem globalen atomaren Zusammenstoß zu entladen. Zwei Tage vor der Geburt seines Sohnes hat Che in einer Rede gesagt: *Der Imperialismus ist sich nicht klar darüber, wozu die Sowjetunion in der Lage ist, um uns zu verteidigen (...). Wenn er sich täuscht, wird der Imperialismus zwar bis zu seinen Wurzeln zerstört werden, aber von uns wird auch nur sehr wenig übrig bleiben. Wir müssen deshalb zu überzeugten Kämpfern für den Frieden werden.*

Und wozu ist die Sowjetunion in der Lage?

Am 30. Mai wird Che von Fidel zu einem Treffen im engsten Kreis gerufen, an dem lediglich noch Präsident Dorticós, Fidel und Raúl Castro teilnehmen. Fidel informiert sie darüber, daß er am Vortag mit dem sowjetischen Marschall Birjusow gesprochen hat, der den Vorschlag von Nikita Chruschtschow übermittelte, die kubanischen Verteidigungslinien zu verstärken – sogar mit Atomraketen. Fidel sagt ihnen, daß er die Entscheidung bis zu dieser Befragung aufgeschoben habe.

Es gibt keine Aufzeichnungen über die Diskussion der vier, auch ihre Übereinkünfte und Meinungsverschiedenheiten sind nicht bekannt. Sehr viel später, im Jahr 1992, erklärt Fidel: „Uns gefielen die Raketen nicht, sie schadeten dem Bild der Revolution in Lateinamerika. Die Sprengköpfe ließen uns zu einem sowjetischen Militärstützpunkt werden, gleichzeitig glaubten wir, daß dadurch der sozialistische Block gestärkt würde." Tatsache ist, daß die vier Teilnehmer dieses Treffens sich zugunsten des russischen Angebots entscheiden. Kuba wird zu einer Atommacht.

Die Anekdoten über Che reißen nicht ab. So wird beispielsweise erzählt, daß er eines Nachts am Steuer eines Chevrolet auf der Landstraße von Fomento einem alten Mann, der per Fahrrad unterwegs war, einen Stoß versetzt habe, weil vom Sattel ein Stock herabhing. Er habe seinen Wagen angehalten und sei auf den alten Mann zugegangen, der im Straßengraben die Schäden überprüfte:

Ist Ihnen etwas passiert?

Der alte Mann habe aufgeblickt und Che erkannt:

„Sind Sie der, der mich angefahren hat?"

Ja.

„Ich bin vielleicht ein Glückspilz, jetzt kann ich meiner Frau erzählen, daß Che mich angefahren hat."

Eine andere Anekdote: Fidel hat bei seinem Eintreffen auf einer Juceplan-Sitzung ein Schweizer Taschenmesser mit einem Dutzend Klingen, Springfedern und weiteren Instrumenten auf den Tisch geworfen.

„Sieh mal, Che, was sie mir geschenkt haben."

Die Sitzungsteilnehmer sind um einen langen rechteckigen Tisch versammelt und Fidel hat sich Che gegenüber hingesetzt. Zu Beginn der Sitzung hat Che mit dem kleinen Messer herumgespielt, während er den Rednern zuhörte und abwechselnd Schere, Messer, Feile und den Korkenzieher herausgezogen. Plötzlich hat er das Messer in die Mitte des Tisches geschoben, so daß es zwischen Fidel und ihm liegt; vielleicht einige Millimeter näher bei ihm.

Fidel hat zum Messer gegriffen, mit ihm herumgespielt und es schließlich wieder in der Mitte liegenlassen, aber diesmal etwas näher bei ihm.

Während der vier- bis fünfstündigen Sitzung hat sich diese Szene mehrfach wiederholt. Als Fidel die Versammlung schließlich für beendet erklärt hat und aufgestanden ist, liegt das Messer noch auf dem Tisch. Fidel, schon auf dem Weg zur Tür, erinnert sich plötzlich und kehrt um. Che ist mit verschränkten Armen sitzengeblieben und hat den Premierminister beobachtet. Fidel hat ihn nun seinerseits angeschaut, zum Messer gegriffen und wieder hinausgehen wollen. Dann aber hat er das bereut und ungehalten zu Che gesagt:

„Da hast du es, verflucht noch mal."

Che hat aufgeschaut und das Messer genommen.

Der Erzähler dieser Geschichte, dem sie aus erster Hand überliefert wurde, weiß nicht, ob Che gelächelt hat.

Mitte Juni geht Che im Industrieministerium das Problem der Herstellung pharmazeutischer Produkte an. Die Wirtschaftskommission der ORI hat eine Untersuchung durchgeführt, aus der hervorgegangen ist, daß es einen Überschuß an gewissen Rohstoffen gibt. Gleichzeitig hat das Unternehmen Importe eben dieser Rohstoffe beantragt. Die Kommission aber hat bei ihrer Untersuchung einen unseligen Stil an den Tag gelegt; die Untersuchten und sogar Che selbst sind dabei beleidigt worden.

Auf einer Sitzung des Führungsrates argumentiert Che, daß man die Unternehmensleiter nicht für ihre Unkenntnis der Bestände bestrafen könne, da dies ein allgemeines Problem sei. Er würde sie aber deshalb bestrafen, weil sie sich geweigert hätten, die Wahrheit zu akzeptieren, wenn sie auch von einem Haufen von Grobianen übermittelt worden sei. Che fährt fort: *Es ist uns in diesem Ministerium gelungen, dem Stil von Escalante ein Ende zu setzen, und wir sind daraufhin in einen Abgrund von Verantwortungslosigkeit gefallen (...). Durch die fehlende Praxis revolutionärer Prinzipien (...) haben wir angefangen, mit dem Irrtum zu leben, und sind immer mehr dazu geneigt, die Engpässe zu erklären, anstatt sie zu beseitigen.*

Jetzt werden die Schläge ausgeteilt. Jede einzelne der harten Sanktionen wird erklärt. *Wir müssen den methodischen Zweifel anwenden (...), jede Anzeige, so absurd sie auch sein mag, muß überprüft werden.* Che wiederholt einen Kernsatz: *Unsere Staatsverwaltung ist die am wenigsten schlechte, aber nicht die beste.*

Auf der gleichen Sitzung schimpft er über die Gewerkschaften: *Die meisten Gewerkschaftsführer haben keine Unterstützung durch die Massen.* Sie würden sich darauf beschränken, den Druck von unten und den Druck von oben zu übermitteln. *Die Gewerkschaften sind mechanisch aufgebaut worden. (...) Sie sind nicht in der Lage gewesen, ein paar Leute für die Zuckerrohrernte zusammenzubringen.* Sie seien unfähig gewesen, bei irgendeiner Angelegenheit ein Beispiel zu geben. Einen Monat später erklärt er auf einer Veranstaltung der CTC in einem sehr viel sanfteren Ton: *Viele Genossen haben geglaubt, daß sie keine Verpflichtungen mehr hätten, und wollten nur neue Rechte erwerben.*

Mit seiner üblichen, zuweilen übertriebenen Neigung zur Selbstkritik weist er darauf hin: *Wir befinden uns in einem schwierigen Moment. Wir können uns nicht leisten, die Fehler zu bestrafen; vielleicht kann sich das innerhalb eines Jahres ändern. Wer soll aber jetzt den Industrieminister entlassen, der letzten November einen Plan unterzeichnet hat, demzufolge 10 Millionen Paar Schuhe hergestellt werden müßten, und der wer weiß welchen Unsinn sonst noch verzapft hat?*

Und er prüft kritisch die getätigten Investitionen. Beispielsweise für eine von Polen gekaufte Hefefabrik, die über 200 Arbeiter für eine Produktion benötigt, die eine westliche Fabrik zum gleichen Preis mit 27 Arbeitern bewältigt. *Es handelt sich um eine deutsche Fabrikanlage, von der die anderen sagten, daß sie besser funktioniere, was wir aber nicht glaubten, da wir es für ein Symptom des Antikommunismus hielten.* Aber sie hatten recht, die Technologie war schlecht.

Che wird täglich neu vom technologischen Rückstand der sozialistischen Länder überrascht. *Der amerikanische Caterpillar ist besser als jeder russische Traktor. Warum? Im kapitalistischen Wettbewerb zählen eben eine 2 Stundenkilometer höhere Geschwindigkeit, eine kleine Verbesserung an der Hydraulikanlage und eine 4 PS stärkere Leistung.*

Er ruft dazu auf, auf die Straße zu gehen, den Leuten zuzuhören, sie zu beobachten und von ihnen zu lernen. *Wir werden die Ereignisse nicht vom neunten Stockwerk aus bewerten.*

Der Wirtschaftsminister Regino Boti sagt in diesen Tagen zu Karol: „Wir hatten kaum ein Loch gestopft und schon mußten wir zum nächsten stürzen, das noch tiefer war als das vorherige." Che zeigt auf, was das praktisch bedeutet: *Die meisten von uns arbeiten wahrscheinlich 16 Stunden täglich; die Genossen aus dem Ministerium sind hier täglich 16 Stunden zusammen. Ich bin hier oder mit anderen Sachen 16 Stunden beschäftigt. Sonntags kommen wir hierher, um uns fortzubilden bzw. das Liegengebliebene zu lesen. Wenn nicht, leisten wir freiwillige Arbeit.*

Im Juli '62 stellt die Leitung der ORI Che zum Zentralen Planungsrat ab, um diesem einen neuen Impuls zu geben und, vor allem, um einen gewissen Respekt vor der Planung zu erzielen. Oltuski, der als Staatssekretär im Industrieministerium tätig gewesen ist, wird als Vizepräsident ebenfalls zum Juceplan geschickt. Das neue Amt hindert Che nicht daran, seine Aufgaben bei der freiwilligen Arbeit fortzusetzen. Am 31. Juli soll in der Weizenmühle José Antonio Echevarría ein neuer Produktionsrekord aufgestellt werden. Che folgt der Einladung der Arbeiter. Schnell lernt er, die Mehlsäcke zu füllen und zuzunähen. Der Mehlstaub löst einen Asthmaanfall aus; er verabreicht sich einige Inhalationen und arbeitet weiter. Er schafft 100 Säcke. Er dankt den Arbeitern, daß sie ihm erlaubt haben, am Rekord teilzunehmen. Er ist ihnen für ihre Gefälligkeit dankbar, einem Minister die Rückkehr zur körperlichen Arbeit zu erlauben.

In diesen Tagen spielt er auch erstmals in Kuba Golf. Es handelt sich um ein Freundschaftsspiel gegen Fidel und Núñez Jiménez, das sie im Golfclub Colinas in Villareal in der Nähe von Havanna austragen. Er gewinnt. Später behauptet er in Erinnerung an seine Tage als Caddy in Altagracia: *Ich konnte ja Golf spielen.* Das Ergebnis der Partie ist auf jeden Fall erbärmlich. Für den auf 70 Schläge ausgelegten Kurs benötigt Che 127 Schläge und Fidel 150.

Am 13. August händigt der sowjetische Botschafter Alexejew Fidel das Regierungsabkommen über die Raketenstützpunkte aus. Fidel gibt es nach einer Überprüfung an Che weiter, damit dieser es in die UdSSR bringt. Die Situation spitzt sich rasch zu. Am 27. August trifft Kommandant Guevara mit Emilio Aragonés unter dem Vorwand eines Besuchs zur „Erörterung von wirtschaftlichen Fragen“ in Moskau ein. Am 30. kommt er mit Chruschtschow in dessen Datscha auf der Krim zusammen. Obwohl Che darauf besteht, das Abkommen öffentlich zu machen, weigert sich Nikita und geht sogar soweit, es nicht zu unterzeichnen. Er will damit wahrscheinlich verhindern, daß die Kubaner die Information durchsickern lassen. Das Atomabkommen wird somit ohne die Unterschrift der einen Seite geschlossen.

Am 31. August wird darüber informiert, daß Che einen Vertrag zur Zusammenarbeit in technischen, landwirtschaftlichen, Stahlerzeugungs- und militärischen Fragen unterzeichnet habe. Der Inhalt des Abkommens wird nicht weiter erklärt. Am 2. September reist Che von Moskau in die Tschechoslowakei und besucht in Brno eine Industriemesse. Am 5. September ist er wieder in Kuba. Es sind nur drei Wochen vergangen. In dieser Zeit sind die Vorbereitungen zur Einrichtung der zukünftigen Militärstützpunkte erfolgt, was dem US-amerikanischen Nachrichtendienst nicht entgangen ist. Die in der letzten Augustwoche absolvierten Spionageflüge der U 2 scheinen den Bau von Raketenbasen zu bestätigen.

McNamara informiert Kennedy darüber, der zu der Ansicht gelangt, daß es sich um Defensivwaffen handle. Diese Gespräche in der US-amerikanischen Führungsspitze fallen mit dem Scheitern des Mangosta-Projekts zusammen, das in dieser Phase eigentlich zum Sturz der kubanischen Regierung hätte führen sollen. Doch die vom CIA unterstützten Contra-Banden sind nach und nach aufgerieben worden. Die Sabotageakte gehen weiter und haben eine gewisse Wirkung erzielt, es ist ihnen aber keineswegs gelungen, Kubas Wirtschaft zum Erliegen zu bringen.

Die Regierung der Vereinigten Staaten beginnt eine Kampagne gegen die Aufstellung sowjetischer Waffen in Kuba. Die Russen antworten am 11. September mit einer Erklärung der Agentur Tass, in der darauf hingewiesen wird, daß es sich um Defensivwaffen handle. Vier Tage vorher hat das Pentagon grünes Licht für die Vorbereitung eines Plans gegeben, der einen kombinierten Angriff von See-, Land- und Luftstreitkräften gegen Ende des Monats vorsieht. Am 15. legt der sowjetische Frachter „Poltowa" mit der ersten Rakete an Bord in Mariel an. Sie wird danach heimlich auf den Stützpunkt San Cristóbal transportiert. Der sowjetische Außenminister Andrej Gromyko beschuldigt die USA vor der UNO-Vollversammlung, Kriegshysterie zu schüren.

Am Rande der wachsenden Spannungen hält Che am 28. September auf einer Sitzung im Führungsrat des Industrieministeriums eine Rede, in der er seiner Sorge um die Qualität Ausdruck verleiht: *Wir wollen keine Qualität auf Grundlage von Verschwendung. Bei all diesen Dingen des Volkskonsums muß man jedoch anspruchsvoll sein. Die Dinge müssen so gut wie möglich gemacht werden (...). Zur Zeit willst du dir ein Streichholz anstecken und der Kopf bricht ab. Danach steckst du dir die Zigarre an und sie geht aus* ... Qualität und Ausschuß: *Vor einem Jahr kam ich nach Nuevitas. Dort standen einen Kilometer vom Meer entfernt Maschinen im Freien und rosteten vor sich hin. Es gab einen gewaltigen Anpfiff. Der Verwalter wurde ausgetauscht. Er hatte die Maschinen nicht ins Lager gebracht, da es keinen Kran gab (...). Man hätte sie auf Rollen hineinschieben können. Die Ägypter haben mit diesem System Pyramiden gebaut und riesige Steine über kilometerlange Strecken befördert. Und jetzt soll man in Kuba beim Aufbau des Sozialismus nicht in der Lage sein, einen Stein zu bewegen, der keine Tonne wiegt.*

Am 6. Oktober hat das Pentagon die Operationspläne 312, 314 und 316 für die Invasion Kubas ausgelöst, die mit einem massiven Luftangriff eingeleitet werden soll. Unterdessen ist Che aus Sicherheitsgründen erneut umgezogen, diesmal in die Calle 47 Nr. 772 zwischen Conill und Tulipán in Nuevo Vedado.

Am 13. Oktober kommt Chester Bowles mit dem sowjetischen Botschafter Dobrynin zusammen und erklärt ihm, daß es offensichtlich Atomraketen in Kuba gebe. Der Botschafter, der die Wahrheit nicht kennt, streitet dies ab. Zwei Tage später erhalten die US-Amerikaner die Bestätigung. Als Ergebnis der U 2-Flüge werden Komponenten einer MRM-Basis in San Cristóbal und Raketen mit einer Reichweite von 1.500 Meilen entdeckt. Es gibt keine Anhaltspunkte für die Existenz von atomaren Sprengköpfen in der Gegend. Der CIA-Experte ist der Ansicht, daß die Raketen nicht abschußbereit sind. Nach Bewertung der Lage weist der US-Botschafter bei der UNO, Adlai Stevenson, am 17. Oktober Kennedy darauf hin, daß die russischen Raketen mit denen der US-Stützpunkte in der Türkei vergleichbar sind. Was sind also die moralischen Grundlagen, Kuba das Recht zur Aufstellung von Raketen streitig zu machen?

Am selben Tag empfängt Che seinen Freund Ben Bella in Havanna. Über die gegenseitige Solidarität zwischen den beiden jungen – algerischen und kubanischen – Revolutionen hinaus treffen Che und Ben Bella Vereinbarungen zur

Unterstützung anderer revolutionärer Projekte, wie man später sehen wird.

Und in eben dieser Woche lehnt Kennedy die risikoreichsten Vorschläge seiner Berater ab, die unter anderem einen geballten Luftangriff auf Kuba vorsehen. Er entscheidet sich stattdessen für die Seeblockade und bittet einen Berater um die Schaffung der gesetzlichen Grundlagen, um sie ausrufen zu können. Von beiden Seiten wird Druck ausgeübt. Beim Besuch von Andrej Gromyko in den Vereinigten Staaten bestehen die Russen auf dem Defensivcharakter der den Kubanern ausgehändigten Waffen. Sowjetischen Quellen zufolge gibt es zu diesem Zeitpunkt zwar atomare Sprengköpfe auf der Insel, sie sind aber weder in die Raketen eingebaut noch auf ihnen montiert.

Am 20. Oktober spricht Che auf der Feier zum Jahrestag der Jugendorganisationen. Es ist eine mittelmäßige Rede voller Gemeinplätze. Er trifft nicht den Kern der Probleme und springt von einem Thema zum nächsten, ohne präzise zu werden. Er scheint mit seinem Kopf woanders zu sein. Er glaubt, daß die Kommunistische Jugend dabei ist, sich von der Krankheit des Sektierertums zu erholen: *Die KJ ließ sich wie ein kleines Boot im Wind treiben.* Che betont, sie sei als ein Transmissionsriemen für die Anordnungen von oben gestaltet worden und habe kein Eigenleben. Das Beste an der Rede ist seine Kritik am Hang zum Heldentum und an der fehlenden Festigkeit in Alltagsfragen. Er verabschiedet sich von den Jugendlichen, um einen freiwilligen Arbeitstag in einer Textilfabrik abzuleisten.

Zwei Tage später bricht der Konflikt aus, der unter dem Namen „Die Kubakrise" bekannt wird. Am 22. Oktober um 7 Uhr abends wendet sich Präsident Kennedy in einer 17minütigen Fernsehansprache an die Nation. Er spricht von „der unleugbaren Evidenz von Stützpunkten in Kuba" und verkündet eine Reisesperre und die Errichtung eines Sperrgürtels. Als unmittelbare Reaktion darauf erhalten die russischen Schiffe, die im Einzugsgebiet manövrieren, Befehl, die Blockade zu ignorieren.

Am folgenden Tag wird in Kuba der Gefechtsalarm ausgegeben. Der argentinische Journalist Adolfo Gilly berichtet: „Es war, als würde sich eine lange aufgestaute Spannung lösen, als würde das ganze Land wie ein einziger Körper sagen: Endlich." Che wird zum Oberbefehlshaber der Westarmee ernannt und begibt sich nach Pinar del Río. Seinem Adjutanten Tamayo zufolge ist Che der Ansicht, daß der Krieg unmittelbar bevorsteht und daß die Invasion diesmal hier erfolgen wird. Er richtet sein Hauptquartier in der Höhle Los Portales ein, die sich am Ufer des Flusses San Diego und am Fuß der Berge befindet, die das Tal San Andrés umgeben. Es handelt sich um eine natürliche Höhle, in der der Großgrundbesitzer Cortina in vorrevolutionärer Zeit einige Stufen anbringen und deren Vorplatz er erweitern ließ. Es ist eine stattliche Höhle. In ihrem Inneren sind nun auf extrem karge Weise Unterteilungen vorgenommen worden. Man hat Kommunikationsverbindungen aufgebaut, Feldliegen aufgestellt, zwei Feuerstellen eingerichtet und mit einer Steinplatte und zwei Steinsäulen einen Tisch gebaut. Stalaktiten und Schwalben tagsüber, Fledermäuse des Nachts.

In der Annahme, daß der Krieg jeden Augenblick ausbrechen könne, beginnt Che in Windeseile, Waffenlager in Höhlen und im Gebirge einzurichten, er schreitet die Schützengräben und Quartiere ab, spricht mit den Leuten und macht ihnen Mut. Der Plan sieht in Anlehnung an die Erfahrungen in der Schweinebucht die Errichtung einer ersten Verteidigungslinie vor. Wenn es den Invasoren gelingen sollte, einen Brückenkopf am Strand aufzubauen, wollen sie sich zu einem Guerillakrieg in das Órganos-Gebirge zurückziehen. In diesen Tagen der Alarmbereitschaft läuft Che das ihm unterstehende Gebiet ab. Nachts liest er oder spielt Schach.

Am 24. Oktober schickt Chruschtschow Kennedy eine Eilbotschaft: Die UdSSR begreift die Blockade als eine Aggression und wird den Schiffen keine Anweisungen geben, vom vorgesehenen Kurs abzuweichen. Aber in den frühen Morgenstunden beginnen die sowjetischen Schiffe, die sich auf dem Weg nach Kuba befinden, ihre Geschwindigkeit zu drosseln, kehren zu ihren Heimathäfen zurück oder wechseln den Kurs. Nur ein Tankschiff, die „Bukarest", rückt weiter auf den Sperrgürtel vor. Ist es damit beauftragt, den Ernst der US-amerikanischen Drohungen zu testen?

Fidel schickt Chruschtschow zwei Tage später eine Eilnote: „Die Aggression steht unmittelbar bevor. Sie wird in den nächsten 24 oder 72 Stunden stattfinden. Höchstwahrscheinlich wird es sich um einen gezielten Luftangriff handeln, dem die Invasion folgen soll. Wir werden uns jedem Angriff widersetzen." Er schlägt vor, daß bei einem atomaren Angriff mit dem Abschuß von Atomwaffen geantwortet werden soll. Am selben Tag beschließt Kennedy die Intensivierung von Aufklärungsflügen.

Am nächsten Tag befiehlt Fidel, daß auf Flugzeuge geschossen werden soll, die den kubanischen Luftraum verletzen. Gegen 12 Uhr mittags wird ein US-amerikanisches U 2-Flugzeug über kubanischem Territorium auf Initiative der russischen Kommandanten von einem der Stützpunkte aus mit einer SAM-Rakete abgeschossen. Die Spannung hat den Höhepunkt erreicht. Zu diesem Zeitpunkt bietet Chruschtschow, ohne die Kubaner zu befragen oder darüber zu unterrichten, Kennedy die Demontage der Stützpunkte in Kuba an, wenn er von einer Invasion absieht und sich zu Verhandlungen über den Abzug der auf die UdSSR gerichteten US-Raketen bereiterklärt, die in der Türkei stationiert sind. Kennedy nimmt den Vorschlag an. Die Kubaner sitzen erneut in einem geopolitischen Spiel des Kalten Krieges fest.

Am 28. Oktober erhält der Herausgeber von „Revolución", Carlos Franqui, ein AP-Kabel, aus dem er erfährt, daß Chruschtschow die Raketen abziehen will. Franqui ruft Fidel an. Der kubanische Revolutionsführer weiß nichts davon. Fidel läßt eine Reihe von Schimpfwörtern vom Stapel: „Drecksack, Hurensohn, Schuft." Die Schlagzeile der „Revolución" lautet: „Die UdSSR zieht die Raketen ab". Auf der Straße wird gesungen: „Wieder holen ist gestohlen."

Einen Tag später erhält Fidel von Chruschtschow einen Teil der Informationen. Der Sowjetrusse erklärt, daß er auf der Grundlage von Kennedys Zusage einer Nichtintervention verhandelt habe. Fidel verkündet öffentlich, daß er sich einer Inspektion Kubas widersetzen wird, verteidigt den Abschuß des Flugzeuges und antwortet Chruschtschow: „Die Gefahr beeindruckt uns nicht, denn wir sind ihr seit langem ausgesetzt und haben uns auf gewisse Weise an sie gewöhnt."

In den nächsten Tagen läßt die Spannung allmählich nach. Hilda Gadea findet bei der Rückkehr von der Arbeit Che in ihrer Wohnung vor: „Ernesto spielte vollkommen verschmutzt, in lehmverkrusteten Stiefeln, mit dem Mädchen (...) und dem Hund in der Wohnung." Angesichts der Nähe des Todes kehrt er ins Leben zurück.

Im Artikel „Taktik und Strategie der lateinamerikanischen Revolution" zieht Che eine bittere Bilanz der Krise: *Es ist das schaudererregende Beispiel eines Volkes, das bereit ist, sich atomar abschlachten zu lassen, damit seine Asche als Fundament für neue Gesellschaften dient. Und wenn ungefragt ein Pakt zum Abzug der Atomraketen geschlossen wird, seufzt es nicht etwa vor Erleichterung auf und dankt auch nicht für die Feuerpause. Es stürzt auf den Kampfplatz, um seine eigene und einzigartige Stimme zu erheben, um seine eigene und einzigartige Kampfhaltung einzunehmen und seinen Willen zum Kampf zu verkünden, auch wenn es alleingelassen wird.*

Wie immer, wenn er wütend ist, verfällt Che in ein vollkommenes Schweigen bezüglich der UdSSR und der Krise und widmet sich in aller Abgeschiedenheit seinen Aufgaben im Industrieministerium. Der damalige Korrespondent der italienischen kommunistischen Tageszeitung „L'Unità" möchte ein Interview von ihm und erhält eine dreifache Ablehnung: *Nein, denn er ist Kommunist, Italiener und, was das Schlimmste ist, Journalist.* Tutino merkt später an: „Es lag ein Hauch von Mysterium über ihm, der von seinem Schweigen, seinen linken Ansichten, seinem Verzicht auf Privilegien und seiner nächtlichen Arbeit herrührte. Es ging das Gerücht um, daß Che während der Krise die US-amerikanischen Flugzeuge abschießen wollte."

Kapitel 32

★

„Selbst Che konnte nicht immer wie Che sein"

Um die scharfen Reaktionen ihrer kubanischen Verbündeten zu besänftigen, schickten die Sowjets ihren einzigen Trumpf auf die Insel, Anastas Mikojan. Dieser traf sich am 5. November mit Fidel, Raúl, Dorticós, Aragonés, Carlos Rafael und dem sowjetischen Botschafter Alexejew, dem einzigen sowjetischen Funktionär, gegenüber dem die Kubaner Respekt zu haben schienen und von dem man sagte, daß er aus Verzweiflung geweint hätte, als die Raketen einseitig zurückgezogen wurden. Warum Che nicht zur Versammlung eingeladen wurde, ist offensichtlich. Auf jeden Fall herrschte bei diesem Treffen eine frostige Atmosphäre und es wurde kein öffentliches Kommuniqué erstellt. Am folgenden Tag kam der Abgesandte des Kreml aus Anlaß des Jahrestages der Oktoberrevolution erneut mit verschiedenen kubanischen Funktionären in der sowjetischen Botschaft zusammen, ohne daß sich die Stimmung änderte. Mikojan hielt linksradikale Reden gegen die USA, um das Klima zu verbessern, und sah sich, ohne größere offizielle Aufmerksamkeit zu erlangen, nur mit der kritischen Haltung der Studenten von Havanna konfrontiert.

So verging der November mit dem Gefühl, daß die Insel in der tödlichen Konfrontation mit den Vereinigten Staaten im äußersten Fall nur auf ihre eigenen Kräfte gestellt war. Während sich die kubanische Regierung aus Gründen der nationalen Würde jeglicher Kontrolle widersetzte, hob Kennedy nach und nach die Schiffsblockade auf, und die Sowjets demontierten die Basen.

Am 4. Dezember gibt Che einem Journalisten der kommunistischen Tageszeitung „Daily Worker" ein Interview, das vor der Veröffentlichung wohl abgeschwächt wurde, denn Che hatte darin gegen den Liberalismus von Chruschtschow gewettert. Überhaupt ist er nicht gut gelaunt. Eine Woche später sollte er öffentlich gegen die Tageszeitung „Revolución" polemisieren, die eines seiner Tagebücher der Invasion veröffentlicht hat, überarbeitet *von einem ziemlich geschwätzigen Herrn aus Santa Clara, der mittels Adjektiven Heldentaten hinzufügen wollte. Der geringe Wert, den diese Notizen haben könnten, vergeht gänzlich, wenn sie an Echtheit verlieren.* Er beklagt sich außerdem, daß im Artikel behauptet wird, für ihn sei der Krieg im Escambray zweitrangig gewesen. Schließlich regt er sich auf, weil Ramiro als „enger Mitarbeiter" bezeichnet wird, wo er doch in Wirklichkeit der zweite Chef der Kolonne gewesen sei. *Es scheint mir, wenn du den Text durchgesehen hättest, wären die Fehler vermieden worden*, sagt er zu Franqui und weist ihn außerdem darauf hin, daß er zur Sensationslust neige, so wie er die Schlagzeilen ausgewählt habe.

Der Direktor von „Revolución" antwortet, daß ihnen eine fehlerhafte Bildunterschrift durchgerutscht sei und daß die Tagebuchnotizen für eine Ausgabe der

„Revolución" in der Untergrundzeit bearbeitet worden seien – „ohne unser Wissen wurden ein paar Adjektive hinzugefügt". Franqui verteidigt die reißerischen Titelüberschriften damit, daß die große Wirkung der Revolution in diesen starken und aggressiven Überschriften zum Ausdruck käme. Und er kontert: „Uns bleibt nur, dir den Fluch zu wünschen, daß du eines Tages, wenn du alle Aufgaben, die dir die Revolution zuweist, erfolgreich erledigt hast, zum Direktor einer revolutionären Zeitung ernannt wirst."

Von neuem widmet sich Che den Aufgaben der Industrialisierung und stellt fest, daß die Produktivität während der Krise gestiegen ist, trotz Mobilisierung der Milizen, trotz des Alarms und der militärischen Prioritäten im Transportwesen. Es gibt nur eine Erklärung dafür: Das Bewußtsein der Arbeiter erhebt sich in Krisenmomenten über die Probleme. Es ist diese politische Spannung, dieser Bewußtseinsfaktor, der den Unterschied ausmacht, den keine Norm, kein Zwang und keine Prämie erreichen kann. Für Che ist es die Lektion seines Lebens; der große Dynamo ist das gesellschaftliche Bewußtsein, der Wille.

Che arbeitet in seinem kleinen, nüchternen Büro im neunten Stock, das lediglich mit einem Foto von Camilo, einer Urkunde, die seine Leistungen bei der freiwilligen Arbeit würdigt, dem Bild eines Bergmanns bei der Arbeit, einem kleinen Fernsehapparat und zwei Aschenbechern ausstaffiert ist. Hier empfängt er einen seiner neuen Mitarbeiter, den kubanischen Ökonomen Miguel Alejandro Figueras, den er langfristig für die Planungsleitung rekrutieren will und dem gegenüber er andeutet, daß die Zukunft in der Elektronik, der Stahlverarbeitung und den Computern liege, wovon man damals auf Kuba aber noch nicht sprach.

Jeden Montag gab es eine doppelte Sitzung des Führungsrats mit nachmittäglicher Inspektion eines Unternehmens. (Che leitete nachmittags nicht die Diskussion, sondern er hatte seine Sitzungsnotizen voller Unterstreichungen und Anmerkungen vor sich. Wann hatte er sie gelesen?) Es gab, laut einem der Teilnehmer, mehrere Provokateure bei diesen Versammlungen. Che liebte es, wenn diskutiert wurde; Unterwürfigkeit gefiel ihm nicht, wer ihm mit Argumenten widersprach, wurde von ihm nicht brüskiert, und Che verhinderte auch, daß seine Vizeminister ihn brüskierten.

In diesen Tagen präsentiert Che dem Ministerrat das Dokument „Allgemeine Aufgaben für 1963", in dem er vorschlägt, die Aufgaben des Ministeriums in der Konsolidierung zu konzentrieren und die Investitionspolitik aufzugeben (keine neuen Fabriken von den Sowjets zu kaufen, bis man die bereits im sozialistischen Europa gekauften installiert hat), die Diskrepanzen in der Lohnpolitik zu lösen, den Kampf gegen die Bürokratie zu fördern, besonderen Nachdruck auf die berufliche und technische Ausbildung zu legen und den Kampf für die Qualität zu beginnen.

Der Kampf für die Ausbildung war in der Industrie bereits im Gange; von den 189.514 Industriearbeitern, die vom Ministerium beschäftigt wurden, befanden sich 34,4% in der Ausbildung. Auf der anderen Seite begannen die wissenschaftlichen Forschungsarbeiten, die an die Industrie gekoppelt waren. Figueras erinnert sich, daß zwischen '63 und '64 „die zehn Forschungszentren des Industrieministeriums geschaffen wurden, und dies zu einem Zeitpunkt, in dem es am wenigsten Personal gab".

Che war weiterhin jene schwierige und undurchdringliche Person, die auf die Mitarbeiter brutalen Druck ausübte und stets eine Reserviertheit aufrechterhielt, die schwierig zu durchbrechen war. Oltuski erzählt: „Wir näherten uns bei verschiedenen Treffen einander an, aber ohne Intimität oder Freundschaft; in den ersten Januartagen hatten wir sogar ein paar Zusammenstöße. Eines Tages legte ich ihm als Zeichen meiner Zuneigung meine Hand auf die Schulter und er sagte zu mir: *Was soll diese Vertrautheit*? Meine Hand fiel herunter. Tage später sagte er zu mir: *Weißt du, du bist doch nicht so ein Arschloch, wie mir gesagt wurde.* Und wir lachten und waren plötzlich Freunde." Die Anekdoten über Ches eigenwilligen Stil häuften sich: Am 21. Januar untersuchte man im Führungsrat des Industrieministeriums die pharmazeutischen Unternehmen. Che hatte eine Thermoskanne mit Kaffee neben sich stehen, ohne daß er davon trank, und Gravalosa drängte ihn, sie zu öffnen und Kaffee einzugießen. Aber die Thermoskanne blieb während der ganzen Sitzung geschlossen. Nach dem Ende protestierte Gravalosa: Sitzungen ohne Kaffee ... Che sagte zu ihm: *Es war nicht genug Kaffee für alle da, also gibt es für niemanden Kaffee.*

Und zu Miguel Alejandro Figueras sagte er einmal: *Du weißt, daß ich kein großer Anhänger des materiellen Anreizes bin, aber ich werde die materielle Bestrafung anwenden. Ein Bestandteil deiner Arbeit ist es, monatlich zwei Betriebe zu besuchen, und da du das nicht erfüllt hast, wird ab heute jeder, der im Rückstand ist, keinen Lohn bekommen, bis er ihn aufgeholt hat.*

Trotz oder gerade wegen seiner Härte rief Che erstaunliche Treue, aber auch wilden Haß hervor, durch die Mischung aus Strenge und brutalem Anspruch – durch die Härte seiner Launen – außerdem viel unerfüllbare Liebe unter dem weiblichen Personal des Industrieministeriums. Yolanda Fernández, eine Arbeiterin des Ministeriums, erinnert sich: „Ches Persönlichkeit und sein Äußeres erregten die Aufmerksamkeit vieler Mädchen des Ministeriums, es gab einige, die sogar in ihn verliebt waren. Er war ein Mann, dem die Natur einige besondere Merkmale mitgegeben hatte, er war sehr männlich, hatte schöne Augen, und er sprach mit ihnen."

Etliche Jahre nach diesen Episoden besuchte der Dichter Ernesto Cardenal Kuba; im Verlauf der Reise sammelte er Anekdoten über Che, die ihm offensichtlich alle Welt erzählen wollte: eine Summe von Geschichten über den Minister, der wie alle anderen Arbeiter in der Cafeteria aß und dort mit seinem Aluminiumtablett Schlange stand; den Mann, der nie schlief und auch nach Feierabend arbeitete; den Minister, der sonntags, nach Beendigung der freiwilligen Arbeit, zu Hause stehend Berichte las, mit der Stuhllehne im Rücken, damit er nicht einschlief. Geschichten, die sich in folgendem Gesprächsauszug zusammenfassen lassen:

Cardenal: „Nicht alle konnten wie Che sein ..."

Haydée Santamaría: „Selbst Che konnte nicht immer wie Che sein. Manchmal wurde auch er müde, kam erschöpft nach Hause und wollte mit seinen Kindern allein sein."

An einem dieser Tage sagt er zu Figueras: *Du bist ein kleiner Abenteurer und ich noch mehr*. Im Februar 1963 sucht Che von neuem seine Grenzen. Nach Gerüchten aus Havanna ist Che verrückt geworden, da es ihm nun nicht mehr nur um freiwillige Arbeit ginge, sondern er darauf bestände, die ganze Zuckerrohrernte allein zu schneiden.

Am 3. Februar '63 taucht Che in Camagüey auf dem Gelände der Zuckerplantage auf, die den Namen seiner Kolonne im Krieg trägt (Ciro Redondo), um eine Maschine zum Zuckerrohrschneiden auszuprobieren.

Während des letzten Jahres hat Che Projekte unterstützt, die die manuelle Ernte mit der Machete durch eine mechanisierte Methode zu ersetzen versuchen. Da es weder in Kuba noch in den anderen sozialistischen Ländern geeignete Maschinen gab, versuchten einige Arbeiter, eine Schneidemaschine aus Hawaii nachzubauen, die sie in einem Film gesehen hatten, eine südafrikanische Schneidemaschine umzubauen und eine US-amerikanische Thornton, die dort herumstand, wieder in Gang zu bringen. Schließlich bauten sie ein experimentelles Modell. Che ordnete im März '62 die Produktion von tausend Schneidemaschinen an, die auf 50-PS-Traktoren, die später bei den gewöhnlichen Feldarbeiten benutzt wurden, montiert werden sollten.

Bevor der Prototyp in den Krieg der Zuckerrohrernte geworfen wurde, mußte er ausprobiert werden, wofür Che in Camagüey mit der lokalen Kommission zusammentraf. „Wir waren ganz schön angeschmiert", soll der Bauer, der die Ausrüstungskommission leitete, gesagt haben.

In dem kleinen Landstrich zwischen der Zuckerplantage Ciro Redondo und der Straße von Morón nach Ciego de Ávila liegt das Feld von La Norma. Dort läßt sich Che auf einem Bauernhof nieder, und am 5. Februar um vier Uhr morgens beginnt das Experiment. Hinter der Maschine geht die Nachhut, ein ganzes Dutzend Leute, die das Rohr und die hohen Stümpfe abschneiden, die von der Maschine nicht erfaßt wurden, Ches Pioniere, aber auch Ingenieur Ángel Guera, der für den Bau der Maschine verantwortlich ist, und Miguel Iparraguirre, der die Qualitätskontrolle leitet und den Che ständig bedrängt, die Ergebnisse nicht zu verfälschen.

Nach einer mörderischen Arbeit von neuneinhalb Stunden werden am ersten Tag fast 6.000 Arroba [1 ar. = 12,5 kg] geschlagen. Dreieinhalb Stunden steht die Maschine wegen Pannen still, und Che steigt mehrmals vom Traktor, um mit den Mechanikern nachzusehen, was für ein Mist wieder passiert ist.

Che hat versucht, der Presse zu entfliehen, dem Druck von „Revolución" aber schließlich nachgegeben, die José Vázquez und den Fotografen Alberto Korda schickte. Im Laufe der Tage pirschen sich die ängstlichen Journalisten immer näher heran. *Das ist keine Propaganda*, sagt Che, *wir sind nicht hier, um uns fotografieren zu lassen*. Schließlich akzeptiert er, daß Korda und ein junger Fotograf von „Adelante" aus Camagüey ein paar Fotos von ihm machen – natürlich nur dann, wenn sie auch die Machete in die Hand nehmen, und so fangen auch die Fotografen an, Zuckerrohr zu schneiden! Die Sache ist ernst: Es geht nicht darum, für das Foto zu arbeiten und Zweifler zu überzeugen, daß es möglich ist, das Zuckerrohrschneiden teilweise zu mechanisieren. Die Fotos zeigen einen Che, der höchst konzentriert auf dem Traktor sitzt oder neben den Mechanikern mit den Zahnrädern kämpft.

Am 5. Februar werden 5.900 Arroba und am 6. Februar 8.800 geschafft. Am 8. Februar fragt ihn der Direktor von „Revolución", wieviel er geschnitten habe. Che sagt ihm, trocken wie immer, *10.000 Arroba und eine „pata"*. Genauso übermittelt es der Journalist per Telefon. Als Che am nächsten Tag die Zeitung liest, wirft er ihm vor, wie dumm er sei und was er wohl mit „pata" gemeint habe.

„Nun, in Argentinien wird das sowas sein wie ‚ein bißchen' oder ‚eine Zugabe' wie auf Mexikanisch", lautet die Antwort.

Ach was!

Und Che erklärt, daß er über die geleisteten Arroba hinaus den Chef seiner Eskorte mit der Schneide am Bein, an der „pata", verletzt habe, als dieser zu nahe an die Maschine gekommen sei. Und daß er von diesem Bein sprach.

Am 9. Februar, nach einem mörderischen Arbeitstag, der sehr früh am Morgen anfing, fliegt er nach Camagüey zum ersten Erntewettbewerb im Alcázarer Theater, wo er in seinem von der Ernte eingestaubten Blaumann erscheint. Zu diesem Zeitpunkt hatte er bereits 60.500 Arroba geschnitten.

Che kündigt an, daß die 1.000 Schneidemaschinen bald eintreffen würden, daß 500 von ihnen bereits fertig seien. Daß es vor allem darum ginge, sie durch die Arbeit in der Praxis ständig zu verbessern. Karol entgegnete: „Es gibt kein Land auf der Welt, das 1.000 Schneidemaschinen hat, und es gibt kein Land auf der Welt, das es geschafft hat, 1.000 Maschinen ohne vernünftigen Prototyp zu bauen."

Nun richtet Che das Wort an die Zuckerrohrschneider und die Bürokraten: *Jetzt werde ich mich mal selbst loben. Am Montag habe ich angefangen, mit der Maschine zu schneiden; zuerst passierte das, was immer passiert, die Kardanwelle bricht, dieses und jenes geht kaputt, es gibt Rückschläge, wir hatten sogar einen Unfall, Genossen hatten nicht aufgepaßt. (...) Die Maschine schneidet 4.000 Arroba, wo sie ausprobiert wird (...), ich habe diese Woche 45.000 geschnitten. (...) Die Maschinen können auf einem durchschnittlichen Feld 800 Arroba pro Arbeitsstunde schneiden. (...) Ich würde sagen, das ist kein Pensum für einen Arbeiter, sondern für zwei. (...) Man kann von den Leuten nicht verlangen, zwölf Stunden auf einem Traktor zu sitzen.* (Und er, der dies 13 Stunden pro Tag gemacht hat?) Am Ende verteidigt er die Maschine, auch wenn sie kompliziert ist und eine hohe Fehlerquote aufweist, denn Zuckerrohrschneiden ist hart, *Zuckerrohrschneiden ist eine mühselige, schwere Arbeit, die außerdem nicht reizvoll ist; und überdies ist ein Zuckerrohrfeld endlos.* Dies ruft einen nichtendenwollenden Applaus bei den Zuhörern hervor, denn alle wissen, daß es stimmt: Ein Zuckerrohrfeld ist unendlich.

Nach einem Tag Pause, an dem er zu seiner Arbeit als Industrieminister zurückkehrt und an der Einweihung einer Stacheldrahtfabrik teilnimmt, macht

Che am 11. Februar weiter und schlägt seinen Rekord; er kommt auf 18.700 geschnittene Arroba in neuneinhalb Stunden. Ein kanadisches Fernsehteam taucht auf; Che beachtet die Leute nicht besonders und beantwortet routinemäßig ihre Fragen, um sie loszuwerden. Diese Journalisten sind sich über den Ernst der Angelegenheit nicht klar.

Das Unterstützungsteam geht an Ches Arbeitsstil fast zugrunde: keine individuelle Verpflegung, keine individuellen Ruhepausen; wenn es keinen Kaffee für alle gibt, gibt es für niemanden Kaffee. An einem Tag ohne allzu viele Unfälle, am 12. Februar, kommt Che auf eine beträchtliche Zahl: 21.400 geschnittene Arroba. Aufgeregt kontrolliert er mit Iparraguirre: *Wieviele sind es?* Die einzige Art, ihn aufzuhalten, ist, sich vor den Traktor zu stellen und ihm zu sagen, daß die Leute, die mit ihm arbeiten, erschöpft sind. Direkt dort auf dem Feld, nachdem er sich mit kaltem Wasser gewaschen hat, empfängt er den Generalbevollmächtigten der Bank von Moskau, der ganz den Eindruck macht, daß er nicht versteht, warum er auf ein Zuckerrohrfeld kommen soll, um mit einem Minister zu sprechen, und außerdem von Che eine Erklärung über die Bedeutung der mechanisierten Ernte über sich ergehen lassen muß, den seinerseits die Kredite der Bank von Moskau wenig zu interessieren scheinen.

Am 14. Februar wird er benachrichtigt, daß ganz in der Nähe ein Zuckerrohrfeld brennt. Che stürzt mit seiner Mannschaft hin; wenn nicht noch schnell geerntet wird, geht der Zucker verloren. Seine eigenen Genossen versuchen, ihn aus Sicherheitsgründen aufzuhalten; vielleicht ist der Brand das Ergebnis eines Sabotageaktes, die Contra-Banden könnten einen Hinterhalt gelegt haben. Aber Che, der *Los, dorthin!* ruft, kann niemand aufhalten. Auf einem Feld verbranntes Zuckerrohr zu ernten, ist eine Qual; der feine Aschestaub fliegt durch die Luft. Che bekommt einen Asthmaanfall, doch er führt, nach Atem ringend, von Kopf bis Fuß von Asche geschwärzt und schweißbedeckt, die Gruppe an.

Als ob das für ihn noch nicht genug gewesen wäre, stellt er sich einem Wettstreit mit einem ausgezeichneten Arbeiter der Zuckerplantage Brasil, Ibrahim Ventura, und schlägt ihn. Am folgenden Tag verliert Che in einem anderen Wettbewerb gegen den Arbeiter Roberto González in Blanquiazul, auf schwierigem, unebenem und steinigem Gelände.

Sie arbeiten auf Feldern in einer Gegend, wo es Guerillaverbände der Contras gibt. Che schenkt dieser Tatsache keine weitere Beachtung und macht die Leute aus seiner Leibwache verrückt, weil er Sicherheitsmaßnahmen ablehnt. Am 17. Februar schneidet er weitere 20.000 Arroba auf der Zuckerplantage Venezuela.

Che wird also mit weit mehr als den versprochenen 100.000 Arroba aus Camagüey weggehen. Was den Test angeht, so funktioniert die Maschine zweifellos, doch ein Drittel der Zeit geht durch mechanische Defekte und Fehler verloren, was die ständige Anwesenheit eines Mechanikers für einen kontinuierlichen Schnittrhythmus erfordert. Darstellungen, daß die freiwillige Arbeit teurer sei als die normale, werden in diesem Fall dementiert, denn die Ausgaben von Ches Team werden durch die geleistete Arbeit mehr als wettgemacht.

Aber trotz der Anstrengungen für die Mechanisierungsversuche muß Che ein paar Monate später feststellen, daß *die Zuckerrohrernte nicht so gut läuft, wie sie laufen müßte.* Es gibt viele Gründe: Der erste ist die Einschränkung des Zuckerrohranbaus, der 1962 im Namen der Diversifizierung der Landwirtschaft stattfand und dazu führte, daß Che trotz seiner freundlichen Beziehungen zu Carlos Rafael Rodríguez heftig mit dem INRA zusammenstieß; der zweite hat mit der Flucht von Tausenden von Landarbeitern zu tun. Sie gehen in die Städte oder bauen andere Produkte an, da sie jetzt Eigentümer des Bodens sind. (Diese Leute sind nicht nach Miami gegangen, sondern *arbeiten auf dem Land. Es gibt weniger Arbeitskräfte, sie schneiden weniger und viele Bauern hauen aus der Zuckerrohrernte ab, wo es jetzt Arbeit und Land gibt.*) Der dritte Grund liegt in den Ungleichheiten der freiwilligen Arbeit. Während in Camagüey, wo ein traditioneller Arbeitskräftemangel für die Zuckerrohrernte herrschte, *die freiwilligen Helfer scheiterten und sich eher in ein Hindernis als in eine Lösung des Problems verwandelten*, funktionierte in Havanna alles. *Wir, die wir sonntags unsere Aufgabe erfüllen, können sehen, daß die Effizienz (...) stark zugenommen hat. Es gibt eine Reihe distinguierter Bürokraten, die bereits ausgezeichnete Zuckerrohrschneider geworden sind.*

Che besteht weiter darauf, daß die freiwillige Arbeit der Daseinsgrund einer Gesellschaft ist, die ihre Antworten im Kollektiven findet. Jorge Risquet berichtet, daß er auf einer Versammlung in Oriente Che vorschlug, einen ökonomischen Anreiz zu schaffen und den besten Brigadisten kleine Häuschen zu schenken. Che fragte ihn: *Meinst du nicht, daß dies ein übertriebener materieller Anreiz ist?* Risquet antwortete: „Mensch, Che, auf jeden Fall müssen wir den Leuten Wohnungen geben. Sie mit diesen kleinen Häuschen zu belohnen, ist keine große Sache, außerdem bindet es die Schnitter an eine Gegend.“

Nach diesem erfolgreichen Abenteuer bei der Zuckerrohrernte kehrt Che in die Industrie zurück, wo es gerade zu einem schweren Fehlschlag gekommen ist. Er denkt wie immer, daß von der industriellen Entwicklung die Überwindung des Tiefpunkts abhängt, den die kubanische Wirtschaft durchmacht. Am 24. März spricht er auf der Versammlung der Textilfabrik Ariguanabo mit den Frauen über die Bildung der Vereinigten Sozialistischen Revolutionspartei und beklagt sich, daß unter den 197 ausgewählten Arbeitern nur fünf Frauen sind – und dies in einer Fabrik mit einem hohen weiblichen Belegschaftsanteil. Er führt zwei mögliche Gründe an: Entweder *hat sich die Frau noch nicht von den Fesseln gelöst, die sie an die bereits tote Vergangenheit binden*, oder *die Männer denken, daß die Frauen sich noch nicht genug entwickelt hätten, und machen ihre Mehrheit geltend.* Er erinnert an eine Anekdote aus dem Ministerium, wo eine Mitarbeiterin ausgetauscht werden mußte, weil ihr Ehemann, ein Offizier der Rebellenarmee, sie nicht auf eine Rundreise durchs Landesinnere mitfahren lassen wollte. *Dies ist eine bornierte Äußerung von Frauendiskriminierung (...), die Vergangenheit lastet weiter auf uns.*

Che besucht die Erfrischungsgetränkefabrik Marcelo Salado (die ehemalige Coca-Cola-Fabrik von Havanna). Er setzt den Technikern zu: *Warum schmeckt die Coca-Cola nicht wie früher?* Er kennt einen Teil der Antworten, läßt sie aber nicht gelten: Die Erfrischungsgetränkefabriken standen im Januar aus Instandhaltungsgründen 1.500 oder 1.600 Stunden still; die Blockade betrifft die Rohstoffe. Pancho Hernández, der technische Leiter, beklagt sich über die öffentlichen Kritiken und sagt, es seien große Anstrengungen unternommen worden.

Schau, ich hab dies gesagt, weil es stimmt, daß das Getränk nach Sirup, nach Medizin schmeckt. Können wir denn keine Coca-Cola herstellen, die genauso oder noch besser schmeckt als die der Amerikaner?

Anscheinend nicht.

Che betrat die Fabriken immer durch die Werkstätten, nie durch die Büros. In der Dokumentation „Constructor cada día compañero" [Du bist der Erbauer eines jeden Tages, Genosse] von Pedro Chaskel gibt es eine Vielzahl von Augenzeugenberichten über Ches Besuche in den Unternehmen. Man sieht, wie Che sich in den Arbeiterversammlungen verwandelt, wie es mitten in einer Rede lange Pausen gibt für ein Lächeln. Man bekommt das Gefühl, daß er sich wie zu Hause fühlt, daß er die Reaktionen des Publikums genießt. In einer Fabrik erzählt er, während die Kamera die Szene für die Erinnerung rettet, die Geschichte eines Arbeiters, der aus Sparsamkeit zwei Papierrollen aufeinanderstapelte, darauf ein Brett legte, auf das Brett eine Leiter stellte, dann hinaufkletterte, einen Pinsel an einer Stange befestigte und den Teil der Wand strich, wo sonst niemand hinkam ... Danach las das Sicherheitspersonal Che die Leviten, weil er verrückte Initiativen fördere.

Aber es gibt nicht nur das Lächeln für die Arbeiter, manchmal spricht er auch harte Worte zu ihnen, fordert, kritisiert. Am 31. Mai schreibt er nach dem Besuch eines Montagewerks für Motorroller den Arbeitern einen Brief, in dem er sie wegen der privaten Nutzung der Produkte scharf zurechtweist und ihnen klarmacht, daß *die für die Produktion irgendwelcher Artikel verantwortlichen Arbeiter keine Rechte auf diese haben. Weder haben die Bäcker ein Recht auf mehr Brot noch die Zementarbeiter auf mehr Zementsäcke, Ihr also auch nicht auf Motorroller.*

In diesem zweiten Viertel des Jahres '63 wirken sich zwei Nachrichten aus seiner Familie auf Ches Leben aus. Zum einen wurde seine Mutter, Celia de la Serna, bei der Rückkehr von Uruguay nach Argentinien unter der Beschuldigung verhaftet, kommunistische Literatur transportiert zu haben und mußte zwei Monate unter gesundheitlichen Problemen im Frauengefängnis von Buenos Aires zubringen. Die Rache an Che begann also in Argentinien. Zum anderen zeigte ein häusliches Foto, das im Mai '63 aufgenommen worden war, Aleida March in sehr weit fortgeschrittener Schwangerschaft mit dem vierten Kind von Che, einer Tochter, die ebenfalls Celia heißen und am 14. Juli zur Welt kommen sollte. Auf dem Foto lacht Aleida, während sie einen lächelnden und kahlköpfigen Camilo auf dem Arm hat; Aleida II zappelt in den Armen eines strahlenden Che, der seine Hand auf den Nacken einer kleinen Hilda mit Ponyfransen und vor Freude halbgeschlossenen Augen legt.

Am 20. Mai ’63 hält Che eine sehr schwache Rede zum Jahrestag der Zeitung „Hoy“, mit einer sehr schematischen Sichtweise des Marxismus, voll von Gemeinplätzen und Lob an den alten Kadern der PSP. In seinem ebenfalls in jenen Tagen verfaßten Vorwort zu „Die marxistisch-leninistische Partei“, einer Sammlung von theoretischen Texten der Partei vermischt mit Reden von Fidel, wiederholt er diese Vorstellungen. Massari, einer seiner Biographen, beschwert sich über die „Lobreden von Guevara auf das theoretische Elend dieses Buches“. Es ist seltsam, daß Che, der so kritisch gegenüber dem von den Sowjets verfolgten ökonomischen Weg war, nicht den mindesten Begriff vom gesellschaftlichen Desaster, dem politischen Autoritarismus sowie dem polizeilichen und repressiven Charakter der sowjetischen Gesellschaft hatte. Und selbstverständlich besaß er keine theoretischen Reflexe, die es ihm erlaubt hätten, sich von ihr zu distanzieren. Er war ein Gefangener des Neandertal-Marxismus. Diese unfreiwillige Blindheit, die Karol korrekterweise anmerkt und auch Franqui aufzeichnet, hinderte ihn daran, eine globale Sicht des Problems zu bekommen.

Seltsamerweise sollte Che genau in diesem Moment seines Lebens die Polemik gegen den sowjetischen Marxismus beginnen, und zwar wegen seiner Meinungsverschiedenheiten mit der Wirtschaftsführung.

Am 1. Juni erscheint „Nuestra Industria“, eine Diskussions- und Verlautbarungszeitschrift, die vom Ministerium auf Papier aus Zuckerrohrabfall gedruckt wurde. Sie beginnt mit einem Artikel von Che: „Betrachtungen über die Produktionskosten als Grundlage der ökonomischen Analyse der Unternehmen, die dem Haushaltssystem unterliegen“. Unter einem so formalen Titel und in einem Text, der der Analyse der Produktionskosten gewidmet ist, sollte die Diskussion eröffnet werden. In seiner Einleitung weist Che ohne zu polemisieren darauf hin, daß der sowjetische Weg der „Selbstfinanzierung“ der Unternehmen sich von Kubas industriellem Weg der Zentralisierung unterscheide, die auf den Vorteilen eines kleinen Landes mit guten Kommunikationswegen beruhe.

Die polemische Antwort kommt nicht von seinen Gegnern, den alten Kadern der PSP wie Carlos Rafael Rodríguez, mit denen es keine Einigkeit über das Wirtschaftssystem gibt, sondern von einem seiner „politischen Söhne“, dem neuen Außenhandelsminister Kommandant Alberto Mora, der im Juni in der Zeitschrift „Comercio Exterior“ mit einem Artikel unter dem Titel „Zur Frage des Funktionierens des Wertgesetzes in der kubanischen Wirtschaft zum gegenwärtigen Zeitpunkt“ antwortet. Ohne zu präzisieren, gegen wen er polemisiert, beginnt er seinen Artikel mit den Worten: „Einige Genossen behaupten, daß das Wertgesetz innerhalb des staatlichen Sektors der kubanischen Wirtschaft gegenwärtig nicht gilt.“ Che, nicht faul, steigt in den Streit ein und veröffentlicht im Oktober in der Nr. 3 von „Nuestra Industria“ den Artikel von Mora und seine Antwort: „Über den Begriff des Wertes. Antwort auf einige Behauptungen zum Thema“.

Eingangs macht Che klar, daß es nicht um „einige“, sondern um bestimmte Namen gehe und daß auf der einen Seite unter anderem er, der Industrieminister, und Finanzminister Luis Álvarez Rom stehen, die das verteidigen, was man für gewöhnlich die Linie der „haushaltsmäßigen Finanzierung“ nennt, denn *es ist gut, nicht nur die Begriffe festzuhalten, sondern auch die Personen, die sie vertreten.*

Nachdem er sich in ein verworrenes Labyrinth von Zitaten und Gegenzitaten begeben hat, kommt Che zum Kern seines Arguments: Das Wertgesetz *reguliert die Warenbeziehungen im Bereich des Kapitalismus und deshalb wird, in dem Maße, wie die Märkte durch irgendeine Ursache verzerrt werden* (durch starke staatliche Intervention), *auch die Wirkungsweise des Wertgesetzes bestimmte Verzerrungen erleiden.*

Mora argumentiert, daß das Staatseigentum noch kein gesellschaftliches Eigentum sei (viel zu vorsichtig, denn weder war es das, noch wird es das notwendigerweise sein) und daß dies durch die Widersprüche zwischen den staatlichen Betrieben offensichtlich werde. Che antwortet, diese Widersprüche auf allen Ebenen der kubanischen Wirtschaft bis hinein in die Werkstätten seien die Widersprüche eines Prozesses.

Zuletzt begrüßt er Moras Initiative, zur Polemik überzugehen, und beglückwünscht ihn zur Qualität der Zeitschrift „Comercio Exterior". Alles war noch relativ freundlich und brüderlich, obwohl Mora durch den ungerechtfertigt harten Artikel von Che verletzt war. Mora und Che waren Freunde, aber als letzterer zur Polemik überging, beherrschte ihn ganz sein ironisch-teuflischer Ton.

Dieser Zusammenstoß ist Teil der Auseinandersetzung zwischen zwei Positionen innerhalb der kubanischen Regierung über die Wirtschaftsführung. Die eine wurde von Alberto Mora, Rolando Díaz und Marcelo Fernández, dem Präsidenten der Nationalbank, vertreten. Das waren Marxisten der jüngsten Generation, die – ohne Mitglieder der PSP gewesen zu sein – auf wirtschaftlichem Gebiet sowjetische Berater hatten (eine Linie, die von den alten Kadern der PSP im INRA unterstützt wurde). Der Position von Che, die von Figueras als die eines „Rebellen mit Grund"* bezeichnet wurde, schlossen sich Álvarez Rom, der Finanzminister, und Oltuski aus dem Juceplan an, die nicht etwas nachahmen oder kopieren wollten, was aus der Sowjetunion kam und die darauf hinwiesen, daß Kuba eine Reihe von Bedingungen hätte, um die Dinge anders zu machen.

Die Anhänger der sowjetischen Thesen setzten auf die „Selbstfinanzierung der Unternehmen" mit breiter Nutzung des Bankkredits, einer gewissen Autonomie und materiellem Anreiz als Hauptwerkzeug für die Erhöhung der Produktion, auf stark differenzierte Löhne, die der Produktivität zugute kämen. Che verteidigte die Zentralisierung der Industrie auf der Grundlage des Gedankens, daß Kuba die besten Buchhaltungssysteme von Lateinamerika und die besten Kommunikationssysteme hatte und über Erfahrung mit den US-amerikanischen Monopolen auf der Leitungsebene, vor allem in der Industrie, verfügte, die nicht verloren gehen dürfe; außerdem zwangen die geringe Anzahl an Fabriken (es gab auf ganz Kuba weniger als in Moskau) und der Mangel an Kadern sie zur Zentralisierung. Zur Selbstverwaltung der Unternehmen überzugehen, um den Wettbewerb unter ihnen zu fördern, bedeutete für Che, zum Kapitalismus der Jahrhundertwende oder zu einem Sozialismus falscher Richtung, und zwar des

* Anspielung auf den James-Dean-Film „Rebels without a cause" („Denn sie wissen nicht, was sie tun")

Wettbewerbs und nicht der Zusammenarbeit, überzugehen. Er ging vor allem gegen die Vorstellung an, daß die Unternehmen zu kleinen Monstern werden, die nicht von den gesellschaftlichen Interessen geleitet sind, sondern von der Notwendigkeit zur Rentabilität, und dazu eine Produktionspolitik – koste sie, was sie wolle – mit materiellen Anreizen als Motor verfolgen.

Carlos Rafael hatte im INRA bezüglich der Landwirtschaft von „bürokratischem Zentralismus" gesprochen und von den Katastrophen, die dieser in der ersten Periode hervorgerufen hatte. Er und Che schienen stillschweigend zu akzeptieren, daß das, was für die Industrie gut sein konnte, nicht notwendigerweise auch für die Landwirtschaft gut war – oder vielleicht wollten sie sich auch nicht streiten.

Auf jeden Fall war dies nur die erste Runde.

In den letzten Junitagen unternimmt Che eine Blitzreise nach Algerien, um die Verbindungen zwischen Ben Bella und der kubanischen Revolution enger zu knüpfen. Dort trifft er auf Carlos Franqui, den Direktor von „Revolución", der Jahre später darauf hinwies, daß Che sehr kritisch gegenüber der UdSSR geworden war. „Er übernahm einige chinesische Prinzipien: auf die eigenen Kräfte zählen, ohne etwas vom Kapitalismus oder von der Sowjetunion und ihrer Hegemonialmacht zu erwarten." Es kommt aber auch zu einem Treffen mit seinem Freund Jorge Ricardo Masetti, Journalist und Ches Mann in Algerien.

Masetti hatte in den ersten Jahren der Revolution die Agentur „Prensa Latina" geleitet, im März '61 als Reaktion auf das Sektierertum auf sein Amt verzichtet und war während der Invasion in der Schweinebucht in seinen Beruf zurückgekehrt, wobei er sich in der vordersten Kampffront aufhielt und während der ersten drei Tage seine Presseerklärungen verschickte oder an Verhören der Gefangenen teilnahm. Im Oktober '61 reiste er mit einer Botschaft von Fidel nach Tunis und bot der algerischen FLN Hilfe an. Im Januar '62 brachte das kubanische Schiff „Bahía de Nipe" Granatwerfer und Gewehre für die algerische Guerilla. Masetti leitete die Operation. Die Waffen wurden in ein Lager nahe der Grenze gebracht. Das Schiff kehrte mit verwundeten algerischen Kämpfern und Kriegswaisen nach Kuba zurück. Ende 1962 verließ Masetti Havanna von neuem, nachdem er dort nur soviel Zeit wie nötig verbracht hatte, um seine neugeborene Tochter kennenzulernen, und verschwand aus der Öffentlichkeit. Unter den Leuten des Apparats wurde gesagt, daß er in Algerien sei und an einer Operation teilnehme, die Che aus der Ferne leitete, und daß dies ohne Zweifel mit dem Aufenthalt einer Gruppe kubanischer Freiwilliger und eines Ärzteteams in Nordafrika zu tun habe, die die Algerier in ihren Gefechten gegen die marokkanische Monarchie berieten. Das stimmt, in Algerien kam er mit Che zusammen und dort hatten sie 1963 ein weiteres Gespräch, das ihre gemeinsame Zukunft angehen sollte.

Wieder in Havanna, gegen Mitte Juli, trifft Che zum ersten Mal mit einer vietnamesischen Delegation zusammen. Ly Van Sau erinnert sich: „Es war ein Julimorgen im Jahr 1963 in seinem Büro im Industrieministerium; wir redeten bis zum Abend. Che erklärte uns seine Standpunkte bezüglich des Kampfs, den wir gegen die Yankee-Invasoren führten, und bestand auf seiner These, viele Vietnams zu schaffen." Es ist das erste Mal, daß Che das Konzept benutzt, das ihn während der letzten Jahre seines Lebens begleiten wird: Der Kampf gegen den Imperialismus ist ein Kampf auf internationaler Ebene, der nur entschieden werden kann, wenn man die Anzahl der Fokusse in anderen Gegenden der Dritten Welt vervielfacht.

Die FLN-Fahne, die ihm die Delegation überreichte, und ein Hund, der die Flure vollschiß, waren zwei neue Elemente in der Umgebung von Ernesto Guevara. Wann bekam Che diesen monströsen Hund geschenkt, der durch das Ministerium lief, als ob er dort zu Hause wäre? Der Hund hieß Muralla und nahm zu Füßen von Che, der ihm ab und zu einen Klaps gab oder ihm den Kopf streichelte, als weiteres Mitglied an den Sitzungen des Führungsrates teil – ein Hund ohne Schwanz, der im Fahrstuhl nach oben fuhr, im 9. Stock ausstieg, zum Büro ging und an der Tür kratzte, damit Che ihm öffnete.

Muralla war zwar der offizielle Hund, aber Che unterhielt auch beste Beziehungen zu den Straßenkötern aus der Umgebung des Ministeriums. Er kontrollierte sie, gab ihnen zu fressen und sie begleiteten ihn bei der Wache. Die Hundefänger hatte er angewiesen, sie nicht zu belästigen.

Am 10. August hält Che auf einer Sitzung des Führungsrates seines Ministeriums eine wütende Rede. Ein Jahr zuvor hatte er eine sehr kurze Frist gesetzt, in der die Verwalter der Fabriken wenigstens den Abschluß der sechsten Hauptschulklasse erlangen sollten – eine schwierige Aufgabe, die sich als unmöglich erwies, da sie wie Sklaven arbeiteten und mit dem Mangel an Ersatzteilen und Rohstoffen, mit politischen und militärischen Pflichten konfrontiert waren. Che, so rigoros er auch war, mußte den Rückwärtsgang einlegen und ihnen einen Aufschub von einem Jahr gewähren. Als das Jahr vorüber war, wurden die Prüfungen absolviert. 132 von 986 fielen durch, eine große Anzahl hatte sich den Prüfungen gar nicht erst gestellt.

Che bleibt hart: wie bereits angekündigt, fliegen die mit weniger als Note 5 [10 ist Bestnote] raus, die mit Noten zwischen 5 und 6 bekommen eine zweite Gelegenheit und wer sich der Prüfung nicht gestellt hat, muß sich sofort melden. Bis dahin wird der Lohn einbehalten.

Die Sitzung verläuft barsch. Nachdem er zugegeben hat, daß er zu explosiven Arbeitsmethoden neige, greift er Edison Velázquez an, einen Generaldirektor, der die Dinge rücksichtslos und offensiv dargestellt hat („Es gibt keine Revolutionäre in Kuba, es gibt hier keine Männer") und seinerseits die Versammlung beschuldigt, sie sei halsstarrig gegenüber Kritik. Che springt von seinem Stuhl auf: *Es ist eine Lüge, hier zu sagen, wir seien halsstarrig gegenüber Kritik (...). Ich weiß nicht, welches Interesse du hast, die Dinge mit einer Aggressivität darzustellen, die der Angelegenheit nicht entspricht, Junge, bei allen Mängeln, die wir haben mögen, wir sind hier nicht in einer Versammlung von Lämmern. (...) Nein, wir haben niemals eine Meinung unterdrückt. Einmal hat-*

te ich hier einen Streit wegen eines Herrn, der sagte, ich sei Revisionist, und der deswegen aus einem Betrieb rausflog; denn es schien mir die unkorrekteste Methode, daß sich jemand auf eine persönliche Haltung des Ministers bezieht und sie ihn aus einem Betrieb werfen. Und ich habe immer die Freiheit verteidigt, das über mich zu sagen, was man will (...), solange sie ihre Arbeit machen. Aber ich muß keine Kritik ertragen, mit der ich nicht einverstanden bin, und ich habe wie ihr das Recht, das zu sagen. (...) Neulich wurde nur Schlechtes gesagt in der Grundlagenchemiefabrik. Die dort geredet haben, hätten besser geschwiegen und das Problem hätte sich gelöst. Und wieder zu Edison: *Du hast diese spezielle Eigenschaft, Dinge zu sagen, die mich aus dem Häuschen bringen, ich halte sie für grundlegend unberechtigt und es ist grundlegend unkorrekt (...), daß hier alle Welt eingeschüchtert wird ...*

Edison erwidert: „Wo nimmst du das her, Kommandant?"

Ich schlage dir vor, wenn es hier einen anderen Macker außer dir gibt, dann soll er es sagen. (...) Das ist wirklich beleidigend. (...) In diesem Ministerium habe ich versucht, daß es so etwas nicht gibt, und wenn in der Zeit des Sektierertums Leute ungerechtfertigterweise gegängelt wurden, und ich beteiligte mich damals als guter Sektierer, dann ist darauf reagiert worden.

Ich habe meine charakterlichen Mängel mehrmals zugegeben, im Ministerrat und überall, (aber) *ich habe keinen explosiven Charakter gegenüber Leuten, die in der Hierarchie unter mir stehen.*

Die Versammlung heizt sich weiter auf, als Gravalosa sagt, daß den Ineffizienten die Köpfe abgeschnitten werden müßten. Che erwidert, daß man ein gerechtes System des Köpfeabschneidens schaffen müsse. Er weist darauf hin, daß die schlimmsten Dinge, die in diesem Land geschehen sind, *nicht in diesem Ministerium gemacht wurden*, und erkennt an, daß es in der Industrie ein viel besseres Analyseniveau sowie Fortschritte gebe. Dann kommt er zum Juceplan, *der so weit von der Realität entfernt ist, wie ihr euch nicht vorstellen könnt* (wobei er Oltuski ausspart, *der gerade aufs Land gegangen ist, um sich fortzubilden und als Gelehrter zurückzukehren).* Und er setzt seine Selbstkritik fort, *denn in diesen letzten Monaten beging ich kleine Sünden beim Schachspielen, die mir ein wenig Zeit stahlen, aber im allgemeinen verwende ich meine ganze Zeit für die Probleme des Landes.*

Che bezieht sich auf die Auftritte beim II. Gedächtnisturnier von Capablanca, wo er kurz auftauchte und, im Pressezentrum versteckt, ein paar Runden spielte; außerdem auf seine Auftritte beim Schachturnier des Industrieministeriums, wo er Dritter wurde, und auf jenes Treffen mit dem Großmeister Michail Tal, den er in Simultanpartien ein paar Mal schlug. Das Schachspiel ist das einzige Laster, zu dem er sich bekennt und das er sehr ernst nimmt: *Als ich aus dem Ministerium ging, rief ich meine Frau an und sagte ihr: „Ich gehe meine andere Freundin besuchen." Und sie antwortete mir: „Ich weiß schon, du gehst Schach spielen ...*" Es ist ein Laster, wofür er zu Opfern bereit ist: *Hör mal* (sagt er zum kubanischen Großmeister Eleazar Jiménez während der Simultanpartie von 500 Schachspielern gegen die mexikanische Mannschaft in Camagüey, als die Kubaner zu spät kommen), *ich schneide 140 km von hier Zuckerrohr und bin um 8 Uhr gekommen, um zu spielen, und ihr ...*

Bis auf dieses eine Laster scheint Che unermüdlich zu sein, er besucht zu ungewöhnlichen Zeiten und ohne Vorankündigung die Fabriken, unterhält sich mit den Leuten, arbeitet, diskutiert. Er taucht wie ein Gespenst auf und obwohl das niemanden überrascht, ergeben sich manchmal dennoch aufsehenerregende spontane Empfänge wie in Gibara, als er die dortige Werft besucht und die Leute anfangen zu rufen: „Che ist hier!" und man sie nicht zum Schweigen bringen kann.

Gegen Ende des Jahres gibt der Schriftstellerverband eine Zusammenstellung seiner „Episoden aus dem Revolutionskrieg" heraus, Ches zweites Buch; es handelt sich um eine unvollständige Ausgabe, die in späteren Ausgaben um einige Texte ergänzt wird. *Ich wollte nicht, daß es in Bruchstücken veröffentlicht wird, aber sie hörten nicht auf mich. Ich sehe nicht, wie das jemand verstehen kann, der die Geschichte der Revolution nicht genau kennt.* Das Buch wird ein außergewöhnlicher Erfolg, der zu Schlangen vor allen Buchhandlungen Kubas und zu ausverkauften Auflagen im Ausland führt.

Das Buch ist seine Antwort auf die Sehnsucht nach der Sierra, eine Art zurückzukehren, wie er im April den Studenten von Minas del Frío sagt: *Jedes Mal, wenn wir an der Sierra vorbeikommen, können wir der Versuchung nicht widerstehen, diese Orte noch einmal zu sehen.* Und es ist auch eine Methode, das Vergessen zu verhindern, *die Jahre vergehen und die Erinnerungen an die Aufstandsbewegung treten immer mehr in die Vergangenheit zurück, ohne daß die Ereignisse, die schon der Geschichte ganz Amerikas angehören, klar und zuverlässig festgehalten werden.*

Im Vorwort fordert er alle anderen Beteiligten auf, *daß jeder einzelne von ihnen auch seine Erinnerungen niederschreibt. (...) Wir bitten einzig darum, daß der Erzähler streng bei der Wahrheit bleibt; daß er niemals irgendetwas Unrichtiges sagt, nur um eine persönliche Stellungnahme zu verdeutlichen oder in ein günstiges Licht zu rücken – oder um den Anschein zu erwecken, er wäre an einem bestimmten Ort dabeigewesen. Wir bitten, daß jeder, nachdem er ein paar Manuskriptseiten in der ihm angemessenen Form geschrieben hat, sich einer möglichst strengen Selbstkritik unterzieht, um jedes Wort zu streichen, das sich nicht auf eine ganz zuverlässig gesicherte Tatsache bezieht oder dessen Wahrheitsgehalt der Autor nicht voll vertraut.*

Che wurde nach der Veröffentlichung des Buches aufgefordert, Mitglied des Schriftstellerverbandes zu werden, aber er weigerte sich mit dem Argument, daß er kein Schriftsteller sei und auch keiner werden wollte; er überließ für Ausgaben, die in sozialistischen Ländern gemacht wurden, seine Autorenrechte kostenlos.

In den ersten Oktobertagen besucht Che die vom Wirbelsturm verwüsteten Gegenden in Oriente und Camagüey und erstattet im Ministerium Bericht. Die Überschwemmungen waren gigantisch, aber die Verwüstungen halten sich in Grenzen: 500 zerstörte Häuser, totes Vieh, die Industrie wurde nicht schwer beeinträchtigt. Che zeigt sich wie immer beeindruckt von der Reaktion des Volkes, dem Niveau an Organisation sowie von der Arbeit der Brigaden aus dem Bauministerium. Eine angenehme Überraschung erhält er ein paar Tage später von den Architekturstudenten und -professoren eines internationalen Treffens:

Ich hatte vergessen (in meinem Mechanizismus), daß es etwas Wichtigeres gibt als die gesellschaftliche Klasse, der das Individuum an sich angehört, nämlich die Jugend, die Frische der Ideale, die Kultur in dem Moment, da sie vom Heranwachsen in den Dienst der reinsten Ideale übergeht.

In diesen Tagen kündigt er sein Ausscheiden aus dem Juceplan an und daß Fidel direkt die Leitung der Planungskommission übernimmt. *Im Juceplan gibt es keine Autorität. Jetzt mit Fidel wird es eine Autorität geben, aber als ich da war, gab es keine Autorität. Außerdem hatte ich nur eine Delegation (...), ein Gespenst von einer Wirtschaftskommission, die überhaupt nichts entschied.*

Und er denkt über die zu großen Ambitionen in der ersten Zeit der Revolution nach: *Wir wollten Schulen bauen und wir bauten sie; Krankenhäuser ebenfalls. Wir bauten Wege und Touristenzentren, Lokale für die Arbeiter, Klubs. Die Löhne stiegen. Und gleichzeitig sprachen wir von Entwicklung. Das war unmöglich, die Mathematik konnte nicht durchbrochen werden.*

Weiterhin vergeht kein Tag ohne Konflikte in irgendeinem Winkel der Industrieverwaltung. In einer Versammlung der Ministeriumsleitung weist Che darauf hin, daß die Lieferungen aus dem Ausland nicht mehr kämen: *Wir erfüllten die Verträge mit den sozialistischen Ländern nicht und die sozialistischen Länder erfüllten schließlich ihrerseits die Verträge nicht, indem sie ganz einfach die Lieferungen einstellten.*

Er fängt an, Beweise für Ermüdungserscheinungen in den Beziehungen zur UdSSR zu liefern, und macht eine scharfe Bemerkung über das landwirtschaftliche Desaster in der Sowjetunion. *Es ist unverständlich, daß nach 45 Jahren Revolution weiterhin solche Fehler begangen werden. Irgendetwas läuft wirklich falsch.* Er benutzt das Wort *Agrarkatastrophe*. Bezüglich der Sowjets sagt er, daß es nicht nur darum gehe, ein gerechteres System als die Vereinigten Staaten zu haben, sondern daß es auch produktiver sein müsse.

Darüberhinaus war das Material, das aus dem sozialistischen Lager kam, von schlechter Qualität. Raúl Maldonado erinnert sich: „Es begann sich eine gewisse Verzweiflung angesichts der Qualität der Produkte und der Maschinen bemerkbar zu machen, die wir aus Osteuropa bekamen; das war ein Hinweis darauf, was in Kuba passieren konnte.“

Und tatsächlich geschieht das in Kuba bereits. Am 11. November interviewt der Journalist Severo Cazalis, Siquitrilla, Che für die Tageszeitung „La tarde“:

„Warum ist die Qualität der Schuhe schlechter geworden?“

Ein gewisser anfänglicher Mangel an Rohstoffen und die Abschaffung des Privateigentums haben den schrecklichen Verlust an Qualitätsbewußtsein hervorgebracht. Auch wir sind ihm verfallen. Die Konfektion ist ein Beispiel dafür, wie die Arbeiter die Sorge um die Qualität verlieren können. Aber das ist bereits auf dem Wege zur Lösung und die Schuhe können ein gutes unmittelbares Beispiel sein ... Sie haben z.B. neulich nicht die ganze Wahrheit über die Prototypen der Schuhe gesagt. Sie sagten, daß sie schön seien, aber viele sind häßlich.

„Ja, das stimmt. Ich dachte, daß dieser Verband gute Arbeit leistet und daß es ohnehin zu spät sei, dieses Jahr noch etwas zu ändern. Offensichtlich ist die Designer-Mannschaft klein und braucht mehr Informationen über die Mode. Aber einige Modelle sind schön."

In der Tat ist dies ein sehr guter Verband.

„Dort hat man mir bedeutet, daß Sie gesagt hätten: Ich ziehe keine Sandalen an, außer wenn es mir die Revolution befiehlt."

Ja, das habe ich gesagt ... Es heißt, daß ich mich oft über die Fehler der Presse beschwere. Zum Beispiel glaube ich, daß es negativ ist, voller Jubel die Planerfüllung bei den Schuhen zu veröffentlichen, ohne die ganze Wahrheit zu sagen. Diese Pläne schaffen es noch nicht, die Bedürfnisse der Bevölkerung zu befriedigen.

Am selben Tag zeigt Che nach Durchsicht des Berichts des Kubanischen Instituts für Bodenschätze einen Anflug von Optimismus, als er von Suárez Gayol, dem Kriegskameraden, sagt: *Er ist einer der wenigen, die Überzeugung und Enthusiasmus zeigen und die grundlegende Eigenschaft haben, dies auch den Leuten gegenüber äußern zu können.*

Das ist es vielleicht, was ihn am meisten zufriedenstellt: das erreichte Niveau der Kader im Ministerium. In einem Bericht an den Ministerrat freut er sich über das Team, das er geschaffen hat: sein Stellvertreter Orlando Borrego, eine Person mit *sauertöpfischem Charakter,* aber auch mit enormer Arbeitskapazität; Tirso Sáiz, ein Chemieingenieur; Kommandant Castiñeiras, der während der Revolution ein Verschwörer innerhalb der Marine war und nun eine enorme Aufgabe als Vizeminister der Leichtindustrie übernommen hat; Mario Zorilla, den er für den zukunftsträchtigsten Kader hält; Hauptmann Ángel Gómez Trueba, der trotz seiner *Tendenz zum etwas brüsken militärischen Befehlston ein begeisterter und unermüdlicher Arbeiter* ist; schließlich Santiago Riera und Oltuski, von denen letzterer zum Juceplan versetzt wurde.

Die Person, die er wahrscheinlich am kritischsten beurteilt, ist er selbst: *Von den Fehlern persönlicher Art, die jeder Mensch hat, sind meine so klar und sie äußern sich so häufig in Gestalt gewaltiger Widersprüche, daß es nicht nötig ist, sie zu analysieren.* Was seine Aufgaben als Minister angeht, so ist der Fehler, den er für den schwerwiegendsten hält, die Tatsache, daß er immer die Aktion (die Kriegsführung der Praxis) vorangetrieben hat, um sich die Diskussion darüber zu ersparen. Ausgehend von der Ineffizienz im Staatsapparat hat Che immer zuerst gedrängt und erst danach Fragen gestellt, um dann zu schauen, was passiert ist. Im Bericht gibt er zu, daß man im Ministerium auf seine Initiative hin und ohne Diskussion in der Regierung die Vorzugsmethode eingeführt, den Wettbewerb ausgerufen und die freiwillige Arbeit initiiert habe (die wegen der Form, wie sie zustandekam, *von Fidel kritisiert wurde*). Wenn man sich die Diskussionen nicht erspart hätte, *hätten wir im gegebenen Moment vielleicht mehr Auseinandersetzungen gehabt, aber die Verhältnisse hätten sich geklärt.*

An dieser Selbstkritik erkennt man die Tiefe des Konflikts zwischen Che und dem INRA. Darüber *ist zu sagen, daß die schlechten Beziehungen zwischen dem Industrieministerium und dem INRA, den beiden stärksten Organismen der Revolution, keineswegs die wirtschaftliche Entwicklung des Landes förderten, sondern viele schlechte Angewohnheiten zur Folge hatten, die wir noch heute zu korrigieren versuchen.* Es scheint, daß diese Auseinandersetzungen mit dem INRA nicht die einzigen waren; in derselben Bilanz ist die Rede von Zusammenstößen mit der ORI und mit der Gewerkschaftsorganisation CTC.

Che verschweigt die Positionen, die von seiner Seite aus zum Zusammenstoß führten, nicht, sondern er äußert, daß man durch die Vermeidung von Diskussionen und die zwanghaften Lösungsansätze in seinem Ministerium die Möglichkeit verpaßt hätte, das Terrain und die Diskrepanzen abzuklären, die innerhalb der Revolution über die Wirtschaftsführung existierten. Das führte dazu, daß *das Amt des Industrieministers sowohl meinen Enthusiasmus als auch meine Arbeitsfähigkeit aufsaugte, da ich nicht in der Lage war, mich darüber zu erheben, um ein wirklicher nationaler Führer zu* werden.

Zwei Monate später, in einer weiteren Sitzung des Führungsrats des Ministeriums, spricht er darüber, daß er wegen der freiwilligen Arbeit mit der CTC aneinandergeriet – in der Leichtmechanik, wo man Gutscheine für freiwillige Arbeit geschaffen hatte, die *von der CTC, von einigen ihrer Mitglieder, sehr verachtet* wurden. Che berichtet von Auseinandersetzungen mit dem INRA, das die Brigade des Ministeriums beschuldigte, daß sie das Zuckerrohr schlecht schneide und daß die *freiwillige Arbeit insgesamt negativ sei, daß sie die Pflanzen zerstöre, daß sie viele Kosten verursache und nichts ergebe.* Dies stimmt offenbar nicht, denn es gab Spezialisten, die die Ernte kontrollierten, nach denen es *eine gut gemachte Arbeit* war.

Obwohl die Bilanz, die er für die Industrie zieht, sehr positiv ist – ein großer Qualitätssprung im Industrieministerium bezüglich der Geschäftsführung, allgemeiner Enthusiasmus, Rekordwachstum der Industrie und ihrer Produktion – bemerkt er in der kubanischen Gesellschaft insgesamt eine zunehmende Bürokratisierung.

Im Laufe des Jahres taucht dieses Thema das eine oder andere Mal in seinen Reden, seinen Diskussionen im Ministerium und sogar in seiner privaten Korrespondenz auf: *Ihr Buch über Laos wurde vom gefährlichen Räderwerk unserer bürokratischen Maschinerie zermalmt* (an Anna Luisa Strong, als er sie einlädt, nach Kuba zu kommen, und sie informiert, daß ihm ihr Buch über die chinesischen Kommunisten sehr gut gefallen hat). *Erlauben Sie mir, Ihnen zu gestehen, daß in unserem Land die Bürokratie fest im Sattel sitzt, sie verschlingt Papiere, brütet sie aus und läßt sie zu gegebener Zeit zu ihren Adressaten gelangen* (an Peter Marucci, den Verleger des „Telegraph“ in Kanada). *Wir haben mechanisch Erfahrungen von Bruderländern kopiert und dies war ein Fehler, kein sehr großer, nicht der größte, aber ein Fehler, der die freie Entwicklung unserer Kräfte behinderte und auf gefährliche Weise zu einem der Phänomene beitrug, die in einer sozialistischen Revolution am meisten bekämpft werden müssen: dem Büro-*

kratismus (im Algerien-Seminar). Über die Komitees zur Verteidigung der Revolution (CDR) schreibt er deren Leiter, José Matar: *Soweit ich es bisher kenne, ist das grundlegende Merkmal in Ihrem Exekutivbüro die Desorganisation, die durch die Tatsache bewiesen ist, daß ich einen Brief mit Datum vom 22. Juli erhalte, in dem ich bis zum 31. des Monats um meine Meinung gebeten wurde. Der Brief trägt einen Ausgangsstempel Ihres Büros vom 12. August und ist am 17. September in unserem Büro eingegangen. Vielleicht liegt die Desorganisation in diesem Ministerium. In diesem Fall bitte ich, das CDR des Stockwerks zu benachrichtigen.*

Che kennt nur eine Art, die Bürokratie zu bekämpfen: den direkten Kontakt, das persönliche Verhältnis zwischen Führern und der Basis. Der Verfasser verläßt sich auf den Bericht von Lázaro Buría, der im Alter von 17 Jahren Lagermeister einer Metallfabrik war und bei dem eines Sonntags Che mit einer Gruppe von Kadern des Ministeriums auftauchte und fragte:

Sind Sie der Chef?

Und er fragte nochmals: *Was ist hier zu tun?*

„Kommen Sie zum Arbeiten?"

Ja, dies ist eine freiwillige Arbeit ... Sind Sie der Chef? Also los, was ist hier zu tun?

Der Jugendliche zweifelte zunächst, ließ Che dann aber konsequent Eisenstäbe abmessen und zählen.

Während einer freiwilligen Arbeit in den Bergwerken von Matambre mit Alberto Fernández Montes de Oca, welcher der Leiter war, beschloß Che, in der tiefsten Grube zu arbeiten. Da Montes de Oca wußte, daß Asthma bei der Feuchtigkeit schlimmer wird, riet er Che, der im Aufzug zu keuchen anfing, wieder nach oben zu fahren, aber Che bestand darauf: *Wir fahren runter.* Und er fuhr bis zur 42. Ebene, wo er mehrere Stunden mit den Arbeitern redete und auch selbst Hand anlegte.

Ein Bergarbeiter namens Pablo schuftete gerade mit einem Bohrer zwei Kilometer unter der Erde, als ihn jemand an die Schulter faßte. Es war Che, der ihm seine Hilfe anbot.

„Nein, Kommandant, das ist eine sehr schmutzige Arbeit."

Che umarmte ihn. Er trug wegen der Hitze weder Hemd noch Hose, noch Gummistiefel, nahm den Elektrobohrer in die Hand, fragte wie er funktionierte, fing zu bohren an und sagte zu ihm:

Das ist anstrengend, ich weiß nicht, wie du, wo du so klein bist, dieses Ding halten kannst.

Danach verschwand er in der Dunkelheit. Pablo wußte nicht, ob das, was er gerade erlebt hatte, wirklich passiert war.

Immer wieder wurde Che vom Asthma heimgesucht. Fernández Mell, sein Freund, Kriegskamerad und Arzt, kontrollierte die Experimente, die Che unternahm, um dem Asthma entgegenzuwirken. Che hat immer noch nicht alle Auslöser herausgefunden, wenn er auch einige bereits erkannt hat: Klima, Nahrungsmittel und Textilien.

Er hatte eine Roßkur gemacht: „Che inhalierte mit dem Zerstäuber Adrenalin, das die Bronchien erweitert; das Adrenalin vergiftete ihn und erzeugte Schmerzen im Unterleib und furchtbare Kopfschmerzen. Außerdem benutzte er ein Serum mit Cortison, das entzündungshemmend ist, aber auch flüssig genug, um das Adrenalin im ganzen Organismus zu verteilen. Die Krankheit war schrecklich und gleichzeitig seltsam. Che war ein Barometer, er konnte das Herannahen einer Kaltwetterfront vorhersagen. Und die Krankheit hatte ihn körperlich gezeichnet: die entzündeten Stirnhöhlen waren das Ergebnis seiner Atemprobleme."

Und diese Person beunruhigte in zunehmendem Maße die US-amerikanischen Geheimdienste. Am 30. Dezember '63 zirkulierte ein nationales Sicherheitsdossier unter hohen Funktionären der Regierung Lyndon B. Johnsons, das auf die zunehmenden Aufrufe zur Lateinamerikanischen Revolution in Fidels Reden, den Sendungen von Radio Havanna und Ches Worten hinwies.

Kapitel 33
★
1964, das Unterirdische der Revolution

Zu Beginn des Jahres 1964 kündigt Che für die Industrie einen Investitionsplan von 180 Millionen an, der 18% unter dem des Vorjahres liegt. Die industrielle Entwicklung soll leicht gebremst und dafür mehr Nachdruck auf die Landwirtschaft und besonders auf die landwirtschaftliche Infrastruktur gelegt werden: Straßen zu den Zuckerrohrfeldern, Lagermöglichkeiten usw.

Miguel Alejandro Figueras, einer von Ches Kadern, erklärt: „Die Regierung beobachtete, daß ein riesiges Handelsdefizit gegenüber den sozialistischen Ländern entstanden war, und wir dachten, daß wir das stoppen müßten; wir kamen zum Schluß, daß dies kurzfristig die einzige Lösung war, um das Potential der Zuckerproduktion wiederzuerlangen." Während trotz der erreichten Erfolge der Rhythmus der Industrialisierung abnahm, *wurden neue Kapazitäten geschaffen und viele der vorhandenen kleinen und mittleren Metallwerkstätten wiederhergerichtet, was einer der Faktoren war, die es uns erlaubt haben, unsere Fabriken in Funktion zu halten, als die US-amerikanische Blockade für Ersatzteile ihre härtesten Auswirkungen zeigte.* Der Rhythmus mußte verringert, die Spannung aber aufrechterhalten werden, um Fehler zu korrigieren.

Mit Regino Boti, dem Wirtschaftsminister und technischen Sekretär des Juceplan, hatte Che in diesen Monaten einen permanenten Konflikt. Che beschuldigte den Juceplan, ein äußerst formaler Hort der Bürokratie zu sein. In seinem Briefwechsel mit Boti, gegen den er häufig polemisierte, dem gegenüber er aber auch Zuneigung und Respekt empfand, gab es ständig Sticheleien. Im Oktober des Vorjahres hatte er ihm geschrieben: *Ich bedaure es, daß meine Abwesenheit im Rat (Juceplan) Ihnen jegliche Beratung über die Probleme der Produktion unmöglich gemacht hat. Zu Ihrer Information: Weder die Schiffe von Camagüey noch die von Oriente haben durch den Wirbelsturm gelitten. Für jede telefonische oder schriftliche Auskunft oder jeden Zweifel im Bereich der Produktion oder anderer Bereiche, die ich beherrsche (Werttheorie, zum Beispiel), stehe ich jederzeit zu Ihrer Verfügung.*

Monate später, in einer Diskussion über ein technisches Problem Anfang Februar '64, treibt er es auf die Spitze: *Ich grüße Sie, Genosse Minister, mit dem Kampfruf des Zentralen Planungsrates: Es lebe der Papierkrieg! Nieder mit der produktiven Arbeit!* Am 12. Juni schreibt er ihm einen weiteren Brief, in dem er, *gestützt auf meine kleine und wenig erbauliche Erfahrung als Arzt*, auf einen Antrag zur Auflagenerhöhung der Zeitschrift „Revista Médica Panamericana" antwortet und meint, daß die Zeitschrift eine Schweinerei sei und *Schweinereien keine politischen Funktionen erfüllen.* In einem Brief vom 17. Juni antwortet er auf die Anfrage einer Privatperson, die eine Drehbank haben will: *Die Grundmittel sind keine Waren. Wenn Sie Freunde haben, suchen Sie sich selbst die Betriebsmittel.*

Am Ende dieses Monats bezeichnete Che den Planungsrat als Katastrophe wegen *der Unsicherheit, die einen jedes Mal befällt, wenn man ein Papier unterschreibt, ob man eine intelligente Sache macht oder ob man aufgrund der bestehenden Kommunikationssysteme eine Dummheit begeht.* Dennoch schätzt Che diesen Boti, *jemand, der zur rechten Zeit kommt, der aber außerdem die Dinge untersucht, sich darum kümmert und es versteht, Leute zu mobilisieren.* Als Boti das Wirtschaftsministerium verließ, das dem Juceplan unter der Leitung von Dorticós einverleibt wurde, und in einer Fabrik arbeiten ging, gratulierte ihm Che.

Seine briefliche Bosheit beschränkte sich nicht auf den Juceplan; dem Außenminister Raúl Roa schickte er einmal einen Brief mit folgender Bemerkung zurück: *Ich gebe Dir die Schweinerei von Brief zurück, die Du mir geschickt hast, damit Du lernst, daß man nicht etwas unterschreiben kann, ohne es zu lesen.*

Außer seinem permanenten Krieg gegen die Bürokratie trieb Che weiter die freiwillige Arbeit voran. Am 11. Januar '64 teilte er Urkunden für freiwillige Arbeit aus und nahm selber eine entgegen, die ihm seine Arbeitsstunden bescheinigte. In einer Veranstaltung der CTC erzählte er die Geschichte eines 70jährigen Arbeiters, der seinen Anteil erfüllt hätte, die einer Frau, die 340 Stunden erreichte, und die eines Arbeiters, der auf 980 Stunden kam. *Aber das Wichtige ist nicht das Erreichen der Rentabilität unserer Unternehmen durch das Opfer einiger Arbeiter (...), es spiegelt sich im Bewußtsein wider, das man gegenüber der Arbeit erlangt.* Sein Schlußwort auf der Veranstaltung: *In diesen Ostertagen fielen ein paar kleine und weniger kleine Geschenke in meine Hände. Wir denken aus persönlichen Gründen, daß wir sie den hervorragendsten Genossen überreichen können. Ich werde sie euch hier nicht zeigen, denn sie sind ziemlich schön und man könnte dies mit einem materiellen Anreiz verwechseln. Das ist nicht meine Absicht* (und er übergab sie den drei Genannten).

In der Rede hatte er betont, daß der gesellschaftliche Druck gut wäre, aber daß man die Leute nicht zwingen könne, daß unter Zwang oder Verpflichtung die freiwillige Arbeit ihren Charakter und ihren Sinn verlieren würde.

Das eine oder andere Mal kam er auf die Bedeutung des Bewußtseins bei der Belohnung, der Anstrengung und der Bestrafung zurück. Zu Beginn des Jahres hatte der Journalist Severo Cazalis (Siquitrilla) bei einem Interview das Arbeitslager von Guanahacabibes erwähnt, und am Ende hatte Che gesagt: *Ich weiß, daß Sie nicht mit Guanahacabibes einverstanden sind.* Als keine Anwort kam, fragte er ihn: *Möchten Sie hingehen?*

Das Thema war allgemein bekannt und hatte schreckliche Gerüchte und bittere Resonanzen hervorgebracht; der Begriff Arbeitslager war historisch mit einem faschistischen Euphemismus oder mit den sowjetischen Konzentrationslagern verbunden. Auch Che hatte die Angelegenheit oft im Ministerium diskutiert, zum Beispiel 1962, als der Direktor des Lederverarbeitungsbetriebs gesagt hatte, daß man niemanden mit Guanahacabibes bestrafen dürfte, ohne daß diese Sanktion in den Basisorganisationen der Partei diskutiert würde, und Che hatte geantwortet: *Guanahacabibes ist keine feudale Strafe. Nach Guanahacabibes werden keine Leute geschickt, die ins Gefängnis gehören. Nach Guanahacabibes werden Leute geschickt, die kleinere oder größere Fehler gegenüber der revolutionären Moral begangen haben, bei gleichzeitigem Verlust des Arbeitsplatzes. Es ist harte Arbeit, aber es ist keine bestialische Arbeit.* Wenn jemand etwas stiehlt, muß der Dieb ins Gefängnis und der Direktor, der ihn gedeckt hat, nach Guanahacabibes. *Die Leute, die ich gesehen habe, kommen nicht verbittert und erbost zurück ... Es ist mehr*, faßt er zusammen, *nach Guanahacabibes geht der, der dorthin will, wer nicht hin will, verläßt das Ministerium.*

Guanahacabibes, dessen Name mehr als einen kubanischen Funktionär nervös machte, umfaßt ein kleines Dorf, Uvero Quemado, in einem Wald auf der Halbinsel Corrientes, wo es mitten im Nichts einen ehemals verlassenen Holzbetrieb gab. Ursprünglich von den Streitkräften als Arbeitslager eingerichtet, wurde Guanahacabibes auch vom Industrieministerium genutzt.

1964 fährt Che in Begleitung von Siquitrilla nochmals zum Arbeitslager. Sie scheitern beim ersten Versuch wegen eines Unwetters, kurze Zeit darauf versuchen sie es von neuem.

„Mir scheint, wir sind die einzigen, die auf alle Fälle nach Guanahacabibes kommen wollen", sagt der Journalist.

Nein, es gibt auch andere, die darauf versessen sind, sagt Che, der am Steuer einer Cessna sitzt.

Als sie ankommen, entdeckt der Journalist ungefähr hundert Personen im Rehabilitationszentrum; sie sind bewaffnet. Wie fast überall in der kubanischen Gesellschaft hat die Praxis der Milizen die Gewehre ins alltägliche Leben eingeführt; aber es gibt keine Überwachung, es handelt sich nicht um ein Gefängnis.

Che fragt: *Gibt es hier jemanden, der mit seinem Urteil nicht einverstanden ist?*

Niemand antwortet. Sie sind aus den unterschiedlichsten Gründen hier, Studenten, ein Kommandant, Betriebsleiter aus der Industrie. Der Neuankömmling muß zuerst als Holzfäller arbeiten, dann wird er anspruchsvolleren Aufgaben zugeteilt: in einer kleinen Fabrik für Baseballschläger, einer Hühnerfarm. Sie führen einen permanenten Krieg gegen die Bohnen, die die Aussaat verschlingen; vor Ort gibt es eine Bäckerei, eine Schule, es wird Honig produziert. Einige unterrichten sich gegenseitig. Die Ortschaft versorgt sich selbst. Alles ist von denen aufgebaut worden, die hier arbeiten. In der Nähe gibt es ein Köhlerdorf.

Im Industrieministerium wurde folgendermaßen vorgegangen: Bei Fällen von Disziplinlosigkeit, bei Verstößen gegen die Moral oder Versagen bei der Arbeit bestimmt das Ministerium das Strafmaß von ein paar Wochen oder Monaten Aufenthalt in Guanahacabibes. Der Bestrafte kann Berufung einlegen – was gewöhnlich vom zeitweiligen Ausschluß vom Arbeitsplatz begleitet wird. Nach der Rückkehr aus dem Lager kehrt der Bestrafte an seinen Arbeitsplatz zurück. Borrega fügt hinzu: „Che bestand darauf, daß einem Kader nach Verbüßen der Strafe sein Fehler nicht ständig vorgehalten wurde, denn dieses Problem war ja gelöst.“

Kommandant Guevara gefiel der Gedanke an Guanahacabibes und er pflegte seiner Mannschaft häufig scherzhaft dort „Ferien“ anzudrohen. Manresa, sein Sekretär, gab zu, daß Che ihm häufig androhte, ihn nach Uvero Quemado zu schicken. Aber es war ein einzigartiges Arbeitslager. Obwohl Che oft sonntags die Arbeit mit den Bestraften teilte, hatte das Lager einen üblen Ruf, vor allem unter den mittleren und höheren Kadern des Ministeriums. Ein Historiker wie Draper, der für seine Abneigung gegen die kubanische Revolution bekannt ist, versicherte, daß Guanahacabibes ein Konzentrationslager sei, in dem die Arbeiter terrorisiert würden. Im März ’64, als Che mit prämierten Arbeitern diskutierte, fragte er sie, ob von ihnen jemand Betriebsleiter werden wollte. Einer antwortete ihm, niemand hätte Lust, Eukalyptus in Guanahacabibes zu pflanzen. Che scherzte weiter und sagte, daß es dort überhaupt keinen Eukalyptus gäbe, sondern *Moskitos und andere Dinge. Und wenn wir alle dorthin schicken würden, die einen Fehler machen, dann gäbe es dort schon Wolkenkratzer.*

Es gibt ein interessantes Zeugnis des Leiters der Kommunistischen Jugend, Francisco Martínez Pérez, der wegen eines amourösen Problems, als er mit einem Stipendium in Rußland studierte, mit sechs Monaten bestraft worden war. Er sagte Che, daß er die Strafe für ungerecht hielt. Che fragte ihn, ob er doch glaube, daß diese Erfahrung ihm helfen würde, als Revolutionär weiterzukommen, und der Mann sagte: „Ja, zweifellos.“ In Guanahacabibes arbeitete er als Köhler.

Im Februar 1964 kehrt Che zur im Vorjahr begonnenen, langen Debatte über die Divergenzen zwischen dem sowjetischen und dem kubanischen Industriemodell zurück, zunächst mit einem Artikel unter dem Titel „Über das haushaltsmäßige Finanzierungssystem“. Der Hauptgedanke besteht darin, auf einfache Weise die Unterschiede darzustellen, die sich oft als *obskur und subtil* präsentieren.

Während für die Verteidiger von Ches Projekt die Unternehmen Produktionseinheiten darstellten, waren sie für die Anhänger der „Selbstfinanzierung“ auf sowjetische Art ein Konglomerat von Fabriken, die ähnliche Dinge produzierten.

Während für Che das Geld nur ein arithmetischer Wert war, um das Unternehmen zu bewerten, war es für die anderen Funktionäre ein Kontrollinstrument, ein Mittel für das Endziel.

Für Che sollten die Produktionsnormen die Überproduktion begrenzen und wenn ein Arbeiter sie erfüllte, wofür er eine Zulage erhielt, mußte er sich weiterbilden, um eine höhere Stufe zu erreichen. Für die Anhänger des sowjetischen Modells handelte es sich hingegen darum, einen ökonomischen Anreiz für die Produktion zu geben, und es gab keine Begrenzung der Zulage für die, die Akkord und Überstunden arbeiteten.

Beide Modelle wurden durch einen Generalplan kontrolliert, aber während der Plan von Che zur Zentralisierung und zur Zusammenarbeit zwischen den Unternehmen tendierte, stärkte der andere eine stärker ausgeprägte Dezentralisierung, um die Konkurrenz zu fördern.

Während Che der Meinung war, daß das Bewußtsein, die freiwillige Arbeit und die Bildung die großen Anreize für die Produktion seien, waren es im anderen Modell die Prämien für den Betrieb und für die Arbeiter sowie die Ausschüttung von Gewinn.

Che präzisierte: *Wir bestreiten nicht die objektive Notwendigkeit des materiellen Anreizes*, aber dies war nicht der grundlegende Antriebshebel. Die Anhänger der „Rechnungsführung“ antworteten, daß der materielle Anreiz durch die Vermehrung der Konsumgüter verschwinden würde, aber für Che waren *direkter materieller Anreiz und Bewußtsein einander widersprechende Begriffe*.

Er behauptete weiter: *Die Arbeit muß aufhören, eine mühselige Notwendigkeit zu sein, und sich wieder in eine angenehme Aufgabe verwandeln. Die neuen Produktionsverhältnisse müssen dazu dienen, die Entwicklung des Menschen zum Reich der Freiheit zu betonen.*

Über die Preise sagte Che, daß seine Kontrahenten dachten, der Markt müsse sie über eine kontrollierte Form von Angebot und Nachfrage festsetzen, und er dachte, daß *das Binnenhandelsministerium es übernehmen sollte, die Kaufkraft der Bevölkerung mit den Preisen der angebotenen Waren abzugleichen*, indem es die Grundwaren billig macht und bei den überflüssigen die Hand aufhält.

Zusammengefaßt sind die Vorteile von Ches Plan, nach ihm selbst: Die Zentralisierung, die die Mittel rational einsetzt, den Verwaltungsapparat rationalisiert, Arbeitskraft einspart, einen großen Apparat arbeitsmäßig zusammenfaßt, Bewegungen ohne Lohnkonflikte erlaubt und die Investitionskontrolle vereinfacht.

Andererseits denkt er, daß es *noch sehr schwierig ist, genau zu bestimmen, welche Fehler Ergebnis der dem System innewohnenden Schwächen sind und welche im wesentlichen unserem aktuellen Organisationsgrad geschuldet sind* (Mangel an und Probleme mit Rohstoffen, Mangel an Kadern, Mangel an Technikern).

Ihm antwortete Marcelo Fernández, der das System der „Selbstfinanzierung" aus zwei Gründen verteidigt: wegen seiner Finanzdisziplin und wirtschaftlichen Kontrolle, und weil es die Beziehungen zwischen Produzenten und Konsumenten verbessert, weil es die Qualität verbessert und die Produktion erhöht. Die Unternehmen haben keinen Anreiz, für ihre Waren Geld einzukassieren, aber wenn die Löhne davon abhängen ... Fernández argumentierte, daß er Bankauszüge besäße, die bewiesen, daß die Unternehmen des Industrieministeriums die ökonomischen Überweisungen einen Dreck interessierten, obwohl er zugeben muß, daß in diesem Chaos, in dem das Land lebt, die Unternehmen des INRA noch schlimmer waren. Er beweist, daß, wenn auch im „haushaltsmäßigen Finanzierungssystem" in der Theorie der Bankkredit keine Anwendung fände, in den Jahren 61 bis 63 die von Ches Männern geführten Unternehmen defizitär waren und ihre Defizite mit Bankkrediten gedeckt wurden.

Che zögerte nicht, mit einem Artikel in „Cuba Socialista" zu antworten, in dem er Marcelo Fernández geringe theoretische Tiefe vorwirft. *Es wird Zeit, daß die Verteidiger der Selbstverwaltung sich mit Argumenten wie diesen verteidigen.*

Die Wechsel im kubanischen Apparat (Ersetzung des Binnenhandelsministers, Entfernung von Carlos Rafael Rodríguez aus der Leitung des INRA und Austausch seines Stellvertreters Severo Aguirre durch Curbelo) scheinen anzuzeigen, daß die Positionen Ches sich verbreiteten, obwohl er in einer Sitzung des Führungsrats des Ministeriums sagte: *Das Haushaltssystem kann vorankommen, auch wenn es keine Politik der moralischen Anreize im Lande gibt, und in der Tat kommt es voran und es gibt diese Politik nicht.* Wie dem auch sei, dies war erst die zweite Runde der Polemik.

Che führte seine Spezialkriege im Industrieministerium fort. Am 22. Februar ritt er in einer Sitzung des Führungsrats auf der Notwendigkeit des Studiums herum: *solange, bis wir hier eine Mannschaft haben, von der wir sagen. All die hier Versammelten sind, statt illustre Improvisateure, die wir alle sind, Spezialisten im jeweiligen Bereich mit Universitätsabschluß und allem drum und dran!*

Und er bewertete das Industrieministerium weiterhin als das, welches *die beste* Arbeit *im ganzen Staatsapparat leistet*; auch entdeckte er eine neue Variante des Bürokratismus: *die Verblendung durch das Papier; (...) das Papier als Ersatz für die Aktion.*

Aber das Thema, das ihm am wichtigsten erschien, war, daß *die Beteiligung der Arbeiter an der Leitung der Fabriken heute gleich null ist, obwohl wir eine Reihe von Schulungen gemacht haben; jedes Mal, wenn ich in eine Fabrik gehe, frage ich, wie die Produktionsversammlungen funktionieren (...) und der Leiter der Fabrik sagt mir: „Gut, ja, die Versammlungen finden jeden Monat statt, aber es sind öde Versammlungen, es kommen wenig Leute, die Leute beteiligen sich nicht ..."*

Wo liegt das Problem der Beteiligung der Arbeiter bzw. ihrer Zurückhaltung? Sie gehen einfach zu diesen Versammlungen, um es irgendjemandem recht zu machen, aber sie kommen nicht, weil dort etwas entschieden würde.

Che sah einen erschwerenden Umstand in der mangelnden Sensibilität der Leiter. In einer Schuhfabrik in Matanzas beklagte sich ein Arbeiter, daß er in einer sehr staubigen Ecke arbeiten mußte, dabei hatte er Asthma. Che, gegenüber einem solchen Problem besonders sensibel, sprach mit dem Leiter der Fabrik, der ihm sagte, die Angelegenheit könnte nicht gelöst werden, er könnte weder eine Absaugvorrichtung einbauen noch etwas anderes. Che insistierte, worauf ihm der Leiter antwortete: „Er hat kein Asthma, er hat Tuberkulose."

Es gibt kein Protokoll der Schimpfwörter, die Che vom Stapel ließ.

Am 23. Februar schneidet Kommandant Guevara auf der Plantage Orlando Nodarse mit einer Brigade des Ministeriums Zuckerrohr; der Chauffeur bleibt im LKW sitzen, der im Schatten geparkt ist. Che geht wütend auf ihn zu.

Hör mal, Genosse, und deine Machete?

„Nein, ich komme nicht zum Schneiden, ich bin Chauffeur."

Schau her, hier ist ein Chauffeur alles: Du suchst dir eine Machete und fängst an zu arbeiten wie alle oder du gehst jetzt sofort nach Hause. Und mach dir keine Sorgen wegen des Lastwagens, wenn es sein muß, fahre ich ihn auf dem Rückweg. Wie in allen Hagiographien, den Lebensbeschreibungen von Heiligen, hat uns die Version entschärft erreicht; der Leser möge ein paar „Scheiße" und „verdammt" einfügen und er wird der Realität sehr nahe kommen, wie sie dem Verfasser von einem nahen Mitarbeiter Ches erzählt wurde.

Che fördert in diesen Tagen die freiwillige Arbeit und die Wettbewerbe, die brüderliche Konkurrenz. Bei einem Zuckerrohrschneiden willigt Rosario Cueto von der Führung der KJ im Ministerium ein, gegen ihn anzutreten, und sie bilden zwei Brigaden. Rosario erzählt: „Es war die Gelegenheit, bei der ich das meiste Zuckerrohr in meinem Leben geschnitten habe (...), denn wir konnten auf keinen Fall zulassen, daß er uns schlägt. Meine ganze Gruppe war einverstanden (...), der Wettbewerb war ziemlich ausgeglichen; wir entdeckten, daß er ab und zu einen seiner Leibwächter zum Spionieren zu uns schickte, und wir taten dasselbe. Alles war so verbittert, daß ich Ihnen gestehen muß: Ich freute mich, als sie mich darüber informierten, daß er einen Asthmaanfall hatte, denn so konnten wir einen Vorteil beim Schneiden erlangen. Gemäß der Zählung des Normierers war meine Brigade Sieger. Che beschuldigte ihn, er hätte mich begünstigt, weil ich eine Frau sei, und wollte das beweisen. Das Argument konnte nicht zugelassen werden und es entbrannte ein furchtbarer Streit. Er schien sehr ärgerlich zu sein und machte den Normierer für unseren Sieg verantwortlich. (...) Ein paar Tage später hatten wir eine Versammlung. Man wollte einen Wettbewerb zwischen dem Industrieministerium und dem INRA organisieren und sie kamen, um mich zu Che zu bringen. Sie waren am Diskutieren und er sagte zu mir: *Ich habe dich holen lassen, Rosario, damit du erzählst, wie es beim Wettbewerb zwischen uns war.*

Ich war zwar nervös, aber ich erzählte, wie alles gewesen war, und gestand auch, daß ich mich gefreut hatte, als er den Asthmaanfall bekam. Er starb vor Lachen, als er mich das sagen hörte.“

Am 20. Februar beantwortet Che einen Brief von Marta Rosario Guevara aus Casablanca mit der Bemerkung, er hätte keine Ahnung, aus welchem Teil Spaniens seine Familie käme. *Natürlich ist es lange her, daß meine Vorfahren mit einer Hand nach hinten und einer nach vorn von dort weggingen; und wenn ich diese Haltung nicht bewahrt habe, dann deshalb, weil sie unbequem ist. Ich glaube nicht, daß wir sehr nahe Verwandte sind, aber wenn Sie in der Lage sind, jedesmal wenn auf der Welt eine Ungerechtigkeit begangen wird, vor Empörung zu zittern, dann sind wir Genossen, und das ist viel wichtiger.*

Sechs Tage später beantwortet er einen Brief von José Medero, in dem er auf die Tugenden des moralischen Anreizes zurückkommt: *Die kapitalistische Ineffizienz der sozialistischen Effizienz vorzuziehen, heißt Wunsch und Realität zu verwechseln. In der Distribution und in der zentralisierten Planung erreicht der Sozialismus unbezweifelbare Vorteile. (...) Den Kapitalismus mit seinen eigenen Fetischen besiegen zu wollen, denen man ihre wirksamste magische Eigenschaft, den Profit, genommen hat, scheint mir ein schwieriges Unternehmen* (er bezieht sich auf den materiellen Anreiz) ... *Wenn dies sehr obskur ist (meine Uhr zeigt nach Mitternacht), dann erhellt Ihnen vielleicht dieses andere Gleichnis meinen Gedanken. Der Hebel des materiellen Interesses im Sozialismus ist wie die Lotterie; weder schafft sie es, die Augen der Ehrgeizigsten zu erleuchten noch die Gleichgültigkeit der anderen zu mobilisieren. Ich behaupte nicht, das Thema erschöpfend behandelt zu haben, und noch viel weniger, das päpstliche Amen über diese und andere Widersprüche gesprochen zu haben.*

Im März 1964 gerät die revolutionäre Führung Kubas in eine weitere politische Krise. Wegen einer unbedeutenden Geschichte wird Marcos Rodríguez, einem Mitglied der PSP, der Prozeß gemacht. Er war während der Revolution in die Reihen des Direktoriums geschleust worden und hatte der Batista-Polizei mehrere Aktivisten verraten, die am Angriff auf den Nationalpalast beteiligt waren. Er wurde 1964 festgenommen, als er von einem Stipendium in Prag zurückkehrte, das er über ehemalige Mitglieder der PSP bekommen hatte, und sein Prozeß rief schwere Auseinandersetzungen hervor. Faure Chomón benutzte den Prozeß, um „Marquitos“ als Sohn des Sektierertums zu bezeichnen, und fuhr einen heftigen Angriff gegen die alten Mitglieder der PSP, wobei er andeutete, daß verschiedene Leute im Apparat wüßten, daß Marcos ein Verräter sei, und ihn deckten.

Die Auseinandersetzung sollte sich elliptisch zwischen „Revolución“ und „Hoy“, der ehemaligen Zeitung der PSP, abspielen, die in der ersten Woche nicht über den Prozeß berichtete. Fidel mäßigt salomonisch beide Parteiflügel, er verlangt von Blas Roca, die gesamte Rede von Faure in „Hoy“ zu veröffentlichen, und er greift Severo Cazalis (Siquitrilla) an, den er bürgerlicher Tendenzen beschuldigt und der die Zeitung verlassen wird, die bereits von De la Ossa anstelle von Franqui geleitet wird. Kurze Zeit später werden zwei Kader der alten kommunistischen Garde, Ordoqui und García Buchaca, entfernt.

Die US-amerikanischen Geheimdienstmemoranden verbinden diese Vorkommnisse mit den Absetzungen von Ministern und schreiben sie der Notwendigkeit Fidels zu, seine Unabhängigkeit gegenüber den Sowjets zu vergrößern. Che scheint jenseits der Polemik zu stehen. Am 10. März nimmt er sich außergewöhnlicherweise einen Moment frei und geht mit Aleida zum Baseball, um im Parque Latinoamericano das Duell zwischen „Industrie" und „Occidente" anzusehen.

Am 17. März fährt Che zur Handels- und Entwicklungskonferenz der UNO. Eine Woche später hält er in Genf eine sehr aggressive Rede: *Es ist uns vollkommen klar, und das sagen wir in aller Offenheit, daß die einzig korrekte Lösung der Probleme der Menschheit zum aktuellen Zeitpunkt die völlige Abschaffung der Ausbeutung der abhängigen Länder durch die entwickelten kapitalistischen Länder ist.* Er klagt die Blockade gegen Kuba an: Die Vereinigten Staaten erlauben keine Einfuhr von verarbeiteten Produkten aus kubanischen Rohstoffen, auch wenn diese anderswo hergestellt wurden. Sie wollen verhindern, daß US-amerikanische Waren auf Schiffen transportiert werden, die früher nach Kuba verkehrten, sie verhängten ein Verbot für Überweisungen von Dollars nach Kuba. Es folgt eine lange Liste von Druckmitteln gegenüber anderen Ländern: Streichung von Hilfe für Frankreich, Großbritannien ... All dies, während die Beziehungen Kubas zu China und zur UdSSR schlechter werden. Die Insel scheint der Brennpunkt für den ganzen Haß des Imperiums zu sein.

Die Faszination, die Che hervorruft, dehnt sich auf Freunde und Feinde aus. Lleras Restrepo, der spätere Präsident von Kolumbien, lädt ihn zum Essen ein, obwohl die kolumbianische Delegation an ein Rundschreiben gebunden ist, nach dem sie an keinen Feierlichkeiten von Ländern teilnehmen darf, mit denen ihr Land keine Beziehungen unterhält.

Che nutzt die Reise, um die Qualitätskontrolle in Uhren- und Plastikfabriken zu studieren. Auf seiner Rückreise fliegt er über Algerien.

Im April werden die Bilanzen des Juceplan über die kubanische Industrieproduktion des Vorjahres bekanntgegeben. Che kann mit der Industrie zufrieden sein: Obwohl die Pläne nur zu 84% erfüllt wurden, sanken die Kosten um 4%. Aber ein Problem bleibt bestehen, das ihn in letzter Zeit besonders beunruhigt: der Mangel an Qualität, den er als Mangel an Respekt der Betriebsleiter vor der Bevölkerung interpretiert. In einer Sitzung vom Führungsrat des Ministeriums unterscheidet er zwischen den Produkten, die wegen Mangel an Rohstoffen an Qualität verlieren, und denen, die wegen Bürokratismus, Quantitätskult, mangelnder Technologie und mangelnder Arbeitsdisziplin schlechter werden. Er ist offen verärgert und fängt an, Dinge konkret zu benennen: unförmige Puppen, die wie alte Frauen aussehen, ein Dreirad, das *eine Schweinerei* ist, einen Schuh, der den Absatz verliert, weil er nur zwei statt der nötigen acht oder zehn Nägel hat, einen kaputten Reißverschluß für den Hosenschlitz (es gibt 20.000 davon), der von allein aufgeht und von der Bevölkerung scherzhaft Camilo genannt wird (wegen Camilos Ruf als Don Juan), ein Bett, dessen Füße umknicken, ein Shampoo, das die Haare nicht reinigt, Gesichtspuder, das seine Farbe verheimlicht, und Ammoniak, das man durchsieben muß, bevor man es benutzen kann. Die Schlußfolgerung ist tragisch: In den Fabriken wird mit ständig schlechterer Qualität produziert. Es ist nicht das erste Mal, daß Che dieses Thema anspricht, im Monat davor hatte er es als das Allerwichtigste betont, daß er in der Schweiz das Niveau der Qualitätskontrolle gesehen hatte.

Am 9. Mai spricht er im Industrieministerium zu Jugendlichen. Es wird keine gute Rede. Da er in die Industrieproblematik vertieft ist, hat er keine klare Botschaft, und er gibt das auch zu: *Ich hatte eine kritische Haltung gegenüber der Jugend, nicht als Jugend, sondern als Organisation* (ohne ihnen etwas vorzuschlagen), *das war die Haltung eines Freischärlers.* Er umkreist die Angelegenheit, ohne zu dem Problem vorzudringen, wie Partei und KJ beschaffen sein sollen. Warum? Ein so direkter Mensch wie er findet nicht die Worte oder Metaphern, sondern er weicht dem zentralen Thema aus. Er fragt sich, warum hat die Partei kein Statut? Und er fragt sich nicht, was der Sinn der Partei ist. Durch Ches Stimme spricht die Stimme eines Mannes, der spürt, daß die Partei in der kubanischen Gesellschaft überflüssig ist. Plötzlich sieht er sich in einem Spiegel, der ihm nicht gefällt: *dieses Ministerium, das wirklich öde ist, das ziemlich bürokratisch ist, ein Nest von kleinlichen Bürokraten und lästigen Menschen, vom Minister bis nach unten, die dort ständig um konkrete Aufgaben streiten.*

In den Fabriken findet er seinen Puls und seinen Ton besser. Am 17. Mai weiht er die Zündkerzenfabrik von Sagua la Grande ein. Vier Jahre hat es von der Planung und der Verhandlung über den Kauf der Fabrik bis zu ihrer Einweihung gedauert. *Die industrielle Grundlage eines Landes zu schaffen, ist immer eine langsame Angelegenheit ...* Er bleibt vor einer Maschine stehen, an der eine Frau Ringe herstellt. Er fragt sie, wieviele sie macht, sie antwortet: 20 bis 22 in der Minute. Die Frau heißt Ángela Martín, Che setzt sich neben sie, um die Zeit zu messen, Ángela schafft es nicht.

„So geht das nicht, du machst mich nervös, Che."

Che stellt sich an die Maschine, um es selbst zu versuchen. Unmöglich.

Du hast mich auch nervös gemacht.

Doch Che verliert weder seine Schärfe noch seinen gesunden Humor. Am 26. Mai schreibt er einen Brief an den Direktor des psychiatrischen Krankenhauses in Havanna, in dem er den Erhalt einer Zeitschrift bestätigt und nebenbei bemerkt: *Ich habe noch eine Frage: Wie kann man 6.300 Exemplare einer Fachzeitschrift drucken, wenn es nicht einmal so viele Ärzte auf Kuba gibt? Es befällt mich ein Zweifel, der meinen Geist an die Schwelle einer neuro-ökonomischen Psychose bringt. Werden die Ratten die Zeitschrift benutzen, um ihre psychiatrischen Kenntnisse zu vertiefen oder ihren Magen zu füllen? Oder vielleicht hat jeder Kranke eine Ausgabe unter seinem Kopfkissen? Auf jeden Fall sind es 3.000 Exemplare zu viel pro Auflage; ich bitte Dich, darüber nachzudenken.*

Ernsthaft, die Zeitschrift ist gut, die Auflage ist unakzeptabel. Glaub es mir, denn die Verrückten sagen immer die Wahrheit.

Aber in der Verrücktheit von Che steckt mehr als eine Methode, in ihr steckt ein Projekt. Im Juni wird er wieder in die Diskussionen über die Werttheorie einsteigen und sich an einer Theoriedebatte zwischen Charles Bettelheim und Ernest Mandel beteiligen. Che betont in seinem Beitrag, in dem er sich in den Mäandern der marxistischen Klassiker, der Zitate und Gegenzitate bewegt, wo der Marxismus biblisch und zur Interpretationssache wird, wo der Bezug immer weniger die Realität und immer mehr das Denken der „Klassiker" ist, vor allem einen Gedanken: Die Entwicklungsbedingungen der Produktivkräfte zwingen in der Übergangsphase nicht mechanisch die Besonderheiten der Produktionsverhältnisse auf. Anders gesagt, das Bewußtsein und der Wille verändern den Druck des Marktes, die Gesetze der Ökonomie.

In dieser Logik setzt er sich im Juni mit der Gewerkschaftsorganisation CTC auseinander. Im Industrieministerium sagt er: *Auch die Gewerkschaften müßten verstehen, daß ihre Funktion weder darin besteht, Reden zu halten, noch darin, an dieser oder jener Stelle mit der Verwaltung zu kämpfen, sondern auf die Massen einzuwirken, sie zu einem neuen Verständnis der Arbeit zu bringen.*

Adolfo Gilly meinte in einer Reportage über Kuba, daß die Gewerkschaften nicht funktionierten, weil sie zu vertikalen Transmissionsriemen geworden und überhaupt nicht repräsentativ seien.

Das Thema ist Ende des Jahres wieder auf der Tagesordnung, als Che in einer weiteren Sitzung des Ministeriums sagt: *Die gewerkschaftliche Demokratie ist hier ein Mythos, man mag dies zugeben oder nicht; aber sie ist ein perfekter Mythos. Die Partei versammelt sich und dann schlägt sie den Massen den Soundso vor, Einheitskandidatur, und so wurde er denn gewählt (...), es gab keinen Auswahlprozeß von Seiten der Massen (...). Die Leute müssen sich äußern können. (...) Zum gegenwärtigen Zeitpunkt würde ich sogar sagen, daß die Gewerkschaften zu existieren aufhören (...) und ihre Funktionen an die Arbeitsgerichtsräte übergeben könnten (...). Die einzigen, die damit nicht einverstanden wären, sind die Gewerkschaftsbürokraten. Denen würde natürlich gesagt, sie sollten wieder mit den Händen arbeiten; da würde der Mann sagen: Hör mal, seit 18 Jahren bin ich jetzt Gewerkschaftsführer.*

Ches Auffassung ist auch die vieler Arbeiter. Im September wird Lázaro Peña in einer Versammlung zum Schweigen gebracht, als er fordert, daß ein Arbeiter einen geringeren Lohn akzeptieren müsse, wenn er wegen eines Schadens die Arbeit an seiner Maschine einstellen und eine andere, weniger qualifizierte Arbeit verrichten müsse, was in einer Industrie mit ständigen Pannen die Regel war. Che hatte am 5. Juni in einer Sitzung vom Führungsrat des Ministeriums, an der der Arbeitsminister Augusto Martínez teilnahm, gefordert, daß man 100% zahlen müsse und daß der Arbeiter sich dem Studium und der Qualifikation widmen solle.

Das Problem der Löhne und ihrer Anpassung ist eine harte Angelegenheit, die schwierig zu lösen ist. Ende 1963 war Che mit Arbeitern aneinandergeraten, die

die Ausbildung als Statistikhelfer und technische Zeichner abgeschlossen hatten, als er zu ihnen sagte: *Denkt bloß nicht, daß ich zu feige bin, mich mit der Arbeiterklasse anzulegen*, es gibt 90.000 verschiedene Löhne und 25 Lohnstufen, ein Wahnsinn, der unmöglich nach oben angeglichen werden kann, denn man würde einfach den Geldumlauf erhöhen, ohne eine größere Produktion zu haben, und man konnte auch nicht die Löhne derjenigen senken, die diese Erhöhungen in langen Jahren gewerkschaftlicher Konflikte erkämpft hatten.

Che meint, daß das, was für die Arbeiter gilt, auch für die Funktionäre gelten müßte. Am 31. August schreibt er dem Präsidenten der Kommission für Universitäre Bildung einen Brief, in dem er sich beleidigt erklärt, weil sie ihm anbieten, ihm die Konferenz zu bezahlen: *Für mich ist es unvorstellbar, daß man einem führenden Mitglied der Regierung und der Partei für irgendeine Arbeit, was immer es auch sei, ein Honorar anbietet (...). Schenken Sie diesen Ausführungen keine weitere Beachtung als die einer aufrichtigen Klage über das, was ich als eine unverdiente Beleidigung betrachte, die nicht weniger schmerzt, wenn sie ohne Absicht war.*

Im Laufe dieser Monate weiht Che ein Dutzend Fabriken ein, die in Osteuropa gekauft worden sind und die man in den letzten zwei Jahren installiert hat: Bleistiftfabriken, Fabriken für Stacheldraht, Zündkerzen, Fahrräder, Haushaltsgeräte, Kühlschränke und Öfen. Mit einigen ist er nicht zufrieden. In der Fahrradfabrik von Caibarién hat er eine Fabrik erwartet und findet ein Montagewerk vor, mit einem großen Fehler: *Es ist eine Fabrik, die wir gebaut haben, ohne an die Menge von zu importierenden Teilen zu denken, die sie erfordert.* Allerdings kann er sich in der Haushaltsgerätefabrik in der Umgebung von Santa Clara den Luxus leisten, zu schreiben, daß er endlich *eine Fabrik einweihen kann, ohne den Regenschirm der Selbstkritik zu öffnen.*

Am 11. Juli kündigt Che in einer Sitzung des Ministeriums einige Veränderungen an. Borrego wird das Zuckerministerium leiten, das vom Industrieministerium abgetrennt wird, Suárez Gayol wird der erste Zuckervizeminister werden und Guzmán Vizeminister der Primärindustrie. Er wird das Ministerium durch eine Gruppe von Beratern verstärken: Alberto Mora, den er trotz der Differenzen, die sich in der Polemik gezeigt haben, zu sich holt, nachdem dieser das Außenhandelsministerium verlassen hat (damit *er uns beweist, daß wir Unrecht hatten, was auf keinen Fall schlecht sein kann, oder damit er sich selbst beweist, daß er Unrecht hatte, was auch nicht schlecht sein kann; jede der beiden Möglichkeiten wird dazu beitragen, etwas zu bereichern, das ziemlich armselig ist*), Harold Anders und Carlos Franco.

Im ersten Halbjahr hat Che 240 Stunden freiwilliger Arbeit in der Industrie angesammelt. Er hat praktisch jeden Sonntag gearbeitet, und noch etwas mehr. Diese Stunden kommen zu seinen langen Arbeitstagen hinzu. Manchmal gibt er zu: *Es sind die Sonntage im Morgengrauen, wo man trotz aller Müdigkeit oder der Lust, etwas anderes zu machen, immer noch in den Berichten herumblättert und der Papierberg nicht abnimmt* ... Einen Monat später teilt er die Zeugnisse für die freiwillige Arbeit aus. In der Industrie sind 1.683.000 freiwillige Stunden gearbeitet worden. Es ist nicht nur Che, ein großer Teil der revolutionären Führung, die Techniker und die Industriearbeiter haben sich an dem Projekt beteiligt.

Am 9. August spielt Che in Santa María del Mar Baseball mit der Mannschaft von Fidel, an der zweiten Linie; es ist das erste Mal in seinem Leben. Der Journalist Eduardo Galeano wirft ihm vor, daß er den Fußball aufgegeben hat und zum Baseball übergelaufen sei: „Verräter, sagte ich zu ihm, Sie sind ein Verräter, und ich zeigte ihm den Ausschnitt aus einer kubanischen Tageszeitung, wo man sieht, wie er Baseball spielt."

Sie unterhalten sich im Ministerium. Galeano beschreibt ihn: „Che sprach und man hatte den Eindruck, daß die Temperatur seines Blutes anstieg, aber er hielt seinen Enthusiasmus im Zaum, da ich mitschrieb, was er sagte. Dann ging er dazu über, die Augen auf den Bleistift gerichtet, der über das Papier tanzte, boshafte und schneidende Kommentare loszulassen, nachdem er lächelnd zwei oder drei ausgiebige Züge blauen Dunstes zwischen dem dichten Oberlippenbart und dem weniger dichten Vollbart hervorgestoßen hatte. Journalist zu sein, ist eine Qual."

Ab und zu, wenn seine Tochter Hildita mit zur Arbeit kommt, deckt er sie mit einer Unmenge an Büchern ein und verlangt von ihr, daß sie sie liest; manchmal streckt er sich auf dem Boden seines Büros aus, damit sie ihm die Schultern massiert.

Oltuski erzählt, daß er in diesen Tagen, obwohl sie nicht mehr zusammenarbeiteten, „weiterhin das Bedürfnis hatte, ihn zu sehen, und ab und zu ging ich in sein Büro und wir sprachen ununterbrochen miteinander. Manresa verlangte Kaffee. Er streckte sich auf dem Boden aus, auf dem Teppich, und rauchte. Wenn die Klimaanlage kaputt war, öffnete er die Fenster und zog sein Hemd aus. Wir kamen mit der Welt zurecht."

Che macht sich Sorgen wegen der Einbrüche und Diebstähle der Arbeiter auf der einen Seite und der Meldungen über Betrügereien von Betriebsleitern und Wirtschaftsführern auf der anderen Seite. Er fordert von der Regierung, alle an die Wand zu stellen, die ihr Amt zum Stehlen ausnutzen. Kurz darauf kommt er auf dieses Thema zurück, genauer gesagt auf die kleinen Gaunereien, die mangels Kontrolle in den Betrieben passieren, was den Diebstahl von Material erleichtert.

Mitte '64 besucht Che wieder einmal Nícaro, um eine Bilanz des Unternehmens zu ziehen. Figueras erzählt: „Direktor Edison Velázquez war ein unermüdlicher Arbeiter, der seine Gesundheit ruiniert hatte, während er das Unternehmen aufbaute, aber er hatte sehr schlechte Arbeitsmethoden, er geriet wegen seines Stils oft mit den Leuten aneinander. Die Kader mußten aufgefrischt, Veränderungen durchgeführt werden, und in dieser Sitzung, die zwei Tage dauerte, gab es eine harte Diskussion. Am Ende meinte Che, daß Edison nach Havanna zurückkehren sollte; er hatte seine Aufgabe erfüllt und es wurden Fehler gemacht, die schwerwiegend sein konnten. Zum Schluß versammelten sich alle wieder in der Kantine. Wir saßen an großen Tischen und auf Zementbänken, Che und Edison saßen sich gegenüber, alle anderen schwiegen und wir zogen uns zurück. Sie blieben ungefähr zwei Stunden dort und redeten miteinander. Che wollte ihn weder verlieren noch fertigmachen, obwohl er in den Sitzungen des Ministeriums ständig mit ihm aneinandergeriet."

Der Versuch, die Kader zu unterstützen und zu verstehen, ließ Che kein bißchen an Härte in seinen Methoden verlieren, die er gegenüber den Führungskräften des Industrieministeriums anwandte. Am 12. September schlägt er einen „Demotions-" statt eines Promotionsplans vor. Jeder Leiter im Ministerium sollte einen Monat in einer Fabrik arbeiten, die ihm vorher unterstanden hat: *Es geht darum, daß du in eine Fabrik gehst, um zu sehen, wie diese Dinge ablaufen, die du jeden Tag unterschreibst.* Vom Minister bis zum Vizeminister, Generaldirektor und Fabrikleiter sollte das obligatorisch sein: Diejenigen, die die „Demotion" durchliefen, sollten keine Berichte schreiben, damit sie nicht als Inspektoren angesehen würden, denn sonst *fangen die Leute sofort an, die Genossen als hungrige Löwen zu betrachten.*

Es wurden ein paar Bedingungen festgesetzt, um den Führungsapparat nicht zu schwächen. Nicht mehr als 25% der Kader derselben Abteilung sollten gleichzeitig zur „Demotion" gehen und niemand konnte zur selben Zeit eine zweite machen. Dies war eine Initiative, die Che nur im Industrieministerium vorschlug, denn *weder alle Genossen noch die ganze Regierung sind mit diesem System einverstanden, das nicht diskutiert worden ist.* Der Plan nahm im Oktober in einem Dokument namens „Sonderplan zur Eingliederung in die Arbeit" Form an, in dem die Mechanismen präzisiert wurden.

In derselben Sitzung des Führungsrats gerät Che in einen Streit über Moral. Es wird über die Bestrafung diskutiert, die ein Betriebsleiter erhalten soll, der mit seiner Abteilungsleiterin schläft, obwohl er verheiratet ist. Die Angelegenheit ist nach Ches Verständnis nicht so schwerwiegend. Der Bestrafte war dabei, sich scheiden zu lassen, und der Direktor hatte nicht sein Amt ausgenutzt, um die Frau gefügig zu machen, in die er verliebt war. Che nahm die Debatte vorweg, die aufgrund der gerechtfertigten feministischen Forderungen der achtziger Jahre entstand: Man konnte nicht dieselbe Lösung für diese Situationen anwenden wie für den Fall der beiden Arbeiter, die sich ineinander verliebt hatten. Am Ende war ein so heftiger Streit im Betrieb entbrannt, daß man den Direktor in einen anderen Betrieb versetzte, aber ohne ihn zu bestrafen. Che sagt, daß die Erbitterung in solchen Fällen nicht gesund sei. *Niemand hat bestimmt, daß in den zwischenmenschlichen Beziehungen ein Mann die ganze Zeit mit einer Frau zusammenleben muß.* Er denkt, daß die Strafe extrem ist, scherzt herum und erinnert an die außereheliche Beziehung von Friedrich Engels und seinem Dienstmädchen.

Am 28. Oktober nimmt er an einer Ehrung für Camilo Cienfuegos teil. Er beklagt, daß sich Routine in die Erinnerung an die Toten einschleicht, die Erinnerung wird *zu einer Art Pflicht, deshalb habe ich oft versucht, dem Gedenken an Genossen auszuweichen, die in unserem Leben Wichtiges bedeuten.* Und er warnt: *Die Geschichte der Revolutionen hat einen großen unterirdischen Teil, der nicht ans Licht der Öffentlichkeit kommt. Revolutionen sind keine absolut reinen*

Bewegungen; sie werden von Menschen gemacht und werden mitten in internen Kämpfen, Ehrgeiz und gegenseitiger Unkenntnis durchgeführt. All dies verwandelt sich in einen Abschnitt der Geschichte, die – gut oder schlecht, mit Grund oder ohne – nach und nach schweigt und verschwindet.

Vom 4. bis zum 28. November reist Che noch einmal in die UdSSR, um an den Feierlichkeiten zum 47. Jahrestag der Oktoberrevolution teilzunehmen. Dies ist der erste offizielle Kontakt der Sowjets mit Che nach den Spannungen während der Raketenkrise. Ein Versöhnungsversuch? Zweifellos ist dies Fidels Bestreben, aber Che kann seine kritische Haltung nicht aufgeben, die von Mal zu Mal schärfer wird. Er besichtigt eine sowjetische Fabrik, die ihm als Modell vorgestellt wird, und sagt, einem seiner Begleiter in der Delegation zufolge: *dies ist eine kapitalistische Fabrik wie die in Kuba vor der Nationalisierung*. Er bemerkt Abweichungen in der Planung, Fallen im Wettbewerb, denn sie planen die Übererfüllung. Seinen Genossen in der Delegation sagt er, daß die Sowjets mit ihrem vom Bürokratismus beherrschten Wirtschaftssystem in eine Sackgasse geraten seien.

Während seines Aufenthalts in der UdSSR wird Che vom Korrespondenten von „El Popular" aus Montevideo über das jüngste Wahlergebnis in den Vereinigten Staaten interviewt:

„Was meinen Sie zur Niederlage von Goldwater?"

Das läßt sich mit einer Binsenweisheit beantworten. Die Niederlage von Goldwater ist der Sieg von Johnson und ... hast du mitgeschrieben?

„Ja."

Und ... Goldwater scheint schlimmer zu sein als Johnson, aber soviel ich weiß, ist auch Johnson nicht sehr gut. Sich darüber zu freuen, daß der weniger Schlimme gewählt wurde, heißt, eine große Trostfähigkeit zu besitzen.

Ein paar Tage später gibt Che dem Russen Igor Nemira ein Interview: *Das Klima bedrückt mich.*

Nach der Rückkehr soll Che seinen Genossen in der Führung des Ministeriums von einer Diskussion mit kubanischen Studenten in der Moskauer Botschaft erzählen: *Als wir anfingen zu diskutieren, was ziemlich heftig war, gab es eine Bibel, das Handbuch (leider ist das Handbuch nicht mehr „Das Kapital", sondern das Handbuch), und es wurde von verschiedenen Blickwinkeln aus angezweifelt, einschließlich einiger gefährlicher kapitalistischer Behauptungen, die Ausfluß einer revisionistischen Tendenz sind.* Mit den kubanischen Studenten spricht er über seine Haltung gegenüber den materiellen Anreizen und dem Desaster der „Selbstverwaltung" in der UdSSR; er sagt, er hätte nie ein klarsichtigeres Publikum gehabt, denn sie verstanden die Angelegenheit, weil sie sie erlebten. Im sowjetischen System *gibt es keine Verbindung zwischen der Masse und dem Führer.*

Che kommt zu einer brutalen Schlußfolgerung: *Trotz allem, was man sagt, schreitet der westliche Block der europäischen Länder schneller voran als der Block der Volksdemokratien. Warum?* Er kritisiert, daß man, anstatt dem auf den

Grund zu gehen, zum materiellen Anreiz, zur Konkurrenz, zu den differenzierten Löhnen zurückkehrt (*die Direktoren verdienen immer mehr*).

Ich hatte dort in Moskau mehrmals Streit ... denn er hatte anscheinend das Gerücht aufgeschnappt, daß die Russen herumerzählten, Che sei Trotzkist. Kommandant Guevara sagt zu seinen Genossen: *Ich habe Meinungen geäußert, die näher bei der chinesischen Seite liegen können (...) und sie sind auch mit ein bißchen Trotzkismus gemischt. Sie sagen, die Chinesen seien Spalter und Trotzkisten, und auch mir hängen sie dieses Etikett an.* Er stellt aber klar, daß er bei einer Reise die Regierung repräsentiert, *und ich bin diszipliniert und vertrete die strikte Meinung der Regierung*. Zweifellos gibt es in der kubanischen Regierung, obwohl die offizielle Position im chinesisch-sowjetischen Konflikt die der Neutralität ist (*absolute Neutralität, uns in nichts einzumischen, was die chinesisch-sowjetische Polemik betrifft*), starke pro-sowjetische Kräfte (Franqui hatte vermerkt, daß im Januar Raúl über ihn und Che wütend geworden war und sie China-Anhänger genannt hatte).

Als Ergebnis dieser Reise beginnt sich seine Meinung über Trotzki und den Trotzkismus zu verändern: *Eine Meinung, die man angeblich mit Gewalt bekämpfen soll, ist eine Meinung, die uns Nutzen bringt. Es ist nicht möglich, Meinungen mit Gewalt zu bekämpfen, genau das tötet die Entwicklung der Intelligenz. (...) Es ist klar, daß man aus dem Denken von Trotzki eine Reihe von Dingen herausziehen kann* ... Welche Dinge? Er sagt es nicht. Er spürt, daß man zu den angeblichen Häresien des Marxismus zurückkehren und sie vorurteilslos untersuchen muß, aber Che hatte keinen anderen Kontakt zum Trotzkismus, Anarchosyndikalismus, Rätekommunismus oder irgendeiner anderen Strömung der europäischen revolutionären Linken in der ersten Hälfte des 20. Jahrhunderts als den, den er durch die Darstellungen der siegreichen sowjetischen stalinistischen Bürokratie erhalten hatte.

Am 30. November reist Che in den Osten Kubas, um ein Industriekombinat einzuweihen, was ihn persönlich sehr empört (*das „ausgezeichnete" Kombinat ist ein weiterer Saftladen, rückständig und im allgemeinen ziemlich schlecht*). Bei der Feier versammeln sich die Angehörigen der während des zivilen Widerstands Ermordeten, was dem Ganzen eine gewisse Emotionalität verleiht. Che hält eine brillante Rede, in der er nochmals die Geschichte des Aufstands von Santiago erzählt, als sie mit der „Granma" ankamen, die Bedeutung der Stadt für die Revolution hervorhebt und die Schuld, die die Revolution ihr gegenüber hat. Er drückt seine Freude darüber aus, daß das Kombinat nützliche Erzeugnisse für die Bevölkerung produzieren wird: Schrauben, Muttern, Unterlegscheiben und Eßbestecke ...

Che gibt außerdem einen Überblick über die Situation in Lateinamerika und im Kongo. Und an dieser Stelle spricht er den Satz, der dank eines Dokumentarfilms von Santiago Álvarez vielen für immer im Gedächtnis bleiben wird: Wir sehen einen Che mit ungewöhnlich hervorstehenden Augenbrauen, der seinen Akzent verloren hat und eine Art abgeschwächtes Kubanisch mit guter

Diktion spricht, in das sich ab und zu ein paar argentinische Satzstrukturen und Mexikanismen einschmuggeln. Che ist kein guter Redner, er war es nie, sein Charisma liegt woanders, nicht im Reden vorm Mikrofon. Er benutzt zu viele Allgemeinplätze. Jetzt ist er überraschend bedächtig, er gestikuliert nicht, er scheint nicht auf den Satz konzentriert zu sein, er scheint ihm vorauszudenken und den Gedanken vorzugreifen, die als nächste folgen werden. Plötzlich ein Funke, er spricht über die Ermordung Lumumbas: ... *daß man dem Imperialismus nicht trauen kann* ... er zweifelt den Bruchteil einer Sekunde, hält sich zurück, lächelt ... *nicht so ein bißchen* ..., die Geste mit der Hand stellt ein Maß dar, ein bißchen, ein mexikanisches „tantito“, sie löst sich auf, als ob er sich schämen würde.

In derselben Versammlung wird er von den Frauen scherzeshalber ausgebuht, als er von der künftigen Zuckerrohrernte spricht, und er sieht sich zu einer Korrektur gezwungen: *Natürlich leisten die Frauen allgemein bei der Zuckerrohrernte keine große Arbeit ... (Buhrufe und Zwischenrufe) ... im allgemeinen, sage ich, im allgemeinen. Auch ein Bürokrat leistet im allgemeinen keine große Arbeit, aber auch wir Bürokraten gehen zuckerrohrschneiden und tragen unser Sandkorn bei; und (...) wir Bürokraten (...) haben die Kosten bestritten, wir haben unser Essen mit unserer Arbeit bezahlt. Ich glaube, daß auch die Frauen dies tun können, und wenn nicht, dann können sie bei vielen Dingen helfen.*

Am 5. Dezember trifft er sich mit dem Rat des Industrieministeriums. Es scheint, daß er dieses Mal, mehr als sonst, Dutzende von Themen mit den Männern und Frauen seines Vertrauens bespricht. Er entschuldigt sich, weil er von einer Reise kommt und gleich zur nächsten aufbricht wird und keine Analyse von dem machen kann, was während des Jahres 1964 im Ministerium passiert ist.

Über die Zukunft meint er: *Alle neuen Investitionen sollen so gemacht werden, daß die Produktivität der Arbeit der in der Welt entspricht (...), genau das Gegenteil von dem, was wir bisher gemacht haben, als alle Fabriken, die wir eröffneten, Metallfabriken und (...) Chemiefabriken mit rückständiger Technologie waren, die sehr wenig zur durchschnittlichen Produktivität des Landes beigetragen haben. Und vor allem, das zu opfern, was geopfert werden muß*, um Arbeitssicherheit in der Fabrik zu erlangen, etwas, das im Kampf um die Produktivität vernachlässigt wurde. In einem in diesen Tagen verfaßten Dokument mit dem Titel „Grundlegende Aufgaben für 1965“ wird das Thema vorrangig behandelt, außerdem die Qualitätskontrollen, die Ausbildung und die Instandhaltung und Herstellung von Ersatzteilen.

In der Sitzung warnt Che ein weiteres Mal vor den Gefahren des Bürokratismus und einer neuen Variante, die er scherzhaft als „Läufer“ bezeichnet: *Die Dinge schlafen nicht mehr in den Schubladen, sie schlafen in ständiger Bewegung, was ein spezielles System des Schlafs ist, in dem sie den Ort wechseln, den Ort wechseln, den Ort wechseln (...), zurückkommen und weitergehen, und immer, wenn man sie sucht, sind sie in einer anderen Abteilung, aber sie werden niemals erledigt.*

Mitten in der Sitzung zieht er für das Ministerium eine Bilanz: *Es gibt eine*

Disziplin, es gibt bewußte Kader, es gibt im allgemeinen eine ernsthafte, reife Arbeit, aber ein bißchen entmenschlicht, würde ich sagen. Und wenig später beschreibt er die Führungskader der Revolution, was stark einem Selbstporträt ähnelt, auch wenn er es leugnet: *Es geht nicht um mich,* sagt er, aber: *Das Leben eines Revolutionsführers in der nationalen Leitung ist (...) ein Leben, das, hätte ich nicht die Entschädigung, ein Werk zu sehen, das aufgebaut wird, (...) wirklich eine enttäuschende Geschichte wäre. Dies ist der Preis, den wir unter den aktuellen Bedingungen bezahlen müssen, glaube ich. (...) Meine Kinder sagen zu den Soldaten dort Papa, denn sie sehen sie jeden Tag. (...) Ein Leben wie das, was wir führen, ist ein Leben, das auszehrt. (...) Wir können die Maschine so benutzen, daß sie fünf Jahre lang das Maximum hergibt und im sechsten Jahr kaputtgeht. (...) Obwohl wir die müden Kader sehen, hat niemand, wenigstens ich nicht, zu einem gesagt: „Ruh dich aus!" Zu oft ließen wir die Neigung zur Selbsterhaltung Wurzeln schlagen, aufgrund einer falschen Vorstellung von unserer zukünftigen Bedeutung.*

Und er urteilt: Wir müssen *einen falschen Begriff unserer Verantwortlichkeit* aufgeben, *der uns dazu treibt, uns für die Zukunft aufzusparen.* Ist dies ein Hinweis? Che kündigt an, daß er nicht daran denkt, sich aufzusparen.

Am 9. Dezember reist er nach New York, um bei der UNO-Vollversammlung zu sprechen.

Kapitel 34

★

Wieder Lateinamerika

Im Laufe dieser letzten Jahre hat Ernesto Guevara, parallel zu seinen Aktivitäten als Industrieminister und zu den Debatten über das politische und wirtschaftliche Überleben der kubanischen Revolution, eine Reihe von weniger öffentlichen Aufgaben wahrgenommen, die aber vielleicht seinen persönlichen Zielen näher waren, seiner revolutionären Berufung (wie er es 1960 in einem Brief an Sábato ausdrückte: ... *wenn die nationalen oder internationalen Umstände mich nicht wieder dazu zwingen, ein Gewehr zu ergreifen, eine Aufgabe, die ich als Regierender vernachlässige, die mich aber als Mensch, der das Abenteuer genießt, begeistert*). Das waren Aufgaben wie die Organisierung neuer Gruppen und ihrer Infrastruktur, die Ausarbeitung der Bedingungen für eine bewaffnete Bewegung in der Andenkordillere, über die er im Oktober '62 sagte: *Sie ist dazu berufen, die Sierra Maestra Amerikas zu werden.* Die Zentren für diese Operationen sollten hauptsächlich Argentinien (das in der Zeit nach dem Fall von Frondizi einen Militärputsch nach dem anderen erlebte) und Peru sein.

In welchen Reden, Notizen oder journalistischen Chroniken sortierte Ernesto Guevara seine Gedanken, mehr noch: seine praktischen Vorstellungen über die zukünftige lateinamerikanische Revolution? Wenn es diese Notizen gibt, dann befinden sie sich noch im enormen Materialbestand, den seine Witwe Aleida March und die kubanische Regierung bisher nicht öffentlich gemacht haben. Aus der ersten Hälfte der sechziger Jahre datieren eindeutige Spuren von Ches absoluter Überzeugung, daß die kubanische Revolution nur den ersten Schritt einer zukünftigen Revolution in ganz Lateinamerika darstellt.

Am 9. April '61, kurz vor der Invasion in der Schweinebucht, hatte er „Kuba – Historische Ausnahme oder Vorhut im antikolonialen Kampf?" geschrieben. Es ist ein Artikel, der die kubanischen Varianten der orthodoxen marxistischen Theorien über die Revolution als Aufgabe der Arbeiterklasse aufzeigt und somit zum ersten Mal die Thesen über die zweite lateinamerikanische Welle formuliert: der bewaffnete Kampf als wesentliches Modell, der die Form der Bauernguerilla annimmt, die in die Stadt vordringt und eine bewaffnete Antwort auf das Elend, die Ausbeutung, die Diktaturen und die Ungerechtigkeiten auf dem Kontinent gibt.

In diesem Zusammenhang sieht er eine unmittelbare blutige US-Intervention voraus und hält die Wahlkämpfe für einen absolut versperrten, zumindest unwahrscheinlichen Weg, *ohne das revolutionäre Potential eines Wahlprozesses außer Acht zu lassen.* In einer Schrift von 1962, die er während der Raketenkrise verfaßte, kommt er auf das Thema zurück. „Taktik und Strategie der lateinamerikanischen Revolution" heißt der Artikel, in dem er die „begrenzten Formeln" revidiert: *Ein Wahlerfolg hier, zwei Abgeordnete da, ein Senator, vier Bürgermeister; eine große Demonstration des Volkes, die durch Schüsse aufgelöst wird; eine Wahl, die mit weniger Stimmen als die vorhergehende verloren wird; ein gewonnener Streik, zehn verlorene; ein Schritt vorwärts, zehn zurück (...) Wozu diese Vergeudung der Energien des Volkes?* Im selben Text kritisiert er den städtischen Aufstand oder die Stadtguerilla als Kampfmethode, da sie ein leichtes Opfer des Verrats sei, schließt sie aber nicht vollkommen aus (*wir würden nicht wagen zu behaupten, daß der Erfolg ausgeschlossen ist).*

Che merkte deutlich, daß es einen Weg gab, der von der kubanischen Erfahrung vorgegeben war und daß es der richtige Augenblick für ihn war. Die Spannungen auf dem Kontinent konnten einen revolutionären Ausweg finden, wenn jemand diesen vorschlug. In besagtem Artikel stellt er weiter fest: *Ein neues Bewußtsein breitet sich in Amerika aus (...), die Gewißheit, daß die Veränderung möglich ist. Und es werden viele Macheten geschärft in Amerika.*

Seit den letzten Monaten von 1962, wenn nicht sogar schon früher, begann Che diesem Projekt auch bei der Arbeit im Ministerium einen wichtigen Teil seiner Zeit zu widmen. Er beteiligte sich an der Gründung einer Organisation namens „Befreiung", die unter der Koordination des Vizeministers Manuel Piñeiro politische Richtlinien von ihm und Fidel erhielt, „hauptsächlich von Che" (wie sich einer der Kader, der in diesem Projekt mitarbeitete, in einem Interview äußerte). Ihre Aufgabe bestand nicht in der Geheimdienstarbeit, sondern in der Durchführung „operativer Aufträge" zur Unterstützung von oder zur Solidarität mit revolutionären Gruppen in Lateinamerika.

Außer auf die Zusammenarbeit mit Gruppen wie den Nicaraguanern, die gerade den bewaffneten Kampf gegen die Somoza-Diktatur begannen und sich später in die Sandinistische Front verwandeln sollten, konzentrierte Che sein Interesse auf die Andenkordillere.

Ende '62 führte er in Havanna mit peruanischen Revolutionären, unter denen sich Héctor Béjar und der Dichter Javier Heraud befanden, Gespräche über die Möglichkeit, in der Gegend von Valles de la Convención eine Guerillafront zur Unterstützung der erfolgreichen Arbeit von Hugo Blanco zu eröffnen, der sich, nachdem er in einer besonders verelendeten Gegend des Landes einen mächtigen Bauern- und Indianerkampf geleitet hatte, auf der Flucht vor der Anklage wegen des Angriffs auf eine Polizeistation befand. Die praktische Koordinierung der Operation sollte von Manuel Piñeiro aus dem Innenministerium geleitet werden.

Es wurde beschlossen, daß der Zugang in das Operationsgebiet dieser Guerilla auf der geographisch kürzesten Route erfolgen sollte, über die bolivianische Grenze. Che glaubte allerdings nicht, daß eine kilometerlange gerade Linie durch unbekannten Urwald die geeignete wäre. Er soll zu Béjar gesagt haben, der CIA hätte wahrscheinlich von der Operation erfahren, und regte an: *Ich an eurer Stelle würde über den Flughafen von Lima einreisen.* Um mit den Peruanern zusammenzuarbeiten, suchte er Hilfe bei der Kommunistischen Partei Boliviens, die beim Aufbau eines Unterstützungsnetzes mitwirkte. Zu dem Netz gehörten Luis Tellería, Mitglied des Zentralkomitees der Partei, Julio César Méndez (El Ñato), Orlando Jiménez und Loyola Guzmán von der Kommunistischen Jugend. Die Gruppe der peruanischen Kämpfer betrat am 9. Januar '63 bolivianischen Boden. Es gab eine Reihe von Situationen, die eine wohlwollende Stimme „seltsam" nennen würde, wie die selbstgewählte Blindheit der MNR-Regierung von Paz Estenssoro, die im Konflikt mit der peruanischen Militärdiktatur so tat, als sähe sie nicht, daß auf ihrem Staatsgebiet eine bewaffnete Bewegung gegen das Nachbarland vorbereitet würde, oder das Schweigen der kommunistischen Parteien, die in ihrer sektiererischen Logik von der Solidarität mit jemandem wie dem Bauernführer Hugo Blanco, den sie als Trotzkisten bezeichneten, nicht sehr begeistert waren. Schließlich überquerte die Gruppe nach mehrmaligem Wechsel des Einreiseorts und nach mehreren Verzögerungen in der Gegend von Puerto Maldonado die peruanische Grenze.

Die alarmierte peruanische Polizei schlug die Guerilleros zurück. In einer unklaren Situation starb bei einer der Schießereien Javier Heraud. Die Operation wurde abgebrochen und die peruanischen Überlebenden zogen sich nach Bolivien zurück. El Ñato führte einen Teil der Gruppe durch den Urwald des bolivianischen Beni.

Parallel zum Versuch der peruanischen ELN, einen Guerillafokus aufzubauen, scheint Che sein extremes Interesse auf eine Operation zu legen, die von einem seiner wenigen Freunde koordiniert wurde, dem argentinischen Journalisten Jorge Ricardo Masetti, mit dem er bereits Ende des Jahres '61 eine Zusammenarbeit verabredet hatte.

Masetti bereitete mit Piñeiro und Che die Operation „Zweiter Schatten" vor, um einen Guerillafokus in Argentinien zu schaffen. Im Herbst '62 war Masetti nach Algerien zurückgekehrt, wo er in der Revolution mitgewirkt hatte. Dort wurde er, nachdem er mit Che gesprochen hatte, zusammen mit fünf Mitgliedern seiner Gruppe in Stadtguerillataktik ausgebildet. „Es sind schon viereinhalb Monate, die wir in kontrollierter Sehnsucht abwarten, doch sie wird uns erst in dem Moment verschlingen, im dem wir unsere Aufgabe erfüllen werden", schrieb Masetti Anfang '63 an seine Frau. Im Frühjahr '63 reisten er und seine Begleiter mit algerischen Diplomatenpässen als Mitglieder einer Handelsdelegation nach Brasilien. Sie überquerten die Grenze nach Bolivien, wieder von Aktivisten der Kommunistischen Jugend unterstützt, und im September gingen sie nach Argentinien.

Die Gruppe trug den Namen „Guerillaarmee des Volkes" (EGP) und Masetti nahm das Pseudonym Kommandant Segundo an, in Erinnerung an eine Figur aus der argentinischen Volkslyrik, den Gaucho Segundo Sombra. Es heißt, daß auch Che „ehrenhalber" der EGP angehört und das Pseudonym Martín Fierro gewählt habe. Fidel bestätigte Jahre später in einer Rede, daß Ches Engagement bei dieser Operation weit über seine Ehrenmitgliedschaft hinausging, daß es sich vielmehr um „seine" Operation gehandelt habe, und man kann aus den Aussagen mehrerer seiner Genossen schließen, daß er vorhatte, sich ihr in einer zweiten Phase anzuschließen. In der ursprünglichen Gruppe waren zwei Kubaner mit Masetti zusammen, Hauptmann Hermes Peña, Ches langjähriger Leibwächter, und Alberto Castellanos, sein Assistent und Chauffeur. Als möglicher Teilnehmer der Gruppe wurde sogar auch Kommandant Óscar Fernández Mell gehandelt, ein weiterer naher Freund von Che; später wurde seine Beteiligung allerdings ausgeschlossen.

Es ist kein Zufall, daß beide Guerillas, die peruanische und die argentinische, 1963 zu operieren begannen. Sie waren zweifellos Teile des „Anden-Projekts", das Che in Gang gesetzt hat.

Am 21. Juni '63 richtet sich die EGP auf einer Finca namens Emborazá ein. Die militärische Ausbildung beginnt in den Provinzen Salta und Jujuy, einer Gegend, die Che in seiner Jugend mit seinem Fahrrad durchfahren hatte. Einer der Überlebenden der EGP-Guerilla erzählt über Masetti: „Er sprach nie über sein persönliches Leben. Wir wußten, daß er Frau und Kinder hatte, denn einmal erwähnte er es. Bei manchen Gelegenheiten sprach er in dritter Person von sich selbst. Aber ich wußte nicht, daß er gemeint war, und die Fotos, die ich später gezeigt bekam, hatten wenig mit ihm zu tun. Als ich ihn kennenlernte, hatte er einen fülligen, fast blau-schwarzen Bart, bestimmt mühsam zu pflegen, aber beeindruckend." Die Veröffentlichung der ersten Erklärung der EGP erfolgt in einem ungünstigen politischen Moment, denn in Argentinien gibt es durch die Wahl von Präsident Ilía eine zivile Phase, auch wenn sich die Peronisten nicht an den Wahlen beteiligen dürfen.

Im Juli kommt ein Mann nach Bolivien, der mit den Lateinamerika-Projekten von Kommandant Guevara eng verbunden ist. Sein Auftrag lautet, im Grenzgebiet ein Unterstützungsnetz für die Argentinier vorzubereiten. Es handelt sich um den Hauptmann des kubanischen Innenministeriums José María Martínez

Tamayo, auch bekannt als Papi oder Ricardo. Seine Unterstützergruppe umfaßt wieder hervorragende Aktivisten der bolivianischen Kommunistischen Jugend, und zwar die Brüder Roberto (Coco) und Guido (Inti) Peredo, Rodolfo Saldaña und Jorge Vázquez Viaña.

Im August '63 kommt Luis de la Puente Uceda, Führer der linken Strömung der peruanischen APRA, nach Havanna, nachdem er aus dem Gefängnis entlassen worden ist und unter dem Einfluß der kubanischen Revolution die Bewegung der Revolutionären Linken (MIR) gegründet hat. Obwohl er wie Che in den fünfziger Jahren im mexikanischen Exil gewesen und ein Freund von Ches erster Frau Hilda Gadea ist, hatte er Guevara seltsamerweise nie kennengelernt. Es gibt keinen Zweifel, daß er sich Mitte '63 in Kuba mit Che über seinen Plan unterhielt, ausgehend von einer Neubewertung der Erfahrungen Hugo Blancos, den Guerillakampf gegen die Diktatur in Peru wiederaufzunehmen. In einem ein paar Jahre später geschriebenen Brief formuliert er in Übereinstimmung mit Che als Schlüsselgedanken eine Schlacht auf dem ganzen Kontinent mit den am weitesten entwickelten Staaten Mexiko, Chile und Argentinien als Hinterland. Der mehr als nur ideologische Zusammenhang der Projekte kann nicht bestritten werden.

Im September '63 kehrt Martínez Tamayo nach Havanna zurück, nachdem er das bolivianische Unterstützungsnetz für die Argentinier aufgebaut hat. Auf dem Flughafen von La Paz wird er von Inti Peredo verabschiedet. Der Eindruck, den er von der kleinen Gruppe jugendlicher Unterstützer mitnimmt, ist ausgezeichnet; nicht so der vom Parteiapparat.

Währenddessen befindet sich die Guerilla von Masetti unmittelbar vor dem Beginn der Kampfhandlungen, macht politische Arbeit mit den Bauern der Region und militärische Ausbildung. Masetti schreibt seiner Frau: „Nun haben wir mehr als hundert Kilometer auf der Landkarte hinter uns gebracht, obwohl es in Wirklichkeit viel mehr sind. Unser Kontakt zur Bevölkerung ist in jeder Hinsicht positiv. Von den Coyas lernten wir viele Dinge, und wir helfen ihnen bei allem möglichen. Aber das Wichtigste ist, daß sie kämpfen wollen ... Dies ist eine Region, in der das Elend und die Krankheiten den höchstmöglichen Punkt erreichen oder ihn sogar übertreffen. Es herrscht eine feudale Wirtschaft ... Wer hier herkommt und sich nicht empört, wer hier herkommt und sich nicht erhebt, wer auf irgendeine Weise helfen kann und dies nicht tut, ist ein Schuft ..."

In den ersten Tagen des Jahres 1964 überbringt der argentinische Dichter Juan Gelman, Jurymitglied im Literaturwettbewerb von „Casa de Las Américas", eine Nachricht von Masetti an Che, die ihm in Buenos Aires von Ciro Roberto Bustos (bekannt als Leutnant Laureano oder El Pelado [der Kahlkopf]), einem Mitglied des städtischen Netzes der EGP, übergeben worden war. Che bekommt sie an einem Morgen im Büro des Industrieministeriums.

„Ich bringe eine Nachricht von Leutnant Laureano, sie scheint von Kommandant Segundo von der EGP zu kommen."

Che reagiert sehr distanziert, was er einem Dichter gegenüber selten tut.

Ich weiß weder, wer Leutnant Laureano, Kommandant Segundo und die EGP sind, noch wovon Sie reden.

„‚Nehmen wir an, daß es in Salta eine Guerillaarmee gibt, nehmen wir an, daß sie von Kommandant Segundo angeführt wird, nehmen wir weiter an, daß es einen Leutnant Laureano von der EGP gibt und daß er mir eine Nachricht mitgegeben hat, diese hier ...‘

Che ließ ein verschmitztes Lächeln zum Vorschein kommen. Danach wurde nicht mehr über dieses Thema gesprochen. Und dennoch begann er über die Schwierigkeiten des städtischen Kampfes zu reden, über die Schwierigkeiten, der Folter zu widerstehen, dem Druck der Klandestinität, ... und danach fing er überraschenderweise an, von der argentinischen und der bolivianischen KP zu sprechen. Er erzählte auch, daß die kommunistischen Parteien Waffen an die EGP schickten und sie bezahlten. Bei Che rief dies Freude hervor."

Im März '64 kommt ein neues Ereignis hinzu. Che empfängt in seinem Büro des Industrieministeriums in Havanna eine junge Argentinien-Deutsche, Tamara Bunke, genannt Tania, die er im Dezember 1960 in Berlin als Übersetzerin flüchtig kennengelernt hatte und die dann vom kubanischen Geheimdienst rekrutiert und einer einjährigen Ausbildung in Spionagetechnik unterzogen worden war. Mehrere Stunden unterhält sich Che mit Tania über die vorrevolutionäre Situation in Lateinamerika und erklärt ihr schließlich das Ziel ihres Auftrags: „Sie wird instruiert, in Bolivien ansässig zu werden, wo sie Beziehungen zu den Streitkräften, zur lokalen Aristokratie und zur Regierung aufbauen soll. Che weist sie darauf hin, daß sie unter keinen Umständen Kontakt zur bolivianischen Linken aufnehmen darf, keinerlei Kontakt, und auf den direkten Verbindungsmann aus Havanna warten soll." Bei der Unterhaltung ist ein Mitglied des kubanischen Geheimdienstes anwesend, eine Person, die ebenfalls eine Schlüsselrolle in der späteren Geschichte spielen wird und unter den Pseudonymen Iván und Renán bekannt ist, der Revolutionskämpfer José Monleón.

Am 9. April dieses Jahres verläßt Tania Kuba. Aber Tania war nur ein Teil in einem komplexen und nicht notwendigerweise perfekten Rätsel, das Che in seinem Kopf aufbaute. Wer war der Mann oder die Frau, der oder die eine ähnliche Rolle in Argentinien spielte? Wie sollten sich die bewaffneten Bewegungen in Peru und Argentinien in Zukunft verbinden? Welche Rolle sah Che für die jungen bolivianischen Kommunisten vor? Welche Rolle sah er für sich selbst vor?

Die Vernichtung der Guerilla von Masetti im April '64 sollte alle Pläne ändern. In einem provozierten Zwischenfall wird „Diego" verletzt, der im März von der argentinischen Gendarmerie eingeschleust worden ist; danach fällt ein Lager mit Proviant und vier Männern in deren Hände. Die Guerilla irrt, durch einen Belagerungsring ausgehungert, durch eine wüstenartige Gegend. „Antonio" stürzt in eine Schlucht. Am 18. April wird eine weitere Gruppe gefangen genommen. Tage später sterben Hermes Peña und „Jorge" im Kampf bzw. werden gefangen genommen und hingerichtet. Drei Kämpfer sterben den Hungertod, nachdem sie sich verlaufen haben. Der Rest verstreut sich und wird nach und nach von den Polizeikräften aufgegriffen. Unter den Gefangenen befindet sich auch

Castellanos, der bis zu seiner Freilassung im Dezember '67 seine Tarnung als peruanischer Student aufrechterhalten kann.

Der Schriftsteller Rodolfo Walsh, ein Kollege von Jorge Ricardo Masetti in der Agentur Prensa Latina, schreibt: „Masetti taucht niemals wieder auf. Er hat sich im Urwald, im Regen, in der Zeit aufgelöst. An irgendeinem unbekannten Ort hält die Leiche von Kommandant Segundo ein verrostetes Gewehr umklammert. Er war 35 Jahre alt, als er starb."

Wann erfährt Che von der Vernichtung der Guerilla von Salta? Warum weigert er sich, den Tod seines Freundes zu akzeptieren? Im Laufe des nächsten Jahres wird er Dutzende von Personen befragen, Boten und Nachrichten losschicken, fruchtlose Nachforschungen anstellen, um wenigstens die Leiche von Jorge Masetti, Kommandant Segundo, zu finden.

Als Che Ende '64 in die Vereinigten Staaten aufbricht, ist das argentinische Projekt vernichtet, in Peru herrscht eine schreckliche Repression und das Schicksal der MIR-Guerilla ist ungewiß. Ches Andenprojekt ist offensichtlich zerschlagen. Die Situation des bewaffneten Kampfs in anderen Teilen Lateinamerikas ist nicht besser: Die venezolanische Guerilla ist politisch gescheitert, das Militär hat in Brasilien und Bolivien geputscht, und in Kolumbien ist die Agrarrevolution in Marquetalia isoliert.

Die Wege scheinen vorerst blockiert.

Kapitel 35

★

Die Wiederentdeckung Afrikas

An dem Tag, als er nach New York abreiste, wo er Kuba vor der UNO vertreten sollte, hatte Kommandant Ernesto Guevara keine Socken. Seine alten waren voller Löcher und sein Bezugsschein gab ihm erst wieder in einem Monat die Berechtigung für ein neues Paar. Ihm wäre es nicht eingefallen, neue Socken zu verlangen, denn er trug sowieso Stiefel. Doch auf den Hinweis eines seiner Leibwächter wurden ihm welche besorgt und er wurde gezwungen, sie anzunehmen; was nicht geändert werden konnte, war der katastrophale Zustand seiner olivgrünen Uniform, denn die Hosen hatten vom vielen Waschen eine völlig andere Farbe als das Hemd.

In New York gibt Che seine Gewohnheiten nicht auf und man kann ihn mit dem US-Polizisten Schach spielen sehen, der die Tür der kubanischen Delegation bei der UNO in der East 67. Street Nr. 6 bewacht. Er bewegt sich trotz verschiedener Drohungen unter minimalster Bewachung durch die Stadt. Unter anderem wird in diesen Tagen vor dem UNO-Gebäude eine Frau aus einer kubanischen Exilgruppe festgenommen, die mit einer Pistole bewaffnet ist, und obwohl sie erklärt, daß es ihr Ziel ist, Che zu töten, wird sie auf freien Fuß gesetzt. Ein paar Nächte später, als Che in einem Kino sitzt, wird er darüber informiert, daß diese Frau an der Tür stehe. Guevara sagt scherzhaft zu seinen Genossen, *es wäre wirklich romantisch, durch die Hand einer Frau zu sterben*. Er verläßt das Kino, geht auf sie zu und man sagt, daß er sie mit einer dominanten Geste festgehalten habe. Ein bißchen wird es das gewesen sein und ein bißchen, daß seine Genossen die Frau umzingelten, um sie am Handeln zu hindern.

Am 11. Dezember spricht er vor der UNO-Vollversammlung. Die Rede ist eine große Abrechnung der kubanischen Revolution mit den Vereinigten Staaten und mit den lateinamerikanischen Diktaturen. Es ist vielleicht sein gelungenstes rednerisches Werk und eine der besten Erklärungen der revolutionären Linken über internationale Politik in den sechziger Jahren.

Nachdem er festgestellt hat, daß der Wind der Veränderung überall weht, beklagt er, daß *der US-amerikanische Imperialismus vor allem die Meinung verbreitet hat, die friedliche Koexistenz sei ausschließlich eine Sache der großen Weltmächte*. Und er zählt auf: Aggressionen gegen das kambodschanische Königreich, Bombardierung von Vietnam, türkischer Druck auf Zypern, Aggressionen gegen Panama, die lange Haft von Albizu in Puerto Rico, Manöver gegen die Unabhängigkeit von Guayana, Apartheid in Südafrika, neokoloniale Intervention im Kongo, der er einen Gutteil seiner Rede widmet, wobei er den bezeichnenden Satz sagt: *Alle freien Menschen auf der Welt müssen dazu beitragen, das Verbrechen im Kongo zu rächen*. Nachdem er sich der Forderung nach nuklearer Abrüstung angeschlossen hat, ein zentrales Thema der Konferenz, kommt er zur Abrechnung und zählt die jüngsten Aggressionen gegen Kuba und das jüngste Verbot der USA auf, den Kubanern Arzneimittel zu verkaufen. Er schlägt einen Friedensplan für die Karibik vor, der die Auflösung der Basis von Guantánamo, das Ende der Angriffe sowie das der Einschleusung von Saboteuren und Piratenbooten von den Vereinigten Staaten aus und das Ende der Wirtschaftsblockade vorsieht. Um eine Vorstellung von der Bedeutung des Problems zu geben, zählt er 1.323 Provokationen jeder Art auf, die im laufenden Jahr von der Guantánamo-Basis aus begangen wurden.

Er benennt die Unterstützung der lateinamerikanischen Diktaturen durch die Vereinigten Staaten und deren indirektes Eingreifen in Venezuela, Kolumbien und Guatemala im Kampf gegen die Guerillas. Weit entfernt von der üblichen Sprache der friedlichen Koexistenz ist die Ches eine Herausforderung und eine Drohung: *Unser Beispiel wird auf dem Kontinent Früchte tragen*.

Seine Rede provoziert, mehr als die professorale Antwort von Adlai Stevenson, den Zorn der Delegierten Costa Ricas, Nicaraguas, Panamas, Venezuelas und Kolumbiens.

Stunden später kehrt Che aufs Podium zurück, um von seinem Recht auf Gegenrede Gebrauch zu machen. Hier zeigt er sich in seinem Element als Polemiker und teilt Prügel an die Delegierten aus: an den von Costa Rica, weil er die Existenz einer Basis der kubanischen Contra unter der Leitung von Artime ignoriert, von der aus Whisky geschmuggelt wird; an den von Nicaragua: *Ich habe Ihre Argumentation wegen der Akzente nicht ganz verstanden (ich glaube, sie bezog sich auf Kuba, Argentinien und die Sowjetunion), ich hoffe, daß der Vertreter von Nicaragua in meiner Rede wenigstens keinen US-amerikanischen Akzent gefunden hat, denn das wäre wirklich gefährlich. Tatsächlich kann es sein, daß in meinem Akzent etwas Argentinisches hervorkommt. Ich bin in Argentinien geboren; das ist für niemanden ein Geheimnis. Ich bin Kubaner und auch Argentinier und, wenn es die ehrenwerten Herrschaften aus Lateinamerika nicht beleidigt, ich fühle mich so sehr als Patriot Lateinamerikas, jedes beliebigen Landes Lateinamerikas, wie sonst keiner, und wenn es notwendig ist, bin ich bereit, für die Befreiung irgendeines Landes Lateinamerikas mein Leben zu opfern, ohne jemals von irgendjemandem etwas zu verlangen, ohne etwas zu fordern, ohne irgendjemanden auszunutzen. Und diese geistige Bereitschaft hat nicht nur dieser vorübergehende Repräsentant vor dieser Versammlung. Das ganze kubanische Volk hat diese Bereitschaft.*

Dann geht er gegen Stevenson vor, der die Versammlung bereits verlassen hat. Er weist ihm nach, daß er lügt, wenn er das Arzneimittelembargo leugnet, er weist darauf hin, daß er mit der Bereitschaft, den Invasoren der Schweinebucht Asyl zu gewähren, Demagogie betrieben hat (*Sie gaben den Leuten Asyl, die sie selbst bewaffnet hatten*). Er erinnert daran, daß Stevenson behauptet hat, die Flugzeuge, die Kuba während der Schlacht von Girón angriffen, seien aus Kuba gekommen, obwohl es eine Operation des CIA war, und er hält ihm vor: *Geschehe, was geschehen mag, wir werden weiter ein kleiner Kopfschmerz bleiben, wenn wir zu dieser oder irgendeiner anderen Versammlung kommen, um die Dinge bei ihrem Namen und die Vertreter der Vereinigten Staaten Gendarmen der Repression auf der ganzen Welt zu nennen.*

Es war nicht nur eine gründliche Intervention voller Fakten, die Che zweifellos aus dem Gedächtnis wußte, sondern er hat sie persönlich verkörpert, was für die parlamentarischen Gewohnheiten der UNO unüblich ist.

Am 14. Dezember tritt Che in der CBS-Fernsehsendung „Face the Nation" in einem Interview mit Richard Hottelet, Tad Sculc und Paul Niven auf, das als „spontanes Interview ohne vorherige Probe" angekündigt ist. Che wirkt nicht sehr brillant, er ist nervös, bezieht sich auf die immer gleichen Gedanken: *Wir akzeptieren keine Bedingungen, noch stellen wir Bedingungen für die Normalisierung der Beziehungen zu den USA, am besten vergißt uns die Regierung der Vereinigten Staaten ... Die Revolutionen werden nicht exportiert, sie entstehen aus den Bedingungen der Ausbeutung, die die Regierungen Lateinamerikas den Völkern auferlegen ...* Abrüstung? *Die Raketen zurückziehen? Selbstverständlich, warum inspizieren wir uns nicht gegenseitig, und wenn Sie wollen, lassen Sie uns sämtliche Nuklearbasen vernichten ...* Isolierung? *Wir haben viele Freunde unter den Völkern Lateinamerikas ...* Chinesisch-sowjetischer Konflikt? *Wir meinen, daß die Einheit nötig ist ...* Friedlicher Übergang zum Sozialismus? *In Amerika ist dies sehr schwierig, praktisch unmöglich.*

Als er in der Cafeteria der UNO essen geht, gibt es Tumulte, weil alle ihn sehen und mit ihm sprechen wollen. Er geht in New York spazieren und kauft Bücher. Am 16. Dezember verabschieden die USA, als ob sie damit auf Ches

Rede antworten, ein Zusatzgesetz zum Gesetz über den Außenhandel, das von allen Ländern, die Hilfe von den Vereinigten Staaten erhalten, verlangt, sich an der Blockade gegen Kuba zu beteiligen.

Einen Tag später bricht Che von New York in Richtung Algerien auf, was der Beginn einer langen Reise durch den afrikanischen Kontinent sein wird. Unterwegs schreibt er aus Dublin einen Brief an seinen Vater: *Ich bin im grünen Irland Deiner Vorfahren. Als das bekannt wurde, kam das Fernsehen, um mich über den Stammbaum der Lynch zu befragen, aber für den Fall, daß sie Pferdediebe oder ähnliches gewesen sind, erzählte ich nicht viel.*

In Algier sagt Che bei einer Begegnung mit Josie, der Witwe von Frantz Fanon und einer der Symbolfiguren der afrikanischen Revolution: *Afrika stellt ein, wenn nicht sogar das wichtigste Schlachtfeld dar (...). Es liegen große Erfolgsmöglichkeiten in Afrika, aber auch viele Gefahren.* Welchen Stellenwert nahm damals die antikoloniale Revolution in Afrika in seinem Kopf ein?

Als ob ihn jemand drängen würde, so viele Länder wie möglich in der kürzestmöglichen Zeit zu bereisen, als ob die Rede vor der UNO ein Zufall gewesen und Afrika das wirkliche Objekt seines Interesses und seiner Obsession wäre, bewegt sich Che mit Volldampf durch den Kontinent. Er knüpft Beziehungen zu den neuen fortschrittlichen Staatschefs, diskutiert mit Führern der Befreiungsgruppen, spricht mit Studenten und Journalisten, besucht Guerillatrainingslager, Staudämme, Tierreservate, Naturschutzparks, neue Fabriken; er eilt von Flughafen zu Flughafen und führt Gespräche mit den Präsidenten der wichtigsten Länder der antikolonialen Bewegung.

Am 26. Dezember 1964 reist er nach Mali und am 2. Januar 1965 trifft er in Brazzaville ein (der Hauptstadt der ehemaligen französischen Kolonie Kongo), wo er mit Präsident Alphonse Massemba Debat zusammenkommt und kubanische Solidarität gegen den Druck der Kolonialisten anbietet, die von den Nachbarn des ehemaligen Belgisch-Kongo unterstützt werden (bald sollte ein kubanischer Militäreinsatz unter der Leitung von Jorge Risquet stattfinden). Er trifft sich mit Agostinho Neto, dem Führer der angolanischen Revolution, um nach den Anweisungen Fidels der entstehenden revolutionären Bewegung Solidarität in Form von kubanischen Guerilla-Ausbildern anzubieten. Er übergibt dem angolanischen Guerillero Lucio Lara eine handsignierte Ausgabe von „Der Guerillakrieg".

Am 7. Januar kommt er nach Conakry (Guinea) und am 14. nach Ghana, wo er einen Tag später mit Präsident Nkruma zusammentrifft. Er nimmt in Landestracht an einem Empfang mit einheimischen Journalisten teil. Das Foto zeigt einen Che, der sich selbst fasziniert anschaut, wie er in den Umhang eines Stammes von Kente gehüllt ist, der an der linken Schulter befestigt wird und bis auf den Boden fällt, so daß die nicht sehr neue olivgrüne Uniform verdeckt wird. Obwohl es schwierig gewesen sein muß, ihn richtig anzuziehen, scheint er ihm zu gefallen.

Sieben Tage später erreicht er Dahomey. Che durchreist all diese Länder des afrikanischen Kontinents so, als ob er alles wissen, alles umfassen wollte. Am

24. Januar ist er wieder in Algerien. Und dann reist er nach China, sehr zur Überraschung der interessierten Beobachter, besonders des Geheimdienstes der USA. Dort bleibt er vom 2. bis zum 5. Februar.

Ihn begleiten Osmany Cienfuegos und Emilio Aragonés. Sie werden nur zu Liu Shao Shi und Tschou En-Lai vorgelassen. Nach Darstellungen aus zweiter Hand weigerte sich Mao, Che zu empfangen, weil einige Mitglieder der Delegation ein gespanntes Verhältnis zu China hatten. Das Ziel war, die kubanische Position zu den chinesisch-sowjetischen Divergenzen darzulegen. Che war, laut Darstellung eines Übersetzers, sehr ruhig und hörte sich die Argumente der Chinesen an, die sich bei der kubanischen Delegation darüber beschwerten, daß in der jüngsten Konferenz der lateinamerikanischen kommunistischen Parteien die Kubaner sich auf die Seite der Sowjetunion geschlagen und so die Neutralität im Streit aufgegeben hätten. Die Sitzung sollte sich als unnütz und schmerzlich für Che erweisen, der sich in der Auseinandersetzung den chinesischen Positionen näher fühlte.

Am 6. Februar kehrt Che nach Paris zurück. Er ist 24 Stunden auf Durchreise in Frankreich, um danach seine Afrikareise fortzusetzen. Er widmet dem Louvre vier Stunden: die griechischen und ägyptischen Säle, außerdem interessiert er sich besonders für El Greco, Rubens, Leonardo da Vinci. Er bleibt eine ganze Weile vor der Mona Lisa stehen und verläuft sich auf der Suche nach Hieronymus Bosch. In Paris erhält er von seinem Freund Gustavo Roca auch eine weitere Bestätigung des Todes von Masetti und Hermes Peña in Argentinien.

Am 11. Februar wird er in Daressalam, der Hauptstadt von Tansania, von seinem alten Gefährten aus dem Las-Villas-Feldzug, dem kubanischen Botschafter Pablo Rivalta, empfangen, der in einem doppelten Auftrag nach Tansania geschickt worden ist: die Beziehungen zur fortschrittlichen Nyerere-Regierung enger zu knüpfen und ein Unterstützungsnetz zu schaffen, das es möglich machen soll, in Zukunft den Erben Lumumbas zu helfen. Acht Tage bleibt Che dort, es ist einer seiner längsten Aufenthalte während der gesamten Reise. Rivalta erzählt später: „Er nahm während eines Empfangs im Palast von Daressalam mit dem Präsidenten Kontakt auf. Sie sprachen über Unterstützung für Tansania. Man vereinbarte bei dieser Unterhaltung sogar die Lieferung einer kleinen Textilfabrik und weitere kleine, hauptsächlich medizinische und technische Hilfsprogramme. All dies geschah bei einem vollkommen informellen Besuch. Er war nicht angekündigt, ich erschien einfach mit ihm zusammen im Palast. Sie sprachen auch über die Unterstützung der Befreiungsbewegungen. Nyerere war damit einverstanden.“

Aber die wichtigsten Gespräche sollten nicht mit dem Präsidenten stattfinden, sondern mit den bewaffneten revolutionären Gruppen Afrikas, besonders mit den lumumbistischen Kongolesen, die in Tansania ihr Rückzugsgebiet hatten. *Besonders lehrreich war der Besuch in Daressalam, dem Aufenthaltsort einer beträchtlichen Anzahl von „Freedom Fighters“, die mehrheitlich bequem in ihren Hotels lebten und aus ihrer Situation einen wahren Beruf gemacht hatten, ein manchmal lukratives und fast immer bequemes Geschäft. In diesem Umfeld liefen die*

Gespräche ab, in denen sie im allgemeinen militärische Ausbildung auf Kuba und finanzielle Unterstützung verlangten. Es war das Leitmotiv von fast allen.

Ich lernte auch die Gruppe angolanischer Kämpfer kennen. Vom ersten Zusammentreffen an konnten wir die außergewöhnlich vielen verschiedenen Tendenzen und Meinungen kennenlernen, die die Führungsgruppe der kongolesischen Revolution prägten. Zuerst nahm ich mit Kabila und seinem Generalstab Kontakt auf; er hinterließ bei mir einen ausgezeichneten Eindruck, er sagte er käme aus dem Landesinnern; er scheint aber nur aus Kigoma zu kommen (einem tansanischen Grenzdorf am Ufer des Tanganyika-Sees, von wo aus man üblicherweise in den Kongo übersetzte). Die Darlegung von Kabila war klar (...), er ließ seine Opposition zu Gbenye und Kauza durchblicken, und daß er wenig mit Soumaliat übereinstimmte. Die These von Kabila war, daß man nicht von einer (revolutionären) *kongolesischen Regierung sprechen konnte, weil Mulele, der Initiator des Kampfs, nicht miteinbezogen wurde und daß deshalb der Präsident nur den Titel des Regierungschefs für den Nordosten des Kongo für sich beanspruchen konnte.*

Che schlägt den Kongolesen, Kabila und später Soumaliat, vor, die militärische Ausbildung im Kongo und unter Kampfbedingungen zu machen. Rivalta vermerkt: „Der Mehrheit der Anwesenden bei dieser Versammlung gefiel das nicht; es gefiel ihnen nicht, weil, was sie in Wirklichkeit wollten, war, den Kongo zu verlassen und nicht wiederzukommen." Che bietet ihnen 30 Ausbilder an, eine Zahl, die später auf 130 anwächst. Rivalta deutet an: „Ich sprach mit Che über diese Gruppe von Kubanern, die den bewaffneten Kampf im Kongo unterstützen sollten. Ich dachte, und schlug ihm dies auch vor, daß Víctor Dreke sie anführen sollte, weil er schwarz war und sie dort schwarze Kämpfer wollten, und außerdem weil wir wußten, wie er im Escambray gekämpft hatte. Später dachte ich an Efigenio Ameijeiras, der bereits in Algerien gewesen war und den Che außerdem aus der Sierra Maestra kannte und dessen Mut und Verwegenheit er schätzte. Ich schlug Che beide Personen und dann mich selbst vor. Che antwortete mir nicht, er lächelte nur." Bei diesem Angebot einer kubanischen Brigade handelte Che nicht aus eigenem Antrieb, sondern folgte einer Initiative von Fidel, der damit auf die Anfragen des Nationalen Rats der Kongolesischen Revolution nach Unterstützung antwortete. Auch in den Gesprächen mit Nyerere und mit Massemba-Debat im Kongo-Brazzaville war es um Rückendeckung und um Stützpunkte jenseits der Grenze gegangen.

Der US-amerikanische Geheimdienst, der wegen Ches Afrikareise sehr besorgt war (noch hatten sie sein Interesse für den Kongo nicht herausgefunden), erhielt keine Informationen über diese Abkommen, und in einem nachrichtendienstlichen Memorandum hielt er einen Monat später fest: „Es gibt keine Bestätigung kubanischer Waffenlieferungen nach Afrika außer denen, die bereits '63 nach Algerien getätigt wurden."

Aufgrund seiner Gespräche beschließt Che, die von ihm „Freedom Fighters" Genannten in separaten Gesprächen abzutasten, aber die kubanische Botschaft organisiert aus Versehen eine tumultartige Sitzung. *An ihr nahmen 50 oder mehr teil, von verschiedenen Tendenzen oder Bewegungen des Landes ...* Che analysiert vor ihnen, ausgehend von der kubanischen Erfahrung, die Forderungen nach Ausbildern und Geld: *Der revolutionäre Soldat entsteht im Krieg (...). Ich schlug ihnen vor, die militärische Ausbildung nicht im fernen Kuba zu machen, sondern im nahen Kongo, wo gekämpft wurde, und zwar nicht gegen irgendeine Marionette wie Tschombé, sondern gegen den Imperialismus in seiner neokolonialen Form (...). Die Reaktion war mehr als distanziert; obwohl die Mehrheit sich jeder Art von Kommentar enthielt, gab es welche, die ums Wort baten, um mir wegen dieses Rats heftige Vorwürfe zu machen (...). Ich versuchte ihnen klarzumachen, daß es sich hier nicht um einen Kampf innerhalb nationaler Grenzen handelte, sondern um einen Krieg gegen einen gemeinsamen Feind, der überall präsent ist: sowohl in Mosambik als auch in Malawi, in Rhodesien oder Südafrika, im Kongo oder in Angola, aber niemand teilte meine Auffassung.*

Sie verabschiedeten sich distanziert und höflich, und wir hatten den starken Eindruck, daß Afrika noch viel vor sich hatte (...). Nun lag die Aufgabe vor uns, eine Gruppe schwarzer Kubaner auszuwählen und sie, selbstverständlich auf freiwilliger Basis, zur Verstärkung des Kampfs in den Kongo zu schicken.

Zur gleichen Zeit traf sich der kongolesische Premierminister Tschombé in London mit einem Abgesandten der Regierung der Vereinigten Staaten, der ihm erklärte, daß es für die USA schwierig sei, ihn zu unterstützen, obwohl sie es gerne wollten, weil unter seinem Befehl weiterhin Gruppen von weißen Söldnern und Militärs aus Südafrika und Rhodesien operierten. Tschombé war damit einverstanden, diese Gruppen zurückzuziehen, sobald ihre Verträge abgelaufen wären. Bei diesem Treffen wurde die alternative Möglichkeit diskutiert, Senegalesen und Nigerianer zu rekrutieren und außerdem Soldaten aus Togo, die im Austausch gegen die Unterstützung der USA aus der französischen Armee zurückgezogen wurden.

Währenddessen hat Che ein Gespräch mit Rivalta, das dem kubanischen Botschafter in Tansania seltsam vorkam: „Er sagte mir, er würde überprüfen, ob ich gut Suaheli lernte; ich hielt mich nicht weiter bei dieser Bemerkung auf. Er kritisierte, daß ich viel Dienstpersonal, viele Angestellte in der Botschaft hätte, denn ich hatte aus Gründen der Tarnung und des Einflusses viele angestellt, und er hatte mir gesagt, daß ihm das nicht gefalle. Unmittelbar nachdem er gegangen war, reduzierte ich das Personal um die Hälfte."

Am 19. Februar ist Che in der Vereinigten Arabischen Republik, wo er sich mit Nasser trifft. Es ist ein sehr kurzes Gespräch, in dem Che unter anderem ganz beiläufig sagt, daß es vielleicht interessant wäre, in den Kongo zu gehen, um die Befreiungsbewegungen zu unterstützen.

Che denkt daran, in den Sudan zu fahren, aber dort sind die politischen Bedingungen schlecht und so wird die Reise gestrichen. Am 24. desselben Monats befindet er sich zum dritten Mal in Algerien, um an der Sitzung des II. Wirtschaftsseminars der Afroasiatischen Solidarität teilzunehmen. Seine Rede ist sehr polemisch. Es ruft Spannungen innerhalb des sozialistischen Blocks hervor, als er sagt, daß die sozialistischen Länder die Kosten der nationalen Befreiungskämpfe bezahlen müßten. *Wir sagen dies ganz einfach, ohne die geringste Absicht, zu erpressen oder Aufsehen zu erregen.* Er sagt weiter, daß man nicht von einem Handel mit gegenseitigem Nutzen nach den Prinzipien des Wertgesetzes sprechen kann, und er fragt sich: *Wie kann gegenseitiger Nutzen bedeuten, Rohstoffe zu Weltmarktpreisen zu verkaufen, die die unterentwickelten Länder Schweiß und Leiden ohne Ende kosten, und Maschinen zu Weltmarktpreisen kaufen zu müssen, die in den heutigen großen automatisierten Fabriken hergestellt werden?* Und er klagt an: *Wenn die Beziehungen so sind, müssen wir uns darüber im klaren sein, daß die sozialistischen Länder in gewissem Sinne Komplizen der imperialistischen Ausbeutung sind.* Er geht noch weiter: Waffen müssen gratis geliefert werden. *Auf den verhängnisvollen Angriff des US-amerikanischen Imperialismus gegen Vietnam oder den Kongo muß geantwortet werden, indem wir diesen Bruderländern alle Verteidigungsinstrumente liefern, die sie brauchen, und ihnen unsere Solidarität ohne jegliche Bedingung anbieten.*

Che ist sehr zufrieden mit der Rede und gibt sie seinen Delegationsbegleitern zum Lesen. Sie findet einen riesigen Anklang bei den afrikanischen Delegierten, wird jedoch in der kubanischen Presse nicht vollständig abgedruckt. An genau diesem Tag wird in Havanna sein Sohn Ernesto geboren.

In Algier diskutiert er mit afroasiatischen Delegierten, mit Botschafter Jorge Serguera und mit Präsident Ben Bella weiter über eine Zusammenarbeit mit der kongolesischen Guerilla. Am 2. März ist Che wieder in Kairo. Die ersten Tage widmet er dem Tourismus. Am 8. März schickt er seiner Tante Beatriz eine Postkarte: *Aus Thëbai, der ersten Hauptstadt der Träume, einen Gruß von diesem Dichter, der keine Gedichte schreibt und sich in einen würdigen Bürokraten mit beträchtlichem Wanst und so häuslichen Gewohnheiten verwandelt hat, daß er mit einem Nimbus von Sehnsucht nach Pantoffeln und Kindern durch die Welt reist.* Er entdeckt die Kamele, und niemand ist in der Lage, ihn von diesem neuen vierfüßigen Reittier herunterzuholen, mit dem er die Pyramiden umrundet.

Er führt lange Gespräche mit Nasser, in denen er ihm jetzt ausdrücklich bekennt, daß er daran denkt, in den Kongo zu gehen, um sich dem Kampf anzuschließen. Dieses Mal ist Nasser von Che Guevara fasziniert. Laut seinem Biographen sagt Che zu ihm, daß es keine Konflikte zwischen ihm und Fidel gebe. *Wir haben Fehler begangen und es ist möglich, daß die Verantwortung dafür bei mir liegt. Wir haben 98% von dem, was wir vorfanden, nationalisiert.* Er spricht vom Mangel an Kadern, und der Haltung vieler Funktionäre (*die die Tür schließen, damit keine Arbeiter hereinkommen und die klimatisierte Luft nicht entweicht*). Und er fragt sich: *Welches Verhältnis besteht zwischen der Partei und dem Staat? Zwischen der Revolution und dem Volk? Bis heute wurden die Beziehungen durch Telepathie aufrechterhalten, aber die Telepathie ist nicht gut genug. (...) Wir sind nicht glücklich mit dem Stalinismus, aber wir akzeptieren auch nicht die Reaktion der Sowjets auf den Stalinismus.*

Im Laufe der Gespräche im Haus von Nasser sagt der ägyptische Präsident zu Che, er solle davon Abstand nehmen, in den Kongo zu gehen, es hätte keine Aussicht auf Erfolg. Er sei ein Weißer und würde als solcher angesehen. Als sie sich verabschieden, sagt ihm Che, daß er auf die Sache mit dem Kongo verzichten werde.

Während der Reise schreibt er Notizen für einen Artikel, der drei Monate später unter dem Titel „Der Sozialismus und der neue Mensch in Kuba" in der uruguayischen Zeitschrift „Marcha" veröffentlicht wird.

Carlos María Gutiérrez sagt später, der Text „hat die versteckte Bedeutung eines Abschieds". Der Verfasser ist nicht dieser Meinung. Vielmehr geht es Che um die Zusammenfassung einiger Gedanken, die ihm in den letzten beiden Jahren durch den Kopf gegangen waren, wie seine Reflexionen über Literatur und Kunst, seine Ablehnung des sozialistischen Realismus einerseits, der Korsette und *der Stipendiaten, die im Schutz des Staatshaushalts leben und eine Freiheit in Anführungszeichen genießen*, der Vereinfachung, das heißt dessen, was den Funktionären gefällt. Andererseits beklagt er sich über das Fehlen eines von den Ängsten der Vergangenheit befreiten künstlerischen Schaffens, das von Intellektuellen betrieben wird, deren Erbsünde es ist, nicht authentisch revolutionär zu sein, und denen es deshalb an Identität mit den Parias und den Kämpfen mangelt. Er disqualifiziert damit etwas ungerecht und in Bausch und Bogen die Gesamtheit der kubanischen Intellektuellen und verliert sich in einem Kauderwelsch, in dem nicht klar ist, was er von der Literatur verlangt: Keine Ängste? Neue Ängste?

Und hier stößt er auf das Problem des neuen Menschen, dem Zentrum all seiner Obsessionen. Ohne neuen Menschen wird es keinen Sozialismus geben, und es würde auch keinen Sinn machen, daß es ihn gäbe. Von hier aus kommt er zur Rolle des Führungskaders: *Und wir müssen es in aller Aufrichtigkeit sagen, in einer wirklichen Revolution, der man alles gibt, von der man keine materielle Vergütung erwartet, ist die Aufgabe eines Revolutionärs der Avantgarde gleichzeitig großartig und beklemmend (...). Unter diesen Bedingungen benötigt man ein großes Maß an Menschlichkeit, ein großes Maß an Gerechtigkeits- und Wahrheitssinn, um nicht in dogmatische Extreme und in kalte Scholastik zu verfallen, um sich nicht von den Massen zu isolieren. Jeden Tag müssen wir kämpfen, damit diese Liebe zur lebendigen Menschheit sich in konkrete Taten umsetzt, in Handlungen, die als Beispiel und zur Mobilisierung dienen ...*

Er endet mit einem alten guevaristischen Gedanken, den Carlos María Gutiérrez als Abschied interpretiert: *Der proletarische Internationalismus ist eine Pflicht, aber er ist auch eine revolutionäre Notwendigkeit ... Unser Opfer ist bewußt; es ist der Beitrag, um die Freiheit zu bezahlen, die wir schaffen*, kann man in den letzten Zeilen des Artikels lesen.

Am 13. März endet die Afrikareise und Che fliegt von Prag aus zurück. Das Flugzeug bleibt in Shannon mit einem Schaden liegen; zwei Tage lang bleibt er dort hängen. Er führt lange Gespräche mit dem Dichter Fernández Retamar, der mit ihm im Flugzeug aus Paris saß. Sie haben keine Bücher, keine kubanischen Zigarren (ob Che in diesen Tagen Camel oder Lucky Strike geraucht hat?). Sie sprechen über Frantz Fanon, dessen Buch während der Reise für Che eine neue Bedeutung erlangt und das er Retamar zur Veröffentlichung empfiehlt. Sie diskutieren eine Arbeit, die der französische Intellektuelle Régis Debray gerade in „Les Temps Modernes" veröffentlicht hat: „Der Castrismus, der lange Marsch Lateinamerikas". Retamar hat Debray in Paris getroffen und festgestellt, daß in der Wohnung des französischen Journalisten im Quartier Latin nur ein Foto hing, ein Foto von Che, das Debray aufgenommen hat. Sie diskutieren über die Wiederveröffentlichung von „Der Guerillakrieg", wogegen sich Che ausspricht. Er will es aktualisieren, Erfahrungen hinzufügen, ein Vorwort schreiben.

Es ist eine Dummheit, daß du nach Paris gegangen bist und nicht nach Afrika, sagt Che zu Fernández Retamar, um kurz darauf zu gestehen, daß er als Jugendlicher nichts mehr gewünscht hatte, als in Paris zu studieren, aber Afrika, Afrika war ...

Kapitel 36

★

„Der Beitrag meiner bescheidenen Bemühungen"

Am 14. März 1965 kehrt Kommandant Guevara nach Havanna zurück, bald wird er 37 Jahre alt sein, er ist Vater eines weiteren Sohnes, der seinen Namen trägt, noch keinen Monat alt ist und den er noch nicht gesehen hat. Er wird von Fidel auf dem Flughafen abgeholt, sie fahren gemeinsam in die Stadt. Franqui schreibt Jahre später, daß Fidel Che bei diesem ersten Treffen der Disziplinlosigkeit beschuldigt hat. Es ging um seine Rede in Algier, die die Kubaner mit den Sowjets in Streit brachte. Che räumt ein, daß dies zwar stimme, daß er aber nicht die Positionen der kubanischen Regierung geäußert habe, sondern seine eigenen.

Che ist nicht primär zum Familienleben zurückgekehrt, sondern scheint mehrere lange Gespräche mit Fidel geführt zu haben; Rojo sagt, ein Bekannter von beiden habe ihm erzählt, daß sie sich mindestens 40 Stunden lang unterhalten hätten.

Was wurde bei diesen ausführlichen Treffen besprochen? Es scheint klar, daß Ches Entscheidung, Kuba zu verlassen, um sich in ein neues revolutionäres Abenteuer zu stürzen, unverrückbar feststand. Das Scheitern der Guerilla von Masetti, die Veränderung der politischen Situation in Argentinien, wo die Diktatur durch ein ziviles Regime abgelöst worden war, und das Debakel der Peruaner schienen ihm seinen Weg in Lateinamerika allerdings zu versperren. Hatte er das Phantom Lumumba in seinem Kopf? Glaubte er, entgegen seiner letzten Gespräche mit Nasser, daß seine Präsenz in Afrika von Bedeutung sein könnte?

Als Quellen besagter langer Gespräche bleiben uns nur die kurzen Kommentare, die Fidel über die Jahre verteilt von sich gab. In einem dieser Kommentare bestätigt er, daß „ich selbst Che empfahl, Zeit zu gewinnen, zu warten" (bevor er sich in ein Unternehmen in Lateinamerika stürzt); aber Che wollte gehen.

Spürte Che, daß seine Lebenszeit zerrann? Hatte er Angst, körperlich nicht mehr zu einer neuen Guerillaerfahrung in der Lage zu sein? Fidel deutet dies in seinem Gespräch mit Gianni Miná an: „Ich glaube, dabei spielte eine Rolle, daß die Jahre zerrannen. Er wußte, daß man für all das eine gute körperliche Konstitution brauchte." Und man erinnert sich wieder an die Worte, die Manresa, sein persönlicher Sekretär, von Che gehört hatte: „1961, als wir das Büro des Industrieministeriums betraten, lehnte sich Che an einen Aktenschrank und sagte zu mir: *Wir werden fünf Jahre hierbleiben und dann gehen wir wieder. Wenn wir fünf Jahre älter sind, können wir immer noch eine Guerilla aufbauen ...*"

Aus den fünf Jahren sollten nur vier werden.

Fidel konnte ihn niemals aufhalten oder bremsen. Ohne Zweifel berief sich Che in diesen Momenten auf ein altes Versprechen aus den fernen Zeiten des Exils, das ihm Fidel gegeben hatte: „Als er sich uns in Mexiko anschloß, stellte er eine einzige Bedingung: *Das einzige, was ich möchte, ist folgendes: Wenn ich nach dem Sieg der Revolution nach Argentinien zum Kämpfen gehen will, soll mir diese Möglichkeit nicht beschnitten werden, soll keine Staatsräson dies verhindern.* Und ich habe es ihm versprochen. Niemand wußte damals, ob wir den Krieg gewinnen würden und wer von uns noch am Leben wäre."

Che hatte die Vorstellung, in den Kongo zu gehen, um Lumumbas Kampf fortzusetzen und ein „afrikanisches Vietnam" zu schaffen. Half ihm Fidel, diese Vorstellung umzusetzen? Emilio Aragonés, der damals Sekretär der Parteiorganisation war und mit Che beim Organisieren der Expedition zusammenarbeitete, ist dieser Meinung, und Víctor Dreke, der ihn in den Kongo begleitete, bestätigt: „Er tat dies entgegen seiner ursprünglichen Idee, nach Argentinien in den Kampf zu ziehen." Fidel akzeptierte die Afrika-Idee, um einen begierigen Che davon abzuhalten, sich ohne jegliche Vorbereitung in Lateinamerika einzumischen. Fidel erklärt: „Wir ernannten ihn zum Verantwortlichen der Gruppe, die zur Unterstützung der Revolutionäre ins heutige Zaire ging." Oder in einer anderen Rede: „Wir gaben ihm andere Aufgaben, die seine Guerillaerfahrung bereichern sollten."

Einen Monat später legt Che bei Gesprächen mit seinem Stellvertreter in der Kongo-Operation, Víctor Dreke, und mit dem Botschafter in Tansania, Pablo Rivalta, die Hauptargumente dar, um zu begründen, daß *es der richtige Zeitpunkt war, um sich in Afrika einzumischen*. Dreke faßt sie zusammen: „Warum gingen wir in den Kongo? Warum nicht nach Angola, Mozambique oder Guinea? Weil allem Anschein nach die objektiven Bedingungen im Kongo reif waren. Vor nicht allzu langer Zeit hatte das Massaker von Stanleyville stattgefunden. Es herrschte nicht die gleiche Lage wie in den portugiesischen Kolonien, deren Kampf erst begonnen hatte. Der Kongo vereinte zwei Merkmale: daß man uns in Brazzaville um Hilfe gebeten hatte und daß es im ehemaligen Belgisch-Kongo ein riesiges, durch die Guerillas befreites Gebiet sowie genügend chinesische und sowjetische Waffen gab. Sogar die geographischen Bedingungen waren günstig." Und Rivalta ergänzt: „Der Kongo konnte als Ausgangspunkt dienen, das heißt als ein Zünder, um die Revolution in allen afrikanischen Ländern auszulösen. Der

Kampf, die Ausbildung und die Aktivierung der Befreiungsbewegung im Kongo würden allen Ländern, und insbesondere Südafrika, von Nutzen sein.“

Wenn das Endziel die Revolution in der Dritten Welt war, dann gab es eine gewisse geopolitische Logik in Ches improvisiertem Konzept.

Auf der anderen Seite können ihm die Anzeichen einer kubanischen Annäherung an die Sowjets und der Bruch mit den Chinesen nicht allzusehr gefallen haben.

Tatsache ist, daß die Entscheidung sofort getroffen wurde, denn am 16. März, nur zwei Tage nach seiner Ankunft, übergibt Guevara Gustavo Roca einen Brief an Celia, seine Mutter, worin er ihr sagt (laut der Darstellung von Roca), er denke daran, die revolutionäre Leitung in Kuba aufzugeben, er gehe für 30 Tage zur Zuckerrohrernte und danach für fünf Jahre in eine Fabrik arbeiten, um deren Abläufe aus dem Inneren heraus zu untersuchen. Der Brief erreicht Celia erst einen Monat später.

Eine Woche nach ihrer Rückkehr aber schaut Fernández Retamar in Ches Büro im Industrieministerium vorbei, um einen Gedichtband abzuholen, den er ihm in Shannon geliehen hat. Manresa empfängt ihn und teilt ihm vertraulich mit, daß Che ihn gebeten habe, ein Gedicht abzuschreiben, bevor er den Gedichtband zurückgebe. Welches? fragt Retamar interessiert. „Farewell“ von Neruda.

In den letzten Märztagen verhält sich Che seinen Freunden gegenüber sehr merkwürdig, er verschenkt persönliche Gegenstände, verleiht Bücher, macht eine Menge Fotos und schreibt zahlreiche Briefe. Es fand nur eine öffentliche Versammlung mit ihm statt, wenn es auch mehrere mit seinen Mitarbeitern wie z.B. Maldonado gab, der gezwungen worden war, sein Außenhandelsamt niederzulegen, weil er als pro-chinesisch galt. Maldonado erzählt: „Ich ging zu Che und fand ihn ausgestreckt auf dem Boden bei seiner Gymnastik. Er sagte zu mir: *Ein Revolutionär tritt niemals zurück.* Ich bin nicht zurückgetreten, sie haben mich rausgeworfen.“

Am 22. März leitet Che eine Sitzung im Führungsrat des Ministeriums und kündigt an, daß er abwesend sein wird, weil er für eine Zeit nach Camagüey zum Zuckerrohrschneiden gehe. Einige der Kader zeigen sich besorgt, aber Che zerstreut die Zweifel: Hier gebe es fähige Kader und das Ministerium würde ohne Probleme funktionieren. Die Sitzung endet um 11 Uhr 30 vormittags. Gravalosa sieht Che agil durch den Flur gehen, fröhlich von seinem Hund Muralla gefolgt.

An diesem Tag erscheint er in der Öffentlichkeit. Im Industrieministerium hält er eine Konferenz über seine jüngste Reise durch Afrika ab und stellt dabei den afrikanischen Einfluß auf das alltägliche Leben in Kuba in den Mittelpunkt: Malerei, Musik, Bräuche ... Danach ein Abschied wie jeder andere.

Der Außenminister Raúl Roa trifft ihn und hinterläßt eine Art letztes Zeugnis: „Während er mit gemächlicher Wonne den würzigen Rauch seiner Zigarre inhalierte, fummelte er an seiner schwarzen Baskenmütze mit dem glitzernden Stern herum. (...) Plötzlich stand er auf, drückte mir innig die Hand und sagte, als ob er sich verabschieden würde: *Morgen fahre ich nach Oriente, um für einen Monat Zuckerrohr zu schneiden. He, kommst du nicht mit uns?* Nein, diesmal nicht. Und er ging, in seiner schlichten Art, seiner charakteristischen Haltung, mit seinem kurzen Atem, und grüßte alle, die er unterwegs im Garten des Ministeriums traf."

Er kommt auch noch mit einem seiner jungen Kader, Miguel Alejandro Figueras, zusammen: „Um über die neue Nummer der Zeitschrift ‚Nuestra Industria Económica' sprechen zu können, hatte ich ihm die Nummern 13 und 14 nach New York und Algerien geschickt. Die letzte Nacht, in der wir miteinander sprachen, war die vom 25. auf den 26. März. Wir waren allein, das Ministerium war zur freiwilligen Arbeit gegangen. Er war sehr verletzt wegen dem, was die Imperialisten im Kongo getan hatten, und beklagte sich über die Art und Weise, wie die Tschechen und die Sowjets den Befreiungsbewegungen Waffen verkauften. *Das ist überhaupt kein Sozialismus, sie müßten sie ihnen schenken.* Er fragte mich: *Was hast du für die Nr. 15 der Zeitschrift? Bring den Artikel, der in ‚Marcha' erschienen ist, bring den Artikel von Alberto Mora, wo er mich angreift und den materiellen Anreiz verteidigt, bring den Artikel von Mandel und den dieses argentinischen Psychologen über die menschliche Natur bezüglich des Problems der Anreize.* Und er sagte mir: *Bitte jemanden um einen Artikel dieses Vizepräsidenten von Ford, wo er die Methode der Ausbildung von Führungskräften erklärt.* Es war ein Artikel von Iacocca. Verdammt, danach haute dieser Argentinier ab und die Partei fragte mich, wer hat dir gesagt, daß du diesen Artikel abdrucken sollst?"

Er sieht Gravalosa zum letzten Mal, als dieser Wache im Ministerium schiebt. Che taucht nachts mit seinem Chauffeur Esteban Cárdenas, Aleida und dem Hund Muralla auf; er ist ein paar Sachen holen gewesen. Im Kofferraum seines Wagens hat er eine Machete zum Zuckerrohrschneiden und einen kleinen Koffer. Sein Chauffeur stellt das Radio an, es läuft eine mitternächtliche Tangosendung, man hört „Adios muchachos", der Chauffeur will es leiser stellen. Doch Che entdeckt die theatralischen Möglichkeiten und bittet ihn, es lauter zu stellen, und nun fährt er unter den Klängen von „Veinte años no es nada" [Zwanzig Jahre sind gar nichts] mit fiebrigem Blick durch die Straßen von Havanna.

Die Operation wird im Büro von Emilio Aragonés mit Unterstützung der Mannschaft von Manuel Piñeiro geplant. Man analysiert die Gruppe, die ausgebildet werden soll, wer sie begleiten wird, wie die Reisen, die Bewaffnung, die Tarnung organisiert werden sollen. Aragonés besteht darauf, ihn zu begleiten, aber Che stoppt ihn und macht ihm den Gegenvorschlag, daß er seine eigene Operation aufbauen soll: *Du in einer, ich in einer anderen.* Die letzten Argumente von Aragonés: „Du bist ein argentinisches Maultier und brauchst einen Politiker hinter dir."

Im Lager, wo sie von Osmany Cienfuegos ausgebildet werden, wird am 28. oder 29. März Víctor Dreke zu einer Besprechung gerufen; der Mann, der ausgewählt wurde, die Kolonne von schwarzen Kämpfern anzuführen, die „irgendwohin" gehen sollte. Cienfuegos informiert ihn darüber, daß ein neuer Chef namens Ramón, „ein Genosse mit einer bekannten Geschichte", die Expedition leiten und er als Stellvertreter mitgehen wird. Am selben Abend kommen sie in einem Geheimquartier in einer Gegend, die als El Laguito bekannt ist, mit José María Martínez Tamayo, dem ungefähr dreißigjährigen Hauptmann des Innenministeriums, zusammen, der vorher mit Che bei der Vorbereitung einiger Operationen in Lateinamerika und am Rande auch mit der Guerilla von Masetti zu tun hatte.

Dreke erzählt: „Ich hörte, daß Osmany mit jemandem sprach. Wir befanden uns in einem kleinen Innenhof und aus dem Zimmer kam ein Genosse mit weißer Hautfarbe, die Haare kurzgeschoren, mit Brille.

‚Kennst du ihn?‘

‚Nicht im geringsten, noch nicht einmal aus der Zeitung.‘

‚Der Genosse Ramón‘, sagt Osmany.

Wie geht es dir, Dreke?

‚Kennst du ihn immer noch nicht?‘ fragt Osmany.

Die Stimme war mir nicht unbekannt, aber ich kam nicht drauf, er trug eine Prothese im Mund. Wir setzten uns an einen Tisch.

Hör auf, ihn zu verscheißern, sag es ihm endlich.

‚Kennst du Che nicht?‘ sagte Osmany.

Wenn man verwundet wird, spürt man den Aufprall, etwas Heißes, wie einen Stromschlag. Das Herz schlug mir bis zum Hals, ich sprang auf.

Setz dich, setz dich, sagte Che zu mir.

Von der Figur her war er derselbe, aber jetzt sprach er ohne Akzent.

Che sagte mir, daß wir sofort losfahren würden. Er fragte nach der Kolonne, der Ausbildung ... Er sprach über den Auftrag. Es ging in den Kongo! Er übergab mir eine Pistole, eine kleine Makarov.

Kannst du Schach spielen? Und der kann es auch nicht? fragte er Tamayo, als ob er sich beklagen wollte ... Dann schrieb er weiter. Die Zettel flogen zerknüllt auf den Boden.“

Dreke kehrt nicht mehr ins Lager zurück, er bleibt im Haus, wo sich außer Che noch Coello, sein Adjutant, und Martínez Tamayo befinden. Che schreibt am nächsten Tag weiter, manchmal liest er, plötzlich fängt er unvermittelt an, Gymnastik oder Liegestütze zu machen. Am 31. März kommt nachts Fidel mit Osmany. Fidel und Che ziehen sich zum Gespräch zurück. Che gibt ihm die Papiere, die er geschrieben hat. Es ist der Abschiedsbrief.

Fidel, in dieser Stunde erinnere ich mich an viele Dinge, wie ich Dich im Haus von María Antonia kennenlernte, als Du mir vorschlugst mitzukommen, an all die Spannung der Vorbereitungen. Eines Tages kamen sie vorbei und fragten, wer im Todesfall benachrichtigt werden sollte, und die reale Möglichkeit dieses Ereignisses bestürzte uns alle. Später brachten wir in Erfahrung, daß es stimmte, daß man in einer Revolution (wenn es eine richtige ist) siegt oder stirbt. Viele Genossen blieben auf dem Weg zum Sieg zurück.

Heute hat alles einen weniger dramatischen Klang, denn wir sind reifer, aber das Ereignis wiederholt sich. Ich spüre, daß ich meinen Teil der Pflicht erfüllt habe, die mich an die kubanische Revolution auf ihrem Gebiet gebunden hat, und ich verabschiede mich von Dir, von den Genossen, von Deinem Volk, das jetzt meines ist.

Er kündigt an, daß er Fidel noch etwas schuldig sei, nämlich daß er manchmal gedacht habe, er würde es nicht bis zum Schluß schaffen. *Ich habe großartige Tage erlebt und an Deiner Seite in den leuchtenden und traurigen Tagen der Karibik-Krise den Stolz gefühlt, zu unserem Volk gehören zu können. Nur selten hat ein Staatsmann so geglänzt wie Du in jenen Tagen. Ich bin auch stolz darauf, Dir ohne Zaudern gefolgt zu sein, mich identifiziert zu haben mit Deiner Art zu denken, die Gefahren und Prinzipien zu sehen und einzuschätzen. Andere Länder der Welt fordern den Beitrag meiner bescheidenen Bemühungen. Ich kann tun, was Dir wegen Deiner Verantwortung gegenüber Kuba verwehrt bleibt, und für uns ist die Stunde der Trennung gekommen.*

Der Brief entbehrt nicht einer gewissen Dramatik, da ihm die üblichen spöttischen Töne von Che fehlen. Der Abschied scheint für immer zu sein. *Hier lasse ich meine reinsten Hoffnungen und die Liebsten unter meinen Lieben zurück (...), und ich lasse ein Volk zurück, das mich als seinen Sohn aufnahm: Dies zerreißt einen Teil meiner Seele.*

In diesem Ton geht es weiter: *Ich bekräftige erneut, daß ich Kuba von jeglicher Verantwortung entbinde, außer von der, die aus seinem Beispiel entspringt. Wenn meine letzte Stunde unter einem anderen Himmel schlagen sollte, dann wird mein letzter Gedanke diesem Volk und besonders Dir gelten.*

Und er hat etwas von einem Testament: *Ich hinterlasse meinen Kindern und meiner Frau nichts Materielles und das schmerzt mich nicht; es freut mich vielmehr, daß es so ist. Ich verlange nichts für sie, denn der Staat wird ihnen das Nötige für Lebensunterhalt und Ausbildung geben.*

Ich hätte Dir und unserem Volk noch viel mitzuteilen, aber ich fühle, daß es unnötig ist. Die Worte können das nicht ausdrücken, was ich möchte, und es ist nicht nötig, Blätter vollzuschreiben. Immer bis zum Sieg. Vaterland oder Tod!

Ich umarme Dich mit aller revolutionären Leidenschaft. Che.

Fidel liest den Brief, den Che ihm überreicht hat. Obwohl beide ihre Emotionen üblicherweise unter Kontrolle halten, muß dies ein schwieriger Augenblick gewesen sein. Aus wenigen Metern Entfernung werden sie von ihren Begleitern Dreke und Martínez Tamayo beobachtet. In einem Hinterzimmer sagt ihnen Fidel, sie sollen auf Che aufpassen, taktvoll sein und ihn beschützen.

Kommandant Ernesto Guevara verläßt das Haus am folgenden Tag. Als er aus Kuba weggeht, hinterläßt er drei alte Uniformen, die in einem Schrank hängen, einen Gebrauchtwagen Baujahr 1956, eine regelrechte Bibliothek und einen Haufen Papiere, Tagebücher, Notizen. Von diesen wenigen Dingen wird er nur einige Bücher wiederbekommen, um die er in den nächsten Monaten bittet.

Kapitel 37

★

Tatu, die Drei

Am Morgen des 2. April 1965 chauffiert Osmany Cienfuegos drei eigentümliche Passagiere zum Flughafen von Havanna: Víctor Dreke, der einen Reisepaß auf den Namen Roberto Suárez bei sich hat, José María Martínez Tamayo, der als Ricardo reist, und Ernesto Guevara, genannt Ramón – zufällig drei Namen mit R.

Im Auto wird gescherzt. Die Schlagzeile einer einheimischen Zeitung lautet, daß in der Stadt „20 Eier frei" sind, mit anderen Worten, daß man sie ohne Lebensmittelkarte kaufen kann. Der gewohnheitsmäßige Mangel an Humor in der kubanischen Presse gab Anlaß für jede Art von Witzen. In Lateinamerika kann man nicht einfach sagen, daß die Eier frei sind. Der klandestine „Doktor Ramón", der jetzt als Dolmetscher und Arzt vorgestellt wird, hält einige Verbindungsleute an verschiedenen Flughäfen zum besten:

Wußten Sie, daß in Kuba die Eier frei sind?

Es wird Tag, mit einem dieser klebrigen Sonnenaufgänge von Havanna, die eine Warnung vor der Sonne sind. Die drei Personen steigen in ein Flugzeug und setzen sich, in der Mitte Che, der gelassen anfängt zu lesen. Bei den Zwischenlandungen erwartet sie ein Netz von Agenten und erledigt ihre Zollformalitäten und Grenzübertritte. Die drei Männer sind bewaffnet, aber „immer gibt es jemanden, der das Problem löst".

Der indirekte Weg dauert zwei Wochen. So kommen sie am 19. April nach Daressalam, nur zwei Monate nach Ches letztem Besuch, nur einen Monat seit seiner Rückkehr nach Kuba. Dennoch ist der Mann nicht derselbe, er hat seine Handlungsfreiheit wiedergewonnen, er ist nicht mehr der Minister, der im Namen einer Regierung und einer Revolution an der Macht sprach, der Schweigen, Diplomatie und Protokollen unterworfen war, wenn es auch wenige waren. Er ist wieder ein Guerillero, der Ernesto auf dem Fahrrad, da ist wieder das Gefühl der Ungewißheit über die Zukunft, das ihn auf der „Granma" begleitet hat. Wie Eduardo Galeano Jahre später sagt: „Che mit der Opferbereitschaft eines Christen aus den Katakomben – er hatte einen Platz in der vordersten Kampffront gewählt, und er hatte ihn für immer gewählt, ohne sich selbst weder die Wohltat eines Zweifels noch das Recht zum Ausruhen zu gewähren." Das ist es, oder ist es die Freiheit? Es ist zweifellos eine Form von Freiheit, die er in den Worten seines Abschiedsbriefs definiert: *Ich trete formell zurück von meinen Ämtern in der Parteiführung, von meinem Ministerposten, von meinem Rang als Kommandant und von meiner kubanischen Staatsbürgerschaft. Es bindet mich nichts Gesetzliches mehr an Kuba, es gibt nur Verbindungen anderer Art, die sich nicht wie die Ernennungen aufkündigen lassen.*

Am Flughafen erwartet sie Rivalta, der ein chiffriertes Kabel erhalten hat, das ihn über die Ankunft einer Gruppe von Kubanern zu einem wichtigen Auftrag informierte. Er berichtet: „Als das Flugzeug ankommt, warte ich auf die Gruppe und sehe als Ersten Dreke aussteigen, danach Martínez Tamayo und dann einen Mann, der mir bekannt vorkommt. Es ist ein Weißer, eine Person mittleren Alters mit Brille, etwas füllig. Ich muß an die Zeit denken, die wir im Untergrund gelebt haben, und sage mir: Dies ist ein Genosse, der Dreke und Martínez als Leibwächter dienen soll. Ich schau hin, schau ihn mir an und schau ihn mir nochmal an, denn seine Augen sind wirklich unverkennbar, seine Augen und die Partie darüber. Und ich sage mir: Verdammt, ich kenne diesen Herrn. Aber ich komme nicht drauf. Ich komme einfach nicht drauf, wer es ist."

Sie stellen ihm Ramón vor, und Che kann nicht widerstehen, zu scherzen, sich einen Spaß zu machen und ihn zu foppen:

Kennst du mich denn nicht?

Rivalta zweifelt, sagt nein.

Dickwanst, sagt er zu ihm und es folgen ein paar weitere Schimpfwörter.

„Nein, nein, Genosse, ich kenne Sie nicht", sagt Pablo sehr ernst.

Bist du immer noch so ein Scheißkerl wie früher? fragt ihn Che, und da reagiert Rivalta, Tränen schießen ihm in die Augen.

Sei still, verdammt! Laß dir nichts anmerken. Ich bin es.

Rivalta bekennt Jahre später: „Ich freute mich, aber gleichzeitig versetzte es mir einen Schrecken."

Die Gruppe wird in einem Hotel im Zentrum von Daressalam untergebracht. Später richten sie sich unter strengen Sicherheitsvorkehrungen in einem Haus am Stadtrand ein. Nach und nach kommen die Kämpfer an, die in Pinar del Río ausgebildet und in Havanna von Fidel selbst verabschiedet wurden: „Wenn ihr in den Kongo kommt, werdet ihr eine Person treffen, die euch befehligen wird, das ist so, als wäre ich es." Sie werden am Stadtrand von Daressalam zusammengezogen.

Unter denen, die sie empfangen, sind ein paar Weiße. Einige meinen, daß der weiße, glatzköpfige Genosse mit der Pfeife, der in Verkleidung und mit Pantoffeln rumläuft, der Chef ist. Dreke klärt sie auf: „Das ist euer Französischlehrer."

Zur ersten Gruppe von Kämpfern gehören auch Doktor Zerquera, Torres und Pichardo, Veteranen aus den Säuberungsaktionen gegen die Contra-Banden im Escambray. Die Freiwilligen von Ches Kolonne sind zwar schwarz, aber ihre Vorstellung von Afrika ist, nach ihren eigenen Worten, sehr vage. Es ist ein Durcheinander, in das sie sich einmischen: „Viele Affen, Urwald, Zebras und Elefanten, Viehherden, viele Kobras, die wilden Afrikaner, die Blasrohre, all diese schrecklichen Sachen, die sie von Tarzan kannten."

Zum Zeitpunkt, da Ches Gruppe nach Tansania kommt, weilen die Führer der kongolesischen Befreiungsbewegung auf einer Konferenz in Kairo, die mindestens ein paar Wochen dauern wird. Che ist unruhig und macht sich Sorgen wegen der Verzögerung. *Ich hatte keinen Kongolesen davon unterrichtet, daß ich hier kämpfen würde, noch daß ich überhaupt hier war. Beim ersten Gespräch mit Kabila konnte ich dies nicht tun, denn damals war noch nichts entschieden, und nachdem der Plan beschlossen war, wäre es gefährlich gewesen, mein Projekt wäre bekanntgeworden, bevor wir hier angekommen waren. (...) Ich war mir darüber im klaren, daß eine abschlägige Antwort mich in eine schwierige Situation gebracht hätte, denn ich konnte jetzt nicht mehr umkehren, aber ich zählte auch darauf, daß es für sie schwierig würde, sich zu weigern. Ich war dabei, sie durch meine persönliche Anwesenheit zu erpressen.*

Die Kubaner nehmen mit dem ranghöchsten Kongolesen in Tansania Kontakt auf: Antoine Godefroi Chamaleso. Mit ihm und weiteren Kadern aus der zweiten Reihe der Bewegung wird das Einsickern besprochen. Dreke erzählt: „Wir hatten eine Koordination aufgebaut. Da Che als Übersetzer vom Spanischen ins Französische fungierte, warf er seinerseits ein, was er wollte, wobei er so tat, als würde er übersetzen. Es war witzig. Che sagte mir plötzlich mitten in der Übersetzung: *Geh auf diese Sache genauer ein* ... Ich baute es in meine Rede ein, damit sie nicht merkten, daß er in die Übersetzung eingegriffen hatte."

Verdammt, du würdest einen guten Schauspieler abgeben, sagte ihm Che nach dem Gespräch.

Das Paar Che-Dreke teilt den Kongolesen mit, daß als Antwort auf ihre Bitte um Berater eine Gruppe von Ausbildern für Artillerie und Granatwerfer unterwegs sei, die ihnen untergeordnet wäre und unter denselben Bedingungen wie sie leben und sogar an den Gefechten teilnehmen würde. Diese Vorstellung scheint den Kongolesen nicht sehr zu gefallen, die ihrerseits davon sprechen, eine große Armee zu schaffen, mehrere Fronten zu eröffnen und in die Offensive zu gehen. Che und Dreke haben das Gefühl, daß es keine Einigkeit gibt und sie Spannungen vorfinden, die Ergebnis des Tribalismus sind. Und was noch schlimmer ist, die Führer der Front in der Grenzregion zu Tansania, der Front des Tanganyika-Sees, sind alle im Ausland.

Chamaleso akzeptiert die 30 „Ausbilder", die Dreke ihm anbietet, unter seinem Kommando, und sogar die Aufstockung auf 130, ebenfalls unter kongolesischem Kommando. Ein Delegierter fährt nach Kairo, um Kabila über die Ankunft der Kubaner zu informieren. Che hat seine Identität nicht enthüllt, denn *ich war daran interessiert, im Kongo zu kämpfen, und fürchtete, daß mein Angebot allzu scharfe Reaktionen hervorrufen würde und einige der Kongolesen oder die befreundete Regierung mich bitten könnten, nicht am Kampf teilzunehmen.*

Ches Haltung war nach Meinung von Dreke „sehr kühn, er sagte, daß er in den Gesprächen keine präzisen Angaben über die Situation des bewaffneten Kampfs erhalten hätte." *Alles weitere werden wir dort erfahren.*

Ungefähr am 20. April schließt sich Che der Gruppe am Stadtrand in einem Haus aus Holz und Mauerwerk an; dort entfernt er das falsche Gebiß, die Kontaktlinsen und den Rest der Verkleidung. Seine ursprüngliche Idee war es, mit der gesamten Kolonne, einer Gruppe von mehr als hundert Mann, auf einmal in den Kongo zu gehen, denn wenn die Operation entdeckt würde, könnten die Truppen von Tschombé und die Söldner den Zugang über den Tanganyika-See versperren, aber im Laufe der Tage verzehrt ihn seine innere Unruhe. Später sagt er: *Das Warten in Daressalam war beängstigend, denn ich wollte so früh wie möglich im Kongo sein.*

Rivalta treibt ein Boot auf, Che selbst überwacht die Operation. Aber es muß überholt werden, die Zeit verrinnt.

Mit zehn Leuten können wir beginnen, wir müssen nicht lange warten, sagt er zu Dreke.

Ein oder zwei Tage bevor sie nach Daressalam fahren, nimmt Che ein suaheli-französisches Wörterbuch, das er studiert hat, zur Hand und tauft die Gruppe auf neue Pseudonyme: Dreke wird Moja sein (auf Suaheli: die Eins); „Papi" Martínez Tamayo wird M'bili sein (die Zwei) und er selbst wird Tatu sein (die Drei) und so weiter mit den ersten 14 Kämpfern. Doktor Zerquera erinnert sich an die Spielregeln auf dieser ersten Konferenz, die Kommandant Guevara seinen Männern vorgibt: „Wir sind gekommen, um einer Befreiungsbewegung zu helfen. Unsere Hilfe wird Beratung sein. Er sprach über die Erfahrungen der Sierra. Wir würden dort zuerst geben und nichts bekommen, wir müßten uns aufopfern, wir könnten nicht vor den einheimischen Kämpfern essen, er wolle keine Überheblichkeit sehen, wir sollten bescheiden sein, wir sollten uns klarmachen, daß dies ein Land mit einem Rückstand von vier Jahrhunderten sei, wir würden auf ein Elend stoßen, wie es schlimmer nicht sein könnte. Niemand würde mehr als nichts haben, es sei denn, aus gerechtfertigten Gründen. Außerdem sagte er, *wer eine Afrikanerin anrührt, muß sich selbstverständlich um sie kümmern und wird aus der Guerilla ausgeschlossen*. Er könne keine Prognose abgeben, wie lange wir dort bleiben würden, man könne vielleicht in fünf Jahren an einen Austausch des Personals denken." Schließlich bittet Che darum, wer zurücktreten wolle, solle dies gleich sagen. Niemand zieht sich zurück.

Schließlich ist das Boot fertig. Che gibt die letzten Anweisungen. Er läßt vier der kubanischen Freiwilligen in Daressalam zurück, die auf die nachfolgenden Gruppen warten sollen. Er läßt auch sein suaheli-französisches Wörterbuch da, damit die Neuankömmlinge weiter getauft werden können. In sein Tagebuch schreibt er: *Wir befanden uns bereits im Krieg. Die Sache stand schon in der Tür.*

23. April. Die Fahrt geht mit von der Botschaft gekauften Autos vonstatten: ein Land-Rover, drei Mercedes-Benz. Das Boot paßt in einen Lieferwagen. Im Morgengrauen bricht unter Ches Führung eine Gruppe von 14 Kämpfern von Daressalam auf, die mit FAL-Gewehren und Uzi-Maschinenpistolen bewaffnet sind; außerdem zwei Fahrer, Chamaleso und ein Delegierter der tansanischen Regierung, der Probleme unterwegs entschärfen soll.

Che erinnert sich: *Vom ersten Moment an gerieten wir in Kontakt mit einer Wirklichkeit, die uns während des gesamten Kampfs verfolgte, dem Mangel an Organisation. Dies machte mir Sorgen, denn unsere Bewegungen mußten bereits vom Imperialismus aufgespürt worden sein, der alle Fluggesellschaften und die Flughäfen der Region unter Kontrolle hat, ganz zu schweigen davon, daß in Daressalam der Kauf von Dingen wie Rucksäcken, Regenjacken, Messern, Wolldecken usw. in ungewöhnlichen Mengen (...) aufgefallen sein mußte. Nicht nur die Organisation der Kongolesen ist schlecht, unsere auch.*

Aus der Distanz will dem Verfasser die Organisation der Kolonne gar nicht so schlecht erscheinen, vielmehr spricht Ches Kommentar Bände über seinen Perfektionismus in Detailfragen.

Eine Zeitlang steuert Che selbst … Schotterwege, schlechte und staubige Straßen. Eine lange, erstickende Route, die durch Wüsten und Urwald führt, die das Land von Osten nach Westen durchquert, auf Gemeindestraßen und -wegen, durch kleine Dörfer. Doktor Zerquera erzählt: „Wir kamen durch ein Dorf, in dem die Menschen wie Tiere aussahen." Unterwegs essen sie Konserven und eine Stange Brot, die sie in mehrere Teile schneiden; die Gruppe hat ihr eigenes Wasser mitgebracht. Sie verlassen die Kolonne nur, um ihre körperlichen Bedürfnisse zu verrichten. Der Route entlang machen Che und Martínez Tamayo bei den Rastpausen Fotos, eine gefährliche Gewohnheit, die Guevara sein ganzes Leben lang verfolgt hat; aber sie leben im Gefühl, Geschichte zu machen, daß ihre Sache der Anfang von etwas ganz Großem sein kann, oder das Ende von allem.

In der Abenddämmerung kommen sie nach Kigoma, ein Dorf oberhalb des Tanganyika-Sees und Übergangspunkt zum Kongo. *Wir konnten feststellen, daß (die kongolesischen Befehlshaber) für den Weg von der Front bis hierher Passierscheine ausstellten. Dieses Dorf war ein Rückzugsort, zu dem die Glücklicheren gelangen konnten, um abseits der Gefahren des Kampfs leben zu können. Der unheilvolle Einfluß von Kigoma – seine Bordells, sein Alkohol und vor allem seine sichere Zuflucht – sollte von der revolutionären Führung niemals genügend in Betracht gezogen werden.*

Das Boot ist nicht bereit, es gibt Motorprobleme. Che regt sich auf: *Wir müssen losfahren, und wir werden fahren, womit auch immer.* In einem Lastwagen wird das Boot bis zum See transportiert. Es ist ein kleines Motorboot, in das nicht mehr als 18 Personen passen. Dreke betrachtet es noch einmal in seiner Erinnerung: „Es sah aus, als würde es jeden Moment untergehen. Es war nicht mehr als zehn Meter lang. Wir sollten von Kigoma in Tansania über den Tanganyika-See nach Kibamba im Kongo fahren. Die Militärkräfte von Tschombé überwachten den See und patrouillierten ständig. Die Überfahrt konnte sechs oder sieben Stunden dauern, wobei wir uns nahe am Ufer halten mußten, um den belgischen Söldnern auszuweichen."

Es regnet, der See ist aufgewühlt. Kommandant Guevara verteilt die Leute, zwei hier, drei da. Einer seiner Begleiter erinnert sich: „Er war nicht mehr ‚Ramón', Che war in diesem Moment wieder Che." Es ist neun oder zehn Uhr nachts.

Die Überfahrt ist schwierig. Mitten auf dem See geht ein Motor kaputt, Che bringt ihn unter Flüchen wieder zum Laufen, es regnet weiter; plötzlich sieht man bengalische Feuer am Himmel. Che besteht darauf, daß sie nicht kämpfen, daß sie unbemerkt einsickern. *Wenn wir uns mitten auf dem See einem Gefecht stellen, kommen wir nie an*, sagt er. Er nimmt sich Zeit, mit dem Arzt zu scherzen, als der ihm erzählt, daß er nicht schwimmen kann: *Verdammt, jetzt weißt du, wie du sterben wirst.*

Ein Sturm beginnt, sie müssen mit Eimern und Dosen Wasser schöpfen, der Wellengang bringt sie vom Kurs ab. Feldwebel Torres erinnert sich: „Ein See voller Wellen ... für mich war es ein Meer, was wir überquerten." Sie scheinen verloren. „Nein, nein", Chamaleso sagt ihnen, daß sie bald da seien. Endlich taucht die Küste auf. Kurz darauf sehen sie im Dunkeln Lichter aus den Bergen. Es ist das Zeichen, auf das sie gewartet haben.

Es ist fünf oder sechs Uhr morgens, als sie im Kongo an Land gehen, in der Nähe eines kleinen Dorfes namens Kibamba. Es gibt keine Anlegestelle, das Boot läuft auf Grund. Dreke erzählt: „Wir ließen nicht zu, daß Che als Erster ausstieg. Wir sprangen ins Wasser und schwammen ein paar Meter, bis wir festen Grund erreichten. Es nieselte. Wir mußten abwarten, was passierte. Es herrschten Unsicherheit und Spannung, wir hatten über die mögliche Gefahr eines Verrats gesprochen: Leute, die uns nicht kannten, eine Sprache, die wir nicht beherrschten, Angst vor einer versehentlichen Schießerei. Einer von ihnen rief von der Küste her nach uns. Chamaleso sagte: ‚Das Lager ist dort oben. Timbea mindi mindi (es ist weit).'"

Kapitel 38
★
Warten

Die Kubaner beginnen den Bergrücken hinaufzusteigen, der sich 500 Meter vom Strand entfernt erhebt. Sie hören Kommandos. Endlich, im Halbdunkel des nahenden Morgengrauens, erscheint eine Gruppe von Kongolesen in gelben, von den Chinesen gelieferten Uniformen, und empfängt sie mit Parolen und Gesängen. Es wird das einzige Mal bleiben, daß die Kubaner in der kongolesischen Volksbefreiungsarmee (Armée Populaire de Libération) eine gewisse kriegerische Haltung vorfinden. Che notiert: *Seltsame Soldaten mit einer guten Infanterieausrüstung, die sehr feierlich eine kleine Ehrengarde für uns abhielten.*

Die Guerilla stellt Wachen außerhalb des Lagers auf, das sich mitten in einem dichten Urwald befindet. Sofort brechen zwei Expeditionen auf, die einen Umkreis von drei Kilometern erforschen. Che erleidet einen kleinen Asthma-Anfall. Es ist Zeit fürs Frühstück: Die Kongolesen bringen Maniok-Mehl, das sie in Wasser gekocht haben, Fleisch und Pfeffer; die Kubaner machen Dosen auf. Es kommt zum ersten gastronomischen Austausch, auch Zigaretten werden herumgereicht.

Mit Chamaleso, der von den Kubanern „Tremendo Punto" getauft wurde, als Übersetzer von Französisch in Suaheli werden die Leute vorgestellt: Moja (Dreke), der Chef; Tatu (Che), Arzt und Übersetzer; M'bili (Martínez Tamayo), Adjutant und Sanitäter. Die Namen lösen ein Gelächter aus, es sind schließlich auf Suaheli Zahlen. Am Nachmittag findet eine zweite Versammlung statt, an der einige der Führer teilnehmen: Oberst Bidalila, der die Front von Uvira befehligt; Oberstleutnant Lambert von der zweiten Brigade; André, der in der Gegend von

Kabambale kämpft. In dieser Versammlung schlägt Tremendo Punto vor, daß Dreke an allen Sitzungen des Generalstabs teilnimmt. Die Gesichter der Teilnehmer zeigen klar, daß der Vorschlag ignoriert werden wird. Anscheinend genießt Chamaleso als Aktivist „aus dem Ausland" keine besonderen Sympathien.

Che berichtet von einem überraschenden Gespräch mit einem der kongolesischen Offiziere: *Oberstleutnant Lambert, sympathisch, in festlicher Stimmung, erklärte mir, daß die Flugzeuge für sie keine Bedeutung hätten, weil sie die Dawa besäßen, ein Heilmittel, das gegen Kugeln unverwundbar mache.*

„Auf mich haben sie mehrmals geschossen und die Kugeln fielen kraftlos auf die Erde."

Bald wurde mir klar, daß dies ernst gemeint war. Diese Dawa richtete ziemlich viel Schaden bei der militärischen Ausbildung an. Das Prinzip ist folgendes: Der Kämpfer wird mit einer Flüssigkeit, in der Kräutersäfte und andere Zauberstoffe aufgelöst wurden, übergossen. Dann werden einige kabbalistische Zeichen über ihm und fast immer eine Kohlemarkierung auf seine Stirn gemacht; nun ist er gegen jede Art feindlicher Waffen geschützt (wenn dies auch von der Macht des Medizinmanns abhängt), aber er darf keinen Gegenstand anfassen, der ihm nicht gehört, auch keine Frau, und keine Angst verspüren, weil er sonst den Schutz verliert. Die Lösung für jedes Versagen ist einfach: Ein toter Mann ist ein Mann, der Angst hatte, ein Mann, der gestohlen hatte oder ein Mann, der mit einer Frau schlief; ein verletzter Mann ist ein Mann, der Angst hatte. Da Angst die Kriegsaktionen begleitet, war es für die Kämpfer sehr einfach, die Verwundung der Angst zuzuschreiben, das heißt dem mangelnden Glauben. Und die Toten können nicht reden; man kann sie aller drei Vergehen beschuldigen.

Der Glaube ist so stark, daß niemand in den Kampf geht, ohne sich der Dawa zu unterziehen. Ich habe immer befürchtet, daß sich dieser Aberglaube gegen uns richten wird und daß sie uns die Schuld für jede verlorene Schlacht geben werden, in der es viele Tote gibt. Ich habe mehrmals mit verschiedenen Verantwortlichen das Gespräch gesucht, um zu versuchen, Überzeugungsarbeit dagegen zu leisten. Es war unmöglich; die Dawa ist eine Äußerung des Glaubens. Die politisch am weitesten Entwickelten sagen, daß dies eine natürliche, materielle Kraft sei und daß sie als dialektische Materialisten die Kraft der Dawa anerkennen, deren Geheimnisse die Medizinmänner des Urwalds beherrschen.

Am späten Nachmittag halten Che, Dreke und Martínez Tamayo eine Sitzung ab und beschließen, Expeditionen in die Umgebung der Basis von Kibamba zu unternehmen. Sie verbringen ihre erste Nacht im Kongo in Strohhütten, wo sie ihre Hängematten anbringen. Am Tag nach der Ankunft beschließt Guevara, Chamaleso das Geheimnis zu enthüllen. Er hat einen guten Eindruck auf ihn gemacht und scheint vertrauenswürdig zu sein; in einem kurzen Gespräch informiert ihn Che über seine wahre Identität. Die Reaktion ist niederschmetternd. *Er wiederholte die Worte: „Internationaler Skandal" und „Das darf niemand erfahren, das darf niemand erfahren". Das hatte wie ein Blitz aus heiterem Himmel eingeschlagen und ich fürchtete die Folgen.* Der kongolesische Führer fackelt nicht lange. Aus Angst vor der Verantwortung bricht er in derselben Nacht nach Tansania auf, um Kabila darüber zu informieren, daß Che Guevara im Kongo ist. Es beginnt etwas, was zu einem langen Warten wird.

In den letzten Apriltagen macht Che den Kongolesen einen ersten Vorschlag für die Ausbildung von hundert Kämpfern, die in einem Monat unter der Führung von Martínez Tamayo in den Kampf eingreifen sollen, während die Ausbildung weitergeht. Dieser Prozeß soll es erlauben, die kongolesischen Guerilleros auszuwählen. *Wie immer im Laufe dieser Kriegszeit erhielten wir eine ausweichende Antwort. Sie baten mich, ihnen den Vorschlag schriftlich zu geben. So geschah es, aber ich erfuhr niemals, wo dieses Papier gelandet war. Wir bestanden weiter darauf, hinaufzugehen und die Arbeit in der oberen Basis aufzunehmen. Wir hatten damit gerechnet, dort eine Woche durch die Einrichtung des Lagers zu verlieren und die Arbeit in einem bestimmten Rhythmus zu beginnen, und hofften nur auf die Lösung des einfachen Übersetzungsproblems. Aber wir konnten nicht hinaufgehen, weil der Befehlshaber nicht gekommen war; es mußte gewartet werden, denn „wir sind bei einer Besprechung“.*

Die Tage vergehen, Che wird böse, aber es gibt keine andere Lösung. Er beschließt, eine ständige Basis in den Bergen bei Luluaburg aufzubauen. Kigoma ist vom Wasser und vom Land her leicht zugänglich. Seine Erinnerungen an die Sierra Maestra bringen ihn dazu, den Bergrücken hinaufzusteigen und die Sicherheit der Berge aufzusuchen, aber die Kongolesen, die zunächst damit einverstanden waren, erteilen einfach nicht die Genehmigung. *Sie bauten noch ein Haus für uns, wie sie sagten, und dies würde alles um ein paar Tage verzögern. Geduldig erklärte ich ihnen, daß wir gerne mithelfen würden.*

Che führt in diesen Tagen Gespräche mit lokalen Führern, die ihm einen Überblick über die Konflikte zwischen den Chefs und dem Tribalismus vermitteln; niemand bleibt von den Gerüchten verschont: Olenga, der sich jedes Mal selbst befördert, wenn er ein Dorf einnimmt; Präsident Gbenye, ein undurchsichtiger Mensch, der an der Festnahme und Inhaftierung von Gizenga beteiligt war, einem der Vertrauten Lumumbas; die Mordversuche gegen Mitoudidi; Oberst Pasacasa, der in Kairo während eines Streits unter Genossen starb; schließlich Gizenga selbst, ein Linksopportunist, der „alles über den politischen Weg lösen wollte“.

Und die Tage vergingen. Den See überquerten verschiedene Boten mit der unglaublichen Fähigkeit, jegliche Nachricht zu verdrehen, oder Kämpfer auf Urlaub, die mit einem Passierschein nach Kigoma wollten. Nebenbei arbeitete ich in meiner Eigenschaft als Arzt (Epidemiologe), was mir – das illustre Gewerbe des Äskulap möge mir verzeihen – das Recht gab, nichts von Medizin zu verstehen, ein paar Tage mit Kumi in der Pflegestation, wo ich mehrere alarmierende Vorgänge beobachtete. Zuerst die große Anzahl von Geschlechtskrankheiten, die zum Großteil von Ansteckung in Kigoma herrührten. Mich beunruhigte nicht so sehr der Gesundheitszustand der Bevölkerung oder der Prostituierten von Kigoma, sondern die Tatsache, daß sie womöglich sehr viele Leute anstecken könnten (...). Wer bezahlte diese Frauen? Mit welchem Geld? Wie wurde das Geld der Revolution ausgegeben?

Auch hatten wir seit den ersten Tagen unseres Aufenthaltes die Gelegenheit, einige Fälle von Alkoholvergiftung durch den berüchtigten Pombe zu erleben (...), mit Folgeerscheinungen an den Nieren, verschiedenen Vergiftungen und mangelnder Disziplin.

Und als ob das nicht genug wäre, wurde die Lieferung von Waffen und wertvollen Ausrüstungsgegenständen auf eine Art durchgeführt, daß sie unvollständig waren; Kanonen und Maschinengewehre, für die Munition oder höchst wichtige Teile fehlten, Gewehre, die mit der falschen Munition ankamen, Minen ohne Zünder; alles zwangsläufige Merkmale der Versorgung aus Kigoma.

Schuld an allem war, nach Meinung Ches, die katastrophale Organisation der kongolesischen Befreiungsarmee und deren Basis *am Strand, wo auch die Lebensmittel- und Waffenlager waren, alles in einem fröhlichen und brüderlichen Chaos vereint.* Und es blieb nicht bei der katastrophalen Verteilung des Proviants, sondern vom See kamen auch Gerüchte über Gerüchte: Man erwartete die Ankunft von Oberst Mitoudidi, es kamen Nachrichten über die Konferenz in Kairo, sogar über den Grund, warum Kabila nicht in den Kongo kam; er wäre dort geblieben, damit die Abkommen umgesetzt würden, und außerdem müßte ihm eine Zyste herausoperiert werden. *Wir mußten etwas tun, um den absoluten Müßiggang zu verhindern.* In den Lagern begann der Unterricht in Französisch, Suaheli und Kulturgeschichte. *Noch war unsere Moral ungebrochen, aber die Gefährten begannen bereits zu murren, daß sie die Tage nutzlos verbringen mußten, über uns schwebte das Gespenst des Fiebers, und auf die eine oder andere Art befiel es uns fast alle. Wenn es wenigstens Malaria oder eine andere Art von Tropenfieber wäre. Es ging dank Fiebermitteln zurück, hinterließ aber als Folgeerscheinungen allgemeine Apathie, Appetitlosigkeit und Schwäche, was dazu beitrug, den aufkommenden Pessimismus der Truppe zu verschlimmern.* Während an den Fronten eine große Passivität herrschte, behandelten Che und Zerquera Schußwunden, die nicht vom Kampf, sondern von Spielen und Saufgelagen herrührten.

Mitten in diesem Desaster stimmte Che Tangos an, wobei er völlig falsch sang, las die Ausgewählten Werke von Martí, die Ausgewählten Werke von Karl Marx, die Marx-Biographie von Mehring, „Das Kapital". Er las auch die Zeitungen und Zeitschriften, die ihm geschickt wurden. In dieser Zwangspause beschloß er, daß die so oft vernachlässigte Medizin doch zu etwas nützlich war, und organisierte ein Behandlungszentrum.

Die Pflegestation wurde bald von den Bauern aus der Umgebung besucht, die über „Radio Bemba" die Nachricht gehört hatten, daß Ärzte in der Gegend wären. Unsere Ausrüstung an Medikamenten war spärlich, aber eine Lieferung sowjetischer Medikamente, die nicht für die Versorgung der Zivilbevölkerung, sondern für eine Armee im Krieg gedacht und trotzdem nicht vollständig war, rettete uns.

Ich half persönlich bei der Verteilung der sowjetischen Medizin mit, wobei es wie auf einem Jahrmarkt zuging; jeder einzelne Vertreter der bewaffneten Gruppen präsentierte Zahlen und führte Umstände und Gründe an, um größere Mengen an Medizin zu ergattern; mehrmals gab es Zusammenstöße, um den Abtransport von bestimmten Medikamenten und Spezialgeräten zu verhindern, die nutzlos an der Front zu verschwinden drohten, aber alle wollten alles haben. Sie fingen an, sagenhafte Zahlen von Kämpfern zu handeln; einer sprach von 4.000, ein anderer von 2.000 und so weiter.

Am 8. Mai kommen 18 Kubaner, geleitet von Santiago Terry und dem kongolesischen Führer Leonard Mitoudidi, ins Lager von Kibamba. Letzterer muß sofort nach Kigoma zurückkehren, um Waffen zu holen. Die zweite Gruppe macht einen guten Eindruck auf Che, der die Ankunft von drei Ärzten begrüßt, unter ihnen Octavio de la Concepción de la Pedraja, ein Leutnant der Rebellenarmee aus Havanna, der auf den Namen „Morogoro" getauft wird. Obwohl Mitoudidi sofort wieder aufbrechen muß, um einen Waffentransport vorzubereiten, wird Che durch seine Ankunft ermutigt. Er ist ein studentischer Aktivist, mittlerer Führer in der Befreiungsbewegung, spricht gut französisch und ist für die Organisierung der Guerillabewaffnung an der Ostfront verantwortlich. Über Mitoudidi hat Kabila Che ausrichten lassen, er solle seine Identität geheimhalten.

Nach fast einem Monat Untätigkeit in einem nicht-existenten Krieg springt Che auf, sagt: *Wir gehen hoch,* und beschließt den Umzug nach Luluaburg. Er stimmt sich mit Mitoudidi ab und am 9. Mai setzt er seine kleine Kolonne in Bewegung. Dreke und Zerquera werden zurückgelassen, sie sollen sich um die Pflegestation kümmern. Die neue Basis liegt auf dem höchsten Punkt des Gebirges, auf fast dreitausend Metern Höhe, ungefähr fünf Kilometer von Kibamba entfernt. Auf dem Gipfel herrschte dichter Nebel.

Die Ausbildung auf Kuba ist nicht die richtige gewesen, denn man hat gedacht, sie würden in der Ebene kämpfen. Nun brechen mehrere Kämpfer zusammen. Che marschiert voran, von einem durch die Feuchtigkeit ausgelösten Asthmaanfall heimgesucht, durch dichte Vegetation, zwischen riesigen Bäumen, deren Blätterwerk das Durchdringen der Sonnenstrahlen verhindert.

In seiner Erinnerung sind es vier Stunden Weg, in der der anderen Zeugen fünf Stunden.

Am 23. Mai trifft sich Che im neuen Lager mit Chamaleso, Martínez Tamayo und Mitoudidi, der aus Tansania zurückgekehrt ist. Ein paar Tage vorher hatte er den Vorschlag erhalten, mit zwei Kolonnen unter Beteiligung der Kubaner einen Angriff auf Albertville zu unternehmen, aber dieser *Befehl ist absurd; es gibt keine Vorbereitungen, wir sind nur 30 Leute, von denen zehn krank oder in der Genesungphase sind. Aber ich erkläre den Leuten die Anweisungen und sage ihnen, daß wir uns vorbereiten müssen, in den Kampf zu ziehen, obwohl ich versuchen werde, diese Pläne zu ändern oder sie zumindest zu verzögern.* Bei dieser Versammlung gelingt es ihm, Mitoudidi, der die Funktion eines Generalstabschefs dieser Front innehat, davon zu überzeugen, daß der Vorschlag sehr riskant ist und daß es *wichtiger wäre, eine genauere Kenntnis vom gesamten Operationsgebiet und der Mittel, auf die wir zählen konnten, zu bekommen, da schon im Generalstab kein klares Bild von dem herrschte, was an den einzelnen Fronten geschah. (...) Wir beschlossen einvernehmlich, vier Delegationen in verschiedene Richtungen zu schicken, um die Situation unserer jeweiligen Truppen und der des Feindes sowie das Kräfteverhältnis genauer zu bestimmen.*

Drei Expeditionen brechen auf, die vierte, an der Che teilnehmen soll, verspätet sich ein ums andere Mal beim Warten auf Benzin, auf Boote oder auf die unmittelbar bevorstehende Ankunft von Kabila, die doch nicht stattfindet. Es ist für die Kubaner die erste Möglichkeit, eine mehr oder weniger klare Vorstellung von der Situation zu erhalten, in der sich der revolutionäre Prozeß im Kongo befindet.

Dreke erkundet vier Tage lang die Gegend von Lulimba und Fizi längs des Sees. Er entdeckt, daß man übertrieben hat: 80 Männer, wo 1.000 sein sollten; Fronten, an denen seit langem nicht mehr gekämpft wird und wo Apathie herrscht; Torres geht in Richtung Front de Force und stellt fest, daß sich die Rebellen nicht den Kasernen der Gendarmerie von Tschombé nähern wollen. Es gibt noch etwas, was Dreke Che mitteilt: auf der einen Seite der begeisterte Empfang durch die Bevölkerung, auf der anderen Seite Feindseligkeit gegenüber Kabila, Masengo und Mitoudidi, denen vorgeworfen wird, Ausländer zu sein.

Mit diesem Material erarbeitet Che eine relativ optimistische Darstellung: *Die ersten Berichte der Erkundung von Kabimba und Front de Force zeigten, daß es wirklich bewaffnete Kräfte gab, die anscheinend bereit waren zu kämpfen, ohne Ausbildung und Disziplin im Falle von Kabimba, mit etwas davon in Front de Force, aber mit dem gleichen Grad an Desorganisation bezüglich der Kontrolle der Waffen, der Überwachung des Feindes und der politischen Arbeit ...*

Viel schlechter wirken auf sie die Führer, die sie als *bloße Reisende* ansehen. *Sie waren niemals da, wo sie gebraucht wurden. Die großen Chefs tranken den ganzen Tag, so daß sie in unglaubliche Saufgelage verfielen, ohne sich darum zu sorgen, daß die Bevölkerung dies mitbekam. Reisen ohne Ziel, Benzin war reichlich vorhanden.*

Die Schlußfolgerung daraus ist, daß ein Ausbildungslager geschaffen werden muß, ohne die Einflüsse des Tribalismus. Man muß die besten Rekruten heranholen, um die sich formierende Kolonne der Kubaner nicht abbröckeln zu lassen.

Fredy Ilanga ist 14 Jahre alt, spricht französisch, hat eine Pistole und ist Offizier; er ist auch noch etwas anderes, was wir im Laufe dieser Geschichte erfahren werden. Er erzählt: „Sie sagten mir: Dies ist Che. Sie hätten mir ebensogut irgendetwas erzählen können. Sie sagten mir auch, ich sollte die Klappe halten oder sie würden mich erschießen. Ich sagte mir: Wer zum Teufel wird dieser Che sein, daß sie mir mit Erschießen drohen?“

Tage später informiert ihn Leonard, daß er zum Suaheli-Lehrer von Tatu ernannt worden sei. Der Unterricht beginnt unter einem Baum in der oberen Basis. „Satz für Satz verstehen wir uns. Wir geben uns gegenseitig Unterricht. Er gefiel mir nicht, denn er hatte eine Art, so penetrant zu schauen. Er schaute dich an, als wollte er dich dazu zwingen, etwas zu sagen. Ich wollte am liebsten den Unterricht schnell hinter mich bringen und verschwinden. Es fiel mir auf, daß alle den höchsten Respekt vor Tatu hatten, sogar Dreke kam immer an und zog ihn zu Rate, diesen Mann mit sprödem, aber nicht autoritärem Charakter."

Am folgenden Tag ist Che damit beschäftigt, ein Maschinengewehr zu reparieren, das sie zur Flugabwehr benutzen, und Fredy entfernt sich, ohne ihm Unterricht gegeben zu haben. Leonard spürt ihn auf.

„‚Was machst du hier?' fragt Mitoudidi. ‚Mir wurde gesagt, daß du nicht bei Tatu bist. Du hast dort zu sein, wo er ist, dorthin zu gehen, wo er hingeht.' Ich erkläre ihm, daß ich ihm gestern Unterricht gegeben habe. Und er schreit mich an. Ich sage mir: Die Sache wird unangenehm. Leonard ist zu verbissen. Bis vor zwei Tagen war ich Offizier, und nun schreit er mich vor aller Welt an, was für eine Scheiße. Er nimmt mir die Pistole ab, und ich werde zum Lehrer und Übersetzer, zum einfachen Soldaten.

Ich melde mich: ‚Genosse Tatu. Ich muß hier bei dir bleiben, wo du schläfst, wo du ißt.'

Er fragt: *Bist du verärgert?*

‚Ganz im Gegenteil.'

Du scheinst aber verärgert zu sein.

Bei der ersten Unterrichtsstunde ging es um die Begrüßung. Er brachte mir spanisch bei: *Buenos días, ¿cómo estás? Estoy bien.*

Am anderen Tag ging ich mit Tatu den Berg hinauf. Alles, was wir machten, war Berge hinauf, Berge hinunter. Ich sagte mir: Dieser verdammte Weiße, haben die zuhause keine Berge? Einen Tag rauf, den anderen Tag wieder runter ...

Die Gegend dort oben ist dicht bewachsen, du mußt auf eine Lichtung gehen, um die Sonne zu sehen, denn sie kommt dort nicht hin, und der Boden ist immer feucht. Ich hatte nur eine Decke. In unserer Baracke schliefen Tatu und Dreke. Eine Kerze brannte und Tatu las. Mitten in der Baracke war eine Feuerstelle.

‚Genosse Tatu, ich gehe zum Lager der Kongolesen, um zu sehen, ob ich was ergattern kann.'

Tatu hatte eine Hängematte und lud mich ein, sie mit ihm zu teilen. Sie war ziemlich breit, aber wir stießen aneinander, Füße und Kopf. Am anderen Tag sage ich zu Chino: ‚Hilf mit, ein Bett zu bauen. Denn was ich letzte Nacht durchgemacht habe, will ich heute nacht nicht wieder durchmachen.' Ich gehörte zur Gruppe und bekam sogar meine Ration Zigarren zugeteilt. Eine Schachtel für zwei, oder eine Schachtel pro Person, kubanische Populares. Wenn Tatu für sich eine Zigarre rausholte, hatte er auch für jemand anders eine, jedes Mal für jemand anders.

Er sagte zu mir: *Wenn ich dir erkläre, was der Imperialismus ist, gibst du mir dafür eine schöne Suaheli-Stunde.* Er trank den Kaffee als erster. Ohne daß ich etwas gesagt hätte, merkte er, daß ich mich darüber wunderte, und erklärte mir, daß er sich Kaffee nahm, bevor die anderen Zucker hineintaten, deshalb wäre er der erste."

Aus der Sicht von Fredy Ilanga war Che nicht nur eine mysteriöse, sondern auch eine eigenwillige Person: „Er hatte eine olivgrüne Uniform statt der gelben, eine schwarze Baskenmütze, eine Pistole, eine Feldflasche, Stiefel wie alle anderen, kein Rangabzeichen, keinen Patronengürtel, und wenn er losging, trug er seine schwere Waffe, eine M-2, mit ein paar Ladestreifen, die Taschen immer voll mit Zetteln, einem Fernglas und einem Höhenmesser. Jedesmal, wenn wir irgendwo ankamen, schaute er, auf welcher Höhe wir waren. Er hatte einen Kompaß in einem Futteral bei sich. Einen Fotoapparat hatte er nicht dabei; es war M'bili, der die ganze Zeit Fotos von uns machte. Anfangs trug er immer einen Rucksack, bis er die Asthmaanfälle bekam. Es war ein normaler Rucksack, der aber schwer bepackt war. Darin waren Bücher, sein Handtuch, seine Bettdecke und eine Regenjacke, außerdem sein Asthmagerät. Eines Tages beim Aufstieg sehe ich, wie er sich während einer Pause etwas in den Mund spritzt, und sage zu ihm: ‚Sieh an, Genosse, Sie benutzen Mundwasser?' Und er sagt: *Nein, ich habe ein Leiden, nämlich Asthma.*

Er hatte ein Radiogerät, ein Zenith Panasonic. Er hörte immer Radio, jeden Tag, die französischen Sender, die Nachrichten. Nachts schrieb er immer und rauchte dabei seine Pfeife. Er badete nicht jeden Tag. Es war selten, ihn zum Fluß zum Baden gehen zu sehen. Er benutzte die Gemeinschaftslatrine neben unserer Baracke."

Che ist von seinem Lehrer beeindruckt: *Er war ein intelligenter Bursche, Ernesto Ilunga* (in der Guerilla als Fredy Ilanga bekannt), *der mich ins Geheimnis der Sprache einführen sollte. Wir begannen mit großer Begeisterung die drei Stunden täglich, aber die Wahrheit ist, daß ich den Unterricht um eine Stunde kürzen mußte, und zwar nicht aus Mangel an Zeit, denn die hatte ich leider viel zu viel, sondern wegen der vollständigen Unvereinbarkeit zwischen meinem Charakter und den Fremdsprachen. Es gab ein weiteres Hindernis, das ich während der gesamten Dauer meines Aufenhaltes im Kongo nicht aus dem Weg räumen konnte: Suaheli ist eine Sprache mit einer sehr entwickelten und ziemlich reichhaltigen Grammatik; aber in diesem Land sprachen die Leute neben ihrer Muttersprache etwas, das sie ihre Nationalsprache nannten, den Dialekt ihres Stammes, so daß das Suaheli in gewisser Weise die Sprache der Eroberer oder das Symbol einer höheren Macht ist.*

Ilanga hingegen lernt mühelos spanisch, angefangen beim weiten Feld der Schimpfwörter und Sprüche, die ihm die Kämpfer beibringen, doch dabei bleibt es nicht. Bald bekommt er von Che für die verlorene Pistole eine Beretta-Maschinenpistole.

Während der ersten Tage in der Basis von Luluaburg, ungefähr einen Monat nach der Ankunft, *zollte ich dem Klima des Kongo Tribut in Form eines ziemlich hohen Fiebers, das allerdings nicht lange andauerte. Zerquera, unser Arzt, kam zum Krankenbesuch, aber ich schickte ihn zurück, denn er wurde in der Pflegestation gebraucht und ich fühlte mich bereits besser.*

Aber die Angelegenheit ist schwerwiegender, als Che sie erzählt. Die Darstellung von Zerquera: „Alles war dunkel. In Luluaburg sah ich nie die Sonne.

Che lag ausgestreckt in seiner Hängematte, die er immer an einem Pflock im Boden aufgespannt hatte. Als ich ankam, befand er sich in einem sehr schlimmen Zustand, fast im Delirium. Ich dachte mir, daß er Malaria mit sehr hohem Fieber hätte. Was fehlte diesem Mann bloß? Ich fühlte mich unter Druck und machte mir große Sorgen.

Nein, verdammt, ich bin gegen Penicillin allergisch.

‚Das hat ja gerade noch gefehlt.'

Dann gib mir halt Calamicin.

Ich spritze ihm auch noch Chloramphenicol, Chloroquin ... Das Fieber ging nicht runter. Ich schloß daraus, daß er Malaria hatte, denn das Chloroquin senkte schließlich das Fieber. Es ging ihm verdammt schlecht. Drei Tage lang gab ich ihm Spritzen, vier bis fünfmal täglich. Nach vier Tagen begann das Fieber zu sinken.

Che ging es besser, aber ich hatte festgestellt, daß er noch nicht ganz gesund war. Ich erlaubte mir einen Scherz, wie er ihn mir gegenüber auf dem Boot gemacht hatte, und sagte zu ihm: ‚Wer hätte das gedacht, daß du hier so sterben wirst.'"

Ches Krankheit bricht ein paar Tage später wieder aus, denn *sie brachten einen Verletzten aus irgendeinem Scharmützel in Front de Force; der Mann war schon sechs Tage ohne medizinische Behandlung, durch den Einschuß war ein Arm gebrochen und völlig vereitert. Ich stand auf und verarztete ihn in kaltem Nieselregen, und wahrscheinlich verursachte dies einen Rückfall, nun mit sehr hohem Fieber und Delirium. Das machte es zum zweitenmal nötig, daß Zerquera zur Basis kam (was für ihn wie der Aufstieg zum Mount Everest war). Auch der Rückfall dauerte nicht sehr lange an, höchstens fünf Tage, aber ich spürte die Folgen, eine außergewöhnliche Niedergeschlagenheit befiel mich und nahm mir sogar die Lust aufs Essen. Während des ersten Monats zahlten ungefähr ein Dutzend Genossen auf diese Weise ihr Lehrgeld.*

In der zweiten Phase der Krankheit kommt einer der Genossen auf den dummen Gedanken zu sagen: „Wenn es dem Kommandanten weiter so schlecht geht, wird er nach Hause gehen müssen." Che wird wütend, als er dies hört und schreit: *Ich gehe nicht, eher sterbe ich hier und außerdem geht das vorbei, es ist schließlich nur eine Krankheit.*

Plötzlich trifft eine Botschaft ein: „Ein kubanischer Minister kommt den Berg herauf; es ist ein Haufen weiterer Kubaner angekommen." *Dies war so absurd, daß es niemand glauben konnte. Um mich wieder etwas zu bewegen, ging ich trotzdem ein Stück den Berg hinunter und traf zu meiner großen Überraschung auf Osmany Cienfuegos. Nach der Begrüßung erzählte er mir, daß er gekommen sei, um mit der tansanischen Regierung zu sprechen, und daß er um Erlaubnis gebeten hatte, die Genossen im Kongo besuchen zu dürfen. Zunächst wurde ihm dies mit der Begründung verweigert, daß dann alle weiteren kubanischen Minister ebenfalls das Operationszentrum besuchen wollten, aber schließlich gaben sie nach und er war hier; ich erfuhr auch, daß der tansanischen Regierung meine Anwesenheit noch nicht bekannt war.*

Als Osmany nach Luluaburg kam, lag Celia de la Serna wahrscheinlich schon im Koma. Sie wurde am 10. Mai ins Krankenhaus eingeliefert und vom 16. an ging es ihr sehr schlecht. An diesem Tag hatte sie eine Telefonverbindung nach Havanna bekommen und kurz mit Aleida sprechen können. Der Tod trat am 19. ein und wurde am 21. in der kubanischen Presse bekanntgegeben.

Ich mußte einen Monat in dieser traurigen Ungewißheit verbringen und wartete auf den Ausgang von etwas, was ich bereits erraten hatte, aber ich hoffte auf eine Falschmeldung, bis die Bestätigung des Todes meiner Mutter eintraf.

Sie hatte mich kurz vor meiner Abfahrt noch sehen wollen, da sie sich wahrscheinlich schon krank fühlte, aber dies war nicht mehr möglich gewesen, denn meine Reise stand unmittelbar bevor.

Die Nachricht von ihrem Tod kommt über den See in einer Zeitung, die Doktor Zerquera erhält. „Ich schickte ihm eine Nachricht, in der ich ihn herunterzukommen bat, da ich mit ihm reden wollte. Am nächsten Tag kam er. Er setzte sich in meine Hängematte und ich gab ihm die Zeitschrift „Bohemia". Daraufhin sagte er, daß er über einen Freund erfahren hatte, daß seine Mama krank wäre. Er fing an, von seiner Kindheit zu erzählen. Er wollte einen Tee trinken. Ich bat ihn, noch nicht zu gehen. Er sagte weder ja noch nein, aber er blieb. Wir aßen zusammen. Er verbrachte den Abend hier und sang Tangos. Früh am Morgen ging er wieder."

Anders als seine stoischen Reaktionen vermuten lassen, muß ihm der Tod von Celia einen furchtbaren Schlag versetzt haben. Im Laufe der Jahre hatten sie, die Mutter und Vertraute sowie der Sohn und Erzähler, einen dünnen, aber dauerhaften Faden, eine zärtliche und komplizenhafte Beziehung aufrechterhalten. Der Abschiedsbrief, den er für seine Eltern in Havanna zurückgelassen hatte, erreichte Celia nicht mehr. Er wurde erst im Oktober seinem Vater ausgehändigt, nachdem Ches Abreise bekanntgegeben worden war. Vom Brief, den seine Mutter als Reaktion auf seine Abreise geschrieben hatte, erhielt Che erst nach ihrem Tod Kenntnis. In dieser langen Geschichte eines Briefwechsels ist der Schlußteil voll von verlorenen Nachrichten und sich überkreuzenden Briefen, die ihr Ziel nicht erreichten.

Noch eine Nachricht sollte Che in diesen Tagen tief erschüttern. Sein Freund Ben Bella, der algerische Präsident, wird am 15. Juni durch einen Militärputsch gestürzt. Dadurch wird in Oran eine Ladung kubanischer Waffen blockiert, die für die Operation im Kongo bestimmt war.

Che verbringt in der Basis von Luluaburg, am Ende der Welt, in einem Guerillaprojekt, das weder Hand noch Fuß hat, *beklemmende Tage, in denen der Winkel, der von den beiden im See endenden Hügeln geformt wird und so nur ein wenig Wasser am Horizont sehen läßt, mir langsam verhaßt wurde.*

In der Nähe der Basis von Luluaburg liegen mehrere Dörfer mit jeweils einem Dutzend Hütten von ruandischen Emigranten, deren größter Reichtum die Kühe sind, Lebensgrundlage und obligatorisches Tauschmittel für die Bräute. *Die Nachbarschaft sollte uns im Verlauf des Kriegs drängen, vom wertvollen Rindfleisch Gebrauch zu machen, das sogar fast das Heimweh heilt.* Währenddessen verzweifelt Che angesichts der Tatsache, daß die lumumbistischen Guerillagruppen nach Stämmen organisiert sind und das Konzept des Stellungskriegs vertreten. *Die Kämpfer bezogen das, was man hier Sperren nannte. Diese Sperren lagen an nach taktischen Gesichtpunkten gut ausgewählten Orten, auf sehr hohen, schwer zugänglichen Bergen. Aber dort führten die Männer ein Lagerleben, ohne jemals Aktionen durchzuführen, ohne ausgebildet zu werden, im Vertrauen auf die Untätigkeit der feindlichen Armee, wobei sie sich für die Verpflegung auf die Bauern stützten. Diese mußten ihnen das Essen bringen und waren häufig Schikanen und Mißhandlungen ausgesetzt. Die Volksbefreiungsarmee war eine Parasitenarmee, sie arbeitete nicht, sie hielt keine Übungen ab, sie kämpfte nicht und forderte von der Bevölkerung Proviant und Arbeit, manchmal mit äußerster Härte.* Bei der Organisation des Lagers lassen die kongolesischen Kämpfer die Bauern Essen und Kriegsmaterial transportieren. Es herrscht eine ungeheure *Faulheit, niemand wollte zur Basis gehen, um Essen zu holen. Wenn den Leuten etwas zum Schleppen gegeben wurde, sagten sie* „Mimi apana motocari" (ich bin doch kein Lastwagen) *oder* „Mimi apana cuban" (ich bin doch kein Kubaner).

Mitoudidi, der wahrscheinlich durch ausdrückliche Anweisungen von Kabila gebremst wird, wartet dessen Ankunft ab, bevor er den Befehl zum Abmarsch gibt. *Jeden Morgen hörten wir den gleichen Sermon: Kabila kommt heute nicht, aber bestimmt morgen oder übermorgen ...*

Die kongolesische Revolution war unwiderruflich zum Scheitern verurteilt, wenn sie den herrschenden Zustand nicht änderte. Aber diese Behauptung Ches ist von seinem üblichen Optimismus geprägt. In seiner Bilanz des Monats Mai schreibt er: *Es ist fast sicher, daß wir im Laufe des Juni einiges klären können, wenn wir in den Kampf ziehen.*

Am 3. Juni im Morgengrauen wird die Routine der Ausbildung in der Basis von Luluaburg durchbrochen, als in einer der Hütten Feuer ausbricht. Danach geht es weiter: Unterricht in Spanisch, Mathematik, Suaheli, Französisch, Schützengräben ausheben, militärische Übungen, spärliches Mittagessen, für gewöhnlich Reis und Bohnen, nachmittags Schießübungen; abends gibt Che den Kubanern Unterricht in internationaler Politik, organisiert Schachspiele mit Arcadio Hernández. Wenn die anderen schlafen, liest er, schlaflos wie immer, im Licht einer Kerze. Aber die Routine schmälert nicht seine Ungeduld, im Gegenteil, sie steigert sie. Dreke und Martínez Tamayo haben alle Hände voll zu tun, um ihn davon abzuhalten, eine Expedition zu den Schützengräben, zu den unbeweglichen Fronten der Kongolesen zu unternehmen.

Unterdessen versucht Mitoudidi, das Chaos zu organisieren, bringt die Säufer (laut Che 90 bis 95% der Männer) zur Räson und stoppt die Ausgabe von Waffen. Er verlangt, daß diejenigen, die die schweren Waffen bedienen, vor ihm ihre Handhabung demonstrieren, bevor er ihnen die Munition aushändigt. *Aber es blieb noch viel zu tun. Und er war nur ein Mann. Selbst seine Adjutanten halfen ihm ziemlich wenig bei der Aufgabe (...). Wir kamen uns sehr nahe.*

Am Morgen des 7. Juni beginnt Che in Begleitung von Ilanga den Aufstieg zur Basis von Luluaburg, nachdem er sich von Mitoudidi verabschiedet hat, mit dem er in Kibamba Gespräche führte. Mitoudidi war der Meinung, daß Kabila nicht aus Tansania übersetzten würde, da er sich in Daressalam mit Tschou En-Lai traf. Er sollte kurz darauf mit zwei Kubanern in einem Boot nach Ruandasi aufbrechen, eine etwa vier Kilometer entfernte Gegend, in die der Generalstab umziehen wollte.

Auf der Hälfte des Weges erreicht ein Bote Che mit der Nachricht, daß Leonard Mitoudidi ertrunken sei. *Es wehte ein heftiger Wind und auf dem See gab es hohen Wellengang. Er muß ins Wasser gefallen sein, alles deutet darauf hin. Von diesem Moment an geschehen eine Reihe merkwürdiger Ereignisse, bei denen man nicht weiß, ob man sie der Dummheit, dem außergewöhnlichen Aberglauben (da der See von jeder Art von Geistern bewohnt war) oder etwas Ernsterem zuschreiben soll. Tatsache ist, daß Mitoudidi ein wenig schwamm, daß es ihm gelang, sich die Stiefel auszuziehen, und daß er zehn oder fünfzehn Minuten lang um Hilfe rief. Laut den Aussagen verschiedener Zeugen sprangen Leute ins Wasser, um ihm zu helfen; einer war seine Ordonnanz und ertrank ebenfalls. Auch Major François, der bei ihm war, (niemals erfuhr man, ob er zusammen mit ihm ins Wasser fiel oder hineinsprang, um ihn zu retten), verschwand. Nachdem der Unfall geschehen war, machten sie den Motor des Bootes aus, wodurch es jede Manövrierfähigkeit verlor. Danach warfen sie ihn wieder an und es schien, daß irgendeine magische Kraft es ihnen nicht erlaubte, sich der Stelle zu nähern, wo Mitoudidi war. Schließlich fuhr das Boot in Richtung Ufer, während Mitoudidi weiter um Hilfe rief, und die Gefährten sahen ihn kurz darauf verschwinden. So ließ bei einem dummen Unfall der Mann sein Leben, der in diesem schrecklichen Chaos der Basis von Kibamba den Beginn einer Organisation eingeführt hatte. Mitoudidi war ein junger Mann, der kaum die 30 überschritten hatte.*

Der Tod von Mitoudidi hat einen Brief von Kabila an Che zur Folge, in dem er ihn bittet, auf ihn zu warten. Er schickt ihm einen neuen Verbindungsmann, einen gewissen Muteba, der nach ein paar Gesprächen, in denen er anregt, den Standort der Basis zu wechseln, um das umherirrende Gespenst von Leonard zu vertreiben, wieder verschwindet. Er hat den Vorschlag dabei, ein paar gemischte kubanisch-kongolesische Einheiten aufzustellen, um im Kampf Kader und Soldaten heranzubilden, und die zentrale Basis als Ausbildungslager beizubehalten. Gleichzeitig verweigert Che eine Operation gegen Albertville, die er angesichts der herrschenden Desorganisation für selbstmörderisch hält, *denn Albertville muß als Ergebnis einer stufenweisen und beharrlichen Aktion fallen. Vielleicht wäre es angemessener zu sagen, daß sie vom Feind aufgegeben werden soll. Zuerst müssen wir, durch systematische Angriffe auf seine Kommunikation, seine heute noch relativ hohe Kampfmoral vollständig schwächen, die Kräfte von Kabimba, Fort de Force, Lulimba usw. vernichten oder zum Rückzug zwingen.*

Da kein höherer Führer anwesend ist, bitten die Verantwortlichen von Kibamba die Kubaner um Unterstützung bei der Luftabwehr zur Verteidigung der Basis. Che sieht dies als unnütz an, denn es hat kein feindliches Maschinengewehrfeuer gegeben, nur Angriffe mit vier T-28-„Schmetterlingen“ und zwei

B-26. Man könnte sie mit der Flugabwehr zurückschlagen, aber dann würden sie andere Gebiete bombardieren.

Die Front von Front de Force wurde nicht von kongolesischen Guerilleros, sondern von ruandischen Kämpfern gehalten, eine Sache, die die Kubaner überraschte. Die aus ihrem Land geflohenen Ruander waren in der kongolesischen Armee stark präsent. Ihr Befehlshaber Mundandi tauchte Mitte Juni in der Basis auf, um Che zu sagen, daß sie seine Vorschläge genehmigt hätten und daß man mit den Hinterhalten beginnen könne. *Er hatte in China studiert und machte einen ziemlich angenehmen, ernsthaften und entschlossenen Eindruck. Doch beim ersten Gespräch prahlte er mit einem Gefecht, in dem sie dem Feind 35 Verluste zugefügt hätten. Ich fragte ihn, wieviele Waffen sie dabei erbeutet hätten, und er sagte, keine, denn sie hätten mit Panzerfäusten angegriffen und die Waffen in Stücke geschossen. Meine diplomatischen Fähigkeiten waren nie sehr groß und ich sagte ihm klar, daß dies gelogen sei. Er entschuldigte sich und sagte, daß er persönlich am Gefecht nicht teilgenommen habe, daß seine Untergebenen ihm dies erzählt hätten, und damit war der Vorfall erledigt. Aber die Übertreibung war ein übliches Verhalten in dieser Gegend. Mit solcher Offenheit zu sagen, daß eine Lüge eine Lüge ist, ist nicht die beste Methode, freundschaftliche Beziehungen zu jemandem aufzunehmen.*

Mundandi forderte von Che 50 Kubaner für einen Angriff auf Front de Force, das auch Force Bendera genannt wurde, wo sich am Kimbi-Fluß ein Wasserkraftwerk befand. Es war keine leichte Aufgabe. Man schätzte, daß es dort ein Bataillon mit 500 bis 700 Mann einschließlich weißer Söldner sowie einen kleinen Flugplatz gab. Er hatte *den Befehl, am 25. Juni anzugreifen. Ich fragte ihn, warum an diesem Datum, und er wußte auch keine Antwort. (...) Er schien ein armer Kerl zu sein, dem man eine Aufgabe übertragen hatte, die über seine Kräfte ging, aber er war auch ein Meister im Verstellen.*

Der Plan der kongolesischen Führung im Ausland bestand darin, Front de Force anzugreifen, wobei man darauf vertraute, daß ein Überraschungsangriff zu einem Sieg führen würde. Man riskierte außerdem die in die Guerilla eingegliederten „ausländischen" Kräfte der Kubaner und Ruander. Che hatte ernsthafte Zweifel am Plan, denn die Garnison hatte laut seinen Informationen *Schützengräben, natürliche Verteidigung und schwere Waffen.* Er wollte sich außerdem persönlich an den Operationen beteiligen und schrieb dies auch Kabila: *Ich kann Ihnen versichern, daß meine Ungeduld die eines Mannes der Aktion ist; sie bedeutet keine Kritik. Ich bin in der Lage zu begreifen, da ich persönlich unter ähnlichen Bedingungen gelebt habe.*

Die Antwort trifft am 17. ein. Sie enthält eine Bestätigung für den Angriff und eine Bitte an Che, sich nicht daran zu beteiligen, sondern in der Basis zu bleiben.

Kapitel 39
★
Das allgegenwärtige Gespenst (I)

Ches Verschwinden aus dem öffentlichen Leben Kubas zog eine Flut an Desinformation nach sich, von spekulativen Halluzinationen arbeitsloser Journalisten bis hin zu nebulösen Gerüchten, die vom kubanischen Geheimdienst oder dem CIA ausgestreut wurden, um sein Auftauchen zu provozieren. In diesem unglaublichen Reigen von Geschichten fehlte auch nicht das Absurdeste.

Ursprünglich hatten die Kubaner eine minimale Tarnung aufgeboten, und in den Kinos von Havanna konnte man im April einen Dokumentarfilm sehen, der Che beim Zuckerrohrschneiden zeigte, aber die Maskerade konnte nicht lange aufrechterhalten werden. Manresa, Ches Assistent und Büroleiter, sagte: „Anderthalb Monate lang beruhigte ich die Leute damit, daß Che zum Zuckerrohrschneiden gegangen sei."

Gerüchte, die Jahre später in brasilianischen Tageszeitungen veröffentlicht wurden, sahen Che Mitte '65 in Kolumbien, Peru, Chile, Argentinien, Brasilien, Uruguay und sogar in einer psychiatrischen Klinik in Mexiko-Stadt. Sechs Artikel diverser Zeitungen, die 1965 in verschiedenen Ländern erschienen, meldeten seinen gewaltsamen Tod. Die vielleicht überraschendste Meldung war die, daß er tot und im Keller einer Fabrik von Las Vegas, der Welthauptstadt des Glücksspiels, begraben sei. Die Information war nicht sehr präzise bezüglich der Frage, wie er dorthin gekommen war, wer ihn getötet hatte oder wem die Fabrik gehörte.

Laut einer kubanischen Quelle verbreitete der vom CIA kontrollierte Rundfunk in seinen Sendungen für Asien die Nachricht, Che sei von Fidel wegen seiner pro-chinesischen Tendenzen ermordet worden, und in den Sendungen für Osteuropa waren dann pro-sowjetische Tendenzen schuld. Es wurde sogar behauptet, es gäbe ein Foto von Ches Vater, Ernesto Guevara Lynch, mit einem Schild, auf dem er Fidel auffordert, die Leiche seines Sohnes herauszugeben. Guevara versuchte ein Dementi zu veröffentlichen, aber das war keine Nachricht wert.

Im Juni '65, als Che im Kongo war, zirkulierte unter den dem CIA nahestehenden Nachrichtenagenturen eine Reihe von Meldungen, die auch bis in die Weltpresse durchdrangen. Sie stammten aus einer merkwürdigen Quelle, dem „Memorandum R".

Seine Urheberschaft wurde, dem Anfangsbuchstaben entsprechend, einem Sekretär der sowjetischen Botschaft in Havanna zugeschrieben, und es bezog sich auf angeblich zuverlässige Quellen. Dort wurde gesagt, Che befände sich wegen Erschöpfung und Geistesstörungen in einer geschlossenen Abteilung des Krankenhauses Calixto García in Havanna. Unter Fieberanfällen unbekannten Ursprungs sähe er den Geist von Camilo Cienfuegos, der ihn aufforderte, die Revolution in anderen Teilen der Welt fortzuführen. Das Memorandum sprach davon, daß Che untem einer Anfall krankhafter Schreibwut litt und wahnsinnige

Briefe an Fidel Castro verfaßte, in denen er ihm unter anderem vorschlug, nach Sansibar zu gehen, um mit den Chinesen zusammenzuarbeiten.

Der konservative Schriftsteller und Journalist Jean Larteguy vertrat in „Paris Match“ die These, das Verschwinden Ches hätte damit zu tun, daß er von Fidel ermordet worden sei.

Andererseits scheint Che am Leben zu sein, denn ein italienischer Journalist interviewte ihn in Peru, während eine CIA-Quelle die Frage, ob Kommandant Guevara im Untergrund („underground“) sei, bejaht: er befände sich sechs Fuß „under ground“ (unter der Erde); es scheint schließlich bei der ganzen Desinformationskampagne im Nachrichtendienst eine starke Tendenz vorzuherrschen, nach der Fidel „Che aus dem Weg geräumt hat“.

„Newsweek“ berichtet in seiner Ausgabe vom 28. Juni über eine lange Reihe von Gerüchten: Che soll sich umgebracht haben, nachdem er aus dem Industrieministerium entlassen wurde; er führe in Vietnam oder in der Dominikanischen Republik eine Guerilla an. Ein Bericht behauptet, er sei übergelaufen und hätte für 10 Millionen Dollar die kubanischen Staatsgeheimnisse an die USA verkauft.

Fidel trug gewollt oder ungewollt zur Spekulation bei, als er auf die Frage einiger Journalisten „Wann wird das Volk etwas über Che erfahren?“ die Antwort gab: „Wenn Kommandant Guevara das will.“

Kapitel 40

★

Die Niederlage von Front de Force

Am 19. Juni 1965 versammelt Che seine Kolonne, um sie über Kabilas Entscheidung zu informieren. Er hält die Operation nicht für klug, es gefällt ihm auch nicht, die kubanische Kolonne in drei Gruppen aufteilen zu müssen, und noch weniger anziehend findet er den Gedanken, selbst in der Basis bleiben zu müssen. Aber angesichts der Gefahr, daß eine Weigerung eine Konfrontation mit Kabila und das Ende der Operation im Kongo nach sich ziehen könnte, fühlt er, daß er keine Alternative hat. Er übergibt Dreke den Oberbefehl über die Gruppe, die kämpfen wird, und ernennt Leutnant Pichardo, einen Kämpfer aus der kubanischen Revolution, zum Verantwortlichen des Haupthinterhalts.

Er schreibt noch einmal an Kabila: *Ich bitte Sie um einen Gefallen: Erlauben Sie mir, in der ausschließlichen Eigenschaft als Politkommissar meiner Genossen und unter dem Befehl des Genossen Mundandi nach Front de Force zu gehen. Ich habe gerade mit ihm gesprochen und er ist damit einverstanden. Ich denke, das könnte sehr nützlich sein. Ich werde drei oder vier Tage nach Eintreffen Ihrer Antwort wieder zurück sein. Mit meinen besten Grüßen. Tatu.*

Am nächsten Tag analysieren sie zusammen mit dem Ruander Mundandi die

Kaserne von Front de Force. Wieder erhebt Che Einwände gegen die Aktion und regt einen Angriff auf eine weniger wichtige Kaserne an, aber die Kongolesen lehnen dies ab. Er hat ein letztes Gespräch mit Dreke: *Man stirbt eben, wenn man kann, und nicht, wenn man will.* Er verzweifelt, weil er im Lager bleiben muß, und denkt laut: *Wenn ich trotzdem gehe, werden sie uns dann hinauswerfen? Dies ist schließlich ihr Land.* Bevor die Gruppe aufbricht, singen sie die Hymne der Bewegung 26. Juli, und Kommandant Guevara verabschiedet sich per Handschlag von jedem einzelnen der 36 kubanischen Kämpfer, die an der Operation teilnehmen. Als ob es ein schlechtes Vorzeichen wäre, gerät an diesem Tag beim Saubermachen Ches Hütte in Brand.

Am 21. Juni, während die Kolonne die 50 Kilometer zurücklegt, die sie von Front de Force trennen, unternimmt Che einen Jagdausflug, da ihn eine Gruppe von Kongolesen auf Elefanten aufmerksam gemacht hat. Als sie in die Gegend kommen, wo man die Elefanten angeblich gesehen hat, sind „die Tembos" weg.

Am 24. Juni kommen 39 weitere Kubaner ins Lager, unter ihnen drei Ärzte. Che erlebt eine angenehme Überraschung: In der Gruppe sind seine Leibwächter der letzten Jahre und Gefährten aus der Sierra Maestra und dem Escambray, Harry Villegas und Carlos Coello, die, bevor sie in den Kongo kamen, auf die Namen Pombo und Tumaini-Tuma getauft worden sind. Ohne Wissen Ches wurden sie von Fidel persönlich geschickt, um über Ches Sicherheit zu wachen. Unter anderem bringen sie Ches M-1 mit, kubanische Zigarren und eine Uhr von Fidel. Die Luftwaffe der Regierung empfängt sie am nächsten Morgen mit einer heftigen Bombardierung, bei der acht Flugzeuge sogar Napalm benutzen. Che schickt sieben weitere Männer zur Unterstützung der kämpfenden Kolonne.

In seiner Bilanz des Monats Juni schreibt Che: *Als alles darauf hindeutet, daß wir in eine neue Ära eintreten, kommt der Tod von Mitoudidi und der Nebel wird noch dichter. Der Exodus in Richtung Kigoma geht weiter, Kabila hat mehrmals seine Rückkehr angekündigt, was aber nie geschah, es herrscht totale Desorganisation. Positiv ist der Gedanke, daß die Männer an der Front sind, aber die negative Seite davon ist die Ankündigung eines Angriffs, der entweder verrückt oder völlig unnütz ist und die Kräfte Tschombés warnen kann.*

Er hat sich nicht geirrt. Die ersten Nachrichten kommen am 1. Juli, eine kurze Notiz von Dreke: „Am 29. um 5 Uhr begann der Angriff. Es läuft gut und anscheinend wird auch Katenga angegriffen; dort sind fünf unserer Kameraden, Eduardo Torres, der Anführer der Gruppe, und zwei ruandische Kameraden. Vaterland oder Tod. Moja." Und etwas später kommt die zweite Botschaft: „Es ist 7 Uhr 30, es klappt, die Leute sind sehr zufrieden und verhalten sich gut. Alles begann zur vereinbarten Zeit, mit einem Kanonen- und Granatwerferschuß eröffneten wir das Feuer, später schicke ich näheres." *Aber gleichzeitig mit dieser Nachricht kamen alarmierende Meldungen über zwanzig Tote, gefallene Kubaner, Verletzte, die mich vermuten lassen, daß nicht alles gutgegangen ist.*

Nein, alles ist schlecht gelaufen. Um fünf Uhr morgens hatten die Kubaner mit einer kleinen Kanone und Maschinengewehren das Feuer eröffnet und die Verteidiger überrascht, aber fast gleichzeitig begannen die Ruander zu desertieren, als die Söldner das Feuer mit Granatwerfern und Machinengewehren erwiderten. Dreke berichtet verzweifelt: „In diesem Moment schossen nur die Kubaner weiter. Wir hatten nicht viel Munition. Die Ruander wußten nicht, wie man kurze Salven schießt, sie drückten nur den Abzug und ballerten 30 Schüsse hinaus. Wir kämpften gegen ein Heer von 500, 600 Mann. Es ging nicht darum, die Kaserne zu erobern, sondern die Söldner in unsere Hinterhalte zu locken. Mit der Zeit merkten wir, daß bei den Rebellen viele neue Rekruten waren. Sie sagten, die Dawa sei sehr schwach. Angst im Krieg hat jeder, aber du erhebst dich über diese Lebensäußerung. Der Lärm eines 50er oder 30er Kalibers in einem dunklen Wald, im Nebel, mit Tieren, die aufgeschreckt fliehen, ist schon eindrucksvoll. Es war für niemanden einfach, auch nicht für unsere Leute, die sich sehr würdig verhielten und das alles ertrugen. Aus einem Akt der Feigheit kann ein Held hervorgehen. Das wußten wir. Aber unsere Afrikaner konnten das nicht verstehen; wir hatten viel mehr von ihnen erwartet." *Dies war der Grundtenor der Operation: Man begann kraftvoll, aber bevor das Gefecht losging, hatte man schon in vielen Stellungen Leute verloren und dann folgte eine völlig wilde Flucht.*

Währenddessen hat eine zweite Gruppe unter dem Kommando von Pichardo an einem ungünstigen Ort interveniert und wird in dem Moment angegriffen, als sie eine Straße überquert, um sich in Stellung zu begeben. Vier Kubaner und 14 Ruander sterben im Gefecht. Die Sprachschwierigkeiten erschweren die Kommunikation über Boten. Martínez Tamayo unternimmt einen verzweifelten Versuch, die Leichen zu bergen. Unmöglich. Vor dem Gefecht wurde allen Kämpfern gesagt, sie sollten ihre Ausweise und Papiere zurücklassen, die ihre Identifizierung erlaubten, aber die Gruppe von Pichardo ging mit ihren Rucksäcken in den Kampf, so daß die Regierungskräfte ein Tagebuch finden konnten, das auf die Beteiligung von Kubanern bei diesem Angriff hindeutete. Einer der Toten trug sogar Socken mit der Aufschrift „Hergestellt in Kuba".

Dreke leitet einen geordneten Rückzug ein. Jahre später erklärt er: „Wir Kubaner durchbrachen das Gleichgewicht eines bewaffneten Friedens, den die Kongolesen erreicht hatten. Sie waren bewaffnet, aber zu Hause bei Frau und Kindern. Sie kämpften nicht." Damals konnte er noch keine Vorstellung davon haben, was für eine schreckliche Bedeutung diese Worte haben würden.

Kapitel 41

★

Niedergeschlagenheit und Flucht

Parallel zur Schlacht von Front de Force findet in Katenga ein zweiter Angriff einer von Kubanern angeführten Kolonne statt, mit dem gleichen oder einem noch schlimmeren Ergebnis. *Ins Gefecht zogen 160 Mann mit einer viel schlechteren Ausrüstung als die Ruander, denn ihre besten Waffen waren Schnellfeuergewehre und Raketenwerfer von geringer Reichweite. Der Überraschungseffekt ging verloren, da aus Gründen, die Mandanga nie erklärte, der Angriff für einen Tag später, den 30., angeordnet worden war, als die feindliche Luftwaffe bereits die ganze Region überflog und die Verteidiger der Garnison logischerweise gewarnt waren.*

Von den 160 Mann sind 60 vor Beginn des Kampfes desertiert und viele weitere kommen dann nicht dazu, auch nur einen Schuß abzufeuern. Zur vereinbarten Zeit eröffnen die Kongolesen das Feuer auf die Kaserne, wobei sie fast immer in die Luft schießen, denn die meisten Kämpfer schließen die Augen und drücken einfach solange den Abzug, bis das Magazin leer ist. Der Feind antwortet mit gezieltem Feuer aus 60-mm-Granatwerfern, was zu mehreren Verlusten führt und eine sofortige wilde Flucht auslöst.

Die beiden Gefechte bewirken eine große Demoralisierung bei den einheimischen Kämpfern, *aber auch unter den Kubanern herrschte große Niedergeschlagenheit; jeder einzelne unserer Kämpfer hatte die traurige Erfahrung gemacht, mitansehen zu müssen, wie sich die angreifenden Truppen im Augenblick des Kampfes auflösten, wie wertvolle Waffen nach allen Seiten weggeworfen wurden, um schneller fliehen zu können; sie mußten auch mangelnde Kameradschaft feststellen, da die Verletzten ihrem Schicksal überlassen wurden, den Schrecken, der sich der Soldaten bemächtigt hatte, und die Leichtfertigkeit, mit der sie auseinandergelaufen waren, ohne überhaupt noch Befehle zu befolgen.*

Che beklagt besonders die in Force gefallenen Kubaner. Auf gewisse Weise fühlt er sich schuldig, daß er das Gefecht nicht anführen konnte, und ist besonders wütend darüber, daß die Leichen nicht geborgen wurden.

In den Tagen nach dem Angriff desertierten viele Soldaten oder baten um ihr Ausscheiden. Mundandi schrieb mir einen langen Brief, wie immer voll von Heldengeschichten, in dem er den Verlust seines Bruders beklagt, aber verkündet, dieser sei gefallen, nachdem er eine komplette Lastwagenbesatzung Soldaten vernichtet hätte (...). Er bedauerte auch den Verlust mehrerer seiner besten Kader und beschwerte sich, daß der Generalstab in Kigoma säße, während die Leute im Kongo kämpften und sich aufopferten. Nebenbei erwähnte er, daß zwei Drittel der feindlichen Truppen vernichtet worden seien (...). Diese Briefe drückten nur den Beginn der Auflösungserscheinungen aus, die danach die gesamte Befreiungsarmee erfassen und auch die kubanischen Truppen miteinbeziehen sollten.

Che analysiert anschließend die begangenen Fehler, wobei er der Meinung ist, daß der vielleicht schwerwiegendste die Unterschätzung des Feindes gewesen sei, *man dachte, er hätte dieselben Eigenschaften wie der Rebellensoldat, der sich ihm entgegenstellte.* Dazu kommt die mangelnde Disziplin: *So schmerzlich es auch sein mag, man mußte doch die Aktion von Pichardo kritisieren, die heldenhaft, aber schädlich war, da sie zum Tod nicht nur dreier weiterer kubanischer Kameraden, sondern auch von mehr als einem Dutzend Ruander geführt hat.* Zuletzt stellt er fest, daß die Kampfmoral am Sinken ist. *Ich habe diesen Punkt stark betont und wurde sehr deutlich in dem, was uns erwartete: nicht nur Hunger, Kugeln, jede Art Leiden, sondern unter bestimmten Umständen sogar die Angst, von den eigenen Kameraden getötet zu werden, da sie keine Ahnung vom Schießen hatten. Der Kampf würde sehr schwierig und lang sein; ich sprach diese Warnung aus, denn ich war in diesem Moment entschlossen zu akzeptieren, daß die Neuankömmlinge ihre Zweifel äußerten und zurückkehrten, wenn sie dies wollten, später wäre dies nicht mehr möglich. Mein Ton war hart und die Warnung deutlich. Keiner der Neuankömmlinge zeigte Anzeichen von Schwäche, aber zu meiner Überraschung wollten drei der Kämpfer zurückgehen, die am Angriff auf Fort Bendera teilgenommen hatten und mit ein paar Nachrichten zurückgekommen waren, einer war noch dazu Mitglied unserer Partei.*

Für Che besteht in diesem Moment das Hauptproblem darin, die Auflösung der Kolonne zu stoppen, die durch die Niederlage und das Verhalten der kongolesischen und ruandischen Guerilleros verursacht worden ist. Die Meldungen über Rückkehrwünsche gehen weiter. Kurze Zeit später wollen zwei Ärzte gehen. *Die Auswahl, die man in Kuba getroffen hatte, war nicht gut genug, das ist offensichtlich, aber es ist schwer, unter den aktuellen Bedingungen der kubanischen Revolution eine richtige Auswahl zu treffen. Man darf sich nicht nur auf die Geschichte der Männer im bewaffneten Kampf stützen, dies ist ein wichtiges Kriterium, aber die letzten Jahre bequemen Lebens verändern die Individuen und dann ist da noch die große Mehrheit, die erst die Revolution zu Revolutionären gemacht hat. Was bedeutet denn der Satz „wenn nötig, bis zum Tod"?*

In dieser emotionalen Situation beschließt er, die Brücken abzubrechen. Er gibt Rivalta in Tansania die Anweisung, die Nyerere-Regierung *von meiner Anwesenheit hier* zu unterrichten, *sich wegen der Methode zu entschuldigen und klarzustellen, daß es meine persönliche Entscheidung war und nicht die von Kuba.* Che analysiert in einer Notiz an Kabila die Widersprüche zwischen Kongolesen und Ruandern, die paradox wirken, weil die Ruander einerseits militärisch mehr geschätzt sind, man sie andererseits aber für die Niederlage verantwortlich macht. Er empfiehlt, ein einheitliches Oberkommando zu schaffen, dem ein Kubaner angehören und das sich an der Front befinden müsse.

Während die Nachricht noch unterwegs ist, kommt endlich Kabila in Begleitung von Generalstabschef Masengo, Außenminister Nbagira und einem Gefolge, zu dem auch ein paar Mulattinnen aus Guinea gehören. *Ich war in ziemlich pessimistischer Stimmung, aber am 7. Juli stieg ich mit einer gewissen Freude zum See hinunter, als mir die Ankunft Kabilas angekündigt worden war. Endlich befand sich der Chef im Operationsgebiet. Kabila war herzlich, aber arrogant.* Gleich zu Beginn verweigert er sich der Bitte Ches, die tansanische Regierung von seiner Anwesenheit zu informieren. *Ich wiederholte ihm meine alte Leier: Ich wollte an die Front. Mein wichtigster Auftrag, bei dem ich am nützlichsten sein konnte, war die Ausbildung von Kadern, und dies konnte nur im Krieg, an der Kampffront geschehen und nicht in der Etappe.* Kabila führt gewichtige Vorbehalte gegen Ches Vorschlag an. Der Argentinien-Kubaner sei ein Führer der Weltrevolution und dürfe sich nicht der Gefahr aussetzen usw. Stattdessen schlägt er eine Rundreise zu den Fronten vor, zuerst nach Kabimba. In derselben Nacht könne man aufbrechen. Am Ende wird auch dies wieder verschoben. Und sollte wieder und wieder verschoben werden.

Dann wird im Basislager eine Versammlung abgehalten. *Es war wirklich interessant. Kabila bewies, wie gut er die Mentalität seiner Leute kannte; gewandt und unterhaltsam erzählte er auf Suaheli, was sich alles bei der Konferenz von Kairo abgespielt hatte und welche Abkommen sie getroffen hatten. Er ließ die Bauern zu Wort kommen und gab kurze Antworten, die die Leute zufriedenstellten. Alles endete mit einem kleinen Fest, auf dem die Teilnehmer zu einer Musik tanzten, deren Refrain lautete: „Kabila voran, Kabila, he".* Kabila entfaltet starke Aktivitäten, als wolle er die verlorene Zeit wieder aufholen. Er nimmt sich vor, die Verteidigung der Basis zu organisieren, und scheint allen wieder Mut zu machen, wodurch sich die äußere Erscheinung der ganzen Umgebung, die von der mangelnden Disziplin schwer heimgesucht worden ist, zu ändern beginnt. Schnell werden 60 Mann versammelt, die drei kubanische Ausbilder zugeteilt bekommen, und man beginnt Schützengräben auszuheben und Schießübungen abzuhalten.

Am 1. Juli, *fünf Tage nach der Ankunft Kabilas, ließ er mich zu sich rufen, um mir zu sagen, daß er diese Nacht nach Kigoma aufbrechen müßte. Er erklärte mir, daß Soumaliat dort wäre, wobei er diesen Führer wegen seiner Organisationsfehler, seiner Demagogie und seiner Schwäche hart kritisierte. Er beschuldigte ihn, Leute aus dem Gefängnis geholt zu haben, die Kabila selbst durch die tansanische Regierung hatte einsperren lassen, Leute von Gbenye oder direkte Feinde. Er sagte, er müßte die Rolle Soumaliats klären, den sie zum Präsidenten gemacht hatten, damit er Beziehungen knüpfte und nicht den Kampf organisierte, worin er eine Katastrophe sei. Beim Gespräch rutschte ihm aber heraus, daß Soumaliat in Wirklichkeit in Daressalam war.*

Che hat Zweifel und äußert sie. Er fragt Kabila, wohin er nun gehe, an die tansanische Grenze oder nach Daressalam. Kabila sagt ihm, daß er sofort wiederkomme, daß er schon am nächsten Tag zurück sei. *Als die Neuigkeit von der Abreise Kabilas bekannt wurde, verfielen die Kongolesen und Kubaner wieder in Mutlosigkeit. Unser tapferer „See-Admiral" Changa fragte vor Wut schäumend: „Und wofür hat dieser Mann so viele Whisky-Flaschen mitgebracht, wenn er nur fünf Tage bleiben wollte?" (...) Kabila fiel in Mißkredit, die Situation war kaum zu meistern, wenn er nicht schnellstmöglich zurückkommen würde. Wir hatten eine letzte Unterredung, in dem ich dieses Problem so elegant wie möglich andeutete; wir sprachen auch über einige andere Punkte und er fragte mich so nebenbei, wie es seine Art war, was ich machen würde, wenn es zu einem Bruch käme. Ich erklärte ihm, daß ich nicht in den Kongo gekommen wäre, um mich in die Innenpolitik einzumischen, weil dies schädlich sei, daß ich aber von der Regierung in dieses Gebiet geschickt worden wäre und wir versuchen würden, vor allen Dingen ihm und dem Kongo gegenüber loyal zu sein. (...) Am nächsten Tag geriet der Rhythmus in der Basis, der sich durch Kabilas Anwesenheit und Dynamik gerade einzupendeln begonnen hatte, wieder aus dem Gleichgewicht. Die Soldaten, die mit dem Ausheben von Schützengräben betraut waren, erklärten, sie würden heute nicht arbeiten, da ihr Chef weg sei.* Doktor Zerquera bemerkt: „Weder Che noch wir wußten, wann er weggegangen war."

Der Rückzug Kabilas fällt mit einer neuen Präsenz der Luftwaffe der Regierung zusammen, die sehr ungezielt die ganze Gegend um den See bombardiert. Die Rebellen haben Anweisung, nicht zurückzuschießen, um die Stellungen nicht zu verraten. Aber die Kubaner in der Basis, die darauf brennen, die Niederlage von Force zu rächen, lassen die Maschinengewehre rattern, und nun beginnen alle zu schießen, die Kubaner und die Kongolesen, sogar mit einer Kanone, die sie in Stellung gebracht haben. Als die Flugzeuge so viele Geschosse sichten, drehen sie ab. Che kommt voller Wut vom See und will wissen, wer gegen die Disziplin verstoßen hat.

In diesen Tagen bekommt Che Streit mit seinen Leibwächtern Villegas und Coello, die Che in einer so kleinen Kolonne nicht für den Wachdienst vergeuden will. Inzwischen ist alles geeignet, Konflikte oder Spannungen auszulösen. Bei den Ruandern wird einer der Hauptleute erschossen, den man beschuldigt hat, vor der Schlacht von Force mit einem Bauern geredet und dadurch einen Verrat ermöglicht zu haben, was absurd ist. Kurze Zeit später wird Mundandi, der Anführer der Ruander, krank und nimmt sich einen Monat Urlaub.

Glücklicherweise greift am 22. Juli einer der Hinterhalte, bestehend aus 25 Kubanern und 25 Ruandern, unter der Führung von Martínez Tamayo einen Lastwagen der kongolesischen Armee an.

Sultáns Panzerfaust eröffnete das Feuer. Einige Minuten lang richtete sich der Angriff auf das Fahrzeug, und die ausschließlich schwarzen Söldner wurden von Schüssen regelrecht durchsiebt. Nur einer von ihnen war bewaffnet gewesen, da es ein Lastwagen zum Transport von Essen, Zigaretten und Getränken war. In Anbetracht der schrittweisen Vorbereitung auf größere Aktionen konnte der Fang nicht besser sein, aber verschiedene Vorfälle trübten die Aktion. Als das Feuer eröffnet wurde, begannen die Ruander zurückzulaufen, während sie ihre Waffen abfeuerten. Dies gefährdete alle unsere Leute, auch wenn nur der Kamerad Arobaini verletzt wurde und einen Finger verlor. Zakarías, der Chef der Ruander, schlägt vor, dem verantwortlichen Schützen zwei Finger abzuschneiden. Martínez Tamayo verhindert dies taktvoll. Ein Kubaner, der einen Ruander von der Flucht abhielt, bekommt zum Dank einen Biß in die Hand. *Die Tragikomödie dieses Hinterhalts hörte hier noch nicht auf. Auf dem Lastwagen befanden sich Bier und Whisky. Martínez Tamayo versuchte, die Eßwaren abtransportieren und den Alkohol vernichten zu lassen, was sich aber als unmöglich erwies. Nach wenigen Stunden hatten sich die ruandischen Kämpfer betrunken, vor den Augen der Kubaner, denen man dies verboten hatte. Sie versammelten sich und beschlossen, zur Basis zurückzukehren. Auf dem Rückweg tötete Zakarías einen Bauern.*

Che schreibt sehr deprimiert: *Fünf Jahre sind ein sehr optimistisches Ziel, um die kongolesische Revolution zu einem erfolgreichen Ende zu bringen, wenn alles von der Entwicklung dieser bewaffneten Gruppen abhängt.*

Zu diesem Zeitpunkt ist die kubanische Kolonne auf vier Fronten verteilt: Che und eine große Gruppe in Luluaburg und Kibamba, wobei sie hin- und herwechseln, den Berg hinauf und hinunter; Santiago Terry in Kabimba; Eduardo Torres mit den Kongolesen in Makungo; Dreke an der Front von Front de Force. Der Tagesablauf in der Basis ist mehr oder weniger der gleiche: Um sechs Uhr morgens sind alle bereit, es werden Unterstände gebaut und Schützengräben ausgehoben, man nimmt telegrafische Verbindung mit Kigoma und Daressalam auf, zum Frühstück gibt es Milchkaffee. Che hat unter Beteiligung einiger Kubaner eine Schule für die Eingeborenen eingerichtet und gibt manchmal sogar selbst Unterricht mit Hilfe einer Tafel, die an einen Baum gelehnt wird. Er lernt weiter Suaheli. Ilanga erzählt: „Wenn ich gelegentlich in Suaheli einen Grammatikfehler machte, diskutierte er mit mir darüber, obwohl er kein Suaheli sprach. Er kam nie so weit, es sprechen zu können. Nur einzelne Worte. Er sagte zu mir: ‚Herr Lehrer, hier sagen Sie das und das. Warum steht hier dieses Verb?‘ Ich antwortete: Das ist umgangssprachlich. Es schreibt sich, wie man es spricht: kukula – essen, ninakula – ich esse, nitakula – ich aß, nilikula – ich werde essen. Es ist sehr einfach. Das Wesentliche, was man zur Verständigung braucht, ist einfach.“ Die einzigen, die wirklich mit der Sprache vorankommen, sind Marco Antonio Herrera und Martín Chibás, die herumgehen und Informationen darüber austauschen, was die Kongolesen Schlechtes über sie reden.

Aufgrund der Feuchtigkeit des Tropenwaldes wird Ches Asthma schlimmer. Er findet heraus, daß der örtliche Chilipfeffer, den man in Kuba wegen der weiten Verbreitung Aji guagua, Hundepfeffer, nennt, eine heilsame Wirkung hat. Videaux erzählt: „Wenn er wegen des Asthmas ein wenig verzweifelt war, schluckte er zwei oder drei Ajis, ohne sie zu kauen, und danach nahm er einen Schluck Tee und schaute den Himmel an.“

Che widersetzt sich trotz seiner Asthmaanfälle der erzwungenen Zurückgezogenheit und nimmt häufig an Erkundungsgängen zur Kontrolle der Umgebung teil. Sie ziehen den Kreis immer weiter, zuerst einen Kilometer, dann zwei, drei, immer im dichten Dschungel, wo sie auf Affen und Elefanten stoßen.

Während der ganzen Zeit werden die Lager am See und auf dem Berg bombardiert, im Falle von Luluaburg sehr ineffektiv. Einmal werfen die Flugzeuge sogar Napalmbomben ab, die nicht explodieren und so das Lager mit kostenlosem Benzin versorgen.

Che setzt seinen Stil durch, der zumindest auf die nächsten kongolesischen Kader abzufärben beginnt. Ilanga sagt über Ches striktes Gleichheitsprinzip: „Dieser Weiße ist vielleicht einer: Er bietet mir seine Hängematte an. Ich sehe, daß er immer der erste ist, der teilt, der keine Privilegien hat, und der Typ überzeugt mich immer mehr." Der junge Dolmetscher ist auch der erste, der Ches Identität auf der Spur ist, als er eine alte Ausgabe der Zeitschrift „Bohemia" durchblättert:

„Kamerad Tatu, das bist doch du."

Nein, nein, das ist ein Bruder von mir.

Während einer Versammlung der Abschnittsleiter, an der Mundandi, Hauptmann Salomón, Adjutant von Calixte, und Lambert, der Führer der Operationen in Fizi, teilnehmen, äußert Che ein weiteres Mal seinen Wunsch, an die Front zu gehen. Masengo versucht, ihn mit Sicherheitsargumenten davon abzubringen. Che fragt ihn, ob er denn kein Vertrauen in ihn habe. *Die Tatsache, daß der Chef der kubanischen Expeditionstruppen am Leben an der Front teilnahm und die Verantwortlichen für den Kampf nicht, hätte ihnen neue Argumente für eine Kritik liefern können.*

Die Kongolesen weigern sich, aber der Druck ist so hoch, daß Che sie wenigstens davon überzeugen kann, ihm zu erlauben, sich im ganzen Gebiet zu bewegen. Mit Masengo wird eine Reise nach Kazima organisiert, 27 Kilometer nördlich von Kibamba. Die Aufzeichnungen in Ches Tagebuch schildern Anekdoten, die eine furchtbare Disziplinlosigkeit und ein Chaos sondergleichen enthüllen. Die Erkundungsfahrt geht weiter über den See nach Kayamba, in das Einflußgebiet von Maulana. Masengo hat hier kaum Autorität. Sie treffen auf eine Gruppe von Ruandern, die von Mundandi unabhängig sind. *Dort gab es ein 75-mm-Geschütz ohne Rückstoß, das auf einem Bergrücken in Stellung gebracht war; es war die irrsinnigste Position überhaupt, da der Ort keine strategische Bedeutung hatte. Das einzige, was die Waffe vermochte, war, irgendein Boot zu versenken, das dort vorbeikam. Sie hatten schon diverse Salven abgefeuert, natürlich ohne zu treffen, denn die Schützen konnten die Kanone nicht richtig bedienen. Außerdem waren die Schiffe ohnehin außerhalb der Reichweite.* Che schlägt vor, das Geschütz nach Kibamba zu schaffen, aber sie ignorieren ihn völlig.

Nicht daß Masengo diese Dinge nicht verstanden hätte, er hatte einfach keine Autorität, er besaß nicht die Kraft, seine Entscheidungen gegen die üblichen Gewohnheiten durchzusetzen. Eine Waffe, die einer Gruppe in die Hände fiel, war heilig. Und der einzige, der sie ihnen entreißen konnte (und er tat dies mit relativer Leichtigkeit), war der Feind. Masengo schlägt Che einen Angriff auf Uvira vor. Che lehnt den Vorschlag ab: Es hat keine Erkundung stattgefunden und die Männer sind absolut nicht kampffähig. Che schlägt stattdessen ein Einsickern vor und Hinterhalte auf der gegenüberliegenden Seite der Ortschaft, am obersten Ende des Tanganyika-Sees. Dort sei das Einsickern relativ leicht möglich. Niemand will die Kubaner begleiten. Schließlich wird ihnen die

Erlaubnis dazu mit der Begründung verweigert, sie würden damit den Angriff vereiteln, der in Vorbereitung sei.

Die Krise in der kubanischen Truppe, die nach der Niederlage von Force begonnen hat, befällt immer mehr Kämpfer. Mindestens ein Dutzend von ihnen wird entwaffnet und man schlägt ihnen vor, sie in naher Zukunft nach Kuba zurückzuschicken. *Die Abtrünnigen, die ja gezwungen waren, gegen ihren Willen zu bleiben, versuchten ihre Haltung zu rechtfertigen, indem sie negative Propaganda machten, was bei einigen Kameraden auf fruchtbaren Boden fiel. Es war extrem schwierig mit ihnen und ich weigerte mich, ihre sofortige Rückkehr in Betracht zu ziehen, befahl ihnen aber, im Lager zu bleiben und Versorgungsaufgaben zu übernehmen.* Daneben gibt es noch einen weiteren Abgang zu beklagen. Ilanga, Ches Dolmetscher, erleidet epileptische Anfälle und muß für etwa zwei Wochen nach Tansania gebracht werden. Dies und die Tatsache, daß aufgrund der Ausweise, die man bei den Leichen in Force gefunden hat, die kubanische Präsenz im Kongo bekannt ist, machen Che sehr wütend und er sieht sich gezwungen, außergewöhnliche Anstrengungen zu unternehmen, damit sein Optimismus wieder aufblüht. In seiner Bilanz des Monats Juli schreibt er: *Mein Eindruck ist, daß wir vorankommen können, wenn auch sehr langsam, und daß ich eine Chance habe, wenn Kabila mich machen läßt. Bis jetzt bin ich weiterhin Stipendiat. Die Lebensmittelversorgung war einer der neuralgischen Punkte für die Truppen auf dem Land. In der Gegend, wo sie ihre festen Lager hatten, gab es die Möglichkeit, Fleisch und Maniok zu finden, was die Grundlage der Ernährung ist, aber die Plantagen dieser wichtigen Knollenfrucht befinden sich in der Ebene, da die Bauern sie in der Gegend anpflanzen, wo sie wohnen, und nur angesichts der Plünderungen der feindlichen Soldaten haben sie ihre Äcker verlassen und sind in die unwirtlicheren Berge geflohen. Um Maniok zu finden, muß man sehr weite und ziemlich gefährliche Streifzüge unternehmen. Diese Streifzüge wurden von den Kubanern begonnen, da sich die Ruander systematisch weigerten. Als Argument führten sie an, daß die Befehlshaber verpflichtet wären, ihnen das Essen zu besorgen. Es gab sogar Tage, an denen es nicht genügend Essen gab. Also weigerten sie sich, die Ausbildung an den schweren Waffen zu absolvieren oder Vorbereitungsarbeit dafür zu leisten. „Hapana chakula, hapana travaillé“: „Kein Essen, keine Arbeit.“*

In der Basis treffen Nachrichten über häufige interne Konflikte zwischen den kongolesischen Revolutionären im Ausland ein: Soumaliat hat Präsident Gbenye abgesetzt, woraufhin Kabila ihm die Befugnis dazu abgesprochen hat.

Die Befestigungsarbeiten am See liegen brach, seitdem Kabila gegangen ist, mehrere Kongolesen sind desertiert, es kommt zu Streitigkeiten aufgrund der mangelnden Autorität seiner Stellvertreter. Nach Ches Worten haben sich die Arbeiten *im Wirrwarr aufgelöst. Einmal gab es den beschämenden Fall, daß einer der Führer in ein Haus der Kubaner flüchtete. Ein Soldat hatte von ihm Reis verlangt und als der sich weigerte, ihm welchen zu geben, jagte er ihn mit dem geladenen Gewehr durchs Lager. Der Mann flüchtete sich in den „Tempel" der Kubaner, der glücklicherweise respektiert wurde. Um Ansteckungen zu vermeiden, säuberte ich die Basis von nützlichen Kubanern und ließ nur diejenigen dort, die nach Kuba zurückkehren wollten, die Maschinengewehrschützen vom See, die Kranken und ein paar Ausbilder. Ich setzte mir ein paar Tage Frist, und wenn während dieser Zeit nichts geschah, wollte ich direkt an die Front gehen, ohne weiterhin um Erlaubnis zu betteln.*

Am 12. August 1965 schreibt Che eine „Botschaft an die Kämpfer", in der er unter anderem anführt: *Wir können nicht sagen, daß die Situation gut ist: Die Führer der Bewegung verbringen die meiste Zeit außerhalb des Landes (...), die Organisationsarbeit ist gleich Null, da die mittleren Kader nicht arbeiten, vielmehr gar nicht wissen, wie das geht, und alle mißtrauen ihnen (...). Die Disziplinlosigkeit und die mangelnde Opferbereitschaft sind die herrschenden Merkmale dieser Guerilla. Natürlich läßt sich mit diesen Truppen kein Krieg gewinnen.*

Che fragt sich, ob die Anwesenheit der kubanischen Kolonne positiv ist, was er bejaht, da die Schwierigkeiten von den großen Unterschieden herrühren. Dies muß in etwas Nützliches verwandelt werden.

Er wiederholt: *Unser Auftrag ist es, den Krieg gewinnen zu helfen.* Wir müssen *mit unserem Beispiel die Unterschiede aufzeigen, aber ohne uns bei den Kadern verhaßt zu machen (...). Revolutionäre Kameradschaft in der Basis (...). Im allgemeinen haben wir mehr Kleidung und mehr Essen als die hiesigen Kameraden; wir müssen sie so weit wie möglich teilen, und zwar gezielt mit den Kameraden, die ihren revolutionären Charakter zeigen.*

In uns muß der Wille vorherrschen, etwas zu vermitteln, aber nicht pedantisch von oben herab auf die Unwissenden, sondern mit menschlicher Wärme, die in den Unterricht einfließt. Die revolutionäre Bescheidenheit muß der Leitfaden unserer politischen Arbeit und zusammen mit der Opferbereitschaft eine unserer Hauptwaffen sein, nicht nur als Beispiel für die kongolesischen Kameraden, sondern auch für die schwächsten von uns.

Che sucht überall militärisches oder ideologisches Material, um aus dem Labyrinth herauszukommen, das sich ihm bisher geboten hat. Er endet mit zwei Hinweisen:

1. Die Behandlung der Verängstigten. *Sie sind keine Verräter, ihnen darf nicht mit offener Verachtung begegnet werden. Wohlgemerkt, ihr Verhalten ist das Beschämendste, was ein Revolutionär tun kann, und nicht einfach eine Flucht. Heute sind diese Kameraden verlassen und sie haben sich untereinander zusammengeschlossen, um sich zu verteidigen und einen Entschluß zu rechtfertigen, der sich nicht rechtfertigen läßt (...). Geben wir ihnen etwas Wärme, ohne ihre Fehler zu vergessen; zwingen wir sie nicht dazu, sich selbst rechtfertigen zu müssen, um sich gegen die Abneigung zu verteidigen.*

2. Die Verachtung der Kongolesen durch die Kämpfer: *Wir alle sind durch eine schwarze Zeit gegangen, deren Schatten uns erschreckten; wir müssen dazu beitragen, diesen Abschnitt zu überwinden.*

Am Schluß gibt er Anweisung, diese Botschaft den Parteimitgliedern und den anwesenden Verängstigten vorzulesen, sie zu diskutieren und danach zu verbrennen.

Am 17. August zeigt einer der Hinterhalte von Martínez Tamayo Wirkung. *Aus Albertville kam ein Jeep in Begleitung von zwei Panzerwagen; Sultán war wieder beauftragt, das Feuer zu eröffnen. Mit dem ersten Schuß beschädigte er das vorderste Fahrzeug und zerstörte es mit dem zweiten. Der Genosse Afendi zerstörte den Jeep mit einer Panzerfaust aus zehn Metern Entfernung, wobei Afendi und Alacre durch Schüsse verletzt wurden, und die Genossen der Nachhut vernichteten den zweiten Panzerwagen mit Handgranaten. Insgesamt zählte man sieben Tote, darunter einige Rothaarige, die laut M'bili US-Amerikaner sein konnten, aber später erfuhren wir, daß es Belgier waren.* Das Anrücken von Verstärkung zwingt sie dazu, den Hinterhalt aufzulösen.

Einen Tag später, am 18., kann Che nicht mehr an sich halten und bricht im Morgengrauen nach Front de Force auf – endlich, nach vier Monaten unfreiwilliger Zurückgezogenheit. *Nach einem Marsch über die Hochebene, der mir unendlich vorkam (...), fühlte ich mich ein bißchen wie ein entflohener Häftling, aber ich war entschlossen, für lange Zeit nicht in die Basis zurückzukehren.*

Ich war kaum in Front de Force angekommen und hatte mich noch gar nicht auf dem Boden ausgestreckt, um meine Erschöpfung auszukosten, da kamen schon die Beschwerden der Kameraden über die Haltung der Ruander, vor allem über die von Hauptmann Zakarías, der so zweifelhafte Methoden wie die körperliche Züchtigung der Männer anwandte und ohne Zweifel fähig war, jemanden umzubringen; dennoch war der Empfang herzlich.

Che deckt sich mit einem Rinderfell zu und wird von einer „birula", einer Laus, befallen. Im Morgengrauen erblickt er das Wasserkraftwerk von Force. Che setzt sich mit der Katastrophe des vorherigen Frontalangriffs auseinander. Er zieht eine Bilanz der Fronten: Uvira – 350 Waffen, eine Kanone, ein paar Flakgeschütze, ein Granatwerfer. Fizi – zwei- bis dreitausend verstreute bewaffnete Männer, eine Kanone, ein paar Granatwerfer. Lulimba (Lambert) – 150 Waffen, drei Flakgeschütze, eine Kanone und zwei Granatwerfer. Zur Straße nach Kabambare hin ist eine weitere Truppe von Lambert mit 45 Mann stationiert. Zwischen Lulimba und Force liegen drei Kommandos, welche die Kubaner nicht genau lokalisiert haben; eines davon, das von Faume befehligt wird, nennen sie „Phantom", denn sie haben es noch nie gesehen. In den Bergen: Calixte – 150 Mann und Mundandi mit den Ruandern und 300 Waffen, drei Maschinengewehren, zwei Kanonen und zwei Granatwerfern. Kabimba – 150 Waffen, zwei Flak-MGs, eine Kanone und zwei Granatwerfer. Am See: eine Kanone, die verrückt spielt, und mehrere Flakgeschütze, die ständig feucht werden.

Ches Zusammentreffen mit den Männern der Hinterhalte ist eine Mischung aus Fest und Beklemmung. Dreke erzählt: „Große Freude der Kameraden, als sie ihn kommen sahen. Bart, olivgrüne Uniform, sowjetische Pistole Kaliber 25, M-1-Gewehr, Baskenmütze. Große Besorgnis von Martínez Tamayo und mir. Er steckte voller Ideen, gesundheitlich fit, vielleicht ein bißchen müde. Wegen der Reaktion der Kongolesen machten wir uns ein wenig Sorgen. *Ich habe nicht erreicht, daß Kabila kommt*, sagte Che. Obwohl die Leute sehr ernst waren, sagte er: *Ich bin ihm abgehauen*. Und scherzhaft fügte er hinzu:

Wenn er mich wieder in der Basis festsetzen will, dann muß er schon hierherkommen. Ich gehe dort nicht mehr hin.

Endlich war er wieder Che und stand an der Spitze seiner Kolonne. Dies machte den Kameraden großen Mut. Er bezeichnete M'bilis Hinterhalt als sehr positiv. Er machte uns Mut: *Dies ist ein Krieg. Entweder man tötet oder man stirbt. Wir werden versuchen, Verluste zu vermeiden, aber ...*"

Da Che der Meinung ist, daß man, um ein Guerillaheer aufzubauen, mehr Nachdruck auf die Kongolesen legen muß, schreibt er einen Brief an Masengo und schlägt ihm vor, die Bauern anders zu behandeln und die Gefangenen zu benutzen, um Informationen zu bekommen. *Wir waren davon überzeugt, daß die Ruander trotz ihrer jüngsten Fortschritte nicht mehr würden leisten können und wir bei unserer Ausbildung die Kongolesen mehr berücksichtigen mußten, die definitiv diejenigen waren, die den Kongo befreien mußten. Deshalb wurde beschlossen, Kamerad Olachea das Kommando über zwölf Mann zu erteilen, um keine Empfindungen zu verletzen, und den Rest der Truppe zunächst an Calixtes Front zu verlegen, wohin auch ich ging.* Bevor sie aufbrechen, verlangen die Ruander ein Gespräch mit Che, um über den Kriegszustand zu sprechen, und erwarten von ihm eine Kritik seines Verhaltens. Che betont zwei Dinge: ihr fatalistisches Verhalten bezüglich der Verpflegung, denn aus der Volksarmee müßte eine Kraft werden, die sich in ständiger Gemeinschaft mit dem Volk selbst versorgt, statt „parasitär" zu sein. Zweitens müßten sie ihr Mißtrauen gegenüber den Kongolesen ablegen. Der Kampf in Ruanda hinge vom Ausgang des Kampfs im Kongo ab, der momentan die wichtigste Konfrontation mit dem Imperialismus sei. Die zweite Kritik wird mehr oder weniger ignoriert. *Jedenfalls waren sie nicht bereit, ihre Haltung zu ändern.*

Che bricht ins neue Operationsgebiet auf und läßt Dreke zurück. Er soll auf Zakarías warten, der versprochen hat, sich an einer gemeinsamen Aktion mit den Kongolesen und der Gruppe von Olachea zu beteiligen.

Das Lager von Calixte liegt mitten in den Bergen, zweieinhalb Stunden von der Straße entfernt. Man muß nur dem Rand der Bergkette folgen, wo sie zur Ebene hin abfällt. Dies ist ein hervorragender Platz, um sich zu verteidigen, da die Abhänge außerordentlich steil und ohne Vegetation sind, so daß es sehr einfach ist, den Zugang mit reinem Gewehrfeuer zu versperren. Das Lager besteht aus kleinen Strohhütten mit Platz für vier bis zehn Personen. Uns wurden einige davon zugeteilt, die leer standen. Calixte geht mit Lambert nach Lulimba. Er sagt, daß es ihm nicht gefalle, wenn die Kubaner bei den Ruandern seien. Es gibt Verständigungsprobleme, da Calixte kein Französisch und Che kein Suaheli spricht. Als Übersetzer fungieren kubanische Kämpfer, die gerade erst ein paar Brocken Suaheli gelernt haben.

Ich sprach mit Calixte über die Notwendigkeit, näher bei den Gardisten zu sein, um die Truppe beständig stören und mit Feuer belegen zu können, und ich schlug ihm vor, dies sofort zu tun. Er war einverstanden und ich schickte eine Gruppe unter der Führung von Azi auf Erkundungsgang. Als provisorischer Stützpunkt wurde ein kleines Dorf, vier Kilometer von Makungo, ausgewählt. Bevor die Gruppe losgeht, wird *uns zu Ehren* ein Bauernfest gefeiert, *bei dem ein paar Männer, die als eine Art Walddämonen verkleidet waren, rituelle Tänze aufführten. Alle begannen, den Götzen anzubeten, einen einfachen Stein, der in der Nähe eines Berggipfels stand, von Palmen umgeben war und in regelmäßigen Abständen mit dem Blut eines Opfertieres getränkt wurde. Diesmal war es ein Lamm, das danach von allen Anwesenden verspeist wurde.*

Eine neue Front, Che zieht Bilanz: *Wieder einmal begannen wir die mühsame Aufgabe, Leuten einen Grundkurs in der Kunst des Kriegführens zu geben, deren Entschlossenheit uns nicht ersichtlich war, im Gegenteil, wir hatten ernsthafte Zweifel daran. Dies war unsere Arbeit, im Flug zu säen, hier und da verzweifelt Samen auszustreuen, damit einige davon keimen, bevor die schlechte Zeit kommt.*

Dreke erinnert sich: „Sie hatten keine Ahnung, wer Che war. Sie kannten ihn nur als Ramón, den Arzt, Tatu-muganga, wie sie die Ärzte nennen.“ *Die Bauern verhielten sich uns gegenüber höchst freundlich, so daß ich mich an einem bestimmten Punkt verpflichtet fühlte, in meinen alten Beruf als Arzt zurückzukehren. Dies wurde dadurch vereinfacht, daß es viel zu tun gab: Penicillin gegen die traditionelle Krankheit, den Tripper, spritzen und Tabletten gegen Malaria verabreichen.* Villegas berichtet: „In kurzer Zeit entstand eine richtige Legende. Überall, wo wir hinkamen, kannten sie Doktor Tatu, den weißen Arzt. Obwohl wir auch andere Ärzte hatten, wollten die Leute nur von Tatu behandelt werden. Che machte wieder dasselbe wie in der Sierra Maestra. So gewannen wir sehr schnell die Zuneigung der Einheimischen.“

In den ersten Septembertagen bereitet Che neue Hinterhalte vor. *Ich persönlich begleitete die Kämpfer; nachdem wir den Kimbi-Fluß durchquert hatten, der in der Regenzeit eine beträchtliche Strömung hatte, uns nun aber nur bis zur Hüfte reichte und leicht zu durchschreiten war, ließen wir uns in der vorgesehenen Gegend nieder (...). Die Taktik war einfach,* es geht darum, die Brücken zu zerstören, nachdem die Lastwagen sie passiert haben, um die Flucht des Feindes zu verhindern und ihn in Hinterhalten zu erwischen. Es gibt zwar Panzerminen, aber Zünder sind keine geliefert worden. *Am ersten und zweiten Tag gab es keine größeren Probleme; die Leute verharrten in diesem gespannten und gleichzeitig langweiligen Warten, bei dem sich die Stunden unheimlich in die Länge ziehen, aber gleichzeitig jegliches Geräusch, das die Stille durchbricht, sich in Motorenlärm verwandelt und sofort Alarm auslöst. Auch ich, der hundert Meter von der ersten Linie entfernt war, bildete mir ab und zu ein, Geräusche zu hören.* Die Tage vergehen, das verfaulte Wasser führt zu Durchfall und der Müßiggang zersetzt die Gruppe. *Am fünften Tag passierte etwas Komisches, das aber wieder einmal unsere Schwäche zeigte: Als ich im Befehlsstand ruhig in meiner Hängematte lag, hörte ich auf der Straße ein Getrampel wie von Elefanten;*

es waren die sechs oder sieben Kongolesen, die für das Essen zuständig waren. Sie riefen entsetzt: „Askari Tschombé, Askari Tschombé!“ Sie hatten sie zwanzig bis dreißig Meter vor unserer Stellung gesehen. Ich hatte kaum Zeit, mir meine Militärausrüstung umzugürten, mußte Hängematte und Rucksack ihrem Schicksal überlassen, da hatte einer der Kubaner, der mich begleitete, die „Askari Tschombé“ bereits gesehen; die Situation wurde komplizierter, da ich nicht mehr auf die Kongolesen zählen konnte und nur vier Kubaner bei mir hatte, von denen einer, Singida, krank war. Letzteren schickte ich sofort los, Dreke zu benachrichtigen, damit er Verstärkung schickte, und ließ ihn die Kongolesen mitnehmen, denn unter diesen Umständen waren sie eher hinderlich. Ich ging ein paar Meter Richtung Fluß, um außer Sichtweite des Feindes zu kommen, und folgte den Spuren derer, die sich zurückgezogen hatten, um auf demselben Weg zurückzukehren, sobald ich mich mit der Wache in Verbindung gesetzt hätte. Da kam die Nachricht, daß es keine feindlichen Soldaten waren, sondern Bauern aus der Gegend, die ebenfalls geflohen waren, als sie uns gesehen hatten.

Wir diskutierten gerade diese Vorfälle, als in unserem Rücken ein Kundschafter auftauchte, den Dreke geschickt hatte, um zu erfahren, was los war. Er hörte unser Gespräch, lief weg und verbreitete die Information, die Soldaten hätten unseren Befehlsstand eingenommen. Das Chaos war vollkommen, die Heckenschützen in der Falle. Dreke, dem die Aktion direkt unterstand, löste sofort den Hinterhalt auf und verschanzte sich in der näheren Umgebung, während er Anweisungen gab, mich zu suchen, denn laut den Berichten war ich in Richtung Kimbi-Fluß gelaufen.

Nach zwei Stunden irrten wir noch immer umher und einige Kongolesen nutzten die Gelegenheit, um zum Lager zu gehen und nicht mehr wiederzukommen. Auf diese Art hatten wir mehrere Verluste erlitten, ein Ergebnis der Verwirrung. Zum Infantilismus der Kongolesen, die wie schlecht erzogene Kinder abhauten, kamen Fehler einiger unserer Genossen aus Mangel an Kampferfahrung.

Da der Überraschungseffekt verloren gegangen ist, wird der Standort des Hinterhalts gewechselt. Am 8. September verläßt Che ihn zeitweilig, um sich im Lager mit Emilio Aragonés und Óscar Fernández Mell zu treffen, die gerade im Kongo angekommen sind. Dreke hält den Hinterhalt aufrecht, obwohl die Kongolesen weggehen wollen. Sie sind schon elf Tage dort. Che kommt mit den Neuankömmlingen zurück.

Am Samstag, dem 11. September, taucht der Feind auf. Dreke erzählt: „Die Attacke begann und wir ließen Tatu im Befehlsstand zurück. Seit Tagen hatte er ihn immer näher an den Ort des Hinterhalts verlegt, weil er sich nicht zurückhalten konnte. Kahama befand sich auf der linken Seite und rechts von mir war Ishirine. Es war geplant, die vier oder fünf Lastwagen hineinfahren zu lassen, sie zu beschießen und die Kolonne in die Zange zu nehmen. Als die ersten zwei oder drei Fahrzeuge hineinfuhren, schoß ein Kamerad von der linken Seite und der Rest der Kolonne verstreute sich. Sie sprangen aus den Fahrzeugen und begannen, uns zu umzingeln.“

Ein Schuß aus der Panzerfaust auf den ersten Lastwagen erledigt die Garde

Tschombés, ein Dutzend Tote bleibt auf der Straße zurück, aber eine andere Gruppe flankiert die Kolonne und schlägt die Kongolesen in die Flucht, die die Kubaner mitreißen. Che verläßt den Kommandostand und kämpft mit. Dreke berichtet: „Ches Verhalten hatte eine lange Diskussion mit ihm zur Folge. Wir warfen ihm sein Verhalten vor. Er antwortete: *Ich bin der Chef.* Da sich unsere Leute zurückgezogen hatten, war er fast allein. Er nahm die Kritik an, sagte aber: *Ab und zu muß auch mal eine Regel verletzt werden.*" In seinen Erinnerungen erwähnt Che dies nicht. Sie ziehen sich zurück, um einer Umzingelung zu entgehen. *Ich hatte immer noch den Eindruck, daß die Sache funktionieren könnte.*

Kapitel 42
★
Der pessimistische Optimist

Die Anwesenheit von Aragonés und Fernández Mell im Kongo ist zustande gekommen, weil Fidel aufgrund der Niederlage von Front de Force und eines Briefes von Che, der ihm die Vorgänge erklärte, dem Drängen der beiden nachgegeben hat. *Es wollte mir nicht in den Kopf, daß der Sekretär der Parteiorganisation sein Amt aufgibt, um in den Kongo zu kommen.* Anfangs hat Che Angst, sie seien gekommen, um von ihm zu verlangen, nach Kuba zurückzukehren, oder ihn dazu zu drängen, den Kampf aufzugeben. Als ihm klar wird, daß sie als Freiwillige gekommen sind, nimmt Che sie schnell in die Rebellenarmee auf und gibt ihnen Namen: Aragonés wegen seines Umfangs „Tembo" (Elefant), Fernández Mell „Siki" (Essig, laut Che wegen seines Charakters).

Tembo ist der 120. Kubaner, der in den Kongo gekommen ist. Abzüglich der Verluste, ohne Changa, der auf dem See ist, und mit zwei Rückkehrern sind sie zur Zeit 107 Kämpfer und vier Ärzte. *Es war eine Kraft von beträchtlicher Größe, mit der man etwas anfangen konnte, die aber, wie wir gesehen haben, aus diversen unvermeidlichen Gründen über ein weites Gebiet verteilt war. Für eine Aktion konnte man nicht auf mehr als 30 oder 40 Mann zählen. Nehmen wir dazu noch die Tatsache, daß praktisch alle einmal, und manche auch mehr als einmal, Malaria hatten, ist klar, daß man mit ihnen keinen Feldzug entscheiden konnte; sie hätten den Kern einer neuen Armee bilden können, wenn die Bedingungen anders gewesen wären.* Drei von denen, die zurückkehren wollten, bitten um ihre Wiederaufnahme in die Truppe. Außerdem kommt Verstärkung, eine Gruppe kongolesischer Studenten, die in China und Bulgarien ausgebildet wurden, aber im Kampf völlig wertlos sind, Theoretiker. Sie wollen keine Berge hinaufsteigen, haben eine kolonialistische Bildung, sind Söhne von Häuptlingen, die französisch sprechen und all die negativen Eigenschaften der europäischen Kultur besitzen. *Sie kamen zurück mit einem oberflächlichen marxistischen Anstrich, von ihrer Bedeutung als „Kader" überzeugt und mit einem ungeheuren Drang zum Befeh-*

len, der in Disziplinlosigkeit und sogar Konspiration seinen Ausdruck fand.

Mit diesen Kräften will Che den Krieg neu organisieren. Ende August schreibt er in sein Tagebuch: *Mein Stipendium ist zu Ende, was einen Schritt nach vorne bedeutet. (...) Die Bauern der ganzen Umgebung müssen organisiert werden und die gesamte Front braucht ein einziges Oberkommando. Alles wird mit anderen Augen gesehen. Wenigstens heute! (...).* *Aber bereits wenige Tage später beherrschen wieder trübe Stimmungen die Situation (...),* es kommt zu Spannungen zwischen *Masengo und Kabila auf der einen Seite und den Abschnittsleitern von Fizi auf der anderen, und die tansanische Regierung* vollzieht eine Kehrtwendung, weil ihr der internationale Druck zu schaffen macht *(die tansanischen Behörden weigerten sich, Waffen zu liefern, die wir angefordert hatten, darunter die so sehr erwarteten Zünder für die Panzerminen, und forderten, daß Kabila sofort zu ihnen käme).*

Militärisch sitzt das Guerillakontingent in der Falle. *Wir begannen, um eine Brücke zu kämpfen, die wir Tag für Tag zerstörten und die der Feind immer sehr schnell wieder aufbaute, bis er eine große Garnison dorthin verlegte, was uns künftig am Handeln hinderte.* Während die nutzlosen Gefechte weitergehen, führt Che eine umfassende soziale Aktion in der Gegend durch. Er arbeitet als Arzt und verteilt Gemüsesamen. Danach beschließt er, nach Lulimba zu gehen, um Lambert neue Hinterhalte vorzuschlagen und die Möglichkeit eines Angriffs auf die Ortschaft zu prüfen, da sie gemäß der erbeuteten Gehaltsliste nur von 53 Mann verteidigt wird. Am 14. September bricht er auf. *Es war ein bewölkter Tag mit zeitweiligen Regengüssen, was uns nur langsam vorankommen ließ. Wir waren gezwungen, in einem der verlassenen Häuser Unterschlupf zu suchen, die es massenweise auf der Route gab.*

Che setzt die Erkundung fort, bis er schließlich nach La Misión kommt, eine verlassene protestantische Kirche, wo sie von Beobachtern entdeckt und mit Kanonen und Granatwerfern beschossen werden. Dort verbringen sie die Nacht. Am nächsten Tag kommen sie an die vorderste Frontlinie: Verlauste Hütten stehen am Wegesrand, es gibt weder Schützengräben noch Unterstände, nur ein paar Flak-Geschütze und Panzerfäuste. *Die Schützengräben bereiteten mir immer Kopfzerbrechen, da die kongolesischen Soldaten es aus irgendeinem Aberglauben ablehnten, sich in von ihnen selbst ausgehobene Gräben zu legen, und so keinerlei effektive Verteidigungsanlagen gegen Angriffe einrichteten. Der Vorteil der Stellung lag darin, daß man vom steilen Abhang aus den Weg im Griff hatte, der sich in langen Serpentinen die Hügel hinaufwand, von wo aus man mit Leichtigkeit eine Truppe angreifen konnte, die heraufkommen wollte (...). An der Sperre waren nur wenige Leute und es gab keinen Befehlshaber.* Sie sagen ihnen, Lambert sei mit einer kranken Tochter in Fizi. Seit anderthalb Monaten sei er aus dem einen oder anderen Grund nicht mehr im Lager gewesen. Che spricht mit der Truppe, einem Haufen von weniger als hundert Mann, die nicht einmal alle Waffen haben. *Ich ließ meine übliche Schimpfkanonade los: Bewaffnete Männer seien keine Soldaten, sondern eben nur bewaffnete Männer; der revolutionäre Soldat müsse erst im Kampf entstehen, aber hier oben gäbe es keinen Kampf. Ich for-*

derte sie auf hinunterzugehen, Kongolesen und Kubaner unter den gleichen Bedingungen, da wir gekommen wären, um die Unannehmlichkeiten des Kampfes gemeinsam zu ertragen. Dies würde sehr schwierig; es könne kein schneller Frieden erwartet werden und ein Sieg wäre ohne große Opfer nicht zu erlangen. Ich erzählte ihnen auch, daß die „Dawa" gegen die modernen Waffen nicht immer wirksam und daß der Tod ein ständiger Begleiter im Kampf wäre. All dies sagte ich in meinem primitiven Französisch, das von Charles Bemba ins Kibembe übersetzt wurde, die andere Sprache dieser Gegend.

Alexis, ein kongolesischer Kämpfer, erinnert sich: „Ich konnte nicht verstehen, daß ein Weißer kam und uns Schwarzen helfen wollte, wo unser Kampf doch gegen die Weißen ging. Andere Leute dachten noch schlechter über ihn als ich. Wir konnten uns nicht vorstellen, für die Befreiung unseres Landes zu kämpfen, ohne gegen die Weißen zu kämpfen. Wir wußten eigentlich nicht genau, wofür wir kämpften. Unsere Führer wollten bequem wie Präsidenten eines Landes leben, aber sie waren noch keine Präsidenten. Die meisten von ihnen kamen nicht einmal an die Front, um zu erfahren, was wir benötigten und wie es um den Krieg stand. Sie wollten nur bequem leben."

Ches Erkundungsgang führt ihn bis in das Gebiet von Fizi, wo *es nun das Wichtigste war, die „Show" zu organisieren; General Maulana zog seine Kriegstracht an: einen Motorradhelm mit einem Leopardenfell überzogen, was ziemlich lächerlich aussah und weswegen Coello ihn „Kosmonaut" nannte (...). In Mbolo wurde das Personal ausgetauscht; die Soldaten, die im Begleitfahrzeug kamen, sollten die anderen ersetzen, die zum Urlaub nach Fizi gingen; eine Militärparade wurde abgehalten und General Maulana hielt eine Rede. Dort erreichte die Lächerlichkeit eine chaplineske Dimension; ich hatte das Gefühl, eine schlechte, langweilige und armselige Komödie zu sehen. Die Befehlshaber schrien ihre Kommandos, stampften mit den Füßen auf den Boden, vollzogen fürchterliche Kehrtwendungen und die armen Soldaten marschierten hin und her, zogen im Aufmarsch vorbei und verschwanden wieder. (...) Noch in dieser Nacht kehrten wir nach Fizi zurück.*

Die Präsenz des Feindes, die bisher rein passiv war, wird nun langsam spürbar. Die Bombardements nehmen zu, Bauernsiedlungen werden mit Maschinengewehrfeuer belegt, es werden Flugblätter abgeworfen, auf denen die Mobutu-Regierung den Bauern Kopfgeld für die kubanischen Ausbilder und Gnade für diejenigen anbietet, die die Waffen niederlegen. *Sie warfen die Flugblätter ab, nachdem sie bombardiert hatten, und verbreiteten Terror; dies scheint die Standardmethode der repressiven Armeen zu sein.* Diese Luftpräsenz hängt mit einer Finanzhilfe von 200 Millionen Dollar aus den USA und der Ankunft von CIA-Beratern zusammen. Es sind auch Söldner aus den USA gekommen, Kubaner, die an der Schweinebucht-Invasion teilgenommen hatten, Soldaten aus Rhodesien und Südafrika – eine Operation, über die ein CIA-Mann sagte: „Wir brachten unsere eigenen Tiere mit."

Diese Flugzeuge bombardieren Ches Stellung und verletzen mehrere Bauern in einem Dorf. Währenddessen besteht der Kommandant auf dem Vorhaben, einen Angriff zu wagen, um die Kräfte der Regierungsarmee zu testen, aber es gelingt ihm nicht, die kongolesischen Kräfte der Gegend zu reorganisieren.

In der Umgebung von Force, wo sich Dreke befindet, sind einige der Hinterhalte erfolgreich. Dreke übermittelt Che die guten Nachrichten und schickt ihm nebenbei die Bücher, die Guevara angefordert hat: die „Ilias" und die „Odyssee".

Che hat zur Zeit 35 Mann einschließlich Aragonés, der in aller Würde den mühsamen Marsch durchgestanden und sich den Respekt der mißtrauischen Kubaner erworben hat. Der Kommandant sieht sich mit einer schrecklichen Zwickmühle konfrontiert: Wenn er eine Kampffront schaffen will, die diesen Namen verdient, dann muß er die kubanische Kolonne zusammenziehen, aber wenn er sie zusammenzieht und die kubanischen Berater auch nur eine der Fronten verlassen, dann *wird alles sofort wieder, wie es früher war.*

In den letzten Septembertagen beginnt in der Gegend von Fizi-Baraka die erwartete Offensive der Regierungstruppen mit 2.400 Mann unter dem Kommando eines Söldnerobersten, der als „der verrückte Hoare" bekannt ist. Dreke ist der Meinung, daß der Angriff vom See her kommen wird, um ihnen die Verbindung zum Ausland abzuschneiden, aber dies sollte nicht der Fall sein. Die Kongolesen ziehen sich zurück. Dreke hält mit acht Mann die Stellung, aber am Ende müssen auch sie sich zurückziehen. Martínez Tamayo stellt sich in Front de Force den Panzern entgegen. Es gelingt ihm, einen von ihnen zu zerstören, aber er muß den Hinterhalt auflösen, da die meisten kongolesischen Soldaten fliehen. Ein paar Tage später wiederholt sich die Geschichte.

Che ist in einer schlechten Position und hat Probleme mit der Lebensmittelversorgung. Er befindet sich im Niemandsland in der Nähe des Kiliwe-Baches und hat Kontakt zu Bauern aufgenommen, die bereit sind, sie zu versorgen, ohne dafür Geld zu nehmen, die aber selbst sehr wenig Nahrung haben. Obwohl ihm seine Intuition sagt, daß die Regierungsoffensive bevorsteht, gibt er die Hoffnung nicht auf, eine Kolonne ohne all die negativen Eigenschaften der kongolesischen Guerillaarmee zu schaffen, *eine unabhängige, bestens bewaffnete und gut ausgerüstete Kolonne, die gleichzeitig als Stoßtrupp und als Modell dienen soll. Wenn wir dies erreichen, werden sich die Aussichten beträchtlich verändern; wenn es aber nicht klappt, dann wird es unmöglich sein, eine revolutionäre Armee aufzubauen; die Haltung der Führer verhindert dies.* Masengo ist mit Ches Vorstellung einer von Lamberts Führung unabhängigen Kolonne einverstanden. *Wir werden eine Art Kämpferakademie gründen. Ich zog Bauern als Schüler vor und Mujumba verpflichtete sich, deren Anzahl auf 60 zu erhöhen, aber wir mußten Soldaten von verschiedenen Fronten hinzuziehen, eine Sache, die mir nicht sehr gefiel. Außerdem werden wir einen effektiveren Generalstab schaffen, der es möglich machen soll, alle Fronten operativ zu leiten. Ich war auch einverstanden, Fernández Mell als Berater für die Arbeit im Generalstab und Aragonés für die politische Organisation zu entsenden.*

Die Ankunft einer neuen kubanischen Abordnung unter der Führung des Gesundheitsministers Machado Ventura, der Briefe und eine Botschaft von Fidel mitbringt, verschafft Che Informationen über die Ereignisse im Ausland.

Ich erfuhr etwas über die langen Gespräche, die Soumaliat und seine Kollegen mit Fidel geführt hatten; die Leute aus dem Revolutionsrat erzählten in ihren Berichten nicht die Wahrheit. Ich nehme an, halb, weil dies in diesen Fällen immer passiert, halb, weil sie überhaupt nicht wußten, was sich im Landesinnern abspielte (...). Tatsache ist, daß sie ein idyllisches Bild zeichneten: überall bewaffnete Gruppen, Einheiten im Urwald, ständige Kämpfe. (...) Kuba hatten sie die Zusage abgerungen, 50 Ärzte zu schicken, und Machadito kam, um die Bedingungen zu erkunden. Che kommt mit Machado zum Schluß, daß es keinen Sinn hat, die 50 Ärzte zu schicken.

Am 5. Oktober findet auf einem Hügel zwischen Fizi und Baraka ein entscheidendes Treffen statt. Es beteiligen sich: Masengo, Mujumba (der Gesundheitsminister) und einige zweitrangige Führer wie Ile Jean, Calixte und Lambert. Che stellt die kubanischen Kader vor: Machadito, Aragonés, Dreke, Martínez Tamayo. Che liest den kongolesischen Führern die Leviten: Disziplinlosigkeit, Grausamkeiten und Parasitentum der Armee; die Abwesenheit Kabilas und die Tatsache, daß auch die Stellvertreter nie an der Front präsent sind. Er bildet einen gemeinsamen Generalstab, ernennt Fernández Mell zum Generalstabschef, Victor Shueb Colás zum Informationschef, Palacio zum politischen Chef; Aragonés wird Ches Hauptadjutant.

Danach halten die Kubaner ihre eigene Versammlung ab, in der Aragonés Che vorwirft, daß *ich für die Probleme im Kongo praktisch keine Lösung gefunden habe; ich hatte über alle negativen Aspekte gesprochen, aber nicht über die positiven Möglichkeiten, die der Guerillakrieg bietet. Die Kritik war gerechtfertigt.* Es sollte das einzige Mal sein, daß Che in die Sünde des Pessimismus verfällt. Tage später, in direktem Kontakt mit dem Krieg im Kongo, geraten Aragonés und Fernández Mell in heftigen Streit mit ihm und nehmen die Gegenposition ein. Beide erinnern sich Jahre später an die Diskussion. Fernández Mell: „Wir sagten ihm, daß in Kuba ein ganzes Volk gegen Batista gewesen war, und hier gäbe es weder ein Volk, noch sei es gegen irgendetwas." Che gibt zu, mit beiden *oft verschiedener Meinung* gewesen zu sein, *und manchmal unterschied ich mich von ihnen gewaltig in der Einschätzung der Situation, aber sie hielten mir immer die Treue, ohne jegliche Falschheit.* Und Aragonés faßt zusammen: „Wir verstanden überhaupt nicht, was zum Teufel er dort wollte."

Auch im Rest der kubanischen Guerillakolonne herrschen Zweifel. Che tritt ihnen entgegen und geht den Gerüchten nach, daß *die Kubaner nur deshalb noch im Kongo seien, weil Fidel die wirkliche Situation nicht kannte (...). Ich konnte von ihnen auch nicht verlangen, auf meine Führungskompetenz zu vertrauen, aber sehr wohl konnte ich als Revolutionär verlangen, daß sie meine Anständigkeit respektierten. (...) Ich würde niemanden meines persönlichen Ruhmes wegen opfern. Wenn es stimmen sollte, daß ich gegenüber Havanna nicht die Meinung vertreten habe, alles sei verloren, dann nur, weil ich nicht dieser Auffassung war.*

Tatsache ist, daß nur die Treue gegenüber Che die Gruppe aufrechterhält. *Die romantische Zeit war vorbei, wo ich den Undisziplinierten drohen konnte, sie nach Kuba zurückzuschicken; wenn ich dies heute getan hätte, wäre mit viel Glück nur noch die Hälfte der jetzigen Mannschaft da.*

In diesen Tagen fällt Baraka kampflos. Che stopft die Löcher, schickt Fernández Mell nach Fizi, stärkt die Front von Terry und die von Force, reorganisiert die Akademie mit 50 Kämpfern von allen Fronten und schreibt einen langen Brief an Fidel: *Ich habe Deinen Brief erhalten. Er hat bei mir widersprüchliche Gefühle ausgelöst, da wir im Namen des proletarischen Internationalismus bereits viele Fehler begangen haben, die uns teuer zu stehen kommen können. Außerdem mache ich mir persönlich Sorgen, daß man aus Mangel an Ernsthaftigkeit beim Schreiben, oder weil Du nicht alles richtig verstehst, denken könnte, ich würde an der schrecklichen Krankheit des grundlosen Pessimismus leiden (...). Ich sage Dir nur, daß ich hier meinen Ruf verloren habe, objektiv zu sein, da ich, nach Ansicht meiner Vertrauten, einen Optimismus vertrete, der angesichts der wirklichen Situation jeder Grundlage entbehrt. Ich kann Dir versichern, wenn ich nicht wäre, hätte sich dieser schöne Traum bereits vollständig in einer allgemeinen Katastrophe aufgelöst.*

Er macht ihm klar, daß sie keine Männer brauchen, sondern Kader, denn *wir haben zu viele bewaffnete Männer, aber es fehlt an Soldaten*. Und er informiert ihn sehr ernsthaft über die Unverantwortlichkeit und den mangelnden Kampfeswillen der kongolesischen Führer, ihre mangelnde Aufrichtigkeit, ihre Distanz zum wirklichen Kampf und die allgemeine Katastrophe, die im Kongo herrscht. Er warnt ihn davor, Geld zu schicken, denn dies würde nicht dem Kampf dienen: *Wir können nicht allein ein Land befreien, das nicht kämpfen will. Dieser Kampfgeist muß erst geschaffen werden, die Soldaten müssen mit der Laterne von Diogenes und der Geduld von Hiob gesucht werden, eine Aufgabe, die immer schwieriger wird, je mehr Idioten diese Leute für ihre Zwecke finden.*

Seltsamerweise ist der Hyperoptimist Che in den Augen Fidels jetzt ein Pessimist.

Kapitel 43
★
Das allgegenwärtige Gespenst (II)

Während des Volksaufstands in der Dominikanischen Republik wurde aus Miami eine bezüglich Namen, Datum und Ort außerordentlich genaue Darstellung verbreitet, daß Che sich im Lande befände. Er sei in einem Fischerboot aus Santiago gekommen. Dieselbe Quelle behauptete, daß er bei Kämpfen in den Straßen von Santo Domingo gesehen worden und bei einer der Auseinandersetzungen gestorben sei.

Während der Intervention der Marines meldete ein US-Radiosender, daß ein kubanisches Mini-U-Boot mit zwei Mann Besatzung auf der Insel gelandet sei, und den Gerüchten nach sei einer von ihnen Che.

Es wurde auch behauptet, daß kubanische Agenten für eine Desinformationskampagne einen Geheimbericht in das Büro von Imbert Barreras, Mitglied des USA-freundlichen Militärtriumvirats, eingeschmuggelt hätten, demzufolge Che in einer Straße der Ciudad Nueva* gestorben sei, als er unter dem Befehl von Caamaño im dominikanischen Aufstand kämpfte.

Ches Gespenst galoppierte über den Planeten.

Der CIA war in seiner eigenen Organisation von Desinformation durchsetzt, und damit auch die gesamte US-Regierung. Die Geheimdienstberichte, die unter den Beratern von Präsident Johnson zirkulierten, begannen mit Notizen wie: „Walt, ich schicke Dir einen weiteren Beitrag zur wachsenden Mythologie über den Aufenthaltsort von Che Guevara."

Der CIA hatte sich auf die Version festgelegt, nach der Meinungsverschiedenheiten mit Fidel zum Ende von Che geführt hätten und er „in der Folge in Kuba verhaftet und exekutiert worden ist" (laut Marchetti, einem der Fleißigen der „Company"), und dennoch verbreitete er neue Geschichten über die Verrücktheit von Che, erfand Gerüchte über seinen Aufenthalt in Lateinamerika und sammelte Versionen, nach denen er in Warteposition sei.

Einige CIA-Chronisten begannen Informationen über die kubanische Präsenz im Kongo zusammenzutragen, und jemand legte nahe, daß Che dort sein könnte, aber der Gedanke wurde wieder fallengelassen.

„France Presse" meldete, daß es bei einem Streit zwischen Fidel und Che zu einer Schießerei gekommen und Che gestorben sei. Die Geschichte wurde von einer trotzkistischen Zeitung bestätigt. Die peruanische Zeitung „La Prensa" verbreitete das Gerücht, daß Che von den Sowjets wegen seiner pro-chinesischen Orientierung eliminiert worden sei.

Unter deren Druck und wegen einer Menge weiterer Gerüchte steigt Fidel am 3. Oktober beim öffentlichen Gründungsakt des Zentralkomitees der zukünftigen Kommunistischen Partei Kubas aufs Podium. In seiner Hand hält er fünf kleine Zettel und eine Maschinenabschrift. Im Saal herrscht große Spannung. Er beginnt seinen Beitrag: „In unserem Zentralkomitee fehlt eine Person, die im höchsten Grade alle nötigen Verdienste und Tugenden hat (...). Um sie herum hat der Feind tausend Spekulationen aufbauen können, er hat versucht, Verwirrung zu stiften und Zwietracht und Zweifel zu säen, und geduldig haben wir abgewartet, denn wir mußten abwarten ..." Er fängt an, den Abschiedsbrief vorzulesen, den Che ihm im April gegeben hat. Nach dem Ende bricht tosender Beifall aus, Fidel versucht die Rede wiederaufzunehmen, aber der Beifall wird lauter und dauert eine Ewigkeit.

Fidel gab Jahre später zu: (Ches Abschiedsbrief bekanntzugeben) „war eine unumgängliche politische Notwendigkeit".

* „Neustadt", Stadtteil von Santo Domingo

Kapitel 44
★
Debakel

Während die zentrale Basis der Kubaner bombardiert wird und auf dem Tanganyika-See Schnellboote des CIA mit Anti-Castro-Kubanern am Steuer patrouillieren, die vorher in der Karibik am schmutzigen Krieg gegen Kuba beteiligt waren, *nimmt der Feind* am 12. Oktober *Lubonja im Triumphzug ein. Die Kräfte von Lulimba konnten sich mit den in Baraka gelandeten Truppen vereinigen.* Die Regierungsoffensive zielt darauf, den Tanganyika-See zu sperren. Che schickt eine Nachricht an Dreke, der versucht, den Angriff aufzuhalten: *Hier schicke ich dir alles, was ich habe, den Rest mußt du leisten.* Dreke berichtet: „Spannungen zwischen uns und einigen Kongolesen. Die feindliche Propaganda hat bei ihnen funktioniert. Es wurden Radiosendungen auf Suaheli übertragen. Ein Verrat, ein Angriff von innen heraus war möglich. Wir waren besorgt um die Sicherheit Ches." *Ich gab strenge Anweisungen und jeder Kongolese, der keinen ausdrücklichen Befehl oder irgendeinen Auftrag hatte, wurde sofort entwaffnet. Am nächsten Tag hatte ich eine beträchtliche Kriegsbeute, als ob alle Hinterhalte erfolgreich gewesen wären*: eine 75-mm-Kanone, Granatwerferteile, Munition, ein Flakgeschütz, fünf Schnellfeuergewehre, Granaten, ungefähr hundert Gewehre. Danach beginnt die Auswahl der Truppe, die Che nicht sehr überzeugt.

Am nächsten Tag stoßen 300 Askaris in die Umgebung von Baraka vor und die Front bricht zusammen. *Das Verhalten unserer Männer war mehr als schlecht; Waffen, für die sie verantwortlich waren, wie z.B. Granatwerfer, ließen sie in der Obhut der Kongolesen, wo sie verlorengingen. Sie zeigten keinerlei Kampfgeist, dachten wie die Kongolesen nur daran, ihr Leben zu retten, und der Rückzug war dermaßen desorganisiert, daß wir einen Mann verloren.*

Die politische Situation ändert sich, Premierminister Tschombé fällt einem Militärputsch zum Opfer. Die Propagandakampagne, die den Rebellen Frieden anbietet, wird stärker. Kasavubu, der zum Präsidenten ernannt worden ist, nimmt Tage später in Accra an einer Versammlung afrikanischer Staatschefs teil und hält eine Rede, in der er Annäherung signalisiert, um die antikoloniale Front zu brechen. Er kündigt eine Versöhnung mit Kongo-Brazzaville an, und zum Problem der Söldner sagt er, diese seien von der Sezessionistenregierung in Katanga herbeigeholt und so der Zentralregierung vererbt worden. Er verpflichtet sich, die Söldner in ihre Länder zurückzuschicken. Mobutu, der starke Mann hinter dem Putsch, schwächt aus dem Kongo die Erklärungen Kasavubus ab und verteidigt die Söldner, die er als Idealisten bezeichnet. Er sagt, wenn sie gehen müßten, würden sie mit allen Ehren gehen, die sie verdienten. Aber die politische Falle zur Isolierung der Reste des Lumumbismus und damit auch von Ches Guerilla ist gestellt.

In einer Atmosphäre der Verwirrung, dem Vorspiel zur völligen Auflösung, wechselt Che das Lager, das nun *eine Stunde Fußmarsch vom vorhergehenden entfernt liegt, in den ersten Ausläufern des Gebirges, aber noch in der Ebene,* und arbeitet weiter daran, eine gemischte Kolonne mit den Kubanern und den besten kongolesischen Truppen aufzustellen. *Ich wußte nicht, was geschehen würde, aber ich war entschlossen, den Kampf bis zum letzten Moment weiterzuführen.*

In einer Versammlung mit den Kubanern *fragte ich, wer noch an die Möglichkeit eines Sieges glaubte, und nur Dreke und Martínez Tamayo hoben die Hand (...). Ich löste die Versammlung in der Überzeugung auf, daß nur sehr wenig Leute mich in meinem Traum begleiten würden, eine Armee aufzubauen, die die kongolesischen Waffen zum Sieg führt, obwohl es ziemlich sicher war, daß es Männer gab, die bereit waren sich aufzuopfern, wenn sie auch glaubten, ihr Opfer sei nutzlos.*

Am 24. Oktober sind sechs Monate seit Ches Ankunft im Kongo vergangen. Eine Gruppe von Kongolesen sucht in der Umgebung des Lagers nach Zinkblechen, um sich gegen den Regen zu schützen; ungefähr eine Stunde vergeht, bis man Gewehrfeuer und danach starken Granateneinschlag hört; die überraschten Kongolesen sind auf die heranrückende Armee gestoßen. Dreke erzählt: „Gegen ein oder zwei Uhr nachmittags gehe ich auf die Toilette, verrichte mein Geschäft, bin fertig, bin fast fertig, da höre ich eine Riesenschießerei aus der Richtung der Hütte, wo Che zuvor gelesen hat. Ich mache, daß ich hoch zur Hütte komme. Da sehe ich Che, wie er zusammen mit Martínez Tamayo um sich schießend rückwärts herunterläuft ... die Soldaten sind schon mitten im Lager."

Die Kongolesen, die noch nicht geflüchtet sind, gehen den Medizinmann suchen, damit er ihnen die Dawa macht. *Ich begann mit Ziwas Kompanie, welche den Vorposten bilden sollte, die Verteidigung zu organisieren. Wir trafen Vorbereitungen, um den Soldaten einen gebührenden Empfang zu bereiten. Plötzlich meldeten mir einige Kameraden, daß von den Bergen mehrere Kontingente feindlicher Soldaten kämen, um uns zu umzingeln. Ich konnte sie nicht sehen und fragte, wieviele es wären. Viele, war die Antwort; es war nicht möglich herauszubekommen, wieviele genau, sondern es hieß nur: eine ganze Menge. Wir waren in einer schwierigen Situation, denn sie konnten uns den Rückweg abschneiden (...). Ich schickte einen Trupp unter der Führung von Rebocate los, damit sie so weit oben wie möglich die Soldaten angriffen, um zu versuchen, sie dort aufzuhalten.*

Mein Dilemma war folgendes: Wenn wir hier blieben, konnten wir umzingelt werden, wenn wir uns aber zurückzogen, verloren wir das Munitionsdepot und die ganze Ausrüstung, die uns geblieben war, zwei 60-mm-Granatwerfer, einen Radiosender usw. Wir hatten nicht genug Zeit, um überhaupt irgendetwas mitzunehmen. Ich zog es vor, daß wir uns dem Feind stellten, und hoffte sie aufzuhalten, bis es Nacht würde und wir uns zurückziehen könnten. Wir lagen gespannt auf der Lauer, als der Feind auf dem erwarteten Weg gegenüber der Straße nach Lulimba auftauchte, und nahmen ihn unter Beschuß. Es verging jedoch kaum eine Minute, da kam schon ein Kamerad angelaufen. Er schien eine schwere Verletzung zu haben, doch es war nur der Rückstoß einer Panzerfaust gewesen. Er mel-

dete, daß die Soldaten bereits den Vorposten erreicht hätten, und der hätte sich aufgelöst. Ich mußte sofort den Befehl zum Rückzug geben.

Che kämpft im Stehen. Er bemerkt ein paar kubanische Kameraden, die ihn schützen wollen, und sagt zu ihnen: *Ich bin doch nur ein Kommandant.* Azima, Victor Shueb und Bahaza decken den Rückzug, indem sie die Söldner unter Beschuß nehmen. Bahaza wird verletzt. Rebocate stellt fest, daß die Vorposten, die sie angeblich flankieren, in Wirklichkeit Bauern auf der Flucht sind. *Ich persönlich war furchtbar deprimiert; ich fühlte mich wegen Schwäche und mangelnder Voraussicht an dieser Katastrophe schuldig.* Das Munitionsdepot, die Granatwerfer, das Maschinengewehr und der chinesische Radiosender gehen verloren.

Mehrere Tage lang ist die Gruppe aufgesplittert. Che hat noch 13 Mann. *Einen mehr als Fidel damals hatte, aber er war ein anderer Führer. Wir waren: Dreke, Villegas, Coello, Chamaleso und ich.* Bei Einbruch der Nacht kommen sie in ein verlassenes Bauerndorf, *und wir nahmen uns ein paar wohlgenährte Hühner mit der Einstellung, daß am nächsten Tag, wenn der Feind kam, sowieso alles verloren war. Bahaza hatte eine Schußverletzung; eine Kugel hatte ihm den Oberarm und eine Rippe völlig zersplittert und war in der Lunge steckengeblieben. Seine Verletzung erinnerte mich an die eines Kameraden, den ich vor Jahren auf Kuba behandelt hatte und der wenige Stunden später gestorben war. Bahaza war stärker, seine mächtigen Knochen hatten das Geschoß abgebremst, das anscheinend nicht bis zum Mittelfell gekommen war, aber große Schmerzen verursachte. Wir schienten ihn, so gut es ging, und begannen einen sehr mühsamen Aufstieg über steile Berge, die wegen des Regens glitschig waren. Die Männer waren sehr erschöpft, mußten jedoch schwere Lasten tragen (...). Wir brauchten sechs Stunden, um Bahaza zu transportieren; es waren sechs schreckliche Stunden. Die Männer schafften es nicht länger als zehn oder fünfzehn Minuten, den Verletzten auf ihren Schultern zu halten, und es wurde jedes Mal schwieriger, sie auszutauschen. (...) Aus unserer Position konnten wir unzählige Feuer sehen, denn die Soldaten zündeten alle Bauernhütten an.*

Mena, einer der Kämpfer, berichtet: „Am 25. sagte Che zu Bahaza, daß er ihm als Erinnerung eine Röntgenaufnahme machen würde, denn er hielte sich sehr gut.“ *Am Morgen des 26. Oktober kam der Krankenpfleger, um mir mitzuteilen, daß Bahaza, nach einer akuten Krise und nachdem er sich den Verband heruntergerissen hatte, gestorben sei. (...) Wir begingen das feierliche und traurige Ritual, eine Grube auszuheben und den Kameraden Bahaza zu beerdigen. Es war der sechste Mann, den wir verloren hatten, und der erste, dessen Leichnam wir unsere Ehre erbieten konnten. Dieser Leichnam war, wie sein Verhalten während unserer Flucht, eine stumme und kraftvolle Anklage gegenüber meiner fehlenden Voraussicht, meiner Dummheit.*

Als unsere kleine Truppe von Besiegten versammelt war, verabschiedete ich den Schmerz fast in einem Selbstgespräch voller Vorwürfe gegen mich selbst. Ich gab die Fehler zu, die ich gemacht hatte, und erklärte, was vollkommen stimmte, daß von allen Todesfällen im Kongo der von Bahaza der schmerzlichste war. Er war der Genosse, den ich wegen seiner Schwäche getadelt hatte, und er hat-

te durch sein Verhalten wie ein wahrer Kommunist geantwortet. Ich aber hatte meiner Verantwortung nicht Genüge getan und war schuld an seinem Tod. Von meiner Seite aus wollte ich mit mehr Arbeit und mehr Begeisterung als zuvor alles tun, was mir möglich war, um diesen Fehler wieder gutzumachen.

Sie schlagen in Nabikumo ihr Lager auf, zehn Stunden vom See und der oberen Basis, anderthalb Tage von Kazima und zwei Stunden von der Sperre von Lubonjo entfernt. Die kongolesischen Führer machen Stimmung gegen die Kubaner und sagen, sie seien Marionetten, aber ein Bauer verteidigt sie. *Er sagte allen, die es hören wollten, es sei niederträchtig, uns mit den Belgiern zu vergleichen (...), niemals hätte er einen Weißen gesehen, der mit seinen Soldaten sein Essen aus dem Napf gegessen hätte, und zwar die gleiche Portion wie die anderen auch.* Der Druck der Kongolesen nimmt zu. Ile Jean und ein gewisser Hussein führen die Kritik an. Sie machen sich über die Kongolesen lustig, die in der Gruppe der Kubaner sind, denn dort müssen sie arbeiten. Es gehen Gerüchte um, daß die Minen, die zahlreiche Verletzte gefordert haben, von den Kubanern gelegt worden seien. *Diesem Vorfall, so verachtenswert er auch war, mußten wir dennoch mildernde Umstände zugestehen, da wir die Führer wegen ihrer Ignoranz, ihres Aberglaubens und ihres Minderwertigkeitskomplexes wirklich hart behandelt hatten. Das waren Wunden, die ihre Empfindlichkeit verletzt hatten, und dazu kam vielleicht die für ihre kleinliche Mentalität schmerzhafte Tatsache, daß ein Weißer sie wie in den bösen Zeiten zurechtwies.*

Che zieht einen Teil der Truppen zusammen und beordert eine Gruppe als Verstärkung zum Lager am See. Er schickt eine Nachricht an Fernández Mell: *Der Verfall der Truppe ist schrecklich und alle wollen zum See abhauen; wahrscheinlich tauchen viele von ihnen bei dir auf, schick sie mir sofort mit viel Munition zurück.* Als Antwort schlagen ihm Fernández Mell und Aragonés vor, die ganze Kolonne zusammenzuziehen, da er sonst von ihnen abgeschnitten werden könne.

In jenen Tagen verkündet der kongolesische Rundfunk wiederholt den Tod Che Guevaras. Gibt es irgendeinen Spion? Handelt es sich um eine reine Propagandamaßnahme ohne jegliche Grundlage? Die Nachricht dringt nicht einmal zur internationalen Presse durch.

Die Auflösung der Front wird durch gute Nachrichten aus der Gegend, wo Santiago Terry kämpft, gemindert. Seine Kolonne hat die Regierungskräfte zweimal besiegt, obwohl er dauernd mit dem kongolesischen Befehlshaber in Streit gerät und 60% der afrikanischen Soldaten desertiert sind. *Sie hatten dort einen Geheimbericht abgefangen, in dem mit ziemlicher Genauigkeit die Stellungen der Kubaner und der Rebellen aufgeführt waren. Er legte auch die für die Offensive aufgebotenen Kräfte offen, die Unterstützung zu Luft (Wigmo, vier T-28 und zwei B-26 von einer Basis in Albertville) und zu See, vier PT-boats Ermens-Luka, deren Auftrag es war,* „die Überquerung des Sees durch Kräfte der Rebellen zu verhindern“. *Der Plan war, die gesamte Küste des Sees zu besetzen und alle unsere Stellungen in der Nähe von Kigoma zu zerstören.*

Am 30. Oktober bricht Che zur Basis auf und läßt Martínez Tamayo mit dem Auftrag zurück, die Stellung zu halten. Vorher haben ihn Aragonés und Fernández Mell wiederholt aufgefordert, die kubanischen Truppen zusammenzuziehen („Wie wir Dir im letzten Bericht mitgeteilt haben, gefällt uns die Position, in der Du Dich befindest, ganz und gar nicht; wir wissen, daß es Wege vom See aus gibt, die die Soldaten erobern und uns dadurch voneinander trennen können. Wir glauben, die beste Lösung besteht darin, dort, wo Du bist, eine Sperre zu errichten und das Gros der kubanischen Truppe hierher zu verlegen“).

Der Anblick, der sich mir bei meiner Ankunft in der Basis bot, war alles andere als vielversprechend; wir wußten, was der Feind vorhatte, aber wir hätten diese Dokumente gar nicht benötigt, denn es war ja ohnehin klar, und der Verfall der Truppe war schrecklich. Che scheint nur noch auf die Ruander von Mundandi zu zählen, aber deren militärische Situation ist katastrophal.

Seltsamerweise kannte Che die entmutigenden Berichte nicht, die US-amerikanische Geheimdienstler untereinander austauschten, in denen sie den Kongo nach Vietnam als das Land mit der größten Guerillaaktivität der Welt beurteilten und der Meinung waren, die Regierungstruppen allein seien unfähig zu gewinnen, weswegen die Intervention der USA verstärkt werden müsse.

Im Berglager von Luluaburg wird die Verteidigung organisiert. Che ist der Ansicht, daß ein Teil der Kolonne vielleicht evakuiert werden muß, und bespricht dies mit Dreke. Dabei entsteht die Idee, nur ungefähr fünfzehn Mann dort zu lassen, um von unten eine Guerilla zu bilden, die sich auf den langfristigen Aufbau einer Bauernarmee und nicht auf die katastrophale Kongolesische Befreiungsarmee stützt. Dreke bemerkt: „Che ging es gut, er war sehr schlank, ein wenig besorgt, was man ihm ansah, aber er verlor nicht den Mut. Sorge wegen des unterbrochenen Kontakts nach Daressalam.“

Am 1. November geht Che zum See hinunter. Gleichzeitig mit ihm trifft das Boot von Lawton ein. *Sein Kommen wurde bereits vorher durch Leuchtkugelspuren am Himmel angekündigt, da sich inzwischen eine richtige Seeschlacht entwickelt hatte, nachdem er von den Patrouillenbooten überrascht worden war. Er brachte einen Mann mit, der von einer Maschinengewehrkugel an der Hand verletzt worden war, Lawton selbst war vom Rückstrahl einer Panzerfaust, die seine Gefährten abgefeuert hatten, im Gesicht verletzt worden. Die kongolesische Schiffsbesatzung war stark eingeschüchtert und es gab Probleme, sie ein paar Tage später wieder zur Rückfahrt zu bewegen.*

Lawton überbringt eine besorgniserregende Botschaft, die aus Daressalam an Che gerichtet ist und in der mitgeteilt wird, daß die Nyerere-Regierung Rivalta zu sich gerufen und ihm gesagt habe, „angesichts der Entscheidung der afrikanischen Staaten über die Nichteinmischung in die inneren Angelegenheiten anderer Länder, auch derjenigen, die bisher die Befreiungsbewegung des Kongo unterstützt hätten, müßte die Art und Weise dieser Hilfe geändert werden. Sie bäten uns daher, als unseren Beitrag zu dieser Politik, unsere Kräfte zurückzuziehen. Sie erkannten an, daß wir mehr gegeben hätten als viele afrikanische Staaten, und sie würden der Kongolesischen Befreiungsfront momentan nichts darüber sagen. Falls wir uns aber nicht zurückzögen, würde der Präsident selbst deren Führer zusammenrufen und sie über die von den afrikanischen Staaten getroffene Entscheidung informieren. Eine entsprechende Information wurde bereits nach Havanna geschickt. Wir bitten um Deine Meinung."

Dies war der Gnadenschuß für eine todgeweihte Revolution. Gemäß der Anweisung sagte ich den kongolesischen Führern nichts davon und wartete, was in den nächsten Tagen passieren würde. Kurz darauf kommt die Antwort aus Havanna als Kabel von Fidel nach Daressalam, das von dort in den Kongo weitergeleitet wurde. „Wir müssen vor allem Absurditäten vermeiden. Wenn sich nach Ches Meinung unsere Präsenz nicht rechtfertigen läßt und nutzlos ist, dann müssen wir daran denken, uns zurückzuziehen. Ihr müßt entsprechend der objektiven Situation und der Stimmung unserer Männer handeln. Wenn Ihr der Meinung seid, bleiben zu müssen, werden wir versuchen, soviel Unterstützung an Menschen und Material zu schicken, wie Ihr für nötig haltet. Wir befürchten, daß Ihr irrtümlicherweise Angst habt, Eure Haltung könnte als defätistisch und pessimistisch betrachtet werden. Wenn Ihr beschließt, die Gegend zu verlassen, dann kann Che seine jetzige Position behalten und nach Kuba zurückkehren oder an einen anderen Ort gehen. Wir unterstützen jede Entscheidung. Vermeidet unnötige Opfer."

Am 4. November kommt eine neue Botschaft aus Daressalam, in der steht, daß sich die Söldner nicht aus dem Kongo zurückgezogen haben, und die damit schließt: „In diesem Falle wäre es Verrat, unsere revolutionäre Hilfe an die Kongolesen zurückzuziehen, außer wenn sie es verlangen oder beschließen, den Kampf aufzugeben." Die Nachrichten überkreuzen sich, aber die Botschaften sind gleichlautend. Che schreibt nach Daressalam zur Weitervermittlung an Fidel. Nachdem er ihn über den Stand des Krieges informiert hat, meint er: *Es gab einen Moment, in dem von der massiven Flucht aller kongolesischen Führer gesprochen wurde. Ich hatte beschlossen, in diesem Fall mit zwanzig ausgewählten Männern zurückzubleiben (die Ziege gibt nicht mehr Milch), den Rest auf die andere Seite zu schicken und solange weiterzukämpfen, bis sich dort etwas entwickelt hätte oder sich die Möglichkeiten erschöpften. Im letzteren Fall würde ich auf dem Landweg an eine andere Front gehen oder mich auf das unantastbare Asylrecht berufen. Bezüglich der letzten Nachricht war meine Reaktion die gleiche wie die von Fidel; wir können nicht von hier weggehen. Mehr noch, kein einziger Kubaner darf unter den vorgeschlagenen Bedingungen weggehen. Wir müssen mit den tansanischen Führern ein ernstes Wort reden, um die Dinge richtigzustellen.*

Dies sind meine Vorschläge: Eine ranghohe kubanische Delegation besucht Tansania oder Aragonés tut es von hier aus, oder eine Kombination von beidem. Die Fragestellung ist ungefähr folgende: Kuba hat, unter dem Vorbehalt der Zustimmung Tansanias, Hilfe angeboten, Tansania hat zugestimmt und die Hilfe wurde in die Tat umgesetzt. Sie war ohne Bedingungen und ohne Zeitbeschränkung. Wir verstehen die Probleme, die Tansania heute hat, aber wir sind mit der Vorgehensweise nicht einverstanden. Kuba zieht sich weder von seinen Verpflichtungen zurück, noch kann es akzeptieren, auf beschämende Weise die Flucht zu ergreifen und unsere Brüder im Unglück zurückzulassen, auf Gedeih und Verderb den Söldnern ausgeliefert. Wir würden den Kampf nur dann aufgeben, wenn die Kongolesen selbst uns aus berechtigten Gründen oder wegen des Kräfteverhältnisses darum bitten würden, aber wir kämpfen dafür, daß dies nicht geschieht.

Die militärische Situation in den ersten Novembertagen ist nur scheinbar stabil, die Auflösung setzt sich fort. Überall hört man Gerüchte, daß die Söldner und die Regierungstruppen zum See hin angreifen würden. Es handelt sich um südafrikanische und belgische Söldnertruppen mit ein paar Kubanern vom CIA und Unterstützung durch die alten Gendarmerietruppen von Katanga. Die Luftwaffe fliegt Angriffe. Es sind Schützengräben ausgehoben und Hinterhalte gelegt worden, aber die Auflösung der Truppe ist enorm. An der Front von Aly steigen die Spannungen, ein Bruch mit den Kongolesen steht kurz bevor. Martínez Tamayo schafft es mit knapper Not, daß ihm die Kongolesen aus seiner Gruppe nicht desertieren, und diese Demoralisierung wirkt sich auch auf die Kubaner aus, die davon sprechen sich zurückzuziehen.

Che denkt an einen Angriff in der Gegend von Kazima, aber er fürchtet, daß eine Niederlage *eine völlige Auflösung* zur Folge haben könnte *und die Moral noch weiter sinken würde; zuvor wollte ich mich des Besitzes einiger schwerer Waffen vergewissern, um ein dichtes Feuer auf den Feind aufrechterhalten und seinen Gegenangriff verhindern zu können.*

Die Auflösung der Front ist unvermeidlich. Die Ruander verlassen die Gegend von Front de Force und ziehen die Kubaner mit sich. Wenigstens tun sie dies geordnet und sammeln sich mit ihren Waffen in der Gegend von Nganja. Mundandi schickt Che eine Notiz: „Ich bin nicht in der Lage, die Stellung zu halten und ihre Verteidigung zu garantieren (...), ich bitte Sie, mich zu verstehen, ich habe beschlossen, den Rückzug anzutreten, ich lasse die kubanischen Kameraden nicht im Stich (...), ich kann nicht zulassen, daß alle ruandischen Kameraden vernichtet werden (...), ich habe versucht, dieser Revolution zu helfen, um in unserem Land auch eine machen zu können, aber wenn die Kongolesen nicht kämpfen wollen, sterbe ich lieber in meinem Land."

Angesichts dieser Situation schickt Che ein Telegramm nach Kuba: *Feindlicher Druck nimmt zu, Versuch See zu blockieren wird aufrechterhalten. Brauchen viel kongolesisches Geld um Isolierung zuvorzukommen. Offensive geht weiter und kommt voran. Es muß schnell gehandelt werden. Wir bereiten uns darauf vor, Basis zu verteidigen.*

Che verläßt sich jetzt auf Martínez Tamayo, der mit einer Gruppe Ruander unter seinem Kommando die Straße kontrolliert, die von Nganja direkt am See entlang führt, und auf Azima und die Kongolesen, die den anderen Zugang zur Basis verteidigen. Dreke ist beauftragt, die Verteidigung des Sees von Kazima aus zu organisieren, und Terry operiert in Kabimba.

Man beschließt die Evakuierung der Frauen und Kinder nach Kigoma und die Einrichtung einer geheimen Basis in Tansania für den Fall, daß sie abgeschnitten werden.

Um den 15. November herum befielt Che, Terrys Truppen in der Basis am See zusammenzuziehen, und erhält einen Bericht von Martínez Tamayo, daß aufgrund von Anzeichen eines feindlichen Vorstoßes auf Jungo „weder die Kongolesen noch die Kubaner ihre Positionen eingenommen haben". Die Verteidigung wird auf beiden Flanken von acht Kubanern gehalten. Sie glauben, ungefähr 400 Soldaten vor sich zu haben. Ein paar Stunden später erhält Che eine Nachricht, daß die Ruander weggegangen seien, vermutlich Richtung Heimat. Martínez Tamayo zieht sich zurück.

Che diskutiert mit seinem Generalstab: *Entweder machen wir eine elastische Verteidigung, geben Terrain auf und ziehen uns an einen anderen Punkt zurück, oder wir machen einfach eine starre Verteidigung und kämpfen bis zum Ende unserer Kräfte. Was wir nicht tun können, ist, mit verschränkten Armen dazustehen und darauf zu warten, daß die Soldaten bis zu einem anderen Ort vorstoßen und ihn uns kampflos nehmen; dies hätte zur Folge, daß noch mehr Männer desertieren. Diese Taktik oder dieser Mangel an Taktik würde dazu führen, daß wir alles verlieren würden und am Ende völlig desorganisiert wären.* Die Option wird diskutiert, aber für Che ist dies rein pädagogisch, er denkt, daß es nicht die geringste Möglichkeit für eine starre Verteidigung gibt. In der Nacht auf den 17. ordnet er einen weiteren Rückzug zum inneren Verteidigungsring an. Zusammen mit den Truppen ziehen sich kongolesische Kämpfer und Bauern mit Frauen und Kindern zurück.

Kapitel 45

★

Die letzten Tage jenes Novembers

Am 18. November analysiert Che die möglichen Ausweichgebiete, die ihnen bleiben, falls sie die Basis am See und in Luluaburg verlieren. Chamaleso, der die Entscheidungen von Frontführer Masengo übermittelt, sagt stellvertretend für die Kongolesen, sie seien dafür, den Kampf aufzugeben. *Ich antwortete ihm, daß dies eine sehr schwerwiegende Entscheidung wäre; es gäbe immer noch Männer in Fizi und in Mukundi, die an den dortigen Fronten aktiv seien; weiterhin gäbe es die Front von Uvira und die von Mulele; wenn wir weggingen, würden die feindlichen Truppen leichtes Spiel haben, diese Gruppen anzugreifen. Unsere Flucht würde zu ihrer Zersplitterung beitragen, denn wir wüßten, daß sie nicht die Kraft hätten, um der Regierungsarmee standzuhalten. Ich bat ihn, uns einen Brief zu übergeben, in dem Masengo diese Entscheidung erklärte. Tremendo Punto wirkte verwundert und etwas verletzt, aber ich bestand darauf und sagte ihm, es gäbe eine Sache namens Geschichte, die sich aus vielen Bruchstücken zusammensetze und umgedreht werden könne.*

Die Unterhaltung wird unterbrochen, denn in diesem Moment werden sie von der oberen Basis per Telefon benachrichtigt, daß die Regierungstruppen in drei Kolonnen und mit vielen Soldaten im Anmarsch sind und sich die Kubaner unter Beschuß kampflos zurückziehen.

Gerüchte, daß die Kongolesen den Rückzug beschlossen hätten, gehen im Lager um und das Chaos beherrscht alles. Che gibt nicht auf. Er berät sich mit den Leuten seines Vertrauens und schlägt vor, die Basis zu evakuieren und mit einer kleinen Guerilla das Land zu durchqueren, um sich im Norden mit den aufständischen Kräften Pierre Muleles zu vereinen. Aber dies würde einen Marsch von mehr als 1.000 Kilometern durch unbekanntes Gebiet bedeuten, durch dichten Urwald, ohne Ortskundige und ohne überhaupt zu wissen, was mit Mulele wäre, mit dem sie keine Verbindung aufnehmen könnten.

Che schickt ein Telegramm nach Daressalam: *Situation kippt, Bauern und ganze Truppenteile laufen zum Feind über. Es gibt keine zuverlässigen kongolesischen Truppen mehr. Ab heute kann unser Funkverkehr über den Hauptsender unterbrochen werden, halten dann mit Hilfssender Verbindung nach Kigoma aufrecht. Lawton wegen Motorschadens noch hier. Brauchen dringend Besatzung und Boot in gutem Zustand.*

Nachdem das Vorhaben, in den Norden zu marschieren, aufgegeben wurde, besteht Che darauf, mit einer kleinen Gruppe von Kämpfern im Kongo zu bleiben. Er schickt ein neues Telegramm nach Daressalam: *Wir denken daran, diesen Standort aufzugeben und in einem zweiten Schritt die meisten Kubaner zu evakuieren. Werden mit einer kleinen Gruppe bleiben, um das Ansehen Kubas zu verteidigen. Informiere Kuba.*

Monate später sollte er seine Vorstellung erläutern: *Meine Absicht war, die Kranken, die Schwachen und alle, die schlecht zu Fuß waren, wegzuschicken und mit einer kleinen Gruppe hierzubleiben, um den Kampf weiterzuführen. Im Hinblick auf dieses Ziel führte ich einen kleinen Test (...) unter den Gefährten durch, der entmutigende Ergebnisse hatte. Fast niemand war bereit, weiterzukämpfen, was meine Entscheidung hintertrieb ...*

Am nächsten Tag, dem 19. November, beginnt ein Teil der Kongolesen sich nach Fizi zurückzuziehen. Ohne Kontakt zum Boot, das aus Tansania losgefahren ist, bevor die Entscheidung zur Evakuierung bekannt wurde, beschließt Che, das Lager und alle Dokumente zu verbrennen; ohne daß es befohlen wurde, zündet jemand das Pulvermagazin an. *Wir beobachteten das Feuerwerk dieser mächtigen Ladung, die brannte und explodierte, vom ersten Bergrücken auf dem Weg nach Jungo aus, während wir auf die Nachzügler warteten. Es waren viele und sie kamen mit einer Müdigkeit daher, als wären sie Jahrhunderte marschiert, und mit einem besorgniserregenden Mangel an Vitalität. Sie hatten Teile schwerer Waffen zurückgelassen, um ihre Last loszuwerden, ohne sich darüber Gedanken zu machen, was eine Waffe bei einem Gefecht wert sein konnte. Es waren praktisch keine Kongolesen mehr in den Gruppen und die Kubaner mußten alles tragen. Ich bestand darauf, daß sie auf die für uns lebensnotwendigen Waffen aufpaßten, falls wir einem letzten Angriff standhalten mußten, und die Männer gingen schleppenden Schrittes weiter, machten viele Pausen wegen des Gewichts einer Kanone und eines Maschinengewehrs.* Aragonés erinnert sich: „Che hatte Coello gebeten, den Rucksack mit den Büchern zu holen. Coello schlug die Hände vors Gesicht und wollte heulen. Ich gab ihm die Erlaubnis, sie dort liegenzulassen, in Kuba wird es schon Bücher geben, mach dir keine Sorgen; der Rucksack wog 30 Kilo."

Wegen der Erschöpfung läuft alles wie in Zeitlupe ab. Gegen drei Uhr nachmittags telefonieren sie mit Lawton in der Basis am See in Tansania und fordern ihn auf, in den Kongo zurückzukommen, weil eine Evakuierung durchgeführt werde. *Als wir das „Roger" vom See hörten, veränderten sich die Mienen der anwesenden Kameraden, als ob ein Zauberstab ihre Gesichter berührt hätte. (...) Wir machten einen weiteren Versuch um sieben Uhr, aber er scheiterte; die Bedingungen am See erlaubten keine weitere Übertragung.*

Am 20. um 14 Uhr 30 schaffen sie es, eine neue Verbindung mit Kigoma herzustellen. *Lawton: Gesamtzahl der zu evakuierenden Männer knapp 200. Jeden Tag wird es schwieriger. Der Ort Sele, wo wir uns befinden, liegt 10 oder 15 Kilometer südlich von Kibamba.* Und bekommen die gewünschte Nachricht: „Tatu: Die Überfahrt wird diese Nacht stattfinden. Gestern gab uns der Beauftragte die Erlaubnis."

Während sie warten, trifft sich Che noch einmal mit Masengo, um die Evakuierung zu organisieren. In der Nacht nimmt eine Barkasse die ersten Kongolesen mit. *Für mich war es eine entscheidende Situation; zwei Männer (...) würden wir zurücklassen müssen, wenn sie nicht innerhalb weniger Stunden auftauchten; sobald wir gegangen wären, würde sich eine Flut von Verleumdungen innerhalb und außerhalb des Kongos über uns ergießen. Meine Truppe war ein heterogenes Konglomerat, nach meinen Erkundungen konnte ich bis zu zwanzig Leute auswählen, die mir, so wie die Dinge lagen, mit mürrischem Blick folgen würden. Und was sollte ich dann tun? Alle Führer zogen sich zurück und die Bauern waren uns zunehmend feindlich gesinnt. Aber es schmerzte mich zutiefst, das Feld komplett zu räumen und wegzugehen, wie wir gekommen waren, die Bauern dort ohne Verteidigung zurückzulassen, genauso wie die zwar bewaffneten, aber aufgrund ihrer geringen Kampfkraft hilflosen Männer, die besiegt waren und sich verraten gefühlt hätten.*

Für mich war es kein Opfer, im Kongo zu bleiben, nicht ein Jahr und auch nicht die fünf Jahre, mit denen wir unsere Leute in Schrecken versetzt hatten. Es war Teil einer Vorstellung vom Kampf, die völlig in meinem Kopf verwurzelt war. Ich konnte bestenfalls damit rechnen, daß mich sechs bis acht Männer ohne finstere Miene begleiteten, der Rest würde es aus Pflichtgefühl tun, einige aus persönlicher Verpflichtung mir gegenüber, andere aus moralischer Verpflichtung gegenüber der Revolution, und ich würde Leute opfern, die nicht mit voller Begeisterung kämpfen könnten.

In Wirklichkeit ging mir der Gedanke hierzubleiben bis in die letzten Stunden dieser Nacht durch den Kopf, und vielleicht habe ich auch nie eine Entscheidung getroffen, sondern bin wie die anderen auch einfach geflohen.

Fernández Mell erinnert sich, daß Che darauf bestand dazubleiben, und wenn ihn die von der Kongolesischen Befreiungsbewegung nicht gezwungen hätten zu gehen, wäre er auch geblieben. In der gespannten Lage machte er noch Witze: *Gut, Kameraden, die Situation hier ist genau richtig, um in einem patriotischen Durcheinander zu sterben.*

Da kommt eine Botschaft aus Kuba, in der Che gesagt wird, daß es verrückt sei, zu Mulele im Norden des Kongo stoßen zu wollen und daß „er mit allen Mitteln versuchen solle, dort heil herauszukommen".

Dreke erinnert sich: „Wir mußten die Evakuierung mitten in einer großen Menge kongolesischer Guerilleros und Zivilisten durchführen, die sich auf der Flucht vor den Belgiern, die alles dem Erdboden gleichmachten, hier gesammelt hatten. Es war eine beeindruckende Szene, denn in dieser Menge waren Verletzte, Kranke, Frauen und Kinder, alte Leute auf der Flucht. Um alle zu evakuieren, waren etliche Boote vonnöten, aber diese Boote gab es nicht."

An jenem Nachmittag des 20. November macht Che noch einen Versuch zu bleiben. Weil eine Gruppe von Kubanern noch nicht wieder aufgetaucht ist, sich vielleicht verirrt hat, besteht er darauf, auf sie zu warten. Es gibt eine harte Auseinandersetzung unter den kubanischen Verantwortlichen. Aragonés, dem Che die Mütze vom Kopf gerissen hat, sagt ihm, wenn es darum gehe zu sterben, solle er sich nach der Evakuierung an der Anlegestelle neben ihn setzen, um zu diskutieren, was Idealismus sei. Che gibt schließlich auf.

Unser Rückzug war eine reine Flucht und, schlimmer noch, wir waren mitschuldig am Betrug, durch den die Leute am Ufer zurückblieben. Andererseits, wer war ich jetzt? Ich hatte den Eindruck, daß meine Kameraden mich nach meinem Abschiedsbrief an Fidel als einen Mann aus anderen Breiten ansahen, als jemanden, der von den konkreten Problemen Kubas weit entfernt war, und ich wagte es daher nicht, von ihnen das letzte Opfer zu fordern, hier zu bleiben. So verbrachte ich die letzten Stunden einsam und ratlos.

Gegen 2 Uhr morgens tauchen die drei Boote von Lawton auf, angekündigt durch bengalische Feuer und ein Bombardement. Als erstes wird auf einem der Boote eine Kanone montiert. *Ich legte die Abfahrtszeit auf 3 Uhr fest; um halb sechs würde es hell sein und wir hätten schon die Hälfte des Sees hinter uns gebracht. Die Evakuierung begann; zuerst gingen die Kranken an Bord, dann der gesamte Generalstab von Masengo, vierzig Leute, die er ausgesucht hatte, schließlich alle Kubaner und dann begann eine schmerzhafte, klägliche und unrühmliche Szene. Ich mußte Menschen zurückweisen, die flehentlich darum baten, mitgenommen zu werden. Dieser Rückzug hatte nichts Erhabenes, nichts Rebellisches.*

Acht Ruander, die bis zum Schluß in der Gruppe waren, stürmen in das Boot. Che will als letzter an Bord gehen, aber die kubanischen Offiziere weigern sich einzusteigen, wenn er nicht vor ihnen geht, denn sie denken, es handle sich um eine Finte von ihm, um zu bleiben. Er steigt mit Martínez Tamayo, Aragonés und Fernández Mell ins erste Boot. Nach den Booten stechen einige Barkassen und Kanus in den noch nächtlichen See; sie liegen alle sehr tief im Wasser.

Dreke erinnert sich: „Man konnte die Lichter der Boote sehen. Die Überfahrt dauerte lange, es wurde schon Tag. Alle hatten sie ihre Gewehre in der Hand. Gegen sechs Uhr morgens löste sich der Nebel auf. Wir sahen ein erstes Flugzeug. Dann sahen wir plötzlich, als hätte sich ein Vorhang gehoben, die Boote auftauchen. Ich dachte, sie würden uns mitten auf dem See fertigmachen. Aber sie kamen nicht näher. Sie begleiteten uns nur bis Kigoma."

Es schien, als wäre ein Ankertau gerissen, und die Begeisterung der Kubaner und Kongolesen quoll wie heiße Flüssigkeit über den Rand der kleinen Boote, was mich eher verletzte als ansteckte. In diesen letzten Stunden im Kongo fühlte ich mich so einsam, wie ich es nie zuvor gewesen war, weder in Kuba noch an irgendeinem anderen Ort meiner Pilgerfahrt durch die Welt.

Gegen 7 Uhr morgens, als schon die Häuser von Kigoma zu sehen sind, nähert sich ein kleines Boot. Che spricht von dort aus zu den Kubanern. Nach Darstellung Drekes sagt er: *Kameraden, aus Gründen, die euch bekannt sind, ist der Augenblick der Trennung gekommen. Ich werde nicht mit euch an Land gehen. Wir müssen jede Art von Provokation vermeiden. Dieser Kampf, den wir geführt haben, war eine große Erfahrung. Ich hoffe trotz aller Schwierigkeiten, die wir überwinden mußten, daß, wenn eines Tages Fidel euch eine weitere Mission dieser Art vorschlägt, einige von euch „Hier" sagen werden. Ich hoffe auch, daß, wenn ihr rechtzeitig zum 24. zurückkommt und das von einigen so herbeigesehnte Spanferkel essen werdet, ihr euch an dieses einfache Volk und an die Kameraden erinnern werdet, die wir im Kongo zurückgelassen haben. Man ist nur Revolutionär, wenn man bereit ist, alle Bequemlichkeiten hinter sich zu lassen, um in ein anderes Land zum Kampf zu gehen. Vielleicht sehen wir uns in Kuba oder anderswo auf der Welt.*

Ein kleines Boot kommt herangefahren. Che steigt um; mit ihm zusammen gehen Martínez Tamayo, Villegas und Coello.

Kapitel 46

★

Daressalam

Victor Dreke, zweiter Chef der kubanischen Expedition im Kongo, erinnert sich Jahre danach: „*Wir sehen uns später, Moja*, sagte Che zu mir, als wir uns am Tanganyika-See verabschiedeten. Es war schrecklich, die Leute weinten. Ich weiß nicht, ob es vor Freude oder aus Traurigkeit war. Ich sah Che nie wieder."

Als sie nach Kigoma kommen, erholen sich die kubanischen Kämpfer. Erasmo Videaux berichtet: „Wir schnitten uns die Haare und wuschen den Dreck ab. Wir waren fast nackt und ohne Schuhe. Wir desinfizierten uns, denn wir waren alle voller Flöhe. Man gab uns Medikamente, Salben und vor allem Essen. In dem Augenblick herrschte eine gute Moral. Wir hatten das Gefühl, gekämpft zu haben. Uns traf keine Schuld."

Danach werden sie nach Daressalam gefahren, von wo aus sie in mehreren Gruppen nach Havanna fliegen. Eine kleine Gruppe unter der Führung von Fernández Mell bleibt in Kigoma, um zu versuchen, die drei Männer, die im Kongo geblieben sind, herauszuholen. Ein paar Monate später wird ihr das gelingen.

Währenddessen erhält Pablo Rivalta von der kubanischen Botschaft in Daressalam Anweisungen, das obere Stockwerk der Botschaft zu räumen, zu dem nur noch er selbst und der für die Schlüssel Verantwortliche Zugang haben. Dies ist die vorübergehende Unterkunft von Che, einem langhaarigen und deprimierten Guevara, der wegen der Ruhr und des Hungers dünn geworden ist. Bei ihm sind die drei Männer seines Vertrauens, Harry Villegas, Coello und Hauptmann Martínez Tamayo.

Ab und zu spielt er mit Rivalta Schach, aber „eines Tages, als ich ihn schachmatt setzte, schaute er mich an, und ich wußte, daß er nicht recht bei der Sache war".

Nur die Literatur und das Essen können ihn in dieser Zeit aus seiner Apathie und Beklemmung holen. Wenige Tage nach seinem Einzug beginnt er, dem Sekretär der Botschaft namens Colman Notizen aus seinem im Kongo geschriebenen Tagebuch zu diktieren. Nach und nach steigert er den Rhythmus und diktiert drei Wochen lang fast pausenlos.

Das Manuskript nimmt Form an und wird den Titel „Episoden des Revolutionskrieges (der Kongo)" tragen. Es ist „Baasa und seinen gefallenen Kameraden gewidmet, um ihrem Opfer einen Sinn zu geben". Im Vorwort schreibt Che: *Dies ist die Geschichte eines Mißerfolgs. Sie geht ins Detail der Anekdoten, wie es sich für Kriegsepisoden gehört, ist aber voller kritischer Anmerkungen. Ich denke, wenn dieser Bericht einen Sinn haben kann, dann den, daraus eine Reihe von Erfahrungen zu sammeln, die anderen revolutionären Bewegungen nützlich sein können. Der Sieg ist eine große Quelle positiver Erfahrungen, aber das gilt auch für die Niederlage, und meiner Meinung nach um so mehr, wenn wie in diesem Fall die Akteure und Chronisten Ausländer sind, die ihr Leben in einem unbekannten Gebiet mit einer ihnen unbekannten Sprache aufs Spiel setzten, an das sie nur die Prinzipien des proletarischen Internationalismus binden, um eine Methode zu begründen, die in den modernen Befreiungskriegen noch nicht praktiziert worden ist.*

Im selben Vorwort sagt er, daß nach seinen Wünschen *diese Notizen veröffentlicht werden mögen, wenn nach ihrem Diktat eine gewisse Zeit vergangen ist und der Autor vielleicht nicht mehr für das verantwortlich gemacht werden kann, was hier gesagt wird. Die Zeit wird dann viele Wunden geheilt haben und wenn die Veröffentlichung überhaupt eine Bedeutung erlangt, werden die Verleger durch sachgemäße Hinweise die Korrekturen vornehmen können, die sie für notwendig halten, um die Ereignisse und die Meinungen im Lichte der vergangenen Zeit zu klären.* Che wird nicht erfahren, daß das Manuskript erst knappe 30 Jahre später bekannt und selbst dann nicht einmal vollständig veröffentlicht wird.

Che schärft seine Fähigkeit zur Selbstkritik, als sei es eine Übung in Psychoanalyse, legt Gefühle offen, beurteilt sich mit einer größeren Strenge als in den kubanischen „Episoden". In dieser Selbstkritik hinterläßt er das beste Porträt seiner Persönlichkeit, das der Verfasser gesehen hat: *Ich muß die schwierigste Analyse machen, die meiner persönlichen Haltung. Als ich mich in die selbstkritische Analyse vertiefte, kam ich zu folgenden Schlüssen: Vom Gesichtspunkt der Beziehungen zu den Führern der Revolution sah ich mich durch die ungewöhnliche Art und Weise, wie ich in den Kongo kam, gehemmt und war nicht in der Lage, diesen Nachteil zu überwinden. In meinen Reaktionen war ich uneinheitlich; ich hielt lange Zeit eine Haltung aufrecht, die ich als extrem selbstgefällig bezeichnen kann, und manchmal hatte ich sehr scharfe und sehr verletzende Wutausbrüche. Vielleicht liegt dies an meinen angeborenen Eigenschaften. Die einzigen, zu denen ich zweifellos ein korrektes Verhältnis hatte, waren die Bauern, denn ich bin eher an die politische Sprache, an die direkte Erklärung anhand von Beispielen gewöhnt und ich denke, daß ich in diesem Bereich Erfolg hatte. Ich lernte Suaheli nicht schnell und nicht gründlich genug. Dies ist vor allem meinen Französischkenntnissen geschuldet, die mir erlaubten, mich mit den Führern zu verständigen, mich aber von der Basis entfernten. Mir fehlte der Wille, die nötigen Anstrengungen zu unternehmen.*

Was den Kontakt zu meinen Männern betrifft, so glaube ich, mich genügend aufgeopfert zu haben, daß man mir in persönlicher und körperlicher Hinsicht nichts vorwerfen kann. Meine beiden Hauptschwächen waren im Kongo befriedigt: Zigarren fehlten mir selten und Lektüre war auch in Fülle vorhanden. Die Unbequemlichkeit, ein Paar kaputte Stiefel oder schmutzige Wäsche zu haben oder dasselbe zu essen und unter denselben Bedingungen wie die anderen zu leben, bedeutete für mich kein Opfer. Vor allem die Tatsache, mich zum Lesen zurückziehen zu können, um den alltäglichen Problemen zu entfliehen, entfernte mich vom Kontakt zu meinen Männern, ganz zu schweigen davon, daß gewisse Aspekte meines Charakters einen engeren Kontakt zu Menschen erschweren. Ich bin manchmal hart gewesen, aber ich glaube nicht, daß ich es im Übermaß war, auch war ich nicht ungerecht. Ich wandte Methoden an, die in einer regulären Armee nicht üblich sind, wie zum Beispiel der Essensentzug. Das ist aber die einzig wirksame Strafe, die ich für eine Guerilla kenne. Zuerst wollte ich moralischen Druck ausüben, aber damit scheiterte ich. Ich wollte, daß meine Truppe dieselbe Einschätzung einer Situation hat wie ich, und scheiterte ebenfalls. Sie war nicht darauf vorbereitet, optimistisch in eine Zukunft zu schauen, die durch so dunkle Nebelschwaden wie die gegenwärtigen anvisiert werden mußte.

Ich wagte nicht, im entscheidenden Moment das größte Opfer zu verlangen. Das war eine innere, psychische Hemmung. Für mich war es sehr leicht, im Kongo zu bleiben. Vom Standpunkt der Selbstachtung des Kämpfers war es das, was getan werden mußte; vom Standpunkt meiner zukünftigen Aktivität war es zwar nicht das ratsamste, aber das war zum damaligen Zeitpunkt gleichgültig. Als ich die Entscheidung abwägte, spielte die Tatsache eine Rolle, daß ich wußte, wie einfach mir selbst das entscheidende Opfer fiel. Ich denke, daß ich mich in mei-

nem Innern über den Ballast dieser selbstkritischen Analyse hätte erheben und einer bestimmten Zahl von Kameraden die letzte Geste hätte aufzwingen müssen. Wir hätten auch mit wenigen bleiben müssen.

Schließlich belastete der Abschiedsbrief an Fidel mein Verhältnis zur Mannschaft, das konnte ich genau spüren, auch wenn es total subjektiv ist. Dies führte dazu, daß die Kameraden in mir wie vor vielen Jahren, als ich in der Sierra begann, einen Ausländer sahen, der mit Kubanern zusammenarbeitet; damals als den, der ankam, heute als den, der sich verabschiedet hat. Da waren gewisse gemeinsame Dinge, die wir schon nicht mehr teilten, gewisse gemeinsame Sehnsüchte, auf die ich stillschweigend und ausdrücklich verzichtet hatte, die aber für einen Mann das Heiligste sind: seine Familie, sein Land, seine Umgebung. Der Brief, der innerhalb und außerhalb Kubas so viele lobende Kommentare zur Folge hatte, trennte mich von den Kämpfern.

Vielleicht erscheinen diese psychologischen Überlegungen in der Analyse eines Kampfes von fast kontinentaler Tragweite ungewöhnlich. Doch ich folge nur treu meinem Konzept des Fokus. Ich war der Führer einer Gruppe von Kubanern, einer Kompanie, und meine Aufgabe war es, wirklich ihr Chef zu sein, sie zum Sieg zu führen und den Anstoß für die Entwicklung einer echten Volksarmee zu geben. Aber meine besondere Situation machte mich gleichzeitig zu einem Soldaten, einem Vertreter einer ausländischen Macht, einem Ausbilder von Kubanern und Kongolesen, zum Strategen, zum hohen Politiker auf einer unbekannten Bühne. Und in meinem Verhältnis zu den Revolutionsführern wurde ich zu einem sich wiederholenden, zudringlichen Cato und Zensor. Da ich an so vielen Fäden zog, bildete sich ein gordischer Knoten, den zu zerschlagen ich nicht entschlossen genug war. Wäre ich in größerem Maße Soldat gewesen, hätte ich mehr Einfluß auf die anderen Aspekte meiner komplexen Beziehungen haben können. Ich habe berichtet, wie ich soweit kam, in besonders katastrophalen Momenten den Kader (meine werte Person) zu beschützen, und wie ich mich in letzter Hinsicht nicht über subjektive Überlegungen hinwegsetzte.

Dies ist die Analyse eines Mannes, der für die nächste Erfahrung Informationen über sich selbst sammelt. Eines Mannes, der versucht, das eigene Seil zu spannen, um herauszubekommen, wie und wann es reißt, und der auf die nächste Gelegenheit wartet, um mit dem Tod zu spielen. Che ist kein völlig Besiegter mehr. Er hat die Niederlage in eine Teilniederlage verwandelt und kann seine eigenen, manchmal überzogenen Schuldgefühle überleben. Ebenso seinen brutalen Anspruch an sich selbst.

Im Vorwort steckt noch eine andere ausdrückliche Botschaft: *Ich habe im Kongo etwas gelernt; bestimmte Fehler werde ich nicht mehr machen, vielleicht werden sich dafür andere wiederholen und ich werde neue begehen. Ich bin nun mehr denn je vom Guerillakampf überzeugt, auch wenn wir gescheitert sind. Meine Verantwortung ist groß. Ich werde die Niederlage und auch ihre wertvollen Lehren nie vergessen.*

Mit Rivalta und Fernández Mell spricht er über die Ereignisse. Laut seinen Gesprächspartnern ist er nach dem ersten Resümee und den ersten Überlegungen davon überzeugt, daß die Bedingungen für die Wiederaufnahme des Krieges kurzfristig nicht gegeben seien und daß man auf andere Weise neu anfangen müsse. Er beginnt, sich körperlich zu erholen. Obwohl er ein verschlossener Mensch ist und seine wirklichen Gefühle nur schwer zu erkennen sind, nur über die kleinen Gesten, die Witze, merken seine Männer, daß er immer noch deprimiert ist. Besorgt und unruhig gehen sie in der Wohnung umher.

Che korrigiert handschriftlich das getippte Material und bei einem Treffen in Daressalam übergibt er Fernández Mell eine Kopie des Manuskripts, damit er sie in Kuba an Aleida und an Fidel weitergibt.

Zweifellos ist er in jenen Monaten in Daressalam in ständigem Kontakt mit Havanna. Es gibt keine Aufzeichnungen über diese Kommunikation, auch nicht über den brieflichen Austausch, den er mit Fidel gehabt haben muß. Was wir aber heute wissen, ist, daß auf Initiative von Rivalta beschlossen wird, unter höchster Geheimhaltung einen Besuch von Ches Ehefrau Aleida zu organisieren. Sie reist über Kairo nach Tansania. Rivalta erzählt, daß sie mehrere Tage lang in der Botschaft zusammengelebt haben; sie sprachen über ihre Kinder und Che war sehr glücklich.

Kurze Zeit später kümmert sich Rivalta persönlich um die Verkleidung von Che und betätigt sich als Friseur: „Auf dem Markt kaufte ich einen Haarschneider, eine Schere, einen Kamm und einen Rasierapparat. Der Haarschnitt gelang mir sehr gut und so machte ich meine Gesellenprüfung als Friseur. Als ich fertig war, steckte ich ihm eine Zigarre in den Mund." Dies ist auf einem Foto festgehalten: Ein verjüngter Che ohne Bart schaut mit spöttischen Augen über die Zigarre hinweg. Eddy Suñol, ein Mitarbeiter des Innenministeriums, reist aus Havanna an, um Che mit Prothesen und Brille auszustatten. Danach ist er nicht mehr wiederzuerkennen.

Im Februar schreibt er seiner Tochter Hilda, die zehn Jahre alt wird: *Du bist bereits eine Frau und ich kann Dir nicht mehr wie einem Kind schreiben und Dir Dummheiten und kleine Lügen erzählen. Du mußt wissen, daß ich immer noch weit weg bin und noch lange Zeit von Dir fort sein werde, um so gut ich kann gegen unsere Feinde zu kämpfen. Dies ist nichts Großartiges, aber etwas tue ich schon und Du kannst immer stolz auf Deinen Vater sein.*

Kurz darauf verabschiedet er sich von Aleida und verläßt Tansania mit unbekanntem Ziel. Sein Abschied ist in einer Botschaft niedergeschrieben, die er an die Trikontinentale Konferenz richtet, die im Januar 1966 in Havanna stattfinden wird: *Wir sind immer noch Zeugen des Kampfes im Kongo zwischen den Nachfolgern Lumumbas und den alten Komplizen Tschombés, eines Kampfes, der sich zur Zeit zugunsten letzterer wendet, die einen Großteil des Landes zu ihrem eigenen Vorteil befriedet haben, auch wenn der Kampf im Verborgenen weitergeht.*

Kapitel 47

★

Prag: Kälte und Einsamkeit

Es würde dem Verfasser gefallen, sich ein weiteres Mal auf Ches Stimme zu berufen. Man kann diesem erzählerischen Ton, dieser schelmischen Aufrichtigkeit, diesem bissigen Humor nicht entkommen, aber wie so viel anderes Material sind auch die Tagebücher, die er nach seiner Abreise aus Afrika geschrieben haben muß, die hypothetischen „Prager Hefte", nie veröffentlicht worden. Dazu kommt, daß die kubanischen Chronisten das Bild eines deprimierten und besiegten Che scheuen wie die Pest. Über die Zeit der „Kälte" zwischen Ende März 1966 (oder vielleicht schon früher) und Juli des gleichen Jahres wurde sehr wenig oder fast nichts festgehalten. Deshalb bleibt dem Verfasser nur zu versuchen, aus einzelnen und völlig unterschiedlichen Elementen diesen ersten „Prager Frühling" zu rekonstruieren.

Che verließ Afrika und ging nach Europa, wo er in absoluter Klandestinität bleiben konnte, und wartete darauf, daß seine so oft verschobene Operation in Lateinamerika reaktiviert würde; dieses Warten hing zeitlich zweifellos mit der Wiederaufnahme des Andenprojekts zusammen.

Fernández Mell erinnert sich, daß er Che im März '66 in Daressalam gesehen hatte. Danach war er unterwegs auf Aleida gestoßen, die ihren Mann besuchen wollte, als der Arztkollege und Guerillagefährte von Che über Kairo nach Kuba zurückflog.

Es ist März (wenn die Erinnerung seines Freundes Fernández Mell nicht versagt, oder ein paar Monate früher, wenn die Chronologie von Cupull und González stimmt), als Che aus der Hitze der Niederlage entkommt und sich in die Kälte des neuen Vorhabens begibt. Ebenfalls im März reist Hauptmann Martínez Tamayo als Ches Abgesandter nach Bolivien, um das Unterstützungsnetz der jungen Bolivianer wieder auf die Beine zu stellen. An einem nicht genau bestimmten Tag fliegt Che, wieder in Verkleidung, von Tansania über Kairo und Belgrad nach Prag.

Ulises Estrada ist dazu bestimmt, diese Operation von Seiten der Mannschaft Piñeiros sicherzustellen; ein Auftrag, der folgendermaßen lautet: „Ihn an einen sicheren Ort bringen, bis er sich entschieden hat, was er zu tun gedenkt."

Sie lassen sich in der tschechoslowakischen Hauptstadt nieder, in einem Geheimquartier, einer schlichten Wohnung, die nur mit Betten und einem Küchentisch möbliert ist. Dort vergehen die Tage sehr langsam. Als Che die Bücher ausgehen, wird er fast verrückt und sieht sich gezwungen, ganz allein mit seinem Brett Schachprobleme zu lösen.

Villegas und Coello, seine Leibwächter und ewigen Schatten, begleiten ihn liebenswürdig. Villegas erinnert sich, daß sie einen Teil des Tages damit verbracht haben, wie Besessene in einer schrecklichen Kälte durch die Stadt zu spazieren, diese wunderbare Stadt, die wenigstens kein Asthma auslöst; oder sie essen in

Restaurants außerhalb der Stadt, aus Sicherheitsgründen so weit wie möglich vom Stadtzentrum entfernt.

Es herrscht absolute Klandestinität. Che mißtraut den Tschechen völlig und will mit ihrem Geheimdienst nichts zu tun haben. Er sagt, wenn sie etwas mitbekämen, dann wüßte es auch gleich der CIA; deshalb ist die ganze Operation eine rein kubanische Sache. Guevara schreibt häufig an Fidel. Eines Tages entschlüpft er seinen Bewachern und geht ins Kino. In einem fast leeren Saal sieht er „Die Olympiade von Tokio", einen Film, den er, obwohl er auf tschechisch ist, klar versteht. Da Estrada ein dicker Schwarzer ist, fällt er in Prag sehr auf; Che schickt ihn deshalb nach Kuba zurück. Er wird durch Juan Carretero ersetzt, der unter dem Pseudonym Ariel bekannt ist. Schließlich, als die Operation in Lateinamerika langsam Gestalt annimmt, verlangt Che, daß sie aus Havanna Alberto Fernández Montes de Oca, genannt Pachungo, schicken, seinen alten Gefährten aus der Schlacht von Santa Clara und dem Industrieministerium.

Im Frühjahr und Sommer arbeitet Che in Prag das Projekt aus. Er übernimmt Elemente der ursprünglichen Gedanken von '64 und paßt sie den Veränderungen an, die in Lateinamerika stattgefunden haben, während er in Afrika war. Auch in diesem Projekt wird es wieder um den ursprünglichen Plan gehen, der wegen Masettis Tod und der Vernichtung der peruanischen ELN vorübergehend fallengelassen und erst im Winter im Gespräch mit Josie Fanon in Algier wieder aufgenommen worden war: die „Front auf dem ganzen Kontinent".

Woher nimmt Che nach der schrecklichen Erfahrung im Kongo die Energie für diesen neuen Anlauf? Der US-amerikanische Journalist I. F. Stone äußerte nach Ches Tod: „Mit der Machtübernahme tritt die Revolution wie die Kirche in einen Zustand der Sünde ein. Man kann sich leicht vorstellen, wie diese langsame Erosion der ursprünglichen Tugend Che gestört haben muß. Er war kein Kubaner und konnte nicht damit zufrieden sein, nur ein einziges lateinamerikanisches Land vom Imperialismus befreit zu haben. Er dachte in kontinentalen Maßstäben. In gewissem Sinne suchte er, wie alle Urheiligen, Zuflucht in der Wüste. Nur dort konnte die Reinheit des Glaubens sich vor dem unumkehrbaren Revisionismus der menschlichen Natur retten." Aber da ist noch etwas, das Stone entgeht. Lateinamerika war nicht nur das Territorium Emilio Salgaris, auf dem er den geheimen Stoß führen konnte, der auf ehrenhafte Weise die Elenden erlösen würde, oder das Land der Rache von Kapitän Nemo bei Jules Verne, um zwei literarische Bilder aus der Kindheit Guevaras zu benutzen. Lateinamerika war auch ein vollkommen realer Kontinent. Seine Bilder, das große Elend der Vorstädte von Caracas, der Schrecken der sozialen Ungleichheit in Peru, die Demagogie in Bolivien, die Herrschaft der Militärs in Kolumbien, die gangsterhafte imperialistische Ausbeutung in Mittelamerika, die Marionettendiktaturen, die Folter anordneten, die Unterernährung, der Hunger, das Unwissen, die Angst; dies waren reale Bilder, die Che während seiner Reisen als Jugendlicher in seine Netzhaut eingraviert hatte. Daher kommt Ches Hartnäckigkeit, das klare Bewußtsein, daß die Notwendigkeit der Revolution in Lateinamerika, und nicht nur ihre moralische Notwendigkeit, unaufschiebbar ist. Und falls dies nicht genug sein sollte: es ist eine Revolution, die 1966 möglich erscheint, nicht nur im Sinne von realisierbar, erreichbar, sondern im gewaltigsten und dringlichsten Sinne von nahe bevorstehend, unmittelbar.

In dieser neuen Phase scheint das Anfangsziel Peru zu sein, mit einer Unterstützungsbasis in Bolivien und einem zweiten Guerillaherd in Argentinien sowie mit der Perspektive, diese miteinander zu verbinden, wie Harry Villegas erinnert: „Der ursprüngliche Plan, wie wir ihn uns vorgestellt hatten, war nicht Bolivien, sondern Peru, wo der Guerillakampf gerade organisiert wurde."

Im April 1965 hatte Héctor Béjar eine neue ELN-Front organisiert und im Juni begann die MIR von De la Puente Uceda nach mehreren Monaten politischer Arbeit vor Ort sehr aktiv an drei Guerillafronten zu operieren. Kurz darauf trat die ELN unter der Führung von Héctor Béjar, Lobatón und „dem Chinesen", Juan Pablo Chang, in Aktion.

Aber der enorme Auftrieb der peruanischen Guerilla, unterstützt von ständiger Unruhe auf dem Land, erlitt Ende '65, während Che in Afrika war, eine Reihe fürchterlicher Schläge, die die Bewegung ihrer Führer beraubte. Am 23. Oktober starb Luis de la Puente beim Versuch, die Umzingelung des Lagers von Mesa Pelada zu durchbrechen, und am 17. Dezember wurde die ELN-Guerilla aufgrund des Verrats eines ortskundigen Führers zerschlagen.

Zweifellos erwägt Che die Möglichkeit, sich der Guerillabewegung in Peru anzuschließen, und nur die Überzeugung der Kubaner, daß „die Guerilla infiltriert ist", führt zur Aufgabe des Projekts. Villegas sagt später über die peruanischen Guerilleros: „Es gibt noch viele Dinge, die geklärt werden müssen, wie die Festnahme von Calixto (Béjar), der Tod von De la Puente, das Verschwinden von Lobatón und die Gefangennahme von Gadea (dem Bruder von Hilda, Ches erstem Schwager). Unserer Meinung nach sollte Che dort nicht hingehen."

Régis Debray meint: „Bis Mitte '66, so scheint es, dachte Che an Bolivien tatsächlich nur als Ausgangspunkt für Peru." Genauer gesagt ist es offensichtlich, daß Che bereits seit seiner Abreise aus Afrika die Idee Peru aufgegeben und angefangen hat, Bolivien zu erwägen, und wahrscheinlich nicht nur als Durchgang in ein anderes Land.

Im November '64 waren die Reste der bolivianischen Revolution, die Che in ihren Anfängen kennengelernt hatte, nach einem blutigen Militärputsch zusammengebrochen. Unter Führung der Generäle Barrientos und Ovando zog der Putsch eine schreckliche Repression besonders gegen die Bergarbeiter nach sich. Lechín wurde deportiert und ein Teil der Linken illegalisiert. Obwohl sich die Militärs '65 durch Wahlen, die Barrientos und den Vizepräsidenten Siles Suazo an die Macht brachten, eine legale Form gaben, herrschten im Land keine stabilen politischen Verhältnisse.

Che hatte, bevor er Kuba verließ, nicht nur direkte und indirekte Beziehungen zur Führung der Kommunistischen Partei Boliviens aufrechterhalten. 1964 hatte er sich mit Óscar Zamora getroffen, dem Führer einer radikalen dissidenten Strömung in der Partei, die sich für den bewaffneten Kampf aussprach und unter dem Vorwand der Differenzen zwischen Chinesen und Sowjets bald einen Fraktionskampf in der Partei beginnen sollte. Dieses Treffen und weitere Kontakte hatten die KP veranlaßt, ihren Führer Mario Monje nach Kuba zu schicken, um zu protestieren, denn die Maoisten in seiner Partei waren dabei, eine kleine Guerilla aufzubauen, und er vermutete eine kubanische Unterstützung der Gruppe von Óscar Zamora.

Im April '65, als Che in den Kongo aufbrach, hatte sich die Partei gespalten, und in beiden Fraktionen wuchs die Tendenz zur Parteinahme für den bewaffneten Kampf gegen die Militärdiktatur. Mitte '65 bat eine Gruppe von zwölf Aktivisten der bolivianischen „Juventud Comunista", die in Havanna studierten, die Kubaner wiederholt, ihnen militärische Ausbildung zu gewähren. Kolle, der zweite Sekretär der bolivianischen KP, der damals in Havanna war, erreichte dies auch und schickte sogar eine weitere Gruppe Jugendlicher, zu denen Ches Netz früher im Fall Masetti und Puerto Maldonado Kontakt gehabt hatte: Coco Peredo, El Ñato (Luis Méndez), Rodolfo Saldaña und Jorge Vázquez Viaña.

Im Januar 1966, während der Trikontinentalen Konferenz in Havanna, wurden die Gespräche über Guerillaaktivitäten in Bolivien wiederaufgenommen, sei es als aktive Basis oder als Hinterland für eine Guerilla in Peru. Fidel diskutierte die Situation persönlich mit dem Führer der bolivianischen KP und es wird sogar gesagt, daß Monje nach der Konferenz an einer kurzen militärischen Ausbildung teilgenommen hätte und mit einer 9-mm-Browning in der Hand vor einer Gruppe Jugendlicher vereidigt worden wäre.

Doch die Vereinbarungen über eine Zusammenarbeit zwischen den Kubanern und Monje hatten ihren Preis. Die KP Boliviens war besessen vom Ausschluß der übrigen linken Gruppen, die sie als politische Rivalen sah, und muß mit Erfolg verlangt haben, daß eine weitere bolivianische Delegation, die ohne Einladung gekommen war, bei der Trikontinentalen Konferenz nicht zugelassen wurde: PRIN (Lydia Gueller), POR (Lora) und PCML (Ruíz González). Die Entscheidung war beklagenswert, laut späterem Urteil von Debray, denn sie engte die Unterstützungsbasis für Ches Projekt ein und machte die Kubaner zu Geiseln Monjes und der offiziellen Kommunistischen Partei.

Nach Ches Abreise aus dem Kongo und seiner erklärten Absicht, Aktivitäten in Lateinamerika aufzunehmen, bekam die Arbeit von Tania (Tamara Bunke), in Bolivien als Laura Gutiérrez Bauer bekannt, große Bedeutung. Tania hatte in jenen Jahren Beziehungen zur lokalen Bourgeoisie aufgenommen und war mit einem bolivianischen Studenten verheiratet, was den Aufenthalt erleichtert hatte; sie besaß eine doppelte Tarnung als Archäologin und Deutschlehrerin. Sie unterhielt beste Beziehungen zum Informationsbüro des Präsidenten und hatte Barrientos sogar persönlich kennengelernt. Im Januar '66 kontrollierte ein Agent des kubanischen Geheimdienstes, der unter dem Pseudonym Mercy und mit den falschen Personalien eines argentinischen Vertreters für Kosmetikartikel eingereist war, ob Tanias Tarnung noch intakt war, und bot ihr eine erweiterte Ausbildung an. Zwei Monate lang trainierte Mercy Tania in Bolivien und Brasilien auf verschiedenen Gebieten wie Spionageabwehr, Informationsanalyse, nachrichtendienstliche Verbindungen, Lesen von Mikrofilmen, Karate usw. Als er sich von ihr verabschiedete, wiederholte er ihr die Anweisungen von Che: Sie solle sich im Schatten halten, in Distanz zur bolivianischen Linken, und auf einen Boten warten, der von der Insel käme, um sie zu aktivieren.

Im März 1966 kommt Hauptmann Martínez Tamayo, der mit Che in Prag gewesen ist, nach Bolivien. Seine persönliche Anwesenheit deutet darauf hin, daß das peruanische Projekt vorläufig aufgegeben oder, besser gesagt, an die Realität angepaßt worden ist. Nun steht Bolivien im Mittelpunkt von Ches Guerillavorhaben. Nach welchem Muster? Unter welchen Bedingungen? Mit welchen Leuten? Denkt Che, es gebe in Bolivien die Bedingungen dafür? Hat die in den fünfziger Jahren gescheiterte Revolution nun der Notwendigkeit einer sozialistischen Revolution den Weg gebahnt? Es gab in Bolivien keine organisierte Linke, die für den bewaffneten Kampf gegen die Militärregierung Stellung bezogen hätte. Es wurde wohl darüber geredet, aber keine Position bezogen. Wie Inti Peredo später sagte, war die Partei immer „am Rande des bewaffneten Kampfs", einem Rand, der niemals überschritten wurde.

Wir stehen einem Projekt Che Guevaras gegenüber, von dem Fidel richtig sagt: „Diesen Auftrag erteilten nicht wir; die Idee, der Plan, alles stammte von ihm"; einem Projekt, das nie vollkommen dargelegt wurde, weder in seinen Tagebüchern noch in Gesprächen mit den Männern, die ihn später nach Bolivien begleiten sollten. Debray bemerkte: „Die wirklichen Pläne Ches wurden, soweit wir wissen, niemals schriftlich fixiert und schon gar nicht veröffentlicht. In keinem Moment formulierte Che sie explizit oder systematisch vor der Gruppe von Guerilleros in Ñancahuazú. Diese Pläne waren allgegenwärtig, aber als Selbstverständlichkeit; die meisten errieten sie, einige andere vermuteten sie und nur wenige kannten sie wirklich."

Nach heutigem Wissensstand und wenn wir Ches Aktivitäten in den folgenden Monaten interpretieren, war die Reise von Hauptmann Martínez Tamayo nach Bolivien der Anfang eines Plans für den Aufbau einer Guerillaoperation in diesem Land, eines Kampfes, der sich über die Andenkordilleren mittelfristig auf den ganzen Kontinent ausweiten sollte, wobei Argentinien und Peru verschiedene Schauplätze bilden sollten. Es ging darum, eine „Mutterfront" in Bolivien zu schaffen, die als kämpfende Front, aber auch als bewaffnetes Trainingslager wirken sollte. Es war offensichtlich, daß Che, wenn sich die neuen Kolonnen nach Peru und Argentinien aufteilen würden, in das Land seiner Geburt gehen würde. Diese Perspektive wurde durch einen neuen Militärputsch in Argentinien bekräftigt, bei dem Präsident Ilia durch General Onganía von der Macht verdrängt wurde. Die argentinischen Militärs schienen im Sinne von Ches Projekt zu arbeiten.

Die unmittelbaren Aufgaben von Martínez Tamayo bestanden darin, zu den Resten der peruanischen ELN, besonders zu Juan Pablo Chang, Verbindung aufzunehmen, die bolivianische KP zu kontaktieren, das Unterstützernetz mit den

„alten Freunden“ Peredos, Saldaña, El Ñato und Vázquez Viaña neu zu aktivieren und vor allem einen ersten Stützpunkt zu schaffen, wo die Guerilla ihr Training abhalten konnte. Die Aufgaben wurden schnell erfüllt und die Gruppe begann zu arbeiten. Martínez Tamayo kaufte ein Landgut in Yungas, in der Hochebene von Beni, nicht weit von Caranavi, nordöstlich von La Paz. Der Hof lag viel zu nahe an einem Militärlager und wurde später aufgegeben.

Im April verläßt ein Mann Havanna, der bei dem Gespräch zwischen Che und Tania vor zwei Jahren auf Kuba dabei war, Monleón (Iván/Renán), Agent des kubanischen Geheimdienstes, Mitglied der Gruppe von Piñeiro, der sich abseits der bolivianischen Linken halten soll und sich unter der Tarnung eines wohlhabenden Geschäftsmanns für die ganze Dauer der Operation als Maulwurf festsetzen wird. Laut einer kubanischen Quelle war „Iván ausgebildet in Spionageabwehr, Methoden zur Nachrichtenbeschaffung und -übertragung, Gegenspionage, Observation, Sicherheitsmaßnahmen, Funk, Geheimcodes, verschlüsselter und unsichtbarer Schrift“.

Tania verläßt Bolivien, um ihren falschen Paß zu verbessern und eine zusätzliche Ausbildung in Mexiko und Prag zu absolvieren. Trifft sie sich dort noch einmal mit Che? Es ist unwahrscheinlich, denn Ches Aufenthalt in Prag war eine sehr sensible Angelegenheit und er selbst war in dieser Hinsicht sehr vorsichtig, so daß außerhalb des kleinen Kreises von bereits bekannten Kämpfern (Pacho, Martínez Tamayo, Coello, Villegas) und der Männer aus dem Innenministerium (Estrada, Carretero, José Luis, der in der Botschaft arbeitete) seine Anwesenheit höchstes Geheimnis war.

Im Mai treffen sich Ches drei Agenten (Tania, Monleón und Martínez Tamayo) in Bolivien. Im gleichen Monat trifft sich Fidel mit Monje und vermittelt ihm eine vage Vorstellung von der Operation. Denkt Monje hinterher, daß es sich in der ersten Phase im wesentlichen um eine bolivianische Operation handelt? Nach seiner Rückkehr gibt er grünes Licht, daß eine Gruppe von Mitgliedern der Kommunistischen Jugend unter Führung von Inti Peredo eine kurze Ausbildung in Havanna absolviert. Letzterer bricht mit acht Genossen über Buenos Aires auf.

Aus Prag, aus der Kälte und Einsamkeit, setzt Che wieder alle Hebel in Bewegung. Am 10. Juli wird Tania durch eine Botschaft aktiviert und fängt an, sichere Unterkünfte für die Kämpfer und Örtlichkeiten, die als Lager dienen können, zu beschaffen. Vier Tage später brechen Harry Villegas und Coello aus Prag Richtung Bolivien auf. Che plaziert die Leute seines Vertrauens vor Ort. Sie sollen gemeinsam mit Martínez Tamayo agieren und die Operation in Gang bringen. Eine Woche später beginnt Che seine Reise aus Europa in Richtung Lateinamerika.

Kapitel 48

★

Die Brücken abbrechen

Am 19. Juli 1966 fährt ein Mann namens Ramón Benítez mit dem Reisepaß eines Staatsbürgers der damals noch friedfertigen República Oriental del Uruguay im Zug von Prag nach Wien. Es ist der Beginn einer Reise, bei der es nicht um Landschaftsbetrachtung geht. Der Mann belegt den Sitz 22 im Wagen 181. Neben ihm, auf Sitz 24, fährt ein kubanischer Freund von ihm, Pacho Fernández Montes de Oca, getarnt als Geschäftsmann aus Río de la Plata. In Wien steigen sie um in den Zug nach Genf, fahren bis Zürich und entgegen jeder formalen Logik fliegen sie am darauffolgenden Tag nach Moskau, von wo aus sie, mit anderen Reisepässen ausgerüstet, ein Flugzeug nach Havanna nehmen. Der Mann hat den halben Planeten durchquert, um nach Hause zurückzukehren. Nach Hause?

Der Che Guevara, der zurückkehrt, hat kein Zuhause. Er hat die Brücken hinter sich abgebrochen. Havanna wird nur Durchgangsstation zu einer neuen Reise sein. Ein Jahr und drei Monate, nachdem er zum afrikanischen Abenteuer aufgebrochen ist, kehrt er zurück, um eine neue Guerillaexpedition auf die Beine zu stellen, dieses Mal in Lateinamerika. Fidel vermerkt: „Mit seinem besonderen Charakter kostete ihn die Vorstellung, nach Kuba zurückzukehren, nachdem er sich dort schon verabschiedet hatte, sehr viel, aber ich habe ihn davon überzeugt zurückzukehren, denn das war das Beste für alle praktischen Ziele, die er hatte." Und welches sind diese praktischen Ziele? Die Männer aussuchen, die ihn begleiten sollen, das Projekt genauer bestimmen und trainieren.

Der Verfasser hat nur ein einziges Zeugnis dafür, wo Che sich in den folgenden drei Monaten in Kuba niederläßt. Zur absoluten Klandestinität gezwungen, scheint er einen Ort in Pinar del Río, zwischen der Portales-Höhle (wo er während der Raketenkrise seinen Befehlsstand eingerichtet hatte) und La Palma, gewählt zu haben, in der Nähe eines kleinen Dorfes namens San Andrés de Taiguanabo, genauer gesagt, auf dem Plateau eines schwer zugänglichen Bergrückens, in der verlassenen Residenz eines US-Amerikaners, der vor der Revolution die halbe Provinz beherrscht hat. Das Grundstück wirkte dank des dort herrschenden Mikroklimas wie ein Sanatorium und half, das Asthma zu vertreiben. „Er war dick und robust", sagt der anonyme Zeuge.

Aus den zahlreichen Gesprächen mit Guevara bleibt dem kubanischen Premierminister das Gefühl, daß Che nicht aufzuhalten ist. Trotz der mehrfachen Versuche ihn davon zu überzeugen, die Operation durch andere Kader beginnen zu lassen und sich ihr erst später anzuschließen, wenn der Prozeß bereits fortgeschritten wäre, war es unmöglich, ihn aufzuhalten. Fidel Castro sagt: „Er war ungeduldig, wirklich sehr ungeduldig."

Es fiel Che nicht sehr schwer, Freiwillige zu finden, die ihn ins nächste Abenteuer begleiten wollten. Der bewaffnete Lateinamerikanismus, um der Bewegung irgendeinen Namen zu geben, die Berufung zur internationalen Solidarität und besonders zur Solidarität mit Lateinamerika ist bei vielen Kadern der jungen kubanischen Revolution vorhanden. Außerdem gibt es die Versuchung, zur Vergangenheit zurückzukehren, aus den Mängeln des sehr schwierigen Aufbaus des Sozialismus herauszukommen und zur Epoche des Ruhms zurückzukehren, aus der die Erinnerung das Schlechteste herausfiltert und den Nachgeschmack der besten Momente zurückläßt: die Solidarität, das völlige Engagement, das strömende Adrenalin, den Geruch nach Pulverdampf und, warum nicht, das Heldentum.

In den letzten Jahren hat Che eine Vielzahl von Bewerbungen erhalten. Es ist bekannt, daß Hunderte von mittleren und sogar hohen Verantwortlichen der Revolution sich als Freiwillige gemeldet haben, um an der lateinamerikanischen Revolution außerhalb Kubas mitzuarbeiten. Dariel Alarcón erinnert sich: „Aus Angst, daß er kämpfen geht und uns zurücklassen würde, machten wir ihm unseren Wunsch deutlich, ihn zu begleiten. Ich war nicht der einzige. Vielen Genossen ging es genauso."

Che wählt Männer nach seinem Vorbild aus, bei denen er gesehen hat, wie sie ihre Angst überwunden haben, rücksichtslos gegenüber dem Gedanken an den Tod, auf kubanische Art tapfer und ein bißchen geschwätzig; er bevorzugt diejenigen, die politisch geschulte Kämpfer sind, aber strikt die Gleichheit verfechten. Er bevorzugt die Selbstlosigkeit, den Stoizismus, und gemäß seinem Vorbild sucht er in seinen Kandidaten die Fähigkeit, sich über die Erschöpfung und den Mangel zu erheben und den Willen als Triebfeder zu benutzen.

Bei der Auswahl der Gruppe greift Che zuerst auf seine alte Garde zurück. Auf der einen Seite seine Leibwache: Coello und Harry Villegas, seine Bauern, fast seine Söhne und ewigen Freunde, die ihn seit der Sierra Maestra begleiten. Er nimmt Leonardo Tamayo hinzu, den „kleinen indianischen" Boten mit den geflügelten Füßen, der durch die Sierra flog. Außerdem Alberto Fernández Montes de Oca, der sich eines Tages im mexikanischen Urwald verirrt hatte und in Santa Clara einen Trupp anführte, wobei er zehn Meter vor seinen Leuten marschierte, als ein Panzer auftauchte; sein Freund aus dem Industrieministerium, der mit ihm die letzten Monate in Prag verbracht hat.

Er nimmt die besten Guerilleros auf, die in der Sierra Maestra und vor allem bei der Invasion unter seinem Kommando gedient haben: Eliseo Reyes (San Luis) und Olo Pantoja, die als Hauptleute aus dem Krankenhaus von Manacas abhauten, um verletzt weiterzukämpfen. San Luis, der nach der Revolution im Kampf gegen die Konterrevolution sehr aktiv war, und Olo Pantoja, von dem gesagt wurde, er hätte in der Zeit von Hugo Blanco eine Mission in Peru erfüllt, während er mit Ramiro im Innenministerium arbeitete. Und dann noch Manuel Hernández, den besten Hauptmann der Vorhut beim Durchbruch nach Las Villas.

Aus der jüngsten Afrika-Erfahrung wählt er Doktor De la Pedraja (Morogoro) und Israel Reyes, den ehemaligen Leibwächter von Piñeiro. Er nimmt weitere Kader aus der Revolutionsphase hinzu, wie Hauptmann Dariel Alarcón aus Camilos Trupp, einen alten Bekannten aus der Sierra, und Kommandant Antonio Sánchez Díaz (Pinares), einen Leutnant von Camilo, der symbolisch den Posten seines verschwundenen Chefs einnimmt, den Che sicher gern mitgenommen hätte, denn „Camilo war sehr Camilo"; Che erlaubte sich diese nostalgischen Schwächen.

Er nimmt auch zwei Kader der nachrevolutionären Zeit in die Gruppe auf: Jesús Suárez Gayol (El Rubio), der vor sieben Jahren mit verbrannten Füßen zu ihm gestoßen war, weil er einen Radiosender angesteckt hatte, ihn damals um die Erlaubnis bat, mit ihm kämpfen zu dürfen, und ihn später als Vizeminister ins Industrieministerium begleitete (*einer der wenigen, die Überzeugung und Begeisterung äußern*), und Juan Vitalio Acuña, Mitglied des Zentralkomitees der Partei, ein Mann, den er seit den ersten Tagen der Sierra Maestra kennt und von dem er ein Foto aufbewahrt hat, auf dem sie bei einer freiwilligen Arbeit auf den Kais von Havanna gemeinsam und lächelnd an einem Seil ziehen.

Selbstverständlich begleiten ihn Hauptmann José María Martínez Tamayo (Papi M'bili), der von Beginn an bei der Operation dabei war, und, wahrscheinlich auf dessen Anregung, sein Bruder René Martínez Tamayo, Leutnant im Innenministerium, wie Che Asthmatiker, Leibwächter von Piñeiro, der gerade einen Kurs als Radiotechniker besucht hat.

Als letzter Gustavo Machín Hoed de Beche, ein Mann, der die Revolution beim Direktorium mitgemacht und Che schriftlich um eine Möglichkeit gebeten hat, außerhalb Kubas zu kämpfen. Er hat verdientermaßen den Ruf, tapfer zu sein, und sein politisches Leben nach der Revolution verteilte sich auf die Armee und die Verwaltung. Er arbeitete als stellvertretender Industrieminister.

Dies sind die bekannten Teilnehmer (vielleicht gab es einen weiteren, dessen Namen die Zeugen anstandshalber nicht kennen wollen, weil er sich im letzten Moment dazu entschloß, nicht an der Operation teilzunehmen), Männer mit einer langen Guerillaerfahrung, fast alle bäuerlichen Ursprungs außer Pacho Montes de Oca, El Rubio und Gustavo Machín. Was ihre Ämter in der kubanischen Armee oder im Innenministerium betrifft, so gibt es drei Militärs mit dem höchsten Dienstgrad der Armee, die Kommandanten Machín, Acuña und Pinares; zwei Majore, sieben Hauptleute, zwei Oberleutnants und zwei Leutnants. Es ist sehr gut möglich, daß Fidel selbst, Raúl Castro und Ramiro Valdés an der Auswahl mitgewirkt haben, und es ist sicher, daß der Auswahlprozeß begonnen wurde, als Che noch in Prag war.

Während die Liste ausgearbeitet wird, treffen Villegas und Coello am 25. Juli in Santa Cruz, Bolivien, ein, nachdem sie sich von Che verabschiedet und eine lange Reise durch Deutschland, Afrika, Brasilien ... hinter sich gebracht haben. Martínez Tamayo, der „Vorposten" der Operation, empfängt sie. Zwei weitere Kader beteiligen sich in jenen Tagen an der Arbeit, einer, den der Verfasser nicht identifizieren konnte, unter dem Pseudonym „El Flaco" bekannt (der kurz darauf um seinen Abschied aus der Operation bat), und der Peruaner Julio Dagnino Pacheco, der der Verbindungsmann zu seinen Landsleuten von der ELN ist. Fast gleichzeitig, in der letzten Juliwoche, kehren Coco Peredo und drei weitere

Bolivianer aus Havanna zurück, die im Rahmen der Zusammenarbeit mit der bolivianischen KP militärisch ausgebildet worden sind – wie sie denken, für eine neue Operation in Argentinien oder Peru mit einem Stützpunkt in Bolivien.

Villegas und Coello übermitteln Martínez Tamayo Ches letzte Anweisungen: Tania soll sich bereithalten und keinen Kontakt zur Gruppe aufnehmen, die die Guerilla vorbereiten wird, es muß ein Bauernhof im Norden des möglichen Kampfgebiets erworben werden, mögliche Termine von Ches Reise nach Kuba und der voraussichtlichen Dauer seines dortigen Trainingsaufenthalts sollen genannt werden. Die Antwort von Martínez Tamayo an Villegas ist erschütternd: „Ihm zufolge mußten wir ganz von vorn anfangen, denn nichts war vorbereitet."

Villegas selbst schreibt in seinem Tagebuch, daß die ersten Gespräche, die Martínez Tamayo mit Mario Monje, dem Leiter der bolivianischen KP, geführt hatte, sehr konfus waren, daß er in Wirklichkeit gegen den bewaffneten Kampf war und daß Tellería, Mitglied des ZK der KP Boliviens und zuständig für die Versorgung, sehr ineffizient war.

Von diesem Moment an gehen die Gespräche von Ches Abgesandten mit Höchstgeschwindigkeit weiter. Dennoch gibt es weder Klarheit noch Transparenz, vielleicht wegen der Uneindeutigkeit, mit der man ein Projekt behandelt hat, das in den letzten Jahren oft verändert worden ist.

In La Paz wird der ELN durch Vermittlung von Pacheco, dem Peruaner, mitgeteilt, daß das Ziel der Operation „zuerst in Bolivien und später in Peru" liegen wird. Der Mann scheint einverstanden zu sein und übermittelt das „El Chino" Juan Pablo Chang, dem alten Bekannten von Che, unter der Voraussetzung, daß die peruanische ELN eine Gruppe von Leuten schickt, die ausgebildet werden und an der bolivianischen Guerilla teilnehmen. Einen Tag später (am 30. Juli) nehmen Martínez Tamayo und Villegas Kontakt mit Moisés Guevara auf, einem Bergarbeiterführer, der wegen pro-chinesischer Tendenzen aus der KP ausgeschlossen wurde und von den Kubanern wiederholt Waffen und Geld gefordert hat, um eine Guerilla zu gründen. Sie schlagen ihm vor, er solle sich der Gruppe anschließen, die dabei ist, sich zu organisieren, aber sie betonen, es gebe weder Geld noch Waffen, alles sei „zentralisiert". Moisés Guevara willigt ein.

Diese Kontakte werden Monje, dem KP-Führer, gegenüber geheimgehalten, der annimmt, daß Bolivien in jenem mysteriösen Projekt, das die Kubaner vorhaben, Rückzugsgebiet ist und weiter nichts. In einer der Versammlungen wird vorsichtig sondiert:

„Und wenn Che auch kommt?"

„Ich würde mit ihm kämpfen, wo er will", antwortet er.

Die Treffen und der Nachrichtenaustausch gehen weiter. Die Antwort der peruanischen ELN ist nicht so gefällig wie die ihres Gesandten Pacheco. Warum in Bolivien und nicht in Peru, wie vorher gesagt wurde? Trotzdem bieten sie sechs Leute zum Kampf und zum Training für diesen neuen Vorschlag an.

Ein ums andere Mal nehmen Ches Leute Monje in die Mangel. Sie fragen nach den 20 Männern, die er versprochen hat. Welche 20 Männer, antwortet er, er wisse nichts von diesem Versprechen, er sagt, das ZK sei gegen den bewaffneten Kampf, die 32.000 Stimmen bei der letzten Wahl bedeuteten für sie einen Erfolg. Villegas faßt zusammen: „Eigentlich sollte Martínez Tamayo diesen Leuten auf die Füße treten, damit sie etwas tun."

Die Mannschaft trifft jetzt nach und nach ein und die Suche nach einem Bauernhof im Norden des Landes geht weiter. Im Laufe des Monats August gibt es weitere Treffen. Wann beginnt man davon zu sprechen, daß man in Bolivien kämpfen wird, daß es nicht nur um eine Basis für Aktionen in anderen Ländern geht, sondern um einen bewaffneten Stützpunkt?

Villegas notiert in seinem Tagebuch Gespräche mit Monje, an denen Coco Peredo beteiligt ist, der die Position der Kubaner unterstützt. Monje macht einen Gegenvorschlag, eine neue Variante des Guerillaprojekts: einen Aufstand in der Hauptstadt und danach Rückzug in die Berge, „ein Aufstand, der die Merkmale eines Handstreichs hätte und der, falls er scheitern sollte, dazu dienen würde, das Bewußtsein des Volkes wachzurütteln". Sie erklären ihm, daß es sich um ein Projekt von kontinentaler Tragweite handle und daß Che persönlich beteiligt sei. Monje wiederholt, daß, wenn Che dabei sei, er auch kämpfen würde. Aber die Uneindeutigkeit bleibt bestehen.

Währenddessen werden in Kuba die ausgewählten Leute zusammengerufen. Die Hauptleute Alarcón und Manuel Hernández, die von einem Training zur Unterstützung einer Guerilla in einem lateinamerikanischen Land kommen und dachten, es handle sich um Venezuela oder Kolumbien, werden telefonisch von Raúl Castro aufgefordert, umgehend zum Flughafen von Santiago de Cuba zu kommen. Als Alarcón sieht, daß dort ein Flugzeug nur für sie bereitsteht, denkt er, sie würden „auf elegante Weise erschossen".

„Was für eine Scheiße hast du bloß angestellt", fragt Manuel, „daß sie uns beide erschießen?"

Am Flughafen von Havanna erwartet sie der Chef von Raúls Leibgarde in einem Auto, bringt sie sofort ins Verteidigungsministerium und dort direkt ins Büro des Ministers. Sie sind die ersten, aber nach kurzer Zeit erscheinen ihre alten Kameraden: Pinares, Olo Pantoja, San Luis, alte Bekannte aus der Sierra ... Alarcón berichtet humorvoll: „Na, Jungs, ihr auch hier? Ja, wir auch. Gut, und weiter? Nichts weiter. Dort blieben wir erstmal, sie und wir." Niemand kannte den Grund für dieses Treffen. Niemand wagte es, über weiteres zu sprechen. Che, der Cantinflas so verehrte, hätte dieser Dialog begeistert.

Raúl empfängt sie mit einem Lächeln, die Angst verfliegt, es werden Zigarren verteilt. Pinares nimmt sich drei: „Eine für jetzt und zwei für Pola*". Der Kriegsminister teilt ihnen mit, daß ihre Anträge als Freiwillige für einen internationalen Auftrag angenommen worden seien. Laut Tamayo sind nicht alle Gespräche so freundlich abgelaufen. Einige wurden individuell geführt und einer der Vorgeladenen lehnte das Angebot ab.

Die Gruppe bricht in Jeeps direkt nach San Francisco auf, einem Ausbildungslager in der Nähe von Loma del Taburete, einem Ort, wo Che 1960 seinen

* Pola = kolumbianische Unabhängigkeitskämpferin, 1817 zum Tode verurteilt und hingerichtet

Befehlsstand hatte. Die Ausbildung beginnt unter dem Kommando von Pinares. In den ersten Septembertagen hat Che die Gegend von Alto Beni in der Nähe der Grenze zu Peru und Brasilien für das erste Guerillacamp in Bolivien ausgewählt und schickt Pacho Fernández Montes de Oca los, um sich mit der Gruppe, die bereits in La Paz ist, auszutauschen. Gleichzeitig tritt in diesem bereits komplexen Drama eine neue Person auf. Im vergangenen Jahr hatte Fidel Beziehungen zu Régis Debray aufgenommen, einem jungen französischen Intellektuellen, dessen Text „Der Castrismus, der lange Marsch Lateinamerikas" Fernández Retamar Che empfohlen hatte, als dieser aus Afrika zurückkehrte. Kommandant Guevara las ihn auf französisch, brachte ihn zur Übersetzung nach Kuba mit und empfahl ihn Fidel wärmstens. So begann der Kontakt. Debray nahm an der Trikontinentalen Konferenz teil und verfaßte mit Fidels Unterstützung einen Essay, der unter dem Titel „Revolution in der Revolution" zu einer der offiziellen Zusammenfassungen der kubanischen Guerillatheorie wurde. Der Franzose, der sein Manuskript gerade abgeschlossen hatte, akzeptierte das Angebot, mit den Kubanern zusammenzuarbeiten, ließ sich in Havanna nieder und erhielt Anweisungen von Fidel, Kontakt zu den revolutionären bolivianischen Gruppen links von der KP Boliviens aufzunehmen, um zu untersuchen, ob sie an Guerillaaktionen teilnehmen würden. Debray sagt Jahre später, daß er damals dachte, „daß es sich wegen der Art, wie Fidel es mitteilte, um eine wichtige Operation handle". Debray wurde auch darum gebeten, eine politische Studie zweier Gegenden Boliviens zu erstellen, über Alto Beni und Chapare. Er hat keine weiteren Informationen, er weiß nicht, daß er für ein Projekt arbeitet, in das Che direkt miteinbezogen ist.

Am 3. September kommt Pacho Fernández Montes de Oca über Santiago de Chile nach La Paz und trifft sich mit den anderen Kubanern. Der Vorschlag, den Stützpunkt in Alto Beni einzurichten, gerät in Widerspruch zu der Vorbereitungsarbeit, die von der Gruppe junger Kommunisten mit Unterstützung der KP Boliviens in der Gegend von Camiri getätigt worden ist, denn in Santa Cruz haben sie bereits Depots mit Waffen, Kleidern und Proviant angelegt.

Martínez Tamayo ist von allen dreien am meisten verärgert. Laut Villegas sagt er sogar, es gebe „viele unvernünftige Sachen von Ches Seite"; der neue Kontakt zur Gruppe von Moisés Guevara gefällt ihm nicht. Er denkt, daß ihnen die Leute von der KP, mit denen sie zusammenarbeiten, Probleme bereiten werden. Pacho betont: Die Beziehungen zu den Leuten der KP seien zweitrangig, man müsse sich auf das eigene Netz stützen. Sie sollten den Bauernhof in Santa Cruz räumen und in der Gegend von Alto Beni einen neuen suchen.

Am 10. September schickt Villegas einen Bericht an Che, in dem die Meinung von Martínez Tamayo überwiegt. Nach einem Gespräch mit Monje und nach Analyse der drei Gegenden, verwirft die Gruppe der Kubaner in La Paz die Vorschläge, in Alto Beni oder in Chapare zu agieren, und man kehrt zur Arbeit in der Gegend von Santa Cruz und Camiri zurück. Die Argumente lauten, daß es sich um eine wenig bewohnte Gegend in der Nähe der Anden handle, die die Vorstellung von Che begünstige, eine *„Rückzugsbasis zu schaffen, um die Guerilla zu organisieren, später ohne jegliche Gefechte in den Norden vorzudringen und* *in eine zentraler gelegene Gegend zu marschieren. Dabei soll hauptsächlich die Linie der westlichen Andenkette, die bis nach Argentinien führt, zur Kommunikation und zur Fortbewegung der Truppe benutzt werden.*" Im Bericht heißt es auch, daß die Beziehungen zu Moisés Guevara sie in eine schlechte Position gegenüber der KP gebracht hätten. Zu dieser Zeit gibt es eine Gruppe von zehn Männern, die unter Führung der Brüder Peredo, Jorge Vázquez Viaña und Rodolfo Saldaña mit ihnen zusammenarbeiten. Sie teilen mit, daß sie in einer abgelegenen Gegend ein Landgut gekauft haben, in der Nähe des Flusses Ñancahuazú, nicht weit entfernt von der Ortschaft Lagunillas und dem Geheimquartier in Santa Cruz, wo Ausrüstung gelagert ist. Das Landgut von 1.227 Hektar befindet sich „in einer Berggegend mit üppiger Vegetation" und wird als Ferkelaufzuchtfarm getarnt, auf der zwei bolivianische Tagelöhner arbeiten, die Mitglieder der Kommunistischen Partei sind. Coco Peredo hat die Farm offiziell gekauft und tritt als Besitzer auf. Merkwürdigerweise warnt Villegas bereits am 11. September, einen Tag nachdem er Che über den Kauf informiert hat, vor dem Risiko, das der Nachbar Ciro Argañaraz darstellt, der „extrem neugierig" sei.

Am 12. September kehrt Pacho nach Havanna zurück, während Martínez Tamayo einen anderen Gutshof in Alto Beni besichtigt. Obwohl man sich für Ñancahuazú entschieden hat, wird die alternative Möglichkeit nicht völlig aufgegeben, bis man Ches Meinung kennt. Gleichzeitig erstellt Debray, wie vorher über Chapare nördlich von Cochabamba, eine soziopolitische Studie über diese Gegend, wobei er den ganzen Monat September „unter den beunruhigten und mißtrauischen Augen der KP" verbringt. Dort treffen Tamayo und Debray zusammen, wenn auch Martínez Tamayo vorgibt, den Franzosen nicht zu kennen.

Mitte September sind die kubanischen Freiwilligen, die für einen unbekannten Auftrag in Lateinamerika und unter dem Kommando eines unbekannten Chefs ausgebildet wurden, auf einen mit einer Plane abgedeckten Lastwagen gestiegen, der von einem besonderen Fahrer, Kommandant Tomasevich, gelenkt wird. Das Fahrtziel ist ebenfalls unbekannt. Pinares brennt aus Boshaftigkeit mit der Glut einer Zigarre ein Loch in die Plane und spielt den Beobachter, wobei er den anderen Angaben über die Fahrtstrecke macht; die Route erscheint ihnen bekannt; sie fahren durch ihre Heimat, Pinar del Río, im Westen der Insel. Als sie in einem Landgut ankommen, treten die Freiwilligen im Garten an, etwa 50 Meter vom Haus entfernt, und Tomasevich warnt sie:

„Ihr müßt viel Mumm haben, denn ihr werdet mit einem Typen fahren, der ziemlich eingebildet und ziemlich grob ist."

Pinares läßt den Trupp stillstehen. Minuten vergehen. Während sie erwarten, daß irgendjemand in olivgrüner Uniform erscheint, zeigt sich am Haus ein Individuum, nach der Beschreibung Alarcóns in einem „Anzug nach Pariser Schnitt, Krawatte, Brille, Glatze und ein paar Resthaaren, die grau herunterhingen, einer Pfeife im Mund und mit halbhohen Schnürstiefeln". Der Mann geht auf die Gruppe zu, bleibt nach ein paar Metern stehen, begrüßt Tomasevich förmlich und gibt ihm die Hand.

„Schauen Sie, Doktor, das ist die Gruppe, die Sie ausbilden werden.“

Tomasevich fängt an, die Leute vorzustellen, wobei er ihre Pseudonyme benutzt. Der Mann schaut sie sich von vorne an und sagt mit einem spanischen Akzent:

Gut, Kommandant, ich muß Ihnen etwas sagen. Mir scheint, daß das alles Flaschen sind. Er richtet sich an sie, begrüßt sie einen nach dem anderen und stellt sich als Ramón vor.

„Was meinen Sie jetzt?“ fragt Tomasevich.

Ich denke, das sind immer noch Flaschen, antwortet er und mustert jeden in der Gruppe von oben bis unten. Dann wendet er sich an Pinares.

Dich kenne ich ...

„Mich? Unmöglich, daß Sie mich kennen.“

Bist du nicht Kommandant Pinares? Bist du nicht der Kommandant, der während der Karibik-Krise hier in Pinar del Río mit einem völlig klapprigen kleinen Jeep herumgefahren ist und allen Bauern hier Lügen aufgetischt hat?

Der Witz ist so unverschämt, daß die Gruppe in wildes Lachen ausbricht. San Luis macht Gebärden, als ob er die Person erkennen möchte, die hinter der Verkleidung steckt. Ihm kommt sogar der Gedanke, es könnte sich wegen des falschen spanischen Akzents, hinter dem sich argentinische Redewendungen verstecken, um einen ihm unbekannten Bruder Ches handeln. Aber es ist Suárez Gayol, der den Zauber durchbricht und nach vorne stürmt, um die Person zu umarmen.

„Verdammter Kerl, du bist es, verdammt noch mal, Che!“

Die anderen nehmen ihm die Brille ab, ziehen ihm ein olivgrünes Hemd an und setzen ihm eine Baskenmütze auf. Die Freude ist überschäumend. Für sie, wie für Tausende anderer Kubaner, war Che seit anderthalb Jahren verschollen. San Luis beginnt sein Kampftagebuch mit folgender Eintragung: „Wir waren außergewöhnlich berührt, als wir ihn wiedererkannten.“ Und außerdem ziemlich stolz: Sie werden mit Kommandant Guevara kämpfen!

Nachdem die Stimmung aufgelockert ist, gibt Che eine erste Beschreibung der Operation, ohne sich auf ein bestimmtes Land zu beziehen. Alarcón erinnert sich: „Die Frage war nicht, daß wir in eine blutige Schlacht ziehen, sondern daß der Kampf langandauernd und blutig sein und unter schwierigen Bedingungen stattfinden wird.“ Zuletzt betont Che, daß er in diesem Projekt keine Mitläufer haben will, und fordert sie auf, einzeln zu bestätigen, daß sie freiwillig dabei sind.

Régis Debray würdigt diejenigen, die sich als Freiwillige melden und wofür sie es tun. Dies ist ein anderer Standpunkt, aber deshalb nicht weniger genau: „Ein hoher Verantwortlicher ist nicht nur ein kleiner roter Zar, der es sich im Sessel bequem macht: Vier Mitglieder des ZK, zwei Vizeminister und zwei hohe Funktionäre, verließen ihre Familien, Autos, Häuser, Privilegien, um mit Che in einen unbekannten Dschungel zu gehen, wo einige als zerlumpte Skelette mit von Hungerödemen entzündeten Gelenken ihren Urin trinken müssen, um aufrecht sterben zu können. Niemand verpflichtete sie dazu und das Fernsehen war nicht dabei, um die letzten Bilder von ihnen aufzunehmen.“

Währenddessen geht in Bolivien der Reigen der Mißverständnisse weiter. Die drei Kubaner treffen sich am 23. September wieder mit Mario Monje, der von ihnen im Namen der Partei Erklärungen über die Beziehungen von Debray zu den anderen linken Gruppen, besonders zur Gruppe von Zamora (der marxistisch-leninistischen KP) verlangt. Die Kubaner spielen die Ahnungslosen und antworten, daß sie über Debrays Auftrag nicht Bescheid wüßten. Monje erklärt ihnen, daß die Partei sich auf die Linie eines allgemeinen Aufstands festgelegt habe und die Guerilla als zweitrangig betrachte; als sie ihn fragen, was er in dieser Hinsicht unternommen habe, antwortet er: „Nichts." Am 28. September findet ein zweites Treffen statt, bei dem Monje wiederholt, daß sich seine Verpflichtung gegenüber Fidel darauf beschränke, eine Unterstützungsbasis für eine Sache zu schaffen, die im Süden passieren soll, und daß Bolivien eine zweitrangige Rolle im strategischen Plan spiele. Die Kubaner entgegnen, daß Bolivien als Hauptschauplatz vorgesehen sei, weil dort die Bedingungen vorhanden seien. Die Sitzung geht schlecht aus, denn Monje sagt ihnen, daß er es nicht akzeptiere, eine Marionette in ihren Händen zu sein. Zwei Tage später berät Villegas mit einem Teil der Gruppe der jungen bolivianischen Kommunisten, die enger mit ihm zusammengearbeitet haben, um ihnen Monjes Zweifel mitzuteilen. Rodolfo Saldaña und Coco Peredo sagen, daß sie die Position von Monje nicht interessiert und daß sie kämpfen werden. Am 4. Oktober trifft eine Botschaft von Che ein, der sie vor einem Abbruch der Vorbereitungen zu diesem Zeitpunkt warnt und von ihnen verlangt zu zaubern: „Haltet den Kontakt zu Monje aufrecht, aber vermeidet Diskussionen."

Währenddessen löst sich in San Andrés die trügerische Stimmung des gemütlichen Landsitzes mit Swimmingpool auf. Zuerst wird das Schlüsselwort ausgesprochen: Bolivien, das wird das Ziel sein. Überraschte Reaktionen. Dann beginnt unter Ches Anleitung ein brutales Training. Alarcón erinnert sich: „Es war so hart, daß wir nicht daran glaubten, den Plan erfüllen zu können. Wir dachten, wir seien ausgebildet, aber Che sagte uns, wir müßten neu anfangen." Zuerst liest er ihnen die Leviten: Die Offiziersränge sind abgeschafft, sie werden alle gleich sein. Rigoros wird der Wachdienst eingeteilt, Che ist der erste. Die letzte Wache, die um 5 Uhr morgens zu Ende ist, kümmert sich ums Frühstück. Eine halbe Stunde später ist Wecken, Punkt 6 Uhr beginnen die Schießübungen. Wer seine Ergebnisse nicht verbessert, wird ausgeschlossen. Und wieder krachen die Geschosse der FAL, der Garands, der M-1, der Thompson-Maschinengewehre, der Uzis ... Hunderte von Schüssen pro Durchgang. Samstags und sonntags Panzerfäuste und Maschinengewehre mit Kaliber 30 und 50. Nach den Übungen Waffenreinigen, dann um 12 Uhr sechs Stunden lange Märsche mit einem Rucksack voller Munition. Von 7 Uhr abends an wird die Gruppe zweigeteilt: Che gibt dem einen Teil Unterricht in Geschichte, Spanisch und Mathematik, Gustavo Machín dem anderen. Bei diesem verrückten und strengen Leben dann ab neun Uhr abends noch Unterricht in Fremdsprachen: Französisch und Quechua. Che macht nicht nur den allgemeinen Tagesablauf mit, sondern er bereitet auch den Unterricht vor.

Nach 14 Tagen kommen die falschen Pässe und die angeblichen Lebensläufe, was man in der Spionage „Legenden“ nennt. Der eine wird Geschäftsmann aus Ecuador, der andere uruguayischer Fleischhändler, man lernt die Nationalhymne von Kolumbien, die Baseballmannschaften Panamas oder die Medien Montevideos auswendig. Die Freiwilligen bitten Che, den Unterricht in Kulturgeschichte auszusetzen, damit sie ihre Papiere studieren können. Che antwortet, daß sie das in ihrer Freizeit tun können. Sie fragen: In welcher? Sehr hochmütig antwortet er, nach Mitternacht. Das scheint normal zu sein für einen Mann, der nie schläft.

Das Training macht Fortschritte. Tamayo, Alarcón, Reyes und San Luis, die die Vorhut bilden, schaffen den Marsch in einer Stunde und 50 Minuten. Daraufhin verlangt Che vom Rest dasselbe, was dazu führt, daß die Vorhut bis zum Überdruß beschimpft wird. Während der gesamten Ausbildungszeit kommt Fidel mindestens einmal pro Woche vorbei. Bei einem seiner Besuche mißt Che die Zeit bei dem Marsch, der immer dieselbe Strecke umfaßt: Berge hinauf und hinunter, über Abhänge und Bäche hinweg. Dem besten Marschierer schenkt Fidel als Auszeichnung seine Uhr.

Als Mensch, der vom Stoizismus und der Genügsamkeit zum Übermaß wechselt, ißt Che in diesen Tagen wie ein Wilder, „wie ein Pferd“, erinnern sich seine Genossen, „eine Ration für drei Personen“, und ruft dadurch den Neid von Vilo Acuña hervor, der zur Diät gezwungen ist, weil er das Gewicht überschritten hat. Eine gefährliche Situation, denn sie schwächt ihn und für diese Schwäche wird er später im Kampf bezahlen.

Unter den zahlreichen Anekdoten, die über die Ausbildung in Pinar del Río erzählt werden, gibt es eine, die den Verfasser amüsiert hat, und obwohl sie nicht bestätigt wurde, enthält sie Elemente, die mit dem übereinstimmen, was man heute über Fidel und Che weiß. Es heißt, daß Guevara eines Tages sehr wütend mit Ramiro Valdés stritt und ihm sogar Ohrfeigen versetzte, während ganz in der Nähe, am Fuß eines Berges, Aleida in einem Auto saß. Den Leuten wurde klar, daß Che Ramiro Valdés die Leviten las, weil er Aleida, nicht aber auch die Frauen der anderen Genossen geholt hatte. Man hörte weit mehr als die üblichen Schimpfwörter.

Es war Vorsehung, daß Fidel in diesem Moment auftauchte, denn wenn Che in Wut geriet, wurde er gefährlich. Fidel bot sich an, einige der Kämpfer auf den Berg zu fahren, aber da sie Panik vor seinem Fahrstil hatten, erfanden sie einen Vorwand: „Wir gehen lieber hinter Ihnen her, Kommandant.“ Die Erzähler berichten, daß Fidel Che packte und sich entschuldigte: „Es ist nicht die Schuld von Ramiro, ich bin schuld. Wir dachten, daß wir den anderen einen Tag frei geben könnten, damit sie ihre Ehefrauen sehen, und dir nicht.“ Nach und nach beruhigte sich Che.

In dieser Nacht teilen Guevara und Aleida ein Zimmer im Camp und am folgenden Tag schafft Che es beim üblichen Marsch nicht, den Berg hinaufzusteigen. Die Kubaner, mit dem üblichen Respekt, auch im Scherz nicht zu weit zu gehen, machen sich über ihn lustig: „Haben Sie gut geschlafen, Kommandant?“

Am 5. Oktober verläßt Hauptmann Martínez Tamayo Bolivien Richtung Havanna, um sich mit Che zu beraten. Unter anderem will er mit ihm darüber sprechen, daß ihm dieser Gutshof in Ñancahuazú als Stützpunkt nicht sehr gefällt und daß er es vorziehen würde, in eine andere Gegend zu gehen. Che bekommt Streit mit ihm, die Reise scheint ihm unnötig und ein Sicherheitsrisiko, außerdem erfülle das Landgut sehr wohl die Bedingungen, die Hauptmann Martínez Tamayo selbst aufgezählt habe: ein zurückgezogener Stützpunkt, der ein langes Training erlaubt und sich in gewisser Nähe zu Argentinien befindet.

Später im Oktober trifft Che am Rand von Havanna zum letzten Mal seine Kinder. Vorher hatte Celia, die kleinste, die nierenkrank war, ihren Vater zusammen mit Aleida besucht. Sie war noch nicht vier und deshalb bestand keine Gefahr, daß sie ihn wiedererkannte.

Das letzte Treffen findet statt, als Che bereits mit seiner neuen Tarnung versehen ist. Anwesend sind seine vier kleinsten Kinder und Aleida. Hilda, die damals 10 Jahre alt ist, darf nicht dabei sein, denn „vielleicht dachten sie, ich könnte meinen Freunden oder Klassenkameraden erzählen, daß ich ihn gesehen hätte oder daß er wegging".

Aleida Guevara, mit fast sechs Jahren das älteste der anwesenden Kinder, erinnert sich deutlich an das Zusammentreffen: „Der Mann begrüßt mich. Er sagt, er sei Spanier, stellt sich als Ramón vor und sagt, er sei ein guter Freund von meinem Papa.

‚Mensch, du scheinst aber kein Spanier zu sein, du siehst eher wie ein Argentinier aus.'

Alle erstarren. Sie sagen sich, wenn schon ein so kleines Mädchen die Verkleidung durchschauen kann, dann taugt sie nichts.

Che bewahrt Ruhe: *Und warum Argentinier?*

‚Das fiel mir nur so ein', antworte ich."

Im Oktober, kurz bevor sie aufbrechen, erhält Che noch Debrays Berichte („Der Bericht, den ich ihm schickte, war der beste, den ich je in meinem Leben geschrieben habe") und kann sie mit dem von Pacho vergleichen: Landkarten, Pläne, politische Berichte, Listen von Sympathisanten. Es scheint in jeder Hinsicht, daß andere Gegenden Boliviens eine bessere Grundlage für den Guerillafokus bieten, eine sozial empfänglichere Bauernschaft, eine geringere Isolierung von den Bergarbeitern, den politisch am weitesten radikalisierten Kräften der Gesellschaft, eine bessere Verankerung der Linksparteien, aber es ist offensichtlich, wie Debray schreibt, daß Che „aus Ungeduld, zum Leben als Guerillero zurückzukehren (...), auf die militärische Ausbildung, die Auswahl des Personals und die Vorbereitung der zukünftigen Kontakte konzentriert, der ersten Ansiedlung des Focus nur eine sekundäre Aufmerksamkeit widmet." Aber es ist nicht nur das. Che akzeptiert den Stützpunkt von Ñancahuazú in einer Gegend, wo keine vorherige politische Arbeit geleistet wurde, weil er ihn nicht als Operations-, sondern als Etappenbasis sieht, so daß ihm seine Abgelegenheit wichtiger ist.

Die letzten Teilnehmer haben sich auf den Weg gemacht, und das überraschende Fehlen von gut zwanzig bekannten Aktivisten in der Öffentlichkeit wurde vom kubanischen Geheimdienst dadurch gedeckt, daß ein Gerücht in Umlauf gesetzt wurde, sie seien in Vietnam. Die Ausbildung ist zu Ende. Vielleicht haben sich ein paar Schwächen in der Auswahl erwiesen: Pinares, der zwar extrem sympathisch, aber auch undiszipliniert und chaotisch ist, und Vila Acuña, der sich als schwerfällig erweist und leicht kränkelt, aber mit voller Willensanstrengung dabei bleibt.

Am 21. Oktober kehrt Hauptmann Martínez Tamayo, der wegen Ches Vorwürfen verletzt ist (er wird später Villegas gegenüber zugeben, daß er nur aus Treue zu Che dabei war), mit der Anweisung nach Bolivien zurück, mit allen Gruppen der radikalen Linken Kontakt aufzunehmen, auch mit dem ehemaligen Vizepräsidenten Lechin. Renán, der mit Villegas und Coello in Kontakt getreten ist, stellt ihnen Tania vor. Ches Leute setzen sich mit dem parallelen Netz in Verbindung, das Piñeiro von Havanna aus dirigiert. Die von Che anfänglich gewünschte Aufteilung klappt nicht, die Kubaner beginnen, als ganze Gruppe zu agieren. Kurz zuvor hat Villegas sich mit Monje getroffen, der ihm erzählte, das Zentralkomitee habe die Vorstellung übernommen, in Bolivien führe der Weg an die Macht über den bewaffneten Kampf. Monje gibt ihm gegenüber zu, „daß ein Großteil der Unterstützung des bewaffneten Kampfes nur verbal“ sei und daß sie (die KP-Führung, seine Genossen) körperlich nicht in der Lage seien, ihn zu praktizieren. Ja oder nein? Nichts scheint klar zu sein. Kurze Zeit später fliegt Monje nach Bulgarien, über Kuba. Er hat eine letzte Auseinandersetzung mit Ches Kubanern, von denen er finanzielle Unterstützung für die Reise verlangt; aber die haben die Schnauze voll von seiner gewundenen Art und ignorieren ihn.

Am 22. Oktober endet die Ausbildung auf Kuba. Die Kämpfer erhalten die Erlaubnis, ihre Familien zu besuchen und sich zu verabschieden, müssen jedoch das Ziel der Reise absolut geheimhalten. Manuel Hernández sagt seiner Frau, er gehe nach Camagüey zum Zuckerrohrschneiden, aber der Abschied ist länger als üblich, es fließen Tränen. Man sagt, daß Pinares sich mit seinem bissigen Humor von seiner Frau so verabschiedet habe: „Such dir einen anderen Mann, denn von dieser Reise komme ich nicht zurück.“

Che schminkt sich für seinen zweiten Abschied aus Kuba. Er benutzt die Verkleidung, die er bereits in San Andrés ausprobiert hat. Was ihn wahrscheinlich am meisten stört, sind die Prothese, die den Unterkiefer deformiert, und die Brillengläser für Kurzsichtige, die ihn zwingen, vorsichtig zu gehen, damit er nicht stolpert. Am Tag des Abschieds gibt Fidel ein Essen für Mitglieder der kubanischen Regierung und kündigt einen Gast an. Die Verkleidung funktioniert, niemand erkennt ihn.

Es gibt ein letztes Foto mit Fidel: Che in seiner endgültigen Maske, gekleidet wie ein hoher Bürokrat, mit Anzug, Krawatte, Hut, Brille mit rechteckiger Fassung, beobachtet Fidel, wie er seinen Paß überprüft, während er eine Zigarre raucht. Sie sind ungefähr 20 cm voneinander entfernt. Zwischen ihnen sieht man einen offenen Schrank, an dessen Stange weder Kleider noch Bügel hängen.

Es gibt keine Aufzeichnungen über ihre letzten Worte außer ein paar kurzen Sätzen, die Fidel Gianni Miná anvertraute: „Ohne überströmende Gefühle, denn wir sind keine Leute von großen ... Er war es nicht, ich bin es nicht, aber wir hatten doch starke Empfindungen."

Am 23. Oktober bricht Ernesto Guevara von Kuba auf, um ein weiteres Mal Che zu werden.

Kapitel 49

★

„Heute beginnt eine neue Etappe"

Es soll das Foto eines Mannes existieren, der sich in einem Zimmer des Hotels Copacabana in La Paz vor einem Spiegel betrachtet. Dieses Foto wurde an dem Tag aufgenommen, an dem dieser Mann nach vielen Jahren in die Stadt zurückkam. Wenn es dieses Foto wirklich gibt, dann stellt es mit Sicherheit einen Mann dar, der gerade das schlimmste Jahr seines Lebens durchgemacht hat, der aber dennoch zurückgekehrt ist. Es ist der 3. November 1966 und Ernesto Guevara kommt zum zweiten Mal in die Hauptstadt von Bolivien, als Tango-Gestalt, die Zeiten haben sich gewandelt, 13 Jahre nach dem letzten Besuch. Findet irgendein Wiedersehen statt? Der Doktor Guevara von '53, ein Abenteurer, der durch Lateinamerika zog, und der Che von '66 mit der Erfahrung von Kuba und der Niederlage in Afrika haben die kurze, aber belastende Distanz von 13 Jahren zwischen sich.

Der Mann, der zum Spiegel schaut und das Foto schießt, heißt zeitweise Adolfo Mena und hat eine Tarnung von der Organisation Amerikanischer Staaten, die von der Nationalen Informationsabteilung im Präsidentenamt der Republik Boliviens beglaubigt wurde und die ihn als uruguayischen Agronomen präsentiert.

Es soll ein zweites Foto geben, das – vom Fenster aus aufgenommen – das gegenüberliegende Gebäude, ein Regierungsgebäude, zeigt. Zweifellos probiert Doktor Mena die Kamera aus.

Der Verfasser hat keines der beiden Fotos gesehen, die sich im Besitz eines bolivianischen Militärs befinden sollen.

Es gibt noch ein drittes Foto, das in den Labors des CIA hergestellt wurde, indem man ein Originalfoto retuschierte, um Che Guevara den Bart abzurasieren, und das ganz bestimmt den Kontrollorganen der Flughäfen vorlag, die Mena passieren mußte.

Gleich am nächsten Tag tritt Che in Aktion, ohne sich die Zeit zu nehmen, das Terrain zu sondieren, ohne sich mit der politischen Situation in Bolivien vertraut zu machen, unter dem Druck der Gefahr, die seine Klandestinität darstellt: Er läßt durch Pacho ein Treffen mit Renán vereinbaren. Hauptmann Montes de Oca trifft sich mit dem kubanischen Agenten im Restaurant Pardo, ein paar Häuserblocks vom Hotel Copacabana entfernt, und macht eine Verabredung für den Kommandanten aus. Um 8 Uhr abends gibt Che in einem Geheimquartier Renán Anweisungen für den Empfang der restlichen Mitglieder der Gruppe und den Waffentransport. Renán nimmt seinerseits Kontakt mit Hauptmann Martínez Tamayo auf, der zu Villegas und Coello sagt, Che wolle sie nicht sehen, obwohl die Botschaft lautete, er wolle sich nicht mit der gesamten Gruppe gleichzeitig treffen. Die beiden alten Leibwächter des Che sind besorgt und verbringen die Nacht schlaflos, da sie einen Rüffel von Che, den sie ja gut kennen, befürchten.

Zuletzt nimmt Che Verbindung zu Tania auf und gliedert sie ins Aktionsnetz für den Aufbau der Kolonne ein. Wann genau ändert er seine Entscheidung, Tania aus der Guerilla herauszuhalten, die wie ein Spion versucht, sich in die höchsten Ebenen des bolivianischen Staatsapparats einzuschleusen? Tatsache ist, daß Tania von diesem Zeitpunkt an voll in die Arbeiten der Gruppe miteinbezogen wird und ihre Tarnung bereits verliert.

Merkwürdigerweise stellt genau in diesen Tagen der argentinische Geheimdienst das Haus von Guevaras Eltern in Argentinien unter Bewachung. Vielleicht haben sie den Hinweis erhalten, daß Che sich in der Gegend befindet. Doch sie sind nicht die einzigen, die alarmiert sind. Ein Jahr später wird der CIA zugeben, er sei von der bolivianischen Regierung darüber informiert worden, daß eine Guerilla organisiert würde (möglicherweise wegen der Rekrutierung von Kämpfern in den Reihen der KP und der Gruppe von Moisés Guevara), aber er schenkte dem keine Beachtung, weil er den bolivianischen Geheimdienstapparat nicht sehr hoch schätzte und weil „die Regierung dazu neigte, die Aufmerksamkeit der Öffentlichkeit von den brennenden inneren Problemen abzulenken“.

Am 5. November um halb 7 Uhr abends bricht Che mit Pacho in einem Jeep über Cochabamba und Camiri in Richtung Ñancahuazú auf. Vor ihnen sind bereits Martínez Tamayo und Coello losgefahren und ihnen folgt Villegas in Begleitung des Bolivianers Vázquez Viaña.

Ein paar Tage lang durchquert Ches Jeep Bolivien. Am 7. werden sie vom Jeep der Nachhut eingeholt. Es gibt ein Foto, wie sie auf einer Floßfähre einen Fluß überqueren, Che mit seiner Verkleidung als hoher Bürokrat auf Landausflug mit Mütze, starker Brille und hochgekrempelten Hosen steht neben einem Jeep mit dem Kennzeichen 6811. Den Arm an das offene Autofenster gelehnt, die rechte Hand in der Tasche, schaut er in die Kamera. Er sieht sehr ruhig aus, ohne die Belastung der Vergangenheit.

Jahre später sollte der Verfasser in einem Kurzfilm von Santiago Álvarez „Hasta la victoria siempre“ im Zoom aufgenommene bolivianische Straßen sehen, die ins Nichts führen. Ist es das, was Che damals vor sich sah? Es ist kaum vorstellbar. Er begibt sich in die Tiefe Lateinamerikas, einen Teil der Hölle, den er kennt.

Um 4 Uhr nachmittags kommen sie zum Río Grande. In der Nähe der Finca *hielten wir die Autos an. Nur eins fuhr bis dorthin, um nicht den Argwohn des Nachbarn* (Ciro Argañaraz) *zu erregen, der herumerzählte, wir würden uns wohl mit der Herstellung von Kokain befassen. Merkwürdigerweise gilt Coello bei ihm als Chemiker unserer Gruppe.*

Während des zweiten Teils der Reise, als sie bereits zu viert im selben Jeep saßen, mit dem Bolivianer Vázquez Viaña am Steuer, hat Che letzterem seine Identität preisgegeben. Er erschrickt so sehr, daß sie beinahe einen Abhang hinabstürzen.

Bei dem ersten Gespräch mit dem Bolivianer, den Che nur aus Berichten über andere Aktionen kennt, hinter denen allerdings Kommandant Guevara gesteckt hat, sagt er zu ihm: *Wir können uns nicht den Luxus leisten, von einer Revolution nur in Bolivien zu träumen, ohne zumindest in einem Küstenland oder vielmehr in ganz Lateinamerika eine Revolution zu machen. Wenn dies nicht geschieht, dann wird diese Revolution niedergeschlagen. Ich bin gekommen, um hier zu bleiben und die einzige Art, auf die ich hier wieder verschwinden werde, ist als Toter oder schießend über die Grenze.*

Der junge bolivianische Kommunist macht deutlich, daß er bereit ist, Che zu folgen, *aber er zeigt sich auch loyal gegenüber Monje, den er achtet und zu mögen scheint. Laut ihm ist Rodolfo Saldaña ebenfalls bereit und genauso ist es mit Coco, aber wir müssen erreichen, daß die Partei sich entscheidet zu kämpfen. Ich bat ihn, die Partei nicht zu informieren, bis Monje, der zu Besuch in Bulgarien war, zurückkäme und uns helfen würde; er willigte in beides ein.*

Die Gruppe trifft nach Mitternacht auf dem Hof ein. Che weiht sein bolivianisches Tagebuch ein. Er öffnet einen Terminkalender, den er in Frankfurt gekauft hat und schreibt: „*Heute beginnt eine neue Etappe.*"

Kommandant Guevara bleibt in diesen ersten Tagen nicht im Haus des Landguts, einem Ziegelsteinbau mit zwei Zimmern und Wellblechdach, das deshalb Casa de Calamina, Wellblech-Haus, genannt wird, sondern baut etwa hundert Meter vom Haus entfernt ein Lager auf, um einem Hinterhalt zuvorkommen zu können. Währenddessen bleiben die drei Arbeiter von der KP, die sich als Landarbeiter ausgeben, im Haus: Apolinar, Serapio und Antonio Domínguez.

Es beginnen die Erkundungsmärsche. Zuerst folgen Che und Coello dem Lauf des Ñancahuazú, ohne die Quelle zu finden. Später stoßen Pacho und Villegas weiter vor als Che. Es sind friedliche Tage, an denen sie vor allem gegen Mücken und Zecken kämpfen. *Ich zog mir 6 Zecken aus dem Körper.*

In seinem Tagebuch wird er mehrmals das Wort Ñancahuazú notieren, in vier verschiedenen Schreibweisen: Ñancahuaso, Ñacahuasu, Ñacahuazu und Ñancahuazú, so wie es jeweils in den Büchern oder Landkarten auftaucht oder wie es die Ortsansässigen aussprechen. Das Wort bedeutet Wasserzufluß, Wasserquelle und kommt vom Guarani-Wort Yakaguasú. Heute ist selbst die Sprache unsicher, wie die Landschaft, die Behauptungen und die Gewißheiten.

Dennoch ist eins klar, ein einzelner Satz in seinem Tagebuch scheint einen Schlüssel zu Ches Projekt zu liefern: *Die Gegend ist anscheinend wenig belebt. Mit der nötigen Disziplin kann man hier sehr lange bleiben.*

Aber am 10. sieht „der Chauffeur von Argañaraz" einige Kubaner. Als Che das erfährt, liest er ihnen fürchterlich die Leviten und beschließt, in den Urwald umzuziehen und dort ein Dauerlager aufzubauen. *Das wird hier immer schlimmer; wir müssen sehen, ob sie uns trotzdem unsere Leute herholen lassen. Mit ihnen wäre ich beruhigt.*

In der zweiten Novemberwoche, während sie auf die übrigen kubanischen Freiwilligen warten, beginnt er mit dem Rest der Gruppe an einem Tunnel zu arbeiten, um *dort alles hineinzutun, was uns belasten könnte,* und baut ihn gleichzeitig als Lebensmittellager aus. Pachunga ist niedergeschlagen und traurig, weil er seine Familie verlassen mußte. Che hingegen fühlt sich wie neugeboren. Ein bedeutsamer Satz beendet seinen Tagebucheintrag vom 12. November: *Meine Haare wachsen nach, wenn auch sehr spärlich, und die grauen Haare werden wieder braun und verschwinden nach und nach; mir sprießt der Bart. In ein paar Monaten werde ich wieder ich selbst sein.*

Während die Tage mit Erkundungen des Ñancahuazú und den Arbeiten am Tunnel vergehen, nutzt Che die Zeit zum Lesen, möglicherweise Benedetto Croce: „Die Geschichte als Heldentat der Freiheit“ oder „Die permanente Revolution“ und „Die Geschichte der russischen Revolution“ von Trotzki oder Paul Rivet: „Die Ursprünge des amerikanischen Menschen“ oder sogar etwas völlig Unerwartetes wie die Kriegserinnerungen De Gaulles oder Churchills Memoiren. Vielleicht liest er etwas von Diderot oder begibt sich ins Labyrinth der „Phänomenologie des Geistes“ von Hegel.

Die einzige Sorge bereitet ihm der lästige Nachbar Ciro Argañaraz, der das Wellblech-Haus umschleicht. *Die Jungs im Haus sprachen mit Argañaraz, von dem sie ein paar Sachen kauften und er bestand ein weiteres Mal darauf, sich an der Kokainfabrik zu beteiligen.*

Am 20. November kommen endlich Pinares und San Luis an. Sie sind in Begleitung von Rodolfo Saldaña von der Kerngruppe der bolivianischen Kommunistischen Jugend, die gerade begonnen hat, mit Tania zusammen Waffen in einem kleinen Jeep, bei dem sie einen der Sitze ausgebaut haben, nach Ñancahuazú zu transportieren. Che klopft den jungen Bolivianer auf die Zwiespältigkeit der Parteiführung hin ab. *Er machte einen sehr guten Eindruck. Anscheinend ist er entschlossener als Vázquez Viaña, mit allem zu brechen.* Ein paar Tage vorher hatte Che an Fidel geschrieben: *Es ist okay, wir sind zu viert im Unterschlupf und wie es aussieht, können problemlos noch mehr kommen (...). Es gibt Anzeichen, daß die besten Kader Monje davonlaufen werden, wenn er sich nicht entscheidet.* Da Monje auf der Rückreise vom Kongreß der internationalen kommunistischen Bürokratie, an dem er in Bulgarien teilgenommen hat, über Havanna fliegen muß, schlägt er vor: *Ihr müßt ihm den Kopf mit Streben nach Ruhm und Ehre vollschwätzen, aber ohne ihm Geld zu geben oder ihm das Wichtigste zu verraten, außer es ist absolut notwendig.*

Aber Mario Monje, der Führer der bolivianischen KP, scheint noch nicht aufgegeben zu haben. Ein paar Tage vorher, am 9. November, traf er auf dem Flughafen Orly zufällig Inti Peredo, der von der Ausbildung in Havanna zurückkehrte, und sagte zu ihm: „Ich verzichte auf den Vorsitz, wenn die Partei nicht anfängt zu kämpfen." Damit widerspricht er dem, was 14 Tage vorher geschehen war. Er hatte Intis Bruder Coco mit dem Befehl nach Havanna geschickt, die militärische Ausbildung abzubrechen, was dazu führte, daß fünf der zwölf Bolivianer, die an der Ausbildung teilnahmen, sich seinem Befehl widersetzten.

Während die Kubaner ins Lager umziehen, bleibt Jorge Vázquez Viaña im Wellblech-Haus und erledigt ein paar Arbeiten. Che hatte Rodolfo gebeten, unter seinen Genossen einen Agronomen ausfindig zu machen, um die Ernte zu verbessern. Mit Rodolfo hatte er außerdem darüber gesprochen, eine Metallwerkstatt, eine Schuhwerkstatt und eine ärztliche Ambulanz zu schaffen. Zweifellos dachte er daran, in Ñancahuazú eine große Rückzugsbasis aufzubauen, wenn sie nicht entdeckt und dadurch gezwungen würden, zum bewaffneten Kampf überzugehen. Am 21. November schreibt er: *Wir werden versuchen, daß dies hier solange wie möglich weitergeht.*

Die Erkundungsgänge werden fortgesetzt, sie dringen immer weiter vor, sie kommen aber jedes Mal zum Wellblech-Haus zurück, das nun einen Beobachtungsstand zwischen den Bäumen hat.

Am 27. November kommt Roberto Coco Peredo, der unter den Mitgliedern der bolivianischen Kommunistischen Jugend das meiste Prestige genießt. Ihn begleiten Vilo Acuña, Leonardo Tamayo und der bolivianische Medizinstudent Fredy Maimura. Wenig später kommt er noch einmal in Begleitung seines Bruders Inti, mit Martínez Tamayo, Israel Zayas und Manuel Hernández. *Martínez Tamayo brachte eine unbequeme Nachricht: El Chino (Juan Pablo Chang) ist in Bolivien und möchte 20 Leute von der peruanischen ELN herschicken und mich sehen. Das bringt Schwierigkeiten, denn wir würden auf diese Weise den Kampf internationalisieren, noch bevor wir auf Monje zählen können. Wir verblieben so, daß ich ihn nach Santa Cruz schicke und Coco ihn dort abholen wird.* Einen Tag später ruft Che die Bolivianer zusammen, *um ihnen die Bitte der Peruaner, 20 Leute herzuschicken*, darzulegen, *und alle waren damit einverstanden, aber erst nachdem die Aktionen begonnen hätten.*

Che führt die Sondierungen fort: *In einem Vorgespräch mit Inti äußert dieser die Meinung, daß Monje sich nicht am Aufstand beteiligen würde, sondern entschlossen zu sein scheint, die Beziehungen abzubrechen.* Er ist nicht der einzige, später wird Che schreiben, daß die Aktivisten des Netzes von Martínez Tamayo *sich allen Widerständen zum Trotz am Kampf beteiligen.*

Die Stimmung in der Gruppe ist fröhlich, Israel Reyes macht Witze und singt. Coello scherzt herum. Um seine Verwunderung zu äußern, sagt er immer, daß „ihm die Eier klappern" und Che rügt ihn dafür.

In der Monatsbilanz für November schreibt der Kommandant in seiner eiligen Schrift: *Die Aussichten sind gut in dieser abgelegenen Gegend, wo alles darauf hindeutet, daß wir praktisch die ganze Zeit hier verbringen können, die wir für nötig halten. Unsere Pläne sind: auf den Rest der Leute warten, die Anzahl der Bolivianer auf mindestens 20 erhöhen und mit den Aktionen beginnen. Wir müssen noch die Reaktion von Monje herausfinden und wie sich die Leute von Moisés Guevara verhalten.*

Ohne sich dessen bewußt zu sein, fängt er an, sich im Tagebuch zu lateinamerikanisieren. Neben häufigen kubanischen Ausdrücken und den ewigen Argentinismen tauchen nach und nach verlorengegangene Mexikanismen aus seinem Gedächtnis auf, und nun kommen auch noch Worte aus der bolivianischen Umgangssprache hinzu.

Am 2. Dezember kommt sein alter Freund Juan Pablo Chang, *sehr überströmend. Wir verbrachten den Tag mit Gesprächen. Das Wesentliche: er wird nach Kuba fahren und dort persönlich über die Situation berichten. Innerhalb von zwei Monaten werden sich uns fünf Peruaner anschließen können, das heißt, wenn wir angefangen haben, aktiv zu werden. Demnächst werden zwei Peruaner kommen, ein Radiotechniker und ein Arzt, die eine Weile bei uns bleiben werden. Er bat um Waffen und ich konnte ihm eine BZ, ein paar Mauser und Granaten geben und ihnen ein M-1 kaufen. Ich beschloß auch, ihnen zu helfen, fünf Peruaner herzuschicken, um eine Verbindung für den Transport der Waffen durch eine Gegend in der Nähe von Puno auf der anderen Seite des Titicaca-Sees herzustellen. Er erzählte mir von seinen Sorgen in Peru, sogar von dem kühnen Plan, Calixto zu befreien* (Héctor Bejár, der oberste Führer der Nationalen Befreiungsarmee in Peru, 1966 verhaftet und im Gefängnis von San Quentín in Peru inhaftiert), *der mir ein bißchen wie Phantasterei vorkommt. Er glaubt, daß ein paar Überlebende der Guerilla dort noch aktiv sind, aber er weiß es nicht mit letzter Gewißheit. Er verabschiedete sich genauso begeistert und brach nach La Paz auf.*

Zusammen mit dem Chinesen Chang fährt Coco in die Hauptstadt, mit dem Auftrag, das städtische Netz zu verstärken, das *immer noch in den Kinderschuhen steckt*. Er setzt sich mit Julio Dagnino in Verbindung, der den Kontakt zu den Peruanern aufrechterhält, und mit Intis Schwager, Informationschef des Präsidentenamts, der als unfreiwilliger Informant fungieren soll.

Während der zweiten Dezemberwoche beginnt das Essen knapp zu werden, denn Che hat beschlossen, daß das Lager sich selbst versorgen und die Jagd nicht überhand nehmen soll. Das Anlegen von Depots geht weiter, nun in getarnten Höhlen, es wird ein zweites Lager aufgestellt, das tiefer im Urwald und weiter weg von der Finca und dem Wellblech-Haus liegt. Inti Peredo beschreibt in seinem Tagebuch das erste Lager als Trainingsbasis mit Ausnahme der Höhlen, die strategische Funktion hatten. Debray, der einige Wochen später dorthin kommen sollte, bezeichnet es als Etappenbasis, Waffenlager, Depot für Lebensmittel und Ausrüstung und militärisches Ausbildungscamp.

Inzwischen treffen die Kubaner in La Paz ein und werden von Tania abgeholt. Diejenigen, die sie nicht kennen, wundern sich, auf eine Frau zu treffen, die die Operation leitet, denn Tania erteilt Befehle, pflegt einen sehr vertraulichen Umgang und ist ihnen gegenüber sehr herausfordernd. Sie hinterläßt den Eindruck, als ob sie für sie alte Bekannte seien. Im Geheimquartier stehen nur ein Bett und zwei Pritschen und bei dem ewigen guevaristischen Egalitarismus schlafen am Ende alle auf dem Boden. Tania läßt Sätze los wie: „Ihr könnt jetzt sagen, ihr habt mit einer Frau geschlafen." In ihrer sympathischen Art macht sie ihnen Vorwürfe, weil sie zu viel Lärm machen. Dariel Alarcón sagt später, daß die Fotos ihrer Schönheit nicht gerecht werden, denn sie war nicht fotogen.

Am 11. November kommen die vorletzten Kubaner in Begleitung von Coco Peredo und José María Martínez Tamayo nach Ñancahuazú: Gustavo Machín Hoed de Beche, René Martínez Tamayo, der Arzt Octavio de la Concepción, Da-riel Alarcón und drei Bolivianer: Lorgio Vaca, Orlando Jiménez und Ñato Méndez; die beiden letzteren sind bäuerlicher Herkunft und haben auf der Hacienda in Alto Beni gearbeitet, die für die Operation gekauft und nicht genutzt wurde.

Che ist zweifelsohne mit der Zusammensetzung des Kontingents zufrieden. Villegas trägt in sein Tagebuch ein: „Che ist der Meinung, daß nicht einmal Havanna eine Gruppe wie diese hervorbringen kann." Um die Ankunft zu feiern, nimmt sich Alarcón der Küche an: „Che hatte mich gebeten, ein Mittagessen zu kochen, das dem Zusammentreffen der verschiedenen Genossen würdig sei. Ich glaube, ich habe in Rekordzeit ein gutes Congrí [Reis mit Bohnen] hinbekommen, das wir Oriental nennen: mit sautiertem Dörrfleisch und halbgegarter Zwiebel, und zum Schluß einen starken Kaffee, von dem ich dieses Mal eine Tasse für Che ungesüßt abgoß."

Che hatte Coco Peredo und Martínez Tamayo Anweisungen gegeben, das Geheimquartier in La Paz abzustoßen, die letzten Waffen aus Alto Beni zum Lager zu bringen und Renán und Tania ins Lager zu bestellen.

Als Reaktion auf ein Gespräch mit Inti, der Vorbehalte gegenüber Lorgio Vaca geäußert hatte, weil dieser gesagt hätte, er würde sich ohne Zustimmung der Partei nicht am bewaffneten Aufstand beteiligen, *sprach ich* am 12. Dezember *zur gesamten Gruppe und „redete mit ihnen Klartext", was Krieg bedeutet. Ich bestand nachdrücklich auf einem einheitlichen Oberbefehl und auf der Disziplin und wies die Bolivianer ausdrücklich auf die Verantwortung hin, die sie tragen müßten, wenn sie die Disziplin ihrer Partei verletzten und sich einer anderen Linie anschlossen. Ich nahm die Ernennungen vor, die folgendermaßen ausfielen: Vilo: stellvertretender Militärchef; San Luis und Inti: Kommissare; Machín Hoed: Leiter der Operationen; Villegas: Verwaltungschef; Inti: Finanzen; Ñato Méndez: Versorgung und Ausrüstung; und vorläufig Octavio für den Sanitätsdienst.*

In diesen Tagen macht sich Che wegen der Anwesenheit eines Jägers Sorgen, der für ihren neugierigen Nachbarn Ciro Argañaraz arbeitet. Er ist unter dem Namen „Der Mann aus Vallegrande" bekannt, schnüffelt in der Gegend herum. Sie denken, daß er mehr über ihre Gruppe herausbekommen will, was auch stimmt. Er wurde von Argañaraz geschickt, um die Kokainfabrik zu finden, die seine seltsamen Nachbarn seiner Meinung nach betreiben und an der er sich beteiligen will. Mehrere Tage lang überprüft Che die Bewegungen des Jägers und zieht wahrscheinlich wegen dessen ständiger Präsenz in das zweite Lager mitten im Urwald, das später als das Hauptlager bekannt werden sollte. *Wir brachen am*

Morgen schwerbeladen auf, um dort zu bleiben: Villegas, Leonardo Tamayo, Coello, Machín Hoed, Octavio, René, Inti und ich. Wir schafften den Weg in drei Stunden.

In den folgenden Tagen transportieren sie einen Stromgenerator dorthin und bauen weitere Höhlen. In Ches Vorstellung entsteht ein großes Rückzugslager nach dem Ebenbild von El Hombrito und Minas del Frío, die er während der kubanischen Revolution gebaut hat. Der Unterschied ist allerdings, daß es hier keine mit der Guerilla sympathisierenden Bauern gibt wie auf Kuba. Hier gibt es nur ein einzelnes Lager aus, wie der mexikanische Journalist Luis Suárez Monate später sagen sollte, „Pflanzenwänden und Pflanzendächern".

Am 19. Dezember tauchen die letzten beiden Kubaner auf, die Che erwartet; sie wurden von Martínez Tamayo und Coco Peredo hergeführt. Außerdem kehrt einer der Arbeiter des Gutshofs zurück, Apolinar, der mit Erlaubnis drei Tage weg gewesen war und sich der Guerilla anschließen will. Renán trifft aus La Paz ein. Che schlägt sich im Gespräch mit Renán sowie Coco und Martínez Tamayo die Nacht um die Ohren.

Olo Pantoja und Suárez Gayol, die Che mit dem Satz begrüßt: *Endlich sind die Verlorengegangenen da*, werden vorher vom Rest der Kameraden mit dummen Sprüchen empfangen. Da der Kommandant sich mit Renán zurückgezogen hat, bekommen sie zu hören, daß Che ihnen wegen der Verspätung „hart zusetzen" werde und sie fürchten eine Zurechtweisung. Dies ist nicht der Fall, aber da diese Furcht bei allen kubanischen Kadern auftaucht, sagt sie etwas aus über den Respekt, den Che verbreitete, und über die Panik, die seine Kameraden und Freunde vor seinen Wutanfällen hatten.

Das Gespräch mit Monleón (Renán Montero) ist recht merkwürdig. Che gibt ihm die Erlaubnis, eine Bolivianerin zu heiraten, in die er sich verliebt hat. Sie ist die Tochter eines Politikers, der Geschäfte mit Präsident Barrientos betrieb. Ihr Vater wollte Renán in einem landwirtschaftlichen Entwicklungsprojekt in der Gegend von Beni Arbeit geben. Che scheint diese Lösung zu befürworten und an Renán als einen Mann des zukünftigen städtischen Netzes zu denken, als einen in den Apparat Eingeschleusten, der wie Tania in den Kreisen der Macht agieren und die Infrastruktur der geheimen Kommunikation mit Havanna aufrechterhalten soll. Der mögliche Umzug Renáns in das Gebiet von Beni, wo Che vorhatte, einen zweiten Fokus einzurichten, muß ihm attraktiv vorkommen. Es wird gesagt, daß diese Unterredung in Ches Warnung gipfelte: *Du mußt jedoch vorsichtig sein und dich für die Zukunft bereithalten, wo du größere Verantwortung übernehmen wirst.*

Offensichtlich hat Che noch keine klare Vorstellung, wie das städtische Netz zur Unterstützung der Guerilla beschaffen sein soll. Ihm scheint es vordringlicher, die militärische Ausbildung zu beginnen und ein für alle Mal das Verhältnis zur bolivianischen KP und zu Monje zu klären, dessen Eintreffen dieser Tage erwartet wird, nachdem er die Kontaktleute der Guerilla in La Paz bei einer ersten Verabredung versetzt hat.

Bis zum 24. Dezember gehen die Arbeiten im Hauptlager und die Erkundungsmärsche weiter, ohne mit Bauern in Kontakt zu kommen, was zeigt, wie wenig besiedelt diese Gegend ist. Che schreibt am 24. in sein Tagebuch: *Der Tag ist ganz dem Heiligabend gewidmet. Einige Leute waren lange unterwegs gewesen und kamen zu spät, aber schließlich saßen wir alle zusammen und ließen es uns gut gehen, wenn auch einige etwas niedergedrückt waren. Vázquez Viaña erklärte, daß die Reise des Mannes aus Lagunillas nichts ergeben und er lediglich eine sehr unpräzise Skizze erhalten habe.* Der Mann aus Lagunillas ist Mario Chávez, ein Parteimitglied, der sechs Monate vorher von den Peredos in die Gegend geschickt worden war und zur Tarnung in Lagunillas ein kleines Hotel aufgemacht hat. Sein Auftrag war, außer der Lieferung von Informationen, eine zusammenhängende Landkarte der Gegend zu erstellen.

Bis zum 30. Dezember gehen die Erkundung der Gegend und der Umzug ins Hauptlager weiter (*der Platz ist sehr schön*), wo ein Ofen zum Brotbacken und ein kleines Amphitheater gebaut werden. Endlich kommt am 31. Dezember der Generalsekretär der Kommunistischen Partei Boliviens, Mario Monje, zum ersten Lager. Sofort wird Che benachrichtigt. *Der Empfang war herzlich, aber angespannt; die Frage stand im Raum: Wozu bist du hergekommen?*

Auf dem Weg hatte Coco Peredo Monje darauf hingewiesen, daß Che ihm vielleicht die politische, niemals aber die militärische Führung der zukünftigen bewaffneten Bewegung überlassen würde. Er bedrängte ihn, sich ihnen anzuschließen. Als sie ins Lager kommen, drängt auch Inti, Cocos Bruder; er sagt ihm, daß der Krieg bald beginnen wird und daß er sich anschließen solle. „Wir werden sehen, wir werden sehen ...“

Monje wird distanziert empfangen, laut Alarcón unter anderem, weil er die Guerilleros nicht einmal begrüßte. Tania hingegen wird jubelnd begrüßt, denn sie erweist sich als eine Art gute Fee, die Briefe und Geschenke mitbringt. Auch Martínez Tamayo, der endgültig bleiben wird, und ein neuer Rekrut, Antonio Jiménez, genannt Pan Divino [Göttlicher Pan], kommen ins Lager. Ohne weitere Umstände entfernt sich Che mit Monje, um mit ihm allein zu sprechen. Ein Foto zeigt die beiden, wie sie auf einem Stein bzw. einem Baumstumpf sitzen. Monje hat einen frischen Haarschnitt und Che raucht eine Zigarre; zwischen beiden steht eine Kanne Kaffee oder Tee. Das Gespräch sollte mehrere Stunden dauern.

Eingangs wird ausgeschlossen, daß die Partei sich einem bewaffneten Projekt anschließt, das von Che militärisch geleitet wird. Monje bietet stattdessen an, *auf die Parteiführung zu verzichten, und von dieser wenigstens Neutralität und Bereitstellung von Kadern für den Kampf zu erreichen.* Che widersetzt sich dem nicht, aber diese Haltung erscheint ihm als *ungeheurer Fehler, schwankend und kompromißlerisch,* der es der Partei erlauben würde, ihre Zwiespältigkeit aufrechtzuerhalten. Ihr Ex-Generalsekretär wäre im bewaffneten Kampf, aber die KP als solche würde ihn weder unterstützen noch ablehnen.

Ein anderer Vorschlag Monjes ist, daß er *die Beziehungen zu anderen südamerikanischen Parteien aufrechterhalten und versuchen würde, sie dazu zu be-*

wegen, die Befreiungsbewegungen zu unterstützen. Che zeigt sich diesbezüglich sehr skeptisch. *Dies war zum Scheitern verurteilt. Von Codovila* (dem sehr gemäßigten Führer der argentinischen KP) *zu verlangen, daß er Douglas Bravo* (den venezolanischen Guerillaführer) *unterstützte, käme der Bitte gleich, einen Aufstand innerhalb seiner eigenen Partei zu legitimieren.*

Aber der Punkt des frontalen Zusammenstoßes ist die Forderung Monjes, die politisch-militärische Führung des Kampfs zu übernehmen. Demgegenüber bleibt Che unbeugsam. *Der militärische Chef sei ich, daran ließ ich keinen Zweifel.* Che hat jetzt die Erfahrung des Kongo, er will nicht ein zweites Mal in seinem Leben in dieselbe Falle tappen und sich politischen Führern unterordnen, die nicht die Absicht haben zu kämpfen. Und die Erinnerung an Afrika wiegt sehr schwer.

Die Diskussion blieb stecken und geriet in einen Teufelskreis. Mario Monje argumentiert, daß, wenn die Revolution in Argentinien stattfände, er bereit wäre, Che den Rucksack aufzusetzen, aber in Bolivien müßte sie von einem Bolivianer, von ihm geleitet werden. Che verpaßt ihm einen Schnellkurs in Lateinamerikanismus einschließlich der Geschichte der Unabhängigkeit Hispanoamerikas und der ständigen Bewegung der revolutionären Führer über den regionalen Rahmen hinaus. Monje insistiert und schlägt ihm vor, daß er sein Berater werden könne, aber Che antwortet, daß er Berater von niemandem sein werde. Stattdessen bietet Che ihm die formale Leitung an und geht sogar so weit, daß er zur Tarnung gegenüber eingeschleusten Spitzeln jeden Morgen vor ihm stramm stehen und ihn um Befehle bitten würde, aber die wirkliche Führung habe er inne und dies stehe nicht zur Verhandlung. Keiner von beiden weicht zurück. Monje argumentiert weiter, beginnt hypothetische Situationen zu konstruieren, aber Che antwortet scharf: *Ich bin bereits hier und hier werden sie mich nur tot herausbekommen.*

Das Gespräch zieht sich in die Länge. Monje attackiert die Gruppe von Moisés Guevara, bezeichnet sie als opportunistisch und wenig vertrauenswürdig. Che beschuldigt ihn des Sektierertums. *Mein Eindruck ist, daß er, als er durch Coco von meiner Entscheidung erfuhr, in den strategischen Punkten nicht zurückzuweichen, sich auf diesen Punkt versteifte, um den Bruch herbeizuführen, denn seine Argumente waren unhaltbar.*

Nach mehreren Stunden scheinen die Differenzen unüberbrückbar zu sein. Monje bittet ihn, mit den bolivianischen Parteimitgliedern beraten zu dürfen, die sich der Guerilla angeschlossen haben. Sie ziehen sich ins neue Lager zurück.

Monje setzt sich also mit den Brüdern Peredo, mit Ñato Méndez, Fredy Maimura, Vázquez Viaña, Antonio und Lorgio Vaca zusammen. Letzterer, laut Aussage eines Augenzeugen, „betrachtet ihn mit gleichgültigem Blick“. Er bringt das Argument, daß die militärische Führung der Partei zustehe, denn wenn das Volk herausbekäme, daß die Guerilla von einem Ausländer angeführt würde, werde es ihr den Rücken kehren. Und er bietet ihnen Garantien an, wenn sie den Kampf aufgeben: „Kommt jetzt mit mir!“ Er droht sogar damit, daß es besser sei, mit ihm zu kommen, auch wenn die Partei keine Repressalien gegen sie anwenden würde.

Wahrscheinlich erwartet er keine so einheitliche und heftige Antwort. Die jungen Bolivianer hämmern auf ihn ein und insistieren: Er solle bleiben, die Partei solle nicht abtrünnig werden, es sei ein Privileg, unter Ches Kommando zu dienen. Die Diskussion wird konfus. Nun greift Monje auf die Idee zurück, die er Martínez Tamayo und Villegas gegenüber einmal geäußert hatte: Der richtige Weg zum Aufstand sei eine städtische Erhebung mit einem anschließenden Rückzug in die Berge; er sagt, er werde auf den Parteivorsitz verzichten und sich der Kolonne als einfacher Soldat anschließen, wenn er auch am Ende den kryptischen Satz losläßt: „Ich bin nicht hier, um zum Van Troi zu werden", womit er auf den damals sehr populären Vietcong-Helden anspielt.

Monje ist anscheinend bedrückt. Er ißt mit den Männern zusammen im Lager, aber die Atmosphäre ist eisig und er spürt dies auch. Als Alarcón den Bolivianer Méndez bittet, dem Parteiführer einen Teller zu leihen, antwortet der:

„Genosse, ich weiß nicht, wo in eurem Land die Schweine essen, aber bei uns essen sie auf der Erde."

Am nächsten Morgen *teilte mir Monje mit, daß er sich zurückziehen und am 8. Januar der Parteiführung seinen Rücktritt erklären würde. Seiner Meinung nach wäre sein Auftrag beendet. Er ging wie einer, der zum Galgen geführt wird.*

Che ruft die Guerilla zusammen, um *über Monjes Haltung zu sprechen. Ich kündigte an, daß wir uns mit allen, die die Revolution machen wollten, verbünden würden und ich prophezeite den Bolivianern schwierige Momente und Tage voller moralischer Beklemmung.* San Luis macht in seinem Tagebuch eine gute Zusammenfassung: „Das wahrscheinlichste ist, daß es einen Bruch in der Partei gibt und daß einige Leute sich uns anschließen werden." Die Einsamkeit beginnt.

Che notiert ganz pragmatisch in sein Tagebuch: *Monjes Haltung kann einerseits die Entwicklung verzögern, andererseits aber dazu beitragen, daß ich mich von politischen Kompromissen befreien kann.* Was stimmt, ist, daß das Projekt geschwächt wurde, da sich die wichtigste Kraft der radikalen Linken Boliviens zurückgezogen hat und nun ein neues städtisches Netz geschaffen werden muß, das unabhängig von dem bisherigen agieren kann. Für Che wird es nun dringend, daß sich die Gruppe von Moisés Guevara entscheidet und daß irgendeine Art von Front aufgebaut wird. Andererseits geht der Aufbau des Unterstützernetzes in den Städten voran. Zählen kann Che auf Humberto Rhea, der sich zu dieser Zeit in Kuba befindet, auf Rodolfo Saldaña und die Führerin der Kommunistischen Jugend, Loyola Guzmán, die zur Finanzverwalterin der Bewegung ernannt wird. Er kann auf den Peruaner Dagnino zählen, der, außer Verbindungsmann zu den ELN-Aktivisten zu sein, im neugeschaffenen Netz mitarbeiten kann. Außerdem kann er in einem parallelen Netz, das mit Havanna in Verbindung steht, auf Renán zählen.

Die Lage scheint ihn nicht weiter zu beunruhigen. Wie '58 in Kuba unterschätzt er wieder die Bedeutung einer breiten und starken politischen Bewegung hinter und neben der Guerilla. Viel interessanter erscheint ihm, wenn man in seinem Tagebuch zwischen den Zeilen liest, die Dringlichkeit, der Gruppe endlich die Feuertaufe zu geben, mit einem Erkundungsmarsch tiefer in die Umgebung einzudringen und sich mit den Argentiniern in Verbindung zu setzen, um die Guerilla auf den ganzen Kontinent auszuweiten.

Am 10. Dezember hat er beschlossen, Tania nach Buenos Aires zu schicken. Sie soll dort zunächst Gespräche führen und in einem zweiten Schritt eine Gruppe von Argentiniern nach Ñancahuazú bringen. Im Tagebuch und in den Papieren Ches erscheinen die Namen von Pelado Bustos (einem Überlebenden der Gruppe von Masetti) und Jozami, dem Dichter Juan Gelman, der damals mit einer Linksabspaltung der KP zu tun hatte, von Jauregui von der Journalistengewerkschaft und von Stamponi. Tania reist mit diesem Auftrag am 2. Januar ab. Von ihr bleibt ein sehr schönes Foto zurück, das im Lager aufgenommen wurde. Ein Foto, das den Fotografen zusammen mit der lächelnden Argentinien-Deutschen, in einer Lederjacke und mit einem Band im Haar zeigt.

Zeit des Wartens. Fünftägige Erkundungsgänge und Arbeiten im zweiten Lager, um Höhlen, Schlupfwinkel und Verstecke anzulegen und die wichtigsten Einrichtungen zu überdachen. Che wird nach und nach klar, daß er sich mitten in einem kaum bewohnten Waldgebiet befindet. In so gut wie keinem der Kundschafterberichte tauchen Wohnstätten auf. Ches Berichte sind knapp und sehr präzise. In seinem Kopf entsteht ein Sofortplan: *Vilo und der Arzt folgten dem Iquiri, bis sie auf unüberwindlich große Felsen stießen, ohne daß sie auf Menschen getroffen waren, höchstens auf Spuren von ihnen. Pinares, Manuel und Dariel marschierten über die Bergrücken, bis sie an eine unzugängliche Stelle kamen, die von einer Felswand versperrt war.*

Er hält eine erste Versammlung mit der Gruppe ab, um die kleineren Spannungen aufzulösen, die sich schon zeigen. *Ich hielt ihnen einen Vortrag über die Eigenschaften der Guerilla und die Notwendigkeit größerer Disziplin; ich erklärte, daß unsere Aufgabe vor allem darin bestünde, einen beispielhaften Kern zu bilden, der eisern sein müsse, und auf diese Weise machte ich ihnen die Bedeutung der Ausbildung klar, die zukünftig unabdingbar sei. Danach rief ich die Verantwortlichen zusammen: Vilo, Pinares, Machín Hoed, Inti, San Luis, Villegas, El Médico, Ñato Méndez und Martínez Tamayo. Ich legte ihnen dar, warum Vilo als Stellvertreter ausgewählt wurde, nämlich wegen einiger Mängel von Pinares, die sich ständig wiederholten (...). Die unangenehmen Streitereien unter den Kameraden machen uns noch die Arbeit kaputt.*

Aber die Angelegenheit ist damit noch nicht erledigt. Die Probleme mit Pinares gehen weiter. Eine Woche später notiert Che: *Vilo sagte mir, daß Pinares verletzt sei, weil ich neulich in der Versammlung auf seine Fehler hingewiesen hatte. Ich muß mit ihm reden.* Und einen Tag später schreibt er: *Ich sprach mit Pinares; er beklagte sich, daß ich ihn vor den Bolivianern kritisiert hatte. Seine Argumentation entbehrte jeder Grundlage; abgesehen von seinem emotionalen Zustand, den wir berücksichtigen müssen, war alles andere belanglos. Er führte verächtliche Sätze an, die Machín Hoed ihm gegenüber gesagt hatte. Dann wurde mit dem Genannten gesprochen und mir scheint, daß nichts vorgefallen war außer ein wenig Tratsch. Pinares beruhigte sich ein bißchen.*

Da er von den vielen kleinen Aufgaben in Beschlag genommen wird, vergißt Che offensichtlich, in sein Tagebuch einzutragen, daß am 8. Januar keine Antwort von Monje kommt. Ebenso entgeht ihm die Landschaft. Pacho jedoch schreibt: „Der Blick von den Anden ist wunderbar, auf die Berge zu steigen ist schon bewegend, aber man ermüdet schnell, auch wegen der unzureichenden Ernährung." Das Leben im Lager scheint Coellos Stimmung zu heben. Er geht herum, singt „Isabel" von Aznavour und zu denen, die sich beschweren, sagt er: „Wenn du schlecht gelaunt bist, ich bin es nicht, beschwer dich beim Imperialismus, daß du hier bist." Wenn er sein Gewehr reinigt, spricht er es an: „Hör zu, ich hab dich sauber gemacht, aber ich will nicht, daß du schießt. Nach dem Krieg stell ich dich ins Museum."

Die Erkundungsmärsche gehen weiter. Am 11. Januar beginnt die Gruppe unter Leitung von Aniceto und Jiménez Tardío mit dem Unterricht in Quechua. Che schreibt: *Tag der „Boro"*. Wir entfernten Fliegenlarven bei Pinares, Lorgio Vaca, Villegas, Olo Pantoja, Octavio und Vilo.* Villegas notiert in seinem Tagebuch: „Ein monotoner Tag". Pacho trägt ein: „Ich befreite einen Schmetterling aus einem Spinnennetz. Wir kamen um 6 Uhr 10 ins Lager. Che gab Unterricht."

Der Funkverkehr mit Havanna funktioniert in der Richtung Havanna–Ñancahuazú korrekt, in der Gegenrichtung Ñancahuazú–La Paz–Havanna (verschlüsselt als Manila bekannt) sehr langsam. Che berichtet Fidel vom Gespräch mit Monje und erhält die Nachricht von der baldigen Ankunft Juan Pablo Changs, des starken Manns der Peruaner. Am 11. Januar erhält er eine Nachricht von Fidel, in der dieser Che darüber informiert, daß er sich mit einem weiteren Mann aus der KP-Führung getroffen habe, dem Gewerkschaftsführer Simón Reyes, der „es fertiggebracht hat, uns Hilfe zu leisten, ohne der KP zu sagen, worum es sich handelt. Er weiß, woher man gute amerikanische Stiefel bekommen kann, er kann sich sofort daranmachen. Er wird in 14 Tagen da sein." Zehn Tage später informiert ihn Fidel, daß der zweite Sekretär der KP nach Havanna kommen wird und daß „wir uns ihre Vorstellungen anhören und hart und energisch mit ihnen verfahren werden", und 14 Tage später berichtet er vom Treffen mit Kolle und Reyes: „Kolle sagte, daß Monje Sekretariat der KPB informierte, daß Operation nationales Ausmaß hätte, dadurch scheinbar Verwirrung. Kolle wurden kontinentale Perspektive und strategischer Charakter der Operation erklärt. Dies klärte Verwirrung, war einverstanden, daß es Fehler war, Leitung zu beanspruchen, wenn Inhalt strategisch und nicht auf nationaler Ebene. Sie baten um Treffen mit Dir für Kriterien der Zusammenarbeit und Beteiligung an der Operation (...). Hinterließen bei mir guten Eindruck. Glaube, Du kannst zufriedenstellende Abkommen erreichen."

Wenn dies Fidels Eindruck ist, der versucht, den Beziehungen zwischen Che und der Kommunistischen Partei Boliviens den Weg zu bahnen, so stimmt er nicht mit den Überlegungen überein, die Che sich aufgrund seiner Informationen macht. Zwischen den beiden Botschaften Fidels kehrt Coco mit weiteren drei

* Stechfliege, die ihre Larven im menschlichen Körper hinterläßt

Rekruten ins Lager zurück und erzählt Che, daß Monje nicht nur nicht auf die Parteiführung verzichtet hat, sondern *er sprach mit dreien, die aus Kuba zurückgekehrt waren, und überredete sie, sich nicht der Guerilla anzuschließen ... Aufgrund dieser feindlichen Haltung haben wir nur 11 Bolivianer in unseren Reihen.*

In seiner Januar-Analyse schreibt Che: *Wie ich es erwartete, war Monjes Haltung zuerst ausweichend und dann verräterisch. Die Partei schmiedet bereits Pläne gegen uns und ich weiß nicht, wohin das noch führen wird, doch wird uns das nicht aufhalten und sich vielleicht sogar langfristig günstig für uns auswirken (ich bin mir dessen fast sicher). Die ernsthaftesten und kämpferischsten Leute werden sich uns anschließen, auch wenn sie zunächst mehr oder weniger schwere Gewissenskrisen durchmachen müssen.*

Che schien sich von einer Last befreit zu haben, als er die Beziehungen zu den bolivianischen Kommunisten fast vollständig abbrach und somit jegliches Abhängigkeitsverhältnis los war. Debray hat Jahre später mit Recht behauptet: „Die lokale Politik interessierte ihn sehr wenig. Die bolivianischen Kommunisten? Feiglinge. Die Führer der nationalen Linken? Kurzsichtige Politiker. Die Bergarbeiter aus den Zinnminen? Eine Arbeiteraristokratie, die morgen dem revolutionären Egalitarismus Probleme verursachen wird. Bolivien selbst, die Ausgangsbasis, ein erstes Glied in der Kette."

In der dritten Januarwoche ist das Leben im Lager, trotz der geringen Aktivitäten, nicht einfach. Che verlangt, daß sie eine gewisse Selbstversorgung erreichen, doch die Gegend hat wenig Eßbares zu bieten, es gibt keine Möglichkeiten, mit den Bauern Lebensmittel zu tauschen. Die Jagd bringt nur spärliche Ergebnisse. Pacho trägt ein: „Ich träume jede Nacht. Es muß die mangelnde Ernährung sein, ohne Fleisch und ohne Milch." Die ersten Krankheiten tauchen auf. *Machín Hoed zeigte Symptome von Malaria ... Manuel wurde von einem starken Fieber befallen, das alle Anzeichen von Malaria aufwies. Ich fühlte mich den ganzen Tag zerschlagen, aber die Krankheit brach nicht aus.*

In den Tagebüchern der Guerilleros erscheinen ab und zu Hinweise auf Ehefrauen und Familien, Erinnerungen: „Tausend Küsse für Harry und Custi, eine Million Küsse" (Villegas, 18. Januar), „Ich habe den ganzen Tag an Tery gedacht" (Pacho, 1. Januar), „Ich lese ‚Die Kartause von Parma' und erinnere mich an meine geliebten Wesen: meine Frau, Eliseíto ..." (San Luis, 10. Januar). Che selbst vermerkt den Geburtstag seiner Frau und die seiner Kinder ... Männergesellschaft, einsame Gesellschaft. Dariel Alarcón notiert in seinem Tagebuch: „Das Heimweh im Urwald ist gewiß eine schwermütige Gefährtin."

Außerdem geschehen seltsame Dinge, die mit ihrem Nachbarn Ciro Argañaraz zu tun haben. Am 18. Januar schreibt Che: *Mitten im Regenguß kam Vázquez Viaña, um uns zu sagen, daß* Algañaraz* *mit Olo Pantoja gesprochen und sich über vieles unterrichtet gezeigt habe. Er bot sich an, mit uns wegen des Kokains,*

* Che benutzt im „Bolivianischen Tagebuch" zwei verschiedene Schreibweisen: Algañaraz und Argañaraz

oder was immer es auch sei, zusammenzuarbeiten, was zeigt, daß er noch etwas anderes dahinter vermutet. Ich wies Vázquez Viaña an, ihn zu verpflichten, ohne ihm allzuviel anzubieten; nur die Bezahlung für das, was er in seinem Jeep heranschaffte, und den Tod, falls er etwas verriet.

Am nächsten Tag kommt die Polizei ins Wellblech-Haus. *Leutnant Fernández und vier Polizeibeamte in Zivil kamen in einem gemieteten Jeep und suchten nach der Kokainfabrik; sie durchsuchten nur das Haus und ihnen fielen einige merkwürdige Dinge auf, wie das Karbid, das wir für unsere Lampen beschafft, aber noch nicht in die Höhlen gebracht hatten. Sie beschlagnahmten Vázquez Viañas Pistole, ließen ihm aber die Mauser und die 22er. Mit großer Geste beschlagnahmten sie bei Algañaraz eine 22er und zeigten sie Vázquez Viaña. Danach zogen sie sich mit der Bemerkung zurück, daß sie über alles Bescheid wüßten und wir mit ihnen zu rechnen hätten. Die Pistole könne sich Vázquez Viaña in Camiri wieder abholen, „wenn Sie bei mir vorsprechen, ohne viel Lärm zu machen", wie Leutnant Fernández sagte. Er erkundigte sich nach dem „Brasilianer"*. Angesichts dieser Situation besteht Che darauf, daß Vázquez Viaña Argañaraz und seinem Gehilfen drohen soll, um ihnen Angst einzujagen, und er organisiert das zweite Lager, um Überraschungen zu vermeiden. *Der Plan stützt sich auf die schnelle Verteidigung eines Gebietes in der Nähe des Flusses. Davon hängt es ab, ob der Gegenangriff einiger Männer der Vorhut auf parallelen Wegen zum Fluß bis zur Nachhut gelingt. Wir werden Kundschafter aussenden und das Lager näher an das Haus von Algañaraz verlegen. Wenn das gelingt, werden wir diesen Kerl unsere Macht spüren lassen, noch bevor wir diese Gegend verlassen.*

Die Spannungen gehen auch in den letzten Januartagen weiter. Che erreicht, daß die Disziplin im Lager eisern wird. Am 24. Januar rutscht Vilo Acuña aus, als er den Río Ñancahuazú mit einer Last von 100 Maiskolben im Rucksack durchquert, in der Strömung verliert er sein Gewehr. Dariel Alarcón berichtet: „Wir sehen, wie Vilo aus dem Wasser kommt und uns mit einem Gesicht anschaut, das ich nicht wagen würde zu beschreiben.

‚Ich habe mein Gewehr verloren, ... und ich gehe nicht zu Che zurück ohne meine Waffe. Eher bringe ich mich um!'

So ist die ganze Gruppe eine Weile wegen dem Gewehr am Grübeln."

Am 26. Januar endlich eine gute Nachricht: *Wir hatten gerade begonnen, am Bau der neuen Höhle zu arbeiten, da traf die Nachricht ein, daß* (Moisés) *Guevara mit Loyola* (Guzmán) *gekommen war.* Die Führerin der Kommunistischen Jugend ist 20 Jahre alt, als sie Ende Januar 1967 bei Che in Ñancahuazú auftaucht. Die Überraschung ist groß, als Coco Peredo ihr sagt, wer auf sie wartet. „Damals wurde gerade gesagt, daß Che in Kolumbien sei." Das erste, was sie überrascht, ist, daß der Kommandant seinen argentinischen Akzent verloren hat.

Warum bist du so naß, ist der Fluß so tief oder bist du so klein?

Er sagt ihr, sie solle ihre Strümpfe ausziehen und sich abtrocknen. Er tauft sie auf Ignacia um.

„Warum sagst du Ignacia zu mir?"

Wegen dem heiligen Ignatius von Loyola.

Loyola ist in Ches Plan ein wichtiger Kader in der zukünftigen städtischen Struktur und Moisés Guevara, der Führer der kleinen maoistischen Gruppe, zu denen Martínez Tamayo und Villegas seit Monaten den Kontakt gepflegt hatten, ist wegen der verloren gegangenen Unterstützung der KP wichtig. *Ich legte Guevara meine Bedingungen dar: Auflösung der Gruppe, Abschaffung der Dienstgrade. Noch gibt es keine politische Organisation und es gilt, Polemiken um internationale oder nationale Meinungsverschiedenheiten zu vermeiden. Er stimmte allem schlichtweg zu, und nach einem kühlen Anfang wurden die Beziehungen zu den Bolivianern herzlich.* Loyola besteht darauf, daß Che mehrmals wiederholte, es gäbe hier weder Chinafreunde noch Sowjetfreunde.

Loyola machte auf mich einen sehr guten Eindruck. Sie ist sehr jung und sehr sanft, aber man merkt bei ihr eine echte Entschlossenheit. Sie ist dabei, aus der Kommunistischen Jugend ausgeschlossen zu werden, aber sie versuchen sie zum Rücktritt zu bewegen. Ich gab ihr Anweisungen für die Kader und ein weiteres Dokument mit. Außerdem ersetzte ich ihre Auslagen, die sich auf 70.000 Pesos beliefen. Uns geht langsam das Geld aus. Zum Chef des Netzes wurde Dr. Pareja ernannt und Rodolfo (Saldaña) *wird sich uns innerhalb von 14 Tagen anschließen.*

Che erklärt Loyola kurz und bündig die Grundgedanken für die Schaffung eines städtischen Unterstützernetzes und rüstet sie mit einem Funkgerät aus, das noch eingestellt werden muß. Im Fall von Guevara verabredet er sich *mit der ersten Gruppe zwischen dem 4. und dem 14. Februar; er sagte, er könne wegen der Verbindungen nicht früher kommen, die Leute wären jetzt heiß auf den Karneval.*

Gestärkt durch diese kleine Unterstützung und das städtische Netz, das nun organisiert wird, beschließt Che, innerhalb von drei Tagen das Lager zu einem langen Erkundungsmarsch zu verlassen, sobald Coco Peredo, der die Besucher begleitet, zurückgekehrt ist. Es mag überraschen, daß Ches Priorität auf der Erprobung der Truppe liegt, obwohl die Neugierde der Polizei und die Schnüffelei des Nachbarn Argañaraz bekannt ist und obwohl ihre städtische Struktur ohne die KP Boliviens noch in den Kinderschuhen steckt. Drängt er darauf, in den Kampf zu ziehen? Der 31. Januar ist der letzte Tag im Lager. Eine kleine Gruppe um Olo Pantoja bleibt zurück, um auf die Rekruten zu warten und die Basis zu bewachen. *Ich sprach zur Truppe und gab die letzten Anweisungen für den Marsch.*

Es handelte sich um einen Erkundungsmarsch tief in die Region hinein, wobei sie versuchen wollten, Kontakt zu Bauern aus der Umgebung aufzunehmen und zunächst dem Kampf auszuweichen. Er sollte dazu dienen, daß die Gruppe sich an die Mühsal des Guerillalebens gewöhnte und sich in einer Ausbildung stärkte, die brutal sein würde. Pacho notiert in sein Tagebuch: „Morgen ist Abmarsch und ich bin dabei, die Sachen auszusortieren, die ich auf den Marsch mitnehme. Es sind so viele, daß ich nicht weiß, was ich machen soll; Decke, Rucksack, Hängematte, 15 Pfund Lebensmittel, Reis, Bohnen, Mais, Zucker, Kaffee; Chinin, Kekse, Suppen, eine Dose Milch, eine Dose Wurst, eine Dose Sardinen, ein Satz Kleider zum Wechseln, Dörrfleisch, Munition, Gewehr, Funkberichte, ein Buch, Unterrichtshefte, Pistole, Feldflasche ..." Und Che schreibt: *Nun beginnt die eigentliche Guerilla-Phase. Wir werden die Truppe erproben. Die Zeit wird uns zeigen, was sie leisten kann und was für Aussichten die bolivianische Revolution hat.*

Kapitel 50

★

Die brutale Expedition

Am 1. Februar 1967 setzt sich die Expedition in Bewegung. Da sie 20 Tage dauern soll, sucht man keinen Zusammenstoß mit der Armee, aber wie Che zu Inti gesagt hat, „schloß er die Möglichkeit nicht aus". Nach der ersten Etappe schreibt Che: *Die Leute sind etwas müde, ansonsten lief alles gut. In der Nachhut konnte Vilo die Last nicht tragen und die ganze Gruppe verspätete sich.* Während Acuña sein Übergewicht drückt, ist Pacho zufrieden: „Heute fühlte ich mich sehr gut und schlug bis jetzt alle Rekorde, da ich nie zurückgeblieben bin."

Im Regen sondieren sie das Gelände, weil die Landkarten nicht stimmen (*der Bach kann nicht der Río Frías sein; er ist einfach nicht auf der Karte verzeichnet*), und Che versucht sein eigenes Kartenwerk zu schaffen, indem er mit einem Farbstift die Landkarten korrigiert, Berge und Flüsse an ihrem genauen Ort einzeichnet und Fotos macht.

Am 4. Februar, nach Tagen, an denen sie zehn oder zwölf Stunden marschiert sind, spürt die Kolonne langsam die Erschöpfung. *Der Weg folgte dem Ñancahuazú; er war relativ gut, aber für die Schuhe fatal, und einige Kameraden laufen jetzt schon fast barfuß. Die Truppe ist erschöpft, aber alle haben sich ziemlich gut gehalten. Ich bin fast 15 Pfund leichter geworden und kann gut marschieren, wenn auch die Schmerzen in den Schultern manchmal unerträglich sind.* Che ist, laut Inti, in seinen Aufzeichnungen großmütig und sogar optimistisch. Von Anfang an erweist sich der Erkundungsmarsch wegen der Schwierigkeiten des Urwaldgeländes und des ständigen Regens als äußerst hart. Pacho notiert: „Die Männer waren erschöpft, Leonardo Tamayo hat Fieber, Alarcón eine Geschwulst in den Lymphknoten. Ich kann nichts essen."

Und all das mitten in der Einöde. *Wir haben keine Spuren gefunden, daß jemand kürzlich den Fluß überquert hat, aber der Karte nach müssen wir jeden Moment auf bewohntes Gebiet stoßen.* Eine Landkarte, auf die man sich kaum verlassen kann und die Che ständig korrigiert. Régis Debray sollte später notieren: „Ñancahuazú bis zum Río Grande ist eine fast verlassene Gegend, sozial und ökonomisch passiv. Und zwar in einem solchen Ausmaß, daß an nicht wenigen Orten der Urwald noch wirklich unberührt und unerforscht war, weswegen alle verfügbaren Landkarten der Gegend voller weißer Flecken, annähernder Angaben oder Fehler waren."

Am 5. des Monats kommt die Vorhut der Kolonne an einen großen Fluß, *um einiges größer als der Ñancahuazú, den man nicht überqueren konnte. Wir gingen hin und standen tatsächlich vor dem Río Grande, der zudem noch Hochwasser führte.*

Ein Fluß, der zwischen 80 und 100 Meter breit ist, ein Zusammenfluß mehrerer anderer Flüsse wie dem Rosita und dem Ñancahuazú. Pacho schreibt: „Che wurde verrückt vor Freude und sagte zu mir: *Pacho, wir sind am Jordan, taufe mich.*"

Sie marschieren weiter, ohne auf menschliche Wesen zu treffen. *Es gibt Lebenszeichen, die aber schon alt sind, und die Wege, denen wir folgten, endeten in Grassteppen, und nichts deutete darauf hin, daß sie dort weiterführten.* Endlich gewährt Che seiner Truppe eine Pause. Am nächsten Tag wollen sie den Fluß überqueren.

6. Februar, ein Tag der *Ruhe und des Kräftesammelns*. Die Spähtrupps, die den Fluß aufwärts und abwärts erkunden, finden keine Furt. Einige der Guerilleros versuchen ihn schwimmend zu durchqueren und scheitern. Pacho erzählt: „Ich sprang vier Mal in den Fluß, aber es war unmöglich hinüberzukommen."

Am nächsten Tag ein neuer Versuch mit einem *sehr großen und nicht sehr manövrierfähigen* Floß, das Pinares gebaut hat. *Zweimal fuhr die Vorhut hinüber und beim dritten Mal nahm sie die Hälfte der Hauptgruppe und das Gepäck mit, aber nicht meinen Rucksack. Als sie ein weiteres Mal übersetzten, um den Rest der Truppe hinüberzubringen, verschätzte sich Suárez Gayol und der Fluß riß das Floß weit mit sich, so daß wir es nicht mehr zurückholen konnten. Es brach auseinander und Vilo Acuña begann, ein neues zu bauen, das um 9 Uhr abends fertig wurde.* Aber die Überquerung des Flusses kann erst am nächsten Tag fortgesetzt werden.

Auf der anderen Seite des Río Grande erwartet sie dasselbe: Einsamkeit und Hunger. Am 9. Februar nehmen sie zum ersten Mal Kontakt mit einem Bauern auf, der im weiteren Verlauf der Geschichte eine wichtige Rolle spielen wird: Honorato Rojas. Che spricht am nächsten Tag mit ihm. Ein Foto bezeugt das Treffen, als Che sich mit den Kindern von Rojas ablichten läßt. *Dieser Bauer gehört zu der Art, die unfähig ist, uns zu helfen, aber auch unfähig, die Gefahren vorherzusehen, die er verursacht, und daher ist er potentiell gefährlich. Der Arzt behandelte seine Kinder, sie hatten Würmer und eins war von einer Stute getreten worden. Danach verabschiedeten wir uns.*

Che legt in dieser Nacht die nächsten Aufgaben fest: *Ich denke, zuerst noch 10 Tage weiter in Richtung Masicurí zu marschieren, damit die Kameraden mit eigenen Augen die Soldaten sehen*, obwohl er wieder klarstellt, daß es nicht als erstes darum ginge, den Kampf zu beginnen. *Danach werden wir versuchen, über den Frías zu kommen, um einen weiteren Weg zu erforschen.*

Am nächsten Tag kommt die Guerilla an den Río Masicurí. Pacho notiert in sein Tagebuch: „Ich wusch mich mit Seife, es war göttlich." Dann beginnt eine Etappe, in der sie sich mit der Machete den Weg bahnen müssen. Sie haben sporadisch Kontakt zu Bauern, die ihnen nur sehr wenig Essen liefern. Che selbst zeigt trotz seiner ungeheuren Widerstandskraft Anzeichen von Erschöpfung: *Ich war schrecklich müde, da mir die Humitas* [gebackenes Maispüree] *schlecht bekommen waren und ich deshalb einen Tag nichts gegessen hatte.* Er beschließt am 13. Februar, in der Nähe eines Bauernhauses eine Pause einzulegen. Pachos Magen meldet sich in seinem Tagebuch: „Ich ging mit Pinares los, um Mais zu suchen, der, auf alle möglichen Arten zubereitet, seit mehreren Tagen unsere einzige Mahlzeit ist." Che sorgt für Disziplin: Das wenige, was gegessen wird, wird in einer bestimmten Reihenfolge gegessen, in der des Marsches, wo er selbst den 14. Platz einnimmt.

An diesem Tag dechiffrieren sie eine Nachricht aus Havanna, die sie über weitere Gespräche mit der bolivianischen KP informiert. Kolle hat wiederholt, daß *er nicht über die kontinentale Tragweite des Vorhabens informiert worden sei und daß er in diesem Falle bereit sei, an einem Plan mitzuarbeiten, dessen Details sie mit mir besprechen wollten.* Deshalb wird der Besuch der Führungsmitglieder Kolle, Humberto Ramírez und Simón Reyes angekündigt. Letzterer erklärt, daß er auf jeden Fall mit der Guerilla zusammenarbeiten werde, was immer die Partei auch beschließen möge. Ebenso wird angekündigt, daß Lechín, der Führer einer Partei, die starken Einfluß bei den Bergarbeitern hat, und den Che in den fünfziger Jahren bei seiner Fahrt durch Bolivien kennengelernt hatte, bereit sei, sich der bewaffneten Bewegung anzuschließen. Merkwürdigerweise registriert Che diese Nachrichten, die es erlauben würden, die schwache politische Front, in der sich die Guerilla bewegt, zu erweitern, nur lapidar mit dem Satz: *Wir werden sehen, wie wir mit dieser neuen Versöhnungsoffensive fertig werden.*

Die Tage vergehen mit Märschen, wobei die Wege mit Macheten freigeschlagen werden müssen, mit sporadischen Kontakten zu Bauern und mit wenig Essen. Der Mais rettet sie vorm Verhungern. Pacho berichtet: „Zum Frühstück esse ich Maissuppe, zum Mittagessen nichts, zum Abendessen ein bißchen Mais."

Am 16. Februar beschließt Che, die Gebirgskette bis zum Río Rosita zu durchqueren. Ein Bauer hat ihnen etwas von Soldaten erzählt, die eine Straße bauen und 30 Gewehre in ihrem Lager haben. Che erwägt mit seiner Gruppe die Möglichkeit, ein Gefecht zu beginnen, aber er kommt zum Schluß, daß dies keinen Sinn hat. Sie haben alles darauf ausgerichtet, im Juli mit Aktionen zu beginnen, wenn die Guerilla ausgebildet ist und sich ihnen neue Kräfte angeschlossen haben.

In den folgenden Tagen läßt der Regen seine Wut an der Kolonne aus. Es gibt Tage, an denen sie während des Aufstiegs 18 Stunden in sturzbachähnlichen Regengüssen gehen. Am 18. schreibt Pacho: „Wir marschieren zum Río Rosita über enorme Berggipfel, zu beiden Seiten der Abgrund." Che notiert: *Sehr schlechte Nachrichten; der ganze Berghang ist mit senkrecht abfallenden Wänden durchsetzt, die einen Abstieg unmöglich machen. Es gibt keine andere Abhilfe, als umzukehren.* Am 20. Februar: *Ein Tag, an dem wir langsam vorankommen.* Sie bahnen sich suchend ihren Weg über schwer zugängliche Felsen und Bäche, die sie durchwaten können. Erfolglose Erkundungen auf der Suche nach Wegen. *Den ganzen Tag verbrachten wir damit, über sehr schwieriges Gelände mit viel*

Gestrüpp aufzusteigen. Nach einem anstrengenden Tag sind wir an den Quellen des Bachs, der in den Masicurí mündet, aber in Richtung Süden ... (22. Januar) und am 23.: *Ein schwarzer Tag für mich. Meine Lunge schmerzte und ich fühlte mich sehr erschöpft. Um 12 Uhr brachen wir unter einer Sonne auf, die Steine zerspringen ließ, und kurz darauf hatte ich eine Art Ohnmachtsanfall, als wir den höchsten Berg bestiegen. Von da an marschierte ich nur noch dank meiner Willenskraft.* Und Pacho fügt hinzu: „Ohne einen Tropfen Wasser, mit Durst und wenig Essen. Und er geht weiter und weiter, dieser schreckliche Marsch." Am 24. Februar: *Ein mühevoller und lustloser Tag. Wir kamen nur wenig voran. Wir hatten kein Wasser, denn der Bach, dem wir folgen, ist ausgetrocknet.* Und am 25. Februar: *Ein schwarzer Tag.* An diesem Tag entwickelt sich ein Konflikt, in den Che drastisch eingreifen muß. *Pacho* (der in der Vorhut marschiert) *rief mich, um mir zu sagen, daß Pinares und er Streit hatten. Pinares habe ihm Befehle gegeben, ihn mit der Machete bedroht und ihm mit dem Griff ins Gesicht geschlagen. Als Pacho ihm sagte, er würde seine Befehle nicht mehr befolgen, bedrohte er ihn ein weiteres Mal mit der Machete, zerrte an ihm herum und zerriß ihm die Kleidung. Wegen der Schwere des Vorfalls rief ich Inti und San Luis, die mir bestätigten, daß wegen Pinares' Charakter in der Vorhut ein schlechtes Klima herrschte. Sie berichteten aber auch von einigen Dreistigkeiten Pachos.* Es kommt Schlag auf Schlag. Che notiert in seinem Tagebuch, er habe zwei Tage vorher gehört, wie Pinares einen Kameraden zusammenstauchte und daß er mit ihm reden müsse.

Am nächsten Tag setzt sich Che mit den Betroffenen zusammen. Er ist der Meinung, daß Pinares despotische Anwandlungen hat, aber daß Pacho übertreibt und die Vorfälle immer erst viel später meldet. Che nutzt die Gelegenheit und erklärt der Gruppe, daß die Spannungen das Ergebnis der Strapazen und der Entbehrungen seien, die Inti in seinem Tagebuch höllisch nennt. Sie müßten unter Kontrolle gehalten werden und er droht mit schwerwiegenden Sanktionen. San Luis schreibt Ches Worte auf: „*Sieben Jahre Revolution haben einige Genossen beeinflußt. Während sie als Chauffeure, Sekretäre oder sonstwas gearbeitet haben, haben sie sich daran gewöhnt, Anweisungen zu erteilen und alles fertig vorzufinden. Wie so ein leichtes Leben uns doch die Härten und Opfer des früheren Lebens vergessen ließ, das wir nun von neuem durchmachen.*" Pacho schmerzt es besonders, daß Che über beide sagt, sie seien Mistkerle.

Der Anblick des Río Grande ist laut Alarcón bedrohlich: „Als wir anhielten, um den Fluß zu betrachten, überraschte er uns, er erschreckte uns sogar ein wenig. In der Strömung trieben Landmassen, die er mitgerissen hatte und auf denen ungeheure Bäume vorbeizogen, die in den Himmel ragten." Das Zusammentreffen mit dem Fluß geht mit einem schweren Unfall einher. Benjamín, einer der auf Kuba ausgebildeten Bolivianer, rutscht am Flußufer aus und ertrinkt, ohne daß sie ihn retten können. *Wir haben nun unsere Todestaufe an den Ufern des Río Grande, und zwar auf eine absurde Art und Weise.*

Am 28. Februar trinken sie nur Tee, die letzten Dosen sind bereits leergegessen, einige der Neulinge verbrauchen ihre Notrationen. Che schreibt in sein Tagebuch: *Schlechtes Zeichen.* Mehrere Erkundungen, um eine Furt zu finden, bleiben erfolglos. Sie bauen ein Floß am Zusammenfluß des Río Rosita und Río Grande. Nachdem einige von ihnen den Fluß überquert haben, geht das Floß verloren. Zwei Tage lang versuchen sie erfolglos, den Fluß zu durchqueren. Schließlich gehen sie am Ufer weiter, ohne Kontakt zur Vorhut.

Am 3. März, die Situation ist unverändert, essen sie nur Palmensprossen. Pacho notiert: „Ein Scheißtag". Einen Tag später können sie nach kurzen Märschen im Urwald einen kleinen Papagei und eine Taube erlegen, die sie unter der Gruppe aufteilen. *Der Mut der Leute ist gesunken und ihr körperlicher Zustand verschlechtert sich von Tag zu Tag. An meinen Beinen beginnen sich Ödeme zu bilden.* Pacho notiert: „Marschieren. Marschieren ohne Essen und erschöpft durch den Regen. Wir schauen in die Bäume und suchen nach Früchten, nach etwas zum Jagen. Nichts, nichts. Mir wird schwindlig und ich sehe Sterne. Das einzige, was mich auf den Beinen hält, ist mein Bewußtsein."

Der Hunger ist nun der Hauptfeind der Gruppe. Die Palmensprossen und die erlegten Vögel können kaum den Magen überlisten. Am 7. März schreibt Che: *Vier Monate. Die Leute verlieren immer mehr den Mut, wenn sie das Ende der Vorräte, nicht aber der Marschroute kommen sehen.* Sie suchen von neuem den Río Ñancahuazú.

Am 8. März verirren sich Inti und Martínez Tamayo. Der Arzt Morogoro stellt fest, daß Che „sehr mager und sicherlich sehr schwach ist, aber er strengt sich sehr an und läßt sich den anderen gegenüber nichts anmerken". Einen Tag später finden sie die Verschwundenen wieder und erhalten schlechte Nachrichten: Der Ñancahuazú ist noch fünf Tagesmärsche entfernt und Pinares ist mit der Vorhut und sämtlichen Waffen in eine Erdölpumpstation hineinstolziert.

Che kann es nicht wissen, aber er ahnt es: Die Aktion von Pinares sorgt dafür, daß ein Offizier der Armee, Hauptmann Silva, der zur Jagd in der Gegend ist, von den Arbeitern über die Präsenz bewaffneter Männer in der Umgebung informiert wird. Er denkt, es handle sich um Drogenhändler, und informiert seine Vorgesetzten. Ein Major Patiño der bolivianischen Armee gibt, nachdem er die Arbeiter der Erdölgesellschaft befragt hat, dem Hauptmann die Anweisung, sich mit einer Patrouille auf die Suche zu machen. Die Verfolgung ist erfolglos, aber die Guerilleros sind entdeckt worden. Fast zur gleichen Zeit, auch ohne Ches Wissen, desertieren zwei Freiwillige, die zur Gruppe von Moisés Guevara gehörten, aus dem Hauptlager: Vicente Rocabado und Pastor Barrera.

In den folgenden drei Tagen kommen die Guerilleros aus Ches Gruppe nur vier bis fünf Kilometer täglich voran. Am 13. März schreibt Che: *Die Leute sind ziemlich müde und wieder leicht demoralisiert. Uns bleibt noch eine Essensration. Wir marschierten sechs Kilometer, aber ohne viel Nutzen.*

Am selben Tag fügt sich ein weiteres Glied in diesen unsichtbaren Ring, der, wenn auch noch sehr schwach, die Guerilla umschließt. Die Polizei kommt ins Wellblech-Haus und ins erste Lager. Sie mißhandeln Serapio, um zu erfahren, wer hier in der Gegend herumzieht, und hissen auf dem Dach des Hauses eine

Fahne, um Hubschraubern das Ziel inmitten des Urwalds anzuzeigen. Die Polizisten wissen nicht recht, nach was sie suchen sollen.

Am 14. März, *fast ohne es zu merken, kommen wir nach Ñancahuazú. (Ich war/bin müde, als hätte ich eine Folter hinter mir.) Der Fluß ist reißend und wir wagten es nicht, ihn zu überqueren, aber San Luis bot sich als Freiwilliger an und brach genau um 15 Uhr 20 gemächlich zur Basis auf. Ich erwarte ihn in zwei Tagen. Wir aßen die letzten Vorräte, ein Mote* [Maisgericht] *mit Fleisch. Von nun an sind wir auf die Jagd angewiesen. Während ich diese Notizen mache, haben wir einen kleinen Vogel erlegt und man hörte drei Schüsse. Der Arzt und Inti sind auf Jagd. Wir hören Teile einer Rede, in der Fidel in aller Schärfe die venezolanischen Kommunisten angreift und genauso hart die Haltung der UdSSR gegenüber den amerikanischen Marionetten.*

Am selben Tag nimmt die Polizei in Lagunillas Rocabado und Pastor Barreras fest, als sie versuchen, eine Waffe zu verkaufen. Rocabado, der früher bei der Kriminalpolizei gewesen ist, wo er wegen Korruption entlassen wurde, versucht sich bei seinen Ex-Kollegen einzuschmeicheln und erzählt mehr, als er weiß, und das meiste von dem, was er gehört hat. Er identifiziert den Chef (Pantoja) als „den Kubaner Antonio", spricht vom „großen Chef", den er nie gesehen hat, und sagt, es sei Che. Er sagt, daß im Lager Argentinier, Peruaner und ein Franzose (Debray) seien, gibt das Kennzeichen von Tanias Jeep bekannt und verrät die Namen der Mitglieder seiner Gruppe, die vom Bergarbeiterführer Moisés Guevara rekrutiert worden sind. Er bietet sich an, die Armee zum Wellblech-Haus und zum ersten Lager zu führen, und behauptet sogar, er hätte sich der Guerilla als Informant angeschlossen, um das später auszunutzen.

Coco Peredo sollte dazu in einem Wutanfall sagen: „Die bolivianischen Guerilleros, die der damalige Bergarbeiterführer Moisés Guevara rekrutiert hatte, kamen aus Bordellen und Kneipen auf der Suche nach einem schnellen Lohn." Wenn der Satz auch in seiner Verallgemeinerung ungerecht ist, so stimmt es, daß Guevara eine sehr oberflächliche Auswahl getroffen hatte. So waren unter den zwölf Männern, die ins Lager kamen, erprobte Gewerkschaftsaktivisten, aber auch Figuren aus dem marginalen Lumpenproletariat der Bergbaugebiete.

Am 15. März versucht die kleine Kolonne unter Ches Führung, den Ñancahuazú zu überqueren und schafft es zum Teil. Ein weiteres Mal scheitert das Floß, treibt einen Kilometer flußabwärts und läßt zwei Guerilleros der Gruppe und die Nachhut am anderen Ufer zurück. Einige aus der Gruppe leiden an Fußkrankheiten, es herrscht weiter Hunger, weswegen die Guerilleros an Protein- und Fettmangel leiden.

Seit Beginn der Expedition marschiert die Guerilla mit einem Pferd, das sie aufgefunden hat. Als der Hunger drückte, gingen mehrere Männer zu Che und schlugen ihm vor, das Tier zu schlachten. Irgendwann drohte Che zwei Kameraden damit, ihnen kein Essen mehr zu geben, wenn sie weiter darauf bestünden. Am 16. März trifft Che, der das Tier liebgewonnen hatte und es auf dem Landgut benutzen wollte, die Entscheidung. *Wir beschlossen, das Pferd zu essen, denn wir waren schon bedenklich aufgedunsen. Manuel Hernández, Inti, Leonardo*

Tamayo und Gustavo Machín hatten verschiedene Symptome; ich war extrem geschwächt. Ab 17 Uhr gab es eine Freßorgie mit Pferdefleisch. Morgen werden wir wahrscheinlich die Folgen spüren.

Das Funkgerät funktioniert gut und sie empfangen eine Botschaft aus Havanna, die die Ankunft von Régis Debray in Bolivien bestätigt. Che meint, er müsse sich bereits im Hauptlager befinden, was auch stimmt. Tania hat ihn in den letzten Februartagen in La Paz zusammen mit dem Argentinier Ciro Roberto Bustos abgeholt und am 5. März kommen sie mit Coco Peredo ins Lager. Debray wird direkt von Fidel ein zweites Mal nach Bolivien geschickt, der ihm dieses Mal sagt, daß er dort Che treffen wird. Es ist nicht ganz klar, was seine Funktion sein soll. Debray denkt, daß Fidel ihn schickt, um Che zu helfen, die Unterstützerbasis der Linken in Bolivien nach den Problemen mit den Kommunisten zu verbreitern und bei den Gruppen Hilfe zu organisieren, mit denen er auf seinen Reisen Kontakt hatte: Maoisten und Trotzkisten.

Am 17. März erleidet die Guerilla einen weiteren Verlust: Beim Versuch der Nachhut, den Ñancahuazú zu überqueren, kippt das Floß um und der Bolivianer Lorgio Vaca (*er war bis jetzt wegen seiner Zuverlässigkeit, Disziplin und Begeisterung unter den Bolivianern der Nachhut als der beste Mann angesehen worden*) ertrinkt. Außerdem gehen Waffen und Rucksäcke verloren. Che muß in diesem Moment an der Eignung dieser Gegend gezweifelt haben, aber zweifelsohne war es schon viel zu spät, wie Debray später sagen sollte, „sie zu verlassen und in eine günstigere umzuziehen".

Zur selben Zeit kommt die erwähnte Patrouille von Hauptmann Silva auf den Hof von Argañaraz. Bei einem sehr harten Verhör, bei dem Hauptmann Silva dem Hausherrn eine Pistole in den Mund steckt, erhält er die gleichen Informationen, die die Polizei schon seit Tagen hat, daß es ein paar Kilometer entfernt eine Gruppe merkwürdiger Leute gebe, wahrscheinlich Drogenhändler. Die Armee schickt um die 60 Mann in die Gegend und Silva stößt mit neun Soldaten bis zum Wellblech-Haus vor, kann jedoch nichts finden. Das Haus ist inzwischen verlassen worden. Zwei Bolivianer, Aniceto und Antonio, beobachten die Soldaten aus einem Hinterhalt. Als es bereits dunkel wird, kommt es zu einer Schießerei mit einer anderen Patrouille, als Vázquez Viaña, der aus dem Lager kommt, zufällig auf die Soldaten stößt und einen von ihnen verletzt. Kurz darauf wird Salustio, einer der bolivianischen Arbeiter, die den Hof hüten, von der Armee festgenommen. Im Hauptlager treffen konfuse Meldungen über die Bewegungen der Armee ein. Die Vorhut von Ches Kolonne ist unter der Führung von Pacho und Alarcón ein paar Tage vorher eingetroffen, plötzlich taucht auch San Luis auf, den Che vorgeschickt hatte, um die Nachricht über ihren Aufenthalt am Fluß zu überbringen. Debray notiert: „San Luis war am vorigen Tag ganz plötzlich ohne Ankündigung gekommen, mit seinem Gewehr, aber ohne Rucksack. Ein verwildertes Kind, die Haut hing ihm an den Knochen und niemand hatte ihn kommen hören. Die anderen gehen oder wanken. Er, mit seinem Jungsbart und seinem kleinen Kinderkopf, schleicht wie eine Katze im Urwald zwischen den Blättern hindurch."

Während Che langsam in Richtung Hauptlager vorrückt, werden in der Umgebung des zweiten Lagers, das nun als Bärenlager bekannt ist, Hinterhalte gelegt. Pacho geht als Späher los, um, erfolglos, den Kommandanten zu suchen. Debray notiert, daß im Lager, das unter dem Kommando von Olo Pantoja steht, ein gewisser Führungsmangel, ein Nachlassen der Disziplin und ein spürbares Chaos herrschen. Gegen die Armee kämpfen? Auf Che warten?

Am 19. März setzt Che den Marsch fort, er drängt seine Leute, die aufgrund der Erschöpfung wegen Kleinigkeiten aneinandergeraten. Gegen halb sechs Uhr abends treffen sie auf einen Vorposten. *Dort empfing uns der peruanische Arzt Restituto José Cabrera, der mit El Chino und dem Telegrafisten Lucio Galván gekommen war. Er bringt die Nachricht, daß Dariel Alarcón bereits mit dem Essen warte, daß zwei Leute von* (Moisés) *Guevara desertiert seien und die Polizei auf die Finca gekommen war (...). Weder Olo Pantoja noch Coco waren da; letzterer war nach Camiri gegangen, um eine weitere Gruppe von Guevara-Leuten abzuholen und Olo war sofort aufgebrochen, um ihm die Nachricht von der Desertion zu überbringen.*

Che schickt Manuel los, um die Nachhut zu suchen. Im Morgengrauen versammeln sich alle Expeditionsteilnehmer erneut. Sie brechen in Richtung Lager auf. Unterwegs erfährt Che die restlichen Neuigkeiten: Salustios Verhaftung, die Anwesenheit der Armee im Wellblech-Haus, das Verschwinden von El Loro Vázquez Viaña, den Verlust des Maultiers und des Jeeps (er notiert zuerst das Maultier, dann den Jeep, getreu seinen Vorlieben). Die Kolonne setzt ihren Weg fort. Debray sieht sie kommen: „Von weither taucht mit hartnäckiger Langsamkeit eine Prozession von heruntergekommenen Bettlern aus der Nacht auf. Endlich ist sie da, die Hauptgruppe (...). Und nun, beim grauen Tagesanbruch am Rande des Urwalds, über der Ebene dieser verlassenen Savanne, die ihre Vorgebirge und Höhlen bis zum Horizont ausdehnt, nähern sich die khakifarbenen Silhouetten vor dem Gelbgrün des Gestrüpps im Zickzack durch das hohe und schneidende Gras mit vereinzelten Rohrgewächsen. Es ist in dieser Gegend das einzige offene Gelände. Sie sehen aus wie Schlafwandler, gehen im Gänsemarsch, mit ihrem Geschirr oder eher ihrem herumschaukelnden Sattel, zerlumpt, durch das Gewicht der Tornister (mindestens 30 kg) nach vorn gebeugt. Die Gewehrläufe waagerecht, die Gewehrriemen im rechten Winkel über der Schulter, nehmen sie die ersten Lichtstrahlen auf und reflektieren sie. Bald klappern die Feldflaschen, die Revolver an den Gürteln, die unerträglich lärmenden, vom Feuer schwarz gewordenen Töpfe, die auf die Rucksäcke gebunden worden sind, die Becher und die Macheten. So schweigsam ein Guerillero mit seinen Siebensachen auf dem Rücken auch sein mag, er klingt wie ein Ein-Mann-Orchester. Che geht in der Mitte: den Oberkörper fast aufrecht mit einem Rucksack, der seinen Kopf nach unten drückt, den M-1-Karabiner in der Vertikalen, einen kaffeefarbenen Filzhut auf dem Kopf und am Kinn einen Bartansatz.

Entschuldigt die Verspätung, sagt er und setzt mit einem phlegmatischen Lächeln seinen Rucksack ab. Er bleibt stehen, die anderen werfen sich hin, so wie sie gekommen sind. Er trocknet sich das Gesicht ab und kommt wieder zu Atem.

Zum Kochen, befiehlt Che, als er einen schon gehäuteten Vierbeiner sieht, der an den Pfoten aufgehängt ist. *Das muß 24 Stunden lang reichen und zwar für alle. Auf, Köche, bewegt euch!*

„Können wir denn Feuer machen, Kommandant? Am hellichten Tag?"

Ja, ausnahmsweise. Aber solange die Nachhut noch nicht da ist, wird nichts angerührt."

Che trifft sich im Lager mit Tania und Juan Pablo Chang, dem Chef der peruanischen ELN. *Es herrschte eine Stimmung von Niederlage. Kurz darauf kam ein bolivianischer Arzt, der sich uns erst vor kurzem angeschlossen hatte, mit einer Nachricht für San Luis, die besagte, daß Pinares und Olo Pantoja an der Wasserstelle wären und er kommen sollte, um mit ihnen etwas zu besprechen. Ich ließ ihnen durch den gleichen Boten sagen, daß man den Krieg mit Schüssen gewinnt und daß sie sofort zum Lager zurückkehren und dort auf mich warten sollten. Es macht alles einen völlig chaotischen Eindruck. Sie wissen nicht, was sie tun sollen.*

Während Che versucht, seine Kräfte wiederzufinden, unterhält er sich mit dem Chinesen Chang. *Für einen Zeitraum von 10 Monaten verlangt er 5000 Dollar monatlich und in Havanna haben sie ihm gesagt, er solle das mit mir besprechen (...). Ich sagte ihm im Prinzip zu, vorausgesetzt, er würde in 6 Monaten mit dem Aufstand beginnen. Er will es mit 15 Leuten unter seiner Führung in der Gegend von Ayacucho versuchen. Außerdem vereinbarten wir, daß ich jetzt sofort fünf und später weitere 15 Leute von ihm aufnehmen und sie nach einer Kampfausbildung mitsamt ihren Waffen zu ihm zurückschicken würde (...). Er scheint sehr begeistert zu sein.*

Kapitel 51

★

Gefechte

Obwohl Che intuitiv spürt, daß sie bald in Gefechte verwickelt werden, verbringt er den 21. März in Ruhe und Geduld – in der Nüchternheit, die seine Kameraden faszinierte –, um sein multinationales Vorhaben auszuarbeiten. Gegenüber Debray (der ihm laut einem Informanten Nachrichten von zu Hause mitbrachte, eine knappe Notiz von Aleida: „Mir geht es gut, ich kümmere mich um die Kinder, sie sind gut in der Schule") erklärt er, daß er ihn statt als Kämpfer oder als Kontaktperson zu linken Gruppen in La Paz lieber als internationalen Verbindungsmann der Guerilla im Ausland hätte. Er bittet ihn, bevor er nach Havanna oder nach Europa zurückkehrt, nach Brasilien zu gehen und Kontakt zur Gruppe von Carlos Marighella aufzunehmen, die sich von der brasilianischen KP abgespalten hat und dabei ist, sich zu organisieren und für den Guerillakampf auszubilden. Die Aufgabe des Franzosen soll es vor allem sein, ein europäisches Solidaritätsnetz zu schaffen. Che nimmt sich vor, Briefe an Sartre und Bertrand Russell zu schreiben, die Debray überbringen soll.

Den Argentinier Ciro Roberto Bustos beauftragt Che mit einer für sein Projekt wichtigen Mission: Er soll mit *den Gruppen von Jozamy, Gelman und Stamponi* in Kontakt treten, einem Spektrum von Aktivisten und organisierten Tendenzen, das vom Linksperonismus bis zu den Linksabspaltungen der KP reicht, und die alle für den bewaffneten Kampf sind. Es darf nicht länger gewartet werden. Wenn diese Leute sich bereit erklären, an der gerade beginnenden Bewegung teilzunehmen, dann *müssen sie anfangen, den Norden Argentiniens zu erforschen, und mir einen Bericht schicken.*

In den letzten Nachmittagsstunden erhält Che einen Bericht von Olo Pantoja über die Situation in der Basis. El Ñato kommt aus dem Hauptlager, das drei Stunden zu Fuß entfernt ist, mit der Nachricht über die Desertionen und die Präsenz der Armee.

Laut Debray regt Che sich auf: „Er verändert sein Gesicht. Ganz außer sich steht er auf und explodiert: *Was ist denn hier los? Was ist das für eine Schweinerei? Bin ich von Feiglingen oder von Verrätern umgeben? Ñato, deine Scheißbolivianer, ich will hier keinen von ihnen sehen. Kapiert? Raus mit ihnen, bis ich neue Befehle erteile! Verstanden?*‘

‚Ja, Kommandant.‘

Vilo, geh zur Nachhut, lauf zum Lager. Wir sind hier und wir bleiben auch hier. Pinares und Olo Pantoja sollen nichts unternehmen, verdammt noch mal, sie werden von mir hören. Geht jetzt sofort los. Morgen komme ich mit meinen Leuten. Bis morgen. Seine Ausbrüche sind von einer kalten Wut, die das Gefühl brüderlicher Autorität zerbricht, das normalerweise seine Umgebung inspiriert. Als ob er die Gemeinschaft zerstören und seine Einsamkeit abschirmen möchte. Was seine Männer, die Kubaner, zeigen, die innerhalb und außerhalb Kubas unter seinem Befehl gekämpft haben, ist eine Art ehrerbietiger Furcht unter stillschweigender Achtung.“

Am nächsten Tag nimmt Che den Marsch auf und wenige Stunden später, gegen 12 Uhr mittags, faßt er die Guerilla in einer einzigen Gruppe von 47 Kämpfern zusammen, *alle mit eingerechnet, auch die Besucher.*

Von fünf Männern ist ein Hinterhalt am Fluß gelegt worden, ein Spähtrupp von drei weiteren soll Überraschungen vermeiden. Inti berichtet Che von den Problemen, die das Verhalten von Pinares mit sich gebracht habe. Während des Gesprächs mit Pinares explodiert Che: *Ich habe Pinares gesagt, daß er ganz sicher aus der Guerilla ausgeschlossen würde, und er antwortete, daß er sich vorher lieber erschießen ließe. (...)*

Du hast es uns allen, vor allem aber mir gegenüber an Respekt fehlen lassen. Du wirst nicht weiter die Vorhut anführen. Manuel Hernández wird dich ersetzen. Geh jetzt von hier weg. Und wenn du so weiter machst mit deiner Disziplinlosigkeit, wirst du ausgeschlossen.

„Mir wäre es lieber, wenn ihr mich erschießt."

Wenn du es so willst ...

Das Zusammentreffen verlief explosiv und stürmisch und hatte kein positives Ergebnis. Aber Che nutzt es, um seine Strategie festzulegen: Wenn sie sich jetzt kampflos zurückzögen, würden sie die Armee hinter sich herziehen, die noch eine gute Moral und frische Kräfte hatte. Außerdem hatte sie alle Informationen, die ihr die Deserteure geliefert haben mußten. Es war besser, auf sie zu warten und ihr einen ordentlichen Schlag zu versetzen.

Che behält Recht. Am folgenden Tag, dem 23. März, um 7 Uhr morgens zerschlägt der Hinterhalt unter der Führung von San Luis und Alarcón, dem sechs bolivianische Guerilleros angehören, eine Armeekolonne, die dem Fluß entlang vorstößt, nachdem sie Serapio in der Nähe des Wellblech-Hauses festgenommen haben. Das Gefecht dauert nur sechs Minuten, aber sieben Soldaten werden getötet, vier verletzt und 14 gefangen genommen, unter ihnen ein Major und ein Hauptmann. *Wir bekamen den Operationsplan in die Hände. Er sah einen Vorstoß zu beiden Seiten des Ñancahuazú vor, und die Vereinigung an einem bestimmten Punkt. Wir verlegten schnell einen Trupp auf die andere Seite und ich schickte Pinares mit fast der gesamten Vorhut ans Ende des Vormarschweges der Armee. Währenddessen blieben die Hauptgruppe und Teile der Vorhut zur Verteidigung zurück und Israel Reyes legte einen Hinterhalt am Ende des anderen Vormarschweges. So werden wir die Nacht verbringen und warten, ob morgen die berüchtigten Ranger kommen.*

Am nächsten Tag *schickte ich Inti los, um zum letzten Mal mit den Gefangenen zu reden und sie dann freizulassen. Jedes Kleidungsstück, das uns nützlich sein konnte, sollte ihnen abgenommen werden. Mit den Offizieren wurde gesondert gesprochen, sie durften bekleidet abziehen. Dem Major wurde gesagt, er hätte bis zum 27. um 12 Uhr Zeit, die Toten zu bergen und wir boten ihnen einen Waffenstillstand für die Umgebung von Lagunillas an, wenn er hier stationiert bliebe. Er entgegnete jedoch, daß er aus der Armee ausscheiden werde. Der Hauptmann sagte, er sei erst vor einem Jahr auf Drängen der* (kommunistischen) *Partei wieder in die Armee eingetreten und hätte einen Bruder, der in Kuba studierte. Außerdem nannte er uns die Namen zweier weiterer Offiziere, die bereit wären, mit uns zusammenzuarbeiten.* Diese Sympathie für die Guerilla sollte bekannt werden, was Hauptmann Silva später in Camiri ein hartes Verhör und den Verlust seines Postens kostet.

Während der nächsten Tage gehen die ziellosen Bombardierungen regelmäßig weiter und erschrecken die bolivianischen Rekruten. Die bolivianische Luftwaffe geht dazu über, Napalm abzuwerfen. *Pinares ging auf Erkundung, konnte aber nichts finden.* Laut Inti reagiert Pinares auf Ches harte Kritik folgendermaßen: „Er bestand hartnäckig darauf, der beste von allen zu sein. Er zeichne sich sogar dadurch aus, daß er unter immer schwierigeren Bedingungen den schwersten Rucksack und außerdem sein Garand, ein Maschinengewehr Kaliber 30, tragen würde."

Während Che die Hinterhalte auflöst und weiter nach vorn verlegt, nutzt er die relative Ruhe, um am 25. die Situation zusammenzufassen. *Wir haben die Karten auf den Tisch gelegt, jetzt wollen wir mal sehen, wer länger aushält*, sagt Che, gemäß Debrays Darstellung „mit einer naturgegebenen hämischen Gelassenheit und Schärfe". Als fast alle Kämpfer im Urwald versammelt sind, trägt er, wie gewohnt die Hände auf dem Rücken, einen Bericht über die Expedition vor und erinnert an die Toten. *Ich machte eine Analyse der Reise und ihrer Bedeutung und hob die Fehler von Pinares hervor. Ich setzte ihn ab und ernannte Manuel Hernández zum Chef der Vorhut.*

Und Che schlägt weiter auf seine Gruppe ein. Die vier Bolivianer, die er „Ersatz" nennt (Julio, José Castillo, Eusebio und Hugo Choque, alle von der Gruppe Moisés Guevaras), rügt er wegen Mangel an Disziplin und Kampfeswillen und befiehlt ihnen, ihre Waffen abzugeben. *Ich teilte ihnen mit, daß sie nichts zu essen bekommen, wenn sie nicht arbeiten, und daß sie nichts zu rauchen bekommen. Ihre persönlichen Sachen sollten unter denen aufgeteilt werden, die sie am nötigsten brauchten.*

Debray berichtet: „Eine sarkastische Baritonstimme peitscht mal auf die einen, mal auf die anderen ein. Warum ist Tania mit den Besuchern hergekommen? Eine weitere Disziplinlosigkeit. Die Anweisungen lauteten, sie solle als Verbindungsperson dort unten bleiben ... *Und du, René, bist als Techniker hergekommen und konntest bisher noch nicht einmal das Funkgerät zum Laufen bringen ...* Tania, die einzige Frau in der Gruppe, wendet sich mit Tränen in den Augen ab. René antwortet nicht. Es gibt keinen Treibstoff mehr, um den Motor für das Funkgerät in Gang zu bringen. Che war unerbittlich, gegenüber sich selbst mehr als gegenüber seinen Leuten, und ihnen gegenüber mehr als gegenüber dem Feind. Wenn er sich selbst doch mehr mögen und sich weniger mißhandeln würde ... Seine einzigen persönlichen Privilegien waren, nachts nicht auf Streife zu gehen und, wenn sie außerhalb des Lagers waren, eine Thermoskanne mit Kaffee im Tornister zu haben."

Che spricht auch über die zwiespältige Haltung der bolivianischen KP-Führung, die in Havanna ein Treffen mit Fidel organisiert, wo sie die angebliche Unterstützung der Guerilla beschließen, und gleichzeitig die Aktivisten der Kommunistischen Jugend, die sich der Guerilla angeschlossen haben, wegen Verstoßes gegen die Disziplin aus der Partei ausschließt. *Das einzige, was zählt, sind Taten. Worte, die mit den Taten nicht übereinstimmen, haben keine Bedeutung. Ich kündigte den Wiederbeginn des Unterrichts an* (es wurde Unterricht in Quechua und Französisch gegeben, in politischer Bildung und Kulturgeschichte). In den persönlichen Gesprächen widmet Che einen Gutteil der Zeit Juan Pablo Chang. Der macht ihm klar, daß er hier sei, um im Kampf ausgebildet zu werden, und daß er später nach Peru gehen wolle. So wie die Dinge lagen und auch wegen der Verzögerung der Organisation in Argentinien war die Internationalisierung der Guerilla das letzte, was Che wollte. *Im Laufe der Gespräche bekam diese Gruppe den Namen „Nationale Befreiungsarmee von Bolivien" und es wurde ein Bericht über das Treffen angefertigt.* Pachos Tagebuch enthält die spärliche Notiz: „Ich bin furchtbar müde."

Während Che den Bogen spannt, gibt es die ersten Reaktionen im Oberkommando der bolivianischen Armee. Major Plata und Hauptmann Silva werden in Camiri verhört. Von dort aus wird Silva nach La Paz geschickt, wo er 14 Tage in einem Kerker verbringt und vom militärischen Geheimdienst erneut verhört wird. Ein paar CIA-Agenten tauchen im Militärgefängnis auf, die daran interessiert sind, ob Che im Lager gesehen wurde. Silva kann die Fotos, die sie ihm zeigen, nicht identifizieren.

Die Präsenz des CIA ist kein Zufall. Durch die bolivianischen Militärs und das Innenministerium alarmiert, war er an den Verhören der Deserteure Rocabado und Barrera in Camiri beteiligt. Ein gewisser Doktor González, den kubanische Quellen Jahre später als den Exilkubaner Gustavo Villoldo Sampera identifizieren, war bei den ersten Verhören dabei. In der späteren Ermittlung gegen den Gefangenen Salustio sind auch andere CIA-Agenten wie Edward Fogler und der Leiter des bolivianischen Büros, Tilton, beteiligt.

Doch die Anwesenheit des CIA ist nur einer der Schritte, die die US-Amerikaner unternehmen. Wenige Stunden nach dem ersten bewaffneten Zusammenstoß alarmiert, bietet die US-Regierung auf Ersuchen der bolivianischen Regierung und durch Vermittlung von Botschafter Henderson Unterstützung für die bolivianische Armee von ihrer Basis in der Panama-Kanalzone aus an: Verpflegung, Ausbildung und Waffen.

Am 26. März spielt die Guerilla mit der Armee Verstecken. Zwei Spähtrupps registrieren die Bewegungen der Armee, stoßen aber nicht mit ihr zusammen. Am nächsten Tag *erregte die Nachricht von dem Gefecht riesiges Aufsehen. Das gesamte Radioprogramm war voll von Meldungen und Kommentaren sogar über eine Pressekonferenz von Barrientos.* Die Militärs sprechen von einer Vielzahl von Verlusten der Guerilla, aber die eigentlich schwerwiegende Nachricht ist die Identifizierung Tanias, *wodurch zwei Jahre guter und geduldiger Arbeit verloren gehen.* Die Aussagen der Deserteure haben zusammen mit der Entdeckung des Jeeps durch die Polizei in Camiri zu einer Hausdurchsuchung geführt, bei der die Polizei überrascht feststellte, daß Laura Gutiérrez Bauer (die Halterin des Jeeps) im Besitz von Fotos war, auf denen sie zusammen mit Präsident Barrientos und General Ovando abgebildet war. Es sollte sie ein paar Tage kosten, bis sie Laura mit Tania in Verbindung brachten, von der die Deserteure gesprochen hatten. Die Enttarnung der Agentin sollte in La Paz eine bedeutende Lücke schaffen, wie Rodolfo Saldaña später zugab: „Ich war sehr verzweifelt, als ich merkte, daß Tania nicht aus dem Lager zurückkam (...). Ihre Präsenz war für die städtische Bewegung äußerst wichtig."

Als Reaktion auf den Hinterhalt nimmt die Armee Argañaraz und seinen Gehilfen Rosales, den Mann aus Vallegrande, fest und beschuldigt sie, mit der Guerilla zusammenzuarbeiten. Sie plündert sein Haus und schlägt den Gehilfen tot, was sie nachher als Selbstmord hinstellt. Argañaraz, dem Mann, der die Guerilla bei der Polizei angezeigt hat, weil er dachte, sie wären Drogenhändler, stehlen sie sogar seine Türen und stecken ihn für neun Monate ins Gefängnis. Laut Radiomeldungen wurden 2.000 Soldaten in die Guerilla-Zone geschickt, die mit einer ersten, sehr weiträumigen Einkreisung beginnen. Das Radio verbreitet weiterhin Falschmeldungen und spricht von zehn bis fünfzehn Verlusten bei den Guerilleros. Worüber nicht öffentlich gesprochen wird, ist die Ankunft eines Mannes in Santa Cruz, Major Ralph W. Shelton von der US-amerikanischen Armee, Experte im Guerillakrieg und mit Kampferfahrung in Vietnam.

Während Che in den letzten Apriltagen darauf wartet, daß sich seine Männer von der schrecklichen Expedition erholen, versucht er, Vorräte anzulegen. Er erforscht einige Rückzugswege aus der Gegend. Ein Spähtrupp der Guerilla trifft auf das Rote Kreuz, das die Leichen des ersten Hinterhalts sucht, und kurz darauf steht er einem Armeelastwagen gegenüber. Aber anstatt zu schießen, verlangen die Guerilleros, daß die Soldaten sich zurückziehen. Che bleibt weitere drei Tage im Lager. Debray erzählt: „Er war wütend und wechselte in den folgenden Tagen kein einziges Wort mit irgendjemandem. Er blieb für sich, saß unter einer Plastikplane in der Hängematte, rauchte Pfeife, las, schrieb, dachte nach, trank Mate, reinigte sein Gewehr, hörte nachts mit seinem Transistorradio „Radio Havanna“. Gab lakonische Befehle. War abwesend. In sich zurückgezogen. Gespannte Atmosphäre im übrigen Lager. Streit, Empfindlichkeiten der jeweiligen Nationalitäten, Diskussionen über die zu verfolgende Taktik. Alles verstärkt durch die Erschöpfung, den Hunger, den mangelnden Schlaf und die permanente Feindseligkeit des Urwalds. Ein anderer hätte sich unter die Truppe gemischt und mit ihnen gesprochen oder gescherzt. Aber Che vertrat die nackte Disziplin, ohne Schnörkel oder persönliche Beziehungen. Gibt es vielleicht ein Charisma der Distanz? *Auf jeden Fall*, antwortete er mir kurze Zeit später humorvoll, als ich ihn in einer Nacht unter vier Augen im Vertrauen nach seinem so ehrerbietigen Verhältnis zu Fidel und dem so gespannten Verhältnis zu den anderen fragte. *Man macht aus seinen Nachteilen, was man kann. Ich bin Argentinier und komme mir verloren vor unter den Tropenbewohnern. Es fällt mir schwer, mich zu öffnen, und ich verfüge nicht über dasselbe Talent wie Fidel, mich mitzuteilen. Mir bleibt nur das Schweigen. Jeder Chef muß ein Mythos für seine Leute sein. Wenn Fidel Baseball spielen will, überzeugt er sofort die Umstehenden und sie folgen ihm aufs Spielfeld. Wenn mir in Kuba die anderen sagten, ich solle den Schläger in die Hand nehmen, dann sagte ich „später“ und ging in eine Ecke, um zu lesen. Wenn ich auch deswegen den Leuten anfänglich nicht passe, dann respektieren sie mich wenigstens, weil ich anders bin.*“

In der Zwischenzeit hält Präsident Barrientos mit den hohen Militärbefehlshabern Treffen ab und erläutert ihnen seine Entscheidung, um US-amerikanische Hilfe zu ersuchen. Bei einigen nationalistischen Offizieren führt die Information zu Spannungen. Der Präsident trifft sich auch mit dem früheren deutschen Kriegsverbrecher Klaus Barbie, der sich inkognito in Bolivien aufhält, und bittet ihn um militärische Beratung. Sein Stellvertreter, General Alfredo Ovando, Oberbefehlshaber der Streitkräfte, der gerade von einer Europareise zurückgekommen ist, übernimmt es, die argentinischen und brasilianischen Militärs zu kontaktieren, um von ihnen Unterstützung, Waffen und Munition zu erbitten. Die Lage der Armee in Camiri ist schlecht. Major Rubén Sánchez, der eine Patrouille in die umzingelte Zone führen soll, stößt auf „Demoralisierung und Angst, sowohl bei den Befehlshabern der Einheiten als auch bei allen, die sich im Operationsgebiet befinden." Dennoch besetzt die Armee am 30. März endgültig das Wellblech-Haus. Die Guerilla ist noch ein Gespenst, das Angst einjagt.

Che stützt seine Bilanz des Monats März auf drei Elemente: Ende der Ausbildung, Dürftigkeit der bolivianischen Rekruten, besonders der Gruppe von Moisés Guevara, *die allgemein ein sehr niedriges Niveau aufweist (zwei Deserteure, ein „geschwätziger" Gefangener, drei Feiglinge und zwei Lendenlahme)* und die Notwendigkeit, *uns früher auf den Weg zu machen, als ich vorhatte, und dabei eine Gruppe in der Traufe zu lassen, noch dazu mit der Last von vier potentiellen Verrätern. Die Lage ist nicht gut, aber nun beginnt für die Guerilla eine weitere Phase der Bewährung, die sie einen großen Schritt weiterbringen wird, wenn sie diese übersteht.*

Während Che neue Höhlen bauen läßt und die gesamte Gruppe mit Spähtrupps und Hinterhalten beschäftigt (Pacho: „Seit Tagen haben wir überhaupt nicht geschlafen"), kommen am 1. April die ersten US-Flugzeuge mit Ausrüstung für die bolivianische Armee und wahrscheinlich einer Ladung Napalm nach Santa Cruz.

Am 3. April setzt sich die Guerilla in Bewegung und bricht mitten in der Nacht auf, *wir marschierten langsam, bis wir um 6 Uhr 30 den Abzweig der Abkürzung erreichten. Um 8 Uhr 30 kamen wir an die Fincagrenze. Als wir am Ort des Hinterhalts vorbeikamen, waren von den sieben Leichen nur noch völlig abgenagte Skelette übriggeblieben. Die Raubvögel hatten gründliche Arbeit geleistet. Ich schickte zwei Männer (Leonardo Tamayo und Ñato) los, um mit San Luis Kontakt aufzunehmen und am Abend zogen wir zur Piraboy-Schlucht, wo wir auf Kuhfladen und Maishaufen schliefen. Ich sprach mit Debray und Bustos und schlug ihnen drei Alternativen vor: bei uns zu bleiben, allein aufzubrechen oder bis nach Gutiérrez mitzukommen und von dort aus, so gut es ging, ihr Glück zu versuchen. Sie entschieden sich für die letzte der Möglichkeiten. Morgen werden wir es probieren.*

Am 4. April spielt die Guerilla weiter Verstecken mit der Armee. Sie kommen an einem Ort vorbei, wo 150 Soldaten im Hinterhalt gelegen haben. *Wir fanden Utensilien des Militärs wie Teller, Feldflaschen, sogar Munition und Ausrüstung. Wir nahmen alles mit.*

Am selben Tag stößt eine starke Armeepatrouille unter Führung von Major Rubén Sánchez bis zu den Lagern vor, wobei sie nach den Angaben des Gefangenen Salustio vorgehen. Sánchez berichtet: „Wir gingen so schnell, daß wir gegen Mittag laut Salustio Choque 200 Meter vom Hauptlager entfernt waren. Da tauchte die Luftwaffe auf und fing an, uns zu bombardieren, da sie uns für Guerilleros hielt. Als das Bombardement vorbei war, gingen wir ins Lager hinein. Dort bemerkten wir Sammel- und Einzelstellungen, wahrscheinlich für Wachposten. Im Inneren der Schlucht fand ich im ersten Lager eine Art Küche vor, in der noch warme Kerzen standen. In jedem dieser Lager, insgesamt drei oder vier, waren kreisförmig angeordnete Stellungen, nicht nur eine Reihe, sondern viele, die ganze Anhöhe hoch. Ich dachte nach: es war nicht anzunehmen, daß die Guerilleros sich auf einen Stellungskrieg eingerichtet hatten. Ich fand Dokumente: Namenslisten der Guerilleros, den Wachdienstplan und eine Reihe von Papieren, die Informationen enthielten. Und das wichtigste: Fotos, auf denen Che zu sehen war." Von einem dieser Fotos wird noch oft die Rede sein.

Vier Tage später erlaubt die Armee der Presse, das Lager zu betreten. Die Journalisten wühlen in den Kriegsresten herum. Héctor Pracht von „El Mercurio" aus Chile notiert aufmerksam die Munition aus der Dominikanischen Republik, die argentinischen Zeitungen, die Milchdosen aus den USA ... Er entdeckt die Gemüsesamen und eine Henne mit ihren Küken. *Ein chilenischer Journalist machte eine detaillierte Beschreibung unseres Lagers und entdeckte ein Foto von mir, ohne Bart und mit Pfeife. Es müßte genauer untersucht werden, wie es in seine Hände gelangen konnte.* Che sollte keine Gelegenheit mehr erhalten, das zu erfahren, aber Versionen, wie das Foto gefunden werden konnte, gibt es drei (die von Major Sánchez und die der zwei Journalisten), die widersprüchlich sind. Auf der einen Seite berichtet der britische Journalist Murray Sayles: „Zwischen den sorgsam aus den Schlafräumen herausgeholten Abfällen fand ich ein Foto von Doktor Guevara, das im Urwald aufgenommen worden war, und eine Abschrift der Rede von Yo Nguyen Giap. Das Foto von Guevara war das eines Mannes, der jünger war als 1964, als ich ihn in Kuba gesehen hatte, und ich denke, es wurde vor einigen Jahren in Kuba in der Sierra Maestra aufgenommen." Der mexikanische Journalist Luis Suárez erzählt, daß ein zweites Foto von Che, das der Bolivianer Ugaldo, der Fotograf des Präsidentenamts, gemacht hatte, gefunden worden sei. Auf diesem sitzt Che mit Pfeife und Bart auf einer Lichtung, die der des Lagers ähnelt. Um nachzuprüfen, ob das Foto aktuellen Datums ist, filmten Spezialisten von Yacimientos Petrolíferos [bolivianische Erdölgesellschaft] das Lager ab auf der Suche nach der Stelle, die zum Foto passen könnte. Jedoch sieht ein Winkel des Urwalds aus wie jeder andere, der tausende von Kilometern entfernt ist. Es gab nicht einmal einen schlüssigen Beweis, daß Che in diesem Lager gewesen war.

Am nächsten Tag stößt Che weiter vor und legt Hinterhalte, die seine Flanke schützen sollen. *Ich hatte vor, im Morgengrauen flußabwärts zu gehen, aber wir sahen Soldaten, die etwa 300 Meter von unserer Position entfernt badeten. Wir konnten also den Fluß überqueren, ohne Spuren zu hinterlassen und auf der anderen Seite bis zu unserem Bach marschieren.* Am nächsten Tag durchbricht die Guerilla den ersten Ring und nimmt eine Gruppe von Bauern gefangen, die mehrere verirrte Kühe eingefangen haben. *Wir verbrachten den Abend mit Essen.*

Debray erzählt: „In der fünfminütigen Pause, die wir jede Stunde beim Marschieren machten, konnten wir eine oder zwei Tassen eines mehr oder weniger schlammigen Elixiers trinken. Übrigens gab es für alle das gleiche. Che hängte seine Hängematte ohne Hilfe auf und ab. Er verlangte bei jedem Essen genau wie die anderen die halbe Sardine oder die drei Stückchen Fleisch, die jedem zustanden. Er trug das gleiche Gewicht in seinem Rucksack und als bei einer Flußüberquerung seine Maisration ins Wasser fiel, aß er einen ganzen Tag überhaupt nichts, um nicht die Reserven der anderen anbrechen zu müssen. Aus diesem Gleichheitsgrundsatz wurde ein Credo und ein ideologischer Prüfstein.

Siehst du dieses Stück Zucker, Debray?

Es war nach dem Abendessen, bereits am nächtlichen Lagerfeuer. Er lag entspannt auf dem Boden. *Sagen wir, es wiegt 20 Gramm. Daraus könntest du zwei gute Stücke machen. Zweihundert Kalorien für jeden, nicht mehr. Nehmen wir mal an, du bist von zehn hungrigen Leuten umringt und alle sind dir untergeben. Was würdest du machen?*

‚Ich würde die beiden Besitzer damit beglücken.'

Warum?

‚Lieber zwei Genossen, die die Möglichkeit haben zu überleben, wenn sie das wenige essen, als zehn Genossen, die gar nichts haben, weil sie zehn Mal nichts essen.'

Nun, du hast Unrecht, Debray. Jeder Einzelne soll seine Brosamen haben. Die Revolution hat ihre Prinzipien. Jedenfalls gibt es dann zwei Bürokraten weniger.

‚Glaubst du denn, es ist besser, daß mit Sicherheit zehn Revolutionäre unter absolut gleichen Bedingungen sterben?'

Immer wenn die Moral unbeschadet ist, dann ist es auch die Revolution. Wenn nicht, welchen Sinn hat sie dann?"

In den folgenden drei Tagen stoßen die Vorhut und die Hauptgruppe in Richtung Pirrenda vor und Vilo Acuña zieht sich mit der Nachhut zurück. Pacho trägt in sein Tagebuch ein: „Das Radio berichtet, daß Che in Bolivien ist." Es handelt sich um ein Gerücht ohne klaren Ursprung, aber es genügt wahrscheinlich als Anlaß für eine Sitzung im Pentagon am 9. des Monats, an der mehrere Generäle, der CIA-Direktor Helms und der Berater des Präsidenten für Sicherheitsangelegenheiten und Lateinamerika, Walter Rostow, teilnehmen. Obwohl sie denken, daß eine falsche Fährte verfolgt wird und daß sich Che nicht in Bolivien befindet, beschließen sie, noch enger mit den bolivianischen Streitkräften zusammenzuarbeiten.

Am 10. April benachrichtigt der peruanische Arzt Che, *daß sich 15 Soldaten flußabwärts auf uns zubewegten. Inti hatte San Luis im Hinterhalt informiert. Uns blieb nichts anderes übrig als abzuwarten, und das taten wir dann auch. Ich schickte Coello los, um Informationen einzuholen.*

Die Nachhut hatte, verstärkt durch Inti und San Luis, zu beiden Seiten des Flusses Stellung bezogen, als eine Patrouille von etwa 15 Soldaten am Ufer vorrückte, um nach Spuren der Guerilla zu suchen. Das Gefecht dauerte ein paar Sekunden, ein Soldat war tot, drei verletzt und sechs gefangen genommen. Kurz darauf wurde auch ein Offizier der Armee gefangen. Aber die Guerilla hatte einen wichtigen Verlust erlitten, einen schweren Schlag bei einem flüchtigen Gefecht: Jesús Suárez Gayol, El Rubio, Ches Gefährte der letzten Jahre, war an einem Kopfschuß gestorben. *Sein Garand hatte geklemmt und neben ihm lag eine entsicherte Granate, die aber nicht explodiert war.*

Die Mannschaft, mit der sie zusammengestoßen waren, gehörte zu einer

Patrouille, die die nähere Umgebung des Río Ñancahuazú erkundete. Major Rubén Sánchez, der die Kompanie anführte, die das Lager eingenommen hatte, berichtet: „Um 3 Uhr nachmittags tauchten zwei verzweifelte Soldaten auf, die aus der Gegend von Iripiti entkommen waren. Einige von ihnen befanden sich in einem so beklagenswerten Zustand von Psychose, daß sie nicht einmal erklären konnten, was passiert war. Ich munterte einen der Soldaten auf und er konnte mir sagen, daß sie um 11 Uhr vormittags ein Gefecht mit den Guerilleros hatten, die sie in einen Hinterhalt gelockt hatten. Er konnte mir keine genaueren Angaben über die Entfernung und die Anzahl der Guerilleros machen, da sie desorientiert geflüchtet waren, wie sie nur konnten, und es gerade noch bis ins Lager geschafft hatten. Leutnant Saavedra war tot. Ich erhielt von Oberst Rocha, der damals Kommandant der 4. Division war, den Befehl vorzurücken. Es war bereits 4 Uhr nachmittags und es würde bald dunkel werden, so daß ich mit den 35 Soldaten, die ich hatte, plus den 18, die vom Hinterhalt am Morgen zurückgekehrt waren, so schnell wie möglich vorstieß, um voller Angst die Leiche des Offiziers zu bergen."

Che erahnt die Reaktion der Armee und anstatt weiterzumarschieren, befiehlt er, den Hinterhalt, der wieder von San Luis geleitet wird, nach vorne zu verlegen, *um etwa 500 Meter, aber nun konnten wir auf die Unterstützung der gesamten Vorhut zählen. Zuerst hatte ich den Rückzug angeordnet, aber dann erschien es mir logischer zu bleiben. Gegen 17 Uhr erreichte uns die Nachricht, daß die Armee mit starkem Aufgebot anrückt. Uns bleibt nichts anderes übrig, als zu warten. Ich schickte Harry Villegas los, mir ein klares Bild der Lage zu verschaffen.*

In der Schilderung von Major Sánchez: „Anstatt sich von dem Ort zu entfernen, wo sie den ersten Hinterhalt gelegt hatten, rückten sie zwei oder drei Kilometer vor und legten uns einen neuen. Eine Cessna überflog uns, die uns im Kampf unterstützen sollte. Wie vereinbart, gab ich ihr das Zeichen und schoß eine Leuchtkugel ab. Dann begann der Kampf. Ich ging in der dritten Reihe, obwohl der Kommandant normalerweise in der Mitte oder in der Nachhut marschieren soll. Aber ich tat dies, um der Truppe Mut zu machen, die sehr demoralisiert war."

Die Soldaten kommen *ohne größere Vorsicht am Fluß längs marschiert und wurden völlig von uns überrascht.* Pacho eröffnet das Feuer. Im Bericht von Sánchez: „fielen alle Leute um mich herum tot oder verletzt um. Leutnant Ayala, der einen 60-mm-Mörser trug, wurde von einem Schuß in die Brust getroffen. Ich war inmitten der Gefallenen der einzige Überlebende. Daraufhin wandte ich mich nach links, um Deckung zu suchen. Dort traf ich auf zwei Soldaten, die sich ebenfalls zurückzogen. Von der Front her forderten die Guerilleros uns auf, uns zu ergeben. Wir gingen in Stellung und fingen an, in die Richtung zu schießen, aus der gerufen wurde. In diesem Moment tauchte eine andere Gruppe von hinten auf und forderte uns ebenfalls auf, uns zu ergeben. Ich befahl einem der Soldaten, nach hinten zu schießen, und der andere und ich schossen weiter in die andere Richtung. Plötzlich wurde das Feuer eingestellt. Es herrschte absolute Stille.

Ich spürte das Knie eines Mannes hinter mir. Er packte mich am Kinn und drehte es zu sich. Später erfuhr ich, daß es Maimura war. Die Soldaten schrien: ‚Tötet ihn nicht, es ist der Major!' Wir ergaben uns. Jemand wollte mir den Revolver abnehmen, aber ich nahm die Munition aus der Trommel und steckte sie ein. ‚Diesen Revolver nimmt mir niemand ab', sagte ich. San Luis fragte mich: ‚Wieviele Leute haben Sie? Wo kommen Sie her?' Ich sagte ihm:

‚Sie verschwenden nur Ihre Zeit, ich werde Ihnen keinerlei Informationen liefern.'

Ein anderer Guerillero, der Bolivianer zu sein schien, sagte:

‚Diese Militärs sind Gauner.'

‚Sie sind ein Gauner, nicht ich.'

Da gibt mir San Luis plötzlich einen Stoß und ich stürze runter bis zum Fluß, denn da war ein Abhang. Ich komme vor einem Guerillero wieder auf die Beine, der einen Karabiner über der Schulter trug und am Ufer eine Zigarette rauchte, während einige weiterschossen und andere versuchten, in die Umgebung auszuschwärmen. Es war Inti. San Luis kam herunter und sagte zu mir:

‚Major, sorgen Sie dafür, daß Ihre Truppe sich ergibt.'

‚Ich kann ihnen nicht befehlen, daß sie sich ergeben. Ich kann ihnen nur befehlen, sich zurückzuziehen.'

‚Befehlen Sie ihnen, sich zu ergeben, sonst werden wir sie töten', sagte San Luis.

‚Töten Sie mich doch, wenn Sie wollen', sagte ich, ‚aber ich gebe keinen Befehl zur Kapitulation.'

San Luis ging weiter und ich blieb mit Inti zurück. Er bot mir eine Zigarette an. Er sagte zu mir: ‚Major, bitte bewegen Sie sich nicht von meiner Seite.' Aber ich konnte ihm nicht gehorchen, denn ich hatte ja Tote und Verletzte, und einige Verletzte schwammen noch im Wasser. Ich lief hin, um ihnen zu helfen. Inti sah es und sagte nichts. Als ich den Verletzten geholfen hatte, kehrte ich wieder zu ihm zurück.

‚Sie sind Gauner und Mörder', sagte ich zu Inti, ‚warum töten Sie meine Soldaten?'

Inti brachte mir einen Ring, den des Leutnants, der am Morgen gestorben war, und sagte zu mir:

‚Hier, nehmen Sie, man soll ihn seiner Witwe geben. Die Uhren brauchen wir selbst, deshalb geben wir sie nicht zurück. Wir sind weder Gauner noch Mörder. Sie nennen uns so, weil Sie den Sinn unseres Kampfs nicht verstehen.'"

Sánchez überlegte: „Alle sprachen von einem Chef und ich mußte lachen. Denn alle schienen nach dem, was sie sagten, die Elite zu sein: San Luis war der Aktivste im Gefecht; Inti sagt, er sei der Anführer des Hinterhalts; der oberste Befehlshaber kann kein anderer als Che sein."

Villegas läßt Che den ersten Bericht zukommen: *Dieses Mal waren es sieben Tote, fünf Verletzte und insgesamt 22 Gefangene.* Zum zweiten Mal an einem Tag hat die Guerilla die Armee besiegt. Ches Gespensterbande hat ein weiteres Mal zugeschlagen. Der Journalist Luis Suárez gibt Monate später den Eindruck eines der besiegten Soldaten wieder: „Die Guerilleros sind mager, sehr bleich, sie sehen aus wie aus Wachs."

Che kommt, um die gefangen genommenen Soldaten in Augenschein zu nehmen, ohne aber selbst gesehen zu werden, und gibt Inti die Anweisung zu prüfen, ob sich Major Sánchez der Guerilla anschließen könnte. Der Major weigert sich, aber er akzeptiert, der Presse ein Kommuniqué der ELN zu überbringen. Er sollte sein Wort halten. Von den beiden Exemplaren, die sie ihm aushändigen, als er freigelassen wird, wird er eines dem militärischen Geheimdienst übergeben, und, ohne das zweite zu erwähnen, läßt er es einem seiner Brüder zukommen, der Journalist ist, und der es seinerseits der Tageszeitung „Prensa Libre" von Cochabamba zuspielt.

Sánchez sollte nicht nur sein Wort halten. Er war tief beeindruckt von der Guerilla und ihren sozialen Motiven. Einige Jahre später wird er eine Schlüsselposition bei einem linken Militärputsch innehaben.

Am 12. April hält Che eine kleine Zeremonie ab, um den ersten im Kampf gefallenen Kubaner zu begraben, seinen Freund Suárez Gayol, El Rubio. *Ich ließ alle Kämpfer außer den vieren von der Reserve zusammenrufen, um kurz El Rubios zu gedenken. Ich erwähnte, daß das erste Blut, das vergossen wurde, das eines Kubaners war. Außerdem machte ich auf eine Tendenz aufmerksam (...), die sich gestern im Verhalten von Camba gezeigt hatte, daß den Kubanern immer weniger vertraut wird (...). Ich mahnte erneut zur Geschlossenheit, die die einzige Möglichkeit sei, unsere Armee zu entwickeln, die zwar ihre Feuerkraft ständig steigern und auch neue Kampferfahrung sammeln konnte, aber ihre Zahl nicht erhöht, sondern in den letzten Tagen sogar verringert hatte.* Außerdem muß er sich die Beschwerde von Tania anhören, die während des Gefechts im Lager geblieben ist und verlangt, in der vordersten Front mitzukämpfen.

Nachdem wir die Beute in einer von Ñato gut angelegten Höhle verstaut hatten, marschierten wir um 14 Uhr langsam weiter, so langsam, daß wir kaum vorankamen. Wir mußten deshalb an einer kleinen Wasserstelle schlafen, kaum daß wir den Marsch begonnen hatten. Pacho schreibt in sein Tagebuch: „Das Dörrfleisch ist voller Würmer. Obwohl es verfault ist und ich Bauchschmerzen habe, esse ich, bis ich nicht mehr kann."

In einem Bogen kehren sie ins Hauptlager zurück (Pacho: „Wir haben gegenüber der Armee Kopf und Kragen riskiert und sind wieder am Ausgangspunkt"), um festzustellen, daß die Armee die wichtigste Höhle nicht entdeckt hat. Die Guerilla bewegt sich langsam. Che notiert in sein Tagebuch: *Die US-Amerikaner erklären, daß die Entsendung von Beratern nach Bolivien einem alten Plan entspreche und nichts mit der Guerilla zu tun habe. Vielleicht erleben wir gerade die erste Episode eines neuen Vietnam.*

Ches anfänglicher Plan ist es, die gesamte Guerilla zu mobilisieren *und ein wenig in der Gegend von Muyupampa zu operieren, um uns danach in den Norden zurückzuziehen. Wenn möglich werden Debray und Bustos, je nach den Umständen, in Richtung Sucre–Cochabamba gehen.* Da die Kommunikation über das Funkgerät und der Kontakt zur Stadt unterbrochen sind, schreibt Che verschlüsselt und mit unsichtbarer Tinte eine Botschaft an Fidel, die er Debray mitgeben will: *Sie haben die Finca entdeckt und die Armee hat uns verfolgt. Wir haben ihnen eine erste Tracht Prügel verpaßt, sind aber isoliert (...). Tania ist hier völlig isoliert, denn sie hat gegen Anweisungen verstoßen und wurde von den Ereignissen überrascht (...). Wir haben genügend Glucoselösung, schickt keine mehr. Wir haben keine Nachricht vom Trio (Monje, Kolle, Reyes) und ich traue ihnen auch nicht, denn sie haben Leute von der Jugend ausgeschlossen, die bei uns sind. Ich kann alles über Radio empfangen, aber es nützt nichts, wenn es nicht auch nach La Paz übermittelt wird. Momentan sind wir isoliert.* Und er fügt hinzu, daß Debray aufbricht, um ein Solidaritätsnetz in Europa zu organisieren und daß Bustos dasselbe tut, um *Durchgänge nach Süden zu organisieren und Argentinier anzuwerben. Er steckt auch hier fest.*

Am 16. April setzt sich die Guerilla von neuem in Bewegung, nachdem sich Ches Trupp mit der Nachhut unter der Leitung von Vilo Acuña vereint hat. *Die Vorhut brach um 6 Uhr 15 und wir um 7 Uhr 15 auf. In gutem Marschtempo kamen wir bis zum Río Ikira, doch Tania und Machín hingen zurück. Als ich bei ihnen Fieber maß, hatte Tania über 39 und Machín über 38 Grad. Außerdem hinderte uns die Verspätung daran, den Marsch so fortzuführen, wie wir es vorgesehen hatten. Wir ließen die beiden mit Doktor Cabrera und Serapio einen Kilometer flußabwärts am Ikira zurück und marschierten weiter. Wir nahmen einen Bauernhof namens Bellavista ein, genauer gesagt, vier Bauern, die uns Kartoffeln, ein Schwein und Mais verkauften. Die Bauern sind arm und von unserer Anwesenheit hier sehr eingeschüchtert.*

Die Bauern reagieren auf die vorherige Anwesenheit der bolivianischen Soldaten, die die Bevölkerung mit einer merkwürdigen Gegenpropaganda terrorisiert haben: „Die Guerilleros sind Paraguayer, sie nehmen die Frauen von hinten, hängen die Männer an den Bäumen auf oder zwingen sie, mit ihnen zu gehen, damit sie ihnen die Rucksäcke tragen. Sie stehlen die Tiere und das Saatgut und zünden die Häuser an. Sie wollen hier in unserem Land den paraguayischen Kommunismus einführen." Die Bauern fragen sich verstört, was dieser „paraguayische Kommunismus" sei, und sicherheitshalber fliehen sie vor der Guerilla wie vor dem Teufel.

Obwohl Che skeptisch ist, erregt die Guerilla Sympathie bei den Indianern; etwas, das er nie erfahren sollte. Die ernsten Gesichter der vereinzelten bolivianischen Bauern zeigten keine Regung. Doch trotz der Repressalien, die die Armee von jetzt an entfesseln sollte, trotz Festnahmen, Zerstörung der Ernte, Folter, Prügeln, Kopfgeldangeboten begannen sie sich für die Guerilla zu interessieren und Fragen zu stellen.

Am 17. April bringt die „Granma" auf der Titelseite die „Botschaft an die Völker der Welt von Kommandant Ernesto Guevara über die Trikontinentale". Der Text, der zwei ganze Zeitungsseiten einnimmt, ist außerdem mit Fotos von Che illustriert, wie er sich den Bart schneidet, Fotos aus der Zeit vor seiner Abreise nach Afrika und der Ausbildung in Pinar del Río, die denen, die die

Geschichte dieser beiden Jahre nicht kennen, wie aktuelle Bilder von ihm vorkommen. Mit einem Satz von Martí am Anfang: „Es ist die Stunde der Weißglut und es wird Licht zu sehen sein“ liefert Che eine Analyse des sozialen Krieges, der sich unausweichlich in der Dritten Welt ausbreiten wird. Er ruft dazu auf, die Meinungsverschiedenheiten innerhalb der Linken zu mäßigen. *Sie durch Worte beilegen zu wollen, wäre eine Illusion. Die Geschichte wird sie auslöschen oder zu ihrer wahren Klärung bringen.* Er betont die Unnachgiebigkeit gegenüber dem Ziel, Krieg dem Imperium an seiner Peripherie: *Jede unserer Aktionen ist ein Schlachtruf gegen den Imperialismus ...*

Das Dokument, das die Grundlage der Plattform Kubas und jeder radikalen Linken Ende der sechziger Jahre sein wird, fordert: *Schaffen wir zwei, drei, viele Vietnams.*

In der Ferne wird Che seinen Aufruf im Radio hören. Er kommentiert ihn nicht. Ein italienischer Journalist in Havanna, Tutino, der den Text analysiert, findet heraus, daß er 1966 geschrieben wurde (wegen der Bezugnahme auf den Jahrestag des Endes des Zweiten Weltkriegs), aber er setzt seine Analyse nicht fort. Welche Elemente aus der Zeit nach Ende ’66 finden sich im Text und wurden deshalb nach seiner Abfassung noch hinzugefügt?

Ein Satz, der zweifellos nachträglich von den Herausgebern eingefügt wurde, ist der Schlüssel für die Situation von Kommandant Guevara: *Neue Kriegsherde entstehen in diesen und anderen amerikanischen Ländern* (er bezieht sich auf Guatemala und Venezuela), *wie es bereits in Bolivien geschehen ist ...* Niemand schenkte damals dieser Lesart Beachtung.

Währenddessen sucht Che im Urwald einen Weg für Debray und Bustos in Richtung Muyapampa und sieht sich gezwungen, eine Gruppe als Nachhut bei den Kranken zurückzulassen, denen sich Moisés Guevara wegen einer Gallenkolik und die „Reserve“ unter der Führung von Vilo Acuña angeschlossen haben. Letzterem gibt Che den Befehl, *in der Gegend Scheinmanöver vorzunehmen, um eine massive Bewegung der Armee zu verhindern, und drei Tage auf uns zu warten. Nach deren Ablauf soll er weiter in der Gegend bleiben, aber ohne sich frontale Kämpfe zu liefern, und auf unsere Rückkehr warten.* Die Spaltung der Guerilla in zwei Gruppen hat sich vollzogen und Che ist sich der Bedeutung nicht bewußt, die diese Tatsache in der Zukunft haben sollte.

Am 18. April nimmt die Guerilla auf ihrem Marsch Kontakt zu ein paar Bauern auf. Folgender Dialog ist dokumentiert:

Guten Abend.

„Guten Abend, señor.“

Man sagt nicht señor. Die Señores sind die, die die Armen demütigen und beleidigen.

„Aber einen Fremden nennt man hier caballero oder señor.“

Inti unterhält sich mit den Bauern und einige Teile der Unterhaltung bleiben ihm im Gedächtnis: „Wir sind keine Paraguayer. Hier herrscht Hunger, hier herrscht Elend, bolivianischer Hunger.“ Pachos Tagebuch beschreibt die interne Situation der Gruppe: „Wir haben seit mehreren Tagen nicht mehr geschlafen. Nachts marschieren wir, tagsüber halten wir Wache und bereiten Essen zu.“

Am nächsten Tag nehmen die Guerilleros eine merkwürdige Person fest: *einen englischen Journalisten namens Roth, den einige Kinder von Lagunillas direkt auf unseren Spuren hierher geführt hatten. Seine Papiere waren in Ordnung, aber es gab verdächtige Dinge: Im Paß war als Beruf Student eingetragen, aber durchgestrichen und durch Journalist ersetzt worden (er sagt, er sei in Wirklichkeit Fotograf); er besaß ein Visum für Puerto Rico (...). Er erzählte uns, er sei im Lager gewesen und sie hätten ihm das Tagebuch von Israel Reyes gezeigt, in dem er seine Erfahrungen und Reisen beschreibt. Es ist immer das gleiche. Disziplin- und Verantwortungslosigkeit beherrschen alles.*

Roth bleibt bis heute eine undurchsichtige Person. Die kubanischen Quellen behaupten, daß er, bevor er auf die Guerilla gestoßen war, sich in La Paz (zwischen dem 8. und 16. April) mit CIA-Agenten getroffen und mit ihnen abgemacht hätte, in die Kampfzone vorzudringen, um herauszubekommen, ob Che sich dort befände. Außerdem sollte er die Sachen der Guerilleros mit Chemikalien übergießen, damit sie später von Hunden aufgespürt werden könnten. Die spätere Geschichte befreit diese Person nicht von jeglichem Verdacht, auch wenn nichts bewiesen werden kann. Che denkt, daß Roth nützlich sein könne, um die Tarnung von Debray und Bustos als Journalisten zu verbessern und beschließt, ihn mit ihnen zusammen loszuschicken. Inti übergibt Roth einen Text der ELN an die Öffentlichkeit.

Che, der sich von dem Journalisten ferngehalten hat, damit er ihn nicht identifizieren kann, gibt Ciro Bustos die letzten Anweisungen. Neben seiner Aufgabe als Koordinator der argentinischen Gruppen soll Bustos nach seinen eigenen Worten „Kontakt mit La Paz aufnehmen und eine Reihe von Anweisungen an den Apparat übermitteln: wichtige Aufgaben, den Wechsel von Häusern, Gelddepots, Ausrüstung und im wesentlichen den Kontakt mit der Guerilla wieder herstellen und neue Leute eingliedern usw. Außerdem Havanna informieren, daß die Gruppe wegen des defekten Funkgeräts ohne Verbindung ist, sowie die höchst kritischen Details der Logistik und der Politik.“

Kurz vor zwölf verabschieden sich die drei Männer von der Guerilla, während Che die Einnahme des Dorfes Muyapampa vorbereitet, auf die er dann aber verzichtet, nachdem er von einem Spähtrupp erfahren hat, daß die Armee sich dort in Alarmposition befindet. Von diesem Moment an hat die Guerilla keinen Kontakt zur Außenwelt mehr.

Kurz darauf werden die drei Männer von einer Polizeistreife entdeckt, als Roth sich ihnen zeigt, und obwohl sie sie nicht festnimmt, schlägt sie Alarm. Wenige Stunden später werden sie von der Armee festgenommen und mit einem Jeep ins Dorf gebracht.

Die Guerilleros entfernen sich aus der Gegend, aber am nächsten Tag werden sie von einigen Bauern über die Festnahme von Debray und Bustos informiert. Che notiert knapp: *Schlechte Aussichten für Ciro; Debray müßte heil heraus-*

kommen. Tage später schreibt Che: *Sie wurden Opfer ihrer Eile, schon fast ihrer Verzweiflung, hier wegzukommen und ich war nicht energisch genug, es zu verhindern, so daß nun auch die Verbindung zu Kuba abgeschnitten und der Aktionsplan in Argentinien verloren ist.*

An den beiden folgenden Tagen bewegt sich der Guerillakern, abgeschnitten von der Kolonne der Nachhut, in Richtung Taperillas.

Kapitel 52
★
Die Intervention und die toten Freunde

Am 1. April landet eine C-130 aus der US-Basis in der Panama-Kanalzone in Santa Cruz. Es ist das erste Flugzeug einer Luftbrücke, die die Landung von mehreren kleinen Flugzeugen in Camiri nach sich ziehen wird. Die Präsenz dieser ersten Flugzeuge mit Verpflegung und Napalm wird Mitte April eine Reaktion in der Tageszeitung „Presencia" zur Folge haben, die die kubanische Agentur Prensa Latina übernehmen wird, und in der von der Ankunft von rund 100 US-Beratern die Rede ist. France Press ist bescheidener und erwähnt 27 Personen einschließlich der Besatzung eines C-130-Flugzeugs, vier Techniker, die einen Hubschrauber aufrüsteten, fünf Ranger und mehrere unbestimmte Personen. Die Wirklichkeit liegt näher bei 27 als bei 100. Die US-Amerikaner hatten sich für eine gemäßigte Zusammenarbeit mit der bolivianischen Armee entschieden, da sie überzeugt waren, daß Che nicht dort sei.

Am 18. April reist der US-amerikanische General William Tope nach Bolivien, um eine Einschätzung von den lokalen Streitkräften und dem zukünftigen Hilfsplan zu bekommen. Er trifft sich mit Botschafter Douglas Henderson (einem Mann, der bei anderer Gelegenheit eine Intervention gefordert hatte, um die US-amerikanischen Unternehmen vor Streikbewegungen zu schützen), Präsident Barrientos und drei seiner Minister zum Frühstück. Tope faßt in einer Nachricht an Washington zusammen: „Das Treffen war herzlich, aber auch sehr freimütig und offen." Aber die US-Amerikaner sind mit dem, was sie vorfinden, nicht zufrieden. Die einzige neue Information, die sie erhalten, ist Barrientos' Schilderung, wie die Guerilla zufällig entdeckt wurde, und sie haben den Eindruck, „Barrientos und seine Minister denken, daß die erlittenen Niederlagen eine starke psychologische Wirkung auf den Rest des Landes, speziell auf die anderen Oppositionsgruppen ausüben".

Für Tope sind „das Problem nicht die Truppen auf dem Lande, sondern das Verhalten der Vorgesetzten wie z.B. Barrientos", der sinnlos Truppen hin und her verschiebt und nicht weiß, „wie man das Kaninchen aus dem Hut zaubert". Bei diesem Treffen besteht Barrientos nur auf der Lieferung von Kriegsmaterial. Tope berichtet später, daß Barrientos' Forderungen die ewigen bolivianischen Allheilmittel seien: Einsatz von Flugzeugen, Ersetzung der alten Mauser durch automatische Waffen. Tope entgegnet ihm, daß Flugzeuge unter diesen Kampfbedingungen nutzlos seien und wenn ein Soldat seine Waffe wegwerfe, dann täte er das sowohl mit der Mauser als auch mit dem automatischen Gewehr. Sie müßten lernen, es zu benutzen und zu warten.

Die US-Mission wird folgendermaßen zusammengefaßt: „Letztendlich haben diese Leute ein ungeheures Problem, aber wir werden große Schwierigkeiten bekommen, uns darüber einig zu werden, nicht so sehr wie wir eine Lösung finden, sondern eher wie wir das Problem angehen sollen. Offensichtlich müssen wir eine praktische und pragmatische Annäherung versuchen und ausgehend von dem, was sie heute haben, Verbesserungen erreichen."

Es war zu dieser Zeit für die US-Amerikaner ein geringeres Problem, da sie der Meinung waren, daß das große Gespenst, dem sie nachjagten, sich nicht in Bolivien befand. Die ersten Gerüchte wurden von den Chronisten mit Interesse aufgenommen, aber die CIA-Führung war diesbezüglich sehr skeptisch und hielt die Informationen für weitere Verschleierungsmanöver der Kubaner. Die Entdeckung des Lagers in Ñancahuazú und das dort aufgefundene Foto schienen die These zu stützen, daß Che in der Gegend war oder gewesen war. Die Meinung von Helms und die der CIA-Spitze setzte sich jedoch durch: Che war nicht in Bolivien.

Als Teil der Strategie des Pentagons trifft am 23. April eine Gruppe von Militärberatern, ein „Mobiles Trainingsteam" (MTT) aus dem Stützpunkt von Fort Gullick ein. Es steht unter dem Kommando von Ralph „Pappy" Shelton, der einige Wochen zuvor bereits in der Gegend gewesen war, mit Hauptmann Michel Leroy, der gerade aus Saigon gekommen ist, weiteren drei Offizieren und zwölf Soldaten (unter ihnen Margarito Cruz, ein Kubaner, der ein Todesschwadron ausbilden wird). Sie richten sich im Stützpunkt La Esperanza ein, einer verlassenen Zuckerrohrplantage 80 km nördlich von Santa Cruz. Für die Ausbildung der US-amerikanischen Ranger reaktiviert die bolivianische Armee das Manchego-Regiment mit 650 Mann und Offizieren von anderen Einheiten, z.B. Oberst Gallardo und Major Ayoroa.

Teil der Hilfe sind außerdem fünf P-51-Flugzeuge, Hubschrauber und zwei H-19. Präsident Barrientos erklärt gegenüber dem mexikanischen Journalisten Luis Suárez: „Das ist nichts besonderes. Diese Militärlieferungen gibt es seit 15 Jahren."

Unterdessen beginnt die Odyssee von Debray, Bustos und Roth. Nachdem sie gefangen genommen und zum Rathaus des Dorfes gebracht worden sind, treffen sie den Journalisten der Zeitung „Presencia", Hugo Delgadillo, der mehrere Minuten mit ihnen spricht und sie fotografiert. Die drei bestehen darauf, daß sie internationale Journalisten seien, aber die Armee, durch die Aussagen von Salustio aufmerksam geworden, enttarnt sie.

Am selben Ort beginnt das Verhör, bei dem sie geschlagen werden. Debray wird am nächsten Tag mit einem Hubschrauber zum Luftwaffenstützpunkt

Choreti in der Nähe von Camiri transportiert, Bustos und Roth werden in einem Jeep dorthin gebracht.

Barrientos verbreitet die Nachricht, die drei Journalisten seien tot. Dies ist die einfachste Art, sie genau dazu zu verurteilen. Che hört die Meldung im Radio. Aber das Foto von Delgadillo rettet den dreien das Leben. Der Journalist hat den Film einer Frau übergeben, um zu verhindern, daß die Militärs ihn beschlagnahmen. Sie ließ ihn nach Cochabamba schicken. Die Veröffentlichung der Fotos der drei Verhafteten verhindert ihren Tod, nicht aber die Folter. An den ersten drei Tagen wird Debray von drei Obristen verhört, die ihm ständig dieselbe Frage stellen: Ist Che in Bolivien? Schläge, Prügel und Scheinhinrichtungen bei Debray, der von Salustio als einer der Männer bezeichnet wurde, die bewaffnet in der Guerilla gekämpft haben. Bustos kann anfangs dank seines falschen Passes und der Identität als Fructuoso, ein argentinischer Journalist, seine Tarnung aufrechterhalten. Debray findet sich bereits mit dem Tod ab. Durch die Folter wird er bewußtlos. Major Sánchez, der sich in Camiri befindet, verhindert, daß sie ihn töten. Bis jetzt haben beide die Anwesenheit von Che geleugnet. Roth kann darüber nichts sagen, da er nichts weiß.

Das Eintreffen einer neuen Gruppe von Verhörspezialisten ändert den Ton: Oberst Federico Arana vom militärischen Geheimdienst, Quintanilla, Beamter des Innenministeriums, und ein Agent des CIA, der wie sein Vorgänger „Doktor Gonzáles" genannt wird (auch bekannt als Gabriel García).

Bustos liefert Informationen, die seiner Meinung nach der Guerilla nicht schaden. Er erzählt ihnen vom Hauptlager, das am 4. April entdeckt worden ist, von der Anwesenheit von Ausländern und erwähnt, daß Inti Peredo der Chef sei, so wie es ihm von Che gesagt worden ist.

Obwohl die Guerilla bisher nur einen Mann, El Rubio, im Kampf verloren hat, erleidet sie jetzt laufend weitere Verluste (bisher zwei Deserteure, ein von der Armee Festgenommener, zwei Ertrunkene, Debray und Bustos). In einem zufälligen Gefecht mit der Armee wird Vázquez Viaña von der Gruppe abgeschnitten und kann sie nicht mehr lokalisieren. Er irrt durch den Urwald, bis er in der Umgebung von Taperillas auf eine Streife stößt und zwei Soldaten tötet. Zwei Tage später wird er verletzt gefangen genommen.

Währenddessen stößt die Hauptgruppe der Guerilla fast ohne Lebensmittel in die Berge vor. Che schreibt: *Wenn auch die Moral sehr gut ist, fehlt noch viel, um aus diesen Leuten eine schlagkräftige Kampftruppe zu machen.* An den folgenden Tagen versucht Che sich mit der Nachhut von Vilo Acuña zu vereinen. Am 25. April gegen 10 Uhr morgens erhält er die Nachricht, daß eine Gruppe von Soldaten im Anmarsch sei. Die Informationen sind widersprüchlich, einmal heißt es 30, dann 60 Mann. Che beteiligt sich persönlich am Hinterhalt. *Kurz darauf erschien die feindliche Vorhut, die zu unserer Überraschung aus drei deutschen Schäferhunden und ihrem Hundeführer bestand. Offenbar hatten sie uns nicht aufgespürt. Dennoch rückten sie weiter vor. Ich zielte auf den ersten Hund, schoß aber daneben und als ich auf den Hundeführer abdrücken wollte, hatte die M-2 Ladehemmung. Soweit ich es sehen konnte, tötete Manuel Hernández einen der Hunde. Es ging niemand mehr in den Hinterhalt.* Che irrt sich, auch er hat getroffen. Später verbreiten Armeeberichte die Namen der beiden toten Hunde: Rayo und Tempestad. Aber damit ist die Angelegenheit noch nicht zu Ende. An einer der Flanken hört man weitere Salven. San Luis, der wie immer die riskanteste Position eingenommen hat, erwidert von einem Höhleneingang aus das Maschinengewehrfeuer der Soldaten und wird verletzt. *Kurz darauf brachten sie ihn bereits leblos herbei, er starb während der Bluttransfusion. Eine Kugel hatte ihm den Oberschenkel und das ganze Gefäß- und Nervenbündel zerfetzt. Er verblutete, bevor man ihm helfen konnte. Wir haben den besten Mann der Guerilla verloren. Und natürlich einen ihrer Stützpfeiler. Er war mein Gefährte, seit er fast noch ein Kind war. Er war Bote der 4. Kolonne bis zur Invasion und nun auch bei diesem neuen revolutionären Abenteuer dabei.* Che erinnert sich an die Worte des chilenischen Dichters Pablo Neruda: *Über seinen dunklen Tod bleibt für eine mögliche Zukunft nur noch zu sagen: „Dein kleiner tapferer Hauptmannsleichnam hat seine harte Gestalt in die Unendlichkeit ausgestreckt."*

Der Tod von San Luis ist ein furchtbarer Schlag für die Guerilla. Trotz ihrer erfolgreichen Hinterhalte gegen die Armee hat sie zwei ihrer wichtigsten Leute, zwei Kader verloren. Und wieder einmal sind sie eingekreist. *Die beiden natürlichen Ausgänge sind nun blockiert und wir müßten den Berg besteigen, da der Weg über den Río Grande ungünstig ist, einmal weil es ebenfalls ein natürlicher Ausgang ist, und dann weil wir uns so von Vilo Acuña entfernen, von dem wir noch nichts gehört haben. In der Nacht kamen wir zur Kreuzung der beiden Wege, dem zum Ñancahuazú und dem zum Río Grande, wo wir übernachteten. Hier werden wir auf Coco und Camba warten, um unsere kleine Truppe wieder zu vereinen. Die Bilanz der Operationen ist höchst negativ: San Luis ist tot, aber das ist nicht alles. Die Verluste, die wir der Armee beibrachten, können alles in allem nicht mehr als zwei Mann und ein Hund sein, denn die Stellung war weder ausgekundschaftet noch vorbereitet und die Schützen konnten den Feind nicht sehen.*

Über kaum zugängliche Wege, in sehr kalten Nächten, schwerbeladen und fast ohne Lebensmittel versuchen die Guerilleros aus der Gegend herauszukommen und die Nachhut zu finden. Auch die Armee befindet sich auf der Suche. Informationen von Bauern haben es ihnen erlaubt, die Nachhut zu lokalisieren, die sie aber für die Hauptgruppe halten, und nun taucht die Guerilla unerwartet wieder in einer anderen Gegend auf.

In den letzten Apriltagen führt Che die Gruppe langsam in Richtung Ñancahuazú und versucht gleichzeitig, Nahrungsmittel zu beschaffen. Er hat nach der Verhaftung von Debray und Bustos das neue Pseudonym Fernando angenommen. Eine Botschaft aus Havanna informiert sie über die Reaktionen, die die Guerillaaktionen bei den anderen politischen Kräften einschließlich der KP Boliviens hervorgerufen haben. *Andererseits sind wir total isoliert. Krankheiten haben die gesundheitliche Verfassung einiger Genossen angegriffen. Dies zwingt uns dazu, die Kräfte aufzuspalten und hat uns viel an potentieller Effizienz genommen. Wir konnten noch immer keine Verbindung zu Vilo Acuña aufnehmen. Die bäuerliche Basis ist noch nicht weiter entwickelt.*

Wann genau hat sich Kommandant Guevara damit abgefunden, daß sich das Andenprojekt, mindestens in dieser Phase, in eine auf Bolivien begrenzte Guerilla verwandelt hat?

Am 1. Mai steht auf der Tribüne des Platzes der Revolution in Havanna ein ungewöhnlicher Gast. Aljuscha, Ches Tochter, sieben Jahre alt, langhaarig, lächelnd, in olivgrüner Uniform ist zwischen Fidel und Dorticós plaziert und zerrt an deren Hosen, um sie auf die Kunstschleifen hinzuweisen, die die MIGs in der Luft vollführen. Ohne zu wissen, daß seine Tochter Ehrengast ist, hört Che im Radio die Rede, die Juan Almeida, sein alter Kampfgefährte aus der kubanischen Guerilla, hält. Er widmet ihm einen verschlüsselten Absatz. *Almeida sprach in Havanna und schmeichelte mir und den fabelhaften bolivianischen Guerilleros. Die Rede war ein wenig lang, aber gut. Uns bleibt noch einigermaßen Essen für drei Tage. Heute hat Ñato mit der Schleuder einen kleinen Vogel geschossen, für uns beginnt also die Vogelära.* Es wird nicht das letzte Mal sein. Drei Tage später notiert Pacho: „Essen: ein Sperber, zwei Vögel. Ich bekam einen Sperber-Flügel mit Nudeln."

Ebenfalls am 1. Mai wird das erste Kommuniqué der Guerilla veröffentlicht, das Major Rubén Sánchez hinausgeschmuggelt hat. In Cochabamba ist „Prensa Libre" unter den schlangestehenden Arbeitern schnell ausverkauft, die Radiosender bringen es ebenfalls. Wegen dieser Veröffentlichung wird der Herausgeber von den Militärs festgenommen. Trotz ihrer organisatorischen Isolierung ist die Guerilla politisch nicht ohne Echo und hat im gesellschaftlichen Leben Boliviens mehr Bedeutung als es scheinen mag. Am gleichen Tag findet in Trinidad, in der Gegend von Beni, eine Demonstration statt, auf der Familienangehörige verhindern wollen, daß 160 Rekruten ins Guerillagebiet geschickt werden.

Fast ohne Essen und Wasser sucht Ches Guerilla den Weg zurück zu den alten Lagern, wo sie am 7. Mai eintrifft. Pacho schreibt in sein Tagebuch: „Unser Ziel ist es, Kontakt zu Vilo Acuña aufzunehmen und Waffen zu reparieren." Che trägt lakonisch den Essensmangel ein und erinnert daran, daß er jetzt schon sechs Monate in der Gegend ist.

Am nächsten Tag holt die Guerilla die Lebensmittel, die noch in den Höhlen sind, als von neuem die Präsenz der Armee gemeldet wird. Ein Hinterhalt, an dem Pacho und Olo Pantoja beteiligt sind, feuert auf unbewaffnete Soldaten, die Mais ernten. Doch die Zusammenstöße sind damit noch nicht beendet. *Alle waren auf ihre Ankunft gespannt. Anscheinend waren es 27 Soldaten. Sie hatten etwas gemerkt und die Gruppe unter dem Kommando von Fähnrich Laredo rückte vor. Er selbst eröffnete das Feuer und wurde zusammen mit zwei Rekruten auf der Stelle getötet.* Er hatte einen Brief von seiner Frau bei sich, in dem diese ihn bat, ihr den Skalp eines Guerilleros als Wohnzimmerschmuck mitzubringen. *Schnell brach die Dämmerung herein und unsere Leute rückten vor und nahmen noch sechs Soldaten gefangen. Der Rest zog sich zurück.* Die Guerilla hat bei diesem neuen Zusammenstoß der Armee drei Tote, zwei Verletzte und acht Gefangene abgerungen.

Um vier Uhr morgens – Che hat wegen eines Asthmaanfalls nicht geschlafen – befiehlt er den Weitermarsch, nachdem sie die Gefangenen freigelassen haben. *Uns bleibt als Nahrungsmittel nur noch Schmalz. Ich fühlte meine Kräfte schwinden und mußte zwei Stunden schlafen, um dann langsam und wankend weiterzumarschieren. Die ganze Kolonne marschierte so. An der ersten Wasserstelle aßen wir Schmalzsuppe. Die Leute sind matt und die ersten haben Ödeme.*

Zu Beginn der zweiten Maiwoche nehmen Oberst Arana, Oberstleutnant Quintanilla und „Doktor González", dieses Mal in Begleitung von General Saucedo, das Verhör von Debray, Bustos und Roth in der Kaserne des Manchego-Regiments in Santa Cruz wieder auf. Nachdem Bustos' Tarnung aufgeflogen ist, konfrontieren ihn die Agenten damit, daß sein Paß falsch und er als Kämpfer und nicht als Journalist bei der Guerilla gewesen sei. Sie vergleichen die Angaben von Debray, Roth und ihm über die Guerilla mit denen der Deserteure und weisen sie auf ihre Widersprüche hin. „Ich hatte keine andere Wahl, als das Unleugbare zuzugeben", wird Bustos Jahre später sagen und zugeben, daß er es war, der bestätigte, daß die Guerilla von Che angeführt wurde. Dies war Teil eines Geständnisses, das aus 20.000 Wörtern und einer Reihe von Zeichnungen von den Guerilleros bestand. Bustos argumentierte Jahre später, Che habe ihm die Erlaubnis gegeben zu sagen, daß er sich dort befand: *Gut, wenn du merkst, daß sie es offensichtlich wissen, dann sag alles auf einmal. So kann ich wenigstens wieder ich selbst sein und mir wieder meine Baskenmütze aufsetzen.* Debray wird diese Geschichte teilweise bestätigen. In den Verhören gibt der Franzose zu, daß er sich in der dritten Märzwoche in seiner Eigenschaft als Journalist mit Che in einem der Guerillalager getroffen habe. Die Information scheint für die bolivianische Armee und die Agenten vor Ort schlüssig zu sein, aber Helms, der Chef des Geheimdienstes, hält an seiner Meinung fest, daß es sich um eine Falschmeldung handle und Che wahrscheinlich getötet worden sei, als er mit dem Chef seines „Geheimdienstes" (der euphemistisch „Spezielle Planungsabteilung" genannt wurde), Thomas Karamessines, zusammenstieß.

Ein Memorandum des Beraters Rostow an Präsident Johnson faßt die Situation so zusammen: „(zensiert) ist der erste glaubwürdige Bericht, daß Che Guevara am Leben sein und in Südamerika operieren kann (zensiert). Wir brauchen mehr Klarheit, bevor wir davon ausgehen, daß Guevara nicht tot, sondern aktiv ist, wie es der Geheimdienst im Laufe der Zeit immer mehr annimmt."

Trotz der Zweifel seines Direktors schickte der CIA mit dieser Information in den Händen eine weitere Gruppe von Beratern vor Ort, erweiterte die bestehende Infrastruktur und setzte eine Luftaufklärung in Gang, um verläßliche Landkarten der Region anzufertigen. Vier Berater erweitern das bolivianische Innenministerium, um mit Minister Antonio Arguedas zusammenzuarbeiten.

Ohne zu wissen, daß seine Anwesenheit in Bolivien bekannt ist, führt Che auf der Suche nach der Nachhut von Vilo Acuña seine Guerilla in Richtung

Pirirenda. Pacho notiert: „Wir sind sehr schwach und hungrig. Es ist schwierig weiterzumarschieren, noch dazu mit der Last der Macheten und Waffen. Nur Wille und Beharrlichkeit halten uns aufrecht." Der Verlust der Basen und der mangelnde Kontakt zu den Bauern, die Armut und die Entvölkerung der Gegend sowie die fehlenden Jagdmöglichkeiten haben die Guerilla zu einem permanenten Hunger verurteilt.

Aber wenn auch der operative Aspekt der Guerilla eine Katastrophe ist, hat sie sich rein militärisch gesehen in dem halben Dutzend Zusammenstößen mit der bolivianischen Armee als unbesiegbar erwiesen. Das ist der Grund dafür, daß am 11. Mai die Befehlshaber der 4. und 8. Division ihrer Ämter enthoben werden. Oberst Rocha, der Befehlshaber der 4. Division von Camiri (der sich darauf beschränkt hat, eine grausame Repression gegen die Bauern der Gegend zu entfesseln, mit Folter, Prügeln, willkürlichen Verhaftungen und Repressalien sogar gegen diejenigen, die die Guerilla verraten hatten), wird durch Oberst Luis Antonio Reque Terán ersetzt, während Oberst Zenteno Anaya zur 8. Division in Santa Cruz beordert wird und Oberst Roberto Vargas ablöst.

Am 12. Mai kommen die Guerilleros zum Haus eines Bauern und kaufen ihm ein großes Schwein ab, das sie mit Reis und Mais braten. Am nächsten Tag bezahlen sie die Schlemmerei. *Tag des Rülpsens, Furzens, Kotzens und des Durchfalls, ein wahres Orgelkonzert. Wir waren völlig unfähig, uns zu bewegen und versuchten das Schwein zu verdauen. Wir haben zwei Dosen voll Wasser. Mir ging es sehr schlecht, bis ich mich übergab, danach erholte ich mich wieder.*

Einen Tag später kommen sie an den Pirirenda-See, „ein von Vegetation umrandeter Wasserspiegel", wie Pacho in seinem Tagebuch schreibt, aber Che scheint bereits immun gegen die Landschaft zu sein. Er macht sich eher wegen der kleinen Disziplinlosigkeiten Sorgen, die mit dem Essensmangel zu tun haben. *Bevor wir losgingen, rief ich alle zusammen und hielt ihnen eine Predigt über die Probleme, die wir vor uns hatten, hauptsächlich über das Essen. Ich kritisierte Dariel Alarcón, weil er eine Dose leergegessen hatte und dies leugnete; Tamayo, weil er heimlich Dörrfleisch gegessen hatte und Aniceto, weil er eifrig bei allem mitarbeitet, was mit Essen zu tun hat, und sich weigert, wenn es um andere Dinge geht.* Stunden später bombardiert die Luftwaffe eine Gegend, die drei Kilometer von ihnen entfernt ist.

Am nächsten Tag schreibt Che eine knappe Notiz in sein Tagebuch: *Nichts Neues.* Pacho ist ausführlicher: „Luce geht es sehr schlecht. Heute Nacht verschenkte er seine Fleischration." Che trägt einen Tag später ein: *Als wir den Marsch beginnen wollten, bekam ich eine starke Kolik mit Erbrechen und Durchfall. Sie behandelten mich mit Demerol und ich verlor das Bewußtsein, während sie mich in einer Hängematte trugen. Als ich aufwachte, fühlte ich mich sehr erleichtert, war aber vollgeschissen wie ein kleines Kind. Sie liehen mir eine Hose, aber ohne Wasser roch ich meilenweit nach Scheiße. Wir blieben den ganzen Tag dort, ich schlief die ganze Zeit.* Pacho ergänzt: „Wir sind fast alle krank, die Soldaten schossen mehrmals in der Nacht (...). Das Problem ist, die Einkreisung zu durchbrechen und an einen Ort zu gelangen, wo es Wasser gibt."

In den letzten Tagen wurden sie immer wieder ziellos von Armeepatrouillen beschossen. In der Nacht des 16. Mai gelingt es ihnen, die Umzingelung in Richtung Südosten zu durchbrechen. An diesem Tag erhalten sie eine Botschaft aus Havanna, die ihnen klarmacht, daß ihre Isolierung größer wird. Renán Montero wurde aus La Paz abgezogen, weil seine Aufenthaltserlaubnis abgelaufen und er krank geworden war. Das städtische Netz hängt nun von Rodolfo Saldaña und einer Reihe von desorientierten Kadern ab, die mit Havanna in Verbindung stehen, aber keinen Kontakt zur Guerilla haben. Die Kämpfe haben bei den radikalsten Gruppen der Opposition Sympathie erweckt, aber es gibt keine Möglichkeit, diese anfängliche Sympathie in eine Unterstützung umzuwandeln. Merkwürdigerweise endet die Botschaft mit einem Bericht über die Bereitschaft eines Teils der KP Boliviens, sich der Bewegung anzuschließen. Wird Che nun das Netz des 26. Juli von Celia Sánchez vermissen, die Gruppen von Havanna, die städtische Mobilisierung gegen die Batista-Diktatur, die er in seiner Analyse so sehr unterschätzt hatte?

Eine Woche lang irrt die Guerilla umher, hat kaum Kontakt zu Bauern und marschiert wieder in Richtung des alten Lagers, in der Hoffnung, auf die Nachhut zu treffen. Im Radio hört Che, daß Barrientos den Prozeß gegen Debray ankündigt und *vom Kongreß die Wiedereinführung der Todesstrafe fordern wird.* Debray akzeptiert den Argentinier Ricardo Rojo als Anwalt, der nun wieder in Ches Leben auftaucht. El Pelado muß auch vor Gericht, während Roth gegen Kaution auf freien Fuß gesetzt wird und im Nichts verschwindet.

Inzwischen hat Jorge Vázquez Viaña standgehalten. Er wurde bei seiner Festnahme am Bein verletzt, sie verhörten ihn unter Schlägen. Als sie ihn ins Krankenhaus der Erdölgesellschaft in Camiri einlieferten, bestand er darauf, ohne Narkose operiert zu werden, um zu verhindern, daß er während des Eingriffs redete. Hinterher verlegten sie ihn in die Kaserne von Choreti. Dort wird er von „Doktor González“ verhört, der sich als Journalist aus Panama ausgibt. Er habe sich in das Sicherheitsnetz der Militärs eingeschmuggelt, sei aber in Wirklichkeit von Havanna geschickt worden. Anscheinend überzeugt er Jorge. Er bringt ihn dazu, Ches Anwesenheit in Bolivien zu bestätigen, denn kurze Zeit später taucht in seiner Zelle Roberto Quintanilla, der Mann des Innenministeriums auf. Er spielt ihm die Tonbandaufnahme des Gesprächs vor und droht ihm, sie zu veröffentlichen, wenn er nicht verrät, was er über das städtische Netz und die konspirativen Wohnungen weiß. Als Gegenleistung bietet er ihm eine inszenierte Flucht und eine Reise nach Deutschland an. Vázquez Viaña weigert sich und das Verhör wird härter. Quintanilla bricht ihm beide Arme und verletzt ihn sehr schwer bei der Folter. Stunden später, an diesem 27. Mai, wird er von einem Hubschrauber aus in den Urwald geworfen. Man verbreitet die Nachricht, er sei geflohen. Che, der auf die ersten Erklärungen des gefangenen Guerillero positiv reagiert hat, glaubt tatsächlich an seine Flucht. Er hofft auf eine Kontaktmöglichkeit mit den städtischen Netzen, um ihnen Informationen über die Situation der Guerilla zukommen zu lassen. *Nun müßte er sich entweder uns wieder anschließen oder nach La Paz gehen, um Kontakt aufzunehmen.*

Am 28. Mai nimmt die Guerilla die Ortschaft Caraguatarenda ein, wo sie sich mit Essen versorgen (Mehl, Zucker sowie Schuhe, Tabak, Zahnbürsten) und Transportmittel beschlagnahmen. Mit ihnen fahren sie in den folgenden Tagen an mehreren kleinen Weilern vorbei und beschlagnahmen Jeeps der Erdölgesellschaft. Am 30. Mai stößt einer ihrer Hinterhalte mit einem Spähtrupp des Regiments von Oberst Calderón zusammen, in dessen Nachhut sich der Journalist José Luis Alcázar befindet. Die Soldaten fliehen, sie lassen drei Tote und einen Verletzten zurück. Am nächsten Tag geht es weiter mit einem Jeep, dessen Kühler sie mit Wasser aus ihren Flaschen und Urin versorgen, sie legen neue Hinterhalte, dieses Mal allerdings ohne Ergebnis.

In seinem Monatsresümee kann Che einem gewissen Optimismus nicht widerstehen: *Vom militärischen Gesichtspunkt aus hatten wir drei neue Gefechte, die der Armee Verluste beigebracht haben, ohne daß wir selbst welche erlitten. Außerdem beweist das Eindringen in Pirirenda und Caraguatarenda unseren Erfolg. Die Hunde haben sich als untauglich erwiesen und wurden nicht mehr eingesetzt.* Nachdem er notiert hat, daß der Verlust der Verbindung nach Havanna und La Paz verhängnisvoll ist, schreibt er, daß sie Geduld haben müssen, was die Aufnahme von Bauern in die Guerilla betrifft. Der Fall Debray hätte der Guerilla Publizität verschafft, sie *erwirbt sich eine starke und sichere Moral, die, richtig angewandt, den Erfolg garantiert, während die Armee weiterhin schlecht organisiert ist und ihre Technik nicht wesentlich verbessert hat.*

Che betont: *Negativ ist, daß es uns nicht gelungen ist, trotz unserer Gebirgsmärsche, Kontakt zu Vilo Acuña herzustellen. Es spricht einiges dafür, daß er nach Norden gegangen ist.*

Die von Vilo Acuña angeführte Nachhut ist von der Krankheit mehrerer Aktivisten, z.B. Gustavo Machín, geschwächt und aufgrund der Repression der Armee von den Bauern isoliert. Die Desertion von Pepe gegen Ende Mai, der ermordet wird, als er sich der Armee stellt, führt dazu, daß sich die Gruppe gezwungen sieht, ständige Ortswechsel vorzunehmen, während sie Erkundungsgänge unternimmt, um sich der von Che angeführten Hauptgruppe wiederanzuschließen. Pinares, der unter der Bürde von Ches Kritik gigantische Aufgaben übernommen hat, sucht in sehr langen Erkundungen in den Bergen und Feldern Eßbares für seine Kameraden. Am 1. Juni beschließt er, ein weiteres Mal loszuziehen, um Essen zu besorgen. Zwei Stunden später hört Acuña einen Schußwechsel. Später entdecken sie, daß Pinares und der Bolivianer Casildo Condori in einen Hinterhalt geraten und von der Armee getötet worden sind.

In den ersten Junitagen zieht Ches Guerilla weiter und weicht Zusammenstößen mit der Armee aus. Eine Kaltwetterfront läßt die Temperaturen in der Nacht stark sinken. Es fehlt an Lebensmitteln und Wasser, so daß sie sich gezwungen sehen, ihre Feldflaschen mit Schmutzwasser zu füllen. Che verliert seinen Humor nicht und scherzt mit Pacho herum. Er erzählt ihm, daß *ich mit meinem Bart und so mager, wie ich bin, wie der heilige Lazarus aussehe.* Am 6. Juni kommen sie wieder an den Río Grande, wo sie über die Anwesenheit neuer Armeegruppen informiert werden. Che verbringt die Abende mit Geschichtsunterricht und Schachspielen.

Am 10. Juni stößt die Armee auf Ches Nachhut, als sie gerade ein Floß baut. *Alles deutet darauf hin, daß unsere Leute unvorsichtig marschiert und gesehen worden waren. Die Soldaten begannen die übliche Schießerei und Villegas* (Che irrt sich, es war Pacho) *und Coco schossen völlig grundlos, womit sie sie warnten. Wir beschlossen, hier zu bleiben und morgen den Abmarsch zu beginnen. Die Lage ist etwas ungemütlich, wenn sie beschließen, uns frontal anzugreifen. Im besten Falle müßten wir ohne Wasser quer über das felsige Gebirge durchbrechen.*

Es handelt sich um die Truppe von Hauptmann Rico Toro. Die Schüsse von Pacho und Coco haben ihr einen Toten, einen Schwerverletzten und einen Leichtverletzten beschert. Die Armee verbreitet ihrerseits die erfundene Meldung, daß sie der Guerilla vier Verluste beigebracht habe. Der Hinterhalt hat keine weiteren Folgen und Che bricht wieder auf, diesmal zum Río Rosita.

Am 13. Juni schreibt Che: *Interessant ist die politische Unruhe im Land, die fantastische Anzahl von Abkommen und Gegenabkommen, die geschlossen werden. Selten hat man so klar gesehen, welche Möglichkeiten die Guerilla als Katalysator hat.* Die Botschaften aus Havanna kommen weiterhin an (obwohl Fidel nicht wissen kann, ob Che sie empfängt, weil das Funkgerät kaputt ist und Kontakte zur Guerilla fehlen). Sie scheinen zu bestätigen, daß die Guerilla sich in ein Koordinationszentrum der Opposition gegen das Militär verwandeln kann. Lechín ist in Chile und bereitet seine Rückkehr nach Bolivien vor, sogar der gemäßigte Paz Estenssoro bereitet aus dem Exil militärische Aktionen vor. Die Botschaft enthält Informationen über die Reorganisation der peruanischen ELN, von der fünf Männer militärisch ausgebildet werden, und einer Gruppe in Lima, die Propagandaarbeit leistet.

Einen Tag später beginnt Che seine Tagebucheintragung mit dem Namen seiner Tochter Celia, dahinter steht die Zahl vier mit Fragezeichen. Er weiß nicht genau, ob sie vier Jahre alt ist. Doch es stimmt. Am Ende des Eintrags eine persönliche Notiz: *Ich bin 39 Jahre alt geworden und nähere mich unausweichlich einem Alter, wo ich über meine Zukunft als Guerillero nachdenken muß. Zur Zeit bin ich es „ganz und gar“.* Ganz und gar von seinem Willen und seinen moralischen Reserven her, aber hungerleidend und von Darminfektionen und Asthmaanfällen behindert. Doch wie sagt sein Alter Ego, die Person in der Erzählung „Vereinigung“ von Julio Cortázar: „Das Asthma ist meine Geliebte und hat mich gelehrt, die Nacht zu auszunutzen.“

In den folgenden Tagen marschieren sie am Río Rosita entlang, ohne auf Bauern zu stoßen, und die bereits knappen Lebensmittelreserven verringern sich immer mehr. Es dauert vier Tage, bis sie zu einer Gemeinde von einem Dutzend Bauern (!) Kontakt aufnehmen können. *Die Bewohner muß man einfangen, um mit ihnen reden zu können. Sie sind wie kleine Tiere. Sie empfingen uns im all-*

gemeinen gut, aber Calixto, der erst vor einem Monat von einer Militärkommission, die hier vorbeigekommen war, zum Bürgermeister ernannt wurde, zeigte sich zurückhaltend und halsstarrig, als wir ihm ein paar Sachen abkaufen wollten.

Die Anwesenheit von drei bewaffneten Bauern, die behaupten, Händler zu sein, macht die Gruppe mißtrauisch. Ein Bauer verrät sie: Es handelt sich um einen Polizeileutnant, einen Carabinero und einen Lehrer, die Informationen über die Guerilla herausbekommen wollen. *Wir hatten zuerst vor, sie zu töten, aber dann beschloß ich, sie nach einem strengen Hinweis auf die Kriegsregeln laufen zu lassen.*

In dieser kleinen Gemeinde wird Che wieder als Zahnarzt aktiv. *Nach zwei Tagen reichlichen Zähneziehens, in denen ich als Fernando, der Zahnklempner alias Chaco bekannt wurde, schloß ich meine Praxis und am Nachmittag zogen wir weiter. Wir marschierten etwas mehr als eine Stunde.* Dieses Ereignis wird auf mehreren Fotos festgehalten. Man sieht Che, wie er vor einer Strohhütte als Zahnarzt aktiv ist, mit einem leidenden Bauern als Patienten und drei oder vier Zuschauern sowie einem Helfer, der den Operierten betreut.

Es gibt mehr gute Nachrichten: *Zum ersten Mal in diesem Krieg ritt ich auf einem Maultier.* Che reitet wieder. Ein Foto zeigt ihn, lächelnd und eine Zigarre rauchend, mit dem Maultierkopf im Vordergrund.

Als die Guerilla den Hof verläßt, werden sie von einem Bauern begleitet, der scheinbar ihr Gefangener ist. Es handelt sich um Paulino Baigorria, ungefähr zwanzig Jahre alt, der gebeten hat, in die Guerilla aufgenommen zu werden. *Paulino hat sich angeboten, meine Botschaft nach Cochabamba zu bringen. Ich werde ihm einen Brief an Intis Frau, eine verschlüsselte Nachricht für Havanna und die vier Kommuniqués mitgeben.* Im Kommuniqué Nr. 4 der ELN wird die Meldung über Intis Tod dementiert und hinzugefügt: „Was die Meldungen über die Anwesenheit angeblicher Kämpfer aus anderen amerikanischen Ländern betrifft, so werden wir aus Gründen militärischer Geheimhaltung und unseres Leitmotivs, der revolutionären Wahrheit, keine Zahlen nennen und nur bestätigen, daß Bürger jeden Landes, die unser Minimalprogramm zur Befreiung Boliviens teilen, in der Guerilla mit gleichen Rechten und Pflichten wie die bolivianischen Kämpfer willkommen sind, die natürlich die überwiegende Mehrheit in unserer Bewegung bilden." In der Botschaft an Havanna sendet Che einen Gruß „aus den Bergen Boliviens", der am 26. Juli verlesen werden soll.

Paulino wird in Santa Cruz von der Armee festgenommen und gefoltert. Als sie ihn nach La Paz bringen, weigert er sich zu verraten, für wen die Nachrichten bestimmt waren, er landet im Gefängnis.

Am 24. Juni hört Che im Radio, daß sich im Bergbaurevier schwere Auseinandersetzungen abgespielt haben. Die Bergarbeiter, einer der wenigen organisierten Bereiche der bolivianischen Gesellschaft, die Che bei seiner ersten Reise in den fünfziger Jahren bereits bewundern konnte, hatten sich gegen die ständige Repression des Militärs zur Wehr gesetzt. Bereits vor ein paar Jahren war ihr Lohn um 40% gesenkt worden. In diesen Tagen hält der damals noch im Untergrund tätige Gewerkschaftsverband der Minenarbeiter Boliviens (FSTMB) einen Kongreß ab. Die Bergarbeiter aus Catavi beschließen vor der Versammlung, der Guerilla einen Tageslohn und Medikamente zu spenden. Dieser Beschluß wird auf dem Kongreß bestätigt. Nach dem Sankt Johannisfest greift die Armee die Lager der Bergarbeiter an. Sie will damit offenbar klarstellen, daß dies die Antwort ist, die die Gewerkschafter zu erwarten haben, wenn sie sich mit der Guerilla einlassen. Die Soldaten schießen auf Männer, Frauen und Kinder und treffen auf wenig Widerstand. Im Bergwerk Siglo XX hinterlassen sie 87 Tote, was als das Massaker von Sankt Johannis bekannt werden sollte. Che verfolgt die Ereignisse als außenstehender Beobachter über den argentinischen Rundfunk. Sie waren unfähig, etwas anderes zu tun; unfähig, in das Aufstandsgebiet vorzustoßen oder mit ihrer städtischen Organisation in Kontakt zu treten; unfähig, die Bedeutung dieser Ereignisse richtig einzuschätzen. Sie wollten auf keinen ihrer Leute verzichten und setzten alles auf die militärische Fähigkeit der Guerilla zu wachsen. Tage später beschuldigt die Armee die Guerilla, einen Aufstand der Bergarbeiter angestiftet zu haben.

Seit dem 23. erleidet Che mehrere Asthmaanfälle. *Das Asthma bedroht mich ernsthaft und mir bleiben nur noch wenige Medikamente.* In den letzten Jahren auf Kuba hatte er es unter Kontrolle bekommen, aber der Verlust eines Teils der Medikamente, als die Armee die Lager einnahm, beginnt sich bemerkbar zu machen. In den letzten Junitagen werden die Anfälle schlimmer. *Mein Asthma verschlimmert sich mehr und mehr und läßt mich nicht mehr richtig schlafen.* Wenn er nachts aus Angst zu ersticken nicht schlafen kann, wirft er sich über einen Baumstumpf und hebt so die Brust an oder er läßt sich von Tamayo oder Coello massieren.

Bei einer dieser Massagen fragt ihn Tamayo:

„Hör mal, ist Asthma nicht ein psychisches Problem?"

Ja, ich weiß, daß es ein psychisches Problem ist. Deshalb benutzte ich ja den Apparat: Wenn ich ihn wegwerfe, bekomme ich mehr Asthma.

Am 26. Juni verursacht einer ihrer Hinterhalte bei der Armee vier Tote. Trotzdem flüchtet die bolivianische Armee zum ersten Mal nicht, sondern stößt ein weiteres Mal vor, greift die Guerilla von der Seite an und verletzt zwei Leute, bevor Che den Befehl zum Rückzug geben kann. Villegas wird am Bein verletzt und Coello erleidet einen Bauchschuß. *Wir brachten sie schnell ins Haus, um sie mit den Mitteln, die uns zur Verfügung standen, zu operieren. Die Verletzung von Villegas ist oberflächlich. Nur seine Bewegungsunfähigkeit wird uns Kopfschmerzen bereiten. Coello aber wurden die Leber zerfetzt und innere Verletzungen zugefügt.* Che läßt die Operation von De la Pedraja durchführen. Er will seine Kameraden nicht operieren und beschränkt sich darauf, seinem Adjutanten mit einer Laterne Licht zu verschaffen. Mitten in der Operation, als der Arzt dabei ist, den Grimmdarm zu nähen, bemerkt Tamayo, daß Coello tot ist. *Mit ihm ging ein Freund, dessen Treue in all den Jahren über jeden Zweifel erhaben war. Sein Fehlen empfinde ich jetzt fast wie das eines Sohnes. Als er getroffen wurde, bat er darum, mir seine Uhr zu geben, und als man dies nicht tat, um ihn aufzu-*

muntern, nahm er sie ab und gab sie René. Diese Geste verrät seinen Wunsch, daß sie seinem Sohn ausgehändigt werden soll, den er nie kennengelernt hat. Das war schon vorher mit den Uhren der anderen toten Kameraden gewesen. Ich werde sie den Krieg über bei mir tragen. Wir luden den Leichnam auf ein Pferd, um ihn weit weg von hier zu beerdigen.

Die Gruppe entfernt sich mit neun Pferden. Che hat drei seiner wichtigsten Männer und Genossen verloren: Suárez Gayol, San Luis und nun Coello (und er weiß noch nichts vom Tod von Pinares und Vázquez Viaña). *Ein schwarzer Tag für mich.*

In den folgenden Tagen ist die Guerilla immer noch auf der Suche nach der Nachhut. Am 29. Juni *hatte ich unterwegs ein Gespräch mit unserer Truppe, die nun aus 24 Mann bestand. Als beispielhaften Kameraden stellte ich diesmal El Chino heraus. Ich machte ihnen die Bedeutung der Verluste klar und den Verlust, den Coellos Tod für mich persönlich darstellte, den ich fast als meinen Sohn betrachtete. Ich kritisierte die mangelnde Selbstdisziplin und das langsame Marschtempo und versprach, ihnen ein paar weitere Grundkenntnisse zu vermitteln, damit sich das nicht wiederholen würde, was beim Hinterhalt geschehen war: unnötige Verluste von Menschenleben, nur weil Anweisungen nicht eingehalten wurden.*

Etwa Ende Juni wendet sich Johnsons Berater Rostow an den US-Präsidenten und informiert ihn über die Ereignisse in Bolivien. Er geht richtigerweise davon aus, daß die Guerilla entdeckt wurde, als sie noch in der Trainingsphase war, aber daß dies auch die Schwächen der bolivianischen Armee gezeigt habe: „mangelnde Koordination unter den Befehlshabern, mangelnde Führungsqualitäten, mangelnde Ausbildung und Disziplin der Truppe“. Weiter weist er darauf hin, daß ein bolivianisches Regiment gerade von US-Beratern ausgebildet werde, daß man Ausrüstung schicke, sowohl von ihrer Seite als auch aus Argentinien. Dies scheint allerdings für die Bolivianer nicht genug zu sein. Sie drängen über Julio Sanjínes, ihren Botschafter in Washington, darauf, daß die USA ihnen helfen sollen, eine Sondereinsatztruppe zur Jagd und Gefangennahme („hunter-killing“ nennt er es im Gespräch) der Guerilla zu bilden.

Als der Juni zu Ende geht, macht Che wie gewohnt seine Monatsbilanz, in der er die negativen Punkte aufzählt: der *allmähliche Verlust von Leuten, von denen jeder einzelne eine schwere Niederlage darstellt, auch wenn dies die Armee nicht weiß*, und den fehlenden Kontakt zur Nachhut, bei der Vilo Acuña, Machín und Tania sind – und die, ohne daß Che es weiß, einen neuen Versuch starten, sie zu finden. Ein oder zwei Mal in der Woche verlassen sie die Gegend, in der sie sich aufhalten, und stoßen bis zum Río Yuque vor, einem weiteren vereinbarten Treffpunkt. Merkwürdigerweise verliert Che die Fähigkeit zu einer politischeren Einschätzung der Lage und sieht das größte Problem nicht in der Unfähigkeit der Guerilla, sich mit der sozialen Bewegung zu verbinden, die anfängt, sich gegen das Militär zu entwickeln. Che sieht die Bedeutung der militärischen Aktion der kleinen Gruppe von 24 Leuten (*mit Villegas, der verletzt und in sei-*

ner Beweglichkeit eingeschränkt ist) in der Logik, die er im Guerillakrieg gelernt hat.

In diesem Projekt, das in einer anderen politischen Logik entstanden ist, aus Unmöglichkeiten und Uneinigkeiten erwuchs, den Beginn überstürzte und gleich zu Anfang seine städtischen und internationalen Verbindungen verloren hat, weist alles auf ein Scheitern hin, und dennoch haben sie bis jetzt die Armee ein Dutzend Mal besiegt und ihre *Legende schlägt hoch wie Schaum, wir sind bereits die unbesiegbaren Supermänner.*

Unsere dringendste Aufgabe ist es, den Kontakt mit La Paz wiederherzustellen, uns mit militärischer und medizinischer Ausrüstung zu versorgen und etwa 50 bis 100 Leute aus der Stadt zu gewinnen. Er denkt an Verstärkung aus der Stadt, denn *wir spüren weiterhin die fehlenden Neuzugänge aus der Landbevölkerung. Es ist ein Teufelskreis: Um diese Zugänge zu erreichen, müssen wir unsere Aktionen ständig in bevölkertem Gebiet durchführen, aber um das tun zu können, brauchen wir mehr Leute.*

Eine sorgenvolle Notiz folgt am Ende: *Die Armee kommt in ihrer militärischen Arbeit keinen Schritt voran, aber sie entwickelt unter den Bauern eine Aktivität, die wir nicht unterschätzen dürfen. Teilweise durch Einschüchterung, teilweise durch Verdrehung unserer Ziele macht sie alle Bewohner einer Gemeinde zu ihren Spitzeln.*

Eine Botschaft, die sie wenige Tage später aus Havanna erhalten, scheint Che eine Antwort zu geben, obwohl es ihn zum Verzweifeln bringt, daß er keine Angaben zurückschicken kann. Rodolfo Saldaña informiert ihn über einen Mittelsmann, der nach Kuba gefahren war, daß es möglich sei, eine zweite bewaffnete Front zu errichten. Havanna bestätigt ebenfalls, daß man dort dabei ist, eine Gruppe bolivianischer Studenten militärisch auszubilden. Die guten Nachrichten werden vom katastrophalen Zustand der Kommunikation zunichte gemacht. Nach der Abreise von Renán hat La Paz nicht nur keine Verbindung mehr zu Che, sondern auch nicht mehr nach Havanna. Fidel kann Che zwar Informationen übermitteln, aber keine Antwort empfangen, und er weiß nicht einmal, ob seine Nachrichten bei der Guerilla ankommen.

Währenddessen beschließt General Ovando, um mehr US-amerikanische Hilfe zu bekommen, die Information zu veröffentlichen, daß sich Che in Bolivien aufhält. Er stützt sich dabei auf die Erklärung Debrays, er habe im März in Ñancahuazú mit Che ein Interview geführt. *Außerdem sagte er, die Armee würde einer perfekt ausgebildeten Guerilla gegenüberstehen, in der sich sogar Vietcong-Kommandanten befänden, die die besten US-Regimenter besiegt hätten.* Im Gegensatz dazu berichtet zur gleichen Zeit ein Kabel von AP, Che sei in Kuba gestorben und die Informationen über seine Anwesenheit in Bolivien hätten nur den Sinn, der Guerilla den Glanz der angeblichen Präsenz von Che zu geben. Diese Nachricht verfolgte wahrscheinlich den Zweck, die Kubaner dazu zu bringen, Ches Anwesenheit zu bestätigen. Auf Ovando folgt Barrientos, der *eine Pressekonferenz abhielt, in der er meine Anwesenheit zugab, aber prophezeite, daß ich in wenigen Tagen liquidiert sein würde. Er sagte die üblichen Dummheiten, nannte uns Ratten und Nattern und wiederholte seine Absicht, Debray zu bestrafen.*

In den ersten Julitagen marschiert Ches Kerntruppe weiter, während Villegas' Bein langsam verheilt und die Asthmaanfälle ihres Kommandanten anhalten. Die wenigen Bauern, auf die sie treffen, stehen unter dem Terror der Militärs. Am 6. Juli beschließt Che eine kühne Aktion; er schickt eine Gruppe unter der Führung von Coco Peredo und Pacho los, um das Dorf Samaipatia einzunehmen. *Mit der Aktion wurden Martínez Tamayo, Coco, Pacho, Aniceto, Mario Gutiérrez und Juan Pablo Chang, der Chinese, beauftragt. Sie hielten einen Lastwagen an, der aus Santa Cruz kam, aber hinter ihm kam ein anderer, der aus Solidarität anhielt, und wir mußten ihn auch stoppen. Dort begann ein Hin und Her mit einer Frau, die im Lastwagen saß und ihre Tochter nicht aussteigen lassen wollte. Ein dritter Lastwagen hielt an, um zu sehen, was los war und schon war der Weg versperrt, da nun auch ein vierter hielt. Alles wegen der Unentschlossenheit der Leute. Die Sache wurde geregelt und die vier Fahrzeuge blieben an der Seite stehen. Ein Fahrer sprach von Pause, als er gefragt wurde, was los sei. Die Leute fuhren mit einem Lastwagen davon, kamen nach Samaipatia, nahmen zwei Carabineros gefangen und später auch Leutnant Vacaflor, den Chef des Postens. Der Feldwebel wurde gezwungen, die Parole zu sagen und so nahmen sie in einer Blitzaktion den Posten mit zehn Soldaten ein.* In der Schießerei, die sich entwickelt, tötet Coco einen Soldaten. Während der Auseinandersetzung gibt es einen Stromausfall und die Armee glaubt später, daß es sich um eine Aktion mit örtlicher Beteiligung gehandelt habe. Die gefangen genommenen Soldaten werden einen Kilometer außerhalb der Ortschaft nackt wieder freigelassen. *Die Aktion geschah vor allen Dorfbewohnern und den vielen Reisenden, so daß sie sich wie ein Lauffeuer verbreitete.*

Ein Foto zeigt Che in der Umgebung von Samaipatia, umgeben von Bauern, während er auf Knien, mit einer Mütze auf dem Kopf etwas untersucht. Die neue Mütze läßt ihn aussehen wie einen russischen Revolutionär aus dem letzten Jahrhundert. Er ist irgendwie unvollständig, denn die Guevara-Ikonographie braucht die Baskenmütze.

Hinsichtlich der Versorgung war die Aktion ein Fehlschlag. El Chino ließ sich von Pacho und Mario Gutiérrez reinreden und so wurde nichts Brauchbares gekauft. Was die Medikamente angeht, so waren keine dabei, die ich benötigte, aber immerhin die unentbehrlichsten für die Guerilla. Um zwei Uhr waren wir mit der Beute schon wieder auf dem Rückmarsch. Laut Pachos Tagebuch hat Che vergessen zu erwähnen, daß er sehr zufrieden Kekse gegessen und Pepsi-Cola getrunken hat.

In den nächsten Tagen, während die Presse die Ineffizienz der militärischen Umzingelung kritisiert, wird gemeldet, daß sich unter den Guerilleros ein Oberst des Vietcong befinde. Juan Pablo Chang, der Peruaner mit entfernten chinesischen Vorfahren, hat nie erfahren, was sie aus ihm gemacht haben.

Kapitel 53
★
Das Massaker an der Nachhut

In der zweiten Juliwoche bewegt sich Ches Guerilla nur langsam vorwärts. Trotz der scheinbaren Ruhe kann ihnen nicht verborgen geblieben sein, daß die Armee ihre Route, die sie in Richtung Süden verfolgen, deutlich erkennen kann.

Für den Kommandanten ist der Hauptfeind die Krankheit.

Mein Asthma wird schlimmer, schreibt Che, und am nächsten Tag fügt er hinzu: *Ich habe mir mehrmals Spritzen gegeben, um durchzuhalten, zuletzt mit einer Lösung von Adrenalin 1/900, die als Augenmittel gedacht ist. Wenn Paulino seinen Auftrag nicht erfüllt hat, werden wir nach Ñacahuazú zurückkehren müssen, um Medikamente gegen mein Asthma zu holen.*

Unterdessen hat der Prozeß gegen Bustos und Debray begonnen. Der Versuch der Regierung, sie um jeden Preis zu verurteilen, hat zu Meinungsverschiedenheiten mit einigen Militärs, wie z.B. Major Rubén Sánchez, geführt, der als Entlastungszeuge auftritt. Verteidigungsminister Ovando läßt ihn zu sich rufen, wobei sich das folgende Gespräch ergibt:

„Ich hoffe, daß Sie eine entsprechende Aussage machen werden."

„Was soll das heißen: entsprechend", fragte ich ihn. „Ich werde die Wahrheit sagen: Ich habe Debray nicht kämpfen sehen."

„Präsident Barrientos möchte Sie sehen."

Der Präsident hielt den Kopf auf die Hände gestützt.

„Sie werden ein schlechtes Bild von der Armee abgeben."

„Ich bin der einzige, der die Ehre der Streitkräfte retten kann", antwortete ich Barrientos, „denn dieser Prozeß ist eine Farce und alle Offiziere lügen, ich aber werde die Wahrheit sagen."

Che kommentiert die ersten Aussagen von Debray und Bustos im Prozeß: *Sie sind nicht gut; vor allem hätten sie nichts über die interkontinentalen Pläne der Guerilla aussagen dürfen.*

In der Zwischenzeit bewegt sich die Guerilla durch eine menschenleere Gegend, die sie vorher nicht erkundet hat. Che ist weiter schwer vom Asthma heimgesucht. Außerdem laufen sie Gefahr, daß die wenigen Bauern, denen sie begegnen, sie an die Armee verraten, die eine Belohnung ausgesetzt hat von „fünfzig Millionen Bolivianos für den, der, tot oder lebendig, aber besser lebendig, den Guerillero Ernesto Che Guevara ausliefert".

Dieser Steckbrief und die ständigen Erklärungen von Barrientos, daß Che der Kopf der Guerilla sei, führen zu Meinungsverschiedenheiten zwischen dem Präsidenten und dem US-Botschafter Henderson, der darauf beharrt, dies sei eine Falschmeldung, und daß, wenn Che überhaupt in Bolivien gewesen sei, er das Land längst wieder verlassen habe. Barrientos widerspricht dem Botschafter öffentlich, als dieser der Presse gegenüber erklärt, daß sich das Problem mit der Guerilla möglicherweise noch eine Weile hinziehen werde.

Der bolivianische Präsident ist außerdem dem Druck der kleineren Parteien ausgesetzt, mit denen er seine Regierungskoalition bildet. Che bemerkt: *Die PRA und die PSB ziehen sich aus der Front der Revolution* [Regierungsbündnis] *zurück und die Bauern warnen Barrientos vor einem Bündnis mit der Falange. Die Regierung fällt schnell auseinander. Es ist ärgerlich, daß wir in diesem Moment nicht hundert Mann mehr haben.*

Angesichts dieser Situation erklärt die Regierung den Beginn der Operation Cynthia (der Name der Präsidententochter), mit der die Guerilla innerhalb weniger Stunden vernichtet werden soll. Es handelt sich um eine Einkesselung durch die 4. Division, die die Gegend von Ñancahuazú bis zum Río Grande abdeckt. Sie sollte sich als Fehlschlag erweisen und sich in Luft auflösen: Gespensterjagd-Aktionen, Umzingelungen, die nicht funktionieren, Einnahme von leeren Lagern.

Die Regierungskrise vertieft sich: *Die Nachrichten berichten von einer fürchterlichen Krise, von der man nicht weiß, wohin sie führen wird. Momentan haben die Bauerngewerkschaften von Cochabamba eine politische Partei „christlicher Ausrichtung" gebildet, die Barrientos unterstützt, und dieser bittet darum, ihn „vier Jahre regieren zu lassen"; es ist fast ein Flehen. Siles Salinas droht der Opposition damit, daß unser Aufstieg zur Macht alle den Kopf kosten würde, und ruft zur nationalen Einheit auf, während er über das Land das Kriegsrecht verhängt. Einerseits scheint er zu bitten, andererseits ist er demagogisch. Vielleicht bereitet er sich auf eine Ablösung vor.* Che hat Recht, am 17. Juli erklärt Barrientos mit Unterstützung der Miniparteien PSB und PRA die Auflösung der Regierung. Scheinbar will er damit einer breiteren Koalition den Weg bahnen.

Am 21. Juli ist die Guerilla in die Gegend zurückgekehrt, wo sie Coello beerdigt hat. Als sie ein paar Bauern aufsucht, weisen diese sie darauf hin, daß die Armee eine Woche vorher hier gewesen ist. Che läßt in der Ortschaft Tejería eins der letzten Fotos von sich machen: noch einmal neben einem Tier. Che und ein Maultier, er raucht eine Zigarre, hält es am Zaumzeug. Che von vorne, der Schirm seiner Mütze verdeckt fast seine Augen; das Maultier mit ernstem Blick, von der Seite. Obwohl Che lächelt, geht es ihm nicht gut. Er hat aufgehört zu essen (*Das Asthma macht mir schwer zu schaffen und die elenden Beruhigungsmittel gehen zur Neige*). Eine Sendung von Radio Havanna heitert seine Stimmung wieder auf: *Raúl wies die Äußerungen der Tschechen über meinen Artikel mit den Vietnams zurück. Die Freunde nennen mich den neuen Bakunin und beklagen sich über das vergossene und im Falle von drei oder vier Vietnams noch zu vergießende Blut.*

Durch eine andere Meldung erfährt er, daß noch kein neuer Agent nach La Paz geschickt wurde, obwohl die Ablösung Renáns vorbereitet würde, ein „Kubaner, der gut dokumentiert in der Sierra gekämpft hat". In La Paz hat Rodolfo Saldaña auf Verlangen der Kubaner darauf verzichtet, einen zweiten Fokus aufzubauen; ihm wurde empfohlen, sich darauf zu konzentrieren, sich mit Che in Verbindung zu setzen, während die Gruppe, die in Havanna ausgebildet wird, auf

23 Leute anwächst, die aus verschiedenen Gruppen der Linken, einschließlich der KP, kommen.

Am 26. Juli hält Che, noch vom Asthma geplagt, der Gruppe einen kleinen Vortrag über die Bedeutung der kubanischen Revolution: Aufstand gegen die Oligarchie und gegen die revolutionären Dogmen. Er weiß nicht, daß ihre Marschroute zum Río Grande von der Armee aufgespürt worden ist, die der Trinidad-Kompanie ein Flugzeug zur Unterstützung schickt. Stunden später gerät diese in einen von Che gelegten Hinterhalt. *Das ging folgendermaßen vor sich: Auf dem Bergkamm erschienen acht Soldaten, die in Richtung Süden marschierten, wobei sie einem alten Weg folgten, und wieder zurückgingen. Sie feuerten ein paar Schüsse aus den Granatwerfern ab und gaben mit einem Tuch Zeichen.* Kurz darauf kommen sie zurück und geraten in den Hinterhalt. *Wir zogen uns zurück, ohne ihnen Waffen und Ausrüstung abzunehmen, denn es wäre schwierig gewesen, sie zu holen, dann gingen wir bachabwärts. Hinter der Abzweigung zu einer anderen kleinen Schlucht legten wir einen neuen Hinterhalt. Die Pferde gingen so weit mit, wie es der Weg erlaubte.*

Drei Tage später, nachdem er wegen des Asthmas in der Nacht nicht geschlafen hat, stoßen um halb fünf Uhr morgens die Soldaten des Trinidad-Regiments von neuem auf die Guerilla. *Als De la Pedraja am Kaffeekochen war, rief er plötzlich, er sähe das Licht einer Laterne über den Fluß kommen. Manuel Hernández, der bereits wach war, um die Wachposten abzulösen, und De la Pedraja gingen los, um die Vorbeiziehenden aufzuhalten. Von der Küche aus hörte ich folgenden Dialog: Halt, wer da? Abteilung Trinidad. Dann begann eine Schießerei. Kurz darauf brachte Manuel Hernández die M-1 und den Patronengurt eines Verletzten und die Information, daß es sich um 21 Mann handle, die auf dem Weg nach Abapó seien, und in Morocó seien weitere 150. Wegen der Verwirrung konnten wir nicht genau feststellen, wieviele Verluste wir ihnen zugefügt hatten. Es dauerte sehr lange, bis die Pferde beladen waren, und Restituto ging mit der Axt und einem Granatwerfer verloren, die wir vom Feind erbeutet hatten. Es war bereits sechs Uhr und wir verloren noch mehr Zeit, da ein Teil des Gepäcks wieder herunterfiel. Das Ergebnis davon war, daß wir an den letzten Wegkreuzungen bereits in das Feuer der Soldaten gerieten, die wieder Mut gefaßt hatten.*

Ich drängte die Leute und durchquerte mit Villegas, immer noch unter Beschuß, die Schlucht des Flusses, wo der Weg endete, und schließlich konnten wir den Widerstand organisieren. Ich schickte Manuel Hernández mit Coco und Mario Gutiérrez nach vorn, während ich die Pferde antrieb. Beim Durchschreiten einer Furt rutscht Ches Pferd aus und stürzt, aber Coco, Mario Gutiérrez und Manuel Hernández stellen eine Verteidigungslinie her, damit die Armee das Feuer nicht auf ihn konzentrieren kann. Die Soldaten rufen: Wir haben ihn umgelegt!

Zwölf Mann bleiben, um den Rückzug zu decken. Die Guerilla weicht mehrere Stunden lang in gestaffelter Aufstellung zurück. Bei einer der letzten Flußdurchquerungen geraten Martínez Tamayo, Raúl, Pacho, Simón Cuba, Jaime Arana und Aniceto unter Beschuß der Armee. Zwei Stunden lang halten

Martínez Tamayo und Pacho die Armee auf. *Nach einem mühseligen Marsch über die Berge stiegen sie zum Fluß hinunter und stießen wieder zu uns. Pacho kam zu Pferd, Martínez Tamayo konnte nicht reiten und mußte in einer Hängematte getragen werden. Ich schickte Manuel Hernández mit Francisco Huanca, Adriazola, Coco und Aniceto los, die Mündung des ersten Baches am rechten Flußufer zu besetzen, während wir die Verletzten behandelten. Pacho hat eine oberflächliche Wunde am Hintern und der Hodenhaut, aber Martínez Tamayo ist sehr schwer verletzt und das letzte Blutplasma in Simons Rucksack war verloren gegangen. Um 22 Uhr starb Martínez Tamayo. Wir begruben ihn an einem versteckten Ort in der Nähe des Flusses, damit ihn die Soldaten nicht finden können.* Die Armee hat bei dem Zusammenstoß drei Tote und fünf Verletzte erlitten. Außerdem gingen das defekte Funkgerät und das Tonbandgerät verloren, mit dem die Guerilla die verschlüsselten Nachrichten aus Havanna aufnahm, um sie später zu entschlüsseln. Ab jetzt sind die Botschaften aus Havanna unverständlich und sie werden große Probleme haben, sie zu entziffern. Um sich über die Außenwelt zu informieren, sind sie immer mehr auf die kommerziellen Radiosender angewiesen. Außerdem gehen elf Rucksäcke, Medikamente und Bücher verloren (das eine von Trotzki und das andere von Debray mit handschriftlichen Anmerkungen Ches).

Die Guerilla zieht sich über die Berge zurück und verwischt ihre Spuren. Ches Bilanz, der zwei Genossen verloren hat, ist so trocken wie immer. *Von unseren Toten fällt Raúl angesichts seiner Verschlossenheit kaum ins Gewicht; er war nicht sehr kämpferisch und wenig arbeitsam, aber immer an politischen Fragen interessiert, wenn er auch nie nachfragte. Martínez Tamayo war von den Kubanern der Undiszipliniertestе und der, der am wenigsten Entschlossenheit in den alltäglichen Anforderungen zeigte, aber er war ein außergewöhnlicher Kämpfer und ein alter Gefährte aus vielen Abenteuern, dem ersten Fiasko Masettis, dem Kongo und nun hier. Er ist wegen seiner besonderen Fähigkeiten ein weiterer empfindlicher Verlust. Wir sind nun 22, darunter zwei Verletzte, Pacho und Villegas, und ich mit dem Asthma in Aktion.*

Er geht wieder mit großer Nüchternheit die Analyse des Monats Juli an und bezieht sich nochmals auf ihre Isolierung (vom Netz in La Paz und von Havanna) als organisatorisches und nicht politisches Problem. Merkwürdigerweise in dem Moment, als die drei wichtigsten Organisationen der bolivianischen Linken (die KP Boliviens, die prochinesische KP von Zamora und die trotzkistische POR von Lora) unter dem Eindruck der militärischen Erfolge und unter der starken Repression der Militärs, jenseits ihrer Meinungsverschiedenheiten ihre Unterstützung für die Guerilla erklären und zustimmen, daß Mitglieder ihrer Organisationen sich ihr individuell anschließen können.

Ganz sicher wird für den Blick von außen, der die Schwächung der Gruppe durch die Verluste, die Isolierung der Nachhut und die fehlende Eingliederung von Bauern nicht einschätzen kann, *die Guerillalegende interkontinentale Ausmaße annehmen; Onganía schließt die Grenzen und Peru trifft Vorsichtsmaßnahmen.*

Che bewertet sowohl die Reife der Kampfgruppen *(Moral und Erfahrung der Guerilla steigen mit jedem Kampf: lediglich Orlando Jiménez und Jaime Arana bleiben schwach)* als auch die Unfähigkeit der Armee, *die weiterhin nicht in die Gänge kommt, wobei einige Einheiten kämpferischer zu sein scheinen.*

Aber nun taucht neben der Notwendigkeit, die Kontakte wiederherzustellen und neue Kämpfer aufzunehmen, eine neue Priorität auf: zu den Höhlen in den alten Lagern zurückzukehren, um Medikamente zu holen. Dringend notwendige Medizin ist beim letzten Kampf verloren gegangen, wie z.B. das Anti-Asthmatikum, das Che erlaubt, sich von seinen Anfällen zu erholen, denn *das Asthma war unerträglich und ich habe mir schon die letzte Spritze gegeben; es bleiben mir nur noch Tabletten für ungefähr zehn Tage.*

Die Verletzten erholen sich nach und nach und die Guerilla versucht, zu den Basen zurückzukehren. Am 3. August schreibt Che in sein Tagebuch: *Wir kommen sehr langsam voran. Es gibt keine Neuigkeiten. Pacho erholt sich gut, mir dagegen geht es schlecht. Die Tage wie die Nächte waren hart für mich und es scheint kurzfristig kein Ende zu nehmen. Ich versuchte es mit einer intravenösen Novokain-Spritze, aber ohne Erfolg.* Pacho ergänzt: „Che hat aufgehört zu essen, nur einen kleinen Topf Mais. Das Pferd ist nicht gut für seine Krankheit. Trotz der Injektionen sieht er jeden Tag schlechter aus."

Zwei Tage später schreibt Che: *Mein Asthma war unerbittlich; obwohl ich dagegen bin, daß wir uns trennen, werde ich eine Gruppe vorausschicken müssen. Dariel Alarcón und Mario Gutiérrez haben sich als Freiwillige gemeldet.*

Als ob es damit noch nicht reicht, wirft ihn am nächsten Tag beim Besteigen eines Bergrückens das Pferd aus dem Sattel, er bleibt mit den Füßen in den Steigbügeln hängen und mit einem starken Asthmaanfall am Boden liegen. Trotz der Gefahr kann er die Entscheidung nicht länger hinauszögern. Am 7. August notiert er: *Mein Asthma geht unverändert weiter, aber die Medikamente gehen zu Ende. Morgen werde ich entscheiden, ob ich eine Gruppe nach Ñacahuazú losschicke. Heute vor genau neun Monaten wurde mit unserer Ankunft die Guerilla gegründet. Von den sechs ersten sind zwei tot* (Martínez Tamayo und Coello), *einer verschwunden* (Vázquez Viaña ist tot, was Che nicht weiß) *und zwei verletzt* (Pacho und Villegas)*; ich habe Asthma und weiß nicht, wie ich es loswerden soll.* Che, stoisch wie immer, sollte es noch schlechter gehen.

Präsident Johnson erhält dieser Tage ein Memorandum des CIA, das die Lage der Guerilla mit der Behauptung zusammenfaßt, daß es sich um eine Gruppe von 100 Personen handelt, mehrheitlich Bolivianer und Kubaner, aber auch ein paar Peruaner, die „gut ausgebildet und diszipliniert, besser geführt und ausgerüstet sind als die schlecht ausgebildete und dürftig organisierte bolivianische Armee". Über die entscheidende Frage von Ches Anwesenheit herrscht weiterhin Skepsis, denn obwohl sie durch „Quellen unterschiedlicher Glaubwürdigkeit" bestätigt wird (unter ihnen die Aussagen von Bustos und Debray), „haben wir keine überzeugenden Informationen über Ches Anwesenheit erhalten". In der Vorstellung der CIA-Spitze scheint immer noch die These vorzuherrschen, daß Che in Kuba gestorben ist.

Der Bericht offenbart die Probleme der US-Amerikaner mit ihren bolivianischen Verbündeten, besonders mit Präsident Barrientos, den nur eines interessiert, mehr Feuerkraft von den USA zu erhalten, und mit den bolivianischen Streitkräften, die, außer daß sie unfähig sind, auch noch als aggressive Macht gegenüber der Zivilbevölkerung auftreten, „die Dorfbevölkerung terrorisieren, Frauen belästigen und gegenüber den wohldisziplinierten Guerilleros ein schlechtes Bild abgeben". Der Bericht schließt mit: „Nichts läßt uns davon ausgehen, daß das Guerillaproblem bald verschwinden könnte."

Eine Woche zuvor ist auf dem Flughafen von La Paz eine neue Gruppe von CIA-Agenten gelandet, die von Félix Rodríguez angeführt wird, einem Exilkubaner, der im schmutzigen Krieg gegen Kuba und später auch in Vietnam aktiv war. Sie werden direkt in den militärischen Geheimdienst integriert und operieren zukünftig in bolivianischer Uniform und mit bolivianischen Papieren.

Che hält mit seinen Leuten eine kritische Versammlung ab. *Ich rief alle zusammen und hielt ihnen folgende Predigt: Wir stecken in einer schwierigen Situation. Pacho geht es besser, aber ich bin ein menschliches Wrack und die Geschichte mit der Stute* (in einem Anfall von Verzweiflung stieß er dem Tier, das ihn trug, das Messer in den Hals) *zeigt, daß ich in manchen Momenten sogar die Kontrolle verliere. Das wird sich ändern, aber die Last der Situation muß eben gleichmäßig auf alle verteilt sein. Wer sich nicht in der Lage sieht, sie zu tragen, soll es sagen. Dies ist einer der Momente, in denen große Entscheidungen getroffen werden müssen. Diese Art Kampf gibt uns die Möglichkeit, zu Revolutionären zu werden, der höchsten Stufe der menschlichen Spezies, aber sie erlaubt uns auch, uns als Menschen zu bewähren. Wer keine dieser beiden Stadien erreichen kann, soll es sagen und den Kampf aufgeben. Alle Kubaner und einige Bolivianer wollten bis zum Ende weitermachen.*

Einige der Männer verwickeln sich in kleinliche Kritiken, so daß Che interveniert. *Ich beendete die Diskussion und sagte, daß hier zwei vollkommen verschiedene Sachen diskutiert würden. Eine Sache sei es, ob jemand bereit sei, weiterzukämpfen oder nicht; die andere seien kleine Streitigkeiten oder interne Probleme der Guerilla, die die Bedeutung der wichtigeren Entscheidung verwischten.*

In diesen Tagen bewegen sie sich sehr langsam in einem bewaldeten Gebirge und müssen sich ihren Weg mit der Machete freischlagen. Sie haben bereits die Pferde aufgegessen. Im Radio hören sie die Nachricht, daß Antonio Jiménez, einer der Männer von Vilo Acuña, im Kampf gefallen sei, als er eine Umzingelung durchbrechen wollte. Merkwürdigerweise führte der Tod von Antonio, der aus Tarata stammte, dazu, daß in seinem Dorf überall Parolen zur Unterstützung der Guerilla auftauchten, was Repressionen nach sich zog. Die Sympathie mit der Guerilla nahm zu, aber sie konnte die Zustimmung nicht verwerten. Ihr politisches Einflußgebiet lag außerhalb ihres geographischen Aktionsgebiets.

Endlich, am 13. August, beschließt Che unter starkem Druck von Inti und Pacho, eine Gruppe nach Ñancahuazú zu schicken, um aus einer der Höhlen Medizin zu holen. *Pacho geht es immer besser und mein Asthma wird seit gestern noch schlimmer. Nun nehme ich schon drei Tabletten pro Tag. Der Fuß ist fast verheilt.*

Was Che nicht wissen kann: aus der Gruppe von Vilo Acuña sind Ende Juli zwei Männer, Hugo Silva und Eusebio, desertiert. Sie wurden von der Armee gefangengenommen und nach Lagunillas gebracht, wo sie von der Armee und dem CIA verhört wurden. Oberst Roque Terán persönlich folterte sie. Silva führte zwischen dem 10. und 11. August Hauptmann Saravia zu den vier Höhlen, in denen die Depots der Guerilleros versteckt sind.

Die Armee entdeckt Munition, Medikamente, sehr wichtige Dokumente und Fotos. Durch einen Fehler der Militärs wird die Sache bekannt, die Tageszeitung „Presencia" veröffentlicht einen Bericht. Von dort aus gelangt er ins Radio und Che erfährt ihn Tage später: *Ein schwarzer Tag. Für unsere Aktivitäten war er unerfreulich und es gab überhaupt keine Neuigkeiten. Abends hieß es jedoch in den Nachrichten, daß die Höhle gefunden worden sei, zu der unser Trupp unterwegs ist. Die Beschreibung war so genau, daß es keinen Zweifel gibt. Nun bin ich dazu verdammt, auf unbestimmte Zeit unter Asthma zu leiden. Sie nahmen auch Dokumente jeder Art und Fotos mit. Das ist der schwerste Schlag, den sie uns je versetzt haben; irgendjemand muß geredet haben.* Zum Verlust an Material kommt die enorm riskante Lage der Männer, die losgegangen sind, um die Medikamente zu holen.

Unter dem von der Armee beschlagnahmten Material sind neben den Fotos ein Manuskript Ches über politische Ökonomie und Lateinamerika, sein Paß, Filme und natürlich die Medikamente gegen Asthma. Das Foto im Paß von „Benítez" ist identisch mit dem, welches sie vorher entdeckt hatten. Ein neuer Beweis für Ches Anwesenheit in Bolivien.

Am 16. August wird Che ein weiterer böser Streich gespielt: *Das Maultier warf mich einfach aus dem Sattel, als es in einen Dorn trat, aber mir passierte nichts. Mein Bein wird besser.* Einen Tag später kommen sie zum Río Rosita. Es mangelt an Essen, aber sie haben Angst, die Armee durch Schüsse zu alarmieren, wenn sie auf Jagd gehen. Ermüdende Tage. Pacho notiert: „Ich bekam Narben an den Stellen, wo die Kugel eingeschlagen und wieder ausgetreten war. Nur zwischen den Schenkeln muß es noch vernarben. Die Hoden sind fast wieder verheilt." Eine Woche später, nachdem sie mehrmals Sichtkontakt mit der Armee hatten, gibt es endlich wieder einen Hinterhalt, aber die Voreile von Olo Pantoja, der zu früh geschossen hat, erlaubt es den Soldaten, rechtzeitig zu reagieren. *Inti und Coco fielen ihnen in den Rücken, aber sie verschanzten sich und schlugen sie zurück. Während ich die Verfolgung beobachtete, sah ich, wie in ihrer Nähe Kugeln einschlugen, die von unserer Seite kamen. Ich lief hin und sah, daß Lucio Galván auf sie schoß, weil Olo Pantoja ihn nicht verständigt hatte. Meine Wut war so groß, daß ich die Kontrolle verlor und Olo schlug.*

Bei ihrem Rückzug verfolgt die Armee sie nicht. Die Hauptsorge bleibt der Mangel an Lebensmitteln und Wasser. Am 27. August notiert Che: *Der Tag vergeht in einer verzweifelten Suche nach einem Ausgang, das Ergebnis ist noch unklar. Wir sind in der Nähe des Río Grande und haben bereits den Yumao überschritten, aber es gibt keine weitere Furt, um auf die andere Seite kommen und Manuel Hernández folgen zu können. Die Maultiere würden das auch nicht schaffen. Es gibt die Möglichkeit, eine Bergkette zu überqueren und dann weiter in Richtung Río Grande-Masicuri zu gehen, aber wir werden erst morgen erfahren, ob das praktikabel ist.* Pacho ergänzt: „Wir aßen nichts und hatten kein Wasser."

Glücklicherweise taucht die von Dariel angeführte Gruppe wieder auf, die losgegangen war, um die Medikamente aus dem Lager zu holen. *Sie hatten eine lange Odyssee hinter sich, denn in Vargas und in Yumao sind Soldaten und sie stießen fast mit ihnen zusammen. Danach folgten sie einer Truppe, die den Saladillo abwärts und dann den Ñacahuazú hinaufging. Sie fanden heraus, daß der Congrí drei von den Soldaten angelegte Aufstiege hat. Das Bärenlager, wo sie am 18. angekommen sind, ist ein Anti-Guerillacamp mit ungefähr 150 Soldaten. Fast wurden sie dort überrascht, aber sie schafften es umzukehren, ohne gesehen zu werden.*

Der Durst ist nun schlimmer als der Hunger. Im Tagebuch wird das drastisch dargestellt. Am 29. August schreibt Che: *Ein ermüdender und ziemlich beängstigender Tag. Die Macheteros kommen kaum voran und einmal irrten sie sich in der Route, als sie glaubten, in Richtung Masicuri zu gehen. Wir lagerten auf 1600 m Höhe an einem relativ feuchten Ort, wo Rohrpflanzen wachsen, deren Fruchtfleisch den Durst stillt. Einige Kameraden: Jaime Arana, Eustaquio, Chino sind vom Wassermangel ganz fertig.* Pacho präzisiert: „Wir haben sechs Töpfe Bohnen aus unserer Reserve und Brühe aus verfaultem und mit Würmern durchsetztem Stutenfleisch gekocht."

Am nächsten Tag faßt Che zusammen, daß *die Situation beängstigend wurde. Die Macheteros erleiden Schwindelanfälle, Manuel Hernández und Adriazola tranken ihren Urin, Chino ebenfalls, was verheerende Folgen hatte: Durchfall und Krämpfe.* Glücklicherweise finden Tamayo und Alarcón am Fuß einer Schlucht Wasser.

In seinem Monatsresümee notiert Che: *Dies war zweifellos der schlimmste Monat, den wir seit Beginn des Krieges erlebt haben. Der Verlust aller Höhlen mit den Dokumenten und Medikamenten war, vor allem psychologisch gesehen, ein harter Schlag. Der Verlust von zwei Männern am Ende des Monats und der anschließende Marsch mit Pferdefleisch (wieder über die Sierra von San Marcos) demoralisierte die Leute und es gab den ersten, der uns verlassen wollte, Orlando Jiménez, was eigentlich ein wirklicher Gewinn wäre, aber nicht unter diesen Umständen. Der fehlende Kontakt zur Außenwelt und zu Joaquín und die Tatsache, daß Leute von ihm, die gefangengenommen wurden, geredet haben, demoralisierte die Truppe ebenfalls. Meine Krankheit verunsicherte einige Leute und all das zeigte sich bei unserem einzigen Zusammentreffen mit der Armee, bei dem wir dem Feind mehrere Verluste hätten zufügen müssen, ihm aber nur einen Verletzten beschert haben. Außerdem ließ der schwierige Marsch ohne Wasser durch die Berge ein paar negative Eigenschaften der Leute zum Vorschein kommen.*

Wir haben einen Tiefpunkt unserer Moral und unserer revolutionären Vorstellungen erreicht. Che wußte nicht, daß es noch viel schlimmer kommen sollte.

Am 31. August kommt es zu einem für das Überleben der Guerilla schwerwiegenden Ereignis. Eine Patrouille unter dem Kommando von Hauptmann Vargas Salinas hatte das Haus von Honorato Rojas umzingelt und wartete dort auf die Rückkehr der Guerilla. Der Bauer, der von der Armee als Kundschafter rekrutiert worden ist, hat ihnen gestanden, daß er im vergangenen März Kontakt zu Che gehabt hatte. Er hat sich bereit erklärt, mit der Armee zusammenzuarbeiten. In den letzten Augusttagen beschließt die Gruppe von Vilo Acuña verzweifelt, zum Haus von Honorato Rojas zu gehen, um zu sehen, ob sie Neuigkeiten von Che erfahren kann. Gustavo Machín führt einen Erkundungstrupp zum Haus des Bauern, der sich bereit erklärt, sie zu einer nahen Furt zu geleiten. Was die Guerilleros nicht wissen, ist, daß in seinem Haus zwei Soldaten auf der Lauer liegen. Die Guerilleros haben das Haus wegen des fürchterlichen Hundegebells nicht betreten.

Stunden später ist die Armee alarmiert und Vargas bereitet mit Honorato einen Hinterhalt vor. Der Bauer zieht ein weißes Hemd an, führt die Guerilleros zu einer Furt im Río Grande, wo er sie zurückläßt, und kehrt nach Hause zurück. Zur selben Zeit sind Che und seine Guerilla nur 40 Kilometer von diesem Ort entfernt.

Gegen halb sechs Uhr morgens erreicht die Guerillagruppe die Yeso-Furt. Vargas schreibt: „Der als erster ins Wasser stieg, war ein großer, kräftiger und dunkelhäutiger Mann. Wie alle trug er einen Rucksack und eine Waffe, die ich nicht erkennen konnte. Alle kamen zur Furt, auch Tania. In diesem Moment stieg der erste ins Wasser." Honorato Rojas hat sich zurückgezogen. Die Kolonne wird von Israel Reyes angeführt, der eine Maschinenpistole in der linken Hand und in der rechten eine Machete trägt. Er bückt sich, trinkt Wasser aus dem Fluß und gibt danach seinen Kameraden Zeichen, daß sie ihm folgen sollen. Die Gruppe besteht aus neun Guerilleros. Plötzlich gehen die Schüsse los. Nur Israel kann reagieren und schießt auf einen Soldaten, den er tötet. Vilo Acuña, Gustavo Machín Hoed, Moisés Guevara fallen mitten in der Strömung tot um. Der Arzt Fredy Maimura sieht Tania fallen, will sie retten und läßt sich mit der Strömung treiben. José Castillo ergibt sich und wird gefangen genommen.

Maimura bringt Tania tot ans Ufer. Einige Quellen sagen, daß er kurz darauf gefangen genommen wurde, andere, daß er tagelang durch den Urwald irrte, bis er von der Armee festgenommen und ermordet wurde. Castillo wird nach Vallegrande gebracht, wo er vom militärischen Geheimdienst und dem CIA verhört wird.

Am 1. September stößt Che zum Bach vor, der zum Haus von Honorato Rojas führt. Als es Nacht wird, stellen sie fest, daß *es leer war, aber es waren mehrere Baracken für die Armee hinzugekommen, die zu dem Zeitpunkt gerade verlassen waren. Wir fanden Mehl, Schmalz, Salz und einige Zicklein. Wir töteten zwei von ihnen, was zusammen mit dem Mehl ein Festmahl ergab, wenn wir auch die ganze Nacht mit Kochen und dem Warten auf das Essen beschäftigt waren.*

Und dies nur 24 Stunden nach dem Hinterhalt für die Gruppe von Acuña.

Kapitel 54

★

„Wegkommen und besser geeignete Gegenden suchen"

Am 2. September erfährt Che aus dem Radio von der Vernichtung der Nachhut. Obwohl in den verschiedenen Radiosendern immer mehr Einzelheiten bekanntgegeben werden, zweifelt er drei Tage lang an der Richtigkeit der Darstellung. Danach hört er auf, über das Thema zu reden, bis er in der September-Bilanz, als wolle er es immer noch nicht glauben, folgende Notiz einträgt: *Andererseits scheinen verschiedene Nachrichten über Tote der anderen Gruppe wahr zu sein, die man als vernichtet betrachten muß, wenn es auch möglich ist, daß eine kleine Gruppe noch umherirrt und dem Zusammentreffen mit der Armee ausweicht. Die Nachricht über den gleichzeitigen Tod der sieben kann falsch oder zumindest übertrieben sein.*

Als er endlich die Realität akzeptiert, wird ihm klar, daß er mit den Resten der Guerilla aus der Gegend verschwinden muß. Am ersten Tag, nach einem Zusammenstoß mit einem einzelnen Soldaten, beginnt der Marsch in Richtung Nordosten. Am Sonntag, dem 3. September, gelangt die Vorhut zum Haus eines Großgrundbesitzers, wo 40 Soldaten ihr Lager aufgestellt haben, und *es kam zu einer konfusen Auseinandersetzung, in deren Verlauf unsere Leute mindestens einen Soldaten töteten, der einen Hund mit sich führte. Die Soldaten wehrten sich und kreisten sie ein, aber dann zogen sie sich vor dem Geschrei zurück. Wir konnten nicht einmal ein Reiskorn mitnehmen.*

Sie stoßen weiter vor, um aus der Gegend herauszukommen. Überall treffen sie auf Spuren oder auf einzelne Berichte von Bauern, daß die Armee gerade vorbeigekommen sei. Che schreibt: *Wir müssen daran denken, daß das Wichtigste ist, keine Verluste zu erleiden, und höchste Vorsicht walten lassen.*

Fünf Tage nachdem sie eine Botschaft aus Havanna erhalten haben, gelingt es ihnen, sie zu entziffern: Che werden die Ergebnisse der OLAS-Konferenz mitgeteilt, einem großen Kongreß der lateinamerikanischen Linken, der in Kuba abgehalten wurde. Es ging um den Vorschlag einer Guerilla auf dem ganzen Kontinent, und die guevaristischen Vorschläge fanden eine große Mehrheit trotz der Opposition mehrerer eng mit Moskau verbündeter kommunistischer Parteien (*die bolivianische Delegation war eine Schweinerei; Aldo Flores von der KP Boliviens tat so, als sei er der Vertreter der ELN; wir müssen das dementieren*). Eine

Notiz am Schluß der Botschaft informiert sie über eine Hausdurchsuchung bei Doktor Lozano, eine der Personen aus dem städtischen Netz.

Am 6. September stößt die Guerilla wieder mit der Armee, mit einer von Hunden geführten Patrouille, zusammen. Mehrere Stunden lang ist Che von acht Leuten abgeschnitten, die den Hinterhalt aufrechterhalten. *Dennoch vereinigte sich Manuel Hernández, der über den Berg vorgestoßen war, mit allen seinen Leuten wieder mit uns.* Die Armee ist an ihnen vorbeigezogen, ohne sie zu sehen und ohne daß die Guerilla es bemerkt hat.

Che kommt im Urwald langsam voran, er hat das Gefühl, daß sie sich mitten in einer großen Militärkonzentration befinden. *Die Luftwaffe sucht uns hier nicht, obwohl sie bis ins Lager gekommen sind, und das Radio meldet sogar, daß ich der Chef der Gruppe sei. Die Frage ist: Haben sie Angst? Unwahrscheinlich. Halten sie es für unmöglich, bis hier hoch zu kommen? Mit der Erfahrung, die wir gemacht haben und die sie auch kennen, glaube ich das nicht. Wollen sie uns vorrücken lassen, um uns an irgendeinem strategischen Punkt aufzulauern? Das ist möglich. Glauben sie, daß wir in der Gegend des Masicuri bleiben, um uns mit Lebensmitteln zu versorgen? Das ist auch möglich.*

Die kommerziellen Radios sind weiterhin ihr einziger Kontakt nach außen, und manchmal machen ihre Nachrichten den Kommandanten wütend: *Eine Budapester Tageszeitung kritisiert Che Guevara. Er sei eine pathetische und offenbar verantwortungslose Person. Sie begrüßt die marxistische Haltung der chilenischen Partei, die Maßnahmen gegen diese Praxis ergreift. Wie gern würde ich an die Macht kommen, und sei es nur, um diese ganze Sippschaft als Feiglinge und Lakaien zu entlarven und ihnen ihre Schweinereien ins Gesicht zu sagen.* Zwei Tage später weitet sich seine Wut auf den kubanischen Rundfunk aus: *Radio Havanna meldete, daß die OLAS eine Solidaritätsbotschaft der ELN erhalten habe; Wunder der Telepathie!*

Als sie unter furchtbaren Bedingungen den Río Grande flußaufwärts gehen, verliert Che beim Durchschwimmen seine Schuhe. Ñato Méndez fertigt ihm Mokassins an. Sie verlieren auch Waffen und Maultiere. Dem Arzt De la Pedraja geht es sehr schlecht, Che leidet weiter unter Asthma. In manchen Nächten kann er nicht schlafen. *Ich vergaß, ein Ereignis zu notieren: Heute habe ich zum ersten Mal seit sechs Monaten gebadet. Dies stellt einen Rekord dar, den manche andere auch schon fast erreicht haben.* Wegen Kleinigkeiten entstehen nun Konflikte unter den Guerilleros, Streit ums Essen, um die Verteilung der Lasten. Sie sind am Ende ihrer Kräfte, steigen immer schwerer zugängliche Felsen hinauf und überqueren Bäche. Eines Tages sieht Olo Pantoja fünf Soldaten den Weg heraufkommen. *Letztendlich erwies sich das als Halluzination, die gefährlich für die Truppe ist, denn sofort wurde angefangen, von Psychose zu sprechen. Ich unterhielt mich danach mit Olo, er ist offensichtlich nicht normal. Ihm flossen die Tränen, aber er sagte, er hätte keine Probleme. Ihm würde nur der Schlafmangel zusetzen, denn er muß seit sechs Tagen Hilfsdienste leisten, weil er auf der Wache geschlafen und das abgestritten hatte.*

Barrientos akzeptiert nun die US-amerikanische Version, womit er all seinen vorherigen Darstellungen widerspricht, und gibt über Radio bekannt, daß Che tot sei und die Meldungen über seine Anwesenheit in Bolivien nur Propaganda seien. Am selben Tag jedoch bietet die bolivianische Armee mehr als 4.000 Dollar für Informationen, die dazu führen, ihn tot oder lebendig zu ergreifen. Botschafter Henderson macht sich über diese Ungereimtheiten lustig, aber dieselbe zwiespältige Haltung herrscht in den Kommandozentralen des CIA und bei den Beratern von Johnson, die weiterhin daran zweifeln, daß Che am Leben ist und in Bolivien agiert.

Wer überhaupt nicht zweifelt, sind die, die vor Ort aktiv sind. Unter der Führung von Félix Rodríguez haben sie José Chávez verhört und die Tagebücher von Israel Reyes durchgesehen, die ihnen im Hinterhalt an der Yeso-Furt in ihre Hände fielen. Diese Informationen erlauben es ihnen, die Unterschiede zwischen der Gruppe von Vilo Acuña, der gerade vernichteten Nachhut, und der von Che angeführten Hauptgruppe der Guerilla zu klären. Nun wissen sie, wen sie suchen müssen und wie groß die Guerillagruppe ungefähr ist.

Am 15. September liefert der Rundfunk Che sehr schlechte Nachrichten: Loyola Guzmán, die Schatzmeisterin der ELN und Führungskader des städtischen Netzes, ist in La Paz festgenommen worden. Sie wurde aufgrund der in den Höhlen gefundenen Fotos identifiziert. Nach ihrer Festnahme versuchte sie Selbstmord zu begehen und warf sich aus einem Fenster des Regierungspalasts. Ihre Verhaftung hat Studentendemonstrationen, Proteste von Professoren und Aufrufe von Intellektuellen zur Folge. Die Eltern mehrerer Guerilleros werden festgenommen und geschlagen. Hinter der Operation steckten Innenminister Antonio Arguedas und die Berater vom CIA. Das städtische Netz ist praktisch gelähmt, nur Rodolfo Saldaña bleibt übrig, der Besuch von einem kubanischen Agenten mit dem Pseudonym Natacha bekommt, jedoch nicht in der Lage ist, den Kontakt zur Guerilla wiederherzustellen.

Am 19. September notiert Che in sein Tagebuch: *Zeichen der Zeit: die Tinte ist mir ausgegangen.* Zwei Tage später, auf einem der Nachtmärsche über die Berge kann Che auf seinem Höhenmesser feststellen, daß sie die bisher maximale Höhe von 2040 m erreicht haben. *Die Leute sind sehr ängstlich und versuchen, vor uns zu fliehen. Wir haben aufgrund unserer geringen Mobilität viel Zeit verloren.* Für die beiden letzten Meilen des Wegs brauchen sie viereinhalb Stunden. Als sie am nächsten Tag in die Ortschaft Alto Seco kommen, etwa 35 Kilometer südlich von Vallegrande, werden sie von wütendem Hundegebell empfangen. Als die Hunde aber merken, daß die Guerilleros sie nicht beachten, hören sie auf mit dem Gebell. Es handelt sich um *ein Kaff von 50 Häusern auf 1900 m Höhe, das uns mit einer seltsamen Mischung aus Angst und Neugierde empfing.*

Inti und Che halten einer Gruppe von Bauern in der Schule einen Vortrag, dem diese schweigend lauschen. Jahre später sollte sich einer von ihnen an Ches Worte erinnern: *Morgen wird das Militär kommen und von eurer Existenz und euren Lebensbedingungen erfahren. Sie werden eine Schule und eine Ambulanz bauen, werden die Straße nach Valle Grande ausbessern, werden Telefonleitungen legen, euch Wasseranschluß besorgen ...* „Che sagte die Wahrheit, sie bauten die Schule und die Ambulanz und wir bekamen Telefon, aber nun ist alles wieder schlechter geworden. Das Telefon funktioniert nicht mehr, in der Ambulanz sind weder ein Arzt noch Medikamente und die Straße ist kaputt.“

Als die Bauern später von der Polizei verhört werden, versichern sie, daß bei der Guerilla zwei Schwarze gewesen seien, die portugiesisch (!) sprachen, und daß Che krank und erschöpft aussah.

Am 24. September erreichen sie eine Siedlung namens Loma Larga. Che bekommt *eine Leberkolik, kotzte und die Leute waren sehr erschöpft vom Marschieren, das nichts eingebracht hat.* Die Bauern fliehen, wenn sie sie sehen. Die Gerüchte von ihrem Kommen gehen ihnen bereits voraus, aber sie erfahren, daß die Armee noch nicht hier gewesen ist. Zwei Tage später kommen sie zur Ortschaft Abra de Picacho, wo ein Fest im Gange ist. Ein Bauer erzählt: „Don Che kam auf einem Maultier und hinter ihm folgten weitere Tiere, die mit Lebensmitteln beladen waren. Er blieb drei Stunden bei uns. Er trank Chicha [Schnaps], aber er wollte nicht tanzen, denn er sagte, er sei müde. Als er wieder ging, sagten wir ihm, er solle nicht über La Higuera gehen, sondern über den Berg, aber er schien uns zu mißtrauen und ging nach unten durch den Yuro.“ *Als wir nach Higuera kamen, war alles anders: Alle Männer waren verschwunden und nur ein paar Frauen waren dageblieben. Coco ging zum Haus des Telegrafisten, denn es gab dort ein Telefon, und brachte eine Nachricht vom 22. mit, in der der Unterpräfekt von Valle Grande dem Dorfvorsteher mitteilte, sie hätten Informationen über die Anwesenheit von Guerilleros in dieser Gegend und jeder Hinweis solle nach Vallegrande übermittelt werden, wo sie die Kosten übernähmen. Der Mann war geflohen.*

Ninfa Arteaga, die Frau des Telegrafisten, berichtet: „Sie kamen sehr hungrig und schwach hier an. Sie aßen kaum und sagten zu mir, sie würden uns das nie vergessen (...). Der Arzt stammte aus dem Beni. Er sprach so schön zu uns, wie es wäre, wenn die Guerilla siegte. Er sagte, es gäbe dann Ärzte und Medikamente. Außerdem kennt man ja die Leute. Man merkt, ob jemand gut oder böse ist.“

Als sie das Dorf verlassen, gerät die Vorhut in einen Hinterhalt des Galindo-Bataillons der Armee. Dariel Alarcón, der an der Spitze geht, bleibt stehen, um einen Stein aus seinem Schuh zu entfernen. So entgeht er der ersten Salve, die Manuel Hernández, Mario Gutiérrez Ardaya und Coco Peredo trifft. Alarcón versucht, Coco zu retten und lädt ihn sich auf seine Schultern, aber eine Kugel durchschlägt Cocos Körper und verletzt auch ihn.

Che organisiert im Dorf die Verteidigung. *Kurz darauf kam Dariel Alarcón verletzt an und später Aniceto und Francisco Huanca, dessen Fuß übel zugerichtet war.*

Zwei bolivianische Kämpfer, Antonio Domínguez und Camba Jiménez, sind während des Kampfs verschwunden. *Die Nachhut ging schnell auf dem Weg weiter und ich folgte ihnen mit den beiden Maultieren. Die hinter uns gerieten unter sehr nahes Feuer und verspäteten sich deshalb. Inti verlor den Kontakt zu uns. Nachdem wir eine halbe Stunde in einem kleinen Hinterhalt auf ihn gewar-*

tet hatten, und vom Hügel aus immer stärker beschossen wurden, entschlossen wir uns, ihn zurückzulassen, aber da tauchte er plötzlich auf.

Dann erfährt Inti vom Tod seines Bruders. „Ich sah ihn nicht sterben. Ich vergoß auch keine Träne. Wegen meines Charakters fällt es mir schwer zu weinen.“ *Unsere Verluste waren dieses Mal sehr schwerwiegend. Der schmerzlichste Verlust ist der von Coco, aber auch Manuel Hernández und Mario Gutiérrez waren hervorragende Kämpfer und der menschliche Wert dieser drei bleibt unvergleichlich. Antonio Domínguez konnte gut malen.*

Die Flucht von Domínguez, der ihre Route kennt, zwingt Che, seine Pläne zu ändern, aber der Belagerungsring der Armee erschwert alles. Bevor sie versuchen, aus der Gegend zu entkommen, hält Che in der folgenden Nacht eine Versammlung ab. Er bietet den Bolivianern die Möglichkeit an, die Kolonne zu verlassen, aber niemand geht darauf ein. Laut Alarcón sagt Che zu den Kubanern: *Wir stellen das Ansehen der kubanischen Revolution dar und dieses Ansehen werden wir bis zum letzten Mann und bis zur letzten Kugel verteidigen.*

Geht er wirklich von der Niederlage aus und ist er bereit, sie bis zu ihren letzten Konsequenzen durchzustehen? Es ist nicht das erste Mal, daß er eine Grenzsituation erlebt, und er ist zweifellos kein Mensch, der einer schwierigen Lage ausweicht, aber in diesen letzten beiden Monaten hat er ein Dutzend seiner Freunde verloren, war schließlich vollkommen abgeschnitten, ohne die fast vollständig zerstörten städtischen Netze oder die sichere Etappe von Havanna um Hilfe bitten zu können. Er kann nicht einmal auf eine einzige sichere Basis bei den Bauern zählen! Aber was für eine Person spricht, sind ihre Handlungen. Che redet nicht von Niederlage, er sagt, er sei nicht bereit, sich zu ergeben, nicht einmal dazu, sich zurückzuziehen.

Unterdessen veranlassen die Gerüchte, die dem Hinterhalt vorausgingen, den Generalstab dazu, das Ranger-Bataillon, das in La Esperanza ausgebildet wird, in die Gegend von Vallegrande zu mobilisieren. Auch die CIA-Agenten drängen auf dieses Vorgehen. Die Angaben über die Identität der Toten und die von den Deserteuren gelieferten Informationen werden es erlaubt haben zu bestätigen, daß Che und seine Gruppe sich in der Gegend befinden, daß Kommandant Guevara krank und die Gruppe schwach ist. Davon ausgehend kann die Armee ihre Strategie festlegen.

Am 28. September schreibt Che: *Ein Tag der Qualen, der zeitweilig unser letzter zu sein schien.* Jedesmal wenn sie versuchen, aus der Schlucht herauszukommen, stoßen sie auf Soldaten. Um 10 Uhr morgens *brauchte* eine Gruppe von 46 Mann *eine Ewigkeit, bis sie verschwanden. Um 12 Uhr tauchte eine andere Gruppe auf, dieses Mal 77 Mann, noch dazu hörte man in diesem Augenblick einen Schuß und die Soldaten gingen in Stellung. Der Offizier befahl, auf alle Fälle in die Schlucht hinabzusteigen, die unsere zu sein schien, aber am Ende verständigten sie sich über Funk und er schien zufriedengestellt zu sein, denn sie marschierten weiter. Unser Unterschlupf bot keine Verteidigungsmöglichkeit gegen einen Angriff von oben und die Fluchtmöglichkeiten waren gering, falls sie uns entdeckten.* Pacho schreibt in sein Tagebuch: „Das Geräusch beim

Öffnen der Sardinenbüchsen erschien uns bei all der Vorsicht wie ein höllischer Lärm."

Sie verbringen drei Tage eingeschlossen in der Schlucht, die Kundschafter finden keinen Weg hinaus. Der chilenische Rundfunk meldet, daß Che in einer Schlucht im bolivianischen Urwald eingekesselt sei. Am dritten Tag sehen sie immer noch Patrouillen vorbeikommen. Abends um 10 Uhr brechen sie endlich mit El Médico und Alarcón auf, denen es schlecht geht. Sie schaffen es, aus der Mausefalle herauszukommen. Che gibt Pacho gegenüber zu: *Wir wurden zum zweiten Mal geboren.*

In seiner Monatsbilanz schreibt Che: *Die wichtigste Aufgabe ist, von hier wegzukommen und besser geeignete Gegenden zu suchen. Dann die Kontakte, obwohl der ganze Apparat in La Paz durcheinander ist, wo uns ebenfalls harte Schläge versetzt wurden. Die Stimmung der restlichen Leute hat sich ziemlich gut gehalten, und ich habe nur bei Simón Cuba meine Zweifel, der wahrscheinlich irgendein Scharmützel benutzt, um sich allein davonzumachen, wenn nicht vorher mit ihm geredet wird.*

Laut Pacho „bringt nur Ches Stimme die Leute zum Marschieren". Angetrieben von diesem Mann, der unermüdlich und unbesiegbar zu sein scheint, kommt die Guerilla zu einem neuen Lager in einem *kleinen lichten Wäldchen* und Che gewährt ihnen eine Verschnaufpause. *Ich beschloß, einen Tag hierzubleiben, denn die Stelle ist günstig und garantiert uns einen sicheren Rückzug, da wir von hier aus fast alle Bewegungen der feindlichen Truppe im Blick haben.*

An den beiden folgenden Tagen marschieren sie nachts, um der Umzingelung zu entgehen. Sie sind fast ohne Wasser und stehen unter enormer Anspannung.

Kapitel 55
★
Die Yuro-Schlucht

Ches letzte Schlacht in Bolivien wird den überlebenden Guerilleros immer fest eingraviert, auf grausame Weise in Erinnerung bleiben, ständig wiederkehrend und immer mit der Frage verbunden sein: „Hätte es anders laufen können?"

Am 4. Oktober führt Che seinen Desperado-Haufen mit der größten Geschwindigkeit voran, zu der sie in der Lage sind. Sie sind zur ständigen Vorsicht gezwungen, gehen bergauf und bergab, haben fast kein Wasser. In seinem Tagebuch kann Che noch über die Militärs lachen: *Der Rundfunk meldete* (...), *daß sie mich in Camiri vor Gericht stellen würden, wenn mich Truppen der 4. Division gefangennähmen, und in Santa Cruz, wenn es die von der 8. wären.*

In der nächsten Nacht gehen sie weiter und folgen einer Viehtrift. Vorneweg gehen Dariel und Pacho und suchen Wasser. *Als die Erkundung beendet war, sahen sie sechs Soldaten zum Haus kommen, scheinbar auf dem Durchmarsch.*

Als es Nacht wurde, brachen wir mit den aufgrund des Wassermangels völlig erschöpften Leuten auf; Lucio Galván machte Theater und bat weinend um einen Schluck Wasser. Nach einem sehr schlechten Marsch, der von vielen Pausen unterbrochen wurde, kamen wir im Morgengrauen zu einem kleinen Wäldchen, wo man nahes Hundegebell hörte. Unweit davon sah man einen hohen und kahlen Berg.

Am 6. Oktober finden die von Che angeführten 17 Guerilleros Wasser und beschließen, ein vorübergehendes Lager aufzubauen. Pacho schreibt in sein Tagebuch: „Ich bin an dem Punkt, daß ich bereits die Tage miteinander verwechsle. Wir marschieren zu jeder möglichen Stunde, hauptsächlich nachts, am Tag mit Posten und Hinterhalten. Ich kann nicht mehr unterscheiden, wann ein Tag endet und wann der nächste anfängt."

An diesem selben Tag veröffentlicht die Zeitschrift „Life" eine umfassende Bildreportage: „Bolivian pictures of missing Che Guevara". Quer über den ganzen Planeten werden die Bilder mit Überraschung aufgenommen und verstärken den Guevara-Mythos. Sie sind mithilfe des in den Höhlen gefundenen Materials zustande gekommen, das ein Militär an die US-amerikanische Zeitschrift verkauft hatte. Auf einem der Fotos kann man Juan Pablo Chang im Vordergrund sehen und Che im Hintergrund, wie er eine Zigarre raucht. Ein zweites Foto zeigt deutlich Che, wie er auf einer Anhöhe des Lagers im Gras sitzt, umgeben von einem Dutzend Guerilleros, darunter Coello, Pacho und Olo Pantoja.

Che notiert am 7. Oktober: *11 Monate sind seit Beginn unserer Guerilla ohne Schwierigkeiten vergangen, fast idyllisch; bis gegen 12 Uhr 30 eine Alte, die ihre Ziegen weidete, die Schlucht betrat, in der wir unser Lager aufgeschlagen hatten, und wir mußten sie festnehmen. Die Frau gab keine zuverlässigen Informationen über die Soldaten und antwortete auf alles, daß sie nichts wüßte, daß sie seit langem nicht mehr hier gewesen sei.*

Inti, Aniceto und Francisco Huanca begleiten sie zu ihrem Haus. Die Frau stellt sich taub. Später sagt sie, sie spreche kein Spanisch, dann, sie wolle nicht, daß die Guerilleros ihr Haus betreten. Sie gibt ein trostloses Bild ab.

Als die Nacht hereinbricht, macht die Gruppe sich im Mondlicht bereit. *Der Marsch war sehr ermüdend und wir hinterließen viele Spuren in der Schlucht, in der wir waren. Es gab zwar keine Häuser in der Nähe, aber Kartoffelfelder, die von Bewässerungsgräben aus demselben Bach bewässert wurden.* In der Dunkelheit sehen sie ein Licht, können aber nicht genau feststellen, woher es kommt. Jahre später wird man erfahren, daß es ein Bauer gewesen ist, der Kartoffeln erntete und die Guerilla vorbeiziehen sah. Sie marschieren sehr langsam wegen Juan Pablo Chang, der vollkommen erschöpft ist und dem die Brillengläser herausfallen, ohne die er nichts sehen kann. Auch der Arzt ist körperlich am Ende. Der Rundfunk verbreitet die Nachricht, daß die Armee die Guerilla zwischen dem Río Grande und dem Río Acero eingekesselt hat, was dieses Mal auch stimmt. Alarcón erklärt später: „Es scheint, daß alles zusammenkam: die Monate der Ausbildung, der Hunger, die Hilflosigkeit, die Krankheiten, der Durst, die Isolation und dann das Wissen, daß wir von Radio Bemba aufgespürt waren.

Die Armee behauptete über Radio, daß unsere Vernichtung eine Frage von Stunden sei.“

Plötzlich versperrt ein Felsen den Weg der Männer. Die Leute wollen anhalten. Auf der Spitze des Felsens ist ein Spalt von anderthalb Metern, über den sie springen müssen. In der Vertiefung ist eiskaltes Wasser. Alarcón erinnert sich: „Che schaute uns an. Niemand wollte der Erste sein beim Versuch, diese Klippe hinaufzuklettern. Der Mensch ist ein Mensch und keine Katze ... Dann sagte er, daß er die Felswand hinaufsteigen würde, und begann zu klettern, wobei er die Wand hoch schrammte.“ *Um zwei Uhr machten wir halt, denn es war nutzlos weiterzugehen.*

Um halb fünf im Morgengrauen ist die Gruppe nach nur ein paar Stunden Schlaf wieder auf den Beinen. Sie gehen durch eine andere Schlucht weiter.

Diese Churo-Schlucht, die von Che und den Kubanern Yuro-Schlucht genannt wurde, ist von Tausenden von Augen gesehen worden, die niemals dort gewesen sind; ihre steinigen Hänge, die in kahle Berge münden, sind voneinander durch eine Reihe von kleinen Tälern mit Urwaldvegetation getrennt, in denen Bäche fließen. Ein Scheißtal, ohne jegliche Bedeutung, tausend Kilometer vom Ende der Welt entfernt.

Am 8. Oktober, morgens um halb sechs ordnet Che drei Erkundungsgänge an, einen nach links von Dariel Alarcón und Pacho, einen anderen nach vorne von Tamayo und Ñato Méndez und einen dritten ebenfalls nach vorne von Adriazola und Aniceto.

Alarcón berichtet: „Ich war im Erkundungstrupp (...) und Pacho sagte zu mir: ‚Schau, dort ist ein Mann!‘ Ich sah einen ersten Soldaten, der vom Boden aufstand, einen Wachposten. Weiter vorne erhob sich noch ein Mann. In diesem Moment ging die Sonne auf. Als wir sahen, daß es mehrere waren, die sich erhoben, duckten wir uns.“

Che befiehlt daraufhin, den Hinterhalt aufzulösen und die drei Erkundungstrupps zurückzuziehen. Inti Peredo erinnert sich: „Wir konnten nicht zurück, denn der Weg, den wir gekommen waren, war offen und machte uns zur leichten Beute. Wir konnten auch nicht nach vorne ausweichen, denn dies hätte bedeutet, direkt auf die Positionen der Soldaten zuzumarschieren. Che entschied sich für die einzige Möglichkeit, die uns in diesem Moment blieb. Er befahl, uns in einem kleinen Seitental zu verstecken und wir bezogen dort Stellung. Es war ungefähr halb neun Uhr morgens. Wir 17 Männer saßen in der Mitte und an beiden Seiten des Tales und warteten. Das große Dilemma von Che und uns war, daß wir nicht wußten, ob die Armee unsere Präsenz entdeckt hatte.“

Die Ranger haben ein viel größeres Gebiet durchkämmt, sind aber nicht auf die Guerilla gestoßen, die sie irgendwo innerhalb des Belagerungsrings vermuten, der nach dem Scharmützel vom 1. Oktober aufgestellt worden ist.

Am frühen Morgen des 8. Oktober ist der Bauer Pedro Peña bei Fähnrich Carlos Pérez aufgetaucht, dessen Camp in der Nähe liegt, um die Guerilleros zu denunzieren, die er gesehen hat, als sie an seinem Kartoffelfeld vorbeizogen.

Zwei Trupps der Kompanie A des Ranger-Bataillons stoßen zur Schlucht vor, nachdem sie ihren Hauptmann Gary Prado verständigt haben, der sich an der Mündung des Churo in das Tusca-Tal mit ihnen vereint. Er ist in Begleitung einer Abteilung von Granatwerfer- und MG-Schützen. Prado baut seinen Befehlsstand auf und befiehlt seinen Rangern, die Höhen der Schlucht einzunehmen.

Che, der nicht weiß, wie vielen Männern er gegenübersteht, beschließt, die Guerilla bis in die Niederung der Schlucht zurückzuziehen, um bei Einbruch der Nacht das Felsplateau erreichen und die Umzingelung durchbrechen zu können.

Gegen halb zwölf schickt Che Aniceto und Ñato Méndez als Ablösung zu Tamayo und Villegas, die sich am anderen Ende des Tales befinden. Alarcón berichtet: „Aniceto marschiert in Ausführung des Befehls quer durch die Schlucht, aber, durch die Gespräche der Soldaten weiter oben neugierig geworden, geht er weiter und streckt den Kopf hervor. Ich sehe ihn aus meiner Stellung, kann ihn aber nicht warnen. Ich kann ihm nichts zurufen, denn dann entdecken sie uns alle." Ein Soldat bemerkt ihn, feuert zwei Schüsse in seinen Kopf, die ihn sofort töten. Die Gruppe von Alarcón und Inti beginnt zu schießen und verletzt einen vom Militär. „Als ihnen drei Soldaten und ein Feldwebel zu Hilfe kommen, nehmen wir auch sie unter Beschuß." Prado verständigt La Higuera, daß seine Männer in Aktion getreten sind, und fordert einen Hubschrauber an, um die Verletzten abzutransportieren.

Der Gipfel des linken Felsens war als Treffpunkt abgemacht worden, aber sie konnten nicht hinaufsteigen, weil die Armee den Zugang kontrollierte. Aus dem Hinterhalt, in dem sich Alarcón, Inti und Adriazola befinden, erwidern sie das Feuer der Armee, die beginnt, Granaten in die Niederung der Schlucht abzuschießen, wo sich Ches Gruppe befindet. Inti erzählt: „Um uns nicht zu verraten und um Munition zu sparen, schossen wir nur, wenn sie uns unter Feuer nahmen. Von unserer Stellung aus setzten wir mehrere Soldaten außer Gefecht."

Drei Stunden dauert die Schießerei. Gegen halb drei nachmittags muß Che Francisco Huanca befohlen haben, sich mit den Männern zurückzuziehen, denen es körperlich schlecht geht: dem peruanischen Arzt De la Pedraja, Lucio Galván und Jaime Arana, er hält mit dem Rest seiner Gruppe (Pacho, Simón, El Chino, Olo Pantoja und René) die Ranger auf. Prado befiehlt den Trupp von Sergeant Huanca in das Innere der Schlucht, wo sie Granatwerfer und Maschinengewehre auf die Flußmündung richten sollen. Hier wird der Durchbruch erwartet.

Alarcón beobachtet aus seiner sicheren Position den Beginn des Abmarsches von Ches Gruppe. Er und seine Kameraden denken, es sei ihnen gelungen, aus dem Kessel herauszukommen. Villegas und Tamayo befinden sich in einer anderen Stellung weiter oben.

Genau in diesem Moment wird Che von einer Salve getroffen, die in seine rechte Wade einschlägt, etwa zehn Zentimeter über dem Knöchel. Sie beschädigt auch seinen M-2-Karabiner auf der Höhe des Patronenschachts und durchlöchert die Baskenmütze, die er auf dem Kopf trägt. Er muß sich ins Innere der Schlucht zurückziehen. Die Gruppe zerstreut sich.

Villegas: „Man muß sich vorstellen, wie dieser Ort beschaffen war, ein sehr zerklüftetes Gelände, voller Hindernisse, Bergrücken, die so gelegen waren, daß wir, obwohl wir nur 300, 400 oder 500 Meter entfernt waren, in Wirklichkeit nicht sehen konnten, was von einer Position zur nächsten geschah." Die 16 noch lebenden Guerilleros stehen jetzt einer Hundertschaft von Rangern gegenüber.

Kapitel 56
★
Die Gefangennahme

Gegen halb drei nachmittags sehen drei überraschte Soldaten der Ranger-Kompanie B, die nicht direkt an den Kämpfen beteiligt sind, weil sie einen Granatwerfer bewachen, auf einem Bergrücken nur wenige Meter von ihnen entfernt einen Guerillero, der das Gewehr umgehängt hat und mühsam einen anderen, am Bein verletzten Guerillero mit Atemproblemen trägt, ja fast schleift.

Simón Cuba (von dem Che eine Woche vorher gesagt hat, daß er *wahrscheinlich irgendein Scharmützel benutzt, um sich allein davonzumachen*) hat es beinahe geschafft, einen sehr steilen Hang von 60 Metern zu erklimmen, und dies mit fast der ganzen Last von Kommandant Guevara, der sich kaum bewegen kann, da er am Bein verletzt ist und von einem schrecklichen Asthmaanfall geschüttelt wird. Che hält noch einen M-2-Karabiner in der Hand, den er im letzten Gefecht nicht benutzt hat.

Der Gefreite Balboa und die Soldaten Encinas und Choque lassen sie herankommen, dann ruft Balboa ihnen zu, sie sollen sich ergeben. Simón hat keine Zeit, sein Gewehr zu erheben, denn die drei Soldaten haben ihn schon umzingelt. Da ruft er, wie sie sagen: „Verdammt, dies ist Kommandant Guevara, Sie müssen ihn respektieren!"

Die überraschten Soldaten werden ganz klein und einer von ihnen soll sogar gesagt haben: „Nehmen Sie Platz, mein Herr." Nachdem sie sich von dem Schrecken erholt haben, nehmen sie ihren Gefangenen die Waffen ab, Simóns Gewehr, Ches beschädigten M-2, seine Pistole und einen Solingen-Dolch.

Die Geschichte von Ches Gefangennahme entsteht aus dem Nebel. Sie wurde so oft erzählt wie dementiert. Einige haben gelogen, um eine kleine Ecke zu ergattern und sich ins große Bild der Geschichte zu schmuggeln, andere haben gelogen, um mit politischen Absichten eine Legende zu inszenieren, wieder andere haben aus einer halben Erinnerung eine vollständige Erinnerung gemacht und schließlich selbst daran geglaubt; und schließlich gab es noch welche, die im Laufe von 25 Jahren zaghaft hier ein Element und dort ein anderes anboten. Merkwürdigerweise waren es die kleinsten Details, die den Schlußtext verschleiern, besonders das seltsame Rätsel um die 9-mm-Pistole Walther PPK des Anführers der bolivianischen Guerilla.

Im Tagebucheintrag von Pacho Fernández Montes de Oca am 1. Oktober, also eine Woche vor den Ereignissen, die hier erzählt werden, heißt es: „Fernando bittet mich um eine Zigarre und darum, ihm ein Pistolenmagazin zu bestücken. Er hält die Pistole in der Hand, als ob er vorhätte sich zu töten, bevor sie ihn gefangen nehmen. Ich bin ebenfalls dazu bereit." Alarcón erwägt Jahre später: „Es liegt auf der Hand, daß Che im Kampfgetümmel oder aus einem anderen Grund, den wir nicht kennen, dieses von Pacho für ihn vorbereitete Magazin verloren hatte, und dies verhinderte, daß er eine Entscheidung vollzog, die niemand bezweifeln konnte, wenn man seinen so oft bewiesenen Mut und seine Todesverachtung kannte." Fidel Castro selbst schreibt in der Einführung zu Ches „Bolivianischem Tagebuch": „Man kann mit Sicherheit feststellen, daß Che verletzt weitergekämpft hat, bis der Lauf seines M-2-Gewehres durch einen Schuß zerstört wurde, wodurch es vollkommen unbrauchbar wurde. Die Pistole, die er bei sich trug, hatte kein Magazin. Diese unglaublichen Umstände erklären, warum sie ihn lebend gefangen nehmen konnten."

Die Version der Gefangennahme, die ein Jahr später vom bolivianischen Innenminister Antonio Arguedas erzählt wurde, bestätigt, daß die Pistole kein Magazin hatte, aber in den Darstellungen der Militärs, sowohl bei den Asservaten der Gegenstände, die Che bei sich hatte, als auch im Bericht des Verantwortlichen des militärischen Geheimdienstes Oberst Sauceda, taucht die Pistole mit Munition auf.

Lügen hier die bolivianischen Militärs, wie bei so vielen anderen Gelegenheiten? Wollte Che Guevara wirklich Selbstmord begehen, falls er in Gefangenschaft geriet? Hat er das Magazin im Kampf verloren? Hat er es benutzt, als sein Gewehr kaputt ging? Oder hatte er bei seiner Festnahme einfach keine Zeit zu reagieren, vom Asthma gequält und vom unerwarteten Auftauchen der drei Soldaten überrascht? Niemand kann das wissen.

Jenseits der kleinen Rätsel stimmen die Quellen darin überein, daß Che als erstes eine kurze Unterhaltung mit dem Gefreiten hatte:

Wie heißt du?

Gefreiter N. Balboa Huayllas.

Was für ein schöner Name für einen Guerillakommandanten, soll er gesagt haben. Und danach verteilt er Astoria-Zigarren an die Soldaten, die ihn gefangen genommen haben.

Hauptmann Gary Prado, der seinen Befehlsstand ganz in der Nähe hatte, spricht von sich in dritter Person: „ ... er benachrichtigte den Befehlshaber seiner Kompanie, der etwa 15 Meter entfernt war:

‚Mein Hauptmann, hier sind zwei, wir haben sie erwischt.'

Hauptmann Prado begibt sich vor Ort, schaut sich die Guerilleros an und fragt: ‚Wer sind Sie?' an Simón Cuba gerichtet, der antwortet ‚Willi' (...), und dann der andere (...): *Ich bin Che Guevara.* Der Offizier holt eine Kopie von Bustos' Zeichnungen hervor und vergleicht die Gesichtszüge, dann sagt er zu ihm, er solle die linke Hand ausstrecken, auf deren Rücken er deutlich eine Narbe erkennt, die als besonderes Erkennungsmerkmal angegeben wurde."

Einer der Ranger sagt später, Che sprach „stolz und ohne den Kopf zu senken und er wandte seine Augen nicht von meinem Hauptmann". Gary Prado wird

Jahre später das Bild des Feindes zeichnen, das ihm für immer im Gedächtnis blieb: „Che hatte einen eindrucksvollen Blick, klare Augen, eine fast rothaarige Mähne und einen ziemlich langen Bart. Er trug eine schwarze Baskenmütze, eine vollkommen dreckige Soldatenuniform, einen blauen Kittel mit Kapuze, und seine Brust war fast völlig entblößt, denn sein Hemd hatte keine Knöpfe."

Prado spricht über ein GRC9-Funkgerät aus dem 2. Weltkrieg mit dem nahegelegenen Dorf Abra de Picacho, damit sein Adjutant, Leutnant Toti Aguilera, seinerseits Vallegrande verständigt, den Sitz der 8. Division. Es ist 14 Uhr 50 und so ist es auch eingetragen. Die Botschaft, die Aguilera an Saturn, Codename von Oberst Zenteno, schickt, lautet: „Hier sind drei tote Guerilleros und zwei schwerverletzte. Von Truppe bestätigte Information versichert Fall Ramón. Wir bestätigen noch nicht. Wir zwei Tote und vier Verletzte."

Prado erzählt weiter: „Im Befehlsstand verfügte ich ein paar Anordnungen. Wir waren im Schatten eines kleinen Baumes, am Rand der Schlucht, aber zehn Meter oberhalb von ihr und durch eine kleine Senke geschützt. Ich befahl, die Gefangenen an Händen und Füssen zu fesseln, mit ihren eigenen Gürteln und mit den Rücken gegeneinander."

Che soll gesagt haben: *Machen Sie sich keine Sorgen, Hauptmann, es ist zu Ende.*

„Für Sie ja, aber hier sind immer noch ein paar gute Kämpfer und ich will kein Risiko eingehen."

Und er behauptet, daß Che antwortete: *Es ist nutzlos, wir sind gescheitert ...*

Aguilera informiert Prado, daß sie aus Vallegrande eine Bestätigung der Gefangennahme verlangen. Die Obristen, die diesen Krieg kilometerweit vom Kampfgebiet entfernt geführt haben, können es nicht glauben. Um 15 Uhr 30 schickt Prado eine weitere Nachricht über Funk: „Fall von Ramón bestätigt. Ich warte auf Anweisungen, was zu tun ist. Er ist verletzt."

Eine halbe Stunde später fliegt Oberst Andrés Selich mit dem Hubschrauber nach La Higuera, dem Dorf, das der Churo-Schlucht am nächsten liegt. Gegen halb fünf überfliegt der Hubschrauber die Schlucht und wird von den Guerilleros beschossen, die noch weiterkämpfen.

Auch zwei mit Napalm bestückte Flugzeuge nähern sich dem Kampfgebiet. Hauptmann Prado fordert sie über sein Funkgerät auf, keine Bomben abzuwerfen, da sehr dicht gekämpft werde. Am Ende der Schlucht und im angrenzenden Tal bewegen sich Guerilleros und Ranger wie Schatten. Minuten später stößt ein Armeetrupp auf Pantoja und Tamayo. Ein Soldat wird verwundet und stirbt später, zwei weitere werden verletzt. Die Guerilleros werden mit Handgranaten und Granatwerfern angegriffen – das ist die offizielle Version.

Um fünf Uhr nachmittags wird von Vallegrande ein knappes Kabel an das Oberkommando der Armee in La Paz geschickt: „Wir bestätigen Fall von Ramón." Sie brauchen zweieinhalb Stunden, um sich dazu durchzuringen, die Information an den Generalstab weiterzugeben.

Mehr oder weniger zum gleichen Zeitpunkt schafft es eine der drei Guerillagruppen, die im oberen Teil der Schlucht gekämpft hat (Inti Peredo, Harry

Villegas, Alarcón, El Ñato Méndez, Leonardo Tamayo, Adriazola), zum Treffpunkt zu kommen, den sie mit Che ausgemacht hatten, wenn sie den bolivianischen Soldaten entkommen sein würden. Unterwegs haben sie auf dem Boden verstreutes Mehl gefunden. Die Kämpfer sind beunruhigt; niemals hätte Che so etwas zugelassen. Später taucht Ches zertretener Teller auf. Inti Peredo erinnert sich: „Ich erkannte ihn, denn es war ein tiefes Aluminiumgefäß. Am Treffpunkt war niemand, wenn wir auch Abdrücke fanden, auch die von Ches Mokassins, die einen anderen Abdruck hinterließen und deswegen leicht zu erkennen waren. Aber diese Spur verlor sich weiter vorne." Alarcón ergänzt: „Wir hatten Che aus dem Kessel entkommen sehen und dachten deshalb, er wäre außer Gefahr. Es wird drei Uhr nachmittags gewesen sein, als Che den Rückzug begann. Da sagten wir uns: Er ist außer Gefahr, aber was wir nicht gesehen hatten, war, daß er zurückkehrte, um Simón und El Chino zu Hilfe zu eilen (...). Das Gefecht endete gegen fünf Uhr nachmittags."

Wo ist Che? Man hört weiterhin Schüsse. Eine andere Gruppe, die der Kranken, die von Huanca angeführt wurde, hat es geschafft durchzukommen; dazu gehören der Arzt Morogoro, die Peruaner Cabrera und Galván, sowie Jaime Arana. Pacho hat es allein geschafft, sich in einer Höhle am Ende der Schlucht zu verstecken.

Es wird dunkel. Hauptmann Prado beschließt, sich mit seiner wertvollsten Beute, dem gefangenen Kommandanten Guevara, in Richtung La Higuera zurückzuziehen.

Eine seltsame Prozession, eine Totenwache setzt sich in Bewegung. Fast hundert verängstigte Soldaten tragen die Leichen ihrer Kameraden und die von Olo Pantoja und René Martínez Tamayo auf improvisierten Bahren. Che, gefesselt und von zwei weiteren Soldaten gestützt, wird unter starken „Sicherheitsvorkehrungen" zusammen mit Simón abgeführt.

La Higuera liegt zweieinhalb Kilometer entfernt. Auf dem Weg treffen sie verletzte Soldaten, die geborgen worden sind. Che bietet sich an, sie zu behandeln, aber Hauptmann Prado weigert sich und macht ihm seine Situation klar. Daraufhin sagt Che lakonisch: *So ist der Krieg.* Der Hauptmann bietet ihm helle Pacific-Zigaretten an, aber Che nimmt nur eine dunkle Astorga von einem der Soldaten an.

Es muß sieben Uhr abends sein. Die Männer der Kolonne haben Befehl, kein Wort mit den Guerilleros zu sprechen. Jedenfalls spricht Che für den Rest des Weges nicht mehr. Vielleicht erinnert er sich an das, was er über Bolivien geschrieben hatte, als er es zum ersten Mal durchreiste: *Ein Menschenleben hat hier keine große Bedeutung; man gibt oder nimmt es ohne viel Aufhebens.*

Kapitel 57

★

Die 18 Stunden von La Higuera

Gegen 19 Uhr 30 betritt Ernesto Guevara zum zweiten Mal in seinem Leben, aber diesmal als Besiegter, die Ortschaft La Higuera, einen armseligen Weiler mit nicht mehr als 30 Lehmhütten und 500 Einwohnern, der seinen Namen der Tatsache verdankt, daß dort einmal reichlich Feigen wuchsen, die es aber jetzt nicht mehr gibt; ein abgelegenes Dorf, dessen einzigen Zugang ein Trampelpfad bildet, auf dem keine Fahrzeuge fahren können. La Higuera, ein Ort, wo nach der Bauernmythologie nur die Steine unsterblich sind.

Außerhalb des Dorfes haben sich einige verängstigte Bauern versammelt. Eine alte Frau wird zwanzig Jahre später erzählen, daß sie Che inmitten der Prozession an ihrem Haus in La Higuera vorbeiziehen sah und daß sie danach mit ihm in den Himmel geflogen seien ... in einem Hubschrauber, wird sie schließlich anfügen, als ob sie eine Erklärung übernähme, die ihr oft gesagt wurde und die ihr fremd vorkommt, angesichts der sicheren Tatsache, daß er in den Himmel aufgefahren ist.

Che wird erwartet von Ranger-Major Ayoroa und Oberst Selich, der im Hubschrauber gekommen ist. Die gefangenen und die toten Guerilleros werden in die Schule gebracht, einen Bau aus Lehm und Ziegeln von ungleicher Größe und mit nur zwei durch eine Zwischenwand getrennten Räumen, die beide einen Zugang von außen haben. Die Wände sind abgeblättert und die Holztüren schlecht in die Konstruktion aus Ziegelstein und Mörtel eingepaßt. In einen Raum wird Simón zusammen mit den Leichnamen von Olo Pantoja und René Martínez Tamayo eingesperrt, und in den anderen Che, den sie losbinden und dem sie Aspirin gegen die Schmerzen seiner Beinverletzung geben.

El Chino Juan Pablo Chang wird mit einer Wunde im Gesicht zu den Gefangenen gesperrt. Wurde er zum selben Zeitpunkt festgenommen oder später? Die Quellen bieten widersprüchliche Angaben.

Gary Prado schickt die Nachricht, die er im Laufe des Nachmittags schon mehrmals wiederholt hat, noch einmal telegrafisch um 8 Uhr 30 abends: „Papa verletzt." Dann überprüft er mit Major Ayoroa und Oberst Selich die traurigen Habseligkeiten aus Ches Rucksack: 12 Filmrollen, Dutzende von Che mit Farbstiften verbesserte Landkarten, ein Kofferradio, zwei kleine Büchlein mit Code-Schlüsseln, zwei Notizbücher mit Abschriften der empfangenen und verschickten Botschaften, ein grünes Heft mit Gedichten und zwei Hefte, Tagebücher?, voller Anmerkungen mit Ches enger und eiliger Schrift.

Um neun bittet Selich telefonisch um Anweisungen vom Kommando der 8. Division. Zehn Minuten später erhält er die Antwort: „Kriegsgefangene müssen am Leben bleiben bis Befehle Oberkommando erhalten." Eine Stunde später kommt eine neue Botschaft aus Vallegrande: „Halten Sie Fernando am Leben bis ich morgen früh im Hubschrauber komme. Oberst Zenteno."

Unterdessen versuchen in La Higuera die drei höchsten Offiziere Che zu verhören, aber sie erfahren von ihm nichts Wesentliches, er weigert sich, mit ihnen zu sprechen. Prado erzählt, daß Selich zu ihm sagte: „Und wenn wir ihn zuerst rasieren?" während er versuchte, ihm den Bart auszureißen, und daß Che ihm einen Schlag mit der Hand versetzte.

Laut dem Telegrafisten von La Higuera ging Selich noch weiter. Als Che sich weigerte, ihm irgendeine Information zu geben, bedrohte er ihn mit dem Tod und nahm ihm zwei Pfeifen und die Uhr ab.

Das Dorf ist im Alarmzustand, jeden Moment wird ein Angriff der überlebenden Guerilleros erwartet. Es werden zwei konzentrische Verteidigungsringe um die Schule gelegt und ein Wachposten aufgestellt.

Um 22 Uhr 10 telegrafiert „Saturn" (Zenteno) von der 8. Division in Vallegrande an das Oberkommando der Armee (General Lafuente) in La Paz einen Code-Vorschlag für die heikle Angelegenheit von Ches Gefangennahme: „Fernando (Che) 500. Lebendig: 600, per Morse nur das erste, das andere per Funk, tot: 700. Einen wunderschönen Abend. Letzter Teil Bestätigung 500 befindet sich in unserer Gewalt erbitten konkrete Anweisung ob 600 oder 700."

Das Oberkommando antwortet: „600 muß eingehalten werden. Höchste Zurückhaltung, es gibt undichte Stellen."

Die obersten Verantwortlichen der bolivianischen Armee haben sich in La Paz beraten. Die anfängliche Nachricht war von den Generälen Lafuente Soto (Kommandeur des Heeres), General Vázquez Sempertegui (Generalstabschef des Heeres) und Oberstleutnant Arana Serrudo (vom militärischen Geheimdienst) empfangen worden. Jorge Gallardo hinterließ eine wenig freundliche Beschreibung der drei Personen: Lafuente: ein kleinwüchsiges Individuum, das Gesicht eines Orang-Utans, mit dichtem Bart, sie nennen ihn Chkampu (haariges Gesicht auf Quechua). Vázquez: dick, zynisches Lächeln, Veranlasser des Massakers an den Bergarbeitern. Arana: unförmig, hat einen sehr langen und dicken Hals, der von seinem sehr dunklen Körper absticht.

Sie suchen General Alfredo Ovando, den Kriegsminister, in seinem kleinen Büro auf, das in der Militärfestung Miraflores gelegen ist. Nachdem dieser die drei Offiziere empfangen hat, läßt er General Juan José Torres, den Generalstabschef der Streitkräfte, holen, dessen Büro gegenüber dem Sitzungsraum liegt, der an Ovandos Büro angeschlossen ist. In diesem Sitzungsraum versammeln sich die fünf Militärs. Es ist gut möglich, daß weitere hohe Verantwortliche der Streitkräfte konsultiert wurden, wie der Kommandeur der Luftwaffe León Kolle Cueto, der kurioserweise der Bruder des KP-Führers Jorge Kolle ist.

Es gibt keine Aufzeichnungen darüber, was in diesem Saal beraten wurde, nur die Entscheidung wird bekannt. Nachdem die Generäle zu einer Übereinkunft gekommen sind, melden sie diese Präsident René Barrientos, der sie absegnet.

Um halb zwölf Uhr nachts schickt das Kommando der Streitkräfte folgende Botschaft per Morse an Oberst Zenteno in Vallegrande: „Befehl Präsident Fernando 700". Che Guevara ist zum Tode verurteilt worden.

Selbst für den kühlsten Biographen, und umso mehr für die hitzigen, sind diese 18 Stunden in La Higuera zum Verzweifeln. Ernesto Guevara hat in seinem Leben eine Flut von Papieren hinterlassen, die seine Eindrücke, seine Darstellungen, manchmal sogar seine intimsten Emotionen festhalten: Tagebücher, Briefe, Artikel, Interviews, Reden, Veranstaltungen. Er lebte umgeben von Zeitzeugen und Freunden, die zählen und erzählen. Zum ersten Mal kann sich der Verfasser nur auf feindliche Zeugen berufen, die oft daran interessiert sind, die Geschehnisse zu verdrehen, eine betrügerische Darstellung abzugeben. Das, was heute bekannt ist, tauchte im Laufe von 28 Jahren tröpfchenweise auf, als Ergebnis journalistischer Hartnäckigkeit und verspäteter Erinnerungen, die Entschuldigungen bewirken sollen. La Higuera ist ein Ödland der Worte, in dem nur Platz für Fragen ist: Weiß er, daß er sterben wird? Wie denkt er nun über Simón Cuba, den er in seinem Tagebuch so oft verflucht hat? Zieht er Bilanz über die lebenden, die gefangenen und die toten Guerilleros? Es bleiben Pacho und Pombo sowie Inti, Dariel, Darío, El Ñato und Tamayo; Huanca und der Arzt De la Pedraja sind mit den Verletzten entkommen. Haben sie gesehen, wie er in Gefangenschaft geriet? Werden sie etwas zu tun versuchen? Denkt er an Aleida und die Kinder, an den kleinen Ernesto, den er fast nicht kennt? An die Toten? Die anderen Toten, die seinen Weg gesäumt haben, Ramos Latour und Geonel, El Patojo und Camilo und Masetti; San Luis, Manuel, Vilo und Tania ... die Liste ist unendlich. Es sind seine Toten, sie starben, weil sie an ihn glaubten. Schmerzt ihn die Wunde? Er ließ nie einen Gefangenen ohne Versorgung, ihm haben sie zur Behandlung seiner Schußwunde Aspirin gegeben. Geht er die Niederlage noch einmal durch, das letzte Glied in einer immer länger werdenden Kette: die Gruppe von Puerto Maldonado, die von Salta, nun seine, Ches Guerilla? Was erwartet ihn? Fünfzig Jahre Gefängnis? Eine Kugel in den Nacken? Das ist nicht die erste Niederlage, wer weiß, ob es die letzte sein wird? Sein Tagebuch befindet sich im Haus des Telegrafisten, ein paar Meter von der Stelle entfernt, wo sie ihn gefangen halten. Es gab schon andere Niederlagen, aber zum ersten Mal in seinem Leben ist Ernesto Guevara ein Mensch ohne Papier und Stift. Ein vollkommen unbewaffneter Mensch, da er nicht aufschreiben kann, was er erlebt.

In La Higuera ist es halb zwei, der erste Wachwechsel findet statt. Che liegt auf dem Boden, die Wunde hat aufgehört zu bluten.

Einer der Soldaten, die im Zimmer Wache halten, wird Jahre später erzählen: „Eine Sache, die ich sah und die meiner Meinung nach für einen Guerillero eine Beleidigung darstellt, war, daß Carlos Pérez Gutiérrez eintritt, ihn am Kopf packt und ihm ins Gesicht spuckt. Che konnte sich nicht zurückhalten und spuckte ihn ebenfalls an, außerdem gab er ihm einen Fußtritt, der ihn einen Purzelbaum schlagen ließ. Ich weiß nicht, wo er ihn mit dem Fuß getroffen hat, aber ich sah Carlos Pérez Gutiérrez am Boden liegen und Eduardo Huerta und ein weiterer Offizier halten ihn fest.“

Wenig später wäscht eine Armee-Krankenschwester Che das Bein mit

Desinfektionsmittel ab; die Heilung kommt nicht voran. Ninfa Arteaga, die Frau des Telegrafisten, will den Gefangenen Essen bringen, aber der Unteroffizier der Wache weigert sich. „Wenn Sie mich ihm kein Essen geben lassen, dann werde ich es niemandem geben.“ Ihre Tochter Elida bringt dem blinden Guerillero (El Chino Chang?) in einem anderen Zimmer etwas zu essen. Ches letzte Mahlzeit ist ein Teller Erdnußsuppe.

Leutnant Toti Aguilera betritt das Zimmer.

„Herr Guevara, Sie stehen unter meinem Kommando.“

Che bittet ihn um eine Zigarette. Aguilera fragt ihn, ob er Arzt sei. Che bejaht das und fügt hinzu, er sei auch Zahnarzt und hätte schon Backenzähne gezogen.

Der Leutnant geht im Zimmer auf und ab und versucht ein Gespräch zu beginnen. Schließlich haut er ab, es ist nicht auszuhalten mit dieser ungeselligen Person, die dem Mythos entsprungen und verletzt ist. Er schafft es nicht, diese unversöhnliche Distanz zu durchbrechen, die Che immer den Seinigen aufgezwungen hat, umso mehr noch den Fremden und noch mehr den Feinden.

Mehrere Soldaten kommen später in den Raum. Von Zeit zu Zeit reden sie lustlos über alles Mögliche. Gibt es eine Religion in Kuba? Stimmt es, daß sie ihn gegen Traktoren austauschen wollen? Haben Sie meinen Freund getötet? Es gibt Beleidigungen. Als er Che in sich gekehrt in einer Ecke des Zimmers sitzen sah, soll ein Unteroffizier ihn gefragt haben:

„Denken Sie an die Unsterblichkeit des Esels?“

Guevara, der die Esel immer so geliebt hat, lächelt und antwortet:

Nein, Leutnant, ich denke an die Unsterblichkeit der Revolution, die so sehr von denen gefürchtet wird, denen Sie dienen.

Gegen halb zwölf in der Nacht bleiben zwei Soldaten mit Che allein, ohne Unteroffizier oder Offizier. Che spricht mit ihnen, fragt sie, wo sie herkommen. Beide stammen aus der Bergbauregion, der eine ist Sohn eines Bergarbeiters. Er spricht zu ihnen. Sie denken, daß sie vielleicht mit ihm fliehen können. Einer von ihnen geht aus der Schule hinaus, um zu sehen, was draußen los ist. Das Dorf ist weiter im Alarmzustand. Es gibt drei Postenketten, die dritte besteht aus Leuten eines anderen Regiments. Sie teilen Che das mit.

Er soll gesagt haben: *Machen Sie sich keine Sorgen, ich bin sicher, daß ich nicht lange gefangen sein werde, denn viele Länder werden meine Freilassung fordern. Es besteht keine Notwendigkeit und Sie müssen sich keine Sorgen machen. Ich glaube nicht, daß mir irgendetwas passiert.*

Eine der beiden Gruppen von überlebenden Guerilleros hat es geschafft, aus dem Belagerungsring der Armee auszubrechen. Inti Peredo erzählt: „In dieser angespannten und beklemmenden Nacht wußten wir überhaupt nicht, was geschehen war und wir fragten uns leise, ob außer Aniceto vielleicht noch ein weiterer Kamerad im Kampf gestorben war.“ Im Morgengrauen steigen sie wieder in die Schlucht hinab und nachdem sie kurz gewartet haben, gehen sie zum zweiten Treffpunkt, ein paar Kilometer von La Higuera entfernt. Alarcón ergänzt: „Wir gingen zum zweiten Treffpunkt in der Nähe des Flusses El Naranjal. Wir mußten ein weiteres Mal Richtung La Higuera zurückgehen und wurden dabei in der Nähe der Ortschaft vom Tag überrascht."

Es ist der Morgen des 9. Oktober. Von der US-Botschaft in La Paz gehen Kabel nach Washington. Botschafter Henderson benachrichtigt das Außenministerium, daß Che „schwer krank oder verletzt unter den Gefangenen ist". Die Lateinamerika-Berater von Lyndon B. Johnson berichten unter Ausnutzung von CIA-Quellen, daß Barrientos gesagt habe, er hätte Che und er wolle die Fingerabdrücke des Mannes überprüfen, der verletzt gefangen genommen worden sei.

Es wird Morgen in La Higuera. Die Gefangenen hören den Rotorlärm eines Hubschraubers, die Wachen sind abgelöst worden. Die Maschine bringt Oberst Zenteno aus Vallegrande, der vom CIA-Agenten Félix Rodríguez begleitet wird. Die beiden gehen zum Haus des Telegrafisten, wo die in Ches Rucksack erbeuteten Dokumente liegen.

Unter dem Kommando von Major Ayoroa durchkämmen die Ranger die Schluchten auf der Suche nach Überlebenden. Hauptmann Gary Prado gibt die offizielle Darstellung: „Diese Operation beginnt am Morgen des 9. Oktober, die Schluchten werden sorgfältig Stück für Stück durchsucht. Die Kompanie A entdeckt die Höhlen, in die sich Chino und Pacho geflüchtet haben, und als sie sie auffordern, sich zu ergeben, schießen diese und töten einen Soldaten. Daraufhin reagieren die Ranger sofort und bringen sie mit Handgranaten und Maschinengewehren zum Schweigen." Merkwürdigerweise sagt er an einer anderen Stelle seines Berichts, daß die Soldaten von „der Anwesenheit eines Guerilleros", nicht von zwei berichteten. Wenn zwei Männer in der Schlucht waren, warum haben die Überlebenden sie in der vorherigen Nacht nicht gesehen? Warum ist am 8. Oktober kein einziger Eintrag in Pachos Tagebuch?

In La Higuera betreten der Agent und der Oberst den Raum, um Che zu sehen. Ein Soldat erinnert sich Jahre später: „Einer der Kommandanten stritt heftig mit Che und dieser Kommandant hatte noch jemanden bei sich, einen Journalisten wahrscheinlich, der mit einer Art sehr großem Kassettenrecorder, der ihm um den Hals hing, Aufnahmen machte."

In der Darstellung von Rodríguez verlaufen die Dinge freundlicher. Sie holen Che aus der Schule und bitten ihn um Erlaubnis, ein Foto machen zu dürfen. Félix stellt sich neben den Guerillero. Gegen zehn Uhr morgens betätigt Major Niño de Guzmán, der Pilot des Hubschraubers, die Pentax des CIA-Agenten. Das Foto ist bis zu uns gekommen: Che hat eine Löwenmähne, eine gewisse harte Trostlosigkeit im Gesicht, einen schmutzigen Bart, kleine Augen aufgrund der Erschöpfung und der Müdigkeit, die Hände gefaltet, als ob sie gefesselt wären.

Es gibt zwei weitere Fotos, die an diesem Morgen von Soldaten aufgenommen wurden und sich sehr ähneln. Auf beiden weigert sich der besiegte Kommandant Guevara, in die Kamera zu blicken.

Zenteno geht zum Churo, um die laufende Operation zu überwachen. Rodríguez schickt unterdessen mit seinem tragbaren RS48 eine verschlüsselte Nachricht ab. Selich, der ihn dabei beobachtet, beschreibt ihn: „Er hatte ein Funkgerät mit großer Reichweite, das er sofort in Betrieb nahm, und er übermittelte eine chiffrierte Botschaft in einem Schlüssel von ungefähr 65 Gruppen. Danach baute er auf einem Tisch in der Sonne einen Fotoapparat mit Stativ auf und begann Fotos zu machen."

Er interessiert sich besonders für Ches Tagebücher, das Buch mit den Code-Schlüsseln und das Notizbuch mit Adressen aus der ganzen Welt. Die Militärs und der CIA-Agent befinden sich im Hof gegenüber dem Haus des Telegrafisten.

Rodríguez bemerkt, während er das Schlüssel-Buch fotografiert: „Es gibt auf der ganzen Welt nur zwei Exemplare davon, eins bei Fidel und das hier." Selich fliegt mit den zwei verletzten Soldaten im Hubschrauber nach Vallegrande zurück. Um 11 Uhr 30 kehrt Zenteno mit einer Leibwache und Major Ayoroa nach La Higuera zurück, wo sie den CIA-Agenten in voller Aktion antreffen. Die Militärs sehen ihm zu. Zenteno sagt kaum etwas dazu, Rodríguez versichert ihm, daß ihnen in La Paz Abzüge der Fotos übergeben würden. „Niemand hatte etwas gegen das Fotografieren, niemand wandte etwas dagegen ein", sagt Major Ayoroa später.

In der Einsamkeit des Zimmers bittet Che die Wachen, ihm zu erlauben, mit der Lehrerin der Schule, Julia Cortez, zu sprechen. Nach ihrer Darstellung sagt er zu ihr:

Also, Sie sind die Lehrerin. Wissen Sie, daß das e von sé in ‚ya se leer' [Ich kann schon lesen] *keinen Akzent hat?* Er zeigt auf die Tafel. *In Kuba gibt es bestimmt keine Schulen wie diese. Für uns wäre dies ein Gefängnis. Wie sollen hier die Kinder der Bauern lernen können? Das ist nicht pädagogisch.*

„Unser Land ist arm."

Aber die Regierungsbeamten und die Generäle fahren Mercedes und haben andere Dinge im Überfluß ... stimmt es nicht? Genau das bekämpfen wir.

„Sie sind von weither gekommen, um in Bolivien zu kämpfen."

Ich bin Revolutionär und an vielen Orten gewesen.

„Sie sind gekommen, um unsere Soldaten zu töten."

Schauen Sie, im Krieg gewinnt man oder man verliert.

Zu welchem Zeitpunkt übergibt Zenteno Ayoroa den Befehl des Präsidenten, Che zu ermorden? Versuchte Félix Rodríguez ihn zu überzeugen, Che nicht umzubringen, daß Che in diesem Moment lebendig und besiegt nützlicher wäre als tot? In seinen Erinnerungen behauptet der CIA-Agent, es versucht zu haben, Zenteno erwähnt das in seinen späteren Erklärungen jedoch nicht.

Rodríguez behauptet, daß er sich anderthalb Stunden mit Che unterhalten habe, daß der Kommandant ihn sogar darum gebeten habe, Fidel die Botschaft zu übermitteln, daß die lateinamerikanische Revolution siegen würde, und seiner Frau zu sagen, sie solle wieder heiraten und glücklich sein.

Aber die anderthalb Stunden waren nicht länger als eine Viertelstunde. Andere militärische Quellen stimmen darin überein, daß Che in Rodríguez einen „gusano" im Dienste des CIA sah, ihn einen Söldner schimpfte und sie sich darauf beschränkten, Schimpfworte auszutauschen.

Tatsache ist, daß Zenteno um 11 Uhr 45 das Tagebuch und den Karabiner von Che zusammenpackt und gemeinsam mit Rodríguez im gerade zurückgekommenen Hubschrauber abreist.

Mittags bittet Che darum, nochmal mit der Lehrerin sprechen zu dürfen. Sie will jedoch nicht, sie hat Angst.

Unterdessen warten die überlebenden Guerilleros 500 oder 600 Meter vom Dorf entfernt, daß es Nacht wird und sie sich fortbewegen können. Alarcón erzählt: „Dort erfuhren wir, daß Che gefangen war (...). Wir hörten die Nachricht aus einem winzigen Radio, das einen Kopfhörer hatte (...). Wir glaubten, es handle sich um eine Falschmeldung der Armee. Als sie um 10 Uhr morgens bereits davon berichteten, daß Che tot sei (...), erwähnten sie ein Foto von seiner Frau und seinen Kindern, das er in der Tasche gehabt hatte. Als wir drei Kubaner das hörten, schauten wir uns fest an, während uns in aller Stille die Tränen kamen. (...) Das gab uns die Gewißheit, daß Che im Kampf gestorben war, wir konnten uns nicht vorstellen, daß er sich lebendig wenig mehr als 500 Meter von uns entfernt befand."

Am Vormittag sucht Ayoroa unter den Rangern Freiwillige für die Aufgabe des Henkers. Unteroffizier Mario Terán bittet darum, Che töten zu dürfen. Ein Soldat berichtet: „Er brachte als Argument, daß in der Kompanie B drei Marios gestorben seien und ihnen zu Ehre müßten sie ihm das Recht geben, Che zu töten." Er ist leicht betrunken. Feldwebel Bernardino Huanca bietet sich an, Ches Kameraden zu ermorden.

Kurz nach ein Uhr nachmittags betritt Terán, nicht größer als 1,60 m und 65 Kilo schwer, den Raum der Schule, in dem sich Che befindet. Er hat ein M-2 in der Hand, den ihm Unteroffizier Pérez geliehen hat. Im Zimmer nebenan durchlöchert Huanca El Chino und Simón.

Che sitzt auf einer Bank, an den Handgelenken gefesselt, den Rücken an der Wand. Terán zögert, er sagt etwas. Che antwortet:

Wozu die Umstände. Du kommst, um mich zu töten.

Terán macht eine Bewegung, als ob er gehen will und schießt die erste Salve als Antwort auf den Satz, den Che – wie es fast 30 Jahre später heißt – gesagt haben soll: *Schieß doch, du Feigling, du wirst einen Menschen töten.*

„Als ich hineinkam, saß Che auf einer Bank. Als er mich sah, sagte er: *Sie sind gekommen, um mich zu töten.* Ich traute mich nicht zu schießen und da sagte er zu mir: *Kopf hoch, Sie werden einen Menschen töten.* Daraufhin machte ich einen Schritt zurück zur Türschwelle, schloß die Augen und schoß die erste Salve. Che fiel mit zerschossenen Beinen auf den Boden, drehte sich und verlor sehr viel Blut. Ich nahm meinen Mut zusammen und schoß die zweite Salve, die ihn in den Arm, in die Schulter und ins Herz traf."

Kurz darauf betritt Unteroffizier Carlos Pérez den Raum und schießt auf den Körper; er ist nicht der letzte, der Soldat Cabero schießt ebenfalls auf Che, um den Tod seines Freundes Manuel Morales zu rächen.

Die verschiedenen Zeugen stimmen in der Todeszeit von Che Guevara überein: gegen 1 Uhr 10 nachmittags am Sonntag, dem 9. Oktober 1967.

Die Lehrerin schreit die Mörder an.

Ein Dominikanerpriester einer nahen Kirche hat versucht, noch rechtzeitig zu kommen, um mit Ernesto Guevara zu sprechen. Priester Roger Schiller berichtet: „Als ich erfuhr, daß Che in La Higuera gefangen war, besorgte ich mir ein Pferd und ritt sofort los. Ich wollte ihm die Beichte abnehmen. Ich wußte, daß er gesagt hatte: *Ich bin erledigt*. Ich wollte ihm sagen:

‚Sie sind nicht erledigt. Gott glaubt weiter an Sie.‘

Unterwegs traf ich einen Bauern: ‚Haben Sie keine Eile, Pater‘, sagte er zu mir, ‚sie haben ihn schon liquidiert.‘"

Gegen vier Uhr nachmittags kehrt Hauptmann Gary Prado nach einem letzten Streifzug mit den Rangern durch die nahen Schluchten ins Dorf zurück. Am Eingang nach La Higuera informiert ihn Major Ayoroa darüber, daß sie Che exekutiert haben; Prado macht eine angewiderte Geste. Er hatte ihn lebend gefangen genommen. Sie bereiten den Abtransport der Leiche im Hubschrauber vor. Prado bindet Che den Unterkiefer mit einem Tuch fest, damit sich das Gesicht nicht verzerrt.

Ein reisender Fotograf macht Aufnahmen von den Soldaten, wie sie um den aufgebahrten Leichnam herumstehen. Es sind Sonntagsfotos, Dorffotos, es fehlt nur das Lächeln. Ein Foto zeigt Prado, den Priester Schiller und Doña Ninfa neben dem Leichnam.

Der Priester betritt die Schule, er weiß nicht, was er tun soll. Er sammelt die Patronenhülsen auf und steckt sie ein. Dann fängt er an, die Blutflecken abzuwaschen. Er will einen Teil des schrecklichen Verbrechens wegwaschen, daß sie einen Menschen in der Schule ermordet haben.

Mario Terán haben sie eine Uhr und eine Reise nach West Point versprochen, wo er einen Unteroffizierslehrgang besuchen soll. Die Versprechen werden sie nicht einhalten.

Der Hubschrauber erhebt sich in die Luft und nimmt, an seine Kufen gebunden, den Leichnam Che Guevaras mit.

Kapitel 58

★

Der verschwundene Leichnam

Vallegrande, 770 Kilometer südöstlich von La Paz, Sitz der 8. Division, 10. Oktober 1967, 10 Uhr morgens. Der uruguayische Schriftsteller Ernesto Gonzáles Bermejo beschreibt das Szenario: „Ein Ort wie viele andere mit seinem Marktplatz, einem Brunnen ohne Wasser, einem Denkmal, das an irgendjemanden erinnert, Steinbrüchen; das Rathaus mit seiner Uhr, die ständig zehn nach fünf von wer weiß welchem Tag anzeigt; die Apotheke von Julio Durán; der Laden Montesclaros; das Geschäft von Doña Eva, die auch Kostgänger aufnimmt; und klar, die Kirche, die vielleicht ein bißchen hochtrabend Kathedrale genannt wird."

Die bolivianischen Militärs, die es kaum erwarten können, ihren Triumph zu zeigen, rufen die Presse zusammen. Sie haben sich keine Zeit gelassen, bis der Leichnam des Kommandanten Guevara kalt geworden ist. In ihrem Zynismus sind sie noch weiter gegangen. Wenn es damals auch niemand außer ihnen wußte, so haben sie doch Ches Tod verkündet, als er noch am Leben war: Präsident Barrientos gab ihn um 10 Uhr morgens bekannt, in einem vertraulichen Gespräch mit einer Gruppe von Journalisten in La Paz, und Oberst Joaquín Zenteno um ein Uhr mittags bei einer Pressekonferenz in der Kaserne der 8. Division. Seine Darstellung besagte, daß Guevara bei einem Gefecht zwischen der Armee und der Guerilla in der Umgebung von La Higuera, 35 Kilometer von Vallegrande entfernt, gestorben sei: „Der Kampf dauerte vier Stunden, (...) aber Guevara, der in Leiste und Lunge getroffen wurde, starb bereits zu Beginn des Gefechts."

Um 1 Uhr 50 kommt der Armeechef General Ovando in Begleitung von General Lafuente und Konteradmiral Ugartechea nach Vallegrande. Sie besuchen das Militärkasino, wo die Leichen der in den jüngsten Operationen gestorbenen Soldaten aufgebahrt sind. Ovando ist steif, als wolle er seine Nervosität verbergen. Dies ist ein seltsamer Sieg, der bei den Siegern mehr Angst als Jubel hervorruft.

Um fünf Uhr nachmittags landet der Hubschrauber auf dem Flughafen und bringt einen an die Kufen gebundenen Leichnam mit. Die Aktion steht anscheinend unter dem Kommando eines Mannes, der zwar Militäruniform, aber keine Rangabzeichen trägt, die Aufmerksamkeit der Presse auf sich zieht und von dem gesagt wird, er sei CIA-Agent. Mehrere Journalisten fotografieren ihn; es handelt sich um „Doktor González". Sein Kollege Félix Rodríguez treibt sich ebenfalls auf der Landebahn herum. Die Journalisten gehen auf die Agenten zu und fragen sie, wo sie herkommen. Aus Kuba? Aus Puerto Rico?

„From nowhere."

Und dann ruft Rodríguez seinem Kollegen zu: „Let's get the hell out of here."

Ein Bauer, der zum Flughafen gekommen ist, sieht, wie der Leichnam vorbeigetragen wird: „Man sah einen richtigen Menschen. Er sah aus, als wäre er nicht gestorben. Er lag auf einer Bahre und seine Augen schauten uns an, als ob er lebendig wäre.“ Der Leichnam wird mit einem enormen Aufgebot von Soldaten in einem geschlossenen Chevrolet-Lieferwagen ins Krankenhaus San José de Malta gebracht, wo sie ihn im Waschhaus auf einen steinernen Tisch legen.

Dort findet die zweite Pressekonferenz statt und die Leiche, die einigen Anwesenden wie eine hyperrealistische Reproduktion des Rembrandt-Bildes „Die Anatomie des Dr. Tulp“ vorkommt, wird präsentiert. Der Journalist und UPI-Korrespondent Alberto Zuazo notiert: „Die leicht wässrige Transparenz seiner ausdrucksvollen grünen Augen, außerdem eine Art rätselhaftes Lächeln, das sich im Gesicht leicht abzeichnete, vermittelten den Eindruck, daß dieser Leichnam noch lebte. Ich glaube, daß mehr als einer der 20 Journalisten, die an jenem 10. Oktober 1967 in Vallegrande waren, nur noch darauf warteten, daß Ernesto Che Guevara zu uns sprach.“

Während ein Militär minutiös die Einschläge der Kugeln zeigt, als wolle er damit klarstellen, daß Che wirklich tot sei, werden Fotos gemacht, die bereits am nächsten Tag weltweit veröffentlicht werden.

Doch die Militärs täuschten sich aufs Neue, als sie das Gespenst von Che austreiben und über jeden Zweifel hinaus beweisen wollten, daß Che Guevara tot ist, und ihn der Rationalität der brutalen Leichenfotos, den falschen Beweisen der Vernunft unterzogen: entsetzliche Fotos von Ches Gesicht, die seltsame Anmut der Ruhe nach einem schrecklichen Jahr des Hungers, des Asthmas, des Fiebers, der Enttäuschungen, der Zweifel, des Mißtrauens – dank der technologischen Magie der Kabeldienste für Millionen von Menschen auf dem Planeten zugänglich. In Lateinamerika mit seiner furchtbaren christlichen Tradition, Heilige voller Wunden und gefolterte Christusfiguren anzubeten, hatte Ches Bild zwangsläufig eine beschwörende Wirkung.

Tod, Erlösung, Auferstehung.

Von diesen Gespenstern herbeigerufen, defilieren die Bauern von Vallegrande unter beängstigendem Schweigen im Gänsemarsch am Leichnam vorbei. Als die Armee den Zugang kontrollieren will, kommt es zu einem Gedränge, und der Kordon der Soldaten wird durchbrochen. In dieser Nacht werden zum ersten Mal Kerzen in den Hütten der kleinen Stadt angezündet. Ein weltlicher Heiliger ist geboren, ein Heiliger der Armen.

Um halb sechs befassen sich wieder die hohen Offiziere mit dem Leichnam. Ovando behauptet, Che hätte bei seiner Gefangennahme gesagt: „Ich bin Che, ich bin lebendig mehr wert als tot.“ Später tischt er eine Variante auf: „Ich bin Che, ich bin gescheitert.“ Dies ist der Beginn einer langen Kette von Desinformationen. Ein Armeeoffizier zeigt den Journalisten Ches Tagebuch und zitiert einen angeblich von Che geschriebenen Satz: „Ich hätte nie gedacht, daß die bolivianischen Soldaten so stark sein könnten.“

Präsident Lyndon B. Johnson erhält die erste Information über Ches Tod abends um 6 Uhr 10 in einem Memorandum von Rostow, der ihn über den Bericht der Tageszeitung „Presencia“ von Ches Gefangennahme und eine Erklärung von Barrientos informiert, in der dieser Ches Tod um 10 Uhr morgens bestätigt hat. Merkwürdigerweise greift er nicht auf die Informationen des CIA, die viel genauere Darstellung aus erster Hand, zurück.

Die Reaktion aus Havanna ist vorsichtig. Erst fünf Tage später räumt Fidel ein, daß er angesichts der veröffentlichten Fotos davon ausgehe, daß Che tot ist; aber er warte noch auf genauere Bestätigungen. Es ist ja nicht das erste Mal, daß die Presse Che in irgendeinem Teil der Welt ermordet hat. Den wahren Grund für seine Unsicherheit, daß nämlich die Verbindung zur Guerilla seit mehreren Monaten abgerissen war und sogar die Kontakte zu den Resten des städtischen Netzes gleich Null waren, mochte Fidel nicht öffentlich zugeben.

Am späten Nachmittag findet die Autopsie statt. Abraham Baptista, der Direktor des Krankenhauses, und ein Internist, José Martínez Casso, übernehmen die Arbeit unter der Aufsicht von Toto Quintanilla, Chef der Geheimdienstabteilung des Innenministeriums, und „Doktor González“ vom CIA. Ihr Bericht ist zwangsläufig zweifelhaft. In der Sterbeurkunde kann man lesen: „Sein Tod ist auf mehrfache Schußverletzungen am Thorax und den Gliedmaßen zurückzuführen.“

Bei der Autopsie werden neun Schußwunden festgestellt: zwei in den Unterschenkeln, eine im mittleren Drittel des rechten Beins, eine andere im mittleren Drittel des linken Schenkels, zwei in der Schlüsselbeinregion, zwei in den Rippen und eine im Brustbereich, die als tödlich angesehen wird: „die Verletzungen am Thorax und die daraus folgende Blutung“.

Ein Armeeoffizier aber hat vor den Journalisten zehn Schußwunden gezählt, eine mehr als im Bericht, und die zusätzliche im Hals lokalisiert, was in der Autopsie nicht erwähnt wird. Dieser Widerspruch wird zunächst nicht wahrgenommen, genausowenig wie die Tatsache, daß die Verletzung am Thorax tödlich gewesen war. Wenn die Autopsie korrekt war, konnte Che nicht lebend gefangen genommen und noch lebendig nach La Higuera transportiert worden sein, wie in der zweiten Pressekonferenz behauptet wurde. Mit der Wunde im Hals konnte Che kaum mit seinen Wächtern geredet haben. Die Stümperei der bolivianischen Armee beginnt offenkundig zu werden. Man hat sich offenbar geeinigt, daß Che exekutiert werden soll, aber nicht, wie man seinen Tod erklären würde.

Den Militärs bleibt nun eine weitere unerledigte Aufgabe, nämlich zu entscheiden, was mit der Leiche geschehen soll. Um 10 Uhr morgens ist ein Telegramm von Generalstabschef Juan José Torres eingetroffen: „Die Überreste von Guevara sollen eingeäschert und die Asche aufbewahrt werden.“ Aber sie können den Leichnam nicht verschwinden lassen, ohne zuvor eine eindeutige Identifizierung vorgenommen zu haben. Noch gefährlicher als Ches Grab ist das Gespenst des Che. Ovando regt an, ihm den Kopf und die Hände abzutrennen, sie einzubalsamieren und anhand von ihnen später eine Identifizierung vorzunehmen, die keinen Raum für Zweifel hinterläßt. Der CIA-Agent Félix Rodríguez versucht Ovando davon zu überzeugen, daß die Hände für eine einwandfreie Identifizierung per Fingerabdruck ausreichen, und daß die bolivianische Regierung in den

Augen der Welt wie eine Horde von Barbaren dastände, wenn sie Ches Kopf abtrennen ließe.

Also wird im Krankenhaus eine weitere Operation vorgenommen. Die angespannte Situation und das Gemetzel am toten Körper sind für einen der Ärzte, Doktor Martínez Casso, zuviel: er betrinkt sich. Doktor Abraham trennt die Hände der Leiche auf Höhe der Handgelenke ab und steckt sie in einen Zylinder mit Formol. Außerdem wird von ihm eine Gesichtsmaske angefertigt, aber, wie die Krankenschwester Susana Osinaga bezeugt, „während sie die Wachsmaske auftrugen, zerstörten sie ihm das Gesicht".

Am 11. Oktober gegen drei Uhr morgens beauftragen Oberst Zenteno und Oberstleutnant Selich, die die Aktion leiten, Hauptmann Vargas Salinas, der einen Monat zuvor den Hinterhalt gegen die Guerilla von Vilo Acuña gelegt hat, den Leichnam von Che und die von Pacho Montes de Oca, Olo Pantoja, Simón Cuba, Aniceto, El Chino Chang und René Martínez Tamayo zu beseitigen. Auf keinen Fall soll ein lokalisierbares Grab von Che zurückbleiben. Es darf in Bolivien keinen Ort geben, wo der Tote und seine Gefährten geehrt werden können. Anfänglich spricht man davon, sie einzuäschern, obwohl einer der Ärzte den Militärs erklärt hat, wie schwierig es ist, einen menschlichen Körper ohne Krematoriumsofen zu verbrennen.

Trotz aller Vorsicht werden die Totengräber von einem alten Mann, der gegenüber vom Malta-Krankenhaus arbeitet, beobachtet, wie sie in der Dunkelheit agieren, und der erzählt dies zehn Jahre später dem Journalisten Guy Guglietta:

„Sie brachten seine Leiche ins alte Waschhaus und dann holten sie ihn zusammen mit den anderen wieder heraus. Sie brachten ihn in dieser Nacht mit einem großen Armeelastwagen weg. Sie warfen die Leichen auf den Lastwagen und fuhren weg."

„Wohin fuhr der Lastwagen?"

„Wer weiß?"

Der Journalist Erwin Chacón von der Tageszeitung „Presencia" aber, der nicht zu dem Fest eingeladen worden ist, das Ovando den Militärs in jener Nacht im Kasino von Vallegrande gibt, hat eine vage Vorstellung. Er hat vor dem Malta-Krankenhaus Wache gehalten und kann die Route des Lastwagens bis zur nahen Kaserne verfolgen. Dort verlieren sich die Spuren. Er weiß auch, daß Selich und Vargas die Männer sind, die die schmutzige Aufgabe hatten, Ches Leichnam heimlich zu begraben, verschwinden zu lassen.

Die Leiche wurde in einem Lastwagen zur Kaserne des Pando-Regiments in Vallegrande gebracht. Dort standen vier Benzinkanister für den nächtlichen Beerdigungstrupp bereit, der trotz des ärztlichen Hinweises eine Leichenverbrennung plante. Doch am Morgen des 11. Oktober entschied sich Hauptmann Vargas für eine heimliche Beerdigung. Unter Ausnutzung einer Baustelle auf der einen Seite der Kaserne, neben der Landebahn, wurden die Leichen in eine Grube geworfen und unter Zuhilfenahme eines Kippladers mit Erde bedeckt.

Für die öffentliche Meinung ist die Leiche damit verschwunden. Von diesem

Moment an begeben sich die Oberbefehlshaber der bolivianischen Armee in eine Orgie von widersprüchlichen und lächerlichen Erklärungen bezüglich des Schicksals von Ches Leichnam. Während Torres sagt, er sei eingeäschert worden, spricht Ovando von einem heimlichen Begräbnis und Barrientos bestätigt dies, was wiederum Torres dazu zwingt, sich zu korrigieren, indem er sagt, er sei zuerst eingeäschert und dann begraben worden.

Am 13. Oktober um 6 Uhr 15 empfängt Lyndon B. Johnson ein Memorandum von Rostow: „Herr Präsident, Sie haben mir gesagt, ich soll Covey Olivier fragen, ob es stimmt, daß die Bolivianer die Leiche von Che verbrannt haben. Der CIA hat dem Außenministerium gegenüber gesagt, daß dies der Fall sei."

Einen Tag später erstellen drei Inspektoren der argentinischen Polizei Schriftgutachten von Ches Tagebüchern und nehmen Fingerabdrücke von den Händen, die im Formol-Behälter konserviert sind. Die Identifizierung verläuft durch Vergleiche mit alten Dokumenten erfolgreich.

Roberto Guevara, Ches Bruder, taucht in Begleitung einer Gruppe von Journalisten in Santa Cruz auf, um den Leichnam seines Bruders abzuholen („Wir reisten mit dem Flugzeug nach Bolivien, mit einem Journalistenflugzeug, denn ich hatte kein Geld"), und bekommt nur Ausflüchte und widersprüchliche Informationen von Seiten der Militärs zu hören. Es gibt ein Foto von Roberto in einem dreiteiligen Anzug in Santa Cruz; er sieht verlegen aus, als wüßte er nicht, wo er den Blick hinwenden soll.

Die Gerüchte über den verschwundenen Leichnam schöpfen den Bereich des Möglichen aus und gehen noch darüber hinaus. Der mexikanische Journalist José Natividad Rosales versicherte, die Leiche sei in einem Sarg mit gläsernem Deckel in der Kaserne von La Esperanza begraben worden, wo man die Ranger ausgebildet hatte. Auch die Version, daß der Leichnam tatsächlich eingeäschert und die Asche von einem Hubschrauber aus im Urwald verstreut worden sei, machte die Runde. Weiter hieß es, Che sei im Rathaus von Vallegrande eingemauert worden, und zwei Monate nach dem Tod Guevaras verbreitete Michelle Ray sogar die Version, die Leiche liege auf Eis in irgendeinem Keller von La Paz.

Wie ist Che gestorben? Wo ist seine Leiche?

Als erstes zweifelt ein Kabel von Interpress (das am 11. und 12. Oktober verbreitet wird) die offizielle Todesversion an und stützt sich dabei auf Aussagen des Gerichtsmediziners Martínez Casso, der zögernd erklärt hat, der Tod sei zwischen 11 und 12 Uhr am Montag, dem 9. Oktober, eingetreten, daher, wenn die Kämpfe am 8. stattgefunden hatten ...

Am Sonntag, dem 15. Oktober, gibt Hauptmann Gary Prado, der von einem Journalisten des Mordes an Che bezichtigt worden ist, dem UPI-Korrespondenten ein Interview und läßt die Geschichte offen, obwohl er seine Mitwirkung bestätigt: Als er Che gefangen genommen habe, sei er am Leben gewesen, und lebend habe er ihn in La Higuera abgeliefert. War er verletzt? Schwer? Das erwähnt er nicht.

Fidel Castro beschuldigt am 15. Oktober im kubanischen Fernsehen, als er

Ches Tod offiziell bestätigt, die bolivianischen Militärs, Che exekutiert zu haben. Dabei beruft er sich auf die Widersprüche zwischen den verschiedenen Erklärungen, der Autopsie und den vielfachen Behauptungen, daß Che bei seiner Gefangennahme nicht schwer verletzt gewesen sei.

Ein Kabel vom 17. Oktober bestätigte die neue Version der bolivianischen Militärs: „Che starb Stunden, nachdem er lebend festgenommen wurde (...), an seinen Verletzungen." Doch die Zeitschrift „Time", die zweifelsohne über US-amerikanische Regierungsinformationen verfügt, bestätigt am selben Tag Fidels Darstellung: Die bolivianischen Militärs hätten die Exekution von Che angeordnet, der lebend und verletzt gefangen genommen worden war. Wenige Tage später enthüllt der britische Journalist Richard Gott für die chilenische Zeitschrift „Punto Final", daß ihm schon am 8. Oktober die Nachricht von Ches Gefangennahme zugespielt worden war (vielleicht von Papy Shelton persönlich, im Golfclub von Santa Cruz).

Erst vier Monate nach den Ereignissen, am 5. Februar 1968, erscheint die erste Version mit reichhaltigem Material darüber, daß Che am 8. festgenommen und am nächsten Tag in der Schule von La Higuera exekutiert wurde. Es ist eine Reportage der französischen Journalistin Michelle Ray für die US-amerikanische Zeitschrift „Ramparts" mit dem Titel: „Die Exekution von Che durch den CIA".

Im Laufe der Zeit bricht sich beim Durchsuchen des Meeres an Desinformation die Wahrheit Bahn. Komplizierter gestaltet sich allerdings die Suche nach dem Aufenthaltsort der Leichname von Che und seinen Kameraden. Die kubanischen Forscher Cupull und González sammeln Ende der achtziger Jahre Gerüchte über zwei mögliche Orte des Massengrabs: „Man spricht von zwei Orten, entweder am Ende des Schlafsaals des Pando-Regiments oder neben der Landebahn des Flughafens von Vallegrande. Beide Standorte sind 200 Meter voneinander entfernt." Aber der erste, der das offizielle Schweigen bricht, ist Major Sauceda Parada vom bolivianischen Militärgeheimdienst, der viel später mehrere Schlüsselelemente der Informationen eingesteht, die der Verfasser hier versammelt.

Es sollten 28 Jahre vergehen, bis einer der Totengräber, der damalige Hauptmann Vargas Salinas, heute General im Ruhestand, endgültig zu reden beschloß und zugab, daß er zusammen mit Major Flores am Begräbnis beteiligt war. Er erzählt, daß sie im Morgengrauen des 11. Oktober 1967 mit Hilfe eines Traktors neben der Landebahn eine Grube gegraben, die Leichen von Che und seinen Gefährten hineingeworfen und danach das Grab zugedeckt hätten, damit keine Spuren zurückblieben.

Diese Enthüllung führt im November 1995 zu einem großen Skandal. Die bolivianische Armee wird erschüttert, widerspricht sich; der Bürgermeister von Vallegrande erklärt die Umgebung des Flughafens zum „historischen Erbe", um den Tourismus in diesem von aller Götter Hand so weit entfernten Ort zu fördern; der bolivianische Präsident Gonzalo Sánchez bietet eine Suchaktion an, um Che in den Genuß eines „christlichen" Begräbnisses kommen zu lassen ...

Im November und Dezember '95 beginnen die Suchtrupps mit den Ausgrabungen, die von argentinischen Experten koordiniert und von einem kubanischen Gerichtsmediziner beraten werden. Gerüchten zufolge hat man in Cañada del Arroyo ein Massengrab gefunden, wahrscheinlich das der Gruppe, die in Cajones ermordet worden ist, der Gruppe von Huanca und den Kranken. Aber die Suche nach der Leiche von Che ist bis zur Drucklegung dieses Buches fruchtlos geblieben.*

Kapitel 59
★
Die vielen Uhren von Kommandant Guevara

Es mag überraschen, daß ein Mensch, der in seinem Leben soviel Abneigung gegenüber Gegenständen, gegenüber den materiellen Dingen zeigte, nach seinem Tod eine breite Spur von Habseligkeiten hinterlassen hat – Dinge, mit denen er lebte, Dinge, die ihm gehörten, die ihm gehört haben sollen oder die ihm gehört haben könnten.

In Kuba sind diese Hinterlassenschaften von Che Gegenstand einer weltlichen Verehrung: Im Sitz der Zeitschrift „Verde Olivo“ befindet sich in einer kleinen Vitrine die Kamera, die Che 1960 der Zeitschrift geliehen und ihr später geschenkt hatte, eine Exakta 35mm. Besucher bleiben oft vor der Vitrine stehen und sehen sich dann dem Foto eines lächelnden Che gegenüber.

Lina González, eine alte Bäuerin aus Lomas del Pedrero, zeigte dem Journalisten Mariano Rodríguez liebevoll „Tasse, Tisch und Hocker, wo Che sich hinsetzte, aß und Kaffee trank“.

Im Che gewidmeten Gemeindemuseum in Cabaiguán zeigt man den Besuchern die Gipsschiene, die Che an seinem linken Arm getragen hatte, den er sich in den letzten Tagen der Schlacht von Santa Clara gebrochen hatte. Wie ist sie dort hingekommen? Ist sie echt? Die Schiene trug Che noch bis zu seinem Einzug in Havanna und es gibt Fotos, die ihn im kleinen Büro von La Cabaña mit nach wie vor eingegipstem linken Arm zeigen. Wie ist der Gips zurück nach Cabaiguán gelangt?

Vor Jahren wurde im kubanischen Museum der Revolution eine Ausstellung von Gegenständen gezeigt, die mit der Guerilla in Bolivien zu tun hatten, aber weder war der „Jeep von Tania“ von Tania, noch waren die Socken – „sehr dünne, wie man sie zu den Luxusuniformen der kubanischen Armee trägt“, wie einer der Überlebenden der bolivianischen Guerilla empört dem Verfasser erzählt hat – „von Che. Che trug grobe blaue Strümpfe, die er in Frankreich gekauft hatte, und diese Socken waren sauber und brandneu, während Ches Strümpfe zerrissen und steif waren, denn er wusch sich nie die Füße.“

* Die mexikanische Originalausgabe erschien im Oktober 1996. Erst Anfang Juli 1997 hat die Suche zum Erfolg geführt.

Wie die Nägel aus dem echten Christuskreuz oder die zahllosen Talismane, die Glück bringen, erzeugen Gegenstände, die mit Che in Verbindung gebracht werden, bei Freund und Feind eine fast religiöse Jagd, eine süßliche Verehrung, einen unmoralischen Handel und eine Masse lächerlicher Betrügereien.

Der Handel mit Ches wenigen Habseligkeiten zwischen La Higuera (wo dem Dichter Enrique Lihn zufolge Che „post mortem sein Hauptquartier aufgeschlagen hat"), Vallegrande und La Paz ist gleich nach seiner Gefangennahme entfesselt worden. Eine Mentalität, in der sich das Recht auf Raub, die Kriegsbeute und der Fetischismus ergänzen, brachte zuerst die Militärs und dann die zivilen Nachbarn dazu, all das zu stehlen, was Che Guevara gehört haben solle und ihnen in die Hände fiel. Hinter dem Rücken der Oberbefehlshaber wurden in La Higuera US-amerikanische Dollars, bolivianische Pesos und kanadische Dollars verteilt. Ches Parker-Füllfederhalter gelangte in die Hände eines Unteroffiziers, der ihn schließlich mit einem Journalisten gegen eine Reihe von Fotos tauschte. Ches Ring wurde von einem anderen Unteroffizier mitgenommen, der Kopien davon anfertigen ließ, die er noch Jahre später verkaufte. Der beschädigte M-2-Karabiner gelangte in die Hände von Oberst Zenteno, der ihn, um sich einzuschmeicheln, General Ovando geschenkt haben soll. Die eine von Ches Pfeifen wurde von Oberst Selich und die andere von Sergeant Bernardino Huanca gestohlen. Ches Schuhwerk aus Leder und Bindfaden, seine Mokassins, die seine kaputten Stiefel ersetzt hatten, wollte niemand haben.

Nichts hat jedoch gleichzeitig so viele Besitzer gehabt wie Ches Uhr. Am 8. Oktober 1967 trug Kommandant Guevara zwei Rolex-Uhren bei sich, seine eigene und die von Coello, die ihm beim Tod seines Gehilfen übergeben worden war. Als Che gefangen genommen wurde, nahmen die Soldaten ihm beide ab. Bei seinem ersten Gespräch in der Schule von La Higuera erzählt Che dies Gary Prado, der die Soldaten zu sich ruft und die beiden Rolex Oster Perpetual zurückerhält.

„Hier haben Sie Ihre Uhren, behalten Sie sie, niemand wird sie Ihnen wegnehmen."

Che antwortet, es sei ihm lieber, wenn Prado sie aufbewahre, und wenn ihm etwas geschehe, soll er sie „den Meinen zukommen lassen". Prado fordert ihn auf zu sagen, welches seine Uhr ist. Che markiert sie mit einem X auf der Rückseite, wozu er einen kleinen Stein benutzt. Prado behält die Uhr von Che und gibt Major Ayoroa die von Coello.

Soweit die offizielle Geschichte, aber der Telegrafist Cortez aus La Higuera behauptet gesehen zu haben, wie Oberst Selich Che seine Uhr abnahm, als er gefesselt war. Und der CIA-Agent Félix Rodríguez erzählt, wie er den Soldaten, der sie ihm abgenommen hatte, um Ches Uhr betrügen konnte und sie dann selbst am Handgelenk trug, als er La Higuera mit dem Hubschrauber verließ, und im Laufe der Zeit wird aus der Rolex Oster Perpetual eine Rolex GT Master. Der spanisch-mexikanische Journalist Luis Suárez aber hat versichert, daß Ches Rolex in die Hände von Sergeant Bernardino Huanca gelangte, der sie der Leiche abgenommen hatte.

Andere Versionen machen General Ovando zum Eigentümer und eine weitere, die ungeheuerlichste, läßt besagte Uhr Tausende von Kilometern zurücklegen – von der Leiche zum Arzt, der die Autopsie unternahm, vom Arzt zu seinem Sohn, der sie zur Begleichung von Schulden einem Kneipenwirt in der mexikanischen Stadt Puebla übergeben haben soll.

Kapitel 60
★
Die verschwundenen Tagebücher

Unter dem im Gefecht der Yuro-Schlucht erbeuteten Material der Guerilla befindet sich, neben den Gegenständen fetischistischer Obsessionen von Offizieren und Soldaten, eine Reihe von Heften und Notizbüchern, von denen insbesondere zwei sich für die Militärs als ergiebige Kriegsbeute erwiesen haben. Es handelt sich um ein rötliches Spiralnotizbuch von 14 x 20 cm Größe mit der Jahreszahl „1967“ auf dem Umschlag und um einen kaffeebraunen Taschenkalender, der in Frankfurt gedruckt wurde. Ersteres enthält das Tagebuch von Kommandant Guevara von November und Dezember 1966 und in seinem hinteren Teil die zwischen Ches Guerilla und Havanna ausgetauschten Botschaften; der Kalender birgt seine Tagebuchaufzeichnungen aus dem Jahr 1967 bis zum 7. Oktober. Außerdem gab es noch ein Notizbuch mit Kontaktadressen auf der ganzen Welt, zwei kleine Bücher mit Code-Schlüsseln und ein grünes Heft, in das Che Gedichte von León Felipe, Neruda und Guillén geschrieben hatte. Eines der Tagebücher war von Gary Prado noch in der Churo-Schlucht mit der Notiz versehen worden: „im Rucksack gefunden“.

Die erste öffentliche Verlautbarung über die Existenz der Tagebücher stammt vom Oberkommandierenden der Streitkräfte, General Ovando, der sie am 10. Oktober in einer Pressekonferenz im Hotel Santa Teresita den Journalisten zeigte.

In diesen ersten Tagen ging das Tagebuch durch mehrere Hände: von Hauptmann Gary Prado, der es mit der Notiz versah, zu Oberst Zenteno in La Higuera, von dort zum CIA-Agenten Rodríguez, der es abfotografierte, weiter zum militärischen Geheimdienst in Vallegrande, zu Ovando, der es in seiner Unterkunft in der Zentralbank flüchtig durchsah, dann zu seinem Adjutanten, Leutnant Olmos, der es dem Kommando der 8. Division für eine Pressekonferenz übergab und, als er es zurückhaben wollte, feststellen mußte, daß es in die Hände des CIA-Agenten García gelangt war. Beim Rückflug nach La Paz bekam Hauptmann Palmo es von García zurück und übergab es Ovando, der es an den militärischen Geheimdienst weiterreichte, wo es schließlich in einem Tresor verwahrt wurde.

Die Fotografien des CIA treffen in den folgenden Tagen in Washington ein. Es gibt ein Memorandum vom 11. Oktober 1967 von Rostow an den Präsidenten, das zweifelsohne auf die Tagebücher anspielt: „Heute morgen sind wir zu 99% sicher, daß Che Guevara tot ist ... (zensiert). Diese müssen heute oder morgen in Washington ankommen."

Eine Woche später beginnen die beiden Hauptfiguren der bolivianischen Militärdiktatur einen Krieg von Erklärungen und Manövern, die die Tagebücher von Kommandant Guevara betreffen: Am 16. Oktober erklärt die bolivianische Regierung über ein Kabel der ANSA, sie beabsichtige, „das Tagebuch zu verkaufen, um sich für die Verluste zu entschädigen, die die Guerilla verursacht hat".

Am 7. November verkündet General Ovando, daß das Tagebuch an den Meistbietenden verkauft werde. Präsident Barrientos dagegen läßt verlauten, es sei bereits an einen US-amerikanischen Verlagskonzern verkauft worden.

Im Laufe des Novembers versuchen die Generäle den Verkauf des Tagebuchs unter Dach und Fach zu bringen. Sie bekommen Angebote von Doubleday und Magnum aus den Vereinigten Staaten und vom französischen Unternehmen „Paris Match", dessen Beteiligung am Gebot aber eher das Täuschungsmanöver einer französischen Journalistin ist, um an mehr Informationen heranzukommen. Es wird von Angeboten gesprochen, die „bei 20.000 Dollar begannen und bis zur Summe von 400.000 gingen", was übertrieben scheint. Am 22. November ermächtigt ein Dekret des Präsidenten die Armee, über Ches Dokumente und Habseligkeiten zu verfügen.

Mehrere kubanische Forscher haben darauf bestanden, daß diese Verlagsoperation an sich nicht wichtig war, sondern daß es darum ging, eine vom CIA manipulierte Tagebuchversion zu legitimieren. Cupull und González behaupten konkret, in der Niederlassung in La Paz hätten Techniker und Schriftgutachter daran gearbeitet, Verdrehungen, Auslassungen und Änderungen zu erzeugen, um eine neue Version des Tagebuchs zu produzieren, die für den heißen Krieg gegen Kuba nützlich sein sollte. Zweifellos lag es im Interesse des Geheimdienstes, eine Version zu schaffen, die es ihm unter anderem erlaubte, Ches Person gegen Fidel zu stellen, die Spannungen zwischen den Kubanern und dem Sowjetblock zu erhöhen oder Che selbst herabzuwürdigen, indem man ihn als despotischen Abenteurer oder Illusionisten darstellte, oder einfach die Spannungen zwischen dem Guevarismus und den lateinamerikanischen kommunistischen Parteien zu schüren. Aber eine Operation dieser Größenordnung war eine sehr heikle Angelegenheit, nicht nur in technischer Hinsicht; es mußte eine Tagebuchversion geschaffen werden, die Glaubwürdigkeit besaß, die weitestgehend zur Person und ihren vorherigen Schriften paßte.

Wie es auch gewesen sein mag, Tatsache ist, daß in der ersten Verhandlungsphase mit US-Verlagen zwei amerikanische Journalisten als Unterhändler der bolivianischen Militärs agierten, die von Fidel als „dem CIA nahestehende Journalisten" bezeichnet wurden. Andrew Saint George und Juan de Onís von der „New York Times" verfügten über Fotokopien des Tagebuchs, waren allerdings nicht befugt, sie zu veröffentlichen. Die Verhandlungen kamen ins Stocken, als Doubleday sich mit dem Argument zurückzog, daß die Autorenrechte von Aleida March, Ches Witwe, beansprucht werden könnten.

Während das Tauziehen weiterging, kam es zu einer von niemandem erwarteten Wendung: Ende Januar 1968 tauchte im Büro der kubanischen Nachrichtenagentur Prensa Latina in Santiago de Chile ein mysteriöser Bote auf und zauberte ein Kaninchen aus dem Hut: „Ich komme im Auftrag von Antonio Arguedas. Er will Ches Tagebuch an Kuba übergeben."

Der Bote deutete an, das Angebot hätte den Grund, daß der bolivianische Innenminister über die US-amerikanische Einmischung in Belange seines Landes empört sei. Eine Gruppe von Journalisten setzte sich unter der Führung von Hernán Uribe zusammen, um die ungewöhnliche Situation zu untersuchen. Man hatte nichts zu verlieren, so daß sie dem Abgesandten von Arguedas grünes Licht gaben und dem kubanischen Vize-Innenminister Manuel Piñeiro eine Botschaft übermittelten. Kurz darauf kam der Bolivianer, die Mikrofilme in einer Schallplatte mit Folkloremusik versteckt, nach Santiago. Es wurde beschlossen, daß der Journalist Mario Diaz Barrientos, bekannt als „der Zwerg", den Mikrofilm transportieren sollte; er reiste über Mexiko nach Havanna und wurde, ohne daß er es wußte, dabei von Agenten des kubanischen Innenministeriums begleitet.

Fidel Castro erklärte Jahre später: „Obwohl das Dokument an sich nicht den geringsten Zweifel an seiner Echtheit zuließ, wurden alle Fotokopien einer strengen Prüfung unterzogen, nicht nur um besagte Echtheit zu überprüfen, sondern auch um jede mögliche Änderung, so klein sie auch sein mochte, festzustellen. Außerdem wurden die Angaben mit dem Tagebuch eines der überlebenden Guerilleros verglichen." Die Aufgabe, die Schrift zu entziffern, wurde von Ches Witwe Aleida mit der Unterstützung von Manresa, seinem Sekretär, erledigt; außerdem beteiligten sich auch die drei kubanischen Überlebenden der Guerilla: Alarcón, Tamayo und Villegas.

Die Kubaner hatten nur noch einen Vorbehalt, den Fidel im späteren Vorwort zum Buch benannte: „Da in diesem Tagebuch wiederholt von der kubanischen Revolution und ihren Beziehungen zur Guerillabewegung die Rede ist, könnten einige meinen, die Veröffentlichung von unserer Seite sei eine Provokation, die den Feinden der Revolution und den Yankee-Imperialisten und ihren Verbündeten, den Oligarchien Lateinamerikas, Argumente liefern könnte, um ihre Blockade-, Isolierungs- und Aggressionspläne gegen Kuba zu verstärken", aber die Existenz der Exemplare, die in der Hand von Barrientos und dem CIA waren, ließen den Einwand absurd erscheinen.

Die ganze Operation zur Herstellung des Buches wurde geheim durchgeführt und nach mehreren Monaten Transkription und Echtheitsprüfung wurden die Vorlagen am Samstag, dem 22. Juni 1968, in der Druckerei Osvaldo Sánchez angeliefert. Am Sonntag, dem 30. Juni, um 11 Uhr 45 war das „Bolivianische Tagebuch" fertiggedruckt. Schüler der Berufsschulen halfen bei der Verarbeitung der Millionenauflage. Einen Tag später lag das Tagebuch zur kostenlosen Verbreitung in den Buchhandlungen von Havanna. Fast gleichzeitig wurde es von Punto Final in Chile, Masperó in Frankreich, Ruedo Ibérico in Frankreich für das franquistische Spanien, Siglo XXI in Mexiko, Feltrinelli in Italien, Trikont in der BRD und der Zeitschrift „Ramparts" in den USA herausgebracht. Merkwürdigerweise enthält diese Liste weder Buch- noch Zeitschriftenverlage aus Osteuropa, was einen Eindruck von den damaligen Spannungen zwischen dem irrealen Sozialismus in Europa und der kubanischen Revolution, von der Abneigung der osteuropäischen Bürokraten gegen Che vermittelt. Die tschechische Nachrichtenagentur CTK leistete sich sogar den Luxus, in einer Kolumne über die kubanische Ausgabe die Echtheit des Tagebuchs anzuzweifeln.

Die Buchhandlungen in Havanna waren voll davon, Fotos zeigen spektakuläre Menschenaufläufe, Tausende standen Schlange. Der Lehrer Israel Díaz war der erste, der ein Exemplar des Tagebuchs in der Buchhandlung L y 27 bekam; er hatte seit vier Uhr morgens angestanden. In wenigen Wochen erreichte das Tagebuch Millionen von Lesern in der ganzen Welt, selbst die Nachdrucke hatten noch Hunderttausender-Auflagen.

Nicht nur die Tschechen zweifelten die Echtheit der kubanischen Version an; überraschenderweise tat dies auch der Journalist Andrew Saint George, obwohl er wissen mußte, daß das Tagebuch echt war. Er behauptete, die echte Version würde von Stein and Day veröffentlicht und das Original, das er gesehen hätte, enthielte Kritik an Fidel.

Die Antwort des obersten kubanischen Amtsträgers ließ nicht lange auf sich warten. Am 3. Juli 1968 erklärte er im kubanischen Fernsehen: „Niemand, der gesunden Menschenverstand hat, kann sich vorstellen, daß jemand eine falsche Version dieses Tagebuchs veröffentlichen wird, wenn sich das Original in den Händen eines anderen befindet, noch dazu, wenn es sein Feind ist."

Aber die kubanische Ausgabe hat einen Mangel: Es fehlen dreizehn Tage, die, wenn sie vielleicht auch keine weitergehende Information bieten, doch eine Fährte sein könnten, um herauszufinden, wie das Buch in kubanische Hände gelangen konnte. Tage später spielen entweder nationalistische und befreundete Hände oder die bolivianischen Militärs Ches Tagebuch der Tageszeitung „Presencia" in La Paz und der bolivianischen Rundfunkkette Nueva América zu, die es am 11. und 12. Juli in seiner vollständigen Version veröffentlichen. Wenn es irgendeinen Versuch gab, das Tagebuch zu manipulieren, so ist dieser dadurch vereitelt worden.

Am gleichen Tag, mitten im politischen Skandal, beginnt in Bolivien eine Untersuchung über die Entstehung der undichten Stelle. General Ovando ruft, um die Armee von jeglicher Schuld zu befreien, die Presse in sein Büro und zeigt, daß die Tagebücher dort in einem Schuhkarton stecken, der sich wiederum in einem Tresor befindet.

Eine Woche später kündigt der Präsident neue Ermittlungen an. Am gleichen Tag verschwindet der Innenminister, Antonio Arguedas, zusammen mit seinem Bruder und taucht in Chile wieder auf, wo er um politisches Asyl bittet.

Antonio Arguedas ist, gelinde gesagt, eine eigentümliche Figur; ehemaliger Luftwaffenmajor und Rechtsanwalt, 40 Jahre alt, Ex-Mitglied der Kommunistischen Partei, früherer Aktivist der linken Strömung der MNR, ehemaliger CIA-Agent, hat er zuviele Wendungen in seinem politischen Leben mitgemacht, um noch glaubwürdig zu sein. Er ist beschuldigt worden, die Repression gegen die städtischen Kader von Ches Guerilla geleitet und die Augen vor Folter und

Mord geschlossen zu haben. Dennoch erklärt er während seines Exils, daß er Fidel bewundern und gern das Gewehr in die Hand nehmen würde, das „sein Freund“ Coco Peredo hinterlassen habe. Sind seine Argumente glaubwürdig? Monate später sagt er über seine Motive: „Mein Hauptbeweggrund war zu verhindern, daß der US-amerikanische Imperialismus das Tagebuch von Che Guevara teilweise verfälschte oder veränderte.“ Fidel Castro bestätigte einige Tage darauf, daß Arguedas die Quelle war und daß er aus völlig uneigennützigen Motiven gehandelt habe.

Und wieder passiert eine seltsame Geschichte: Arguedas geht von Chile aus nach London ins Exil, wo er vom CIA und dem britischen Geheimdienst verhört wird, dann nach New York (!) und von dort aus nach Lima, um schließlich nach La Paz zurückzukehren, wo er vor Gericht gestellt wird und auf Kaution freikommt, anscheinend dank einer Erpressung mit 134 Dokumenten, die sich in seinem Besitz befinden, die die Beziehungen zwischen dem CIA und der bolivianischen Regierung im Kampf gegen Che enthüllen. In einer unglaublichen Abfolge wird sein Haus mit einer Bombe in die Luft gesprengt, es wird auf ihn geschossen, schließlich sucht er in der mexikanischen Botschaft von La Paz Zuflucht.

Mit dem Ende des „Falles Arguedas“ schien die unglaubliche Geschichte von Ches Tagebuch zum Vergessen verurteilt zu sein, aber Mitte der achtziger Jahre kam es zu einem weiteren Skandal, als das berühmte britische Auktionshaus Sotheby's ankündigte, in Kürze die Original-Tagebücher von Che zu versteigern, und 250.000 Pfund Sterling als Ausgangswert vorschlug. Wie sollten sie dorthin gekommen sein? Die bolivianische Regierung kündigte eine Untersuchung an und kam schnell auf Ex-Diktator General Luis García Meza, der die Tagebücher an „einen Brasilianer“ verkauft hatte, der sie seinerseits abgestoßen oder die britische Galerie als Zwischenhändler benutzt hatte ... Im Juni 1984 sagte Sotheby's aufgrund der wiederholten Rechtsansprüche seitens der bolivianischen Regierung die Versteigerung ab.

Kapitel 61

★

Der „Fluch des Che“

In den folgenden 15 Jahren erlitten diejenigen, die mit der Gefangennahme, dem Befehl zur Ermordung und dem Verschwindenlassen der Leiche von Ernesto Guevara zu tun gehabt hatten, merkwürdige tödliche Unfälle im Hubschrauber oder im Auto, wurden von den Erben der Guerilla hingerichtet, wurden verbannt, erkrankten auf mysteriöse Weise, wurden beschossen, von terroristischen Gruppen der phantasmagorischen Linken oder der noch steinzeitlicheren Rechten getötet oder von ihren ehemaligen Kameraden erschlagen – was aber alles zweifellos auch der Tatsache zugeschrieben werden kann, daß die betroffenen Personen in unsicheren Zeiten, auf Messers Schneide lebten.

Als ob Ches Gespenst zurückkehren würde, um von seinen Mördern die Abrechnung zu verlangen, ereilte so eine Welle von Gewalt fast alle der am Geschehen Beteiligten. Es ist nicht weiter verwunderlich, daß die Häufung von Zufällen die Legende vom „Fluch des Che" entstehen ließ, der laut Gerüchten oder Volksmärchen die Koordination all dieser Unfälle, Attentate und Krankheiten aus dem Jenseits organisiert haben soll. Ein zweites Gerücht unterschob dem kubanischen Geheimdienst ohne jeglichen Beweis eine internationale Racheoperation. Kurioserweise waren die Verfechter der ersten Hypothese nicht so stolz auf die Ereignisse wie jener kubanische Schriftsteller, der dem Verfasser gegenüber einmal lächelnd und in einem zufriedenen Tonfall angedeutet hat: „Ja, unser Geheimdienst ..."

Gehen wir die Geschichte noch einmal durch:

Honorato Rojas wurde nach jenem Foto zur öffentlichen Figur, auf dem ihn Vizepräsident Siles beglückwünscht, daß er die Guerilla verraten und die Gruppe von Tania und Vilo Acuña in den Hinterhalt an der Yeso-Furt geführt hat; ein pathetisches Bild, Honorato in Rangeruniform mit einer zu großen Mütze, seine anderthalbjährige Tochter auf dem Arm.

Am 14. Juli 1969 richtete ihn ein Kommando der neuentstandenen ELN mit zwei Kopfschüssen hin. Er hatte zuletzt ein paar Kilometer von Santa Cruz entfernt auf einem kleinen Hof von fünf Hektar gewohnt, den ihm Barrientos geschenkt hatte.

Und eben dieser General Barrientos war der zweite, der fiel. Der Präsident von Bolivien, der den Befehl zu Ches Hinrichtung gegeben hatte, starb knapp ein Jahr später; er verbrannte, als sein Hubschrauber am 29. April 1969 in der Nähe der Ortschaft Arque abstürzte. Der Unfallhergang konnte nie geklärt werden. Gerüchte beschuldigten seinen früheren Kameraden General Ovando, dahintergesteckt zu haben, weil Barrientos einen Selbstputsch inszenieren wollte, um sich der inneren und äußeren Opposition zu entledigen. Sicher ist auch, daß Ovando 1970 von einem anderen Militär, General Miranda, aus dem Präsidentenpalast geworfen wurde, den er nach einem Militärputsch gegen Barrientos erobert hatte.

Der Schriftsteller Jorge Gallardo, der in engem Kontakt mit der Militärspitze stand, die den fortschrittlichen Putsch von Torres anführte, erzählte Jahre später: „Drei Jahre nach Ches Tod prophezeite der Aberglaube des Volkes, daß er von seinem Grab aus die Verantwortlichen für seinen Tod zu sich holen würde." Und zwei kubanische Historiker, die die Gegend im Süden Boliviens durchfuhren, wo Ches Guerilla operiert hatte, notierten: „Aufgrund dieses Aberglaubens zirkulierte unter den bolivianischen Militärs und ihren Familienangehörigen ein Kettenbrief, der besagte, daß Barrientos' Tod eine Strafe Gottes wäre und daß alle an Ches Ermordung Mitschuldigen ein schlimmes Unglück ereilen würde. Um sich zu retten, wurde empfohlen, drei Vaterunser und drei Ave Maria zu beten. Der Brief sollte neun Mal abgeschrieben und an ebensoviele Empfänger weitergeschickt werden."

Entweder gab es zu wenig Abschriften der Kettenbriefe oder die Taten gingen unkoordiniert weiter; Tatsache ist, daß kurz nach Barrientos' „Unfall" ein weiterer Toter zur Zunahme der Gerüchte beitrug: Am 10. Oktober 1970, einen Tag nach Ches drittem Todestag, kam Leutnant Eduardo Huerta, leitender Offizier bei Ches Gefangennahme, bei einem Autounfall ums Leben.

Die Kette ging weiter mit der brutalen Ermordung von Oberstleutnant Selich, einem der wenigen Militärs mit hohem Dienstgrad, der Che in der Schule von La Higuera verhört und versucht hatte, ihn zu mißhandeln. Anfang der siebziger Jahre wurde er unter der Regierung von Banzer, deren Innenminister er gewesen war, bei einem von Agenten des militärischen Geheimdienstes inszenierten „Verhör" totgeschlagen, als sie ihn dabei ertappten, daß er einen der vielen Militärputsche in Boliviens Geschichte anzetteln wollte.

Kurz darauf wurde Oberst Roberto Quintanilla, der als Geheimdienstchef des Innenministeriums die Amputation der Hände von Ches Leichnam angeordnet hatte und Jahre später der persönliche Mörder von Inti Peredo war, im April 1971 in Hamburg von Monika Ertl, einer Aktivistin der ELN, hingerichtet. Sie gab vor, als deutsche Staatsbürgerin ein Visum für Bolivien beantragen zu wollen, und betrat das Konsulat. Sie bat darum, Oberst Quintanilla zu sprechen, und als sie in sein Zimmer geführt wurde, erledigte sie ihn mit zwei Schüssen in die Brust und konnte anschließend ungehindert entkommen.

Der „Fluch des Che" wurde nicht nur von revolutionären Aktivisten ins Spiel gebracht, manchmal nahm er auch eine andere Form an: Der CIA-Agent Félix Rodríguez, der Che identifiziert und später sein Tagebuch fotografiert hatte, begann nach seiner Rückkehr nach Miami an Asthma zu leiden, obwohl sich Asthma normalerweise stets zuerst in der Kindheit äußert und er nie an dieser Krankheit gelitten hatte. „Als ich hierher nach Miami kam (...), hatte ich plötzlich einen Asthmaanfall. Sie machten bei mir alle Arten von Allergietests, aber keiner war positiv. Sie schlossen daraus, daß dies entweder der Fluch des Che oder eine psychologische Geschichte sei, denn ich bekam das Asthma sowohl in trockenem als auch in feuchtem Klima, bei Kälte und bei Hitze."

Major Juan Ayoroa, dessen Ranger in der Schlußphase des Feldzugs gegen Che in Aktion getreten und an seiner Gefangennahme und seinem Tod beteiligt gewesen waren, wurde Ende September 1972 von der Regierung Banzer deportiert.

Juan José Torres, der während des Feldzugs gegen Che Generalstabschef der bolivianischen Streitkräfte war und den Exekutionsbefehl unterzeichnet hatte, kam Jahre später selbst an die Macht, die ihm jedoch durch einen Militärputsch der Ultrarechten wieder entrissen wurde. Am 12. Februar 1976 kam er in Buenos Aires bei einem Anschlag der ultrarechten Organisation Triple A durch drei Kopfschüsse ums Leben.

Im Mai 1976 traf es General Joaquín Zenteno – als Kommandant der 8. Division hatte er den Befehl übermittelt, Che zu ermorden –, der vom anderen Extrem des politischen Spektrums, einem spontanen Kommando, das sich „Internationalistische Brigade Che Guevara" nannte und danach nie wieder in

Erscheinung trat, in Paris, wo er bolivianischer Botschafter war, hingerichtet wurde. Drei Kugeln vom Kaliber 7,65 trafen ihn aus nächster Nähe vor der Tür seines Büros. Die Ermittler bekamen heraus, daß er öffentlich bezichtigt worden war, in Bolivien versteckte alte Nazis wie Barbie zu schützen.

Gary Prado Salmón, der Hauptmann, der Che gefangen genommen hatte, wurde von Schüssen getroffen, die ihm beide Lungen durchbohrten und die Wirbelsäule verletzten, wodurch er gelähmt wurde, als er Anfang der achtziger Jahre gegen eine Gruppe von Faschisten vorging, die in Santa Cruz ein Erdölcamp besetzt hatten. Kurioserweise wurde der Schuß versehentlich von einem seiner eigenen Soldaten abgegeben, dessen Namen man nie bekanntgegeben hat.

Zwanzig Jahre nach den Ereignissen verbüßte der ehemalige Innenminister Antonio Arguedas in einem bolivianischen Gefängnis eine Haftstrafe von acht Jahren wegen der Entführung eines Geschäftsmannes, nachdem er schon Ende der sechziger Jahre von Unbekannten beschossen und bombardiert worden war.

Wenig ist über das Schicksal von Unteroffizier Mario Terán bekannt, wenn auch in einigen Zeitungen geschrieben wurde, er würde betrunken durch die Gassen von Cochabamba irren, in seinen Alpträumen von Ches Anblick verfolgt, und hätte sich, genauso wie Sergeant Bernardino Huanca, in psychiatrische Behandlung begeben müssen.

Kapitel 62

★

Bilder und Phantome

Der Dichter Paco Uronda, Jahre später von den argentinischen Militärs ermordet, schrieb nach Ches Tod aus Buenos Aires: „Eine Woche lang regnete es ununterbrochen und die weniger Leichtgläubigen, oder die nicht Abergläubischen, denken an einen Zufall, einen reinen Zufall: daß das, was passiert, zwar etwas außergewöhnlich, aber zufällig ist. Die Freunde werden jedes Mal nasser, dieses Mal zog sich dieses Sauwetter in die Länge. Aber die Vermutungen sind dieses Mal nicht die üblichen, das heißt, es wird nicht über die Feuchtigkeit und die Katastrophen gesprochen, die sie auslöst, dieses Mal stellt man andere Vermutungen an; die Heiterkeit fehlt, es herrscht Stille."

Celia, Ches vierte Tochter, 1963 geboren, im vorletzten Jahr des Kommandanten im Industrieministerium, zweieinhalb Jahre vor Ches Aufbruch nach La Paz, eine Frau, die sich nur durch die Erinnerungen anderer an ihren Vater erinnern kann, hat oftmals versucht, das Bolivianische Tagebuch zu lesen; sie konnte es nicht.

Fidel hat in den letzten Jahren Che oft in seinen Träumen gesehen. Er vertraute dem italienischen Journalisten Gianni Miná an, daß Che zu ihm spreche, „ihm Dinge sagt ..."

Ana María, Ches Schwester, erzählte Anfang der siebziger Jahre einem spanischen Journalisten: „Manchmal spüre ich, daß man mich jenseits von mir selbst anschaut, als ob ich auf irgendeine Weise er wäre, ich habe dann das Gefühl, daß ich nichts bin, und ich weiß nicht, wie ich reagieren soll, was ich tun soll. Ich mußte lernen, damit zu leben."

Dies ist nichts Ungewöhnliches. Wir alle wissen, auf welch grausame und wunderbare Art die Toten bei den nahen Angehörigen, die sie überleben, eine große Leere, ein Gefühlsloch hinterlassen. Ernesto Guevara hatte in jenen Jahren einen magischen Nimbus geschaffen, und nicht einmal sein Verschwinden konnte verhindern, daß Leute weiterhin stark von ihm ergriffen wurden, sogar solche, die ihn nie gekannt haben.

Nachdem die Guerilla durch ihre Ländereien gezogen und nachdem sie Ches Leiche in ihrer Schule beherbergt hatte, wurde die Ortschaft La Higuera von einer fürchterlichen Dürre heimgesucht, Tiere und Pflanzen starben und viele Bauern mußten auswandern. Volkes Stimme, die leisen Gerüchte, die Märchen schrieben das der göttlichen Strafe zu, weil die Bewohner zugelassen hatten, daß Che von den Soldaten getötet wurde.

Unter den Bauern von Cochabamba entstand eine seltsame Litanei: „Gütige Seele Che, durch Eure Hilfe bitte ich um das Wunder, daß meine Kuh wieder gesund werde, gewährt es mir, gütige Seele Che."

In La Higuera werden Teile der Haare und kleine Fetzen der blutigen Hose von Kommandant Guevara als Reliquien gezeigt. In Lagunillas hat ein reisender Fotograf ein Vermögen gemacht: Viele Bauern rühmen sich, das Originalfoto vom toten Che auf dem steinernen Tisch im Waschhaus des Malta-Krankenhauses zu besitzen, das Foto des weltlichen Christus.

Die Krankenschwester von Vallegrande, die Che ausgezogen hat, bekennt: „Manchmal träume ich von Che, ich sehe ihn lebendig vor mir, er besucht mich und spricht mit mir, er sagt mir, er werde mich aus dem Elend herausholen, in dem ich lebe."

Die Schule von La Higuera wurde abgerissen. An ihrer Stelle wurde eine Sanitätsstation gebaut, die allerdings nie in Betrieb genommen wurde, zu der weder Ärzte noch Medikamente gelangten. Im Laufe der Jahre entstand eine neue Schule, die der uruguayische Journalist González Bermejo 1971 besuchte:

„Was weißt du von Che?" fragte er einen Bauernsohn, als die Lehrerin nicht dabei war.

„Das ist der hier", antwortete er und zeigte auf ein Bild von Simón Bolívar.

Francisco Rivas, Bauer aus der Umgebung von La Higuera, 60 Jahre alt, 14 Kinder, erzählt: „Damals war es mir nicht klar. Heute weiß ich, daß ich viel verloren habe."

In einer Kirche von Matanzas, Kuba, befindet sich Ernesto Guevara auf einem Altargemälde, ganz verloren inmitten der katholischen Heiligen; hingegen teilt er in einer Kirche im mexikanischen Bundesstaat Tamaulipas auf einem Wandgemälde eine Ecke mit dem Teufel.

Der Tod von Ernesto Guevara erzeugte bei Tausenden von Männern und

Frauen Entsetzen, Verwirrung, Erschrecken, Unruhe, Wut und Ohnmacht. In den elf kurzen Jahren seines politischen Lebens wurde Che ohne es zu wollen zum symbolischen Material der so viele Male verschobenen oder verratenen lateinamerikanischen Revolution, und unsere einzige Gewißheit in diesen Jahren war, daß der Stoff der Träume niemals stirbt. Dennoch ist Ernesto Guevara in Bolivien gestorben. Der Dichter Mario Benedetti hinterließ die beständige Erkenntnis: „So sind wir / bestürzt / wütend / obwohl der Tod eine / der vorhersehbaren Absurditäten ist."

Die Jahre vergingen. Die sieben Meter hohe Bronzestatue, die in Santa Clara steht, stammt von José Delarra, demselben, der einem kubanischen Kosmonauten eine Porzellan-Nachbildung von Ches Gesicht überreichte, um sie auf seinen Flug in die Stratosphäre mitzunehmen. Es handelt sich um einen stämmigen, fast dicken und nikolausbärtigen Che Guevara, der nicht lächelt. Das ist das Problem bei Bronzestatuen, sie können das Lächeln schlecht wiedergeben.

Interview mit Dariel Alarcón in einem Außenbezirk von Havanna: Er ist ein zu Scherzen aufgelegter, lächelnder Mann, aber gegen Ende des Gesprächs geht ein Schatten durch den Raum, als Alarcón daran erinnert, daß Inti, Villegas, Tamayo und er selbst Che an jenem Oktobernachmittag vielleicht hätten befreien können. Das ist eine dieser Geschichten, die einem das Leben schwermachen.

Mit Manresa spreche ich im Dunkeln; der Stadtteil von Havanna hat gerade einen Stromausfall. Manchmal stockt seine Stimme, man kann die Emotionen erahnen.

„Sie, die Guevaristen, die Menschen, die mit Che zusammengelebt haben, machen manchmal den Eindruck, als wären sie gezeichnet, als trügen sie ein Merkmal, ein Z auf der Stirn, wie bei Zorro", sage ich zu ihm.

„Wir waren arme Teufel. Wer weiß, wohin uns das Leben geführt hätte. Wir hatten darauf gewartet, einen Menschen wie Che zu treffen."

Darauf folgt ein langes Schweigen. Dann ist ein Schluchzen zu hören und man weiß nicht, was man noch fragen soll.

Dieses Gefühl des Verlassenseins, daß Che ohne sie weggegangen ist, bringt sie um. Joel Iglesias fiel in eine tiefe Krise, die ihn in den Alkoholismus trieb. Mora beging Selbstmord. Díaz Arguélles konnte Che nie verzeihen, daß er seinen engen Freund Gustavo Machín und nicht ihn mitgenommen hatte; er verzieh ihm nicht einmal, als er Jahre später in Angola beim Versuch, südafrikanische Panzer aufzuhalten, in einer Heldengeschichte starb, die Ches Ruhmestaten in nichts nachstand. Ameijeiras quält sich mit der Tatsache, daß er Ches Voluntarismus nicht bremsen konnte, und dem Schmerz, daß er nicht dort war, um ihn zurückzuhalten. Dreke fragte sich jahrelang, was er in Afrika falsch gemacht hatte, daß Che ihn nicht nach Bolivien mitnahm. Und da die Antwort „nichts" lautet, zehrt die Frage die Person auf. Die Brüder Acevedo fragen sich dasselbe, genauso wie Ches Freund Fernández Mell und wie Aragonés, den nach seiner Rückkehr aus Afrika eine furchtbare Krankheit befiel, an der er beinahe gestorben wäre. Estrada, den Che aus Prag zurückschickte, weil er zu auffällig war; Borrego, sein Vizeminister; Oltuski, der noch nicht das Buch geschrieben hat, um zu sagen, daß sie in so vielen Punkten nicht übereingestimmt haben ... Ich könnte gefahrlos meinen Kopf darauf verwetten, daß es heute in Kuba, fast 30 Jahre nach Ches Tod, noch gut hundert Leute gibt, Männer und Frauen, die ihre Seele an den Teufel verkauft hätten, um mit Che in Bolivien sterben zu können.

In der Wohnung des Genossen Theo Bruns in Hamburg fand ich ein weiteres Foto von Che; es ist ein Plakat mit der Aufschrift: „Genossen, ich habe ein Poster von euch allen bei mir zu Hause. Che." Vielen Dank für die Atempause, für die Rückkehr zum bissigen Humor, den er so oft in seinem Leben praktiziert hat!

Juan Gelman, mein Freund und Nachbar, schrieb einmal: „Aber / das Schwerwiegende ist daß in Wirklichkeit / Kommandant Guevara in den Tod ging / und dort weitergeht wie man sagt / schön / mit Steinen unter dem Arm / ich komme aus einem Land wo nun / Guevara weitere Tode sterben muß / jeder einzelne wird seinen Tod nun auflösen / wer sich freute ist nun elender Staub / wer weinte soll nachdenken / wer vergaß soll vergessen oder sich erinnern."

Die Erinnerung.

Es gibt eine Erinnerung. Von Tausenden von Fotos, Postern, T-Shirts, Kassetten, Schallplatten, Videos, Postkarten, Gemälden, Zeitschriften, Büchern, Sätzen, Zeugnissen – alles Phantome der Industriegesellschaft, die ihre Mythen nicht in der Schlichtheit des Gedächtnisses aufzubewahren vermag – schaut Che uns entgegen. Jenseits aller Blendwerke kehrt er zurück. Im Zeitalter des Schiffbruchs ist er unser weltlicher Heiliger. Fast 30 Jahre nach seinem Tod geht sein Bild quer durch alle Generationen, sein Mythos tummelt sich mitten in den Größenwahndelirien des Neoliberalismus: rücksichtslos, spöttisch, hartnäckig, moralisch hartnäckig und unvergeßlich.

Anmerkungen

Kapitel 1

1) Quellen

Den besten Text stellen zweifellos die Erinnerungen seines Vaters Ernesto Guevara Lynch: „Mein Sohn Che“ (Hamburg 1986) dar, die mit der nötigen Distanz gelesen werden müssen, die für all das zu verarbeitende Material aus der Guevara-Heiligenlegende erforderlich ist; sie stecken voller Anekdoten, manchmal außerhalb des zeitlichen Rahmens. Sie werden durch die Interviews vervollständigt, die Guevara Lynch Mariano Rodríguez („El niño de las sierras de Altagracia“ in „Con la adarga al brazo“) und Mario Mencia gab.

Außergewöhnlich nützlich ist die Arbeit von Adys Cupull und Froilán González: „Ernestito vivo y presente“, die – abgesehen vom Simplizismus einiger Bildunterschriften und dem ikonographischen Charakter – die Stärke hat, daß sie eine umfassende Sammlung von Zeitzeugenberichten ist und eine sehr gute Auswahl von bisher nicht bekannten Fotos enthält.

Che hätte soviel Ehrerbietung gegenüber seiner Kindheit sicherlich sehr nervös gemacht. Über dieses Thema sprach er sehr wenig; der einzige Bezug in den hier zitierten späteren Schriften findet sich in einem alles andere als selbstgefälligen Brief an Lisandro Otero vom 23. Juni ’63, der in einigen Ausgaben seiner ausgewählten Werke enthalten ist.

Es gibt einige Interviews mit seiner Mutter, die die Kindheit und frühe Jugend von Che betreffen; das beste ist zweifellos das von Julia Constenla geführte: „Cuando Ernesto Guevara aún no era El Che“.

Der Bericht seiner Schwester Ana María findet sich in „Hablan la hermana y el padre del Che“ (veröffentlicht in der Zeitschrift „ABC“ in Lima), der Bericht seines Bruders Juan Martín in „Mi hermano El Che“ von Luis Adrián Betancourt. Der seines Bruders Roberto steht im zitierten Buch von Cupull und González. Seine Cousine La Negrita, Carmen Córdoba de la Serna, gibt in „Ernesto y los poemas de amor“ Cupull und González ein Interview, das in „Verde Olivo“ veröffentlicht wurde.

Der Familienstammbaum der Guevaras und der Lynchs findet sich im Anhang der spanischen Ausgabe von „Mi hijo El Che“ (Barcelona 1981).

Zeugnisse, gesammelt von Freunden aus der Kindheit, finden sich in der Reportage von Elio Constantín: „Por las huellas del Che en su 45 aniversario“ und im Artikel von Mariano Rodríguez Herrera: „El niño de las sierras de Altagracia“.

Über seinen Aufenthalt in Córdoba gibt es einen großartigen Text von seiner damaligen Nachbarin Dolores Moyano Martín: „A memoir of the young Guevara“ und die Erinnerungen von Alberto Granado: „El Che y yo“ im Sammelband „Guevara para hoy“.

Sehr interessant ist das Bild, das seine spanischen „republikanischen“ Freunde, die Exilkinder Fernando Barral und José Aguilar, vom jungen Ernesto haben; jeweils in den Erzählungen „Che estudiante“ und „La niñez del Che“ versammelt.

Kleine Beiträge zu diesem Kapitel bilden seine Geburtsurkunde; der „Atlas histórico, biográfico y militar de Ernesto Guevara“; ein Interview mit Raúl Maldonado, der später sein enger Mitarbeiter werden sollte; die Biographie von JGS in der mexikanischen Zeitschrift „Sucesos“ (Mexiko-Stadt Juli bis September 1968); die Artikel von Mariano Rodríguez Herrera: „Un joven llamado Ernesto“; von Aldo Isidrón del Valle und Fulvio Fuentes: „Che, niñez, adolescencia, juventud“ und die Aufzeichnungen für eine Che-Biographie von Aldo Isidrón. Die Hinweise auf seine Jugendhefte finden sich in María del Carmen Ariet: „Che, pensamiento político“.

2) Philosophisches Wörterbuch

Es sind sieben Hefte, das vierte ging verloren. Ariet, die spätere Sekretärin von Ches Witwe Aleida March, hatte Zugang zu diesen Dokumenten, die noch unveröffentlicht und auch für die meisten Historiker unzugänglich sind, und erwähnte sie in ihrem Buch. Ein paar Seiten sind in „Ernestito vivo y presente“ abgedruckt. Es scheint, daß Che diese Anmerkungen bis 1955 in Mexiko fortführte, als er 27 Jahre alt war.

Kapitel 2

1) Quellen
In „Mein Sohn Che" macht sein Vater eins der Hefte zugänglich: das erste über seine Reise mit dem Fahrrad durch die argentinischen Provinzen. Die Reflexion über seinen ersten Kontakt mit der Medizin stammt aus einer Rede an die Beschäftigten des Gesundheitsministeriums im Jahr 1960; weitere Hinweise dazu in seinem Buch „Diario de Viaje" und in den Arbeiten von Granado: „Mit Che durch Südamerika" und „El Che y yo"; Granado ebenfalls im Interview mit Isidrón in „Un viaje en moto de Argentina a Venezuela".

Zum Briefwechsel und zur Beziehung zu Tita Infante siehe „Cálida presencia" und den Text von Tita: „Evocación de ti a un año de la muerte del Che" im Epilog von „Ahí va un soldado de América".

Die Aussagen von Ana María, Carlos Figueroa, Juan Martín stammen aus Cupull und González: „Ernestito vivo y presente".

Zu Ches Universitätsabschlüssen siehe Anhang der spanischen Ausgabe von „Mein Sohn Che". Außerdem sind interessant die Arbeiten von Constantín, Elmar May: „Che Guevara", Daniel James: „Che Guevara: Leben und Sterben eines Revolutionärs" und Cárdenas: „Médico y soldado" sowie die bereits zitierte von Dolores Moyano und die Reportage „Hablan el padre y la hermana del Che".

2) Die Trennung der Familie
Es gibt in den Arbeiten von Guevara Lynch keinen Hinweis auf diese Geschichte. Wenn sie stimmt, so wurde sie in der Version von Ches Vater, die als offizielle gilt, ignoriert. Daniel James, der seinerseits von Elmar May kolportiert wird, sagt, daß die Eltern sich sowohl wegen der wirtschaftlichen Konflikte als auch wegen der Untreue von Don Ernesto trennten, der ein Büro in der Calle Paraguay aufmachte, wo er sogar übernachtete, wenn er auch weiterhin im Haus der Familie ein- und ausging. Ich habe keine anderen Stützen für diese Geschichte gefunden, die er auf das Jahr '49 festlegt.

Ernestos Briefe aus den drei darauffolgenden Jahren sind unterschiedslos an den Vater, an die Mutter oder an beide gerichtet, was annehmen läßt, daß sie zusammenlebten. Auch stimmt es, daß Ernesto einen gewissen Vorbehalt seinem Vater gegenüber hegte und gleichzeitig eine unbegrenzte Zuneigung zu seiner Mutter. Läßt sich dieser Unterschied durch besagte Umstände erklären?

Kapitel 3

1) Quellen
Che hinterließ eine lange Erzählung über diese erste Reise durch Lateinamerika in seinem Buch „Notas de Viaje" („Latinoamericana", Tagebuch einer Motorradreise 1951/52), die den ersten Teil des Weges bis zu seiner Abfahrt aus der Lepra-Station von Huambo abdeckt. Weiteres dazu in seinem Artikel über den Machu Pichu in der Zeitschrift „Siete" aus Panama, veröffentlicht in „Casa de las Américas"; Fragmenten des Tagebuchs, auf Grundlage dessen er die Neufassung anfertigen sollte, im Buch seines Vaters „Mein Sohn Che"; im Brief an Tita Infante aus Lima in „Ernestito" von Cupull und González, wo er vom ersten Teil der Reise berichtet.

Im Gegensatz dazu stehen die Darstellung von Alberto Granado in seinem Buch „Mit Che durch Südamerika" und der Artikel „Un largo viaje en moto de Argentina a Venezuela".

Als interessant erweisen sich die Darstellungen seines Vaters in den Interviews von Mencia: „Así era mi hijo Ernesto" und von Mariano Rodríguez: „Cuando El Che comenzó a recorrer nuestra América".

Seine Fahrt durch Panama ist gut dokumentiert im Sammelband „Testimonios sobre El Che", zusammengestellt von Marta Rojas.

Darüber hinaus tragen einiges Material bei die Artikel von Sanjuana Martínez: „Unidad de Latinoamérica y necesidad de armas, apuntes de su diario juvenil", José Aguilar: „La niñez del Che", Aldo Isidrón: „Che Guevara, apuntes para una biografía", Dolores Moyano: „The making of a revolutionary. A memoir of young Guevara", Julio Martí: „Mambo Tango navega el Amazonas" und die Che-Biographie von JGS in der Zeitschrift „Sucesos".

Zwei wesentliche Angaben stammen aus meinem Gespräch mit Marta Rojas in Havanna und der Erinnerung von Tita Infante an ihren Freund im Epilog von „Ahí va un soldado de América".

2) Über das Tagebuch
In einem Gespräch mit Jorge Castañeda wurde ich auf die Unterschiede zwischen der Version des Tagebuchs, wie sie sein Vater in „Mein Sohn Che" liefert, und „Tagebuch einer Motorradreise" hingewiesen. Wo Castañeda vorsätzliche Zensur am Werk sah, finde ich nur etwas, was bei Ernesto häufig vorkommt: die Neuformulierung eines Textes. Seine Texte waren immer als Rohmaterial für eine Neufassung gedacht. So lieferte sein Kriegstagebuch das Material, das später in „Pasajes de la guerra revolucionaria" [teilweise veröffentlicht in: „Episoden aus dem Revolutionskrieg"] veröffentlicht wurde, und genauso machte er es in Afrika. Ich schließe daraus, daß „Tagebuch einer Motorradreise" eine Neufassung des Tagebuchs darstellt (Che zufolge „mehr als ein Jahr nach diesen Notizen"), in der sich die Tagesabfolge verliert, die im ersten noch vorhanden war.

Kapitel 4

1) Quellen
Das Material zu diesem Kapitel stammt aus dem Text von Ernesto: „Tagebuch einer Motorradreise", aus der Chronologie von Adys Cupull und Froilán González: „Un hombre bravo", dem Buch seines Vaters: „Mein Sohn Che", der zitierten Arbeit von Dolores Moyano und dem Buch von Cupull und González: „Ernestito vivo y presente".

Kapitel 5

1) Quellen
In „Aqui va un soldado de América" befinden sich die Familienkorrespondenz von Ernesto und die Einleitung von Calica Ferrer. Die Notizen seiner zweiten Reise, seine Tagebuch-Hefte, blieben unveröffentlicht. Erst María del Carmen Ariet transkribierte einige Fragmente in „Che, pensamiento político".

Wichtig sind der Artikel von Mencia: „Los primeros cubanos que conocieron al Che", die Briefe von Tita Infante in „Cálida presencia", der Artikel von Marta Rojas: „Ernesto, médico en el Perú" und der von Aldo Isidrón del Valle: „Presencia de Ernesto Guevara en Panamá". Das Buch von Rojo: „Che Guevara. Leben und Tod eines Freundes" ist sehr ungenau in den Fakten und in Details manipuliert, aber interessant, weil es als Kontrapunkt zu traditionelleren Darstellungen dienen kann.

Einige Hinweise bei Hilda Gadea: „Che Guevara, años decisivos", in der Chronologie „Un hombre bravo", dem „Atlás histórico, biográfico y militar de Ernesto Guevara", bei Aldo Isidrón: „Che Guevara, apuntes para una biografía" und im Artikel von Galeano in „Violencia y enajenación".

Kapitel 6

1) *Quellen*
Die beste Information findet sich im Werk von Hilda Gadea: „Che Guevara, años decisivos", das als Kontrapunkt zum Briefwechsel von Ernesto mit seiner Familie dient, der in „Aqui va un soldado de América" abgedruckt ist und mit Tita Infante in „Cálida presencia" eine sehr detaillierte Darstellung dieser Monate liefert. Einige Zitate aus seinem unveröffentlichten Tagebuch wurden im Buch von María Carmen Ariet zugänglich gemacht.

Das Buch von Stephen Schlesinger und Stephen Kinzer: „Fruta amarga, la CIA en Guatemala" ist vielleicht die beste Zusammenfassung des Putsches und der politischen Welt, die Che in Guatemala vorfand.

Über Ñico López und die Beziehung zu den kubanischen Exilierten sind wichtig die Artikel von Mario Mencia: „Los primeros cubanos que conocieron al Che“ und Verónica Álvarez und Sergio Ravelo: „Simbolo de valor y fidelidad“.

Kleinere Beiträge bringen das Buch von Ricardo Rojo und die Artikel von Aldo Isidrón del Valle: „Aquel joven argentino de ideas profundas“, Clara Mayo: „Fue una noche de junio cuando conocí al Che“ und Mario Mencia: „Un chico argentino muy atractivo llamado Ernesto“, „Así era mi hijo Ernesto“ und „Así empezó la historia del guerrillero heroico“. Teile dieser Artikel wurden in der Anthologie von Marta Rojas: „Testimonios sobre El Che“ veröffentlicht.

Das Zeitzeugnis von Alfonso Bauer ist in drei Teilen zu finden: in einem Artikel von Mencia in der Zeitschrift „Bohemia“: „Por última vez“, als Erinnerung von Bauer selbst in „Casa de las Américas“ und in einem Interview von Aldo Isidrón del Valle: „Alfonso Bauer Paz y Ernesto Guevara“.

2) Im Zug Richtung Süden?
Es ist nicht klar, ob Ernesto über die Absicht, in den letzten Tagen des Arbenz-Regimes am Kampf teilzunehmen, hinausgehen konnte; in den Erinnerungen von Romero findet sich folgende Aussage (aber es wird nicht präzisiert, ob Ernesto sie bei dieser Reise begleitete): „Eines Tages, während wir in einem Zug zur Front fuhren, alarmierte uns ein Feldwebel, als wir in Zacapa ankamen, daß wir schnell in die Hauptstadt zurückkehren sollten, weil der Verrat bereits begangen worden war.“

3) Erinnerungen an Guatemala
Es gibt in den Erinnerungen von Hilda Gadea verschiedene Hinweise auf Ernesto Che, wie er vom Guatemala der vergangenen Jahre sprach, und alle werfen dieselbe Frage auf: „Hätten sie nicht kämpfen müssen?“

Am 1. Mai ’55 in Mexiko hatte Ernesto die Gelegenheit, diese Frage direkt dem Sekretär der PGT, Fortuny, zu stellen; die zwiespältige Antwort stellte ihn nicht zufrieden.

4) Der Wendepunkt
Dolores Moyano denkt, daß die Erfahrung von Guatemala Ernesto von einem Skeptiker in einen Aktivisten verwandelte; diese Meinung wird von vielen Autoren geteilt, die Guatemala als seinen politischen Wendepunkt sehen, als Zeitpunkt seiner endgültigen Radikalisierung. Dies stimmt nicht, wenn Guatemala ihn auch stark prägte; Ches politisches Schwanken in Mexiko genügt, um diese Sichtweise zu dementieren.

5) Der Artikel
Die Informationen sind widersprüchlich. Entweder schrieb er ihn „unter den Bomben“, wie Dalmau sagt, oder in der argentinischen Botschaft. Hilda Gadea sagt, daß Ernesto ihn ihr diktierte; wenn es so ist, dann wurde er vor dem Sieg der Konterrevolution geschrieben.

Er trug den Titel „Yo vi la caída de Jacobo Arbenz“ und war etlichen Darstellungen zufolge mehr als ein Dutzend Seiten lang. Es wurden mehrere Kopien gemacht, eine von ihnen wurde nach Argentinien geschickt, aber anscheinend sind alle verlorengegangen. Der Artikel endete mit dem Satz: „Der Kampf fängt jetzt an.“

Kapitel 7

1) Quellen
Ches Selbstverständnis und viele Anekdoten, die erzählt werden, stammen aus seiner Familienkorrespondenz der Jahre 1954-56, die aus Briefen an seinen Vater, an seine Mutter und an seine Tante Beatriz besteht, und von seinem Vater in „Aquí va un soldado de América“ sowie aus seinen Briefen an Tita Infante, zusammengestellt in „Cálida presencia“. Der schematische Entwurf seines Buches über den Arzt in Lateinamerika wird im Archiv aufbewahrt, das Aleida March verwaltet und zu dem

die kubanische Historikerin María del Carmen Ariet Zugang hatte; aus ihrem Buch „Che, pensamiento político" stammen diese Hinweise.

Der Text, der am meisten Informationen über Ches Leben in diesen 26 Monaten gibt, ist der seiner Ehefrau Hilda Gadea: „Che Guevara, años decisivos"; die Ungenauigkeiten sind gering, wenn es sich auch um eine partielle Sicht handelt – eben Hildas Perspektive, die sich manchmal mit den Inhalten von Ches Briefen widerspricht.

Die Gedichte von Guevara, die nicht zu Lebzeiten des Autors veröffentlicht werden sollten, sind im Epilog des Buches von Hilda Gadea und in einer Ausgabe der Zeitschrift „Bohemia" zu finden.

Die Erinnerungen Ernestos an seine Beziehung zu Roberto Cáceres finden sich im Artikel „El Patojo", der in „Pasajes de la guerra revolucionaria" enthalten ist [auf deutsch allerdings nicht in „Episoden aus dem Revolutionskrieg", sondern in: „Ernesto Che Guevara. Venceremos! Wir werden siegen!"]. Weiter gibt es kurze Absätze von ihm über seinen Aufenthalt in Mexiko in „Proyecciones sociales del ejército rebelde" und im Artikel „Una revolución comienza" [in: „Episoden aus dem Revolutionskrieg" sowie unter dem Titel „Eine Revolution beginnt" in: „Ernesto Che Guevara. Venceremos! Wir werden siegen!"].

Die Heiratsurkunde von Ernesto Guevara de la Serna und Hilda Gadea Acosta mit Datum vom 18. August '55 befindet sich im Standesamt von Tepoztlán und das Protokoll der Aussagen Guevaras vom 27. Juni 1956 bei der Generalstaatsanwaltschaft des Landes umfaßt 4 maschinengeschriebene Seiten.

Vier Texte mexikanischer Autoren bringen ein paar kleine Beiträge zum Kontext und kurze Informationen über den Aufenthalt von Che in Mexiko: José Natividad Rosales: „¿Qué hizo El Che en México?", Alberto Bremauntz: „México y la revolución socialista cubana", die Biographie von JGS in „Sucesos" und „Un personaje de leyenda", Sonderausgabe der Zeitschrift „Alarma".

Es gibt ein paar interessante Beiträge im Buch von Rojo: „Che Guevara. Leben und Tod eines Freundes", wenn auch, wie immer, sehr der Sichtweise angepaßt, die der Autor von sich selbst und seiner Beziehung zu Che geben will. Es stellt sich als besonders interessant heraus, daß er ein Gespräch mit Fidel in Mexiko-Stadt erwähnt, das unmöglich stattgefunden haben kann, denn während des dortigen Aufenthalts von Rojo bei seiner zweiten Reise nach Mexiko-Stadt befand sich Fidel in den USA.

Die Interviews von Mario Mencia mit Alfonso Bauer und Myrna Torres, in der Zeitschrift „Bohemia" veröffentlicht, sowie seine Artikel „Así empezó la historia del guerillero heroico" und „Los primeros cubanos que conocieron al Che" enthalten einige interessante Elemente.

Am meisten Informationen über Ernesto als Arzt kann man im Sammelband von Marta Rojas: „Testimonios sobre El Che" sowie in ihrer Reportage „Ernesto, médico en México" finden. Marta präzisierte in einem Interview, das ich mit ihr im September '95 in Havanna führte, verschiedene Details und gab mir Hinweise, die sich als interessant erwiesen, als ich dieses Kapitel begann.

Die vollständigsten Darstellungen des Exils und der Vorbereitung der Invasion, die in der Fahrt mit der Granma gipfeln sollte, enthalten aus kubanischer Sicht „De Tuxpán a La Plata" (mit zwei Dutzend sehr interessanter Fotos) und „Cuba, revolución en la memoria" von Minerva Salado, die zusammen mit den Erinnerungen der Kommandanten Juan Almeida („Exilio"), Universo Sánchez (unveröffentlichtes Interview von Luis Adrián Betancourt) und Efigenio Ameijeiras („1956. Un año tremendo") einen sehr genauen und ausführlichen Überblick geben. Über dasselbe Thema schrieb ich 1995 eine Arbeit mit dem Titel: „El verano y el otoño del 56", die als Vorwort zu den Kriegstagebüchern aus der Sierra Maestra von Raúl Castro und Che [deutscher Titel: „Die Eroberung der Hoffnung"] veröffentlicht wurde. Die Korrekturen des kubanischen Historikers Álvarez Tabio waren grundlegend [„Über die Tagebücher von Che und Raúl Castro" im selben Band].

Genauere Beschreibungen der Ausbildung auf der Ranch von Chalco und der militärischen Vorbereitung der Expedition finden sich im Buch von Oberst Bayo („Mi aporte a la revolución cubana"), in Dokumenten, die im Che-Museum in La Cabaña aufbewahrt werden, und im Interview von José Aguilar mit García Dávila.

Es gibt vier zu jener Zeit von Fidel geschriebene Texte, die sich als interessant erweisen, um seine Sichtweise zu präzisieren; in „Bohemia": „Sirvo a Cuba" (20. November 1955), „Carta sobre

Trujillo" (26. August 1955), „El Movimiento 26 de Julio" (19. März 1955) und „El Movimiento 26 de Julio y la conspiración militar" in „Aldabonazo" (15. Mai 1956). Diese geben – zusammen mit dem „Manifiesto 1 del 26 de Julio al pueblo de Cuba", der Biographie von Szulc: „Fidel. Un retrato crítico", dem Buch von Lionel Martín: „El joven Fidel" und den Beiträgen von Fidel im langen Interview mit Gianni Miná – eine klare Idee vom politischen Denken des Führers des 26. Juli in dieser Phase und über seine anfängliche Beziehung zu Che. Seine Aktivitäten in Mexiko sind im Artikel von Mencia: „El exilio turbulento" sorgfältig zusammengestellt.

Das „mexikanische Netz" zur Unterstützung des 26. Juli läßt sich genau im zitierten Buch von Minerva Salado und im Interview von Ander Landáburu mit Vanegas rekonstruieren. Sehr nützlich war mir das lange Interview, das ich im November '95 mit Antonio del Conde, El Cuate, führte.

Die flüchtigen Kontakte Ches zu Arnoldo Orfila und Raúl Roa in Mexiko finden sich jeweils in ihren Texten „Recordando al Che" und „Che", veröffentlicht in der Sonderausgabe von „Casa de las Américas" von Januar/Februar '68.

Einige Beiträge dieses Kapitels stammen aus dem Interview von Masetti mit Che in der Sierra Maestra, abgedruckt im Buch „Los que ríen y los que lloran", dem Text von María Cristina Mojena über Camilo Cienfuegos („Camilo era mucho Camilo"), der Reportage von Eduardo Galeano „El Che Guevara" in „Violencia y enajenación" und der Arbeit von María del Carmen Ariet: „Hasta vencer o morir" in der Zeitschrift „Moncada".

Interessant sind die Interviews mit Hilda Guevara Gadea von Yurina Fernández Noa und Román Orozco. Um den Zustand der Beziehungen des Ehepaars Guevara-Gadea zum Zeitpunkt, als Che von Mexiko-Stadt aufbrach, zu präzisieren, führte ich ein langes Gespräch mit Hilda im Februar '95 in Havanna.

Einiges über die Kontakte Ches zu sowjetischen Staatsbürgern kann man im Text von Luis Miranda und in der Biographie von Lawrezki finden. Was die argentinischen Geschehnisse von Ende April und Mai sowie den Putsch von '55 betrifft, die hier sehr oberflächlich abgehandelt sind, ist Julio Godio: „La caída de Perón" das beste, was ich gefunden habe.

Jorge Castañeda lieh mir das Manuskript seines Interviews mit Gutiérrez Barrios von '95. Dazu siehe außerdem Surí: „Nadie se cansa de pelear"; Cupull und González: „Un hombre bravo", das chronologisch die ganze Etappe mit vielen Informationen zusammenfaßt; Franqui: „Vida, aventuras y desventuras de un hombre llamado Castro"; Portuondo: „La clandestinidad tuvo un nombre, David".

Nützlich waren der Presseausweis der „Agencia Latina" und mehr als zwei Dutzend Fotos aus diesem Zeitraum in den Archiven kubanischer Zeitschriften und in „El Universal" in Mexiko-Stadt.

2) Über das Zusammentreffen mit Fidel

Die kubanischen Historiker und Journalisten waren sehr ungenau, was den Zeitpunkt des ersten Zusammentreffens zwischen Che und Fidel betrifft.

Am 7. Juli '55 kommt Fidel nach Mérida, macht einen Zwischenstop und fliegt von dort aus mit dem Flug 566 der Mexicana nach Veracruz. Am 8. kommt er nach Mexiko-Stadt. Salado datiert die Begegnung auf September, andere auf August, Massari auf November, Hilda Gadea auf Anfang Juli. Fidel spricht von „Juli oder August". Wir können sagen, daß sie zweifellos in der zweiten Juli-Woche stattfand, denn in der dritten, beim Treffen der Exilierten in Chapultepec, kannten sich beide bereits und waren zusammen dort.

3) Der Verräter

Die kubanische Geschichtsschreibung hat einen Schleier über die Person des Verräters in den Reihen des 26. Juli in Mexiko gelegt. Antonio del Conde sagt Jahre später, daß es sich um Rafael del Pino gehandelt habe, Lawrezki identifiziert ihn unter Aufbietung genauerer Daten und sagt, daß er 15.000 Dollar von der kubanischen Botschaft für den Verrat erhalten habe. Bayó beschuldigt Ricardo Bonachea, der Wochen vorher aus der Bewegung ausgeschlossen worden war, und im Buch von Minerva Salado steht, daß Miguel A. Sánchez, „der Koreaner", der an der Ausbildung teilgenommen hatte, aber schließlich nicht in der Granma mitfuhr, Beziehungen zur kubanischen Botschaft unterhielt.

4) Das Schicksal von Patojo in Mexiko
Che: „Patojo führte sein Leben fort und arbeitete im Journalismus, studierte Physik an der Universität von Mexiko, hörte auf zu studieren und nahm seine Karriere wieder auf, ohne recht voranzukommen, verdiente seine Brötchen an verschiedenen Orten und in verschiedenen Berufen, ohne jemals etwas zu verlangen. Von diesem sensiblen und verschlossenen Jungen kann man heute immer noch nicht wissen, ob er unheimlich schüchtern oder zu stolz war, um einige Schwächen und seine innersten Probleme zu erkennen, um sich an einen Freund zu wenden und Hilfe zu verlangen." („El Patojo", in: „Pasajes ...")

5) Über das Gedicht
Che gab Fidel nicht das Gedicht „Vámonos ardiente profeta de la Aurora". Nach einer Version bei Miguel Schultz übergab er es Hilda; nach einer anderen tauchte es im Koffer auf, der Hilda nach seiner Abreise aus Mexiko übergeben wurde („er hinterließ mir seinen Koffer, in dem sein Gedichtbüchlein lag"). Klar ist, daß Che nicht der Meinung war, sein Gedicht sei gut, und ihm kein anderes Schicksal wünschte, als der Erinnerung zu dienen.

Jahre später veröffentlichte es Leonel Soto, der Direktor von „Verde Olivo", und Che schickte ihm eine empörte Notiz, in der er ihn darauf hinwies, daß er nichts ohne Erlaubnis veröffentlichen könne und umso weniger diese schrecklichen Verse (Pardo und Kuteischikova). Che war der Meinung, daß seine Poesie etwas Privates darstellte. Als Pardo Llada bei einer anderen Gelegenheit damit drohte, eines seiner Gedichte zu veröffentlichen oder im Radio verlesen zu lassen, drohte Che im Scherz, ihn an die Wand zu stellen.

Kapitel 8

1) Quellen
Che hinterließ diesbezüglich nur ein kurzes Zeugnis in „Eine beginnende Revolution"; seine Tagebuchnotizen aus dieser Zeitspanne blieben unveröffentlicht (und dürften nach Kenntnis der Eintragungen an den darauffolgenden Tagen sehr knapp gewesen sein). Die detaillierteste Schilderung bieten vielleicht der Artikel von Faustino Pérez: „El Granma era invencible como el espíritu de sus combatientes" und die Erzählung von Juan Almeida in „Desembarco".

Unter dem gleichen Titel wie der Artikel von FP: „Invencible como el espíritu de sus combatientes" gibt es eine vollständige Zusammenstellung von Arbeiten über die Granma und die ersten Tage der Invasion der Rebellen, die über 20 Jahre hinweg in „Verde Olivo" veröffentlicht wurden. Darin kann man auch die Botschaften der Batista-Armee während der Suche nach dem Schiff im Golf von Mexiko finden. Besonders interessant sind die Berichte von Norberto Collado: „Una travesía heroica"; Calixto García: „Yo fui el número 15"; Leonardo Roque: „Rescate en el medio del mar" und der gemeinsame Beitrag von Efigenio Ameijeiras und René Rodríguez: „Con los fusiles, los uniformes y las balas." Ameijeiras kommt im Artikel „Miedo a las ballenas" und in einem der Kapitel seines Buches „1956" auf die Ereignisse zurück.

Andere interessante Zeitzeugnisse von Expeditionsteilnehmern sind die von Guillén Zelaya im Interview mit Estela Guerra, veröffentlicht in der Zeitschrift „Moncada", von Jesús Montané in: „Testimonios sobre El Che" und das Interview mit Chinchú Reyes von Alfredo Reyes Trejo: „El maquinista del Granma".

Fidel bezog sich mehrmals auf die sieben Tage der Überfahrt. Seine Rede vom 13. März 1991 ist vielleicht der Beitrag, der am meisten Details enthält.

Es gibt einen Artikel und zwei Bücher, die der Granma gewidmet und besonders interessant sind: „Granma. Recuento del XX. aniversario", veröffentlicht in der Zeitschrift „El Oficial"; „Granma, rumbo a la libertad" des Verlags „Gente Nueva" und vor allem die von Pedro Álvarez Tabío koordinierte Arbeit „La epopeya del Granma" (mit demselben Text, wenn auch in einem anderen Format, bestritt später die Zeitschrift „Bohemia" eine Sonderausgabe).

Die Texte der von Mexiko aus abgeschickten Telegramme finden sich im Buch von Yolanda Portuondo: „30 de noviembre" und im Artikel von N. Sarabia: „La mujer villareña en la lucha patria".

2) Das Essen auf dem Schiff
2000 Apfelsinen, 48 Dosen Kondensmilch, vier Schinken, eine Kiste Eier, 100 Tafeln Schokolade und zehn Pfund Brot, was während der Tage der Überfahrt unter 82 Personen aufgeteilt werden mußte.

3) Über den Aufstand von Santiago
Frank País hatte eine Reihe von kombinierten Angriffs- und Zerstreuungsoperationen geplant. Weiterhin hatte er angeordnet, daß zwischen Manzanilla und Pilón keine Sabotageaktionen unternommen wurden, um die Truppen nicht an das mögliche Landegebiet heranzulocken.

Einige der Ziele: die Polizeistation einnehmen, die Küstenpolizei angreifen, die Moncada-Kaserne umzingeln, das Kommissariat von Quintero einnehmen und die Flucht der politischen Gefangenen organisieren, Waffen erbeuten, in einer zweiten Phase den Flughafen einnehmen und die Aufständischen mit den gerade Gelandeten vereinen. Die Idee eines Generalstreiks wurde mangels politischer Arbeit des 26. Juli in der Arbeiterbewegung fallengelassen.

Fidel hatte mit Frank País im Oktober abgemacht, daß die Erhebung fünf Tage nach der Abfahrt erfolgen sollte. Das Kabel mit der Nachricht kam am 27. um 11 Uhr vormittags. Auf diese Weise wurde der Aufstand nicht nur nicht verschoben, sondern sogar einen Tag vorverlegt, da man dachte, daß die Nachricht von der Landung durch die Zensur blockiert werden könnte. In Santiago beteiligten sich etwa 200 Personen und zum ersten Mal sah man in den Straßen die olivgrünen Uniformen des 26. Juli. Die Armee hatte am Vorabend Kenntnis davon erhalten, daß ein Aufstand vorbereitet wurde, wußte aber weder wie, noch wann.

Zwei Stunden lang kontrollierten die Aktionsgruppen die Stadt, aber in der Dämmerung sammelten sich Polizei und Armee und starteten den Gegenangriff. Die Flucht aus dem Gefängnis war ein Erfolg, der Angriff auf die Polizeistation ebenso, aber die Umzingelung der Moncada-Kaserne mißlang. Am 1. Dezember gab es noch Freischärler auf den Dächern, aber die Bewegung hatte sich in die Klandestinität zurückgezogen.

Die beste Arbeit, die ich über die Erhebung vom 30. November in Santiago kenne, ist zweifellos das Buch von Yolanda Portuondo: „30 de noviembre", das Berichte der meisten führenden Aktivisten enthält, die die Revolution überlebt haben; über die Person des Führers der Bewegung, Frank País, erweist sich die Biographie derselben Autorin als sehr interessant: „La clandestinidad tuvo un nombre, David." Weitere Quellen: das Buch „Una revolución que comienza", der Artikel von Benítez und Valdés: „Vivencias de una heroica hazaña", das Interview mit Vilma Espín: „Reflejos de una época" sowie das von Castor Amador: „El desembarco del Granma" und der anonyme Artikel „30 de noviembre" in der Zeitschrift „Verde Olivo".

4) Über das Schicksal der Granma
Im Laufe der Jahre sollte die kleine Jacht in der Obhut eines Feldwebels namens Pantoja und unter Aufsicht des Steuermanns Collado – während seiner Gefängniszeit durch Freunde und Verwandte – überleben, der, als er beim Sieg der Revolution aus dem Gefängnis auf der Pinieninsel entlassen wurde, von Camilo Cienfuegos den Auftrag erhielt, die Jacht zu holen, und am 8. Januar '59, als Fidel in Havanna eintraf, diesen informierte, daß die Jacht bereit sei.

Danach gab das kleine Schiff einer Zeitung und einer Provinz von Kuba seinen Namen, wurde zu einem Gegenstand des Nationalstolzes und teilte mit einer anderen Jacht (der von Hemingway in der Finca von San Francisco de Paula) das Recht, historisches Objekt zu sein und außerhalb des Museums der Revolution aufgestellt zu werden, was beim Publikum ein ums andere Mal die gleiche Frage aufwarf: Wie haben sie das geschafft, dort für sieben Tage 82 Erwachsene hineinzubekommen?

Efigenio Ameijeiras: „Vor einiger Zeit stellte man das Gedränge auf der Jacht nach mit 82 Pionieren, die die 82 Expeditionsteilnehmer symbolisieren sollten. Überraschenderweise paßten sie nicht hinein, soviel sie auch schoben und drückten. Einige Kinder mußten aufs Dach klettern. Stellen Sie sich vor, was auf dieser vollbeladenen Jacht damals los war, die viel zu tief im Wasser lag."

Kapitel 9

1) Quellen
Che widmete diesem ersten Zusammenstoß mit den Batista-Truppen eine Erzählung, die später in „Pasajes de la guerra revolucionaria" unter dem Titel: „Alegría de Pío" veröffentlicht wurde, sowie ein paar Seiten des Artikels „Eine beginnende Revolution"; sein Tagebuch wurde zusammen mit dem von Raúl Castro in „Die Eroberung der Hoffnung" veröffentlicht.

Eine exzellente Beschreibung der Gegend findet sich im Artikel von Reyes Trejo und Lisanka: „Escenarios de lucha". Verschiedene Protagonisten haben ihre Erinnerungen wiedergegeben, einige von ihnen mit beträchtlicher literarischer Qualität, wie Efigenio Ameijeiras in „1956", Juan Almeida in „Desembarco", Universo Sánchez im Interview mit Luis Adrián Betancourt und im Interview, das von Erasmo Dumpierre in „Bohemia" veröffentlicht wurde; Guillermo García, Fajardo und Ponce in den gesammelten Berichten, von Carlos Franqui in „Cuba, el libro de los 12" zusammengestellt; Faustino Pérez in „Invencible como el ánimo de sus combatientes" und René Rodríguez im Artikel „Con los fusiles, los uniformes y las balas". In „Che sierra adentro" von Escobar und Guerra sind die Berichte von Ameijeiras und dem Bauern Crespo enthalten.

Die ersten Kontakte mit den Landarbeitern werden beschrieben in den Artikeln von Benítez: „La colaboración campesina" und Reyes Trejo: „Belic: se inicia el camino hacia la liberación". Berichte der Armee und die Falschmeldung von Batista, die über UPI den Tod von Fidel bekanntgibt, finden sich in „Sucedió hace veinte años" von Rolando Pérez Betancourt und Franqui („Diario de la revolución cubana"), mit einer Variante in der Desinformation: „Unter den wichtigsten Führern, die beim Angriff an der Seite von Castro fielen, waren sein jüngerer Bruder Raúl und Juan Manuel Márquez."

Die Sondernummer von Bohemia „XX aniversario", zusammengestellt von Álvarez Tabío, enthält außer einer Vielzahl von Zeugnissen der Teilnehmer auch Rekonstruktionen der meisten Invasorenschicksale, militärische Texte, Landkarten, Geländezeichnungen und wertvolle Fotos sowohl aus jener Zeit als auch aus späteren Jahren.

2) Verluste
Seltsamerweise verursachte der Hinterhalt von Alegría de Pío relativ wenig Verluste in der Rebellenkolonne, nur zwei Tote im Kampf und möglicherweise einen dritten, der von den Militärs gefangen genommen, verletzt und ermordet wurde. Jedoch wurden an den nachfolgenden Tagen weitere 18 Personen festgenommen und ermordet und weitere 17 gefangen genommen.

3) Der Satz
Der Satz „Hier ergibt sich niemand, verdammt" (Che: „Bevor ich ihn getroffen habe, kannte ich Camilo bereits durch einen Ausspruch, der Symbol geworden ist"), der Camilo von Che zugeschrieben wurde und später in den Mythos der kubanischen Revolution einging, erwies sich im Laufe der Jahre als von Juan Almeida ausgesprochen, der Che aus Scham niemals korrigierte und den Irrtum schweigend für sich behielt.

4) Tagebücher
Fidel: „Che hatte in seiner Zeit als Guerillero die Angewohnheit, seine täglichen Beobachtungen sorgfältig in ein persönliches Tagebuch einzutragen. Bei den langen Märschen durch steiles und schwieriges Gelände, inmitten feuchter Wälder, wenn die Reihen der Männer, die immer vom Gewicht der Rucksäcke, der Munition und der Waffen gekrümmt waren, einen Moment anhielten, um zu rasten, oder wenn die Kolonne am Ende eines ermüdenden Tages den Befehl bekam, das Lager aufzuschlagen, sah man Che, wie die Kubaner ihn von Anfang an liebevoll nannten, ein kleines Notizbuch herausholen, und mit seiner kleinen und fast unleserlichen Arzthandschrift seine Notizen schreiben." („Eine notwendige Einleitung" zum „Bolivianischen Tagebuch") Che behielt sein Tagebuch während der ganzen kubanischen Revolution. Es wurden nur die Tagebücher der ersten Monate des Kampfes veröffentlicht.

Kapitel 10

1) Quellen
Che schrieb über diese Periode ein Kapitel in „Pasajes ...“ mit dem Titel „Ohne Orientierung“; es gibt außerdem die Tagebucheintragungen, die in „Die Eroberung der Hoffnung“ zusammengestellt sind, und Abschnitte eines Artikels mit dem Titel „Camilo“, 1964 geschrieben und nach seinem Tod veröffentlicht, sowie Teile aus „Eine beginnende Revolution“.

Man sollte die Geschichte parallel zu der von Almeida in „Desembarco“ erzählten verfolgen. Außerdem erweisen sich zwei Artikel als nützlich, der von Mariano Rodríguez: „Che en Cinco Palmas“ (mit dem Zeitzeugnis von Sergio Pérez) und „Hablan el padre y la hermana del Che“ sowie der Brief in „Mein Sohn Che“ von Guevara Lynch.

2) Celia und das Landarbeiternetz
Die kubanische Geschichtsschreibung hat im allgemeinen das Netz von Bauernaktivisten unterschätzt, das von Celia Sánchez in den Ausläufern der Sierra Maestra geschaffen wurde. Es scheint, daß der Zufall und die natürliche Aktionsweise der umherirrenden Aufständischen es ihnen erlaubt haben, die entscheidenden Bauern kennenzulernen, die ihnen Unterschlupf, Essen und vor allem geographische Orientierung boten. Che selbst schenkte diesem Schlüsselfaktor nicht allzuviel Aufmerksamkeit.

Ab Januar 1956 begann Celia Sánchez, Tochter eines Arztes aus der Mittelschicht, die in Pilón, einem kleinen Dorf zwischen Santiago und Manzanilla im Osten Kubas, aufgewachsen war und eine sehr gute Kenntnis der ländlichen Gebiete der Gemeinde Niquero hatte, nach den Anweisungen von Frank País das Gebiet politisch auf die angekündigte bewaffnete Rückkehr von Fidel Castro vorzubereiten.

Celia schuf nach und nach ein Netz, das eine im Entstehen begriffene Bauernmiliz und einige Depots mit Lebensmitteln, Benzin und Munition umfaßte, wobei sie sich auf junge Bauern und eine patriarchale Persönlichkeit stützte, den Bauernführer Crescencio Pérez, ein Mann, der sich den von Kaziken betriebenen und von der Landpolizei durchgeführten Landräumungen widersetzt hatte.

Über das Netz von Celia siehe „Celia“, Sonderausgabe von „Moncada“; „El otro Ignacio“ von Mariano Rodríguez Herrera, eine sehr interessante Untersuchung über die Mentalität von einem der Söhne Crescencios, der sich der Guerilla anschließen sollte, sowie „En espera del desembarco“ von Álvarez Tabío, den Bericht von Crescencio in „El libro de los 12“ von Franqui und den Artikel von José Mayo: „El primer apoyo“.

3) Camilo und das Essen
Che: „Camilo hatte Hunger und wollte essen. Es interessierte ihn weder wie noch wo, er wollte einfach essen; wir hatten großen Streit mit Camilo, denn er wollte ständig in die Bauernhütten, um etwas zu verlangen, und zweimal, als wir die Ratschläge der gefräßigen Bande befolgt hatten, wären wir fast in die Hände der Armee gefallen, die dort Dutzende unserer Genossen ermordet hatte. Am neunten Tag siegten die Vielfraße; wir gingen zu einer Hütte, aßen etwas und wurden alle krank, aber am härtesten traf es natürlich Camilo, der wie ein Löwe ein ganzes Zicklein verschlungen hatte. Zu dieser Zeit war ich mehr Arzt als Kämpfer; ich verordnete ihm eine Diät und er blieb einen Tag bettlägerig in der Hütte.“ („Pasajes ...“)

Ameijeiras berichtet, daß es in jenen Tagen nicht schwer war, ein Zicklein zu essen, sehr wohl aber einen Topf voll Reis und Huhn, und genau dies gelang Camilo einmal.

Kapitel 11

1) Quellen
Über diesen ersten Kampfabschnitt in der Sierra Maestra schreibt Che in „Pasajes de la guerra revolucionaria“ die Kapitel „Das Gefecht am La Plata“, „Der Kampf am Arroyo del Infierno“, „Luftangriff“, „Der Überfall in Altos de Espinosa“ und Teile des Kapitels „Ende eines Verräters“. Außerdem einen Teil von „Una revolucion que comienza“, sein Kriegstagebuch, das in

„Die Eroberung der Hoffnung" veröffentlicht ist, und den Artikel „Camilo Cienfuegos".

Der Mythos der Zwölf, mit altmodischer evangelischer Resonanz, gründet auf dem Buch „El libro de los 12" von Carlos Franqui und wird von Che in „Der Guerillakrieg" wiederaufgegriffen („Zwölf Männer konnten den Kern der sich formierenden Armee bilden").

Das Buch von Franqui: „Diario de la revolución cubana" erweist sich, zusammen mit „Che Sierra adentro" von Froilán Escobar und Felix Guerra, als wesentlich für diesen Zeitabschnitt.

Nützlich sind außerdem die Artikel von Faustino Pérez in „Testimonios sobre el Che", Efigenio Ameijeiras: „Dibujó con flores su sonrisa en el mar", José Afont: „El amanecer victorioso de la Plata" und die Artikel von Mariano Rodríguez, die auf den Berichten von Sergio Pérez: „Llanos del infierno, la primera emboscada guerillera", „Che en cinco palmas", „Por la ruta de Fidel en la Sierra Maestra" und „La Plata, la gran sorpresa de Batista" beruhen. Juan Almeida hat seine Erinnerungen in zwei Büchern hinterlassen: „Desembarco" und „La Sierra".

Wesentlich war das Interview, das ich mit Dariel Alarcón führte.

2) Die Repression gegen die Bauern

Der Bauer, den Che sieht, wie er gefesselt durch Basol geschleppt wird, und den die Rebellen nicht befreien, um sich nicht zu verraten, sollte ein schreckliches Schicksal haben. Che: „Wir glaubten, daß dieser Bauer außer Gefahr bleiben würde, da er nicht in der Kaserne war, wo er im Moment des Angriffs unseren Kugeln ausgesetzt gewesen wäre. Dennoch wurde er am folgenden Tag im Macío ermordet, als sie von unserem Kampf und dessen Ergebnissen erfuhren." („Pasajes ...")

Einen Tag vor dem Zusammenstoß von La Plata hatte der Mörder Laurent sein Unwesen in der Gegend getrieben und mehrere Bauern entführt. Als Rache für den Ausgang des Kampfes warf er sie in Säcke verschnürt ins Meer, wo sie ertranken.

3) Verletzte

Che: „Unsere Behandlung der Verletzten unterschied sich immer von der der Armee, die unsere Verletzten ermordete oder sie sich selbst überließ. Dieser Unterschied hatte mit der Zeit seine Auswirkungen und machte einen der Gründe für den Sieg aus. Fidel ordnete damals an, den Gefangenen alle verfügbare Medizin zu übergeben, um die verletzten Soldaten zu verarzten, und so taten wir es, was mich sehr schmerzte, denn als Arzt hielt ich es für notwendig, Reserven für unsere Truppen aufzubewahren." („Pasajes ...")

4) Julio Zenón Acosta

Che: „Julio Zenón Acosta war eine weitere große Hilfe zu jener Zeit, ein unermüdlicher Mensch, Kenner der Gegend, der immer dem Genossen im Unglück half oder dem Genossen aus der Stadt, der noch nicht die nötige Kraft hatte, um sich aus einem Sumpfloch zu befreien; er war es, der aus der entferntesten Pfütze Wasser holte, der schnell Feuer machte, der das nötige Cuaba [Rautengewächs auf Kuba] fand, um an einem Regentag Feuer zu machen." („Pasajes ...")

Almeida: „Er war schließlich der Kapellmeister jener Tage. Ein starker, widerstandsfähiger Schwarzer von 40, 45 Jahren." („La Sierra")

5) Matthews

Die Artikel von Matthews in der New York Times vom 24., 25. und 26. Februar 1957. Darüber hinaus: Universo Sánchez in „Testimonios sobre el El Che" und das Interview mit Fajardo in „El libro de los 12". Das Echo des Interviews von Matthews ist sehr gut erzählt in „Die Eroberung der Hoffnung".

Herbert Matthews bezahlte seinen großen journalistischen Erfolg reichlich. Nach dem Sieg der Revolution und besonders nach der Linkswendung von Fidel 1960 sah er sich Senatsermittlungen, FBI-Besuchen und Pressionen von ultrarechten Gruppen ausgesetzt. Für ein weiteres Zeugnis vom Wahnwitz des Kalten Krieges siehe das Kapitel „Cuba and the times" in Matthews' Buch „A world in revolution".

6) Nochmals Camilo
Che: „Wir gerieten aneinander wegen Fragen der Disziplin, wegen Problemen der Einschätzung einer Reihe von Haltungen innerhalb der Guerilla. Camilo war damals ein sehr undisziplinierter, sehr temperamentvoller Guerillero." („Pasajes ...")

Kapitel 12

1) Quellen
Che hinterließ verschiedene Zeugnisse über diese Zeit, die alle in „Pasajes de la guerra revolucionaria" zusammengestellt sind: „Días amargos", „El Refuerzo", „Adquiriendo el temple", „Una entrevista famosa", „Jornadas de marcha" und „Llegan las armas". Außerdem sind Teile daraus in „Der Guerillakrieg" und „Eine beginnende Revolution" enthalten.

Die Version des Todes von Eutimio findet sich im unveröffentlichten Interview von Luis Adrián Betancourt mit Universo Sánchez.

Als ausgezeichnet erweist sich der Text über den März '57 von Efigenio Ameijeiras in „Cuba, el libro de los 12" von Franqui. Ebenfalls interessant sind das Buch von Robert Taber: „M26, biography of a revolution" und der Artikel von Joel Iglesias: „Experiencias y vivencias junto al Che".

Einiges habe ich aus einem Interview, das ich mit Daniel Alarcón führte, sowie aus dem Artikel von José Lupiañez: „Entre versos y fusiles sobre el primer refuerzo", dem Buch von Guerra und Escobar: „Cinco Pinos", dem Beitrag von Crespo in „Luchar junto al Che" und dem Buch von Dorschner und Fabricio: „Winds of december".

2) Der Sturm auf den Nationalpalast und das Verbrechen von Humboldt
Siehe Berta Bonne: „Menelao, su lucha y su acción", Julio García Oliveras: „José Antonio" und den Bericht von Faure Chomón in „El libro de los 12", „Sangre y pilaje" von Enrique de La Osa. Franqui widmet in „Diario de la revolución cubana" diesem Thema etliche Seiten, mit einer Reihe von sehr interessanten Augenzeugenberichten.

Interessant ist der Brief von Franqui an Frank País vom April '57 (der während der Beschlagnahme der Druckerei der Revolution kurz vor dem Sturm festgenommen wurde), in dem er das Zusammentreffen mit dem Direktorium im Gefängnis wiedergibt: „Sie sind wie wir, abgesehen von einigen Unterschieden: die Rolle von Havanna, die sie überschätzen und wir unterschätzen, oben zuschlagen, Kampf in der Sierra, Besorgnis wegen Fidels Führerkult"; und die Differenzen mit der PSP darstellt: „Sie kritisieren die Sabotage und die Guerilla. Sie sagen, wir spielen das Spiel der Terroristen des Regimes. Sie sagen, daß die M26 putschistisch, abenteurlich und kleinbürgerlich ist; sie werden die Natur der Tyrannei nicht verstehen und glauben nicht an die Möglichkeit der Revolution."

3) Debray: Rein und hart
„Die Person Ches widersprach nicht seinem Mythos; er war anders und komplexer. Nichtkorrumpierbarer Rächer, idealistischer Held, romantischer Abenteurer? Gewiß, aber wer behauptet, daß das Rosenwasser romantisch ist und daß die Idealisten in Aktion den Barmherzigen Brüdern gleichen? Ein Revolutionär, hatte er früher gesagt, ist vor allem aus einem Gefühl der Liebe heraus angetrieben: aber seine persönliche Zärtlichkeit versteckte er wie einen Fehler. In Kuba, im Herzen der Führung, und im brutalen Dilemma der „revolutionären Justiz" (Exekutionen oder Verhaftung von Verdächtigen) neigte er nicht zur Nachsicht. Er stellte sich eher auf die Seite von Robespierre als von Danton und selbstverständlich niemals auf die Seite von Fabre d'Églantine. Im Gegensatz zu Fidel. Aber die Legende hat die Karten anders verteilt und man kann nichts gegen die Mythen machen." („Les Masques")

4) Über El Vaquerito
Che: „El Vaquerito traf eines Tages zusammen mit einem anderen Gefährten auf uns und äußerte, daß er uns schon seit über einem Monat suchte. Er sagte, er sei aus Camagüey, aus Morón, und wir, wie wir das immer in solchen Fällen machten, fingen an, ihn zu befragen und ihm ein Gerüst an politi-

scher Orientierung zu geben, eine Aufgabe, die häufig mir zufiel. El Vaquerito hatte keine politische Auffassung, er schien nichts anderes als ein fröhlicher und ehrlicher Bursche zu sein, der all dies als ein wunderbares Abenteuer ansah. Er kam barfuß und Celia Sánchez lieh ihm ein Paar Schuhe, die sie übrig hatte, handgemachte oder mexikanische. Dies waren die einzigen Schuhe, die El Vaquerito wegen seiner kleinen Statur paßten. Mit den neuen Schuhen und einem großen Bauernhut sah er aus wie ein mexikanischer Kuhhirte und daher kam der Name Vaquerito.

El Vaquerito war außerordentlich verlogen, wahrscheinlich hat er nie ein Gespräch geführt, in dem er die Wahrheit nicht auf solche Art ausschmückte, daß sie praktisch nicht mehr zu erkennen war, aber in seinen Aktivitäten (...) zeigte El Vaquerito, daß Realität und Phantasie für ihn keine festgelegten Grenzen hatten, und die Ideen und Pläne, die sein agiler Geist erfand, realisierte er auf dem Kampffeld.

Einmal geschah es, daß ich Vaquerito nach einer jener nächtlichen Lektüre-Sitzungen, die wir in der Kolonne hatten, und einige Zeit, nachdem er dazugekommen war, befragte; El Vaquerito fing an, sein Leben zu erzählen, und da wir der Sache nicht trauten, rechneten wir mit dem Bleistift nach.

Als er fertig war, nach vielen geistreichen Anekdoten, fragten wir ihn, wie alt er sei. Damals war er etwas über zwanzig, aber nach dem Zusammenzählen seiner Heldentaten kam heraus, daß er fünf Jahre vor seiner Geburt angefangen haben mußte zu arbeiten." („Pasajes ...")

5) Andrew Saint George

Che: „Dieses Mal zeigte er nur eins seiner Gesichter, das am wenigsten üble, welches das des Yankee-Journalisten war; außerdem war er noch FBI-Agent. Da ich die einzige Person in der Kolonne war, die französisch konnte (damals sprach niemand englisch), mußte ich ihn betreuen und, ehrlich gesagt, machte er damals nicht den Eindruck, das gefährliche Subjekt zu sein, das in einem zweiten, späteren Interview auftauchen sollte, wo er sich bereits als enttarnter Agent zeigte." („Pasajes ...")

Jim Noel, der Chef der CIA-Niederlassung in Havanna, erklärte gegenüber Dorschner und Fabricio, daß ASG mit einem seiner Leute zusammenarbeitete.

Kapitel 13

1) Quellen

Che hinterließ vier in „Pasajes de la guerra revolucionaria" gesammelte Artikel, die mit dem zu tun haben, was in diesem Kapitel berichtet wird: „Das Gefecht von El Uvero", „Krankenpflege", „Rückkehr" und „Verräter sind am Werk"; außerdem widmete er diesen Vorgängen einen Abschnitt in „Una revolucion que comienza". Seine Kriegstagebücher zu dieser Etappe sind noch nicht veröffentlicht worden.

Über den Kampf am Uvero die Sichtweise von Fidel in „Diario de la revolución" von Franqui. Die besten Arbeiten mit Augenzeugenberichten sind „Che sierra adentro" von Escobar und Guerra, die Berichte von Crescencio Pérez, Ameijeiras, Edelfín Mendoza, Joel Iglesias, Alfonso Zayas. Sehr interessant sind der Artikel von Juan Almeida: „El ataque al Uvero" und sein Buch „La Sierra". Außerdem: Adolfo Reyes Trejo: „Dos ángulos del Uvero" (Escalona und der Armeeleutnant Carreras), „Manuel Acuña cuenta del Uvero" (im Sammelband von „Verde Olivo" über die Geschichte der 1. Kolonne), Julio Martínez Páez: „Un médico en la sierra", Guerra und Escobar: „Cinco pinos".

Über die umherirrende Kolonne ein weiteres Kapitel von „Che sierra adentro" mit den Erinnerungen von Alejandro Oñate sowie der Bauern Polo Torres, Juana González und Isidora Moracén.

Interessant sind die Artikel von Manuel González Bello: „Así lo cuenta David", wo er die Darstellung des Aufsehers liefert; Luis Báez: „Yo soy el oscuro teniente" mit der Version des Batista-Leutnants Pedro Carreras; Mariano Rodríguez: „Uvero. Mayo amenece con disparos de fusiles" sowie Joel Iglesias: „Mis vivencias con el Che".

2) Verluste des Feindes
Che: „Aus statistischer Neugier notierte ich mir von den Berichterstattern alle im Laufe des Kampfes gefallenen Feinde und es stellte sich heraus, daß es mehr waren als die komplette Gruppe, die uns gegenübergestanden hatte; die Phantasie jedes einzelnen hatte seine Heldentaten ausgeschmückt. Durch diese und ähnliche Erfahrungen lernten wir klar, daß die Angaben von verschiedenen Personen gemacht werden müssen. In unserer Übertreibung forderten wir sogar Beute von jedem gefallenen Soldaten, um ihn wirklich als Verlust des Feindes zu betrachten, da die Wahrheit immer ein zentrales Anliegen bei den Informationen der Rebellenarmee war und es darum ging, bei den Genossen den tiefen Respekt und den Sinn dafür einzuprägen, wie wichtig es war, sie jedem punktuellen Erfolg voranzustellen." („Pasajes ...")

3) Batista und Che
Beim Eindringen in die durchlöcherte Kaserne von Uvero findet Che den Leutnant der Garnison, Pedro Pascual Carrera, verletzt am Boden, der ihm sagt, er wisse, daß sie ihn töten werden. Che erklärt ihm, daß sie keine Mörder seien und daß sie die Verletzten respektierten; natürlich ist er es, der ihn verarztet. Carrera sollte Cilleros retten, indem er verhinderte, daß sie ihn nach Santiago abtransportierten. Später wird er von Batista befragt. Aus seinem Bericht: „Dort war ein Individuum, das die ganze Zeit mit mir sprach, er war ein Chef und er behandelte mich korrekt, obwohl wir ihnen mehrere Tote zugefügt hatten; dieser Mann redet nicht wie wir und ist Arzt. Daraufhin unterbrach mich Batista und sagte: ‚Das ist Che, ein kommunistischer Renegat!' Und darauf sagte ich zu ihm: ‚Ich bin sicher, daß sie meine Leute, die sie mitgenommen haben, wieder herausgeben werden.'

Dann schaltete sich Tabernilla ein: ‚Halten Sie den Mund, Sie Idiot, Sie machen Propaganda für diese Banditen ... Unsere Kameraden sind sicher schon tot.' Nach drei Tagen tauchten meine Kameraden heil und gesund wieder auf."

4) Che über Chibás und Pazos
Che: „Sie waren zwei total verschiedene Persönlichkeiten. Raúl Chibás lebte nur vom Prestige seines Bruders, dem wahrhaften Symbol einer Epoche Kubas, aber er selbst besaß keine von dessen Tugenden; er war weder ausdrucksvoll noch scharfsinnig und auch nicht intelligent. Was es ihm erlaubte, eine einzigartige und symbolische Figur der orthodoxen Partei zu sein, war genau seine absolute Mittelmäßigkeit. Er sprach sehr wenig und wollte sehr schnell aus der Sierra wegkommen.

Felipe Pazos hatte eine eigene Persönlichkeit, das Prestige eines großen Ökonomen und außerdem den Ruf einer ehrenhaften Persönlichkeit, den er dadurch erworben hatte, daß er in einer Regierung des extremen Betrugs und Diebstahls wie der von Prío Socarrás, wo er den Vorsitz der Nationalbank innehatte, die Staatskasse nicht angetastet hatte. Ein großartiges Verdienst, mögen Sie denken, in jener Zeit makellos zu bleiben. Ein Verdienst vielleicht, als Beamter, der seine Verwaltungskarriere ohne Empfindung für die schwerwiegenden Probleme des Landes verfolgt; aber wie kann man sich einen Revolutionär vorstellen, der nicht Tag für Tag die unglaublichen Gewalttätigkeiten jener Zeit anklagt? Felipe Pazos bemühte sich, dies nicht zu tun, und mit dem größten Prestige geschmückt nach dem Staatsstreich von Batista den Vorstand der Nationalbank von Kuba zu verlassen: mit seiner Redlichkeit, seiner Intelligenz und seinen großen Fähigkeiten als Ökonom. Anmaßend dachte er daran, in die Sierra zu gehen, um die Situation zu beherrschen. Er war in seinem kleinen Machiavelli-Gehirn der auserwählte Mann, um die Geschicke des Landes zu lenken. Vielleicht hatte er bereits die Idee seines Verrats an der Bewegung ausgebrütet, vielleicht auch erst später, aber sein Verhalten war nie vollkommen aufrichtig." („Pasajes ...")

Kapitel 14

1) Quellen
Che hinterließ verschiedene Berichte über diese Epoche, die in „Pasajes de la guerra revolucionaria" zusammengestellt sind: „Der Angriff auf Bueycito", „Der Kampf gegen das Banditenunwesen", „Pino del agua 1", „Das ermordete Hündchen", „Altos de Conrado", „Lidia y Clodomira", „Verräter sind

am Werk“, „Das Gefecht von Mar Verde“, „Alto de Escudero“. Außerdem erweist sich die Kommunikation zwischen Fidel und Che als wesentlich, die im Buch von Carlos Franqui: „Diario de la revolución cubana“ aufgezeichnet und in verschiedenen Zeitungen und Zeitschriften veröffentlicht ist.

Der Tod von Frank País in „El más extraordinario de nuestros combatientes“ von Álvarez Tabío und im Buch von Yolanda Portuaondo: „Sus últimos treinta días“. Der Aufstand von Cienfuegos in Franqui: „Diario de la revolución cubana“ und im Buch von Prendes: „Piloto de guerra“.

Wichtige Angaben für dieses Kapitel vermitteln die Augenzeugenberichte von Guile Pardo, Harry Villegas und Zoila Rodríguez im Buch von Cupull und González: „Entre nosotros“ und die Interviews, die ich mit Leonardo Tamayo und René Pacheco führte.

Unter den Erinnerungen von Kämpfern ist die von Joel Iglesias: „En la guerra revolucionaria junto al Che“ sehr interessant, die als „Mis vivencias con El Che“ neuveröffentlicht wurde; die von Rogelio Acevedo in „El Che que yo conocí“ und Enrique Acevedo in „Descamisado“ (ein ausgezeichneter Text über das alltägliche Leben in der Guerilla) sowie „El hombre que me hizo guerillero“; Ameijeiras: „Dibujó con flores su sonrisa en el mar“, außerdem das Buch von Almeida: „La Sierra Maestra y más allá“.

Grundlegend sind das unveröffentlichte Buch von Mariano Rodríguez, das noch keinen definitiven Titel hat, und der Artikel von Helio Vitier: „Che en Buey Arriba“ sowie der Film von Sergio Giral: „Un relato del jefe de la columna 4“.

In den biographischen Notizen von Sergio Bacallao, die Betancourt in die Hände bekommen hat, ist eine interessante Beschreibung des Inneren des enormen Bauernnetzes, das die Guerilla unterstützte; bezüglich des städtischen Netzes kann man das Buch von Oreste Adán: „El Dorado“ konsultieren.

Für die Interna der Manöver und Spannungen im Exil siehe Llerena: „La revolución insospechada“.

Die Journalisten Walsh: „Guevara“, Sarabia: „Ernesto Che Guevara, fundador del Cubano Libre“ und Masetti: „Los que luchan y los que lloran“ bringen weitere Beiträge.

Außerdem: Debray: „El castrismo, la larga marcha de América Latina“, Ana Nuñez: „El Che Guevara, un hombre a través de sus anécdotas“, Javier Rodríguez: „Era muy humano, con un enorme, con un terrible concepto del deber“, Roland Castillo: „Alto de Escudero“. Lázaro Torres: „Lidia y Clodomira“, Meneses: „Castro comienza la revolución“, Zúñiga: „El armero del Che“ und der Artikel von Carlos María Gutiérrez: „Una madrugada de febrero“.

2) Der Selbstmord von Roberto Rodríguez

Che: „Roberto Rodríguez wurde wegen Befehlsverweigerung entwaffnet. Er war sehr undiszipliniert und der Leutnant des Trupps, dem er angehörte, entwaffnete ihn und übte so sein Disziplinarrecht aus. Roberto Rodríguez entriß einem Kameraden den Revolver und erschoß sich. Wir hatten eine kleinen Auseinandersetzung, da ich dagegen war, ihm militärische Ehren zu erweisen; die Kämpfer meinten, daß er ein Gefallener sei wie andere auch, und wir argumentierten, daß unter diesen Bedingungen Selbstmord eine abzulehnende Handlung sei, unabhängig von den guten Eigenschaften des Kameraden. Nach einem Versuch von Befehlsverweigerung verhüllten wir nur die Leiche des Kameraden, ohne ihm Ehre zu erweisen.

Ein oder zwei Tage vorher hatte er mir Teile seiner Geschichte erzählt und man erkannte in ihm einen Jungen von übermäßiger Sensibilität, der enorme Anstrengungen unternahm, sich an das harte Leben der Guerilla und darüberhinaus an die Disziplin der Armee anzupassen, Dinge, die mit seiner schwachen körperlichen Natur und seinem rebellischen Instinkt zusammenstießen.“ („Pasajes ...“)

3) Das ermordete Hündchen

Che: „Alles wäre perfekt gewesen, wenn das neue Maskottchen nicht gewesen wäre: Es war ein kleiner Jagdhund, erst ein paar Wochen alt. Obwohl Félix ihn wiederholt aufgefordert hatte, zu unserem Operationszentrum zurückzukehren, einem Haus, in dem die Köche zurückgeblieben waren, folgte das Hündchen der Kolonne. In jener Gegend der Sierra Maestra erwies es sich als äußerst schwierig, die Berghänge zu überwinden, da es keine Pfade gab. Wir durchquerten eine schwierige „pelúa“, wo die alten Bäume, die „tumba“, von der nachgewachsenen Vegetation zugedeckt waren und das

Vorwärtskommen äußerst mühselig war; wir sprangen zwischen Baumstämmen und Dickicht herum und versuchten, den Kontakt zu unseren Gastgebern nicht zu verlieren. Die kleine Kolonne marschierte lautlos, wie immer in diesen Fällen, nur manchmal unterbrach das Knacken eines zerbrechenden Zweiges das gewohnte Rauschen des Berges; dies wurde bald vom verzweifelten und nervösen Bellen des kleinen Hündchens gestört. Es war zurückgeblieben und bellte verzweifelt, um sein Herrchen herbeizurufen, das ihm aus der Klemme helfen sollte. Jemand holte das Tier und wir gingen weiter. Aber als wir im Tal eines Baches rasteten, mit einer Wache, die die Bewegungen des feindlichen Heeres ausspähte, fing der Hund wieder mit seinem hysterischen Jaulen an; nun reichte es ihm nicht mehr zu rufen, er hatte Angst, daß man ihn zurücklassen würde, und bellte verzweifelt.

Ich erinnere mich an meinen resoluten Befehl: „Félix, dieser Hund wird nicht noch einmal bellen; du wirst dich darum kümmern. Erdrossle ihn. Er darf nicht noch einmal bellen ..." Félix schaute mich mit leerem Blick an. Mitten in der erschöpften Truppe, wie im Zentrum eines Kreises, standen er und der kleine Hund. Ganz langsam holte er einen Strick heraus, schlang ihn um den Hals des kleinen Tieres und fing an, ihn zuzuziehen. Die freudigen Bewegungen des Hundeschwanzes verkrampften sich sofort, bis sie nach und nach aufhörten, genau wie das Wimmern, das aus seiner gequälten Gurgel entwich. Ich weiß nicht, wie lange es dauerte, aber uns allen erschien die Zeit bis zum Ende sehr lange. Das Hündchen hörte, nach einer letzten nervösen Bewegung, auf zu zappeln. Es blieb elend liegen, sein Köpfchen über das Gebüsch gebeugt.

Wir setzen den Marsch fort, ohne über den Zwischenfall zu reden. Die Truppe von Sánchez Mosquera hatte einen gewissen Vorsprung vor uns und kurz darauf hörte man ein paar Schüsse; schnell stiegen wir den Abhang hinunter und suchten trotz Schwierigkeiten des Geländes den besten Weg, um zur Nachhut zu kommen; wir wußten, daß Camilo in Aktion war. Uns blieb genug Zeit, um zum letzten Haus vor der Anhöhe zu kommen. Wir gingen sehr vorsichtig und rechneten jeden Moment damit, auf den Feind zu treffen. Der Schußwechsel war heftig, aber er hatte nicht lange gedauert; wir alle waren in angespannter Erwartung. Das letzte Haus war ebenfalls verlassen. Keine Spur von Soldateska. Zwei Späher stiegen zum Gipfel des „Hinkenden" hinauf und bald kamen sie mit einer Nachricht zurück: „Da oben war ein Grab. Wir haben es geöffnet und einen bestatteten Batista-Soldaten gefunden." Sie brachten sogar die Papiere des Opfers mit, die in seinen Hemdtaschen gesteckt hatten. Es hatte einen Kampf gegeben und einen Toten. Der Tote war einer von ihnen, aber sonst wußten wir nichts.

Entmutigt und langsam kehrten wir zurück. Auf zwei Erkundungsgängen fanden wir eine große Anzahl von Fußspuren auf beiden Seiten des Bergrückens der Maestra, aber sonst nichts. Langsam traten wir den Rückweg an, diesmal durch das Tal.

In der Nacht kamen wir an ein Haus, das ebenfalls leer war. Es gehörte zur Ortschaft Mar Verde. Dort konnten wir rasten. Sofort wurden ein Schwein und etwas Maniok gebraten und bald gab es Essen. Jemand sang ein Lied zur Gitarre, denn die Bauernhäuser waren überstürzt verlassen worden, mit allen Sachen darin.

Ich weiß nicht, ob das Lied sentimental war oder ob es die Nacht war, oder die Müdigkeit ... Sicher ist, daß Félix, der im Sitzen aß, einen Knochen wegwarf. Ein Hund des Hauses kam zutraulich heran und nahm ihn. Felix streichelte ihm den Kopf, der Hund schaute ihn an. Félix schaute zurück und wir warfen uns so etwas wie einen schuldigen Blick zu. Wir verharrten plötzlich in Schweigen. Unter uns war eine unmerkliche Rührung. Bei uns war, mit seinem zutraulichen, schelmischen, etwas vorwurfsvollen Blick, auch wenn es uns durch die Augen eines anderen Hundes anschaute, das ermordete Hündchen." („Pasajes ...")

Kapitel 15

1) Quellen

Den Geschehnissen dieses Kapitels widmet Che mehrere Episoden in seinen „Pasajes": „Lidia y Clodomira", „Ein Jahr bewaffneter Kampf" und „Zum zweitenmal Pino del agua" sowie ein paar kurze Zeilen im Artikel „Eine beginnende Revolution" und eine Rede in der Schule von Minas del Frío nach dem Sieg der Revolution.

Die beste und am weitesten dokumentierte Geschichte von Radio Rebelde ist „7RR" von Ricardo Martínez; sie basiert auf Interviews mit allen Protagonisten außer Franqui, dessen Rolle nach seinem Bruch heruntergespielt worden ist und der später die Leitung des Senders übernehmen sollte. Franqui: „Diario de la revolución cubana".

Außerdem: Mariano Rodríguez: „Con la adarga al brazo", Castillo Bernal: „La batalla de Pino del Agua", Harry Villegas: „Recuerdo del Che", Joel Iglesias: „En la guerra revolucionaria junto al Che", Ramos Zúñiga: „El armero del Che", Schlachter: „Che inovador técnico", Chinea: „La primera armería de la guerra", Zoila Rodríguez in „Entre nosotros", Juan Carrasco: „Sin darle tregua al enemigo" (ein Interview mit Rivalta), C.M. Gutiérrez: „El Che en lo suyo"; Meneses: „Castro, comienza la revolución", Ruben Fonseca: „La primera escuela del ejército rebelde", Sarabia: „Ernesto Guevara, fundador del cubano libre"; außerdem die beiden Bücher von Escobar und Guerra: „El fuego que enciende los fusiles" und „Che sierra adentro".

Nützlich erschien mir das Interview, das ich mit Jesús Parra führte.

2) Die Führung der Bewegung 26. Juli in Ches Darstellung

„In der Vorbereitungsphase, bis Fidel nach Mexiko aufbrach, bestand die Nationale Führung aus Fidel selbst, Raúl, Faustino Pérez, Pedro Miret, Ñico López, Armando Hart, Pepe Suárez, Pedro Aguilera, Luis Bonito, Jesús Montané, Melba Hernández und Haydée Santamaría, wenn meine Information stimmt, da in jener Zeit meine persönliche Beteiligung sehr gering war und die übriggebliebenen Dokumente ziemlich armselig sind.

Später trennten sich wegen verschiedener Unverträglichkeiten Pepe Suárez, Pedro Aguilera und Luis Bonito von der Führung, und im Verlaufe der Vorbereitung des Kampfes, während wir in Mexiko waren, kamen Mario Hidalgo, Aldo Santamaría, Carlos Franqui, Gustavo Arcos und Frank País hinzu.

Von allen erwähnten Genossen kamen und blieben nur Fidel und Raúl während des ersten Jahres in der Sierra. Faustino Pérez, Expeditionsteilnehmer der Granma, leitete die Aktion in der Stadt, Pedro Miret wurde Stunden vor der Abfahrt aus Mexiko verhaftet und blieb dort bis zum folgenden Jahr, in dem er mit einer Ladung Waffen nach Kuba kommen sollte, Ñico López starb in den ersten Tagen der Landung, Armando Hart wurde am Ende des Jahres, das wir gerade analysieren (oder Anfang des darauffolgenden), gefangengenommen, Jesús Montané wurde nach der Landung der Granma festgenommen, genauso wie Mario Hidalgo. Melba Hernández und Haydée Santamaría blieben in der Aktion der Städte und Aldo Santamaría und Carlos Franqui sollten sich im folgenden Jahr in den Kampf in der Sierra einreihen, aber 1957 waren sie noch nicht dabei. Gustavo Arcos blieb in Mexiko für die politischen Kontakte und für die Versorgung in dieser Gegend, und Frank País, Leiter der Aktion in Santiago, starb im Juli 1957.

Später, in der Sierra, schlossen sich Celia Sánchez an, die das ganze Jahr 1958 bei uns blieb, Vilma Espín, die in Santiago arbeitete und den Krieg in der Kolonne von Raúl Castro beendete, Marcelo Fernández, Koordinator der Bewegung, der Faustino nach dem Streik vom 9. April ersetzte und nur einige Wochen bei uns war, da er in den Dörfern arbeitete; René Ramos Latour, Leiter der Organisation der Milizen der Ebene, der nach dem Mißerfolg des 9. April in die Sierra kommen und als Kommandant in den Kämpfen des zweiten Kriegsjahres heldenhaft sterben sollte, und David Salvador, Vertreter der Arbeiterbewegung.

Außerdem trafen später einige der Kämpfer aus der Sierra ein, wie Almeida.

Wie man sieht, bildeten zu dieser Zeit die Genossen aus der Ebene die Mehrheit und ihre politische Herkunft, die nicht großartig durch den Prozeß politischer Reifung beeinflußt worden war, ließ sie zu einer gewissen „zivilistischen" Aktion neigen, zu einer gewissen Opposition gegenüber dem Führer, den man in Fidel fürchtete, und gegenüber der „militaristischen" Fraktion, die wir Leute aus der Sierra darstellten. Es machten sich bereits Divergenzen bemerkbar, aber sie waren noch nicht so stark geworden, daß sie die Gewalttätigkeiten hervorriefen, die das zweite Kriegsjahr charakterisieren sollten." („Pasajes ...")

Kapitel 16

1) Quellen
Über diese Etappe hinterließ Che zwei Berichte in seinen „Pasajes de la guerra revolucionaria“: „Kurzes Zwischenspiel“ und „Eine entscheidende Versammlung“. Hinweise auf den Aprilstreik gibt es in „Notas para el estudio de la ideología de la revolución cubana“ und in seinem Vorwort zum Buch „El partido marxista-leninista“ sowie in „Una revolucion que comienza“.

Für den Aprilstreik ist das Kapitel sehr wichtig, das Franqui ihm in „Diario de la revolución cubana“ widmet, und das von Rodríguez Loeches in „La Sierra y el llano“ geschriebene Kapitel. Grundlegend sind der Beitrag von Ameijeiras in „Más allá de nosotros“, das Interview mit Faustino Pérez von Mirta Rodríguez Calderón mit dem Titel „Semillas de fuego“ und eine andere Arbeit von ihr: „Anverso y reverso de una página de lucha“.

Weitere nützliche Beiträge für dieses Kapitel im zitierten Manuskript von Sergio Bacallao, „Che sierra adentro“ von Guerra und Escobar, der Artikel von Milagros Escobar: „Guerilleros“, das Buch von Yolanda Portuondo: „El sacerdote comandante“, Guerra: „Camilo Cienfuegos. Un tránsito fulgurante“, Masetti: „Los que luchan y los que lloran“ und Gálvez: „Camilo, señor de la vanguardia“.

Kapitel 17

1) Quellen
Che hinterließ nur ein paar Notizen über diese Etappe in „Kurzes Zwischenspiel“, veröffentlicht in „Pasajes de la guerra revolucionaria“ und in „Una revolucion que comienza“. Einige seiner Berichte an Fidel sind im Archiv von Betancourt. Es gibt einige Hinweise in seinem Brief an Sergio Cordoví und in seiner Rede von „La escuela de Minas del Frío“.

Die besten Texte für die Rekonstruktion dieser Periode, obwohl von der kubanischen Geschichtsschreibung kaum aufgearbeitet, sind die Kapitel 14 und 15 des „Diario de la revolución cubana“ von Franqui, die Studie von Efigenio Ameijeiras: „Las guerras no se ganan en el último combate“ (paradoxerweise ist Ameijeiras nicht an diesen Kämpfen beteiligt, denn er hat das Kommando einer Kolonne an der zweiten Front) und das halbe Dutzend Artikel von Kämpfern im Sammelband „El alma de la revolución“.

Interessante Darstellungen sind auch die aus der Sicht der Batista-Armee in „La batalla del Jigüe“ von Quevedo, der das 18. Bataillon leitete, und die des frisch in die Guerilla aufgenommenen Evelio Laferté im Buch von Mariano Rodríguez: „Abriendo senderos“.

Ich konnte eine Tonbandaufnahme des sehr detaillierten Berichtes von Fidel in Radio Rebelde vom 18. und 19. heranziehen. Genauso die Rede an Ches 20. Todestag. [deutsch in: E.C. Guevara: Ausgewählte Werke in Einzelausgaben, Bd. 3: Aufsätze zur Wirtschaftspolitik]

Für besondere Anekdoten die Bücher von Julio Martínez Páez: „Un médico en la sierra“ und Almeida: „La sierra maestra y más allá“ sowie die Darstellungen von Villegas und Lafarté in „Entre nosotros“ von Cupull und González. Niemand vermittelt das Gefühl von Chaos, das die Guerilleros von der Basis erlebten, besser als Enrique Acevedo in „Descamisado“.

Über die PSP: Carlos Rafael Rodríguez: „Cómo ví surgir en la sierra nuestro ejército rebelde“, die Bücher von Draper, Thomas und Darushenko und das Interview, das ich mit Jorge Risquet führte.

Weiterhin erweisen sich als interessant das Buch von Ramiro Abreu: „En el último año de aquella república“, das die konzentrierteste Sicht auf diese Periode bietet; „7RR“ von Ricardo Martínez, mit besonderer Betonung auf Radio Rebelde, das Interview von Reyes Trejo mit De la O in „Recuerdos del Che“, das Interview von Josefina Ortega mit den Brüdern Del Río, „Che Sierra adentro“ von Escobar und Guerra, „Camilo, señor de la vanguardia“ von Gálvez und „Camilo Cienfuegos, cronología de un héroe“.

2) Che in der Darstellung eines Spitzels
„Elegant, brillant, sehr viel intelligenter als Fidel. Che ist ein Kommunist oder ich habe in meinen zwei Jahren des Studiums von kommunistischen Persönlichkeiten nie einen gesehen. Seine Kommandantur besitzt allen Luxus der Stadt. Einen Kerosinkühlschrank, einen Kerosinherd, besonderes Essen, Uhpman-Tabak, Coca-Cola, Wein und ein breites Sortiment an Mate. Er schläft in einem komfortablen Bett (...). Che liebt die Autorität (...). Im Gegensatz zu Fidel ist Che ein schwacher Mensch. Castro marschiert jeden Tag viele Meilen. Che marschiert nie, er benutzt Jeeps oder Maulesel. Castro ist ein sehr mutiger Mensch. Che besitzt wenig Mut, aber er ist ein großer Schauspieler und hat das Maulheldentum gelernt. Er zieht es vor zu lesen, wenn die Luftwaffe sein Haus mit Maschinengewehren beschießt." (Notiz von Richard Tullis, einem Batista-Spion, der sich in die Sierra Maestra eingeschleust hatte. Archiv LAB)

3) Die Kollektivierung der Suppe
Evelio Laferté: „Wir übernachteten in Minas del Infierno. Wir kamen an, bis auf die Haut vom Regen durchnäßt, und der Galicier von Minas machte Essen. Er hatte, glaube ich, einen Truthahn und er packte die Beine, die Flügel, die Innereien und machte eine Suppe, in die er ein bißchen Reis tat. Für die, die er Offiziere des Generalstabs nannte, bereitete er ein Frikassee zu. Und Che, der in die Küche kam, sah das und sagte:

„Komm her, Galicier, was machst du hier?"

„Eine Suppe für die Jungs, die sind naß vom Regen."

Und Che fragte: „Und dieses Frikassee, Galicier?"

„Das ist für euch Offiziere."

Alle wissen, was geschah; Ches Reaktion: Er nahm den Topf mit dem Frikassee, kippte alles in den Kessel, worin die Suppe gemacht wurde, und teilte dem Galicier vier oder fünf Schimpfwörter aus. Das Wort guataquería, auf mexikanisch lambisconería, Speichelleckerei, Kriecherei auf spanisch, bedeutete eine Todsünde in Ches Zehn Geboten und war eines seiner bevorzugten Wörter, um das Personal zu rügen."

4) Die Kommunisten
Während der Offensive, kurz nach dem 21. Juli, war Carlos Rafael Rodríguez, Vorsitzender des Zentralkomitees der PSP, in die Sierra gekommen, um Fidel die Unterstützung seiner Partei zu verkünden.

Dies war eine weitere der vielen widersprüchlichen Aktionen der Partei, die vielleicht aus tiefgreifenden Divergenzen in ihrer Führungsriege herrührte: Nachdem sie während des ersten Jahres der Rebellion gegenüber dem 26. Juli eine harte politische Kritik aufrechterhalten hatte, befahl sie im Februar '58 einigen Kadern, sich dem bewaffneten Kampf anzuschließen (Acosta und Rivalta, z.B.). Einen Monat später wies sie die Bauernkader der PSP im Osten an, mit der Guerilla zusammenzuarbeiten, aber einen Monat vorher, im Juni, hatte sie einen Aufruf herausgegeben, den bewaffneten Kampf einzustellen.

Am 26. Juli trifft sich Carlos Rafael mit Fidel Castro während der Schlacht von Santo Domingo. Fidel sagt ihm, er solle ihn in die Kampfzone begleiten, und es muß Fidel sehr gefallen haben, daß er sich auf den Boden warf, als die ersten Kugeln pfiffen. Mir ist keine Aufzeichnung über die in dieser Zusammenkunft behandelten Themen bekannt, aber als Carlos Rafael im August nach Havanna zurückkehrte, begann er die Netze der PSP in Camagüey und Las Villas zur Unterstützung der Invasion zu mobilisieren, die die Rebellenarmee im Westen der Insel starten sollte.

Kapitel 18

1) Quellen
Zwei Texte von Che über die Invasion sind bekannt, die brieflichen Berichte an Fidel (vom 8. und 13. September und vom 23. Oktober '58), die unter dem Titel „Sobre la invasión" im größten Teil der Editionen von „Pasajes de la guerra revolucionaria" enthalten sind, und ein ausführlicher

Abschnitt des Artikels „Eine beginnende Revolution". Außerdem gibt es ein paar Notizen von Che, die während des parallelen Marsches der beiden Kolonnen an Camilo gerichtet sind, und den Brief, den er an Faure Chomón schickte, als er ins Escambray-Gebirge kam, sowie einen Teil der Rede, die Che 1963 in der Schule von Minas del Frío hielt, eine Notiz an Ángel Salgado vom 9. September '58 und die Abschrift seiner Rede in einer der zweimonatlichen Versammlungen des Führungsrates des Industrieministeriums vom 15. Dezember '64.

Die vollständigste Sammlung über die Invasion und die 8. Kolonne ist wegen ihrer großen Genauigkeit und Detailfülle die von Joel Iglesias im Buch „De la Sierra Maestra al Escambray". Derselbe Autor bringt neue Angaben im Interview mit Alfredo Reyes Trejo: „Mis vivencias junto al Che" und in seinen Artikeln „En la guerra revolucionaria junto al Che" und „La emboscada de cuatro compañeros".

Die Befehle von Fidel an Che und Camilo in Franqui: „Diario de la revolución cubana". „7RR" von Martínez enthält neben anderen Materialien einen interessanten Bericht über die Invasion.

Es existiert ein Dokument über die 8. Kolonne und die Invasion, das von der Geschichtsabteilung der FAR erarbeitet wurde und den Vorzug hat, daß es von den meisten Invasionskadern durchgesehen wurde. Ich konnte es, dank der Freundlichkeit eines von ihnen, lesen und mit meiner Version vergleichen. Außerdem konnte ich vier der Invasoren interviewen: Leonardo Tamayo, Fernández Mell, Rivalta und Parra.

Die interessanteste subjektive Darstellung ist zweifellos die des damals jugendlichen Enrique Acevedo in seinem Buch „Descamisado" und in seinen Artikeln „Los últimos días en la Sierra Maestra"; leider kommt er nur bis zum Treffen von „La Federal", wo er verletzt wird. Sein Bruder und damaliger Truppführer Rogelio Acevedo bringt mehr Einzelheiten in seinen Artikeln „La Federal" und „El Che que yo conocí". Außerdem die sehr genaue Sichtweise von Doktor Fernández Mell in den Artikeln „La sierra, la invasión, Las Villas" und „De las Mercedes a Gavilanes". Interessant sind die Beiträge von Pablo Rivalta, interviewt von Juana Carrasco, Leonardo Tamayo, sowohl im Interview von Katia Valdés wie in seinem Artikel „Luchar junto al Che", und Harry Villegas („Recuerdos del Che") sowie Alfonso Zayas, interviewt von Luis Pavón („Cumpliendo la misión del comandante en jefe"); schließlich der Artikel von Eliseo Reyes: „Desde las Mercedes hasta las Villas".

Es gibt drei zeitgenössische Arbeiten: die von Emilio Surí über San Luis: „El mejor hombre de la guerrilla", die von Larry Morales über El Vaquerito: „El jefe del pelotón suicida" und eine ziemlich genaue militärische Sichtweise in der Broschüre von Oberst Alberto Ferrera: „El comandante Ernesto Guevara y la invasión de Las Villas".

Von den allgemeinen Chroniken lohnen die Erwähnung, weil sie ein paar kleine Elemente beitragen: Aldo Isidrón del Valle: „La victoriosa marcha hacia el Escambray, brillante proeza militar y revolucionaria" und „La invasión" in „Bohemia" sowie der Artikel von Mariano Rodríguez: „La invasión, epopeya de gigantes".

Nützlich sind die Artikel von Mariano Rodríguez Herrera, die '82 in „Bohemia" veröffentlicht wurden, um die Geographie der durchquerten Gegenden zu verstehen. Über die von der Armee entdeckten Papiere aus den in La Federal verlorengegangenen Rucksäcken siehe das „Circular del may gen Díaz Tamayo" vom 30. September '58 und den von der Armee in der Broschüre der Zeitschrift „Gente" veröffentlichten Artikel: „Desaliento y comunismo dentro del 26 de julio".

Die Invasion aus der Perspektive der Kolonne von Camilo im Bericht desselben an Fidel und in den Büchern von William Gálvez: „Camilo, señor de la vanguardia" und Guillermo Cabrera Álvarez: „Hablar de Camilo" sowie in seinem Artikel „Operación caja de tabaco".

Das Warten auf das Direktorium bei Faure: „Cuando El Che llegó al Escambray", „Che en el Escambray" und im Interview, das Betancourt mit ihm führte, sowie im Artikel von Casañas: „Che una de sus proezas militares".

Außerdem: Zoila Rodríguez in „Entre nosotros" und der Artikel „Invasión" in der Zeitschrift „Bohemia".

2) Wieviele waren sie? Wieviele konnten lesen?
Die Quellen sind sich nicht einig über die Zahl der Invasoren, es werden 142 oder 144 genannt. Ebenso ungenau sind sie, was die Analphabeten betrifft; Che sagt 90%, andere Angaben lassen die Zahl auf 52% sinken, obwohl die Mehrheit der Alphabetisierten es auf eine sehr rudimentäre Art waren, wie Joel oder Edilberto del Río (von Che in der Sierra noch „Analphabet" getauft). Edilberto del Río: „Einmal schickte mich Che los, ihm ein Buch zu holen, ich konnte nicht lesen und ich brachte es ihm verkehrt herum und als ich kam, sagte ich ihm: Che, ich weiß nicht, was das heißt; das ist wohl auf Englisch, und Che antwortete mir: Analphabet, du hältst es falschrum. Und seitdem hatte ich den Spitznamen Analphabet."

3) Frauenschicksal
Zoila Rodríguez García und Che sehen sich nicht wieder bis zum Ende der Revolution, als Che nach Las Mercedes zurückkehrt, ein paar Monate bevor er Kuba verläßt. „Wir unterhielten uns", sagte Zoilá.

4) Die Kader der Invasion
Mark Herman. Man weiß sehr wenig oder fast gar nichts über diese rätselhafte Person, die am Ende der kubanischen Revolution verschwand und deren Name unterschiedlich als Mark Herman oder Herman Mark auftaucht. Es wird gesagt, daß er während des 2. Weltkriegs in Guadalcanal gekämpft habe und verwundet worden sei. Während der ersten Monate des Jahres '58 war er Ausbilder in Ches Rekrutenschule in Minas del Frío. Er muß eine unsympathische und unduldsame Person gewesen sein, die der Truppe wenig gefallen hat. Dennoch muß ihm Che großes Vertrauen geschenkt haben, da er ihm in der Invasion eine Schlüsselposition anvertraute.

Manuel Hernández Osorio. Geboren am 17. März 1931 in El Diamante, einem Viertel am Rand der Ortschaft Santa Rita in Oriente, Sohn eines spanischen Bauern von den Kanaren und einer Mulattin, die die Tochter einer Ladenbesitzerin war. Ein Jugendlicher, der immer auf dem Rücken eines Pferdes sitzt, mit einer riesigen Energie, die in einer schmächtigen und schlottrigen Gestalt versteckt ist. Zuckerrohrschneider, Lorenschieber in den Bergwerken von Charco Redondo und dort Begründer des 26. Juli, Dynamitdieb. Er beschließt, Aufständischer zu werden, geht mit einer Gruppe in die Berge, auf der Suche nach den Rebellen, seine Freunde verzweifeln, er hält durch und trifft schließlich auf eine Patrouille, die, um ihn auf die Probe zu stellen, sagt, sie sei eine Truppe von Batista.

„Was für ein Pech, ich bin hergekommen, um mich Fidel Castro anzuschließen."

Kapitel 19

1) Quellen
Glücklicherweise gibt es eine Fülle von Reden Ches in schriftlicher Form, welche diese Etappe abdecken, auf der einen Seite Abschnitte von „Un pecado de la revolución", das als Anhang zu „Pasajes ..." veröffentlicht wurde, andererseits widmet er dieser Etappe Teile des Artikels „Eine beginnende Revolution". Außerdem gibt es reichlich Botschaften, die er an Faure Chomón und an Fidel Castro geschickt hat (etliche von ihnen sind in der Arbeit von Rosado gesammelt), und in Franqui: „Diario de la revolución cubana" befindet sich der Bericht über die Batista-Offensive von November/Dezember.

Einen Gutteil des Materials hatte ich bereits vorher in meinem Buch „La batalla del Che, Santa Clara" veröffentlicht.

Das Radiointerview mit Camilo und das von Radio Rebelde finden sich komplett in „Días de combate", Auszüge in „Diciembre del 58" und in Franqui: „Diario de la revolución cubana".

Wesentlich sind die Erinnerungen von Faure Chomón, die in den beiden Artikeln „Cuando El Che llegó al Escambray" und „El Che en el Escambray" und vor allem in einem unveröffentlichten Interview mit Luis Adrián Betancourt in maschinengeschriebener Version zusammengefaßt wurden.

Die Sichtweise von Enrique Oltuski findet sich im Interview, das ich im Februar '95 mit ihm machte, im langen Interview aus dem Buch von Gálvez: „Camilo, señor de la vanguardia" und in seinem Artikel „Gente del Llano". Der Standpunkt von Bordón im Interview mit Isidrón: „Che: ejemplo de moral revolucionaria, audacia y modestia" und im von Gálvez veröffentlichten Augenzeugenbericht.

Die Beobachtungen der einheimischen Bauern: siehe das Interview von Navarro mit einer anonymen Person und die Arbeiten von Mariano Rodríguez Herrera: „Por la ruta invasora del Che. De Gavilanes al Pedrero" und Juan Sánchez: „El Pedrero en el camino del Che, reportaje en dos tiempos".

Die Beziehung von Che zu Aleida March im Artikel von Nydia Sarabia: „La mujer villaclareña en la lucha patria" und in den Erinnerungen von Castellanos und Harry Villegas, veröffentlicht im Buch von Cupull und González: „Entre nosotros".

Die beste Gesamtsicht in den Arbeiten von Fernández Mell und im Artikel von Enrique Buznego und Luis Rosado Eiro: „Estrategia del Che en Las Villas".

Die Schlacht von Güinía de Miranda kann rekonstruiert werden dank der Augenzeugenberichte von Parra, Figueredo und Argudín in den Arbeiten von Rosado Eiro: „Güinía de Miranda", Isidrón: „Güinía de Miranda, primera victoria de la columna 8 en el frente de Las Villas", Fernández Mell: „La campaña del Che en Las Villas".

Über den Pakt von Pedrero und die Beziehungen zwischen Che und dem Direktorium, außer den zitierten Arbeiten von Faure Chomón, das Interview mit Victor Dreke von Oktober/November/Dezember '91 für „Das Jahr, in dem wir nirgendwo waren", der Artikel von Luis Sexto: „El pacto reiterado" und das Buch von Enrique Rodríguez Loeches: „Bajando del Escambray". Für eine Darstellung der II. Front: Max Lesnik: „10 de noviembre, Escambray heróico".

Über die Fototermine von Tirso im Escambray die Artikel von Clara Velis: „Che y una vieja cámara" und González Bello: „Fotos a Tirso". Das beste graphische Material über diese Zeit ist in einem Artikel von „Cuba Internacional" mit dem Titel „Guerra en el Escambray" veröffentlicht.

Die Anwesenheit von Camilo bei Che in der Gegenoffensive im zitierten Buch von Gálvez. Über den Sender der 8. Kolonne: das Buch von Ricardo Martínez: „7RR". Über die Basis von Caballete de Casa: das Interview von Juana Carrasco mit Pablo Rivalta und das Buch von Abreu.

Außerdem: Joel Iglesias: „Sobre la invasión", Leonardo Tamayo: „El Vaquerito y el pelotón suicida", Hugh Thomas: „Cuba, la lucha por la libertad".

2) Victor Bordón
Bordón war ein Zuckerrohrarbeiter, der sich ab Ende '56 am Aufstand beteiligt hatte, um der Repression zu entfliehen, und den der 26. Juli in Las Villas nicht in seinen Aufstandsplan eingliedern konnte. Nach dem Desaster des Aprilstreiks hatte Enrique Oltuski, der neue Koordinator der Provinz, die Guerilla im Escambray aufgebaut, in wenig klaren Beziehungen zur II. Front (militärische Unterordnung, aber Präsenz im Generalstab der Front). Bordón hatte alle Arten von Schwierigkeiten durchgemacht, seine Guerilla war von der II. Front angegriffen worden, die sogar eines ihrer Lager überfiel, um ihr die Waffen abzunehmen, und später, Anfang Oktober, hatte sie ihn vier Tage lang eingesperrt, als er sich beschwerte. Die Drohung von Camilo, nach Las Villas zu kommen, sorgte dafür, daß sie ihn freiließen.

3) Revolutionäres Direktorium 13. März
Nach dem Scheitern des Angriffs auf den Nationalpalast und dem Verlust vieler Kader rekonstituiert sich das Revolutionäre Direktorium. Es wird die Landung von Nuevitas durchgeführt und die bewaffnete Front in Las Villas geschaffen. Aufgrund einer Spaltung entsteht die II. Front des Escambray. Die Aktionen in Havanna beginnen von neuem.

Außer den erwähnten Quellen siehe: „Historia del II Frente Nacional del Escambray", „13 de Marzo, asalto al Palacio Presidencial". Der Augenzeugenbericht von Guillermo García in der Arbeit von Sexto: „El pacto reiterado", Julio Crespo: „Bandidismo en el Escambray" und Castelló: „Segundo Frente Nacional del Escambray, negación del ejercito rebelde".

4) Die II. Front
Es erweist sich als außerordentlich schwierig, eine objektive Sicht der II. Front des Escambray zu erarbeiten. Die guevaristischen Quellen, und besonders die dem Direktorium nahestehenden, malen ein Bild in Schwarz ohne das Weiß der Gruppe, die von Eloy Gutiérrez Menoyo geführt wurde. Es ist bekannt, daß die Spannungen zwischen Gutiérrez Menoyo und Fidel ihren Ursprung in der Universität hatten und daß Gutiérrez Menoyo während der Etappe der Sierra Fidel und Che „Ñángaras" [Geschwüre] nannte, den verächtlichen Spitznamen, der von den Kommunisten benutzt wurde.

Militärisch hatte die II. Front keine besonders herausragenden Aktivitäten. In ihrer offiziellen Geschichte wird nur von einigen Scharmützeln mit der Armee in Río Negro, Charco Azul und La Diana berichtet.

Oltuski: „Sie betrachteten sich immer als die Herren der Provinz Las Villas. Sie dachten immer, daß sie in einem bestimmten Moment des revolutionären Prozesses die Provinz Las Villas beherrschen und nach dem Sieg der Revolution als mächtige Kraft auftauchen würden, mit der man rechnen müßte."

Che erwähnt in seinen Arbeiten die Beziehungen zu Gutiérrez Menoyo während der Etappe von Las Villas nicht, obwohl es regelmäßig Zusammentreffen gab, zum Beispiel die beschriebene Operation in Placetas, oder eine Versammlung, in der sie sich die Hand gaben, was am Ende der Revolution in einer Sondernummer von „Bohemia" veröffentlicht werden sollte.

José Ramón Herrera erzählte mir, daß Che, um gute Beziehungen zur II. Front aufrechtzuerhalten, alles getan hatte: Als bei einer Gelegenheit 100 Remington-Gewehre in ihre Hände fielen, die Nazario Sargent an der Küste versteckt hatte und die für die II. Front bestimmt waren, gab er sie an Menoyo zurück: „Sie gehören nicht uns."

5) Enrique Oltuski
Ende '57 hob die Polizei von Santa Clara dank einer Aussage, die durch Folter zustandegekommen war, die regionale Führung des 26. Juli von Las Villas aus; alle wichtigen Kader wurden festgenommen. Die M26 beauftragte aus Havanna Enrique Oltuski, die Organisation in der ganzen Region neu aufzubauen; Sohn ukrainischer Einwanderer, Student des Ingenieurswesens in den USA, Mitglied einer lateinamerikanischen Bruderschaft, Anhänger von Martí. „Noch als ich aus den Vereinigten Staaten zurückkam, plagte mich das Gewissen; meine Genossen kämpften und starben in Kuba, ich lebte sehr gut in den USA und jeden Tag sagte ich mir, daß ich zurückkehren mußte. Eines Tages stand ich auf und kehrte nach Kuba zurück. Als ich zurückging, war ich kein Mitglied des 26. Juli, ich war Mitglied der MNR unter der Führung von Professor García Bárcenas." Er kommt durch eine Fusion zum 26. Juli und arbeitet an ihrem politischen Programm mit.

Er organisiert den Aprilstreik in Las Villas. „Mit dem Scheitern des Streiks erleidet die Bewegung einen fürchterlichen Schlag, vor allem den Verlust vieler Mitglieder."

6) Die PSP in Las Villas
Taurino Terraza: „Ich beteiligte mich auf Anregung der Partei 1958 am Aufstand, mit dem Direktorium. ‚Der ist gut, er kocht gut, ist aber Kommunist.' Im Oktober erzählte ich Faure, daß Che im Anmarsch wäre, und die Partei beauftragte mich, zu ihm zu stoßen, um ihm als Arzt zu dienen. Ich übergab ihm mein Gewehr und er sagte mir: ‚Behalten Sie ihre Waffe, Sie und wir sind gleich. Wir alle werden Che empfangen.'"

Oltuski: „Es gab einen Konflikt in der PSP. Ich war der Meinung, daß die kommunistischen Ideen zu jener Zeit in Kuba weit fortgeschritten und daß sie sehr autoritär und sektierisch seien, daß sie außerdem nicht für die Revolution seien. Ich hatte Begegnungen mit den Kommunisten in Santa Clara, aber die PSP verteidigte den bewaffneten Kampf nicht, und ich dachte weiterhin, daß dies der einzige Weg sei, um Batista zu schlagen."

7) Alberto Fernández Montes de Oca
Er ist 1933 in Oriente, in San Luis, geboren. Mit vier Jahren zieht er nach Santiago. Als Kind arbeitet er im Café seiner Eltern in einem Viertel voller Huren und Lumpen, während er die Grundschule besucht, wo er mit der Gruppe von F. País und Tey in Verbindung kommt. Seine Familie nennt ihn

Pacho oder Pachungo. Nach dem Schulabschluß findet er keine Arbeit, denn er ist politisch aufgefallen. Er studiert Journalistik, ohne den Abschluß zu machen, emigriert 1956 in die USA, hält sich ohne
Arbeit am Leben, verweigert aber jede Hilfe von der Familie. '57 in Kuba gefangengenommen, bei einer Studentendemonstration brutal von der Polizei verprügelt. Er geht nach Mexiko, beteiligt sich an einer Invasion, die Schiffbruch erleidet. Er rettet sich, da er ein ausgezeichneter Schwimmer ist, irrt durch den mexikanischen Urwald, lebt von der Affenjagd, wird verhaftet. Er emigriert ein weiteres Mal in die USA, kommt Ende '57 als Versicherungsvertreter verkleidet nach Kuba, als sie seinen Bruder Orlando ermorden. Er arbeitet in Santa Clara mit dem 26. Juli zusammen. Im November '58 geht er in das Escambray-Gebirge. (Alfredo Reyes Trejo: „Capitán Alberto Fernández Montes de Oca", Mariano Rodríguez: „Abriendo senderos" und „El escalón más alto")

Kapitel 20

1) Quellen
Che hinterließ sehr wenig schriftliches Material über diese Etappe, soweit bekannt ist: den Bericht über die Schlacht von Fomento, eine Nachricht an das Rote Kreuz von Placetas und Abschnitte in „Una revolucion que comienza".

Für die Abfassung dieses Kapitels habe ich auf mein Buch „Santa Clara, la batalla del Che" zurückgegriffen und ein paar neue Quellen eingefügt wie „The winds of december" von Dorschner und Fabricio, den Augenzeugenbericht von Alberto Castellanos in „Entre nosotros", mein Interview mit Oberst José Ramón Herrera.

Außerdem: Rolando Cubela: „La batalla de Santa Clara", Aldo Isidrón del Valle: „Diciembre de fuego" im von Lisandro Otero zusammengestellten Buch: „Las Villas"; René Rodríguez: „Se inicia la lucha en el Escambray", Julio Martí: „Saber al Che frente a nosotros", Carlota Guillot: „Fomento, 100 fusiles para la fuerza de la libertad", Elena Otero: „Diciembre de fuego", Larry Morales: „El Vaquerito", Victoria Quintana und Freddy Torres: „Luchar junto al Che", José Lorenzo Fuentes: „Las Villas bajo las balas", Isidrón: „Corrió la noticia, el Che está herido", Rodríguez Zaldivar: „Desde las Sierra Maestra hasta Las Villas", Caridad Miranda: „La debacle del tren blindado", Mario Kuchilán: „Zafarrancho en Santa Clara, la batalla final", Nuñez Jiménez: „La batalla de Santa Clara", Eduardo Martín und Benito Cuadrado: „Placetas, un pueblo que forjó su liberación", Buznego, Castillo, Álvarez: „Diciembre del 58", Augusto Benítez: „El cerco de Santa Clara", Fernández Mell: „La campaña del Che en Las Villas" und Surí: „El mejor hombre de la guerrilla".

Grundlegend waren die Interviews, die ich '87 mit Pablo Rivalta und im Februar '88 mit Aleida March führte.

2) Verschwörungen
Unter den vielen Verschwörungen, die sich während der letzten Monate der Diktatur entwickelten, um dem Batista-Regime einen gemäßigten Ausgang zu verschaffen, gibt es eine, die die Schlacht von Santa Clara beeinflußte. Oberst Rosell, der im Namen von Cantillo handelte, hatte „Echamendía" (Ismael Suárez de la Paz), einem Mitglied des Untergrunds von Havanna, die Türen geöffnet, der in Santa Clara war und eine Nachricht von Río Chaviano für Che brachte, in der er um einen Waffenstillstand bat. Zugleich informierte ihn Echamendía darüber, was er in den Batista-Kasernen gesehen hatte. Che antwortete, daß diese Revolution in letzter Stunde keine Kompromisse mache und daß ein Waffenstillstand den Militärs nur erlauben würde, sich neu zu formieren. Echemendía brachte Che nebenbei Informationen über den gepanzerten Zug. („Winds of december")

Kapitel 21

1) Quellen

Obwohl es sich zweifellos um seine wichtigste militärische Leistung handelte und es für einen Menschen wie Che sicherlich eine Leidenschaft war, Anekdoten zu sammeln, schrieb er, vielleicht aus Zeitmangel, niemals eine seiner „revolutionären Episoden“ über diese Geschichte. So gibt es über Santa Clara nur einen Abschnitt in „Una revolución que comienza“. Aleida March erzählte mir in einem Interview, als ich daran ging, mein Manuskript über die Schlacht von Santa Clara zu überarbeiten, daß er unter dem Druck der Ereignisse dieser Tage nichts geschrieben hatte und daher dieser Teil seines Kriegstagebuchs fehlt. Einige Notizen wurden seinen militärischen Reflexionen in „Der Guerillakrieg“ entnommen.

Ein weiteres Mal habe ich für diese Darstellung, wie im vorherigen Kapitel, mein Buch „La batalla del Che, Santa Clara“ benutzt, insbesondere die Kapitel X bis XV.

„Descamisado“ von Enrique Acevedo ist eine ausgezeichnete Darstellung der Ereignisse. Es herrschte ein Gefühl von Chaos in der Schlacht von Santa Clara, das nur er vermitteln konnte. Die Texte seines Bruders Rogelio Acevedo, das Interview von Pedro de la Hoz und sein sehr langer Beitrag in „The winds of december“ von Dorschner und Fabricio sind auch erstklassiges Material.

Fernández Mell hat ein paar sehr interessante Berichte in „La batalla de Santa Clara“ und „La campaña del Che en Las Villas“ verfaßt, er erweiterte sie in einem Interview, das er mir in Havanna gab. Núñez Jiménez hinterließ drei Arbeiten über dieses Thema, „El tren blindado“, „El Che y un instante de la rendición de Santa Clara“ und „Santa Clara, la batalla final“.

Außerdem: Rodríguez de la Vega: „Con El Che en la batalla de Santa Clara“, M.A. Capote: „Tres relatos inéditos“ (ein Interview mit Lolita Rosell), José Lorenzo Fuentes: „La batalla de Santa Clara“, Mario Kuchilán: „En zafarrancho. Santa Clara, la batalla final“, Arístides Sotonavarro: „Antes de la gran batalla“, Rodríguez Zaldívar: „Desde la Sierra Maestra hasta Las Villas“, Nelson García und Osvaldo Rodríguez: „El capitán descalzo habla de su amigo el Vaquerito“, Aldo Isidrón del Valle: „Diciembre de fuego. Santa Clara 1958. Semblanza de una batalla“, Rosado: „Batalla victoriosa, Santa Clara“, Contreras: „El tren blindado“ (Augenzeugenbericht von Ramón Pardo), Luis Adrián Betancourt: „Che, arquitecto de una victoria“. Interview mit Rivalta. Der Zeitzeugenbericht von Leonardo Tamayo in Katia Valdés: „Che Guevara, facetas de un jefe militar“, „Victor Dreke habla sobre el combate en el escuadrón 31“, Teresa Valdés: „Consecuente con sus principios“.

Kapitel 22

1) Quellen

Es gibt sehr wenig Material von Che, das den ersten und letzten Tag der Revolution in „Una revolución que comienza“ und in „Un pecado de la revolución“ aufnimmt.

Die interessantesten Materialien sind der Artikel von Enrique Oltuski: „El día de la victoria“, der ergänzt wird durch das Interview, das er mir gewährte, sowie die Arbeit von Fernández Mell: „La batalla de Santa Clara“, die von Che durchgesehen wurde; man sollte die drei Darstellungen von Núñez Jiménez: „La batalla de Santa Clara“, „El Che y un instante de la rendición de Santa Clara“ und „Santa Clara, la batalla final“ hinzunehmen.

Als wichtig erweisen sich die drei Interviews von M.A. Capote; Dorschner und Fabricio: „The winds of december“; das Interview, das ich mit José Ramón Herrera machte, und das Gespräch mit Mustelier, das im Kurzfilm „Viento del pueblo“ von Orlando Rojas zu sehen ist.

Außerdem das Kabel von Associated Press mit Datum vom 31. in Havanna; Pardo Llada: „Cómo se enteró Fidel de la caída de Batista“, Villaronda: „Esto fue lo que ocurrió en Columbia después de la caída del régimen“, Samuel Feijo: „Cámara de torturas en Santa Clara“, „Prisión y muerte de Joaquin Casillas“, „Después de la victoria: primeras horas en la capital“, Iván Colas: „Camilo de Yaguajay a Columbia“. Ricardo Martínez: „7RR“, Abreu: „En el último año de aquella república“.

2) Der Sieg wurde nicht nur in Las Villas vorbereitet
Die Geschichte aus Ches Perspektive kann den falschen Eindruck vermitteln, daß sich alles in Santa Clara abgespielt hat, wobei es doch offensichtlich ist, daß die zentrale Schlacht in Oriente stattfand, wo Fidel am 31. Dezember den Ring um Santiago für den letzten Angriff zusammenzog, nachdem er am 30. mit der Schlacht von Maffo den Gipfel erreicht hatte.

3) Che in La Cabaña
Einige Historiker meinen, daß das Manöver, Che nach La Cabaña zu schicken statt nach Columbia, wo sich die wichtigste Garnison von Havanna zusammengezogen hatte, die Gelegenheit für die Entfernung einer Person bot, deren Radikalität Fidel immer mißtraute.

Franqui: „Welche Gründe hatte Fidel, ihn nach La Cabaña, an eine zweitrangige Position, zu schicken?" („Diario de la revolución cubana")

Es scheint, daß es zwei offensichtlichere Gründe gab: erstens die Nationalität von Che und daß er Havanna nicht kannte, und zweitens, daß die Kolonne von Camilo etwas ausgeruhter war.

4) Erschießungen in Santa Clara
Che gab zu, daß es sich um 12 Todesurteile handelte, die er in Santa Clara unterschrieben hatte, obwohl der Journalist, dem er dies sagte, Piñeiro von „Prensa Libre", beim Recherchieren nur sechs Fälle entdeckte. José Ramón Herrera sprach in einem Interview, das er mir gewährte, von 14 Erschießungen, gab aber zu, daß die Erinnerung ihn trügen könne, denn als er versuchte, die Liste zu rekonstruieren, kam er nie auf diese Anzahl. Hauptmann Suárez Guayol wies in einem Interview darauf hin, daß dies ein Akt „sozialer Prophylaxe" gewesen sei, und fügte den Namen eines gewissen Capetillo hinzu. In der Liste fehlt der Name des Polizeichefs Rojas, denn dieser wurde im Schnellgerichtsverfahren abgeurteilt und hingerichtet, nachdem Che die Stadt verlassen hatte.

Kapitel 23

1) Quellen
Che schrieb vereinzelte Notizen in einigen seiner Artikel über den ersten Monat der Revolution; sie sind zu finden in: „Un pecado de la revolución", „Notas para el estudio de la ideología de la revolución cubana", „Guerra y población campesina". Das Gespräch „Proyecciones sociales del ejército rebelde" ist in allen Ausgaben seiner Werke veröffentlicht.

Wichtig ist ein Besuch im Museum von La Cabaña, nicht nur wegen der Dokumentation, sondern weil es dort bestimmte Gegenstände gibt, die genauso konserviert wurden, wie sie zur Zeit waren, als Che die Garnison leitete.

Über die Ankunft der Kolonnen: Franqui: „Diario de la revolución cubana" und der Artikel von Colás: „Che, de Santa Clara a La Cabaña". Sicherlich gibt es Diskrepanzen, was die Uhrzeit betrifft, wann genau Ches Kolonne in La Cabaña einmarschierte. Während Martínez Páez sagt, daß es um 1 Uhr 30 war, legt Castellanos, Ches damaliger Fahrer, sie zwischen 2 und 4 Uhr und Núñez Jiménez auf 4 Uhr.

Wichtig sind die Chronologien von „Juventud Rebelde": „El Che que conoce el pueblo" und „Un hombre bravo" von Cupull und González, wenn auch die erste sich als ungenau erweist, denn sie gibt häufig das Datum der Veröffentlichung in der Presse als Datum des Ereignisses an.

Für eine Gesamtsichtweise: „Cuba, la lucha por la libertad" von Hugh Thomas und „La toma del poder" von Toledo Bastard.

Als grundlegend erwiesen sich die Interviews mit Manresa, Fernández Mell, Vilaseca und Hilda Guevara Gadea.

Sehr interessant sind die Reportagen in der kubanischen Presse jener Tage, insbesondere „Entró primero la columna Ameijeiras", Sergio Piñeiro: „Che Guevara habla para Prensa Libre. Lo que interesa ahora es defender la libertad de Cuba" und „Fue asaltante en el Moncada y vino con Fidel en el Granma" (im Interview mit Ramiro Valdés), Heli Montoto: „El directorio aspira a ver una patria nueva" (Interview mit Faure Chomón), „La entrada del presidente Urrutia en palacio", „Habla el comandante Guevara", JCM: „Los fusilamientos y Maldonados", Jules Dubois: „Las ejecuciones en Cuba".

Außerdem: Guillén: „Un gran muerto invencible", „Che y Pinares hablan de Camilo", Antonio Núñez Jiménez: „En marcha con Fidel", Santiago Aroca: „Fidel y El Che", Guevara Lynch: „Mein Sohn Che", „El embajador Smith: servidor de déspota", Juan Almeida: „La Sierra Maestra y más allá", Earl Smith: „The fourth floor", Matthews: „World in revolution", Harris: „Black Beret", Gadea: „Che Guevara, años decisivos", „J.C. Fernández: „Osvaldo Sánchez", Franqui: „Retrato de familia con Fidel", Chichkov: „Crónica de un periodista soviético en Cuba", Martí: „Tiene la palabra El Che Guevara", Sitzungstagebuch des Senats von Chile, siebte Sitzung, 18. Oktober 1967, „Prensa Latina, un desafío" und die Erinnerungen von Borrego in „Entre nosotros".

Die US-amerikanische Absicht, eine dritte Option zu schaffen, sind sehr gut dargelegt in „The winds of december" von Dorschner und Fabricio und im Buch von Smith: „The fourth floor".

Kapitel 24

1) Quellen

In den verschiedenen Versionen der Che-Werke kann man feststellen, daß es über diese Periode eine reichhaltige Korrespondenz gibt; außerdem gibt es Reflexionen über „El año 1" in „Una revolución que comienza" und verschiedene wichtige Artikel, Reden und Fernsehbeiträge: „Was ist ein Guerillero?", „Discurso en el Pedrero", Epilog von „Der Guerillakrieg", die Rede vom 28. Oktober '64 im Gedenken an Camilo, der Fernsehbeitrag vom 20. März '60, der offene Brief an Franqui über die Situation seines Erholungsaufenthalts in Tarará und der Brief an Sábato vom 12. April '60, in dem er die Agrarreform kommentiert.

Im Museum von La Cabaña befinden sich die Ausgabe der „Gaceta" vom 7. Februar, wo Che ausnahmsweise zum Kubaner erklärt wird, und das ärztliche Attest, das die Krankheit Ches diagnostiziert. Im selben Museum kann man sein Originalbüro betrachten. Seine Militärakte im Artikel von Teresa Valdés: „Al lado de cada rebelde un maestro".

Für den Kontext wichtig sind die Chronologien von Cupull und González und „22 años de revolución, cronología".

Über die lange Debatte um die Agrarreform: die Bücher von Thomas, Núñez Jiménez: „En marcha con Fidel", Karol: „Los guerrilleros en el poder", Dumont: „Cuba, socialism and development", Huberman und Sweezy: „Anatomía de una revolución", Franqui: „Retrato de familia con Fidel".

Über „Prensa Latina" und „Verde Olivo": „Prensa Latina, un desafío", der Artikel von Rodolfo Walsh: „Guevara", Blaquier: „Faltaba papel y tinta, pero salía" und „Así se cumplen las órdenes".

Über die Beziehungen Ches zu seiner Tochter Hilda: das Interview von Román Orozco: „Mi padre tenía un gran sentido del humor" und das von Roberto Travieso: „Mi papá El Che".

Einige Details bringen die Artikel von Gómez Ferrals: „Sentirlo más cercano", Guillén: „Un gran muerto invencible", Isidrón del Valle: „Con El Che por Sudamérica", Mariano Rodríguez: „Cariño de buenos hermanos", Pereira: „Mi compañero de los aires", De los Reyes Gavilanes: „Llegaron los barbuditos, avisen al Che", Pardo: „El Che que yo conocí".

Als sehr nützlich erwiesen sich die Interviews, die ich mit Jorge Risquet, Raúl Maldonado und Óscar Fernández Mell führte.

2) Der berühmte Halswirbel („Siquitrilla")

Risquet: „Der Satz von Camilo hatte seinen Ursprung in einem Text des Journalisten Carbó, den Halswirbel zu brechen, den kleinen Nackenknochen der Vögel, was der gezielte Schuß des Jägers macht, und in der Übergabe von 5.000 Kälbern durch den Viehzüchterverband für eine unwirksame Agrarreform."

Kapitel 25

1) Quellen

Che hinterließ ein nicht allzu durchsichtiges Protokoll der Reise in einer Reihe von Artikeln, die in den folgenden Monaten in „Verde Olivo“ veröffentlicht wurden: „La república árabe Unida, un ejemplo“, „La India, país de grandes contrastes“, „Recupérase Japón de la tragedia atómica“, „Indonesia y la sólida unidad de su pueblo“, „Intercambio comercial con Ceilán y Pakistán“, „Yugoeslavia, un pueblo que lucha por sus ideales“. Nach seiner Rückkehr gab er am 14. September in der Fernsehsendung „Comentarios económicos“ und in einer Pressekonferenz ein Resümee, das in „Verde Olivo“ vom selben Tag veröffentlicht wurde. Der Brief aus Indien ist Bestandteil der Briefsammlung von Ernesto Guevara, die sein Vater in „Mein Sohn Che“ für einen dritten Band der Korrespondenz nach dem Sieg der Revolution verwenden wollte, obwohl er sie dann draußen ließ. Sie ist mehr als zufällig im Buch von González Acosta veröffentlicht worden.

Es gibt zwei umfassende Berichte von Teilnehmern der Reise, den von José Pardo Llada in: „El Che que yo conocí“ und den, den mir Salvador Vilaseca in einem Interview in Havanna gab.

Einige vereinzelte Beiträge sind zu finden in den Artikeln von Reynaldo Lugo: „El primer embajador“ und Santiago Aroca: „Fidel y El Che“, im Buch „Prensa Latina, un desafío“ und im Interview, das ich mit Raúl Maldonado machte.

Seine Beziehungen zu Nasser in der Darstellung von Mohamed Heikal, die auf dem Archiv des ägyptischen Führers beruhen. Der Zusammenhang im Werk von Thomas und im Buch von Abreu.

Kapitel 26

1) Quellen

Über diese Etappe gibt es ein Dutzend Reden von Che, die in verschiedenen Versionen seiner Werke veröffentlicht wurden, darin die drei Reden in den Universitäten von Oriente, Las Villas und Havanna, die Abschiedsrede bei Abrahantes und Jorge Villa, die Rede in der Versammlung vor dem Nationalpalast vom 26. Oktober. Außerdem gibt es zwei Artikel: „América desde el balcón afroasiático“, „Tareas industriales de la revolución en años venideros“ und zwei Fernsehansprachen, die zweite über den Beginn der Industrialisierungsabteilung vom 20. Oktober 1960. Die „Palabras del Che a la policía“ sind in den meisten Ausgaben seiner Werke nicht enthalten, aber in einer Broschüre, die vom Innenministerium herausgegeben wurde.

Wieder erweist sich der Text von Franqui: „Retrato de familia con Fidel“ als wesentlich. Der Tod von Camilo in Betancourt: „Apareció para siempre“ und im Vorwort Ches in: „Der Guerillakrieg“.

Über den Beginn der freiwilligen Arbeit: Felipa Suárez: „Conmemoran aniversario 30 del primer trabajo voluntario“, Rubén Castillo: „Che Guevara iniciando el trabajo voluntario en Cuba“ und das Interview von Martí mit Eliseo de la Campa.

Als sehr wichtig für die Präzisierung von Details erwiesen sich die Interviews, die ich mit Salvador Vilaseca, Raúl Maldonado und Valdés Gravalosa führte.

Kapitel 27

1) Quellen

Außer „Der Guerillakrieg“ schrieb Che in dieser Zeit viele Artikel. Die Reihe „Sin bala en directo“ wurde vom 10. April 1960 an veröffentlicht und endete am 14. August desselben Jahres mit dem Artikel Nr. 19: Es sind Notizen über internationale Politik, geschrieben mit fliegender Feder, einem gewissen Sinn für Humor, in einer sehr populären Sprache und mit einer pädagogischen Ader: „El payaso macabro y otras alevosías“, „El más poderoso enemigo y otras Boberías“, „El desarme continental y otras claudicaciones“, „No sea bobo compadre y otras advertencias“, „La democracia representativa surcoreana y otras mentiras“, „Cacareo, los votos argentinos y otros rinocerontes“, „El salto de rana, los aviones piratas y otras violaciones“, „Estambul, Puerto Rico, Caimanera y otras bases de discusión", „Ydígoras, Somoza y otras pruebas de amistad", „El plan Marshall, el plan Eisenhower y otros planes", „Nixon, Eisenhower y otros toques de atención", „El café, el petróleo, el algodón y otras cuotas", „La acusación ante la OEA, las Naciones Unidas y otras fintas", „Beltrán, Frondizi y otras razones de pesos", „Las bases submarinos, las de cohetes y otros engendros", „La corte de los milagros y otros motes de la OEA", „Para muestra basta un botón y otras historias breves", „Había una vez un central azucarero y otras leyendas populares".

Die Reihe „Consejos al Combatiente" beginnt am 8. Mai 1960 mit dem Artikel „La disciplina de fuego en el combate" und endet, 15 Artikel später, am 22. Oktober mit dem Artikel „La artillería del bolsillo III". Die Texte sind in der letzten Ausgabe der Ausgewählten Werke von Che nicht enthalten, obwohl während der Arbeit an diesem Buch eine Sammlung des Verlags „Verde Olivo" in Vorbereitung war.

In einer der Versionen von Ches Werken befindet sich eine interessante Korrespondenz der Jahre 1959-60. In „Revolución" erscheint der Brief: „Emplaza Guevara a Conrado Rodríguez", außerdem der Brief an seine Eltern mit den Neujahrsgrüßen. Der Artikel „Cuba, su economía, su comercio exterior, su significado en el mundo actual", der Ende '64 geschrieben wurde, bezieht sich auf die Zeit als Präsident der Nationalbank.

Als sehr interessant erweisen sich drei Fernsehansprachen, die stenographisch dokumentiert sind, seine Rede in der Reihe „Ökonomie und Planung" vom 15. April '61, die vom 20. März '60 in der Reihe „Volksuniversität" mit dem Titel „Soberania politica e independencia económica" und sein Beitrag „Ante la prensa" vom 20. Oktober '60; eine vierte vom 4. Februar '60 ist nicht in den Werken enthalten, aber in einer Broschüre. Wichtig ist die Rede an die Arbeiter der Textilindustrie vom 7. Februar '60 und die vom 20. Mai bei der Eröffnung der Industrieausstellung.

Wesentlich für die Rekonstruktion seiner Tätigkeit in der Bank waren die Interviews mit Salvador Vilaseca, Valdés Gravalosa, Raúl Maldonado, Enrique Oltuski und das Buch von Boorstein: „The economic transformation of Cuba" sowie die Artikel von Susana Lee: „La revolución entró en el Banco", Ángela Soto: „Che ministro, Che funcionario", „Reportaje a un billete", María Isabel Morales: „Aquella visita a una agencia bancaria" und eine Broschüre: „La presencia del Che en el Banco Nacional de Cuba y la selección del 26 de noviembre como Día del economista", „El recuerdo y sus propias palabras" und Sara Mas: „Su incurable pasión creadora".

Über die Fotos von Che gibt es eine Menge Reportagen: Alberto Korda: „Una foto recorre el mundo", „El regalo de la foto del Che", Gabriel Molina: „Entrevista con un reportero gráfico", Ángela Capote: „La efigie simbólica del Che", Toni Piñera: „Visa europea para una imagen nuestra", René Ascuy: „Treinta años de la foto más famosa del mundo", Alina Perera und Eduardo Jiménez: „En cargo de conciencia", Santiago Cardosa: „Che en el recuerdo de dos fotógrafos".

Ein paar Details tragen auch zwei Texte von Sartre bei: „Ouragan sur le sucre" und „Vengan temprano a medianoche, me dijo el director del Banco Nacional", die Erinnerungen von Castellanos in „Entre nosotros", die Artikel von Gerardo Hernández: „Yo soy el niño de la foto", James Higgins: „A preview of history?", Oramas: „Un extraordinario formador de cuadros", Pardo Llada: „Periódico de la palabra", Luis Pavón: „Che; la ventana encedida", Fernández Retamar: „Un montón de memorias", Stone: „The legacy of Che Guevara" und die Dokumentation von Pedro Chaskel: „Una foto recorre el mundo".

Über Ches erste Beziehungen zu den Sowjets: Mikojan: „Mis recuerdos de Cuba", Lawrezki: „Ernesto Che Guevara", Miranda: „Las relaciones cubano-soviéticas en la revolución: historia y documentos", Darushénkov: „Cuba, el camino de la revolución" und der Artikel von Kudin in „Novedades de Moscú".

Außerdem das Interview mit Fernández Mell, das Buch von Guerra Alemán: „Barro y cenizas", Huberman und Sweezy: „El futuro de la economía cubana", das Interview mit Raúl León Torras in „Entre nosotros" und Department of State: „The Castro regime in Cuba", NSF, Country File, Gordon Chase file vol. A., LBJ Library.

Kapitel 28

1) Quellen
Che hinterließ einen Reisebericht in seiner „Comparecencia televisada acerca de la firma del acuerdo con los países socialistas" und verschiedene Reden in der Zeit unmittelbar danach, darunter: „Rede an die Milizen in Cabañas, Pinar del Río". Man sollte auch seinen Artikel „Pecado de la revolución" und seinen Redebeitrag in der Zweimonatssitzung des Führungsrats des Industrieministeriums vom 14. Juli '62 berücksichtigen.

Die Reise kann man im Detail verfolgen in der Chronologie von Cupull und González: „Un hombre bravo", in der Biographie von Lawrezki, im Interview mit Llompart in „Entre nosotros" und im Artikel von Mario G. del Cueto: „Lo que El Che vio en la URSS". Wesentlich ist das Interview, das ich mit Raúl Maldonado führte.

Einige Details in Retamar: „Un montón de memorias", Cardenal: „In Kuba", K.S. Karol: „Los guerrilleros en el poder", Department of State: „The Castro regime in Cuba" und in den Filmen: „Geschichten der Revolution" von Tomás Gutiérrez Alea und „Che" von Enrique Pineda.

2) Die Schaufelfabrik, die während der Reise gekauft wurde
Guevara: „Es lohnt sich, die Schaufelfabrik anzuschauen, um eine Vorstellung davon zu bekommen, was man in der Entwicklungspolitik nicht machen darf (...). Die Schaufelfabrik ist eine Presse, die einem Stück Blech einen Schlag gibt, damit es so eine Form bekommt; ja, es ist nichts anderes als eine Presse; es ist keine Schaufelfabrik, dennoch hat sie alle schrecklichen Eigenschaften einer Fabrik, mit einem Büro, ihrer Toilette mit besonderen Kacheln für die besten Arbeiter und vier Werkstätten, vier Toiletten für vier Gruppen von Arbeitern, die im selben Bereich verteilt sind."

Kapitel 29

1) Quellen
Es gibt verschiedene Reden Ches, die diese Periode behandeln: Die Rede vor dem Nationalen Kongreß der technischen Beraterräte; eine an ausgezeichnete Arbeiter beim Nationalen Treffen der Zuckerindustrie in Santa Clara; eine an die Milizen in Pinar del Río und bei der Gedächtnisfeier für Guiteras. Und zwei Artikel: „Gegen den Bürokratismus" und „Kuba, historische Ausnahme oder Vorhut im Kampf gegen den Imperialismus".

Wesentlich sind das Interview, das ich mit Enrique Oltuski führte, und sein Artikel: „¿Qué puedo decir?" Als wichtig erweisen sich das Buch von Boornstein: „The economic transformation of Cuba", die Broschüre von Borrego: „El estilo de trabajo del Che", zwei Beiträge von Luis Pavón: „Che, la ventana encendida" und sein Vorwort für „Días de combate" sowie eine Sammlung von Material von und über Che: „Che: El recuerdo y sus propias palabras". Außerdem die Dokumente: CIA. Intelligence Memorandum, Directorate of Intelligence: „Cuba. Delay and misdirection of the industrial production program", November 1965.

Abermals erwiesen sich die Interviews, die mir Manresa, Gravalosa und Maldonado gaben, als wesentlich, sowie vereinzelte Anmerkungen von Acevedo in „Entre nosotros", Tania Peña: „Un día conocí al Che", Galeano: „El alucinante viaje del yo al nosotros" und Rojo: „Che Guevara. Leben und Tod eines Freundes".

Es gibt eine reichhaltige Bibliographie über Girón (Schweinebucht-Invasion). Vielleicht am interessantesten ist das Buch von Peter Wyden: „Bay of pigs", zusammen mit einem Manuskript des kubanischen Schriftstellers Juan Carlos Rodríguez: „La batalla inevitable", der mir die Gelegenheit gab, es zu lesen, obwohl es noch nicht veröffentlicht ist. Als Augenzeugenberichte sind mitreißend „Girón en la memoria" von Victor Casaus, „Girón, la batalla más corta" von Efigenio Ameijeiras, „La batalla de Girón" von Quintín Pino Machado, „Diario de Girón" von Gabriel Molina und „Amanecer en Girón" von Rafael del Pino. Die beste dokumentarische Anthologie, die vielfältige Zeitzeugnisse von kubanischer Seite enthält, sind die vier Bände von „Ediciones R", zusammengestellt von Lisandro Otero: „Playa Girón: derrota del imperialismo". Über die Aussagen der gefangenen Konterrevolutionäre: „Historia de una agresión“ und „Das Verhör von Havanna“ von Hans Magnus Enzensberger. Die jüngsten Dokumente des CIA wurden teilweise in „Playa Girón la gran conjura“ abgedruckt. Eine Sicht, die Erzählung und Zeitzeugnisse kombiniert, in der Anthologie: „Relatos de Girón“ von José Manuel Marrero.

Kapitel 30

1) Quellen

Che produzierte zwischen April '61 und April '62 eine große Menge von Reden sowie Pressekonferenzen und Fernsehbeiträge; für dieses Kapitel sind wesentlich: „Discurso en la graduación de las escuelas populares de estadística y dibujantes mecánicos“, „Conferencia en el ciclo Economía y Planificación de la Universidad Popular“, „Discurso en la V sesión plenaria CIES, Punta del Este, 8. August“, „Conferencia de prensa en Montevideo, 9. August“, „Intervención en la reunión del CIES, 16. August 1961“, „Discurso en la Universidad Nacional de Montevideo“, „Comparecencia televisada en Cuba sobre la reunión de Punta del Este, 23. August '61“, „Charla a los trabajadores del Ministerio de Industria“, „Discurso en la inauguración de la planta de Sulfometales Patricio Lumumba, 29. Oktober 1961“, „Discurso en la conmemoración del 27 de noviembre de 1871“, „Conferencia de el curso de adiestramiento del Ministrio de Industria“, der Fernsehauftritt vom 27. Januar 1962. Und die Artikel: „Discusión colectiva: decisión y responsabilidad única“, „Tareas industriales de la revolución en años venideros“. Das Protokoll des Führungsrats des Industrieministeriums vom 20. Januar und 10. März 1962; die Zusammenfassung der Ersten Nationalen Produktionsversammlung und „Intervención sobre el ausentismo y los males del trabajo“, das Vorwort von „El Partido marxista-leninista“ sowie das Protokoll der Zweimonatssitzung vom 22. Februar '64.

Sehr wichtig sind die Interviews mit Dumont in „Cuba socialist and development“, Karol in „Los guerrilleros en el poder“ und Huberman in „Cuba and the USA“, das Interview mit Juan Gelman und die Arbeiten von Carlos Rafael Rodríguez: „Che y el desarrollo de la economía cubana“, Tablada: „El pensamiento económico del Che“, Borrego in „Entre nosotros“ und CIA Intelligence Memorandum, Directorate of Intelligence: „Cuba: delay and misdirection of the industrial production program“.

Für die Tätigkeit im Industrieministerium sind wesentlich die Interviews mit Valdés Gravalosa, das Buch von Boornstein: „The economic transformation of Cuba“, der Artikel von Soto: „Che comandante, Che ministro“ und die Chronologien von Cupull und González sowie von „Juventud Rebelde“.

Außerdem erweisen sich als interessant die Artikel von Bianchi: „Un constructor llamado Che“, Agancinio: „El Che entusiasta y consumado ajedrecista“, Barreras: „El Che ajedrecista entusiasta“, Sara Mas: „Su incurable pasión creadora“, Galich: „El comandante Guevara en Punta del Este“, Carlos María Gutiérrez: „Telefoto exclusiva“, Barrero: „Amigo, sus recuerdos del Che“, Rojo: „Che Guevara. Leben und Tod eines Freundes“ (der einzige, der das Interview mit Frontini rekonstruiert), „Los dos interlocutores eran muy distintos por su orígen“, Isidrón: „Che ejemplo de moral“, Palacio: „Che ajedrecista“, das Interview von Martí mit Eliseo de la Campa, das Buch von Saverio Tutino: „L'ottobre cubano“ und das von Sol Arguedas: „Cuba no es una isla“. Außerdem: „Operación Moongoose: una guerra interminable“, Enzensberger: „Antecedentes estructura e ideología del Partido Comunista de Cuba“ und „Resultado final de la campaña“.

2) Flugzeuge und Taufen

Che war in seiner Jugend, 1947, in einem Segelflugzeug geflogen. Ende '59 steuerte er zum ersten Mal allein ein Flugzeug. Wenn ein Pilot in Kuba allein flog, gab es die Tradition, ihn zu taufen, und die Kollegen steckten ihn in ein Wasserfaß und kippten ihm Erde und Öl über; aber die Gefährten hatten Panik vor Che. Später gab er zu, daß er verletzt war, weil sie ihn diskriminierten, da sie die Taufe mit ihm nicht machten.

Kapitel 31

1) Quellen

Che schrieb während dieser Etappe verschiedene Artikel: „La influencia de la Revolución Cubana en América Latina", „Taktik und Strategie der lateinamerikanischen Revolution", „Tareas industriales de la revolución en los años venideros", „El cuadro, columna vertebral de la revolución" und hielt mehrere wichtige Reden: „El Che con las delegaciones fraternales extranjeras", „En el aniversario de las organizaciones juveniles", „En el teatro América reunión sobre emulación en acto de la CTC". Es gibt eine Schlüsselrede im Protokoll der Führungsräte des Industrieministeriums vom 14. Juli und einen Beitrag in einer sehr wichtigen Sitzung vom 28. September.

Die Krise wurde ausführlich behandelt in: „The cuban missile crisis, 1962", herausgegeben von Laurence Chang und Peter Kornbluth; Tutino: „L'occhio del barracuda", Franqui: „Retrato de familia con Fidel", Szulc: „Fidel, un retrato crítico", Gilly: „Cuba en octubre" (in „La senda de la guerrilla").

Ches Beteiligung an der Krise wird dokumentiert in: „Cuando El Che estuvo en San Andrés de Caiguanabo", Julio Martí: „Cuando cantan los ruiseñores" und Luis Ubeda: „Una cueva con historia".

Sehr interessant für die Rekonstruktion dieses Kapitels waren meine Interviews mit Leonardo Tamayo, Miguel Figueras, Heras León und Enrique De la Ossa und das von Rogelio Acevedo in „Entre nosotros".

Außerdem die Artikel von Oltuski: „¿Qué puedo decir?", Rolando Montalbán: „La huella imborrable del guerrillero de América" und die Bücher von Mariano Rodríguez: „Con la adarga al brazo", Hilda Gadea, K.S.Karol, Resnick: „Black beret" und David C. Martin: „KGB VS CIA".

Kapitel 32

1) Quellen

Material von Che aus dieser Zeit: Rede in der Schule von Minas del Frío, Briefe an Lisandro Otero und Ezequiel Vieta; Vorwort zu „El partido marxista-leninista", Bericht an den Ministerrat 1963, „Pasajes de la guerra revolucionaria", Beitrag in der Sitzung des Führungsrats des Industrieministeriums vom 12. Oktober 1963.

Sehr interessant ist der Brief von Che an Carlos Franqui, meine Interviews mit Miguel Alejandro Figueras, Gravalosa, Jorge Risquet, De la Ossa, Óscar Fernández Mell und der Brief von Lázaro Buría vom Februar '95; „Che ministro, Che funcionario" von Ángela Soto, Gerónimo Álvarez: „Che, una nueva batalla".

Die Anekdoten von Che in den Fabriken bei Ernesto Montero: „Con los creadores de la riqueza", Lagarde: „Esos refrescos que saben a jarabe de Tolú", Siquitrilla: „Cinco temas breves", Dokumentation von Pedro Chaskel, „Constructor cada día compañero", Pedro Ortiz: „Che en Gibara", Liset García: „Lecciones para no olvidar".

Über seine Leidenschaft fürs Schachspielen: Severo Nieto: „Pasión por el deporte", Adolfo Fernández: „Ajedrecista fuerte", Eleazar Jiménez: „El Che y el ajedrez", „El Che, ajedrecista entusiasta" von José Luis Barreras und Agacino: „El Che, entusiasta y consumado ajedrecista".

Außerdem: „Nuestra industria", Ezequiel Vieta: „Mi llamada es", Ernesto Cardenal: „In Kuba", Oltuski: „¿Qué puedo decir?", Purón: „Un ejemplo de virtudes revolucionarias", Gleijeses: „Cuba's first venture in Africa: Algeria 1961-1965", Gregorio Ortega: „En la brecha", Rodolfo Walsh im Vorwort zu Masetti: „Los que luchan y los que lloran", Valdés: „Un trabajador incansable" und das Dokument: „Implications of Cuba's renewed campaign of incitation to violent revolution in Latin America" (an Bowler gerichtet), NSF, Country File, Gordon Chase file, vol. A., LBJ Library.

2) Die Polemik

Für die, die an der langen ökonomischen Polemik über das Wertgesetz und seine Implikationen im agrarindustriellen Verwaltungsmodell in Kuba interessiert sind:

Alberto Mora: „Zur Frage des Funktionierens des Wertgesetzes in der kubanischen Wirtschaft zum gegenwärtigen Zeitpunkt" und Ernesto Guevara: „Über den Begriff des Wertes".

Aus chronologischen Gründen haben wir die Polemik in zwei Teile aufgeteilt; der zweite Teil folgt im Kapitel 33.

Studien über die Polemik: Michael Löwy: „Che Guevara", Kapitel 7 des zweiten Bandes von „Pensar al Che" mit Arbeiten von Tablada, Pérez-Rolo und Orlando Borrego; Taleda in „El pensamiento económico de Ernesto Che Guevara" und der dritte Teil der Anthologie von José Aricó: „El socialismo y el hombre nuevo", der ein Vorwort von E. Mandel enthält, genau wie die Nr. 5 der Hefte von „Pasado y Presente", Kapitel 3 des Buches von Massari: „Che Guevara. Politik und Utopie. Das politische und philosophische Denken Ernesto Che Guevaras", der Artikel von Mandel: „El debate económico en Cuba durante el periodo 1963-1964", veröffentlicht in „Partisans" und enthalten in der Che-Anthologie: „El socialismo y el hombre nuevo", sowie der Artikel von Sergio de Santis: „Debate sobre la gestión socialista en Cuba" in „Cuba, una revolución en marcha".

Kapitel 33

1) Über die Quellen

Che unterhielt im ganzen Jahr 1964 eine ausführliche Korrespondenz, die in seinen Werkausgaben veröffentlicht ist. Außerdem gibt es eine Sammlung seiner Reden: „Ansprache bei der Übergabe der Zertifikate für kommunistische Arbeit", „En la asamblea de emulación del Ministerio de Industria", „En el homenaje a Camilo Cienfuegos", „En la conmemoración del 30 de noviembre"; Rede in Genf vom 25. März und die Rede vom 28. Oktober, die Rede im Industrieministerium vom 9. Mai und die Rede in der Verwaltungsschule Patrice Lumumba vom 2. August. Wesentlich sind seine Dokumente: „Tareas fundamentales para 1965" und die Protokolle der Sitzungen des Führungsrates des Industrieministeriums vom 22. Februar, vom 12. September und vom 5. Dezember; das Protokoll der ordentlichen Sitzung vom 20. April, Protokoll des Berichts der „Empresa Consolidada de los Silicatos" vom 20. Juli, des Berichts der „Empresa Consolidada de Equipos Eléctricos" vom 11. Mai und des Berichts der „Empresa Consolidada de Tenerías" vom 8. August.

Zwei Interviews erweisen sich als wichtig: das, welches der „Popular" von Montevideo mit Che in Moskau machte und „Tiene la palabra El Che Guevara".

Die Polemik kann weiterverfolgt werden in Guevara: „Über das haushaltsmäßige Finanzierungssystem", Fernández Font: „Desarrollo y funciones del banco socialista en Cuba", Guevara: „Das Bankwesen, der Kredit und der Sozialismus", Bettelheim: „Formen und Methoden der sozialistischen Planung und der Entwicklungsstand der Produktivkräfte", Mandel: „Die Warenkategorien in der Übergangsperiode", Guevara: „Die sozialistische Planung und ihre Bedeutung", Infante: „Características del funciamiento de la empresa autofinanciada", Álvarez Rom: „Sobre el método de análisis de los sistemas de financiamiento".

Sehr nützlich erschienen mir die Interviews mit Vilaseca, Figueras und Hilda Guevara Gadea sowie die, die ich mit Travieso und Román Orozco machte.

Wichtig für die Rekonstruktion dieser Periode sind die Artikel von Liset García: „Lecciones para no olvidar", Lara: „El día que El Che inauguró la fabrica de bujías", Bianchi: „Un constructor llamado Che", Nemira: „La última entrevista del Che en Moscú", Galeano: „El alucinante viaje del yo al nosotros", Tablada „Che y los comités de calidad", Gilly: „Entre la coexistencia y la revolución", Lleras Restrepo: „El Che" und „Lleras fue amigo del Che Guevara", Oltuski: „¿Qué puedo decir?", „Hasta la victoria siempre" (Dokumentation, herausgegeben von Santiago Álvarez).

Über Guanahacabibes: Interview mit Gravalosa, „Che ministro, Che funcionario" von Ángela Soto, Cazalis: „Un día sin ver un eucalipto", Borrego: „Lecciones para no olvidar", Francisco Martínez Pérez in „Entre nosotros".

Habel: „Proceso al sectarismo" enthält die sehr lange Rede von Fidel beim Prozeß. Über dasselbe Thema ist das Memorandum der Leitung des Nachrichtendienstes im Außenministerium der Vereinigten Staaten vom 26. Februar interessant.

Außerdem: Franqui: „Retrato de familia con Fidel“, Massari: „Che Guevara. Politik und Utopie. Das politische und philosophische Denken Ernesto Che Guevaras“ und Draper: „Castroism, theory and practice“.

Kapitel 34

1) Quellen

Die Texte von Che sind aus seinem Brief an Sábato und aus den Artikeln „Taktik und Strategie der lateinamerikanischen Revolution“, „La influencia de la revolución cubana en America Latina“, Rede über Arbeitsprobleme bei der Würdigung verdienstvoller Arbeiter vom 21. August ’62.

Über die Bedeutung des Konzepts der „Befreiung“ im Interview von Jorge Castañeda mit Ulises Estrada. Leider hat Kommandant Manuel Piñeiro, besser bekannt unter seinem Spitznamen „Barbarroja“, weder Interviews gegeben, noch (soweit bekannt ist) eine Bilanz dieser Etappe geschrieben.

Über die Beziehung zu den späteren Sandinisten, besonders zu Carlos Fonseca, in zwei Arbeiten von Tomás Borge: „Carlos, el amenecer ya no es una tentación“ und „La paciente impaciencia“ sowie im Buch von Iosu Perales „Querido Che“. Die Prä-Sandinisten erhielten 20.000 Dollar aus Ches Händen, die sie dazu benutzten, die Guerilla von Río Coco und Bocay zu bewaffnen. Eine ihrer Gruppen wurde von kubanischen Milizionären an Mörsern ausgebildet, und Borge bemerkt, daß Fonseca „sich mit Kommandant Guevara anfreundet“ sowie seltsamerweise mit Tamara Bunke, Tania. Die Beziehungen gehen auf das Jahr 1959 zurück und dauern bis ’63.

Die erste peruanische Guerilla und die Zusammenarbeit mit den Bolivianern im Buch von Lara über Inti Peredo. Die Version von Béjar wird in der Arbeit von Humberto Vázquez Viaña wiedergegeben. Es ist interessant zu sehen, was Fidel diesbezüglich in „Eine notwendige Einleitung“ zum „Bolivianischen Tagebuch“ sagt.

Für die Dokumentation der spannenden Geschichte von Hugo Blanco siehe sein eigenes Buch; außerdem: „Hugo Blanco y la rebelión campesina“ von Victor Villanueva und die Arbeit von Hugo Neira: „Cuzco, Tierra y muerte“ sowie das Werk des peruanischen Schriftstellers Manuel Scorza, vielleicht eine der interessantesten Romansagen über Lateinamerika: „Redoble por Rancas“, „Historia de Grabombo el invisible“, „El jinete insomne“, „Cantar de Agapito Robles“ und „La tumba del relámpa“.

Fidel bestätigte in der Rede zum 20. Todestag von Che, daß Kommandant Guevara viel mehr als ein Mitarbeiter der EGP war und betrachtet dieses Projekt als „den ersten von ihm realisierten Erfolg“.

Über die Anwesenheit von Martínez Tamayo in Bolivien und sein Unterstützungsnetz: Alina Martínez: „Antecedentes, preparativos y principales acciones de la guerrilla del Che en Bolivia“ und das Interview mit Rodolfo Saldaña de Valenzuela.

Über die Guerilla von Masetti ist ein Text von R. Debray interessant: „El castrismo, la larga marcha de América Latina“, sowie der Offene Brief von zwei der Überlebenden, Méndez und Jouvé, an Ricardo Rojo, abgedruckt in „El Che y los argentinos“, der Text von Frontini: „Los guerrilleros de Salta“ und vor allem das Vorwort von Rodolfo Walsh zu „Los que luchan y los que lloran“ von Ricardo Masetti. Über seine militärische Ausbildung in Afrika und die Unterstützung dieser Aktion durch die Algerier: „Cuba’s first venture in Africa: Algeria, 1961-65“ von Piero Gleijeses.

Im Buch „Mártires del periodismo“ wird der Tod Masettis auf den 21. April ’64 datiert, ohne jegliche Angabe von Quellen, die dies belegen. Vielleicht handelt es sich um den Zeitpunkt seines Verschwindens. Über die Beteiligung von Kubanern in Masettis Guerilla: das Buch von Sánchez Salazar und mein Interview mit Kommandant Óscar Fernández Mell. Die Erinnerungen von Juan Gelman im Interview, das ich in Mexiko-Stadt mit ihm machte. Interessant ist eine Romanversion der EGP-Guerilla, zweifellos mit Quellen aus erster Hand, der dritte Teil des Buches von Iverna

Codina: „Los guerrilleros". Über die Suche nach dem Leichnam von Ricardo Masetti durch Che siehe das Interview mit Ulises Estrada.

Über die Anwesenheit von Luis de la Puente in Havanna und die Verbindungen seines Projektes mit dem von Che: „Los sindicatos guerrilleros en el Perú" und „Una carta desde la sierra peruana" in „La senda de la guerrilla" von Adolfo Gilly.

Über Tania ist grundlegend das zitierte Interview mit Ulises Estrada, der ihr Liebhaber war und bestätigt, daß Tania und Che sich zweimal getroffen hatten, einmal zu Beginn von Tanias militärischer Ausbildung und das andere Mal am Ende, sowie das Buch von Marta Rojas und Marta Rodríguez Calderón: „Tania la guerrillera inolvidable".

Die Identifikation von Iván/Renán wurde mir von einem seiner Kollegen besorgt. Ich versuchte mehrmals, mit ihm zu reden, aber er erwies sich als unzugänglich. Seltsamerweise identifizierte ihn Miguel Bonasso in einem in der mexikanischen Zeitschrift „Proceso" veröffentlichten Text als Andrés Barahona López.

2) Martínez Tamayo

Man sagt, daß dieser Mann mit dem harten, gerunzelten Gesicht eines Galiciers an dem Tag geboren wurde, als die Löwen in sein Dorf einfielen. Geboren 1936 in Mayarí, verläßt er sehr früh die Schule und wird Traktorfahrer. Er beteiligt sich ab 1957 am Aufstand, stiehlt seinem Großvater eine Flinte, kämpft in der II. Front mit Raúl Castro und arbeitet im Geheimdienst.

Er hatte bereits in Guatemala während der Oktoberkrise eine wichtige Mission erfüllt. Ein gütiger Typ, fähig alles abzugeben an die, die es brauchen. Außergewöhnliche Körperkraft. Die Schule gefiel ihm nicht, er hat nur die vierte Klasse erreicht. Sein ganzes Leben lang Blumensammler. Er roch nach Rosen, die er in seinem Haus zog. Er hatte nach dem Sieg der Revolution gelernt, ein Flugzeug zu steuern (siehe die Artikel von Mariano Rodríguez: „Ellos lucharon con El Che" und „Con la adarga al brazo" sowie den von Reyes Trejo: „Capitán José Maria Martínez Tamayo").

Víctor Dreke: „Der Hauptmann José Maria Martínez Tamayo war ein starker, freundlicher Weißer, der wenig redete, der Che unheimlich mochte, ihn verehrte; er verstand sich sehr gut mit den Kameraden, riskierte persönlich sehr viel. Er sprach nicht gern über seine Angelegenheiten. Er zog die Geheimdienstarbeit, die Klandestinität vor. Aber er war kein schlechter Guerillero."

3) Über Tania

Die „schwarze Legende" von Tania scheint eine Konstruktion zu sein. James, einem – desertierten – ostdeutschen Geheimdienstagenten, zufolge erkannte er sie wieder und sagte, daß sie für ihren Geheimdienst in der Kontrolle von Ausländern gearbeitet hätte. Darüberhinaus wurde gefolgert, sie sei Ches Geliebte gewesen (es existiert keinerlei Grundlage dafür, auch nicht dafür, daß sie für den KGB gearbeitet hat, als natürliche Ergänzung ihrer Arbeit für den DDR-Geheimdienst). Wenn etwas stimmt, dann die Tatsache, daß Tania, als sie rekrutiert wurde, eine ausschließliche Loyalität zum kubanischen Geheimdienst und später zu Che hatte.

Gegen Tania wurde nach ihrem Tod eine Kampagne mit armseligen Anklagen geführt, die sich auf kleine Details aus dem Guerillaleben von Vilo Acuña stützten: daß sie nachts schrie, daß sie an der Langsamkeit der Truppe schuld war, daß sie schwanger war, daß sie Gebärmutterkrebs hatte usw.

Die Versionen, die die „schwarze Legende" stützen: Andrew Saint George: „La verdadera historia de como murió El Che Guevara", James: „Che Guevara. Leben und Sterben eines Revolutionärs", Hetmann: „Ich habe sieben Leben" und Elmer May: „Che Guevara".

4) Über Argentinien

Leonardo Tamayo: „Che hatte Argentinien im Kopf, obwohl er etliche Abfälligkeiten über seine Heimat und seine Landsleute sagte. Che sagte: Das letzte Land, das sich in Lateinamerika befreit, wird Argentinien sein. Obwohl es in Argentinien Arme gibt, ißt der Bauer sehr gute Steaks und in den Kampf geht er nur in größter Armut. Um diese Argentinier aus ihrem Haus zu holen, muß man sie mit einem Kran hochheben."

Kapitel 35

1) Quellen
Che hinterließ einen Bericht seiner Reise nach Afrika im Manuskript „Pasajes de la guerra revolucionaria en áfrica“. Wesentlich sind der Artikel „Der Sozialismus und der Mensch in Kuba“, seine Reden vor der UNO-Vollversammlung und die Gegenrede sowie seine Rede im Zweiten Seminar der Afroasiatischen Solidarität in Algier. Die Interviews mit „Face the Nation“ und das mit Josie Fanon in „Revolution Africaine“.

Sehr interessant ist das Buch von Mohammed Heikal: „Los documentos de El Cairo“, mit dem Vorbehalt, daß es sich um die Erinnerungen der Erinnerungen dessen handelt, was Guevara Nasser und dieser Heikal sagte.

Wesentlich sind die Interviews mit Rivalta in „Das Jahr, in dem wir nirgendwo waren“, das Interview von Jorge Castañeda mit Aragonés, die Arbeit von Humberto Vázquez Viaña: „Antecedentes de la guerilla del Che en Bolivia“, das Buch von Tutino: „L'occhio del barracuda“, die Artikel von Fernández Retamar „Aquel poema“ und „Un montón de memorias“.

Weitere Angaben liefern die Nr. 13 von „Nuestra Industria“ vom Juni '65, die Artikel „Luis Miranda se refiere al Che“, „Para combatir al imperialismo o ir de vacaciones a la Luna“, die Texte von C.M. Gutiérrez: „Los hombres de la historia. Che Guevara“, „Los motivos del Che“ sowie der Essay von Piero Gleijeses über die Kubaner in Algerien.

Die US-amerikanischen Quellen im Memorandum der Unterredung zwischen Tschombé und Senator Dodd im Hotel Savoy vom 31. Januar '65, im Memorandum von Thomas Hugues von der Nachrichtenabteilung im Außenministerium vom 5. Januar '65 sowie der Bericht „Cuba en áfrica“.

2) Die Gruppe, die in den Kongo gehen sollte
Im Januar '65, während Che sich noch auf Reisen befindet, wird Víctor Dreke, der ehemalige Führer des „Direktoriums“, der mit Che zusammen in der Schlacht von Santa Clara war und der sich zur Aufstandsbekämpfung in Las Villas befand, zu einer geheimen Mission gerufen.

Er wird gefragt, ob er Freiwilliger für eine Mission außerhalb Kubas sein will und als Dreke zustimmt, wird er beauftragt, eine Truppe von kubanischen Kämpfern schwarzer Hautfarbe zu rekrutieren, die Kampferfahrung haben. In Havanna werden drei Gruppen versammelt, die von Dreke, eine aus Oriente unter der Führung von Hauptmann Santiago Terry und eine weitere aus Pinar del Río mit Barthelemy. Dreke sollte der Chef der Kolonne sein.

Die militärische Ausbildung beginnt im Camp Peti/1, in den Bergen von Candelaria, Pinar del Río, wo vorher Revolutionäre aus anderen Teilen Lateinamerikas ausgebildet worden sind. Am 2. Februar hat sich die Kolonne versammelt. Als in den Baracken das Licht angemacht wird, sagt jemand: „Mensch, wieviele Schwarze hier sind! Sie haben alle Schwarzen Kubas hergebracht.“ Es gibt ein hartes Training: Schießübungen, lange Märsche, hängende Posten, Hindernislaufen, Artillerie vom Kaliber 75, Panzerfaust-Training, Minenlegen und Minenentschärfen, Molotow-Cocktails herstellen und vor allem Kommandoaktionen. Fidel selbst besucht sie und beteiligt sich an den Übungen.

Schließlich wird die Gruppe informiert, daß das Ziel in Afrika liegt. Bei dem Material, das ihnen zum Lesen gegeben wird, sind Texte über den Kampf von Lumumba. In weniger als 45 Tagen ist die Kolonne bereit.

Kapitel 36

1) Quellen
Ches Abschiedsbrief befindet sich in allen Ausgaben seiner Werke.
Sehr interessant sind die Interviews, die ich mit Maldonado, Valdés Gravalosa, Vilaseca, Figueras und Manresa führte sowie das Interview von Castañeda mit Aragonés, außerdem das Interview mit Dreke in „Das Jahr, in dem wir nirgendwo waren“. Ebenso Fidel im Interview mit Gianni Minà: „Habla Fidel“, die Rede bei der Konstituierung des Zentralkomitees der PCC [der KP Kubas] und die Rede zum 20. Todestag von Che.

Außerdem: Raúl Roa: „Che“, Carlos María Gutiérrez: „Los motivos del Che“ und das Buch von Rojo: „Che Guevara. Leben und Tod eines Freundes“.

2) Ches Kader
Am 1. Oktober wird die Zusammensetzung des Zentralkomitees der PCC bekanntgegeben; seltsamerweise gehören drei Minister der Regierung nicht dazu, die drei guevaristischen Minister: Borrego (Zuckerrohr), Álvarez Rom (Finanzen) und Arturo Guzmán, der Stellvertreter Ches im Industrieministerium.

Mitte Juni war Vilaseca aus dem Vorsitz der Kubanischen Nationalbank entlassen und zum Rektor der Universität von Havanna ernannt worden.

Der CIA erstellte im November einen Sonderbericht, in dem er sagte, daß die Guevaristen aus dem ZK entfernt wurden, die (ökonomische) Sichtweise Ches also keine Vertreter mehr im ZK habe.

Allerdings enthielt die Liste der 100 Mitglieder des ZK verschiedene Revolutionskader, die vollkommen mit Che identifiziert wurden, wie San Luis, Dreke, Zayas, José Ramón Silva, Fernández Mell, Vilo Acuña, Acevedo. Und Ches ökonomische Vorstellung wurde mehrere Jahre lang unverändert fortgeführt. Raúl Maldonado, der als Vizeminister verzichten mußte, bietet eine Darstellung, die der Realität näher kommt: „Die drei Minister wurden aus politischen Gründen ausgeschlossen, sie hatten eine gewisse Sympathie für die Chinesen. Sie waren weniger pro-sowjetisch.“ (Sonderbericht des CIA über die Kommunistische Partei Kubas vom 5. November 1965) Auf derselben Linie liegt der Artikel von Gilly: „La renuncia del Che“ in der Zeitschrift „Arauco“ vom Oktober 1965.

3) Der Selbstmord von Alberto Mora
Raúl Maldonado: „Es wurde gesagt, sein Selbstmord sei das direkte Ergebnis seiner Entlassung aus dem Außenhandel und der Polemik mit Che gewesen. Das stimmt nicht. Er war sehr jung und sehr instabil, er trank und wurde verrückt. Er verfiel den Ausschweifungen und geriet in eine Veruntreuungssache. Er wurde verrückt, zog durch die Bars und spielte Saxophon mit einer Kombo. Er war ein Jugendlicher, der keine Kindheit gehabt hatte. Dorticós wurde auf ihn aufmerksam und dann schickten sie ihn nach Hause, allein. Che holte ihn in die Industrie, wo er sein Berater war, und ’64 leitete er ein konsolidiertes Unternehmen. Bettelheim lud Mora und seine neue Ehefrau mit einem Stipendium nach Paris ein; er war dabei, sich zu stabilisieren. Sie brachten ihn wieder nach Kuba im Zuge einer bürokratischen Politik gegen die Leute, die im Ausland waren, denn es hatte zu viele Desertionen gegeben. Er hatte aus dieser Ehe eine behinderte Tochter und seine Frau verließ ihn; mitten in einer Krise erschoß er sich.“

Kapitel 37

1) Quellen
Praktisch das ganze Material, das in diesem Kapitel enthalten ist, stammt aus: „Das Jahr, in dem wir nirgendwo waren“, das ich in Zusammenarbeit mit Froilán Escobar und Félix Guerra geschrieben habe. Das Fundament ist Ches unveröffentlichtes Buch „Pasajes de la guerra revolucionaria en África“, und die Interviews mit Víctor Dreke, dem Botschafter Pablo Rivalta, Fredy Ilanga, dem Arzt Rafael Zerquera und Feldwebel Eduardo Torres, die ich in den Jahren 1991-1992 für dieses Buch machte.

Außerdem: Juan Carrasco: „Tatu, un guerrillero africano“ und Jesús Barreto: „Camarada Tatu“.

2) Pseudonyme
In Abweichung von weiteren guevaristischen Traditionen werde ich, um die Operation im Kongo darzustellen, die wirklichen Namen oder die üblichen Spitznamen der kubanischen Kämpfer benutzen statt der Pseudonyme, die in den Tagebüchern von Che und in den Berichten über die Guerilla auftauchen.

Um den Text mit anderen Versionen vergleichen zu können: die wichtigsten Kader benutzten folgende Pseudonyme:

Che ist im Kongo Tatu oder Ramón, Dreke ist Moja, Eduardo Torres ist Nane, Martínez Tamayo ist Ricardo oder Papi oder M'bili, der Arzt Rafael Zerquera ist Kumi, Norberto Pichardo ist Inne, Santiago Terry ist Aly, Crisógenes Vinajeras ist Ansurene, Israel Reyes ist Azi, Arcadio Benítez ist Dogna, Erasmo Videaux ist Kisua, Catalino Olachea ist Mafu, Octavio de la Concepción de la Pedraja ist Morogoro, Harry Villegas ist Pumbo, Carlos Coello ist Tuma, Víctor Shueb ist Ziwa und Roberto Sánchez Bartelemy ist Changa.

3) Das Gebiet
Che: „Das geographische Szenario, in dem wir leben sollten, ist durch die große Senke gekennzeichnet, die der Tanganjika-See mit einer Oberfläche von 35.000 km^2 und einer durchschnittlichen Breite von ungefähr 50 km füllt. Er trennt Tansania und Burundi vom Gebiet des Kongo. Auf jeder Seite der Senke liegt eine Gebirgskette, eine davon gehört zu Tansania und Burundi, die andere zum Kongo. Letztere hat eine durchschnittliche Höhe von 1.500 m über dem Meer (der See liegt auf 700 m), sie erstreckt sich von Albertville im Süden über das Kampfgebiet und verliert sich jenseits von Bukavu im Norden in zum tropischen Urwald abfallenden Hügeln. Die Breite des Massivs variiert, aber wir können für die Gegend einen Mittelwert von 20 oder 30 km schätzen: Es gibt zwei höhere Ketten, die steil und bewaldet sind, eine im Osten und die andere im Westen, die beide eine wellige Hochebene umfassen, die in ihren Tälern zum Ackerbau und zur Rinderzucht geeignet ist, eine Beschäftigung, der vorwiegend die Schäfer der ruandischen Stämme nachgehen, die sich traditionell der Aufzucht von Rindern widmen. Im Westen fällt das Gebirge zu einer 700 m hohen Ebene ab, die zum Becken des Kongo-Flusses gehört. Es ist eine Savanne mit tropischen Bäumen, Gräsern und einigen Wiesen, die die Kontinuität des Berges brechen. In Richtung Westen, in der Gegend um Kabambare, hat das Gebirge eine vollkommen tropische, geschlossene Charakteristik.

Das Gebirge steigt direkt aus dem See und gibt dem ganzen Terrain einen sehr unebenen Charakter; es gibt kleine Ebenen, die sich für die Landung und den Aufenthalt von Invasionstruppen eignen, die aber sehr schwer zu verteidigen sind, wenn man nicht die Anhöhen erreicht. Die Verbindungswege auf dem Land enden nach Süden in Kabimba, wo eine unserer Positionen war, im Westen umgehen sie die Berge auf der Route Albertville, Lulimba-Fizi, und von da aus gehen sie in Richtung Bukavu, eine Abzweigung führt über Muenga und eine andere längs der Küste über Baraka und Uvira, um zu demselben Punkt zu kommen. Aus Lulimba geht der Weg durch die Berge, ein vorteilhaftes Gebiet für einen Krieg mit Hinterhalten, wie auch, wenn auch in geringerem Maße, der Teil des Weges, der die Ebene des Kongo-Flusses durchquert.

Es regnet sehr häufig, in der Zeit von Oktober bis Mai täglich, dafür fast nie zwischen Juni und September, wenn auch in diesem letzten Monat vereinzelte Niederschläge einsetzen können. In den Bergen regnet es immer, aber in den Dürremonaten nicht so häufig.

Kapitel 38

1) Über die Informationsquellen
Genau wie in den vorherigen Kapiteln stammen die wesentlichen Informationen aus „Das Jahr, in dem wir nirgendwo waren", als Primärquellen dienen „Pasajes de la guerra revolucionaria en el Congo" von Che selbst, die Interviews mit Dreke, Ilanga, Zerquera, Rivalta und die Interviews mit Videaux, Torres, Benítez und „Kahama", das Kriegstagebuch von Emilio Mena.

2) Der Brief von seiner Mutter
Der Brief von seiner Mutter ist im Buch von Rojo abgedruckt; eine meiner kubanischen Quellen meinte, der Brief könnte eine Fälschung sein, was ich nicht glaube.

Celia: „Findest Du meine Briefe seltsam? Ich weiß nicht, ob wir die Natürlichkeit verloren haben, mit der wir miteinander sprachen, oder ob wir sie niemals hatten und immer in diesem leicht ironischen Ton geredet haben, den wir von den Einwohnern der beiden Ufer des Plata haben, und der durch unseren eigenen, noch geschlosseneren Familiencode verstärkt wird. Tatsache ist, daß mich eine große Unruhe immer dazu veranlaßte, den ironischen Ton aufzugeben und direkt zu werden. Es scheint, daß dies dann geschieht, wenn man meine Briefe nicht versteht und sie seltsam und rätselhaft werden. In diesem diplomatischen Ton, der in unserer Korrespondenz angewandt wird, muß auch ich die verborgene Bedeutung zwischen den Zeilen lesen und interpretieren. Ich habe Deinen letzten Brief so gelesen, wie ich die in La Prensa oder La Nación aus Buenos Aires veröffentlichten Nachrichten lese, um die wirkliche Bedeutung jedes Satzes und die Tragweite jedes einzelnen zu ergründen oder zu versuchen, es zu tun. Das Ergebnis war ein Meer von Verwirrung, eine Unruhe und eine umso größere Sorge ... Ich werde keine diplomatische Sprache verwenden. Ich werde sehr direkt sein. Es erscheint mir als wirklicher Wahnsinn, daß bei den wenigen Köpfen, die in Kuba Organisationsfähigkeit besitzen, alle zusammen einen Monat lang als Hauptbeschäftigung Zuckerrohr schneiden, wo es doch so gute „Macheteros" im Volk gibt. In Zeiten, die normalerweise der Erholung oder Zerstreuung gewidmet sind, an einem Samstag oder Sonntag freiwillige Arbeit zu tun, ist etwas anderes. Auch muß man es als Hauptbeschäftigung tun, wenn es darum geht, auf überzeugende Weise den Vorteil und die Notwendigkeit des Gebrauchs einer Maschine für die Ernte zu demonstrieren, wenn durch die Tonnen von Zucker die Devisen ins Land strömen, auf die Kuba zählt. Ein Monat ist eine lange Zeit. Es mag dafür Gründe geben, die ich nicht kenne. Um nun auf Deinen persönlichen Fall zu sprechen zu kommen: Wenn Du Dich nach diesem Monat der Leitung eines Unternehmens widmest, einer Arbeit, die mit einem gewissen Erfolg von Castellanos und Villegas erledigt wurde, scheint es mir, daß der Wahnsinn das Stadium des Absurden erreicht, vor allem, wenn diese Arbeit fünf Jahre lang ausgeübt werden muß, um danach eine wirkliche Führungskraft zu sein. Da ich Deine Sorge kenne, keinen einzigen Tag in Deinem Ministerium zu fehlen, war meine Frage, als ich sah, daß sich Deine Reise ins Ausland immer mehr in die Länge zog, folgende: Wird Ernesto weiterhin Industrieminister sein, wenn er nach Kuba zurückkommt? Wem wurde im Streit um die Motive für einen Anreiz Recht oder Vorzug gegeben? Die Fragen sind halb beantwortet. Wenn Du ein Unternehmen leiten wirst, hast Du aufgehört, Minister zu sein. Es hängt davon ab, wer an deiner Stelle ernannt wird, um zu wissen, ob der Streit auf salomonische Art beigelegt wurde. Auf alle Fälle ist es eine allzu große Verschwendung Deiner Fähigkeit, wenn Du fünf Jahre lang ein Unternehmen leitest. Und es ist nicht die Mama, die zu Dir spricht, sondern eine alte Frau, die die ganze Welt in Sozialismus verwandelt sehen will. Ich glaube, wenn Du das tust, was Du gesagt hast, wirst Du kein guter Diener des weltweiten Sozialismus sein. Wenn sich Dir aus irgendwelchen Gründen in Kuba die Wege verschlossen haben, dann gibt es in Algerien einen Herrn Ben Bella, der Dir dafür dankbar sein wird, daß Du die Wirtschaft dort organisierst oder ihn dabei berätst, oder einen Herrn Nkrumah in Ghana, dem es genauso gehen wird. Ja, Du wirst immer ein Fremder bleiben. Das wird Dein dauerhaftes Schicksal sein."

Kapitel 39

1) Quellen

Über die Kette an Desinformationen erweisen sich als wichtig: die Bücher von F. Hetmann, May, Larteguy, K.S. Karol: „Los guerrilleros en el poder" und die Chronologie von Cupull und González: „Un hombre bravo".

Außerdem der „Newsweek"-Artikel in der Ausgabe vom 28. Juni, das Interview, das ich mit Manresa führte und der Bericht der Leitung für Nachrichten und Aufklärung des Außenministeriums der Vereinigten Staaten vom 10. August '65.

Kapitel 40

1) Über die Quellen

Zu den in den Kapiteln 37 und 38 benutzten Quellen kommen hinzu: Juana Carrasco: „El combate de Forces Bendera" und „Tatu, un guerrillero africano" (Interview mit Víctor Dreke), „Proyecto de informe al acto central por la conmemoración del XX aniversario de la formación, salida y cumplimiento de misión internacionalista de la Columna 1 en el Congo-Leopoldville", Marchetti und Marks: „The CIA and the cult of intelligence", Blum: „The CIA, a forgotten history".

2) Die ersten Schüsse der Kubaner
Es ist nicht klar, ob es ein Hinterhalt für ein Boot der Gruppe von Santiago Terry war, wie Mena im Tagebuch der Kolonne schrieb, oder die Aktion vom 19. Juni gegen Camberra-Flugzeuge, die Tote gefordert hatten, als sie die am See liegende Ortschaft, die als Kisosi bekannt ist, bombardierten und unter Maschinengewehrfeuer nahmen. Die Schüsse wurden aus Maschinengewehren vom Kaliber 12,7 mm abgegeben, die auf den Höhen der Basis von Kibamba in Stellung gebracht waren. Die Flugzeuge erwiderten das Feuer nicht.

3) Die Flugzeuge, die sie bombardierten
Marchetti: „Der CIA lieferte in der Sache (von Tschombé) Mobutu und Cyril Adoula Geld und Waffen. 1964 flog der CIA seine eigenen Söldner in den Kongo ein. Die B-26, die von kubanischen Veteranen der Schweinebucht geflogen wurden, bombardierten die Aufständischen immer wieder. Als der CIA 1964 intervenierte, wurden die Piloten der kubanischen Veteranen, die im Einsatz waren, von einer Gesellschaft namens Caramar (Caribbean Marine Aero Corporation, im Besitz des CIA) angestellt. Waffen und Ausrüstung wurden von verschiedenen ‚privaten' Waffenhändlern geliefert. Der größte in den Vereinigten Staaten war die International Armament Corporation (Interarmco) mit Sitz in Alexandria, Virginia. Ein Journalist, der 1966 aus Tucson, Arizona, berichtet hatte, schrieb, daß er mehr als 100 B-26-Flugzeuge mit den installierten Vorrichtungen für Maschinengewehre und Bomben gesehen habe. Der CIA berichtete, daß es sich um Flugzeuge der Intermountain gehandelt habe, einer Gesellschaft für die Überwachung und Bekämpfung von Waldbränden. In Wirklichkeit waren sie für den Kongo und Südostasien bestimmt."

Der Publizist William Blum ergänzt, daß die Piloten des CIA Bombenflüge gegen die Aufständischen unternahmen, aber daß es Probleme mit einigen Kubanern gab, die sich geweigert hätten, die Zivilbevölkerung zu bombardieren.

Kapitel 41

1) Quellen
Wie in den vorherigen Kapiteln verweise ich auf „Das Jahr, in dem wir nirgendwo waren", außerdem auf den Beitrag von Harry Villegas in „Entre nosotros" und das Interview, das ich mit Fernández Mell führte.

Debray macht in „Les masques" eine kleine Bemerkung zu dieser Etappe, aber sie erweist sich als ziemlich ungenau: „Im Kongo ordnete er an, um seine Gruppe von weißen Internationalisten besser in die schwarzen Kämpfer zu integrieren, die barfuß durch den Urwald gingen, daß sie ihre Schuhe ausziehen sollten und ging selbst mit gutem Beispiel voran. Um die lokalen Bräuche zu respektieren und jeden Einzelnen auf eine schnell blutende gleichberechtigte Grundlage zu stellen."

2) Zackiger Rückzug
Dreke: „Che war sehr sorgfältig mit der Truppe. ‚Wir müssen erreichen, daß sie kämpfen, daß sie lernen, im Stellungskrieg Schützengräben auszuheben. Wir müssen laufen, aber mit Eleganz. Du bleibst stehen, gibst zwei Schüsse ab, bleibst stehen, läufst. Es geht nicht darum, sich nicht zurückzuziehen, aber man muß wissen, wie man es tut.' Scherzhaft machte er es im Gehen vor. ‚Was ich nicht will, ist, daß jemand das Gewehr fallen läßt und davonläuft.'

Wir sagten scherzhaft: ‚Kommandant, ich hab' mich zurückgezogen, aber zackig.'"

Kapitel 42

1) Quellen
Zusätzlich zum bisherigen Material: Interview von Jorge Castañeda mit Emilio Aragonés und mein Interview mit Fernández Mell. Das Buch von Blum: „CIA, a forgotten history" trägt interessante Elemente bei.

2) Das Geld
Che war in einem Brief an Fidel sehr direkt in der Empfehlung, den kongolesischen Führern kein Geld auszuhändigen: „Die Sache mit dem Geld ist das, was mich am meisten schmerzt, da ich schon wiederholt darauf hingewiesen habe. Auf dem Gipfel meiner Kühnheit als Verschwender, was mir sehr viel ausgemacht hat, habe ich mich verpflichtet, eine Front, die wichtigste, zu versorgen, unter der Bedingung, den Kampf anzuführen und eine gemischte Spezialkolonne unter meinem direkten Kommando zu bilden (...), deshalb kalkulierte ich, mit dem ganzen Schmerz meiner Seele, 5000 Dollar pro Monat. Nun stelle ich fest, daß man eine zwanzig Mal höhere Summe auf einen Schlag den Müßiggängern gezahlt hat, die in allen Metropolen der Welt gut leben (...). An die armselige Front, wo die Bauern alles nur vorstellbare Elend erleiden, einschließlich der Habgier ihrer eigenen Verteidiger, wird kein einziger Pfennig (von diesem Geld) gelangen und genausowenig zu den armen Teufeln, die im Sudan festsitzen."

3) Der Hunger
Der Hunger ist Dauerzustand in den Lagern der kubanischen Kämpfer. Videau: „Du verbrauchst mehr als du ißt. Der Mensch fühlt sich wie ein Wolf, er sieht irgendein Ding und denkt, daß er es essen könnte (...). Wenn wir einen Löwen hätten essen können, dann hätten wir ihn gegessen."

Marco Antonio Herrera alias Genge: „Es war nicht leicht, den vielverachteten Affen zu fangen, um ihn zu essen. Aufgrund der Bombardierungen versteckte er sich. Wir mußten von Maniok und Maniokblättern leben."

Aragonés erzählt, daß, als sie einmal einen Hirsch erlegt hatten, sie ihn unter 30 aufteilten, und Che und er baten darum, daß ein Stück davon gegrillt wird, statt in einer Soße zu schmoren, die zum Maniok gegessen wurde. Er war sehr glücklich und aß es auf einem kleinen Stock aufgespießt, als einer der Afrikaner fragte: Schmeckt das? Che gab ihm seins und Aragonés blieb nichts anderes übrig, als dasselbe zu tun („Dieser verdammte Kerl, anstatt zu sagen, ich habe schon gegessen ..."). Aragonés soll von 125 auf 50 Kilo abgenommen haben. Als er nach Kuba zurückgekehrt war, litt er an einer schweren Nierenstörung wegen Proteinmangels, die ihn fast das Leben gekostet hätte.

Kapitel 43

1) Quellen
Ches Brief findet sich in allen Ausgaben seiner Werke. Für die Lesart, die Fidel ihm gab, siehe die Dokumentation von Enrique Pineda „Che" und das Nachrichtenblatt des ICAIC Nr. 278. Die Authentizität des Abschiedsbriefes wurde von einigen bestritten, obwohl es keinen Zweifel gibt, daß er der echt ist. Laut Cazalis sagte Siquitrilla aus dem Exil, daß Che niemals so etwas schreiben konnte. Autoren wie May bestehen darauf, daß das Original nie gezeigt wurde, nur eine Maschinenabschrift. Che erwähnt ihn in seinen „Pasajes de la guerra revolucionaria en África", nachdem er von Fidel öffentlich gemacht wurde und er ihn nicht abstreiten kann.

Andere Elemente für dieses Kapitel in den Büchern von Hetmann, Larteguy: „Guerillas", die Biographie „Che Guevara", herausgegeben von Planeta Agostini (ohne Verfasserangabe), der Artikel von Gilly: „Cuba, entre la coexistencia y la revolución" und die Reportage in „O Estado de Sao Paulo" vom 9. Juli 67. Das US-amerikanische Memorandum vom 26. September '66 an W.G. Bowdler.

Kapitel 44

1) Quellen

Dieselben wie in den vorherigen Kapiteln, zusätzlich: Jules Chomé: „L'ascencion de Mobutu" und der Text von Godley an das Außenministerium vom Februar 1966: „The situation in the Congo".

Kapitel 45

1) Quellen

Dieselben wie in den vorherigen Kapiteln

Kapitel 46

1) Quellen

Im wesentlichen das Buch „Pasajes de la guerra revolucionaria en África" und die Interviews mit Fernández Mell, Pablo Rivalta und das von Jorge Castañeda mit Aragonés.

Einen gewissen Nutzen hat die US-amerikanische Dokumentation von 1965 über die Situation im Kongo von der Leitung für Nachrichten und Aufklärung des Außenministeriums der Vereinigten Staaten.

Kapitel 47

1) Quellen

Das Kapitel ist zum Platzen gefüllt mit kleinen Fragmenten, darunter: Interview von Irene Izquierdo mit Harry Villegas in: „Bolivia fue el Moncada de América", Vázquez Viaña: „Antecedentes de la guerrilla del Che en Bolivia", Debray: „La Guérilla du Che", García Márquez: „El Che en áfrica, los meses de tinieblas", Lara: „Guerrillero Inti Peredo", Cupull und González: „La CIA contra El Che", Marta Rojas und Mirta Rodríguez Calderón: „Tania la guerrillera inolvidable" und das Interview, das ich mit Óscar Fernández Mell machte sowie das von Jorge Castañeda mit Ulises Estrada.

Außerdem: F.A. Dwight, B. Heath: „Guerrilla vs the bolivian metaphor".

Kapitel 48

1) Quellen

Über diese Etappe die Tagebücher von Harry Villegas, San Luis, Israel Reyes. Dariel Alarcón, der in der bolivianischen Guerilla als Benigno bekannt war, hat mehrmals ein umfassendes Zeugnis über die militärische Ausbildung abgelegt, z.B. in „Diálogo con Benigno" und im Interview von Elsa Blaquier: „Mucho gusto, Ramón". Er erzählte sehr viele Details im Interview, das ich 1995 mit ihm führte, und ich verglich seine Ausführungen mit denen von Leonardo Tamayo in einem zweiten Interview. Außerdem weiteres Material der Überlebenden: „Su ejemplo inmortal", Harry Villegas und María Garcés: „Materiales sobre la guerrilla de Ñancahuazú", Dariel Alarcón: „Héroes inmortales de nuestra América".

Aleida Guevara berichtet über den Abschied von der Familie in Héctor Danilo Rodríguez: „El último encuentro del Che con su familia", Hilda Guevara erzählt es in Campa: „Han hecho del Che un mito para venerar, no un ejemplo para seguir".

Régis Debray hat verschiedene Texte über die bolivianische Guerilla geschrieben: bezüglich der Vorbereitung: „La guerrilla del Che" und das Interview, das ich mit ihm machte.

Interessante Beiträge sind in der Chronologie von Cupull und González zu finden. Fidel im Interview mit Miná und in der Rede zum 20. Todestag von Che.

Über Ches Gefährten in der bolivianischen Etappe siehe Alfredo Reyes Trejo: „Capitán José María Martínez Tamayo“, Mariano Rodríguez: „Ellos lucharon con El Che“, „Abriendo senderos“ und Raymundo Betancourt: „La guerrilla boliviana“.

Außerdem: „Tania, la guerrillera inolvidable“, Gary Prado: „La guerrilla inmolada“, Franqui: „Vida, aventuras y desastres de un hombre llamado Castro“, Carlos María Gutiérrez: „Los motivos del Che“, Alcázar: „Murió El Che Guevara“, Daniel James: „Che Guevara. Leben und Sterben eines Revolutionärs“.

Die Geschichte von Aleida und Che stammt von einem anonymen Informanten. Im Interview, das ich mit Leonardo Tamayo machte, erwähnt er, daß dies nicht stimmen kann, da Aleida ständig in dem Haus war, in das sie sich in den letzten Wochen vor seiner Abfahrt nach Bolivien zurückgezogen hatten.

2) Pseudonyme

Im Gegensatz zu anderen Traditionen benutze ich statt der Pseudonyme, die in den Tagebüchern von Che oder seinen Begleitern und in den Rapporten der Guerilla auftauchen, die wirklichen Namen oder die gewöhnlichen Spitznamen der kubanischen Kämpfer, so wie ich es bei der Operation im Kongo gemacht habe. Die Liste, die bei der Lektüre des „Bolivianischen Tagebuchs“ die Identifikation erlaubt, ist folgende:

Che benutzt in einer ersten Phase das Pseudonym Ramón, das er später gegen Fernando austauscht; Alberto Fernández Montes de Oca behält den vertrauten Spitznamen Pacho oder Pachungo; Kommandant Vilo Acuña wird Joaquín; Eliseo Reyes, „San Luis“ auch Rolando; Manuel Hernández wird Miguel; Vizeminister Suárez Gayol ist El Rubio; Orlando, Olo Pantoja, benutzt das Pseudonym Antonio; José María Martínez Tamayo, M'bili, Papi taucht auch als Ricardo auf; sein Bruder René gibt sich als Arturo aus; Harry Villegas bleibt der Pombo von Afrika; Gustavo Machín Hoed benutzt das Pseudonym Alejandro; António Sánchez, „Pinares“, ist in Bolivien Marcos; Leonardo Tamayo wird Urbano; Carlos Coello ist wie in Afrika Tuma oder Tumaini; Dariel Alarcón wird Benigno; Israel Reyes benutzt den Namen Braulio.

3) Das Pseudonym Ramón

Paco Urondo in dem Text, den er über Che in der Zeitschrift „Casa de las Américas“ schreibt: „Der Protagonist der Erzählung (von Cortázar) heißt ebenfalls Ramón, so wie sie ihn jetzt in Bolivien nennen; er hatte den Namen aus der Erzählung genommen, wo er der Protagonist ist.“ Ich las mit größter Aufmerksamkeit „Das Feuer aller Feuer“ von Julio Cortázar. Es war möglich, denn die erste Auflage von Sudamericana stammt vom März '66 und Che konnte sie gelesen haben, als sie in Prag waren, und das Pseudonym Ramón angenommen haben, aber das schlechte Gedächtnis spielt Urondo einen bösen Streich: Die Person, die in der Erzählung „Die Vereinigung“ mit Che identifiziert wird, hat keinen Namen, es ist eine anonyme Person.

4) Eine weitere Darstellung des Abschieds

Tomás Borge fing mit einer ähnlichen Stimmung einen anderen Moment jenes Abschieds ein, als nach dem Ende der militärischen Ausbildung „Che sich zusammen mit Fidel auf einen Baumstumpf setzte (und) sie beide mehr als eine Stunde lang nebeneinander saßen, ohne ein Wort zu wechseln. Bis zum Ende sagten sie keinen Ton, nur Ches Hand fiel auf die Schulter von Fidel und Fidels Hand fiel auf die Schulter von Che und sie klopften sich kräftig auf die Schultern.“

5) Exzessives Reisen

Die Rekonstruktion von Ches Reiseweg von Kuba nach Bolivien erweist sich als Rätsel, das eines Fanatikers in solchen Künsten würdig ist:

Er wird sehr wahrscheinlich am 23. Oktober aus Kuba abgereist sein (obwohl es Quellen gibt, die behaupten, daß die Abfahrt am 19. war, was sehr wenig wahrscheinlich ist, denn die Ausbildung endete am 22.) mit dem Flug Havanna-Moskau und mit einem kubanischen Paß auf den Namen des Beamten des Nationalen Instituts für die Agrarreform, Luis Hernández Galván.

Am darauffolgenden Tag, dem 24., sollte er in Moskau den Paß gegen den des uruguayischen

Staatsbürgers Ramón Benítez austauschen, um nach Prag zu reisen, wo er den Paß gegen den von Adolfo Mena austauschte, um am 25. den Zug von Prag nach Wien zu nehmen.

Um die Spur dieser gefälschten Pässe zu verwischen, wurden die beiden Seiten aus dem Register der Paßabteilung des uruguayischen Außenministeriums entwendet. In beiden Pässen wird dasselbe Foto benutzt und die Unterschiede sind gering, aber in einem ist er 1920 geboren, im anderen 1921, am gleichen Tag, dem 25. Juni.

Die Quellen werden ausschweifend, wenn sie versuchen, die Reise von Wien aus zu beschreiben. Die Pässe weisen falsche Stempel eines Aufenthaltes in Madrid vor der Abfahrt aus Kuba auf (vom 9. und 19. Oktober). Es scheint offensichtlich, daß Che via Frankfurt, wo er das Heft kauft, das ihm als Tagebuch dienen sollte, oder via Paris (oder im Zug von Wien nach Frankfurt und dann nach Paris) am 1. November in Sao Paulo ankommt. Wenn es so ist, dann bleiben fünf Tage, in denen Che in Begleitung von Pacho durch Europa zieht, für die es keine Bestätigung gibt. Einige Quellen behaupten, daß beide, er und Pacho, während eines Abschnitts der Reise spanische Geschäftsleute in Sachen Rinderzucht gewesen seien (ein Geschäft, das Che nicht im mindesten interessant erscheinen konnte).

In Sao Paulo taucht die Person Mena wieder auf. Er wird hier von den Zollbehörden festgenommen, die von ihm eine Impfbescheinigung verlangen („Wir müssen daran denken, daß wir für die uruguayischen Impfbescheinigungen einen Stempel brauchen, in Sao Paulo mußte ich einen anderen ausfindig machen", sollte er Anfang November in einer Botschaft an Havanna schreiben). Tamayo: „Che erzählte uns, daß dies ungefähr gegen 9 Uhr morgens geschah; um 4 Uhr nachmittags desselben Tages ließen sie ihn wieder gehen, aber unter der Bedingung, daß er sich am folgenden Tag mit den geregelten Papieren meldete. Che sagte uns, daß ihn dies ein wenig beunruhigte, denn die anderen Lateinamerikaner seien unter den gleichen Bedingungen gereist und die Behörden hätten von ihnen nichts gewollt. Er sagte zu uns: ‚Es schien, als hätten sie mich entdeckt.'"

Am 3. November verlangt er eine Touristenkarte für Bolivien und reist, wieder als Mena, nach La Paz, aber in keinem der beiden Pässe gibt es einen Einreisestempel von Bolivien. Er wird später sagen: „Ich habe eine große Entdeckung gemacht: Jetzt wissen wir, wenn wir eine Person als Elefant verkleiden, kommt sie hier auch an." (Tagebuch von Israel Reyes, Interview mit Tamayo, Interview mit Alarcón, Botschaft von Che an Havanna, November '66, Tagebuch von Pacho, Interview von Miná mit Tamayo in „Un continente desaparecido", Chronologie „Un hombre bravo", Debray in „La Guerilla du Che", René Villegas: „Fantasma del Che rondó por Brasil antes de por Ñancahuazú". James sollte genau wie Gary Prado die Pässe analysieren.)

6) „Revolution in der Revolution"
Das Buch von Debray wurde im Januar '67 in „Cuadernos de Casa" in Havanna veröffentlicht. Che konnte sehr wohl im September oder Oktober in Kuba einen Entwurf oder ein Exemplar gelesen haben. In Bolivien hatte er ein Exemplar und ohne Zweifel hatte auch Vilo Acuña eines in seinem Rucksack.

Kapitel 49

1) Quellen
Das Rückgrat dieses Kapitels sind Ches „Bolivianisches Tagebuch" sowie die Tagebücher von Villegas (Pombo), Eliseo Reyes (San Luis) und Pacho Montes de Oca, außerdem die Bücher von Inti Peredo: „Mi campaña con El Che", Régis Debray: „Les masques" und Dariel Alarcón (zusammen mit Mariano Rodríguez): „La guerrilla del Che" und die Interviews, die mir Alarcón und Leonardo Tamayo gewährten.

Der Briefverkehr zwischen Che und Fidel ist über verschiedene Orte verstreut: in der mexikanischen Ausgabe von Ches Tagebuch von Siglo XXI, in den Artikeln von Vacaflor, im Buch von James, in den Anmerkungen der Bücher der bolivianischen Militärs (Gary Prado, Diego Martínez Estévez, Arnaldo Saucedo Parada, Vargas Salinas), wurde aber niemals chronologisch geordnet und mit Ches Tagebuch verglichen.

Besonders wichtig ist das Buch von Cupull und González: „De Ñancahuazú a La Higuera“ sowie das von Rodríguez Calderón y Rojas: „Tania, la guerrillera inolvidable“ sowie der Artikel von Lídice Valenzuela: „Tania, la guerrillera. Combatiente de América“.

Die beste Zusammenfassung des Gesprächs zwischen Che und Monje findet sich im Buch von Sánchez Salazar und González, das außerdem eine spätere Version von Kolle enthält. Das Foto des Treffens im Artikel von Luis Hernández Serrano: „La selva en la mochila“.

Sehr interessant ist das Buch von Lara über Inti Peredo sowie der Artikel von Radaelli: „Del oriente al altiplano“, das Interview von Valenzuela mit Rodolfo Saldaña und das von Alberto Zuazo mit Loyola Guzmán.

Die Liste von Büchern, die Che las, eigenhändig von ihm notiert: in „La canallada“.

Ein paar Details für dieses Kapitel in „Hasta la victoria siempre“, Kurzfilm von Santiago Álvarez für den ICAIC, der Artikel „Hablan la hermana y el padre del Che“ und von Diana Iznaga: „Che Guevara y la literatura de testimonio“.

Das Wissen des CIA von der Organisation der Guerilla im Dokument der Geheimdienstleitung des CIA: „The bolivian Guerrilla movement. An Interim assessment.“

2) Die Reisen und die Nationalitäten

Die Reisen der Kubaner, die Che begleiten sollten und immer in Zweiergruppen aufbrachen, sollten sich wegen der verworrenen Reiserouten der Gruppe jeweils über mehrere Tage hinziehen, von Ende Oktober bis Mitte November.

Israel Reyes: „Ich verließ mein Haus am Donnerstag, den 25. Oktober, am 29. flog ich von Havanna ab; dort begann mein zweites Abenteuer. Ich ging nach Bolivien unter dem Namen Israel Reyes mit panamesischem Paß und 26.000 Dollar in der Tasche, 1.000 für meine Ausgaben und 25.000 für Ramón. Die Reiseroute war: Moskau-Prag-Frankfurt-Chile-Bolivien.“

Panamesen waren: Israel Reyes, Vilo Acuña, Pinares, San Luis; Tamayo Mexikaner, Manuel Enriquez Spanier, Ecuadorianer waren De la Pedraja, Suárez Gayol, Olo Pantoja. James ist fasziniert von der Effizienz der kubanischen Geheimdienste, 21 einwandfreie ecuadorianische, panamesische, kolumbianische, peruanische, uruguayische, bolivianische Reisepässe herzustellen, und er scheint nichts von den spanischen zu wissen.

3) Pseudonyme

Wieder benutze ich die wirklichen Namen oder die gewöhnlichen Spitznamen der peruanischen und bolivianischen Kämpfer statt der Pseudonyme, die in Ches Tagebüchern und der seiner Begleiter und in der Kommunikation der Guerilla untereinander auftauchen. Nach derselben Logik sind in den Zitaten aus dem Tagebuch von Che und den anderen die Pseudonyme durch die wirklichen Namen oder Spitznamen ersetzt. Die Liste, die bei der Lektüre des „Bolivianischen Tagebuchs“ die Identifikation erlauben soll, ist folgende:

Die jungen Kommunisten: Guido Peredo wird Inti genannt, Jorge Vázquez Viaña wird El Loro; Rodolfo Saldaña wird unter seinem Namen auftauchen, Roberto Peredo als Coco, Lorgio Vaca Marchetti als Carlos, Orlando Jiménez Bazán als Camba, Julio Méndez Korne als El Ñato, David Adriazola ist Darío, Jaime Arana wird Chapaco oder Luis, Mario Gutiérrez Ardaya wird Julio, Fredy Maimura wird Ernesto, der Arzt, genannt. Ihre eigenen Namen benutzen: Raúl Quispaya, Salustio Choque, Benjamín Coronado.

Die Bauern, die für die KP Boliviens die Finca bewachen und sich der Guerilla anschließen: Najo alias Apolinar Aquino, Aquino Tudela wird Serapio, Antonio Domínguez wird León.

Die Gruppe von Moisés Guevara: Simón Cuba ist Willi oder Willy, Casildo Condori ist Victor, José Castillo ist Paco, Hugo Choque ist Chingolo, Julio Velazco ist Pepe, Francisco Huanca wird Pablo genannt, Antonio Jiménez ist Pan Divino oder Pedro. Und mit eigenem Namen: Pastor Barrera, Vicente Rocabado, Walter Arancibia, Aniceto Reinaga, Eusebio Tapia.

Die Peruaner: Juan Pablo Chang als El Chino, Lucio Edilberto Galván Hidalgo als Eustaquio, Restituto José Cabrera als El Médico oder El Negro.

4) Manila
In den Tagebüchern kommen die Briefe aus Kuba von „Manila". Es handelt sich um ein Kommunikationszentrum in der Nähe von Havanna, außerhalb der kleinen Ortschaft Punta Brava bei San Antonio de los Baños. Geräumige transportable Holzhallen in der Nähe des Ortseingangs; fast eine Meile vom Ortseingang Betonbunker ohne Fenster, mit unterirdischer Ebene, 50 kW-Sender. Im Kontrollraum 35 bis 40 Sender und Empfänger, die 24 Stunden am Tag in Funktion sind. (Remigio: „Manila: centro de contacto")

5) Der Kommandant als Selbstmörder?
Es herrscht bei einigen Autoren eine Sichtweise von Che, als ob er im Voranschreiten der bolivianischen Guerilla dem Tod entgegengehe. Eine Art selbstmörderische Berufung.

Debray: „Ramón ist allein mit sich selbst. Er sollte sich bald dem Tod darbieten, resigniert, mit seinem Asthma, seinen unerträglichen Schmerzen in der Schulter, im Nacken, und im Grunde seiner Seele eine bukolische Gelassenheit („Les Masques").

Carlos María Gutiérrez: „Überzeugt von seiner Einsamkeit und den fehlenden Möglichkeiten, entscheidet er sich, die bolivianische Guerilla zu initiieren und sie mit seiner sicheren Aufopferung zu beschließen." („Los hombres de la historia. Ernesto Che Guevara")

Dolores Moyano benutzt für das bolivianische Abenteuer die Worte: „harakiri, sepuku."

Es ist offensichtlich, daß dem nicht so ist.

Kapitel 50

1) Quellen
Hauptsächlich die Tagebücher von Che, Pacho, Harry Villegas, San Luis und Abschnitte des Tagebuchs von De la Pedraja (Morogoro), die im Prozeß von Camiri verlesen wurden, zitiert von Labreveux: „Bolivia bajo El Che".

Als wesentlich erweisen sich das Interview mit Alarcón, das mit Debray und dessen Texte: „La Guerilla du Che" und „Les masques".

Die Version von Hauptmann Silva in „De Ñancahuazú a La Higuera" von Cupull und González. Der Satz von Coco Peredo wird zitiert im Buch von Vargas Salinas: „El Che, mito y realidad". Sehr interessant sind die Erklärungen von Pastor und Rocabado im Prozeß von Camiri.

Außerdem: Cupull und González: „La CIA contra El Che", James: „Che Guevara. Leben und Sterben eines Revolutionärs" und Gary Prado: „La guerrilla inmolada".

2) Entdeckung
Einige Autoren lassen die spätere Entdeckung der Höhlen und der Dokumente als eine „bewußte" Unverantwortlichkeit von Tania erscheinen. In der Darstellung von James waren im Jeep, den Tania in Camiri stehenließ, Papiere, die sie belasteten und „die Aufmerksamkeit der Behörden auf sich zogen". Unter anderem vier Zettel mit Adressen des städtischen Netzes und von Kontakten außerhalb Boliviens. James schreibt dem die Anwesenheit der Polizei auf der Finca zu. Auch leitet er aus der Unverantwortlichkeit Tanias ab, daß sie Anweisungen von den Sowjets gehabt hätte, im Lager zu bleiben.

Im Interview, das ich mit Régis Debray machte, stimmte er dieser Interpretation zu.

Kapitel 51

1) Quellen
Von Seiten der Guerilla sind weiterhin wichtig die Tagebücher von Che und Pacho Fernández Montes de Oca sowie die Aufzeichnungen von Inti, San Luis und Harry Villegas.

Sehr interessant sind das Manuskript von Dariel Alarcón, das er zusammen mit Mariano Rodríguez geschrieben hat: „Che y la guerrilla de Ñancahuazú", und die Darstellungen von Debray in „La Guerilla du Che“, „Les masques“ und die Interviews, die ich mit beiden führte.

Die US-amerikanische Invasion kann man verfolgen in den Arbeiten von Cupull und González: „La CIA contra El Che“ und „De Ñancahuazú a La Higuera“, in der Reportage von Andrew Saint George, im Buch von Alcázar: „Ñancahuazú, la guerrilla del Che en Bolivia“, in der Reportage von Hernández Serrano, der Phillip Agee zitiert; in der Version von Innenminister Arguedas in Erklärungen an die Nachrichtenagentur EFE während seines Prozesses in Bolivien, im Buch von Blum und in der US-amerikanischen Dokumentation der Leitung für Nachrichten und Ermittlung des Außenministeriums.

Die zwischen Fidel und Che ausgetauschten Nachrichten im Anhang des Tagebuchs und im Artikel von Vacaflor.

Weitere interessante Anmerkungen im Buch von Luis Suárez, in der Reportage der „Granma“ vom 17. April '67, der Reportage von Murray Sayles: „Las guerrillas ...“, im Interview von Valenzuela mit Rodolfo Saldaña, im Interview, das ich mit Juan Gelman und Bustos in „Las revelaciones de Ciro Bustos“ in der Zeitschrift „Punto Final“ machte.

Die Version der Armee in „De Ñancahuazú a La Higuera“, im Buch von Gary Prado und im Interview von González Bermejo mit Major Rubén Sánchez: „¿Quién es Rubén Sánchez?“

Die Anmerkung von Aleida findet sich bei Hetmann, und die Verabredung der bolivianischen Führer in Havanna bei Miná im Interview mit Fidel („Da ist diese Krise aufgetaucht, was sehr heikel war und ich verabredete mich mit ihnen zum Gespräch, es ist unumgänglich, daß sie Che unterstützen.“ Sie verpflichteten sich, zu helfen).

2) Über die Argentinier

Der Schwachpunkt der Operation scheint die argentinische Verbindung gewesen zu sein. Luis Faustino Stamponi ist zu dieser Zeit in Havanna und sollte nicht merken, daß Che seine Mitarbeit suchte, bis er ein Jahr später sein Tagebuch las. Die Identität von Gelman sollte bis in unsere Tage unklar bleiben. Dem argentinischen Poeten, der zu jener Zeit in einer kleinen revolutionären Gruppe aktiv war, wird man sagen, daß Che ihn gesucht hätte und später, in einer widersprüchlichen Information, daß es sich nicht um ihn, sondern um Alfredo Hellman gehandelt habe, einen jungen kommunistischen Führer aus Mendoza. Tania hatte den Kontakt mit der Gruppe von „Negro Jáuregui“ verloren und Jozami war in Bolivien, nahm aber keinen Kontakt zu Che auf.

3) Das Tagebuch von „Braulio“

Adys Cupull und Froilán González behaupten korrekter, daß das Tagebuch von Israel Reyes nicht im April in die Hände der Armee und des CIA gefallen war, sondern erst fünf Monate später, als Vargas Salinas und seine Patrouille ihn töteten, daß die Darstellung von Roth (der sich auf dieses angebliche Tagebuch stützt) konstruiert worden war, daß er den Namen Israel Reyes einem an El Rubio gerichteten Papier entnommen hatte, daß sie damit Israel Reyes identifizierten, der mit einem Paß auf den Namen Israel Reyes Tapia ins Land eingereist und verschwunden war.

Kapitel 52

1) Quellen

Außer den Tagebüchern von Che und den anderen Guerilleros, die in den vorherigen Kapiteln erwähnt wurden, erweisen sich als sehr interessant das Interview, das ich mit Leonardo Tamayo machte, und die von Katia Valdés: „Che Guevara, facetas de un jefe militar“, Mariano Rodríguez: „Los que cayeron con honor serán los inmortales“ und „Bolivia a la hora del Che“ von Vásquez Díaz.

Die Darstellung der US-amerikanischen Hilfe an die bolivianische Armee in den Memoranden von Bowdler an Rostow; Blum: „CIA, a forgotten history“, Marchetti und Marks: „The CIA and the Cult of Intelligence“. Aus dem Gerichtsverfahren von Arguedas die Erklärungen von Oberst Joaquín Zenteno. „La CIA en Bolivia“ in „Marcha“ und Jay Mallin: „Ernesto Che Guevara“.

Es ist interessant, die beiden Versionen von Bustos zu vergleichen, die Abschrift seiner Erklärungen im Buch von Martínez Estévez und seine Erklärungen in „Punto Final“: „Las revelaciones de Ciro Bustos“, sowie den Artikel von Roth in „Evergreen Review“.

Außerdem: Alcázar: „Ñancahuazú, la guerrilla del Che en Bolivia“, Cupull und González: „La CIA contra El Che“, James: „Che Guevara ...“, Suárez: „Entre el fusil y la palabra“, Prado: „Cómo capturé al Che“ und der Artikel „Debray en peligro“.

2) Im Stich gelassen

Einige Autoren haben mit dem Gedanken spekuliert, daß Havanna und insbesondere Fidel beschlossen hätten, „Ches Abenteuer“ nicht länger zu unterstützen; von daher hätte man keinen ernsthaften Versuch mehr gestartet, den Kontakt wieder herzustellen. Dariel Alarcón beharrt besonders in seinem letzten Buch auf dieser Einschätzung (allerdings nicht, als wir das Thema in einem langen Interview von mehr als sechs Stunden diskutierten). Es ist offensichtlich, daß nach dem Abbruch des Netzes und der Kommunikation die Kubaner wenig tun konnten, wenn sie nicht eine offene Aktion unternehmen wollten. Es bleibt nur eine Grauzone: die abrupte Abreise von Monleón (Renán-Iván), weil er „verbrannt war“ und seine Ersetzung durch „einen kubanischen Kämpfer aus der Sierra“ nicht mehr rechtzeitig stattfinden konnte.

Solange nicht Monleón selbst und sein Chef, Kommandant Piñeiro, ihre Versionen der Geschichte beitragen, wird diese Episode ungeklärt bleiben.

Kapitel 53

1) Quellen

Wieder die Tagebücher von Che, von Pacho und Villegas sowie die Interviews mit Leonardo Tamayo und Dariel Alarcón, und in Zusammenarbeit mit Mariano Rodríguez das Buch: „Che y la guerrilla de Ñancahuazú“. Einige Elemente bringt das Interview mit Villegas in „Che, teoría y acción“.

Einzelheiten über das Massaker an der Nachhut im Buch von Mario Vargas Salinas: „El Che, mito y realidad“, im bereits zitierten Buch von Alcázar, in den beiden Artikeln von González Bermejo, abgedruckt in „El escalón más alto“, im Artikel von Mariano Rodríguez: „Los que cayeron con honor“, im Buch von Marta Rojas: „Tania la guerrillera“ und im Buch von Cupull und González: „De Ñancahuazú a La Higuera“. Die US-amerikanische Darstellung in: Intelligence Information Cable. NSF Country File. Bolivia. C8, vol. 4, cables. LBJ Library.

Außerdem: Vásquez Díaz: „Bolivia a la hora del Che“, das UPI-Kabel vom 15. Juli ’76, unterschrieben von Betsy Zavala, das Buch von Gary Prado und die Erzählung „Reunión“ von Julio Cortázar in: „Todos los fuegos el fuego“.

Die Version des CIA in „The bolivian Guerrilla movement. An Interim Assessment.“

2) Die Yeso-Furt?

Adys Cupull und Froilán González glauben, daß der Hinterhalt an der Yeso-Furt eigentlich in der Furt von Puerto Mauricio im Río Grande, im Gebiet der 4. Division stattfand, aber da er von Einheiten der 8. Division durchgeführt wurde, änderten sie die Version.

Ganz sicher war die Identifizierung von Vila Acuña in den ersten Tagen falsch. Der CIA und der bolivianische Militärgeheimdienst dachten, daß es sich um den kubanischen Major Antonio E. Lusso handelte, ein Mitglied des Zentralkomitees.

Kapitel 54

1) Quellen

Wieder sind wesentlich die Tagebücher von Che, Pacho und Villegas sowie die Interviews mit Tamayo und Alarcón und der Artikel des letzteren: „La quebrada del Yuro“.

Als sehr interessant erweisen sich der Artikel von Mariano Rodríguez über Coco Peredo: „Miguel, Coco, Julio: inmortales soldados de la libertad americana“, das Buch des CIA-Agenten

Félix Rodríguez und John Weisman: „Shadow Warrior. The CIA Hero of a Hundred Unknown Battles", das Buch von Gary Prado und das unveröffentlichte Manuskript von Emilio Surí und Manuel González Bello: „Los últimos días del Che".

Ein paar Elemente bringen das Buch von Cupull und González: „De Ñancahuazú a La Higuera" und der Artikel von Araoz: „Hablan los testigos de la muerte del Che", der Artikel „Debray reitera su apoyo a la guerrilla" in der Zeitschrift „Punto Final" und der gemeinschaftliche Text „Quebrado del Yuro" in „Che, teoría y acción".

Die Information über offizielle US-amerikanische Quellen in den Kabeln, die die Nachrichtenabteilung des Außenministeriums erhalten hat.

2) Das Tagebuch von León

Hauptmann Mario Vargas Salinas zitiert einen Eintrag im Tagebuch von „León" (Antonio Domínguez), einem der bolivianischen Kämpfer, das die Isolation bezeugt: „Was geschieht nun in unserem Lager? Warum nagt der Zweifel in der Brust der Guerilleros? Wir sind von weither gekommen, um bis zum Ende zu kämpfen. Das heißt, wir werden hier entweder als Sieger oder als Tote herauskommen. Die Kubaner glauben, daß wir Angst haben, und bezeichnen unsere Haltung als Feigheit. Dies ist nicht wahr und wir haben es bewiesen, wenn es Gelegenheit dazu gab. Aber wir müssen praktischer werden und die Realität sehen, so wie sie sich uns darstellt. Ich bin ein bißchen krank, vielleicht sind wir das alle wegen der Not und der mangelnden Ernährung, aber daß das Volk unsere guten Absichten versteht, daß die Arbeiter und die Genossen in der Stadt kommen, um uns zu helfen, das glaubt niemand mehr."

Die Authentizität dieses Tagebuchs wurde bisher nicht bewiesen.

3) Die Mobilisierung der Ranger von La Esperanza

Sie haben den Befehl, nach Río Grande zu gehen, am 25. September erhalten (Prado), und der Hinterhalt ist am 26. Deshalb ist die Darstellung von Félix Rodríguez unglaubwürdig, nach dessen Interpretation die Verluste darauf hingedeutet hätten, daß es sich um die Gruppe von Che handelte und daß das die Mobilisierung begründet hätte.

Kapitel 55

1) Quellen

Die Abschnitte aus den Tagebüchern von Che, Pacho und Montes de Oca. Die vollständigste Darstellung des Kampfes in zwei gemeinsamen Interviews mit Alarcón, Villegas und Tamayo: „El combate de la quebrada del Yuro" in „Verde Olivo" und „La quebrada del Yuro, recuerdos de un combatiente" in der Zeitschrift „Tricontinental". Tamayo gab mir umfassende Informationen in einem Interview vom Februar '95 und, zusammen mit dem Tagebuch von Inti Peredo, vervollständigte sich die Darstellung der Guerilleros.

Dariel Alarcón gab weitere Darstellungen, die alle miteinander übereinstimmen, aber auch neue Angaben bringen, in seinem Buch: „Che y la guerrilla de Ñancahuazú", das er zusammen mit Mariano Rodríguez Herrera geschrieben hat, und in einem Interview, das er diesem für „Juventud Rebelde" gab, sowie im Interview, das er mir im Februar '95 gewährte, und im Text von Mariano Rodríguez: „El día que cayó El Che".

Die Version der bolivianischen Armee findet man in den Büchern von Martínez Estévez, Saucedo und vor allem im Buch von Hauptmann Gary Prado. Eine kritischere Darstellung im Buch von Alcázar.

Interessant ist der Artikel von José Luis Morales für die spanische Zeitung „Interviú": „No sabíamos que El Che estaba vivo y preso". Ein paar Elemente sind in den beiden Darstellungen zu finden, die Fidel im Oktober '67 gab: in einer Pressekonferenz und in der Trauerfeier.

Geographische Beschreibungen im Artikel von González Bermejo: „Che: su paso por la tierra" und im Buch von Cupull und González: „De Ñancahuazú a La Higuera".

Außerdem: „Bolivian pictures of missing Che Guevara".

2) Der Verrat
Die Überlebenden dachten lange Zeit, daß die kleine Alte, mit der sie an diesem Tag Kontakt aufgenommen hatten und der sie 50 Pesos Schweigegeld bezahlt hatten, sie verraten hätte. Dariel Alarcón sagt, daß man unter der Torres-Regierung die Geschichte etwas genauer erfuhr, daß es der Sohn des Bürgermeisters von La Higuera gewesen war, der sie vorbeikommen sah, als er die Kartoffelsaat bewässerte, und dann zum Dorf lief, um sie zu verraten.

In seinem Tagebuch spricht Che am 7. Oktober davon, daß die Alte von einer Zwergin begleitet wurde; 20 Jahre später entdeckt ein kubanischer Journalist die Zwergin in La Higuera. Die Enkelin der Alten (nicht die Tocher der alten Epifania, Che irrte sich) antwortet ihm, als er sie nach ihrem Namen fragt: „Nein, den sage ich nicht, denn es sind schon viele Journalisten gekommen und dann ändern sie die Dinge."

Nach González Bermejo heißt sie Florencia Cabritas und die Tochter Alejita. Die alte Florencia: „Ich sah sie an jenem Nachmittag auftauchen, bärtig, mit ihren Waffen, und ich hatte Angst. Ich wollte nicht reden. Später sagte ich ihnen ungefähr, wo sie waren. Ich wußte nicht, wer dieser Che war." (Marta Rojas: „El Che Guevara bajo el cielo de La Higuera", Oramas León: „La Higuera, donde la muerte devino redención", González Bermejo: „Che: su paso por la tierra")

Kapitel 56

1) Quellen
Die erste Darstellung von Ches Gefangennahme wurde von Hauptmann Gary Prado verbreitet in seinem Buch: „La guerrilla inmolada", wo er zwei Versionen abgibt, eine nüchternere und eine persönlichere, die in erster Person erzählt ist.

Das Buch von Armando Saucedo versammelt einige weitere Informationen sowie die Funkkommunikation der Armee, was es erlaubt, die Erzählung von Prado zu nuancieren und einige Behauptungen in Frage zu stellen.

Eine andere, ungenaue Darstellung ist die von Arguedas in der Broschüre der Technischen Universität von Oruro, die von einem Soldaten stammt, der an der Operation teilgenommen hatte und den er kennenlernte, als er inhaftiert war.

Unter den bolivianischen Journalisten war es José Luis Alcázar, der eine gründliche Nachforschung angestellt und, unter Ausnutzung seiner Position als Kriegsberichterstatter, mit den eingesetzten Rangern gesprochen hat. Sein Bericht wurde abgedruckt in „Ñancahuazú, la guerrilla del Che en Bolivia" und im gemeinsam mit Edwin Chacón geschriebenen Artikel in der Tageszeitung „Presencia": „Murió El Che Guevara".

Die Sichtweise von Inti in seinen Memoiren: „Mi campaña con El Che", und die von Dariel Alarcón im unveröffentlichten Manuskript, geschrieben zusammen mit Mariano Rodríguez Herrera: „Che y la guerrilla de Ñancahuazú", sowie in einem Interview, das er mir '95 gab.

2) Der Satz
Der Che zugeschriebene Satz, mit Abwandlungen, („Hört auf zu schießen, verdammt! Ich bin Che und lebend mehr wert als tot!") wird in vielen Texten wiedergegeben, z.B. von Gonzalo de Bethencourt in „Muerte y sepulcro del Che" oder im „Reader's Digest"-Artikel: „La muerte del Che" oder in der Biographie von Daniel James, aber er taucht in keiner der Darstellungen aus erster Hand auf. Sein Ursprung ist die Pressekonferenz von Ovando.

Che wird der Satz „Schießt nicht, ich bin Che, ich bin lebend mehr wert als tot" im Moment seiner Gefangennahme in den Mund gelegt, aber die Zeugen aus erster Hand beschränken sich darauf zu bestätigen, daß er einfach sagte: „Ich bin Che Guevara" und daß der zitierte Satz auf magische Weise in der Pressekonferenz auftauchte, die General Ovando ein paar Tage später geben sollte.

3) El Chino
In verschiedenen Darstellungen erscheint neben dem Bergarbeiter Simón Cuba und Che eine dritte Person, die im Gesicht verletzt ist und bei der Blut das erblindete Gesicht bedeckt, El Chino Juan

Pablo Chang, der in den meisten offiziellen Erklärungen verschwindet, um dann wundersam als Leiche in der Schule von La Higuera wieder aufzutauchen.

Ein anonymer Soldat: „Mit dem rechten Arm stützte ich einen Verletzten und mit dem linken einen anderen, der das Gesicht voller Blut hatte.“ (siehe Anmerkung 3 im nächsten Kapitel)

Kapitel 57

1) Quellen
Wesentlich sind die ersten bekannten Darstellungen über die Ermordung von Che: Michelle Ray in: „In cold blood. How the CIA executed Che“, veröffentlicht in „Ramparts“; Fidel Castro in seinen öffentlichen Reden vom 15. und 18. Oktober ’67 und in „Eine notwendige Einleitung“ zu Ches „Bolivianischem Tagebuch“, sowie die von Arguedas, die, außer die Ermordung fälschlicherweise Sergeant Huanca zuzuschreiben, eine Vielzahl von interessanten Fakten enthält, die mit den übrigen Darstellungen übereinstimmen. Der wichtigste Beitrag von Arguedas wurde von ihm in einer nichtöffentlichen Konferenz in Kuba vorgetragen, von dem ich eine maschinengeschriebene Version besitze. Aus dem Jahre 1969 stammt auch: „Ñancahuazú, la guerrilla del Che en Bolivia“ des bolivianischen Journalisten José Luis Alcázar.

In den nachfolgenden Jahren kamen die Versionen von Oberst Saucedo hinzu: „No disparen soy El Che“, die von Hauptmann Gary Prado in „Cómo capturé al Che“, von Oberst Reque Terán im Interview mit César Peña (wo das Geständnis von Sergeant Mario Terán enthalten ist) und schließlich an wesentlichem Material die Darstellungen von zwei Soldaten, die anonym bleiben und die im kaum über die Grenzen Boliviens hinaus verbreiteten Buch von Soria Galvarro: „El Che en Bolivia“ veröffentlicht wurden.

Sehr interessant sind die Arbeiten der kubanischen Journalisten Adys Cupull und Froilán González: „La CIA contra El Che“ und „De Ñancahuazú a La Higuera“ (wenn sie auch ohne Beleg die Meinung wiederholen, daß der CIA hinter dem Befehl zur Ermordung stand) und der ausgezeichnete Text des uruguayischen Journalisten González Bermejo: „Che, su paso por la tierra“.

Für die Versammlung der Generäle, die die Ermordung beschloß, sind wesentlich das Buch von Jorge Gallardo Lozada: „De Torres a Banzer“ und das Kabel von UPI vom 12. Juni ’78: „Alfredo Ovando enthüllt, daß die bolivianischen Streitkräfte den Befehl gaben, Kommandant Che Guevara zu ermorden.“

Die Version des CIA-Agenten Rodríguez in seinem Buch „Shadow Warrior“ und in den Interviews von Jane Bussey: „CIA Veterans at Peace with Killing of Rebel Che“ und Carlos Puig: „Sentí por un momento que ya no lo odiaba“.

Es gibt interessante Beiträge von Zenteno, Selich und Ayoroa in den Akten der internen Ermittlungen der bolivianischen Militärs wegen des Verschwindens von Ches Tagebuch.

Die beiden veröffentlichten US-amerikanischen Memoranden sind vom 9. Oktober ’67 von Bowdler an Rostow und vom 9. Oktober ’67 das Telegramm von Henderson ans Außenministerium. Außerdem sind interessant die Texte von Gustavo Sánchez: „El gran rebelde“, Alcázar-Baldivia: „Bolivia, otra lección para América“, Gonzalo de Bethencourt: „Muerte y sepulcro del Che“, Enrique Araoz: „Hablan los testigos de la muerte del Che“ und das Kabel von Eduardo Paz vom 3. Oktober ’67 an die Agentur France-Presse.

2) Das Urteil
Die genaueste Darstellung, wie der Befehl, Che zu ermorden, ausgeführt wurde, ist die von Gallardo, die ohne Zweifel auf Informationen der zentralen Person seines Buches beruht, General Torres. Er unterläßt es, aus Vorsicht oder aus Scham, zu erklären, welche Position Torres hatte, und später sagt er auf eine rhetorische Art, ohne es nachzuweisen, daß der CIA den Befehl gegeben hätte.

Arguedas argumentiert klar, daß Torres einer derjenigen war, die für die Ermordung stimmten, was die Reserviertheit erklären würde, die Fidel Castro und die kubanische Regierung noch Jahre später gegenüber der fortschrittlichen Regierung beibehielten, die vorübergehend von Torres geleitet wurde.

Oberst Reque Terán sollte Jahre später behaupten, daß Ovando, Barrientos und Torres die Entscheidung trafen. Und Bethencourt zählt einen weiteren Militär auf, General Belmonte Ardiles. Vacaflor ergänzt, daß einer der befragten Militärs dagegen stimmte, der Kommandant der Luftstreitkräfte León Kolle Cueto, der Bruder des KP-Führers.

Ovando gab zehn Jahre später zu, daß der Befehl, Guevara zu töten, von ihnen getroffen wurde, und fügte hinzu, daß er nicht von ihm als Oberbefehlshaber der Streitkräfte ausgegangen sei (Alcázar-Baldivia).

Die US-Amerikaner wurden im Unklaren gelassen. Zwei Tage später schickte W.W. Rostow Präsident Lyndon B. Johnson das folgende Memorandum: „(zwei Worte zensiert) daß die letzte Information ist, daß Che Guevara lebend gefangen wurde. Nach einem kurzen Verhör zur Feststellung seiner Identität befahl General Ovando (Oberbefehlshaber der bolivianischen Streitkräfte), ihn zu erschießen. Ich sehe dies als Dummheit an, aber es ist vom bolivianischen Standpunkt aus verständlich, angesichts der Probleme, die die französischen Kommunisten und Castros Kurier, Régis Debray, ihnen verursacht haben."

3) Der Befehl zur Ermordung
Im Labyrinth der kleinen Widersprüche und des zufällig oder absichtlich schlechten Gedächtnisses herrscht ein Chaos bezüglich der Präzisierung der Details, z.B. was die Ankunftszeit des Hubschraubers mit Zenteno und F.R. in La Higuera betrifft. Prado legt sie auf 9 Uhr morgens, Selich auf 6.15 Uhr, Saucedo sagt, er sei um 7 Uhr abgeflogen, und Zenteno selbst sagt, daß sie um 7.30 Uhr gekommen seien.

Der Befehl zur Ermordung kam durch Zenteno nach La Higuera, der ihn in der Nacht zuvor in Vallegrande erhalten hatte; es ist möglich, daß es eine Bestätigung gegeben hat, wie Oberst Reque Terán Jahre später in einem Interview gesagt hat, aber zweifellos wurde er am Morgen des 9. Oktober von Zenteno an Selich und Ayoroa weitergegeben.

Obwohl Félix Rodríguez in seinen Memoiren erzählt, daß er den Befehl erhalten und an die Bolivianer weitergegeben hätte und er persönlich Ches Leichnam transportierte, ist es offensichtlich, daß, wie Hauptmann Prado bestätigt, weder Félix Rodríguez, der CIA-Agent, noch Oberst Zenteno sich in La Higuera befanden, als der Mord geschah, denn der Hubschrauber flog gegen 11 Uhr 45 aus der Ortschaft ab.

Es erscheint dennoch offensichtlich, daß die Anweisungen des CIA-Agenten lauteten, Che am Leben zu lassen, um ihn nach Panama zu bringen, wo er einem langen Verhör unterzogen werden sollte, und daß die US-amerikanische Spionageagentur nichts mit dem Befehl zu Ches Ermordung zu tun hatte.

Gab es Alkohol? Waren die Soldaten betrunken? Die vom Spanier Gonzalo de Bethencourt und von Alcázar sowie von der französischen Journalistin Michelle Ray gesammelten Darstellungen bestätigen dies, und alle scheinen sich darin einig zu sein, daß Terán sich Mut angetrunken hatte; Gary Prado dementiert die Geschichte, indem er sagt, daß es in einem so armseligen Ort nicht genug Alkohol für 150 Soldaten gegeben hätte.

3) Das Rätsel um El Chino und um Pacho
Die Frau des Telegrafisten spricht ebenfalls von einem blinden Guerillero, im Buch von Arguedas gibt es Berichte über ihn, und einer der anonymen Soldaten behauptet, daß im Zimmer neben ihm zwei Guerilleros ermordet wurden, unter ihnen der blinde.

Warum geben die Quellen also die Ermordung von Che und Simón Cuba zu, bestreiten aber die von El Chino?

Dies ist nur eines der vielen kleinen Geheimnisse, die Ches Tod umgeben. Warum gibt es im Tagebuch von Pacho am 8. Oktober keinen Eintrag, wenn er am 9. stirbt? Hat Prado das Gefecht vom 9. erfunden, um zu rechtfertigen, daß er nicht in La Higuera war, als der Mord geschah? Ist Pacho vielleicht am 8. in den Kämpfen gestorben und nicht registriert worden, weil seine Leiche erst einen Tag später entdeckt wurde? Nach Darstellung der Armee (Prado) waren El Chino und Pacho zusammen in einer der Höhlen ... Ich habe mich für diese Version entschieden, weil die Armee im Laufe der gesamten Geschichte und des nächsten Monats angebliche Gefechte meldete, wenn es sich in Wirklichkeit um Hinrichtungen handelte.

4) Major Rubén Sánchez
Jahre später sollte Major Sánchez erklären: „Ich wurde in das Gebiet abkommandiert, in dem sie Che Guevara gefangennahmen, aber in diesen Tagen wurde meine Frau operiert und ich konnte nicht gehen. Ich kann Ihnen sagen, daß ich Glück hatte, oder ich weiß nicht. Wenn ich dort gewesen wäre, hätten sie Che nicht so getötet, wie sie es getan haben, oder sie hätten uns beide getötet."

Kapitel 58

1) Quellen
Als sehr interessant erweisen sich die Arbeit von Michelle Ray in „Ramparts" sowie die Aufzeichnungen einiger Journalisten, die vor Ort waren: Richard Gott: „Yo ví el cadáver del Che en Villagrande", Radaelli: „Del criente al altiplano", Alberto Zuazo: „20 años despues sigue siendo un misterio qué pasó con el cadáver del Che Guevara", Alcázar und Edwin Chacón: „Murió El Che Guevara". Einige Pressemitteilungen sind wesentlich: die Erklärungen von General Ovando an AFP und AP vom 9. Oktober; die Nachricht über die Masse an Bauern vor dem Krankenhaus in „El Diario" vom 10. Oktober: „Conmoción" und der Artikel: „Murió Che Guevara". Die Erklärungen von Roberto Guevara in „Che y los argentinos".

Ebenfalls: Die beiden zitierten Reden von Fidel, González Bermejo: „Su paso por la tierra", die Biographie von James, das Buch von Félix Rodríguez, die beiden Texte von Cupull und González: „De Ñancahuazú a La Higuera" und „La CIA contra El Che", Marta Rojas: „La muerte del Che en la prensa internacional" und „El Che Guevara bajo el cielo de La Higuera", das Kabel von Guy Guglietta an UPI vom 9. Oktober '77, verschiedene Memoranden des US-amerikanischen Außenministeriums.

John Berger: „The legendary Che Guevara is dead" ist einer der Ursprünge der Vergleiche des Leichnams mit dem Rembrandt-Bild.

Für die jüngsten Operationen zur Auffindung der Leiche siehe die Artikel aus „La Jornada" vom November/Dezember 1995 („Descubren los restos de tres guerrilleros", „Exigirán la entrega de los restos del Che sus familiares", „Los restos del Che, incinerados y enterrados en Vallegrande, Bolivia", „Militares bolivianos buscan ya los restos del Che", „Ordena Sánchez de Lozada que sean localizados los restos del Che Guevara", „Ordenan a Mario Vargas localizar los restos del Che"), den Artikel von Jon Lee Anderson in der „New York Times": „Where is Che Guevara buried? A Bolivian tells" und den Beitrag von Luis Fondebrider, interviewt von Miguel Bonasso für die Fernsehsendung „Ernesto Che Guevara, el regreso de un mito".

2) Die Odyssee der Überlebenden
Während der zwei Wochen nach Ches Tod versuchten die Ranger, die beiden überlebenden Guerillagruppen zu umzingeln, diejenige, die von Inti Peredo angeführt wurde, und die der Kranken. Am 12. Oktober nahm eine Patrouille der Ranger in einer Gegend namens Cajones die zweite Gruppe (De la Pedraja, Huanca, Lucio Galván und Jaime Arana) gefangen und erschoß sie. Die Gruppe von Inti, zu der die drei Kubaner Villegas, Alarcón und Tamayo gehörten, schaffte es nach mehrmaligen Zusammenstößen mit der Armee, die Umzingelung zu durchbrechen, wobei El Ñato in einem der Gefechte sein Leben ließ. Inti stellte wieder Kontakt zum Apparat der KP her und während er mit Adriazola ins Landesinnere zurückging, überquerten die drei Kubaner mit zwei neuen Führern Mitte Februar '68 die chilenische Grenze. Sie legten einen langen Weg zurück, bis sie nach Havanna kamen.

Inti Peredo begann einen neuen bewaffneten Aufstand, nachdem er die ELN-Guerilla reorganisiert hatte. 1969 starb er unter der Folter, nachdem er in einem Zusammenstoß mit der Armee, durch die Explosion einer Granate verletzt, gefangen genommen worden war ... Alarcón selbst kehrte zur zweiten Operation der ELN '68 nach Bolivien zurück und, nachdem er in La Paz in einer Bank von Truppen des Regiments von Sucre und der Nationalpolizei umzingelt war, stürmte er heraus und versuchte mit dem Schrei „Vaterland oder Tod!" Selbstmord zu begehen, indem er sich das untere und oberere Scheitelbein durchlöcherte. Wundersamerweise konnte man sein Leben retten. Das Torres-Regime ließ ihn in einer Amnestie frei. David Adriazola starb im April '68 in der Nähe von Lagunillas in einer Auseinandersetzung mit der Polizei.

Die Odyssee der Überlebenden ist sehr genau aufgeschrieben im Tagebuch von Inti Peredo: „Mi campaña con el Che" und im Buch von Mariano Rodríguez und Dariel Alarcón: „Les survivants du Che". Die militärischen Berichte über die Umzingelung und die Verfolgung in den erwähnten Arbeiten von Gary Prado und Martínez Estévez. Interessant ist das Interview des italienischen Journalisten Gianni Miná mit Tamayo und Villegas in: „Un continente desaperecido" und selbstverständlich die Fortsetzung der Geschichte, die Alcázar in „Ñancahuazú, la guerrilla del Che en Bolivia" bringt. Die US-amerikanische Version in NSF Country File. Bolivia. C8, vol. 4, cables. LBJ Library.

Kapitel 59

1) Quellen
Die Geschichte der bolivianischen Plünderungen kann man nachverfolgen in der Arbeit von Cupull und González: „De Ñancahuazú a La Higuera", im Buch von Uribe: „Operación Tía Victoria", im Artikel von Enrique Araoz: „Hablan los testigos de la muerte del Che", im Buch von Hauptmann Prado, im Buch von Luis Suárez: „Entre el fusil y la palabra", im Buch von Félix Rodríguez und in den Erklärungen der beiden anonymen Soldaten im Buch von Soria Galvarro. Die Geschichte von Puebla erzählte mir mein Freund Fritz Glockner. Der Satz von Enrique Lihn findet sich in „Elegía a Ernesto Guevara".

Als ich dabei war, diese Anmerkungen zu beenden, entdeckte ich, daß im unveröffentlichten Buch meines Freundes Emilio Surí erwähnt wird, Che habe in der dritten Septemberwoche vier Uhren in seinem Rucksack getragen.

Kapitel 60

1) Quellen
Über die Wege, die das Tagebuch zurücklegte: Cupull und González: „La CIA contra El Che", der Artikel von Michelle Ray und vor allem die von den Militärs durchgeführten Ermittlungen, deren Akten ich durchgesehen habe und die teilweise im „Marcha"-Artikel „La CIA en Bolivia" zitiert werden. Die Informationen, die Präsident Johnson über das Tagebuch erhielt, in NSF Country File. Bolivia. C8, vol. 4, cables, LBJ Library. Über die Zuspielung des Tagebuchs an die Kubaner: Hernán Uribe: „Operación Tía Victoria" und „Eine notwendige Einleitung" von Fidel Castro zum „Bolivianischen Tagebuch" sowie das Interview, das ich im Februar '95 mit Manuel Manresa, Ches Sekretär führte. Der Beitrag von Arguedas und seine spätere unglaubliche Flucht in seinen Erklärungen während des Prozesses, die in der uruguayischen Zeitschrift „Marcha" veröffentlicht wurden, sowie die Artikel von José Natividad Rosales: „En exclusiva mundial Antonio Arguedas revela a Siempre cómo y por qué entregó a Fidel Castro el diario del Che" und „El caso Arguedas" in der Zeitschrift „Bohemia". Über die Irrungen des Tagebuchs in den 80er Jahren: „Newsweek" vom 18. Juni 1984, das Prensa-Latina-Kabel vom 6. August '84 und die beiden Artikel von Humberto Vacaflor: „El diario del Che fue robado por una banda de nazis y traficantes de droga" und „Encuentran páginas perdidas del diario del Che Guevara".

Die Tage, die in der weltweiten Originalausgabe des „Bolivianischen Tagebuchs" fehlen, sind der 4., 5., 8. und 9. Januar; der 8. und 9. Februar; der 14. März; der 4. und 5. April; der 9. und 10. Juni und der 4. und 5. Juli.

2) Die Fälschung
Fidel erwähnt im Vorwort zum „Tagebuch“ die Möglichkeit einer Manipulation: „Vom revolutionären Standpunkt aus läßt uns die Veröffentlichung des „Bolivianischen Tagebuchs“ keine Alternative. Ches Tagebuch blieb in der Gewalt von Barrientos, der sofort dem CIA, dem Pentagon und der US-Regierung eine Kopie übergab. Dem CIA nahestehende Journalisten hatten in Bolivien selbst Zugang zum Dokument und machten davon Fotokopien, wenn auch mit der Verpflichtung, momentan von einer Veröffentlichung abzusehen.“ („Eine notwendige Einleitung“)

Cupull und González versichern in „La CIA contra El Che“, daß „die Kalligraphen des CIA dabei waren, eine Verdrehungsoperation im Tagebuch anzustellen und im obersten Stock der Botschaft über Änderungen und Auslassungen nachdachten.“ Ihre Information wird durch keine andere Aussage unterstützt.

Die Beiträge von Saint George, die besagen, daß das von den Kubanern veröffentlichte Tagebuch nicht das echte sei, lassen daran denken, daß vielleicht er an der Herstellung eines gefälschten Tagebuchs arbeitete.

3) Hände und Masken
Im Mai ’69 sagte Arguedas, als er zurück in La Paz war und unter polizeilicher Überwachung stand, bevor er in der mexikanischen Botschaft Zuflucht suchte, dem Rechtsanwalt Victor Zannier, der als „Mammut“ bekannt war, daß Ches Hände in einem Reagenzglas mit Formalin steckten und sich, zusammen mit der Gipsmaske, in einer hölzernen Urne befänden. Zannier packte sie in einen Rucksack und nach einem enormen Abenteuer schaffte er es, sie nach Kuba bringen zu lassen.

Fidel forderte während einer Rede vom 26. Juli 1970 flüsternd die Aufmerksamkeit des Publikums, und informierte es darüber, daß Arguedas nicht nur das Tagebuch nach Kuba bringen ließ, sondern auch die Maske, die sie vom Che anfertigen ließen, und die einbalsamierten Hände. Er fragte die Leute, ob man sie begraben oder konservieren solle. Die Antwort lautete: „Konservieren! Konservieren!“ Er informierte sein Publikum, daß sie zusammen mit den olivgrünen Uniform-Ärmeln mit den Kommandanten-Streifen unter der Martí-Statue deponiert würden. (Interview mit Marta Rojas, Homero Campa: „Complicado itinerario de las manos del Che antes de llegar a La Habana en 1970“ in „Bohemia“ vom 31. Juli 1970)

Kapitel 61

1) Quellen
Mariano Baptista Gumucio hat sich die Mühe gemacht, mehrere der hier erwähnten Fälle in „¿La venganza del Che?“ zusammenzustellen. Die restlichen Informationen in den Büchern von Gallardo: „De Torres a Banzer“, Luis Suárez und dem von Cupull und González: „La CIA contra El Che“, sowie in den Artikeln von Zebalos für Reuter: „20 años después el cadáver del Che es aún un misterio“. Zum Asthma von Rodríguez im Interview von Carlos Puig. Zum Fall Prado im Artikel von Sebastián Gómez: „¿Vacío de poder militar?“ Zur Deportierung von Ayoroa im Buch von Gregorio Selser: „El cuartelazo de los cocadoles“. Wichtige Präzisierungen im Brief, der in der Tageszeitung „Excelsior“, Mexiko-Stadt, von José Luis Alcázar veröffentlicht wurde sowie in seinem, gemeinsam mit José Baldivia geschriebenem Buch.

Kapitel 62

1) Quellen
Die Gedichte von Benedetti und Gelman in der Sondernummer von „Casa de las Américas“ vom Januar/Februar ’68.

Der Rest an Informationen in „De Ñancahuazú a La Higuera“, José Luis Morales: „No sabíamos que el Che vivía y estaba preso“, González Bermejo: „Che, su paso por la tierra“, „Hablan el padre y la hermana del Che“, im Buch von Martínez Estévez und Natividad Rosales: „En exclusiva mundial Antonio Arguedas revela a Siempre cómo y por qué entregó a Fidel Castro el diario del Che“, Héctor Danilo: „El último encuentro del Che con su familia“, Sergio Berrocal: Kabel der AFP, 8. Dezember ’87, Enrique Araoz: „Hablan los testigos de la muerte del Che“.

2) Die Filme
Hollywood machte einen Versuch, sich den Zauber von Che anzueignen. Ein absolut fehlgeschlagener Versuch. 1968 drehte die 20th Century Fox „Che“ unter der Regie von Richard Fleisher mit Omar Sharif als Hauptdarsteller und Jack Palance als Fidel Castro. Obwohl sehr viel Wert auf die Naturaufnahmen (er wurde auf Puerto Rico gedreht) gelegt wurde, auf die Waffen und sogar auf die Zigarren, die geraucht wurden, erweist sich das Drehbuch als eine Katastrophe. Es kommt ein schematisches Produkt heraus, das sich für jeden lateinamerikanischen Zuschauer als Falschgeld erweist: Che als Fanatiker und Mönch, ohne Sinn für Humor, zusammen mit einem Fidel als Alkoholiker. Die Geschichte strotzte außerdem vor Fehlern, die aus dem Drehbuch von Wilson und Bartlet oder der Produktion herrührten. Der Film wurde im heißen Lateinamerika der späten sechziger Jahre als ein weiteres Produkt des offenen Krieges zwischen dem Imperium und dem Volksaufstand verstanden. Kinos in Santiago de Chile und in Venezuela, die ihn zeigten, wurden mit Molotow-Cocktails angegriffen. Der Film wurde quer durch den ganzen Kontinent sabotiert, trotz der erklärten und höchst naiven Bewunderung von Sharif für die Person, die er darstellte. Heute ruht der Film in den Fächern irgendwelcher mittelmäßigen Videoclubs. Mehr oder weniger das gleiche Schicksal ereilte die italienische Version von Paolo Heusch mit Paco Rabal als Che. („Exclusive interview with Omar Sharif“, Gregorio Ortega: „Ladridos desde la cuneta“)

Bibliographie

Die Liste der für vorliegende Arbeit verwendeten Literatur folgt im wesentlichen der mexikanischen Originalausgabe. Am Ende der Bibliographie befindet sich eine Liste der deutschsprachigen Veröffentlichungen von und zu Ernesto Che Guevara, die von Andreas Löhrer für diese Ausgabe erstellt wurde.

Bibliographien

Bibliografía del comandante Ernesto Che Guevara, Biblioteca Nacional José Martí departamento de consulta y referencia, *Revista de la Biblioteca Nacional* José Martí, julio-diciembre 1967.

Bibliografía Cubana del comandante Che Guevara, García Carranza, Araceli y Georgina, coordinadoras, Ministerio de la Cultura, La Habana, 1987.

Bonich Fernández, Georgina y Maidique Patricio, Hilda: *Ernesto (Che) Guevara, estudio bibliográfico*, La Habana: Centro de Información Científica y Técnica, Universidad de La Habana, 1975.

Cozean, Jon D: *Cuban guerrilla training centers and Radio Havana, a selected bibliography*, Center for Research in Social Systems, Washington, American University, 1968.

Ernesto Che Guevara, estudio bibliográfico, coordinador Georgina Bonich Fernández: Centro de Información Científica y Técnica, Universidad de La Habana, 1975.

Ernesto (Che) Guevara, bibliografía, coordinador Georgina Bonich Fernández. Coordinación de Información Científica y Técnica Universidad de La Habana, 1985.

La insurrección armada; Camilo y Che en Las Villas, Bibliografía, coordinadores Clara Salgado Moya, Juan R. Vázquez, Clara de la Torre, Reina Morales, Revista de la Bibliotéca Nacional José Martí, septiembre-diciembre, La Habana, 1987.

Para leer al Che, Verde Olivo, Imprenta de la Dirección Política de las FAR, La Habana, 1988.

Pérez, Louis A. Jr: „Armed Struggle and Guerrilla Warfare in Latin America: A Bibliography of Cuban Sources, 1959-1979". *Revista Interamericana de Bibliografía*, No. 4, 1983.

Anthologien

Pensamiento crítico, octubre 1967.

El Che en la revolución cubana, obra en 7 tomos, Ediciones del Ministerio del Azúcar, La Habana, 1969.

Escritos y discursos, obra en 9 tomos, Editorial de Ciencias Sociales, La Habana, 1977.

Obras escogidas, obra en 2 tomos, Casa de las Américas, La Habana, 1970.

El hombre y la economía en el pensamiento del Che, compiladores Gerardo Gómez Moreno. René Castellanos y otros, Editora Política, La Habana. 1988,

Educación y hombre nuevo, Editora Política, La Habana, 1989.

Weitere Werke und Artikel von Che

Guevara, Ernesto Che: „Guerra y población campesina", *Revolución*, 14 enero 1959.

Guevara, Ernesto Che: „Qué es un guerrillero?", *Revolución*, 19 febrero 1959.

Guevara, Ernesto Che: „Discurso del Che en Santa Clara", *Revolución*, 29 diciembre 1959.

Guevara, Ernesto Che: „El divulgador de las teorías revolucionarias debe antes que nada mostrar su ejemplo", *Verde Olivo* 31, 1960.

Guevara, Ernesto Che: „No habrá desempleados en 62", *Verde Olivo*, septiembre 1960.

Guevara, Ernesto Che: „La idea de la defensa de la revolución no puede desligarse de la idea de trabajo", *Bohemia*, 1 octubre 1961.

Guevara, Ernesto, Bettelheim, Charles, et al.: *Escritos económicos [de] Ernesto Che Guevara, Cuadernos de pasado y presente*, Ediciones Pasado y Presente, Córdoba, Argentina, 1969.

Guevara, Ernesto Che: „Discurso en el palacio presidencial", *Granma*, 26 octubre 1967.

Guevara, Ernesto Che: „Palabras del Che a la policía", *Editorial San Luis*, La Habana, s/f.

Guevara, Ernesto Che: *Notas de viaje*, Centro Latinoamericano Che Guevara, Santiago de Chile, 1993.
Guevara, Ernesto Che: „Ante la agresion económica, si nos quitan la cuota perderán sus inversiones en nuestra patria", *Verde Olivo* 17, 1969.
Guevara, Ernesto Che: Una carta inédita del Che Guevara: „Triunfo con Cuba o muero allá", *Crisis*, Buenos Aires, No. 5, septiembre 1973.
La influencia de la révolutión cubana en América Latina, palabras a miembros de la DSE, Broschüre, spi, 18 mayo 1962.
Guevara, Ernesto Che: *El gobierno revolucionario ha destruido los lazos coloniales en lo económico y político*, Gobierno Provincial de Oriente, Santiago 1960.
Guevara, Ernesto Che: *Pasajes de la guerra revolucionaria (Congo)*, maschinengeschriebenes Manuskript mit handschriftlichen Anmerkungen von Che, 160 p. und 7 p. Anhang.
Guevara, Ernesto Che: *Aclaración de algunos términos*, maschinengeschrieben mit Anmerkungen von Che zu den in "Pasajes de la guerra en África" verwendeten Begriffen.
Guevara, Ernesto Che: „La escuela de Minas del Frío", 3 abril 1963, *Opina*, febrero 1989.
Guevara, Ernesto Che: „Que el hombre sienta la necesidad de hacer trabajo voluntario", Typoskript, intervención consejo de dirección Ministerio de Industria, 5 diciembre 1964.
Guevara, Ernesto Che: *Diario de Bolivia*, edición especial de la *Bohemia*, La Habana, 1968. La edición de la Editora Política de 1987 contiene las páginas faltantes y fue anotado por Adys Cupull y Froilán González.
Guevara, Ernesto Che a Fidel, *Fotocopia*, 6 enero 1958.
Guevara, Ernesto Che a Ángel Salgado, *Nota*, 9 septiembre 58.
Guevara, Ernesto Che: „Poemas", en el epílogo del libro de Hilda Gadea y en *Bohemia*, 10 juino 1988.
Guevara, Ernesto Che: „El Che con las delegaciones fraternales extranjeras", (resumen del discurso en el MINID con delegados obreros extranjeros asistentes a los actos del 1 de mayo), *Bohemia*, 11 mayo 1962.
Guevara, Ernesto Che: „Los últimos días, dos documentos", *Granma*, 21 diciembre 1968.
Guevara, Ernesto Che: „Carta de despedida del Che" (a Carlos Rafael Rodríguez), *Miami Herald*, 11 diciembre 1983.
Guevara, Ernesto Che: „Discurso pronunciado por el comandante Che Guevara en asamblea de obreros portuarios, 6 enero 1962", *Granma*, 8 octubre 1968.
Guevara, Ernesto Che: „Camilo", *Granma*, 25 octubre 1967.
Guevara, Ernesto, Raúl Castro y otros: *La conquista de La Esperanza* (diarios inéditos de la guerrilla cubana), Mortiz, México DF, 1995.

Bibliographien, Zeitschriften, Interviews und Manuskripte

22 años de Revolución, cronología, Editora Política, La Habana, 1983.
„A new old Che Guevara interview", *Hispanic American Historical Review*, agosto 1966.
A Standard Swahili-English Dictionary, Oxford University Press, GB, 1963.
Abreu, Carlos y Carlota Guillot: *Sancti Spiritus, apuntes para una cronología*, Editora Política, La Habana, 1986.
Abreu, Luis: *Algunas consideraciones acerca del pensamiento económico-militar del Che*, Conferencia científica sobre el pensamiento militar del comandante Ernesto Che Guevara, s/f.
Abreu, Ramiro: *En el último año de aquella república, Editorial de Ciencias Sociales*, La Habana, 1984.
Abreu, Ramiro, Ricardo Alarcón, Carmen Almodóvar, José Bell Lara y otros: Pensar al Che, tomo 1, *Desafíos de la lucha por el poder político* y tomo 11, *Los retos de la transición socialista*, CEE-Editorial José Martí, La Habana, 1989.
Acevedo, Enrique: *Descamisado*, Editorial Cultura Popular, La Habana, 1993.
Acevedo, Enrique: „Los últimos días en la Sierra Maestra", *Verde Olivo*, abril 1989.
Acevedo, Enrique: „Jefe en toda su dimensión", *Verde Olivo*, 10 octubre 1985.
Acevedo, Rogelio: „Audacia, audacia y más audacia", *El Oficial*, noviembre-diciembre 1978.
Acevedo, Rogelio: „Apuntes de la invasión", *Verde Olivo*, 1 septiembre 1983.
Acevedo, Rogelio: „El Che que yo conocí", *Verde Olivo*, junio 1988.
Acevedo, Rogelio: „La Federal", en *Días de combate*.

Acevedo, Rogelio: „Si sobresaliente fue el Che como guerrillero, aún más brilló su extraordinario talento en la hermosa obra de construir la nueva sociedad", *Granma*, 30 diciembre 1988.

Acosta, Bruno: *Ernesto Che Guevara y la disciplina militar consciente*, Conferencia científica sobre el pensamiento militar del comandante Ernesto Che Guevara, spi, s/f.

Acta de Matrimonio de Ernesto Guevara de la Serna e Hilda Gadea Acosta en el registro civil de Tepoztlán, *documento*, 18 de agosto de 1955.

Acuña, Manuel: „Manuel Acuña cuenta del Uvero", *Juventud Rebelde*, 27 mayo 1987.

Adán, Orestes: *El Dorado*, Letras Cubanas, La Habana, 1986.

Adoum, Jorge Enrique: „El Che sin nosotros", *COLAE*, febrero 1968.

Afont Robaina, José M.: „El amanecer victorioso de la Plata", *Verde Olivo*, 15 enero 1987.

Agacino, Ricardo: „El Che, un entusiasta y consumado ajedrecista", *Cuba Internacional*, septiembre 1987.

Agee, Phillip: *Diario de la CIA*, *Laia*, Barcelona, 1978 (Originalausgabe: Stonehill and Penguin Books, London 1975).

Agüro, Luis, Antonio Benítez, Reynaldo González y otros: *Che comandante*, Diógenes, México DF, 1969.

Aguilar, José: „La niñez de Che", *Granma*, 16 octubre 1967.

Aguilar, José: „82 hombres y una sola causa" (entrevista a Arsenio García Dávila), *Verde Olivo*, 6 diciembre 1964.

Aguilera Morales, Roger: „El cantor de la tropa del Che", *Verde Olivo*, noviembre 1989.

Aguilera, Armando R: „Creo en ti, Fidel, creo en la Revolución", *Bohemia*, 13 enero 1959.

Aguirre, Manuel Agustín: *El Che Guevara. Aspectos políticos y económicos de su pensamiento*, Editorial La Oveja Negra, Bogotá, Colombia, 1970.

Aguirre Bayley, Miguel: *Ernesto Che Guevara arquetipo de la solidaridad revolucionaria*. De la Puerta, 1988.

Aiguesvives, E.: „Un lector infatigable", *Verde Olivo*, 15 octubre 1987.

Alarcón, Dariel, Harry Villegas y Leonardo Tamayo: „La quebrada del Yuro, recuerdos de un combate", *Tricontinental*, julio-octubre 1970, Nachdruck in *Bohemia* und *Granma*, 8 octubre 1969.

Alarcón, Dariel, Harry Villegas y Leonardo Tamayo: „El combate de la quebrada del Yuro", *Verde Olivo*, 19 octubre 1969.

Alarcón, Dariel: *Entrevista*, febrero 1995.

Alarcón, Darel: *Vie et mort de la révolution cubaine*, Fayard, Paris 1996.

Alarcón Dariel: „Héroes inmortales de nuestra América", *Bohemia*, 26 agosto 1977.

Alarcón Dariel y Mariano Rodríguez Herrera: „Che y la guerrilla de Nancahuazú", *unveröffentlichtes Manuskript*

Alarcón, Dariel y Mariano Rodríguez Herrera: *Les Survivants du Che*, Le Rocher, Paris 1995.

Alcázar José Luis: *Ñancahuasú, la guerrilla del Che en Bolivia*, Era, México DF, 1969.

Alcazar, José Luis y José Baldivia: *Bolivia, otra lección para América*, Era, México DF, 1973.

Alcázar, José Luis y Edwin Chacón: „Murió el Che Guevara", *Presencia*, La Paz, 10 octubre 1967.

Allende, Salvador: Intervención en el senado, *Diario de sesiones de la República de Chile*, 18 octubre 1967.

Alles, Agustin: „Criminal bombardeo en Santa Clara", *Bohemia*, 11 enero 1959.

Almeida, Juan: *La Sierra*, Editora Política, La Habana, 1989.

Almeida, Juan: *La Sierra Maestra y más allá*, Editora Política, La Habana, 1995.

Almeida, Juan: *Exilio*, Editorial de Ciencias Sociales, La Habana, 1987.

Almeida, Juan: *Desembarco*, Editorial de Ciencias Sociales, La Habana, 1988.

Almeida, Juan: *La única ciudadana*, Editorial de Ciencias Sociales, La Habana, 1987.

Almeida, Juan: „Un capitán, jefe de la vanguardia", *Verde Olivo*, febrero 1988.

Alonso, Armando: „Una anécdota en la fundición", *Juventud Rebelde*, 7 octubre 1968.

Alonso, Mercedes: „Quién ha dicho que el marxismo no tiene alma?", *Granma*, 25 mayo 1987.

Alonso, Mercedes y Rafael Rodríguez Cala: *Reencuentro*, Ediciones Verde Olivo, 1993.

Althusser, Louis: „Ante la muerte de Ernesto Che Guevara", *Casa de las Américas*, enero-marzo 1993.

Alvarez, Gerónimo: *Che. una nueva batalla*, Editorial Pablo de la Torriente, La Habana 1994.

Alvarez, Verónica y Sergio Ravelo: „Nico López: símbolo de valor y fidelidad", *Bohemia*, 2 octubre 1987.

Alvarez García, John (compilador): *Che Guevara*, Antorcha Monserrate, Medellín, Colombia, 1968.

Alvarez Palomares, Alodia: „Allí comienza el Che", *Verde Olivo*, 29 enero 1987.

Alvarez Rom, Luis: „Sobre el método de análisis de los sistemas de financiamiento", *Cuba Socialista* 35, 1964.

Alvarez Tabío, Pedro (coordinador): *La epopeya del Granma*, Oficina de Publicaciones del Consejo de Estado, La Habana, 1986.
Alvarez Tabío, Pedro: „El más extraordinario de nuestros combatientes", *Bohemia*, 26 julio 1985.
Alvarez Tabío, Pedro: „En espera del desembarco", *Bohemia*, 26 diciembre 1986.
Alvarez Tabío, Pedro y Otto Hernández: *El combate del Uvero*, Gente Nueva, La Habana, 1980.
Amaya, Juana: „La pequeña hazaña que dejó valiosas experiencias guerrilleras", *Trabajadores*, 28 agosto 1982.
Ameijeiras, Efigenio y Rene Rodríguez: „Con los fusiles, los uniformes y las balas", *Verde Olivo*, 2 diciembre 1962.
Ameijeiras, Efigenio: *Más allá de nosotros*, Editorial Oriente, Santiago de Cuba, 1984.
Ameijeiras, Efigenio: 1956. *Un año tremendo*, Editora Abril, La Habana, 1986.
Ameijeiras, Efigenio: „Encuentro con Fidel en Puriales de Vicana", *Somos Jóvenes*, enero 1986.
Ameijeiras, Efigenio: „Las guerras no se ganan en el último combate", *Bohemia*, 15 julio 1988.
Ameijeiras, Efigenio: „Miedo a las ballenas", *Verde Olivo*, septiembre 1988.
Ameijeiras, Efigenio: „Capitán Habana", *Verde Olivo*, diciembre-enero 1988-1989.
Ameijeiras, Efigenio: „La batalla más corta" I y II, *Bohemia*, 7 y 14 julio 1989.
Ameijeiras, Efigenio: „Dibujó con flores su sonrisa en el mar", *Verde Olivo*, octubre 1989.
Anderson, Perry y Rohin Blackburn: „Che and Debray in Bolivia", *Ramparts*, octubre 1967.
Abdrial, Alberto: „La fe que me inculcaste", *El Mundo*, octubre 1967.
Amador, Castor: „El desembarco del *Granma* y el 30 de noviembre", *Verde Olivo*, 30 noviembre 1969.
Aragonés, Emilio: Entrevista con Jorge Castañeda, 10 de febrero de 1975, Typoskript.
Araoz, Enrique: „Hablan los testigos de la muerte del Che", *Cambio 16*, Madrid, 19 de octubre 1987.
Arcocha, Juan: *Candle in the wind*, L. Stuart, New York 1967.
Arcocha, Juan: *Fidel Castro en rompecabezas*, Ediciones R, Madrid 1973.
Arguedas, Antonio: *Fotocopia* sin título del folleto de la Universidad Técnica de Oruro sobre la captura y muerte del Che, archivo autor, s/f.
Arguedas, Antonio, intervención en una reunión restringida con Fidel Castro en La Habana sobre los acontecimientos que rodearon la muerte del Che y la posterior entrega del diario a Cuba, Typoskript.
Arguedas, Sol: „Dónde está el Che Guevara?", *Cuadernos Americanos*, mayo-junio 1966.
Arguedas, Sol: *Cuba no es una isla*, Era, México DF, 1961.
Ariet, María del Carmen: „Hasta vencer o morir", *Moncada*, octubre 1987.
Ariet, María del Carmen: *Che, pensamiento político*, Editora política, La Habana, 1988.
Aroca, Santiago: „Fidel y el Che", *El Mundo*, Madrid, 4 octubre 1992.
Aróstegui, María Begoña y Gladys Blanco: *Un desafío al monopolio de la intriga*, Editora Política, La Habana, 1981.
„Arribaron a Cuba los cinco guerrilleros que lucharon en Bolivia junto al Che", Zeitungsausschnitt, archivo L. A. Betancourt.
Arrufat, Berta y otros: V*igencia del pensamiento ético del Che para el trabajo político y de partido en el Minint*, Instituto Superior Minint, s/f.
Ascuy, René: „Treinta años de la foto más famosa del mundo", *Juventud Rebelde*, 30 marzo 1990.
Asociación Nacional de Economistas de Cuba: *La presencia del Che en el Banco Nacional de Cuba y la selección del 26 de noviembre como Dia del economista*, Pamphlet, spi, s/f.
Avila, Bienvenido: „Tres guías hablan de la invasión", *Sierra Maestra*, 8 octubre 1972.
„Aviones pilotados por yankis son utilizados en bombardeos contra las áreas guerrilleras en Bolivia", *Granma*, 17 abril 1967.
Aznares, Juan J.: „Buscando al Che", *El País*, Madrid, 22 enero 1996.
Bacallao, Sergio: „Relatos históricos de hechos ocurridos en la Sierra Maestra desde mediados de junio 1957", Manuskript.
Báez, H. Vitier: „Che en Buey arriba", *Verde Olivo*, junio 1988.
Báez, Luis: „Yo soy el oscuro teniente ...", *Bohemia*, 26 mayo 1978.
Barquín, Ramón: *Las luchas guerrilleras en Cuba. De la colonia a la Sierra Maestra*, Editorial Playor, Madrid, Fotokopie, Archiv des Autors.
Barral, Fernando: „Che estudiante", *Bohemia*, 13 junio 1969.
Barrera, Orlando: *Sancti Spiritus, sinopsis histórica*, Editorial Oriente, Santiago de Cuba, 1966.
Barreras, José Luis: „El Che, ajedrecista entusiasta", *Cuba Internacional*, octubre 1963.
Barreras Ferrán, Ramón: „15 de diciembre de 1958", *Vanguardia*, Santa Clara, 15 diciembre 1978.

Barreras Ferrán, Ramón: „19 de diciembre de 1958", *Vanguardia*, Santa Clara, 19 diciembre 1978.
Barrero Pérez, Eráclides: „Amigo: sus recuerdos del Che", *Trabajadores*, 15 octubre 1985.
Barreto, Jesús: „Camarada Tatu", *Moncada*, octubre 1987.
Barrientos Ortuño, René: *El Che Guevara, el intervencionismo, un pueblo libre y heroico*, Editorial del Estado, La Paz, 1967.
Baptista Gumucio, Mariano con Ted Córdoba Claure, Sergio Almaraz y Simón Reyes: *Guerrilleros y generales sobre Bolivia*, Editorial Jorge Álvarez, Buenos Aires, 1968.
Baptista Gumucio, Mariano: *¿La venganza du Che?*, Editorial e Imprenta Artística, La Paz, 1988.
„Batalla de Santa Clara", *Granma*, 27 diciembre 1967.
Batista, Fulgencio: *Paradojas*, Botas, México DF, 1963.
Bauer Paiz, Alfonso: „Testimonio sobre Ernesto", *Casa de las Américas*, septiembre-octubre 1977.
Bayo, Eliseo: „El mejor alumno", *El Mundo*, 19 octubre 1967.
Bayo, Eliseo: *Mi aporte a la Revolución Cubana*, Imprenta del Ejército Rebelde, La Habana, 1960.
Bedregal, Guillermo: *Los militares en Bolivia*, Extemporáneos, México DF, 1971.
Bejar Rivera, Héctor: *Perú 1965, una experiencia libertadora en América*, Siglo XXI, México DF, 1969.
Bellinghausen, Herman: „Fiesta en la selva en memoria del Che", *La Jornada*, México DF, 11 octubre 1994.
Benítez, Augusto: „El cerco de Santa Clara", *Bohemia*, 9 diciembre 1983.
Benítez, Augusto: „La colaboración campesina", *Bohemia*, 26 diciembre 1986.
Benítez, Augusto F. y Katia Valdés: „Reflejos de una época" (entrevista a Vilma Espín), *Bohemia*, 21 noviembre 1986.
Benítez, Augusto F. y Katia Valdés: „Vivencias de una heroica hazaña", *Bohemia*, 21 noviembre 1986.
Benítez, José A.: „Bolivia: „Dinamita y revolución", *Bohemia*, 6 octubre 1967.
Benedetti, Mario: „Consternados, rabiosos", *Casa de las Américas*, La Habana, enero-febrero 1968.
Berger, John: „The legendary Che Guevara is death", *New Statesman*, 28 agosto 1992.
Bergquist, Laura: „2.30 am interview with Che Guevara", *Look*, 8 noviembre 1960.
Berrocal, Sergio: *Servicio cablegráfico* de la AFP, 8 diciembre 1987.
Beruvides, Esteban M; Parodi, Arsenio e Ilario Morfa Vilariño: *Cuba y sus mártires*, ed. autor, Coral Gables, Florida 1993.
Betancourt, Luis Adrián: Entrevista a Sergio Bacallao, unveröffentlichtes Manuskript.
Betancourt, Luis Adrián: Entrevista a Faure Chomón, unveröffentlichtes Typoskript.
Betancourt, Luis Adrián: Entrevista a Universo Sánchez, unveröffentlichtes Typoskript, 19 Seiten.
Betancourt, Luis Adrián: „Mi hermano el Che", *Moncada*, octubre 1987.
Betancourt, Luis Adrián: „Un hombre hecho en los fuegos", *Moncada*, octubre 1987.
Betancourt, Luis Adrián: „La campaña en Las Villas", *Bohemia*, 7 octubre 1968.
Betancourt, Luis Adrián: „Campaña del Che", *Bohemia*, 19 enero 1968.
Betancourt, Luis Adrián: „Che, arquitecto de una victoria", *Bohemia*, 20 octubre 1967.
Betancourt, Luis Adrián: „XXII aniversario del asalto al cuartel *Moncada*. Santa Clara, ciudad 16", *Bohemia*, 25 julio 1975.
Betancourt, Luis Adrián: „Habla el comandante Guevara", *Bohemia*, 11 enero 1959.
Betancourt, Luis Adrián: „Pasión y muerte de Joaquin Casillas", *Bohemia*, 11 enero 1959.
Betancourt, Luis Adrián: „Así murió el criminal. Último minuto de Casillas Lumpuy", *Bohemia*, 18-25 enero 1959.
Betancourt, Luis Adrián: „Batista, capítulo final", *Verde Olivo*, diciembre 1988 - enero 1989.
Betancourt, Luis Adrián: „Apareció para siempre", *Moncada*, 6 octubre 1984.
Betancourt, Raymundo: „La guerrilla boliviana", *mimeográfico*, spi.
Bethencourt, Gonzalo: „Muerte y sepulcro del Che", *Pueblo*, Madrid, 14 mayo 1969.
Bettelheim, Charles: „Formas y métodos de la planificación socialista y nivel de desarrollo de las fuerzas productivas", *Cuba Socialista* 32, 1964.
Bettelheim, Charles et Guevara, Ernesto Che, *Ecrits d'un révolutionnaire*, La Brèche, Paris, 1987.
Bianchi Ross, Ciro: „Tiempo del Che", *Cuba*, octubre 1982.
Bianchi Ross, Ciro: „Un constructor llamado Che", *Cuba*, Zeitungsausschnitt, Archiv des Autors.
Blaquier, Elsa: „Faltaba papel y tinta, pero salía" (entrevista Luis Pavon), *Verde Olivo*, abril 1989.
Blaquier, Elsa: „Así se cumplen las órdenes", *Verde Olivo*, octubre 1989.
Blaquier, Elsa: „Mucho gusto, Ramón", *Verde Olivo*, junio 1988.
Blum, William: *The CIA. a forgotten history*, Zed Books Ltd. New Jersey, 1986.
„Bolivia: former dictator sentenced to 30-year prison term", *Nolisur*, 30 abril 1993.

„Bolivian pictures of missing Che Guevara“, *Life*, 6 octubre 1967.
Bonache, Ramón y Marta S. Martin: “*The cuban insurrection*“, Transaction Books, New Brunswick, 1974.
Bonne, Berta: *Menelao, su lucha y acción*, Editorial Oriente, 1987.
Borge, Tomás: *Carlos, el amanecer ya no es una tentación*, Editorial Nueva Nicaragua, Managua, 1982.
Borge, Tomás: *La paciente impaciencia*, Editorial Vanguardia, Managua, 1989.
Bornot, Thelma, Enzo Infante, Magaly Chacón, Oscar de los Reyes y Andrés Castillo Bernal: *De Tuxpan a la Plata*, Sección de Historia de las Fuerzas Armadas Revolucionarias, La Habana, 1979.
Boornstein, Edward: *The economic transformation of Cuba*, Modern Reading, New York, 1968.
Borrego Díaz, Orlando: *El estilo de trabajo del Che*, Asociación Nacional de Economistas de Cuba, marzo 1988.
Bouder, Rosa Ileana: *El Vaquerito*, Editorial Gente Nueva, La Habana, 1983.
Breccia, Alberto con Enrique Breccia y Héctor Osterheld: *Che*, Ikusager Ediciones, Vitoria, 1987.
Bremauntz, Alberto: *México y la revoluión socialista cubana*, edición del autor, Morelia, Mich, 1966.
Brugioni, Dino A.: *Eyeball to eyeball. The cuban missile crisis*, Random House, New York, 1991.
Buría Lázaro: *Carta al autor*, 17 febrero 1995.
Bussey, Jane: „CLI Veteran at Peace with Killing of Rebel El Che“, *Miami Herald*, 9 octubre 1992.
Buznego, Enrique, Andrés Castillo, Verónica Álvarez y otros: *Diciembre del 58*, Editorial de Ciencias Sociales, La Habana, 1977.
Buznego Rodríguez, Enrique y Luis Rosado Eiro: „Estrategia del Che en Las Villas“, *Granma*, 2 enero 1983.
Cabrera, P.E.: „En la cueva de Los Portales“, *Verde Olivo*, Ausschnitt im Archiv von L.A. Betancourt.
Cabrera, Migdalia (coordinador): „La batalla de Santa Clara“, s/f, spi.
Cabrera Alvarez, Guillermo: *Hablar de Camilo*, Instituto Cubano del libro, La Habana, 1970.
Cabrera Alvarez, Guillermo: „Operación caja de tabaco“, *Bohemia*, 23 octubre 1979.
Calzadilla, Iraida: „La huella imborrable del guerrillero de América“, *Trabajadores*, 21 septiembre 1982.
Campa, Homero: „Han hecho del Che un mito para venerar, no un ejemplo a seguir: Hilda Guevara“, *Proceso*, 25 octubre 1993.
Campa, Homero: „Complicado itinerario de las manos del Che antes de llegar a La Habana en 1970“, *Proceso*, 17 diciembre 1995.
Cantón Navarro, José: „Che, un modelo también para los que escriben historia“, *Cuba Socialista*, marzo-abril 1989.
Cantor, Jay: La muerte de Che Guevara, *Grijalbo*, Barcelona, 1985.
Capote, Angela: „La efigie simbólica del Che“, *Tribuna*, 7 marzo 1990.
Capote, María Helena: „Tres relatos inéditos“, *Opina*, diciembre 1988.
Cardenal, Ernesto: *En Cuba*, Era, México DF, 1977.
Cárdenas, Aída: „Médico y soldado“, *Bohemia*, 25 octubre 1974.
Cardosa, Santiago: „Che en el recuerdo de dos fotógrafos“, *Granma*, 3 julio 1988.
Carrasco, Juana: „Pablo Ribalta: Sin darle tregua al enemigo“, *Verde Olivo*, agosto 1988.
Carrasco, Juana: „Tatu, un guerrillero africano“ (entrevista con Víctor Dreke) en *Verde Olivo*, junio 1988, y Cuba, febrero 89.
Carrasco, Juana: „El combate de Forces Bendera“, *Verde Olivo*, junio 1990.
Carrasco, Juana: „El Che hacía las portadas“, *Verde Olivo*, mayo 1989.
Carrillo, Justo: *A Cuba le tocó perder*, Ediciones Universal, Miami, 1993.
Carta al compañero Lawton de los compañeros de la Columna 1, 6 noviembre 1985, Manuskript.
„Carta del Che a *Revolución* y una aclaración nuestra“, *Revolución*, 29 diciembre 1962.
Casal Guerra, Jesús: „Aquella madrugada amaneció más temprano“, *Verde Olivo*, 27 diciembre 1984.
Casaús, Víctor: *Girón en la memoria*, Casa de las Américas, La Habana, 1970.
Castañeda, Jorge: „El Che es el último superviviente de la utopía naufragada“, *Proceso*, 17 diciembre 1995.
Castelló, Humberto: „Segundo Frente Nacional del Escambray“, „Negación del ejército rebelde“, *Verde Olivo*, 19 febrero 1961.
Castillo, Rolando: „Alto de Escudero“, *Sierra Maestra*, 7 octubre 1973.
Castillo Bernal, Andrés: *La batalla de Pino del Agua*, Editora Política La Habana, 1993.
Castillo Ramos, Rubén: „Junto al Che en la Sierra“ (entrevista Arístides Guerra), *Bohemia*, 21 noviembre 1969.
Castillo Ramos, Rubén: „Che Guevara, iniciando el trabajo voluntario en Cuba“, *Bohemia*, 18 octubre 1985.
Castro, Fidel: „Sirvo a Cuba“, *Bohemia*, 20 noviembre 1955.

Castro, Fidel: „Cara sobre Trujillo“, *Bohemia*, 26 agosto 1955.
Castro, Fidel: „El Movimiento 26 de Julio“, *Bohemia*, 19 marzo 1955.
Castro, Fidel: „El Movimiento 26 de Julio y la conspiración militar“, *Aldabonazo*, 15 mayo 1956.
Castro, Fidel: Discurso pronunciado en Santiago de Cuba el 1 de enero del 89, *Granma*, 3 enero 1989.
Castro, Fidel: *Discurso pronunciado en La Concepción para dar inicio a las actividades de la Brigada Invasora de Maquinarias*, octubre 30 de 1967, Instituto del Libro, La Habana, 1967.
Castro, Fidel: 5 mensajes al Che de 16 febrero y junio del 58, fotocopias del original, Typoskript.
Castro, Fidel, Haydée Santamaría, Vilma Espín y otros: *Dice la palma*, Lettras Cubanas, La Habana, 1980.
Castro, Fidel: „El diario del Che en Bolivia. Una introducción necesaria“, Edición especial de la revista *Bohemia*.
Castro, Fidel: „Comparecencia de Fidel ante la prensa para informar sobre la muerte del Che“, *Bohemia*, 15 octubre 1967. *Allocution prononcée par Fidel Castro afin d'informer le peuple de la mort de Che Guevara*, 15 octubre 1976, Instituto del Libro, La Habana, 1967.
Castro, Fidel: „Discurso pronunciado en la Plaza de la revolución, en la velada solemne en memoria del Che, 18 de octubre del 67“. *El Mundo*, 19 octubre 1967, *Bohemia*, edición especial.
Castro, Fidel: „Discurso pronunciado el 8 de octubre 1987 en el XX aniversario de la caída del Che en combate“, *Cuba Socialista*, noviembre-diciembre 1987.
Castro, Fidel: „Discurso pronunciado en el acto de presentación del Comité Central del PGG“ (3 octubre 1965), *Bohemia*, 8 octubre 1965.
Castro, Fidel: „La juventud del mundo ve en el Che todo un símbolo“, *CCLAE*, noviembre 77.
Castro, Fidel: „Las manos del Che“, *Bohemia*, 31 julio 1970.
Castro, Fidel: „Discurso del 13 de marzo del 91“, *Granma*, 16 marzo 1991.
Castro, Raúl, „Un testimonio de la gratitud de todo un pueblo“, *Bohemia*, 13 octubre 1978.
Castro, Raúl: „Discurso en la inauguración del Congreso campesino en armas“, *Bohemia*, 16 septiembre 1988.
„Castro's brain“, *Time*, 8 agosto 1960.
Cato, Susana: „Operación Tia Victoria relata la burla a la CIA y la llegada del diario del Che a Cuba“, *Proceso*, 13 abril 1987.
Cazañas, José: „Radio Rebelde. Su combate invisible y poderoso“, *Verde Olivo*, febrero 1988.
Cazañas, José: „Che, una de sus proezas militares“, *Verde Olivo*, 7 octubre 1973.
Cazes Camarero, Pedro Luís: *El Che y la generacíon del 70*, Dialéctica, Buenos Aires, 1989.
„Celia“, número especial de *Moncada*, mayo 1990.
Cerecedo, Francisco: *Ernesto Che Guevara, protagonista de la historia*, Ibérico Europea de ediciones, Madrid, 1968.
Cernadas Lamadrid, Juan Carlos y Ricardo Halac: *El Che Guevara*, Editorial Perfil, Buenos Aires, 1968.
César, Antonieta: „Che: la tentación de un beso“, *Trabajadores*, 5 septiembre 1994.
Chang, Arturo: „Aquel hermoso amanecer de la liberación“, *Trabajadores*, 23 diciembre 1983.
Chávez, Armando: „Tan cubano como el que más“, *Moncada*, octubre 1987.
Chávez, Armando: *El pensamiento ético del Che*, Editora Política, La Habana, 1983.
Che, Ediciones Cuba, La Habana, 1973.
„Che, avance incontenible“. *Vanguardia*, 23 diciembre 1967.
„Che Comandante“, *Cine Cubano* 47, 1967.
„Che. El recuerdo y sus propias palabras“, *Juventud Rebelde*, mayo 1988.
„Che en Bolivia“ (fotografias), *Granma*, 8 octubre 1968.
Che Guevara, Planeta Agostini, Barcelona, 1996.
„Che y Pinares hablan de Camilo“, *Verde Olivo*, 27 octubre 1974.
Chichkov, Vasili: „Crónica de un periodista soviético en Cuba“, *Verde Olivo*, 5 enero 1984.
Chinea, Hugo: „La primera armería de la guerra“, *Cuba Internacional*, junio 1972.
Chomé, Jules: *L'ascension de Mobutu*, Complexe, Bruxelles, 1974.
Chomón, Faure: „Cuando el Che llegó al Escambray“, *Verde Olivo*, 1 diciembre 1965.
Chomón, Faure: „Santa Clara, la batalla final“, *Combatiente*, 15 diciembre 1969.
Chomón, Faure: „Che en el Escambray“, *Bohemia*, edición especial, 20 octubre 1967.
Chomón, Faure: Entrevista de Luis Adrián Betancourt del 19 de julio de 1987, unveröffentlichtes Typoskript.
Ciechanower, Mauricio: „Con el padre del Che Guevara“, *Plural*, México DF, julio 1984.

Cienfuegos, Camilo: „Mensajes al Che“ de abril 24 1958.
Cienfuegos, Camilo: „Informe de la invasión“ (páginas del diario de campaña), en *Días de combate*, Instituto del Libro, La Habana, 1970. Otra versión en *La Sierra y el llano*, Casa de las Américas, La Habana, 1969.
Colás, Iván: „Che, de Santa Clara a La Cabaña“, *Juventud Rebelde*, 3 enero 1990.
Collado, Norberto: „Una travesía heroica“, *Verde Olivo*, 1 diciembre 1963.
Collier Jr, Daniel M.: „Guevara's last words“, *New York Times*, 10 diciembre 1995.
„Concurso de la vida del Vaquerito“, *Verde Olivo*, 12 junio 1960.
„Combatientes de la patria“, *Verde Olivo*, 24 diciembre 1972, 20 mayo 1973, 2 julio y 22 noviembre 1974.
Compañeros del Che: *Días de Bolivia* (Villegas, San Luis, Reyes), Ediciones Bárbara, Caracas, 1970.
„Composición de la columna 8 Ciro redondo“, *Verde Olivo*, 25 agosto 1963.
„Conmoción popular por ver el cadáver del Che“, *El Diario*, La Paz, 10 octubre 1967.
Constantin, Elio: „Por las huellas del Che en su 45 aniversario. Su paso por la escuela primaria, la secundaria y la universidad“, *Granma*, 14 junio 1973.
Constela, Julia: „Cuando Ernesto Guevara aún no era el Che“ (entrevista con Celia de la Serna), *Bohemia*, 27 agosto 1961.
Conte Agúero, Luis: *Paredón*, Colonial Press, Miami, 1962.
Contreras, Orlando: „El tren blindado“, *Verde Olivo*, 5 enero 1964.
Constantín, Elio: „Por las huellas del Che en su 45 aniversario“, *Granma*, 14 junio 1973.
Cormier, Jean, avec la collaboration de Alberto Granado et Hilda Guevara: *Che Guevara*, Le Rocher, Paris, 1995.
„Corte Suprema de Justicia firmó sentencia contra Luis García Meza“, *Presencia*, 16 abril 1993.
(CRISP compiladores): *Congo 1965*. Political documents of a developing nation, Princeton University, New Jersey, 1967.
Cruz Díaz, Rigoberto: *Chicharrones, la Sierra chiquita*, Editorial Oriente, Santiago de Cuba, 1982.
„Cuba's new banker“, *US News and World Report*, 7 diciembre 1959.
Cubela, Rolando: „La batalla de Santa Clara“, *Bohemia*, 22 julio 1963.
Cubela, Rolando: „Che, su campaña en Las Villas“, *Verde Olivo*, 3 diciembre 1961.
Cupull, Adys y Froilán González: *La CIA contra el Che*, Editora Política, La Habana, 1992.
Cupull, Adys y Froilán González: *Un hombre bravo*, Editorial capitán San Luis, La Habana, 1994.
Cupull, Adys y Froilán González: *Cálida presencia. Su amistad con Tita Infante*, Editorial Oriente, Santiago, 1995.
Cupull, Adys y Froilán González: „Ernesto y los poemas de amor“, *Verde Olivo*, septiembre 1989.
Cupull, Adys y Froilán González: „De Ñancahuasú a La Higuera. Etapa de combate“, *Moncada*, mayo 1989.
Cupull, Adys y Froilán González: „Desde Ñancahuasú a La Higuera“, *Moncada*, octubre 1987.
Cupull, Adys y Froilán González: „La Higuera“, *Moncada*, octubre 1987.
Cupull, Adys y Froilán González: „Nunca podré olvidar su mirada“, *Moncada*, octubre 1987.
Cupull, Adys y Froilán González: „Ninfa Arteaga. Nunca podré olvidar cómo el Che me miró“, *Bohemia*, 13 noviembre 1987.
Cupull, Adys y Froilán González: *De Ñancahuasú a La Higuera*, Editora Política, La Habana, 1989.
Cupull, Adys y Froilán González: *Ernestito vivo y presente*, Editora Política, La Habana, 1989.
Dalton, Roque: „Combatiendo por la libertad de América Latina ha muerto nuestro comandante Ernesto Guevara“, *Casa de las Américas*, La Habana, enero-febrero 1968.
Dalton, Roque: *„Revolución en la revolución“ y la crítica de derecha*, Cuadernos Casa de las Américas, La Habana, 1970.
Daniel, Jean: „Che Guevara en Algérie“, *L'Express*, 15 juillet 1963.
Darushénkov, Oleg: *Cuba, el camino de la revolución, tercera edición ampliada*, Editorial Progreso, Moscú, 1984.
Davis, Thomas M. Jr; Prado Salmón, Gary: „The Defeat of Che Guevara: Military Response to Guerilla Challenge in Bolivia“, *Hispanic American Historical Review*, noviembre 1991.
De la Fuente, Inmaculada: „Del poster al olvido“, *El País*, 4 octubre 1992.
„De la guerrilla rural a la guerrilla urbana“ *Presencia*, La Paz, 6 diciembre 1990.
De la Ossa, Enrique, *Entrevista*, febrero 1995.
De la Ossa, Enrique: *Sangre y pillaje*, Editorial Pablo de la Torriente, La Habana, 1990.
De los Reyes Gavilanes, Roberto: „Llegaron los barbuditos, avisen al Che“, *Tribuna*, La Habana, 26 noviembre 1989.

De Vos, Pierre: *Vida y muerte de Lumumba*, Era, México, 1962.
„Debray reitera su apoyo a la guerilla", *Punto Final*, Santiago de Chile, 24 octubre 1967.
„Debray en peligro", *Bohemia*, 5 enero 1968.
Debray, Régis: „Un arcángel sin espada", *El País*, 4 octubre 1992.
Debray, Régis: „Les deux morts du Che", *Le Nouvel Observateur*, 10 octobre 1975.
Debray, Régis: *Entrevista*, 3 mayo 1995.
Debray, Régis: „Ante la muerte de Ernesto Che Guevara", *Islas*, Santa Clara, enero-marzo 1968.
Debray, Régis: *Escritos en la prisión*, Siglo XXI Editores, México DF, 1972.
Debray, Régis: „El castrismo, la larga marcha de América Latina", *Marcha*, Montevideo, julio de 1967.
Debray, Régis: „Bolivia: Nota para un análisis de la situación política", *Oclae*, abril 1970.
Debray, Régis: *Essai sur l'Amérique latine*, Maspero, Paris, 1967.
Debray, Régis: *La Révolution dans la révolution*, Maspero, Paris, 1967.
Debray, Régis: *La Critique des armes*, Seuil, Paris, 1974.
Debray, Régis: *Les Épreuves du feu*, Seuil, Paris, 1974.
Debray, Régis: *La Guérilla du Che*, Seuil, Paris, 1974.
Debray, Régis: *Journal d'un petit-bourgeois entre deux feux et quatre murs*, Seuil, Paris, 1976.
Debray, Régis: *Loués soient nos seigneurs*, Gallimard, Paris, 1996.
Debray, Régis: *Les Masques*, Gallimard, Paris, 1988.
Del Cueto, Mario G.: „Lo que vio el Che en la URSS", *Bohemia*, 11 diciembre 1960.
Del Conde, Antonio (a) „El cuate", *Entrevista*, 6 diciembre 1995.
Del Pino, Rafael: *Amanecer en Girón*, Edición de las FAR, La Habana, 1969.
Delgado, Carlos Jesús: „La concepción de la guerra revolucionaria de guerrillas de Ernesto Che Guevara", *Casa de las Américas*, julio-agosto 1987.
Departamento de consulta y referencia de la Biblioteca José Martí: *Tiempo de Che, primer ensayo de cronología*, Anagrama, Barcelona, 1976.
„Descubren los restos de tres guerrilleros", *La Jornada*, México DF, 14 diciembre 1995.
Desnoes, Edmundo: „Aniversario", *Casa de las Américas*, La Habana, enero-febrero 1968.
Desnoes, Edmundo: „El tren blindado", *Cuba*, agosto de 1965.
„Despachos cablegráficos sobre los acontecimientos de Bolivia", *Granma*, 18 octubre 1967.
„Después de la victoria primeras horas en la capital", *Bohemia*, 11 enero 1959.
Deutscher, Isaac: *Rusia, China y Occidente*, Era, México DF, 1974.
Días de combate, Instituto Cubano del Libro, La Habana, 1970.
Díaz Castro, Tania: „Del Moncada al triunfo", *Bohemia*, 26 de julio 1968.
Díaz González, Angel: *El pensamiento militar del Che y su vigencia en la exploración*, Conferencia científica sobre el pensamiento militar del comandante Ernesto Che Guevara, s/f. spi.
Díaz Loyola, Jesús: „La hija menor del Che", *Bohemia*, 7 octubre 1988.
Díaz Martínez: *Camilo, por los montes surcados*, Editorial oriente, Santiago, 1989.
Díaz Tamayo, Circular del mayor general del 30 septiembre 1958, Manuskript.
Dickens, Beverley: *Paths to pacifism*, Exposition Press, New York, 1972.
Dieterich, Heinz: „Diarios inéditos de la guerrilla cubana", *Proceso*, 20 febrero 1995.
Díez Acosta, Tomás: „El vestuario en las montañas", *Verde Olivo*, 27 marzo 1986.
Díez Acosta, Tomás: „Las comunicaciones en la guerrilla", *Verde Olivo*, 6 y 13 de marzo 1986.
Dirección de Propaganda y Agitación de la Dirección Política central de las FAR: *Preparación Política de sargentos, soldados y marineros*, La Habana, 1987.
Dolgoff, Sam: *The cuban revolution*, Black Rose Books, Montreal 1976.
Dolset, Huan: „Che en la ciencia y la técnica. Sueños hechos realidad de un revolucionario", *Juventud Rebelde*, 12 mayo 1988.
Dolutski, Iván: „En torno a un artículo sobre el Che", *América Latina*, Moscú, octubre 1987.
Dopico Asensio, Adrián: „Treinta aniversario de la liberación de Trinidad", Typoskript.
Dorschner, John y Roberto Fabricio: *The Winds of December*, Coward, McCann & Geoghegan, New York, 1980.
„Dónde está el Che ?", *Newsweek*, 28 junio 1965.
„Dos expertos argentinos en leprología recorren Sudamérica en motocicleta", *Diario Austral*, 19 febrero 1952.
Douglas, María Eulalia: „Hasta la victoria siempre", *Opina*, diciembre 1987.
Dreke, Víctor: „La toma del escuadrón 31", *Bohemia*, 28 diciembre 1973.

Dreke, Víctor: „Víctor Dreke habla sobre el combate en el escuadrón 31", *Vanguardia*, Santa Clara, 27 diciembre 1978.

Dreke, Víctor (Moja): Entrevistas, octubre, noviembre, diciembre 1991, febrero 1992 (para *El año en que estuvimos en ninguna parte*).

Dubois, Jules: *Fidel Castro, rebel, liberator or dictator*, New Bobbs and Merrill Co., Indianápolis, 1959.

Dubois, Jules: „Las ejecuciones en Cuba", *Bohemia*, 1 febrero 1959.

Dumont, René: *Cuba, socialisme et développement*, Seuil, Paris, 1964.

Dumpierre, Erasmo: „De Alegría de Pío al Purial de Vicana. Relatos del comandante Universo Sánchez", *Bohemia*, 25 diciembre 1970.

Ebon, Martin: *Che, making of a legend*, Universe Books, New York, 1969.

Echegaray, Patricio: *Debates y búsquedas actuales para la construcción de una alternativa política revolucionaria en América Latina y el Caribe.* Seminario internacional, 12 al 14 de junio de 1992, Rosario, Argentina. spi, Rosario, Argentina 1992.

El alma de la revolución. Tomo 1. „Principales acciones combativas del primer frente José Martí", Editora Verde Olivo, La Habana, 1991.

El alma de la revolución. Tomo 2. „Segundo Frente oriental Frank Pais", Editora Verde Olivo, La Habana, 1992.

El alma de la revolución. Tomo 3. „Otros frentes y columnas", Editora Verde Olivo, La Habana, 1992.

„El Caso Arguedas, una fuga sensacional", *Bohemia*, 2 agosto 1968.

„El Che como militar", *El Oficial*, octubre 1972.

„El Che en el Escambray" (entrevista Faure Chomón), *Bohemia*, octubre 1967.

„El Che que conoce el pueblo", cronología 1956-1965, *Juventud Rebelde*, 16 octubre 1967.

„El embajador Smith: servidor del déspota", *Bohemia*, 11 enero 1959.

El escalón más alto, selección de escritos publicados en *Verde Olivo* sobre la guerrilla del Che en Bolivia, Ediciones Verde Olivo, La Habana, 1993.

„El Museo de la Revolución", *Bohemia*, 23 abril 1974.

„El recuerdo y sus propias palabras", *Juventud Rebelde*, 12 mayo 1988.

„El regalo de la foto del Che", *Reforma*, 23 diciembre 1995.

„Emplaza Guevara a Conrado Rodríguez", *Revolución*, 8 enero 1960.

Entralgo, Armando (seleccionador): *África*. Tomo 4, Religión, Editorial Ciencias Sociales, La Habana, 1979.

„Entró primero la columna Almejeiras", *El Mundo*, 5 enero 1959.

Enzensberger, Hans Magnus: *El interrogatorio de La Habana*, Anagrama, Barcelona, 1973.

Equipo de investigación y redacción del Centro de Estudios de Historia Militar de las FAR: 13 de marzo 1957, *Asalto al Palacio Presidencial*, Editora Política, La Habana, 1982.

„Ernesto", *Juventud Rebelde*, 13 junio 1975.

Escobar, Milagros: „Guerrilleros y amigos", *Juventud Rebelde*, 12 mayo 1988.

Escobar, Froilán y Félix Guerra: *Che, Sierra adentro*, UNEAC, La Habana, 1982. Erstveröffentlichung in der Zeitschrift *Cuba* mayo-junio 1970.

Escobar, Froilán y Félix Guerra: *Cinco Picos*, Editora Abril, 1988.

Espinosa, Reinaldo y Guillermo Grau: *Atlas histórico, biográfico y militar*, Ernesto Guevara. Tomo 1, Editorial Pueblo y Educación, La Habana, 1990.

„Esta revolución ha traspuesto los límites de Cuba", *Verde Olivo*, 14 septiembre 1959.

„Estampas de un libertador", *Bohemia*, s/f.

Estrada, Ulises, entrevista de Jorge Castañeda, 9 febrero 1965.

Estrada Juárez, Adela: „Club Che Guevara, apoyar a los que luchan y sufren", *Bastón*, 23 noviembre 1989.

„Exigirán la entrega de los restos del Che sus familiares", *La Jornada*, 16 diciembre 1995.

„Falleció Ernesto Guevara Lynch, padre del Che", *Granma*, 4 abril 1987.

Fava, Athos: „Che y los argentinos", *Tricontinental*, junio 1987.

Fazio, Carlos: „Castro relata su primer encuentro con el Che, en México", *Proceso*, México DF, 12 diciembre 1988.

Feria, Manuel de: „Santo Domingo, antes y 20 años después", *Vanguardia*, 29 diciembre 1978.

Fermoselle, Rafael: *Cuban leadership after Castro*, North-South Center, University of Miami, 1992.

Fernández, Adolfo: „Ajedrecista fuerte", *Moncada*, octubre 1982.

Fernández, Juan Carlos: „La hazaña de Joaquin", *Moncada*, octubre 1987.

Fernández, Juan Carlos: „Che nació en Vallegrande", *Moncada*, octubre 1987.

Fernández, Juan Carlos: „Imágenes de la guerilla“, *Moncada*, octubre 1987.
Fernández, Juan Carlos: „Osvaldo Sánchez“, *Moncada*, diciembre 1975.
Fernández, Tony: „La batalla de Santa Clara“, *Granma*, 28 diciembre 1974.
Fernández, Tony: „La batalla de Santa Clara“, *El Oficial*, noviembre 1967.
Fernández, Tony: „La campaña del Che en Las Villas“, *Granma*, 21 diciembre 1967.
Fernández Font, Marcelo: „Desarrollo y funciones del Banco Socialista en Cuba“, *Cuba Socialista* 30, 1964.
Fernández Mell, Oscar: „De Las Mercedes a Gavilanes“, *Verde Olivo*, 25 agosto 1963.
Fernández Mell, Oscar: „La batalla de Santa Clara“, *El Oficial*, mayo 1967.
Fernández Mell, Oscar: „La Sierra, la invasión, Las Villas“, *Granma*, 29 noviembre 1967.
Fernández Mell, Oscar: „La campaña del Che en Las Villas“, *Granma*, 21 diciembre 1967.
Fernández Mell, Oscar: Entrevista, octubre 1995.
Fernández Montes de Oca, Alberto: *El diario de Pacho*, Editorial Punto y Coma, Santa Cruz, Bolivia, 1987.
Fernández Noa, Yurina: „Testimonio de Hilda Guevara“, *El Habanero*, 25 octubre 88.
Fernández Retamar, Roberto: „Un montón de memorias“, *Cuba Internacional*, agosto, 1965.
Fernández Retamar, Roberto: „Aquel poema“, *Casa de las Américas*, La Habana, enero-febrero 1968.
Fernández Retamar, Roberto: „Para leer al Che“, *Letras Cubanas*, La Habana, 1979.
Ferrera, Alberto: *El comandante Ernesto Guevara y la invasión de Las Villas*, folleto, s/t spi, Conferencia científica sobre el pensamiento militar del comandante Ernesto Guevara.
Ferrera, Alberto: „Principales características de la invasión de la columna 8 Ciro redondo a Las Villas“, *El Oficial*, abril 1978.
Figueras, Miguel Alejandro: „Aspectos y problemas del desarrollo económico cubano“, *Nuestra Industria* 9, octubre 1964.
Figueras, Miguel Alejandro, Entrevista, febrero 1995.
Flores, Marcelo y otros: Ernesto Guevara, *Nomade del' utopia*, Manifestolibri, Milan, 1993.
Fonseca, Rubén: „La primera escuela del ejército rebelde“, *Verde Olivo*, 3 diciembre 1981.
Fontaine, André: „La revancha del Che“, *Cambio 16*, Madrid, 19 septiembre 1983.
Franquí, Carlos: *Cuba, el libro de los 12*, Era, México DF, 1966.
Franquí, Carlos: *Diario de la revolución cubana*, R. Torres, Barcelona, 1976.
Franquí, Carlos: *Retrato de familia con Fidel*, Seix Barral, Barcelona, 1981.
Franquí, Carlos: *Vida, aventuras y desastres de un hombre llamado Castro*, Planeta, Barcelona, 1988.
Freemantle, Brian: *CIA*, Michael Joseph Ltd, London, 1983.
Frías, Angel: „La Federal y Cuatro Compañeros“, *Verde Olivo*, 4 septiembre 1963.
Fuentes, Fulvio y Aldo Isidrón del Valle: „Che, niñez, adolescencia, juventud“, *Bohemia*, octubre de 1967.
Fuentes, José Lorenzo: „ Las Villas bajo las balas“, *Bohemia*, 26 julio 1968.
Fuentes, José Lorenzo: „Tres momentos con el Che“, *Gaceta de Cuba*, septiembre-octubre 1967.
Fuentes, José Lorenzo: „La batalla de Santa Clara“, *Bohemia*, 30 diciembre 1958.
Fuentes, Norberto: „La batalla del Che“, *Cuba Internacional*, octubre 1977.
Gadea, Hilda: *Che Guevara, años decisivos*, Aguilar, México DF, 1972.
Gadea, Hilda: „A Ernesto Che Guevara“, *Casa de las Américas*, La Habana, enero-febrero 1968.
Galeano, Eduardo: „El Che Guevara“, en *Violencia y enajenación*, Editorial Nuestro Tiempo, México DF, 1971.
Galeano, Eduardo: „Ernesto Che Guevara: el alucinante viaje del yo al nosotros“, *La Jornada*, 21 septiembre 1987.
Galeano, Eduardo: *Memoria del fuego*, III, El Siglo del Viento, Siglo XXI, Madrid, 1986
Galich, Manuel: „El comandante Guevara en Punta del Este, 1961“, *Vida Universitaria*, La Habana, octubre 1967.
Gallardo Lozada, Jorge: *De Torres a Banzer*, Ediciones Periferia, Buenos Aires, 1972.
Gálvez, William: *Camilo señor de la vanguardia*, Editorial Ciencias Sociales, La Habana, 1979.
Gálvez, William: „Recuerdos del combate de Yaguajay“, *Juventud Rebelde*, 26 diciembre 1988.
Gambini Hugo con J. Algañaraz y Leda Orellano: *El Che Guevara*, Paidós, Buenos Aires, 1968.
Garcés, Maria, editor: *Materiales sobre la guerrilla de Ñancahuazú*, Editorial El Mañana, Quito, 1986.
García, Calixto: „Yo fui el número 15“, *Verde Olivo*, 1 diciembre 1963.
García, Nelson y Osvaldo Rodríguez: „El capitán descalzo habla de su amigo El Vaquerito“, *Juventud Rebelde*, 28 diciembre 1983.
García, Walterio: „El ejemplo de Camilo y el Che“ (entrevista a Rogelio Acevedo), *Juventud Rebelde*, 16 noviembre 1965.

García Oliveras, Julio: *José Antonio*, Editorial Abril, La Habana, 1988.
García Márquez, Gabriel: „El Che en África, los meses de tinieblas“, *Alternativa*, Colombia, 10 de octubre, 1996.
Gavi, Philippe: *Che Guevara*, Editions universitaires, Paris, 1970.
Gelman, Juan: „Conversaciones“, *Casa de las Américas*, La Habana, enero-febrero 1968.
Gelman, Juan: Entrevista, mayo 1995.
Geyer, Georgie Anne: *Guerilla prince. The untold story of Fidel Castro*, Little Brown, Boston, 1991.
Gianturco, Corrado: *La revolución congoleña*, Bruguera, Barcelona, 1972.
Gilly, Adolfo: *La senda de la guerrilla*, Nueva Imagen, México DF, 1986.
Gilly Adolfo: „Cuba, entre la coexistencia y la revolución“, *Monthly Review*, selecciones en castellano, noviembre 1964.
Gleijeses, Piero: „Cuba's first venture in Africa: Algeria, 1961-1963“, Typoskript
Goldar, Ernesto: „John William Cooke: de Perón al Che Guevara“, *Todo es Historia*, junio 1991.
Gómez, Orlando: „Caballete de Casa en la memoria“, *Granma*, 29 octubre 1975.
Gómez, Sebastián: „¿Vacío de poder militar ?“, *Caretas*, 25 junio 1981.
Gómez Ferrals, Marta: „Sentirlo más cercano“, *Cuba Internacional*, septiembre 1987.
González, Froilán: „Esa foto de Ernestito“, *Verde Olivo*, junio 1989.
González, Froilán: „Mi primo Ernestito“, *Verde Olivo*, julio 1989.
González, Froilán: „Ernesto y los poemas de amor“, *Verde Olivo*, septiembre 1989.
González, Gloria, María Carolina Villazón y M. A. Fernández: *Santa Clara, tres asaltos en el camino hacia la victoria*, Editora Política, La Habana, 1985.
González, Luis y Gustavo Sánchez Salazar: *The great rebel, Che Guevara in Bolivia*, Grove Press, New York, 1969.
González, Mike: „The Culture of the Heroic Guerrilla: The Impact of Cuba in the Sixties“, *Bulletin of Latin American Research*, diciembre 1984.
González, Nelson: *Ideas del comandante Ernesto Che Guevara acerca del ataque a columnas en movimiento*, spi, s/f.
González Acosta, Alejandro: *Che escritor*, Diógenes/Universidad de Guadalajara, Guadalajara, 1989.
González Bello, Manuel: „Así lo cuenta David“, *Bohemia*, 29 octubre 1978.
González Bello, Manuel: „Fotos a Tirso“, *Bohemia*, 5 julio 1985.
González Bermejo, Ernesto: „Che: su paso por la tierra“, *Verde Olivo*, 1 agosto 1971.
González Bermejo, Ernesto: „¿Quién es Rubén Sánchez?“, *Juventud Rebelde*, 5 septiembre 71
González Bermejo, Ernesto: „Odisea en la selva“, *Verde Olivo*, 25 julio 1971.
González Bermejo, Ernesto: „El vado de la traición“, *Verde Olivo*, 4 julio 1971.
González Cabrera, Heidy: „Rostros más allá de la memoria“, *Mujeres*, La Habana, octubre 1983.
González Guerrero, Roger: „Con el escudo y los laureles“, *Bohemia*, 1989 Ausschnitt im Archiv von L. A. Betancourt).
González-Mata, Louis Manuel: *Las muertes del „Che“ Guevara*, Argos Vergara, Barcelona 1980.
González Rojas, Mori: *Reflexiones sobre el pensamiento del comandante Ernesto Che Guevara acerca de las comunicaciones*, Conferencia científica sobre el pensamiento militar del comandante Ernesto Che Guevara, s/f.
Gorrín, Leonel: *El pensamiento pedagógico-militar del comandante Ernesto Che Guevara acerca de la preparación del hombre para las acciones combativas*. Conferencia científica sobre el pensamiento militar del comandante Ernesto Che Guevara, s/f.
Gott, Richard: „Yo vi el cadáver del Che en Vallegrande“, *Punto Final*, Santiago de Chile, 21 octubre 1967.
Granado, Alberto: „Un largo viaje en moto de Argentina a Venezuela“, *Granma*, 16 octubre 1967.
Granado, Alberto: *Con el Che por Sudamérica*, Letras Cubanas, La Habana, 1986.
Gre, Jaime: „Entrevista a miembros del ELN en el Jigúe“, servicio especial de *Prensa Latina* boletín mimeo s/f.
Guayasamin, Oswaldo: Raúl Castro: „Che, es Granma vamos“, *América Latina* No. 2, Moscú, febrero 1988.
„Guerra en el Escambray“, *Cuba Internacional*, agosto 1963.
Guerra Alemán, José: *Barro y cenizas*, Fomento Editorial, Madrid, 1971.
Guerra, Estela: „Soldado de la revolución“, *Moncada*, octubre 1987.
Guerra, Félix y Froilán Escobar: *El Fuego que enciende los fusiles*, UNEAC, La Habana, 1988.
Guerra, Félix: „Un guerrillero y su fusil de tigre“, *Bohemia*, 2 diciembre 1988.

Guerra, Félix: „Médico y combatiente", *Bohemia*, 10 junio 1988.
Guerra, Félix: „Camilo Cienfuegos. Un tránsito fulgurante", archivo del autor.
Guerra, Félix: „Brindis por el futuro", archivo del autor.
Guerra, Ramón: „El tren blindado" (in *Días de combate*) .
„Guevara out of Cuba or just out of favor", *US News and World Report*, 18 octubre 1965.
Guevara Gadea, Hilda: Entrevista, febrero 1995.
Guevara Lynch, Ernesto: *Mi hijo el Che*, Planeta, Barcelona, 1981.
Guevara Lynch, Ernesto: „Mi hijo el Che", *Cuba Internacional*, septiembre 1987.
Guevara Lynch, Ernesto: *Aquí va un soldado de América*, Planeta, México DF, 1987.
Guevara sconosciuto, Datanews, Roma, 1995.
Granma, rumbo a la libertad, Gente Nueva, La Habana, 1983.
Guglietta, Guy: *cable* de la UPI, 9 octubre 1977.
Guillén, Nicolás: „Un gran muerto invencible", *El Mundo*, 16 octubre 1967.
Guillot, Carlota: „Sancti Spiritus: una ciudad tomada por su propia población", *Vanguardia*, 23 diciembre 1978.
Guillot, Carlota: „Fomento: 100 fusiles para la fuerza de la libertad", *Vanguardia*, 19 diciembre 1978.
Gumucio, Mariano: *La venganza del Che*, Editorial e Imprenta Artística, La Paz, 1988.
Gustin: „Debray espera liberación", *El Mercurio*, Santiago de Chile, 11 diciembre 1970.
Gutiérrez, Carlos María: *Los hombres de la historia. Che Guevara*, Centro Editor de América Latina, Buenos Aires, 1970.
Gutiérrez, Carlos María: „Telefoto exclusiva", *Casa de las Américas*, mayo-junio 1968.
Gutiérrez, Carlos María: „El Che en lo suyo", *Bohemia*, 15 diciembre 1967.
Gutiérrez, Carlos María: „Una madrugada de febrero", *Casa de las Américas*, La Habana, enero-febrero 1968.
Gutiérrez, Carlos María: „Los motivos del Che", *Casa de las Américas*, La Habana, mayo-junio 1969.
Gutiérrez Barrios, Fernando: Entrevista de Jorge Castañeda, 18 julio 1995.
Habel, Janette y Fidel Castro: *Proceso al sectarismo*, Jorge Álvarez, Buenos Aires, 1965.
Habel, Janette: *Ruptures à Cuba*, La Brèche, Paris, 1989.
„Habla el comandante Guevara", *Bohemia*, 11 enero 1959.
„Hablan el padre y la hermana del Che", *ABC*, Lima, 15 noviembre 1979.
Hafkemeier, Jorg: „No es fácil ser el padre del Che pero trato de seguir su ejemplo", *Proceso*, 13 abril 1987.
Harris, Richard L: *Death of a revolutionary. Che Guevara's last mission*, Norton, New York, 1970.
Harnecker, Marta: *Che, vigencia y convocatoria*, Sistema Venceremos, San Salvador, 1989.
Harrington, Edwin: *Así fue la revolución cubana*, Grupo Editorial, México DF 1976.
Hart Dávalos, Armando: „Sobre el Che Guevara", *Casa de las Américas*, marzo-abril 1988.
Heikal, Mohamed: *Los documentos de El Cairo*, Lasser Press, México DF, 1972.
Heras, Eduardo: Entrevista, febrero 1995.
Hernández, Gerardo: „Yo soy el niño de la foto", *Granma*, 5 noviembre 1988.
Hernández, Jesús: „Un gesto de solidaridad", *Moncada*, octubre 1987.
Hernández Artigas, J.: „Columna 8, Ciro Redondo. Los soldados de la revolución", *Revolución*, 14 enero 1959.
Hernández Betancourt, Arcadio Benito (Dogna): Entrevista para *El año que ...*, noviembre 1991.
Hernández Pérez, Jesús: „Un gesto de solidaridad", *Moncada*, octubre 1987.
Hernández Serrano, Luis: „La selva en la mochila", *Juventud Rebelde*, 10 abril 1994.
Hernández Serrano, Luis: „Cómo la CIA obtuvo una foto del Che sin barba", *Juventud Rebelde*, 20 febrero 1994.
Herrera, José Ramón: Entrevista, octubre 1995.
Herrera y Garrido, Marco Antonio (Genge): Entrevista para *El año ...*, septiembre, octubre 1991.
Hetmann, Frederik: *Yo tengo siete vidas*, Lónguez Ediciones, Salamanca, 1982.
Higgin, James: „A preview of history", *Monthly Review*, septiembre 1971.
Hinojosa, Oscar: „Murió convencido de la revolución continental, narra el que lo capturó, *Proceso*, 20 abril 1987.
Historia de una agresión, Ediciones Venceremos, La Habana 1962.
„Historia del II Frente Nacional del Escambray", *Combate*, 1 febrero 1961.
Hoz, Pedro de la: „Cuando Walcott cantó al Che", *Granma*, 13 octubre 1992.

Hoz, Pedro de la: „Cada santaclareño fue un combatiente“, *Verde Olivo*, 6 abril 1981.
Huberman, Leo y Paul M. Sweezy: *Anatomía de una revolución*, Palestra, Buenos Aires 1961.
Huberman, Leo: „Cuba and the US“ (entrevista al Che Guevara): *Monthly Review*, septiembre 1961.
Huberman, Leo y Paul M. Sweezy: „El futuro de la economía cubana“, *Monthly Review*, selecciones en castellano, mayo 1964.
Hutten, Mark: Boletín *AFP*, 6 octubre 1976.
Iborra Sánchez, Oscar: „Yo soy el hombre más odiado por Pedraza“ (entrevista con Víctor Bordón), *Carteles*, septiembre de 1959.
Iborra Sánchez, Oscar: „Episodios de la revolución. El puente que dividió la isla en dos“, *Carteles*, junio de 1959.
Iborra Sánchez, Oscar: „Primer aniversario. Fomento, el primer municipio libre de cuba“, *Carteles*, 27 diciembre 1959.
Iglesias, Joel: *De la Sierra Maestra al Escambray*, Letras Cubanas, La Habana, 1979.
Iglesias, Joel: „En la guerra revolucionaria junto al Che“ (auch betitelt „Mis vivencias con el Che“ y „Junto al Che“), *Verde Olivo*, octubre 1974 o *Tricontinental*, julio- octubre 1970.
Iglesias, Joel: „Che el combatiente“, *Oclae*, 9-15 octubre 1972.
Iglesias, Joel: „Emboscada en Cuatro Compañeros“, *Cuba Internacional*, octubre 1977.
Ilanga, Ernest (Ulanga): Entrevista para *El año en que vivimos ...*, marzo, abril, junio 1991.
„Inaugurada escuela con el nombre del Che“, *Granma*, 2 agosto 1990.
Inclán Lavastida, Fernando: *Apuntes biográficos de J. M. Márques*, Comisión de Orientación Revolucionaria del CC del PCC, La Habana, 1972.
Infante, Juan: „Características del funcionamiento de la empresa autofinanciada“, *Cuba Socialista* 34, 1964.
Informaciones recibidas sobre la muerte del comandante Guevara“, *Juventud Rebelde*, 17 octubre 1969.
„Invasión“, *Bohemia*, 11 enero 1959.
Invencible como el espíritu de sus combatientes, antología introducida por Faustino Pérez. Colección *Verde Olivo*, La Habana 1988.
Isidrón del Valle, Aldo: „Diciembre de fuego. Santa Clara. Semblanza de una batalla“, Typoskript.
Isidrón del Valle, Aldo: „Che: ejemplo de moral revolucionaria, audacia y modestia“ (entrevista a Bordón), *Granma*, 8 octubre 1977.
Isidrón del Valle, Aldo: „La batalla de Santa Clara“, *Granma*, 19 diciembre 1965.
Isidrón del Valle, Aldo: „Un largo viaje en moto de Argentina a Venezuela“, *Granma*, 16 octubre 1967.
Isidrón del Valle, Aldo: „Che en Guatemala y México“ (entrevista Dalmau y Daríu López), *Granma*, 17 octubre 1967.
Isidrón del Valle, Aldo: „Che y el segundo Frente del Escambray“, *Vanguardia*, 19 diciembre 1967.
Isidrón del Valle, Aldo: „Che y Camilo rechazan la ofensiva“, *Vanguardia*, 22 diciembre 1967.
Isidrón del Valle, Aldo: „Anuncia Guevara el inminente colapso de la tiranía“, *Vanguardia*, 23 diciembre 1967.
Isidrón del Valle, Aldo: „Che, avance incontenible“, *Vanguardia*, 23 diciembre 1967.
Isidrón del Valle, Aldo: „Che Guevara: apuntes para una biografía“, *Islas*, enero-marzo 1968.
Isidrón del Valle, Aldo: „Vaquerito. Jugó con la muerte una y mil veces por la libertad“, *Granma*, 30 diciembre 1970.
Isidrón del Valle, Aldo: „Corrió la noticia, Che está herido“, *Juventud Rebelde*, 27 diciembre 1973.
Isidrón del Valle, Aldo: „Aquel diciembre de victorias“, *Bohemia*, 28 diciembre 1973.
Isidrón del Valle, Aldo: „Esos instantes que un revolucionario jamás olvida“, *Granma*, 16 enero 1977.
Isidrón del Valle, Aldo: „Impresiones de un corresponsal de guerra“, *Granma*, 23 enero 1977.
Isidron del Valle, Aldo: „Santa Clara, semblanza de una batalla“, *Granma*, 30 diciembre 1977.
Isidrón del Valle, Aldo: „La victoriosa marcha hacia el Escambray, brillante proeza militar y revolucionaria“, *Granma*, 17 septiembre 1978.
Isidrón del Valle, Aldo: „Güinia de Miranda, primera victoria de la columna 8 en el Frente de Las Villas“, *Granma*, 26 octubre 1978.
Isidrón del Valle, Aldo: „Con el Che por Sudamérica“ (entrevista a Alberto Granado), *Cuba Internacional*, septiembre 1987.
Ivanov, Oleg: „La concepción de revolución en Ernesto Che Guevara“, *América Latina*, Moscú, 9 septiembre 1988.
Iznaga, Diana: „Che Guevara y la literatura de Testimonio, *Revista de la Universidad de La Habana* 232.
Izquierdo, Irene: „Bolivia fue el Moncada de América“, *Tribuna*, La Habana, octubre 1994.

JA: „Apellidarse Guevala puede ser una tragedia“, *Bianco y Negro*, Madrid, 12 diciembre 1979.
JCM: „Los fusilamientos y los Mal-donados“, *Revolución*, 14 enero 1959.
JGS: „Ernesto Guevara, el Che, vida y hazañas, *Sucesos paro todos*, México DF 27 julio, 3 agosto, 10 agosto, 17 agosto, 24 agosto, 31 agosto, 7 septiembre, 14 septiembre, 21 septiembre, 28 septiembre 1968.
James, Daniel: *Cuba, el primer satélite soviético en América*, Libreros Mexicanos Unidos, México DF, 1962.
James, Daniel: *Che Guevara, una biografía*, Diana, México DF, 1971, ed, original Stein and Day, New York, 1971.
Jardón, Edmundo: „El ejército puede tomar el poder“, *El Universal*, 2 octubre 1995.
Jérez, Jaime: *Che Guevara, el hombre y la leyenda*, Círculo de Amigos de la Historia, Madrid, 1972.
Jiménez, Eleazar: „El Che y el ajedrez“, *Bohemia*, La Habana, 20 octubre 1967.
Jiménez Losantos, Federico: „La horrible aparición de los hijos del Che“, *Firmas Press*, 18 marzo 1989.
Junta de Coordinación Revolucionaria del Cono Sur: *Che Guevara*, Resistance Publications, Oakland, s/f.
Kahama: „Diario“, maschinengeschriebenes Dokument, 13 pp.
Karol, Claudia: *El Che y los argentinos*, Buenos Aires, Dialéctica, 1988.
Karol, K. S.: *Les Guérilleros au pouvoir*, Laffont, Paris, 1970.
Klare, Michael: *War without end*, Knopf, New York, 1972.
Koningsberger, Hans: *The future of Che Guevara*, Doubleday, New York, 1971.
Korda, Alberto: „Una foto recorre el mundo“, *Cuba Internacional*, septiembre 1987.
Koutzii, Flávio y José Correa Leite: *Che 20 años depois. Ensaios e testemunhos*, Busca Vida, Sao Paulo, 1987.
Kuchilán, Mario: „En zafarrancho. Santa Clara, la batalla final“, *Bohemia*, 12 octubre 1968.
Kudin, Nikolai: „Mis encuentros con Che Guevara“, *Novelades de Moscú* 40, 1968.
Kuteischikova, Vera y Lev Ospovat: „La literatura en la vida de un revolucionario“, *Casa de las Américas*, septiembre-octubre 1977.
„La canallada“, *Zeta*, Venezuela, 11 julio 1984.
„La CIA en Bolivia“, *Marcha*, 25 abril y 2 mayo 1969.
„La entrada del presidente Urrutia en palacio“, *Bohemia*, 11 enero 1959.
„La fe del Che en Fidel“, *Opina*, febrero 1989.
„La guerra en Las Villas“, *Prensa Libre*, 6 de enero 1959.
La Rosa, Lesmes: „La campaña de Las Villas“, *Verde Olivo*, 6 de enero 1974
La Rosa, Lesmes: „Los ingenieros que soñó el Che“, *Verde Olivo*, 7 mayo 1987.
La toma del tren blindado, folleto editado por las DOR del PCC de Villa Clara, Santa Clara, junio 1986.
Labreveux, Phillip: *Bolivia bajo el Che*, Colección Replanteo, Buenos Aires, 1968.
Lagarde, Guillermo: „Esos refrescos que saben a jarabe de Tolú“, *Juventud Rebelde*, 7 octubre 1968.
Landáburu, Ander: „Yo preparé al Che Guevara“ (Entrevista Vanegas), *Cambio 16*, 23 noviembre 1987.
Lara, Jesús: *Guerrillero Inti Peredo*, Diógenes, México DF, 1979.
Lara, Luis: „El día en que el Che inauguró la fábrica de bujías“, *Juventud Rebelde*, 8 octubre 1968.
Lartéguy, Jean: *Les Guérilleros*, Raoul Solar, Paris, 1967.
„Las revelaciones de Ciro Bustos“, *Punto Final*, Santiago de Chile, 2 febrero 1971.
Lauzán, Raúl Simón, Rafael Fernández Domínguez y otros: *Ideas del comandante Ernesto Che Guevara sobre la moral del combatiente revolucionario*, Conferencia científica sobre el pensamiento militar del comandante Ernesto Che Guevara, s/f.
Lavretski: *Ernesto Che Guevara*, Editorial Progreso, Moscú, 1975.
„Lecciones para no olvidar“, *Militante Comunista*, junio 1988.
Lebedinsky, Mauricio: *Cuba y el Che*, Dialéctica, Buenos Aires, 1988.
Lechuga, Carlos: *In the eye of the storm*, Ocean Press, 1995.
Lee, Susana: „La revolución entró en el banco“, *Juventud Rebelde*, 26 noviembre 1979.
León, Laureano: „El Che, sus ideas sobre el control económico y la contabilidad“, *Bohemia*, 10 junio 1988.
Lesnik, Max: „10 de noviembre: Escambray heroico“, *Bohemia*, 22 noviembre 1959.
Lihn, Enrique: *Escrito en Cuba*, Era, México DF, 1969.
Llamazares, Julio: „En busca del Che“, Zeitungsausschnitt.
Lleras Restrepo, Carlos: „Me encontré en la vida con el Che“, *Nueva Frontera*, s/f spi.
„Lleras fue amigo del Che Guevara“, *El País*, 12 abril 1977.
Llerena, Mario: *The unsuspected revolution*, Cornell University Press, Ithaca, NY, 1978, ed. español *La revolución insospechada*, Editorial Universitaria de Buenos Aires, Buenos Aires, 1981.

Llobet Tabolara, Cayetano: "Guerrilla y clase (el caso boliviano), *Cuadernos*. Centro de Estudios Latinoamericanos, México DF.
López, Miguel Angel: *Las acciones del enemigo aéreo y las enseñanzas del Che*, Conferencia científica sobre el pensamiento militar del Comandante Ernesto Che Guevara, s/f.
López Fresquet, Rufo: *My 14 months with Castro*, The World Publishing Co, Cleveland, 1966.
López García, Delia Luisa: „Ernesto Che Guevara: aspectos de su pensamiento económico", *Economía y Desarrollo*, noviembre-diciembre 1985.
Lora, Guillermo: *Autopsia del gorilismo*, Ediciones Masas, La Paz, 1984.
Lorenz, Marita y Ted Schwarz: *Marita*, Planeta, México DF, 1995.
„Los dos interlocutores eran muy distintos por su origen", *Bohemia*, 13 agosto 1961.
„Los restos del Che, incinerados y enterrados en Vallegrande, Bolivia", *La Jornada*, 22 noviembre 1995.
Löwy, Michael: *El pensamiento del Che*, Siglo XXI, México DF, 1971.
Lugo, Reynaldo: „El primer embajador", *Moncada*, octubre 1987.
Lugo, Reynaldo: „Rolando, oficio de revolucionario", *Moncada*, octubre 1987.
Lugo, Reynaldo: „Este es mi hijo!", *Moncada*, octubre 1987.
Lugo, Reynaldo: „Dos hermanos", *Moncada*, octubre 1987.
Luis, Roger Ricardo: „El hombre que me hizo guerrillero", *Granma*, octubre 1992.
Luis, Roger Ricardo: „La historia de Román García", *Granma*, 7 octubre 1989.
„Luis García Meza, acusado de robo de diario del Che", *Presencia*, La Paz, 11 enero 1989.
„Luis Miranda se refiere al Che", *Bohemia*, 29 enero 1989.
Lumumba, Patricio: *Libertad para el Congo*, Ediciones Venceremos, La Habana, 1964.
Lupiañez Reinlein, José: „Entre versos y fusiles", *Verde Olivo*, marzo 1987.
Luque Escalona, Roberto: *Yo, mejor de todos*, Ediciones Universal, Miami, 1994.
Maestre Alfonso, Juan: *El Che y Latinoamérica*, Akal, Madrid, 1979.
Maldonado, Raúl: Entrevista, 17 marzo 1996.
Mallin, Jay: *Ernesto „Che" Guevara, modern revolutionary, guerrilla theorist*, SamHar Press. Charlotteville, N.Y., 1973.
Mandel, Ernest: „Las categorías mercantiles en el periodo de transición", *Nuestra Industria*, junio de 1964.
Mandel, Ernest: *El socialismo y el hombre nuevo*, Siglo XXI, México DF, 1974.
Mandel, Ernest: *Écrits d'un révolutionnaire*, La Brèche, Paris, 1987.
Manifiesto I del 26 de Julio al pueblo de Cuba, 10 diciembre 1956, *Hoja impresa*, México DF.
Manresa, Manuel, Entrevista, La Habana, febrero 1995.
„Mapa del itinerano de la invasión", *Granma*, 16 octubre 1967.
March, Aleida: Gespräch mit dem Autor, 1988.
Marchetti, Víctor y Marks, John D.: *The CIA and the Cult of Intelligence*. Laurel Book. Dell Publishing Co. Inc., N.Y., 1983.
Marrero, Damia: „Che, mi compañero en la mina", *Verde Olivo*, septiembre 1988.
Marrero, José Manuel: *Relatos de Girón*, Editorial Letras Cubanas, La Habana, 1982.
Martí, Julio: Entrevista a Leonardo Tamayo, Manuskript ohne Titel.
Martí, Julio: „Tiene la palabra el Che Guevara", *Moncada*, octubre 1986.
Martí, Julio: „Mambo-Tango navega el Amazonas", *Moncada*, octubre 1982.
Martí, Julio: „Donde cantan los ruiseñores", *Moncada*, octubre 1987.
Martí, Julio: „El Che piloto aviador", *Moncada*, mayo 1978.
Martí, Julio: „Saber al Che frente a nosotros" (entrevista Reynaldo Pérez Valencia), *Moncada*, octubre 1982.
Martin, David C.: *KGB versus CIA*, Planeta, Barcelona, 1980 (Originalausgabe *Wildeness of mirrors*, Harper and Row, 1980).
Martín, Eduardo y Benito Cuadrado: „Placetas un pueblo que forjó su liberación", *Vanguardia*, 23 diciembre 1978.
Martin, Lionel: *El joven Fidel*, Grijalbo, Barcelona 1982 (Originalausgabe *The early Fidel*, Lyle Stuart Secaucus, NJ, 1978).
Martínez, Ricardo: „Los órganos de la seguridad del Estado: 30 años de arduas y complejas misiones" (entrevista a Abrahantes), *Granma*, La Habana, 25 marzo 1989.
Martínez, Ricardo: „Como si fuesen dos columnas guerrilleras", *Moncada*, octubre 1987.
Martínez, Ricardo: *7RR, La historia de Radio Rebelde*, Editorial de Ciencias Sociales, La Habana, 1978.
Martínez, Sanjuana: „Desde que leí el diario juvenil de mi padre, el Che Guevara, intento ser mejor: Aleida", *Proceso*, 25 octubre 1993.

Martínez, Sanjuana: „A los 23 años, montado en una motocicleta y en ‚aventones' el Che Guevara cruzó Sudamérica y encontró su vocación", *Proceso*, 25 octubre 1993.
Martínez Estévez, Diego: *Ñancahuazú: Apuntes para la historia militar de Bolivia,* edición del autor, La Paz, 1989.
Martínez Estrada, Ezequiel: „Che Guevara, capitán del pueblo", *Casa de las Américas*, 33, 1965.
Martínez Heredia, Fernando: *Che, el socialismo y comunismo*, Casa de las Américas, La Habana, 1989.
Martínez Páez, Julio: „Los médicos guerrilleros", *Granma*, 25 noviembre 1967.
Martínez Páez, Julio: *Un médico en La Sierra*, Editorial Gente Nueva, La Habana, 1990.
Martínez Triay, Alina: „Antecedentes, preparativos y principales acciones de la guerrilla del Che en Bolivia", *El Militante Comunista*, octubre 1982.
Martínez U., Haroldo; Martínez U., Hugo: *Che, Antecedentes biográficos del Comandante Ernesto „Che" Guevara*, Talleres de Editorial Prensa Latinoamericana, Santiago de Chile, 1968.
Marx, Gary: „Even death Guevara sparks trouble", *Chicago Tribune*, 17 mayo 1992.
Más, Sara: „Su incurable pasión creadora", *Granma*, 30 octubre 1992.
Más, Sara: „El Che no pudo conocerlos pero sí imaginarlos", *Granma*, 18 junio 1988.
Massari, Roberto: *Che Guevara, grandeza y riesgo de la utopía*, Txalaparta, Tafalla, 1993.
Masetti, Ricardo: „Che en Guatemala", *Granma*, 17 octubre 1967.
Masetti, Ricardo: *Los que luchan y los que lloran*, Punto Sur, Montevideo, 1987. Prólogo de Rodolfo Walsh.
Massip, José: „Che en el cine", *Cine Cubano*, 1947, 1967.
Matthews, Herbert L.: *The Cuban Story*, George Braziller, New York, 1961.
Matthews, Herbert L.: *A World in Revolution*, Scribners, New York, 1971.
Matthews, Herbert L.: *Revolution in Cuba: an essay in understanding*, Scribners, New York, 1975.
May, Elmar: *Che Guevara*, Extemporáneos, México DF, 1975.
Mayo, José: „El primer apoyo", *Verde Olivo*, 3 diciembre 1978.
Mena, Emilio: „Informe en relación a la columna comandada por el comandante Moya" [en el Congo], Typoskript, 60 pp.
Mena, Marcel: „Cinco meses después me ha llegado la noticia de su muerte", *Oclae*, agosto-septiembre 1970.
Mencia, Mario: „Cuando uno pasa con sed y bebe agua de la fuente", *Granma*, 9 junio 1972.
Mencia, Mario: „Entrevista tras un rostro. Por última vez" (con Alfonso Bauer), *Bohemia*, 28 octubre 1977.
Mencia, Mario: „Bolivia, 30 meses de historia y una interrogación", *Oclae*, diciembre 1967.
Mencia, Mario: „Así empezó la historia del guerrillero heroico", *Bohemia*, 10 octubre 1975.
Mencia, Mario: „Un chico argentino muy atractivo llamado Ernesto" (entrevista Mirna Torres), *Bohemia*, 14 octubre 1977.
Mencia, Mario: „Así era mi hijo Ernesto", *Bohemia*, 8 octubre 1976.
Mencia, Mario: „Los primeros cubanos que conocieron al Che", *Bohemia*, 7 octubre 1987.
Méndez Capote, Renée: *Che, comandante del alba*, Gente Nueva, La Habana 1977.
Meneses, Enrique: „Con Fidel en la Sierra", *El País semanal*, 7 enero 1979.
Meneses, Enrique: *Castro, comienza la revolución*, Espasa-Calpe, Madrid, 1995.
Meneses, Orlando: „Hacia donde sople el viento", *El Mundo*, 16 octubre 1967.
Mesa, Aída: „Juan Pablo Chang Navarro", *Bohemia*, 4 octubre 1974.
Mesa, Aída: „Manuel Hernández Osorio", *Bohemia*, 27 septiembre 1974.
Mesa, Aída: „Israel Reyes Zayas", *Bohemia*, 30 agosto 1974.
Mesa-Lago, Carmelo: *Cuba in the 70s, Pragmatism and institucionalization*, University of New Mexico Press, Albuquerque, 1974.
Mesa-Lago, Carmelo y June Belkin: *Cuba en África*, Editorial Kosmos, México DF, 1982.
Michaels, Albert: „Che Guevara, his life: myth and reality" en Wilkie, James Wallace-Michaels, Albert L: *Two essays on Latin American political myths, Octavio Paz and Che Guevara.* Council on International Studies, State University of New York at Buffalo, 1981.
Mikoyan, Anastas: „Mis recuerdos de Cuba", *Prisma*, La Habana, junio 1978.
Mikoyan, Anastas: *Mikoyan in Cuba*, Crosscurrent Press, NY, 1960.
Mikoian, Sergo Anastasovich: „Encuentros con Che Guevara", *América Latina*, 1974, 1.
„Militares bolivianos buscan ya los restos del Che", *La Jornada*, 24 de noviembre 1995.
Miná, Gianni: *Habla Fidel*, Edivisión, México DF, 1988.
Miná, Gianni: *Fidel*, Edivisión, México DF, 1991.
Miná, Gianni: *Un continente desaparecido*, Sperling and Kupler, Milano, 1995.

Mir, Pedro: „Una escala en mi diario donde aparece la gloria“, *Casa de las Américas*, marzo-abril 1968.
Miranda, Caridad: „La debacle del tren blindado“, *Moncada*, diciembre 1983.
Miranda, Luis: „Las relaciones cubano soviéticas en la revolución: historia y documentos“, *URSS*, enero 1989.
Mironov, Vladimir: „Ernesto Che Guevara: hombre-revolución“, *América Latina*, Moscú, Nos. 3 y 4, 1986.
Mojena, María Cristina: „Camilo era mucho Camilo“ (entrevista Pablo Díaz). *Verde Olivo*, octubre 1989.
Molina, Gabriel: *Diario de Girón*, Editora Política, La Habana, 1984.
Molina, Gabriel: „Entrevista con un reporter gráfico“, *Fototécnica*, julio-septiembre 1982.
Montané, Jesús, Faustino Pérez, Universo Sánchez y otros: „Testimonios sobre el Che“, *Militante comunista*, octubre 1982.
Montaner, Carlos Alberto: *Informe secreto sobre la revolución cubana*, Sedmay, Barcelona, 1976.
Montero Acuña, Ernesto: „Con los creadores de la riqueza“, *Trabajadores*, 13 junio 1987.
Montoto, Heli: „El directorio aspira a ver una patria nueva“ (entrevista Faure Chomón), *Prensa Libre*, 6 enero 1959.
Montoya, Pedro: „El mito del Che“, *El Mundo*, Madrid, 4 octubre 1992.
Mora, Alberto: „En torno a la cuestión del funcionamiento de la ley del valor en la economía cubana en los actuales momentos“, *Comercio exterior*, junio 1963.
Morales, Alberto y Fabián Ríos: *Comandante Che Guevara*, Editora América Latina, Buenos Aires, 1968.
Morales, José Luis: „No sabíamos que el Che vivía y estaba preso“, *Interviú*, 14 octubre 1987.
Morales, Larry: *El jefe del pelotón suicida*, UNEAC, La Habana, 1979.
Morales, María Isabel: „Aquella visita a una agencia bancaria“, *Juventud Rebelde*, 30 octubre 1992.
Moreno, José Antonio: *Che Guevara on guerrilla warfare, doctrine, practice and evaluation*, Center for Latin American Studies, University of Pittsburgh, 1970, Latin American studies occasional papers, No. 3.
Moyano Martín, Dolores: „The making of a revolutionary. A memoir of young Guevara“, *The New York Times Magazine*, 18 agosto 1968.
Moyano Martín, Dolores: „From El Cid to el Che: the hero and the mystique of liberation in Latin America“, in *The World and I*, Washington, feb 1988.
„Murió Che Guevara“, *El Diaro*, La Paz, 10 octubre 1967.
Muñoz Unsaín, Alfredo y Bertrand Rosenthal: „La guerrilla secreta del doctor Tato“, *cable AFP*, 5 octubre 1987.
„Mystery man Guevara, bearded or beardless“, *US News and World report*, 1 mayo 1967.
N.N.: „Cómo murió el Che“, *Sucesos para Todos*, 17 febrero 1968.
Naón, Jesús: „Cuando el Che estuvo en San Andrés de Caiguanabo“, *Granma*, 16 abril 1967.
Navarro, Osvaldo: „Con el Che terminé la guerra“, Typoskript.
Navarro, Osvaldo: *El caballo de Mayaguara*, Editora Política, La Habana, 1987.
Navarro, Noel: „Los días de nuestra angustia“, *Bohemia*, 20 octubre 1967.
Nemira, Igor: „La última entrevista del Che en Moscú“, *Bohemia*, 26 octubre 1973.
Nieto, Severo: „Che deportista“, *Verde Olivo*, 21 junio 1984.
Nieto, Severo: „Pasión por el deporte“, *Prisma*, abril 1987.
Nieves Portuondo, Alfredo: „El Che vuelve a volar“, *Verde Olivo*, junio 1988.
Nillo, Carlos: *Reflexiones sobre la artilleria y el pensamiento militar del Che*, Conferencia científica sobre el pensamiento militar del comandante Ernesto Che Guevara, s/f.
Nkrumah, Kwame: *Challenge of Congo*, International Publishers, New York, 1967.
„Notas de una gesta: En sus hombres“, *Verde Olivo*, octubre 1988.
Noticuba: „De la tiranía a la libertad“, *Revolución*, 14 enero 1959.
Noval, Liborio: „La historia de Román García“, *Granma*, 7 de octubre 1989.
„Nuestras estancias junto al Che“, *Juventud Rebelde*, 8 octubre 1968.
Núñez, Carlos: „Un diálogo con Régis Debray“, *Casa de las Américas*, julio-agosto 1968.
Núñez, Carlos: „Régis Debray, culpable de ser revolucionario“, *Tricontinental*, noviembre 1967.
Núñez Jiménez, Antonio: „En marcha con Fidel“, *Letras Cubanas*, La Habana, 1982.
Núñez Jiménez, Antonio: „El tren blindado“, *Bohemia*, 8 octubre 1971.
Núñez Jiménez, Antonio: „El Che y un instante de la rendición de Santa Clara“, *Casa de las Américas*, enero-febrero 1968.
Núñez Jiménez, Antonio: „Santa Clara, la batalla final“, *Combatiente*, 1 de enero 1968.

Núñez Machín, Ana: „El Che Guevara, un hombre a través de sus anécdotas", *Bohemia*, octubre 1987.
Núñez Machín, Ana: *De los héroes a los niños*, Editorial Gente Nueva, La Habana, 1985.
Oficina de Publicaciones del Consejo de Estado: „Guisa, preludio de la victoria", Suplemento de *Granma*, 30 de noviembre 1988.
Oliva, Enrique: „El embajador de Bolivia en París fue muerto a tiros", *Clarin*, Buenos Aires, 12 mayo 1976.
Oltuski, Enrique: „El día de la victoria", *Islas*, octubre-diciembre 1968.
Oltuski, Enrique: „Gente del Llano", *Casa de las Américas* 40, 1967.
Oltuski: „¿Qué puedo decir?", *Casa de las Américas*, enero-febrero 1968.
Oltusky, Enrique: Entrevista, enero 1995.
„Operación Moongoose: una guerra interminable", *Cuadernos de Estudios*, diciembre 1964. Centro de Estudios Para Asuntos de Seguridad, La Habana.
Oramas, Joaquín: „Un extraordinario formador de cuadros", *Granma*, 19 septiembre 1992.
Oramas León, Orlando: „La Higuera, donde la muerte devino redención", *Granma*, 7 octubre 1969,
„Ordena Sánchez de Lozada que sean localizados los restos del Che Guevara", *La Jornada*, 23 noviembre 1995.
„Ordenan a Mario Vargas localizar los restos del Che", *La Jornada*, 25 noviembre 1995.
Orestes, Raúl: „Una emisora histórica", *Opina*, febrero 1989.
Orfila, Arnaldo: „Recordando al Che", *Casa de las Américas*, La Habana, enero-febrero 1968.
Orozco, Román: „Mi padre tenía un gran sentido del humor" (entrevista Hilda Guevara), *Cambio 16*, Madrid, 26 septiembre 1992.
Ortega, Benjamín: *El Che Guevara. Reacción de la prensa del Continente americano con motivo de su muerte, octubre-noviembre 1967*, Centro Intercultural de Documentación, Cuernavaca, 1968, CIDOC dossier No. 30.
Ortega, Gregorio: „Ladridos desde la cuneta", *Granma*, 15 octubre 1968.
Ortega, Gregorio: *Santo Domingo, 1965*, Ediciones Venceremos, La Habana, 1965.
Ortega, Gregorio: *En la brecha*, Editora Política, La Habana, 1985.
Ortega, Josefina: „Al Che le debo la vida", *Juventud Rebelde*, 4 octubre 1987.
Ortega, Josefina: „La batalla de Santa Clara", *Juventud Rebelde*, 29 diciembre 1985.
Ortiz, Pedro: „Che en Gibara", *Ahora*, Holguín, 1 mayo 1988.
Otero, Elena: „Diciembre de fuego", *Granma*, 30 diciembre 1966.
Otero, Lisandro: *Las Villas*. Ediciones Venceremos, La Habana, 1965.
Otero, Lisandro: „La entrada del presidente Urrutia en el palacio", *Bohemia*. 11 enero 1959.
Otero, Lisandro, coordinador: *Playa Girón: derrota del imperialismo*, Ediciones R. La Habana, 1962.
P.M.: „El honor que se merece", *Cuba*, diciembre 1987.
Pacheco, René, entrevistado por el autor, febrero 1995.
Pagés, Raisa: „Los reclamos obreros conquistados", *Granma*, 19 diciembre 1983.
„Palabras del Che en la TV de EU", *Bohemia*, 18 diciembre 1964.
Palacio, Carlos: „Che ajedrecista", *El Mundo*, 16 octubre 1967.
Palmero, Otto y Luz María Martínez: „Donde la libertad llegó de golpe", *Vanguardia*, 24 diciembre 1978.
„Para combatir al imperialismo o ir de vacaciones a la luna", *Juventud Rebelde*, 12 mayo 1988.
Pardo Llada, José: *El Che que yo conocí*, Hedout, Medellín, Colombia, 1971. Ebenfalls enthalten in *Fidel y el Che*, Plaza Janés, Barcelona 1988.
Pardo Llada, José: „Perdiódico de la palabra", guión radial, Typoskript, 25 noviembre 1959.
Pardo Llada, José: „Cómo se enteró Fidel de la caída de Batista", *Bohemia*, 11 enero 1959.
Parra, Jesús: Entrevista, febrero 1995.
Pavón, Luis: „Che: la ventana encendida", *Verde Olivo*, 8 octubre 1987.
Pavón, Luis: Epílogo a la republicación del texto del Che „Lidia y Clodomira" en la revista *Cuba*, s/f Zeitungsausschnitt vom Autor.
Pavón, Luis: „Faltaba papel y tinta, pero salía", *Verde Olivo*, mayo 1989.
Pavón, Luis: „Cumpliendo la misión del comandante en jefe" (entrevista a Alfonso Zayas), *Verde Olivo*, agosto 1963.
Paz Rada, Eduardo: „Cómo murió Guevara", *cable AFP*, 3 octubre 1987.
Pellecer, Carlos Manuel: *Caballeros sin esperanza*, Guatemala, Editorial del Ejército, 1973.
Pentón, Jorge: *La ética del pensamiento del Che como fundamento de la actividad revolucionaria*, Instituto Superior del Minint, s/f.
„Pensamiento de valor permanente", *Bohemia*, 5 octubre 1979.

Peña, César: „Cómo fusilamos al Che: general Reque Terán“, *El Universal*, 8 y 9 de octubre 1978.
Peña, Tania: „Un día conocí al Che“, *Granma*, 3 septiembre 1988.
Perales, Iosu: *Querido Che*, Editorial Revolución, Madrid, 1987.
Peredo, Inti: „Che, hombre del siglo XXI“, *Revista Che Guevara*, octubre-diciembre 1977.
Peredo, lnti: *Mi campaña con el Che*, Diógenes, México DF. 1971.
Pereira, Casilda: „Mi compañero de los aires“, *Moncada*, octubre 1982.
Perera, Alina y Eduardo Jiménez: „Encargo de conciencia“, *Juventud Rebelde*, 13 junio 1993.
Pérez, Faustino: „Un revés que se convirtió en victoria, *Bohemia*, octubre 1967.
Pérez, Faustino: „*El Granma* era invencible como el espíritu de sus combatientes“ en *Días de combate*.
Pérez, Faustino: „La Sierra, el llano, eslabones de un mismo combate“, *Pensamiento Crítico*, 1969.
Pérez, Faustino: „Yo vine en el *Granma*“, *Bohemia*, 11 enero 1959.
Pérez, Roberto: Entrevista 5 febrero 1988.
Pérez Betancourt, Rolando: *Sucedió hace 20 años*, Editorial de Ciencias Sociales, La Habana, 1978.
Pérez Galdós, Víctor: *Un hombre que actúa como piensa*, Editora Política, La Habana 1987.
Pérez Tarrau, Gabriel: *Camilo Cienfuegos, cronología de un héroe*, Comisión Nacional de Estudios Históricos, UJC, La Habana, 1989.
Petinaud, Jorge: „Arturo: el más joven de los cubanos“, *Moncada*, enero 1978.
Pino Machado, Quintín: *La batalla de Girón*, Editorial de Ciencias Sociales, La Habana, 1983.
Pino Puebla, Alfredo: „La batalla de Santa Clara“, *Bohemia*, 27 diciembre 1959.
Piñeiro, Sergio: „Che Guevara habla para Prensa Libre. Lo que interesa ahora es defender la libertad de Cuba“, *Prensa Libre*, 6 enero 1959.
Piñeiro, Sergio: „Fue asaltante en el Moncada y vino con Fidel en el Granma“ (entrevista a Ramiro Valdés), *Prensa Libre*, 6 enero 1959.
Piñera, Toni: „Visa europea para una imagen nuestra“, *Granma*, 15 febrero 1990.
Pita Rodríguez, Francisco: „Cayó junto al Che en la quebrada del Yuro“, *Bohemia*, 6 marzo 1981.
Playa Girón, la gran conjura, Editorial San Luis, La Habana, 1991.
Poemas al Che, Los Libros de la Frontera, Barcelona, 1976.
Pogolotti, Graciela: „Apuntes para el Che escritor“, *Casa de las Américas*, 46, enero-febrero 1968.
Ponciano, Roberto: „Caballete de Casa: el primer campamento del Che en Las Villas“, *Juventud Rebelde*, 12 junio 1968.
„Por el robo del diario del Che: Comisión de justicia abrió proceso contra García Meza“, *Presencia*, La Paz, 21 noviembre 1988.
„Por sustracción de diarios del Che: Congreso ordenó detención formal del ex general Luis García Meza“, *Presencia*, La Paz, 13 enero 1989.
Portuondo, Nieves: „El Che vuelve a volar“, *Verde Olivo*, junio 1988.
Portuondo, Yolanda: *Frank, sus últimos treinta días*, Letras Cubanas, La Habana, 1986.
Portuondo, Yolanda: *La clandestinidad tuvo un nombre*, David, Editora Política, La Habana, 1988.
Portuondo, Yolanda: *Guillermo sardiñas. El sacerdote comandante*, Editorial Cultura Popular, La Habana, 1987.
Portuondo, Yolanda: *30 de noviembre*, Editorial Oriente, Santiago de Cuba, 1986.
Prado, Gary: „Félix Rodríguez es un mercenario fantasioso“, *Presencia*, La Paz, 19 octubre 1989.
Prado, Gary: *La guerrilla inmolada*, Punto y Coma, Santa Cruz, Bolivia, 1987. Ebenfalls veröffentlicht unter dem Titel: *Como capturé al Che*, Ediciones B, Barcelona 1987.
Prendes, Alvaro: *Prólogo para una batalla*, Editorial Letras Cubanas, La Habana, 1988.
Prida, Eduardo y Rita María Estenoz: „Che, un maestro“ (entrevista Universo Sánchez), *SEP*, julio-agosto 1984.
Prieto, Martín: „El último de los enigmas“, *Cambio 16*, Madrid, 16 octubre 1992.
Prieto, Martín: „Che“, *Cambio 16*, 26 octubre 1992.
„Principales combates en que participó el Che en la Sierra Maestra y en Las Villas“, *Moncada*, octubre 1967.
„Prisión y muerte de Joaquín Casillas“, *Bohemia*, 11 enero 1959.
Proyecto de informe al acto central por la conmemoración del XX aniversario, de la formación, salida y cumplimiento de misión internacionalista de la Columna 1 en el Congo-Leopoldville, Typoskript.
Puig, Carlos: „Sentí por un momento que ya no lo odiaba“, *Proceso*, 12 octubre 1992.
Purón, Alfonso: „Un ejemplo de virtudes revolucionarias“, *Moncada*, octubre 1982.

Quevedo, José: *El último semestre*, UNEAC, La Habana, 1982.
Quintana, Mirella: „Pachungo en la guerrilla del Che", *Verde Olivo*, 30 septiembre 1982.
Quintana, Victoria y Freddy Torres: „Luchar junto al Che" (entrevista Leonardo Tamayo), *Moncada*, octubre 1969.
Radaelli, Ana María: „Del oriente al altiplano", *Cuba Internacional*, septiembre 1987.
Ramírez, Aníbal F.: „Santa Clara, una batalla decisiva", *Verde Olivo*, diciembre 1978.
Ramos Pichaco, José: „Che y la misión en el Congo (Final). Feliz desenlace del incierto rescate", *Vanguardia*, 1 diciembre 1989.
Ramos Pichaco, José: „Che y la misión en el Congo. El doctor Tatu", *Vanguardia*, 8 octubre 1991.
Ramos Pichaco, José: „Che y la misión en el Congo. Si repites ese nombre te fusilo", *Vanguardia*, 13 junio 1991.
Ramos Pichaco, José: „Che y la misión en el Congo (I). Tatu, aquel hombre desconocido", *Vanguardia*, 29 noviembre 1989.
Ramos Pichaco, José: „Che y la misión en el Congo (II). Yo no me voy: primero me muero aqui", *Vanguardia*, 30 noviembre 1989.
Ramos Zúñiga, Antonio: *El armero del Che*, Universidad de La Habana, 1985.
Rauber, María Isabel: *La guerra de guerrillas, cuestiones político-ideológicas de la estrategia del Che*, Conferencia científica sobre el pensamiento militar del Comandante Ernesto Che Guevara, s/f.
Ray, Michelle: „In cold blood. How the CIA executed Che", *Ramparts*, 5 febrero 1968.
„Red dictator back of Castro", *US News and World Reports*, 18 junio 1960.
Reed, David: „Los últimos días del Che Guevara", *Selecciones del Readers Digest****.
Remigio, Lionel: „Manila: centro de contacto", *Ideal*, 11 diciembre 1981.
„Repercusión mundial por la muerte del comandante Ernesto Guevara", *Granma*, 18 octubre 1967.
„Reportaje a un billete", *Bohemia*, 16 octubre 1970.
Resnick: *The black beret: the life and meaning of Ernesto, Che Guevara*, Ballantines books, NewYork 1969.
„Revela Alfredo Ovando que las fuerzas armadas bolivianas dieron la orden de asesinar al comandante Ernesto Che Guevera", *cable de CPI*, 12 junio 1978.
„Revelan localización de la tumba del Che Guevara", *Novedades*, 16 noviembre 1995.
„Revista argentina acusa a la CIA", 12 diciembre 1967.
Rey Yero, Luis: „Trinidad, 20 años de revolución triunfante", *Vanguardia*, 29 diciembre 1978.
Reyes Rodríguez, Eliseo: „Desde Las Mercedes hacia Las Villas", *Verde Olivo*, 4 mayo 1969.
Reyes Rodríguez, Eliseo (San Luis, Rolando en Bolivia) Diario (en *Compañeros del Che. Diarios de Bolivia*, Bárbara, Caracas, 1970).
Reyes Trejo, Alfredo: „Primer capitán Manuel Hernández Osorio", *Verde Olivo*, 25 septiembre 1977.
Reyes Trejo, Alfredo: „Capitán Orlando Pantoja Tamayo", *Verde Olivo*, 9 octubre 1977.
Reyes Trejo, Alfredo: „Gustavo Machín Hoed", *Verde Olivo*, 28 de agosto 1977.
Reyes Trejo, Alfredo: „Recuerdos del Che" (entrevista con el comandante Vicente de la O), *Verde Olivo*, 5 octubre 1969.
Reyes Trejo, Alfredo: „Cuba. Diciembre 1958", *Verde Olivo*, 31 diciembre 1966.
Reyes Trejo, Alfredo: „Mis vivencias con el Che" (entrevista a Joel Iglesias), *Verde Olivo*, 13 de octubre de 1974.
Reyes Trejo, Alfredo: „Capitán Alberto Fernández Montes de Oca", *Verde Olivo*, 9 octubre 1977.
Reyes Trejo, Alfredo: „Capitán Jesús Suárez Gayol", *Verde Olivo*, 8 mayo 1982.
Reyes Trejo, Alfredo: „El maquinista del Granma" (entrevista a Chuchu Reyes), *Verde Olivo*, 30 noviembre 1975.
Reyes Trejo, Alfredo: „Capitán José María Martinez Tamayo", *Verde Olivo*, 5 agosto 1982.
Ribalta, Pablo: entrevistado por el autor, 18 febrero 1988, posteriores entrevistas a Froilán Escobar et Félix Guerra en diciembre 1991, enero 1992.
Rivalta, Pablo: *Notas varias sobre la operación Omega*, Original-Typoskript, 34 pp.
Risquet, Jorge: Entrevista, octubre 1995.
Rivas, Jesús y Miguel Nazón: „El vaquerito", *Granma*, 30 diciembre 1967.
Roa, Raúl: „Che", *Moncada*, octubre 1982, auch in *Casa de las Américas*, La Habana, enero-febrero 1968.
Roca, Blas: „Las calumnias troskistas no pueden manchar la revolución cubana", *Cuba Socialista*, abril 1966.
Rodda, José y Luis Borges: *La exploración en el pensamiento militar del comandante Ernesto Che Guevara*, Conferencia científica sobre el pensamiento militar del comandante Ernesto Che Guevara, s/f.

Rodríguez, Augusto: „Constructor del partido Comunista de Cuba“, *Bohemia*, 3 octubre 1980.
Rodríguez, Carlos Rafael: „Sobre la contribución del Che al desarrollo de la economía cubana“, *Cuba Socialista*, La Habana, mayo-junio 1988.
Rodríguez, Félix I. & Weisman, John: *Shadow Warrior* (The CIA Hero of a Hundred Unknown Battles), Simon & Schuster Inc., NY, 1989.
Rodríguez, Héctor Danilo: „El último encuentro del Che con su familia“, *Granma*, La Habana, 25 octubre 1987.
Rodríguez, Horacio Daniel: *Che Guevara, ¿aventura o révolución?*, Plaza y Janés, Barcelona, 1968.
Rodríguez, Javier: „Era muy humano, con un enorme, con un terrible concepto del deber“, *Bohemia*, 10 octubre 1967.
Rodríguez, Javier: „Las mujeres que se alzaron en el Escambray“, *Bohemia*, 9 agosto 1968.
Rodríguez, José Alejandro: „Santa Clara, la batalla que descarriló para siempre al ejército batistiano“, *Trabajadores*, 31 diciembre 1983.
Rodríguez, José Alejandro: „La bala que lo va a matar a uno nunca se oye“ (entrevista Paulino Gutiérrez), *Trabajadores*, 29 diciembre 1983.
Rodríguez, José Alejandro y Magda Resnick: „El Che hoy“, *Juventud Rebelde*, 11 junio 1985.
Rodríguez, René: „Revolucionarios de cuerpo entero“, *Verde Olivo*, 13 junio 1985.
Rodríguez Calderón, Mirta: „Semillas de fuego“ (entrevista a Faustino Pérez), *Granma*, 9 abril 1988.
Rodríguez Calderón, Mirta: “Anverso y reverso de una página de lucha“, *Granma*, 14 abril 1988.
Rodríguez Calderón, Mirta: „De estrellas en las frentes“, *Bohemia*, 19 agosto 1988.
Rodríguez Cordoví, Angel: „Rodeada la ciudad fue tomada palmo a palmo“, *El Mundo*, 6 enero 1959.
Rodríguez Cruz, René: „Se inicia la lucha en el Escambray“, *Bohemia*, 25 diciembre 1964.
Rodríguez de la Vega, Adolfo: „Con Che en la batalla de Santa Clara“, *Granma*, diciembre 1967 (Zeitungsausschnitt).
Rodríguez Herrera, Mariano: „En Pinar de Pinares“, *Bohemia*, 10 junio de 1977.
Rodríguez Herrera, Mariano: *El otro Ignacio*, Editora Política, La Habana, 1989.
Rodríguez Herrera, Mariano: „Bolivia, 10 aniversario“, *Bohemia*, 26 agosto de 1977.
Rodríguez Herrera, Mariano: „José María Martínez Tamayo“, *Bohemia*, 29 julio de 1977.
Rodríguez Herrera, Mariano: „Antonio, Pachungo, Arturo, El Médico, el escalón mas alto“, *Bohemia*, 14 octubre de 1977.
Rodríguez Herrera, Mariano: „Jesús Suárez Gayol: la estrella que ilumina y mata“, *Bohemia*, 8 abril 1977.
Rodríguez Herrera, Mariano: „Miguel, Coco, Julio: inmortales soldados de la libertad americana“, *Bohemia*, 30 septiembre 1977.
Rodríguez Herrera, Mariano: „Un poco de esta historia“, *Caimán Barbudo*, octubre 1969.
Rodríguez Herrera, Mariano: „Acto nacional por el XXX aniversario de la apertura del Frente Norte de Las Villas“, *Bohemia*, 13 octubre 1978.
Rodríguez Herrera, Mariano y Dariel Alarcón: „El día que cayó el Che“, *Cuba Internacional*, julio 1981.
Rodríguez Herrera, Mariano: „Che, Fidel, una historia que ya cumple 20 años, *Bohemia*, 19 marzo 1982.
Rodríguez Herrera, Mariano: „¿Cómo estas, muchachón?“, *Bohemia*, junio 1982.
Rodríguez Herrera, Mariano: „Por la ruta invasora del Che, El Jíbaro, la partida, el combate en La Federal“, *Bohemia*, 24 septiembre 1982.
Rodríguez Herrera, Mariano: „Por la ruta invasora del Che. De la Jagua a la Sierpe“, *Bohemia*, 1 octubre 1982.
Rodríguez Herrera, Mariano: „Por la ruta invasora del Che. De Gavilanes al Pedrero“, *Bohemia*, 8 octubre 1982.
Rodríguez Herrera, Mariano: „Uvero, mayo amaneció con disparos de fusiles“, *Juventud Rebelde*, 27 mayo 1987.
Rodríguez Herrera, Mariano: „Llanos del infierno, la primera emboscada guerrillera“, *Juventud Rebelde*, 22 enero 1987.
Rodríguez Herrera, Mariano: „Las aventuras de Jacinto“, *Juventud Rebelde*, 30 mayo 1987.
Rodríguez Herrera, Mariano: „Un joven llamado Ernesto“, *Juventud Rebelde*, 10 junio 1987.
Rodríguez Herrera, Mariano: „Los que cayeron con honor serán los inmortales“, *Juventud Rebelde*, 30 agosto 1987.
Rodríguez Herrera, Mariano: „Palma Mocha, un combate sangriento y poco conocido“, *Juventud Rebelde*, 19 agosto 1987.

Rodríguez Herrera, Mariano: „Che, bandera flameando al viento de las libertades", *Juventud Rebelde*, 7 octubre 1987.
Rodríguez Herrera, Mariano: „Che en Cinco Palmas", *Juventud Rebelde*, 21-28 diciembre 1987.
Rodríguez Herrera, Mariano: „Por la ruta de Fidel en la Sierra Maestra", *Juventud Rebelde*, 25 diciembre 1987.
Rodríguez Herrera, Mariano: „La Plata, la gran sorpresa de Batista", *Juventud Rebelde*, 17 enero 1988.
Rodríguez Herrera, Mariano: „Cariño de buenos hermanos", *Juventud Rebelde*, 12 mayo 1988.
Rodríguez Herrera, Mariano: „La invasión, epopeya de gigantes", *Bohemia*, 26 mayo 1988.
Rodríguez Herrera, Mariano: „El niño de las sierras de Altagracia" en *Testimonios sobre el Che*, Editorial Pablo, La Habana, 1990.
Rodríguez Herrera, Mariano: *Abriendo senderos*, Gente Nueva, La Habana, 1977.
Rodríguez Herrera, Mariano: *Ellos lucharon con el Che*, Prelasa, México DF, 1982.
Rodríguez Herrera, Mariano: „Cuando el Che comenzó a recorrer nuestra América", *Bohemia*, 14 junio 1974.
Rodríguez Herrera, Mariano: *Con la adarga al brazo*, Comisión Nacional de Historia UJC, La Habana, 1973.
Rodríguez Loeches, Enrique: *Bajando el Escambray*, Letras Cubanas, La Habana, 1982.
Rodríguez Ruiz, Hornedo: *Mando de las fuerzas guerrilleras de acuerdo con la concepción del comandante Ernesto Che Guevara*, Conferencia científica sobre el pensamiento militar del Comandante Ernesto Che Guevara, s/f.
Rodríguez Zaldívar, Rodolfo: „Desde la Sierra Maestra hasta Las Villas" (entrevista San Luis), *Bohemia*, 11 enero 1959.
Rojas, Manuel: „Comandante Che Guevara", *Casa de las Américas*, La Habana, enero-febrero 1968.
Rojas, Marta: Entrevista, 25 septiembre 1995.
Rojas, Marta: „Ernesto, médico en México", *Granma*, 4 junio 1989.
Rojas, Marta: „La muerte del Che en la prensa internacional", *Granma*, 8 octubre 1990.
Rojas, Marta: „¡Che vive!", *Granma*, 12 diciembre 1987.
Rojas, Marta y Mirta Rodríguez Calderón: *Tania, la guerrillera inolvidable*, Instituto Cubano del libro, La Habana, 1974.
Rojas, Marta, compiladora: *Testimonios sobre el Che*, Editorial Pablo de la Torriente, La Habana, 1990.
Rojas, Marta: „El Che Guevara bajo el cielo de La Higuera", *Granma*, 11 octubre 1987.
Rojo, Ricardo: *Mi amigo el Che*, Editorial Jorge Álvarez, Buenos Aires 1968.
Rojo del Rio, Manuel: *La historia cambió en la Sierra*, Editorial Texto, San José, 1981.
Roque, Leonardo: „Rescate en medio del mar", *Verde Olivo*, 1 diciembre 1963.
Rosado Eiró, Luis: „Güinía de Miranda", *Verde Olivo*, 9 octubre 1987.
Rosado Eiró, Luis: „Una proeza militar: la batalla de Santa Clara", *suplemento especial Granma*, diciembre 1988.
Rosado Eiró, Luis: „Batalla victoriosa Santa Clara", *Verde Olivo*, 29 diciembre 1983.
Rosado Eiró, Luis: „Rasgos del pensamiento militar del comandante Ernesto Che Guevara". *El oficial*, octubre 1982.
Rosado Eiró, Luis: „Estrategia del Che en Las Villas", *Granma*, 18 octubre 1981.
Rosales: José Natividad: *¿Qué hizo el Che en México?* Editorial Posada, México DF, 1973.
Rosales, José Natividad: „En exclusiva mundial Antonio Arguedas revela a *Siempre* como y porqué entregó a Fidel Castro el diario del Che", *Siempre*, México DF, 2 julio 1969.
Rosendi, Estreberto: „Cabaiguán: tradición revolucionaria y desarrollo", *Vanguardia*, 22 diciembre 1978.
Roth, Andrew: „I was arrested with Debray", *Evergreen*, febrero 1968.
Rothstuch, Guillermo: *Che Guevara, poeta y guerrillero*, Managua, 1980.
Ruiz, Fernando, *cable de EPE*, s/título, 8 octubre 1987.
Ruiz, Jaime: *El Che no murió en Bolivia*, Santa Magdalena, Lima, 1970.
Sáenz, Tirso W; García Capote, Emilio: „Ernesto Che Guevara y el progreso científico técnico en Cuba", *Interciencia*, enero-febrero 1983.
Saint George, Andrew: „La verdadera historia de cómo murió el Che Guevara", *Visión*, 25 abril 1960.
Saint George, Andrew: „Secrets of the Che Guevara diaries", *Sunday Telegraph*, 1, 14, 21 y 28 julio 1968.
Salado, Minerva: *Cuba, révolución en la memoria*, IPN, México DF, 1994.
Saldívar, Dasso: „El Che en el mito" (entrevista a Roberto Guevara), *Alternativa*, Colombia, 30 enero 1971.

Salgado, Enrique: *Radiografía del Che*, Dopesa, Barcelona 1971.
Sánchez, Antonio (Pinares): „El Che y Pinares hablan de Camillo", *Verde Olivo*, 27 octubre 1974.
Sánchez, Juan: „El Pedrero en el Camino, reportaje en dos tiempos", *Bohemia*, 3 octubre 1969.
Sánchez, Universo: Entrevista realizada por Luis Adrián Betancourt, unveröffentlicht, 20 Seiten.
Sánchez, Vásquez, Adolfo: „El socialismo y el Che", *Casa de las Américas*, La Habana, enero-febrero 1968.
Santamaría, Haydée: Prólogo a la edición de *Casa de las Américas*, La Habana, enero-febrero 1968.
Santamaría, Haydée: Prólogo a la edición especial de *Casa de las Américas*, La Habana, enero-febrero 1968.
Santamaría, Haydée: „Vamos a caminar por casa", *Casa de las Américas*, La Habana, enero-febrero 1981.
Sanz Fals, Enrique: „La expedición de Nuevitas", *Granma*, 10 febrero 1988.
Sarabia, Nydia: „Ernesto Guevara, fundador del cubano libre", *Bohemia*, 20 octubre 1967.
Sarabia, Nydia: „La mujer villareña en la lucha patria", *Bohemia*, 26 julio 1968.
Sarmiento, Raúl: „Un episodio en la batalla de Santa Clara, el combate del escuadrón 31", *Vanguardia*, 28 diciembre 1980.
Sartre, Jean-Paul: „Vengan temprano, a media noche, me dijo el director del Banco Nacional", *Revolución*, 3 agosto 1960.
Sartre, Jean-Paul, *Huracán sobre el azúcar*, Ediciones Prometeo, La Habana, 1960.
Saucedo Parada, Arnaldo: *No disparen: soy el Che*, Santa Cruz de la Sierra, Bolivia, Talleres Gráficos de Editorial Oriente, 1988.
Sauvage, Léo: *Che Guevara, the failure of a revolutionary*, Prentice-Hall, N.J., 1973.
Scauzillo, Robert James: „Ernesto Che Guevara, a historiography", *Latin American Research Review*, summer 1970.
Scheer, Ribert y Maurice Zeitlin: *Cuba, an american tragedy*, Harmondsworth, 1964.
Schlachter, Alexis: „Che inovador, técnico", *Granma*, 10 octubre 1989.
Schleshinger, Stephen y Stephen Kinzer: *Fruta amarga, la CIA en Guatemala*, Siglo XXI, México DF, 1982.
Sección de Historia de las FAR: „Granma. Recuento en el XX aniversario", *El oficial*, noviembre-diciembre 1976.
Selser, Gregorio: *Bolivia. El cuartelazo de los cocadólares*, Mex-sur Editorial, México DF, 1982.
Selser, Gregorio: *CIA, de Dulles a Raborn*, Ediciones de Política Americana, s/f spi.
Sexto, Luis: „El pacto reiterado", *Bohemia*, 2 diciembre 1988.
Silva, José R., Alfonso Zayas y Rogelio Acevedo: „Che, un gran jefe", *Juventud Rebelde*, 20 octubre 1967.
Sinclair, Andrew: *Che Guevara*, Editorial Grijalbo, Barcelona, 1972. (Sinclair, Andrew: *Che Guevara*, Viking Press, NY, 1970).
Siquitrilla: „Cinco temas breves", *Diario de la Tarde*, 11 noviembre 1964.
Smith, Earl T.: *The fourth floor*, Random House, New York 1962.
Solano, Rafael: „Con el capitán descalzo: guía del Che en La Sierra", *Granma*, 22 octubre 1986.
Sondern, F.: „Sinister man behind Fidel Castro", *Reader's Digest*, septiembre 1960.
Soria Galvarro, Carlos, ed: *El Che en Bolivia, documentos y testimonios*, CEDOUIN, La Paz, 1992.
Sorrentino, Lamberti: *Che Guevara e morto a Cuba?* Palazzi, Milano, 1971.
Sosa, José, José A. Rodríguez de Armas y otros: *Algunas consideraciones acerca de las concepciones del comandante Ernesto Che Guevara sobre la guerra como fenómeno político-social*, Conferencia científica sobre el pensamiento militar del Comandante Ernesto Che Guevara, s/f.
Soto, Angela: „Che ministro, Che funcionario", *Juventud Rebelde*, 7 octubre 1968.
Soto Acosta, Jesús: *Che, una vida y un ejemplo*, Comisión de Asuntos Históricos de la UJC, La Habana 1968.
Sotonavarro, Arístides: „Antes de la gran batalla", *Moncada*, septiembre 1975.
Sotonavarro, Arístides: „Che, el valor insuperable del ejemplo", *Moncada*, octubre 1977.
Sotonavarro, Arístides: „Tavito, médico de la guerrilla", *Moncada*, octubre 1982.
Stanton, John: „Un rebelde en busca de una causa", Life en español, 21 octubre 68.
Stone, I. F.: „The legacy of Che Guevara", *Ramparts*, Ausschnitt s/f.
Study of the „Diary of Che Guevara in Bolivia", Special Consultative Committee on Security, Washington, Pan American Union, 1968.
Suárez, Andrés: *Castroism and communism*, MIT Press, Cambridge, 1967.
Suárez, Felipa: „Conmemorarán aniversario 30 del primer trabajo voluntario", *Granma*, 23 noviembre 1989.
Suárez, Luis: *Entre el fusil y la palabra*, Universidad Nacional Autónoma de México, México DF, 1980.
Suárez, Luis: „Tania la guerrillera", *Siempre*, México DF s/f Zeitungsausschnitt.

Suárez, Rogelio, Valentín Purón, Francisco Machado: *Conferencia científica sobre el pensamiento del Che*, Escuela Nacional de Tropa Guardafronteras del MINIMT, Cuba, s/f.
Suárez Pérez: *Ideas del comandante Ernesto Che Guevara acerca del trabajo político educativo en el ejército revolucionario*, Conferencia científica sobre el pensamiento militar del comandante Ernesto Che Guevara, s/f.
Suárez Pérez: *Algunas concepciones del Che acerca de la guerra popular*, Conferencia científica sobre el pensamiento militar del comandante Ernesto Che Guevara, s/f.
Surí, Emilio: *El mejor hombre de la guerrilla*, Letras Cubanas, La Habana, 1980.
Surí Emilio y Manuel González Bello: *Los últimos días del Che*, unveröffentlichtes Manuskript.
Sweezy, Paul M.: „La planificación económica", *Monthly Review*, selecciones en castellano, noviembre 1965.
Szulc, Tad: Fidel. *Un retrato crítico*, Grijalbo, Barcelona, 1987. *Castro, trente ans de pouvoir absolu*, Payot, Paris, 1991.
Szulc, Tad: „Shadowy power behind Castro", *New York Times Magazine*, 19 junio 1960.
Tabares del Real, José: „El Che, revolución y economía", *Bohemia*, 17 octubre 1986.
Taber, Robert: *M26, Biography of a revolution*, L. Stuart, NY, 1961.
Tablada, Carlos: „Che y el control. La contabilidad y la disciplina financiera", *Bohemia*, 2 octubre 1987.
Tablada, Carlos: „Che y los comités de calidad", *Juventud Rebelde*, 7 octubre 1987.
Tablada, Carlos: „Acerca del pensamiento económico del comandante Ernesto Che Guevara de la Serna", *Cuba Internacional*, septiembre 1987.
Tablada, Carlos: „Las cualidades de un dirigente revolucionario", *El Oficial*, mayo 1988.
Tablada, Carlos: „El pensamiento económico de Ernesto Che Guevara", *Casa de las Américas*, julio-agosto 1987.
Tablada, Carlos: „El pensamiento económico de Ernesto Che Guevara", *Casa de las Américas*, La Habana, 1987.
Taibo II, Paco Ignacio: *La batalla del Che, Santa Clara*, Planeta, México DF, 1989.
Taibo II, Paco Ignacio: „La batalla del Che, Santa Clara", *Verde Olivo*, diciembre 1988-enero 1989.
Taibo II, Paco Ignacio: „En la línea de fuego", *Juventud Rebelde*, 30 diciembre 1988.
Taibo II, Paco Ignacio, con Froilán Escobar y Félix Guerra: *El año en que estuvimos en ninguna parte*, Moritz, México DF, 1994.
Taibo II, Paco Ignacio: „Estaciones de paso, el Che Guevara en México", *El Universal*, 2-11 enero 1996.
Taibo II, Paco Ignacio: „Hoy sabemos", Serie von drei Reportagen, *Moncada*, México DF, diciembre 1995.
Tamayo, Leonardo: „Luchar junto al Che", *Moncada*, diciembre 1970.
Tamayo, Leonardo: Entrevista, febrero 1995.
Tamayo, Leonardo: „El Vaquero y el pelotón suicida", *Verde Olivo*, 5 enero 1964.
Thomas, Hugh: *Cuba, la lucha por la libertad*, Grijalbo, 1973 (Originalausgabe *Cuba or the poursuit of freedom*, Eyre and Spottiswoode, Londres, 1971).
Tavora, Aralkim: *Onde esta Guevara*, Editora do reporter, Rio Janeiro, 1966.
Thomas: *Cuba, la lucha por la libertad*, Grijalbo, Barcelona, 1973-1974.
Toledo Batard, Tomás: *La toma del poder*, Editora Política, La Habana 1989.
Torres, Eduardo (Nane): Entrevista para *El año en que estuvimos ...*, noviembre 1991.
Torres Herández, Lázaro: „Lidia y Clodmira. Dos heroínas de la Sierra y el llano", *Bohemia*, octubre 1978.
Torriente, Loló de la: „Después de la gran batalla de Santa Clara", *Carteles*, 9 noviembre 1959.
Torriente, Loló de la: „Memoria y experiencia de un guerrillero", *Bohemia*, 10 junio 1988.
Totti, Giani: „El Che ha vencido", *Casa de las Américas*, La Habana, enero-febrero 1968.
„Traducido al polaco el diaro del Che in Bolivia", *Granma*, 31 diciembre 1969.
Travieso, Roberto: „Mi papá el Che" (entrevista Hilda Guevara), *Verde Olivo*, junio 1988.
Tullis, Richard: „Informe a la seguridad batistiana", Manuskript, julio 1958.
Tunjiba Selemani, Alexis: Entrevista para *El año en que ...*, noviembre 1991.
Tutino, Saverio: „La hechura de Guevara", *Casa de las Américas*, La Habana, enero-febrero 1968.
Tutino, Saverio: *L'ottobre cubano*, Einaudi, Milán, 1968.
Tutino, Saverio: *L'occhio del barracuda*, Feltrinelli, Milán, 1995.
Ubeda, Luis: „Una cueva con historia", *Juventud Rebelde*, junio 1988.
„Un dictador clandestino", *Presencia*, La Paz, 1 de marzo 1989.

„Un personaje de leyenda, el Che Guevara“, edición especial de *Alarma*, México DF, 30 mayo 1968.
Una revolución que comienza, Anthologie der Zeitschrift *Santiago*, Editorial Oriente, Santiago de Cuba, 1983.
Uribe, Hernán: *Operación Tia Victoria*, Editorial Villicaña, México DF, 1987.
Urondo, Francisco: „Descarga“, *Casa de las Américas*, La Habana, enero-febrero 1968.
Urondo, Francisco: *Todos los poemas*, La Flor, Buenos Aires 1972.
Urrutia Lleó, Manuel: *Fidel Castro and Company*, F.A. Praeger, New York, 1964.
Vacaflor, Humberto: „29 años después aún duele a los campesinos la muerte del Che“, *Proceso*, 12 octubre 1987.
Vacaflor, Humberto: „Encuentran páginas perdidas del diario del Che Guevara“, *Miami Herald*, 14 junio 1984 y *L'Espreso*, 24 junio 1984.
Vacaflor, Humberto: „El diario del Che fue robado por una banda de nazis y traficantes de drogas“, 11 julio 1984.
Valdés, Katia: „Che Guevara, facetas de un jefe militar“ (entrevista con Leonardo Tamayo), *Verde Olivo*, 12 octubre 1980.
Valdés, Katia: „Hombre que inspira amor“, *Bohemia*, 7 agosto 1987.
Valdés, Teresa: „Recuerdos de una combatiente“ (entrevista con Zobeida Rodríguez), *Moncada*, octubre 1969.
Valdés, Teresa: „Trabajador incansable“, *Moncada*, agosto 1987.
Valdés, Teresa: „Donde surgió la victoria“, *Moncada*, octubre 1987.
Valdés, Teresa: „Al lado de cada rebelde un maestro“, *Moncada*, octubre 1982.
Valdés, Teresa: „De su espontánea sencillez“, *Moncada*, octubre 1982.
Valdés, Teresa: „Consecuente con sus principios“, *Moncada*, octubre 1987.
Valdés, Teresa: „Sí, comandante“, *Moncada*, octubre 1987.
Valdés, Ramiro: „Discurso“, *Bohemia*, 20 octubre 1978.
Valdés Figueroa, Juan: „Sus primeras medallas en combate“, *Verde Olivo*, 22 marzo 1981.
Valdés Gravalosa, Jaime: Entrevista, febrero 1995.
Valdivieso, Jaime: „Presencia del Che Guevara“, *Casa de las Américas*, septiembre-octubre 1977.
Valenzuela, Lídice: „Tania la guerrillera“, Cuba, Zeitungsausschnitt, Archiv Luis A. Betancourt.
Varlin, Thomas: „La mort de Che Guevara. Les problèmes du choix d'un théâtre des opérations en Bolivie“, *Herodote* 5, 1977.
Vargas Salinas, Mario: *El Che, mito y realidad*, Editorial Los Amigos del libro, La Paz, Bolivia, 1988.
Vásquez Díaz, Rubén: *Bolivia a la hora del Che*, Siglo XXI, México DF, 1968.
Vázquez Auld, José Enrique y Antonio Jesús Acero: *La campaña de Las Villas. Batalla de Santa Clara*, Conferencia Científica sobre el pensamiento militar del Comandante Ernesto Che Guevara, s/f.
Vázquez-Viaña, Humberto: *Antecedentes de la guerrilla del Che en Bolivina*, University of Stockholm, Institute of Latin American Studies, Research paper series No. 46, 1986.
Vega Díaz, José y René Ruallo: „Cabairién, presencia en la historia“, *Vanguardia*, 20 diciembre 1978.
Velázquez, José Sergio: „La batalla de Santa Clara“, *El Mundo Dominical*, 20 septiembre 1962.
Velis, Clara: „Che y una vieja cámara“, *Opina*, 1 noviembre 1987.
Vicente, Walfredo: „Comedido y sobrio llamaba a las cosas por su nombre“, *El Mundo*, 18 octubre 1967.
Vicente, Walfredo: „De la Sierra Maestra a La Cabaña“, *El Mundo*, 30 enero 1959.
Videaux, Erasmo (Kisua): Entrevista para *El año en que* ..., febrero 1992.
Vilela, J. F.: „Aquí dejo lo más puro de mis esperanzas de constructor“, *Bohemia*, 11 octubre 1974.
Vilaseca Forné, Salvador: Entrevista, 13 febrero 1995.
Villares, Ricardo: „Voluntad pulida con delectación de artista“, *Bohemia*, 10 junio del 1977.
Villaronda, Cuillermo: „Esto fue lo que ocurrió en Columbia después de la caída del regimen“, *Bohemia*, 11 enero 1959.
Villegas, Harry: „Recuerdos de Che“, *Verde Olivo*, 10 octubre 1971.
Villegas, Harry y otros: *Che, teoría y acción*, Extemporáneos, México DF, 1972.
Villegas, René: „Fantasma del Che rondó por Brasil antes de por Ñancahuazú“, *Reuter-Kabel*, 7 octubre 1988.
Virtue, John: „Cuba today“, *cable de UPI*, 26 noviembre 1965.
Vitale, Luis: *Che, una pasión latino-americana*, ediciones Al Frente, Buenos Aires, 1987.

Vitier, Helio: „Che en Buey arriba“, *Verde Olivo*, junio 1988.
Vo, Nguyên Giáp: *Guerra del pueblo, ejército del pueblo. Dien Bien Fue.* Prólogo de Ernesto Che Guevara, Ediciones Era, México DF, 1971.
Vuskovic, Pedro y Belarmino Elgueta: „Che Guevara en el presente de América Latina“, *Casa de las Américas*, La Habana, 1987.
Walsh, Rodolfo: „Guevara“, *Casa de las Américas*, La Habana, enero-febrero 1968.
Winocur, Marcos: *Historia social de la revolución cubana*, UNAM, México DF, 1989.
Wollaston, Nicholas: *Red rumba*, Londres, 1962.
Wright Mills, C.: *Escucha yanqui*, FCE, México DF, 1961.
Wyden, Peter: *Bay of Pigs*, Simon and Schuster, New York, 1979.
Xiqués, Delfin: „El Vaquerito, simpatía, valor, inteligencia“, *Granma*, 30 diciembre 1976.
Young, Crawford y Turner, Thomas: *The Rise and decline of the Zairian state*, University of Wisconsin Press, 1985.
Yu, Winifred: „A revolutionary glamour“, *Américan Photographer*, mayo 1989.
Zavala, Betsy: *UPI-Kabel*, 15 julio 1967.
Zavaleta, René: „A diez años de la muerte del Che“, *Proceso*, México DF, 3 octubre 1977.
Zayas, Alfonso: „Cumpliendo la misión del comandante en jefe“, *Verde Olivo*, 26 agosto 1963.
Zayas, Alfonso: „Nuestra estancia junto al Che“, *Verde Olivo*, 8 octubre 1968.
Zayas, Alfonso: „Para poder conocerlo de verdad se necesitan unos cuantos años“, *Juventud Rebelde*, 8 octubre 1971.
Zeballos, Juan Javier: „20 años después el cadáver del Che es aún un misterio“, *Reuter-Kabel*, 7 octubre 1987.
Zerquera Palacio, Rafael Santiago (Kumi): Entrevista para *El año ...*, febrero-marzo 1992.
Zuazo, Alberto: „No hablar, no especular, recuerda la única boliviana en la guerrilla del Che“, Zeitungsausschnitt, Archiv L. A. Betancourt.
Zuazo, Alberto: „20 años después sigue siendo un misterio qué pasó con el cadáver del Che Guevara“, *UPI-Kabel*, 3 octubre 1987.
Zúñiga, Francisco: „Johnson planeó la muerte del Che“, *Sucesos para Todos*, México DF, Zeitungsausschnitt, s/f.

Dokumentationen der Bibliothek LBJ

Early February 1964. Intelligence Information cable, NSF, Country File, Intelligence, Vol 1.
December 30, 1963. „Implications of Cuba's renewed campaign of incitation to violent revolution in Latin America“, intelligence memorandum, NSF, Country File, Gordon Chase file, Vol. Department of State.
January 5, 1965. Thomas Hughes US Dpt of Stat. Directorate of Intelligence and Research memo al secretario, inr. reports c24.
January 31, 1965. Memorandum of conversation, Savoy Hotel, London. Prime minister Tshombé and senator US Dodd, NSF, CF, Congo, Vol XII.
February 26, 1965. Thomas Hugues US Dpt. of State. Directorate of Intelligence and Research. memo.
August 10, 1965. Director of Intelligence and Research. US Dpt of State. Memo.
November 5, 1965. CIA. Office of Current Intelligence. Special report. „The Cuban Communist Party“ W Bowdler file. Vol 1. NSF Country Cuba.
February 4, 1966. Godley a Sec State, Intelligence Memorandum. „The situation in the Congo“, NSF, CF, Congo, Vol XII.
October 9, 1967. Memo de Bowdler a Rostow NSF, Country File. Bolivia C8, vol 4 Memos.
October 9, 1967. Telegrama de Henderson a ScState. NSF, Country File. Bolivia. C8, vol 4 Memos.
September 26, 1966. NSF, Country File, Cuba, W.C. Bowdler file vol 2.
CIA. Directorate de Intelligence. Intelligence Memorandum: „The Bolivian Guerrilla movement. An Interim assessment.
„Cuba in Africa“. US Dpt of State. Directorate of Intelligence and Research. NSF. Cuba Country. Vol V.
F. A. Dwight B. Heath: „Guerrillas vs the bolivian metaphor“, NSF Country File. Bolivia. C8, vol 4. Memos.

„Intelligence handbook on Cuba“. CIA. Directorate of intelligence, 1 enero 1965. NSF Country File. Cuba. Intelligence, vol 2.

„Havana's response to the death of president Kennedy and comment on the new administration“. Foreign Broadcast info service, report on Cuba propaganda 12, 31 dic 63. NSF Country File, Gordon Chase file vol A.

Hughes, Thomas, US Dpt of State. Director of Intelligence and Research. Memorandums to Secretary of State, 5 enero, 26 febrero y 15 mayo de 1965. Inr reports c24.

NSF memo, Bowdler a Rostow. Country File. Bolivia. C8, vol 4. Memos.

CIA. Directorate de Intelligence. Intelligence Memorandum: „The bolivian Guerrilla movement. An Interim assessment“. NSF Country File. Bolivia. C8, vol 4 Memos.

NSF Country File. Bolivia. C8, vol 4. Cables.

„The Castro regime in Cuba“. LBJ library. NSF Country File, Gordon Chase file vol A.

„The Cuban Communist Party“. CIA Office of Current Intelligence. Special report. W. Bowdler file. Vol 1. NSF Country Cuba.

„The fall of Che Guevara and the changing face of the cuban revolution“. CIA. Intelligence memorandum. 18 octubre 1965. W. C. Bowdler file. Vol 1.

„The trial of Marcos Rodríguez Exposure of factionalism in the Cuban Party“. Foreign Broadcast into service, report on Cuba propaganda 15. NSF Country File, Gordon Chase file vol A.

6) Dokumentarfilme, Fernsehfilme

Che, von Enrique Pineda für ICRT, 1967, b/n, 16 mm, 29 mill.

Hasta la victoria siempre, Dokumentarfilm von Santiago Álvarez für ICAIC 1967, b/n, 35 mm, 35 min.

El llamado de la hora, Dokumentarfilm von Manuel Herrera für ICAIC, 1969, b/n, 35 mm, 35 mill.

Che, Spielfilm, Regie: Richard Fleisher, 20th Century Fox, Drehbuch: Wilson und Bartlet, mit Jack Palance (Fidel Castro) und Omar Sharif (Che), 1969.

Un relato sobre la columna cuatro, Dokumentarfilm von Sewo Ginal für ICAIC, 1972, b/n, 35 mm, 45 min.

Che comandante amigo, Dokumentarfilm von Bernabé Hernández für ICIAC, 1977, Farbe, 35 mm, 17 min.

Viento del pueblo, Dokumentarfilm von Orlando Rojas für ICIAC, 1979, Farbe, 35 mm, 17 min.

Una foto recorre el mundo, von Pedro Chaskel für ICIAC, 1981, Farbe, 35 mm, 13 min.

Che, hoy y siempre, Dokumentarfilm von Pedro Chaskel für das ICIAC, 1982, Farbe, 35 mm, 11 min.

Mi hijo el Che, Dokumentarfilm von Fernando Birri für ICAIC, 1985, Farbe, 35 mm, 70 min.

Constructor cada día, compañero, Dokumentarfilm von Pedro Chaskel.

El Che Guevara, Spielfilm, Regie: Paolo Heusch, mit Paco Rabal in der Rolle des Che.

Ernesto Che Guevara. Hombre, compañero, amigo ..., Dokumentarvideo von Roberto Massari für Eme emme Edizioni, Editorial Abril, Etabeta, Roma-La Habana, 1993, 90 min.

Cuando pienso en el Che, Dokumentarvideo von Gianni Minná, produziert von der Oficina de Publicaciones del Consejo de Estado, La Habana, Cuba, 46 min.

Ernesto Che Guevara, le journal de Bolivie, Dokumentarfilm von Richard Dindo, 35 mm, Farbe, produziert von Cine Manufacture SA, Paris, 1994.

Ernesto Che Guevara, el regreso de un mito, Programmleitung Miguel Bonasso, Canal 40, México DF, marzo 1996.

Deutschsprachige Literatur von und über Che Guevara:

Texte von Che Guevara

Ernesto Che Guevara: *Ausgewählte Werke in Einzelausgaben.* Hg. von Horst-Eckart Gross. Pahl-Rugenstein, Köln.

1. *Guerillakampf und Befreiungsbewegung*, 1986.
2. *Kubanisches Tagebuch*, 1987.
3. *Aufsätze zur Wirtschaftspolitik*, 1988.
4. *Schriften zum Internationalismus*, 1989.
5. *Das vollständige Bolivianische Tagebuch*, 1992.
6. *Der neue Mensch:* Che Guevaras Entwürfe für ein Leben in der Zukunft, 1995.

Latinoamericana – Tagebuch einer Motorradreise 1951/52. Kiepenheuer & Witsch, Köln, 1994.

Episoden aus dem Revolutionskrieg. Röderberg, Frankfurt, 1979. [Erstveröffentlichung: Reclam, Leipzig, 1978.]

Ernesto Che Guevara: Der Partisanenkrieg. Deutscher Militärverlag, Berlin (DDR), 1962.

Ernesto Che Guevara: Partisanenkrieg – eine Methode; Mensch und Sozialismus auf Kuba. Zwei Studien. Trikont, München, 1968.

Guerilla – Theorie und Methode: Sämtliche Schriften zur Guerillamethode, zur revolutionären Strategie und zur Figur des Guerilleros. Hg. von Horst Kurnitzky. Wagenbach, Berlin, 1968.

Ökonomie und neues Bewußtsein Hg. von Horst Kurnitzky. Wagenbach, Berlin, 1968.

Politische Schriften – Eine Auswahl. Wagenbach, Berlin, 1976.

Ernesto Che Guevara: der neue Mensch. Entwürfe für das Leben in der Zukunft. Hg. von Horst-Eckart Gross. Pahl-Rugenstein / Weltkreis, Dortmund, 1984.

Venceremos! Wir werden siegen! Hg. von Lothar Menne. EVA, Frankfurt, 1968.

Che Guevara: Brief an das Exekutivsekretariat von OSPAAL. Schaffen wir zwei, drei, viele Vietnam. Eingeleitet und übersetzt von Gaston Salvatore und Rudi Dutschke. Oberbaumpresse, Berlin. 1967.

Ernesto Che Guevara: Brandstiftung oder neuer Friede? Reden und Aufsätze. Hg. von Sven Gustav Papcke, Rowohlt, Reinbek, 1969.

Ernesto Che Guevara: Aufzeichnungen aus dem kubanischen Befreiungskrieg 1956 – 1959. Rowohlt, Reinbek, 1969.

Che Guevara / Raúl Castro: Die Eroberung der Hoffnung. Tagebücher aus der kubanischen Guerilla Dezember 1956 bis Februar 1957. Mit Beiträgen von Heinz Dieterich, Pedro Álvarez Tabio, Paco Ignacio Taibo II. Horlemann, Bad Honnef, 1997.

Bolivianisches Tagebuch. Trikont, München, 1968.

Bolivianisches Tagebuch. Dokumente einer Revolution. Rowohlt, Reinbek, 1986.

Ernesto Che Guevara: *Botschaft an die Völker der Welt;* Fidel Castro: *Rede vom 13.März* [1967]. Trikont, München, 1967.

Materialien zur Revolution. In Reden, Aufsätzen, Briefen von Fidel Castro Che Guevara. Régis Debray. Hg. von Henrich v. Nussbaum. Melzer, Darmstadt, 1968.

Lateinamerika – ein zweites Vietnam? Texte von Douglas Bravo, Fidel Castro, Régis Debray, Ernesto Che Guevara u.a. Hg. von Giangiacomo Feltrinelli. Rowohlt, Reinbek, 1968.

Che Guevara und die Revolution. Hg. von Heinz-Rudolf Sonntag. Fischer, Frankfurt a. M., 1968.

Tricontinental. Eine Auswahl 1967–1970. Hg. von Karl Dietrich Wolff. März, Frankfurt a. M., 1970.

Charles Bettelheim, Fidel Castro, Ernesto Che Guevara, Ernest Mandel, R. Leandro Mora: *Wertgesetz, Planung und Bewußtsein. Die Planungsdebatte in Cuba.* Neue Kritik, Frankfurt a. M., 1969.

André Gunder Frank / Che Guevara / Mauro Marini / Luis Vitale u.a.: *Kritik des bürgerlichen Antiimperialismus. Entwicklung der Unterentwicklung.* Acht Analysen zur neuen Revolutionstheorie in Lateinamerika. Hg. von Bolivar Echeverría und Horst Kurnitzky. Wagenbach, Berlin, 1969.

Texte über Che Guevara

John Lee Anderson: *Che. Die Biographie.* List, Berlin, 1997.

Jorge Castañeda: *Che Guevara. Biographie.* Insel, Frankfurt a.M., 1997.

Fidel Castro: *Über Che Guevara.* Mit einem Nachwort von Antonio Sanchez. Voltaire-Flugschrift 16, Berlin, 1967.

Che. Bilder eines Lebens. Mit einem Essay von Mathilde Sánchez. Rütten & Loening, Berlin, 1997.

Che. Die Fotobiographie. Hg. von Christophe Loviny. Kunstmann, München, 1997.

Che. Fotografisches Album. Mit einem Vorwort von Jorge Amado. Elefantenpress, Berlin, 1991.

Julio Cortázar: „Die Vereinigung", in: *Das Feuer aller Feuer.* Erzählungen. Suhrkamp, Frankfurt a. M., 1976.

Ernesto Guevara Lynch: *Mein Sohn Che.* Galgenberg, Hamburg, 1986.

Alberto Granado: *Mit Che durch Südamerika.* Pahl-Rugenstein / Weltkreis, Köln, 1988.

Frederik Hetmann: *Ich habe sieben Leben:* Die Geschichte des Ernesto Guevara genannt Che. Beltz, Weinheim und Basel, 1972.

Daniel James: Che Guevara: *Leben und Sterben eines Revolutionärs.* Heyne, München, 1985. Neuauflage: *Che Guevara: Mythos und Wahrheit eines Revolutionärs.* Heyne, München, 1997.

Jean Lartéguy: *Guerillas oder der vierte Tod des Che Guevara.* Bertelsmann, Gütersloh, 1968.

Josef Lawrezki: *Ernesto Che Guevara.* Verlag Marxistische Blätter, Frankfurt a.M., 1975. [Erstveröffentlichung: Neues Leben, Berlin (DDR), 1974.]

Michael Löwy: *Che Guevara.* ISP Verlag, Köln, 1996.
Elmar May: *Che Guevara.* Rowohlt, Reinbek, 1973.
Roberto Massari: *Che Guevara. Politik und Utopie.* Das politische und philosophische Denken Ernesto Che Guevaras. Edition Zeta, Frankfurt a. M., 1987.
RIUS (Eduardo del Río: *A-B-Che.* Schlicht und ergreifend die Biographie eines Revolutionärs unserer Zeit. Hg. von der Freundschaftsgesellschaft Westberlin–Kuba e.V. Elefantenpress, Berlin, 1982.
Ricardo Rojo: *Che Guevara. Leben und Tod eines Freundes.* S. Fischer, Frankfurt a.M., 1968.
Andrew Sinclair: *Che Guevara.* dtv, München, 1971.
Paco Ignacio Taibo II / Froilán Escobar / Felix Guerra: *Das Jahr, in dem wir nirgendwo waren.* Edition ID-Archiv, Berlin, 1996.
Klaus-Peter Wolf / Horst-Eckart Gross: *Che – Meine Träume kennen keine Grenzen.* Roman. Pahl-Rugenstein / Weltkreis, Köln, 1982.
ohne Autorenname: *Ernesto Che Guevara: Hasta la victoria siempre.* Eine Biographie. Mit einer Einführung von Bolivar Echeverría. Verlag Peter von Maikowski, Berlin, 1968.

Weitere Texte zum Thema
Charles Bettelheim: *Theorie und Praxis sozialistischer Planung. Trikont,* München, 1971.
Charles Bettelheim / Maurice Dobb / Lisa Foa / Leo Huberman / Joan Robinson / Ernest Mandel / Paul M. Sweezy u.a.: *Zur Kritik der Sowjetökonomie. Wagenbach,* Berlin, 1969.
Hans-Jürgen Burchardt: *Kuba. Der lange Abschied von einem Mythos.* Schmetterling, Stuttgart, 1996.
Ernesto Cardenal: *In Kuba.* Bericht von einer Reise. Peter Hammer, Wuppertal, 1972.
Régis Debray: *Revolution in der Revolution.* Trikont, München, 1967.
Régis Debray: *Kritik der Waffen. Wohin geht die Revolution in Lateinamerika.* Rowohlt, Reinbek, 1975.
Sam Dolgoff: *Leuchtfeuer in der Karibik.* Eine libertäre Betrachtung der kubanischen Revolution. Libertad, Berlin, 1983.
Hans Magnus Enzensberger: *Das Verhör von Habana.* Suhrkamp, Frankfurt a. M., 1970.
Eduardo Galeano: *Die offenen Adern Lateinamerikas.* Peter Hammer, Wuppertal, 1973.
Jürgen Hell: *Geschichte Kubas.* Pahl-Rugenstein, Köln, 1989.
Leo Huberman / Paul M. Sweezy: *Sozialismus in Kuba.* Suhrkamp, Frankfurt a. M., 1970.
Leo Huberman / Paul M. Sweezy / Wolfgang Dreßen / Joao Quartim: *Focus und Freiraum: Debray, Brasilien, Linke in den Metropolen.* Wagenbach, Berlin, 1970.
Eenterio Fernández Huidobro: *Mit neuen Augen.* Reden, Gedanken, Interviews. Libertäre Assoziation, Hamburg, 1992.
Robert F. Lamberg: *Die castristische Guerilla in Lateinamerika.* Theorie und Praxis eines revolutionären Modells. Verlag für Literatur und Zeitgeschehen, Hannover, 1971.
Michael Löwy: *Revolution ohne Grenzen. Die Theorie der permanenten Revolution.* ISP Verlag, Frankfurt a.M., 1987.
Guillermo Lora: *Bolivien 1971 – Der Erste Sowjet Lateinamerikas.* Neuer Kurs, Berlin, 1973.
Carlos Marighella: *Für die Brasilianische Revolution.* Aufsätze, o.O. (Übersetzung aus Pensamiento Critico No. 37, La Habana, Februar 1970)
Günter Maschke: *Kritik des Guerillero.* Zur Theorie des Volkskrieges. Fischer, Frankfurt a.M., 1973.
Enrique Meneses: *Fidel Castro. Beschreibung einer Revolution.* Bechtle, München/Esslingen, 1968.
Héctor Béjar Rivera: *Peru 1965. Aufzeichnungen eines Guerilla-Aufstands.* Suhrkamp, Frankfurt a.M., 1970.
Marta Rojas / Mirta Rodríguez Calderón: *Tania – La Guerrillera.* Militärverlag der Deutschen Demokratischen Republik, Berlin, 1989.
Rafael Sevilla / Clemens Rode (Hg.): *Kuba – Die isolierte Revolution?* Horlemann, Bad Honnef, 1993.
Augustin Souchy: Lateinamerika: Zwischen Generälen, Campesinos und Revolutionären. Frankfurt a.M., 1974.
Gaby Weber: *Die Guerilla zieht Bilanz.* Gespräche mit Guerilla-Führern in Argentinien, Bolivien, Chile und Uruguay. Focus, Gießen, 1989.

Glossar

ALPRO: Allianz für den Fortschritt, US-amerikanisches Entwicklungsprojekt für Lateinamerika

ANSA: *Agenzia Nazionale Stampa Associata*, italienische Nachrichtenagentur

AP: *Associated Press*, US-amerikanische Presseagentur

APRA: *Alianza Popular Revolucionario Americana*, 1924 gegründete, ursprünglich national-revolutionäre und pan-amerikanisch orientierte Partei in Peru. Gehört zum bürgerlichen Mitte-Links-Spektrum, ist Mitglied der Sozialistischen Internationale und ist mehrfach Regierungspartei gewesen.

Bewegung 26. Juli oder **M26**: Name der organisierten revolutionären Bewegung um Fidel Castro, sowohl als Guerilla wie – nach der Revolution – als Partei an der Macht, benannt nach dem Datum der Erstürmung der Moncada-Kaserne 1953.

Albizu Campos: puertoricanischer Widerstandskämpfer, einer der ersten schwarzen Studenten in den USA

Cantinflas: populärer mexikanischer Filmkomiker (1911–1993), hieß eigentlich Mario Moreno

CEN: *Comandancia del Ejército National*, Armeekommandantur Batistas

CEPAL: Wirtschaftskommission der Vereinten Nationen (UNO) für Lateinamerika

CIES: Interamerikanischer Wirtschafts- und Sozialrat

CTC: *Confederación de Trabajadores Cubanos*, Konföderation der Arbeiter Kubas, kubanischer Gewerkschaftsrat, gegründet 1939

EGP: *Ejército Guerrillero del Pueblo*, argentinische Guerillarmee des Volkes, von Masetti gegründet (1963-64)

ELN: *Ejército de Liberación Nacional*, peruanische Guerillagruppe 1962-63

FAR: *Fuerzas Armadas Revolucionarias*, kubanische Armee nach 1959

INRA: *Instituto Nacional de la Reforma Agraria*, Staatliches Institut für die Agrarreform

Juceplan: *Junta Central de Planificatión*, zentraler Planungsrat

KJ: Kommunistische Jugend(organisationen)

MIR: Bewegung der revolutionären Linken, Guerillagruppe, 1963 in Peru gegründet

MNR: *Movimiento Nacionalista Revolucionario*, bolivianische Nationalistische Revolutionäre Bewegung, gegründet von Estenssoro, war 1952-56 und 1960-64 an der Regierung

OLAS: *Organisation für die Lateinamerikanische Solidarität*

ORI: *Organizaciones Revolucionarias Integradas*, Vereinigte Revolutionäre Organisationen

PGT: Guatemaltekische Partei der Arbeit, die sowjetisch orientierte Kommunistische Partei in Guatemala

Popol Vuh: *Buch des Rates*, Ende des 17. Jahrhunderts in einem Dominikanerkloster gefundenes Dokument der Maya-Kultur, enthält die Schöpfungsmythologie der Mayas, neben Texten wie dem Tibetanischen Totenbuch eines der großen Mythen-Bücher der Weltgeschichte.

PRA: *Partido Revolucionario Auténtico*, Authentische Revolutionäre Partei, bolivianisch

PSB: *Partido Socialista Boliviano*, Sozialistische Partei Boliviens

PSP: Sozialistische Volkspartei, offizielle Kommunistische Partei auf Kuba in den 50er Jahren, Anfang der 60er Jahre mit M26 zusammengeschlossen

Radio Bemba: kubanischer Ausdruck für Gerüchteküche

Resistencia Cívica: Bürgerwiderstand, kubanische städtische Widerstandsgruppen des M26

Revolutionäres Direktorium, RD, Revolutionäres Direktorium 13. März: ehem. Studentenorganisation, an der kubanischen Revolution beteiligt (neben PSP und M26)

Salacot: helmförmige Kopfbedeckung, die auf den Philippinen und in anderen warmen Ländern üblich ist, ähnelt dem Helm der englischen Kolonialbeamten.

SIM: *Servicio de Inteligencia Militar*, Geheimpolizei unter Batista

Trikontinentale Konferenz: fand im Januar 1967 in Havanna statt, Treffen von linken Organisationen aus der 3. Welt

UPI: *United Press International*, US-amerikanische Nachrichtenagentur

Veneto-Guerilla: Partisanen der antifaschistischen italienischen Resistenza, die in der Region des Veneto während des Zweiten Weltkriegs operierten

Inhaltsverzeichnis